RESEARCH AND STUDY

REPORTS ON THE SUPERVISION OF STATED-OWN ASSETS AND THE REFORMATION OF STATED-OWN ENTERPRISES (2013)

探索与研究

国有资产监管和国有企业改革研究报告(2013)

国务院国有资产监督管理委员会研究局 编

国务院国有资产监督管理委员会
State-owned Assets Supervision and Administration Commission
of the State Council, the People, s Republic of China

北 京

图书在版编目（CIP）数据

探索与研究：国有资产监管与国有企业改革研究报告．2013/国务院国有资产监督管理委员会编．
北京：中国经济出版社，2015.1
ISBN 978－7－5136－3648－3

Ⅰ.①探… Ⅱ.①国… Ⅲ.①国有资产管理—研究报告—中国—2013②国有企业—经济体制改革—研究报告—中国—2013 Ⅳ.①F123.7②F279.241

中国版本图书馆 CIP 数据核字（2014）第 306708 号

责任编辑　李煜萍
责任审读　霍宏涛
责任印制　马小宾

出版发行　中国经济出版社
印 刷 者　北京科信印刷有限公司
经 销 者　各地新华书店
开　　本　787mm×1092mm　1/16
印　　张　51.25
字　　数　956 千字
版　　次　2015 年 1 月第 1 版
印　　次　2015 年 1 月第 1 次
定　　价　168.00 元

广告经营许可证　京西工商广字第 8179 号

中国经济出版社 **网址** www.economyph.com **社址** 北京市西城区百万庄北街 3 号 **邮编** 100037
本版图书如存在印装质量问题，请与本社发行中心联系调换（联系电话：010－68330607）

编辑委员会名单

主　　编：张　毅

副 主 编：王文斌

编委（按姓氏笔画为序）：

卜玉龙	于宝恒	王　平	王　铵
卞卫东	卢卫东	刘南昌	阮国平
孙才森	李　冰	李燕斌	杨　杰
沈　莹	陈　鸿	周　勇	徐爱波
郭保民	陶瑞芝	隆小培	彭华岗
廖华军	薛梅梅	魏　伟	

（以上为国资委软课题评审组成员）

参加编辑人员：

彭华岗	张　涛	曹如民	侯　洁
赵　欣	郭祥玉	卢永真	吴　哲
陈　锋	张璟平	梁　方	董朝辉
宋光兰	桂　刚	吴　刚	吕江辉
马　波	付升涛	牛　聪	崔　倩
邢文杰	陈公权	胡　啸	

序言

党的十八届四中全会是在全面建成小康社会的决定性阶段和全面深化改革的攻坚期召开的一次重要会议。全会做出全面推进依法治国的重大决定，是我们党从国家战略发展全局出发，深刻总结我国社会主义法治建设成功经验和历史教训、顺应人民意愿和时代发展要求做出的重大战略抉择，体现了党中央对法治建设的高度重视和对执政规律认识的进一步深化，是我们党治国理政历史上一个重要里程碑。全面推进依法治国将推动社会主义市场经济走上法治化道路，必将对国资国企改革发展产生十分重大而深远的影响。学习好贯彻好四中全会精神，是当前和今后一段时期的一项重要政治任务，我们要自觉把思想和行动统一到中央的决策部署上来，依法推进国资国企改革发展，着力做好以下几方面工作：

一、提高依法监管的能力和水平，努力打造国资监管法治机构

依法监管是我们贯彻落实依法治国要求的一项十分重要的工作任务。国资委成立以来，按照政企分开、政资分开、所有权与经营权相分离的原则，根据政府授权依法履行出资人职责，始终坚持“先立规矩、后办事”，迄今已经出台了*343*件规章规范性文件，较好地推动和保障了国资国企改革发展，实现了国有资产的保值增值。同时也要看到，当前国资监管法规体系还不够完备，一些法规制度不能完全适应全面深化改革的进程要求。国资监管中仍存在边界不太清晰、责任不太明确、错位越位缺位的现象，对企业管得过多过细，在一定程度上影响了企业经营自主权的进一步落实。党的十八届三中全会提出要“以管资本为主加强国有资产监管”，这次四中全会将国有资产监管作为深入推进依法行政的重点领域之一，这就要求我们进一步创新监管模式、转变监管方式、依法行权履职。

一是要在法治轨道上深入推进国资国企改革。改革政策制定必须于法有据，符合法律规定的基本原则，既要鼓励大胆创新、先行先试，同时也要坚守法律红线和政策底线。特别是在推动企业发展混合所有制经济等改革过程中，必须依法保护国有产权，切实防范违规操作，坚决防止国有资产流失。同时，也要主动适应改革需要，及时总结改革试点经验，加快清理完善有关法规制度，加快推进国资国企改革相关配套法律法规的衔接与完善，将改革的成果固化为更具权威性、系统性、规范性和稳定性的法律法规，确保国资国企改革在法治轨道上不断深化。

二是要按照职权法定、规范行权的要求，不断改进监管方式。按照《企业国有资产法》《公司法》赋予的职能和以管资本为主的要求，进一步明确国资监管边界，进一步加大简政放权力度，坚决调整、精简、优化国资监管职能，更好地维护企业的市场主体地位。要进一步调整完善国资委依法行权履职的方式和手段，努力减少事前审批、备案事项，更加注重通过企业章程设定权利义务、实现权责对应，更加注重在规范的法人治理结构中依法行使出资人代表的职权，更加注重将提高资本回报和放大国有资本功能结合起来，不断增强国有经济的活力、控制力和影响力。

三是强化权力约束，不断加大依法监管力度。切实加强权力监督的制度设计，对于权力集中的领域和岗位，实行分事行权、分岗设权、分级授权，防止权力滥用。加强国资监管政策法规建设，进一步完善国资监管法规体系。严格监管程序，建立健全重大决策的合法性审查机制，把合法性审查作为必经程序，确保决策合法。完善监督检查制度，依法推进党风廉政建设和反腐败工作。进一步整合监管资源，增强监督合力。重视国有资产运营和监管责任的追究，建立健全有效的责任追究机制。完善重大信息公开制度，实现“全过程规范、全方位公开”，做到阳光监管。进一步加强委机关法制宣传教育和普法工作，强化全委干部职工的法治思维和法治意识，提升依法监管的能力和水平。

二、提高依法经营、依法治企的能力和水平，努力打造法治央企

社会主义市场经济本质上是法治经济，企业是市场的主体，必须遵循市场规则、维护市场秩序、依法合规经营。多年来，中央企业普遍建立总法律顾问制度和法律风险防范机制，超过半数的企业依法开展了规范的董事会建设，规章制度、经济合同、重大决策基本实现法律审核，为中央企业深化改革加快发展发挥了重要的支撑和保障作用。但面对市场化、国际化加快发展的新形势，中央企业还存在一些治理结构不完善、决策程序不严谨、经营管理不规范、在市场中违规操作等问题，全面打造“法治央企”的工作任务仍然十分艰巨。中央企业作为我国国民经济的重要支柱，在我国经济社会发展中地位重要、作用关键，必须运用法治思维和法治方式深化改革、推动发展、化解矛盾、维护稳定，带头遵守法律，依法经营管理，发挥表率作用。中央企业要以四中全会精神为指引，全面推进法治央企建设，重点从四个方面继续下功夫：

一要在提升治理水平上下功夫。结合企业实际，依据相关法律规定，进一步优化法人治理结构，建立健全现代企业制度。认真研究制定和完善公司章程及内部相关规章，依法明确公司治理各主体间的职责权限，明确议事规则，严格经营决策程序。充分发挥内部审计作用，保障依法独立行使审计监督权。进一步明确和规范中央企业党组织在现代企业法人治理结构中的职责权限，充分发挥党组织政治核心作用。

二要在带头依法合规经营上下功夫。带头执行好国家各项法律法规，建立规范有效、全面覆盖、内容明确、要求严格的内部控制体系，健全企业前期防范、过程控制及违规惩处机制。带头履行社会责任，要突出反垄断、反不正当竞争、反商业贿赂以及资源环境、税务、劳工、知识产权等合规管理的重点领域，坚决杜绝违法牟利现象，维护良好的市场秩序。自觉平等规范有序地参与市场竞争，模范遵守境内外证券市场规则，强化契约精神和诚信精神，重合同、守信用，引领带动各种所有制企业共同营造法治化的市场竞争环境。善于依法保护自身权益，切实保障国有资产的安全。

三要在加强法律风险防范上下功夫。进一步深化总法律顾问制度建设，保障法律顾问参与企业决策论证、提供法律意见；培养高素质的企业法律顾问队伍，充分发挥其在公司治理中的重要作用，真正做到“决策先问法，违法不决策”。强化重点任务、关键环节法律审核，进一步完善企业改制上市、并购重组、薪酬分配、员工持股等工作的合规性审查，确保法律把关全面到位。深入研究境外法律风险防范的具体措施，妥善应对境外重大法律纠纷案件，增强运用法律手段维护企业合法权益的能力。推动法律管理与企业经营管理的有机融合，有效实现法律风险防范的全覆盖。

四要在培育法治文化上下功夫。要结合“六五”普法工作，深入开展全员法制教育。积极创新法制宣传形式，进一步提高广大干部职工的法治观念，增强学法、守法、用法意识，做到脑中有法、心中有规、行必守法、为必合规。进一步提高领导干部运用法治思维、法治方式的能力和水平，把法治建设成效作为衡量领导干部工作实绩的重要内容。坚持依法治企与以德治企相结合，营造合规、诚信、务实、进取的文化氛围。

三、敢于担当、勇于作为，推动中央企业做强做优、科学发展

当前，我们面临的经济形势依然严峻复杂。从国际看，缓慢复苏的趋势没有改变，欧洲、日本经济增长再度放缓，新兴经济体低增长、高风险的格局没有明显改善，不确定、不稳定性因素增多。从国内看，我国仍处于“三期叠加”阶段，经济下行压力较大，增长内生动力不足，投资增速持续回落，长期积累的深层次矛盾逐步暴露，形势不容乐观。同时，国资国企改革已经进入深水区和攻坚期，改革的复杂性、敏感性和艰巨性愈发凸显。困难越多、矛盾越大、任务越重，越需要我们敢于担当，主动作为，在困难面前不低头，挑战面前不退缩，攻难关、解难题，勇谋善成。

（一）以敢于担当的精神全力抓好发展

习近平总书记多次强调，发展仍然是解决我国所有问题的关键，是我们党执政兴国的第一要务，坚持发展是硬道理的本质要求就是坚持科学发展。中央企业作为国民经济的骨干中坚，必须千方百计保增长，科学合理调结构，为促进国民经济持续健康发展做出积极贡献。

一要勇挑重担，发挥好经济发展“国家队”的作用。中央企业的稳定增长，对国民经济稳增长意义十分重大，也关系着企业在社会上的公众形象。我们一定要积极主动把握市场先机，把握好速度和质量的平衡点，既要保持一定的发展速度，又要追求有质量有效益的发展，做到调速不减势、量增质更优。中央企业也要充分认识并主动适应经济发展新常态，加强形势研判，增强战略定力，力争做到增长速度和效益与全国经济发展要求相适应、与中央企业在国民经济中的重要地位相适应，为国家稳增长做出应有贡献。

二要着眼长远，发挥好提质增效升级“排头兵”作用。中央企业要把转方式、调结构放在更加突出的位置，大力实施创新驱动发展战略，以科技创新引领和支撑产业结构优化升级，科学合理安排投资，改造提升传统产业，大力发展重要前瞻性战略性产业，积极培育新的经济增长点，推动企业实现更健康、更高质量、更可持续的发展。

三要抢抓机遇，发挥好走出去“领头羊”作用。党中央、国务院“一带一路”重大战略的实施推进，将进一步推动我国与周边亚太国家的经济一体化及基础设施和互联互通建设，再加上亚洲基础设施投资银行和丝路基金的筹建设立，为中央企业走出去提供了更为宽广的空间和难得机遇。中央企业要顺势而为、借势发展，提升全球配置资源能力，带动中国技术、装备、标准走出去，在我国新一轮大开放中大显身手、大有作为。

（二）以敢于担当的精神深化国资国企改革

国资国企改革责任重于泰山。要切实增强担当意识、责任意识，集中力量、全力以赴把各项改革工作抓紧、抓实、抓好。

一要尽职尽责地当好参谋助手。当前国资国企改革任务比较繁重，国务院进一步加强了对国资国企改革的领导，很多具体工作任务需要由国资委承担。我们要主动做好与其他部委的协调沟通，集全委之力、全系统智慧，加强对国有企业改革重点难点问题的调查研究，向有关方面提出建议，认真按照党中央、国务院的要求做好改革的相关工作。

二要积极推进国有企业改革重点工作，努力取得新进展、新成效。要准确界定不同国有企业功能，对不同类别的国有企业，明确主要特点、发展目标、改革方向，分类推进改革调整，加强分类监管、分类考核。要稳妥、规范、有序发展混合所有制经济，坚持因业施策、因企施策，宜独则独、宜控则控、宜参则参，防止大轰大嗡，防止“一混了之”。要进一步完善现代企业制度，不断规范董事会建设，着眼建立市场化经营机制，加快推进劳动、人事、分配制度改革，提高企业运营透明度。要积极推进剥离企业办社会职能和解决历史遗留问题，加快完善相关政策，多渠道筹措资金，务求实效。要加快推进“四项改革”试点，重点在体制机制创新上狠下功夫，及时总结推广成熟经验和有效做法，以点带面加快推进改革。

三要以自我变革的精神和勇气，不断深化内部改革。国资委已经取消和下放了一些工作事项，但必须清醒地看到，简政放权工作还远远没有到位。国资委必须要痛下决心，以壮士断腕的精神进一步加大简政放权力度，认真分析、深入查找自身问题，切实落实以管资本为主的要求，坚决调整监管职能、监管方式和运行机制，不该管的和可管可不管的坚决不管，该放的要彻底放到位。应该明确，国资委监管工作的改革不应是动其皮毛的修修补补，而必须是动其筋骨的大刀阔斧，有些方面甚至是要脱胎换骨。中央企业也要坚持问题导向，不断深化内部改革，进一步加强集团化管控、建立健全激励约束机制、深化三项制度改革，更加适应市场化、国际化的要求。

（三）以敢于担当的精神落实从严治党的要求

习近平总书记在党的群众路线教育实践活动总结大会和四中全会第二次全体会议上，对从严治党管党提出了明确要求。各级党组织要明责、尽责、问责，把党建工作这块“责任田”划清、种实、管严，真正把从严治党责任印在心里、扛在肩上。

一要坚持思想建党，抓好思想舆论工作。深入学习贯彻习近平总书记系列重要讲话精神，加强党性和道德教育，引导党员干部坚定理想信念，树立正确的是非观、义利观、权力观、事业观，主动在思想上划出红线、在行为上明确界限。要全方位、多层次开展宣传和舆论引导工作，主动发声，增信释疑，增强话语权，掌握主动权，讲好国企故事，凝聚改革发展的正能量。

二要充分发挥党组织的政治核心作用，努力提高企业党建科学化水平。要把党建工作摆上重要议事日程，与中心工作同谋划、同部署、同考核，融入中心抓党建、抓好党建促发展。积极探索现代企业制度条件下党组织发挥政治核心作用的有效途径和方式，使党组织的政治核心作用组织化、制度化、具体化。

三要严格落实“两个责任”，抓好党风廉政建设和反腐败工作。切实担负起从严管党治党的政治责任，紧紧抓住落实党委主体责任这个“牛鼻子”，不断强化纪委的监督责任。严厉惩治腐败，严格执纪问责。严守党的政治纪律和政治规矩，严肃党内政治生活，用严的标准、严的要求、严的措施管理干部。继续巩固扩大教育实践活动成果，严格落实中央八项规定精神，坚决纠正“四风”，驰而不息正风肃纪，努力形成作风建设新常态。

国资国企改革发展任务艰巨、责任重大。我们要紧密团结在以习近平同志为总书记的党中央周围，解放思想、坚定信心、凝心聚力、扎实工作，推动中央企业朝着做强做优、世界一流的目标不断前进，为实现中华民族伟大复兴的中国梦做出积极贡献！

国资委主任、党委书记 张毅

2015年1月26日

目　录

第一篇　国有资产管理体制改革

第二篇　国有企业改革发展

第三篇　国有资产监督管理

第四篇　国有企业党的建设和思想政治工作

第五篇　机关建设

第六篇　其他

第一篇 国有资产管理体制改革

世界一流企业法律管理对标研究

国外国有企业管理体制研究

世界一流企业法律管理对标研究

摘 要：党的十八届三中全会进一步明确了中央企业市场化、国际化、法治化的改革方向，也对中央企业加快提升法律管理能力提出了新要求。本课题报告从企业法治理念、总法律顾问制度、法律事务机构和法律顾问队伍、企业法律管理工作内容、法律管理工作模式对标等五个方面，系统总结世界一流企业的法律管理的好经验、好做法，并结合当前中央企业法律管理的实际情况进行分析和对比，找出存在的差距，明确改进的方向。在此基础上，报告从大力培育企业法治文化、加快完善企业总法律顾问制度、不断深化法律管理工作内容、深化完善企业法律管理体系、加强法律事务机构和法律顾问队伍建设等方面，提出了对提升中央企业法律管理能力和水平的具体建议。

关键词：世界一流企业 法律管理 对标

前 言

党的十八届三中全会提出，要"使市场在资源配置中起决定性作用"，建设"统一开放、竞争有序的市场体系"和"法治化运营环境"，并要求"适应经济全球化新形势，加快培育参与和引领国际经济合作竞争新优势"。这为国资国企改革进一步指明了市场化经营、国际化竞争的方向。党的十八届三中全会还提出，要"推动国有企业完善现代企业制度"，"健全协调运转、有效制衡的公司法人治理结构"，"规范经营决策"。这对国有企业依法合规经营、规范内部治理也提出了新的明确要求。

国务院国资委成立十年来，按照"建立机制、发挥作用、完善提高"的总体思路，在中央企业连续实施了法制工作三个三年目标。十年间，中央企业依法治企制度初步形成，法律顾问组织体系不断健全，法律风险防范机制基本建立，法律工作领域不断拓展，为企业依法经营、防范风险、科学发展提供了坚实保障。但对标世界一流企业，中央企业市场化、国际化经营起步晚、时间短，法律管理的基础比较薄弱，在法治理念、制度机制、管理体系和方法上，较世界一流企业还有不小差距，还无法满足新一轮国资国企改革所带来的法律需求。

因此，对标世界一流企业法律管理，全面提升企业法律管理的能力和水平，对于中央企业贯彻落实党的十八届三中全会精神，进一步提升市场化、国际化水平，具有重要的现实意义。

第一章 企业法治理念对标

第一节 世界一流企业的考察

一、将依法合规、诚信经营作为公司发展的核心价值观

对标企业普遍将依法合规、诚信经营作为企业的核心价值观和经营管理行为的底线，视为维护公司声誉、实现持续发展的基础。例如美国通用电气公司将“处处、时时、人人”守法遵规作为基本原则，要求从管理层成员到基层员工，都必须严格遵守与公司业务活动相关的一切法律法规和内部规定。德国西门子公司将“责任”作为公司核心价值观，意即公司致力于从事符合法律及道德规范的行为，自觉依法合规经营。日本三菱商事株式会社将“处事光明”作为公司三大纲领之一，意即守法经营。

二、将依法合规作为公司运营的行为准则

对标企业在对内管理上，将法律法规、企业制度视作最高权威，上至总裁下至普通员工都必须绝对遵从；员工一旦被发现有违规行为，将会受到严厉惩罚甚至被辞退。在对外经营上，合法合规论证处于首要地位，当法律与业绩、效益发生冲突时，法律处于绝对强势地位，违规为企业谋利的行为被严格禁止。几乎所有对标企业都建立了依法合规的考核评价体系，将其纳入企业的业绩考核或者高管人员的绩效考核。例如美国通用电气公司编制了《诚信精神与政策手册》，就劳动关系及安全环保管理、知识产权、商业秘密保护、财务管理等 4 个领域共 15 个具体事项明确了守法遵规的具体要求和行为准则，并要求每名员工每年签订承诺书。美国联合技术公司制定的《道德规范》中要求：“遵

守所在国的国家和地方法律。如果两国之间的法律存在冲突,则必须向法律部咨询。无论当地有何惯例,绝不故意促成他人从事非法行为或诈骗。”

三、将法治精神作为公司管理的重要基石

对标企业在公司治理中也处处体现法治精神,尤其是权力制衡、权责对等、契约精神等法治理念。对标企业均严格按照现代公司治理制度的要求,建设股东会、董事会、监事会和管理层,构建权力制衡体系;在制度设计、经营管理、激励惩戒方面都秉承权责对等理念,重视权力和责任的一致性、平衡性;企业与员工、管理者与被管理者、员工考核与奖惩等制度的构建和运作上以契约精神为基础,严格按照劳动合同要求履行各自职责、解决内部纠纷。例如日本三菱商事株式会社每年实施“守法经营渗透度调查”,准确把握合规经营意识的渗透度与伦理环境。

四、将法治文化全面融入公司培训体系

对标企业每年都会定期开展法制培训,尤其对新入职员工、特殊岗位员工和高级管理人员都设置有专门的培训课程。例如美国钢铁公司成立合规小组,定期给一定层级以上的公司管理人员发送新的合规案例,用以警示法律风险;嘉吉公司法务部每年对高管人员开展法律风险培训,并要求其签署参加培训说明书。英国电信公司建立了包括网络视频、现场授课、场景展示等多种形式在内的新员工入职法律培训体系。日本三菱商事株式会社按新员工、入职五年员工、外派海外员工等标准进行区分,定期实施针对性的培训。

第二节　中央企业的现状

一、法治理念逐步树立

随着市场经济的发展和依法治国方略的实施,中央企业逐步培育法治文化、法治理念,“市场竞争、法律先行”“加强法制工作同样可以创造经济效益”以及“守法诚信是企业第一生命,违法经营是企业最大风险”等一系列法制工作理念广泛传播,中央企业领导干部和广大职工的法制意识明显提高。

二、法制宣传教育普遍开展

结合“四五”“五五”“六五”普法工作,中央企业积极开展法治理念的宣贯,组织形式

多样的普法教育，将法律内容逐步纳入各级员工的培训体系，企业的法治氛围日渐形成，广大干部职工的法律素质有所提高。

三、依法治企的制度逐步建立

中央企业不断健全依法治企的各项规章制度，法律管理的能力和水平日益提升。截至2012年底，114户中央企业(含中国二重，下同)中，有73户企业通过制定专项考核办法、签订绩效责任书、专门发文等方式，将依法治企工作纳入对子企业的绩效考核。

第三节 主要差距

一、依法合规尚未成为企业的核心价值

大多数中央企业对依法合规的价值追求还落后于世界一流企业，并未将依法合规上升到企业道德底线和生命线的高度。在追求企业规模、效益的发展时，部分中央企业仍然存在忽视法律风险和违法经营、违规决策的现象。

二、企业决策层、管理层的法治理念有待提升

目前大多数中央企业决策层、管理层的知识结构、专业结构还有待完善，缺乏具备法律专业背景的成员，法律知识、法律素质仍显薄弱，法治意识、规则意识和契约精神仍待加强，运用法治思维和法治方式解决企业改革发展问题的意识和能力还需进一步提高。

三、缺乏依法合规的企业行为准则和完善的考核评价机制

中央企业普遍缺乏一套全面、明确的遵守法律法规和商业道德的行为规范，未能将法律法规、规章制度的规定及时转化为企业内部的行为要求，依法合规难以真正渗透到企业经营管理的各个环节。大多数中央企业在合规管理中存在“政出多门”(纪委、监察、审计、法律等)的现象，难以形成监督合力，对违规行为的监督和处罚机制不完善，责任追究和处罚力度不够。

四、法治文化有待进一步融入企业培训体系

中央企业的法制宣传和教育，目前侧重于专业知识、业务流程、技术操作等方面的

内容，对现代法治理念和法治意识的培养则有所忽视，尚未将公平正义、依法合规等价值理念切实融入干部员工的思维意识和行为准则。

第二章　企业总法律顾问制度对标

第一节　世界一流企业的考察

一、普遍设立总法律顾问

据全球法律顾问协会统计，目前在美国500强企业中，共有480余家设立了总法律顾问；欧洲企业也都根据自身经营特点和需求，普遍设置了总法律顾问；跨国企业在全球的分、子公司也大都设立了总法律顾问。例如德国西门子公司根据自身规模大、业务领域多和跨国经营的特点，建立了以总法律顾问为核心的、自上而下矩阵式的法律管理模式：总部设总法律顾问；各业务领域和地域大区分设总法律顾问，分别对总部总法律顾问和本业务领域或区域总裁负责；各业务领域下分设业务集团总法律顾问，各大区所属区域分设法律总监，分别对上一级总法律顾问负责。

二、总法律顾问职级较高

对标企业的总法律顾问均是企业核心管理层成员，有的是企业高级副总裁，有的兼任公司董事会秘书，总法律顾问普遍直接向公司总裁或者董事会负责并报告工作。据全球法律顾问协会统计，美国公司总法律顾问70%直接向总裁汇报，11%直接向董事会主席汇报，1%向董事会汇报。英国航太系统公司总法律顾问是公司12人执行委员会成员之一，与产品部门执行副总裁、集团人力资源总监以及集团财务总监处于同一级别；荷兰壳牌集团总法律顾问是公司管理层（中央董事会）成员之一，直接对总裁负责；瑞士ABB集团总法律顾问既是集团执行副总裁和董事会秘书，也是执行委员会成员。总法律顾问的薪酬水平也从侧面反映出其高管定位。根据《ALM法律情报》“2010年美国总法律顾问薪酬报告”，排名前20的美国大企业总法律顾问年薪均超过200万美元，排名第一的美国通用电气公司总法律顾问年薪达到990万美元，仅次于该公司首席执行官。

三、总法律顾问职责广泛

对标企业总法律顾问全面负责企业法律工作，在公司经营决策中担负着重要职能，对公司体制、业务、预算等重大法律事项的筹划、决策发挥着不可替代的作用，对公司法律风险防控负有重大责任。其主要职责一般包括：全程参与公司经营管理，参加公司所有重要会议，参与涉及公司法律、财务、战略、销售、运营、考核等所有重大事项的决策；负责合规管理；负责政府公共关系；负责知识产权工作；领导公司法律团队；负责组织公司规章制度、合同管理、诉讼及外部律师选聘等日常事务。其中，政府公共关系主要是指与有关国家机关协调立法、政策等重大事项。例如美国通用电气公司、波音公司在其法律部专门下设政府事务部，密切监测法律动态和政治趋势，积极参加与有关的重大立法和政策制定，为企业发展争取有利的外部法律环境。

四、总法律顾问专业素质较高

对标企业总法律顾问都具备深厚的法律专业背景和资深的职业背景，一般具有法官、相关政府部门官员或者大型律所合伙人等职业经历，基本都是法学造诣较深、管理经验丰富的专家，具有很高威信。例如美国通用电气公司总法律顾问 Denniston 毕业于哈佛法学院，曾先后担任马瑟诸塞州州长的首席法律顾问、大型律师事务所合伙人、美国联邦检察官办公室负责人；波音公司总法律顾问 Luttig 曾先后担任美国联邦第四巡回法院法官、联邦上诉法院法官、美国司法部部长助理等职务。德国西门子总法律顾问 Peter Y. Solmssen 毕业于哈佛大学和剑桥大学，曾先后担任美国费城联邦地区法院法官助理，大型律师事务所证券法律师，国际并购部资深合伙人，通用电气公司塑料部副总裁和总法律顾问、医疗部副总裁和总法律顾问。瑞士 ABB 集团总法律顾问 Diane de Saint Victor 曾先后担任德国 SCA Hygiene Products 公司总法律顾问、欧洲航空防务与航天的总法律顾问、巴克莱银行非执行董事。

五、总法律顾问工作机制完备

对标企业绝大多数实行总法律顾问直接向公司总裁或董事会汇报的工作机制，确保了总法律顾问工作的独立性和高效性。对标企业一般都建立了总法律顾问和各地区公司总法律顾问之间的内部工作机制，定期召开工作会议，通报工作情况，研究、解决重大法律问题；地区公司总法律顾问定期向总法律顾问汇报工作，重大事项要随时上报，特别对于认为业务部门有违法经营、决策行为或可能招致重大法律风险的情况，必须立即上报总法律顾问。一些对标企业还要求地区公司总裁需要汇报给公司总裁的涉及法律问题的业务事项，地区公司总法律顾问必须提前报告公司总法律顾问，保障公司总法律顾问及时掌握真实的法律信息。例如荷兰壳牌集团各个区域总法律顾问每三周向公司总法律顾问汇报一次工作；一些重大事项区域总法律顾问随时向公司总法律顾问汇报；定期召开全球总法律顾问会议。

六、总法律顾问大多有单独的考核、预算权

大多数对标企业在法律管理的考核、预算上赋予了总法律顾问很大的职权。例如美国博迪能源公司区域法律事务机构的年度预算由总部总法律顾问和区域总法律顾问拟定，总部总法律顾问有权参与法律预算方案的财务审批。加拿大泰克资源公司、巴莱克黄金公司总法律顾问对下属企业的总法律顾问有任免、薪酬评定和业绩考核权，而下属企业领导没有上述权力。德国西门子公司各业务板块首席律师和高级法律顾问的考核由区域总法律顾问做出，区域总裁仅提供反馈意见。荷兰壳牌集团总法律顾问拥有对整个公司经营决策的重要话语权，全面负责公司的法律和合规业务，决定全球各板块、地区的法律事务机构人事管理、财务管理和预算管理。

第二节　中央企业的现状

一、制度基本建立

通过长期的实践总结和部门立法，总法律顾问制度的概念、特征、岗位设置和主要职责已基本明确。2004 年颁布实施的《国有企业法律顾问管理办法》要求大型企业设置企业总法律顾问，明确总法律顾问为“高级管理人员”，对“企业法定代表人或者总经理负责”，并规定了其“全面负责企业法律事务工作”等 7 项职责。

二、队伍初具规模

总法律顾问制度实现了从试点企业到中央企业全系统的跨越。截至 2012 年底，114 户中央企业有 112 户建立了总法律顾问制度，占 98.25%；有 28 户将总法律顾问制度列入企业章程。中央企业全系统实施总法律顾问制度的企业已达 2296 户。

三、作用逐步显现

总法律顾问作为企业法制建设的领军人和牵头人，以其为核心初步建立起企业“横

向到边、纵向到底”的法律风险防范链条，在保障依法决策、合规经营、维护企业合法权益方面发挥了重要作用。目前，中央企业95%以上的总法律顾问能参加企业重要决策会议。

第三节　主要差距

一、总法律顾问职级定位还需进一步提高

目前中央企业总法律顾问普遍定位为总经理助理级别，还没有成为企业决策层、管理层的核心成员，只有少数兼职总法律顾问是企业班子成员，导致总法律顾问在企业重大经营决策过程中话语权不足，难以充分发挥专业作用。

二、总法律顾问专职化、专业化水平有待进一步提升

目前中央企业集团层面总法律顾问专职率为60%，全系统总法律顾问专职率更低。一些总法律顾问缺乏法律专业背景和职业经历，还不具备法律专业执业资格，法律素质和专业能力还不能充分满足企业改革发展的需要。

三、总法律顾问的职责范围有待进一步拓展

一些中央企业总法律顾问的职责还局限于审核公司规章制度、管理合同、应对诉讼及选聘外部律师等日常事务，在参与重大决策、政府公共关系、知识产权等工作领域还参与较少。大部分中央企业总法律顾问合规管理的职责权限与对标企业存在很大差距，对法律管理的考核、预算也缺乏应有的建议权或决定权。

四、总法律顾问作用有待进一步发挥

中央企业部分兼职总法律顾问对法律管理投入的时间和精力还不够；部分专职总法律顾问履行职责缺乏制度保障，导致总法律顾问在合规文化建设、重大决策把关、重大事项筹划、重要制度设计等方面未能发挥应有作用。

第三章 企业法律事务机构和法律顾问队伍对标

第一节 企业法律事务机构

一、世界一流企业的考察

(1)法律事务机构设置体系健全、普遍独立。业务领域多元化的对标企业一般按照业务领域分成若干团队,海外业务较多的对标企业按区域设立地区法律机构作为总部法律事务机构的派出机构;各子公司根据需要设立法律事务机构,规模较小的子公司一般也都配备法律顾问,从而形成了自上而下、体系健全的法律事务机构网络。同时,对标企业普遍将法律事务机构作为与财务、人事、经营、生产等部门并列的独立的职能管理部门,在机构设置上保持较高的独立性。例如美国波音公司总部的法律事务部,是公司总部九大支撑部门之一,直接向总法律顾问报告,并由董事会负责考核。瑞士 ABB 集团总部设立法律合规部,由法律事务总监、首席合规事务官、首席知识产权官、首席合同风险管理律师、首席反垄断律师以及一定数量的专业律师组成,下设 8 个地区性法律合规部门。

(2)法律事务机构管理职责覆盖所有经营管理领域。对标企业法律事务机构有明确的职责界定,职责范围基本覆盖到企业所有经营管理领域,并且侧重法律专业含量较高的关键业务。其法律事务机构的职责范围主要有四大类:一是公司、证券、合同、招投标及诉讼、仲裁、纠纷处理等民商法律事务;二是反垄断、环境保护、知识产权、劳动、税费、资源、土地等涉及行政管理的法律事务;三是国家立法、政策制定的参与及公共关系处理等;四是对员工的法律培训。例如美国雷神公司法律部根据业务领域划分下设人力资源法律顾问、竞争法法律顾问、知识产权法律顾问、诉讼法律顾问、环境法律顾问、收购和兼并法律顾问等专门法律顾问。中国华为公司在总部设立一级机构法务部,下设法律部、知识产权部、运营商网络法务部、企业业务法务部、消费者业务法务部;其中法律部又下设贸易合规与海关遵从办公室、法律支持部、案件纠纷管理部、区域法律管理部等三级机构。

(3)法律事务机构对其他部门有制约,更提供支持。对标企业法律事务机构一般都有三个角色定位:一是“内部警察”,即确保公司全部运营行为的合法性,对违法违规行为进行内部法律监管。不少对标企业要求涉及的法律问题必须交由法律事务机构做判断,并赋予法律事务机构在合规事项判断及重大决策论证上的一票否决权。二是“内部服务”，即法律解决方案的提出者，不仅要给出明确专业的法律意见，还要提出合理建议，助力公司经营发展。三是“业务伙伴”，即新业务机会的寻找者，发现并抓住法律提供的新的商业机会，实现法律管理的价值创造功能。例如荷兰壳牌集团规定，法律顾问每周保证至少有一天和业务部门的人员在一起，在提供专业支持时还要提供有效的方案和指引。日本三菱商事株式会社共有 8 个业务部门，法务部与之对应内设专门的法务小组，负责对应业务部门内发生的一切法律事务。

(4)法律事务机构一般独立预算。对标企业一般实行独立的法律预算，由法律事务机构具体执行。例如英国电信集团的法律预算由法律部进行整体核算，经财务核准并报总裁审批，每年预算费用约 3000 万英镑，其中 700 万至 1000 万英镑为外聘律师及其相关费用。荷兰壳牌集团每年给法律事务机构制定单独的经费预算，由总法律顾问根据业务需要提出，经与财务部门协商，最终由预算决策机构(如预算委员会)决定；预算一般包括律师和工作人员的薪酬(约占 70%)、员工培训、办公费用及外聘律师、诉讼等处理法律事务的费用，一般占公司营业收入的 7‰～8‰左右。法国达能公司将法律预算分为三块：一是法律事务机构日常费用预算，包括内部法律顾问薪酬、部门日常管理开支，由集团总部预算并支出；二是下属事业部、子公司的法律事务预算，主要用于外聘律师费用，由事业部、子公司预算并支出；三是重大商业项目法律预算，单独制定并纳入项目成本。

二、中央企业的现状

近年来，中央企业在法律机构设立、人员配备、职责界定和加强法律部门与业务部门沟通协调等方面也做了很多努力，并取得了显著的进步。一是普遍设立了法律事务机构。截至 2012 年底，114 户中央企业集团层面法律事务机构作为一级职能部门的企业有 95 户，占 83%，集团法律事务机构普遍开展了对全系统法制工作的指导和监督。二是初步明确了职责范围。包括制度建设、重大项目法律管理、合同管理、法律风险管理、法制宣传教育与法律纠纷案件处理等都已明确为法律事务机构职责，部分中央企业还有所拓展。三是逐步融入企业经营管理。法律管理与中央企业转型升级、科技创新、国际化经营、精细化管理、和谐发展不断融合，为企业发展提供了较好的支撑和保障作用。

三、主要差距

(1)机构独立性有待增强。少数中央企业没有将法律事务机构作为一级独立的职能部门，法律事务机构与其他业务机构合署办公。一些中央企业子企业法律事务机构还存在一定的缺位问题，个别子企业仅仅在综合办公室设置一名法律岗，甚至没有独立法律岗位。

(2)机构职责的专业含量有待提高。一些中央企业法律事务机构日常主要处理规章制度、经济合同、纠纷案件等一般性法律问题，在反垄断、环境保护、知识产权、劳动用工、涉外业务等重大领域的工作职责不明确，管理界面不清晰，在实践中未能发挥应有的专业作用。

(3)与业务部门的融合有待加强。一些中央企业法律事务机构与业务部门在融合协作上还停留在浅层次，尚未建立法律事务机构前期参与、定期会商等工作机制，往往业务部门遇到涉法问题才发生横向沟通。

(4)法律管理预算机制有待完善。大多数中央企业缺乏法律事务单独预算，一般由公司预算部门按照与其他业务部门大致相同的标准统一核定，与法律工作专业性高、社会通用性强等特点不符，某种程度上制约了法律管理水平的提升。

第二节　企业法律顾问队伍

一、世界一流企业的考察

(1)法律顾问队伍整体规模较大。对标企业根据经营管理需要配备法律顾问，形成了充足的法律顾问队伍。据统计，欧美企业每10亿美元的营业收入对应的内部法律顾问数为5～9人；法律顾问总量约占员工总数的7‰以上，其中公司总部法律顾问占法律顾问总数的10%左右；每名内部法律顾问对应的辅助人员数为0.8人。例如英国石油公司共有法律顾问800余名，占公司员工总数(10万人)的8‰。美国通用电气公司在全球拥有超过1200名法律顾问。德国西门子公司在全球配备超过2000名法律顾问。

(2)法律顾问队伍专业化水平高。对标企业法律顾问一般都具有法律专业背景和资格，并且基本都有丰富的法律职业经历，专业能力强，业务素养高。对标企业在总部法律顾问团队一般都要配备知识产权、环境保护、重大诉讼等专业领域的优秀人才，集中指导、处理全球相关领域法律业务。

(3)法律顾问人员选拔较为严格。对标企业在人员选拔上，对法律顾问的教育背景、知识结构和从业经验等方面要求较高，一般偏向招聘富有经验的法律专业人才，招聘的目标市场主要是知名律师事务所和优秀跨国企业，即使招聘应届毕业生也只针对知名高校的法学专业。例如德国西门子公司倾向于聘任具有丰富经验的知名社会律师，或是原从事相关专业领域的资深政府官员。英国电信集团、德国电信公司要求应聘者不仅具备法律专业背景，还须具备管理经验，熟悉业务和产品的运作。

(4)建立严格的考核和有效激励机制。对标企业普遍建立了专门的法律顾问绩效考核制度，通常做法是各级总法律顾问确定本业务板块、分子公司部门法律顾问的年度工作目标，作为考核依据；在对法律顾问进行审核评定时同时征询相关业务部门的意见。根据不同的绩效分数等级，决定法律顾问的薪酬和晋升；如果低于一定的分值，将被转岗或辞退。相应的，对标企业法律顾问的薪酬实行等级制，从助理到总法律顾问，按照其所负的实际责任划分成若干等级，根据考核结果给付报酬。例如荷兰壳牌集团将法律顾问岗位分为9个不同的等级，每年年终由员工本人和有直接汇报关系的总法律顾问分别进行自评和评价，再由双方协商确定业绩考评结果，符合条件的晋升上一岗位等级，并与报酬直接挂钩，低于一定分值的则直接被辞退；公司还设立了特别贡献奖，用于奖励专业能力较强、承担工作较多的法律顾问。此外，对标企业法律顾问的薪酬标准根据社会律师等同业人员的市场价值确定并定期调整，与社会律师相当，甚至比公司内部其他业务管理人员要高。根据《ALM法律情报》“2010年美国法律顾问薪酬报告”，排名前20的美国大企业法律顾问的薪酬待遇水平通常在20万～40万美元之间。美国通用电气公司、德国西门子公司、荷兰壳牌集团等公司明确法律顾问薪酬标准一般要高于其他部门人员。

(5)重视提升法律顾问素质。对标企业高度重视法律顾问的培训，有专门的培训计划和学习考核制度，通常采取短期培训和法律院校进修学习相结合的方式，并有专门的培训费用预算。有些企业法律事务机构设有内部网站，进行内部交流与学习培训。例如美国通用电气公司、荷兰壳牌集团经常组织律师进行专业研讨和工作交流，安排本公司资深法律顾问或社会律师作专题讲座，必要时也选派法律顾问到法律院校进修学习。加拿大巴莱克公司定期由财务、勘探、采矿、销售等方面的业务人员对法律顾问进行培训，帮助法律顾问了解公司业务情况，并在法律团队内部推行“导师计划”，为每个年轻的法律顾问配备一个资深的法律顾问作为“导师”。

二、中央企业的现状

一是法律顾问队伍初具规模。中央企业法律顾问队伍建设不断加强，规模不断壮大，截至2012年底中央企业全系统法律顾问已达到16800多人。中国石油、中国石化、国家电网等公司法律顾问队伍规模已突破1000人。二是法律顾问队伍素质不断提高。中央企业适应业务发展需要，通过在职学历培训、业务技能培训、交流和挂职锻炼等方式，不断加大法律顾问的培养力度，特别是在中央企业法制工作三个三年目标的大力推动下，法律顾问队伍整体专业素质和业务水平大幅提升，并且在各行业各领域逐步形成了一批法律专业骨干力量。

三、主要差距

(1)法律顾问队伍规模整体偏小。目前大多数中央企业法律顾问队伍规模偏小，与企业规模不相适应，不能适应企业发展需要。截至2012年底，85%以上的中央企业法律顾问占企业人员总数的比例不足5‰，50%以上的企业不足1.5‰，远低于对标企业的平均水平(7‰)。

(2)法律顾问队伍专业化平均水平不高。与对标企业相比，部分中央企业的法律顾问队伍构成比较单一，以招聘的法学专业应届毕业生为主，在法律、业务、管理等方面的经验和能力均存在一定差距。有的企业在涉外法律事务、知识产权、环境保护等领域，专业人才还较为匮乏，尚不能满足企业发展需要。

(3)法律顾问专业力量统筹配置不够。中央企业一般实行分级管理体制，法律顾问配备缺乏统筹规划，由各层级企业自主决定。由于不同企业对法律管理的重视程度不同，法律顾问配置与企业法律需求有时存在脱节现象。

(4)激励机制不到位。绝大多数中央企业还未建立针对法律顾问的绩效导向激励机制，法律顾问薪酬明显低于社会律师的收入，导致一些企业需要、能力较强的法律顾问为寻求理想待遇而选择离开本职岗位。大部分中央企业在管理职级序列之外，也未针对法律顾问设立技术职级序列，没有形成畅通的晋升渠道。截至2012年底，仅29户中央企业开展了法律顾问岗位等级资格评审。

(5)管理机制不完善。大部分中央企业普遍缺少对法律顾问职业生涯的长远规划，缺乏持续性、针对性的选拔、任用、专业培训和绩效考核机制。

第四章　企业法律管理工作内容对标

第一节　规章制度管理

一、世界一流企业的考察

(1)制度体系在企业管理中的定位清晰。对标企业普遍将规章制度作为对企业战略和业务管控的重要支持，并将其作为法律管理的重要手段和依据。例如荷兰壳牌集团的管理基础文件包括管理和规范整个企业的日常运营的所有规范性文件，集中体现企业价值观和管控理念。

(2)制度体系内容相对完备、结构合理。对标企业的制度体系基本实现了对业务管理全覆盖，为法律管理提供了清晰、明确的依据。对标企业根据公司治理架构，全局性和基本性的业务要求一般在总部制定；具体的业务规则一般由业务板块制定。例如荷兰壳牌集团制度体系包括了壳牌通用业务准则、行为准则、风险管理声明、标准、最佳实践、手册和指导等层次。其中，通用业务准则适用于每个业务，主要涵盖经济、竞争、商业诚信，政治活动、HSE、合规等主要原则；员工行为准则将通用业务准则具体化，清楚地描述壳牌要求员工遵循哪些要求，实践何种行为；风险管理声明是表明日常业务的风险控制重心，每个业务和职能部门都有责任在日常运营中识别、评估风险，并融入标准、手册；标准是针对某一特定职能或专业管理的标准，由集团职能部门或业务板块制定。

(3)制度管理组织设置明确、职责清晰。对标企业普遍在总部设立制度管理岗位，管控力度强、标准化程度高，制度设计能力较强，通常采取全球统一架构、兼顾本土灵活性的做法，使得同一业务尽可能保持统一性、标准化，并强调符合法律法规要求。不同类别和不同层级制度的审议、审批权限十分明确具体，对于全球统一适用的制度或重要的区域制度，都由总部高层集体决策，法律事务机构参与制定，确保合法合规。例如英国石油公司由全球风险团队负责全球统一规范性文件的协调，制定关于文件编制、颁布和管理的导则，并组织、协调和监督相关要求的实施与遵守情况。

(4)建立综合的制度执行管理体系。对标企业普遍将质量管理、流程管理、HSE管理、标准管理、生产运行管理等各个专业管理体系进行整合，基本不存在多体系林立的现象，同时把制度规定融入体系运行，确保依法合规的各项制度要求落到实处。例如英国石油公司在全集团范围内实施统一的运营管理体系(OMS)。对标企业通常在制度执行中通过信息化手段，将管理规则固化并融入日常的业务运营及管理流程中，使制度执行具有刚性和不可回避性。对标企业还通过审计部门对制度执行情况进行管理审计，并评估制度本身的有效性和适用性，对违反制度规定的行为严格追究责任，惩戒力度大、违规成本高，有效保障制度执行。

二、中央企业的现状

制度管理作为中央企业法律管理的职能业务，近年来持续得到加强。一是初步建立了制度管理的机制和程序。不少中央企业对规章制度管理实行统一制度、分级制定、归口管理、分工负责，制订计划、立项、论证、起草、审查审议和颁发的机制和流程基本完备，法律审核逐步成为制度制定的必经程序。同时，企业制度宣贯、实施和执行监督机制普遍建立，企业员工制度意识、合规意识不断增强，执行力明显改善，制度对公司强化管控、规范运作的支持保障作用更加显著。二是基本建立了与企业体制机制相适应的制度体系框架。不少中央企业在实践中形成了集团总部、专业板块和地区企业三级制度架构，为深化法律管理提供了较好的制度基础。例如总部负责制定产权与组织制度、综合性职能管理制度，专业板块负责制定本专业管理规范，地区企业负责对总部和专业板块的规章制度进行实施性转化、细化，并补充制定生产作业制度。截至 2012 年底，中央企业集团层面规章制度法律审核率达到了 97.81%。

三、主要差距

(1)制度体系在企业管理中的地位和作用不够明确。有的中央企业对制度在企业的运营与管理中的角色定位认识不深，没有将其作为企业核心能力建设的基础和法律管理的重要手段。有的中央企业规章管理力度不强，管理文件存在交叉、重复或矛盾的现象，影响了制度的权威性，降低了法律管理效率。

(2)制度体系的系统性不强。有的中央企业制度体系横向不紧凑、总量偏大，需要简化、优化；有的纵向不集约、层层制定，对地区企业制度的管控力度弱，基层管理规范化和标准化程度低。

(3)制度科学性和适用性不足。有的中央企业制度设计不科学、论证不充分，要求粗细不一、操作性不强，转化和实施的难度大；有的中央企业制度更新缓慢，制度创新滞后于管理创新，时效性有待进一步加强。

(4)制度落实机制还不完善。有的中央企业制度建设重制定、轻宣贯，缺乏制度执行情况的考核机制及相应的考核指标，未充分利用信息化手段来固化制度要求、监督制度执行，影响了法律管理的执行力。

第二节　重大项目管理

一、世界一流企业的考察

(1)从制度层面明确将法律论证作为重大项目决策的必经环节。对标企业大多在基本制度中对法律顾问参与重大项目决策论证做出明确规定，并在实践中贯彻落实。例如英国石油公司对包括重大项目在内的决策事项，通过公司章程、股东大会议事规则和专门的重大项目管理规范等制度文件，明确要求法律事务机构参与。

(2)实行法律顾问以前期参与为主的全过程参与机制。对标企业一般明确要求重大项目必须全过程有法律顾问参与，高度重视法律顾问在项目决策前期的作用。同时，对法律顾问在重大项目各个阶段的权限和责任都做了明确规定，并固化到流程中，相关环节须经过法律事务机构同意才能流转到下一个环节。例如英国石油公司规定法律顾问不仅全过程参与项目的实施，还参与到项目实施前的启动和筹备阶段；项目的启动必须由法律顾问签字，确认项目的合法合规性，法律顾问不认可则不得启动项目立项。

(3)实行重大项目法律团队运作机制。对标企业一般都成立专门项目团队，对项目实行“矩阵式”管理，集中相对固定的力量参与项目，确保工作连续性和效果。例如荷兰壳牌集团实行“项目律师制”，根据法律顾问素质能力和经验，对不同层次的法律顾问参与项目的范围进行分级，具体运作中由总法律顾问和项目决定委员会指定项目律师参与项目；被指定的项目律师一般不随意更换和调整，从项目启动到实施全过程参与，并在工作安排上优先确保其有足够的时间和精力投入项目中；项目律师可根据项目需求向总法律顾问申请各类资源及人力支持，在权限范围和既定规则下有相对独立的权限，对外代表整个法律团队，对内直接向总法律顾问请示汇报，同时承担项目法律管理责任。

(4)法律顾问在重大项目中作用比较突出。对标企业法律顾问在重大项目中一般不局限于纯法律专业问题，还延伸至税务筹划、劳动用工、商务安排、社会责任等领域，不仅要对重大项目所涉及的法律问题和风险做出判断、提出意见，而且要为项目实施提供可行的解决方案。例如荷兰壳牌集团要求法律顾问进行项目分析论证时，除对法律问题出具意见外，还应当就该项目的商业价值、对环境的影响、可能产生的社会效应、对公司整体业务发展的利弊等提出分析意见。业务部门对法律顾问的意见普遍比较重视，一般如果法律事务机构提出不同意见，业务部门均会慎重对待，确有必要则按照权限提交更高层级进行决策。

二、中央企业的现状

近年来，中央企业对重大项目的法律管理逐步得到加强。一是初步建立了法律顾问参与重大项目的保障机制。不少中央企业在制度层面不断强化项目法律管理，通过制定投资、股权、合同、招投标等管理制度，对项目法律管理的主体、内容、职责界面、参与方式等作了明确规定，使法律顾问参与重大项目有了重要的制度保障。二是不断完善法律顾问全过程参与项目的管理模式。不少中央企业在实践中逐步认识到法律顾问全过程参与项目对风险防控的重要性，要求法律顾问在项目尽职调查、法律论证、商务模式设计、法律谈判、法律文件起草修订、项目履行等各个环节充分参与并发挥作用。

三、主要差距

（1）法律顾问全程参与重大项目的机制保障有待进一步加强。有的中央企业对重大项目的法律管理还缺乏相应的管理制度，法律顾问还难以全过程参与重大项目。有的中央企业重大项目前期未进行必要的法律论证，发生法律纠纷后才让法律顾问介入，影响了法律顾问的作用发挥。

（2）法律顾问参与重大项目的深度不够。有的中央企业虽然要求法律顾问参加重大项目的研究论证，但仅限于让法律顾问对项目浅层面的、纯粹的法律专业问题出具意见，缺乏对项目重大问题及风险的全面、深入的研究论证。

（3）法律顾问实际作用的发挥有待增强。有的中央企业法律顾问受制于自身能力素质，在参与重大项目中出具的专业意见和建议质量不高。有的法律顾问提出了正确的法律意见，但没有始终坚持，导致得不到合理采纳。有的中央企业存在业务部门不采纳法律顾问合理意见的现象，有的口头采纳后随意变更调整，不在项目实施中真正贯彻落实。

第三节　合同管理

一、世界一流企业的考察

（1）大力推进合同管理信息化。对标企业通常管理信息化程度较高，通过业务流程梳理与信息化结合，实现了合同管理标准化和业务流程规范化，最大限度地减少了人为因素的影响。例如美国通用电气公司合同的起草、审查及履行都在统一的工作平台上完成，合同签署、履行所涉及的相关业务部门和操作流程也由系统预先设置。

（2）大力推行合同文本标准化。对标企业在总结实践经验的基础上，由法律事务机构对日常业务所需合同进行标准化处理，拟定统一的合同文本，供业务部门使用，提高工作效率、保障交易安全。业务部门在不改变合同文本条款的情况下，可以不经法律事务机构审查。例如荷兰壳牌集团法律事务机构设立专门团队负责合同示范文本的制订、修订及管理，并配套了奖惩机制。

（3）对合同实施分类管理。对标企业对日常合同和重大项目合同，采取不同的管理方式。使用标准化合同文本，如仅对非核心、非关键性的条款进行修改，无须再经法律顾问审核。对重大项目合同管理则有一套规范流程，包括项目参与人员、具体流程等，缺少法律顾问的参加，项目不能继续推进。例如荷兰壳牌集团有专门的重大项目操作手册对业务流程进行规范，如不按照规范进行运作，相关人员将受到处罚。

(4)设置专人负责合同履行。对标企业对合同履行管理十分重视，普遍设立合同经理来专门负责合同的履行管理。例如美国通用电气公司实行合同工程师制度专门负责合同履行。

二、中央企业的现状

合同管理是法律事务机构的基础职能，近年来中央企业在这方面进步显著。一是初步建立了合同管理体制。中央企业普遍明确法律事务机构作为合同归口管理部门，建立了合同管理流程。二是基本建立了合同管理制度体系。不少中央企业强化了合同选商、谈判、审查、订立、履行等交易管理主要环节的制度建设，从制度层面明确了合同管理职责、权限、流程等内容。三是不断加强合同的动态管理。有些中央企业在市场准入、合同选商、审查签订、变更解除、履约结算等各个环节建立了管理流程，并在合同管理信息系统中设定审查流程和节点，各相关部门分别按照流程进入系统进行审查、履行监督职责。四是推进合同管理信息化、标准化建设。不少中央企业建立了合同管理信息平台，实现了合同立项、选商、审查审批、签订、履行、归档和信息数据统计分析的网上运行。不少中央企业通过推行合同标准文本，提高了合同管理质量和效率。有的中央企业已实现合同管理系统与ERP、资金管理、审计等相关业务管理信息系统的融合集成。

三、主要差距

(1)法律顾问对合同的全流程管理有待加强。有的中央企业在重大项目合同管理方面，尚未形成统一规范的多部门联合工作机制，法律事务机构和法律顾问仅限于参与项目合同订立的部分过程，没有参与合同履行的管理监督。有的企业法律事务机构甚至只能进行书面审查，缺乏法律事务机构全程、深度参与项目合同的制度保障。

(2)合同分类管理的制度有待完善。有的中央企业尚未区别使用示范文本的合同和非使用示范文本的合同，有的中央企业不区分合同的商务、技术和法律条款，所有合同都由法律顾问统一审核，大大增加了法律顾问的工作负荷，降低了法律审核效率。

(3)合同管理的标准化、信息化水平有待提高。有的中央企业还没有制定、使用合同标准文本，有的中央企业尚未建立统一的合同管理信息平台，有的中央企业合同管理系统和其他业务系统不兼容，合同管理的各项要求在实际中落实不到位。

第四节 纠纷案件管理

一、世界一流企业的考察

（1）实行统一管理、统一处理的管理体制。对标企业一般在总部层面设立专门的团队负责整个企业的纠纷案件管理，各地区企业通常对纠纷案件并没有直接管理权。

（2）依靠外部法律资源来处理纠纷案件。考虑到纠纷案件的专业性、地域性和时效性、经济性，对标企业大多聘请外部律师处理纠纷案件，一般会与国际律所建立常年的合作关系。同时，对标企业负责管理纠纷案件处理的法律顾问一般都有诉讼律师的背景，会及时跟进纠纷案件处理进度，并对外部律师进行必要的监督。

（3）建立完备的纠纷案件信息申报制度。对标企业负责各个地区公司纠纷业务的法律顾问一般是专职的，纠纷案件发生后，该法律顾问需在第一时间将信息汇报给总部的纠纷案件管理团队。

（4）严格问责重大过错导致的纠纷案件。对一般的纠纷案件，对标企业侧重于案件处理，并未将其作为业务管理的重要内容；但对于因内部人员重大过错导致的纠纷案件，则严格问责，必追究相关人员的责任。

二、中央企业的现状

近年来，中央企业按照《中央企业重大法律纠纷案件管理暂行办法》逐步建立健全了法律纠纷案件的管理制度。一是采取统一管理、分级负责的管理模式。中央企业普遍在总部和各级子企业之间划分管理权限，一般情况下总部负责管理大额、影响重大、涉及子公司权益性的纠纷案件，其余纠纷案件由子企业管理。同时，建立纠纷案件申报制度，要求地区企业在规定时间内申报纠纷案件，总部定期对申报情况进行检查。二是统筹内部力量与外部资源。中央企业通常由内部法律顾问处理一般案件，由内部法律顾问和外部律师组成团队共同处理重大复杂案件。三是建立纠纷案件分析总结制度。不少中央企业通过分析总结案件发生反映的管理问题，开展典型案例警示教育，及时改进企业管理。四是严格纠纷案件责任追究。不少中央企业建立了纠纷案件责任追究制度，有的企业将重大过错纠纷案件纳入了企业主要领导业绩考核。

三、主要差距

(1)法律纠纷案件处理集中化程度较低。有的中央企业集团层面处理法律纠纷案件的标的额较高,很多案件沉淀在各级子企业,集团层面对解决法律纠纷案件的直接参与程度不足。

(2)法律顾问处理诉讼的专业能力有待提高。有的中央企业管理法律纠纷案件的法律顾问缺乏足够的诉讼经验,在处理法律纠纷案件时盲目依赖外聘律师,对外聘律师缺乏必要的监督和指引。

(3)历史遗留的法律纠纷案件尚未彻底解决。有的中央企业由于历史原因,仍然存在一些积案尚未得到解决,有的案件标的额还较大,对企业的健康发展造成了一定隐患。

第五节　知识产权管理

一、世界一流企业的考察

(1)高度重视知识产权管理。对标企业普遍将知识产权作为企业战略管理的重要内容,尤其在跨国经营中,将运用知识产权作为提升企业竞争力的重要手段,一般由总法律顾问负责管理。例如荷兰壳牌集团总部法律部拥有知识产权管理方面的资深专家,专门负责指导和处理全球的知识产权相关业务。

(2)实行集中统一、全过程的管理模式。对标企业一般都由专门部门统一归口管理知识产权业务,有的由法律事务机构归口管理,有的设置专门的知识产权管理部门。对标企业通常都会建立一整套科学严格的知识产权管理制度,设置专门的知识产权律师,管理内容涵盖企业交易、投资的知识产权管理,以及知识产权的权利化、维护、许可、维权等。

二、中央企业的现状

目前,多数中央企业对知识产权实行分类管理,即根据知识产权的分类由不同部门分别负责管理。例如:法律事务机构对商标、著作权实施管理;科技部门负责对专利实施管理;信息技术部门负责对域名和软件著作权实施管理;办公厅负责对商业秘密实施管理。不少中央企业已经建立起知识产权内部管理制度和流程,配备了专业的知识产权管理人员,并为知识产权工作制定专门的预算和资源配置。部分中央企业的法律部门已经形成对专利、著作权等主要知识产权种类的统一管理，法律部门能够对知识产权的创造、运用、保护和管理进行全过程监控。中央企业近年来在专利、商标、著作权等主要的知识产权类型方面的储备不断提升，在核心技术领域已经形成一批重要知识产权。

三、主要差距

(1)重视程度不够，资源投入不足。目前，大多数中央企业在知识产权战略方面仍显薄弱，知识产权战略制定和实施仍处于起步阶段，尚未发挥对经营战略的引领或支撑作用。部分中央企业对知识产权管理不够重视，人力、财务资源投入较少，知识产权工作不能有效开展，未能形成对企业知识产权的有效管理和保护，存在企业无形资产流失的风险。

(2)管理内容和流程不全面，实践经验不足。部分中央企业尚未建立知识产权管理制度，或知识产权管理制度执行效果不理想，或缺乏完善的管理流程。不少中央企业知识产权管理分散在多个部门，知识产权管理范围涵盖内容不尽一致，没有形成一致的管理界面。有的中央企业在知识产权运用方面仍缺乏管理意识或实践经验，特别是在运用知识产权获取国际市场竞争优势方面与世界一流企业相比仍存在较大差距。有的中央企业对国际知识产权贸易、境外知识产权保护环境、知识产权运用策略等仍缺乏掌握。

第六节　境外业务法律管理

一、世界一流企业的考察

(1)境内外业务实行一体化管理。对标企业一般由总部法律事务机构统筹境内外业务法律管理，在机构设置、人员配备、管理标准等方面适用统一的标准。例如荷兰壳牌集团采用总部垂直管理的模式，总法律顾问根据业务规模、专业领域等因素决定公司境内和境外各个板块、地区的法律资源配备和调整。

(2)境外公司法律业务与总部联系紧密。对标企业一般由总部统一管理境外公司的工商登记、知识产权、合规等事项，总部授予境外公司法律事务机构一定的管理权限，超越权限范围的事项需上报总部决定。境外公司总法律顾问定期向总部报告法律业务开展情况，总部根据业务开展情况和业务部门反馈意见对境外公司法律工作进行评价。

(3)境外公司法律事务机构地位较高。对标企业境外公司法律事务机构独立性一般较强，与业务部门构成制约协作关系。法律事务机构为业务部门决策提供重要依据，进行风险评估，解决实际问题，业务部门无论从制度规定还是实际需要出发都会主动征询法律事务机构意见。

(4)境外公司法律机构完备，法律队伍健全。对标企业对境外业务一般都设置总法律顾问，并根据业务规模和专业需要配备相应的法律顾问队伍。例如荷兰壳牌集团大中华区配备了总法律顾问，同时担任该公司副总裁，决定法律顾问队伍组成，领导法律顾问队伍，并拥有法律事务机构的人事、财务决定权。

(5)境外公司的法律顾问本土化程度高。境外法律事务机构一般在当地选聘员工，例如荷兰壳牌集团为迅速适应境外业务开展需要，境外公司的法律顾问一般都由当地人员组成，甚至有的境外公司总法律顾问也由熟悉当地社会文化背景、有丰富工作经验的当地律师担任。

二、中央企业的现状

近年来随着中央企业“走出去”战略的实施，中央企业境外业务快速发展，境外业务法律管理不断加强。企业越来越注重研究东道国政策、法律环境，尝试通过境外派驻或者聘请当地法律顾问等方式开展相关法律管理工作，在防控境外业务不同阶段的法律风险方面发挥了积极的作用。

三、主要差距

(1)组织机构设置和人员配备不完备。中央企业境外业务通常情况下与国内业务实行差别管理，境外子企业很少设立总法律顾问。有的境外子企业没有独立的法律事务机构，仅由国内派驻少数法律顾问；有的甚至没有法律顾问，仅聘请了个别当地外部律师。境外子企业较少利用当地法律资源，法律顾问本地化程度低，只有在开展诉讼业务、尽职调查或处理公共关系时才使用当地法律资源。

(2)对法律风险的认识不到位，处理境外法律事务的能力有待加强。很多中央企业受到体制、机制和人才保障支撑的制约，对境外业务可能产生的各种法律风险认识不足，不能运用专业资源充分识别潜在的法律风险。部分中央企业重视签约阶段的法律风险防范，轻视运营阶段的法律风险防范，在处理境外法律事务方面习惯于沿用国内的做法，重视与政府或官员的关系，轻视东道国的法律规定，不善于处理与工会、社区、非政府组织的关系，处理劳动用工、公共关系、环境保护、知识产权等方面法律问题的能力和水平不足。

(3)分散化的管理机制，导致境外业务法律管理开展不够深入、全面。一些中央企业境外法律管理内容较为单一，主要围绕合同管理开展，根据业务活动进行合同的起草、审查和协调纠纷处理等工作，在处理劳动用工、公共关系、环境保护等法律问题，参与当地立法，参与处理重大项目法律风险防范等方面的作用还比较有限，法律风险防范未能做到全覆盖。

第五章　企业法律管理工作模式对标

第一节　法律管控模式

一、世界一流企业的考察

对标企业根据企业的规模、业务复杂程度和业务本身的特点，建立了适合企业特点的法律管理模式。具体模式主要有集中型、分散型和矩阵型三种：

一是集中管理模式，即实行高度集中统一的法律管理，法律事务机构在总法律顾问领导下，统管各板块或所属子公司法律工作，法律顾问全部由法律事务机构指派，并只向法律事务机构负责并汇报工作。由于集中管理模式有利于集团公司更好地控制法律风险，保证公司法律顾问法律意见的独立性，并提高法律事务机构的办事效率，包括美国雷神公司、波音公司、联合技术公司，英国航太系统公司，德国西门子公司和德国电信公司在内的很多对标企业都选择了此种模式。

二是分散管理模式，即企业在每一个业务领域、部门和所属企业都设有法律事务机构，只负责相应的法律业务，只对本业务领域、部门和所属企业领导负责，不向集团总部法律事务机构汇报工作，目前采用这种模式的较少。

三是矩阵模式，即公司设总法律顾问和法律事务机构，业务部门和分、子公司均设法律事务机构，配备专业法律顾问，除向本部门领导汇报工作外，还要向总法律顾问和公司法律事务机构汇报工作，但主要向公司总法律顾问和法律事务机构负责。很多规模较大、业务板块和海外区域性公司较多的公司采用这种模式，例如荷兰壳牌集团、英国石油公司和美国钢铁公司等公司都实行“矩阵式”管理。

二、中央企业的现状

总体上，中央企业法律工作大多根据企业管理层级实行相对集中的分级管理，采取“双轨制”或“双线制”模式，即一方面加强对企业主要负责人依法经营责任的落实，一方面强调总部对地区或分、子企业总法律顾问和法律机构负责人的管理，即强化对所属企业的管控，确保公司法律意志的统一。主要做法包括：

一是所属企业总法律顾问和法律事务机构主要受企业负责人管理。所属企业总法律顾问人选确定、任命、考核评价，法律事务机构的设立、职责权限和负责人的任命和考核，以及法律顾问的薪酬待遇、职务晋升等在遵循集团公司统一要求的前提下，主要由所属企业管理，按照管理隶属关系向企业主要领导负责。

二是总部对所属企业总法律顾问和法律事务机构以业务指导为主。总部制订推行统一的法律业务管理制度、规范、标准和信息平台，除达到一定标准的重大项目、重大纠纷案件和重大合同需报总部统一管理外，大部分具体法律业务决定权在所属企业。所属企业总法律顾问、法律机构负责人及其他法律顾问的人事管理权主要在所属企业，总部主要以指导、建议和业务评价等方式进行管理。

三是总部注重落实所属企业主要领导的依法经营责任。总部对企业主要领导依法治企提出具体要求，企业总法律顾问及总部法律事务机构在重点工作开展和重要涉法事项处理上，与企业主要领导保持经常性沟通联系。

三、主要差距

(1)法律管理模式较为单一。大多数中央企业受制于现实条件和管理体制，法律管理模式较为单一，普遍采用“双轨制”或“双线制”。但是由于不同企业的规模、产业特点、管理模式都存在不同，法律需求也存在一定差异，单一化的法律管理模式很难完全匹配企业的规模、业务复杂程度和业务本身的特点，影响了法律管理作用的发挥。

(2)法律管理系统性不强。就整体情况而言，中央企业在“双轨制”或“双线制”模式下，法律管理在法律风险防范“点”上的管控力度比较强，但是在资源配置、垂直管理等纵向“线”上的管控力度还比较弱；而且由于不同区域、不同企业法律管理的差异性较大，管理界面、管理范围、管理手段都有所不同，尚未形成法律管理“面”上标准、统一的体系。

第二节 法律资源配置

一、世界一流企业的考察

(1)统一管理。对标企业从公司整体需求和战略发展大局出发，制订实行统一的法律资源配置方案和标准，对人员、财力、信息等各类资源统一调配，统一使用。例如英国石油公司建立了抽调区域性公司人员支持业务板块法律业务的机制。

（2）动态调整。对标企业充分考虑不同时期、不同阶段、不同企业发展实际，根据需求变化定编定员、设定预算，做到了有增有减、适时变化。例如荷兰壳牌集团根据金融危机对不同国家地区影响程度的大小，适当削减了位于西方国家或地区的区域性公司法律顾问的编制和预算，适当增加充实了位于中国等新兴经济体的法律顾问的编制和预算。

（3）人员管理注重精细化、流动性。对标企业根据法律顾问的专业水平及职业经历，安排合适的工作岗位，划分专业性或辅助性岗位，统筹配置、才尽其用。同时，根据实际需求注重法律顾问在不同区域、不同岗位上的合理流动。例如荷兰壳牌集团安排区域性公司总法律顾问不定期在不同区域之间调动，以丰富其管理经验。

二、中央企业的现状

一是管理相对分散。中央企业在法律资源配置上通常主要由所属企业分散执行，在具体执行中受所属企业重视程度影响，即使法律需求大体相同的企业，法律资源配备也存在一定的差异。二是管理比较僵化。法律顾问、工作经费等一般由人事和财务部门按照公司统一政策下达定额，一般在较长时期内保持相对稳定，难以及时根据业务需要进行动态调整。三是流动性较差。各类资源受不同地区企业界限的制约，难以合理流动，特别是法律顾问在总部与所属企业、不同所属企业之间流动性不强。

三、主要差距

总体而言，一些中央企业由于各业务板块、分子公司的条块化管理模式，在法律资源配置上未能遵循按需调配的基本规律，不能根据企业发展的需要，增加所需要的人、财、物等资源；而且法律资源配置灵活性较差，较少根据情况差异和变化适时调整，没有充分发挥现有法律资源的作用，法律顾问管理上出现了“进不来、出不去、动不了”等问题。

第三节　法律管理标准化、信息化

一、世界一流企业的考察

（1）应用范围非常广泛。对标企业不仅在日常运营、业务管理上注重大量应用标准化、信息化手段(例如荷兰壳牌集团总部投入大量人力和物力，对重大投资、合作领域的合同制订了合同范本，各个业务板块均根据自己的业务特点制订一套专门的合同范本)，同时形成了各项业务管理对法律顾问的素质要求、法律审查论证、工作总结反馈、工作开展评价、业绩考核等具体管理标准，且大部分工作都通过信息网络运行和实现。美国电力公司除使用合同管理和案件管理系统外，还设有专门的系统对法律事务账单进行分析。

(2)推广应用的刚性程度较高。对标企业要求员工必须使用各类管理标准和信息平台。例如荷兰壳牌集团所有的海外合资合作合同必须原封不动地引用总部制定的有关HSSE、反腐败、反垄断的条款；如修改标准条款的内容，分、子公司必须报请总部法律事务机构同意。

(3)强调系统界面的操作性。在信息化方面，对标企业一般都开发了统一的业务管理信息系统，法律管理的各项要求嵌入系统运行的各个节点，操作界面简明易行，法律顾问只需登录相关系统完成审查审批操作即可。法律事务机构一般不在业务管理信息系统之外单独开发独立的法律管理信息系统。

二、中央企业的现状

一是标准化建设逐步开展。不少中央企业都制订实施了覆盖主要交易领域的合同示范文本；一些中央企业还研究制订了合同法律审查标准、不同类型重大项目管理规范指引和法律管理信息申报等各类工作标准。二是信息化应用水平不断提升。不少中央企业开发应用了合同、纠纷案件等信息系统和平台，有的中央企业在合同信息化管理方面已经建立了从立项、选商、审查、签订到履行的全过程管理。

三、主要差距

(1)应用侧重点有所不同。不少中央企业在法律管理标准化和信息化的应用方面，侧重于法律业务的需要，主要用于审核、会签等流程管理，但在统计、分析等管理职能方面的运用还比较薄弱。

(2)标准化、信息化的执行力不够强。一些中央企业在标准化、信息化方面还存在有标准但执行不到位的问题，例如有的企业擅自修改应当适用示范文本的合同、实际签订的合同和经信息系统审查的合同不完全一致的现象仍然存在；有的企业对适用的合同示范文本仍然履行审查程序，标准化的作用未能得到充分发挥。

(3)信息化平台的整体筹划不到位。受制于中央企业当前整体的信息化水平，不少企业还缺乏对信息化管理的整体规划，没有建立统一的信息化管理平台。法律管理信息系统往往由法律事务机构主导进行开发设计，与其他业务部门开发应用的信息系统之间存在一些接口不兼容、职能有交叉的现象，未能形成企业内部完整、顺畅的信息化管理链条。

第四节　外聘律师管理

一、世界一流企业的考察

（1）对外聘律师实行统一集中管理。对标企业一般由公司总法律顾问和法律事务机构负责外聘律师管理工作，由法律事务机构统一选用和管理外聘律师，其他业务部门不得自行聘任。有的对标企业还设置专门监督、管理外聘律师的团队或人员，随时了解、监督委托事项的办理情况。

（2）严格规定外聘律师的前提和条件。不少对标企业对外聘律师采取比较谨慎、保守的态度，通常只在处理复杂的、区域性或国际性特点较强的案件时才会聘请外部律师。例如荷兰壳牌集团明确规定，只有在穷尽所有内部法律资源仍无法解决纠纷案件的情况下，才选择外聘律师。

（3）选择外聘律师有明确的程序。对标企业一般都通过比较严格的招投标程序，选择既能确保服务质量又能有效节约成本的律师，同时注重与信誉较高、熟悉本企业业务、业务往来较多的律所建立相对稳定的长期合作关系。

（4）强化对外聘律师的指导和考评。对标企业对具有战略意义的事项，坚持内部法律顾问主导、外聘律师辅助的原则，随时了解、监督委托事项的办理情况。同时，对标企业一般对外聘律师每次提供的服务都进行考评，核算工作量，评价服务质量，并保存相关记录作为未来选聘律师的重要参考和依据。例如美国电力公司从多维度对外聘律师进行考核，对律师账单进行专门分析。

二、中央企业的现状

大多数中央企业对外聘律师管理也比较重视，基本管理思路与对标企业大体相同。一是在管理权限上，企业明确规定外聘律师由法律事务机构归口管理，其他部门不能自行聘任。二是在外聘律师的条件上，明确规定只有在法律要求必须由律师办理、由律师办理比企业自办更经济、出于回避等特殊原因以律师名义处理更有利于企业等情况下才可考虑选聘使用外部律师。三是在外聘律师程序上，一般要求采取招标或其他竞争方式，注重运用市场手段择优选聘律师。四是在外聘律师使用上，注重对其进行有效管理和监督，事前要求律师提出详细的工作方案并进行审核，对工作过程中形成的各类材料严格把关、反复论证和修改完善，对服务质量和效果进行考核评价。

三、主要差距

一些中央企业在外聘律师的管理实践中也存在一些不足：一是少数中央企业仍然存在其他部门擅自外聘律师的情况。二是少数中央企业因自身法律顾问不足，习惯于依赖外聘律师处理法律业务，个别企业甚至存在以外聘律师代替企业法律顾问的倾向。三是少数中央企业律师选择程序不规范，存在聘请“关系律师”“人情律师”的现象。四是对外聘律师的管理和监督不够，个别中央企业对律师提出的意见不加分析，盲目采纳，对外聘律师缺乏必要的指导、监督和评价，账单管理过于松散。

第六章　进一步提升中央企业法律管理能力和水平的相关建议

第一节　大力培育企业法治文化

一、强化企业领导人员的法治思维

中央企业要引导各级经营管理人员尤其是企业主要领导，牢固树立法律至上、诚实守信的法治理念，培养契约精神、规则意识、程序意识等法治思维，自觉主动地学法、守法、用法，并将其转化为日常行为规范，努力树立责任央企、法治央企的良好形象。要促进企业管理人员将法律思维与经济思维相融合，在合法框架内谋求经济利益和企业的发展，并引导、提升全体员工的法治理念，形成自上到下崇尚法律、尊重法律、运用法律的企业法治文化。

二、及时制定依法合规行为准则

中央企业要结合企业自身情况，及时将法律法规等规范性文件转化为公司规章制度，为企业市场竞争和员工日常工作制定依法合规的行为准则，指引、规范企业的经营管理。要把增强企业负责人、关键岗位管理人员和新入职员工的法律意识和法律素养，作为依法合规经营的关键基础，实施有针对性的培训计划。要通过签署依法合规承诺书、廉洁从业宣誓等方式，促进企业从决策者、管理者到全体员工都能自觉运用法律手段，依法依规处理好企业改革改制和生产经营的各项涉法业务。

三、有效加强依法法合规经营的责任考核

中央企业要牢牢把住依法合规经营的法律红线，严禁通过违法违规、打“擦边球”等手段谋取利益的行为，不允许将违法违规当成一种商业机会。要建立健全考核评价体系和责任追究制度，将依法合规经营纳入企业管理人员的考核指标，强化企业管理人员的守法合规经营责任。要明确总法律顾问对企业合规管理的职责定位，明晰法律事务机构与纪检监察、审计等相关部门在合规管理中的职责界限，做到权责明确、分工协作。

第二节　加快完善企业总法律顾问制度

一、进一步提高总法律顾问的职级定位和职责权限

一是进一步提高总法律顾问的职级定位。通过起草出台《中央企业总法律顾问管理办法》等规范性文件的形式，明确中央企业法律顾问是企业全面负责法律工作的高级管理人员，直接对企业法定代表人或者总经理负责，中央企业应当在领导班子中配备具有法律顾问执业资格或者其他法律职业资格的人员担任总法律顾问。二是进一步拓展总法律顾问的职责权限。按照《国有企业法律顾问管理办法》的要求，切实落实总法律顾问的 7 项职责。重点加强总法律顾问参与重大决策的职责，探索将授权经营、公司治理、知识产权、内控合规、政府公共关系等工作纳入总法律顾问的职责。

二、切实强化总法律顾问的履职保障

一是赋予总法律顾问更多的法律管理权限。明确落实总法律顾问的重要决策会议参加权、重大事项审签权、独立发表意见权、上报事项审签权、人事建议权等重要权利，尝试赋予总法律顾问对法律机构、法律顾问的一定的考核权、激励权和任免权。二是建立健全总法律顾问履职的配套制度。明确总法律顾问履职的组织、人员、经费和信息系统保障，建立直接向公司法定代表人、总经理负责及向董事会汇报机制，总法律顾问任免审批制度，重要事项报告制度，法律管理考核评价，制定法律预算等相关制度，确保总法律顾问履职的独立性。三是不断推动总法律顾问制度向子企业延伸。强化子企业总法律顾问制度建设，重点在业务规模较大、法律风险防范需求较为迫切的二、三级子企业

推广总法律顾问制度。

三、加快提高总法律顾问履职能力

一是进一步明确总法律顾问的任职要求。从法律专业背景、法律执业资格、法律从业经历、综合管理能力等方面，为总法律顾问岗位设定合理的准入门槛，要求总法律顾问须有较高的专业水平、从业能力和丰富的管理经验。二是加大对总法律顾问的培训力度。通过组织专题研究、专业研讨、工作交流、国外培训等多种形式加大对总法律顾问的培养力度，全面提高总法律顾问的专业素质、管理能力和领导水平。三是加强总法律顾问后备人才培养。从企业内部选拔优秀的法律管理人才，作为总法律顾问后备人选，确保企业总法律顾问配备到位和更新接替有效衔接。四是强化总法律顾问的考评和激励。按照权责对等的原则，开展总法律顾问述职、考评，提升总法律顾问的积极性和主动性，强化责任意识。

第三节　不断深化法律管理工作内容

一、完善规章制度管理

一是加强制度体系的集约化程度。要通过法律事务机构加强管理，解决企业内部各种规范、管理文件“政出多门”的问题，使各项制度横向匹配，避免重复和矛盾。要强化集团层面的制度集成力度，提高管理规范的标准化和集约化，促进规章制度纵向上的集中统一。二是发挥制度的基础性和根本性作用。要通过建立程序严密、高效运行的制度体系，将企业经营管理纳入制度化的轨道，使整个制度体系既能覆盖一般管理行为，又能有效规制公司治理行为，指导全体员工规范运作，实现权责匹配、有效制衡。三是确保法律审核在规章制度制定过程中的地位。要健全企业规章制度法律审核的管理办法，将法律审核嵌入企业规章制度制定、修改的工作流程，以确保企业规章制度的法律审核率实现 100%，法律审核意见完备可查。

二、进一步加强法律顾问参与重大项目的机制保障

一是建立健全法律顾问参与重大项目的管理制度。要梳理、优化法律顾问参与重大项目的流程，明确法律顾问在重大项目参与过程中的职责权限，确保法律顾问全程参与重大项目。二是充分发挥法律顾问在重大项目中的全面作用。不仅要发挥法律顾问

在重大项目就法律风险评估、尽职调查等涉法业务方面的作用，更要保证法律顾问通过出席重要决策会议、参加项目组、会签文件以及出具法律意见书等形式对重大项目的经营决策进行法律审核，实现企业重要决策法律审核100%的目标。三是积极探索实践项目法律顾问派驻制度。要借鉴部分企业的成功经验，建立推广项目法律顾问派驻制度，通过派驻法律顾问全程参与重大项目的谈判和运营，有效防范法律风险。

三、进一步提升合同精细化管理水平

一是加快推进合同管理的标准化。要根据合同类型对合同进行区别管理，将常用合同的标准文本嵌入合同管理信息系统中，严格限制业务人员可修改的合同条款，大力推广使用标准合同文本。二是加快推进合同管理的信息化。要实现合同管理信息系统和企业的ERP、财务等业务系统的实时对接，将合同款项的收入和支出与合同订立、履约、索赔的全过程管理结合起来。要进一步提升合同管理系统的统计分析功能，引入法律风险定量、定期分析的方法。三是加强合同的全过程、动态管理。要将法律管理贯穿合同的商谈、审批、签订、履行、变更、终止等全过程，确保企业经济合同的法律审核率达到100%，法律审核意见完备可查，并通过信息技术手段将管理流程固化。

四、进一步完善纠纷案件管理

一是进一步强化重大法律纠纷案件的申报制度。要严格按照《中央企业重大法律纠纷案件管理暂行办法》的规定，严肃子企业重大法律纠纷案件的申报制度，强化纵向监督和检查，同时每年严格按照要求将重大法律纠纷案件汇总情况向国务院国资委备案。二是进一步加强重大法律纠纷案件回溯机制。凡是发生重大法律纠纷案件的中央企业，要深入查找案件暴露出来的管理漏洞，努力形成解决一个案件、完善一项制度、防范一批风险的良性机制。三是采取措施落实“两个问责”。按照《中央企业资产损失责任追究办法》的有关规定，依据干部管理层级权限，认真落实法律风险防范责任追究制度。凡是因企业重大经营活动未经法律审核，或虽经审核但不采纳正确法律意见而造成重大损失的，要追究企业相关领导人员的责任；凡是经过法律审核但因重大失职未发现严重法律漏洞而造成重大损失的，要追究企业总法律顾问和法律事务机构负责人的责任。四是妥善处理历史遗留的重大法律纠纷案件。个别尚存历史遗留的重大法律纠纷案件的中央企业，要积极、妥善地做好案件处理工作，尽快消除法律隐患。

五、强化知识产权战略管理和专业化运作

一是尽快制定并实施与企业经营发展战略相匹配的知识产权战略，制定相适应的

知识产权战略和管理措施。二是完善对技术创新的激励机制，以自主研发为主，通过灵活运用转让、并购等多种方式，在核心技术领域积累一批高质量的知识产权。三是要适时实施开放合作的知识产权政策，通过知识产权许可、出资、融资、交易等途径实现知识产权价值的最大化，同时要积极参与国际和国家的标准化进程，提高标准中基本专利的持有率。四是要尽快建立和增强知识产权管理体系：建立健全专业的知识产权管理机构和专业的知识产权管理团队；完善专利、版权、商业秘密、商标等知识产权的管理制度；建立专利评审、情报收集及分析、专利维持评定等相关工作的流程、规则、操作方法等工作机制。五是完善知识产权预警机制，在进行市场拓展前做好知识产权纠纷分析和应对方案，积极研究国际规则和各国司法动态，提高知识产权纠纷解决能力。

六、加强境外法律管理，防范法律风险

一是加强境外法律机构和法律顾问队伍建设。组建一支既熟悉国际商业运行规则又掌握法律专业知识，有能力在不同文化背景下开展工作的高素质、国际化法律队伍。要重视利用当地优质法律资源，重视法律团队的本地化建设，融合国内和当地法律资源。二是探索建立境外一体化法律风险管控模式。要根据企业实际和东道国情况，逐步探索建立境外法律风险管控模式，合理划分集团和境外子企业的法律管理权限，加强对境外重要决策、重大项目、大额合同的直接管控。三是完善境外法律管理的制度和流程。要针对境外法律管理的特点，建立健全法律审核全面参与国际化经营的法律风险防范制度，对东道国的法律环境进行动态监测，及时分析法律环境变化对企业经营管理和业务开展的影响，做好法律风险预警。要将法律风险防范机制嵌入境外上市并购、重大项目承揽、战略投资引进以及公司治理、财务与税收管理、劳动用工、环境保护、知识产权和反商业贿赂等业务流程，实现从项目可研到决策，从谈判签约到运营、终止、退出等国际化经营活动法律风险防范的全覆盖。

第四节　深化完善企业法律管理体系

一、继续推进垂直集中管理与一体化管理的工作模式

中央企业一是要根据自身业务管理模式以及防控法律风险的需求，在现有企业管理架构和治理结构下，继续推进集中管理与专项授权相结合的法律管理工作模式。二是要厘清不同层级企业的法律管理职责权限，集团统一处理全局、重要以及涉及子公司

权益性的法律事务，下属子企业根据授权处理日常性的常规事项，分兵把口，各司其职。三是要强化统一战略下的一体化、集约化、扁平化管理模式，在管理上搭建专业化团队，建立上下顺畅沟通的通道，有效指导监督下属公司的法律工作。

二、努力优化系统内部法律资源配置，探索管理创新

中央企业一是要结合自身实际强化纵向化、一体化法律资源整合，加强上级企业对下级企业总法律顾问和法律机构负责人选聘、重大事项报告、业绩考评、资源调配等方面的管控。二是要将法律资源作为企业内部公共资源进行优化配置，建立法律顾问在不同板块、不同区域、不同层级之间按需流动的机制，充分运用企业现有法律资源满足业务需求。三是要通过建立法律专家库、开展集中会诊等方式，整合集团内部跨区域、跨板块的法律资源，共同研究解决企业面临的重大、疑难、复杂的法律问题。四是要积极探索法律管理创新，可以选择部分业务板块和子企业，探索实行法律顾问委派制试点，委派人员在重大涉法事项处理上接受总部法律事务机构领导，对总部法律事务机构负责。

三、进一步提升法律管理的信息化

一是优化完善现有信息系统。要结合业务经营和法律管理的动态发展，不断优化管理标准，及时更新信息系统，加大系统集成力度，不断提高应用效率。二是不断拓展信息系统的应用范围。要进一步将信息化手段引入法律管理相关领域，不仅要通过信息技术手段将法律审核作为不可逾越的节点，更要突出发挥信息化手段在法律资源配备、信息交流共享、考核评价等管理环节的作用，通过管理方式创新有效提高企业法律管理的科学化、精细化水平。三是扎实推进法律管理信息系统与系统的融合集成。要进一步强化企业整体信息系统的统筹规划，打造企业管理的统一信息技术平台，探索推进法律管理信息系统与财务、ERP、审计、纪检、人事等相关信息系统的集成。

四、进一步加强外聘律师管理

一是不断完善企业外聘律师管理办法和程序。要强化法律事务机构对外聘律师的统一管理，制定、优化外聘律师管理办法和工程流程，加强选聘、委托合同签订、服务监督、考核评价等各环节的管理。二是探索建立外部律师资源库。定期对集团和各级子企业外聘律师服务情况进行组织评价，建立外聘律师入网资格制度，择优划定外聘律所和律师范围，并根据实际情况进行动态调整。三是切实加强对外聘律师管理的考核。要定期组织对外聘律师情况进行检查考核，对存在的问题进行及时整改，严肃纪律，严格考

核，确保外聘律师的服务质量。

五、探索建立相对独立的预算管理机制

在法律顾问薪酬、培训及日常业务费用等方面逐步参照市场标准或引入市场化管理模式，形成有别于一般业务管理的预算管理机制，确保法律工作预算能更好地满足工作需要。

第五节 加强法律事务机构和法律顾问队伍建设

一、进一步明确法律事务机构的功能定位

中央企业要按照《国有企业法律顾问管理办法》的要求，切实落实法律事务机构10项职责。明确法律事务机构是企业防范法律风险、打造专业法律顾问队伍、切实发挥专业作用的专业平台，从更高层次确立法律事务机构作为企业“法律风险管理者、内部服务提供者、公司战略支撑者”的角色定位，切实提高法律管理的组织独立性、业务协同性、战略支撑度。同时，要进一步提高法律事务机构的独立性，除集团总部按要求设立独立的法律事务部外，法律风险较大、法律需求较大的子企业也要设立独立的法律事务机构。

二、着力优化法律事务机构的工作内容

一是法律事务机构应分离日常重复性、事务性的法律工作，使法律顾问更加聚焦于高附加值业务。例如在重复性审查及合同事务性工作外，主动深入拓展在重大项目、涉外业务、知识产权、资源税费、反垄断、公共关系处理等方面的法律业务，使法律顾问工作集中于核心业务层面。二是加强集团法律管控和指导监督，做好企业集团法律工作的顶层设计。建立集团系统内法律工作述职、考评制度，利用法律工作会等形式总结推广先进管理经验；建立集团法律工作基础数据定期上报制度，全面实行法律纠纷案件备案和分析制度。三是加强法律事务机构与业务部门的融合。在法律事务机构和业务部门之间建立起一套既相互配合又合理制约的机制，重点进一步做好法律管理与企业转型升级、科技创新、国际化经营、精细化管理以及和谐发展的深度融合。

三、着力打造一支高素质的法律顾问队伍

一是树立明确的法律顾问队伍建设目标。加快培养懂法律、懂管理、懂外语并具有

较强实践能力和较高国际水准的复合型法律人才，在资本运作、公司改制、环境保护、劳动就业、知识产权、涉外业务等专业领域，培养一批满足中央企业发展需要的行家里手。二是加强法律管理的组织制度建设。加强集团内的管控和指导监督，建立法律事务机构内部统一的人员培养与招聘、任免、考核、晋升、交流、涉外人员派驻机制，优化整合系统法律资源。三是加快提高法律顾问素质能力。要建立体系化的培训机制，全面提升法律顾问的专业素质，坚持法律顾问持证上岗率不低于80%的要求，强化专业型法律专家人才培养，特别是培育具有诉讼能力和具有国际化管理能力的人才。四是努力充实法律顾问队伍。加大法律顾问的海内外招聘力度，争取实现法律顾问数量占员工总数不低于5‰的目标。通过严格聘任的专业条件和资质要求、提供具备市场竞争力的薪酬待遇等措施，吸引更多优秀法律人才加入法律顾问队伍。

四、探索实施差异化的激励机制

一是建立组织绩效与个人绩效联动机制。在法律管理方面可以探索实施差异化的考核内容和激励方式，适当增加绩效奖金占工资总额的比例，将考评结果与晋升挂钩，并将优质培训资源向优秀法律顾问倾斜。二是推广法律顾问职业岗位等级资格评审制度。通过开展法律顾问岗位等级资格评审，强化法律顾问分级管理，把专业技术等级同法律顾问薪酬挂钩。三是逐步提高法律顾问的薪酬待遇。参照外部律师的市场化收费标准，逐步提高企业法律顾问的薪酬待遇，使企业能引进并留住优秀的法律人才。

五、积极拓宽法律顾问职业发展通道

要重视为优秀法律顾问的成长拓宽职务、职级和专业技术等级的提升通道，建立健全优秀法律顾问的评价发现、选拔任用、保障激励机制，使得法律顾问自身价值的实现与企业经营发展能够密切结合，实现双赢。

附录：

世界一流对标企业名单

序号	企业名称	国家(地区)	行业领域
1	通用电气公司	美国	电气、电子设备制造等多元化
2	雷神公司	美国	航天军工
3	波音公司	美国	航天军工
4	联合技术公司	美国	航天军工

续表

序号	企业名称	国家(地区)	行业领域
5	美国电力公司	美国	电力
6	美国电话电报公司	美国	信息通信
7	美国钢铁公司	美国	钢铁
8	嘉吉公司	美国	粮油食品
9	喜尔公司	美国	建筑
10	博地能源公司	美国	煤炭
11	久益环球公司	美国	采矿设备
12	泰克资源公司	加拿大	有色
13	巴莱克黄金公司	加拿大	有色
14	航太系统公司	英国	航天军工
15	英国石油公司	英国	石油石化
16	英国电信集团	英国	信息通信
17	西门子公司	德国	电气、电子设备制造等多元化
18	意昂集团	德国	电力
19	德国电信公司	德国	信息通信
20	蒂森克虏伯公司	德国	钢铁
21	达能集团	法国	粮油食品
22	布依格集团	法国	建筑
23	壳牌集团	荷兰	石油石化
24	ABB集团	瑞士	电气、电子设备制造
25	三井物产株式会社	日本	钢铁等多元化
26	新日铁住金株式会社	日本	钢铁
27	三菱商事株式会社	日本	钢铁、粮油食品等多元化
28	和记黄埔有限公司	中国香港	地产等多元化
29	中华电力集团	中国香港	电力
30	华为公司	中国	信息通信

课题组成员名单

组　长：

周渝波　政策法规局局长

副组长：

孙才森　政策法规局副局长

郭进平　中国石油总法律顾问

成　员：

李　强　南方电网总法律顾问

周巧凌　政策法规局处长

王　超　政策法规局主任科员

徐　杰　政策法规局主任科员

王　倩　政策法规局干部

郑金良　电信科学技术研究院法律与知识产权管理部副总经理

施彦秋　中国石油法律事务部高级主管

张巧玲　南方电网法律事务部主管

张其军　中煤能源法律事务部主管

国外国有企业管理体制研究

摘　要：本课题主要对西方国家，特别是经合组织国家的国有企业发展历程与管理体制进行了比较分析。一方面回顾了西方国有企业在不同经济发展阶段的发展情况及其所发挥不同作用的历程，包括西方国家近年来的国有企业民营化过程。另外一方面重点挖掘了当前西方国家国有企业管理体制，包括：国外国有企业的分布、地位及功能作用，如国有经济的比重、分布行业与领域、产权结构；国有企业的所有权监管体制，如监管法律框架、所有权政策、监管模式及监管主体设置以及分类管理；国有企业的公司治理，包括治理模式、董事会运作以及治理机制，如董事会与CEO的提名任免、绩效考核、激励与薪酬、监督以及有关报告与问责制度及其信息披露。

通过对西方国家国有企业管理体制的剖析，本课题总结出若干对我国有借鉴意义的经验：一是在不同经济发展阶段调整国有经济布局，当前国有企业功能定位应该是弥补市场失灵、推动技术创新与进步、促进经济增长与就业和作为政府实现特定目标的抓手；二是建立国有资产统一监管体制，通过界定国有企业功能实施分类监管与治理，围绕“管资本”行使国家所有权，提高监管专业程度与效率；三是发展混合所有制，建立符合现代市场体系的产权结构与治理机制，提高国有企业效率。

关键词：国有企业　国外　OECD　管理体制

前　言

现代国有企业出现在工业革命后的资本主义国家中，在特定的产业领域发挥着重要作用。随着社会经济的发展，其功能也在不断丰富。国有企业具有私人企业不具备的独特优势，它不以利润最大化为唯一追求目标，而是兼顾经济效益和社会效益，一定程度上承担起维护社会相对公平的职责。正如亚当·斯密所言："（国家）建设并维持某些公用事业及某些公共设施，……其利润常能补偿所费而有余。但若由个人或少数人经营，就不能补偿所费。"①

19世纪后半期之前，国有企业的存在多是为了满足在自由市场条件下衍生出来的国有企业服务公用事业的现代职能，通常局限在邮政、烟草、铁路等行业中。第二次世界大战结束后，西方国家在左翼政党执政时不同程度地推行国有化政策，将若干行业的私人企业改变为国有企业，并形成了一股浪潮。国有企业在欧洲国家经济中发挥着重要的作用，直到20世纪80年代，开始了一次大规模的"私有化"改革浪潮，国有企业的数量和存在的领域才逐渐减少，但在部分国家仍占有相当重要的地位。

目前，在一些工业化资本主义国家经济中仍然保留着较多的国有企业，如：北欧的芬兰与挪威，欧洲大陆的法国、德国以及意大利，大洋洲的新西兰，亚洲的韩国和日本。对这些在私有化浪潮之后仍然保留下来的国有企业进行研究，揭示国有企业在市场经济条件下如何管理的一般规律，对我国深化国有企业改革、准确界定国有企业功能、发挥国有企业为全体人民服务的作用有借鉴意义。第一，可以更深刻地把握国外国有企业大规模兴起与逐渐消退的内在动力，为认识当前国企改革的国情提供背景对照；第二，准确地认识国外国有企业存在的边界及其在国家经济发展中的作用，为进一步深化国企改革、界定国有企业功能提供参考；第三，通过对国外国有企业监管体制的研究，为建立适应我国国有企业实际情况的国资监管体制提供经验借鉴；第四，为国有企业完善公司治理、建立现代企业制度提供国际经验。

本课题研究结构分为六大部分，前五部分主要分析发达国家国有企业管理的经验（以OECD国家为主），最后一部分主要总结国际经验并为中国国有企业的改革与发展提供建议分析。其主要内容包括以下几个方面：

第一，国外国有企业发展历程及影响因素。主要包括国外国有企业的出现和发展、若干次国有化和私有化浪潮以及影响国外国有企业发展的因素。

第二，国外国有企业的地位、分布与作用分析。一是国外国有企业的地位，包括国有企业的个体规模、在国民经济中的比重、在产业中的地位；二是国外国有企业绩效，包括规模指标、利润指标、回报指标等；三是国外国有企业的分布，包括生产或生活等基础设施部门、基础性战略性工业部门、银行、保险等金融领域、军工生产和某些专营专卖领域、

① 亚当·斯密．国民财富的性质和原因的研究（下卷）[M]．北京：商务印书馆，1974：253.

新型工业或新型产业部门以及其他领域。四是国外国有企业的功能与作用，包括提供公共产品或公共服务、引导产业升级和培育支柱产业、调节和控制经济以及社会、政治、文化功能、在创新体系中的作用及社会责任等。

第三，对国外国有企业的所有权监管进行研究。一是研究国有企业法律形式和有关立法，探究是采取公法还是私法以及具体的法律形式，同时对相关的立法内容进行简要分析。二是对各个政府国有企业监管的组织机构与监管模式进行研究，特别研究是采取集中行使所有权还是分散行使所有权，如行业部门模式或双部门模式，在监管主体上分析国会、政府部门、审计机构以及公众的相关权责。三是对国有企业分类监管的情况进行总结，包括但不限于按照市场属性、所有权结构、控股比例等因素进行的分类情况分析；四是对国有企业产权情况进行研究，包括对国有企业的产权制度、产权结构、国有股权转让以及其他相关问题进行研究。

第四，对国外国有企业的公司治理进行研究。一是对国有企业治理模式进行分析，并对各类模式的具体内容、特点进行比较。二是对国有企业的治理机构、结构及作用进行详细梳理，其主体包括股东会、董事会（监督董事会）、管理层（管理董事会）等。三是对国有企业的治理机制进行考察，主要分析董事会成员以及经理层的提名任免、考核、激励与薪酬以及监督。

最后，总结国外国有企业发展和管理经验对中国的启示，包括国有企业的地位和作用、分布领域、所有权监管、公司治理、整体环境等方面。

第一章　国外国有企业发展历程及影响因素

第一节　一战前后国外国有企业的出现和发展

19 世纪 20 世纪之交，西方主要资本主义国家频频爆发经济危机，各国彼此牵连，经济自由主义走向衰落，加上劳工运动和新民族主义的影响，各国之间经济竞争加剧，从而导致了第一次世界大战的爆发。战争迫使各国政府采取全面管制经济的措施，西方国有经济也因此获得了发展契机。

一、19 世纪末 20 世纪初国外国有经济变化与发展

19 世纪末 20 世纪初，科学技术突飞猛进，引发了资本主义经济飞速发展，英、美等主

要国家资本主义经济结构发生变化，已有的公路、铁路、港口等交通运输设施不断改进，新兴的石油、电力、钢铁、汽车、飞机等工业部门异军突起，各国的经济取得了很大发展。

随着资本主义市场经济的发展，西方主要国家的经济发展过程曲折不断，繁荣与危机交替出现。根据统计，从 1870 年到第一次世界大战爆发的四十多年期间，英、法、德、美等西方主要资本主义国家先后经历了五次经济危机。[①]

经济危机的特征主要表现为物价的急剧下跌和企业利润大幅下降，企业之间掀起联合与兼并的高潮，各国政府不断加强对资本主义市场经济的宏观调控。此外，经济危机引发劳工运动频繁爆发，使得工人阶级成为重要的社会力量，政府逐渐重视工人的利益，社会福利制度逐步建立，因此需要积累更多的国家财富。

世界市场中激烈的经济竞争促使各国民族主义再次泛滥，资本主义国家政府的作用日益突出，政府支持海外拓展和占有，日渐加强对市场经济的干涉。作为国家干预和经济发展调节的一种方式，国有经济成为各国政府在特殊时期采取的重要应对措施并为各国应对形势变化提供了重要的保障。

由于各国的科技水平、经济实力、军事实力以及客观条件不同，发展速度因此呈现出差异性。在发展、危机、争夺的相互碰撞和影响下，各国国家政策发生了改变，新型经济发展模式也应运而生。

二、国有化成为提高国家竞争力的方式

19 世纪后期，主要资本主义国家商业竞争日渐激烈，各国之间贸易摩擦逐渐增多，各国纷纷采取措施来保护本国的工商业发展。一方面为阻挡外国商人进入本国市场，建立了一系列的关税壁垒；另一方面为提高企业的竞争力，对铁路、采矿等行业实行国有化，加强国家对这些行业的投资建设。

(一)战争前的各国国有化措施

德国是实施国有化措施最为显著的国家。德国于 1870 年完成统一，随后在其资本主义经济从自由竞争阶段向垄断阶段发展的过程中，德国政府实行了大规模的国有化政策，采取了国家采购、国家补贴、国家投资等形式，从而大力加强了国家对经济的干预调节。

德国政府首先将部分铁路线路收归国有。从 1879 年到 1904 年，德国政府拥有的铁

---

① 宋则行，樊亢. 世界经济史[M]. 北京：经济科学出版社，1989：165.

路占全国铁路的比重由28.5%增加到93.8%。此外，国有化措施逐渐向采矿、制盐、电信、金融等领域延伸。在第一次大战前夕，德国政府拥有44个矿山企业、12个大钢铁企业，并拥有全国约1/4的发电设备，1/5的制盐生产。①

法国政府从1870年开始对部分行业实行国有化，先是火柴和烟草行业，随后又加大对公路、铁路和港口等公共工程的投资建设并积极为国内部分工商业提供贷款并大力出资。据估计，法国政府在1879—1904年期间修建了很多重要的港口和运河，修建了3万公里左右的铁路、20万公里的公路。1914年法国政府还对酒精实行了国家垄断经营。

在19世纪末至一战爆发前，英国掀起了第一次国有化运动的高潮，英国政府于1908年建立了第一家经营性国有企业——伦敦港务局。此外，英国对铁路、港口等公共设施以及一些重要企业都实行了国营或收归国有。为了给战争提供服务，英国政府还建立了大量的国有军工企业。

从19世纪70年代开始，日本政府通过兴办一批国有企业，加强国家投资，促进了国内经济的发展。1872年，日本政府开始出资修建铁路，到1894年，日本国内国有铁路线路达到3400多公里。

19世纪80年代，日本政府拥有3家造船厂，5家军械厂，10处矿山，以及52家纺织、水泥、玻璃、火柴、酿酒等工厂。此外，日本政府还大力发展了军事工业。1914年，日本政府兴办的军事工厂达到842家。② 到一战爆发前夕，日本国内的国有经济发展范围覆盖了金融、矿业、交通运输业以及军事工业等重要行业。

19世纪后期，美国政府尽管没有采取德、英、法、日等国由政府直接投资修建铁路的方式，但是同样加强了对国内铁路网络建设的干预。南北战争之后，为了积极推动东西部铁路建设，美国政府采取了向私人铁路修建公司赠予土地、抵押贷款、免征进口税等优惠政策。此外，政府还直接投资了国内公路和港口等交通基础设施的修建，并承担起了钢铁、军工、造船、邮政等工业的建设工程。

19世纪末20世纪初，意大利政府加强了国家对经济生产生活的干预。1905年，政府对铁路实行了国有化，同时承担起了造船、钢铁、电力、化学等工业的建设和发展任务。

(二)战时管制时期的国有化

第一次世界大战期间，西方主要资本主义国家充分彰显了政府计划和调控的职能。

---

① 布哈林. 世界经济与帝国主义[M]. 北京：人民出版社，1983：50.

② 宋则行，樊亢. 世界经济史[M]. 北京：经济科学出版社，1989：70.

各国政府从实行对经济运行不干预的政策转变为主动加大力度对经济运行实施宏观调控，这是19世纪末20世纪初西方各国国有经济发展的普遍特征。

19世纪晚期至第一次世界大战爆发之前，虽然西方主要资本主义国家屡遭经济危机的侵袭，但总体看经济还是呈现快速增长的趋势。一战爆发后这种趋势被打断了。随着战争的持续，参战各国的市场经济结构遭到扭曲。战争要求包括私有企业在内的所有企业不能自主地决定生产的目标，而是首先要为战争服务，从而解决物资短缺的压力，因此参战各国政府纷纷实行了战时管制经济。

1914年，德国政府在战争中设立了一些战时经济实体，其下有化学品和五金等多个股份制的军需公司。政府还对石油、金属、皮革、棉花等一些重要物资实行国家垄断管理，并设立了战时工业委员会，其主要职责是负责募集战争经费和生产军事产品等事宜。当时的德国经济成为一个在政府集中领导下的组织严密的整体。

为了应付战争，法国政府通过出资的方式，在全国各地兴建了大量的军工企业，并加强对化学、制药等工业的投入。此外，政府还设立了军需部，其管制范围不再局限于军需生产供应，而是逐渐扩大到了民需产品的生产。

一战期间，为了加强国内经济管制，美国政府成立了海军顾问局和工业准备委员会，并以战争的名义先后创办了数家国有企业。此外，还对铁路、邮电、航运等行业实行了国家垄断经营。

(三)初期与后期阶段特征

纵观上述历史发展过程，19世纪末20世纪初，国有经济发展呈现出了两个阶段性的特征。

发展初期，伴随着西方主要资本主义国家经济保护主义的发展，政府逐渐加大了经济干预的倾向，国有企业数量也逐渐增多，涉及领域从供水、供电、交通运输等公共基础设施渐渐扩展到了军工、化学、冶金、矿产等工业领域。

发展后期，主要是在第一次世界大战期间，西方主要资本主义各国都采用了战时经济管理体制，有计划地为战争进行了生产和调配。政府将大部分可以为战争服务的重要工业部门都纳入战时管制，如：对机械、化工、采矿、铁路、棉织品等实行了国家垄断经营和管理，从而使国有经济融入战争之中。国有经济随着战争的爆发而迅速发展，最后又因战争的结束而被快速地私有化或关闭。

第二节 两次大战之间国外国有经济的变化与发展

随着第一次世界大战的结束，国有经济首先经历了一战后的收缩和停滞阶段，战前的"燎原之势"逐渐走向熄灭。西方主要资本主义各国政治力量发生了改变，经济、政治和社会状况也发生了很大变化。

但是，1929至1933年之间的经济大危机改变了世界经济格局，西方主要资本主义国家经济发展再次受到重创。面对物价下跌、通货膨胀爆发、失业人数剧增的窘境，各国纷纷采取措施，加强了对经济的干预力度，加大了对经济的调节程度，国有经济因此又迎来了一次快速发展的契机。

随着20世纪30年代的经济大危机逐渐平息，西方主要各国刚刚才获得了经济社会平稳发展之机，却又要面对规模更大的第二次世界大战爆发。各参战国家不得不再次实行战时经济管制政策，通过采取发展国有经济措施来应对战争。

一、一战产生的影响

第一次世界大战于1918年正式结束，但是在西方各国，战争带来的影响并没有随着战事的结束而立即消散，其政治、经济、社会等都发生了很大的变化，这些变化对西方各主要资本主义国家经济和社会的发展产生了深远的影响。

(一)对人力、物力和财力的影响

人力、物力、财力的损失使西方各国在战后的经济复兴阶段缺乏雄厚的物质基础和外部条件，因此，战后西方主要资本主义国家的经济发展缓慢，这在一定程度上也成为20世纪30年代资本主义经济大危机爆发的因素之一。

人力资源的损失。欧洲各国因为战争造成直接或间接死亡的人口数量约为2000万到2200万人，占整个欧洲总人口的7%，战争中受重伤人数在1500万人左右。① 战争期间人口的损失以及出生不足，导致了20世纪30年代西方各国达到劳动年龄的人口数量比和平时期少了一半左右。此外，战争后还产生了大量不能参加劳动的伤残者，这增加了西方主要各国政府日后的财政负担。

物力和财力的损耗。为了准备和应对战争，为战争提供充足的物质基础，欧洲各国

① C.L.莫瓦特．新编剑桥世界近代史[M]．北京：中国社会科学院世界历史研究所组，译，1999：72.

全力集中了大量民用和军用物资,包括粮食、棉织品、军火、化工原料等。根据统计,欧洲各国直接用于战争的军费达到2000亿美元,间接支出大约1500亿美元。战争结束后,在欧洲的主战场上,数以千计的城市变成废墟,大量的工厂、民宅被炸毁,铁路、桥梁被损坏,乡村的土地大面积荒芜,粮食、日用品等物资紧缺。

第一次世界大战的爆发导致世界各国的直接经济损失达到1863亿美元。如果仅从经济的角度估计,由于战争的影响,欧洲的工业发展倒退了8年。①

(二)对经济的影响

战时经济管制扭曲了战前西方各国和平时期的市场经济结构,直接导致了战后各国经济产业结构严重失调。战后各国经济产业结构的不合理使英、法、德等西方主要各国出现了不同程度的经济衰退和社会危机,表现为工农业生产大幅度下降、国内物价飞涨、通货膨胀严重。

1. 经济发展不平衡:产业结构失衡,生产增长缓慢

第一次世界大战使英国工业生产指数下降了近20%左右,许多原材料严重依赖对外贸易的进口,20年代的失业人数也一直居高不下,超过了100万人,最高时突破250万人。战争期间,英国铁路等交通运输系统遭到严重破坏,因此,战后的英国公共交通等基础设施行业亟须重新发展。战争期间英国的造船业得到了过多发展,导致战后提供原材料的钢铁、机械加工等部门出现产能过剩的局面,而国内的其他非战争急需的行业却比较薄弱。国内许多行业的生产设备和设施陈旧过时,生产成本因此大大增加,这就进一步加重了传统行业的发展滞后性。

作为一战的战败国,德国需要为英、法等战胜国支付大量的赔款。同时,政府为消除国内出现的战争恶果也需要巨额资金,为此,德国政府通过发行大量货币、扩大财政赤字等措施来解决资金问题,这就导致了严重的通货膨胀。

据统计,战争开始之后的大约五年半之内,德国马克比战前贬值了1/10,之后的两年半里,马克再次贬值了1/10,到1923年10月,每隔8到11天就贬值1/10。②

法国的工农业生产明显下降,比如钢铁产量从战前的700多万吨下降为战争结束时的200万吨左右;煤炭产量从战前的4000多万吨下降为战争结束时的2500多万吨;工业生产指数不到战前的一半水平。由于战后法郎严重遭到贬值,民众的工资实际购买

① 卡尔·哈达赫.二十世纪德国经济史[M].北京:商务印书馆,1984:18.
② 卡尔·哈达赫.二十世纪德国经济史[M].北京:商务印书馆,1984:21.

力下降将近80%。

2. 各国经济的修复措施

一战结束后，各主要资本主义国家开始积极修复国内经济。具有一定意义的大的发展趋势是：在战后至1929年经济大危机前夕的时期里，为加强中央政府的管理职能，各国纷纷设立了新的政府部门，增加了相关的行政机构和管理人员，不断扩大政府监督的范围，包括宏观领域的工农业生产、交通运输等，微观领域的雇主利润、雇员工资、工作日长度、劳资纠纷等。

从1914年到1923年，英国的文职人员增加了一倍多，法国在战后也新设置了一些部门并增加了管理人员。

在战后的经济重建和恢复过程中，德国政府发挥了重要作用。其作用主要体现在：控制了部分电报、电话等通信业和铁路等运输业；通过建立帝国银行，为工商业发展提供贷款。

1923年，德国政府还组建了两家国有企业——联合工业企业股份公司普鲁士矿山和冶金股份公司。为了节约企业成本、提高出口，德国政府在通货膨胀时期还成立了化学康采恩法本工业公司和联合钢铁公司，加强了国内企业的卡特尔化和集中化。

总的来看，战后西方主要资本主义各国在修复经济的过程中，产生了一些新兴工业部门，这些新兴工业部门逐步得到发展。但是其相对力量比较薄弱，没有强大到带动整个资本主义国民经济快速向前发展的程度。从战后到经济大危机的这段时间里，国有经济处于被整改和调整的过程中，西方主要资本主义各国的国有经济并没有得到较大发展。但是，此时西方各国政府不断强化对国家经济生活的干预意识，为下一轮国有经济的发展做了必要的铺垫。

二、经济危机的影响

1929—1933年西方主要资本主义国家陆续爆发了有史以来最严重的经济危机。为了应对和摆脱这次危机，各国政府采取了不同的改革措施和政策。

1929年10月24日，美国纽约股票交易所一开盘，大量股票就被抛售。10月底，股市崩溃，进一步加重了经济危机的程度。股市的灾难波及美国银行业，导致银行出现疯狂挤兑的现象，众多银行纷纷倒闭。1933年，银行业出现了全面危机，信贷系统和国民的投资信心瓦解，整个国民经济濒临绝境。

在这场持续四年之久的经济大危机中，美国有5500家银行倒闭，整个金融界陷入窒息状态。全国有86000家企业破产，GNP从危机爆发时的1044亿美元降至1933年的

742 亿美元，失业人数从危机前的不足 150 万上升到 1700 万以上，占整个劳动力的 25%还多，国家整体经济水平倒退至 1913 年时的水平。①

美国爆发的经济危机很快波及整个资本主义世界。英、法等主要资本主义国家纷纷陷入经济危机之中。

英国出口贸易大幅降低，贸易赤字增加，英国政府于 1931 年宣布英镑贬值。在经济危机中，英国社会失业人员大量增加，估计有 300 万人失去了工作，平均失业率由经济危机前的 10%上升到经济危机期间的 21%左右，②严重的失业问题导致了大规模的工人罢工运动。

德国政府在经济危机期间采取了增加税收和通货紧缩的政策，结果使国内市场的投资和需求不断萎缩，国内经济活动大幅减少，工资水平下降，大批工人失业。1929 年危机前夕，失业人数约为 132 万，到 1933 年，失业人数超过了 600 万。③ 德国的农业部门也受到危机的重大打击，农产品的价格大幅下跌，农户收入急剧减少，许多农户被迫出售自己的土地。危机期间，农民出售的土地面积达到 36 万公顷。

法国由于受到经济危机的影响，国家经济陷入一片凄凉景象之中。危机期间，国内消费需求减少，农产品等消费品生产过剩，价格大幅下跌；工业产量也减少，其中钢铁产量巨幅下降；大量银行和工业企业破产，失业人数不断增加。相比其他国家，法国的经济危机持续时间比较长，直到第二次世界大战爆发，法国经济都未恢复到危机前的发展水平。

意大利国内经济也出现了较大波动。经济危机使农业生产明显滑坡，农产品价格下跌，整个制造业出现萧条现象，比较严重的是纺织业。1931 年—1932 年期间，经济危机的进一步加重导致大量企业破产，物价急剧下降，各种短期投资被取消，证券市场崩溃。经济危机期间意大利的外贸交易量也大幅降低，从 1929 年的 356 亿里拉降至 1933 年的 130 亿里拉。④

和危机前相比，经济危机期间，各国工业生产总值的下降率分别为：英国 23.8%、法国 32.9%、意大利 33.1%、德国 40.6%、美国 46.2%、日本 32%，整个资本主义世界的工业生产总值平均下降了 44%，国际贸易下降了 65%，全世界失业人数达 5000 万。⑤

---

① 危机经济学. http://baike.baidu.com/view/2133376.htm.

② 卡洛·M. 奇波拉. 欧洲经济史(第六卷)[M]. 北京：商务印书馆，1991：108.

③ 艾伦·布洛克. 大独裁者希特勒——暴政研究[M]. 北京：北京出版社，1986：142.

④ 瓦莱里奥·卡斯特罗诺沃. 意大利经济史[M]. 北京：商务印书馆，2000：311-312.

⑤ 吴友法. 德国资本主义发展史[M]. 武汉：武汉大学出版社，2000：300.

为了应对国内经济危机，各国政府在采取相应措施缓解经济危机的过程中逐渐分化为两种趋向：一种以英法美等国为代表，通过各项改革政策来维持资本主义经济发展，另一种以德意日为代表，通过改革措施走向战争。

三、危机时代西方各国的改革策略

20 世纪 30 年代发生经济大萧条对西方主要资本主义各国的经济和社会发展造成了沉重的打击，各国纷纷采取大量措施和对策来挽救国内经济。尽管各国采取的措施有所差别，但基本特点都是不断加大政府对经济的干预和调节程度，特别是成立和组建大量国有企业。

(一)美国

在西方资本主义国家相继出台的应对危机的政策措施中，美国总统罗斯福颁布的政策最具代表性，史称“罗斯福新政”，通过实行诸多的经济改革措施，有效遏制了经济危机的蔓延，其主要内容包括：

整顿和复兴银行业。国会通过了《紧急银行法》，对银行实行颁发许可证制度，尽快使有偿付能力的银行复业。通过此项措施，大约 15000 家银行逐步恢复营业。政府通过成立联邦储蓄公司，为 5000 美元以下存款的安全负责，以此调动人民的储蓄意愿，同时通过降低借贷利息，支持中小企业和农民等从银行贷款，鼓励创造更多的就业机会。

通过全国工业复兴法案。国会为复兴工业，通过了全国工业复兴法案。其中，啤酒法的制定将啤酒生产和销售合法化，此举为政府增加了大量税收；同时为保障劳动者的经济利益和合法权益，颁布了劳工关系法案，规定劳工的最长劳动时间和最低工资。

调整改革农业。通过农业法案减轻农业抵押的压力，实行了增加银行发放的农业贷款额政策，以此提高农民的购买力，对农业生产进行调节。

成立国有公司，比较著名的是成立了田纳西河流域管理局，实行国家所有制经营管理，其主要职责是合理利用、开发并保护田纳西河流域盆地及其邻近土地的自然资源。[①] 此外还组建了涉及信贷、保险等领域的国有企业。政府加大对公共设施工程的投资和建设，根据统计，1933—1940 年联邦政府各项公共工程费用支出和直接救济款近 180 亿美元。[②]

---

① 詹姆斯·麦格雷戈·伯恩斯. 罗斯福传[M]. 孙天文，等，译. 北京：商务印书馆，1992：232.

② 刘孝新. 对罗斯福新政的认识与思考[J]. 学习月刊，2009，10：7－8.

除了上述内容，罗斯福新政还包括缩减政府开支、改革交通运输等措施，新政几乎涉及美国经济社会生活的各个方面，取得了显著的成效。从 1935 年开始，几乎所有的经济指标都实现稳步回升，其中国民生产总值从 1933 年的 742 亿美元增至 1939 年的 2049 亿美元，而失业人数从 1700 万下降至 800 万。[①]

(二)英国

英国政府为了重新恢复和发展遭受重创的经济，实行了干预主义政策，对国内经济进行了广泛的调整。

在实行新的生产工艺和技术的基础上，英国政府积极推动产业合理化，不断调整国内经济产业结构，不仅促进传统工业设备技术的更新和升级，而且也促进新兴工业的发展。与此同时，英国放弃了自由贸易政策，通过维护和巩固国内市场的发展，促使英国的产品更加注重在国内市场上的销售和服务。此外，英国政府积极鼓励国内的工业卡特尔化，直接参与和推进了冶金、采煤、造船、纺织等行业的垄断联合。英国政府对伦敦客运实行国有化，并将邮政、电报电话等公共服务业收归国有。

(三)法国

为了应对危机，法国政府制定并实行了许多国有化政策。法国政府对国民经济工业企业中必不可少的部门进行了干预，成立了一些具有行政机构性质的混合经济组织。1937 年政府率先对法兰西银行实行部分国有化，由国家控制管理；接着通过强制手段将国内的施耐德军火厂、雷诺坦克工厂等军火工业收归国有；政府又通过成立国有铁路公司，由政府控制和管理国内的全部铁路；此外，对飞机航空业也实行了部分国有化。

四、德意的国有经济发展

在应对经济危机的改革过程中，德意日等国家根据各自国内的国情采取措施建立了相应的经济体制，将应对危机的改革过程和其战前备战过程结合在一起。

(一)德国

在 1929—1933 年的经济危机中，魏玛共和国政府一方面投资兴建了部分企业，另一方面通过购买公司股票收购了一些濒临破产的私有银行和私人企业，国家直接参与经

---

① 危机经济学. http://baike.baidu.com/view/2133376.htm.

营管理的企业数量也因此明显增加。

希特勒纳粹政府执政后，在1933年7月特设了德国经济总委员会专门负责对全国经济的控制和管理。全国经济分成了6个部类44个经济组350个专业组640个专业小组。根据规定，所有企业必须参加上述机构，从而形成了对全国各行各业生产发展的控制网络。① 到1936年，赫尔曼·戈林负责第二个四年计划的制订和实施。戈林根据四年计划成立了总管理局，下设6个司，分别主管代用材料生产、原料分配、劳动力使用、农业生产、价格制定、外汇业务等。②

在向战争经济过渡的过程中，希特勒政府建立了大批国有企业，将铁路、发电厂等企业收归国有。1937年成立了国营赫尔曼·戈林采矿钢铁冶炼股份公司，该公司部分掌控国内煤炭开采和机械制造业，控制了100多家资产达到60亿马克的企业。1939年，政府用于建设国有企业的资金达到248亿马克。国有经济的大力发展促进了德国经济向战争经济过渡。

(二)意大利

墨索里尼政府反对自由主义经济，主张通过调整国家职能使国家成为各生产行业的对话者。国家大力加强了对经济的控制并采取了直接干预工业活动，经营信贷和投资信贷的措施来缓解危机。政府关闭了一些实力不济的小企业，而向国内大企业提供基金，帮助其降低生产成本，提高产品竞争力，并积极鼓励和支持各个工业部门的集中和联合。

此外，政府大力整顿银行体系，向各大银行提供补贴。1931年，政府出资5亿多里拉建立了意大利动产协会以控制意大利金融市场，拯救处于困境中的大公司企业。该协会一边向危机中的钢铁企业提供总额达3亿多里拉的巨额抵押贷款，一边撮合信贷银行和其他机构出资建立半官方控股的意大利金融公司，从而对其所控制的企业进行清理。

1933年墨索里尼政府成立了工业复兴公司——伊里集团，负责为值得帮助的企业提供国家的资金以弥补亏空和债务，同时购进各银行的工业债券和财产进行管理。1935年经济略有好转后，伊里集团还对钢铁、冶金、能源、造船、军火等基础工业进行了广泛投资，控制了其中一大批企业。③

---

① 吴友法. 德国资本主义发展史[M]. 武汉：武汉大学出版社，2000：400.

② 朱庭光. 法西斯体制研究[M]. 上海：上海人民出版社，1995：183.

③ 瓦莱里奥·卡斯特罗诺沃. 意大利经济史[M]. 北京：商务印书馆，2000：316－318.

第三节 二战前后国外国有企业国有化的变迁

第二次世界大战后，在西方主要资本主义国家，国家垄断资本主义获得了巨大发展。国有企业、国有与私有混合企业等形式以及国家对经济运行的干预和调节都不同程度地显现出来。

一、二战时期西方主要资本主义国家的国有经济

1939 年，第二次世界大战爆发，西方主要资本主义各国陆续卷入其中。各国政府为了取得战争的胜利，纷纷集中全国的人力、物力、财力构建起了战时管制经济。通过设立专门的战时管理机构，对国内的化工、军火、燃料等公司实行国有化管理，并投资建设了一些国有企业，国有经济再次成为西方主要国家战时经济中重要的应急措施。

(一)英法美的战时国有经济

在二战爆发后，英国就立刻重新实行了在第一次世界大战期间采取的全部措施。战争期间，政府被授予广泛的权力，成立了新的政府专门机构，对全国的经济生活进行严格的控制并负责管理和分配全国的军事物资和民用物资。政府还全力支持机械制造、化工、棉纺、军工等工业企业的生产和发展。为了减少人、财、物的浪费，政府对食物和生活等必需品实行了配给制，同时对非战争和非生活必需品的生产经营则加重税负，限制其发展。

法国政府增加了国家干预的措施，对全国的物价和工资进行了冻结，控制了对外贸易，加强了对整个经济的控制，并成立了专门的政府部门，负责分配生产原料和制定生产标准。

在第二次世界大战期间，美国建立了一大批与军事国防关系密切的国有企业用以满足战争的需要，主要包括合成橡胶、热力和火力发电、冶金、原子能、石油管道、军工等产业。战争期间，政府直接投资制造业的比重从一战前的 6.2%激增到 69.2%，到 1945 年时，美国的国有企业资产总额达到 17 亿美元。[①]

(二)德意日等国的战时国有经济

德国在二战爆发后，希特勒纳粹政府集中了全国的人力、物力、财力，对全部资源进

① 罗红波，戎殿新. 西欧公有企业[M]. 北京：经济日报出版社，1994：180.

行统一管制和分配。德国战时经济的设计者赫尔曼·戈林直接建立并控制着戈林康采恩，并参与制控制着近百家子公司和孙公司，涉及的行业范围包括矿冶、化学、机械制造、内河航运、建筑等。在战争期间，戈林康采恩通过占有他国财富，国内资本额不断上升，到1943年资本额达到60亿马克。

二战爆发后，在战前统制经济的基础上，日本政府进一步加强对全国经济的掌握和控制。根据政府的要求，日本国内总共组成了二十多个统制会来管辖众多会社，其范围涵盖了钢铁、煤炭、金融和船舶等各重要工业部门。通过这些统制会，日本政府实现了对国内经济的操纵和控制。

在战争期间，日本政府进一步加大了国营政策的实施力度，采取了指令性生产计划，颁发企业经营许可证，强令合并整顿企业，对企业实行军事管理等多种方式。大量的企业几乎沦为政府的附属机构，完全听命于政府的操纵。此外，日本政府还依据特殊的法律成立了特殊会社、经营财团和金库等特殊法人。经营财团、金库和大多数特殊会社以国家资本为主，其性质是国有企业或吸收民间资本的国有企业。[①]

二战爆发前，意大利政府就建立了庞大的国有伊里集团。为满足战争所需，还出资建立了全国纸张纤维公司、阿尼克石油提炼公司和国家纺织公司等国有企业。

二、二战后西方主要资本主义国家国有经济的形成

二战结束后，各国面临的经济重建和复兴重任较一战结束时更为艰巨。各国政府在前期发展的国有经济的基础上，主动采取了国家干预经济，大力发展国有经济的政策，促进本国经济的复苏和繁荣。随着民主社会主义政党的上台执政，英、法等国的国内更是掀起了数次国有化浪潮。西方国家通过多种途径把部分私有企业收归国有并设立部、局等机构管理国有企业。依据西方国家的宪法和法律，政府成为国有企业的所有者，享有重大决策权、收益权、经理人员任免权等权利，国有企业经理人员是受政府委托的代理人。总体来看，战后西方主要资本主义国家国有经济的形成途径主要有国家投资、私企再国有化、国家参股这三种方式。

(一)国家投资

国家出资投资是指西方主要工业国家从政府财政收入中专门拨出资金来投资建立新的企业，它是西方国有经济形成的一种重要方式。

---

① 朱庭光. 法西斯体制研究[M]. 上海：上海人民出版社，1995：661.

生产社会化的不断发展对西方各国的基础设施和基础工业的建设(如机场、港口、铁路等)提出了更多要求。但是,这些基础设施建设耗资巨大,建设周期较长,还要承担一定的风险,私人经济不愿进行投资建设,因此就需要国家出资进行建设,从而为本国市场经济和私营企业的发展创造良好的基础条件。

科技革命的兴起带动了新兴产业的发展,原子能、宇航、电子信息等新兴产业日渐繁荣。这些新兴的产业对技术的研发和创新能力要求较高,私人企业难有足够的资金和实力来经营这些产业,因此也需要政府出资。这样,既可以为私营企业规避投资风险,同时也有助于提升国家的综合国力。

继伊里公司之后,意大利政府于 1953 年直接投资成立了全国碳化氢公司,即埃尼国有股份公司。这是国内第二大国有企业,主要负责油气生产、销售、供应以及工程建设等业务。1962 年,意大利政府又投资成立了埃菲姆国有股份公司,其经营范围涉及采矿、冶金和纺织等工业部门。

在联邦德国,国家经营的范围覆盖了全国的铁路、港口设施、约 95%的供水企业、99%的邮电,以及约 80%的电力、内河航运、城市运输和公路运输。[①] 显然,几乎所有的国内的基础设施都在国家投资经营范围之内。

法国政府在二战结束后为国内的基础公共设施建设投入了大量资金。其中,出资组建了国有铁路公司,并对国有铁路公司的运输电气化和机车现代化进行了巨额投资。这为法国国内其他工业部门的发展提供了便利的运输条件。

英国政府在第二次国有化浪潮过程中,出资建立了国有有线电报和无线电报公司。此后,又将石油公司收为国有,随后又出资建立了英国石油公司、英国造船公司等国有大企业。

日本的国有企业是由国家政府直接投资建立的,其中最大的国有企业包括日本国有铁路公司、日本电报和电话公司等。据统计:20 世纪 60 年代,日本政府投资占到国内投资总额的 24%左右,70 年代上升到约 30%。

(二)私企再国有化

私有企业再国有化是指通过一定的方式将原来的私有企业改变成为国有企业。具体的国有化方式主要表现为两种:

一是没收,这实质上是西方主要资本主义各国对本国一些私营企业通敌行为的一

① 伍柏麟,席春迎. 西方国有经济研究[M]. 北京:高等教育出版社,1997:71.

种惩罚的主要方式。在第二次世界大战期间，法国雷诺汽车公司提供了飞机发动机等部件给纳粹德国。二战结束后，法国政府为惩罚其通敌行为，将雷诺汽车公司收归国有。

二是收购，政府通过给私营企业主支付一定的补偿金赎买企业并将其转化为国家所有。二战后，英国、法国等国家在将国内的电力、石油、钢铁、煤炭、通信等重要行业的私有企业转变为国有企业时，都采取了这种方式。

西方各国采取对私有企业实行国有化的方式，一般都是通过一定的法律程序或者出高价购买等和平方式，这种方式既可以避免引起国内社会的动荡，又可以使政府利用国有企业对国民经济进行宏观调控。

(三)国家参股

国家参股方式，即公私合营方式，表现为国家与其他普通的股东一样，持有企业的部分股份参与到企业当中。不过在国家参股企业中，国家往往是最大的股东，从而掌握和支配着参股企业。

国家参股方式一种为国家直接购买或者通过控股企业购买私人企业的股份，参与到私人企业的管理当中，从而使原来的私营企业转变成为公私合营企业。第二种为政府与私人企业直接合作投资建立新的公私合营企业，或者国家通过下属国有企业与私人企业共同组建新的公私合营企业。

在国家参股的公私合营企业里，由于其他股份相对比较分散，因此国家有时只需掌握较少股份就可以获得对整个企业的控制权和决定权。通过国家参股方式，一方面可以引入私人先进和有效的经营管理体制，提高国有企业的生产效益；另一方面可以大幅度节约国家的资金支出。因此国家参股方式逐渐得到西方各国的重视并成为西方各国进行国有经济体制改革的主要方式之一。

在实行国家参股方式的国家中，意大利是比较典型的国家。作为国有企业的所有者，意大利政府位于国家参股制国有经济管理模式中的最顶层；处于政府之下的一层是意大利的国家参与部，由其专门负责管理和监督国有企业的各项相关事宜；位于国家参与部之下的一层是伊里公司、埃尼公司和埃菲姆公司。作为意大利国内最大的三家国有控股企业，其通过出资建立、购买其他公司股票等方式掌握和控制着下面的子公司和孙公司。

三大国有控股公司主要负责指导和协调国家参股制企业的投资、经营和生产活动，管理国家拥有的企业股份。意大利政府通过这三大控股公司行使股权、购买或出售企业股份，确保国有资产保值增值。正是通过这种层层参与控制的形式，意大利建立了较为完整的国有经济管理体制。例如,伊里公司是意大利国内最大的一家国家控股公司,意大利通过伊里公司购买私人企业的股票,使国有股份逐渐渗入私营企业中,控制了国内许多重要行业和领域的发展。

国家参股制国有企业的工业投资所占比重不断增加,从1959年的20.1%增加到了1972年的48.7%,翻了一倍之多。因此可以说,国家参股的公私合营企业成为意大利国有经济的主要组成部分。

法国的国家参股制国有经济管理也较发达。在国家参股制国有经济管理体制中,法国政府是管理体制中的最高决策机构,处于政府的下一层是国内的各个大型国有控股公司,国有控股公司的下层是下属的各级子公司以及孙公司。

也就是说,在法国的国家参股制国有经济管理模式中,缺少了类似意大利国家参与部这样的管理部门。二战结束后,法国的国家参股制国有经济也有了较大发展。战后初期法国政府建立了包括法兰西电力公司、法兰西煤矿公司、法兰西煤气公司和雷诺汽车公司等在内的众多国家参股制国有企业,然后通过这些国有控股公司掌握了大量的下属子公司和孙公司。

到20世纪40年代末,法国政府参股50%以上的国有企业达到105家。

20世纪50—60年代,法国政府再次通过国家参股的形式建立了法国国内航空公司、法国海运金融公司、埃尔夫·阿基坦石油公司等数家大型国有公司。

1971年法国政府与私营企业合作组建了公私混营的宇航工业公司,其中国家资本在公司资本总额的比重约为67%,私人资本所占比重约为33%。

1981—1982年法国的国有化浪潮中,法国政府除了对通用电气公司等几家企业实行完全国有外,也对其他一些企业实行了国家参股制形式。比如在北方联合炼铁公司和洛林炼钢公司中,法国政府参股达到95%;在马特拉集团中,法国国家参股51%;在罗尔—尤克拉夫制药公司中,法国政府的股份占到40%。[①]

与上述国家参与制企业的数量相比,美国和日本的国家参与制企业较少,但也存在国家参与制企业的现象。可见,随着西方各主要资本主义国家国有经济的发展,国家参股方式已经逐渐成为国有经济发展的一种重要方式。

① 罗红波,戎殿新.西欧公有企业[M].北京经济日报出版社,1994:85-86.

第四节　20世纪后期国外国有企业的私有化过程

经过战后五六十年代的繁荣发展，国有经济的地位和作用显著增加，但与此同时也暴露出了效率低下、效益减少等弊端和缺陷。西方各国政府的财政负担逐渐变得沉重，国有经济引发的问题也引起了私有企业和纳税人的不满。

迫于财政和社会舆论的双重压力，西方主要各国政府于是展开了对国有经济大刀阔斧的私有化改革。特别是随着20世纪70年代末80年代初英国撒切尔政府对英国国有经济私有化改革的大力实行，私有化浪潮成为西方主要各国国有经济发展过程中一个比较普遍和突出的现象。

一、私有化改革的过程

(一)私有化改革的内涵及方式

私有化改革的内涵主要包括两方面的内容。一是国有企业产权的私有化，主要是政府将国有企业的全部或者部分财产和股份转让给私人企业。由国有转变为私有，直接改变了国有企业的性质。这种使原有的国有企业完全进入市场经济的竞争环境之中的改革，是一种比较深层次的私有化改革。二是企业经营权的私有化，在保持国有企业产权不变的前提下，国有企业进行市场化改革和调整。这是一种比较浅层次的私有化改革，既维持了国家对企业的掌握和控制，又使国有企业拥有相对独立的经营和管理自主权，有利于提高国有企业的经营活力和市场竞争力。

对私有化改革的上述两方面内容，英美等西方主要资本国家采取的方式不尽相同。在英国，私有化主要是指所有权的私有化，国有企业将其50%以上的股权转让给私人投资者，私人部门获得了财产所有权和控制权。而在美国等其他资本主义国家，私有化则比较偏重于经营权的私有化，包括一些放松政府管制、强化市场竞争等行为。

在实践中，根据企业所处市场竞争程度的高低，私有化主要采取以下三种方式：对于诸如民航、电信、铁路等垄断行业，私有化是指政府逐步出让、转售部分国有股权甚至全部股权，从而消除市场禁入，开放市场并引入竞争，政府成为小股东或者全面退出；对于竞争性行业，私有化是指将国有企业完全转变为私人所有；对于其他公共部门的企业，需要区分其垄断性部分和竞争性部分，私有化是指允许私人部门进入公共企业，将企业中竞争性部分外包。

根据统计，在20世纪70年代末到90年代初的私有化浪潮中，英国共计有16家国有企业通过整体出售而完全转变为私有企业；德国在统一民主德国后，到1994年，将原有的1.7万家中的6321家国有企业完全出售转化为私有企业。20世纪七八十年代，美国将价值133亿美元的国有厂房和设备租借给私人集团使用，还将包括供水、供电、公共交通、监狱等在内的众多城市基础服务设施租借给私人经营管理。

(二)私有化改革的原因

20世纪七八十年代西方主要资本主义国家进行了规模较大的国有经济私有化改革，导致英美等西方国家的国有经济在整个国民经济的比重和规模逐渐降低，这主要受到以下两方面因素的影响：

(1)国内经济资源的优化配置。西方主要资本主义国家对国有经济进行了私有化改革，不论是通过国有化方式还是私有化方式来发展某些工业部门，都是各国政府根据本国的经济发展需要采取的调整政策。实际上，国有化方式与私有化方式交替使用的现象不时地出现在同一个工业部门，比如在二战后至20世纪80年代短短几十年的时间里，英国的钢铁工业就经历了数次国有化与私有化改革。

(2)调整国内经济调整，实行国有经济的私有化改革。二战结束后，西方主要资本主义国家的第一、二、三产业之间的比重逐渐发生变化。以农业为主的第一产业和以工业为主的第二产业在国民经济中的比重下降，而以金融、信息、服务等为代表的第三产业比重逐步上升。随着三次产业比重的变化，相关产业所吸纳的就业劳动力人数也随之发生变化，其中在第三产业中从事劳动的就业人数显著增加。此外，第二产业中的工业内部各行业部门之间的比重也发生新变化，在新科技革命的带动下，以新材料、新能源为代表的新兴工业部门迅速发展，而煤炭、采矿、钢铁等传统工业部门发展滞后。

因此，各国为了改变之前国有经济主要集中在传统工业部门的旧格局，将私人经营管理方式方法引入国有企业的管理体制中，以此减轻政府的财政负担。同时，各国政府通过私有化改革，将出售或租借国有企业等获得的大部分收益投入需要扶持的新兴工业部门中，给了新兴工业部门更多的资金支持。

(三)私有化改革的途径

20世纪60—70年代，随着国有企业公司的经营规模日益扩大，公司结构日趋复杂，逐渐产生了经营管理混乱、人浮于事、经营效益降低等严重问题。各国政府为了改变国有企业效率和效益低下的状况，陆续对国有企业的管理体制进行改革，其中核心改革是国有企业的产权制度改革，即将国有企业的产权进行私有化改革。概括起来，各国国有经济实行私有化改革主要通过如下三种途径：

1. 整体出售

对于一些暂时处于利润低微或亏损状态的国有企业，已经没有必要或没有能力通过国家进行经营管理，政府采取招标或拍卖的形式将这些国有企业整体出售给私人组织。由于这些企业经过改造后仍具有获取利润的空间，因此在出售过程中，政府对这些国有企业的生产设备等设施进行折价处理，或者对某些技术进行改造后，使得企业仍具有正常化生产经营的能力，再出售给私人组织。

比如在1979年至1991年之间，英国撒切尔政府就通过整体出售的方式将英国宇航公司、英国国家石油公司、全国货运公司、电报和无线电公司等16家国有企业卖给了私人企业，实行了国有企业的私有化。[①]

而对于一些生产技术相对落后、管理混乱、存在巨额亏损并且一时难以挽救的国有企业，一般采取清理核算企业资产然后宣布其破产关闭的措施。1992年英国政府关闭了国内一大批煤矿企业，主要因为这些煤矿企业存在着管理极为混乱和亏损严重的情况。

2. 部分出售

对于一些规模庞大、实力仍然雄厚的国有企业，或者一时难以整体出售出去的国有企业，或者政府不愿完全放手的国有企业，国家则采取公开出售部分股份、股票上市的方法，广泛吸收民间资本。随着西方主要资本主义国家中的经济发展，民间资本通过不断地积累，其资本实力也不断增强，政府通过吸收部分民间资本参与到国有企业中，既可以增强国有企业的经济实力和经营活力，又可以维持少量国有资本仍然控制企业的状态。

1989年德国政府公开出售费巴公司的国有股份，使得该公司的国有股份比重从43.75％降至30％，[②]两年之后，又全部出售费巴公司和大众汽车公司的国有股份，从而实现了两家企业的私人经营。1992年，意大利政府对国家电力公司和保险公司、伊里公司、埃尼公司实行股份制经营，公开发行上市其股票，吸引更多的民间资本参与到国有企业的经营中。

---

① 赵守日．闯关：西方国有经济体制革命[M]．广州：广东经济出版社，2000：184.

② 同上。

3. 引入私人投资

由于国有企业的经营者和劳动者不享有对国有企业的所有权，而且经营者和劳动者的报酬与国有企业生产经营的好坏没有太大关系，因此企业的经营者和劳动者没有足够的动力去最大限度地提高企业生产效率、增加企业利润，从而导致国有企业效率和效益低下。

因此，为了提高国有企业的生产效率和效益，一些政府在保证国有企业控制权的基础上，向社会公开发行股份，引入私人投资成分，分散国有企业的股权，并且鼓励企业职工主动参与企业的经营管理。

在引入私人投资的过程中，为了实现分散股权的目的，同时避免私人集团垄断局面的产生，一些政府对大公司购买的股票比例加以数量或比例限制，防止大公司过多购买股票；而对一些小投资者则鼓励其积极购买股票，并给予其分期付款等一定的优惠措施。

在英国石油、电信、航空、天然气等国有企业股权上市时，英国政府为保证中小投资者的利益，曾规定在开市后 10 小时内，只面向那些保证持有这些股票 3 年以上的小额投资者，开市 10 小时后才以竞价的形式面向所有投资者。[①] 不仅如此，对于国有企业职工购买股票的情况，英国政府为鼓励企业员工持有股票，采取了折价出售、限量免费股、无限额购买等优惠政策。

法国政府对小额股票购买者也采取了一定的优惠措施，购买者在规定的时间内可以向有关部门登记购买股票信息，经过汇总整理后，依据优先满足小额购买者原则，由政府确定股票分配比例。此外，日本政府在对国铁进行民营化改革的过程中，对国铁职工认购公司股票的情况采取了鼓励和支持的态度。

通过对国有企业管理体制实施深层次的私有化改革，西方主要资本主义国家改变了国有企业的产权性质和产权结构，国有经济规模减小，在国民经济中的比重降低。正是通过这一深层次的国有经济管理体制改革，将国有企业真正推入市场经济公平竞争的环境中，才使得企业以追求最大利润为目标，增强了企业在生产经营中的积极性和责任感，提高了企业的经济效益和经营效率。

二、20 世纪 90 年代中后期以来各国国有企业发展的最新变化

20 世纪 90 年代末期以来，发达国家国有企业的主要改革举措是改善公司治理和降低国有企业股权比例，具体包括：明确国有企业的目标要求，规范国有股东行为，向国有

---

① 伍柏麟，席春迎. 西方国有经济研究[M]. 北京：高校教育出版社，1997：166.

企业董事会充分授权和问责，对国有企业严格按照公司法、竞争规则来运营管理，要求国有企业有较高的透明度和规范的信息披露。

(一)调整国有经济布局，收缩战线和降低比重

即使是在私营化浪潮之后，国有企业仍然在许多“经济合作与发展组织”(OECD)成员国的经济活动中占有一定比重。通过调整国有部门和私有部门之间界限，缩小国有部门的规模和降低国有企业数量，国有经济集中到了关键基础设施部门，竞争企业也因此放开给市场经营。

2008年OECD出台了《公司治理、问责与透明度：国家所有权指南》，帮助各国政府评价现行实践并为改革提供支持，国家所有权政策目标更加集中在具有战略意义的领域和基础设施领域，特别是涵盖了与能源、交通和通信等重要行业的公用设施和基础设施，而且这些部门由于其规模、经济影响以及其所在领域的“战略性”而地位显著，对竞争性环境和整体国民经济发挥着重要的控制作用。

(二)理顺政企关系，深化国有企业公司治理改革

随着产业的市场全球化，以及基础设施领域和竞争领域的技术进步，政府监管体制从具体的直接监管向以框架和市场为导向的规制转变，国家所有权也从行政监管的角色中明确分离出来。而理顺国家委托人与企业代理人之间复杂的责任体系是一个真正的挑战。

经济合作与发展组织2005年制定了《国有企业公司治理指南》，其中关键原则是，国家须作为一个知情的所有者行事，不得干预企业日常运营管理。

2008年出台了《公司治理、问责与透明度：国家所有权指南》，其核心是确保对国有企业的问责机制和提高信息透明度，这对于改善国有企业经营业绩和提高国有企业的效率十分重要。它能为股东提供涉及行使股东权利的关键信息，纠正欺诈行为和市场操控，提高国有企业公司治理的质量，从而给股东带来实质价值。

(三)建立国有企业和私营企业在市场经济中公平竞争的环境

2012年OECD出版了《竞争中立性：在公共企业和私人企业间保持公平竞争》。此书建议各成员国政府平等地对待国有企业和私营企业，提出了在规制、税收、债务和资源获得以及会计透明度等方面保持公平性的政策选择，以实现市场配置资源下的公平竞争环境。新的市场竞争出现如下特征：

经济发展的垄断程度提高。随着经济全球化、区域化、一体化进程加快,全球经济组织影响和作用日益增大,其中,世界贸易组织、国际货币基金组织和世界银行是著名的三大世界经济组织,在这些国际经济组织中,西方发达资本主义国家占据主导地位。同时,跨国公司大量出现,影响范围日益扩大,影响力日渐增强。跨国公司不仅数量多,而且资产规模大、经营范围广,跨国垄断已形成垄断发展的一个新阶段。

经济增长模式出现变化。西方资本主义国家在战后大约经历了十多年的经济恢复发展时期。这一时期,总体上重视实物资本的发展。但是,从 20 世纪 60—70 年代以来,西方各国则逐渐把经济发展重心从实物资本转向虚拟资本,并且这二者的脱节日益明显。特别是在 20 世纪 70 年代初布雷顿森林体系瓦解以后,金融业迅速发展,金融、股市、期货市场与实物资本不断脱离,资本主义经济的投机性日益明显和强化,大量的资本不是在生产领域流通,而是在金融和金融衍生市场快速流动,潜伏着巨大的危机和风险。

第二章　国外国有企业的地位、分布与作用

第一节　国外国有企业的地位

国有企业在经济合作与发展组织(简称:OECD 或经合组织)国家中占有重要地位,在有的 OECD 成员国中,国有企业代表了 40%以上的经济增加值,大约 10%的就业,甚至 50%的市场资本总额[①]。根据 2013 年一次内部统计[②],OECD 成员国共有国有企业[③] 2090 户,净资产估值[④]近 2 万亿美元,雇佣员工 650 万。从资产规模看,法国国有企业资产规模最高,为 5300 亿欧元;日本、挪威、韩国均超过 2000 亿美元;瑞典、意大利国有企业资产规模在 1000 亿欧元左右;最小的依次为美国、拉脱维亚、爱沙尼亚、西班牙、匈牙利、立陶宛、葡萄牙,均低于 100 亿美元[⑤]。

---

① OECD. 国有企业公司治理:对 OECD 成员国的调查[M]. 李兆熙,谢晖,译.

② The Size and Sectorial Distribution of SOEs in OECD Countries (Christiansen 2013)

③ 包括国有独资企业、国有绝对控股的非上市和上市公司、特别法定公司等。

④ 上市公司为市值,非上市公司为账面股权价值。

⑤ Christiansen H. "The Size and Composition of the SOE Sector in OECD Countries", OECD Corporate Governance Working Papers, No. 5, OECD Publishing. 2011. http://dx.doi.org/10.1787/5kg54cwps0s3 - en.

一、国有企业占经济的比重

国有企业占经济的比重主要体现在资产占GDP比重及其就业贡献两个方面。

(一)国有企业资产(市值)占GDP比重

国有企业资产(市值)占GDP比重是衡量国有企业的重要性的重要标准。经合组织国家中国有企业资产占GDP比重最高的是墨西哥(超过GDP的100%),这主要是因为国有的石油天然气公司PEMEX过于庞大。北欧国家、经济转型国家(捷克、芬兰、以色列、波兰和挪威)该比重为20%～30%。较低的是瑞典和韩国,略低于10%,新西兰、意大利、法国则在12%～15%之间。最高的是芬兰,国有企业收入占GDP的比重达到44%[①]。据OECD估算,所有上报数据的OECD国家的国有企业资产价值平均与该国GDP的比值在15%左右。

在新加坡,自20世纪70年代后期开始,国有经济部门就一直占国内固定资本形成总值的1/4左右。成立于1974年的淡马锡公司,是由新加坡财政部负责监管、以私人名义注册的一家控股公司,被授权负责经营新加坡开发银行等36家国联企业的股权。目前,该公司以控股方式管理着23家国联企业,其中14家独资公司、7家上市公司和2家有限责任公司,下属各类大小企业约2000多家,总资产超过420亿美元,占新加坡GDP的15%左右。

在印度,尽管国有企业的重要性有所下降,但到2006—2007年时,印度的国有企业仍然在其国民经济中具有较为重要的地位。国有企业增加值占其GDP的比重从1993—1994年的17.5%下降到2006—2007年的13.2%;在公共部门GDP中,国有企业的贡献仍在60%以上,其比重从1993—1994年的68.3%下降到2006—2007年的61.5%。

在中东和北非地区,尽管缺乏可靠的数据,但国有经济的大小可以从其他经济数据推断出来。在石油生产国,碳氢化合物部门(主要为石油和天然气等)通常完全为国家控制,其规模可以较好地反映出国有企业的重要性。例如,卡塔尔的石油和天然气部门贡献了超过一半的国内生产总值,科威特的石油和天然气部门则贡献了大约65%的国内生产总值。虽然这两个国家已经采取措施促进经济多样化,试图使其经济较少地依赖

---

① “外国国有企业公司治理实践”课题组(张政军执笔). 国家股东行为的国际比较及启示.

能源生产，但石油和天然气部门占国有经济的比重数字近年来并无改变[①]。

政府企业在新西兰的经济发展中起着非常重要的作用。截至2001年6月，政府企业经营的总资产和股东权益分别为320亿美元和140亿美元，其中国有企业的数据分别是106亿美元和55亿美元。2000—2001年度政府企业的总收入达到240亿美元，占GDP的21%[②]。

(二)各国国有企业在就业方面的贡献

OECD国家中的国有企业在就业方面的作用较为显著。图2-1显示了OECD国家中国有企业就业占整体就业比重最高的15个国家。比例最高的是挪威，国有企业就业占整体就业超过12%，其他国家中国有企业就业比重超过整体就业3%的包括前转型国家如捷克、爱沙尼亚、匈牙利和波兰。其他一些OECD国家，如芬兰、葡萄牙、法国和瑞典在国有企业就业比重方面也较高。事实上，如果将国有参股企业考虑进去，芬兰和法国的国有企业就业比重将更为显著，因为这两个国家都有很多政府占有重要的少数股权的大型上市公司。

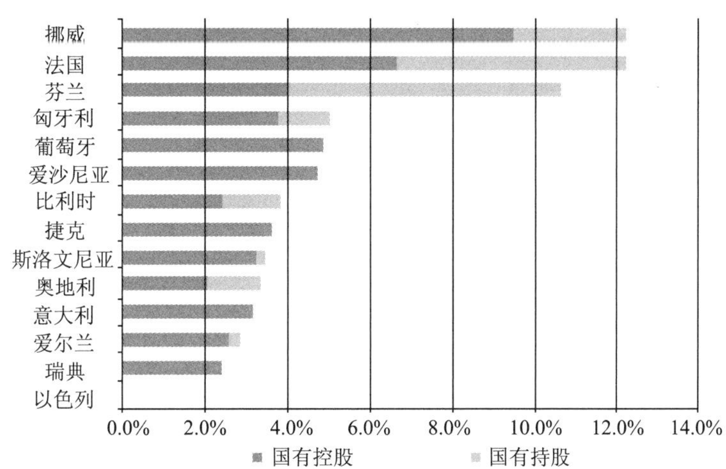

图2-1 国有企业就业占国内就业的百分比(OECD排名前15的国家)

资料来源：OECD. Corporate Governance of State-Owned Enterprises (A Survey of OECD Countries), 2005.

---

① OECD. Towards New Arrangements for State Ownership in the Middle East and North Africa. 2012.

② 张政军. 新西兰政府企业管理体质特点和经验.

从就业看，中东与北非地区的国有企业具有不可忽视的作用，国有企业就业人数估计接近该地区总就业人数的30％，大大超过经合组织成员国的2％～3％。

印度国有企业的就业贡献也较大，如表2-1所示。可见，在2005—2006年时，除去政府机构，国有企业就业人数占企业界就业人数比重为40.5％。

表2-1　印度公共部门与私营部门的就业状况(每年3月31日，单位:万人)

年份	公共部门		私营部门
	国有企业	政府机构	
1993—1994	649	1284	785
1996—1997	646	1297	851
1999—2000	639	1303	870
2002—2003	602	1275	843
2005—2006	575	1226	845

资料来源:印度财政部，2008年。

表2-2　各国国有企业家数和规模

国家	中央政府直接管理的国有企业家数	国有企业总资产(亿欧元)	国有企业职工占社会就业比例(%)	国有企业收入占GDP比例(%)
瑞典	59	1070	5	7
芬兰	30	200	10	44
新加坡	20	—	—	12
挪威	19	190	—	—
奥地利	44	55	—	—
捷克斯洛伐克	11550			
韩国	13		2.5	9.4
新西兰	16	90		12
加拿大	43	—	—	—
法国	50	5300	5.3	15
意大利	26	920	2.3	12

资料来源:“外国国有企业公司治理实践”课题组(张政军执笔). 国家股东行为的国际比较及启示.

二、国有企业的个体规模

各国国有企业的数量有较大差异，但占国民经济总量的比重则较为相近，因此，在国有企业数量较少的国家，单个国有企业的价值往往比拥有国有企业数量较多的国家高很多，表明国有企业个体规模与国民经济规模高度相关。例如，奥地利9大国有企业平均估值为24亿美元，而拥有326户国有企业的波兰平均每户估值仅为1.89亿美元。

许多国有企业的巨大个体规模占据着全球范围内的领先位置。福布斯杂志(Forbes)每年评选出的"全球最大2000家上市公司"(Forbes Global 2000)①榜单中，国有企业都拥有相当重要的地位。2010—2011财政年度，在这2000家全球最大的上市公司中，有204家是国有企业。这204家国有企业来自37个国家，其中中国排名第一(有70家)，其次是印度(30家)，俄罗斯(9家)，阿拉伯联合酋长国(9家)，马来西亚(8家)。这204家国有企业分布在35个行业，其总的销售额达到3.6万亿美元，相当于全球最大2000家上市公司销售额的10%，超过2010年英国、法国、德国的国民总收入(GNI)②。这些国有企业的销售额加总起来几乎达到了世界GDP的6%，是农业对全球GDP的贡献的1.4倍。同时，这些企业的市值占到了全球上市企业总市值的11%。

巴西、中国、印度、印度尼西亚、俄罗斯和南非(BRIICS)的重要性就在于该榜单上的260家公司都来自这几个国家。在这几个国家中，国有企业的市场价值相当于国民总收入的32%。除南非外，国有企业控制着BRIICS大多数的资产，其中尤以中国、印度和俄罗斯为甚。

表2-3 国有企业销售额、利润、资产、市值占国民总收入的百分比

国家	销售额	利润	资产	市值
巴西	12%	1.70%	51%	18%
中国	26%	2.90%	145%	44%
印度	16%	4.30%	75%	22%
印尼	3%	0.30%	19%	12%
俄罗斯	16%	3.00%	64%	28%
南非	2%	1.70%	3%	1%

资料来源：Forbes Global 2000, 2011. and WDI, 2011

相比国有控股企业来说，一些欧洲国家中的国有参股上市企业拥有更大的个体规模。例如2009年，9家法国国有参股上市企业，包括法国航空(Air France KLM)、欧洲宇航防务集团(EADS)、法国电信(France Telecom)和法国雷诺公司(Renault)等，就业人数达到925000人，市值则达到2440亿美元。德国的三家国有参股公司，包括德国商业银行(Com-

① 在2010—2011财政年度，这2000家企业来自66个国家，覆盖72个行业，其中OECD国家的企业有1500家，非OECD国家企业有500家。需要指出的是，没有上市的公司不包括在榜单内。这2000家全球最大的上市企业在2010—2011财年的销售额相当于全球GDP的51%，它们的公司市值超过全球上市公司的80%。

② Kowalski, P. et al. (2013), "State-Owned Enterprises: Trade Effects and Policy Implications", OECD Trade Policy Papers, No. 147, OECD Publishing. http://dx.doi.org/10.1787/5k4869ckqk7l-en.

merzbank)，在 2009 年提供了 727000 个就业岗位。意大利的国有参股企业则拥有就业人数 224000 人，市值达到 1560 亿美元。然而如果考虑到国家整体经济规模，芬兰的国有参股企业则拥有相对来说更大的个体规模，尽管国内人口仅有法国或意大利的 1/10，但其 9 家国有参股上市公司共提供了 131000 个就业岗位，市值则达到 710 亿美元。①

表 2-4 各国国有企业家数、规模和领域比较

国家	中央政府直接管理的国有企业家数	国有企业总资产（亿欧元）	国有企业职工占社会就业比例(%)	国有企业收入占GDP 比例(%)
瑞典	59	1070	5	7
芬兰	30	200	10	44
新加坡	20	—	—	12
挪威	19	190	—	—
奥地利	44	55	—	—
韩国	13		2.5	9.4
新西兰	16	90		12
加拿大	43	—	—	—
法国	50	5300	5.3	15
意大利	26	920	2.3	12
中国	179	约 9200	4.1*	40.7

注：* 是指按包括地方国有企业在内的全部国有企业计算的数据。

资料来源：张政军. 国家股东行为的国际比较及启示. 国务院发展研究中心调研报告.

在中东和北非地区，前 100 家最大上市公司中有 32 家由国家部分控股，这些公司的总市值占到了整个地区的 45%。但该地区内部存在巨大的差异(表 2-5)，如巴勒斯坦没有上市国有企业，而阿尔及利亚则拥有国内所有上市公司的股权。②

表 2-5 中东和北非地区前 100 家最大上市公司中的国有企业

排名	公司	国家	经济领域	市值(百万美元)
1	Saudi Basic Industries	沙特阿拉伯	石油化工	70799
3	Saudi Telecom Company	沙特阿拉伯	电信	23520
4	Etisalat	阿拉伯联合酋长国	电信	23188
6	Zain Group	科威特	电信	17121
7	Industries Qatar	卡塔尔	集团	16413

① OECD. The Size and Compositions of SOEs in OECD Countries.

② Towards New Arrangements for State Ownership in the Middle East and North Africa.

续表

排名	公司	国家	经济领域	市值(百万美元)
10	Saudi Electricity Company	沙特阿拉伯	公共事业	13555
12	Qatar National Bank	卡塔尔	金融	12770
13	Riyad Bank	沙特阿拉伯	金融	11280
16	Saudi Arabian Fertilizer Company	沙特阿拉伯	石油化工	9400
20	Etihad Etisalat Company (Mobily)	沙特阿拉伯	电信	8785
23	Rabigh Refining & Petrochemical company	沙特阿拉伯	石油化工	7709
25	Saudi Kayan Petrochemical Company	沙特阿拉伯	石油化工	7240
26	National Bank of Abu Dhabi	阿拉伯联合酋长国	金融	6423
27	DP World	阿拉伯联合酋长国	交通	6358
31	Telecom Egypt Company	埃及	电信	6054
33	Yanbu National Petrochemicals Company	沙特阿拉伯	石油化工	5640
35	Alinma Bank	沙特阿拉伯	金融	5100
37	Emaar Properties	阿拉伯联合酋长国	房地产	4776
41	Saudi Arabian Mining Company	沙特阿拉伯	金属及矿业	4156
43	Arab Potash Company	约旦	金属及矿业	4000
50	Emirates NBD	阿拉伯联合酋长国	金融	3728
60	Dubai Financial Market	阿拉伯联合酋长国	金融	3094
61	Emirates Integrated Telecommunications Company	阿拉伯联合酋长国	电信	3093
70	Qatar Electricity & Water Company	卡塔尔	公用事业	2781
76	Oman Telecommunications Company	阿曼	电信	2564
77	Aldar Properties	阿拉伯联合酋长国	房地产	2506
81	Bahrain Telecommunications Company	巴林	电信	2234
82	Barwa Real Estate Company	卡塔尔	房地产	2217
83	Dubai Islamic Bank	阿拉伯联合酋长国	金融	2206
88	Abu Dhabi Commercial Bank	阿拉伯联合酋长国	金融	2161
91	Abu Qir Fertilizers Company	埃及	石油化工	2071
95	Abu Dhabi National Energy Company(Taqa)	阿拉伯联合酋长国	石油和天然气	2000

资料来源:OECD,基于 MEED Top Listed Companies Report 的统计,2010 年 4 月第 14 期.

瑞典在 2011 年年报中指出,目前瑞典政府共管理着 58 家国有企业,其中 43 家为完全控股,15 家为部分持股,总市值约 5,800 亿瑞典克朗(约合 900 亿美元)。完全控股企业当中,有 15 家企业 2011 年末账面资产价值均超过 100 亿瑞典克朗(约合 15.6 亿美元)。

表 2-6 部分瑞典国有企业年报数据

公司名称	2011 年末账面总资产(百万瑞典克朗)
Nordea Bank	716204
Vattenfall	524558
SBAB Bank'	339750
SEK	319702
TeliaSonera	253881
Akademiska Hus	61073
LKAB	53730
SAS	39185
Sveaskog	34367
PostNord	25410
Specialfastigheter	17663
Svedab	17042
Botniabanan	16455
Swedavia	12143
Jernhusen	11583

资料来源：2011 Annual SOEs Annual Report in Sweden, P38-92.

20 世纪八九十年代的私有化浪潮当中，各国对国有企业纷纷进行了改革，一些国家将重点放在国有股出售以降低国有企业比重上，如奥地利 1993 年对国家投资控股公司 ÖIAG 进行了重组，并授权给 ÖIAG 出售非核心业务公司和企业部分股份，用来提高企业效率和偿还旧债。法国 1986 年以来，出售了大部分国有企业的所有权，退出大多数制造业领域，国有经济比重大幅下降，近年还决定退出金融业。新西兰 1989 年以来出售了总额约 191 亿美元的国有企业资产或股份。韩国政府 1988 年以来，减少了在主要国有企业中的股份，如在韩国电力、电信、POSCO 中的股份均有大幅下降。① 随着新加坡经济的振兴，起到重要带动作用的淡马锡 20 世纪 80 年代也适时进行战略撤资，将经济发展的引擎更多让位于日益活跃的民营资本。

此外，近年来，由于受到全球经济下滑的影响，OECD 国家的国有经济比重也有所下降。例如 2008—2009 年，在哈利法克斯苏格兰银行(HBOS)被劳埃德银行集团(Lloyds Banking Group)接管后，英国失去了对该银行的绝对控股地位。政府对未上市的国有企业的持有股份也呈下滑趋势，反映出一些国家中私有化和产业合理化的过程。2008—2009

① 张政军. 国家股东行为的国际比较与启示.

年，捷克、匈牙利和波兰的国有企业数量减少了10家，然而波兰的国有企业就业比重却出乎意料地出现了大幅度增长。此外，丹麦、希腊和韩国的国有企业数量也有所减少[①]。

一些国家的国有企业所有权在2009年的增加主要反映出自治政府机构的公司化，例如葡萄牙和瑞典。挪威的医疗健康系统公司化中，国有企业数目则有所增长。

近年来的经验表明，降低国有企业规模和比重，退出一般竞争性领域，是近年各国对国有企业采取的主要改革手段：从长期看，国有经济应主要定位在提供广义的"公共品"上，主要包括国家安全、重大公共服务、前瞻性战略性产业、保护生态环境、支持科技进步等，除此之外的其他非"国计民生"的重要领域即一般产业领域，国有经济需要逐步收缩战线。但是单纯出售国有股份并不能有效地提高企业价值，而将重点集中在改善企业的公司治理，或出售股份和改善公司治理相结合，则可能产生好的效果。

第二节　国有企业产权结构

一、国有企业产权制度

各国国有企业产权制度包括对国有企业产权结构进行规范的法律及政策性文件，例如私有化政策、股权转让，等等。主要国家国有企业产权制度概况如下：

1. 英国

1945年，艾德礼工党政府颁发《让我们面向未来》的政策性文件，向选民和议会提出了1945—1951年的国有化计划。

1946年，英国议会一致通过了3个国有化法令：英格兰银行国有化、电缆和无线电有限公司部分转变为邮政总局及英联邦电信局、建立英国海外航空公司。

1947—1948年先后颁发了煤矿电力、交通和天然气国有化法令。

1975年，为管理国有化企业，议会通过了激进的"1975年工业条例"，专门设立了国家企业局NEB，作为一种国营的控股公司，专门负责管理各种各样的国营单位，购进并持有各制造业公司的股份，"把公有扩及于能营利的制造业领域"。（专栏3-22）工业部对NEB向企业股份的收购额和参股比例也作了规定：1975年工业法第十条要求NEB在收购金额超过1000万英镑或收购的股票占一个公司股份的30%以上时，必须征得工业大臣的同意。此外，如果股份收购引起新的重大政策问题，也必须征得工业大臣的同意。

---

① OECD. The Size and Compositions of SOEs in OECD Countries. 2005.

专栏2-1　英国国家企业局NEB

英国国有企业局，简称NEB，是1975年英国工党执政期间建立的国家控股公司。根据英国1975年工业法，NEB具有双重职能：一是依据国家的产业政策和地区经济发展政策，建立或帮助建立工业企业。同时向高技术企业、出口导向企业、中小企业和高失业地区提供资金援助。二是向暂时遇到财务困难但又有长远发展前途的企业临时参股，促进现有工业企业重组，促进参股企业的民主管理、增强企业的竞争力。

1975年工业法第二条第四款赋予NEB下述权力：购买股票；建立合伙企业和公司；提供、担保贷款；取得处分财产以及向企业提供金融、行政和管理方面的服务。该法第五条允许将政府持有的股份和财产转让归国有企业局。

资料来源：牛建锋．国家控股公司模式的国际比较[J].计划与市场，1994(5).

2.意大利

意大利国家对银行信用体系进行专门的控制，主要通过两种形式，由意大利《银行法》对两种形式中国有股权的比例进行规定。一种形式是由国家通过国库部直接控制的公法银行，例如意大利银行、国民劳动银行、国民交通银行等；另一种形式是国家通过持股公司间接控制的国民利益银行，即是按股份公司形式组织起来、至少在全国三十个省设有分行、其表决权归意大利国民所有(限制外国银行控制股权)的银行。

20世纪90年代以来，由于国有企业越来越不能有效地利用资源，以国家参与制闻名的意大利开始了对国有企业的私有化进程及股份制改革。

1992年8月8日，意大利国会通过第359号法律，批准将IRI公司、ENI公司、全国保险公司和国家电力公司改造成股份公司。

1993年12月24日第375号法律和1994年的《财政法》，赋予政府私有化的权力，将股份制改造和私有化领域扩展到公用事业，并规定国库部长有责任将国有股出售。

3.法国

在法国的国有化运动中，国有企业的产权制度主要是由具体的法令进行规定的。法国国有化运动共有两次：一次是在1944—1946年，为加强国家对企业的控制，通过一系列法令，将具有自然垄断性质的企业(如法国航空公司、法国电力总公司、法国铁路总公司等)和需要特别规则来管理的银行及保险公司(如里昂信贷银行、巴黎国家银行和34家保险公司等)购为国有；一次是自1982年开始，为帮助一些私营企业摆脱困境，通过颁布国有化法律，对数家特大型工业企业和一些生产中间产品和设备的企业进行了产权结构的调整。

之后随着法国右翼的上台，法国政府在1986和1993年两次颁布了《私有化法》，掀起了对国有企业的私有化改造运动，逐渐改革了法国一些主要行业中国有企业的产权结构。

专栏2-2 法国国有经济私有化调整

法国国有经济布局调整大体上是分三步走的。

第一步，针对竞争性产业领域国有企业进行私有化改造。1993—1996年，私有化改造主要在金融业和制造业等竞争性领域展开。1993—1999年，政府对巴黎法国国家银行等金融和保险公司进行私有化改造，国有经济从金融部门退出。1993—1996年，政府先后对化学制药行业、石油天然气行业、冶金行业和汽车制造业(雷诺)领域的国有企业进行私有化改造。

第二步，针对社会公用事业领域国有企业进行私有化改造。1997—2001年，法国在继续对国防、空间和电子工业等制造业领域国有企业进行私有化改造的同时，开始出售垄断性行业的国有企业资产，先后三次共出售了全球第四大电信公司法国电信45%的企业股票，政府持股减至55%；此外，1999年，政府开始出售法国航空公司股票，政府持股减至54%。私有化改造后的电信和航空部门，国有资本仍占据绝对控股地位。

第三步，继续针对竞争性行业和社会公用事业领域国有企业进行私有化改造。2002年，政府宣布将采取实用主义的态度对待国有企业，逐一分析国有企业的赢利状况和发展潜力，进行个案处理。原则上，国有企业将陆续从竞争性领域退出，涉及国家战略利益的行业和公用事业继续由国家控制，法国本轮私有化改造运动进入收官阶段。2002—2004年，政府陆续出售了国有运输公司(ASF)、电子公司THOMSON和DASSAULT公司的剩余股票、航空发动机制造企业SNECMA 35%的股票及法国电信9.6%的股票，国有资本保持相对控股。

经过近20年的国有企业私有化改造，法国政府出售的国有企业资产价值超过1000亿美元。通过国有经济布局的大规模收缩，法国国有经济总量规模发生了很大变化，到2002年年底，法国国有企业产值占GDP的比重为11%；国有企业员工数量从1985年的180万人下降到21世纪初的大约129万人，占就业比重的9.8%。根据CEEP 2004年统计数据披露的信息，法国国有经济基本上从竞争性领域退出。

资料来源：陈鸿．国有经济布局[M]．北京：中国经济出版社，2012.

4.韩国

韩国计划预算委员会在1992年修订了《国家资本企业管理法》，修订后的《管理法》强调了自主管理、管理的责任制和经营的透明度；与此同时，为了加强监管，成立了公有企业民营化推进委员会。

韩国计划预算委员会于1998年7月发布了第一个“民营化计划”，这是一项改革力度很大的民营化计划，根据该计划，26家大型公有企业中，首先选定11家企业为第一批实行民营化的企业。

1998年8月，韩国又发布了第二次民营化计划。第二次民营化计划，除了继续推进第一次民营化计划中所选定的6家渐进式民营化企业的民营化进程以外，又增加了30家企业的民营化计划，重点为改革经营管理体制。

建立现代企业制度的关键是明晰产权关系，而产权关系最终都必须以法律的形式加以确认。根据一些国家的立法经验，在建立国有股权制度的问题上，应该从宏观和微观两个层次上考虑。宏观上，在划分立法机关和政府及主管部门的职责、权力时，应该把国有资产的立法、监督和管理权的行使适当分离。从微观层面，则应由政府部门以及专门的国有资产管理机关来负责国有资产的管理，其权限、职责由法律规定。

近年来，许多国家的国有股权政策和法律的关注点集中在私有化(民营化)和相应的股权转让等方面。需要了解的是，私有化是在不断变化发展的国际经济背景下产生的：

财政的紧缩促使政府控制支出和债务；

各国政府逐渐认识到国有企业效率较低这一事实；

电信和发电等领域的技术进步使得这些行业的垄断状况逐渐减弱，同时使得自由市场在世界各国尤其是OECD当中的欧盟国家中逐渐兴起；

金融市场逐渐全球化，国有企业需要从国家所有权中解放出来，才能更好地利用金融市场；

各国对于国家在经济当中应当具有怎样的地位的看法有所改观，尤其在前经济转轨国家当中，经济更是出现了翻天覆地的改革。

私有化的目标是复杂甚至互相矛盾的，各目标的重要程度也因国别而异。在OECD国家中，私有化的目标包括财政目标、吸引投资、提高效率、向垄断行业引进竞争、促进资本市场发展及一些政治目标。由于这些目标之间可能存在冲突，如何权衡取舍成为一个重要的议题。

二、国有企业产权结构

各国实践当中，国有企业的产权结构主要有以下三个层次：

国有独资公司。国有独资公司由政府全额出资，受公司法规范。这类企业以社会公共目标为主，经济目标居次，主要是典型的自然垄断企业和资源类企业，如铁路、自来水、天然气、电力、机场等。这类企业的产品或服务一般按照边际成本或平均成本定价，以此来实现社会福利的最大化，而非谋求从消费者处攫取更多剩余价值。（见专栏 2－3）

专栏 2－3 国有独资公司

国有独资指国有单独投资、依法按照公司组织形式设立的企业法人。我国的国有独资公司是由国家授权投资的机构或者国家授权的部门单独投资设立的有限责任公司。全部资本由国家投入，公司的财产权源于国家对投资财产的所有权；股东只有一个，作为国有独资公司的股东，国家授权投资的机构（如国家设立的国有资产投资公司）或者国家授权的部门（如国家的国有资产管理部）是唯一的投资主体和利益主体；公司投资者承担有限责任，国家仅以其投入公司的特定财产金额为限对公司的债务负责，而不承担无限责任；性质上属于有限责任公司，除投资者和股东人数与一般公司不同外，其他如公司设立、组织机构、生产经营制度、财务会计制度等均与有限责任公司的一般规定与特征相同或相近。

国有独资公司是一种国家所有的有限责任公司。其财产出资人是国家这个特殊的主体，财产所有权属于国家；在追求盈利的同时，担负着执行国家经济政策、实行国家计划、调节社会经济的结构和运行的特殊使命；受到国家政策、法律的许多特殊对待和国家的特别照顾，享有许多优惠；受一般性企业法规和国家关于国有企业的特别法规的调整。

资料来源：本课题组整理。

国有控股公司。国有控股公司由政府出资控股，受公司法规范。这类企业兼具社会公共目标和经济目标，以经济目标支撑社会公共目标。这类企业主要是准自然垄断企业和国民经济发展的支柱产业，如电子、汽车、医药、机场等。国有控股公司不直接提供公共服务，而是通过向国家财政上交股息和红利，间接提供公共服务。如果由于特殊环境，这类企业不得不履行一些公共职能，则由此造成的损失将由国家财政给予补偿。

国有参股公司。又称“国家参股公司”或“政府参股公司”，政府只是普通参股者，受到公司法规范。这类企业与一般竞争性企业无疑，没有强制性社会公共目标，经济目标居主导地位。如果它们也提供公共服务，那是它们自觉履行社会责任的行为，应该予以鼓励和支持。对于这类企业，政府参股的主要目的是壮大国有经济的实力，除此之外，政府对这类企业没有任何其他附加的义务。

(一)OECD国家国有企业控股情况

图2-2显示了OECD国家的国有企业中国家控股情况。平均有一半以上的国有企业属国有独资。在有些国家中，如捷克共和国、韩国、新西兰和瑞典，大约有3/4的国有企业完全或者大部分由国家控制。有的国家，如澳大利亚、比利时和土耳其，所有的国有企业都是完全或大部分由国家控制的。

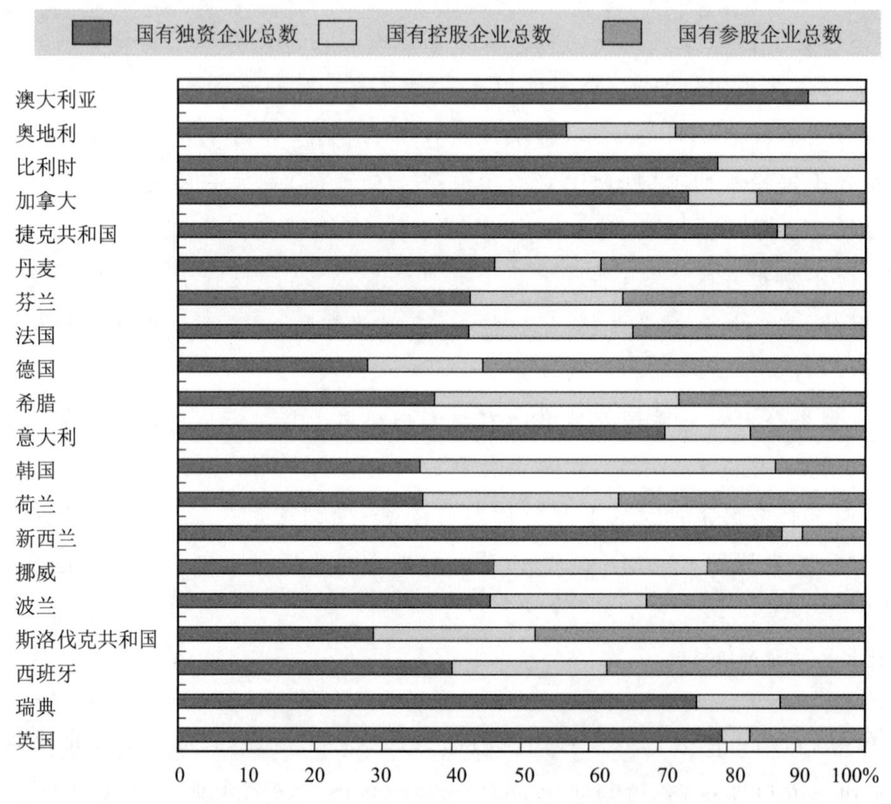

图2-2　国有企业中不同类型国家所有权的情况

注：法国和英国的数据不是基于全部国有企业计算出来的，而只是统计了它们当中的一部分，其中，统计了法国“一级”集团最重要的80家企业，英国24家是由中央政府负责管理的企业。

资料来源：经济合作与发展组织.国有企业公司治理：对OECD成员国的调查[M].李兆熙，谢晖，译.2011.

图2-3显示了OECD国家的国有企业上市的比重。可以看出，平均只有10%的

国有企业是上市公司，但国与国之间的差距是很大的。挪威、希腊、意大利和芬兰等国国有企业中上市公司的比例高出平均水平很多，大约为20%～25%。有约1/5到1/4的国有企业是上市公司；捷克共和国、新西兰和波兰的国有企业中只有2%～3%是上市公司；而比利时、斯洛伐克共和国和英国则没有上市的国有企业。值得注意的一点是，各国上市的国有企业的股份仍然掌握在国家手中。因为国家有责任有效地行使其股东权利。

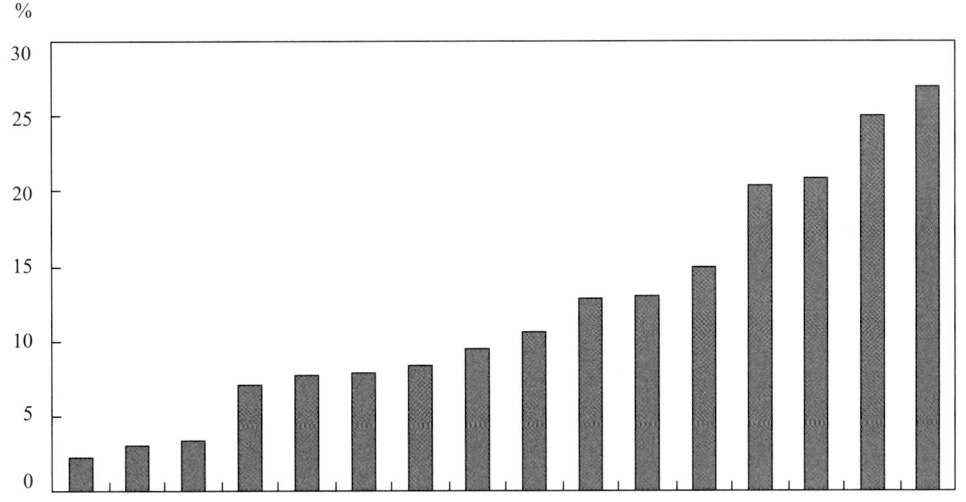

图2-3 所选OECD成员国中上市的国有企业的百分比

注：所代表的国家从左到右依次是：捷克共和国、新西兰、波兰、瑞典、丹麦、土耳其、德国、荷兰、奥地利、韩国、法国、西班牙、芬兰、意大利、希腊和挪威。

资料来源：经济合作与发展组织．国有企业公司治理：对OECD成员国的调查[M]．李兆熙，谢晖，译．2011.

大多数发达国家中同时存在政府直接控制、具有行政职能的国有企业，和具有独立法人地位的国有公司，具体情况则因各国传统、管理模式和政策的不同而异。

法国的国有企业按照企业法律形式大致可分为具有工业和商业特征的国有部门和以股份有限公司形式存在的国有公司两类。其中具有工业和商业特征的国有部门是指按照行政方式运行、具有行政职能和企业法人地位的特殊国有企业。以股份有限公司形式存在的国有公司是指不具有行政管理职能，参照《公司法》进行规范的国有公司。这类企业又可以分为由国家控制全部股份的国有资本公司和由国有股东和私人股东共同出资设立的混合经济公司。

北欧三国丹麦、挪威、瑞典的国有企业和国有经济大体有三种形式：一是国家所属的独资企业或独资有限责任公司；二是国家控股或参股的股份公司；三是地方政府拥有的各类当地公共服务企业。这三类企业大都分布在国民经济的基础部门，首先集中在基础设施和公用事业方面，如邮政、电信、航空、铁路、港口、供水、供电等；其次集中在某些基础工业部门，如钢铁、煤炭、石油、电力等；此外，集中在一些高科技领域和国防部门。

英国的国有企业可划分为以下三类：

政府直接管理的国有企业。如一些从事科学研究与设计试制工作的机构、造船厂、兵工厂等。

具有独立法人地位的国有公司。1980 年初，英国拥有此类公司 51 家，其中主要是国有化工业公司，这些公司的资产全部为国家占有或控制，但其具有独立的法人地位，政府向这类公司提供一系列优惠政策。

公私合营型国有企业，也就是国有股份公司。在这些国有股份公司中，国家通常只拥有部分财产所有权，其法律地位和经营自主权均与私营企业相似。比较著名的国有企业股份公司有英国石油公司、罗尔—罗伊斯公司等。

新加坡国有企业的产权结构主要有国有企业、国有控股公司和国有参股公司三种基本类型。国有企业由政府部门或类似的政府机构直接管理，财务和会计账目与政府的财政预算直接联系，它没有独立自主权，代表国家参与经济运行并在国家的管辖下和在规定范围内从事经营活动；国有控股公司是按照国家制定的特定法律条例创办和经营并隶属于政府某一管理部门的经济实体，具有独立的法人资格，拥有较大的自主权，不仅从事生产经营活动，而且还执行一定的经济调节和管理职能，既有企业的性质，又具有国家机构的性质；(专栏 2－4)国有参股公司是按照公司法和习惯法创办和经营的一类国有企业，具有与私营企业相同的法律地位和经营方式，采取股份公司和资产组织形式。

专栏 2－4　新加坡国有控股公司——以淡马锡公司为例

国有控股公司依据公司法成立和运作，完全由政府投资和拥有，并对众多的国连公司实施参股和控股。国连公司是政府控股公司投资参股并拥有其部分股权的企业。它具有与私人公司相同的法律地位，自主参与市场竞争，有的国连公司同时又具备较强的控股公司的特征。下面以淡马锡公司为例，分析新加坡国有控股公司的管理及运作方式。

淡马锡控股公司是新加坡四大控股体系之一。它成立于1974年，以一家私人有限公司名义注册，接管了所有原来财政部拥有的企业股份，在法律上全资附属于财政部。其主要目标：一是为执行和支持政府的长期政策而展开投资；二是作为国有股权持有人维护政府的权益；三是将那些不再需要政府持有的投资私营化。基于上述目标，淡马锡控股公司的主要业务是：投资管理；私营化（挂牌上市）；掌握新的投资机会。目前其成员有600家，有20多家在新加坡上市，其直接投资的公司已有52家，经营遍及金融、炼油、运输、船舶修制造、地产、娱乐、咨询等行业，是新加坡规模最大的国家控股公司。其中，新加坡航空公司、新加坡发展银行、吉宝股份有限公司、胜宝旺控股公司和海皇远洋航运有限公司是淡马锡公司的五大支柱企业。

淡马锡控股公司对其成员企业的产权管理手段主要包括以下几个方面：

一是股权控制。这是淡马锡主要的产权管理手段，其中包括绝对控股模式、适当控股模式、交叉持股模式和分层控股模式。比如淡马锡公司持有新加坡航空公司54%的股权，属绝对控股；持有吉宝公司、海皇轮船公司两家上市公司的股份比例均为37%，作为它们的第一大股东，处于稳定的控股地位，属于适当控股；淡马锡公司和国家发展部控股公司分别持有新加坡发展银行20.9%和22.9%的股份，使得国有股权处于控制地位，属于交叉持股。

二是人事权控制。这涉及淡马锡公司与下属企业的关系处理。其主要手段是委派董事，对于直接控制的公司，由淡马锡公司提出其派出董事的人选，报财政部下设的董事咨询与委任会议审批，审查同意后，由控股公司派出。对于间接控制的国连公司，其董事人选不需报董事咨询和委任会议审批，主要通过股权关系对董事会施加影响。

三是私有化（挂牌上市）。即通过引入良好的产权机制，强化国连公司的竞争意识，提高国连公司的经营业绩，增强国有资本对经济的控制力。例如，新加坡航空公司是淡马锡公司的五大支柱企业之一，它通过两次公开发行股票使国有股降为54%，淡马锡公司仍拥有绝对控股权，同时收回大量资金，使淡马锡公司有实力再进行其他投资，获得新的投资机会。

淡马锡公司由于不经营具体业务，是一家纯粹控股公司，决定了其组织结构只能是以区域分部为主，辅以职能分部式结构。其组织结构是事业部制结构，适应经营多样化和专业化的结合。由此可以看出控股公司的组织结构不是单一的，而应依据控股公司的类型、经营业务以及公司的外部环境做出相应调整。

资料来源：徐向艺，李霄. 意大利、新加坡、德国国有控股公司的运作与启示[J]. 山东大学学报，1999(3).

韩国国有企业依法律组织形式共可分为五类：

一类是国有企业，也称政府企业。它们是根据《政府组织法》及《企业预算会计法》成立，由政府全额投资的企业，实质上是以企业形态运作的事业部门。目前有四家，即铁道、邮政、物资和粮政。政府企业没有自主经营权，预算要由国会通过，会计、人事、统计等方面也要受国家专职部门的约束，完全由政府有关部门经营。企业员工属于公务员。

二类是国有控股公司，又称政府投资企业。这类企业是根据《政府投资机关管理基本法》成立的，政府出资额占企业总资本的50%以上。到1998年，政府投资企业共有23家，如韩国产业银行、韩国电力公社等，是韩国国有企业的核心。它们采取国有公司的管理形式，有专门的管理条例对其进行约束，政府负责任命公司经理。公司经理被授予比较大的经营自主权。企业员工不属于公务员，但是可以享受一定程度的公务员待遇。政府投资企业需要接受政府的绩效评估。

三类国有参股公司，包括政府出资机关和政府再投资企业。政府出资机关根据《商法》《政府投资机关管理基本法》成立，政府投资低于企业总资本的50%，但是政府却掌握企业的控制权，到1998年，这类企业有7家，包括国民银行、蒲项制铁等；政府再投资企业，也称为政府投资企业子公司，根据《商法》和《政府投资机关管理基本法》成立，由母公司——政府投资公司投资(持股率不固定)建成的公司，到1996年，有包括韩国重工业、移动通信在内的93家。

四类是地方政府独资企业，根据《地方企业法》建立，由地方政府所有，是地方政府直接运作的企业。到1996年，有上下水道、住宅等共110家。

五类是地方政府投资企业，根据《地方企业法》成立，是由地方政府出资50%以上以公社形态经营的企业。到1996年有地铁、医疗等42家。

日本国有企业的形式多样，内容繁杂，大致有三种基本的组织形式：

一是政府现业，隶属于特定政府机构内或地方公共团体内的局、处、科，由政府官厅首长或地方公共团体首长负经营管理责的事业体，例如大藏省造币局、大藏省印刷局、农林省国有林事业等。现业由于从属于政府部门，与政府一般活动近似，但为确保其事业收入，政府现业在管理运行方面具有一定的自主性。

二是公共法人，即国有独资公司，根据特别法设立，由政府或地方公共团体出资，是具有法人资格的企业。其经营委托给企业经营者，在事业上实行彻底的独立核算，以提高经营效率为目的，经营管理自主性比政府现业更大。

三是联合股份公司，即国有参股公司采取股份公司或有限公司形态的公企业，一般为地方公共团体持有一定部分资本的公私混合企业，虽是由政府出资一部分，但民间也出资，并采取商法、民法规定的股份公司、有限公司的形态，因此与私营企业组织最为接近。

(二)各国国有企业产权结构分析总结

企业的产权结构反映了企业的性质、地位、作用和行为方式，规范了企业与出资人、企业与债权人等内外部的关系，必须和国家的社会制度及生产力发展水平相适应，同时要充分考虑到企业的行业特点。而国有企业作为同时具有公共性和企业性的特殊组织，需要根据其特殊性质来决定其产权结构。

1. 国有企业的产权结构受到公共性和非效率性的影响

国有企业具有公共性，即国有企业在一定程度上需要提供满足公众需要的服务，而不仅仅以营利为目的。国有企业的公共性程度越高，越需要国有股权对其进行控制。

而从另一个方面来看，国有企业的设立主要是以"市场失灵"为根据的，是弥补"市场失灵"的政策。然而国有企业本身固有非效率性，即由于国有企业僵化的预算与决算制度、经营自主权的过度限制、重要的规章制度与规制责任的不明确化、政企不可分离、依靠财政补贴生存的"体质"、稳定供给动机和回避冲突动机、垄断的供给体制等原因，国有企业所达到的成果大大低于私营企业所能实现的平均水准。

一般来说，发达国家的国有企业，是在经济复兴时期、变速增长时期以及稳定增长时期等各个时期的社会、经济背景下，作为特殊政策的产物而设立的。其设立的具体目的虽然多种多样，但总体来说是为了弥补"市场失灵"。国有企业完成了其历史作用后，就会面临撤销、合并或民营化等组织改革，国有企业的组织形式也会随之出现大的变化。世界各国的趋势是对国有企业进行改制，将股权分散化，其主要方式包括国有股权流通转让等，历史上国有独资公司占国有企业比例在日本、英国、法国等国家均有所降低。(见专栏 2－5)

专栏 2－5 德国电信改革三部曲

德国电信是欧洲最大、世界第三大的电信运营商。原来的德国电信在国家的垄断经营下，缺少行业竞争，发展缓慢，但在经历了分营、改制、上市后，德国的电信业得到了迅猛的发展，目前在欧盟范围内已处于领先地位。

德国电信在 1989 年以前作为联邦邮政的一部分，在联邦政府的管理下开展经营活动。后来，德国电信无法适应市场的需要、社会信息化浪潮和全球经济一体化的竞争，因此，德国政府决心对其进行改革。

改革的第一步是在1989年7月1日，德国政府将德国原邮政总局分拆为邮政银行、邮政局、电信公司三家独立的公司。德国电信从联邦邮政中分离出去，使政府的监督与企业的经营活动区别开来，从一个国家行政机构变成政企分开、独立经营的国有企业。

改革的第二步是1995年初，德国通过法律将德国电信改组为股份公司，联邦政府作为唯一的股东拥有100%的股份。从此，德国电信由一个国家行政机构转变成一个以市场为导向的股份制公司。

改革的第三步是1996年底，德国电信在纽约、东京、法兰克福等三地同时上市。此次上市出售德国电信26%的股份，总共筹集资金金额高达137亿美元，成为欧洲历史上最大的一次上市筹资。经过上市筹资后，德国电信全面推进产品和服务创新，同时以欧洲为中心对外扩张，迅速成为雄霸全球的电信集团。

通过一系列的改革，目前德国电信已是欧洲最大、世界第三大电信运营商，在29个国家和地区拥有71个分公司、子公司、联盟公司和合资公司，已成为名副其实的全球化电信运营集团。

从德国电信组织的改革发展历程，可以看到德国政府组织国有企业采取了三种灵活形式：第一，把企业的经营活动作为国家管理的一部分；第二，把企业活动与政府行政管理相分离，但不赋予其独立的法人资格；第三，将企业转变为私法上的合资公司，国家在企业的注册资本中保留必要的份额。

资料来源：中华人民共和国驻德意志联邦共和国大使馆经济商务参赞处.德国电信业概况，2005.

2.依靠法律手段来确保国有企业产权结构在一定时期的稳定性和有效性

从历史经验来看，发达国家的国有企业在得到迅速发展的同时，其相应的立法也进展迅速，都将有关国有企业的特别立法作为国家干预经济的重要法律手段。在设立国有企业时，发达国家普遍根据以各个规制产业为对象的法律与其有关的政令、规章以及地方政府的条例和规章等，运用批准、许可、认可及命令等法律手段，对企业的投资、财务会计等有关行为加以详细规制。

纵观世界各国企业立法，国有企业产权结构相关法律可能与一般公司法重合，也可能独立于公司法之外。应当加紧健全国有企业法的体系，对承担国家管理和政府经济职能等任务的国有企业通过特别立法予以规定，明确设立国有企业的产权结构及组织方式、国有企业的标准和所要实现的目标，确保国家总体政策目标的实现。

三、国有股权转让

随着经济全球化的逐步深入，世界各国之间的经济联系日益密切，同时各国之间的竞争也越来越激烈。在这样的背景下，不少发达国家和经济转轨国家以私有化试图提高国民经济运行的效率，同时减轻政府的财政负担，使政府能够将主要精力放在为企业创造良好的商业环境上，通过改造国有企业产权结构，从供给方面促进经济发展。

国有股权的转让是私有化的重要步骤，于20世纪70年代和80年代初开始于英国、智利和其他国家，到80年代中期，国有股权的转让已在国际上加速进行。

(一)国有企业产权转让主要模式

国有企业产权转让一般动作幅度较大，社会反响也比较强烈。这是因为各国国有企业经营机制中的种种矛盾，多半是因企业产权模糊、所有者不落实或不到位以及与之相联系的经营责任不清晰而产生的。从一些国家的实践来看，调整产权关系的方式除变国有为民有外，主要是在国家所有权原则不变的前提下，改变所有权的实现形式，并相应地改变其经营方式。这种产权转换或调整方式是多种多样的，主要有：

1. 国营转为官民合营

在许多西方国家，国有企业原本大多采用股份制形式，许多企业本来就有民间资本参与，可以说已是官民合营。但这些国家习惯上把国家股占50%以上的企业均称为国有或公有企业。因此，所谓国营转为官民合营在这里就是指从以国家股为主转为以民间股为主。但政府对这种企业也并非完全丧失控制，在民间股份分散的情况下，政府只要占有1/3左右的股份就能保持控股权，实现其主要意图。目前，许多发展中国家都相当普遍地借鉴并采用了这种形式。

采用这种方式处理的大多是政府无力独自经营但又不愿或不能完全放弃的企业，或由于规模过大一时难以完全出售的企业。采用这种方式的目的是：吸收民间投资，加速企业的技术改造，进一步落实股份制原则，把国营体制改造成民营体制或混合经济体制，使企业摆脱政府各部门的行政干预，进一步商业化，体现盈利原则。

2. 国有国营转为混合所有和民营

这种方式则着眼于产权关系的调整，但又并非一般性地把公有改为私有。主要有向本企业职工出售和转让股份，及吸收多方面的资金、组成混合式的民营股份企业这两种方式。

(二)国有企业产权转让对象

在国有股转让过程中，必须考虑国有股的购买者问题。一般来说，并不是每个人都可以购买国有股权的，国有企业的股权为社会全体公民所有，按照理论分析应该首先向本国居民出售。因此，大多数国家都首先考虑所在国现有国有企业职工享有国有股份的优先购买权。不过不同国家具体做法有所差异。

印度出售给国家控制的共同基金。印度政府在出售国有企业股票时，不是直接出售给私营企业或个人，而是出售给国家控制的共同基金。整个国有股出售过程中，一共有 8 个共同基金参加了股票的购买，这 8 个共同基金都是由印度国家所有的各家银行和其他金融机构所设立。印度国有股出售时，组成含有 9 个国有企业股票的 825 种股票组合，供共同基金选购。

日本优先将国有企业股票出售给社会大众。在出售国有股份时，日本政府特别强调的是面向广大的社会公众而不是特定的少数个人或集团出售，其理由是国有股份是大众的、国民的财产。为了保护广大投资者的利益，日本政府极力主张让已出售的原国有股份尽快到交易所挂牌上市，但同时也非常重视上市公司的质量，对于不符合条件的坚决不允许上市。

英国在国有股出售过程中，政府通过各种措施鼓励普通居民尤其是本企业职工购买股票。比如简化股票的购买手续、允许分期付款；对本企业的雇员，以优惠价格出售，并无偿赠送少量股票，最大限度地吸收广大国民参与，从而既增加购买国有股资金来源，又保证国有股出售时的公平性。

(三)国有企业产权转让的作价与转让方式

国有股作价与转让方式，直接关系到国有股流通时国有资产流失的问题，作价的高低关系到能否成功实现国有股流通计划。国外国有股流通的作价与转让方式普遍强调公平、公正原则。俄罗斯法律规定，私有化坚持两个基本方法：第一是拍卖，分为公开拍卖和投标拍卖两种，最后以最高价成交。第二是招标，各个购买者提出标书，除了价格外还提出其他的标准(比如企业布局和就业状况的维持)，用于决定赢得竞争的机会。

在一些城市，比如莫斯科，甚至规定将国有股通过非竞争手段出售给企业的管理人员和员工为违法行为。与法律规定不同的是，实际运作过程中，大多数城市国有股出售时采用了混合方法，不过不同城市、不同行业各种国有股出售方式的组合比例并不相同。对俄罗斯商业领域私有化的一项调查显示，俄罗斯的国有商店有35%卖给了员工，25%经过拍卖出售，40%通过竞争出售，而且内部员工也可以通过拍卖和竞争方法购买商店股权。通过拍卖与招标方式出售国有股时，往往引入中介机构参加。

英国和法国在“股权改造”过程中，采用了多种形式，如：通过上市国有企业的股票逐步出售国有股权，通过协议方式转让股权，通过股权置换（即在股权出售时购买方用债权换取股权）等方式而改变企业的股权结构。

英国国有企业股权出售坚持以盈利为前提。英国在国有股出售以前，在主管不同产业的政府部门外成立独立于政府的私有化立法和政策制定委员会，负责有关法规和政策的制定。然后由政府任命管理、金融、法律、财务、证券等方面的专家对准备出售的国有企业的资产和运行状况进行评估，决定股票出售的价格、数量、地点等具体事宜，力争将国有企业以最好的价格出售。

（四）典型国家的国有企业产权转让运作方式

1. 英国

主要过程。英国始于1979年的私有化浪潮主要分为三个阶段。

在第一阶段，主要出售那些虽为国有但已按照市场经济模式进行商业运作的企业，如英国石油公司、英国航空公司、爱默森国际公司和皇家军工厂。在政府对其资产负债表进行审查之后，这些公司基本上以现有形式被直接出售给私人部门。

在第二阶段（始于1984年），私有化的范围扩展到具有自然垄断性质的公共事业部门，如英国电信、英国天然气公司、苏格兰电力公司以及自来水公司和污水处理公司等。由于这类公司一般都规模庞大，私有化主要采取了公开上市方式。这一阶段也对自然垄断行业进行了重组以培育竞争性的市场，并且设立了专门的监管机构对私有化之后企业所提供的服务的质量和价格进行管理，以保护消费者利益。

在第三阶段（始于1995年），私有化的范围进一步扩大，将那些必须依赖政府补贴才能维持经营的企业也包括进来。这主要包括公共运输系统和邮政系统。由于在私有化之后政府还要继续提供补贴，这类企业的私有化主要采取了特许经营的形式。

主要方式。一是交易出售。即通过政府与可能的购买者之间的直接谈判将国有企业出售，有时会包括一个涉及少数投标人的招标，以及一份类似于招股说明书的企业信息备忘录。在这种方式下，投资者常常需要做出新增投资或引入新的管理方式的承诺；同时也会将部分股权无偿分配给企业的原有雇员，这可以看成是对雇员地位变化（由公共部门的雇员变成私营部门的雇员）的一种补偿。

交易出售主要适用于三种类型的企业：规模较小的，因在短期内面临生存危机而必须尽快出售的，因经营期过短而不符合上市要求的。

该方式又可以分为三种具体形式包括：将公司的部分股权（通常为足以控股的股权）出售给投资者；将公司股权出售给原有的经理人（有时也可以包括雇员），即经理人（和雇员）收购模式；将整个公司出售给第三方（常常是本行业的其他公司）。

二是中长期特许经营。即授权给私人部门，由后者代表政府负责国有企业的管理和运营。经营者需要做出新增投资或引入新的管理方式的承诺。特许经营时期的长短可根据承诺投资额的多少或具体业务的不同而调整。在经营期内，私人部门对企业拥有经营自主权，但政府仍可从宏观上对其进行指导和监管。经营期届满时，政府可将特许经营权再次出让，也可以恢复对企业的直接管理。

三是股票上市。即以一份招股说明书为基础，将企业在证券交易所挂牌上市，这种形式要求资金市场有效地运转以吸收股票投资。该方式主要适用于大型公司（如公用事业公司）。这是因为：首先，整体收购大公司需要大笔资金，若大公司采用交易出售，就难以找到有足够资金实力的买主；其次，上市招股可以使股东相对分散化，有利于促进竞争和资本市场的发展；再次，上市有利于价格上升，增加国库收入，从而对纳税人有利。

2. 德国

主要过程。由于西德没有经历过大规模的国有化运动，德国的私有化主要指的是两德统一后前东德国有企业的私有化。这个过程从 1990 年 7 月 1 日开始，至 1994 年 12 月 31 日完成。

私有化的执行机构是成立于 1990 年 2 月的托管部，独立于联邦政府，根据商业准则而不是政治准则行事；独立预算，不由国会直接控制，独立融资（由联邦政府提供担保）。

为了尽可能减少政治因素对企业重组进程的影响，托管部选择了将企业出售并由购买者负责对企业进行重组的方式。托管部首先按市场经济原则将 8000 多家国有企业分解改组为 13800 多家有限责任公司或股份有限公司，使企业的规模缩小，有利于更快地找到合适的买主。同时，原来附属于企业的医院、学校、幼儿园等单位都被分离出去，以减轻企业的社会负担。

接下来，各企业都必须建立以西德马克为计算单位的资产负债表，并提出重组计划。托管部成立了一个由审计、咨询和行业专家组成的独立委员会对企业进行财务审查、价值评估和综合分析，根据结果将企业分为由好到差 6 个类别。

对在市场经济中不可能继续生存、恢复竞争能力或造成严重污染的企业，托管部采取了破产和清算两种方式。对基本条件较好、有继续生存机会的企业，托管部负责偿还其银行债务，补充其所需资本金，然后立即出售。

主要方式。出售采取的方式有两种：

第一种是拍卖。这种方式透明度高，有利于快速成交并抬高价格，但是企业的存续得不到保障，购买者很可能又会将企业分割转卖。

第二种是谈判。这种方式的缺点是不够透明，且较为费时，但却可以赋予买卖双方更大的灵活性。托管部的主要目标是保证企业在私有化之后能恢复竞争力，并维持就业人数，而谈判方式带来的相当程度的自由决定权正有利于托管部找到合适的投资者，因为托管部可以要求买主在合同中做出关于追加投资和维持就业人数的承诺。

由于希望促进中小企业的发展，在私有化过程中，对于雇员人数在50人以下并具有良好前景的公司，托管部优先考虑以下三类买主：公司原有的经理人，希望自主创业的非本企业经理人员，西德的中小企业家。由于这类买主多数都缺乏资金，托管部提供了各种鼓励措施，例如优惠贷款、延期付款、允许长期租赁而非购买房地产，等等。一项调查显示，以MBO方式出售的公司有75%成功地在市场上生存了下来；而愿意收购东德国企的西德中小企业家却远没有预料的那么多。

3. 法国

主要做法。法国政府于1986年第一次确定了国家将工业及金融企业国有股权转为私有的法律框架（专栏2－6），决定分步出让一部分国有企业的产权及股权。

法国国有股权转让是以循序渐进的方式，先把部分国有股权转让，吸收入股者参与管理，但仍旧保证政府控股，在各种关系理顺以后，政府再把大部分或全部股权转让。不同情况的国有企业在股权转让上采取不同的形式。

一种情况是通过立法收归国有的企业（及其子公司）。这类企业在多数股权转让或一般股权转让前都必须经立法批准，转让无论是一次还是分阶段完成，都要通过法令形式公布，负责执行国有股权转让的董事长和执行局成员同时被任命。

另一种情况是国家持股超过50%的企业。对于此类企业，法律根据直接或间接持股、职工人数和集团营业额、多数股转让或一般参股的转让等情况区别对待，采取从立法到自由转让等多种形式。如当企业超过一定规模即企业集团职工人数超过2500人、集团营业额超过25亿法郎时，必须在包括独立专家给出的企业资产评估资料的基础上，通过颁布法令予以批准转让。

专栏 2-6　法国国有股权出售的相关法律规定

法国1986年7月、8月和1993年7月通过的法律规定，对不同类型的企业和不同类型的持股，国有资产出售所须遵守的法律(Laws)和法令(Decrees，由政府部门发布的行政法规)有所不同。

对于通过立法收归国有的企业(及其子公司)的国有股权出售，须经立法批准。即，出售的具体决定，无论是一次还是分阶段完成，都要通过法律和法令形式公布，同时任命负责具体执行国有股权出售的企业董事长或执行董事。

对于非收归国有且国家股超过50%的企业的国有股权出售，不同持股方式(直接/间接持股)、不同企业规模(职工人数和集团营业额)、不同出售性质(控股股份/参股股份出售)应遵循不同的法律程序。

1986年8月法律规定，在出售具有战略意义的企业国有股权时，为了保护国家利益，可以将国家持有的普通股转为特殊股(类似于英国的"金股")，使国家享有特殊权利：拥有对大规模购买本企业股份要求的审批权，向企业董事会委派无表决权的代表，否决可能损害国家利益的资产转让。如国家在埃尔夫·阿奎坦公司和汤姆逊-CSF公司中就有特殊股。

1986年8月法律规定了国有股出售的具体方式有：股权转让、交换、发行股票或有价证券、放弃优先认购权、解散企业或清盘。

1986年8月法律规定，对于国家直接持有的股份，主要通过两种形式出售：上市出售和场外协议转让。上市出售国有股权，应将出售股份的10%以优惠条件向企业职工出售，优惠条件包括价格优惠(最多可优惠20%)和交款期优惠(最长可达3年)，购买股份的职工的购买额不超过年社会保险基金缴纳额的5倍，法国经济财政部长有权将向企业职工出售的做法扩大到场外协议转让。场外协议转让国有股权，须有规范书或由独立人士监督。

资料来源：张政军．法国企业国有股权出售：管理、法律及操作．2004.

法律还规定了在具有战略意义的国有企业私有化时，出于保护国家利益的考虑，可以通过法令形式将国家持有的普通股转变为特殊股，使国家享有特殊的权利：对大规模购买本企业股份的审批权、向企业董事会和监理会委派无表决权的代表的权力、否决可能损害国家利益的资产转让。

转让方式。一是上市转让。即按证券市场的程序进行转让。这种方式的转让定价问题尤为突出：如果股票已经上市，历史股价便提供了转让定价的重要依据；若为首次上市，一般做法是按低于最高价的价位定价；若为可转股债券，则应确定发行价和额定年息两个因素决定暗含的股票价值。另外对上市转让认购者也采取不同程序：法国或外国的机构投资者，要得到银行公会的总体认购保证，明确规定认购的数量和限定买价；个人投资者要参加公开求售（分为定价求售和不定价求售）程序，在预定阶段先登记认购意向，之后才是实际认购阶段。无论何种形式，认购指令均由金融中介机构接受，并逐日统计，如果需求大幅度超过求售数量，认购就只能按一定比例兑现。

二是协议转让。即在股票市场外进行转让，包括规范书转让、独立人士监督和工业协议内的转让。政府希望通过协议转让方式建立稳定的股东结构，可以用双方“自愿转让”的方法使某些“核心股东”取得稳定股权。核心股东集团成员一般为大型企业，其所持证券两年内不得转让，并且集团的每一个成员出让所持股份时，必须将其80%的数目优先出售给集团其他成员，目的是加强民营化公司的内聚力和稳定性。另外从工业战略角度寻找合作伙伴，为处于严重困境的被转让企业考虑，政府也会考虑采取协议转让的方式。

此外，在国家通过证券市场进行转让时，也会考虑将企业发行的股票按一定比例优先售给本企业职工，但总数不得超过资本总额的10%，价格最多可优惠20%，交款期最长可到3年，每个职工的购买额不得超过年社会保险基金缴纳额的5倍。

4. 捷克

1992年5月，当时的捷克斯洛伐克联邦开始证券私有化的第一次浪潮。每个公民只要愿意，就可以在支付1035克朗的登记费后得到一本含有1000个“投资点”的投资券。这些投资点全部兑换成私有化企业的股票后，价值可达数万克朗。

同时，政府把经过估价分股后资产近上千亿克朗的大中型国有企业1492家一次性投入供公民以投资券选购。到1993年6月，拟私有化资产的93%被售出，公民所持投资券基本上被全部兑现为股票，捷克部分因此出现了700万股东。

1993年11月，联邦解体后成立的捷克共和国又开始第二波私有化，到年底约60%有资格的公民获得了第二期投资券，而且从1994年4月起开始购买862家大中型企业的股票。

到1996年6月，捷克正式宣布结束私有化工作，工业企业中已有92%完成私有化，至此，捷克成为继前东德之后第二个完成私有化改造的前东欧国家。

专栏2-7 捷克私有化过程中的附加措施

捷克私有化过程中一项最主要的制度创新就是投资基金，其目的是解决私有化之后因股权高度分散而必然出现的“治理真空”的问题。在私有化的第一波时，当时尚未解体的捷克斯洛伐克共出现了439个投资基金，其中捷克有264个；在第二波时，参与捷克私有化的投资基金共有353个。

在第一波私有化时，所有的投资基金都采取了股份公司的形式。公民向投资基金投入私有化证券，成为基金股东，基金用私有化证券购买企业股份，获取投资回报，然后再向股东分红。投资基金受“投资公司”管理，双方签订合约，公司按合约向投资基金收取佣金。投资基金既可由金融机构出资建立，也可由非金融机构或个人出资建立。在第二波私有化时，有相当数量的单位基金介入，它们约占总投资点的44.8%。单位基金与股份公司在法律上的区别是，股份公司是独立法人，而单位基金不是；在股份公司的情况下，是投资基金自身与投资公司签订合同，而在单位基金的情况下，是投资基金的股东与投资公司签订合同。

在私有化的第一阶段，捷克公民持有的全部投资点中有72.5%投给了投资基金。在第二阶段，这一比例为64%。绝大多数公民和投资基金拥有的投资点最后都被用于购买企业股份。第一阶段结束后，投资基金和个人所持有的投资点因未使用而作废的比例分别为0.33%和3.25%，第二阶段结束后分别为0.15%和1.2%。

从实际结果来看，“治理真空”问题并没有得到解决。个人股东的力量太小，而且缺乏必要的专业知识和资金，无法对企业的改组施加影响；中小型基金主要从事股票交易活动，很难有效参与公司治理；大型投资基金也对企业改组不感兴趣，因为法律规定一家基金不允许持有某一家企业20%以上的股份(当时捷克政府的主要政策导向是防止股权向大型基金尤其是具有外资背景的大基金集中)。

资料来源：吕刚. 英国、德国、捷克的国有资产出售运作方式及其对中国国有企业改革的启示[J]. 经济管理文摘，2002.

(五)国有企业产权转让的分析与思考

1. 国有企业产权转让过程中可能出现的问题

国有企业的股权过于分散、中小投资者知识经验不足，可能会导致“治理真空”，不利于企业的可持续发展；

国有企业股权价格没有得到正确的评估，损害国家和公民的利益；

国家对国有股出售时监督与控制不够，缺乏规范的信息披露制度，可能导致国有股出售过程中的腐败现象。

社会各个方面对国有股出售意见不统一常常阻碍国有企业股权改造进程。例如在俄罗斯和乌克兰，议会和政府之间、总统和总理之间在私有化问题上存在着严重的矛盾和分歧，致使俄罗斯和乌克兰的私有化进程困难重重，举步维艰。

2.各国国有企业产权转让带来的启示

应当切实做好资产评估及确认工作，涉及国有资产产权变动时要以国有资产管理部门确认的资产评估价值为依据。政府有关部门应加强对国有资产产权交易行为的监督，确保各投资主体的出价客观、公正、公平、合理。可采取渐进方式出售国有资产。国外的经验已经表明，在很短的时间内将企业私有化，极易造成企业的实际价值被严重低估。若采取分阶段出售国有股份的办法，就可以更有效地调动需求，促进价格的上升。也可采用立账方式，吸引更大范围内的投资者参与竞争，以抬高国有企业的上市价格。

从维护社会公平的角度来看，应当确保国有企业资产评估机构的独立性，使企业的信息得到充分披露，避免暗箱操作；为防止国有股权转让中的腐败行为，应当完善相关法律体系，建立有效的法律监督机制和以检察机关、审判机关为主导的国有资产流失的司法追偿制度，严格追究营私舞弊者的法律责任，防止国有资产流失；无论是股票上市还是交易出售，在对外资开放的同时，也应允许内资参与，同时，既对机构投资者开放，也对个人投资者开放；可以实施暴利税和复审制度，这一类事后管理机制可以在出现资产价值严重低估现象时进行补救，防止纳税人的整体收益被少数人所占有。

应当根据国情和改革目标选择相应的改革方式。例如英国是工业化国家，国有成分在经济中所占的比重并不大，其私有化的主要目的是通过引入私人资本改善国有企业的经营状况并减轻政府的财政负担。而计划经济国家在转让国有股权时，目标都是要在短时间内实现从计划经济向市场经济的转变，这就决定了其私有化不可能采取渐进方式。各国的国情及其在特定历史条件下的改革目标，是其选择具体改革方式的决定性条件。首先，各种具体改革方式都有其适用的条件，只有在一国的国情满足这些条件时，具体改革方式才能发挥其应有的作用。其次，方式是为目标服务的，即使一国具备采取某种改革方式的客观条件，最终是否选用该方式，还取决于改革目标的选择。

为避免“治理真空”带来的弊端，需要强有力的治理机制来确保在国有股权转让之后，国有企业的治理仍然符合国家利益。此外，国有企业私有化后可能会丧失对宏观经济的稳定作用，由此产生的经济影响需要有充分估计。

第三节 国外国有企业的分布

一、国外国有企业分布概况

在私营化浪潮之后，国有企业仍然在许多OECD成员国的经济活动中占有一定比重。通过调整国有部门和私有部门之间的界限，缩小国有部门的规模和降低国有企业数量，国有经济集中到关键基础设施部门，继续扮演着重要角色。这些国家制定了明确的国家所有权政策、设立了运营国有资本的国家所有权机构，对国有企业的公共目标和商业目标进行分类管理。2008年OECD出台了《公司治理，问责与透明度：国家所有权指南》，帮助各国政府评价现行实践并为改革提供支持，旨在落实国家所有权政策目标。国家所有权更加集中在具有战略意义的领域和基础设施领域，特别是涵盖了能源、交通和通信等重要行业的公用设施和基础设施，而且这些部门由于其规模、经济影响以及所在领域的“战略性”而地位显著，这些领域对竞争性环境和整体国民经济发挥着重要的作用。

长期以来，以发达经济体为主体的经合组织国家仍然在商业企业中保留着一定的国家所有权，其原因各异，但总体分为4类：一是存在传统的自然垄断行业，如电力、电信和铁路基础设施；二是保持对“战略”行业的国家管控，如石油、天然气；三是履行公共政策目标，如提供公共产品和服务；四是对陷入困境的“国家冠军”或大到不能倒的企业进行暂时的资产注入。一语概之，即国有企业集中分布于整体经济所依赖的基础性行业，如电信、电力、天然气、交通、金融等。

在2013年OECD发布的《国有企业——贸易影响及政策含义》中提到，国有企业的主导地位不仅在各个国家当中各有不同，在各经济领域当中也差异巨大。为评估这些差异，该报告采用了将销售额、资产、市值以平均权重加总的方法来计算41个经济领域当中的国有企业份额。其中份额为0表示该领域中没有国有企业的经营活动，份额为100则表示该领域中所有销售额、资产和市值都由国有企业产生。

将全球所有国家考虑在内时，41个经济领域当中仅有11个领域的国有企业份额为0。各领域的平均国有企业份额为10.7%，也就是说在经济领域当中，每10个公司里就有一个国有企业。国有企业份额在自然资源挖掘/采集行业和建筑类行业当中最高，前5个国有企业份额达到两位数的行业分别为：采矿支持类活动(42.7%)、土木工程(40.8%)、陆上运输及管道运输(40.3%)、煤矿业(35.1%)和原油及天然气采集业

(34.1%)。

在大多数经济领域当中,OECD国家的国有企业贡献并不高。在41个领域中仅有11个存在OECD的国有企业,平均国有企业份额为1.8%。目前,OECD国有企业份额最高的领域是电力、天然气和暖气供应(18.3%),其他较为重要的领域分别是烟草制造(15%)、仓储(11.7%)、车辆制造(6.7%)和金融业(6.7%)。(见图2-4)

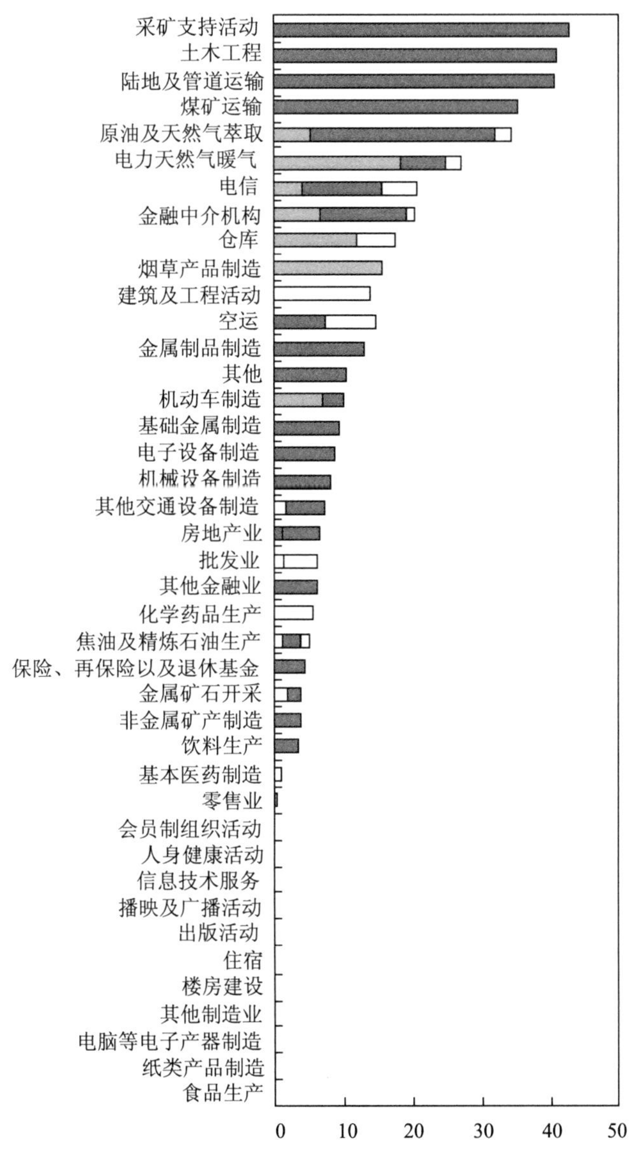

图2-4 各经济领域内的国有企业份额

资料来源:OECD, State-Owned Enterprises-Trade Effects and Policy Implications, 2013.

正如该报告所显示，在国有经济布局方面，经历了几十年的私有化进程之后，OECD国家保留至今的国有企业有着较强的行业集中性，日益集中于少数涉及国家安全、对国民经济重要、自然垄断、具有公共职能和管制性的行业，如能源、电力、交通、电信、国防、航空、邮政、军工、基础设施等。由于国有企业和经济稳定发展联系在一起，有相当一批国有企业处于完全竞争性领域，也有一些企业是处于有重要战略意义的竞争性领域。

国有企业高度集中的行业往往具有网络性特质。电信、电力、燃气、交通等公共设施(包括邮政业务)占经合组织国有企业部门总价值的50%和就业的60%。其中，电力和燃气行业高居榜首，占总价值的25%和就业的10%，而仅挪威、韩国、意大利和法国四国国有企业合计就占经合组织国家电力和燃气行业国有企业超过一半的价值。其次是金融业，占全部国有企业总价值的20%。第三是交通运输业，总价值占比略低于13%，却占了近30%就业。在所有国有企业中，最大的雇主是运输公司及其他公用事业(尤其是邮政服务)，合计占全部国有企业就业的近50%。此外，初级产品部门(包括碳氢化合物的生产和炼化)价值占全部国有企业的不到10%。

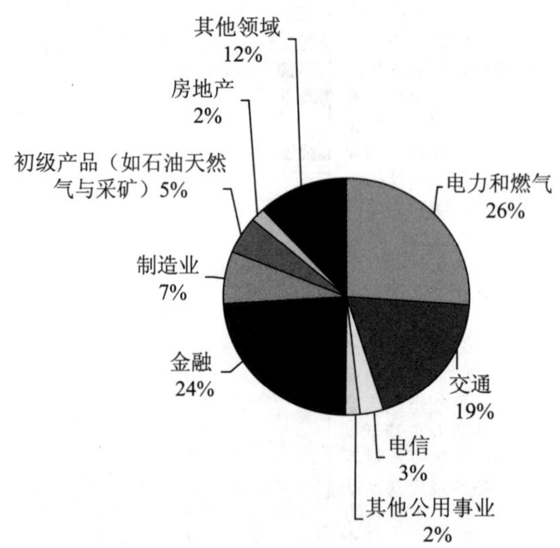

图2-5　2009年OECD国家以公司资产价值来衡量的国有企业行业分布

图2-5显示，公用事业(电信、电力和燃气、交通及其他公用事业)在OECD国家的国有经济中占了资产价值的正好一半[①]。OECD国家的国有企业第二大集中领域是金

① 这一数字是基于各国上报的数据，并增加了OECD公司治理部门秘书处对日本、土耳其和美国国有部门的估计。

融行业，以资产价值来衡量占24%。尽管自20世纪90年代以来，金融行业通过上市已经开展了最为活跃的私有化过程，然而，现存的金融领域的国有企业大多数并不是在股票市场上市的银行，而是被国家政府紧紧把握的保险、养老金和特殊的金融机构。这样的国有企业在西欧较为普遍，以资产价值来衡量，意大利政府和瑞典政府持有这样的国有金融机构较多①。

无论是发达国家还是发展中国家，无论其出于何种目的持有国有金融资产，各国在管理国有金融资产时，均提倡市场原则，着力于提高国有金融机构的市场竞争力，尽量避免政府的行政干预。市场程度高的国家，国有金融资产大多已实现民营化，其中，未实现民营化的，政府也只是持有国有金融机构的股权，将其作为市场的一般主体看待。处于经济转轨期的印度、俄罗斯，也大力提倡现代治理结构，尽可能发挥董事会的作用。（见专栏2－8）

专栏2－8　各国国有企业在金融领域的分布

金融是现代经济的核心。出于维护金融稳定、充分发挥金融作用等多种目的，部分国家临时或长期占有国有金融资产，其国有金融资产管理方式因国情不同而存在差异。

1.法国。法国国有金融资产管理经历了从高度垄断到民营化的过程，在发达国家中具有一定的代表性。20世纪80年代，巴黎国民银行等5大国有银行掌握了全国90%的存款和80%的贷款份额，但是，在1994年改制前亏损高达121亿法郎。为了改善银行经营状况，法国政府开始推动民营化改造。至2000年，除规模较小的存款与信托金库外，法国国有金融机构均已民营化。

2.德国。德国金融体系中，银行占比保持在70%以上，政府所有的银行占据了主要部分，其中又以储蓄银行为主，基本上所有的储蓄银行都由地方政府所有。

3.印度。印度国有金融资产以银行为主，银行体系分为商业银行、合作银行、农业银行、开发银行4大类。印度国有银行在银行体系中居于主导地位，私营商业银行规模较小，竞争能力较弱。

4.俄罗斯。20世纪80年代末期，在苏联就已经出现股份制商业银行，国有银行一统天下的局面被打破。截至目前，俄罗斯共有商业银行1400多家，其中，国有银行

① 贾涛．发达国家国有企业发展的重要背景材料．2013年5月．

400多家，在银行体系中居于主导地位。由于国家给予的优惠政策所导致的国有银行垄断使银行服务市场无法在公平有效的竞争环境下运行，俄罗斯于2001年开始推进国有银行私有化，以使银行摆脱对国家的依赖。俄罗斯管理国有金融资产的主要做法，一是俄罗斯央行既制定货币政策，又拥有国有金融资产的所有权；二是积极推动建立现代化的公司治理结构。

资料来源：国有金融资产管理的国际经验与启示，中华人民共和国财政部网站，http://czzz.mof.gov.cn/zhongguocaizhengzazhishe_daohanglanmu/zhongguocaizhengzazhishe_kanwudaodu/zhongguocaizhengzazhishe_zhongguocaizheng/33455/66778/5733/201108/t20110805_585100.html.

对金融领域的国有企业改革，主要有以下做法：

法国管理国有金融资产的主要做法：一是在财政部国库司设股权处，代表国家作为出资人对国有金融机构进行管理，不直接干预日常经营。二是国有企业的投资计划、资本变动、股权安排、发行等事项由财政部决策，重大问题还需由内阁会议决定。三是财政部派驻审计人员定期对企业进行财务审计，派驻国家检查员对企业经营管理进行监督，监督情况以年报形式报告。国家检查员没有否决权，不在企业领取任何报酬。四是明确委托责任。国家在任命国有金融企业负责人时签订责任书，责任书的指标体系包括经济指标和社会指标，财政部对责任书的执行情况进行监督和评价，评价结果与企业负责人的晋升、奖金挂钩。五是明确区分公共目标与私人目标。

德国管理国有金融资产的主要做法：一是财政部直接管理国有金融机构，作为股东参与金融机构董事会，决定金融机构的重大事项，但不直接管理具体的企业经营事务。二是维持国有金融机构股权结构的稳定。德国国有金融机构一般有多个股东，除联邦政府、州政府为主要的大股东外，其余股东均为与政府有关联的社团机构，不是一般的企业法人，受政府影响较大。三是对国有金融机构负责人实行市场化激励。运用市场指标来评价企业经营绩效，而不是以实现政府政策目标所做出的贡献来衡量。国有金融机构负责人收入水平与一般商业银行基本相当。四是财政部直接委派审计人员对国有企业进行年度财务检查。在公司治理方面，实行双层委员会制，监事会是最高权力机构，董事会是法人代表并作为公司的执行委员会管理公司事务。监事会成员包括股东代表和职工工会代表，两方人数相等。股东代表由财政部长选定，但主要来自私人公司的董事或经理、银行家和经济专家。监事会主席由财政部长推荐，副主席由员工代表担任。监事会中所有员工代表由企业协商推选，但需报财政部审核。监事会负责组建董事会。

至于其他行业，初级产业(the primary sector)较为显著，占到价值量的5%，因为有一些非常大的北欧石油天然气企业和采矿企业。制造业(7%)相对较大,因为仅少数几家上市的国有股占大头的公司就占了行业的 2/3,包括美国的通用汽车和日本烟草。

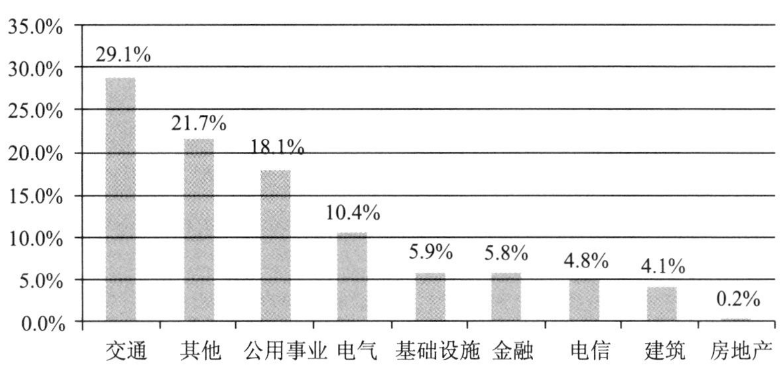

图 2-6 不同领域内的就业占国有经济内就业的百分比

资料来源:OECD. Scale and Scope of State-Owned Enterprises. 2005.

OECD 成员国国有企业所属领域情况如表 2-7 所示。其中,捷克共和国、丹麦、芬兰、意大利和挪威等国,国家仍然是邮政系统和铁路的唯一所有者,是大部分航空运输公司和能源企业的主要所有者。

表 2-7 OECD 成员国国有企业所属领域

国家	邮政	电信和大众传媒	铁路	电力	天然气/石油/煤炭	航空运输	金融服务
澳大利亚	√	√	√	√		√	
奥地利	√	√	√	√	√	√	
比利时	√	√	√			√	√
加拿大	√	√	√				√
捷克共和国	√	√	√	√	√	√	
丹麦	√	√	√		√	√	√
芬兰	√	√	√	√	√	√	√
法国	√	√	√	√	√	√	√
希腊	√	√	√	√	√	√	√
匈牙利	√	√	√	√	√	√	√
意大利	√	√	√	√	√	√	√
日本	√	√					
韩国		√		√	√	√	√

续表

国家	邮政	电信和大众传媒	铁路	电力	天然气/石油/煤炭	航空运输	金融服务
墨西哥		√	√			√	√
荷兰	√		√			√	√
新西兰	√	√	√	√		√	√
挪威	√	√	√	√	√	√	√
波兰	√	√	√	√	√	√	√
斯洛伐克共和国	√	√	√	√	√	√	√
瑞典	√	√	√	√		√	√
瑞士	√	√	√				√
土耳其	√	√	√	√	√	√	√
英国	√	√		√		√	√
新加坡	√	√	√	√	√	√	√

资料来源：经济合作与发展组织. 国有企业公司治理：对OECD成员国的调查[M]. 李兆熙，谢晖，译. 北京：中国财政经济出版社，2008.

二、各国国有经济分布领域情况

截至2008年底，巴西联邦政府控制的国有企业资产价值为851亿美元，按资产价值其国有企业的行业分布如下：48.1%分布在石油行业，主要是PETROBRAS公司；其次是金融机构，占33.0%，具体而言是6家银行，其中有2家公众银行(public banks)和4家政府控股的银行；再次是电力行业，占6.8%；资产管理行业占5.0%；交通行业占2.1%；邮政服务占1.6%；其他行业的资产比重低于1%。

德国政府对具有战略意义的经济部门实施国有化或国家控股、参股。铁路、公路、航空、邮电、发电、港口等重要基础设施部门，因规模大、见效慢、盈利小，均由国家经营管理。绝大部分的电力、电网和煤气生产掌握在国家手中，且国有企业在煤、焦炭、石油、生铁和钢的生产以及汽车制造业所占份额均比较大。

俄罗斯自2000年后开始重新加强国家对战略性行业的控制力，现在俄罗斯政府独资或控股的企业已成为其国民经济的重要支柱。政府于2004年通过法令，制定了战略性企业和战略性股份公司名录，将石油、天然气、运输、电力、银行、钢铁制造业等领域的1063家企业列为国有战略企业。①

① 廖伟径. 国有企业在各国经济中扮演角色分析[N]. 经济日报，2013-06-13.

意大利的国有企业在国民经济中占有很大的比重。国有企业分为国有自治公司(如国有铁路公司、国有高速公路公司、邮电部门等),市政企业(如自来水公司、医院等),国有化企业(全国电力公司)和国家参与制企业,国家参与制企业属"间接国有"企业,其余的国有企业均属"直接国有"企业。"直接国有"企业活动的领域一般都是关系到国计民生的一些基础部门,如铁路、邮电、公共交通等。

对于印度国有企业的行业分布,可用国有企业在该行业中的增加值贡献来表征。2005—2006年,印度国有企业在以下一些行业中仍然占有重要地位(按国有企业在该行业中的增加值贡献计算):在公用事业(如电力、燃气和供水)GDP中占67.73%,占社区服务和个人服务业GDP的47.65%,占交通、仓储和通信业GDP的39.16%,占银行、保险、房地产和商业服务业GDP的19.62%,占制造业GDP的14.22%,占建筑业GDP的7.28%,占农业GDP的占3.06%。

瑞典和奥地利的国有企业主要分布在国民经济的关键领域,并发挥重要作用。瑞典只有59家国有企业,但营业收入总额占GDP达7%,公司价值总额占国内所有公司价值总额的25%,分布在电力、电信、银行、博彩、酒业、邮政等领域。奥地利政府在107家企业中持有股份,其中44家是国有独资公司,分布在能源、机场、航空、电力等领域[①]。

作为高度发达的市场经济国家,日本国有企业数量仅占企业数量的1%左右,国有企业职工只占就业人数的2%左右。其国有企业主要分布在交通通信事业和电力、煤气、自来水等基础设施领域,建筑业和金融、保险、不动产业也占一定的比例。日本的国有企业的经营方式分为直接经营和间接经营两类。中央直接经营的企业有五种,日本称"五现业",即:邮政、国有林和草原、印刷、造币、酒精专卖[②]。

法国国有企业集中在两个方面:一是集中于公用事业,包括煤炭、煤气和电力等工业以及通信、邮电、铁路及相当一部分海运和航空部门的工业;二是集中于国家控股的股份公司,其经营领域涉及石油开采加工、汽车、飞机制造、钢铁、电力生产等各个方面,国有企业掌握许多私人企业的部分股本。政府在近10年内出售了大部分国有企业的所有权后,仍然拥有1600多家国有企业(含子公司),其中前70家国有企业的年营业额达2500亿欧元。

---

① 陈小洪,张政军.瑞典、奥地利、法国的国有资产管理体制的情况及启示."赴欧洲国有资产管理体制"考察团报告.

② 马浩杰,世界各国央企生存大观,人民论坛网,2011年6月30日,http://www.rmlt.com.cn/2011/0630/21203.shtml.

韩国的国有企业涉及电力、煤气、通信、水利工程、公路、土地开发、金融业、香烟、人参专卖等，其中在韩国国有资产总额中，工业占 30%左右，通信和运输业占 25.7%，贸易、餐饮业占 10%，金融保险业占 13.1%。

新西兰皇冠机构下属的国有企业主要分布在金融业、能源、交通等领域。（见图 2－7）

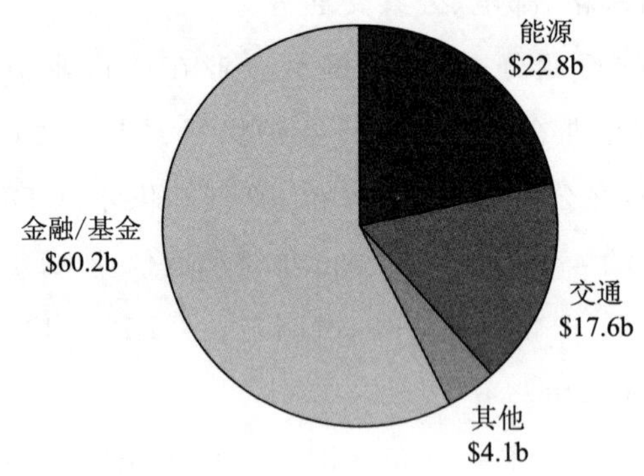

图 2－7 皇冠机构国有企业分布领域及资产总值(截至 2011 年 6 月 30 日)

资料来源：Crown Ownership Monitoring Unit. 2011.

专栏 2－9 中东和北非地区国有企业的分布

同许多经合组织成员国一样，中东和北非地区的国有企业主要分布在能源、基础设施建设和其他具有网络性质的产业当中。重型和轻型制造业、造船业和化学品行业当中也有国有企业存在。海湾地区的国有企业主要存在于房地产、建筑业、银行及其他服务行业。银行业当中的国有股权占比历来很高，尤其是在阿尔及利亚、埃及、利比亚和叙利亚这几个国家，尽管银行正在逐渐私有化，外商投资制度也正在自由化，国有银行拥有的资产仍然占到该地区银行业总资产的一半左右。

在这些国家的金融领域当中，国有企业形成了比在其他部门更深远的长期影响。在阿尔及利亚、埃及、利比亚和叙利亚等国，国有银行提供贷款给国有工业企业时往往不遵照 OECD 的国有企业指引准则，导致了很高的不良贷款率(Non－Performing Loans)，进而造成了这些银行竞争力的逐渐丧失，资本也并未用于最具生产力的用途。该地区的许多国家，包括埃及、摩洛哥、叙利亚和突尼斯等，政策制定者已经认识到这种做法的消极后果，并努力减少国家在银行业的作用，从而降低了银行资本重组带来的财政负担。

国家在银行业中的作用正在逐渐降低。政府退出个体银行中的股份，放松外商投资限制，逐渐建立起私有的外资银行机构。这个过程持续了十多年，叙利亚是其中最后一个将银行业向外国竞争者开放的国家。与此同时，国有银行也在逐渐减少向国有工业企业的贷款，埃及甚至回收过不能履行债务的国有企业的抵押品。埃及银行业的重组，尤其是亚历山大银行（Bank of Alexandria）的私有化，反映出对高不良贷款的有效解决方案往往应当在私有化之前得到实施，以实现利润的最大化。

资料来源：OECD. Towards New Arrangements for State Ownership in the Middle East and North Africa. 2012.

表 2-8 各国国有企业所在领域一览

国家	中央政府直接管理的国有企业家数	国有企业总资产（亿欧元）	国有企业职工占社会就业比例（%）	国有企业收入占GDP比例（%）	领域
瑞典	59	1070	5	7	电力、电信、银行、公用事业、酒业、邮政、博彩、国防等
芬兰	30	200	10	44	航空、能源、电力、纸业、电信、酒业、国防等
新加坡	20	—	—	12	—
挪威	19	190	—	—	能源、电力、矿业、航空、国防、信托投资、金融、电信、渔业、海事、房地产等
奥地利	44	55	—	—	能源、机场、航空、电力、电信、邮政等
韩国	13		2.5	9.4	电力、电信、重工等
新西兰	16	90		12	航空、农业、保险、电力、能源、气象服务、邮政、铁路、森林等
加拿大	43	—	—	—	—
法国	50	5300	5.3	15	电力、煤气、核能、邮政、电信、航空、军工、文化视听等行业
意大利	26	920	2.3	12	—
中国	179	约 9200	4.1*	40.7	电力、能源、化工、电信、医药、国防、航空、机械、食品、原材料、钢铁、冶金、运输设备、工艺品、贸易、房地产、建筑、路桥建设、IT、农业、旅游、电子、物流

注：*是指按包括地方国有企业在内的全部国有企业计算的数据。

资料来源：张政军．国家股东行为的国际比较及启示．国务院发展研究中心调研报告。

各国经验表明国有企业的边界不能仅限于提供纯粹公共品。按照是否提供纯粹公共品来判别国有企业的边界完全是英美自由市场经济国家的模式，欧洲很多发达国家国有经济布局的领域并不全是纯粹的公共品，在军工、基础设施、能源、交通、公用事业甚至一些竞争性的领域都有分布。例如在法、芬两国，国有企业和经济稳定发展联系在一起，在芬兰有相当一批国有企业处于完全竞争性领域，也有一些企业处于有重要战略意义的竞争性领域。①

表 2－9 OECD 在战略服务部门的国有企业

国家	邮政	通信和大众媒体	铁路	电力	天然气/石油/煤炭	航空	金融业
澳大利亚	澳大利亚邮政公司	澳洲电信有限公司	澳洲铁路公司	雪河水电站(Snowy Hydro L.)		澳洲航空服务公司	
奥地利	Österreichische 邮政公司	奥地利电讯公司	国有奥地利铁路	Verbundgesellshaft	奥地利国营石油公司(OMV AG)	奥地利航空公司	
芬兰	芬兰邮政有限公司	SuomenErills-verkot Ltd.；芬兰广播公司；Teliasonera 电话公司	芬兰铁路公司(VR Group Ltd.)	芬兰电网；Kemijoki 集团；富腾公司	富腾公司；Gasum Ltd.	芬兰航空公司	芬兰财务服务集团(Sampo plc.)
法国	法国邮政	法国电视；法国国家文艺台；法国广播公司	法国地铁公司；法国国家铁路公司；法国铁路网	法国电力公司(EDF)；Areva 公司	法国然气公司(GDF)；Charbonnage de France；EMC 公司	巴黎机场(Aéroport de Paris)	法国信托储蓄银行；Banque Dev PME；国有再保险公司
意大利	意大利邮政	意大利国家电视台；Seat spa	意大利洲际铁路	意大利国家电力公司(Enel spa)	意大利石油天然气公司(ENI spa)	意大利航空公司；意大利航空导航服务供应商	Consap spa

① 侯云春，等. 法国、芬兰国资体制和国企分类管理的经验值得借鉴[J]. 调查研究报告，2012(84).

续表

国家	邮政	通信和大众媒体	铁路	电力	天然气/石油/煤炭	航空	金融业
新西兰	新西兰邮政有限公司	新西兰电视台	西北铁路公司	新西兰电力公司；Genesis能源公司；大力河电力公司		新西兰航空公司；新西兰航空	Asure of New Z Lim；At work NZL
挪威	挪威国家邮政	挪威电信公司；BANETele公司	挪威国家铁路	挪威国家电网公司；挪威国家电力公司	挪威国家石油公司；PetoroNorsk Hydro ASA	阿维诺尔有限责任公司	DNB ASA；Argentum AS；Kommunalbanken
波兰	波兰邮政（Poczta Polska）	Telewizja Polska	Polskie Koleje Państwowe	Poóudniowy Koncern Energetyczn y（PKE S. A.）；BOT GórnictwoI Eneretyka S. A.	Polskie Górnictwo Naftowe I Gazownictwo（PGNiGS. A.）	波兰航空公司	Bank Gospodarstwa Krajoweg
瑞典	瑞典邮政局（Posten）	TeliaSonera公司（45.3%）	瑞典国家铁路公司（SJ AB）；铁路货运公司（Green Cargo）	Vattenfall电力公司；National Grid Authority		北欧航空公司（21.4%；机场管理局	瑞典住房信贷公司（SBAB）；北欧联合银行（19.5%）
英国	英国皇家邮政	英国广播公司；四频道电视有限公司（Channel Four Television Corporation Ltd.）		英国能源公司；英国原子能机构；英国核子燃料公司		航空旅行托拉斯；英国国家航空交通服务有限公司（49%股份）；各种地方机场	英国金融服务管理局；出口信贷担保局

资料来源：OECD. 国有企业治理调查. 2005.

三、国有企业进入领域的特点

一些行业或由于固有的自然垄断性质，或由于其外部性或战略重要性，往往由国有经济保持支配地位。

（一）铁路

铁路是现代交通运输的主干，关系国家战略布局，铁路运输业发展的基本要求是效率、成本、安全和发展。铁路的明显特点是：一体化程度高，路轨与列车紧密联动，列车编组运行需安排精确，环环相扣，干线更要强调统一调度。随着技术进步，运行速度与安全标准也不断提高。

20 世纪 90 年代，西欧各国铁路实施以“网运分开、引进竞争”为主线的改革，铁路网仍由国有(国控)公司统一经营，运输业务向私人企业开放。其中英国的改革，将铁路网也交给私人企业经营，且将路网中路轨、车站、乘务、仓储等各环节分拆独立，形成 100 多家企业纵横交叉的竞争局面。但由于私人公司追逐短期利润、压缩设施维护费用，政府对路网监控困难，财政补贴大增；加上路轨各环节拆分造成扯皮，管理下降，导致事故频发、伤亡严重，经营陷入危机。政府最终收回了路轨公司，恢复国企管理。

(二)邮政

邮政是政府管理的、以邮递业务为核心的、提供信息传输服务的组织网络。邮政具有普遍服务性质，政府负有为所有居民提供低价邮递服务的责任，以保障公民自由通信的权利。

邮政以普遍服务为基本职责，意味着在偏僻贫困地区，其服务业务很难盈利。其网点建设及运营费用或来自财政补贴，或来自邮政内其他业务收入，其亏损全部由财政补贴将导致效率的极大损失。这就决定了邮政的“亦官亦商”特征。邮政专营也是国家安全保障机制之一。

当代电信普及，交通便捷，民间快递等替代业务对传统邮政形成挑战。近十几年来欧盟、日本推行邮政“政企分开、引入竞争”，美国仍强调邮政专营为主。不论是专营还是放开，各国邮政仍是由中央政府控制或政企不分的企业经营，政府邮政仍占 90％以上市场。

(三)油气

油气蕴藏有限，进口需求与日俱增。保障国内储备与供给、争取海外资源，是国家能源战略的核心问题。这是对石油天然气源头实行“行政垄断”的基本根据。

全世界除美英等极少数国家外，包括中东在内的绝大多数主权国家均实行石油矿藏国有制、开发权国家专营或由国有企业垄断，开采加工经营可招标、合资。俄罗斯以石油为经济支柱，普京上台后逐步将私有化的油田收归国有。

(四)民航

民航是国家基础交通运输体系的重要部分，具有商业性、基础性与高度国际化特点，战略地位重要。民航体系包括：空中交通管制、机场（起降、机队保障、旅客服务）、航线、航空运输公司、信息、结算、各类后勤服务等。航空运输要求高度的安全性和精确性。

其中，空域管制是政府责任和国家主权；机场管理是公共服务领域，经营情况取决于航班与客流量（业务量小的机场无利可图），其中的加油业务须通过机场输油管线（航油公司独占）；航线客货运输与后勤保障业务（配餐、清洁、机场商业）是可竞争领域。所以，民航系统的各环节中，垄断性和竞争性相间交替，将民航笼统称为“垄断行业”并不确切。

民航运输企业进入门槛高，专业性强，且需要最低限度的机队规模以摊薄固定成本，加之部分航线客流不稳定，民航运输实际上是微利行业，全球民航销售利润率在1.6％～5％之间。

（五）军工

军工（国防科技工业）是一组服务于国防的机械电子制造业部门，最终产品是处于顶端的各类武器系统，下层的分系统、零部件、材料、元器件等，在广义上都属于“军工”。军工行业准入的困难，在于需求的特殊性。所有国家国防工业的核心部分，都是在国家严密控制下的寡头垄断性企业。

系统低层的零部件、元器件、材料等研发加工环节，多数具有军民通用性，严格划分军民界限不仅不合理，而且有害。比如，特殊钢厂既可以生产舰船战车用钢，也可以生产石化、发电设备用钢。只要条件允许，应该鼓励军民互动，使军工企业可以参加民用市场竞争，也应该准许民用企业参加军品订货的竞争，这样有助于军工企业提高效率，有助于军工与整体经济的资源合理配置。①

第四节　国外国有企业的功能与作用

国有企业的功能作用与国有企业产生的背景密切相关。国家对经济的直接干预虽然在古代文明就已经存在，但20世纪以来，这种直接干预随着大萧条和其他财政危机、第二次世界大战以及其对产业和基础设施的摧毁、殖民帝国的衰落而不断增强。战后欧洲和日本的重建使许多国家的政府在经济中扮演了更直接的角色，由此出现了国有化或者在能源、交通、银行等“战略性”领域创建了很多公司。在土耳其、韩国和墨西哥，

① 高粱．垄断行业和国有企业改革[J]．政治经济学评论，2010(3)．

直接的国家干预则是以发展目标为基础的[①]。

一、提供公共产品或公共服务

国有企业对经济起到干预作用，其理论支持主要来自潜在市场失灵的观点。例如，对公共物品(如国防、法律等等)的提供存在市场失灵，这限制了私有企业提供最佳产量的公共物品。此外，某些行业对规模经济的要求很高，产品由一个垄断的生产商提供时才能实现成本最低，于是有了自然垄断。典型的自然垄断行业有电力、天然气和铁路等，这些行业都要求用内部供应网络来提供产品和服务。在这种情况下，与那些竞争性行业相比，国有经济进行垄断将会降低产量和提高价格。

日本特殊法人(即日本的国有企业)对日本社会资本乃至日本经济的整体发展都有重要的影响和不可低估的贡献：属于国道范畴的日本收费高速公路、全国性的通信和铁道网络、地铁及普通居民住宅等产业和生活基础设施都是在特殊法人主导或参与下建成和发展起来的；对原子能、空间技术等自然科学技术及社会科学、教育等的发展起了重要的推动作用；是实施产业政策、环境政策、社会稳定政策的重要工具；从社会资本及政策金融等多方面直接、间接地支持了日本民间企业的发展；对日本固定资产的形成贡献很大。特殊法人投资及通过特殊法人支出形成的固定资产，约占中央政府投资形成的固定资产的70%，占全部政府投资形成的固定资产的1/4，占全社会投资形成的固定资产的6%～8%左右[②]。

二、引导产业升级、培育支柱产业和创新

国家的产业升级往往需要高额的成本，而创新则通常涉及大量持续的高风险投资，私人产权难以承担，此时国有企业的参与能够成为主要的动力。主要负责大型基础设施建设、重要能源开发、高精尖技术创新的国有企业，对于推动国民经济快速发展和提高民众生活质量，都能发挥重要作用。

尽管从总体来说，美国的国有经济不算发达(联邦政府经营管理的企业产值在美国GDP中仅占5%)，但在科学技术研究、基础设施和公用事业方面，国家却发挥着重要的作用。二次大战后美国政府在科学技术研究方面的财政拨款迅速增加，1954—1976年，国家用于科学技术研究的投资占全国科技研究费用的2/3，其中对尖端科学技术研究的

① 经济合作与发展组织. 国有企业公司治理：对OECD成员国的调查[M]. 李兆熙，谢晖，译. 北京：中国财政经济出版社，2008.

② 陈小洪. 日本特殊法人制度的介绍及其启示[J]. 管理世界. 1997(4).

投资占80%～90%。正是政府的巨额投资,使美国科学技术一直处于世界领先地位,并导致一些新兴产业部门崛起,对产业结构不断升级起到了巨大的推动作用。

从历史来看,法国在20世纪60年代末、70年代初对世界经济做了一个评估,认为未来世界在核能、高速铁路、航天航空方面有很大的需求,法国应该在这些领域取得突破,占领制高点。于是,国有企业便成为这些技术攻关的主力。在政府的大力扶植下,国有企业得到了减税和贷款利息补贴等优惠,最终在民用核能、高速铁路和航空航天领域都取得了不俗的成绩,最终带动了欧盟国家在这些领域的发展。

三、经济调节和控制

国家通过对一些部门的投资并控制准入,可以实现财政政策和重新分配目标,还能够帮助私营部门承担高风险,比如帮助承担农业部门中的自然灾害。另外,国有经济也有利于控制夕阳产业的衰落(比如造船业、钢铁业和煤炭开采业)。在这些领域,国家虽不能进行直接补贴,也不能确保私有权经营这些行业的后果,但可以通过国有经济来能实现平稳经济的目标。

在欧洲,国有企业起过稳定宏观经济的作用。在欧洲国家,国有企业职工失业的风险要比私营领域里小得多,但一般来说,国有企业职工的平均工资也要比私营企业低一些,因为有某种"铁饭碗"作补偿。20世纪70年代,美元与黄金脱钩后大幅贬值,带动了原材料、能源等大宗商品价格的暴涨,造成西欧国家出现了严重的输入型通货膨胀。为了遏制通胀,西欧国家利用国有企业来稳定宏观经济(见专栏2-10)。国有企业职工的工资增长要得到政府的批准,因此国企职工的工资增长一直受到抑制。而国有企业职工薪金上调的比例又成为私营企业的参照,从而减轻了因工资上涨而造成的通货膨胀压力。

此外,国有企业也是政府应对经济危机的重要手段。在发达市场经济国家,国有企业的地位和作用与经济危机密切相关,无论是20世纪30年代的世界经济危机,还是2008年开始的国际金融危机,美国、英国等发达市场经济国家对一些陷入困境或可能倒闭的大型私营企业都采取了国有化的办法,以避免这些大型企业的倒闭给本国经济和社会造成强烈冲击。

专栏2-10 意大利国有企业助推经济复苏

意大利大型国有企业产生于20世纪20年代,其重要标志为伊利(IRI)集团的组建。"伊利"意为"工业复兴署",本是为摆脱一战后意大利经济危机的困境而设立的一种临时性机构措施，后鉴于私人资本积累严重，难以保证国民经济的顺利发展而通过立法将其变为一个超大型的国有企业集团，行业涉及金融、交通、通信、冶金、电力、机械、农业及不动产等诸多领域。

20世纪50年代后，随着第三次科技革命的出现，国有化不再是战争或经济危机期间的一种应急措施，而成为国家直接控制和干预经济生活的重要手段和工具。这一期间，意大利国有企业规模进一步扩大，相继成立了国家碳化氢公司（埃尼集团ENI，1953年）、国家电力公司（ENEL，1962年）。国有经济在邮政、电信、铁路和煤气四大基础部门中所占比重都达到了100%，电力部门为75%。除国家参股企业外，还有由政府有关部门直接经营的国有自治企业（如国有铁路公司、邮电部门等）以及地方政府管理的市政企业（如自来水公司等）。国有企业通过承担私人无力或不愿承担的大量科研和基础设施建设项目，推动了整个社会新技术与新产品的开发和推广以及国家产业的升级与换代。

巴诺佐教授认为，意大利国有企业随着长时间的发展，其意义已经超越了单纯的社会经济范畴，同时也成为国家政治和社会组织的基本模型，并不断为整个社会经济注入新鲜活力，成为社会发展的内在驱动力，也是政府对国民经济进行调控的最为直接和有效的手段之一。具体来说，国有企业对社会经济的干预主要体现在以下三个方面：一是在社会公共生活领域具有很强的和很广泛的影响力；二是对经济发展的方向和目标具有很强的调控性；三是对国民经济基础领域进行直接经营。巴诺佐教授认为，国有企业对意大利整体国民经济的干预曾使得国民经济趋于一种相对稳定和日益发展丰富的趋势。这一作用不仅仅体现在国有企业在国民经济的占有量上，同时也体现在大量职员的就业和生活等方面，可以说，国有企业直接促进了整个社会的总体稳定。巴诺佐教授指出，埃尼集团2012年度财政报告中的数据反映出大型国有企业在经济危机影响深重的情况下，通过自身强大的抗击风险能力，依然逆势实现了收入的持续增长，这为意大利最终走出经济危机泥沼传达了积极的信号。巴诺佐教授认为，同历史上意大利大型国有企业曾经发挥过的重要作用一样，今天的意大利要想尽快摆脱经济危机，国有企业的作用无可替代，依旧会助推意大利经济的复苏和发展。

资料来源：陈晓晨. 意大利：国有企业助推经济复苏[N]. 光明日报，2013－5－20.

四、社会、政治、文化功能

国有企业要推动国家欠发达地区的经济发展，就需要通过投资新的基础设施、开办新厂和创造就业，寻求社会公平和政治稳定的目标。

中东和北非地区的国有企业常常被评价为最佳雇主，因为该地区国有企业的工作十分稳定。此外，公共部门薪酬往往相当于私营部门薪酬，有时甚至会达到更高的水平。由于该地区国有企业有义务为年轻劳动力创造就业机会，也被视为“最后的雇主”。（然而这也对国家造成了很大的压力，沙特阿拉伯国王在 2011 年 3 月的公告也反映了这一点：公告中提到一个 360 亿美元的计划，其主要目标是为沙特阿拉伯公民提供终身雇佣。提供就业机会的压力导致中东和北非地区的国有企业中常常出现人员冗杂问题。）

对于医疗卫生和教育等领域来说，即使消费者不能承受市场价格，他们获得这一领域的商品也有利于社会的稳定和文化的发展。然而就如公共物品一样，这一类福利物品的供给也可能是低效率的，需要国有企业来完成。

五、其他

对很多国家来说，国有企业对国家财政有重要的贡献。国有企业是政府投资的；作为投资人，政府从国企经营的利润中可以分得一份红利。国企红利进入国家财政，减轻了国家通过税收保证财政收入的压力。国企还是国家财政的最后一道屏障。在发达市场经济国家，政府预算的执行比较严格，当政府预算出现赤字或投资资金不足时，可以通过国有公司的分红或出售部分国有股权来弥补。欧洲国家的政府遇到巨大的债务危机时，都曾利用出售国企来减轻国家财政包袱，或弥补社会福利的开支亏空。

另外，国有企业还是国家参与国际竞争和合作的重要力量。为适应经济全球化的趋势，不少发达国家政府通过重组上市、出售股权等多种方式引进外国资本，鼓励国有大公司、大企业集团尽可能“走出去”参与国际竞争，成为按国际通行惯例运作的国际化企业。

第三章 国外国有企业的所有权监管

第一节 国有企业的法律框架

一、关于国有企业的法律框架

(一)各国国有企业法律及相对关系

1. 国有企业相关法律的内容分类

世界上多数国家对国有企业的监管都具有依法管理的共同特征，总体而言，体现为监管的各个方面均有法可依，立法层次较高，法律法规针对性和操作性较强，国有企业的私有化也多是在有关立法的指导下进行的。但就每个国家而言，法律法规在设立目的、制定修改及规范内容上又各具特色。

各国国有企业相关法律主要包括以下几类内容：

第一，对国有企业进行定义，从国有股权比例等方面规定国有企业的范畴。

第二，对国有企业进行分类。

第三，规定国有企业进行预算等方面的控制，接受外部监督，例如议会监督、多部门监督、公众监督等。许多国家要求国有企业接受外部审计和国家审计，以法律形式保障监督的独立性。有的国家还有允许政府向企业派监事的法律规定，或以法律形式要求国家企业进行信息披露。(见专栏 3-1)

专栏 3-1 加拿大法律对国有企业监管进行规范

皇冠公司(政府全额投资设立的企业的统称)的成立和撤销以及对下属企业的监管均有法律规定，此外，对公司领导人的任免及对公司的审计等，也都有明确的法规和程序。如联邦政府制定的《商业公司法》和《财务管理法》，明确规定了政府对皇冠公司的管理和监控制度。卑诗省政府制定的《财务管理法》、《预算透明度和责任法》、《平衡预算与部长责任法》及《财务信息法》等，都是对该省属皇冠公司进行监管的法律依据。

资料来源：杜天佳，国务院国资委研究中心. 世界各国国有资产监管法律之比较[J]. 产权导刊，2005(8).

对国有企业的目标制定、绩效考核、人事管理等方面进行具体规定。(见专栏 3-2)

专栏 3-2　新西兰《国有企业法》对国有企业进行目标管理

根据新西兰 1986 年《国有企业法》,国有企业应实现三个目标:

- 在利润和效率方面可以与私营部门企业相比较;
- 做一个"好雇主";
- 关注当地社区的需求和利益,表现出社会责任感。

在新西兰,一年一度的《企业目标报告》被用来指导和监督每一个国有企业。为了确保新西兰的国有企业实现其利润、效率和社会责任目标,政府建立了一个包括国家监督、控制和激励在内的框架。两个国家股东,即财政部和有关行业部,负责监督和控制国有企业的经营和成果,并核查企业是否遵守每年的《企业目标报告》。

资料来源:王晓光,中国企业联合会.树立负责任的大国企业形象[J].经济导刊,2006.

对国有股权的流通转让进行规定。这一类法律主要出现在大规模私有化的阶段。例如,为调整国有公司股权关系、维护国有资本的权益,芬兰议会于 1991 年 4 月颁布并实施了《关于国家在从事经济活动的有限公司行使控股权的法律》,规定国家在重点国有公司的持股比例和授权政府出售转让国有股的限度。法条中明文规定,倘若国有股的减持幅度影响到国家对企业控制权时,必须提请议会批准。(见表 3-1)

表 3-1　西方国家有关国有企业私有化的立法

国家	法律	内容及作用
日本	1.《电气通信事业法》、《日本电信电话株式会社法》、《电气通信企业法施行有关法律的调整法》 2.《日本国有铁道改革法》、《日本国有铁道清算事业团法》、《铁道事业法》、《新干线铁道拥有机构法》	1.日本电信电话公社改制为股份有限公司,对国有全资的日本电信电话株式会社,政府可减持不超过 2/3 的国有股; 2.为日本国铁民营化创造了便利条件
法国	1.《关于授权政府采取多种经济和社会政策的法律》、《关于民营化实施方法的法律》 2.《关于对法国电视一台实行民营化的法律》、《关于对全国农业信贷银行实行民营化的法律》 3.《企业法》、《劳工法》(修订)	1.规定了民营化的对象、范围、方法和措施,开始了国有企业民营化过程; 2.分别对大型国有企业的民营化进行专门立法; 3.保证民营化的顺利开展

续表

国家	法律	内容及作用
德国	1.《德国铁路股份公司建立法》 2.《德国邮政改革法》	1. 规范了德国铁路的大规模企业股份化、民营化改造和国有股减持等； 2. 依据法律成立了德国邮政银行股份公司、德国电信股份公司和德国邮政股份公司，1997 年撤销国家的行业主管部门邮电部，并要求于 1996 年上市的德国电信股份公司在 1999 年完全脱离国家控股
意大利	1. 1992 年 359/92 法令 2. 1994 年 474/94 法令(又称《民营化基本法》)	1. 将伊利(INI)、埃尼(ENI)、国家电力公司(ENEL)和国家保险局(INA)的法律地位从受专门立法管辖的“国有机构”变为受民法管辖的“国有的责任有限公司”； 2. 规定了民营化的具体负责单位、咨询单位、操作流程、持股比例及政府的保留权利等内容

资料来源：孔新宇. 国外国有企业民营化的法律体系与管理机构[J]. 世界经济情况，2003(21).

除各类基本法以外，许多国家还为单独的国有企业制定特殊法律，如英国通过国会对相关行业进行改制，有针对性地设立专用法律。如《电信法》、《煤气法》、《电力法》、《铁路法》等。美国每一个立法都是针对某一个联邦公司特别规定的，每一个联邦公司则是各个特别立法创制的结果。在希腊，每个国有企业都有章程法。

2. 各国国有企业法律基本情况

在一些国家国有股东完全按照普通公司法的规定履行权责，如德国、瑞典、瑞士、挪威、英国、奥地利等国。

也有一些国家通过制定特别的法律规定对国有股东进行授权，例如新西兰所有权机构除按照公司法和公司章程的规定行使股东权利，还有专门的《国有企业法》等；日本 1922 年制定了《国有财产法》，1948 年又颁布了新的《国有财产法》，一直沿用至今；在波兰对国有企业进行规定的特别法是 1981 年国有企业法案条款。

另一些国家针对部分特殊类型的国有企业制定相关的法律，例如匈牙利金融机构遵循特别法；韩国政府投资公司有特别的法律框架；土耳其国库部投资公司遵循《授权法》233 号法令；新西兰有《皇冠研究机构法》；奥地利有《ÖIAG 法》；等等。

自成立国有企业以来，一些典型国家在实践中逐渐建立了较为完善的国有企业法律体系。

(1)韩国。韩国建立了较为完善的法律体系，对国有企业的定义、监督管理、人事和经营绩效等具体管理等方面均有相关法律进行规范。

韩国在成立政府企业之前，颁布了《政府组织法》，依据该法成立政府企业，如铁道厅、递信部、调达（物资）厅等。

1961 和 1962 年，分别通过了《政府企业预算与财务法》及《政府投资企业预算与财务法》，规定了政府企业及政府投资企业采用公司财务标准。

《政府投资机关管理基本法》（简称基本法）于 1983 年制定，于 1984 年施行，施行后作为管理政府投资超过资本金总额 50%以上的政府投资机关（目前共 13 个）的基本法律。基本法对人事管理、经营目标确定、经营实绩评价等均有详细规定，目的是确保国有企业确立责任经营体制，进行自律经营。根据该法律，这些国有企业由政府直接拨款或提供实物、场地作为资本金，基本为 100%出资，或由政府先提供超过 50%的资本金，由产业银行等政府出资企业购买其余股份，民间投资几乎为零，由政府有关部门领导，大部分是政府全额投资政府对其经营负最终责任，企业职员不是公务员，但有些方面享受公务员待遇。因此该法的目的首先就是保障企业能够权责明确、自主经营；其次是政府能充分行使大股东的权利，保障国有资产的保值增值；最后是最大限度地为民众服务，提高服务质量和效率。

此外，《政府投资企业基本管理法》还与 1997 年《政府投资企业基本管理法修改案》、《公共企业改革管理结构和民营法案》一起对政府投资企业的监事会及董事会进行了规范：分设内部提拔的执行官与非执行外部董事（类似于德国的双重委员会结构），监事会中有政府的自然代表，绩效考核由经营经营评估委员会负责；后取消董事会主席职位，采用英美式的董事会结构，取消董事会中政府的自然代表，限定四家商业化的政府投资企业有投票权的股权上限为 15%等。

2007 年出台《公共实体管理法案》，修改了国有企业的定义，规定以下三种情况均属于国有企业：依据法律建立并获得来自政府的资金投入；超过一半的收益来自政府的援助；政府拥有 50%以上的股份。（见专栏 3 - 3）

除对国有企业进行规定的基本法律之外，韩国的国有企业成立前都分别有一个相关的法律成立，为其成立和管理提供法律依据，这些法律的有关规定如有和基本法相矛盾之处，以基本法为准。

专栏 3-3　韩国《公共实体管理法案》对国有企业的规定及统计

根据该法案，韩国的公共实体共有三种：国有企业、半政府组织和其他公共机构。一个国有企业应有超过 50 名雇员，并至少自主产生一半以上的收益。如果自主产生的收益达到 85%以上，这个国有企业将被归类为“商业国企”；达不到 85%的则被归类为“半商业国企”。(2009 年 12 月 31 日统计)

	国有企业		半政府组织	其他公共机构	总数
	商业	半商业			
数量	8	13	71	185	285
雇员数	76697	65564	100549	242810	
雇员比例	0.33	0.28	0.43	1.04	

资料来源：OECD. SOE Governance Reform: an inventory of recent change. 2011.

(2)日本。对国有企业依法管理是日本国有资产监管的一个特色，围绕国有资产的监管、营运，建立了一套比较完备的法律体系。立法规定了国有企业的经营范围、承担的责任义务和各监管部门的职权及权利行使方式。在立法的规范下，日本的相当一部分国有企业形成了由国家直接管理的广泛而有系统性的组织，这是其他国家国有企业所没有的特点。

日本的国有企业法律体系包括《国有资产法》、《财政法》、《国库法》等法令。专门的《国有资产法》对国有企业分类和利用方式做出规范，根据该法，日本将国有企业分为三类：部门企业、公共法人和公私合营企业。《财政法》规定，在国库向国会提交的预算中，应当包括关于国家投资的主要的法人资产、负债、损益以及其他事项的大上年度、上年度以及该年度的状况有关的调查报告书。

日本通过宪法及相关的法律法规，不但明确了国有企业的管理责任，而且明确了社会各界对国有企业的监督责任。在此体系之下，日本还制定了《国有资产特别措施法》、《有关国有会议场所及设施委托管理的特别措施法》等法律及一些具体管理规范，对专门法律法规中没有涉及的国有资产制定了相应的适用法规予以规范。在此基础上，还通过具体的实施细则和行政命令对国有企业管理行为进行具体约束，从而构成了相对完善的国有企业管理法规体系，使得国有企业管理从具体行为到管理理念、管理程序都受到严格限制。

(3)新西兰。所有政府企业(除皇冠实体)都按照 1993 年《公司法》注册或组成公司。

公司法适用于公营和私营部门的所有公司，是任何公司遵循的基础法规。公司法的两个主要目标是：界定公司与董事、股东和债权人之间的关系；允许董事们在业务决策中发挥广泛的判断力，限制管理权力的滥用，保护股东和债权人，促进公司管理的效率和责任。除公司法外，还有针对某些特殊领域（或行业）政府企业的专门法，如《国有企业法》、《皇冠研究机构法》、《教育法》等，规定了特殊领域政府企业的所有权、治理和社会责任安排，如图3－1所示。

公司法和专门法的区别在于所规定的内容各有侧重。公司法是适用于公营和私营部门所有公司的基础法律框架，而专门法则是对特定领域的政府企业的特别规定。以国有企业法为例，国有企业法是专门针对16家国有企业的特别法律，规定了持股部长的作用、国有企业应达到目标和应遵循规定的责任，如第4条要求国有企业应与私营部门的可比公司同样盈利，第13和14条规定了企业目标报告是国有企业的主要责任文件。在公司法没有规定或公司法有规定但与专门法有一定冲突的情况下，以专门法为准；而在专门法没有涉及但公司法有规定的情况下，政府企业须遵循公司法的规定。

政府企业的股东与私营公司一样，必须按照公司法行使股东权利。公司法规定的股东权利是：采用或变更公司章程；严格限制公司债务责任；授权董事编制年度报告；任命和撤换董事；批准重大交易；批准公司合并；推动公司进入清算程序；询问、讨论和批评公司经营并通过公司经营解决方案；审查公司信息；其他强制权力等。

公司法规定，董事会拥有管理公司业务和事务以及指导和监控公司管理层的所有权力，并承担企业管理责任。董事的基本职责是忠于公司并为公司谋取最大利益，承担不勤勉和不适当地履行职责所导致的个人责任。

公司法采用了“默认董事（Deemed Directors）”规则来约束股东、使其按照法规行使权力。根据公司法，没有被任命为董事但是实质上对公司行使控制权的人，可以被默认为公司的董事。被默认的董事对行使公司法规定的董事职责负有责任，并且可以对其行为所招致的公司后果承担个人责任，同时稀释或免除董事会管理公司的责任。因此，政府企业的股东（持股部长）及其顾问必须足够谨慎，以避免可能被认为是默认董事的行为。即使这种行为是必须做出或应要求做出的，也应该以完全透明的方式来行使。

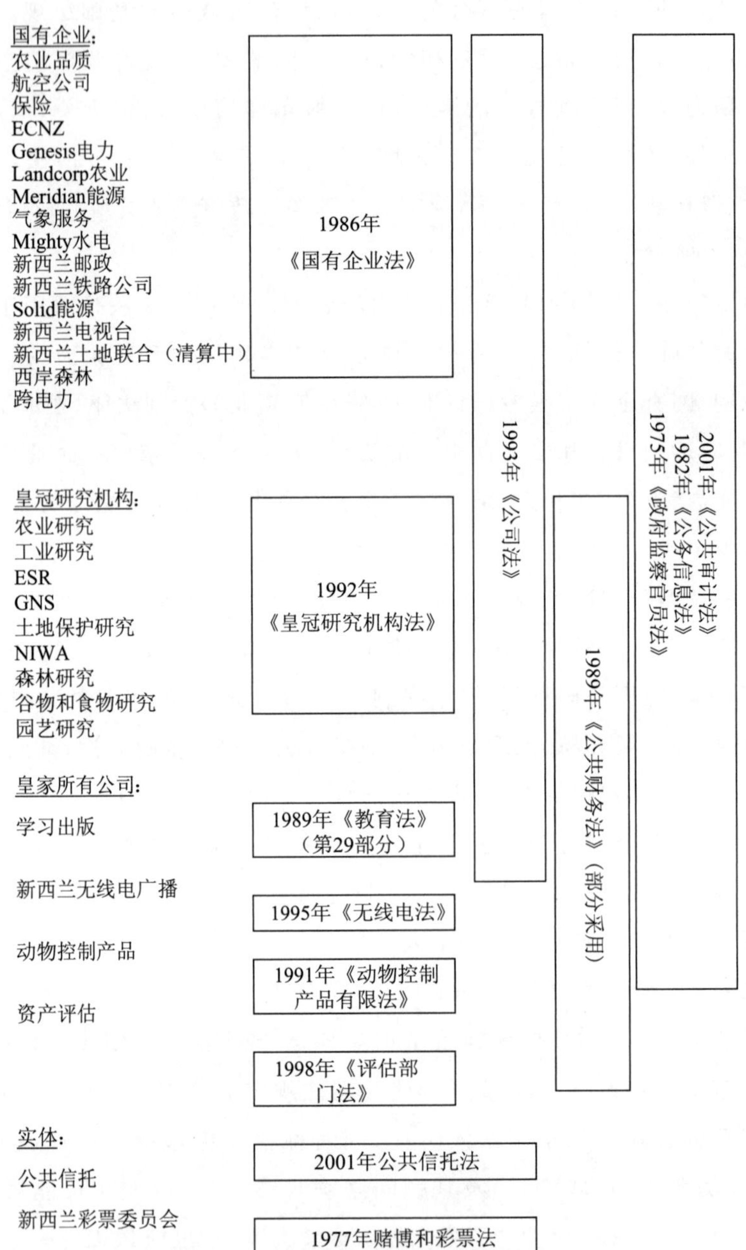

图 3-1　新西兰的政府企业法规概要

资料来源：张政军，国务院发展研究中心. 新西兰政府企业管理体制特点和经验[J]. 调查研究报告，2003(5).

国有企业法律制度作为一种特殊的社会控制或治理手段，是国有企业市场化过程中的一种必然选择。通过政府立法可以加强或改变市场组织，从而直接影响市场的组织和市场的发展潜能。依法管理国有资产是发达国家的共同特征。国有资产监管的各个方面均有法律依据，有的国家甚至专门为某个国有企业立法，规范其设立、运行、监管和消亡等各个方面，并且立法的层次比较高，多由国会通过，国有企业的私有化也是在有关立法的指导下进行的。

二、国有企业中的公法人与私法人

(一)各国国有企业有关立法的基本情况

从法律角度上，国有企业需要依公法和私法分类进行法律规范和管理。

1. 国有企业的公法形式

适合于公法或特殊法案并参照商法一般准则管理的国有企业，适用于公益事业和自然垄断性公共企业，提供公共产品和公共服务，追求的是实现公共利益目标，企业利润是第二位的；对自然垄断性质的国有企业，相关政策和公司治理在不同历史时期需要由特殊法案具体规范。不过在一些国家，至今尚未制订统一的调整所有公法形式国有企业的法规，现有的一些国有企业的公法形式，基本上形成于长期的实践活动和习惯做法。

这类国有企业可以分为三种类型：

一是直控企业。这类企业在法律上不自立，组织上属于政府部门的一个组成部分，收支均纳入政府财政预算，但担负经济方面的任务并同行政机关适当分离。如政府拥有的印刷厂。

二是，直属企业。这类企业在组织上和经济上享有自主权，资产单列、单独核算、预算独立、经营自主，但不是法人，不享有自主地位，且由行政部门管辖。如德国的联邦铁路和联邦邮电，由联邦政府垄断专营，它们不是法人，但根据《联邦铁路法》和《邮电管理法》，都享有自主地位，并如同直属企业方式经营。

三是公法自主机构。这类企业享有法人地位并拥有经营自主权。在德国，这种法律形式基本上只适用于银行业中那些不采取私法形式的国有企业，如“中央银行”。这类企业一般有自己的章程，且可以拥有若干股东。

2. 国有企业的私法形式

这一类国有企业按照市场竞争规则、以实现企业利润为目标，以《公司法》为法律依据设立和营运。它们是具有私法地位的独立法人，除了全部或部分股东是政府这点不同外，其法律地位与私人企业相同，享有完全独立的经营管理自主权。这类企业占国有企业的大多数，包括有限责任公司、股份公司等，公司法范围内的国家控股公司可以在公司章程中对执行的政策和治理结构做出特殊规定。

国有企业最通常的是以私营有限责任公司的法律形式存在，其次是股份公司。在大部分OECD成员国中，国有企业与其他公司被同等看待，并遵循着相同的公司规则。

虽然有许多国有企业作为法律实体从政府分离出来，但是在以下国家当中仍然存在按照公法成立的机构，比如：

奥地利：有一些公司制的依据公法成立的机构。

瑞典：其航空部门和国家电网部门仍然是政府机构。

瑞士：邮政系统仍然受公法约束。

德国：国有企业绝大多数采用的是公法形式，绝大多数这类企业在法律上也是不独立的。

也有一些国家在专门的法律下运营其国有企业，即制定专门针对国有企业的法律，或者为某些国有企业制定特殊的法律。这包括以下国家：

法国：每一个公共工商业机构(EPIC)都需要遵循其特定的法规。

捷克共和国：主要的国有企业都是受特殊法律的约束。

韩国：政府所属的公司(GOCs)和政府投资的公司(GICs)遵循特别设立的一系列法律。

斯洛伐克共和国：直到近期，所有的国有企业仍然受到有关国家企业的法律约束。在20世纪90年代末期和21世纪初期，国有企业转变成为股份公司，这一趋势开始于能源、电信领域以及2004年的斯洛伐克邮政。

日本：部分“公企业”根据国家的特别企业法设立和规范，着眼于公企业的“法定性”，被称为特殊法人。

新西兰：除公司法外，还有针对某些特殊领域(或行业)政府企业的专门法，如《国有企业法》、《皇冠研究机构法》、《教育法》等，规定了特殊领域政府企业的所有权、治理和社会责任安排。

专栏3-4　瑞典、奥地利、法国国有企业基本形态

瑞典的国有企业一般都按普通的公司法注册。奥地利的国有企业，包括一些垄断性的企业，一般亦按普通公司法注册。法国的国有企业，绝大多数按普通公司法注册，少数企业，如国家电力公司作为公营机构法人，不按普通公司法注册。

瑞奥公司法明确公司股东会决定公司董事人选，公司董事会决定公司总经理。而法国公司法规定公司董事长兼任总经理，由于国有企业的董事长人选由内阁决定，因此公司董事会很难对公司"一把手"进行监察。OECD和法国经济财政部国库司的专家认为法国公司法的这些规定是法国国有企业治理不好的重要原因。根据今年法国国会公布的专题报告和法国财政部委托OECD提出的报告，法国近年将对这样的体制进行改革。但由于习惯和传统原因，OECD专家认为法国可能较易推进的做法是明确董事长和总经理分设。在股权已多元化特别是国有股仅相对控股的国有企业，法国公司法规定的负面影响已较小，因为其他股东对"一把手"人选有了发言权。

资料来源：张政军.瑞典、奥地利、法国的国有资产管理体制的情况及启示.

在新加坡，国有企业分为两类：

一类由公法规范，是具有垄断性的法定机构，如新加坡电信局、港务局、民航局及公用事业局等。它们都是按照议会的立法建立和运作，是独立法人，自主经营。法定机构承担一定的社会目标，不以利润最大化为目的。

一类依据公司法成立运作，是竞争性的政联公司，包括通过控股关系形成的两个层次：第一层是四大控股公司，完全由政府投资并拥有，隶属不同的部，例如淡马锡公司属财政部、新加坡科技有限公司属国防部、新加坡保健有限公司属卫生部、国家发展部的控股公司；第二层是国连公司，这类公司是控股公司投资并拥有部分股权的企业，参与市场竞争。

表3-2 国有企业的法律地位

国家	公司法		公法	特别法		注释
	有限责任公司	股份公司		对于某类国企	对于某个国企	
澳大利亚	√	√			√	1.股份有限公司遵循《公司法》； 2.公司作为独立法律实体受到授权立法的约束
奥地利	√	√	√			股份公司或有限责任公司，但是也包括根据公法设立的公司制机构
芬兰	√	√		√	√	公司法总则适用，国有企业单独的法定形式也适用
法国	√	√		√	√	商业企业遵守《商法典》；公共工商业机构(EPIC)；政府投资企业(GIE)和公共利益132集团(GIP)

续表

国家	公司法		公法	特别法		注释
	有限责任公司	股份公司		对于某类国企	对于某个国企	
德国	√	√			√	国有商业企业的运作形式是股份公司和有限责任公司
意大利		√				所有国有商业企业都是股份公司
日本		√	√	√		较为人知的是公共公司和准非政府组织
韩国		√		√	√	政属公司遵循《政府投资公司框架法案》。其他公司(天然气和机场)遵循有关政属公司改善公司治理和私有化的特别法
新西兰	√	√		√	√	皇冠实体(依据公司法运作)；国有企业(依据一般商业法和国有企业法案运作)
挪威	√	√		√	√	股份公司、基金形式的公司以及国有企业遵循国有企业法
波兰	√	√		√		股份有限公司遵循《波兰商业公司法》；国有企业遵循1981年9月的国有企业法案条款
西班牙		√		√		所有股份有限公司遵循公司法
瑞典	√	√	√	√		所有国有商业公司都遵循瑞典公司法，但是机场管理局和国家电网管理局属于国家机关
英国	√	√	√	√	√	国有企业有三种主要形式："《公司法》公司"(遵循私营部门公司的规则)；法定公司(特别立法)；运营基金(政府部门的执行机构)

资料来源：经济发展与合作组织. 国有企业公司治理调查. 李兆熙，谢晖，译. 2011.

(二)国有企业依公法、私法分类规范管理的分析及经验总结

对国有企业依据公法和私法进行分类的依据主要有两点：

第一，从国有资本的性质看，国有资本具有资本的一般属性和特殊属性两重属性。其中，一般属性主要体现为经济性、竞争性、流动性等，其基本目的就是我们通常所说的保值增值；国有资本的特殊属性则主要是指其所有权归属和其所处的特定社会制度：国有资本的所有者是国家，应当按照国家利益的需要，借助于国有企业的生产经营活动，达到国家对社会经济活动有效调节的目的。从国有资本的一般属性看，国有企业需要实现企业利润；而从国有资本的特殊属性看，国有资本理应凸显其服务社会的功能。不同类型国企适用公法或是私法，主要取决于其经济属性与社会属性的组合比例。

第二，国有企业提供公共产品和私人用品。公共产品理论表明，某些产品或服务存在着非竞争性、非排他性，因此尽管社会极为需要这些产品和服务，但市场却难以有效地或充足地提供。所以，对于这些产品和服务而言，国有企业的介入是最佳的选择。公共产品理论还表明，私人用品的生产和提供也可以由国有企业来进行。因此，从设立国有企业的功能定位看，国有企业既可以面向全社会提供私人资本不能或不愿意提供的公共产品和服务，以弥补市场失灵；同时也可以针对经济、社会文化、自然与人口以及科技的变化，设计开发创新的私人用品，积极参与市场竞争。在特定时间和环境下，还可以根据国家政策导向而设立阶段性的国有企业，如某些项目制的国企，其周期仅仅覆盖了项目的立项、启动、设计开发、建设运营。因此从产品提供的角度来说，国有企业也需要依公法和私法分类进行规范和管理。

此外，各国国有企业治理经验也表明，国有企业应当分两类依公法和私法进行法律规范和管理：

一类是适合于公法或特殊法案并参照民法一般准则管理的国有企业，适用于公益事业和自然垄断性公共企业。包括：一是从政府分离出来的从事公共事业领域的经营活动的国家（独资）公司，例如邮政局、国家印钞厂、国家印刷厂、军工生产、无线广播、高压输电线路网公司以及地方供水和住宅管理机构；二是具有工商性质和法人地位的自然垄断性公营企业或特殊国家公司，例如国家铁路、国家航空、国家开发银行以及烟草和盐业专营；三是市政公用事业，包括供水、供气、供热、园林绿化、城市公交道路等。这些公用事业具有公共性和自然垄断性，如给排水、供气、供热等需要网络输送的部门。

另外一类是适合于私法的公司法的国有股份公司，适用于竞争领域的国有控股公司和国有混合股份公司。包括：一是国家有限控股公司，例如国家石油、国家电力、国家电信等在特定领域体现国家政策的专业控股公司，参照公司法并要在公司章程中对体现国家政策的方面和治理结构有特殊规定；二是国有混合股份公司，在竞争性强的领域设置的国家控股和参股的股份公司，具有多元股东，完全执行公司法且可以上市。

此外，对国有企业的治理依据公法还是私法，需要参考一定的原则，包括要推动地方经济可持续发展，实现地方经济转型升级角度；要与国资改革的目标措施紧密联系；要推动政府有效监管、规范政府主体行为，满足约束要求，不能越权、滥权等。

三、国有企业的法律形式

国有企业的法律形式包括以下几类：

1. 有限责任公司

有限责任公司是由法律规定的一定人数的股东组织，是股东以其出资额为限对公司债务负有限责任的公司。有限责任公司不能公开募集股份，不能发行股票，股东出资的转让也有严格的限制。

2. 股份有限公司

股份有限公司将全部资本划分为等额股份，股东以其认购的股份为限对公司承担责任，公司以全部财产对公司债务承担责任。公司可以向社会公开发行股票筹资，股票可以依法转让；股东以其所认购股份对公司承担有限责任，公司以其全部资产对公司债务承担责任；每一股有一表决权，股东以其所认购持有的股份，享受权利，承担义务。

3. 股份合作公司

股份合作制企业是依法设立、企业职工共同出资、共同劳动、按劳分配和按股分红相结合的企业法人，其中劳动合作是基础。企业的最高权力机构是职工股东大会，采取一人一票的表决方式。企业以其全部资产对其债务承担责任，企业的出资人以其出资额为限对企业承担责任。

4. 国有独资公司

关于国有独资公司的详细情况，参看第3章第2节“国有企业产权结构”中的内容。

5. 特殊法人

特殊法人由政府全额出资并明确其法人地位，由国家通过专门的法规和政策来规范，不受公司法规范。这类国有企业被赋予强制性社会公共目标，没有经济性目标，即它们的作用是直接提供公共服务。在许多国家，国防设施、城市公交、城市绿化、水利等领域的企业被归入这一类。这类企业一般需要由公共财政给予补贴才能维持其正常运行。

国有企业公司治理的一个重要特征是它们所采取的法律形式。在OECD国家中，平均有一半以上的国有企业属于国有独资。除此之外，国有企业通常以有限责任公司的法律形式存在，其次是股份有限公司。在大部分OECD成员国中，国有企业与其他公司被同等看待，并遵循着相同的公司规则。

表 3-3 主要国家国有企业采用的法律形式

国家	国有独资	有限责任	股份有限	特殊法人	说明
法国	√	√	√		国有独资企业主要集中在垄断行业，比如邮政和铁路；以股份有限公司形式存在的国有公司不具有行政管理职能，参照《公司法》进行规范，如法国高速公路公司；有限责任公司多数由国家直接控制，如大多数处于竞争性行业的国有企业以及其他一些提供公共服务的公司，比如法国航空公司
德国	√	√	√		德国在国有资产私有化的过程当中，将国有企业分解改组为有限责任公司和股份有限公司
英国	√		√		英国在电讯、钢铁、铁路等行业中对国有企业进行私有化改革，出现了许多股份有限公司
芬兰	√		√		国有独资企业多是面向大众服务的公共事业，包括公交铁路、国防等。其财政包括在国家预算中；国有股份有限公司一般在国家财政预算之外，大部分集中在主导工业行业，包括冶金、机械、森林、造纸等
日本	√		√	√	日本国有企业中的股份有限公司如日本烟草、日本电信电话等 特殊法人的出现，是由于国有企业大多在垄断行业，而有的国有企业又负债累累难以民营化，因此创立特殊法人这种模式，先实施国有民营，此后逐步走向彻底民营（专栏 3-5）
新西兰	√	√			新西兰国有企业中的有限责任公司是政府所有的、按照商业原则组建和经营的，如新西兰邮政公司、铁路公司等
意大利	√	√			意大利的国有独资企业包括国有自治公司、市政企业、国有化企业三类，主要集中在铁路、公路、邮政、电力等自然垄断行业以及如自来水、公共汽车、电车等城市公共设施行业

资料来源：本课题组整理。

特殊法人是国有企业法律形式当中较为特殊的一种，其中以日本的特殊法人较为典型。

专栏 3-5 日本的特殊法人

概念：

日本“公企业”（日语直译）即满足“政府及地方自治体（地方政府）所有或根据公法设立并接受公法规制；有偿服务；实行独立核算”三个基本条件的企业。特殊法人是着眼于公企业的“法定性”，根据国家的特别企业法设立和规范的公企业。特殊法人根据特别法设立，同时受其他法律规范：

- 日本立法权和预算批准权在议会，动用财政资金设立特殊法人，从事特定事业，必须经议会批准；
- 行政机构进行有关特殊法人的管理，给予特殊政策必须“有法可依”；
- 日本是市场经济国家，政府有必要介入社会资本的发展，但又要防止因设立特殊法人，压迫民业，破坏市场机制。

实行原因：

- 存在“市场失效”，单靠市场机制，社会资本供给不足；
- 不由政府直接运作，而由独立的事业体运作有利于核算和提高效率；
- 体制变革和基本政策的影响，如“民营化”政策。

主要事业领域：

特殊法人的事业领域主要包括政策性业务和社会资本的建设和管理。根据费用收益特点，社会资本可以分为两类：一是外部性、非排他性很强，投资基本不能收回或不宜收回的设施和事业，如公园、水利设施、基础科研事业及设施；另一类是非排他性较弱，资金全部或大部分可以收回，因而能按“受益者负担”原则运作的事业和设施，如收费公路、公用住宅、基础通信、部分能源和运输设施（港口、机场）等。

资料来源：陈小洪.日本特殊法人制度的介绍及其启示[J].管理世界，1997(4).

各国政府开办国有企业的目的主要是利用国有企业干预协调国家经济发展。透视现代国有企业的开办目的，已经由政治性目的（维护国家政权，抵御外敌入侵）和财政性目的（满足国家机关开支）转向以经济调节为主要目的上来，即通过国家直接投资于某些行业和进行产品的生产经营，直接调节国民经济的结果和运行，同时通过对国有资产的控制和运营增强国家调节经济的物质力量。

股份制国有公司因非政府股东的营利性追求，可能造成公司不能专注于政策性目标，或者非政府股东的参与会危及国家安全及国家利益。因此，股份制国有公司并不一定能够贯彻执行政府干预调节经济的意图。具体某一国有公司是采用股份制还是国有独资公司制，应根据该国有公司所承担的干预经济职能的大小。如营利的职能大于经济干预职能，可采用股份制；如经济干预职能大于营利职能，则应采用国有独资公司制。

总的来说，国有企业的法律形式，应该使先进的研制方法与管理决策相联系，使经理和劳动集体关心获取高额最终成果、能够迅速地实现市场活力等，与体现国家利益的有效管理杠杆相联系。政府对不同法律形式的国有企业,在管理手段、干预程度和范围等方面是有差别的。而企业所承担的社会责任、财产责任以及所拥有的经营自主权等也是有差别的。为避免国有企业缺乏行政约束或行为带有较强的随意性,可以考虑制定一部统一的调整所有公法形式国有企业的法律或法规,同时还可以考虑对一些特大型的、在整个国民经济中占有重要地位的国有企业制定专门的法律。

四、关键的法律内容

在各国国有企业的法律体系中,尤为关键的法律内容包括对所有权行使和国有企业与中小股东关系的规定。

表 3-4 各国对国有股权进行规范的法律法规

国家	公共法	特别法
澳大利亚	《公司法案 2001》、《联邦当局和公司法案 1997》、《澳大利亚股票交易上市规则》	
奥地利	《公司法》、《奥地利公司治理准则》	《ÖIAG 法》
捷克共和国		大型公司受到特别法律约束
丹麦	股份有限公司遵循公司法	其他国有企业有具体立法规定
芬兰	公司法总则	单独的法律
法国	《商法典》	
德国	《公司法》	
希腊		每个国有企业都有特定的法律例如章程法
匈牙利	《公司法》	金融机构遵循特别法
意大利	《公司法》	
日本		《国有财产法》
韩国	《商业法》、《证券交易法》	政府投资公司框架法
新西兰	《公司法》	《国有企业法》、《皇冠研究机构法》等
波兰	波兰商业公司法	1981 年国有企业法案条款
瑞典	《公司法》	
土耳其	商业法典	国库部投资公司遵循《授权法》233 号法令
英国	《公司法》	
新加坡	《宪法》、《公司法》	

资料来源:张政军.国家所有权机构行使股权的国际经验研究.

(一)所有权行使有关法律内容

在新西兰，除公司法外，还有针对某些特殊领域（或行业）政府企业的专门法，如《国有企业法》、《皇冠研究机构法》、《教育法》等，规定了特殊领域政府企业的所有权、治理和社会责任安排。

韩国《证券和交易法》授权财政与经济部有权指定国家保有15%及以上股份的任何从事"对国民经济有重要意义的产业"的公司为"公共性质的公司"，并允许这类公共性质公司的章程将其他个体股东的表决权限制在3%。

澳大利亚《联邦公营企业法》规定，公营企业严格按照"谁投资谁拥有产权"的原则，分别由联邦和州议会行使所有权，政府对企业则实行主管部长和财政部长分工管理，各负其责。

挪威《公共有限公司法》对国有股权的处理做出了规定。

奥地利的《奥地利工业控股公司法》（简称ÖIAG法）规定了ÖIAG对全资、控股、参股公司行使股权管理，财政部长是ÖIAG股东代表等。

瑞典《公司法》规定了国有股权在公司治理中的权利，其他问题，如国有企业所有权或资本的变更，被认为属于国有资产配置的问题，要求在政府和国会之间协商解决。

日本制定了许多特殊法律，包括《日本道路公团法》、《国铁改革法》、《电源开发促进法》来对特殊法人中国有股权的行使进行规范，如明确主管机构、规定政府股东与一般股东可以"同股不同权"、"同股不同利"等。

法国立法机构批准的《国家代表指南》对国有企业当中国家代表的任命、使命、职能、任期、民事和刑事责任的规定进行了明确规定。

(二)国有企业与中小股东关系有关法律内容

在OECD国家中，大约有40%的国有企业与其他股东关系紧密，其中，有一半以上国家为主要股东。虽然一些公司的规模很大，且只有10%的公司进行了上市，但是并非所有的公司与公共投资者都有关系。

在国有企业中，作为控股股东或者重要股东的国家与小股东之间的关系是非常微妙的，这一点在上市商业公司中尤为突出。作为控股股东，国家可能处于凌驾于小股东之上的地位，造成这种局面的原因是国家在没有小股东同意的情况下就可以在董事会中做出决定。此外，国家往往承担其他的政治和政策目标，而执行这些政治和政策目标可能会损害小股东的利益。然而站在国家自身的利益角度而言，国家对待中小股东的方式，对股份的价值以及公司未来进一步在市场上融资的发展能力会有重大影响。

在大部分的 OECD 国家中，部分国有企业的资本是由私人股东所控制的，小股东的权利受到承认，并在一般情况下受到保护，所有权实体常常会采取明确的措施来防止对小股东和其他非控股公司造成损害。

中小股东的权利范围包括向董事会内派出代表的权利、股东大会的决策权和获知公司状况相关信息的权利。这些权利可能被限定在与公司相关的普通法律框架中，即商业公司法典、公司法或公司治理法典；也有可能在国有企业宪章或一些具体基本法律中有更明确的规定。公平对待其他股东可能会成为所有权实体或者与政府相关的国有企业所采取的一项基本原则，例如在挪威，股东应该受到公平对待已经成为国有企业良好公司治理的政府十大原则的第一条。

在大部分的 OECD 国家中，国有企业的小股东所拥有的权利并不比私营公司所拥有的权利更多。几乎所有国家国有企业的资产都要遵守商业公司法典、公司法、上市标准或者公司治理原则/法典中的管理条款。法律框架一般用来确保股东之间的公正和公平待遇，不会对中小股东有额外的保护条款，但用来保护国有企业的条款则很多。许多国家中确实有一些基本的法律框架规范国有企业中国家与中小股东的关系：

在澳大利亚，适用于所有国有企业的《联邦机关和公司法 1997》(CAC Act)复制了《公司法 2001》的要求，甚至在某些方面的要求更加严格，合并的国有企业同样也要遵守其他公司所遵守的《公司法 2001》。当国有企业上市时，国有企业需要遵守澳大利亚股票交易上市规则。除此之外，没有进一步颁发保护中小股东的法律。

在奥地利，除了上市规章和公司法以外，《奥地利公司治理法典》也适用国有企业，没有更多保护中小股东的条款。

在芬兰、瑞典和英国，应用的是《普通公司法》，该法律被认为充分保护了小股东的权利，尤其充分保护了国有企业小股东的权利。

在瑞士，国有企业应当遵守《标准公司法》(RUAG)，该法案中与保护小股东权利相关的公司法条款也适用于特定的国有企业情形(比如瑞士电信公司和 CFF)。

韩国《商业法》和《证券交易条例》中有与小股东权利相关的规定，所有的国有企业一律遵守。1998 年修订《商法》之后，加强了国有企业改制后小股东权益的保护，例如规定“股东提案权”(具备一定条件的小股东可以提出股东大会的议题、议案的权利)，以及为保障小股东们的代表有选任董事的机会而引进了集中投票制等。

在新西兰，小股东受到普通证券法条款的保护，这些条款在国有或非国有企业当中同样适用。

在挪威，《股份公司法》授予小股东在一些情况下受到保护及其他特定的权利，以防止大股东权利的滥用(比如侵占公款、扣交股息等)。

德国、日本的公司法都制定了股东表决回避制度，即当股东与股东大会讨论的决议事项有特别的利害关系时，该股东或代理人均不得就其持有的股份行使表决权。这种事先救济的方式，能够避免大股东滥用表决权。

此外，在一些国家中，当国家已经售出一些但并不是全部售出资产权益的时候，其他股东拥有多数表决权。对选举控制的让步缓解了国家作为一个大股东滥用权力的潜在危险，同时也确保部分国有企业从私营部门股东的经验和规范中有所收益。例如意大利《商法典》第 157 条规定，股东在 100 股的持股限度内，每 5 股有一票表决权，超过限度的部分每 20 股有一票表决权。比利时的《公司法》第 61 条也有相关的规定。

(三)各国国有企业与中小股东关系相关法律总结

从各国经验来看，保护国有企业中小股东权益主要着重于以下几个方面：

第一，董事会决策权。在很多 OECD 国家的国有企业中，小股东被鼓励积极参与股东大会。这通常是通过公司层次所采用的机制来实施的，包括在投票中缺席或者开发电子途径来降低参与成本。这些机制通常会推动员工股东的参与，或者推动员工代表选举的体系发展，这是因许多国家中的部分私营化企业中的员工大部分是私有股东。

第二，事前权。授予小股东具体的事前权在一些情况下非常重要。OECD 国家中的一般《公司法》或者根据具体的国有企业章程都可授予这一权利。例如在奥地利，通过限度安排，小股东在 GSM 中可以享有重要的权利。在斯洛伐克共和国，重要事情的表决需要有 2/3 以上的股东同意，而且很有可能会进一步要求要超过目前股东的 2/3。

第三，知情权。保证高度的信息透明是保护中小股东权利的关键。对于上市公司，上市要求和管理机关在这方面都对国有企业进行监督。对于非上市公司则需要具体的机制和程序来保证国有企业小股东能够简单而且平等地获取信息。但目前并不能明确这种机制在 OECD 国家中是否广泛存在。

第四，索赔权。在大部分 OECD 国家，国有企业的中小股东确实享有与其他公司中小股东相同的索赔权利，这是由一般公司法来规范的。例如，在波兰，在《商业公司法》的基础之上，投票反对 GSM 所采纳的决议的股东可以在法庭上起诉无效决议。

保护中小股东权益是国有企业改革中面临的重要问题。只有充分保护小股东的权益，才能调动起投资者的积极性，真正发挥资本功能，平衡多种利益主体的利益，使公司得以稳定、健康和持续地发展。

第二节　所有权政策

由于国家所有权目标往往模糊、复杂甚至自相矛盾，政府对其进行定义的一种有效的做法就是制定所有权政策。制定所有权政策主要可以实现以下两点：第一，避免政府落入被动所有或过度干预的陷阱而面临多重或自相矛盾的目标；第二，所有权政策也可成为沟通公共信息的有效工具，公司、市场和公众可以因此清楚地了解国家作为所有者的战略目标和长期承诺，国家从而可以明确其作为可预见的长期所有者的自身定位。

一、所有权政策的制定

(一)主要内容

所有权政策的表述应当简洁而富有远见，国家作为所有者所要实现的总体目标应当明确，同时，应当在所有文件的最重要的条文中对国有企业履行这些总体目标和实施其战略进行概述。所有权政策总体目标明确后，也应明确所有权机构的具体目标，从而使所有权政策的总体目标具有可操作性，也使传递和评价所有权机构的业绩信息变得容易。明确公司承担的公共服务及其他特殊职责是制定具体目标的关键。除此之外，建立一套相关度高的绩效指标也非常重要。然而，绩效指标的建立在实践上有相当大的难度。这并非单指国有企业，私有企业及笼统意义上的公共部门也是如此。除总体目标外，所有权政策在以下内容方面也应做出明确说明：

首先，授予所有权机构履行国家所有权职责的权利；

其次，所有权机构的主要职能；

然后，国家机构内履行所有权职能的部门及其历史演进；

最后，所有权机构行使所有权权利时应该遵循的主要原则或实施政策，包括对国有企业董事会的提名、股东大会的角色、董事会的角色和功能、外部审计机构的任用和管理层的薪酬政策等方面的指导。

所有权政策还应对确保营造有利于私有部门公平竞争的环境作出简要介绍。

为指明影响所有权政策的不同因素，各国的所有权政策往往还会提供定义国家行使所有者权利的主要参考文件综述，包括：

第一，宪法、国会法案、法律(包括公司法)、决议和监管条例中涉及划分国会、政府、所有权机构、国有企业董事会各自角色和权限的条款；

第二，政府希望公司遵循的无约束力的原则或准则，如《OECD国有企业公司治理指引》和《OECD公司治理原则》等国际上认可的标准；

第三，列出所有有关特殊国有企业的法律法规名录；

第四，集中归纳所有权机构用于所有权监管各个具体方面工作的指导意见。

制定所有权政策往往是一个互动的过程，需要多方参与协商。成功的协商可以为所有权政策带来适度的包容性，从而提高该政策的相关性和可信度。

挪威的所有权政策在内容方面较为典型。（见专栏3-6）

专栏3-6 挪威所有权政策的目录

1. 序言
2. 政府的国家所有权目标
    2.1. 概况
    2.2. 索里亚洛里亚宣言
    2.3. 全国情况
    2.4. 确保自然资源的国家所有权、控制权和收益权
    2.5. 确保其他重要政治目标
3. 国家对公司的期望
    3.1. 国家必须考虑在重要领域的独立自主性对公司的安排
    3.2. 公司类别细分
    3.3. 单个公司所有权目标
4. 对公司的要求
    4.1. 公司的商业目标——要求的回报
    4.2. 资本资产定价模型(CAPM)
    4.3. 公司的行业政策目标
    4.4. 红利
    4.5. 股票回购
    4.6. 公司的报告制度
5. 关于公司负责人薪酬的政府政策
6. 政府行政序列的职能划分
    6.1. 划清角色界限的目的

6.2. 各政府部门的所有权管理职能

7. 国家所有权管理架构

7.1. 宪法框架

7.2. 公司立法

7.3. 信息披露的平等对待原则和内部信息管理规定

7.4. 公共财政补贴

7.5. 信息自由

7.6. 国家财政管理规定

7.7. 公司治理原则

7.8. 所有权结构的透明度和可预测性

8. 董事会、管理层和股东的关系

8.1. 公司联系机制

8.2. 董事会职责

8.3. 董事会选举

8.4. 任职期限和薪酬

9. 附录

10. 参考文献

资料来源:挪威贸易与工业部. 政府所有权政策. 2006,挪威贸工部网站.

总体来说,制定所有权政策时,应当明确国家所有权的全部目标,这些目标包括国有经济“有进有退”的战略性布局调整,国家必须控制的重要行业和关键领域,服务于公共政策并提供公共产品和服务的非商业目标。然后列出这些目标的优先顺序,提出总体目标中的具体指标,例如投资回报率和股利分配政策。在制定目标的过程中,可以在股东价值、公共服务甚至就业保障之间进行权衡,并以明确的方法来平衡这些不同类别目标。此外,还应包括所有权机构与企业的关系,以及如何实施所有权政策等内容。

(二)主要步骤

OECD《问责与透明度:国家所有权指南》中提出了制定所有权政策的主要步骤。

表 3-4 制定所有权政策的主要步骤

主要步骤	简单描述
研究现行条法文件	要制定所有权政策，必须先研究现行条法文件，包括与所有权权利有关的法律法规、官方声明、内部政策、准则等。 同时，所有权机构还应评价这些条法的执行效果
政府指导	所有权机构也可从政府处获取有关所有权目标的指导。这一点在政府换届或政府政策重心发生转变时尤为重要
起草政策文件	在政府指导和现行条法的基础上，所有权机构可以起草所有权政策的征求意见稿，概括现行政策或实践，确定所有权政策拟采用的主要内容。 若现行条例某些条款相互冲突，或有必要就特殊目标进行解释时，应在征求意见稿中清楚阐明
与有关方面探讨	所有权机构应主动与有关部门讨论所有权政策主要内容。 可以通过成立由所有权机构、国会相关委员会、政府相关部门、国家审计机关和相关监管机构代表共同参加的专门工作委员会来实现。 讨论的目的是确保各有关部门对国家作为所有者的总体目标和实践充分理解和支持，同时就所有权机构的职责和功能达成一致
尽量早、尽量广泛地征求意见	如能更广泛地邀请部分国有企业董事会成员和征求高管意见，或将他们纳入专门工作委员会之中，征求意见会取得更好效果 同理，如果包括投资者、服务供应商在内的私营部门代表以及工会代表能尽早参与讨论，征求意见会更有成效，这将增加利益相关者和市场参与者对所有权政策的认可度。 一般来讲，广泛征求公众意见还可以试探出市场和政坛的反应
获取并表明高层政界的认同意见	如果所有权政策不是由政界主导制定，尤其是在征求意见稿起草完成之前没有得到政府明确指示时，获取并表明高层政界的认同十分必要。 政界高层的明确认同能增强对国家所有权政策以及国家作为可预测所有者的可信度。 所谓高层政界的认同意见，可以来自总理或分管国家所有权的部长签发的引荐书或序言，也可以通过举办有关部长的高层政治活动，并邀请包括市场参与者在内的所有利益相关者参加来“启动”所有权政策，并确保足够的媒体曝光
国家公职人员的认可	所有权政策若要更加可信，必须赢得国家公职人员的认可，尤其是所有权机构工作人员。 通过公职人员的官方认可，增强国家“说到做到”的可信度，从而在践行政策时更有力度和效果
公共披露	公共披露是所有权政策的另一关键要素。“所有权政策和相应的公司目标应该是向社会公众开放，其公共文件制定，需在相关的部委、机构、国有企业董事会、管理层和立法机构之间进行广泛沟通”(《指引》第 29 页)。 为确保披露的广泛性，所有权政策可有以下几个特点： • 在受到媒体广泛关注的级别较高的公共活动中启动； • 在所有权机构的网站上张贴； • 至少要将所有权政策的重要内容纳入总体年度报告； • 印送给有关政府部门、国有企业董事会和管理层，以及其他市场参与者

续表

主要步骤	简单描述
必要时应及时调整，但要保持核心要素不变	国有企业面临的经济、市场和政治环境变幻莫测，因此，国家作为所有者需要定期对所有权政策进行调整。 然而，政策的核心要素必须尽可能保持稳定，不能频繁变更，以保持国家所有者行为的大方向不变，同时巩固国家是可预测的股东这样一个概念。因此，“国家应该在其所有权政策上争取保持连贯性，并且避免频繁地修改其全面的目标”（《指引》第 29 页）

资料来源：OECD. 问责与透明度：国家所有权指南. 2011.

二、所有权机构目标的设定

所有权机构应设定有限的具体目标来检验所有权政策的执行情况。这些具体目标必须获得所有权机构及其上级单位的认可，而目标制定的程序与其所处制度体系和所有权职能的组织架构有很大关系。比如，所有权机构提议的一系列目标建议，既要得到国会有关委员会的批准，又要得到有关部委的批准。但无论何种形式，最好都能在事前的目标讨论中纳入对所有权机构业绩考核有事后发言权的机构，这些机构包括国会、有关部委、国家审计机关等。

（一）国家所有权机构目标设定的一般做法

法国国家参股局设立于财政部之下，负责管理国家所有投资，法国 57 家国有企业全部由该机构管理。其职责是：使其管理的国有企业符合市场标准；作为一个专业的投资者，为国家股份创造长期价值，即最大化国有资产组合的价值。2011 年法案修订为其增加了两个新目标：一是将政府的所有权政策与国家的经济、产业与社会发展相协调；二是有一个清晰且长期的产业政策，及对人力资本政策给予特别关注。

芬兰国家所有权监管局设置于总理办公室之内，其目的是将国家股权进行集中管理，它超越了具体的部门利益。其目标是：通过独立分析与监督，为其管理的国有企业制定所有权战略，并且每两年修订一次，该战略具体到了国家对每一个企业的政策；对企业的绩效进行跟踪分析；批准所有涉及所有权的交易；出席股东大会并履行选择董事会成员的权利。

（二）目标设定的步骤

OECD 的《问责与透明度：国家所有权指南》为所有权机构提出了设定具体业绩目标的主要步骤。

表 3-5 所有权机构设定具体目标的主要步骤

主要步骤	简要描述
确定潜在具体目标	所有权机构应该确定一系列潜在具体目标，这些目标要以所有权政策为根据，并能反映该机构在行使国家所有权权利时的总体战略目标。 如果战略目标被定义为价值创造，那么具体目标可以是提高整个国有资产组合或者每个或主要国有企业的价值。其他在合并资产组合水平层面的潜在目标通常是诸如利润率、负债率和红利水平等一系列的财务指标。 根据所有权机构有效行使所有权权利的程序，还可以设定其他定性的目标，如执行既定程序的有效程度等。当然，设置的所有这些具体目标应更侧重于结果而非程序本身。 除反映所有权机构的总体战略目标外，具体目标还应该尽可能地全面反映所有权机构自身行使国家所有权权利的业绩表现，以及其他方面情况，如国有企业管理的业绩、整体或特定行业的经济、市场环境等。因此，具体目标应充分考虑整个市场、商业和总体经济环境及条件等各种要素
分析具体目标的特点	选择能反映所有权机构业绩表现的有效目标是一项复杂而充满挑战的工作。 除了能反映所有权机构的业绩以外，具体目标还应该具备以下特点： • 具备详尽性和时限性。 • 在资产组合层面具备可测量性；经常会在数据合并方面遇到较大困难。 • 同时具备现实性和挑战性，以发挥正面激励作用。 从不同角度考察所有潜在目标之后，所有权机构可选择若干合适的具体目标
选择合适的具体目标组合	选择若干合适的具体目标就涉及权衡取舍。在设定具体目标时，国有企业除了会遇到商业化公司等复杂组织经常遇到的困难以外，还需要权衡更复杂的情况。比如如何权衡商业目标与包括公共服务和其他特殊职责在内的各项政策目标。同时，国家作为所有者可能还有其他复杂的战略目标，并在资产布局层面设定有关资产规模和协同效应等方面的具体目标。 多重目标能更为全面地反映国家作为所有者的更为完善的业绩表现。然而在全部目标中，精心选择的有限具体目标有便于沟通、易于报告以及突出重点的效果。因此，要在全面和重点突出两方面加以权衡
充分考虑数据合并的挑战	除了在选择合适的指标方面会遇到困难以外，还会由于国有资产组合的行业分散性而遇到更多有关指标数据合并计算的技术难题。 还应该充分考虑某家或某些大型国有企业的权重问题，因为这些企业的业绩往往对总体国有资产组合的业绩有较大影响
用以往业绩数据进行检验	在最终确定具体目标前，应该用以往的业绩数据对这些具体目标加以检验，考察在相似总体战略背景下，这些具体目标是否能合理反映真实情况
在内部和外部分别进行讨论	为了达到激励效果，具体目标必须具有很高的相关性和公正性。因此，这些目标组合应在所有权机构内部广泛讨论，从而验证其激励所有权机构公职人员努力工作的实际效果。 同理，所有权机构也应将具体目标方案在国有企业董事会和管理层范围内进行讨论，从而更清楚地了解其在国有企业层面的影响

续表

主要步骤	简要描述
与政府和其他有关机构达成一致意见	所有权机构要向所有相关机构报告，这些机构在评价所有权机构业绩时有发言权。因此，具体目标必须事先征得它们的同意。这些机构包括有关政府部门、监察机构、有关国会委员会和国家审计机关等。 获得各方同意至关重要，因为它可以确保具体目标涵盖了所有权机构业绩表现的所有重要方面，并确保目标的合理性。事前对话还能使事后的经营业绩考核更加顺畅，也使业绩预期与所有权机构的实际表现保持一致。 最终的具体目标要在政府和所有权机构间得到明确且正式的认可。此外，最好还能获得有关国会委员会对所有权机构整套具体目标明确的认可
披露全部具体目标	经政府同意后，所有权机构应将全部具体目标公开披露，如通过所有权机构主页、在年度合并报告上发布或以定期发布的形式在当年予以公布

资料来源：OECD. 问责与透明度：国家所有权指南. 2011.

（三）所有权机构目标设定的内容与指标

目标的设定既有定性的，也有定量的。能否顺利考核定性的目标，与所有权机构能否及时准确地跟踪和处理国有企业经营业绩信息和反馈有关。所有权机构要对国有企业使用特定治理工具或治理准则的效果进行问责。（见专栏 3－7）

专栏 3－7　法国执行《国有企业与国家股东关系的章程》的情况

国家参股局（APE）作为法国的所有权机构，制定了《国有企业与国有股东关系的章程》。该部门委派代表到国有企业董事会，每年考核企业是否有效执行《章程》，国家参股局根据考核结果形成年度报告。

国家参股局的任务之一就是确保《章程》执行情况逐年改善。这是一个定性目标，测评的是企业在某些特定方面有多大进步，进而以百分数的形式对完成既定目标的情况打分。这些特定方面包括董事会的能力、审计和战略委员会运作的质量和职能有效性，以及与国家参股局的关系等。

该评价模式基于国家参股局委派到企业董事会的代表所打的分数，在一定程度上会有些偏差，有点间接自我评价的意味。然而，它还是为评价国有企业按照所有权机构要求实施公司治理的效果提供了一条道路。

资料来源：OECD. 问责与透明度：国家所有权指南. 2011.

近年来，世界各国对整个国有经济的定量目标和财务目标的关注越来越多(见专栏3-8)。为确保量之有度，许多国家引入了多个指标来计算整个国有经济或大部分国有经济的业绩表现。这些指标包括营业利润率、财务利润率、负债率、可持续分红水平等财务指标。

专栏3-8　法国考核国家所有权业绩的具体指标

目标一：确保国有股份增值

指标1：资本营业利润率(营业利润/资产)

指标2：财务利润率(净利润/权益)

指标3：周转利润率(营业利润/营业额)

指标4：债务可持续性(息税折旧摊销前利润(EBITDA)/净负债)

目标二：确保交易成功率

指标1：销售收入与售出股票固有或余量价值(由参股和转让委员会进行计算)之差

指标2：付给顾问的费用和佣金

目标三：对降低国家债务的贡献率

指标1：除国家外的公共行政部门负债和利息负担减少的额度

指标2：国家负债和利息负担减少的额度

资料来源：本课题组整理。

为确保这些指标正确反映所有权机构的表现，而不只是国有企业的经营业绩和经济、商业环境，有必要以整个市场的表现为标杆进行衡量。以单一的目标对国有企业进行评价的方法衡量简便、通俗易懂，但也有一些先天的局限性。但是，无论选择哪个目标，都无法完美地反映所有权机构的真实业绩，因此，在讨论业绩目标时，所有权机构及有关部门需要明确其侧重点在哪里，从而形成最能代表国家所有权总体目标的具体方案，并在充分考虑市场和商业环境因素的基础上，建立一套有效衡量所有权机构业绩表现的体系。

当以价值为目标时，经济增加值(EVA)是计算资产组合价值变化的有效工具。因为它充分考虑了资本成本和风险，是反映价值创造规模的好办法，主要考核指标是经济增加值(Economic Value Added，简称EVA，见专栏3-9)和其他衡量资本回报的指标。经济增加值等指标综合性地考虑了资本的机会成本和依据风险进行调整的回报率，因此能够更好地评估国有企业所产生的价值。然而这些指标的计算需要较高的成本，关于它们对企业策略的影响也存在较大争议。[①]

非财务方面的指标往往很复杂，集中在国有企业经营的一些具体方面，由于这些指标为考核财务表现提供了背景资料，因而具有重要作用。近年来，许多国家的国有企业提交的非财务绩效指标更加全面。例如，奥地利的ÖIAG在上报会计年报时，必须提供一份私有化项目的实施情况报告；在土耳其，国有企业需要每季度向财政部提供一些规模指标情况，例如雇员数目等；在英国，国有企业需要上报的非财务信息包括董事会主席声明、商业发展概况、未来战略、公司治理安排以及董事会的一些细节，如薪酬、经历和责任等。

专栏3-9　EVA(经济增加值)指标

学术研究表明，每股收益等会计指标仅仅关涉到股票的价格。但实际上，依据时间和风险进行调整之后，投资者预期能得到的现金才更为重要。这也就提出了一个问题，即如何将贴现后的现金流与企业实际的财务管理关联起来。

EVA(经济增加值)指的是收益减去资本成本后的经营利润。EVA在下列情况下将增加：运营利润在不占用更多资金的前提下增长；投入新资本后产生的生意可以完全覆盖新资本的成本；不能产生足够回报的项目资金从企业中转移或清算掉。

EVA是唯一一个与标准资本预算规则完全一致的指标：接受所有现值为正的投资，拒绝所有现值为负的投资。(而对于EPS即每股盈利来说，只要新投资的收益超过税后借款成本，该指标就会增加。)

总资本回报率应当被用于评估企业绩效的回报。随着经营风险和财务风险增加，企业要求的回报率也应当相应增加。同时，一个好的衡量指标应当将债务和股权都考虑在内。净经营利润与回报率的乘积即为EVA。

资料来源：Mako and Zhang, “Exercising ownership rights in state owned enterprise groups: what China can learn from international experience”, 2002.

---

① OECE. Corporate Governance of State-Owned Enterprises. 2008.

第三节　所有权监管机构

一、分权模式、集权模式与双部门模式

国家行政部门中履行所有权权利的组织形式基本分为三类，即分权模式、双部门模式与集权模式。采用何种模式主要取决于各国传统的行政机构形式、20 世纪 80—90 年代私有化浪潮之前国营部门在国民经济中的地位以及近年来国有资产监督和管理的改革，各国皆有所不同。

少数国家仍是分权模式。最传统的分权模式又称行业部门模式，是指国有企业由相关行业的政府分支机构或行业部门负责。20 世纪 70 年代左右开始进行的第一次改革浪潮前，这种模式在大部分 OECD 成员国，包括捷克共和国、波兰以及匈牙利等原社会主义国家中，十分流行，而斯洛伐克共和国、芬兰、德国等 OECD 成员国至今仍在一定程度上采用该模式。

多个国家是双部门模式。双部门模式指两个政府部门分担着国有企业的所有权责任，行业部门和一个普通部门(多为财政部)都履行所有权权利，两部门之间的职责划分则因国别而异。这种模式曾经普遍存在于 OECD 国家中，目前仍为瑞士、希腊、意大利、澳大利亚、韩国、墨西哥和土耳其等国所运用。

越来越多的国家采用集权模式。集权模式是一种更新型的模式，其最大特征是所有权职能具有很强的集中性，由一个专业性机构对大部分国有企业行使股东权责。大多数情况下，这个部门是财政部(丹麦、荷兰和西班牙)或者工业部(挪威和瑞典)，其中工业部曾在过去的部门模式的组织形式中对最重要的国有企业行使职责。比利时为这种职责设立了一个专门的机构——国有企业与参与部。有些国家则设立了相对自治的专门机构，这些机构通常会再向财政部报告(如法国)。

表 3-6　OECD 成员国中履行国家所有权职能的组织类型

所有权职能组织形式	OECD 成员国	采用中间模式的国家	控股公司	咨询单位
分权模式（行业部门模式）	芬兰 英国（直到 2003 年）	德国	国家财产基金（NPF） 国家财产基金（NPF）	
双部门模式	法国（至今） 韩国（三重模式） 新西兰 瑞士 英国（特定业务）	斯洛伐克共和国 捷克共和国		SICOT 国库部咨询系统 CCMAU 皇冠监控咨询机构
集权模式	比利时 法国（2004） 荷兰 挪威（2001/02） 瑞典（2002） 英国（特定业务）	澳大利亚 奥地利	工业股份公司（ÖIAG）	GBPFAU 政府商业和私人财务咨询机构

资料来源：经济合作与发展组织. 国有企业公司治理：对 OECD 成员国的调查. 李兆熙，谢晖，译. 2011.

（一）三种模式在各国的具体运用

1. 分权模式

在 20 世纪 80 和 90 年代的私有化浪潮之前，各国的行业部门都有着庞大的国营部门，这是作为第二次世界大战后果的战后国有化运动（如芬兰）建立起来的，或者是在用以替代自发产业政策的框架内的国家重建。这些庞大的国营部门往往结合了一定程度的“主动性”或“半”计划性。

在某些情况下，除了政府行业部门扮演主要角色外，还会有一个特别的部门扮演协调角色。协调部门组织各行业部门之间的相互合作，并负责制定整个所有权政策以及具体的指导方针。

在芬兰，隶属于贸易和工业部的一个特别机构扮演了协调的角色，并制定了“国家所有权政策的政府决策原则”。

在英国，股东执委会对持股的政府行业部门提出有关政府业务组合中的其他商务的建议，同时自己也是 8 个商业机构的股东。

在德国，财政部制定所有权和私有化政策的指引，并授权变更股权。因此，德国模式比较接近双重部门模式。

2. 双部门模式

双部门模式与分权模式的不同之处在于，除了各行业部门负责各自的国有企业外，同时有一个“比其他机构更加公平”的政府部门来保证各行业部门之间的协调并制定总体政策，如德国和芬兰。在双重模式中，责任的分担对于所有权职责是非常重要的。有时两个部门可能同时拥有双重职责，如两个部门都有权利任命代表参加董事会。在一些国家，如新西兰，双重的责任直接体现在所有权的划分上，行业部门和普通部门在国有企业中各占国有股份的一半。

普通或中央部门的部长往往直接负责一些具体的所有权职能，如任命董事会成员或者撰写总结报告(即有关整个国营部门的报告)。然而，这些具体的职能可能需要通过与各行业部门协调或磋商之后才能实施。在这种情况下，普通部门就有了协调或集中权力的角色。

在大部分国家中，双重模式组织形式的产生源于财政部比以前更有权力且更重要，同时政府行业部门依然传统地从产业政策看待自己作用的角度掌管着国有企业。然而，在一些国家，如澳大利亚和新西兰，这种双重模式组织形式的权责需要仔细地考虑和分类。

鉴于国有企业对整个国民经济和财政目标的重要性，普通的政府部门通常是财政部(或者是经济和财政部)，如澳大利亚的财政和行政部、意大利的经济和财政部以及法国的财政部。普通机构的部长直接负责一些具体的职能，如任命董事会成员或者撰写总结报告(即有关整个的报告)。然而，这些具体的职能需要通过与各行业部门协调磋商之后才能实施。也就是说，普通的政府部门扮演了诸如集权模式中的协调角色。具体的职权分类与行使方式有：

墨西哥国有企业行使股权的行业部门和财政部、公共信贷部行业部门和普通政府部门向国有控股公司的董事会委派代表所委派的国家代表的人数至少要占整个董事会成员数的50%，并且董事长必须来自行业部门或政府部门。除了董事会的人事权之外，行权部门还负责大额交易和战略计划的审批。

捷克共和国和斯洛伐克共和国所采用的双重部门模式与其他国家有所不同，主要的股东实体是控股公司——国家财产基金(NPFs)。行业部门仍然可以通过控股公司向股东大会和董事会派出的代表，扮演对国有企业治理的角色。

澳大利亚对行使国家所有权的部门职责进行了详细的分类和说明。1997年出台的《联邦政府企业治理安排》确定了共同行使权力的相关原则。财政和行政部一般“主要负责国有企业的财政事务，而行业部门主要关注运营问题”[①]。

---

① 澳大利亚政府财政和行政部提交文件：S29。

在新西兰，职责划分基本原理是财政部为一方，行业部门和咨询机构（皇冠公司监控咨询机构 CCMAU）为另一方。财政部聚焦于经济效率和国有企业业绩对财政的影响。因此，它们主导国有企业的财务报告、经济和撤资等问题，并单独承担审批资产销售的责任；行业部门（通过咨询单位——新西兰皇冠公司监控咨询机构）采纳一种以商业为导向的观点，基本上强调确保国有企业是成功的公司。因此，行业部门通过皇冠公司监控咨询机构主导监控国有企业业绩，并单独承担董事会构成的责任。

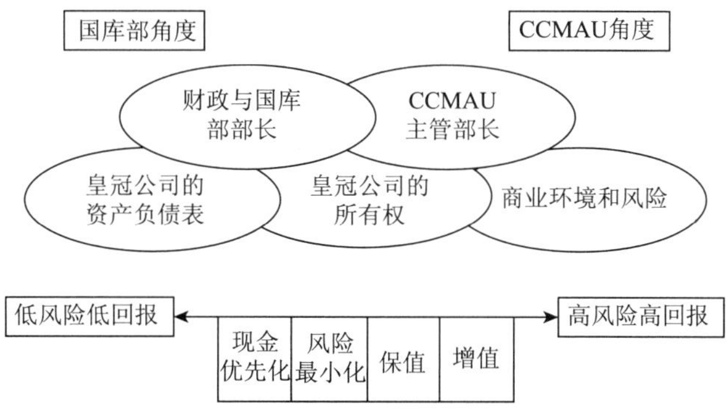

图 3-2 新西兰的双部门模式

韩国所采取的组织形式是比双重部门模式更复杂的“三重”部门模式，有三个部门对国有企业行使所有权。特别是对政属公司（GOCs，政府所有的企业或公司，性质上通常更具战略性且国家持股占 50%以上的国有企业）中更为明显。在股东大会上，行业部门、财政部以及经济部代表国家。行业部门董事长，并任命“专职”（执行）的董事会成员。同时，预算与计划部任命政属公司的外部董事，监控公司业绩并与财政和经济部协商一位审计。因此，共有三个部门协同运作行使股东权利；还要加上审计国有企业的审计和监察委员会。

一些国家正通过削弱行业部门的作用来集中所有权职能。比如在澳大利亚，双重模式直到 1997 年才得到正式的承认，而 1999 年发布的公共账户和审计联合委员会基于《政府商业企业治理安排的评论》（《汉弗莱评论》）制定的第 372 号报告——《联邦政府商业企业公司治理和问责安排》，建议进一步削弱行业部门的所有权职能，并建议由财政与行政部作为国有企业中国家股权利益的唯一代表。在近期组建的三家国有企业中，唯一的股东部长责任都由财政与行政部部长承担，并建议由财政与行政部作为国有企业中国家股权利益的唯一代表。

3. 集权模式

在原经济转轨国家，政府的各个行业部门不仅要负责其本身的所有权职能，同时也要对下属的国有企业进行实质上的管理和监督，因此，选择集权化对于这一部分国家来说意味着脱离原有的管理模式，无疑是一场重大的改革。

集权模式在不久前才兴起。例如在荷兰，所有权职能在 20 世纪 90 年代末期才被转移到财政部。在丹麦、挪威和瑞典，改革是在 2001 年和 2002 年实施的，而英国的改革则在 2003 年才开始。

以波兰为例，国库部监督着大多数的国有企业，该部下面分设了负责私有化和公司治理的不同部门，总共约有 220 个员工，国内只有很少一部分国有企业是由其他部门来监督的，这些部门包括经济部和基础设施部以及各省省长(地方政府)。

丹麦 11 个国有企业的所有权职能从各部门转移到财政部内部的一专门机构。

挪威对国有企业的所有权职能已经转移归并到贸易和工业部的一专门机构。

瑞典国家所有权的管理被集中到工业、就业和交通部内一个专门部门，这个所有权部门由工业、就业和交通部的几个相关的部门以及财政部的有关部门合并成立，需要对 57 个国有企业中的 36 个负责。

比利时设立了一个专门机构，即国有企业参与部，来履行所有权职能。

在英国，随着以集中并统一政府的所有权职能为目标的“股东执委会”的成立，政府从 2003 年 9 月开始陆续实行股东功能集中化，国有企业的管理模式正向集权模式发展。股东执委会将 24 个最大的国有企业纳入中央政府管辖，同时直接负责(而不是提供咨询)8 个公司。这些企业和公司中有来自贸易和工业部的，还有皇家造币厂、英国合伙企业、国家空中交通服务(NATS)和英联投资公司等。其他国有企业仍由 9 个不同的政府部门(文化部、媒体和体育部，国际发展部，运输部，环境、食品和农村事务部，内务部，国防部，副首相办公室，就业、退休保障部和北爱尔兰办公室)管理。

法国在 2004 年年初成立了集中代表国家所有权的机构——国家参股局(APE)，设立于财政部之下，负责管理国家所有投资，管理法国所有的 57 家国有企业。由于一些引人注意的大型国有企业运营状况不佳，困难重重，财政部授权出台了《国家所有权特别报告》(又名“巴比埃·德拉塞尔报告”)，之后于 2003 年 3 月做出了设立国家参股局的决定。国家参股局的职责包括：使其管理的国有企业符合市场标准；作为一个专业的投资者，为国家股份创造长期价值，即最大化国有资产组合的价值。在 2011 年修订法案时，又增加了两个新目标：一是使政府的所有权政策与国家的经济、产业与社会发展相协调；二是有一个清晰的、长期的产业政策，并对人力资本政策给予特别关注。

专栏3-10 法国的改革:《巴比埃·德拉塞尔报告》的主要研究成果

第一部分:国家与国有企业

A. 明确划分规制与所有权职能:

• 通过在国家行政体系中分解实体/部门来明确划分职能;

• 对于所有权职能以外的其他国家职能而言,国有企业与私有企业之间并无任何差别;

• 推广公共服务的特许/合同;

• 确保公共运营者的竞争力以及对"特许"合同的遵守;

• 在国有企业内部,将非竞争性业务与竞争性业务区分开来,从而避免交叉补贴,并创造一个公平竞争的环境;

• 支持对少数私人股东开放资本的原则。

B. 更好地确定所有权职能:

• 一个致力于改善战略思维、透明度及增强董事会作用的实体;

• 这个实体的责任:国家向议会和公众报告其股权情况。

C. 保护少数投资者:

• 国家不能滥用其控制权地位,将不符合长期利益的战略或特许条件强加给国有企业。

第二部分:国家作为股份的所有者

A. 设立国家参股局(APE)这个专门实体:

• 将履行全部所有权职能;

• 受财政部监督;

• 决定在国有企业董事会中代表的人选;

• 通过一个导向委员会来确保所有权职能与其他国家职能之间的协调;

• 由国家将商业或者战略决策所需要的信息/咨询/协议进行编纂整理;

• 尽可能减少国家对企业日常管理的干预;

• 国有企业向这个机构进行适当的报告。

第三部分:国有企业的公司治理

A. 迅速将在竞争性领域运营的国有企业转化为公众公司;

B. 承认董事会扮演中心的作用:

• 统一其地位(所有的董事会成员具有相同的权利和责任)，重新确定董事会的集体责任；

• 降低其规模(最多有12个成员)；

• 董事会里国家代表不能超过总人数的一半；

• 至少有2名"外部"董事；

• 如果国家在公司占有大部分股份，则董事会中至少要有2位职工代表；

• 有明确的董事会工作程序；

• 由全体股东大会决定董事会的薪酬。

C. 建立专门委员会：

• 尽快建立审计和任命/薪酬委员会；

• 审计委员会中至少有2名外部董事；

• 确保董事的遴选和发展的政策。

D. 明确首席执行官的选人标准和薪酬：

• 任命时须征求国家参股局的意见；

• 任期与业绩挂钩；

• 参考私营部门实践的惯例，将薪酬与责任水平挂钩。

E. 保护少数股股东的权利：

• 向年度股东大会提交公共服务特许合同及有关财务信息；

• 由审计人员制定有关其执行情况的特别报告。

资料来源：《巴比埃·德拉塞尔报告》之"公共公司的国有股东与政府"，2003年2月24日。

这份报告之后有一份于2003年7月出版的《国有资产管理的议会调查》(又名"杜斯特· 布拉齐报告")。这两份报告均提倡集中和增强所有权职能。《杜斯特·布拉齐报告》提出了一系列建议，即在国家行政的范围内优化并通过集权和更高的自治度增强所有权职能，同时给国有企业董事会授予更大的权力。

新的法国国家参股局虽仍然对财政部负责，但是比财政部中一般部门或机构享有更高的自治权和透明度，这尤其体现在人力资源政策等方面。(见专栏3-11)

专栏 3-11 强化新设立的法国国家参股局的专家组的功能

为了增强实力,新设立的国家参股局聘请了约 20 个专家,他们大部分来自私营部门,在行业或者服务方面,尤其是管理咨询和银行业方面,有着丰富的经验。一些具有国际背景的专家也被聘入专家组。新国家参股局配备了不同年龄、背景和教育程度(商业院校、大学、工程院校、国家行政学院)的人才,其中,女性员工与男性员工一样多。

• 在以前行业部门组织形式下的股权部门中,一个副总监和一个高级经理都来自私营的投资基金。

• 财务方面的专家分别来自法国国库署、大型跨国银行的伦敦分行和投资银行。

• 三个法律专家也加入了国家参股局,其中一个来自公共工商业机构(EPIC),一个来自美洲银行的法国分行,一个来自财政经济部的法律部门。

• 审计和会计专家也将加入国家参股局。

• 秘书长还从公共工商业机构(EPIC)吸收了一名人力资源总监,从国库局吸收了几名公务员,同时也为信息系统和文档编制配备了外部专家。

资料来源:法国经济、财政与工业部,年度报告《国有股东》第 10 页,2003 年。

芬兰在 20 世纪 90 年代对国有企业所有权的程序进行了两次修改,其中最近的一次是 1999 年出台的"有关国家所有权的政府决议原则"。但是芬兰政府估计到,在国内外国有企业的环境和治理都有了重大发展的情况下,政府需要审时度势对决议原则进行修订。因此,负责协调其他政府部门所有权政策事宜的贸易和工业部设立了一个集中国家所有权职能筹备工作小组,同时授权外部专家马蒂·沃里亚写了一份有关国家所有权政策的报告,提出了修改和明确与国家所有权政策有关决策的建议。目前这份报告当中,评估的目标是协调与国家所有权政策相关的程序,从而使其更具可预见性和透明度(专栏 3-12)。《沃里亚报告》的一个重要建议是集中所有权职能,从而使之"开放、可预见并具有延续性"。报告认为,集中化将极大提高所有权政策的效率和一致性,"效果将十分明显,应当尽快得到实施"[①]。这份报告同时建议,所有权职能应当与负责不同行业规制或产业政策的部门保持"足够远的距离"。2007 年,芬兰创建了国家所有权监管局,其目的是将国家股权集中管理,使得管理体制逐渐趋于集中化。2008 年芬兰

① 马蒂·沃里亚. 国家所有权政策评估报告. 芬兰贸易和工业部研究报告,2004:23.

在该局下设一控股公司"SOLIDIUM OY"，将9家上市公司当中的国有股权全部划归这家控股公司。国家所有权监管局所管理的国企绝大部分为市场化运作的(即商业化、追求利润的)国企，目前有39家；另有24家同时负有特定任务(如战略任务、排他权等)的国企中，除3家归国家所有权监管局管理外，其他由与特定任务相关的部门管理。

专栏3-12　芬兰的改革：《沃里亚报告》的主要研究成果

建立一个高水平的专家工作组，从而对股权政策进行深入讨论，并组织商业部门与公共行政部门之间的交流。

修订股权政策立法，既要考虑到公司和证券市场法律的制定，又要考虑到议会和政府之间合适的决策权力的组织要求。

废除所有国家控股上市公司中的监督董事会(从而采用单层董事会体系)。阐明公务员作为董事会成员的责任原则和限制，从而确保有关公务员定位的法律与《公司法》相互协调。

使国有公司和政联公司遵守证券交易所建议的和私营企业实践的公司治理。

集中掌控国家所有权并确保其享有资源。

进一步发展管理层和员工关于薪酬体系的指引。

资料来源：马蒂·沃里亚，《国家所有权政策的评估报告》，芬兰贸易和工业部《研究报告》，2004年3月。

2009年，新西兰将其他行使所有权职能的部门归入国库部，形成统一的所有权机构。

在澳大利亚，财政和行政部"一般主要负责国有企业的财政事务，其他部长主要关注运营问题"。

韩国以前由行业部门、财政与经济部、预算与计划部履行股东职责，审计部门负责国有企业审计。2007年成立一个所有权委员会取代行业部门和预算与计划部，减少了国有企业的管理部门。

(二)对国有企业行使所有权职能的其他特设机构

1.控股公司

在对国有企业行使所有权职能时，国际上大多数国家采取的是"两层次"模式，即所有权行使机构直接监督管理国有企业，如法国、瑞典、挪威、芬兰、澳大利亚、新西兰、韩国;但也有若干国家采取"三层次"模式,即大部分或者一系列特定的国有企业的所有权已经转移到一个或者多个由国家所有并由某一政府部门负责的控股公司里,由控股公司对国有企业直接行使所有权,并承担投资、出售和重组国有企业的功能。

这类控股模式主要产生于20世纪70年代的改革,其目的是减少政治对国有企业管理的干预,使国有企业管理比常规公共管理更具灵活性,并最终加强预算约束。意大利设立了IRI(工业重组机构)控股公司,以支持南部地区的发展,并挽救那些垂危的公司。

这种类型的组织形式并不常见,且具有局限性。它不仅导致了大额债务,也未能证明其在公司重组或者财务管理方面可以提高效率,在意大利的例子中,它甚至并没有促进地区发展。意大利工业重组机构(IRI)的固定债务于1992年激增到了583亿美元,而在奥地利,工业股份公司(ÖIAG)的债务于1995年增长到了370亿欧元。为了降低债务,这些控股公司都被命令减少持股比例。从1992年到2000年,在意大利工业重组机构被清算并将剩余的国家股份转移到国库部以前,它售出了160项主要资产。2001年年底,奥地利工业股份公司被要求从控股股东变为拥有否决权的少数股股东,并通过出售这些股份将其债务减少到40亿欧元。

除了前经济转轨国家以外,只有奥地利还保留着工业股份公司这个控制着大量国有企业并负责私有化的控股组织(专栏3-13)。奥地利工业股份公司拥有一批具有战略重要性和规模最大的国有企业。在这种意义上说来,奥地利模式比较接近于集权模式。但是由于仍有76个联邦控制的企业由8个联邦政府部门负责,因此,奥地利国有企业的管理是一种混合模式,一方面具有控股公司的集权特征,另一方面也具有分权化特征。

专栏3-13　奥地利的工业股份公司(ÖIAG)

起源:

奥地利整体经济规模不大,国有经济的产生和发展始于1946年通过的国有化法案,根据该法案,奥地利政府对本土的前纳粹所有或控制的企业进行了国有化。被国有化的产业包括主要的银行和重工业公司,它们在以后许多年推动经济重建的进程中扮演了非常重要的角色。在最初阶段,被国有化的产业是由政府通过资产保护和经济计划部来直接管理的,后来又改由运输部和联邦总理府管理。那些被国有化的产业常常用来实现政治目标,比如,它是确保就业的一种手段,其工作人员一般是根据政治因素而非商业资格来选定的。维持主要政党代表利益的平衡也成为企业的准则。

改革：

由于政府对国有经济实行直接管理，政府的政治目标对企业的干预较强，加上70—80年代钢铁工业不景气，奥地利整体经济出现危机，国有企业危机不断。于是，一项长期的改革得以启动，以应对各种危机：第一个危机发生在1967年，这次危机促使国家成立了奥地利工业机构(ÖIG)并将大多数国有企业的管理权划给该公司；1970年ÖIG转型为股份公司，即奥地利工业管理股份公司(简称ÖIAG)，并多次对整个集团进行重组；80年代初开始，ÖIAG所属企业又出现不断增长的亏损；1986年取消以前的跨行业经营的大型联合集团后，国家用私有化的收益成立了新的行业控股公司，并把它们当作私人公司在股票市场上进行出售，改名为"奥地利工业控股公司"(亦简称为ÖIAG)。不幸的是，几年的实践证明这种方式也是不成功的。20世纪90年代初期，几家最重要的国有化公司又开始亏损，结果国家不得不用预算补贴来维持其生存。于是，新的重组开始了：控股公司被解体，工业股份公司直接控制的大量资产也被出售。

目前的职能：

工业股份公司成为一个负责私有化的机构。根据2000年的《奥地利工业控股公司法》(简称ÖIAG法)，公司目前的主要任务有两方面：一是国有股份出售管理，即上市发行股票或向战略投资者出售(私有化管理)；对全资、控股、参股公司行使股权管理，增加投资，购买股份，以保持对参股公司的影响(投资管理)。

策略：

工业股份公司具有双重策略：一方面，它要刺激它所负责的投资价值的增长，另一方面，为了实现那些面临私有化的公司部分或者完全地私有化，它要不断审核股份退出计划。有两个策略需要同时进行。除了保证收益最大化以外，工业股份公司还要负责确保私有化过程中的就业以及改善奥地利经济和资本市场。

地位和规模：

工业股份公司是奥地利共和国的国有独资公司，并在政治上向联邦财政部负责；它全资拥有三家非上市公司(邮政、邮政巴士和矿业 Bergbauholding)，并在奥地利航空、Bohler uddehlom(钢铁行业的领先者)、奥地利国营石油公司OMV AG(石油和天然气行业的领先者)、奥地利电信、奥钢联(Voestalpine钢铁公司)、VA-Tech(全球技术和服务集团)占有少量股份。这些公司的规模非常庞大，雇用了超过10万名职工(占了总就业人数很大比例)，营业额从6580万欧元到70亿欧元不等。

资料来源：张政军：奥地利ÖIAG：法律及其运作，以及工业股份公司网页：www.oeiag.at.

控股组织在前经济转型国家仍然非常普遍，因为它还是进行私有化的载体：

匈牙利于 1995 年成立了匈牙利私有化和国家控股公司(áPV Rt.)。根据法律，该公司的任务是销售并以负责任的和市场化的态度管理国有资产，同时报告和控制早期的私有化交易。匈牙利私有化和国家控股公司是匈牙利国家独资的有限股份一人公司，其股东大会的权利，除政府保留和法律限定的之外，一般是由财政部以股东的身份来行使的。

捷克共和国于 1991 年特设一个自治机构——国家财产基金(NPF)——对“非战略性的”和部分国有企业实行私有化并行使所有权职能(专栏 3－14)。然而，全体股东大会上也有行业部门的代表。尽管国家财产基金在行使权利时有很高的自治度，但它仍须与其他行业部门合作行使权力。在捷克共和国，仍由各行业部门对战略性国有企业和国有独资企业行使所有权职能。因此，从所管理资产规模的角度比较国家财产基金(账面净值总共 220 亿捷克克朗)和直接管理国有企业的行业部门(账面净值为 4320 亿捷克克朗)，捷克模式更应该是分权化而非集权化的。

专栏 3－14　捷克国家财产基金(NPF)

起源：

国家财产基金是捷克共和国于 1991 年根据国家财产转让的组织权力法案和国家议会发布的有关国家财产基金的法案而设立的。设立国家财产基金的目的是使单个私有化决定的执行有技术保障，并暂时对即将逐步私有化的国家所有权利益进行管理。

功能：

基金的任务是执行由财政部决定的私有化项目，但是国家财产基金会从来没有决定国家财产私有化方式的权力。因此，当私有化是直接通过将财产出售给预定实体的方式进行时，国家财产基金仅负责准备和总结出售协议，并确保出售是按照公共法律程序进行的。如果私有化是通过组建股份公司并最终出售股份的形式进行的，则国家财产基金负责成立股份公司，在一段时间内出任为主要股东，最终出售或者转让这些股份。私有化过程完成的特定规则是由国家资产基金对公司持有“黄金股”，通过这种方式，国家可以在公司专注于自己的业务时行使否决权。

治理机构：

捷克共和国议会直接控制国家财产基金，并负责其主席委员会和监督理事会这两个最高组织的选举工作。主席委员会由9名成员构成，委员会主席由财政部部长担任，其职责是负责起草国家财产基金条例、任命执行委员会成员、批准执行委员会成员的薪酬、编制预算提案，以及在向议会提交财务报告前与政府就报告进行讨论。监督理事会负责监督国家财产基金的活动和商业运营。最后，执行委员会负责管理职能，其成员由主席委员会推选。

规模：

国家财产基金有135名工作人员，目前负责对在捷克经济中扮演重要角色的战略性公司（能源领域、航空运输和电信行业的公司）以及仅占其持有资产10.5%的非战略性公司行使所有权。

资料来源：国家财产基金的网站：www.fnm.cz.

在斯洛伐克共和国，情况与捷克相似。国家财产基金是股份的法定拥有者，但是由于自然垄断，大部分企业的所有权仍然由各行业部门行使。

因此，这种控股结构模式作为特例仍将继续存在，但不包括前经济转轨国家。在前经济转轨国家中，控股组织不会是一种永存的结构，它应该伴随着私有化和产业结构重组的完成而消失。捷克已于2003年6月决定清算国家财产基金，而斯洛伐克也将于2007年对国家财产基金进行清算。在其他国家，比如奥地利，控股公司根据最新的政策将专注于私有化，因此，控股公司已经被纳入各国国库部的严密监督之下。[①]

2. 特设专业咨询机构

一些国家设立了一般规模较小但拥有高素质专家的专业咨询公司，为政府内部的所有权实体提供咨询。这些咨询公司拥有专业知识，能为所有权实体提供管理、后备意见和专业建议等方面的协助，聚焦于绩效监控、董事会考核和任命程序等。它们在雇佣人员和制定薪酬政策等方面有更大的灵活性，对政府政策也有更大的独立性。因此，他们很难轻易被政府行业部门控制。他们更密切地关注股东价值，很少被怀疑追求其他目标，包括政治目标，因此相关公司的董事会认为，监控他们的是一帮治理专家。

专栏3-15　意大利的咨询机构——SICOT

SICOT（国库部咨询系统）是于2001年3月成立的有限责任公司。该公司的章程规定其主要使命是为国库部提供与以下问题相关的咨询服务：国家股份的管理；

① OECD. 国有企业私有化：OECD成员国政策和实践概述. 2003：56.

私有化过程。

经济和财政部是 SICOT 的唯一股东，也是唯一有权力任命公司高层（包括法定审计委员会）的部门。SICOT 目前有 18 名工作人员。

SICOT 的业务类型可以通过其 2003 年完成的主要项目看出：

1. 为意大利烟草公司和 Mediocredito Friuli Venezia Giulia 的私有化提供支持；

2. 运营和开发国有企业信息库，并筹备有关治理方面的新数据库；

3. 监控国有企业目前的活动、内部组织和未来的重组计划；

4. 参与一些国家实体向股份公司转型的工作；

5. 进行各项研究，主要是有关治理的问题。

资料来源：SICOT，年度报告依据法律第 4 条，2003。

这类咨询公司应运而生，比如意大利成立了国有独资有限责任咨询公司 SICOT，其任务是给负责行使所有权职能的经济和财政部的财政和私有化司提供支持。财政和私有化司有 25 名工作人员，SICOT 有 14 个专家，因此所有权机构可用的专家资源几乎是自己员工数量的两倍。

在澳大利亚，根据《汉弗莱报告》的建议，联邦股东咨询机构（CSAU）更名为“政府商业和私人财务咨询机构”（GBPFAU）。GBPFAU 有 14 名工作人员，都掌握金融和分析技能，并具备在银行业、金融业、小型企业、信息技术和公共部门工作的经验。通过分析政府商业企业（GBEs）的运营和环境，与其进行探讨，并咨询其利益相关方，该机构对政府商业企业就其商业业绩提出有关监督、管理和战略方面的建议（专栏 3－16）。GBPFAU 还要执行财政部部长有关信息交流方面的决议，以及确保政府商业企业公司治理框架的质量和活力。

专栏 3－16　澳大利亚政府商业和私人财务咨询机构（GBPFAU）

政府商业和私人财务咨询机构（GBPFAU）为财政和行政部提供联邦在 10 个联邦政府商业企业和 13 个非政府公共贸易和金融企业中投资商业效益的战略建议。联邦投资的企业在电信、卫生、运输基建等领域都扮演着重要的角色。这些企业成功的商业表现推动了澳大利亚经济的增长，并为联邦政府带来了巨大的回报。

为了提高股东的价值，GBPFAU 肩负着联邦企业和行业的战略性分析。GBPFAU 为财政和行政部部长及时提供有关公司计划、运营业绩和重大投资提案的重点商业分析。此外,GBPFAU 也会思考这些企业从股息政策到资本结构的各个方面的基本构架。

和任何股东一样,联邦要了解并管理其投资过程中的风险。GBPFAU 会预先对这类风险及其管理方法提出建议。通过审核联邦政府商业企业治理和问责安排,GBPFAU 要继续确保这些以正式的政府商业企业形式存在的企业在充满活力的公司治理框架内运营。

资料来源:澳大利亚政府,《财政年度报告 2001》第三章。

在新西兰,也有一个专业的咨询机构——皇冠公司监控咨询机构(简称 CCMAU),它是中央监控国有企业(或者皇冠公司)的工具。CCMAU 与国库部一起,对国有企业事务扮演着咨询、监控和报告的角色。正如前面所述,新西兰所有权职能的主要责任分散在行业政府部门和财政部,CCMAU 和国库部需要为这两个部门提供咨询服务。一般认为,CCMAU 和国库部这两个实体扮演着相同的角色,但是其侧重点是不同的甚至是互补的。(见专栏 3 - 17)

CCMAU 的主要职责是为大多数国有企业提供日常监控建议,尽管所有事务的最终决定权还在政府部门(主管部门或行业部门以及财政部)。CCMAU 对董事会构成和业绩负全责,而国库部负责监管方面的事务以及资产销售。

专栏 3 - 17　新西兰皇冠公司监控咨询机构(CCMAU)

皇冠公司监控咨询机构(CCMAU)顾问的角色是为股权部门部长提供咨询,协助他们与公司董事会和管理层保持联络,监控所有权利益的执行过程和报告、监控管理问题,以及在技术问题上提供专家建议。

CCMAU 的建议集中于国有企业的商业机会和风险、存在的商业运作、经营环境、企业实现业绩目标的情况、股东利益的保护和提高等。

CCMAU 负责向股东部门的部长报告所有权计划和策略、商业计划和公司目标声明(SCIs)、资本结构、股息情况、多样化经营和扩张,以及公司撤资和其他问题。CCMAU 还在与其他部门协商的基础上,就皇冠公司的总体政策建议提供帮助。

资料来源:新西兰政府,《所有者期望指南》,2002 年 3 月。

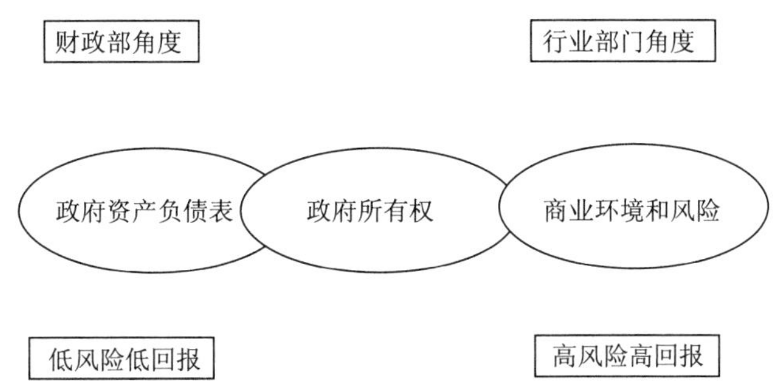

图 3-3　新西兰 CCMAU 为政府部门提供国有企业日常监控建议

(三)行使所有权职能模式的优劣及发展趋势分析

分权式组织形式的主要优点和原理在于,行业部门的专业知识和执行更积极产业政策的能力在这种模式下将得到较好的发挥。然而在从具体的产业政策更多地向以框架导向和市场自由化政策转变时,这种组织形式的优点就消失了。国有资产的管理正在向聚焦于增加值的所有权观念转变,国有企业也不再被认为是像过去一样的产业政策工具了。

此外,这种组织形式的主要缺点或风险是很难使所有权职能与其他国家职能,尤其是规制角色和产业政策职能,相分离。实现这种清晰的分离也成了推进国有企业管理向集权模式转变的主要驱动力,同时也推动了将规制职责交给其他专门机构的趋势。

分权模式的另一个主要弊端是很难辨认谁在运营国有企业。在政府行业部门负责的情况下,一般公共观点倾向于由政府行业部门而非董事会来运营国有企业。公众可能会认为,这些部门或政府或多或少有权力干涉国有企业的日常经营。

因此,在过去的三十年里,所有权职能组织形式在逐渐发生重大演变和改革,还有许多国家仍在进行改革。改革的趋势是从分权模式更多地向集权模式转变。(图 3-4)在许多实例中,有些国家通过增强协调部门,建立双重所有权模式;另一些国家更加激进地转向集中化决策,它们选择了一个政府部门或者实体来直接集中所有权职能。

集权模式有利于所有权政策的统一性和延续性;有利于形成统一的财务报表,便于管理;有利于在财务报告或董事会任命等相关方面集中能力和组织专家“蓄水池”;能够将稀缺人才集中起来,支付给他们的酬劳有别于公共服务;同时,由于集权模式中负责行使所有权职能的部门往往也是负责私有化的部门,这种模式也就集中了私有化职能。

当国家决定采用集中行使所有权模式时，产生的主要问题是该集权单位应当如何组织，包括其定位、自治程度及如何从各行业部门中获取特定的专业知识和能力等。所有权职能自治非常关键，因为正式的自治将有利于所有权职能与部门其他职能相分离，这对于因行政因素而设于某行业部门内的所有权职能来说尤为重要。同时，所有权职能自治将显著提高从私营部门吸引专家并支付报酬的能力。

此外，行业部门非常不愿意失去对“国家领军企业”的控制，这也是推行集权模式的主要障碍之一。

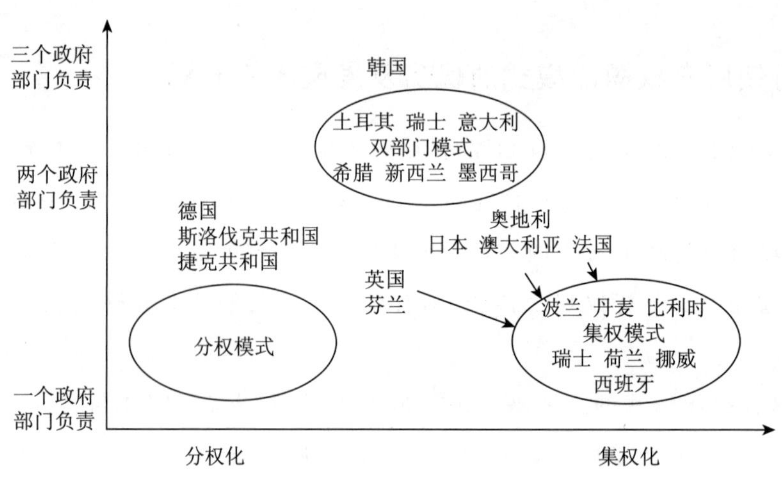

图 3-4 所有权职能的组织形式及其发展趋势

二、对国有企业的监督机构

国有企业是世界各国经济结构中不可或缺的、重要的组成部分，在弥补市场经济的缺陷、熨平经济周期性波动的影响、提高政府宏观调控经济的能力、提供就业机会、推动技术进步等诸多方面具有其他经济成分不可替代的作用。但是国有企业的效益低下也是世界各国普遍存在的现象，“效益低下”几乎成了国有企业的代名词。此外，国有企业还要考虑到社会效益的问题。因此，如何有效地监管国有企业，使国有企业的经济效益和社会效益达到最优组合，是世界各国长期关注的焦点。

一般政府作为国有企业的代表行使所有者职权，同时也兼有一定的管理职权。但由于各国具体情况不同，政府对国有企业的监督机构设置既有相同的地方，也存在一定差异。国有企业的监督机构主要有四类：国会(议会)、多部门、审计机构或公众。

(一)对国有企业的4类监督管理机构

1.国会(议会)监督

美国国有企业的监督工作主要由议会审计委员会负责。政府相关机构也行使部分监督职能。监督内容主要是国有企业的经营范围、市场准入、销售领域及价格等。监督对象主要为董事长、董事和首席执行官。此外,国有企业受到来自国会的财务控制,在获得国会预算拨款以前,必须提交包括盈利前景、固定资本和周转资金缺乏情况、资金偿还情况等内容的预算报告,国会则据此通过相应的拨款法拨给其所需款项。

英国议会和国有企业之间的监督与被监督关系是通过立法来确定的。国会是立法机构,它有权通过有关国有企业发展地位、经营原则、管理方法等方面的一切法律,任何国有企业的建立、改组或私有化,都必须由议会通过立法程序来决定,否则不具备法律效力,国有企业改变经营方向或改组、撤销,必须征得议会同意。议会还是全国国有资产最终所有者,这使它也有权以所有者的身份对所有国有企业的经营活动进行监督。议会经常就国有企业的经营方针、经营管理状况等听取汇报并进行辩论。在政府对国有企业的管理方面,首相、财政大臣和主管部大臣起着决定性作用。英国议会内设有许多与国有企业有关的专门委员会,其中最主要的是国有化工业委员会,这些专门委员会定期或不定期向议会提交国有企业营运的书面报告,对政府有关部门或国有企业提出质询,并认真监察它们所承诺事项的落实情况。

在法国,国有企业的设立、撤销、所有权处置由议会行使,其产权能否出售由议会立法确定或授权政府部门决定。对于国家股份在90%以上的国有企业,其董事长和总经理的任命由主管部长提名,经议会内阁会议讨论通过后以法令形式直接任命。

意大利的国有企业受到来自议会的监督,议会的主要职责有:立法、预算和计划控制、批准政府关于国有控股公司主要领导人的任命决定等。

在日本,对政府企业,国会是最重要的管理主体,国会对企业的预算、决算、资金筹措、利润处理等拥有表决权,对其进行监督指导,企业的预算、决算还需要经大藏省承认,此外,企业的预算、决算、事业执行情况还需要接受会计检察院和总务厅监察局的检查和审计。公共法人要受到与政府企业基本相同的来自立法部门与行政部门的管理,因为公共法人的所有权与经营权分离,所以公共法人的经营者拥有一定的经营自主权,其接受监督指导的范围要小一些。对股份公司而言,除了受政府主管部门的管理外,来自其他政府部门的管理在很大程度上已减轻,并且国会对它们的管理在原则上已经取消,国会仅仅保留对它们的调查权限。

2. 多部门监督

(1)技术主管部门监督。英国是一个传统的市场经济国家，企业享有极大的自主经营权和决策权，政府一般只通过法律手段并辅以必要的经济手段来规范市场秩序及企业行为。但对国有企业而言，政府的决策和管理仍然具有极大的影响力，有关部门甚至直接参与某些特大型企业的决策与管理。英国国有企业的所有权由议会行使，经营管理权则由内阁相关部门行使。公司董事会成员及董事长均由政府主管大臣任命，国有企业的经营方针和发展方向由政府主管部门的大臣决定。

在西方国家中，法国的国有经济比重较高。由于国有企业的地位和作用比较特殊，因此法国政府十分重视国有企业的管理。法国政府以国有资产的所有者身份行使管理职能是通过多个政府部门共同实施的，这些部门主要包括：财政经济和预算部、工业贸易部、运输部、邮电部、能源部、国防部等。每一个国有企业都有一个对口的上级主管部门，主管部门作为国家的代表，是国有企业的对话者，负责企业董事长的选定和任免，主持计划合同的谈判，并代表国家总订计划合同。主管部门只管大政方针和总体规划，并不干预企业的生产经营活动。

挪威政府在作为国有企业的所有者的同时也具有监督管理职能，由多部门负责代表国家行使监督国有权益的监管权。如石油能源部负责国家石油、天然气及有关水利、电力的规划和管理，负责挪大陆架油田的招标等相关工作，而该部也代表国家管理国家电网公司、国家石油公司 81%的股权；交通运输部负责国家运输工作，也负责管理国家全资企业，包括国家铁路公司、国家邮政公司等。

芬兰国有企业由多部门共同监督。国有企业总经理和董事会被赋予经营管理权，政府不得参与，但总经理和董事会将时刻接受监督和审计。行使监督和审计权的是监督理事会和审计委员会，代表国家行使大股东的权利，同时对企业重大决策予以认可和否决，并推举和提议、罢免企业的总经理或董事会成员等。

韩国设有包括工商部、交通部、能源部在内的专门的国有企业主管部门，还有对国有企业进行超部门控制的综合部门机构，主要是政府投资控制委员会、经济企划院等。投资控制委员会专司政府投资企业的管理，在制订投资方案、评估控制体系等决策方面进行管理，不参与企业日常的经营管理。经济企划院在一定程度上凌驾于其他政府部门之上，考察经济运行，制订经济政策和计划，并在价格、贸易、项目评估、执行等诸多方面发挥重大作用。(见专栏 3-18)

专栏 3-18 韩国:监管机制激发国有企业活力

经营评价机制是韩国政府对国有企业有效监管的核心。根据《公共机关运营法》的规定,韩国政府于每年12月将下一年的企业运作目标下达到企业,而企业则需要将上一年度的经营管理报告书在3月20日之前递交,报告书由专门组建的经营评价团评审,评审结果由企划财政部下属的公共机关运营委员会审议,最终评价结果将由企划财政部长官签署并于6月20日前下发给企业。

为了提高评审的公平性和专业性,韩国企划财政部长官每年会从大学教授和公认会计师中挑选出专家组成经营评价团。以今年为例,评价团成员共有159名,团长为首尔大学教授崔钟元,而评审对象则包括仁川空港公社、韩国电力等111个国有机构和在职6个月以上的100名机构负责人以及58名常任监事。评价团有权在评审过程中要求企业机构提供进一步的补充材料,也可以要求与任职人员对话了解情况。评审结果对于企业非常重要。经营绩效优异的企业,政府将给予表彰,而对于经营不善的企业负责人,政府可能给予撤职处分。此外,评审结果还会对全社会公开,届时媒体的报道也将极大影响企业管理层和员工的工作态度。

为鼓励国有企业向海外市场发展,海外业绩也成为经营评价机制的重要一项。在这种政策的引导下,自2008年以来,资源、基础设施建设和信息技术等多个领域的韩国国有企业在海外市场表现得非常活跃。特别是借助政府强化资源外交的东风,石油公社、燃气公社、矿物资源公社、煤炭公社等企业对外业绩提升显著。国有企业在海外的发展不仅改善了国有资产的收益、提高了企业的竞争力和创造就业岗位的能力,而且提升了韩国在国际社会的地位。

国有企业任职人员的收入也与经营评价的结果密切相关。政府会根据相应期间的纯利润等经营成绩和经营评价团等外部机构给出的评价,向企业负责人发放相应比例的奖金。如果其所负责的企业在经营评价中获得最高等级S级,则奖金最高能达到基本工资的200%。企业员工根据评价结果和工作业绩也会得到相应幅度的奖励。另外,韩国企划财政部在年底还会发布下一年度的《国有企业和准政府机关预算案》,其中规定了国有企业员工下一年工资的增长幅度,该幅度基本与当年CPI的增长幅度相当,以抵消物价上涨带来的工资缩水。

资料来源:陶杰,杨明,廖伟径.国有企业在各国经济中的重要角色[J].经济日报,2013-06-13.

(2)财政部监督。在法国,财政经济和预算部在对国有企业的监督上拥有较大的权力，在每个国有企业的董事会中，都有财政经济和预算部的代表，它是国有资产管理的核心部门。财政经济和预算部对国有企业实行事前和事后监督机制。事前监督是指由财政经济部向国有企业派出国家监督员，由主管部门派出政府专员，监督企业的日常经营管理活动，并参与企业的重大决策。事后监督是指由财政经济部派出代表(财务稽查员)，负责监督国有企业的财务经济状况。

英国政府的财政部通过预算确定对国有企业的资助额度，具体审批由各主管部门决定。国有企业必须按规定，及时向主管部门报告财政拨款的执行情况。对财政拨款的使用，财政部和主管部门都负有监督责任，且财政大臣有权对企业剩余物品以及董事会成员的薪金等提出建议。国有企业发行股票亦须征得财政大臣的同意。

德国法律规定，代表政府对国有企业进行管理的是财政部而不是各行政管理部门。财政部作为国有资产所有权的代表，在整个国有资产管理工作中处于核心地位。联邦财政部在管理国有企业方面设有三个司，其主要任务是：制定某些国有企业管理政策和经济发展目标；了解掌握国有企业的经营发展状况；推荐监事会主席并通过监事会确定董事会人选；批准国有企业的设立、解散、合并、增资、出售以及国家参股企业的股份买卖；选择审计机构及审计人员对国有企业进行审计；对国有企业财务状况进行监督检查；国有资产的处置和国有企业私有化改造等。财政部不仅在国有企业的资金供给以及是否批准建立国有企业的一些重大决策上大权在握，更重要的是通过监事会掌握企业的发展状况，并通过监事会和董事会成员的聘任，保证国有资产的安全和增值。

意大利对国有企业的监督分为外部监督和内部监督两种方式。对企业的外部监督，主要是通过证券委、法律仲裁委员会、证券公司、会计师事务所以及政府派出的“金股份”代表分别实施。其中，证券委隶属于经济财政部，其主要职责是：审批企业上市资格；审查上市公司要披露的企业信息报告；从多方面了解企业的各种信息，根据具体情况对企业进行相应的干预。

在新加坡，财政部监管政府控股公司，政府控股公司始终代表政府管理国有资产，依靠产权纽带管理国有企业，采取市场化方式运作国有资本，例如淡马锡控股公司。(见专栏 3－19)

专栏 3－19　新加坡财政部对淡马锡控股公司的监督

淡马锡控股是隶属于新加坡财政部的独资公司。由财政部的投资公司来负责监督淡马锡的运营和操作，检查淡马锡每年的经营业绩。财政部共派出 4 位政府公务员直接参加公司董事会，通过他们在董事会的活动，影响和监督公司的重大决策，以确保公司经济活动符合政府赋予它的使命；财政部还通过财务报告和项目审批制度，对公司重大决策进行监管，规定淡马锡公司必须定期将财务报表上报财政部，且上报之前必须经国际权威审计公司评审，以便财政部了解和掌握公司经营状况；另外，凡涉及公司及公司下辖子公司的重大投资决策和经营事项，如公开上市、改变经营范围或到海外投资等，均需上报财政部审批或备案；除此之外，财政部不定期派人到淡马锡公司或其子公司调查了解情况。

资料来源：子菡.新加坡国资委谈淡马锡[J].中国金融，2004－12－04；张静，陈美燕.新加坡"淡马锡"经营模式对国企改革的启示[J].特区经济，2006(9).

3.审计机构监督

在法国，一般情况下，国家审计法院每隔两年要对国有企业的经营状况和经济效益进行一次审计评估。国家审计法院有权对国有企业的账目进行事后稽核，有权查阅会计档案和有关信息资料，随时召见企业领导人和财务主管人员，而且可以对违反财务管理规定的行政机关公务员和企业职员执行罚款或审判。国家审计法院每两年提供一份有关国有企业的审计报告，分析其财务管理和经营状况。审计报告呈送财政经济部、国民议会和参议员负责国有企业监督的议员。

在意大利，审计法院依法对国有全资企业实施审计监督，其中对数十家重要的大型企业各派一名资历较深、业务娴熟的审计法官，常驻企业进行审计监督；对企业，包括上市的含有国有股份的企业，进行审计，并有权要求企业内部审计机构协助审计。

在德国，联邦政府对国有企业的监督主要由联邦审计法院负责，审计的依据是联邦预算法。根据该法规定，股权比例在25％以上的联邦和州政府股权投资，以及联邦和州政府拨款或兴建的项目，都要列入联邦和州政府审计法院的审计范围。审计结论不必取得被审计者同意，但被审计者可以提出不同建议。对审计发现的问题，审计法院无权处置，只有报告权和披露权。

美国审计机构对国有企业的监督主要由总审计长和审计署实施。总审计长不仅审批账户，而且对其支出和承付款项进行仔细审查以确定其是否越过了法定授权范围。审计署具有庞大的审计力量，监督国有企业财务收支及公众财产。审计署对国有企业的监督控制通常有三种机制：一是企业内部审核机制，要求企业按规定定期报送报表，说明财务经营状况，审计署对这些报表进行审查复核；二是各级行政当局，包括联邦政府有关部门和州市镇政府，也设有一定的机构对国有企业财务报表进行审核；三是任何公民认为国有企业存在舞弊行为，均可以给议员写信，议员将信批转给审计署，由审计署进行调查并做出结论。

韩国审计检查委员会对总统负责，对那些中央政府和地方政府拥有多数股份的国有企业进行审计和检查。审计和检查的内容包括企业资金的投向及投资收益、国家担保的债务、政府任命的企业管理人员的业绩等。

4. 公众监督

在公众监督方面较为典型的国家有新加坡。新加坡政府支持信息公开，鼓励媒体曝光国有企业中侵吞国家财产和贪赃枉法的行为，将大型国有企业经营活动置于公众监督之下。（见专栏 3－20）

专栏 3－20　新加坡公众对淡马锡控股公司的监督

淡马锡控股公司作为一家掌管着 420 亿美元国有资产的大公司，长期以来一直是媒体聚焦的对象。由于淡马锡属下很多公司的经营业务与普通百姓的日常生活息息相关，如民航、地铁、电信、港口、码头等，因此，这些国联企业的重大举措经常见诸报端或在电视上亮相，这就使淡马锡公司在涉及企业重大业务决策时难以暗箱操作。

为了防止因信息不对称而可能发生的内部操纵问题，新加坡政府规定，国有企业无论上市与否，其经营状况都应当公开，任何机构或个人，只需交纳 5 新元的费用，都可以在注册局调阅任何一家国有企业包括政府控股公司的有关资产管理的信息资料，以保证公众舆论对国有企业具有一定的监督作用。

资料来源：子菡. 新加坡国资委谈淡马锡[J]. 中国金融，2004－12－04.

瑞典也对国有企业实施公众监督。从 1999 年开始，瑞典政府开始公布国有企业年度报告。该报告面向公众、国有企业、媒体、工会和其他股东，同时也作为政府向议会提交的官方国有企业年度报告的附件。从 2000 年开始，瑞典政府开始在网上发布国有企业季度报告。瑞典政府在《国有企业财务报告指南》中明确规定，国有企业必须按照斯德哥尔摩证券交易所推荐条例，提交年度报告、季度报告和经营报告，包含完整环境分析、财务目标、社会责任目标、机会均等政策、董事会工作总结、红利政策、董事会及高管薪金等内容，并在网上公布。（见表 3－7）

表 3－7　瑞典国有企业信息披露概况

信息披露主体	1. 企业主体：国有企业 2. 所有权实体：工业部

续表

信息披露对象	1. 国有企业编辑季度、年度报告：工业部报告和社会 2. 工业部编制国有企业的年度综合报告：议会和社会
信息披露内容	年度报告： 1. 完整环境分析 2. 财务目标 3. 社会责任目标 4. 机会均等政策
信息披露内容	5. 董事会工作总结 6. 红利政策 7. 董事会及高管薪金 8. 社会责任履行和可持续发展
信息披露渠道	1. 季度报告、年度报告和经营报告：公开 2. 机密信息：公众可以要求查阅，但政府机构可以根据保密法酌情处置
信息披露监管	1. 信息披露的规定详细并且具有针对性 2. 一整套对国有企业披露信息的审计程序和办法

资料来源：王立志，郭媛媛. 瑞典国有企业信息披露的经验及启示[J]. 企业管理，2012.

此外，表 3－8 中展现了各国如何通过所有权政策的不断完善逐渐加强对国有企业的监督。

表 3－8　2005 年以来各国国家作为股东的作用

		变化的本质
正在完善和颁布所有制政策的国家	芬兰	《关于国家所有制的政府决策》（2007 年 5 月）概括了国家的所有制功能的关键原则以及具体实施方法
	挪威	2006—2007 年，国会曾就关于国有企业的政府所有制政策的白皮书进行过辩论，2007 年该政策正式颁布
	波兰	财政部通过相关立法草案（未经国会正式通过）来判断具有“关键重要性”的企业
	芬兰	自从 2007 年 5 月所有制指导署建立以后，国有所有权的指导便由中央统一负责。2008 年政府采取了进一步的重组措施，成立一个控股公司“Solidium Oy”并将国家在 9 家上市公司持有的国有股权全部转移到这家公司名下
	德国	联邦政府颁布的“2009 年上市公司治理准则”使得德国的所有制结构更加具有“双重性”。财政部通过一个独立的文件向企业提出建议，该文件对国有企业拥有“遵循或解释”的效力
	韩国	2007 年，韩国曾经的两个监督主体被一个指导委员会所取代，该委员会由韩国企划财政部长任命，同时，企划财政部还为该委员会提供文秘服务

续表

		变化的本质
正在完善和颁布所有制政策的国家	新西兰	2009年，新西兰从双重所有制模式转变为中央所有制模式。皇家所有制管理署(COMU)作为财政部的一部分成立，集所有制监督、任命以及财政部和前部门皇家企业监督顾问部(CCMAU)的治理功能于一身
	英国	英国金融投资部(Financial Investment)成立于2008年，负责监督金融机构中的国有股权。国有股东事务管理局(Shareholder Executive)作为所有权部门的代表，将其所监督的公司增加到了27个

资料来源：OECE. CG of State - owned Enterprises：Change and Reform in OECD Counties since 2005，2011.

(二)国有企业监管的经验总结及分析

从各国经验来看，许多国家都同时采用了国会(议会)监督、多部门监督、审计机构监督和公众监督之中的数种方式。4种方式都各有其优势和劣势：

国会(议会)对国有企业的决议一般具有较强的法律效力，在较长时间内有持续性，同时可对国有企业进行统筹规划，使国有企业的运行更加符合国家的总体目标；但由于确定决议的程序较正式，可能难以达到多部门监督的高效。

多部门监督以其专业性而具有行业代表性，部门可依据已有的知识和经验，从商业和经济的角度出发，为国有企业制定出更加切实可行的目标(专栏3－21)；然而可能存在部门既是所有权行使者又是监督者的情况，这种情况不利于部门进行独立、有效的监督。

专栏3－21　挪威主管部委对国有企业的监督人员具有行业代表性

挪威全资国有企业主管部委的大臣行使年度大会职能。主管部委从商业和经济的角度出发，从社会上或企业中雇佣专业人员组成董事会或监事会，组成人员具有行业代表性。如挪威国家电网公司董事会由9名成员组成，其中1名是电网使用的代表，3名选自公司内部员工。再如，公司的电网使用者理事会有6名成员，分别由挪威工商联合会、挪威电网消费者协会、挪威电力工业协会、挪威消费者理事会、挪威电网发展论坛和挪威商业服务业企业联合会提名组成，具有很强的行业代表性。

资料来源：周新健，《颇具特色的挪威国有企业监管》，中华人民共和国商务部网站，2005。

审计机构监督的一大优势是独立、真实、公正，能够提供较为可信的审计报告。

公众监督体现了国有企业根本上由公民所有的性质，符合公民的利益；但毕竟缺乏专业性和有效性，公众意见也没有直接的效力。

因此，将各种监督方式结合起来，充分发挥各类监督机构的作用，是各国通常采用的方法。

不论采用何种监管方式，国有企业的责任和权限都是明确的。国有企业充当着政府干预经济生活的一种宏观经济政策工具，因此，其责任总的来说就是保证国家经济政策和政府规定的各种社会经济目标的实现；从企业的权利来看，尽管不同国家不同类型的企业拥有的自主权有大有小，其管理体制有集权、分权，但政府与企业间还是存在非常清晰的划定的，即所有者与经营者职能分离。

对国有企业的监管应当建立在法律的基础之上。从世界各国监管国有企业的实践来看，对国有企业的监管基本都是以法律为依据的。应当加快国有企业和国有资产监督管理的立法工作，从法律上规定国有企业的经营管理主体和规范国有企业的运行，以确保国有资产运营的安全和增值。

从各种国有企业监管当中可得出经验：既不能对国有企业管制太死，又不能对其放任自流，两相兼顾的办法就是以计划合同形式来管理国有企业。法国首先探索和成功实践的“纲领性合同”已成为贯彻落实国家计划的重要措施，成为国家对国有企业管理的新方式。其具体运作方式是：国家与企业就企业发展战略目标，政府的政策目标，企业在维持就业、进出口平衡、环境保护、支持中小企业、承担社会义务等方面的任务和措施进行谈判并签订合同。这与“企业合同”有着重要区别，其目的在于使国有企业的经营行为与国家宏观经济目标相衔接。

国有企业经营信息与决策应尽可能公开透明，使得社会各方都能够从自己的角度参与管理。此外应当充分利用社会审计机构，以其权威性和可靠性对国有企业的财务进行监督，并独立发表审计意见，同时向社会公布，接受包括政府在内的各方面的监督。

第四节　国有企业分类监管

国外国有企业在每个国家经济发展中发挥的功能不完全相同，在北欧、法国等地的国有企业不仅发挥了弥补“市场失灵”的作用，还广泛存在于自然资源开发、航空、电力产业等领域，对国有企业的管理也实施个性化的分类管理。按照市场属性、产权结构、控股比例以及法律地位等特征进行划分。在此基础上，对国有企业实现有效管理、行使所有权，进而提高国有企业效率，获得公众的支持。

一、按照市场属性

(一)以提供产品的性质为标准

根据公共经济学理论，纯粹的公共产品或劳务不会因每个人消费而减少，而且公共产品或劳务具有与私人产品或劳务显著不同的三个特征：效用的不可分割性、消费的非竞争性和受益的非排他性。而凡是可以由个别消费者所占有和享用，具有敌对性、排他性和可分性的产品就是私人产品。介于二者之间的产品称为准公共产品。在瑞典，按照这一标准，将 57 家国有企业(集团)分为社会公共服务企业和完全市场竞争企业两类。社会公共服务企业包括非独立型企业和公益性企业。

表 3-9　瑞典国有企业分类

分类维度	分类	特点	典型企业或行业
社会公共服务企业	非独立性企业	不具备独立法人资格，没有独立的资金运作，从属于政府管理部门	政府的印刷厂
	公益性企业	在经济形式上是独立的，但不自负盈亏，由政府统收统支并列入国家预算。一般存在于以社会服务为基本目标的公用事业行业	铁路、邮政、电讯、煤气、自来水
完全竞争性企业	市场竞争企业	1. 以盈利为目标的独立法人，在市场条件下按照市场经济规律进行经营运作 2. 实行股份制，追求股东价值最大化	占瑞典国有企业数目的一半以上，营业收入占所有国有企业总额的 68%，利润总额占 81%

瑞典对国有企业分类管理，采用分权管理的模式，瑞典国有企业主要集中在中央政府一级，通过政府各个部门实行控股管理。瑞典设置了国有资产管理局，专司国有资产管理职能，负责对国有资产进行监管，并不干预企业日常的资产经营活动，而是通过股份公司法等法律法规来规范企业行为。瑞典的国有资产经营主体在宏观间接调控下，以市场为导向，以盈利为目标，自主经营、自负盈亏，企业自主性非常大。

其中 36 家国有企业由瑞典财政部管理，其余 22 家分属环境部、文化部、卫生和社会事务部、教育和研究部、司法部、外交部管理。国有企业在其所属行业中一般都具有很强的市场地位。瑞典对不同类型的国有企业管理方式也不同：

对非独立性和公益性的国有企业，在首先满足社会公共利益的前提下也应尽量寻求股东利益的最大化。国家作为所有者对企业活动进行直接指导和管理，并要求这类企业在具有特殊规定的市场中运营。政府一般通过一些定性的参数来进行评价和监测。这些参数主要是从社会经济和行业政策目标以及效率推演而来。由于区分两类不同企业且按不同要求提交年度报告，因此对不同公司的运营和目标完成就更清楚和公平。

对市场竞争企业，政府的目标是股东利益最大化。国家作为所有者根据企业风险状况制定有关盈利和财务收支的要求，按照市场的要求设定具体的经营目标，并按这些目标进行评价。这类企业主要由瑞典工业部管理，工业部内设国有企业局，专司国有企业的出资人职能。

(二)以所处行业市场竞争程度为标准

第二种情况是以市场竞争程度，或称以行业和市场地位为标准。在法国，政府根据主要国有企业竞争性、企业提供的服务或产品的价格，将国有企业分为垄断性国有企业和竞争性国有企业。

表 3－10　法国国有企业分类

分类	特点	典型企业或行业分布
垄断性国有企业	1. 国家是唯一股东或占 51%以上控股地位，企业产品独家经营 2. 公共法人，法律章程保留着部分公法特征 3. 兼顾保护所有公民的福利，满足人民的需求	集中在能源、交通、通信等基础产业和基础设施部门，如法国电力公司、法国铁路公司、法国航空公司、法国邮电公司、法国通信公司
竞争性国有企业	1. 国家只掌握其部分股份，不占控股地位 2. 受国内外市场竞争的影响	加工业、建筑业、服务业

根据对国有企业的分类，法国分别对两类企业进行管理：

1. 对垄断性国有企业管理严格

政府对垄断地位的国有企业采取直接管理和间接管理相结合的方法，控制程度较高，管理比较严格，企业自主权相对较小。对这类企业的监管分为四种方式：

执行计划合同。政府与垄断性国有企业签订 3～5 年的计划合同，内容有三个方面：①企业的发展目标必须落实政府的政策目标；②明确企业具体的发展计划，包括发展战略、投资计划、财务计划，以及在研究与开发、外贸平衡、维持就业、加强培训、支持中小企业等方面应承担的义务；③明确政府作为国家股东对企业应该承担的财政支持和提供的预算资金。对于公用事业和一些垄断性企业(如铁路运输、邮电通信)的政策性亏损，政府要按计划合同规定的数额予以补贴，超亏部分由企业用自有资金弥补或向银行贷款，政府不承担还款的责任。

对企业的日常监管。主要是任命企业领导和董事会大部分董事，实行国家督察专员制度。专员是业务主管部(工业部、运输部、国防部等)驻企业代表,列席董事会议，向董事会传达主管部意见，有权要求对某些决定草案再行表决或否决权。

实行财务督察制度，具体由国家监督员或一个监督小组负责。监督员是政府经济部国库司和政府预算部预算司派驻企业的代表，列席董事会议检查企业经济活动和财务管理。在投资方面,政府通过“经济与社会发展基金组织”每年确定一个投资额度,控制企业借贷规模。政府有权决定企业的投资计划、投资方向和提供资金的方式，包括发放贷款、提供补助金等，并通过优惠利率引导企业投资。在价格方面,有关价格的决定要由经济部和预算部根据企业财务情况和宏观经济目标做出,政府参照国际市场对垄断性企业的价格进行干预;在分配方面,企业利润存留大部分用于生产发展,小部分用于职工福利和奖金,企业工资总额由政府控制。

事后监管。共有三个监管机构:一是建立了审计法院,目的在于核实政府对企业的监管是否严格有效。其方式是每两年由审计法院就国有企业的工作、管理和结果做一总的报告。二是专门建立了银行委员会，实施对国家银行的监管，控制银行的风险极限、银行的结算等。三是专门建立的保险监督委员会,实施对保险业的监管。

议会的监督管理。法国的议会分为参议院和国民议会，两院各有六个专门的委员会。议会对国有企业经营拥有监督权，可以通过对预算的审议实施对政府和国有企业的监督。

2.对竞争性的国有企业管理宽松

与对垄断性国有企业的严格控制相反,法国对竞争性国有企业的行为是按照私法进行规范的，政府很少干预,基本上无直接控制,企业处于同私人企业相同的平等竞争地位。这类企业拥有的经营自主权比垄断性国有企业大一些。

政府与竞争性国有企业签订 2～5 年的目标合同,只规定发展战略目标,很少列数字指标。企业在投资上有较大自主权,价格、工资均由企业自行决定。目标合同不具法律效力,政府对违约的企业只能采取撤销企业主要领导人职务的办法。

法国政府依据投资形成的产权关系,通过任命企业大部分董事来保持对竞争性国有企业的领导。此外,国家的股权管理方式和任何私有企业中持有控股权的股东一样,主要通过企业结算,分配盈余,就企业总经理提交董事会的战略性决策进行表决,影响企业决策。

竞争性国有企业也要接受审计法院的事后检查。法国政府对竞争性国有企业的股权管理是一种间接管理,是通过隶属于政府部门的中间性组织——控股公司进行的。

例如：E L F 石油公司国家股股权就是由隶属于法国工业部的控股公司所持有并进行实际股权管理的。

在新加坡，根据市场竞争程度，其国有企业分为两大类：

表 3－11　新加坡国有企业分类

分类	子类	特点	典型企业或行业
具有垄断性的法定机构		1. 按照议会立法而建立和运作，是独立的法人，隶属于政府某部门 2. 法定机构拓展业务所需资金，不是靠发行股票、债券，而是通过由财政部担保的贷款方式筹集 3. 一些法定机构实施企业化经营，但具有部分管理职能，承担一定的社会目标，不以利润最大化为目的 4. 议会为每个法定机构专门立法，详尽规定其组织架构、领导人的任免程度、职能和权限、财务和审计、责任和罚则	主要是工业区开发、交通运输、广播电信、公用事业等基础设施和社会服务领域。法定机构包括新加坡电信局、港务局、民航局、公用事业局和经济发展局等
竞争性的政联公司	四大控股公司	依据公司法成立运作，完全由政府投资并拥有，隶属不同的部，并在众多的淡联公司中拥有股份或处于控股地位。淡马锡主要进行直接投资；政府投资有限公司主要管理政府的外汇储备；新加坡科技控股公司主要管理国防和科技领域的政府公司；国家发展部控股公司主要是管理一些法定机构	淡马锡控股（私人）公司、政府投资有限公司（GIC）、新加坡科技控股公司、国家发展部控股公司
	淡联公司	1. 依据公司法成立及运作，参与市场竞争 2. 淡联公司是政府控股公司投资参股并拥有其部分股权的企业。淡联公司由一家政府控股公司投资，也有多家政府控股公司投资	新加坡发展银行、ICS、DBS、综合证券、新加坡石油、耐特钢铁

新加坡国有企业的管理体制大体上可以说是纵向管理。政府和国有企业从上到下分成三个层次，形成若干链条，链条之间都以资本为纽带连接。三个层次分别是政府部门、法定机构和控股公司。位于第一层次的政府部门主导制定正确的经济发展战略。第二层次的法定机构和控股公司按经济战略制订各自的计划，实施经营活动。其中法定机构实施企业化经营，具有部分管理职能，承担一定的社会目标。第三层次的淡联公司在控股公司的控股下，实现政府的宏观目标。

新加坡淡马锡期望那些它持有股份的“与政府有联系的公司”能实现以下目标：①成为世界级的公司并具有国际竞争力，吸引人才；②拥有高素质的董事会；③集中关注核心竞争力；④支付具有竞争力的工资；⑤在经济增加值、资产收益率、股本收益率方面使财务绩效最大化。GLC 的经营应当以国际标准为基准。为了鼓励每个 GLC 注重核心竞争力，任何多样化的计划都必须事先得到淡马锡的同意。与国际私营部门同类公司相比，新加坡的 GLC 在股本收益率方面表现要更好。

(三)以社会公益性和营利性的配比关系为标准

以营利目的的强弱为标准，公益性企业不以营利为主要目标，旨在为社会公益提供服务，以“保持生存”为合理利润；反之则为营利性企业。

在芬兰，从两个角度对国有企业进行划分：投资者利益和战略利益，在此基础上按基于市场化运作的商业性国有企业和兼有特定任务的国有企业两个子类进行划分。战略利益也属于公共利益的一种。

表 3-12　芬兰国有企业分类

分类维度	分类	特点	典型企业或行业分布
投资者利益	基于市场化运作的商业性国有企业	1. 国家只作为普通股东，除极个别公司外，大多数公司中国家股份比例最低可降至零 2. 对股东负责，以盈利为目标，要求较好的分红收益、资产保值增值、赢利性	养老金信息管理服务公司、社区规划公司、Altia Oyj
战略利益	基于市场化运作的商业性国有企业	1. 绝大多数占据控股地位，最低持股比例为 50.1% 2. 要求较好的分红收益、资产保值增值、赢利性	芬兰铁路、芬兰航空
	兼有特定任务的国有企业	1. 政府以国有独资或控股为主 2. 具有国家定义的产业、社会或者政治目标，要求产生较好的总体社会和经济利益，高效履行特殊任务，能够实现自主运营	Solidium Oy、芬兰电力、芬兰产业投资公司

基于市场化运作的商业性国有企业，政府设立的目标是在既定时间内取得最好的总体经济效益，由盈利和股东价值的长期增值来评估。商业性国有企业目前共有 39 家，归芬兰国家所有权监管局直接或间接管理。

兼有特定任务的国有企业，政府目标是以实现社会目标为主，同时要求企业运营的经济效益。以主管部门对国企完成社会目标的质量和成本控制来评估。国有企业监管的相关政策都予以公布，以保证其他的市场参与者信息对称。

国家作为所有者，其国家所有权分散在相关的各部委管理，其中有 3 家归芬兰国家所有权监管局管理，如投资公司 Solidium；其他如酒精零售专卖公司 Alko Inc. 归社会事务与健康部管理等。

二、按照所有权结构

通常认为，国有企业可以分为国有独资类企业、国有控股企业和国有参股企业。国有独资类企业包括国有独资企业和国有独资公司。

在意大利，国有企业分为四类：国有自治公司（如国有铁路公司、国有高速公路公司、邮电部门等）、市政企业（如自来水公司、医院等）、国有化企业（全国电力公司）和国家参股企业。国家参股企业属“间接国有”企业，其余的国有企业均属“直接国有”企业。“直接国有”企业所在的行业一般都是关系国计民生的领域，如铁路、邮电、公共交通等。意大利国家控股公司（IRI）于1933年成立，IRI在发展公路、电话网、钢铁和电力建设等方面发挥了重要作用。

在英国，国有企业分为：政府直接管理的国有企业、具有独立法人地位的国有企业、公私合营的国有股份公司三类。英国对国有企业的管理可以归结为三个方面：任免董事会成员、控制企业的财务指标和投资借款。英国政府通过主管部门管理国有企业，国有企业的董事长及董事会成员的任命、企业的经营目标、长远设想等重大决策均由政府或议会掌握，企业的投资、贷款、价格等也受到政府的约束。

英国议会是国有资产的最高管理机构。英国议会通过立法管理和控制国有企业，国有企业的建立、改组、废除以及非国有化等重大问题必须由议会通过专门的法令决定，否则不具有法律效力。议会立法明确了国有企业的职责、机构、权利义务，未经议会同意不得改变。国有资产的具体管理，议会授权给各主管部门，委托他们进行具体管理。各部门必须就所受权利的实施和决策对议会负责。

三、按照控股比例

在韩国，国有企业的管理体制是由政府按照投资额的多少、企业法律地位所属的关系不同，对不同类型的国有企业实行不同的管理。韩国国有企业共有五类，见表3-13。

韩国政府则拥有宏观管理者和微观管理者双重身份，不仅负责经济大政方针的制定，而且还对部分企业进行直接管理。韩国设有包括工商部、交通部、能源部在内的专门的国有企业主管部门，又有对国有企业进行跨部门控制的综合部门机构，主要是审计检查委员会、政府投资控制委员会及经济企划院。

韩国国有企业的管理体制为横向，除了政府投资企业和政府投资企业子公司之间的投资关系，不同类型的国有企业之间几乎不存在任何直接的关联，各种国有企业都要接受中央政府或是地方政府的管理，只是由于各自包含的政府出资额不同而在接受政府的干预和管理的程度有所差异。韩国国有企业则受到政府财政、融资等方面的优惠和照顾，利用其经营上的特权和垄断优势，同市场上的其他类型企业展开不平等竞争。

韩国国有企业管理体制的核心是绩效评估制度。随着1983年《公共企业改革法》的出台，韩国开始系统地提高"政府投资企业"的效率。绩效监测和激励机制强调量化的生产率尺度，具体企业经营效益的技术指标，以及在管理、研究与开发和服务方面绩效的质量指标。

表 3-13 韩国国有企业分类

分类	特点	典型企业或行业分布
政府企业	1. 根据《政府组织法》及《企业预算会计法》成立，由政府全额投资，实质以企业形态运作的事业部门 2. 政府企业没有自主经营权，预算要由国会通过，会计、人事、统计等方面也要受国家专职部门的约束，完全由政府有关部门经营 3. 企业员工属于公务员	铁道厅、递信部、调达(物资)厅，是主管铁路、邮电、物资的政府企业
政府投资企业	1. 根据《政府投资机关管理基本法》成立，政府出资额占企业总资本的50%以上 2. 采取国有公司的管理形式，有专门的管理条例对其进行约束，政府负责任命公司经理。公司经理被授予比较大的经营自主权，但需要接受政府的绩效评估 3. 企业员工不属于公务员，但可享受一定程度公务员待遇	
政府出资参股企业	1. 根据《商法》、《政府投资机关管理基本法》成立，政府投资低于企业总资本的50%，但是政府却掌握企业的控制权 2. 政府只对其出资部分负责，采取股份制形式，企业领导由董事会选出，人事权在企业	
政府再投资企业	1. 根据《商法》和《政府投资机关管理基本法》成立，由母公司——政府投资公司投资(持股率不固定)建成 2. 受母公司控制，由母公司组织对其进行绩效评估，采取股份制形式 3. 政府投资企业的持股率大小不一	
地方国营企业	1. 据《地方企业法》建立，由地方政府所有，是地方政府直接运作的企业 2. 根据特别法、民法、商法以独立法人形式间接经营	与地区居民的生活福利有关的事业，如上下水道、住宅、地铁、医院、市场、屠宰等

另外，韩国政府实行的经营责任制，是通过对企业经营成果的评价进行奖励或追究责任。国有企业的经营效果分为经济效益和公共服务效果。经济效益方面，国有企业不能单纯追求经济效益，还要重视公共服务。公共服务效果指政府投资企业生产和供应电、煤等与人民生活密切相关的物资以及提供金融服务等，供应量、质量、价格等对国民经济和人民生活都有很大影响。

四、按照法律性质

在西方，很多国家依据公法、私法的划分将国有企业分为公法人国有企业和私法人国有企业。前者为公共目标的实现而设立，通常需专门立法，后者同于普通私法法人。

在新西兰，国有企业根据立法和国有企业目标，分四类，见表3-14。

《公司法》是任何公营和私营部门公司都须遵循的基础法律，规定了公司设立、组织机构、公司与利益相关者之间关系等内容，除皇冠实体外的所有政府企业都应按照公司法注册或组成公司。专门法是对特定领域政府企业的所有权、治理和社会责任安排的特别规定，如《国有企业法》、《皇冠研究机构法》、《教育法》等。

表3-14 新西兰国有企业分类

分类	特点	典型企业或行业
皇冠金融机构（CFIs）	5支基金	分别为皇冠灾害赔偿投资基金、地震委员会、政府退休基金、NZSF和国家准备金
商业目的优先公司	共19家公司，大部分处于竞争性的商业环境	皇冠纤维集团、新西兰电视台、公共信托和新西兰航空公司
多重目的的公司和机构	共17家，按照商业原则组建和经营的有限责任公司	新西兰邮政、新西兰铁路公司
皇冠研究机构（CRIs）	从事科学和技术研究的机构	新西兰彩票委员会、皇冠在机场的所有权、农业、土地保护研究所等

新西兰皇冠公司监测咨询机构（CCMAU）通过对新西兰16家国有企业进行监督，对2个持股的政府部门提供支持。CCMAU成立于1993年，由财政部所拥有。在经营上CCMAU是独立的，其职能就像私营的咨询公司。1986年《国有企业法》规定国有企业可以有非商业化的角色，但要求部长与国有企业签订协议，并支付国有企业提供的商品或服务。

表3-15 新西兰国有企业管理模式

模式	内容
皇冠公司管理模式（Crown-Company Model）	在国家所有权、购买和规定利益间明确区分。在这种模式下，皇冠公司独立于政府经营，成为独立的法人机构，设置独立的董事会，由董事会负责监督管理层和公司事务，皇冠公司须遵守财务报告和其他适用于所有公司的要求以及相关行业的立法规定
国有企业模式（SOE Model）	每个国有企业都要遵守国有企业法，该企业法规定了国有企业的所有权、治理结构、公共责任等。在国有企业模式下，每个国有企业的主要目标都是追求利润和经营效率，成为好雇主，关注社区利益并承担社会责任。如果提供了其他非商业的活动，则皇冠机构应给予补偿。这些国有企业与其他私人公司应维持竞争上的平等关系
非国有企业模式（Non-SOE Model）	COMU管理许多非国有企业的机构，包括：皇冠公司，如新西兰电台、新西兰电视和新西兰创投基金；法定皇冠机构，如公共信托、新西兰彩票委员会；机场公司，如基督教国际机场，Dunedin国际机场和Invercargill机场等；以及皇冠金融机构下属的五支基金

在新西兰，一年一度的《企业目标报告》用于指导和监督每一个国有企业。为了确保新西兰的国有企业实现其利润、效率和社会责任目标，政府建立了一个包括国家监督、控制和激励在内的框架。两个国家股东，即财政部和有关行业部，负责监督和控制国有企业的经营和成果，并核查企业是否遵守每年的《企业目标报告》。2012 年，新西兰提出了混合所有制模式(Mixed Ownership Model Bill)，对皇冠公司进行改革，但当前法律已经确定的具体管理模式为三种。

在日本，日本的国有企业按照法律所确立的经营方式，以及其法律属性，分为直接经营和间接经营两类，直营事业属直接经营类，特殊法人事业和第三部门属间接经营类。

表 3－16　日本国有企业分类

分类	特点	典型企业或行业分布
直营事业资产	1. 由中央政府或地方政府投资兴建并直接经营的国有企业，其所有权、经营权和管理权均由政府掌握 2. 资产经营主体不具有法人地位，其设立、经营范围、投资规模及方向、事业计划和产品价格都受政府和国会的严格控制，企业的自主权十分有限	1. 由中央政府直接经营的“五现业”，即邮电、造币、印刷、国有林区和酒类专卖 2. 地方政府直接经营的七项法定事业，即由《地方公营企业法》规定的自来水、工业用水、铁路、汽车运输、地方铁路、电气和煤气等
特殊法人事业	1. 国家投资，并有国家根据特别法律设立的特殊法人企业 2. 与国家行政分离，实行独立核算和独立经营制度，是独立的市场主体，执行一些特别的经济职能 3. 其设立必须依据国家特别法律，受政府间接管理	分为事业团、公社、公团、公库、营团、金库、特殊公司、地方公社 、其他特殊法人，如海外经济合作基金、国立剧场、日本贸易振兴会等九种基本类型
第三部门	1. 中央政府、地方公共团体、私人企业共同投资，主要分布于地区开发和城市建设方面 2. 政府部门在这些企业中的股份一般都超过25%，采取股份公司或有限公司形式经营的企业 3. 为独立的法人实体，具经营自主权，经营方式灵活	

日本是较典型的“政府主导型”市场经济国家，日本政府对国有资产的严格控制、对国有企业的监管主要采取政企合一、高度集权的监督制度。主要表现为：

一是国有企业开设、业务范围、投资范围、业务方式、事业计划、收费标准等重大事项，都由政府或议会控制，企业自主权小，主管大臣有业务监督权。二是日本国有企业实行决策机构和执行机构一体化模式，不设监事会，只设立监察人和执行协调功能的监察会。企业的决策机构是董事会，董事会成员和总经理的任免权由主管大臣行使。三是国会和政府严格监控国有企业预决算、利润分配。

具体表现为：在生产业务监督方面，国有企业的经营范围、投资规模和方向、产品价格以及企业发展规划都置于政府或议会的严格监督和控制之下；在财务监督方面，国有企业预算制度的制定与执行、资金筹集与运用都由政府针对不同的情况分别进行限制。在人事管理方面，大部分国有企业的工作人员是国家公务员，都受到国家公务员法的约束。

此外，日本政府通过制定相应法律来确定国有企业的权利与义务。日本政府对实施公益事业的国有企业通常规定了不同于一般企业的特权与义务，特权主要有：①国家保证它们以某种形式实行垄断经营或接近于垄断经营。②国家对它们开展经营活动所需的资金给予援助。有的国有企业由国家全部出资或部分投资，有的国有企业拥有债券发行权，接受政府低息贷款和债务保证，享受政府津贴。③国家给予它们征用特权。国有企业在建造公益事业所需设施时，有权征用或使用他人土地。

国有企业享有上述某些特权，它也必须承担下列义务：①除有正当理由外，不允许拒绝对需求者提供服务，即担负着提供服务的义务；②在提供服务的等价报酬——费用方面接受某种限制；③经许可或批准进行经营的国有企业负有兴办事业和发展事业的义务，并负有维系事业的义务。对不同类型的国有企业，国家的管理也存在差别：

首先，对“五现业”的监管最严格。对中央直营的“五现业”的管理最直接，企业的经营自主权甚小。企业的利润全部上缴中央作为中央财政收入，若亏损则由中央给以补贴。政府“五现业”必须按照国家一般会计制度，编制收支预算和决算。预算必须在内阁决议的基础上制定，然后提交国会审议，批准决算则须经会计检察院检查，然后提交国会审查。其次，公团、事业团等特定目的的业务是法定的，特定目的业务的投资、事业计划和资金计划等，必须经主管大臣批准。企业利润的分配，金库、营团、特殊公司原则上经主管大臣批准后分配给投资者。部分特殊法人必须按照国家一般会计制度，编制收支预算和决算。最后，第三部门中股份公司和其他国有企业一样，特定目的的业务也是法定的。

第四章　国外国有企业的公司治理

第一节　国外国有企业治理模式

一、不同国有企业目标模式下的分类治理

根据各国国有企业目标和治理的特点，国有企业目标分为三种模式：资本模式、经

营模式和公共模式，在这三种不同目标模式下，有着不同的治理。

(一)资本模式

资本模式是指国有企业目标以资本回报为主，重视资本使用效率，可能兼顾一定的社会目标；国有企业治理和董事会运作没有明显的国有特点，采用与私有或上市公司类似甚至相同的模式，大多数董事(包括董事长)来自私营部门，独立性较强。代表性国家是：瑞典、挪威、芬兰、新西兰、澳大利亚、奥地利等。

(二)经营模式

经营模式是指政府要求企业同时实现生产、经营和财务绩效等方面的目标，国有企业治理和董事会运作有一定的国有特点，如董事会由来自公共部门和私营部门的董事组成，代表政府的董事担当了一定的与政府联系的角色，代表性的国家有新加坡、韩国等。

在韩国，国有企业的所有权组织模式至少与三个机构相关(图 4－1)，部门机构或者财政和经济部在股东大会中是代表国家的，部门机构提名董事会主席，并任命董事会成员。同时，预算和计划机构任命政府所有企业或者公司的外部理事，监控其绩效，提名审计员，并与财政和经济部共同磋商一些问题。再加上审计和检查委员会，一共有三个机构协作来实施股权，其中两个委员会对国有企业进行审计。

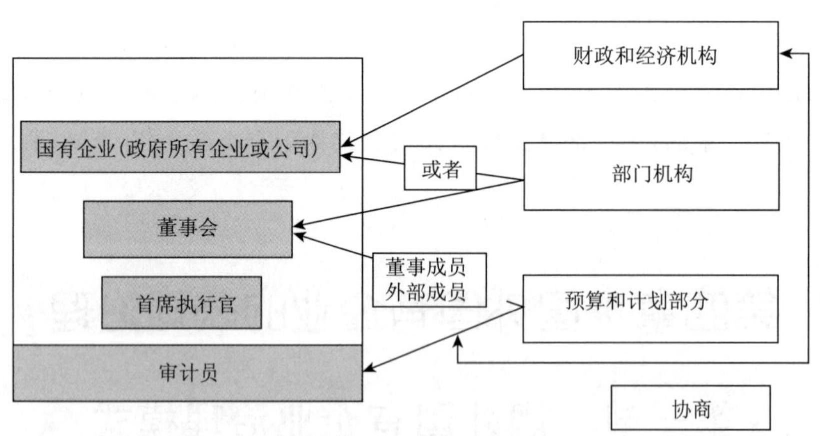

图 4－1 韩国的所有权职能

资料来源：OECD. "Corporate Governance of State－Owned Enterprises: A Survey of OECD Countries", 2005.

韩国的国有企业董事会至少有一半成员是“外部成员”，即非执行董事。此外，在信息披露方面，国有企业除了像私营公司那样提交必要的报告外还需要提交一个名为“运作实际效果报告”的特别报告，其内容是关于国有企业目标的财务和非财务信息、这些目标的完成情况和“公共利益所关注的问题”。这份特别报告必须在3月20日前交到各个有关监督部门，即业务部门、计划与预算部、财务经济部和国民大会。

(三)公共模式

公共模式是指国有企业以公共目标为主，兼顾盈利或成本，政府干预较多，国有企业治理和董事会运作有政府较多干预的特点，董事由政府、职工、大客户和经理层代表担任，总经理甚至整个经理层由政府任命，代表国家有法国和意大利。20世纪90年代以前的奥地利属于这种模式。

二、国有企业的治理模式

(一)OECD对公司治理模式的分类

20世纪90年代以来，经济的日益全球化、机构投资者对公司治理参与的加深以及亚洲金融危机的爆发，使公司治理越来越受到世界各国的重视，进而形成了一个公司治理的全球化浪潮，不同模式的公司治理呈现出趋同的趋势。作为制定政策的基础，OECD把公司治理分为两大类、三种模式：

外部人模式。以英、美为代表，股权分散在个人和机构投资者手中，主要通过富有流动性的、生机勃勃的资本市场对公司经理进行监督，企业融资也以从资本市场获得为主。其特点是：通过资本市场大力培育机构投资者，上市公司的股权分散和经理人持股较小，通过对经理人的激励和有效监督实现股东利益最大化，企业运作高度透明并建立比较完善的立法和执法体系。

内部人模式。以德、日为代表，包括大部分OECD国家和一些发展中国家，股权集中在银行和相互持股的企业手中，企业融资来源以银行系统为主，主要通过公司内部的直接控制机制对管理层实施监督。其特点是：财团、银行持股，大股东监督，集体决策以及高级管理人员的终身雇佣。

家族或国家模式。主要出现在韩国、泰国、印尼、菲律宾等国和我国台湾地区，是从内部人体系中派生出来的一种模式，企业的创立家族通过复杂的交叉持股取得对公司的绝对控制，国家则通过控制金融系统在微观经济运行中发挥重要作用，政府官员以国家名义对公司事务直接干预。其特点是公司的“一股独大”，经理人容易通过串通大股东来控制公司的重要决策，侵犯小股东和其他利益相关者的利益，造成对“内部人控制”的失控。

(二)董事会结构模式与公司治理模式的关系

OECD对公司治理模式分类主要是根据股权的持有、监督管理的机制来分类的。然而，由于董事会在公司治理问题中的核心地位和关键作用，人们对董事会结构模式与公司治理模式的认识有较大的重叠，一些研究根据董事会的结构也将各国公司治理划分成了三种模式：

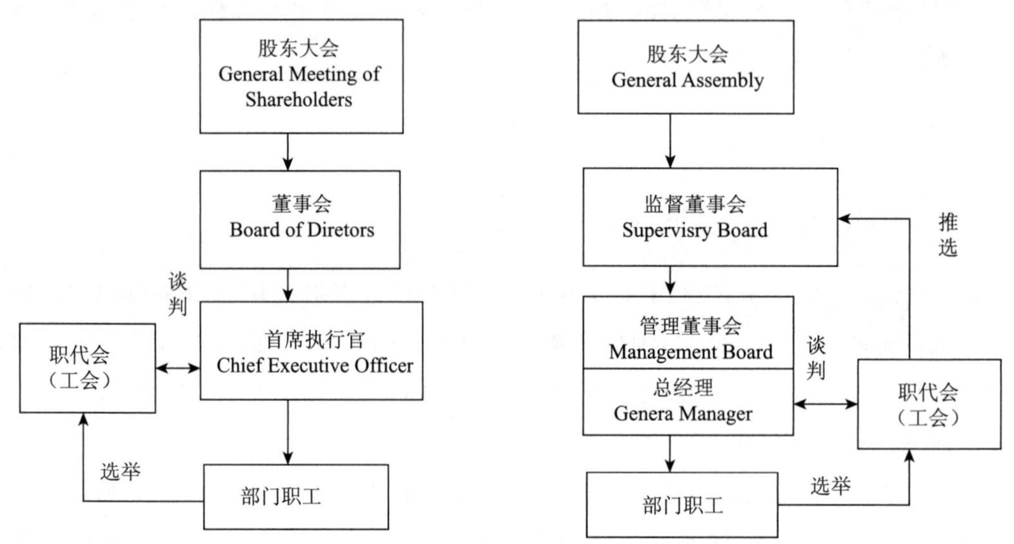

图4-2 单层董事会制度(左)与双层董事会制度(右)

资料来源：李兆熙.我国公司治理的模式选择与机制改进，2001.

单层董事会制：以英国、新西兰及一些受英国影响较大的国家为主要代表。执行和非执行董事均由股东直接选举产生，二者被纳入单一结构里，以确保所有董事都有平等的地位，共享集体决策的责任。由于设置了强有力的非执行董事，这一类型董事会可以负起广泛的职责。

双层董事会制：德国、荷兰等欧洲大陆国家普遍采取的模式。其监督功能和管理功能分设。监督董事会或者说“上层”，由股东选举产生，全部是非执行人员，一般主要关注于督导公司管理层。“下层”或者说管理董事会，由执行人员组成，由上层的监督董事会选聘。在德国，资金提供者代表(如银行)和劳工代表在监督董事会中拥有席位。

专栏 4-1 德国国有企业的双层董事会结构

德国的董事会是双层制结构，其国有企业的监事会兼有董事会的部分职能，既是企业的监督者，又是企业的决策者，而企业的董事会则是实际上的执行层，董事长即是公司总经理。

德国国有企业监事会的成员包括股东代表和职工工会代表。股东代表有政府部门委派的人员，还有来自相关私人公司委派的人员（多是公司的经理、银行家或经济专家）。

国有企业监事会主席一般由财政部门推荐，员工代表由企业协商推选，报财政部审核，一般担任副主席职务。

德国国有企业监事会的主要职责是：负责组建公司的董事会；讨论和审校董事会的重大决策；审核企业的中长期计划，包括销售计划、投资计划、财务计划、人事计划等；听取和讨论董事会的报告，审核公司的经营状况，包括经营活动的财务结果、销售状况、生产状况、各种经营方针和政策等。总之，公司活动的重大问题只有取得监事会的同意，董事会才能做出最终决定并执行。为行使上述职权，监事会可随时要求企业领导汇报经营管理情况，调阅文件账册，找企业专家和审核员谈话，查阅审核员的审核报告等。

资料来源：王文创，张金城. 德国国有企业的管理及对我国的启示.

平行双会制：日本、中国台湾等一些亚洲国家和地区多采取这种董事会制度。其监督功能和管理功能分设。“董事会”主要执行管理功能，同时负有对经理层的监控职能，与董事会地位平行的监事会没有管理功能，只是执行对董事会和经理层进行监督的功能。虽然这种平行双会制和上面的纵向双会制都可以归为双会制，但是二者之间有着本质的不同。这里的监事会和董事会成员均由股东选举产生，地位平等，谁也不能撤换谁。

由于外部人模式主要通过资本市场对公司经理层进行监督，所以在董事会设置上多为简单的单层董事会制度，不设立专门的监督机构。内部模式的国家如日本则通过监事会对董事会以及公司的运作进行监督，在国有企业的公司治理问题上，所有权实体有更大的话语权。事实上，国际上公司治理中的董事会结构已经强烈地向着单层董事会的法律制度趋同，单层委员会已将外部董事作为重要的补充。这种趋同的实质是选择了上面提到的通过资本市场约束的“外部人”公司治理模式。

国有企业董事会在结构上通常和其他的股份公司一样。在那些以单层董事会制度为主导的国家中，如上面提到的新西兰或英国，也有国有企业设立双层董事会。同样，在那些具有双层董事会制度的国家中，如德国和荷兰，也有国有企业设立单层董事会。

第二节　国外国有企业的治理机构：结构及作用

一、股东会

(一)国家股东与小股东的关系

经过几轮国有企业的大规模改制，OECD 国家基本已经实现国有企业股份制改革，这就意味着依据《公司法》，国有企业必须设立股东会作为最高的权力与决策机构。

不论是在单层还是双层董事会制度中，股东大会都是企业的最高权力机构，董事会成员的任命与选举都要经过股东大会的表决。区别是在双层制模式中，股东大会任命的是监督委员会，然后由监督委员会同时任命董事会和管理层。

由于国有企业国家绝对控股的特殊性，如何避免国家凌驾于小股东之上、对小股东的利益造成损害，则是国有企业公司治理需要重点关注的问题。造成这种局面的原因是国家可以在没有小股东同意的情况下就在股东大会中做出决定。同时，国家通常也处于控制董事会构成的地位。进一步而言，国家很有可能还承担其他的政治和政策目标，其中，执行这些政治和政策目标可能会损害小股东的利益。

然而，在大部分的 OECD 国家中，部分国有企业的资本是由私人股东所控制的，小股东的权利是受到承认并在一般情况下受到保护的。所有权实体通常“绑住自己的双手”，采取明确的措施或者采用一般政策来防止对小股东和其他非控股公司造成损害。这些公布的权利所包含的范围包括以上董事会中小股东的代表、股东大会的决策权和获知公司相关信息的权利。这些权利可能被限定在与公司相关的普通法律框架中，即商业公司法典或者公司法，或者公司治理法典。这些权利也有可能体现在国有企业宪章中，或者在具体的基本法律中被更明确地规定或涉及。最后，对其他股东的公平待遇可能是所有权实体或者与政府相关的国有企业所采取的一项基本原则。例如，在挪威，国有企业良好公司治理的政府十大原则之首便是：股东应该受到公平的对待。

事实上，很多 OECD 国家鼓励小股东参与股东大会，并通过一些特殊的安排参与到企业的决策过程中。例如，希腊的国有企业章程就包含了小股东参与董事会的相关条款。在土耳其，对于国有企业的分支机构而言，如果私人股东集体拥有的资本股份超过

20%，那么他们就有权利任命或指定一个代表20%的股份成员，但是在董事会的成员数目不能超过两人。

此外，在一些法律框架体系中，小股东的事前权和信息知情权也是被保护的。

（二）股东权责

在国有企业中，国有股东的所有权权责即为股东权责，即：建立董事会提名程序并决定或批准董事任免；对战略、投资等重大事项的监督和知情权；财务和资本运作的监控、审计权等。

《OECD国有企业公司治理指引》指出："国家作为一个积极的所有者应该按照每个公司的法律框架行使其所有者权利。"所有权权利的行使应该在国家行政管理中予以明确界定。这会便于通过建立一个协调实体或者更适合于通过集中化的所有权职能来实现。国家作为一个积极的所有者应该按照每个公司的法律框架行使其所有者权利：

专栏4-2 国家所有权职责

1. 委派代表出席全体股东大会并行使国家股投票权；

2. 在全资或控股的国有企业建立合乎规则的和透明的董事会提名程序，积极参与所有国有企业董事会的提名；

3. 建立报告制度，允许对国有企业经营绩效进行定期的监督和评估；

4. 在法律制度和国家层所有权机构允许时，与外部审计员和专门的国家监控机构保持经常性对话；

5. 确保国有企业董事会成员的薪酬计划促进公司的长期利益，并能吸引和激励合格的专业人才。

资料来源：OECD. OECD Guidelines on Corporate Governance of State-Owned Enterprises，2005.

瑞典工业部按照公司法规定的股东权责，向国有企业派出投资经理在企业董事会中担任非执行董事，正式的决策都是通过股东大会做出，工业部直接提名国有独资公司董事或批准国有上市公司董事会提名委员会的董事提名，工业部可直接与国有企业董事和总经理沟通。

加拿大国有股权部门就管辖范围的国有企业效益向议会报告，主要负责部长对管辖领域的国有企业的整体运营情况负责，但对个体企业的日常运营管理只负有解释的责任。

新西兰所有权机构按照公司法和公司章程的规定行使股东权利，根据有关法律指导公司董事会改变企业目标报告，与董事会协商决定公司分红水平，要求董事会提供有关信息。

法国国家参股局负责在股东大会上投票，向企业董事会派出国家代表，协调国有企业董事会运作，决定审计委员会和分红政策，管理企业的并购、重组和出售，明确与国家监管和政府采购等部门的权责划分。

表 4-1　部分国家股东权责

股东权责		法国	意大利	瑞典	新西兰	奥地利	新加坡
遵循的法律框架			公司法	公司法	国有公司法与其他专门法	公司法	企业法宪法
人事	任命董事	Y	Y	Y	Y	Y	Y
	任命董事长	Y					
	任命总经理	Y或建议权			建议权		推荐权
考核		Y		Y			
薪酬			决定小部分		决定薪酬总额		
战略	决定						
	审批	Y	Y				
	监督		Y		Y	Y	
	知情			Y	Y	Y	
投资	决定	Y					
	审批		Y				
	监督				Y	Y	
	知情			Y	Y	Y	
财务	预算审批		Y				
	决算审批					Y	
	收入分配	Y					
	财务监控			Y	Y	Y	Y
	审计	Y		Y	Y		Y

资料来源：张政军. 国家股东行为的国际比较及启示.

二、董事会

(一)董事会的类型

董事会的类型可以有不同的划分标准：

1. 单层、双层、平行的董事会

第一种是按照其结构划分为单层,双层和平行的三种董事会,因为这种划分和公司治理的模式有高度相关性,所以是最为流行的一种划分方式。这三类董事会的定义和代表国家已在前文详细阐述,这里就不再讨论。

2. 小规模董事会和大规模董事会

第二种是按照其组成人员来划分,可以分为小规模的专业人士组成的董事会和大规模的很多利害相关者组成的董事会。

3. 以外部董事为主的董事会和以内部董事为主的董事会

最后一种划分是按照董事会成员的独立性程度来划分为独立性较强的董事会和以内部董事为主的董事会。董事会的独立性是董事会决策和客观评价与监督的基础,是关系董事会有效运作的首要条件,因而也是衡量董事会质量高低的第一要素。董事会独立性的强弱表现为董事会中外部董事的比例高低,以及外部董事在审计委员会、提名委员会和薪酬委员会等专门委员会中的比例高低。一般而言,外部董事所占的比例越高,其独立性越强,越能摆脱内部人控制,有利于公司的权力制衡。

世界上绝大多数国有企业的董事会都由内部董事与外部董事组成,只是在董事会的内外董事比例上存在差异,越来越多的公司在构建董事会时倾向于以外部董事为主。

专栏 4-3 部分 OECD 国家对国有企业独立性的要求和规定

新加坡:董事会由股东派出的人员、管理层代表和独立董事三方面人员组成,其中派出人员担任外部董事,是非执行董事,但不被看作是独立董事。国有企业董事会独立董事超过半数以上,近几年比重还在提升;董事长也是由来自外部的董事担任。

俄罗斯:政府 1994 年初发布法令规定国有企业内部董事的比例不得超过董事总数的 1/3。国有控股的股份公司董事会除总经理进入董事会外,其余均为外部董事,由国家财产关系部、财政部、相关行业管理人员兼任外部董事。但国有独资企业不设董事会,实行总经理负责制。

新西兰:新西兰国有企业董事会成员主要来自私营部门,董事长也来自私营部门,董事会具有较强的独立性。新西兰对董事的独立性要求限于非执行及独立于管理层;而其他一些国家则要求董事不仅要独立于管理层,也必须独立于与公司关联的商业关系,比如在澳大利亚、挪威和希腊等。

澳大利亚：国有企业董事会一般由两部分人构成：一种是非执行董事，在董事会中占多数，不直接参与企业的日常经营管理，另一种是执行董事和管理董事，在董事会中占少数，但参与公司的日常经营管理。

瑞典：瑞典国有企业的董事会中，除职工代表外，其他均为非执行董事，都不是企业的员工；首席执行官可以进入董事会，但不是必需。外部董事占董事会成员的大多数，他们来源广泛，有政治家、股东派出代表、研究机构的专家学者等，但主要的是私营部门的成功人士和专业人士。

奥地利：奥地利国有企业的监督董事会（相当于董事会）最少3人，最多20人。股权管理机构派出代表实行向社会公开招聘制度，使监督董事会以非股东派出的外部董事为主。

挪威：挪威国有企业的董事有执行董事与非执行董事之分，除董事长由执行董事担任外，其余董事均由非执行董事组成。

匈牙利：匈牙利国有企业除总经理进入董事会外，其余均是外部董事。

资料来源：邵宁，秦永法，等. 大企业治理架构[M]. 南京：江苏人民出版社，2011.

(二)董事会的规模

很多国家的国有企业董事会总体规模非常庞大。例如法国，由于1983年《公共部门民主化法》中规定的“三方”董事会结构，国有企业董事会的人数在以前可能达到30人，但从2005年之后，法国重新将董事会人数从30人修改为18人。部分国家对国有企业董事会规模进行了限制，如韩国1983年颁布的《政府投资企业管理基本法》限定董事会规模不得超过15人。

表4-2　国有企业董事规模的规定

	希腊	韩国	墨西哥	新西兰	瑞士
最少	7	—	5	2	2
最多	13	15	15	9	9

资料来源：OECD. Corporate Governance of State-Owned Enterprises: A Survey of OECD Countries, 2005.

(三)董事会的成员组成

国有企业董事会的构成在不同国家有很大差异，产生差异的因素包括政府对企业的影响、职工代表的地位、私营部门专家的重要性和董事会成员独立性的要求等。当今国外国有企业董事会的构成呈现三大特征：

1. 国家代表

国有企业的重要特征之一是其国家代表性，在 OECD 国家中，国有企业董事会主要在国家代表的规模上有本质差别。国家可以由所有权部分或分部部门的公务员代表，也可以由私营部门的“外部”人员或其他学者、专家等代表。国家代表数可以为零也可以是整个董事会。

丹麦、挪威等国的国有独资企业采取中央集权制，即董事会中没有国家代表。瑞典、德国等国家只派出 1～2 个代表，尽管国家股份可能在国有企业中占较大比例。然而，很多情况下，代表数量都是由国家所有权的比例决定的，如澳大利亚、新西兰的非控股国有企业。国家代表的比例在法国是固定的，根据“三方”董事会结构，法国规定国家代表、企业职工代表和企业有关专家、知名人士代表各占 1/3。

表 4－3　国家代表的百分比

	部门制	双元制	中央集权制
无国家代表		韩国、澳大利亚	丹麦、挪威、荷兰
1 或 2 个国家代表	芬兰、德国	意大利、希腊、瑞士、英国	瑞典
所有权比例或固定百分比	斯洛伐克	捷克、奥地利、新西兰、墨西哥	西班牙、法国
全部董事会成员均为国家代表		土耳其	

注：1. 捷克和斯洛伐克介于双层所有权制度和部门制之间。2. 奥地利和澳大利亚介于上层所有权制和中央集权制之间。

资料来源：OECD. Corporate Governance of State－Owned Enterprises：A Survey of OECD Countries，2005.

2. 员工代表

不同国家的国有企业董事会在员工代表和其数量上也有差别，绝大多数国家员工代表产生于股份公司的通常运作之中，并且建立在《公司法》的相关规定基础之上，例如奥地利、捷克、瑞典、芬兰、挪威、丹麦和德国。而在前社会主义国家波兰，该要求则建立在私有化法律基础之上，在财政部所述的公司监督委员会中，员工代表占比达到 40％。有些国家制定了特殊法律条文要求国有企业董事会中员工代表达到一定的数量或比例，例如法国规定人数在 2 人到董事会总人数的 1/3 之间。

虽然越来越多的国家在员工参与方面要求国有企业比私营企业严格，但是在国有企业董事会中设立员工代表的潜在原因和上市公司的董事会是一样的，其目的是增强员工作为股东的责任心。在董事会中设立员工代表的目的是为员工提供一个讨论和协商公司各个战略的机会，同时使其在心里谨记公司的总体财务目标和服务职责目标。其目的同时也在于促进员工和首席执行官及高级职员间的交流。最后且并非最不重要的是，员工代表也可能成为外部董事会成员评估国有企业状况的一种重要的信息源。

但是，对于私营企业来说，设置员工代表的利弊却是一个备受争议的问题。在国有企业董事会中设置员工代表的原因可能因其在实施社会和就业政策方面的良好实践"榜样"而得到加强。事实上，它还由于公共部门工会的传统力量而得到加强。设置员工代表带来的利益在很大程度依赖于员工代表的能力、独立性和他们对保密义务的尊重程度。同时还依赖于他们对董事会和管理层的接受程度和合作程度。

3. 独立董事

国有企业董事会第三个重要特征是他们的独立程度，这是确保董事会效益的关键。董事会在履行其职责时必须拥有自主权和独立性，且不受部长们的日常干预。因此，国有企业董事会的独立性程度将部分地依赖于上面描述的国家代表和员工代表的数量和特点。除西班牙、土耳其等少数国家外，许多国家都设有独立董事，且规定了其在董事会中的比例。各国对独立董事的理解和定义不尽相同，部分国家要求其不仅要独立于管理层，还要独立于商业关系之外。如希腊就规定独立董事会成员不应该是执行人员或董事长，不应该同该公司有任何商业上或其他职业上的关系，不应该和董事会任何一位执行人员、高级执行人员或控股股东有任何层次关系或婚姻关系。

(四)董事会的职责

从大多数西方国家国有企业的公司治理情况看，董事会一般具有以下五项权力：第一，确定公司的战略规划，批准经营计划和预算；第二，决定重大投资、筹资、撤资、购并、非经营交易；第三，确认执行董事、经理层的经营业绩；第四，任命CEO及经营班子成员；第五，决定CEO及经理层其他成员的薪酬。从权力的性质看，前二项属于战略与决策，后三项属于监督与约束权力。按此划分，可分为决策权与监督权合一和决策权与监督权分离两种类型的董事会职责。

1. 董事会既履行决策权又履行监督权

代表国家有新加坡、新西兰、瑞典、奥地利等单层董事会制度的国家。

在新加坡，国有企业控股公司淡马锡公司董事会以为股东创造最大效益为目标，决定公司股息分配及配股、投资决策、资金使用等方面重大事宜。同时，董事会作为政府资产产权代理人，拥有对其子公司有关股本变更、公司重组、年度预决算、委任董事等重大产权经营决策的决定权，监督管理下属公司的经营活动并负有保证政府资产增值之责任。董事会负责高级经理人员的任免，但须符合新加坡共和国宪法第22C条的规定，并经共和国总统的同意。经理层负责公司日常经营管理活动。

2. 董事会只履行决策权，监督职责由监事会履行

德国、日本这样的双层制或平行制董事会的国家，董事会的决策权和监督权分别由董事会和监事会履行。在德国，监事会是公司的最高权力机关，其权力主要包括：董事会成员任免权；公司财务活动的检查、监督权；公司代表权；公司章程中规定的某些业务批准权和股东大会的召集权。董事会更多的是具有执行与决策职能。在日本出资者作为股东享有法律赋予的最高权力，股东选举董事组成董事会作为公司的决策机关，同时选举监事组成监事会作为公司的监督机关。董事会选聘总经理及其他公司的高层经理负责公司日常经营工作。

3. 近10年来董事会职责的变化

国有企业的董事会脱胎于一般公司的董事会，具有一般董事会的职责和功能，同时又因为其国有的特殊性对其原有董事会的职责造成了改变，表现为以下若干方面。

在国有企业的授权和最终责任方面，董事会人员任免及授权一定程度受到国家政府的干预。如韩国2007年改革赋予政府指导委员会宽泛的权力去选任高级经理、评估管理层表现、为机构操作制定指引以及披露管理层信息。

在为国有企业管理层提供战略指引方面，董事会成员的薪酬受到政府控制，董事会所做的工作计划受到政府监督。例如：捷克政府于2010年2月针对国有控股33%以上公司的董事会及管理层的薪酬，推出了原则性政策，确立了薪酬的标准架构，以及用以实施的透明可靠的机制。芬兰于2009年对管理层的报酬及养老福利发布了指引。希腊2005年修改立法，为国有企业董事会设立了义务，使其需要向财政部提交年度及中期商业计划，以及长期战略计划。挪威于2006年对高管层的薪酬提出了指引。波兰正在起草立法用于定义国有企业董事会成员选任的规则，国企经理将由监事会委任。葡萄牙于2008年采用适用于国有企业的战略指引，用于促进管理层目标的执行以及经理绩效称职评估。瑞典于2009年采用了对国有企业高层执行人员的任期指引。

在董事会的构成方面，各国一方面在精简董事会的结构以及人数，另一方面要在董事会目标的执行力与独立判断力方面做出平衡。法国从2005年起将国有企业董事会的一般人数从30人缩减到18人，相对的雇员、国家董事以及独立董事比重没有变化。在德国，《公共公司治理法》提高了监事会的条件以避免其矛盾，过去只适用于董事会委任，现在明确监事会对董事成员有持续监督能力。在意大利，上市国有企业的章程在2005

年做出修改，增加了对董事会“名望度及专业度要求”的提名标准，个人任职董事会的数量也遭到限制。韩国在2007年修改了董事会主席的委任，商业性国有企业的董事会主席必须由外部董事委任(半商业性的国企董事会中首席执行官充当主席的作用)。在波兰，根据立法草案，将安排一个提名委员会向财政部推荐关键国有组织中监事会的成员，委员会将由10人组成并由总理任命。西班牙在2006年修改法律用于防止董事与经理之间的利益冲突，该法提出商业及政治行为的兼容性、对公共官员在政府相关公司中持股的限制，以及商业及金融资产的披露；2010年立法进一步修改，减少了国有企业董事会及经理的人数，以使董事会更加小而有效。

在国有企业董事会专门委员会方面，越来越多的外国国企董事会不断成立并完善其薪酬、审计、战略等专门委员会。芬兰在2007年鼓励成立薪酬委员会，用于确保国有企业兼具竞争和激励的薪酬。在法国，虽然未经既成改革确定，国家所有权代表积极促进政府投资的公司去成立审计、战略和薪酬委员会。韩国2007年的修法暗示商业性国有企业(但不包括半商业性国企)应当成立审计委员会。

三、监事会

监事会是公司内部设立的专职监督机构，负责监督公司的一切经营活动。监事会以董事会和总经理为监督对象，对董事、经理执行公司职务时违反法律、法规或者公司章程的行为进行监督。

从国际上看，监事会的模式可以分为两大类型——德国模式和日本模式，分别与其董事会制度相对应。前面已经提到，德国、荷兰等一些欧洲大陆国家的董事会采用的是双层制，监事会(监督董事会)设立在股东大会之下，但其权利在董事会之上。日本企业的监事会(也叫监察人会)则是纯粹的一个监督机构，其主要职权就是监督、评价董事的行为。日本企业的监事会虽然与董事会的地位是平等的，但是由于引进了独立监事及建立了法定监事制度，监事会的独立性较强，监督的效果较好。

专栏4-4　日本企业的监事会制度

日本规定股份制公司(包括国有企业)必须任命法定监事，法定监事不能同时是公司的董事或者员工，而且法定监事中至少有一个人是“独立的”，即他在过去的5年内既不是公司的董事，也不是公司的员工。

事实上，独立监事大约占法定监事的一半，他们常常是来自重要的商业伙伴如集团公司和重要银行的前任雇员或个人等。日本独立监事来源于外部利益相关者，所以将其称为“外部监事”更加合理。外部监事不受控于公司董事和经理，能够充分行使其职责；外部监事还可以避免内部监事与经营者合谋产生新的内部控制人问题。日本监事会拥有下列职权：

1. 解任会计监事与选任临时会计监事权。

2. 决定监督事项权。监事会可以决定监督方针、调查公司业务及财产的方法及其他有关监督事项，但不得妨碍监事行使职权。

3. 听取董事报告权。董事对监事会有报告义务，董事发现对公司有显著损害之事实时，清算人应将会计文件及其附属明细表提交监事会，监事会应向清算人提出监督报告书。

4. 受领董事提交文件权。董事应向监事会提交计算文件及其附属明细表，监事会可得到董事会的报告书。

资料来源：邵宁，秦永法，等. 大企业治理架构[M]. 南京：江苏人民出版社，2011.

在2000年之后兴起的国有企业集权化改革中，芬兰等国家废除了国有企业的监督董事会，从而采用了单层制的董事会体系，其实质是将公司治理的模式以内部治理为主逐渐改革为以外部治理为主的模式。

第三节 国外国有企业的治理机制

一、董事会与CEO的提名任免

（一）董事会成员任命

在许多OECD国家中，确保国有企业的董事会合格正在成为所有权实体的一项关键任务和优先事项。在国有企业董事会成员任命方面，尤其是在国有企业董事会中国家代表的任命方面，所有权实体并不总是主要的决策机构。也可能牵扯到不同的部委或者其他的政府机构，特别当那些国家实施双重所有制且经常施加强大的政治影响力时更是如此。极少数的国家在国有企业董事会任命方面规定了明确的步骤。

在一些OECD国家中，政治影响在董事会任命过程中十分强大，但是这种过程能够且经常退化成为一种以“政治干预”为特点的境况。其结果是董事会中充斥着由政治关系而非商业才能而得到选举的人，这通常被认为是国企治理中一个重要的缺点。

一些OECD国家试着控制国有企业董事会任命中的政治干预问题。例如，韩国已经采取了重大的改革措施以减少在政治基础上向国有企业管理层和董事会中任命军方人员或高级官僚的数量。但是这些努力受到政府内部和各政治党派的强烈抵制，他们认为这些任命过程正是一种影响国有企业战略的重要方法。

表4-4 不同所有权组织模式下的国有企业董事会任命特点

国家所有权中央集权制国家	部分双层制或分权制模式国家
• 国家代表和其他“独立”成员完全由所有权实体任命 • 国家代表人数通常为一两个，且来自所有权实体本身	• 国家代表由有关的分部部长任命，但决策需要通过内阁批准 • 任命通常是集体决策，涉及分部部长和政府，需要在不同国家机关间协商

资料来源：OECD. Corporate Governance of State-Owned Enterprises: A Survey of OECD Countries, 2005.

另外一些国家使用一种更为普通的方法对政治干预加以控制，这种方法建立在公共部门人员任命的综合过程之上。这方面的例子是英国，其国有企业董事会成员由持股部门任命(或批准)。但是该任命过程必须根据《英国政府委任部级人员实务守则》进行，该守则是任命公共部门人员的指导方针，其重点在遴选程序中的透明度和连续性。因此，该遴选程序由公职任命督察长办公室实施，且在选择其他董事会成员时，国有企业董事会主席也是遴选小组之一。

专栏4-5 芬兰的招聘管理顾问制度

安排竞标会去雇佣一个合适的猎头公司寻找候选人，顾问合同为期是4年。之所以和猎头公司合作是因为他们有资深的简历库。竞标会以一般小型的公共竞标程序进行，五六家顾问单位将受到邀请而最合适的投标将从其中选出。顾问合同适用固定年费。

资源库

顾问有责任建立一个拥有合适候选人的资源库，这些候选人应当符合所有权管理部门确立的标准(如专业性区分)。新候选人定期被加入资源库。所有权管理部门也有权提名候选人，同样须遵守顾问所确定的相同审查体系。在选择候选人时可能会进行个人面试。

从候选人库中选择

所有权管理部门根据其公司组合确定一份需要候选人的职位表。他同时确定每个空缺职务所需候选人的具体资格。这些资格将传达给顾问。顾问将按照其条件提交一份各个职位的候选名单。然后一家公司接一家公司地筛选，直到一到三名候选人在被考察过背景、资质、能力及潜在利益冲突之后获得确定。所有权管理部门确定人名之后将在每个公司的年度股东大会进行提议。

来源：芬兰当局对OECD调查问卷的回答，转引自OECD. Corporate Governance of State - Owned Enterprises：Change and Reform in OECD Countries since 2005，2011.

大多数OECD国家的国有企业都有个混合的董事会，包括国家的董事以及“独立”董事。一些国家对国有企业董事会成员具有法定要求或传统。国有企业的董事会应当有足够人数是从非国家产业聘用的非执行董事，尤其是在商业环境下运行的国有企业。如各国国有企业实践显示，当今社会的国有企业由公共产业部门代表占多数组成的董事会是很不寻常的。

专栏4-6　董事会概要在加拿大的用途

董事会联络各负责的部长办公室以及与委任有关的各个部门，包括向政府建议主席的选择标准、胜任资格和对空缺董事的期待。

国有企业应建立并完善董事会概要，以确保负责的部及其部长对公司董事的胜任能力有个总体上的透彻理解，并确认胜任能力上的不足。

董事会概要从整体上描述一个董事会所应具备的经验、技能。有时所有董事都需具备这些技能，一或两名董事须具备其他专业技能。从而，董事概要是董事会概要项下部分，用于提供弥补董事会空缺的详细的职务描述。所有国有企业的董事会概要在政府的委任提名网站上进行公示。

负责部长及其部门使用董事会概要及董事概要指引其确定合适的候选人以委任董事会董事。

来源：加拿大当局回答OECD问卷，转引自：OECD. Corporate Governance of State - Owned Enterprises：Change and Reform in OECD Countries since 2005，2011.

许多政府通过有关国有股权的法律或下级法规，规定合格董事候选人的资格。这些规定或指引可能与个人的行为品性有关（如正直、诚信），也涉及教育或专业资格，以及其他被董事会（包括团队成员）所重视的品质。也有可能会与特殊指引或限制性比例有关，如性别、种族、员工代表、国家或股东代表。对董事会规模的限制同样重要。

表 4－5　新西兰董事会委任程序

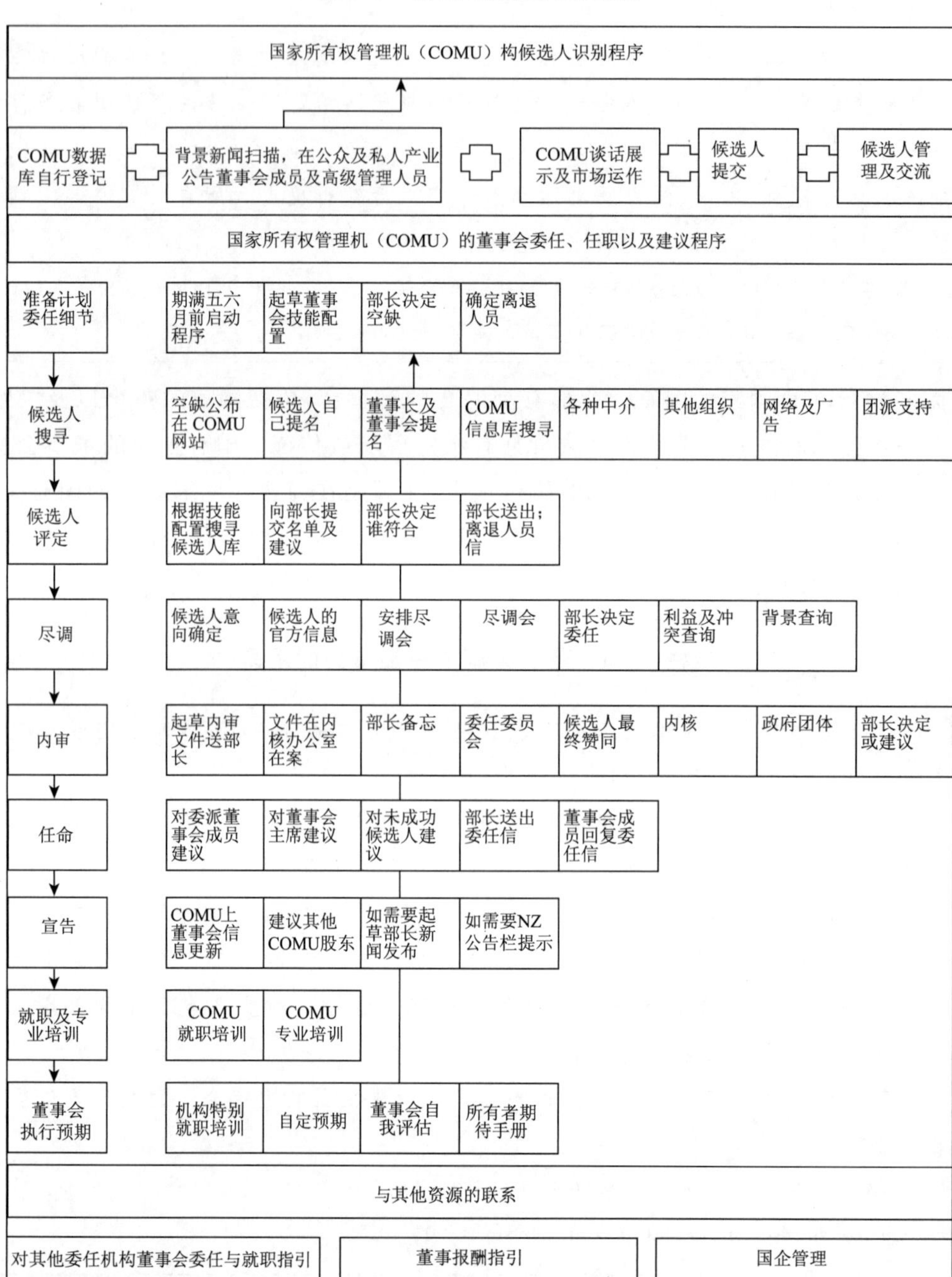

资料来源：OECD. Corporate Governance of State－Owned Enterprises：Change and Reform in OECD Countries since 2005，2011.

在新西兰，还开展正式的董事就职培训。综合性就职培训对于国有企业国有董事全面了解所受委任的国有企业以及国家和公众是非常重要的。国有企业的各种就职（行政、人力、战略、市场等）由国有企业在董事长的监督下，根据国有企业决定的最合适的方式进行。国家所有权管理机构对所有新国家董事安排好一个一天的就职课程，内容包括：国家董事的义务和责任；部长的期望；主要股东之间的联系；与其他国家董事见面以建立工作网络。

所有新的国家董事被强烈期望在任命六个月内参加这个课程，但这不是强制性的。国家所有权机构承担场地及出席者费用，国有企业承担新董事参会的差旅开支。国家所有权机构正在审查对国家董事的所有培训活动。任职培训中，面对面的培训课程预计将保留（以保证可以建立工作网以及其他联系），并且将通过网络资源及论坛实施。

（二）CEO 任命

奥地利、澳大利亚、丹麦、芬兰、德国、新西兰、新加坡和挪威等国家明确了由董事会任命 CEO。另一些国家，虽然国有企业董事会正式负责 CEO 的任命，但是任命过程受到很强的外来影响，如需要与相关部委进行协商，或需要得到主管部门的批准，以意大利、日本、韩国、英国等国家为代表。

有些国家则明确规定国有企业董事会不负责 CEO 的任命，例如比利时、法国、墨西哥和土耳其。在法国，大型国有企业的 CEO 由总统任命，在墨西哥，比 CEO 低两级的高管人员也由所有权实体任免；少数国家，由全体股东大会任命 CEO，比如韩国的政府投资公司、匈牙利和希腊的股份有限公司。

CEO 的任免权应该属于董事会。董事会如果没有任免 CEO 的关键职能，那么就很难充分行使其监控职能，并对公司的业绩负责。这种职责的缺失被许多国家认为是国有企业治理最重要的问题之一。

表 4－6　各国国有企业董事会和 CEO 任命方式

国家	董事长	董事	CEO
澳大利亚		董事会向持股部长提交候选人名单，持股部长与首相和国库部进行协商	董事会根据政府意见任命
奥地利		股东大会任命监督董事会	公开选聘，由监督董事会任命
芬兰		股东大会提名任命，国家没有特权	董事会任命

续表

国家	董事长	董事	CEO
法国	国有独资公司董事长由主管部长提名，内阁批准，以法令形式授命控股公司董事长由国家提名确定	部长们选举产生	国有独资公司董事长一般兼任 CEO 由内阁直接任命
德国		根据股权比例决定，议会成员和部长不能成为董事	监督董事会选举产生
意大利		利用黄金股可以任命一名只有观察员身份的董事会成员	董事会负责 CEO 的任命，但是需要与相关部委进行协商 经济财政部在正当理由的情况下可以随时撤换
日本		部长决定董事的任免	由董事会任命，选任需要得到财政部长或公共管理部长的批准
韩国			董事会设立一个由外部董事组成的委员会向总统推荐一个候选人，总统有权任命 CEO。政府投资公司的 CEO 由全体股东大会任命
新西兰		有关部委的部长任命董事会成员	董事会任命(需按照政府期望)
挪威		根据股权比例决定	董事会在咨询公司的协助下任命
波兰		根据股权比例决定	监督董事会任命
瑞典		国有独资公司由工业局直接任命；国有控股上市公司须由工业部批准	有关部委和董事长在任命之前要进行协商，董事会任命
英国		政府根据任命审批权限提名董事	政府根据董事长建议批准任命
新加坡		控股公司有推荐人选的权力；董事会下设提名委员会负责提名或再提名董事	董事会负责任命，控股公司可参与物色和推荐人选

资料来源：OECD. Corporate Governance of State - Owned Enterprises: A Survey of OECD Countries, 2005.

二、绩效考核

OECD 国家很少对国有企业董事会的绩效进行系统的内部评估，根据 OECD 发布的报告，只有新西兰、波兰和瑞典三个被调查的国家对董事会的绩效进行了系统的评估。在瑞典和新西兰，对董事会和每个董事会成员都要进行评价。在波兰，国库部每季度、全体股东大会每年都要对董事会成员进行一次评价。

一些国家根据对报告制度的要求，由董事会或董事长向所有权实体、行业部门或议会提交报告，国家据此对董事会业绩进行指导和评价。这些国家有：希腊、斯洛伐克共和国、法国、澳大利亚等。在土耳其，负责审计国有企业的国家控制机构也负责评价国有企业董事会。在韩国，计划和预算部根据详细制定的程序，每年对国有企业效益进行评价。

大部分国家还没有对国有企业董事会系统和定期的考核制度，但是越来越多的国家正在计划建立起这样一套体系，并使其成为提高国有企业董事会专业性的一个重要工具。

三、激励与薪酬

在很多国家中，只要薪酬水平不足以吸引和留住具有专业知识和经验的董事会成员，就很难真正提高董事会的专业水平和商业洞察力。在大多数的OECD国家中，董事会的薪酬依然远远达不到和董事会所担负的责任相匹配的水平。国有企业董事会薪酬水平在不同所有权模式中存在差异。

表4-7　董事会薪酬水平

所有权模式	薪酬水平	代表国家
所有权中央集权	薪酬与私营部门水平相当	瑞典、法国
分权制和双层制	薪酬水平低于私营部门	韩国、波兰
少数几个国家	没有薪酬，只有出席津贴	西班牙

资料来源：OECD. Corporate Governance of State-Owned Enterprises: A Survey of OECD Countries, 2005.

薪酬标准经常随国有企业规模、相关的工作量、风险水平、部门或公司中的工资指标和相关部门的通常实践水平而定。一些国家设置了最高薪酬标准，例如在波兰，最高薪酬标准是有关工业部门平均工资的六倍，对于那些非常重要的国有企业来说可能存在一种例外情况，即比有关工业部门平均工资的六倍再高50%。斯洛伐克共和国的国有企业也是这样，该国规定薪酬水平最高是全国票据工资水平的五倍。有些国家也考虑了董事会成员的非现金收益和与所供职位相关的个人地位问题，例如澳大利亚。

极少数国家的董事会成员部分薪酬还与绩效挂钩。斯洛伐克国有企业董事会可以得到相当于首席执行官奖金5%的奖金，英国的董事会成员薪酬也包含绩效奖励。

四、监督——审计和特殊控制

(一)外部审计

大多数OECD成员国的国有企业同样要接受外部审计人员的审计。在英国，国有企业每年年末公布的财务报告都需要有审计人员的签名，且审计人员的意见依据要包含在年度报表里面。各国外部审计人员的特点和选择方式是不同的。

在一些国家，由独立的注册外部审计人员对国有企业进行审计，这些审计人员是由公司自己选择的，更准确地说是由公司的审计委员会选择的。法国、挪威、波兰和斯洛伐克共和国就是这种做法。在英国，除了运营基金外，所有国有企业都要接受独立审计人员的审计。在比利时，每个国有企业的审计工作都由4个外部审计人员进行，其中2人由国家控制机构任命。意大利也是如此，在没有具体法律规定的情况下(对非上市国有企业)，经济和财政部要求国有企业接受独立的注册外部审计人员的审计。

在另外一些国家，国有企业由官方“审计总署”进行审计。审计总署负责澳大利亚联邦政府机构和公司的财务报表以及英国的运营基金的审计工作。审计总署是国家特殊的审计实体，这一点将在下面进行描述。他们在获取有关文件、进入办工场所和接触国有企业职工等方面拥有很大的权力。

在一些国家，某些特定的国有企业可以从私营部门挑选审计人员，但是同时要求审计长提交一份有关公司财务报表的审计报告，例如澳大利亚的国家电信公司。

(二)特殊的国家控制

在绝大多数OECD成员国中，国有企业除了与普通公众公司一样要提交报告之外，在信息披露和透明度方面最明显的特征是它们还需要向国家的特别控制实体提交报告。这些特殊的控制措施是由专业的国家审计实体实施的，一般负责控制公共资金的使用。这些特殊的国家审计机构在日本被称为审计委员会，在澳大利亚、芬兰、新西兰、英国和挪威被称为国家审计署，在加拿大被称为审计长公署，在意大利、比利时、法国和奥地利被称为审计法院，在波兰被称为最高监察院，在韩国被称为审计监察委员会，在德国被称为联邦审计法院，在奥地利被称为审计法院，在西班牙被称为行政稽查机构，在土耳其被称为高等审计委员会，在挪威被称为国家审计署，在瑞典被称为国家审计局。

在意大利，审计法院的代表可以以无表决权观察员的身份列席董事会会议和法定审计理事会会议。他们就每一家国有企业向议会提交一份年度报告。

在韩国，必要时审计监察委员会有权检查政府投资的公司。

在瑞典，国家审计局在业绩审计的范围内可以检查国家以有限公司形式从事的各种活动。这种检查的对象是法律规定的活动、其他法定条款规定的活动或国家在其中有重大利益的活动。国家审计局也可以任命一个或多个审计人员参与年度审计，这意味着国家审计局和其他审计人员一起根据《公司法》中的审计条款对公司进行审计。

在土耳其，高等审计委员会在总理府的授权下，要对国有企业及其子公司和关联公司进行定期的审计/监控。国有企业的年度财务报表由土耳其共和国国民大会审计并批准。

这些各具特色的国家审计机构之间一个重要的区别在于其报告流程。在法国等国家，审计机构向执行机关提交报告。在上面列举的其他国家中，审计机构直接向议会提交报告，比如英国和澳大利亚的国家审计署（审计长），奥地利的审计法院和挪威的国家审计署。

五、报告与问责制度及其信息披露

（一）事前报告

事前报告制度通常是普通《公司法》强制要求的补充，其内容主要是关于目标的制定。在大多数 OECD 成员国中大型国有企业必须报告其经营目标，报告的形式各式各样，典型的模式是国有企业首先提交年度商业计划，并提交相关行业部或财政部批准；随后，每季度、每半年或每年向其所有权实体或财政部、国库部提交定量和定性的报告信息，以监控企业当前的业绩是否与既定目标相符。

然而，确定经营目标和测量经营业绩对于任何类型的公司来说都是非常困难的，国有企业尤为困难，因为国有企业往往要实施政府的政策，从而需要制定一套更加复杂的目标。除了目标上的含糊不清之外，目标和业绩之间进行联系也是非常困难的。这些不确定性导致了管理上的激励不当，反过来干扰了既定目标的实现，这种情况在计划经济中表现得尤为突出。国有企业公司制改革的一个关键目标就是缓解监督公司业绩时出现的这些困难。

一些国有经济占主导地位的国家采用了一种详细的、复杂的目标制定和业绩监控体系。如在土耳其，国有企业拟定项目提案，交国库部和国家计划署进行修正，最后经内阁批准并在官方公报上公布。韩国国有企业除了向私有企业那样做报告外，还必须在每年的 3 月 20 日之前提交给各个有关监督实体（即各行业政府部门、计划预算部、财政经济部和国民大会）一份名为《运营实际结果报告》的特别报告，报告的内容包括国有企业目标的财物和非财务信息以及这些目标的完成情况，还包括“公众利益关注的问题”。

目标报告也存在于澳大利亚、比利时、法国、希腊和新西兰等国，这些国家实施了一种名为“经营管理合同”的特殊方法。经营管理合同体系的主要宗旨是使国有企业业绩目标（包括政策目标）的制定和监控进一步正规化，同时在股东利益和董事会的管理权之间做出清楚的划分。在澳大利亚，作为经营管理合同体系的一部分，国有独资企业必须提交与政府政策保持一致的公司目标声明（SCI）。在法国，经营管理合同明确了国家和国有企业各自的责任，同时也确定了用以测量财务盈利能力和生产效率目标等业绩指标的常用工具，还规定了管理层和职工的激励政策。在希腊，经营管理合同包含了完成商业计划目标的条件和规定、修改合同的条件、监控主要经济业绩所需的指标等内容。在新西兰，除了年度商业计划外，国有企业董事会和管理层必须拿出未来三年的战略和财务业绩规划。

（二）同步业绩指标

为了降低难以预见的较差业绩所带来的风险，有些国家建立了同步业绩指标监控系统。在澳大利亚，政府商业企业（GBE）需每半年向持股部门的部长提供一份机密的业绩报告，各持股部门的部长也可以要求政府商业企业每季度提交一份这样的报告。在法国，新设的国家参股局（APE）开发了一种月度报告体系，内容包括主要的财务指标以及有关的定性指标。国有企业的高管层必须经常（至少每年一次）组织召开有国家参股局参加的会议，就发展和战略等方面的主要问题进行解释和讨论。在新西兰，国有企业董事会必须每月向皇冠公司监控咨询机构（CCMAU）汇报一次，报告其运营与预算的差距。在英国，国有企业参照规划和预算，定期（往往每月一次）向股东执委会报告其基于计划和预算的经营业绩情况。此外，所有权实体应该被告知任何显著改变国有企业业绩的重大事件。

在不同的国家，目标完成情况报告（即经营管理合同履行情况）也具有不同的形式，且涉及不同实体单位。议会越来越多地参与到公司目标评估或任何一种绩效年度报告。在法国，《业绩合同年度评估报告》由国家稽查员实施，且直接向财政部汇报，这些报告的内容不予公布。在希腊，国有企业董事会必须向经济财政部、有关部委以及议会的某些委员会提交《公司活动年度报告》，其内容包括与商业规划和经营管理合同目标的完成情况有关的所有信息。在意大利，非上市国家独资企业在2月底必须向经济财政部提交《年度报告》，其内容包括对主要管理问题的描述，以及同预测结果相比较的主要财务表现。国有企业也必须在每年年中报告其最新的财务项目和管理问题。在比利时，国有企业董事会每年都要向主管国有企业的部长就其公共服务活动进行报告。在澳大利亚和加拿大，如国有企业被要求提供公司规划，那么他们也需要提供执行规划的进展报告。

(三)完善的事后报告制度

事后报告制度披露的内容包括财务报告、董事会或公司治理的报告以及一些国有企业需要提供的特殊报告。

1. 财务报告

近年来，大多数OECD成员国国有企业在财务信息披露方面有了很大的提升，而且国有企业报告的详细程度达到了普通股份公司的水平，而且在大多数情况下，国有企业还要遵守额外的规定。

所有OECD成员国的国有企业都必须提交年度报告，大多数国家的国有企业也会公布半年报告，比如挪威，但只有少数几个国家的国有企业公布季度报告，如新西兰、瑞典、土耳其以及挪威的部分国有企业。在法国，只有上市的国有企业需要公布半年报告，但从2004年开始，所有发行证券的国有企业也承诺公布半年报告。在大多数情况下，公众可以获取年度报告，而中期报告的公开性就不是很强。

各国国有企业年度报告的主要差别在于报告的综合性、质量和明确性。为了提高报告的水准，一些国家公布特殊指引或手册，规定年度报告中必须包含的关键项目。例如，澳大利亚的昆士兰州规定了《昆士兰政府机构年度报告指引》，波兰制定了《财务报告指引》。

为了提高年度报告的时间效用，一些国家制定了明确的政策鼓励国有企业及时公布报告。如瑞典要求所有的国有企业在此年1月公布年度报告。

2. 董事会报告和公司治理报告

越来越多的OECD成员国要求国有企业提交董事会报告。报告内容包括：公司主要运营活动回顾；影响国有企业业绩或战略前景的重大事态与环境变化；可能实现的发展；有关董事会成员的信息等。而在一些国家，国有企业还需要提交公司治理报告，这一报告通常包含以下信息：董事会的构成和任命程序；董事可以利用的外部咨询成员；为CEO和董事会成员制定并审核薪酬计划的程序；任命外部审计人员的程序；风险管理；

理论政策。

在加拿大等一些国家，国有企业与其主管部门达成了一种特殊的“治理协议”，并且定期进行审核。有些国家虽然没有公司治理报告，但类似的内容会包含在更为具体的报告或年度报告中。例如瑞典，国有企业必须提交一份关于董事会构成和本年度内工作的报告；在比利时，年度报告涵盖了董事会成员薪酬的全部信息。

3. 特别报告

在一些国家中，国有企业必须提供额外的、主要涉及非财务信息的报告，内容或者是反映上市公司的报告要求或实践，如丹麦的国有企业必须就重大事件向丹麦商业和公司署和公众报告；或者是作为所有权实体的一种前期政策而引进的特殊报告制度，如芬兰的国有企业必须在年度报告中专门介绍经济增加值。奥地利工业股份公司在提交年度会计报表的同时，必须就实施私有化项目的进展情况进行报告。在新西兰，国有企业需要实施基于价值的报告。在波兰，国有企业除了要遵守《公司法》规定的那些要求之外，还必须遵守一系列额外的信息披露要求。西班牙国有企业每半年报告一次对广告和竞争原则的遵守情况，才能获得劳务合同。瑞典的《政属公司外部报告指引》规定，所有国有企业在提交年度报告时必须同时提交一份特别报告，包括综合外部环境分析，有关公司机会均等政策、鼓励多元化的工作和一份对所有激励计划账目的描述，一份公司股息政策的账目，关于公司环境记录的信息。土耳其的国有企业每一季度都要向国库部汇报注入职工数量等非财务信息。英国国有企业的年度报告中需要包含的非财务信息有：CEO的总体看法、董事长的声明、商业发展评估、未来商业战略、公司治理安排和董事会的详细情况（薪酬、经验和责任）。在意大利等国家，为了确保所有非政府股东能够得到平等的对待，不允许使用政府特别报告。

(四)其他报告和问责机制

在一些国家中，国有企业的年度股东大会可能向公众公开，从而把公众当作最终的股东。瑞典就是其中一例，该国认为国有独资企业“提供年度股东大会的对外联系活动”是合情合理的。

在涉及国家支出框架的评估时，或为了满足那些对国有企业业绩进行专门质询或审计的特殊规定时，国有企业可能（有时必须）要与议会委员会打交道。国有企业也可以通过回答持股部长提出的问题而间接向议会报告。一些规制部门也要对国有企业遵循规制法规的情况进行规制审查。

表 4-8 透明度和信息披露/综合表

国家	与上市公司的规定相同	时间	一般事项：报告类型	特殊事项：股东报告	总体信息披露
澳大利亚	是	年度月度或季度报告	财务和非财务报告	在年度报告中，列举出有关责任和特别职能的信息	
奥地利	是	年度	向全体股东大会报告	私营公司	
芬兰	是，上市的国有企业相同，但其他国有企业没有特别的信息披露规定	与全体股东大会协商或遵循有关证券市场的立法	私人（非上市）公司向作为股东的国家报告，上市公司向市场报告	无具体义务	是，每年出版一份名为“芬兰的国家股权”的公告
法国	是（对于上市公司）	年度	以年度预算草案的形式公布		是，每年出版《国家股东》
德国	是		政府可以通过其在监督董事会和全体股东大会中的代表要求企业详细的报告		
意大利	部分是（外部审计与上市公司要求相同，但没有季度报告的要求）	上市：季度报告 非上市：年度和半年度报告	非上市国有独资企业向国库部提交定量和定性的信息报告。审计院就每家国有企业的活动向议会报告	是，采取自愿原则	
日本	部分是		日本电信：向财政部提交商业规划和报告；日本电信电话：向公共管理部提交资产负债表和经营报表		
韩国	几乎一致，政属公司提交的经营实际效益报告除外	年度（根据运营情况需要随时报告）	总裁向国民大会、计划与预算部以及行业部报告企业的经营效益	对股东不负特别的责任	
新西兰	是	季度、半年和年度报告	董事会将公司规划和年度报告提交持股部门审批	是，依照公司法	是，皇冠公司的年度报告
挪威	是	年度报告上市公司还要公布其季度报告	董事会：将公司年度账目和年度报告公布于众，并提交给议会内容包括财务和非财务信息	私营公司	是，由贸易和工业部实施
波兰	存在一些差异	季度	向国库部报告由监督董事会或年度全体股东大会批准的财务状况；向财政部报告情况	没有	

续表

国家	与上市公司的规定相同	时间	一般事项：报告类型	特殊事项：股东报告	总体信息披露
瑞典	是	季度、年度	向议会和公众提供年度报告。每季度，国有企业分支机构	与其他私营公司	是
英国	没有	年度，但也有公司半年提交一次数据更新	财务和非财务(包括CEO总体意见、董事长声明、商业发展回顾、未来商业战略和公司治理安排等)	总体上，尤其是与员工有关的事项	目前没有，2005年将第一次进行

资料来源：OECD. Corporate Governance of State - Owned Enterprises：A Survey of OECD Countries，2005.

(五)2005年以来相关制度的变化

1. 国有企业年度总括报告

在年度报告之外，德国于2009年通过修改联邦预算法，设立起一个专门的议院委员会，不仅是联邦持有的管理机构应当接受该委员会的审查，国有企业管理层成员有时也要接受其审查。

在瑞士，从2011年开始计划实施一种综合性年报，国会已于2010年通过了相应修正案。

在土耳其，国有企业的总指引机构于2006年开始发布年度所有者报告。一项2009年的政府指导方针进一步使国家财政机构有权去收集和公开所有公共企业的信息，包括这些企业的下级企业。

2. 内部审计程序

希腊在2005年修改立法使内部审计实践进入国有企业。

在意大利，一项2009年的法律规定了所有未上市国有企业的内部审计，所有直接或间接国家持有的公司，内部审计须向董事会或董事会审计委员会报告。

3. 材料信息公开

在意大利，所有国有企业从2006年以后应设立一名高级管理人员用于管理会计制度和财务报表。2008年拟定的一项法律确立起对国有企业聘用人员和采纳外部意见“公开、透明、无偏袒的程序”。

韩国在2005年采用网上信息系统，用于提供国有企业(以及其他公共机构)的财务和非财务表现的实时信息。

在新西兰，从2010年开始的股权部长已经启动了一项针对最大的7家国有企业的信息持续披露制度，目的是持续通知公众可能对这7家公司商业价值造成实质影响的事件。

波兰正草拟立法以增加国有企业运营以及国有资产处置的透明度。

瑞典政府已于2007年修订了关于国有企业外部报告的指引，新指引重点强调了可持续性的报告。

在土耳其，根据2006年的部长理事会法令，国有企业被要求公开年度账户，包括在定期更新的网络上进行公开。

第五章　国外国有企业的整体环境

第一节　政企关系

一、各国政府对国有企业的关系

各个国家实践对国有企业的管理和所有权控制的方式都不相同，主要与每个国家的行政管理传统有关。这些传统来源于20世纪80—90年代各国公有制管理部门的私有化浪潮，以及近期国有资产管理与调整的改革。在这些行使国家所有权的方式中，主要存在三个类型：分散或部门模式、双峰模式、集中模式。

最传统的便是分散模式——国有企业分别处于管理相关产业部门的部局之下。最为广泛的是双峰模式，相关产业部门和职能部门与某中央部门共享对国有企业的所有人权利，这个中央部门通常为国家财政部或者国家储备部。最后是集中模式，对国家所有权的行使集中于一个主要部门之下。最近集中模式在不断增加。一些国家采用了一种以上的模式，例如，捷克在组织国有企业所有权管理时，兼用了分散或部门模式的特点，以及双峰管理模式的元素。

在过去十年间对所有权管理和形式模式的变革与演变非常之显著，并且许多国家仍然处于这项改革的进程之中。总的趋势是从分散或部门模式向不断集中的方向进行改革，尽管一些国家显然已经建立起了比较稳定的双峰管理模式。

变革国家所有权行使模式，是为了完善过去二十年在许多国有企业仍占据主要地位的产业部门所进行的产业结构性改革。这种情况尤其在非生产性的产业之中非常普遍，例如燃气及电力供应、电信、邮递服务、燃气输送、铁路等产业。由于这些产业的技术或信息特征，产业准入以及定价仍然需要管控。在这些产业内进行的结构性改革已经扩大了私有化[①]以及管理改革。

这种管理改革具有纵深性，因国际参与度的增加，使其更容易进入国内市场，更加依赖商场的竞争机制以及基于市场的激励机制。这种在非制造性产业进行的管理改革进程在20世纪90年代的多数经济合作与发展组织成员国中非常普遍。这种改革进程在信息网络产业(包括电信、网络器件、传播等行业)改革中尤其重要，虽然在经济合作与发展组织各成员国中这种改革的范围和程度并不相同[②]。这种自由与解放式变革仍然在许多国家的产业中继续，尤其是欧盟，它将这样变革作为一种完善一体化的推动力量。

对国家行使所有权方式的改革是对私有化及相关规范制度的补充。多数经济合作与发展组织成员国已经积极地将国内各产业中的管理职能清晰地划分出来。行政机关主要是确保国有企业与私人企业之间平等竞争。国家对其所有权行使的改革可更加清晰地识别以及强化其能力，包括强化对国有企业管理层和董事会的激励、使其更加有效率地生产和完善其工作。

(一)分散或“产业部门”管理模式

第一种类型的国有企业与国家之间的组织形式——“分散”或“产业部门”模式是最传统的一种类型。在该种管理模式下，国有企业分别处于其产业部门负责管理的部局之下。在20世纪70年代国有企业改革浪潮之前及稍后，这种模式曾经是各经济合作与发展组织成员国中占绝对多数的国有企业管理模式。这种分散至各产业部进行组织管理的模式也曾经是前社会主义国家在转变为市场经济国家之前最为普遍的模式，例如捷克、波兰以及匈牙利。这种国家所有权行使功能的模式仍然在今天的一些经济合作与发展组织成员国中继续存在，例如斯洛伐克、芬兰以及某种程度上的德国。例如在芬兰，9个不同的产业部分别对超过50家国有企业行使国家所有权的职能。在英国，国家所有权职能曾经在历史上被分配至众多产业部局，如今法定国家所有权的行使职责归属于9个不同部、局或办公室。

直到20世纪八九十年代的私有化浪潮，采用产业部门组织模式的国家都具有一个非常宽泛的国家产业，这个国家产业部通常成立于二战之后，是战后国有化的结果，例如芬兰，或者是因为处于旨在国家重建的政府主导的产业政策框架之内。这些宽泛的

① OECD.国有企业私有化：OECD成员国政策和实践概述.2003.

② OECD经济部门第419号工作文件《1998－2003年OECD成员国产品市场规制》。

国家产业部门有时会结合"主动"或"半"国家规划。

在一些情形下,产业部局行使主要的管理权力,而某个部局扮演着协调的角色。这些起协调作用的部局安排各种产业部局协同工作,并且负责解释国家所有权政策的整体内容以及特别指引。

芬兰就是这种情形,在商业和产业部之间成立一个专门单位扮演协调角色并且运作"国家所有权政策的政府原则性决策"。

在英国,国有股东事务管理局对行使股东权的产业部提出有关政府产业组合中其他产业的建议,同时对其他产业行使股东职责。

在德国,财政部阐释有关国家所有权与私有化的政策,并且管理国家持股的变更。因此德国国家所有权的行使模式被认为更接近双峰模式。这种模式的主要优势及合理之处在于这样分散组织更具有产业专业性以及可用于执行更加主动的产业政策的能力。

随着从具体的产业政策向更加框架倾向式和市场自由式的政策转变,这种分散管理模式的优势已经消失。国有资产的管理已经朝着向所有权观念转变并更加着重于附加价值,国有企业已经不再像过去那样被视为产业政策工具。

此外,分散管理模式带来的主要缺陷或危险在于难以区分国家所有权职能与其他国家职能,尤其是区分国家的调控角色与产业政策。各国向着集中管理模式演变以及将调控职能分配至特殊机构的主要动机正是达成这种清晰的区分。

分散管理模式的另一个主要缺陷是难以清晰地识别谁在经营国有企业。因为是受产业部局管理,普通公众的感觉倾向于是部局在运作整个国有企业,而不是董事会。公众可能会认为部局或政府有权力去干涉国有企业每天的管理经营,而不考虑这种干涉实际所达到的程度。

结果,在过去三十年间,众多国家已经朝着更加集中的所有权组织管理模式前进。许多国家的情形是通过强化起协调作用的部局、建立起一种双峰式的所有权管理模式来带动这种集中化。在一些情形下,这种集中化更加剧烈,有些国家已经选择将国家所有权职能直接集中到一个部或机构之下。这种剧烈的转变已经在芬兰发生,芬兰于2005年将分散管理模式直接转化为集中管理模式。

(二)双峰管理模式

在许多经济合作与发展组织成员国,两个部共享对国有企业的所有权职责。在这种双重职责的情形下,产业管理部门与一个"公共"部门共同负责行使国家所有权。双峰管理模式曾经是最普遍的管理模式。如今,在许多经济合作与发展组织成员国中这种模式仍然存在，包括希腊、意大利、韩国、墨西哥、新西兰以及土耳其。在澳大利亚，双峰模式正朝着集中管理模式快速演变。法国已经于2004年5月改革成了集中管理模式。

双峰管理模式区分于分散管理模式之处在于不同的产业部门管理其各自相关的国有企业，另有一个平行的部门来确保协作与整体政策。例如在德国和芬兰，双峰管理模式是根据国家所有权的职权性质确定职权并分别行使的。在某些特定方面存在双重职权，例如，两个部门都有在董事会提名其代表的权利。墨西哥就是这种情况，财政与工信部以及产业部局可以分别向国有企业董事会提名代表董事。这些国家董事代表至少董事会50%的表决权，并且董事会主席由部或局选派。这种双重职权还经常包括重大交易与战略计划的批准权。

在新西兰等一些国家，双重职责直接反映在国家所有权之中，产业部与某集中管理部分别享有国家对国有企业股权的一半。这个集中管理部门通常直接管理一些特别的所有权职能。这可能是董事会成员的提名权，或总报告的权利(如对国有部门进行整体报告)。该特别职能可能还通过与产业部合作或经过向其咨询后行使。在此情形下，该集中管理部门具有协同或集中管理的色彩。

由于国有企业对于国家整体经济与财政目标的重要性，这个集中管理部门通常是财政部(或者经济与财政部)，例如澳大利亚的财政与行政部、意大利的经济与财政部、法国的财政储备。捷克与斯洛伐克是比较特殊的例子。它们虽然是双峰管理模式，但主要的股权管理机构是持股公司——国家资产基金，产业部仍通过其在国有企业董事会中的代表在国有企业的管理中发挥作用。

在大部分国家中，双峰模式的产生源于财政部比以前更有权力且更重要，同时政府行业部门依然传统地从产业的角度掌管着国有企业。然而，在一些国家，如澳大利亚和新西兰，这种双峰模式组织形式的权责需要仔细地考虑和分类。在澳大利亚，1997年出台的《联邦政府商业企业治理安排》确定了共同持股部门行使权利的原则。财政和行政部“一般主要负责国有企业的财政事务，而其他部长主要关注运营问题。”①

在新西兰，职责划分的一方是财政部，另一方是部门机构和咨询单位(新西兰皇冠公司监测咨询机构)，权责划分的基本原理是非常相似而且连接非常紧密的：

财政部关注的是经济效率和国有企业绩效的财政影响；因此，它们首先关注财务报表、经济和资产转移问题，并具有唯一的权力来批准资产销售。

部门机构(通过咨询单位新西兰皇冠公司监测咨询机构)采纳一个商业导向的观

① 澳大利亚政府财政和行政部提交文件，第S29页。

点，从而强调确保国有企业是成功的公司；因此通过新西兰皇冠公司监测咨询机构，部门机构能够首先监控部门绩效，并对董事会的构成负有唯一责任。

在土耳其，至少有两个部级单位负责行使所有权职能，一个是行业部门，另一个是国库部或私有化局。国库部和私有化局是国有企业的法定所有者，并参与股东大会。国家计划部和国库部负责监督国有企业的业绩。任命董事会成员时，一位成员是由国库部任命的，而其他成员全部由行业部门来任命。

韩国的组织形式甚至比双峰模式更加复杂，因为它涉及不止两个政府部门。韩国的情况可以称作"三峰模式"，在该国的体系中，至少有三个部门系统地涉及对国有企业行使所有权权利，尤其是在政属公司（GOCs，政府所有的企业或公司，性质上通常更具战略性，且国家持股占50%以上的国有企业）中更为明显。在股东大会上，行业部门或财政与经济部代表国家。行业部门提名董事长，并任命"专职"（执行）的董事会成员。同时，预算与计划部任命政属公司的外部董事，监控公司业绩并与财政和经济部协商提名一位审计官。因此，共有三个部门协同运作行使股东权利；还要加上审计国有企业的审计和监察委员会。

一些国家正通过削弱行业部门的作用来集中所有权职能。比如在澳大利亚，双峰模式直到1997年才得到正式承认，而1999年发布的公共账户和审计联合委员会基于《政府商业企业治理安排的评论》（《汉弗莱评论》）制定的第3724号报告——《联邦政府商业企业公司治理和问责安排》①，就建议进一步削弱行业部门的所有权职能，并建议由财政与行政部作为国有企业中国家股权利益的唯一代表。在近期组建的三家国有企业中，唯一的股东部长责任都由财政与行政部部长承担。

（三）集中管理模式

集中管理模式是最新的国有股权管理模式，其特征是高度集中的国家所有权职能。在这种模式，大多数国有企业都处于一家部或局的职权之下。在大多数情形下是财政部（丹麦、荷兰、西班牙）或工业部（挪威、瑞典）将此前产业部门组织中最重要的国有企业纳入其职权之中。在比利时，这个特别部门被称作国有企业与参与部。在一些情形下会成立专门的代表机构进行管理，而该机构某种程度上具有自主性，通常会向财政部报告（如法国）。集中管理模式通常是近期改革的成果或是通过对此前经济结构进行大规模私有化改造而建立的。

---

① 1997年3月澳大利亚政府R.汉弗莱的《政府商业企业治理安排概况》。

对于经济转型中国家，采用集中管理模式通常是因为产业部门不仅要对其所有权职能本身行使职责，还要在国有企业的实际管理与监督之间划出清晰界限。这是为了集中稀缺资源并施行有别于政府行政行为的举措。此外，这也是对私有化职能进行集中行使的另一种方式，因为负责国家所有权行使的机构通常也同时是负责私有化的机构。在波兰，大部分国有企业处于国家储备部的监督之下。部内不同的机构负责私有化及公司治理，共同雇用了220人左右的员工。国有企业中的少部分由其他部门监督，尤其受经济部与基础设施部监督，以及省市官员(地方当局)管理。

经济合作与发展组织成员国最近的改革目标主要是明确政府机关以及职能机构之间不同的职责，以及贯彻更加统一和一致的国家所有权政策。

首先，改革可以清晰地划分国家所有权职能与其他国家职能，例如工业政策与调控。第二，国家所有权职能的集中有利于所有权政策的一致。因此，英国基于"提供一个更加集中和一致的政府所有权职能行使方式"建立起国有股东事务管理局。该局有助于实施有关信息披露、董事会提名及运行报酬等的统一指引，还有利于调整各局在董事会代表等领域的行为。第三，集中化有利于形成对国家所有权的集中或总体财务报告。那些对国有企业具有高标准财务报告要求的国家，通常是那些已经是或正向集中所有权职能转变的国家，例如瑞典、法国和挪威。最后，所有权职能的集中化允许在相关领域对专业能力及资源进行集中，例如财务报告或董事会提名。当一个专门或自主机构建立时，它会享有更多自由从私人产业中雇佣专家或对其实施比对公务员更加灵活的薪酬制度。

集中化在大多数国家只是刚刚被采用。例如在荷兰，国家所有权职能于20世纪90年代转移给了财政部，丹麦、挪威、瑞典也类似，改革刚从2001年和2002年开始进行，或者像英国改革那样从2003年开始进行。

在丹麦，对11家国有企业的国家所有权职责已从不同部局转移至财政部内的特别机构。

在挪威，对众多国有企业的监督权已转移至商务与工业部的一个专业机构并得以巩固。

在瑞典，国家所有权职责被集中于工业、就业与通信部内的一个专门所有权分支机构。该集中化的实施是为了"向国家提供一个有利于促进统一而具有清楚目标和指引所有权政策的条件"。[①] 该所有权分支机构是源自相关部门或者同一部门或财政部下相

① 瑞典国家政府机构2002年《国有公司年度报告》第19页。

关分支的合并。该新分支机构负责57家国有企业中36家的管理。

在英国，政府于2003年快速集中了所有权职能，并成立了国有股东事务管理局。该局管理中央政府职权之下的24家国有企业，现在对8家公司行使直接职权（而非建议权）。这些都是处于商业与工业部职权下公司以及皇家造币厂、英国空管公司、英联投资公司。

在很多国家，改革仍在进行。集权部门通常要为其他部门对其企业行使职责树立统一标准和方针，它也要负责全球的报告。尽管现在仍有许多国有企业由其他政府部门负责，但是在短期或中期内，这种职责将交给“集权”部门。

在瑞典，13家企业的所有权责任分散给了7个部门（农业部、健康与社会事务部、教育部、外交部、文化、环境部和财政部）。剩余的8个企业的所有权责任由工业部内的其他机构承担。

在英国，大部分由中央政府行使股东责任的国有企业仍然由9个部门负责（文化部、媒体和体育部，国际发展部，运输部，环境、食品和农村事务部，内务部，国防部，副首相办公室，就业、退休保障部和北爱尔兰办公室）。如同上文所提，国有股东事务管理局负责8个关键的行业。

法国在2004年年初成立了集中代表国家所有权的机构——国家参股局（APE）。由于一些惹人注目的大型国有企业运营状况不佳且遇到了很多困难，因此财政经济部授权出台了《国家所有权特别报告》（《巴比埃·德拉塞尔报告》，设立国家参股局的决定就是在报告出台之后于2003年3月做出的。新的法国国家参股局虽仍然对财政部负责，但是比财政部中的一般部门或机构享有更高的自治权和透明度，这尤其体现在人力资源政策等方面。

在芬兰，所有权职能也于2005年实现了集中化。该国在20世纪90年代对国有企业所有权的程序进行了两次修改，其中最近的一次是1999年出台的“有关国家所有权的政府决议原则”。但是芬兰政府估计到，在国内外国有企业的环境和治理都有了重大发展的情况下，需要政府对决议原则进行修订，因此，负责协调其他政府部门所有权政策事宜的贸易和工业部设立了一个集中国家所有权职能筹备工作小组，同时授权一个外部专家（马蒂·沃里亚）写作一份有关国家所有权政策的报告，提出了修改及明确与国家所有权政策有关决策的建议。

《沃里亚报告》的一个重要建议是集中所有权职能，从而使之“开放、可预见并具有延续性”。认为集中化将极大地提高所有权政策的效率和统一性，“其效果如此明显，应当尽快实施”[①]。这份报告还建议，所有权职能应当与负责不同行业规制或产业政策的部门保持“足够远的距离”。

二、政府对国有企业的目标期望

(一) 政府对国有企业的总体目标

国家应当对国有企业所有权制定言简意赅、高屋建瓴的所有权政策，明确说明国家作为所有者所要实现的总体目标，同时概述国有企业履行这些总体目标和实施战略的所有文件的最重要的条文。以下为个别国家的所有权政策总体目标：

瑞典“政府的总体目标是为全体所有者创造价值”。(2006 年《国家所有权政策》)

法国的总体目标是“为稳定国有企业中国有股的价格做出贡献”。(2006 年《财政法组织法》(LOLF)第 131 页)

英国股东执委会的总体目标是“扮演有效而明智的股东角色，在政府设定的政策、监管规划和客户参数框架内，确保政府持股能带来可持续的正回报，并随着时间推移，弥补资本成本”。

芬兰国家所有权的核心任务被定义为“国家寻求达成一个经济和社会都尽可能好的结果”(2004 年《关于企业国家所有权政策原则的决议》)。在实际操作中可以解释为“总体经济结果等于所持有股份的价值增长和年度红利回报之和”。(2005 年《芬兰国家所有制》第 4 页)

挪威“国家所有权意在管理公共产品，同时，国家作为所有者希望这些企业履行公司社会责任，并在树立基本价值观方面发挥示范作用”。(2005 年《国家所有权报告》第 5 页)[②]

长期看来，新西兰国家所有权政策有四个总体目标：使国有企业董事会更清楚地了解持股部长(即持有该国有企业股份的政府部门的长官)的预期；通过更有效的标杆管理，使持股部长深入了解国有企业经营业绩，从而增强信心；为国有企业设计一个合理的资本结构，既要保证充足的资金用于投资决策，又要让它们在财务上受到约束，从而避免它们求助于皇冠公司(国家控股公司)；确保国有企业的注资请求符合其商业发展需求。国有企业要求皇冠公司的重要投资，需要皇冠公司对下属的其他国有企业为股

① 2004 年 3 月芬兰贸易和工业部《研究报告》中马蒂·沃里亚的《国家所有权政策评估报告》，第 23 页。

② 资料来源：2007 年 OECD《国有企业目标设定和经营业绩考核十大挑战》。

权需要进行重大投资的资本需求一并进入常规的财务预算过程，予以平衡考虑。[①]

(二)三种模式

根据各国国有企业目标和治理的特点，可以将各国国有企业目标和治理分为三种模式：

第一种是资本模式，即指国有企业目标以资本回报目标为主，重视资本使用效率，可能兼顾一定的社会目标。国有企业治理和董事会运作没有明显的国有特点，采用与私有或上市公司类似甚至相同的模式，大多数董事(包括董事长)来自私营部门，独立性较强。具代表性的国家是：瑞典、挪威、芬兰、新西兰、澳大利亚、奥地利等。

第二种是经营模式，指政府要求企业同时实现生产、经营和财务绩效等方面的目标。国有企业治理和董事会运作有一定的国有特点，如董事会由来自公共部门和私营部门的董事组成，代表政府的董事担当了一定的与政府联系的角色。具代表性的国家有新加坡、韩国等。

第三种是公共模式，指国有企业以公共目标模式为主，兼顾盈利或成本，政府干预较多。国有企业治理和董事会运作有较多政府干预特点，董事由政府、职工、大客户和经理层代表担任，总经理甚至整个经理层由政府任命。具代表性的国家有法国和意大利，20 世纪 90 年代以前的奥地利也是属于这种模式。

在这三种模式中，一些国家根据国有企业的功能实行了分类管理，即对不同类型国有企业分别设立目标，如瑞典工业部将 95%的市场化国有企业的目标设定为价值最大化，而对 5%的有特殊社会责任的国有企业设立了股权价值和社会利益双重目标；奥地利则对竞争性行业的企业倾向于参股而非控股，要求企业目标是价值最大化，而对少数垄断性或承担社会责任的国有企业，则倾向于全资或控股管理，要求企业实现社会利益和股东利益双重目标。

比较这三种模式，可以发现采取公共模式的国家，由于国有企业目标不清、行政干预和治理不完善，实践中遇到了不少问题，国有企业运营和绩效较差。采用资本模式和经营模式的国家，将国有企业的薄弱环节“软预算约束”转变为“硬预算约束”，较好地隔离了行政干预，明显改善了公司治理，有些国家的国有企业绩效甚至超过了同行业私营企业的绩效。

可以发现的一种趋势是，资本回报目标已逐渐成为国有企业的最主要目标，而且与

---

① 资料来源：2007 年 10 月 29 日皇冠公司监控咨询机构(CCMAU)《国有企业出资人期望手册》。

员工和经理层薪酬的结合趋于紧密，主要考核指标是经济增加值（Economic Value Added，简称EVA）和其他衡量资本回报的指标。

表5-1 各国国有企业目标和治理模式

类型	代表国家	国有企业目标
资本模式	瑞典	创造价值，高效率资本结构，即不仅仅是赚取利润，而且要求赚取多于其债务和股权资本的总成本的收入来创造经济增加值
	挪威	增进国家持有股权的价值；平等对待所有股东
	芬兰	关注所有者利益和股东价值，以经济增加值为指标；重视利益相关者的利益
	新西兰	财务目标：与可比较的私营企业具有同样的盈利能力；非财务目标：好的雇主，好的社团公民
	澳大利亚	高效运作；有效定价；赚取与商业回报率相同的回报；在受委托的工业领域运营
经营模式	新加坡	世界级公司并具有国际竞争力，吸引人才；高素质董事会；关注核心竞争力；有竞争力的工资；在经济增加值、资产收益率、股本收益率等方面财务绩效最大化
	韩国	量化的生产率指标；经营指标；管理、研究、开发、服务等方面绩效的质量指标；最初没有财务收益要求，现在将经济增加值作为重要的绩效指标
公共模式	意大利	意大利国家控股公司IRI的目标：挽救境况不佳的公司，尤其是受害于石油危机的公司；用40%的投资开发意大利南部贫困地区
	法国	法国电力2001—2003年业绩合同提出的目标是：到2003年，成为能源多元化和服务多元化的欧洲能量专家，继而到2005年实现国外销售收入达到国内销售收入的50%；强化在法国公共服务部门内的影响力，促进集团现有能量供应的市场份额。 法国邮政1998—2001年的业绩合同没有明确提出目标，而是提出了采取6个方面战略的要求：邮件和包裹；金融服务；全方位高质量周到服务；参与国土规划建设网点；人力资源政策和社会关系的改善；在邮政事业内部采用新技术，开发研究和改革创新

资料来源：各国国有企业年度报告、法国若干企业的业绩合同，以及高伟彦、张春霖《在国有企业集团中行使所有权：中国可以从国际经验中学到什么？》。

第二节 国有企业与其他股东的关系

一般而言，超过40%的各国国有企业含有政府之外的其他股东，这些国有企业中将近半数是国家持有大部分股份。虽然这些公司通常属于那些最大型的企业，但他们也不是都含有公共持股成分，只有10%左右的国有企业是上市公司。

国家作为控股或重要股东与小股东之间的关系在国有企业中非常微妙，尤其是那些已经上市的商业性的公司。作为占有压倒性权利的股东，国家能够不考虑小股东是否赞同在股东大会上通过自己的决议，而可能会滥用其权利侵害小股东的利益。国家股东还经常有权力控制董事会的构成。此外，国家还可能通过一些政治或政策目标，这些目标的实施可能会以小股东的利益为代价。

国家是否是一个透明、可预计的所有者，小股东是否被平等的对待，这都有关国家本身的利益。国家尊重小股东权利的信息记录对于股权价值以及公司未来在市场中融资的能力具有关键影响。并且，通过引入市场中的其他投资人而引入市场激励机制已经成为改良国有企业管理系统的重要手段。

经济合作与发展组织的大多数成员国中，国有企业的部分股权被私人股东持有，小股东权利被认为在某些情形下被特别保护。国家所有权管理机构通常会“管好自己的手”，并且采取明确的方式或采用阻止对小股东或其他非控股股东利益侵害的一般性政策。小股东或非控股股东的这些权利是小股东在董事会上作为代表的权利、在股东会议上决策的权利以及对公司情况的知情权。

这些权利可能是由有关公司的框架性法律文件进行定义的，例如商业性公司法典、公司法或公司治理法。这些规则也可能会基于某些国有企业的章程或特殊财团法而被特别定义。最后，平等对待其他股东或许已经成为国家所有权管理机构或其他国有企业管理机构的基本原则，例如在挪威，政府关于良好国有企业公司治理十项原则的第一项就是所有股东应当被平等对待①。

一、总体法律框架

在大多数经济合作与发展组织成员国，国有企业中的小股东享有的权利相比其在私人企业中通常所享有的权利差不多，或更少。几乎所有的国家都宣称国有企业遵循公司法、上市规则或者公司治理准则所确定的规范条款。这些国家的有关法律框架都被认为是确保所有股东都获得公正平等的对待，并且不针对国有企业中除国家之外的股东制定特殊保护条款。例如以下部分国家规定的总体法律框架：

在澳大利亚，联邦当局和公司法 1997(CAC Act) 适用于所有国有企业。CAC Act 试图仿效 2001 年《公司法》的要求，并在某些领域适用更严格的要求。被合并的国有企业也受到 2001 年《公司法》的约束。当国有企业上市后，还要遵循澳大利亚证券交易所上市规则。澳大利亚并没有专门设定法律法规来保护少数股东。

在奥地利，除了上市规则和公司法，《奥地利企业管治守则》同样适用于所有的国有

① 2003 年出版的 2002 年年度报告《贸易和工业部有关国家所有权的第一次年度报告》第 11 页。

企业。政府并没有制定法规来保护国有企业少数股东的权利。

在芬兰、德国、瑞典和英国，普通公司法适用于国有企业，且要充分保护少数股东的权利。在瑞士，与少数股东权益保护相关的公司法条款适用于特殊的国有企业（比如瑞士电信和 CFF）以及遵循普通公司法的国有企业（RUAG）。

在意大利，除了累积投票类型系统，国有企业的少数股东不享受任何超过公司法要求的特殊权利。

在韩国，国有企业中的少数股东并没有被赋予特殊的保护权利，或在选举董事会成员时有特殊照顾。对于旨在保护少数股东权益的特殊交易，也没有相应的披露要求或审批程序。在涉及少数股东权利事宜时，所有的国有企业都遵循《商业法》和《证券交易法》[①]。

在比利时，少数股东没有被授予在董事会中特定的代表权利。国家股东和私人股东都是按照股权比例享有在董事会的相应代表权利。

在新西兰，一般与证券有关的法律中会有条款涉及少数股东的保护规定。这些条款不考虑是否是国家所有权。

在挪威，在某些情况下，《股份公司法》会涉及少数股东权利的保护条款和享有的特殊权利，以防止大股东滥用职权（比如挪用资金，留扣股利，礼品或做出的决定仅对某一个股东有利等）。

在一些国家，例如英国，当国家已经出售了一些但非全部股权利益时，其他股东享有主要的投票权益。这种投票机制的适用减小了国家滥用其主要股东地位的可能性，并且确保部分国有的企业能够受益于私人产业部门股东带来的经验以及纪律。

二、在全体股东大会或董事会中的决策权

在一些特例中，国有企业的小股东被赋予比其他公司相同情况下更多的控制权和决策权。确实，国有企业中的小股东可能尤其担心实际决策在股东大会或董事会之外或之前被决定从而使自己仅仅成为一个橡皮图章，因为这样的会议只能走走程序，没有实际意义。有鉴于此，一些国家赋予了国有企业小股东参与决策制定过程的权利，这种权利往往通过加强其在董事会中的代表权来实现。

在一些 OECD 成员国中，有些国有企业鼓励少数股东积极参与股东大会。这通常

① 根据《政属企业框架法案》的第 31 款和政府投资公司《私有化特别法案》第 17 款（韩国对《OECD 成员国国有资产公司治理调查表》的回答第 8 页）。

是由公司采取某种特殊的机制以降低少数股东参会的成本来实现的，如允许缺席投票或推广使用电子投票方法等。在许多国家，在部分私有化的企业中，职工是数量最多的个人股东，所以这些机制也被用于鼓励职工股东参与，或者便于职工股东中代理投票收集制度的发展。

在一些国家，某些适用于所有国有企业的规定 授予了少数股东额外的权利，主要体现为在董事会的代表权。根据一般《公司法》或国有企业公司章程，允许使用累积投票制。这种制度可以使少数股股东将手中的票集中投给某些董事，通过增强私人少数股东的影响力来制约国家作为控股股东的地位。各 OECD 成员国还采取了一系列增强国有企业董事会中少数股东代表权的方法：

在丹麦和西班牙，国有企业的少数股东拥有董事会席位。

在意大利，所有上市的国有企业的少数股东通过董事会的选举机制享有特殊权利：累计投票系统“voto di lista”，分配不成比例的投票权给少数股东。

在芬兰，上市国有企业董事会成员的提名被写入最大股东的合作协议中。对非上市公司，如果国家享有股份，国家要与其他所有者签订股东协议，以赋予其他所有者在董事会中的席位。

在土耳其，国有企业的分支机构，如果私有股东累计持有超过 20%的股份，则私有股东有权按每 20%的股权 1 名代表的比例提名/任命董事会成员，但最多不超过 2 名。

三、事前权、知情权、索赔权

(一)事前权

赋予少数股东权利的事前权在某些情况下也是很有用的。在大多数情况下，这些权利是由一般法律框架赋予，并不限于国有企业中的少数股东。

在大多数 OECD 国家，一般法律框架中规定的股东优先购买权是用来保护少数股东的。

在许多 OECD 国家，一般公司法赋予合格多数股东决定的权利。比如在奥地利，少数股东通过门槛制的安排从而在年度股东大会中享有很大的权利。在斯洛伐克共和国，如果要决定重大事项，一般需要 2/3 以上的股东同意。但也可以将该条款引申为在场股东的 2/3。

最后，关于合格多数股东决策董事会事项的权利在某些国有企业中是强制条款。在比利时，私人投资者持有绝大部分的通信和机场公司股份，所有特殊多数股东权利在这类企业股东协议中有关董事会决策权的部分已经明文规定。同样在西班牙，《公共有限公司法》为某些交易设定了特定要求或程序。

专栏5-1　意大利上市国有企业的选举制度——Voto di lista

根据该选举制度，董事是由以下方式任命的：董事会成员在股东会议上基于股东提名的名单选举产生。只有个人持有或与其他股东共同持有至少1%具有投票权股权的股东才能够在股东的常规会议上提名自己的候选人名单，所有有权投票的股东只能投票一份名单。每一个股东可以提出或者参与所提出一份候选名单，而且，一名候选人的名字只能出现在一个名单中，否则将会被判定为无效。目前的董事会可以自己提出一个名单。在每一个名单之内，候选人必须进行渐进排列。由股东提出的候选人名单必须在登记办公室进行登记，并且至少在会议日期首日的十天前进行公示。选举董事会董事的程序如下：

(1)获得大多数选票的候选名单将产生出一定比例的董事，该比例由国有企业公司章程进行规定并且根据法律不能高于4/5(据此如出现任何分数——比如$6\frac{1}{2}$董事，则将分数部分调降舍弃)。获选的董事人选是由其在名单中的位置决定的。

(2)剩余的董事人选将从其他名单中选出；因此，这些名单获得的票数要根据待定董事的累计数量接连除以1、2、3……。候选人按照这种方法获得的票数将决定其在候选名单中的排序。于是，不同名单中的候选人按照其所获得的票数由多至少重新进行排序，排名最高的将当选为董事。

如果来自不同名单的两名或两名以上的候选人获得了相同的票数，则尚无获选董事或获选董事人数最少的名单中的候选人当选为董事。

如果在这些名单中没有任何候选人当选董事，或者每个名单中获选董事人数一样多，则获得票数最多的名单中的候选人当选为董事。如果不同名单中获选董事人数一样，且获得选票数量一样，那么整个股东大会将会重新投票，获得简单多数选票的候选人将当选为董事。

资料来源：意大利对《OECD成员国国有资产公司治理调查表》的回答。

在其他一些国家，保护少数股东的特别条款只针对部分国有企业，往往通过个别公司的章程以及法律中可能出现的额外条款来实现：

在丹麦，国家提倡在个别国有企业章程中增加额外的少数股东权利条款。

在希腊，《公司法》允许公司章程中包含少数股东权利的条款。许多上市公司设置少数股东大会允许所有的股东(除了国家股东)参加。

(二)知情权

保护少数股东的一个关键条件是确保高度透明。国有企业“为了确保公平对待,同时向所有股东报告信息”的做法[①],有利于少数股股东做出知情的投资决策。然而,很少有国家设立条款,以避免所有权实体对其作为控股股东获得的信息有任何潜在的滥用。

监管当局会监督上市的国有企业和其控股实体在知情权方面的执行情况。在意大利,特别规定上市国企不能向所有权实体或者少数股东透露信息,以确保意大利证券交易委员会关于公平对待股东的要求得到执行。

对于非上市的国有企业而言,所有权实体以及国有企业本身都需要有一个特别的机制和程序,然而,这种确保国有企业少数股东便捷且平等地获取信息的机制,是否存在于 OECD 成员国中,以及这种机制是否有效,都不得而知。

很少有国家的国有企业会制定与少数股东和其他股东交流和协商的积极政策。即便有这种政策,也是源于这些国有企业部分私有化的特点和目标,其主要做法是通过向员工出售股份来发展资本市场和股权文化。当他们就此建立了一项积极政策时,国有企业就能辨认其少数股东,并通过及时而系统的方式适时地告知他们相关信息。

有时候,一些国有企业也就某些特定问题积极地与少数股东协商,以避免决策不受欢迎或者被严重误解,并将因决策不正确而对簿公堂的风险降到最低。

(三)索赔权

根据一般公司法律框架,OECD 国家中少数股东在国有企业和其他企业享有同样的索赔权。在波兰,根据《商业公司准则》,每一名股东只要投票反对股东大会通过的决议,甚至仅持有一股股份,都可以向法院提请审核决议。该股东可以起诉公司违背法规,损害公司利益或损害某一股东的决议无效。如果股东在没有合理理由的情况下不被允许参加股东大会,或者如果股东出席股东大会而股东大会为非法召集,或者如果遭质疑的决议没有包括在讨论议题中,股东享有同样的起诉权。此外,如果股东在股东大会中不能够获得必要的信息,或者提出了反对意见并被记录在会议纪要中,可以向注册地法院提出请求,要求管理层提供必要的信息。

---

① 2004 年出版的《OECD 公司治理原则》第 50 页注释。

(四)黄金股、特许

许多国家都在考虑一个重要问题，就是如何维持国家在公司决策中的否决权利，尤其是于战略上“敏感”的行业。这种特殊的权利已经超越了普通的股份持有。狭义范畴来说，能够实现这目标的一个手段就是“黄金股”，即指公众实体在私有化后在公司持有的优先股。现在“黄金股”成了“特殊权利”的代名词，无论是否与国有持股有关。

特殊权利通常是在私有化的背景下引入的：允许国家将其取消“国有”的标签但不放弃对它的控制权。国家既享有了私有化带来的经济利益，同时又保留了对私人公司的未来所有权以及控制或者战略行为等特殊权利。因而，国家能够通过不可测行为方式很大程度上影响私人股东的财富。

这种“特殊权利”可表现为各种程度及方式。在有些情况下，特殊权利在确立政府私有化进程、与各个公司有特定程度联系的一般性法律框架文件内规定。还有其他情况是，直接构成特殊股权写入私有化公司的公司章程中。这种特殊权利的受益方各有不同，因为特殊权利可以直接赋予政府或其他的公共实体，使其享受一系列的特殊优待，比如有权反对超过一定限额的投资，否决并购交易，事先批准其他战略管理决定，或通过限制其他投资的投票权利来提高本身的投票权。

在 2002 和 2003 年的几项针对葡萄牙、法国、比利时、英国和西班牙的具有里程碑意义的判决中，欧洲法院取消了不同的特殊权利机制，确立了一半性原则——立法者有义务阻止潜在的限制了欧洲共同体条约规定的资本流动自由的直接投资。这些案例对内部市场的建立有着深远的影响，因为欧盟成员国已经不能再依靠黄金股作为可依靠的政策工具了。考虑到在许多新旧成员国中还存在特殊权利的情况，欧洲议会继续对其成员国采取建设性的措施，甚至采取必要的干涉程序(目前的案例包括荷兰、意大利、西班牙和卢森堡)。因此，部分由于欧盟法院判决造成的一系列结果，特殊权利的范畴，包括黄金股，已经受到限制了①。韩国、挪威和希腊都已经废止了这些权利。目前仅有法国还在国有企业中保留黄金股。

第三节　国有企业与利害相关者关系

《OECD 公司治理原则》(以下简称《原则》)中明确指出利益相关者对于建立企业可

---

① 参看欧洲银行和财政法律杂志出版的 S. Grundmann 和 F. Moslein 的《黄金股：私人公司中的国家控制。比较法、欧洲法和政策特征》。

持续发展的重要性。“一个公司的竞争力和最终成功是团队努力的结果，这个团队来自不同的方面，有投资者、员工、债权人和供应商……。因此，培育与利益相关者之间这种创造财富的合作是符合公司长期利益的。”[①]对利益相关者的关注甚至是《原则》的独特之处。[②]国有企业的产生和发展，相对私营企业而言具有特定原因，因此需要其更注重处理与利益相关者的关系。国外国企业建立与利益相关者关系的实践，随着公司治理理论发展而兴起。

一、利益相关者关系的基本法律框架

国有企业作为一种依照法律设立的市场主体，利益相关者的关系也基本体现在对其进行规范的法律框架中。首先，表现为重视职工在企业的权力；其次是债权人的权力；另外因其设立的特殊目的，产生的供应商及消费者的关系与普通私营企业相比有所不同。

在部分 OECD 成员国中，国有企业的职工无一例外地受到与私有公司职工相同的待遇，因此也需要遵守国家的《公司法》，比如在德国、奥地利、荷兰和瑞典。然而，这些国家中的绝大多数中，其职工拥有很大的其他法律权利。他们享有参与决策的权利比 OECD 其他成员国要广泛得多，这在德国、奥地利、斯洛伐克共和国(在监督董事会中职工代表占一半或 1/3)和瑞典尤其如此。

此外，在部分国家，在利益相关者(如职工)权利上国有企业和私有公司没有区别，国家作为所有者往往采取一个总体上超前的姿态，处理很多与国有企业的利益相关者有关的事务。比如在芬兰的国有企业中，无论国家占多数股还是少数股，国家的政策都是推动在公司职工中选择一个代表人，要么参加董事会，要么参加监督董事会。瑞典采取了含义更广的方式，已经超出了公司治理的范畴。一个名为“公司是社会的一部分”的国家所有权政策，要求其国有企业在促进管理层和董事会的性别平等以及降低病假发生频率的问题上起带头作用。

许多国有企业适用一般《公司法》的国家，制定了一系列有关利益相关者(往往是职工)权利的特殊规定，这些规定有的针对全部国有企业，有的仅仅针对一个或一小部分国有企业。

在澳大利亚，国有企业遵循普通的《公司法》，但是也存在两个例外。其中之一是澳

---

① 2004 年《OECD 公司治理原则》第 6 章注释第 46 页。

② 2004 年 8 月《OECD 公司治理原则》中 OECD 政策摘要。

大利亚邮政公司，这个公司对职工权利有着特殊的理解。

在捷克共和国，对国有企业的利益相关者的权利有特殊的安排，但是这个安排是建立在总体法律框架之内的。

在意大利，利益相关者(主要是职工)不享有特殊的权利，但是允许国有企业在自愿的基础上超越立法要求。

在英国，除了运营基金以外，其他国有企业不比普通私营企业对利益相关者承担更多的责任。运营基金是与政府部门保持一定距离的执行机构，由于受公共服务规定的约束，需要根据特定事务服从不同政府部门的政策指导，比如就业和供应商支付政策。

在某些 OECD 成员国中，国有企业特别的治理结构与股份公司有不同的特点，具体体现在利益相关者的权利方面。这种权利主要包括职工在董事会的代表权或职工代表通过例如工作委员会等方式享有的决策权。

二、与职工的关系：国有企业董事会中的职工代表

国有企业通过在董事会中为职工设立席位来使职工作为利益相关者参与公司决策监督。这种特殊的治理结构主要以授予职工权利为特点，存在于法国、希腊、波兰、斯洛伐克共和国和西班牙等诸多 OECD 成员国中。

在以上一些国家中，当国有企业不是上市的公众公司时，董事会中要有职工代表(在西班牙和希腊)；或者是为了体现更强的职工代表性(在法国)。

在波兰，除了法律有特殊规定的以外，国有企业和上市公司均受到相同规定的约束。在国库部的公司中，职工可以指定 2/5 的监督董事会成员。此外，根据私有化法律，国库部独资且拥有超过 500 名职工的公司，允许职工选举 1 位管理董事会成员。

在比利时，特殊法律和条例规定国有企业要承担对职员和客户的特殊责任。而董事会中没有职工代表，只在有些董事会设立的战略委员会中才有。

在法国，1983 年出台的《公共部门民主化法案》在第六章中有所描述。该法案确定了最重要国有企业的董事会构成，要求在三方组成的董事会中有 1/3 的职工代表。

董事会中职工代表权的作用，既部分地取决于选举和培训这些职工代表的方式，也取决于董事会对这些职工代表的接受程度，以及是否可以避免董事会尤其是双层董事会体制的分裂。

在各 OECD 成员国中，选举职工代表的实践是各不相同的(表 5－2)。不同选举制度的区别主要表现在两个方面：第一，职工代表是由全部或某类职工“直接”选出的，还是由工作委员会“间接”选出的？第二，代表是由职工担任，还是由企业外部有关工会代表

担任,还是二者兼而有之?当代表必须是企业职工时,他们同样也是工会代表。在荷兰等国家,也存在其他体制,比如工作委员会虽没有权利选举董事会中的职工代表,但是有权推荐候选人,而这些候选人往往不是企业职工。①

表 5-2 职工董事产生方式

	直接	间接
仅限职工	法国②	奥地利
	丹麦	芬兰
	葡萄牙	卢森堡
	波兰	
职工或工会代表	西班牙	意大利
工会代表	德国	
	希腊③	

资料来源:《15 个欧盟国家中职工在董事会层次的参与,国家体制和实践报告》,Hans Böckler 基金/欧洲工会研究所,布鲁塞尔,2004,第 123 页和 124 页。

虽然越来越多的国家有要求职工参与国有企业董事会这项与私有企业不同的法律规定,但是国有企业董事会中职工代表的工作原理和上市公司是一样的,其目的是增加职工作为利益相关者的责任心。在董事会中设立职工代表的目的是使职工在牢记公司总体财务和服务责任目标的同时,有一个讨论和协商公司各种战略选择的机会,也是为了促进职工与首席执行官及其他高管人员的交流。最后一个重要的问题是:职工代表可能成为向外部董事会成员提供有关公司内部状况的第一手资料的一个来源。

在国有企业董事会中设置职工代表的原因可能是加强国有企业在社会和就业政策等方面的"榜样作用"。事实上,公共部门工会的传统强势,更促进了职工代表的产生。设置职工代表所带来的利益在很大程度依赖于职工代表的能力和独立性等关键因素,以及他们对保密义务的遵守情况,还依赖于董事会和管理层对他们的接受程度和合作程度。

① 2004 年 OECD 出版的《公司治理:OECD 成员国调查》。

② 在法国,职工被划分为两个选区:管理者和非管理者。他们通过一人一票制按比例选举代表,其中一个位置要留给管理者。

③ 职工代表由工会代表任命。

三、与债权人的关系：在国有企业资不抵债及破产时的权利

我们经常看到这样一些案例：国有企业因其特殊的法律地位受到免于资不抵债或破产程序的保护。这往往出于确保公共服务持续提供的需要，但总体上来讲，不能因此削弱债权人的权利。例如在英国，虽然受《公司法案》约束的政府所属公司要遵循正常的资不抵债和破产程序，但存在特殊的行政机构来确保公司在破产或资不抵债的情况下继续提供一些基本服务。

然而，在大部分 OECD 成员国中，国有企业要遵守与私有公司相同的资不抵债和破产规定，如奥地利、丹麦、芬兰、德国、意大利、韩国、墨西哥、荷兰、斯洛伐克共和国、西班牙、瑞士和英国。其中，英国只有运营基金和法定公司不用遵守正常的资不抵债和破产程序。在波兰，只有少数几家国有企业服从特殊法律，而不用遵守正常的资不抵债和破产程序，它们是波兰邮政局、波兰铁路和波兰机场。如果出现破产，国家会享有特殊的权利，比如要求宣告破产以及参与到破产程序之中。

只有比利时、土耳其、法国这三个国家宣布国有企业不用遵守正常的资不抵债和破产程序。在法国，只有按照公共工商业机构(EPIC)的特殊法律规定设立的国有企业才是如此。在比利时，有特殊的资不抵债和破产制度适用于国有企业，而且企业中涉及公共服务的资产会受到保护，免于债权人追诉。

然而，即使在韩国和瑞典这些国有企业需要遵守正常资不抵债和破产程序的国家里，也基本不存在国有控股企业破产的实例。只有很少的国家，如新西兰和挪威，有过国有企业真正破产的例子。

债权人和董事会通常认为，国有企业的债务天生就是受国家担保的，于是，往往造成了国有企业的过度负债和资源浪费。这对国有企业的债券持有人和其最终所有者——纳税人都是有害的。在欧盟国家中，《欧共体法》有关政府补助制度禁止各国政府对损失的补贴，因而增强了它们承诺不干预国有企业破产的信誉。

同时，小部分 OECD 成员国明确规定了国有企业对债权人的责任：

在澳大利亚，由于经常出现延迟付款的情况，国有企业必须像私营企业一样对债权人保持其透明性和公正性；除此之外，还必须根据有关补贴的法律或规定向国库部做进一步汇报。

在比利时，国有企业在提供公共服务时，必须遵循特殊的规定，增强其签订商品和服务采购合同的透明度和客观性。

在瑞典，国有企业在一些情况下可以向国家债务办公室借款。在这种情况下，对风

险的保险费应当包含在反映真实风险的利率之中。

四、与上下游的关系:供应商与消费者

国外对国有企业的设立有着严格的限制,很多企业都是历史原因形成的,经过私有化的浪潮之后,目前依然存在的,都有其充分的理由。我们可以从国有企业设立的原因来探讨其与上下游的关系。在国外,国有企业设立的原因在一定程度上包含了保护供应商与消费者在市场中公平交易的目的,体现在大多数的因自然垄断、市场失灵、外部性而设立的国有企业中。

最常见的是自然垄断。在此情况下建立国有企业是为了保护供应商的平等交易权和消费者的利益。在这种情况下,供应商可以通过提高收费标准来赚取高额垄断利润。如果自然垄断者恰巧还是买主垄断(唯一购买者),企业可以通过对供应商压低购买价来榨取利润。这一现象的结果就是经济盈余的不公平分配以及经济上的无效率。因为卖方垄断公司所生产(或者是购买,如果是买主垄断的话)的要低于社会所需要的最佳水平。在此情况下,就有必要建立国有企业,并对其进行管理,防止滥用自然垄断权。例如芬兰电网公司Fingrid,属于芬兰的电网骨干,负责将发电公司的电能输送到配电运营商及用户中,国家为确保其在电力市场中不滥用垄断地位从发电商和配电运营商处获取垄断利益而对其实行国有。

专栏5-2　芬兰电网公司Fingrid

Fingrid于1996年11月成立,由两个原有的电力传输系统运营商合并组成,1997年9月开始正式运营。Fingrid拥有芬兰的主电网和芬兰与其他国家连接的重要跨境电力传输系统,属于芬兰电力系统的骨干网络。2011年,芬兰国家拥有53.1%,根据其章程,国家拥有其70.9%的投票权;为确保芬兰战略利益、电力传输系统和电力系统安全,促进电力市场发展,芬兰政府通过控股Fingrid并在年度股东大会上保持多数投票权来获得保障。

资料来源:芬兰国家所有权监管局。

另外两个原因就是弥补市场失灵和外部性。国有企业存在的另一个理由是资本市场失灵,也就是私人投资者不愿投资那些长期来看具有很高收益但在短期却具有较大风险的项目。比如,韩国政府将钢铁制造商POSCO设定为国有企业,就是因为私人领域认为其风险太大,这样就出现了市场失灵,导致韩国作为工业基本原材料的钢铁依赖

进口。

专栏 5-3　韩国浦项钢铁公司 POSCO

1967 年，韩国政府向包括世界银行在内的国际财团申请贷款，建立国内第一家钢铁制造厂。但申请被拒绝，其理由是该项目不具有可行性。这个决定不是没道理的。当时，韩国最大的出口项目是鱼、廉价服装、假发和合板等，根本就不具有任何制钢的关键原材料——铁矿石和炼焦煤。另外，由于冷战，这些原材料根本不可能从最近的中国进口，而只能从澳大利亚辗转运来。最后，韩国政府建议将这个项目作为国有企业来运行。当时人们都认为，这恐怕是要以悲剧收场了。

但是，韩国政府还是想办法从日本一些银行借来资金，并于 1968 年成立一家国有的钢铁制造厂，称为浦项制铁公司(POSCO)。1973 年，公司开始生产。一直到 2000 年，公司一直都是国有企业。而公司首任主席朴泰俊则是政治上直接任命的，在其带领下，POSCO 成为世界级公司。作为前军队将军，他与韩国前总统朴正熙在私人关系上非常密切。

尽管需要关税保护和补贴，但 POSCO 从一成立就开始盈利。这部分是由于政府的支持，允许公司以盈利为目的，然而，如果公司没有从当时的新日本制铁公司进口尖端技术，并想尽千方百计学习掌握的话，也不会有这个结果。POSCO 在 20 世纪 80 年代中期成为世界上效率最高的钢铁制造厂，一直到 90 年代后期被宝钢这个中国的国有企业取代为止。目前它是世界第四大钢铁制造商。

来源：POSCO 公司官方网站。

POSCO 的例子也说明了另一支持国有企业的论据，那就是外部性的问题。在政府指导下，POSCO 并没有利用其垄断地位为自己赚取高额利润，相反，它将这部分利润转移到其产品购买者身上，从而使整个经济受益。韩国政府在 POSCO 上的投资收益——或者是对整个经济的收益——要比那些私人收益——或者公司的收益——要高。这种私人和社会收益的不相等，或者经济学上所谓的外部性，是支持建立国有企业的另一个原因。

第四，建立国有企业可以帮助解决广义上的平等问题。比如，如果只依靠以盈利为目的的公司，那么偏远地区的人们就可能无法享受最基本的公共服务，如邮政、供水和交通等。在此情况下，国有企业是保证所有公民公平享有基本服务的最便捷手段。另一个例子：私营的养老保险或健康保险公司，一般都不愿意对“高风险”人群，一般是贫困人口，提供保险；如果以国有企业形式运行的话，则可以保证最脆弱人群能够得到最基本的社会保障。

对于这些国有企业,会采取对其服务或者产品的价值限制,以保障其上下游在市场交易中的公平,或者实现国有企业设立时政府赋予的特殊任务。最常见的做法是制定价格上限规制。价格上限规制 RPI - X[①],最初应用于英国电信,在取得了明显成功之后,1986 年被运用于对英国煤气产业的规制,1987 年被运用于对英国机场的规制,1989—1990 年被运用于英国的自来水产业,1990 年被运用于英国的电力产业。现在世界上很多国家都开始采用价格上限规制,它在全世界范围内已经被广泛地运用于能源、电信、交通和自来水产业,随着国有企业的私有化,这些规制的应用,既包括私有企业也包括国有企业。[②]

第四节　国有企业与公众的关系

一定程度上说,国有企业的最终所有者是公众,在国外国有企业中,其处理与公众的关系,主要有三个方面:透明的信息披露、严格的会计准则与审计、国有资本经营预算与分红。与其他公司相比,国有企业更需要明确向公众及时披露国有企业所有权目标,国有企业发展规划,业绩的事中、事后报告,所有权部门也需要披露国有企业总体报告。另外,为了保证公众能够通过信息披露有效地掌握国有企业经营的财务状况,国有企业必须采取适当的会计准则并通过审计进行监督。除了透明度外,大部分国家都要求国有企业分红,并纳入国家预算,用于为公共服务支出。

一、国有企业的透明度:信息披露

一般做法是通过报告的形式来向公众、议会或所有权部门披露信息。国有企业通过各种报告披露信息,增强了其透明度,有利于加强对国有企业的问责。这些报告,将国有企业的工作进展和业绩置于公众监督之下,也可以为良好管理、董事会监控和国家所有权有效行使提供强有力支撑。

目前,国有企业信息披露的报告制度主要有三种:事前报告制度、事后报告制度和总体报告制度。值得注意的是,在外国国有企业中,大部分事前报告制度和总体报告制

① 价格上限的一种表述方式为 RPI - X ,即被规制企业价格的平均增长率不超过零售物价指数(R PI) 减去 X ,X 为生产率的增长率(the grows rate of productivity) 。

② Baldwin , R. and M. Cave , (1999) , Understanding Regulation - Theory , Strategy and Practice , Oxford University Press ,Page 226.

度是专门对国家所有权相关部门的，对公众的开放受到了一定的限制。

事前报告制度，通常是普通《公司法》强制要求的补充，其内容主要是关于国有企业目标的制定，特别是对其业绩的规定。在不同的国家中，设定目标和业绩的方式有很大的差异。

事后报告制度，其内容包括财务报告、董事会或公司治理的报告，以及一些国有企业需要提供的特殊报告。近年来，在大多数发达经济体，国有企业在进行事后报告制度方面有了很大的改进，而且不断提高报告的详细程度，达到了公众（上市）公司的水准。

总体报告制度，通常包括一个国家全部的总体情况的信息披露。报告既可以由所有权部门撰写，也可由具体的国家审计或控制实体撰写。总体报告制度的目的在于向议会汇报并向公众通报整个国有企业的有关情况，内容和质量在各国中差异较大。

国有企业的信息披露报告，由审计部门以及负责国有企业报告质量的专门国家控制实体对国有企业所披露信息的内容、质量、及时性和相关性进行监督。与普通公众公司相比，国有企业普遍受到额外的要求，但是这些额外要求的广度和质量也是因国而异的。同时，并非所有报告文件都要公布于众，有些报告是保密的，仅限于相关的国有企业与所有权实体、咨询机构或政府获得。有的国家，这些报告文件需要提交给议会，或者公布在官方公报中。

不公开信息披露某些报告的原因，主要是国家有关部门需要在公众问责和商业机密之间寻找一种平衡。在一些公众问责程度高而对信息披露要求严格的国家中，国有企业会抱怨这些信息披露产生的额外的负担使它们处于一种不利的竞争地位。但从另外的角度来看，更透明的信息披露报告也是有好处的：它可以降低不尽如人意或较差的业绩带来的风险，也能降低与之相关的政治和社会成本。因此，每一个国家都在权衡这些后，制定相应的披露政策。

最后，为确保在国有企业层面的信息披露和透明度，确保公众的知情权，国家作为所有者必须为国有企业制定一致的信息披露政策，明确指出所需披露信息的种类、对象和方式，以及保证信息质量的有关程序①。可以参考OECD提供的有关公司治理领域监管影响评估体系的实践和经验指南②。

---

① 经济合作与发展组织.公司治理问责与透明度国家所有权指南[M].李兆熙，谢晖，译.北京：中国财政经济出版社，2011.

② 有关公司治理监管影响评估体系(RIAs)的更多指导，详见OECD于2008年出版的《通向更优公司治理监管，监管影响评估体系的实施经验》。

专栏 5-4 瑞典国有企业关于外部报告的指导方针

2007 年 11 月 29 日，瑞典政府采用了下述国有企业外部报告指导方针，对 2002 年指导方针进行了补充和扩展。公司必须根据这些指导方针，最晚于 2008 年 1 月 1 日起的财政年度提交包括该财政年度信息的报告。该方针指出：

"如国家是某公司的所有者之一，政府会在充分征求公司和其他所有者意见的基础上，努力使这些指导方针应用于该合资公司。这些指导方针采取'遵守或做出解释'的原则，也就是说，公司可以存在偏离指导方针的行为，但必须明确就这种偏离的正当性做出解释。这种制度设计使指导方针能适用于各种规模、各种行业的所有公司，而且不必放弃会计体系和报告制度的核心目标。董事会必须在年度报告中详细描述过去财政年度中指导方针的执行情况，并对任何偏离进行评论。

"国有公司董事会对国有公司的会计体系和报告制度对这些指导方针的遵循负有责任，……公司遵从的监管框架体系不断改变、不断更新。国有公司要及时跟上立法、标准和建议的发展和改变的节奏。董事会应该紧密跟踪这些发展，及时根据这些改变决定有关措施。"

资料来源：2007 年瑞典政府《国有企业外部报告指导方针》。

（一）事前信息披露：总体目标与发展规划报告

近年来，越来越多国家清楚公开地表明了国有企业的总体目标或所有权实体行使所有权职责的总体目标。如，瑞典的《所有权政策》指出"政府的总体目标是为所有者创造价值"①。法国新设立的国家参股局（APE）的总体目标是"看护国家的所有权利益"②。在英国，股东执委会的首要目标为"通过充当一个有效而睿智的股东，在政府设定的政策、规制和顾客等要素的作用下，确保政府股权持续获得良好的收益并随着时间的延续收回资本成本"③。

总体目标，通过国有企业发展规划目标来实现，因此国有企业的发展规划报告也是公众获取国有企业信息的重要方式，虽然这种报告对公众开放的程度不是很高，但随着国有企业上市比例的提高，披露日益规范。在大多数 OECD 成员国中，每个国有企业，

① 2004 年瑞典国家政府机构《国家所有权政策》第 2 页。

② 2004 年《国有股东》第 7 页。

③ 英国对《OECD 国有资产公司治理调查问卷》的回答。

至少是大型国有企业，都必须向所有权部门报告其经营目标。这些报告的形式各式各样，例如有公司目标声明(SCI)、经营管理合同、公司规划等。典型的模式是，国有企业首先提交年度商业计划，并提交相关行业部门或财政部批准，随后，国有企业必须每季度、每半年或每年向其所有权实体和/或财政部/国库部进行定量和定性的报告信息，以便它们监控企业当前的业绩是否与既定目标相符。

对于任何类型的公司而言，确定经营目标和评价经营业绩都是非常困难的，特别是当需要清楚地向公众说明这一目标的科学性。实践中，越来越多的国有企业也开始使用经济增加值(EVA)等复杂或综合的测量标准来评价业绩。这些综合性的测量标准融合了资本的机会成本和风险调整回报率(专栏5-5)，可以更好地评估国有企业创造的价值，并且提供了一个评价国有企业——尤其是与私有企业相比时——的更为系统的参照标准。因此，许多国家的国有企业都倾向于编写一个日趋综合性的非财务指标体系。

专栏5-5 经济增加值(EVA)

学术研究表明，会计测量(如每股收益)与股票价格没有必然联系。更重要的是现金，它随时间和风险的变化而不断调整，这样投资者才可以期望在企业运行中收回投资。于是，企业就面临这样一个问题，即如何把贴现现金流——这是最有效的一种价值分析方法——与企业的实际财务管理联系起来。

经济增加值(EVA)等于营业利润减去为获得那些收益投入的所有的资本成本，它在下列情况下将会增加：第一，资本投入没有增长而营业利润提高时；第二，在新的资本投资的项目中，当收入大于总体资本成本时；第三，从不能带来足够收益的业务活动中撤出投资或进行资本清算时。经济增加值是唯一一个完全和标准资本预算规则吻合的业绩测量指标：接受所有有利的现值投资且拒绝所有不利的现值投资。(从另一方面来说，只要新的资本投资所得的收益比借款的税后成本高，那么每股收益就会增加。)

总资本回报率用于评估公司的业绩。对于特定的企业来说，要求回报率会随着企业运营风险和财务风险的提高而增加。评估企业业绩应该基于包括债务和权益的总资本。净营业利润减去总资本与要求回报率的乘积就是所谓的经济增加值(EVA)。

资料来源：高伟彦，张春霖. 在国有企业集团中行使所有权：中国可以从国际经验中学到什么. 2002.

1. 制定目标和发展报告的方法

在一些国有经济曾经或现在依然占主导地位的国家里，比如韩国和土耳其，采用了一种细致的、有时很复杂的目标制定和业绩监控体系，而其他国家制定目标和发展报告的方法有多种形式，因此，各国在方法是不同的。

在土耳其，国有企业拟定项目提案，国库部和国家计划署对其进行修订，然后交由内阁批准并在官方公报上公布。

在韩国，国有企业除了像私有公司那样做报告外，还必须提交一份名为"运营实际结果报告"的特别报告，报告的内容包括国有企业目标的财务和非财务信息以及这些目标的完成情况，还包括"公众利益关注的问题"。

目标报告也存在于澳大利亚、比利时、法国、希腊和新西兰等国，这些国家实施了一种名为"经营管理合同"的特殊方法。经营管理合同体系的主要宗旨是使国有企业业绩目标(包括政策目标)的制定和监控进一步正规化，同时在股东利益和董事会的管理权利之间做出清楚的划分，使国有企业的管理具有更强的独立性。它阐明了各有关政府部门或机构与国有企业之间的中期关系，并且有助于各方在国有企业的外部环境、战略导向和实现目标等方面达成共识。

在澳大利亚，作为经营管理合同体系的一部分，国有独资企业必须提交与政府政策保持一致的公司目标声明(SCI)，此项规定具体体现在 1997 年出台的《联邦政府商业企业治理安排》[①]中。公司目标声明是一份有关企业规划和责任的文件，它确定了未来三年内企业的财务和非财务的业绩目标，其目的是增强企业事前责任并明确相关规定和将要完成的目标，即"对国有企业的运营建立一个高层框架，更加清晰地界定议会、持股部长以及某个(国有企业的)董事会和管理层的关系"[②]。

在法国，根据 1982 年的立法，业绩合同明确了国家和国有企业各自的责任(在盈利能力、社会政策、生产效率、质量和债务等方面)，同时也规定了用以测量财务盈利能力和生产效率目标等业绩指标的常用工具。最后，业绩合同还规定了对管理层和职工的激励政策。

在希腊，经营管理合同包含了完成商业计划目标的条件和规定、修改合同的条件、监控主要经济业绩所需的指标，尤其是生产成本、生产效率、服务质量和年度职工支出等内容。

① 1997 年 3 月澳大利亚政府汉弗莱在《政府商业企业治理安排评论》中提出的建议。

② 1997 年 3 月澳大利亚政府汉弗莱的《政府商业企业治理安排评论》第 33 页。

在新西兰，虽然企业有一个年度商业计划周期，但是国有企业董事会和管理层必须拿出未来三年的战略和财务业绩规划。这个规划是在企业磋商制定公司目标声明(SCI)的过程中确定的(专栏 5-6)。国有企业董事会需要在与有关行业部门部长进行协商之后，才能确定目标。公司目标声明规定了国有企业活动的本质和范围，是国有企业董事会承担问责的参考文件。公司目标声明也包含了对预期总资本支出的估计，以及财务与非财务业绩指标。

制定发展规划，在各国也存在差异。在澳大利亚、比利时和加拿大等 OECD 成员国中，国有企业必须提交设定了未来 3—5 年内所要达到的广泛目标的公司规划。规划涵盖公司目标声明中的内容。“公司规划是控制和问责框架的基石。”①例如，一个国有企业的公司规划必须指出“如何建立商业目标和公共政策目标之间的平衡，以及为实现这种平衡所需采取的办法……(或)如何在确保其业务活动符合规定的同时，为政府的工作重点和要务做出贡献”②。公司规划由所有权实体进行审核，以就国有企业的规定、目标和业绩指标，以及国有企业如何权衡不同的目标、如何顾及政府的政策重点等方面达成清晰共识。

专栏 5-6 新西兰的公司目标(SCI)协商

公司规划周期的主要步骤是：

• 在每一轮计划开始之前，持股部门的部长书面告知皇冠公司董事会其要求的详细信息、时间限制(重要日期)以及公司要在该计划期内处理的任何特殊问题。

• 之后，董事会要评估公司的商业环境；重新评估战略方向；制订下一年具体计划，并提供未来 2—4 年内的财务规划。

• 董事会向各持股部门的部长提交未来展望和公司规划后，由顾问就这些文件撰写报告供各持股部长参考。公司目标声明的草案将与公司规划一起提交。《国有企业法案》、《皇冠研究机构法案》(CRI Act)以及其他与公司有关的立法要求董事会在每一个财政年度结束前一个月向持股部门的部长提交公司目标声明草案。

• 随后，持股部门的部长可以通过他们的顾问获取更多信息。

• 持股部门的部长会就公司规划和公司目标声明草案中他们的问题和关注与董事会进行商讨。商讨的方式可以是书面的，更多的是举行有持股部门的部长、顾问和

① 2000 年 12 月《加拿大审计长报告》第 18-22 页第 18 章“皇冠公司治理”。
② 2000 年 12 月《加拿大审计长报告》第 18-22 页第 18 章“皇冠公司治理”。

董事会三方参加的会议（即公司规划会议）。

• 在公司规划会议（如果举行的话）之后，持股部门的部长会概括他们对会议结果和所讨论议题的理解，并书面告知董事会。

• 董事会对公司规划会议的结果和持股部门部长的书面意见进行考虑，如果需要的话，将对其公司规划和公司目标声明进行修改。然后，董事会向各持股部门的部长提交定稿的公司规划和公司目标声明。

• 持股部门的部长将定稿的公司目标声明提交议会讨论批准。

资料来源：《皇冠公司的报告要求》、《所有者期望指南》，第 4 部分第 1 节，新西兰皇冠公司监控咨询机构，(www.ccmau.govt.nz/PDF/OEM%20Final%20Version_310502.pdf).

2. 报告的信息披露程度

议会和公众，能够通过有效的信息披露来评估投入国有企业中的资源被有效使用的程度、国有企业的战略及政府所有权政策实施的效果。因此，经营管理合同或公司目标声明往往需要提交给议会。例如在澳大利亚，议会会在每一个财政年度开始时举行会议，公司目标声明将在 15 个会议日内提交议会讨论。另一方面，公司计划仍将保持机密状态，因为其中往往包含商业敏感信息。然而，这些不同种类的目标制定和业绩监控往往面临共同的挑战，即如何在对议会负责和商业敏感信息的泄漏风险之间寻求平衡。有一些公司就抱怨说这种情况会使它们在和私有公司的竞争中处于不利地位①。

3. 业绩目标的同步监控报告

无论公司目标文件以何种形式（公司目标声明、经营管理合同或其他方式）呈现，只有当同步或事后报告能证实公司运营与业绩和财务目标发生偏离时它们才能派上用场。有些国家已经建立了同步业绩指标监控系统，这样就降低了难以预见的较差业绩所带来的风险。定期报告制度有利于降低风险，也可以使公司在遇到问题时能够迅速做出反应。

在澳大利亚，政府商业企业（GBE）需每半年向持股部门的部长提供一份机密的业绩报告；各持股部门的部长也可以要求政府商业企业每季度提交一份这样的报告。

在法国，新设的国家参股局（APE）正在开发一种月度报告体系，内容包括主要的财务指标以及有关的定性指标。而且，国有企业的高管层必须经常（至少每年一次）组织召

① 1999 年澳大利亚政府公共会计和审计联合委员会第 372 号报告《联邦政府商业企业的公司治理和责任安排》第 5 章。

开有国家参股局参加的会议，就发展和战略等方面的主要问题进行解释和讨论[①]。

在新西兰，国有企业董事会必须每月向皇冠公司监控咨询机构(CCMAU)汇报一次，报告其运营是超出预算、与预算持平还是低于预算。

在英国，国有企业参照规划和预算，定期(往往每月一次)向股东执委会汇报其基于计划和预算的经营业绩情况。

此外，所有权实体应该被告知任何显著改变国有企业业绩的重大事件。在不同的国家，目标完成情况报告(即经营管理合同履行情况)也具有不同的形式，且涉及不同实体单位。议会越来越多地参与到公司目标评估或任何一种绩效年度报告中。

在法国，《业绩合同年度评估报告》由国家稽查员实施，且直接向财政部汇报。这些报告的内容不予公布。

在希腊，国有企业董事会必须提交《公司活动年度报告》，其内容包括与商业规划和经营管理合同目标的完成情况有关的所有信息。《公司活动年度报告》必须提交给经济财政部、有关部委以及议会的某些委员会。

在意大利，非上市国家独资企业在二月底必须向经济财政部提交《年度报告》，其内容包括对主要管理问题的描述，以及同预测结果相比较的主要财务表现。国有企业也必须在每年年中报告其最新的财务项目和管理问题。

在比利时，国有企业董事会每年都要向主管国有企业的部长就其公共服务活动进行报告。

在澳大利亚和加拿大，如果国有企业被要求提供公司规划，那么它们也需要提供执行公司规划的进展报告。

(二)事后信息披露

国有企业事后信息披露，主要是以财务报表的形式。如何披露财务报表，国有企业和公众公司同样受到《公司法》约束，并且国有企业还要遵守更为严格的规定。例如，在所有的 OECD 成员国中，国有企业都必须提交年度报告。年度报告是总结国有企业在一年中的主要成果和财务状况的主要文件。

有关年度报告内容和质量的要求，通常在《公司法》和其他法律法规或专门针对国有企业特殊地位的法律中有所规定。年度报告的目的是把有关信息传递到各个利益相关者，包括所有权实体、公众、其他政府机构、政治舞台和媒体。

---

① 2004 年《国家参股局与国有企业关系的治理规定》。

以OECD成员国为例，大多数国家中，国有企业也会公布半年报告，比如挪威，少数几个国家的国有企业会公布季度报告，比如新西兰、瑞典和土耳其，以及挪威的国有企业。在法国，只有上市的国有企业需要公布半年报告，但是从2004年开始，所有发行证券的国有企业也承诺公布半年报告。这些报告的内容通常包括中期财务报表、最新资本支出信息、运营报告，以及有关公司战略发展和公司总体运行条件变化的讨论。

为了改善国有企业年度报告的综合性、质量和明确性，一些国家开始发布特殊指引或手册，规定年度报告中必须包含的关键项目。例如，澳大利亚的昆士兰州就制定了《昆士兰政府机构年度报告指引》，波兰也制定了《财务报告指引》。

在大多数情况下，公众可以获取国有企业的年度报告，而中期报告并不像年度报告那样公开。年度报告或中期报告也可能公布在国有企业或其所有权实体的网站上。例如在瑞典，将近80%的年度报告和超过50%的季度报告都公布在国有企业的网站上。在许多情况下，年度报告和半年报告有时需要提交给议会委员会进行详细审查，以便对这些报告的内容进行审计，并提出具体的建议①。

另一个可能对年度报告的效用有决定性影响的因素是公布的及时性。一些国家已经采取了明确的政策鼓励国有企业及时公布报告。例如，瑞典制定了有关政策，使所有的国有公司在次年1月公布其年度报告。国有企业的报告日期由所有权实体每年公布的总体年度报告加以规定。

1.董事会报告和公司治理报告

通过董事会报告和公司治理报告，公众可以进一步深入了解国有企业的运营和内部治理情况。在OECD成员国中，越来越多的国家要求国有企业提交这两种报告。

董事会报告报告通常包含以下信息：①对公司运营和主要活动的回顾；②影响国有企业业绩或战略前景的重大事态与环境变化；③可能实现的发展；④有关董事会成员的信息，包括他们的资格、经验、责任、董事会和委员会会议的数量以及董事会成员的出席率等。

一些国家要求国有企业提交公司治理报告，当然，这也是国有上市公司遵循上市规则的一部分，包含以下信息：①董事会的构成和任命程序；②董事可以利用的外部咨询资源；③为首席执行官和董事会成员制定并审核薪酬计划的程序；④任命外部审计人员的程序；⑤风险管理；⑥伦理政策。

在加拿大等一些国家中，国有企业与其主管部长达成了一种特殊的“治理协议”，并

① 例如2001年澳大利亚昆士兰州公共账目委员会的《公共部门年度报告》。

且定期进行审核。这项治理协议包含以下信息：①董事会如何参与首席执行官、董事长和新董事的任命工作；②公司规划协商机制，包括政府如何通过沟通使其关注的问题成为公司规划的一部分，以及如何对国有企业提出的公司规划做出反馈；③与部长保持接触的程序以及特殊事务的处理程序。[①]

有些国家虽然没有这种公司治理报告或公司治理协议，但是这种报告或协议的主要内容会包含在更为具体的报告或年度报告里。例如在瑞典，国有企业必须提交一份关于董事会构成和本年度内工作的报告；在比利时，年度报告涵盖了董事会成员薪酬的全部信息。

2. 特别报告

在一些国家中，国有企业必须进行额外的、主要涉及非财务信息的特别报告，其报告的内容一般是为了反映上市公司的报告要求，或者是作为所有权实体设立的一种特殊报告制度。例如，丹麦的国有企业必须就重大事件向丹麦商业和公司署及公众报告，其方式与上市公司按照要求向股票交易所报告一样；芬兰的国有企业必须在年度报告中专门介绍经济增加值。

奥地利工业股份公司在提交年度会计报表的同时，必须就实施私有化项目的进展情况进行报告。

在新西兰，国有企业需要实施基于价值的报告(VBR)，该报告的重点在于国有企业经济价值的变化，也用来衡量国有企业之间、国有企业与私有公司之间的业绩差异[②]。

在波兰，国库部每年制定专门的财务报告指引，以解释和明确这些报告要求。国有企业必须准备详细的本财务年度和上一财务年度的管理董事会活动报告，以及对财务报告的检查结果。此外，经监督董事会批准后，季度报告也须提交给国库部，其内容包含财务状况、员工薪酬、财务信用和潜在风险等方面。另一份有关担保和抵押的季度报告也必须提交给财政部。

瑞典的《政属公司外部报告指引》规定，所有国有企业在提交年度报告的同时也必须提交一系列特别报告：①综合外部环境分析；②有关公司机会均等政策、鼓励多元化的工作和对所有激励计划的描述；③公司股息政策的账目；④公司环境记录的信息。

在英国，年度报告中的非财务信息有：首席执行官的总体看法、董事长的声明、商业发展评估、未来商业战略、公司治理安排和董事会的详细情况(薪酬、经验和责任)。

---

① 2000 年 12 月《加拿大审计长报告》第 18－26 页和第 18－27 页第 18 章“皇冠公司治理”。

② 新西兰皇冠公司监控咨询机构 2002 年《所有者预期指南》第 6.6 节。

需要指出的是，在意大利等国家，为了确保所有非政府股东能够得到平等对待，不允许政府要求国有企业提供特别报告。

(三)总体信息披露制度

总体信息披露制度，主要是指国有企业的总体年度报告，即把一个国家的国有企业作为一个整体来披露信息。实施总体年度报告的总体信息披露制度时，该报告一般首先提交给议会，使议会有机会在普遍原则或政策层面上讨论所有权问题，或者在有关特殊问题的决策或诸如国有企业撤资或投资的决策等方面讨论所有权问题。公众、媒体、工会和其他利益团体都可以获得这些年度报告。

为数不多的几个国家，在提交报告时把国有经济看作一个整体，会公布不太详细的、包括全部国有部门的总体年度报告(专栏 5-7)。瑞典根据议会于 1982 年通过的一项决议，从 1999 年开始实施这种总体报告制度。法国从 2002 年就开始公布这种年度报告。英国将从 2005 年开始公布年度报告。

在芬兰，贸易和工业部下设的协调所有权主体每年都要发布一个名为“芬兰的国家股权”的公告，该公告涵盖了 17 个最大的国有企业的信息。但是前面提到的国家审计署的调查内容更加详细，并且是向公众公开的。

在德国，从 1954 年就开始编写《政府持股报告》，这在当时是联邦预算程序的一部分，且包含了政府在按照公法和私法注册的经济企业里持有股份的列表。从 1973 年开始它成为联邦财政部公布的一份独立的报告。这些报告使议会和大部分公众能够了解联邦政府的经济活动，并跟得上联邦政府在持股和私有化方面的挑战、任务和政策的变化。

在挪威，贸易和工业部每四年需要就其监管的国有企业的业绩和发展进行报告[①]。

在丹麦，公众可以通过互联网看到提交给拨款委员会的年度报告。

专栏 5-7　德国、挪威、瑞典和法国的所有权实体的年度报告

瑞典和法国的年度报告内容包括这两个国家所有国有企业的信息。瑞典的报告是由工业、就业和交通部编写的，法国的报告是由工业、财政和经济部编写的。

---

① 贸易和工业部 2002 年发布的 2001—2002 第 22 号挪威政府政策白皮书《减少国家所有权数量，提高国家所有权质量》。

两国的报告都详细地描述了国家作为股东的角色、目标和所采取的主要行动。

两国的报告也描述了公司治理安排和工具，并提供了关于国有企业董事会变化的准确信息。

两国的报告也简单介绍了每个公司发生在该年度的特别事件。两国的报告描述了国有企业的合并报表和全面财务状况。法国的报告是分行业对国有企业进行分析的，而瑞典的报告则把处于市场条件下的公司和那些具有特殊社会利益的公司区别开来。

两国的报告都强调了国有企业的社会属性，其中瑞典的报告阐述了每个公司的性别政策、环境措施和伦理政策等。

两国的报告中都包含了国有企业董事的姓名，瑞典的报告还提供了这些董事的联系地址。

至少在2003年，法国的报告更加注重国家角色的更新和各个企业的法定演变。

法国的年度报告仅有法文版，而瑞典的报告是英文版的。

由德国联邦财政部编写的年度报告涵盖了联邦政府控股公司的总体情况。这篇报告的核心目标是向议会和公众公开政府企业行为的透明度。

报告开篇是由联邦财政部撰写的描述私有化政策实际情况和公司主要事件的序言，然后介绍了由联邦政府和其特别基金直接控股的公司和重要的间接控股公司的总体情况，同时也回顾了过去几年实施私有化的情况。

报告的主要部分包括所有重要的国家直接和间接控股公司的关键经济和财务数据，以及管理董事会和监督董事会成员的名单。

附件中有政府控股公司的名单，以及所有名义资本不少于50000欧元且政府持股高于25%的政府直接和间接控股公司的名单。这篇报告只有德文版。

挪威的年度报告由贸易和工业部编写，其内容只包括该部管理下的国有企业。虽然该国的报告比较简练，但是它在结构上与法国和瑞典的报告是很相似的。报告开篇是总结公司主要事件、重组和公司重要事务的所有权报告。接着该报告介绍了国家所有权管理机构的组织情况及其公司治理原则。最后，该篇报告用几个表格描述了每个公司的财务业绩和全部国有企业的全面投资组合数据。报告语言是英文。

资料来源：法国的报告(2003年《国有股东》)，瑞典的报告(2003年国家政府机构《国有公司年度报告》)和挪威2003年年度报告。

总体报告的年度报告包含的信息有以下几个方面:国家所有权政策、在国家行政管理框架内行使所有权职能的组织结构、国有部门的历史沿革、总体财务信息,以及最重要国有企业的单独报告和国有企业董事会变动的报告。有少数例子显示,当由不同部门负责国有企业时,那么它们提交的就是半全面报告,即只包含一部分国有企业的年度报告。比如挪威贸易和工业部的所有权部门每年都要公布一份只受其管理的国有企业的年度报告。

以年度报告或网上公布形式对公众公开的总体报告使公众可以清楚地了解国有企业的业绩和发展,其报告也成为媒体和公众关注和争论的焦点。

为了向公众披露总体信息,一些所有权实体建立了自己的网站,并在网站上公布信息,既包括所有权实体的组织结构、所有权政策,也包括国有经济的规模、演进和业绩等。如加拿大、芬兰、法国、德国、新西兰、瑞典和英国。

(四)2005年以来国有企业透明度的信息披露改革

一些国家在透明度和信息披露领域对国有企业进行了改革。其中,有三个国家已同意实施年度总体报告(瑞士和土耳其)或围绕年度报告加强问责机制(德国)。六个国家已经改变了国有企业披露重大信息的规则。所有变化的方向,都旨在披露更多的信息,但有关领域在不同国家有很大的不同——从每年定期报告(土耳其)、可持续发展报告(瑞典),到最大的国有企业连续披露制度(新西兰)。换句话说,政府也越来越意识到需要提高国有企业的透明度和问责制(OECD工作小组,2010年,问责制和透明度建议:国家所有权指南),以提高国有企业的效率,并获得公众的支持。

2005年,韩国政府建立了一项以互联网为基础的“公共实体的信息公开制度”(ALIO)。该系统是韩国公共实体信息披露的一个综合服务系统。国有企业(和其他公共实体),按照27个类别的财务信息和非财务信息标准,在一个网站上披露运营数据,公众可以自由访问该网站并获取信息。此类信息的内容包括单位数量、职工人数、主要性能指标、消费者满意度调查结果、员工的平均工资、行政人员的薪酬、长期和短期债务等。政府要求信息披露在2012年扩大到覆盖33类。额外的信息将包括有关附属公司及新招聘的工作人员。

在新西兰,增加国有企业透明度一直是公众关注的焦点话题。自2010年1月起,新西兰持股部被要求在7家最大的国有企业实施连续的披露制度:新西兰邮政、新西兰铁路公司、Transpower新西兰有限公司、Meridian能源有限公司、Mighty River电力有限公司、Landcorp农牧有限公司、Genesis电力有限公司等,目的是让公众不断了解可能对这7家公司的商业价值产生重大影响的事项。

在瑞典，2007年11月政府接受了国有企业外部报告准则。准则规定，国有企业的外部报告应尽可能同上市公司一样透明，其中包括年度报告、中期报告、公司治理报告、内部控制声明和可持续发展报告。这些准则是基于“遵守或解释”的原则。董事会应在年度报告中对公司在过去的财政年度对指引的遵循做出描述并对有关偏差进行评论。根据指引，从2008年财政年度开始，董事会负责按照全球报告倡议组织(GRI)的要求提交可持续发展报告。该报告应该随着公司的年度报告在各自公司的网站上公布。可持续发展报告可以是一个单独的报告或年度报告的一个组成部分。

在瑞士，目前总报告仅涵盖组织最大的国有企业如股份制公司和瑞士邮政服务。从2011年年度综合报告开始，要求所有国有企业对议会和广大市民进行披露。为此，于2010年12月，议会通过了相关的法律修订。

在土耳其，通过2007年的部长理事会法令和2009年的公报，在收集国有企业信息和准备国有企业部门总体年度报告方面，土耳其财政部的作用得到了加强。过去几年，财政部负责起草总体年度报告，然而，由于这些修订，报告的范围已扩大至涵盖包括由市政府拥有和经营的公司和受到特殊的法律框架的国有企业。(见专栏5-8)

专栏5-8　土耳其的年度总报告

2007年由部长理事会通过法令，授权财政部副国务卿编制公共事业年度总体报告。2009年，公布了一份监测和报告国有企业活动的法规，进一步赋予财政部副国务卿收集和发布所有国有企业(包括那些由地方政府拥有的国有企业)的信息的责任。

上述法规颁布之前，只对适用国有企业法令233号规定和国家占有高于50%份额的公司进行监测。新法规的启用，将地方政府所拥有的公司、所有权职能由财政部以外的其他公共机构行使的公司，以及没有由财政部进行定期监测的国家银行纳入了监测范围。

2007年，国有企业首次公开在2006年的活动和业绩报告，发布报告的企业范围是所有权由财政部执行的公司。在2007年和2008年的报告中，范围扩大到包括根据欧盟的相关立法被视为公益事业的公司。自2006年以来，根据独立的理事会部长法令，国有企业需要定期在网站上公布其年度报告。

资料来源：Corporate Governanceof State - Owned Enterprises. Change and Reform in OECD Countries Since 2005.

二、会计准则和审计

(一)会计准则

在绝大多数情况下,国有企业使用与公众公司相同的会计和审计准则。总的来说,在一般会计准则中并没有特别规定或豁免条款。例如在英国,国有企业必须按照英国会计准则进行报告。在欧盟国家中唯一的例外是,当一个国有企业被委托提供事关公共经济利益的服务和为了提供该项服务而接受任何形式的国家援助时,它需要保持分离的账户。各国仍在讨论的一个突出问题是是否按照2005年实施的国际会计标准/国际财务报告准则进行合并报表。在很多情况下,只有大型国有企业才被要求采用国际会计标准,其他企业仍然沿用国内标准。

表5-3 外部审计和特殊的国家控制机构

国家	外部审计人员	国家审计人员	特别审计规定
澳大利亚		有:澳大利亚国家审计署	
奥地利	有	有:如果是国家控股公司,由奥地利审计法院负责	
芬兰		有:国家审计署	无:与其他公司一样
法国	有	有:审计法院	
德国		建议联邦审计法院对国有控股公司享有特殊权力	无:与其他公司一样
意大利	有:外部私人审计人员		新近在意大利实施的欧盟2000/52规定,要求提供涉及公共经济利益服务的国有企业拥有独立的账户
日本		有:审计委员会	
韩国	有:审计监察委员会	有:可能委托给行业部长	
新西兰		有:审计长	有:只针对选择委员会控制的非上市公司
挪威	有	有:国家审计署	无:与其他公司一样
瑞典	有	有:国家审计局	
英国	有	有:运营基金	无

(二)外部审计

在大多数OECD成员国中,国有企业同样要接受外部审计人员的审计。来自外部的专家可以确保企业的财务结果和业绩指标是合理并且是正确的,而不是错误或虚报的。外部审计也是一个重要的激励手段，使国有企业管理层和董事会正确地向所有权实体和公众负责。在英国，国有企业每年年末公布的财务报告都需要有审计人员的签名，且审计人员的意见依据要包含在年度报表里面。但是，各国使用外部审计人员的特点和选择方式是不同的。

在一些国家，由独立的注册外部审计人员对国有企业进行审计，这些审计人员是由国有企业自己选择的，更准确地说是由公司的审计委员会选择的。法国、挪威、波兰和斯洛伐克共和国就是采用这种做法。在英国，除了运营基金外，所有国有企业都要接受独立审计人员的审计。在比利时，每个国有企业的审计工作都由 4 个外部审计人员进行，其中 2 人由国家控制机构任命。意大利是也如此，在没有具体法律规定的情况下（对非上市国有企业），经济和财政部要求国有企业接受独立的注册外部审计人员的审计。

在另外一些国家，国有企业由官方“审计总署”进行审计。例如，澳大利亚联邦政府机构和公司的财务报表以及英国的运营基金的审计工作由审计总署负责。审计总署是国家特殊的审计实体，在获取有关文件、进入办工场所和接触国有企业职工等方面拥有很大的权力。

在一些国家，某些特定的国有企业可以从私营部门挑选审计人员，但是同时要求审计长提交一份有关公司财务报表的审计报告。这种情况的例子是澳大利亚的国家电信公司。

外部审计人员的选择和他们的独立性越来越多地受到公众的关注。当由公司自己选择审计人员时，其审计委员会具体负责组织竞争性选择程序的决策，而且他们越来越看重质量而不仅仅是价格竞争。例如在波兰，国有企业监督董事会在选择外部审计人员的时候会考虑其相关经验、价格和独立性。被选中的外部审计人员在同一年内不能向该国有企业提供过其他服务，且服务期限不超过三年。

三、上交红利和国有资本预算

(一)资本红利

目前，在 OECD 成员国家中，国家所有权人从国有企业获得红利，虽然实际分红政策差别很大，但国有企业都被要求分红成为一种惯例。对于这些分红的处理，不论什么机构担任国有股东的代表，一般都要求将国有企业的红利转给财政部门用于公共支出，纳入财政预算。如丹麦、芬兰、法国、德国、新西兰、挪威、韩国以及瑞典等国都是这样做的。

一些 OECD 成员国设立了独立的国家持股基金，例如奥地利的 ÖIAG 基金、捷克的国家财产基金、新加坡的淡马锡基金等。在这些基金当中，只有淡马锡一家是主要将红利和私有化收入用于再投资的自我持续发展的，但是，在过去的30多年里，淡马锡平均每年都要将其股票市值的7%作为红利支付给新加坡财政部。而奥地利ÖIAG基金在2004年将其普通盈利的90%作为红利分给了财政部。此外，ÖIAG基金还必须将普通盈利以外的私有化收入全部交给财政部。很多年来，捷克的国家财产基金上缴给各个政府部门以及分配给各种项目和补贴的资金几乎与该基金的利润收入和私有化收入相等①。

关于不同国家的国有企业分红政策，根据对5个发达国家国企分红政策与实践，以及对16个发达经济体中49家外国国企2000—2008年分红数据的调查统计：在有大量国企的发达经济体中，大部分国企的分红政策并非由政府设定统一分红比例，而是由国有企业董事会做出分红的提议然后与政府相关机构协商达成一致。世界银行认为，这种由董事会提议，然后进行讨论，最终达成一致的这种机制可以平衡约束性和自主性，实践数据显示大多数国企的分红率在20%～50%之间。②

国有企业分红的具体政策和实践较为完善的国家，主要有新西兰、瑞典、挪威、法国和芬兰等国家。

新西兰国有企业董事会和国家之间的关系由《国有企业法》来调节。维护国企利益是国企董事的法律义务，他们向对议会负责的国家财政部和某个行业部报告。董事会要与持股部门协商后决定分红政策。财政部和皇冠公司监督咨询机构（CCMAU）根据企业的资本结构、资本投资计划和盈利能力等因素就分红政策向行业部提出建议。所有的国企都应当既能在长期经营中增加股东价值，又能达到董事会制定的《企业目标报告》（SCI）中的短期财务目标。截至2008年6月30日这一财年，国企净利润为5.98亿新西兰元，其中70%（4.2亿）作为分红交给了国家。③

挪威政府中央各部委共同管理着国家在国有企业的股权，这些国有企业根据经营目标分成四大类。大部分以商业运营为目标的国有企业由贸易工业部下设的国有经济司管理。挪威政府对国企分红的立场如下：国家希望每家企业都制定清晰的分红策略。实行积极的所有权政策，包括对分红及盈利提出商业性要求，使其符合公司长期价值最大化和行业发展。为了长期保持竞争力，企业不能只考虑短期盈利。公司必须在研发和发展劳动者能力方面充分投资。这样，从长远角度，企业才能够根据市场竞争状况进行必要的调整。2012年，所有以商业运营为目的的国有企业，在减去所得税及少数股东权

① Louis Kuijs，William Mako，张春霖. 国有企业分红：分多少？分给谁?. 世界银行，2005年10月17日.

② 张春霖. 有效约束、充分自主：中国国有企业分红政策进一步改革的方向. 世界银行，2009.

③ Cederlund，Lar Johan，2009，"Dividend Policies in International Listed Companies and in State Owned Companies，Dividend Policy for State Shareholders". Background note prepared for the World Bank.

益后，有 1011 亿克朗的利润，国家将获得 286 亿克朗的分红；相比 2011 年的 1486 总利润，国家在 2011 年获得了 271 亿克朗的分红。如果不算亏损的北欧航空公司，过去五年中上市公司的分红为利润的 20%～53%。[①]

瑞典企业、能源和通信部下设的国有企业管理局负责大部分瑞典国企管理和所有权政策。所有公司都要有财务目标，在很多情况下还要公布分红政策。分红政策由企业和国有企业管理局共同制定，在股东会上通过。

分红目标必须记录在案，但是每家公司的分红目标和规定可以不同。其中的差异取决于公司所处行业、业务结构、公司财务状况以及企业处于发展周期的什么阶段。在任何一家公司，所有者和企业都应该讨论企业对资本和资本结构的特殊需求。应该尽量高效地为企业提供资金，使其能够开展业务活动。也必须考虑到企业未来的资本要求。所有者/国家占用的资本不应该多于其活动所需。若要把一些国企的分红用作"专项资金"为其他国企补充资本，需要议会做出决定。2006 年和 2007 年，瑞典政府收到的国企分红分别为国企净利的 67%和 58%。

2004 年，法国建立了政府持股机构(APE)，负责"明确法国政府的股东职能，更专业地保护国有资产"。该机构管理的资产组合具有高度的多样性，包括性质与规模差异较大的企业，有上市公司、非上市公司和公共企业，等等。2007 年，该机构管理 51 家实体。APE 与其他部委以及总统办公室合作管理国有资产。对分红政策没有一般性规定。大部分公司在董事会提议后决定分红政策。APE 监督所有公司的价值创造能力和盈利能力。2007 年，国家收到的分红是上述企业净利润的 40.3%，2006 年为 37%。

2007 年，芬兰的国有企业主要由总理办公室成立的国有企业管理司管理。2008 年末，该部门负责管理 29 家在竞争环境下运行的市场化营利性国有企业。此外，它还负责管理一个特殊任务公司 Solidium Oy。在这个集中管理体系外，还有 15 家承担着特殊任务的国企由一些部委来管理。[②] 数据显示 2007 年上市公司国有股的平均股利派发率为 60%。按要支付的 2008 年的分红，国家投资组合中的公司(包括 Solidium Oy 公司所拥有的子公司)平均分红率为 69%。国有上市公司的平均分红水平总的来说高于其他同行业公司[③]。

对于分红的使用，从国际经验来看，无论哪个机构代表国家担任股东，国企分红通

① Norway's Ministry of Trade and Industry ,THE STATE OWNERSHIP REPORT 2012.

② http://www.valtionomistus.fi/documents/Julkaisut/2007_Annual_Report_of_the_Ownership_Steering_Department_in_the_Prime_Ministers_Office.pdf.

③ http://www.valtionomistus.fi/documents/Julkaisut/2008_Annual_Report_of_the_Ownership_Steering_Department_in_the_Prime_Ministers_Office.pdf.

常都要交给财政部用于一般性公共支出，体现“取之于民，用之于民”的国有资本本质。很多国家都采用这种做法，如丹麦、芬兰、法国、德国、新西兰、挪威、韩国和瑞典。另外，还采取直接给国民发放红利的形式。

在美国，不少州则对公有资产的收益进行直接分红。美国阿拉斯加州政府 1980 年利用该州的石油资源收入成立了资源永久基金。每年，该州政府要将至少 50%的矿产资源租赁及所得收入划拨到这个资源永久基金之中，收益主要用于给公民发放社会分红，发放对象是在阿拉斯加州连续居住达半年以上的该州公民。从 1982 年起坚持每年给每个公民分红。1982—2006 年，已经连续 24 年为该州公民发放社会分红，视收益情况每年发放几百美元到数千美元不等。

新加坡政府 2006 年初由财政预算拨付了 26 亿元为全民发放“经济增长分红”、“就业奖励花红”和“国民服役花红”。目的是协助和鼓励低薪工人继续工作，以及帮助低收入家庭自力更生，让收入较低的工人和家庭分享更多的财政盈余，建立一个活力充沛的经济体。“经济增长分红”发放给每个成年人 200～800 元。“就业奖励花红”发放给月入 1500 元以下、年纪达 40 岁的工人，以鼓励他们继续工作。“国民服役花红”发放给已经完成战备役的国人，每人 400 元。

中东产油国科威特国库收入 95%靠石油，2006 年公布的国库资产达 1665 亿美元，比 2005 年增加近 40%。近年来国际油价节节上涨，科威特国库资金充裕，2006 年开始对全体国民进行分红，每人 200 科元（约 6000 美元）。[①]

（二）国有资本经营预算

美国因国有资产数量较少，资产营运又多采用商业模式，所以对国有资产没有单独编制预算，而是将其纳入统一的政府预算范围内编制。具体程序及部门分工情况是：政府预算由专门的总统行政管理和预算局（MBO）负责编制，其中收入预算的主要信息资料来源于财政部，支出预算则根据各部、机构提出各自的预算方案，统一汇编成联邦预算，经总统审核后交国会审议，通过后由总统签字即产生法律效力。财政部不参与编制支出预算，只能根据历年的收入情况和经济发展预测，编制收入预算，供预算局参考，同时根据生效的预算组织基金供应。

与美国一样，英国也不编制单独的国有资产经营预算，有关编制管理遵循政府预算程序进行，财政部负责预算的收入支出及经济财政政策的制定，通过预算审批的形式，

① 吴国玖.国有资产收益分红机制的国际比较与借鉴[J].科技创新导报，2008(6).

议会对国有企业的财务进行严格的控制和检查。①

德国分为联邦、州、地方(市、县和乡镇)三级财政体制，中央一级国有企业的财产隶属关系在财政部。英国是两级(中央和地方)财政预算体制，国有企业是两级所有。两国国企红利均通过财政预算体系上交国库。出于综合经济管理部门的主要职责是宏观调控和反垄断的考虑，西欧各国主要把中央一级国有资产所有者的职能集中放在制定和实施国家财政预算的财政部门，而不是综合经济管理部门或行业主管部门。

法国预算体系与公共行政机构相适应，分为中央预算、地方预算和国家社会预算。法国的中央预算由一般预算、附属预算和国库特别账户构成。一般预算是中央预算的主体部分，其收入主要来自税收，其他为国有企业利润分红和国外收入等。国有企业在按税法规定纳税外，如有盈利，则必须按 50％的税率上交所得税。其余利润，一部分按股份向股东发红利，国家股份的红利均上交法国经济财政部的国库司，另一部分作为企业纯利润，归企业自行支配。此外，凡涉及中央一级国有企业的投资计划、资本变动、股权安排、重大发行债券和股票的计划，都要报其财产隶属关系所在的经济财政部决策，重大问题由内阁会议决定。②

日本国有企业上缴的利润和国债收入都列入政府一般预算，用于弥补经常性支出。国会和政府严格监控国有企业的预决算和利润分配。公社及特殊银行公库的预算由国会批准，公库及部分特殊法人的预算经与大藏大臣协商，由主管大臣批准；公库、公团、事业团、特殊公司的利润分配由主管大臣批准，其中公库利润全部上缴国库，其他企业利润在补亏和留成后上缴国库。

波兰的国有资产预算也是纳入国家财政预算之中编制，在国有企业的私有化改造中，波兰政府倾向于对原本经济效益较好的企业先进行改造，而不太重视那些效益相对较差的企业，使得这些企业多数都留在了政府手中，反过来又给政府财政造成了很大的压力。

第五节　国有企业与市场的关系

二战之后，英国等西欧国家纷纷收购私有企业，使之“国有化”，使得一段时间内，国有企业占据了国民经济的重要地位。然而，在 20 世纪 80—90 年代，横贯欧洲东西兴起了大规模的私有化浪潮。然而，即使是在私有化浪潮之后，国家及其国有企业在经济中的直接角色并未完全抹去：在许多 OECD 成员国中仍然存在大量的国有企业，而且这些

① 张瑞琰.国有资本经营预算性质与管理研究[D].成都：西南财经大学，2008.

② 卢铮.美国与西方国家的国有企业如何收取国企红利[N].中国证券报，2012-04-25.

部门由于其规模、经济影响以及所在领域的“战略性”而地位显著。

资料显示，OECD成员国中，国有企业数量最少的是澳大利亚，只有12家，最多的是斯洛伐克共和国，有115家。此外，大约有一半的国家拥有50～100家国有企业(加拿大、法国、英国、奥地利、日本、瑞典和芬兰)，另一半国家拥有25～50家国有企业(希腊、荷兰、西班牙、土耳其、德国、新西兰、韩国、丹麦、挪威和意大利)。可以说，国有企业的数量，在一定程度上反映了其在国民经济中的市场地位。

一、市场竞争地位

(一)国有经济在市场中的地位

国有企业在市场竞争中的地位，主要取决于其在国民经济中的地位和在市场中的领导地位。国有企业资产价值其与一国的经济实力是相关的。国有企业资产价值排在前列的国家有法国、意大利、希腊和韩国，其资产价值为2000亿～4000亿购买力平价美元。剩下几乎所有国家拥有的国有企业资产总额都少于1000亿购买力平价美元。国有企业权益占GDP的比例上，意大利、瑞典、新西兰和土耳其等国的国有企业总权益占GDP的5%以上。韩国、波兰也属于这一类国家，其国有企业中国家股份的总权益各占其GDP的4%和10%。芬兰国有企业的权益和资产占GDP的比例都是最高的。

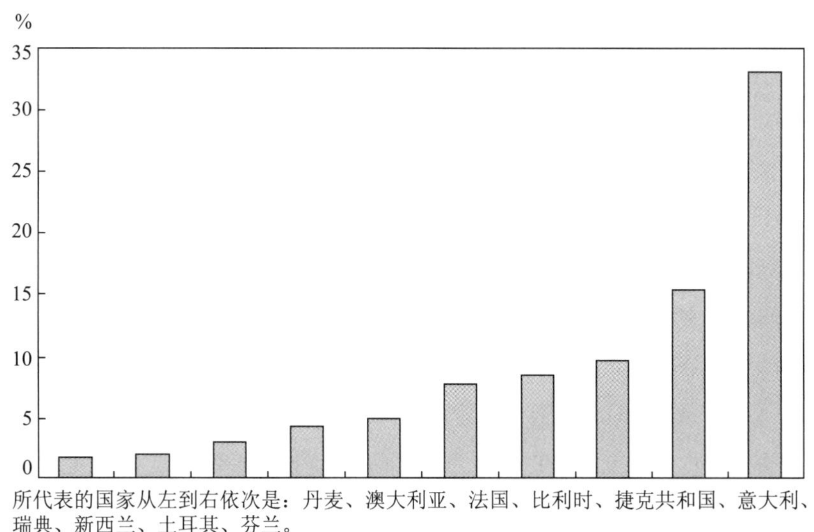

图5－1 部分OECD成员国国有企业总权益与GDP的比率

资料来源：2003年《OECD国有企业治理调查问卷》。

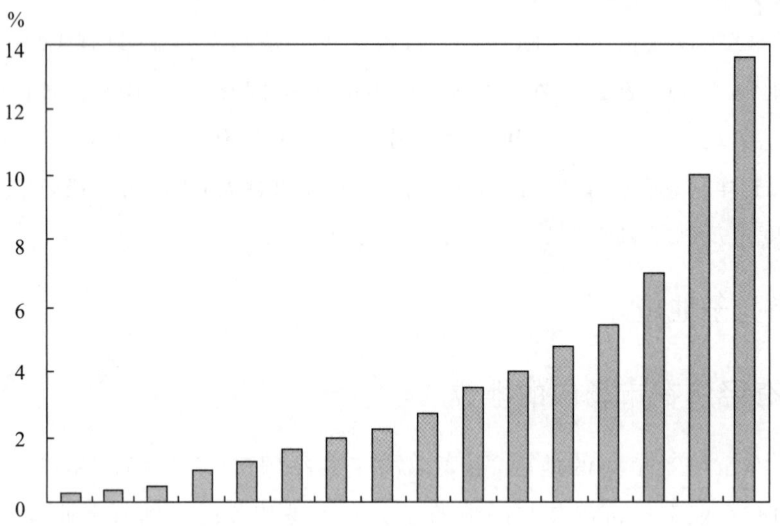

所代表的国家从左到右依次是：西班牙、韩国、加拿大、英国、丹麦、波兰、土耳其、意大利、比利时、荷兰、希腊、瑞典、法国、斯洛伐克共和国、芬兰和捷克共和国。

图 5－2　国有企业职工人数占总就业的百分比

资料来源：2003 年《OECD 国有企业治理调查问卷》。

从国有企业吸纳的社会就业人口来看，各个国家的国有企业吸纳就业的比例差别较大。大致可以分成三类：第一类是国有企业职工人数占总就业人数的比率比较低，例如，西班牙、韩国、加拿大、英国、丹麦、波兰和土耳其等国低于 2%；第二类是国有企业职工人数占总就业人数 2%～5%的国家，如意大利、比利时、荷兰、希腊、瑞典和法国；第三类是捷克共和国、芬兰和斯洛伐克共和国，占 10%以上。

国有企业对 GDP 增长的贡献不小，特别是在一些北欧国家，例如芬兰。芬兰国有企业的营业额和价值增量占 GDP 的比率仍是最高的，均约为 45%。捷克共和国国有企业的价值增量占 GDP 的比率也很高，约 18%，而斯洛伐克共和国与土耳其国有企业的营业额占 GDP 的比率则超过了 20%。一些国家（希腊、法国、瑞典和意大利）国有企业的营业额占 GDP 的比率为 12%～15%，而另一些国家，除了波兰（7.5%）以外，国有企业的价值增量占 GDP 的比率都低于 5%。

从行业领域来看，国有企业在很多重要领域仍然扮演着关键的角色，特别是“战略性”领域。虽然“战略性”这个概念是有争议的，但是业内对以下这点还是达成了共识：它覆盖了主要能源资源（水力发电、石油、天然气和煤炭）、邮政和电信系统、主要的运输系统（铁路和航空）以及略微显得不那么重要的一些金融服务领域。很多国家过去控制着这些领域，现在仍然在这些领域中占有很大的直接利益。

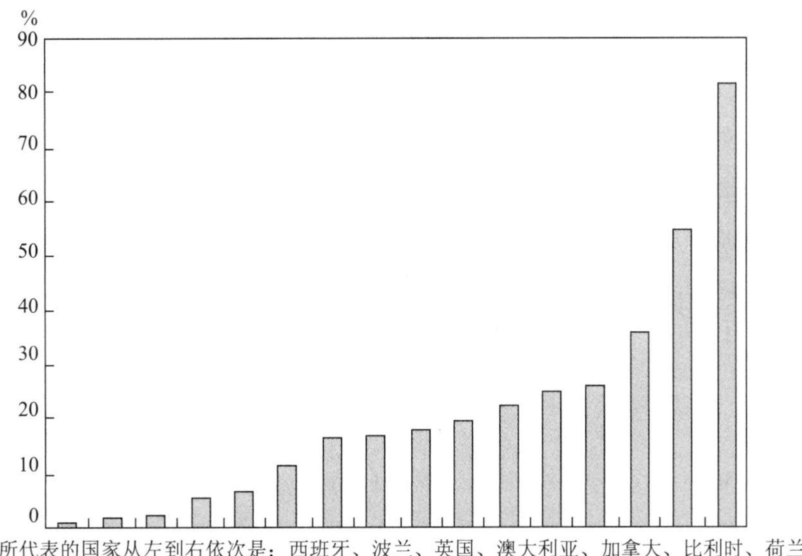

所代表的国家从左到右依次是：西班牙、波兰、英国、澳大利亚、加拿大、比利时、荷兰、新西兰、捷克共和国、土耳其、韩国、法国、意大利、瑞典、斯洛伐克共和国和芬兰。

图 5－3 国有企业资产价值占 GDP 的比例

资料来源：2003 年《OECD 国有企业治理调查问卷》。

在 OECD 国家中，国有企业在能源、基础设施和网络行业中保持着显著地位，如航空和铁路运输；电力、燃气及水的供应；自然资源开采和电信等方面。在金融部门，尤其是银行和保险业，国有企业通常也占据主导地位。尤其是在一部分国家，如捷克共和国、丹麦、芬兰、意大利和挪威，国家仍然是邮政系统和铁路的唯一所有者，是大部分航空运输公司和能源企业的主要所有者。最后，即使是在金融部门私有化之后，一些国家仍然保留着部分金融机构的重要股份，通常是在 30%～100%之间。

值得一提的是，虽然私有化降低了国家在一些国有企业的股权比例，但是并非降低了国家的控制力，一些国家通过“金股”模式对企业实施控制。在英国，国家对关系国家安全和国计民生的重要行业企业，设立了若干行业监管办公室，并根据“公司法”中有关“特权股”的原则，持有“金股”。国家设置“金股”，有权任命董事会中的 1～2 名董事。该董事根据政府部门的指令可以行使“金股”权力，拥有一票否决权，有权阻止外国投资者的恶意收购和董事会的重大不当行为。在意大利，国有企业私有化后，政府派出的“金股份”代表，在企业做出的决策有损国家和公司整体利益时，有权阻止，行使否决权，直至召开股东大会撤换董事会和监事会。对一般生产型企业保留 3 年“金股”权力，以后逐步退出，但对从事公共事业的企业，政府将长期保留“金股”。

虽然历经 20 世纪八九十年代席卷全球的私有化浪潮，时至今日，国有企业依然在世界经济中发展着重要作用。在福布斯杂志(Forbes)每年评选出的、占了全球经济总量一半以上的“全球最大2000家上市公司”(Forbes Global 2000) 榜单中，国有企业仍然占有相当重要的地位。

2010—2011财政年度，在这2000家全球最大的上市公司中，有204家是国有企业。这204家国有企业来自37个国家，其中中国排名第一(有70家)，其次是印度(30家)、俄罗斯(9家)、阿拉伯联合酋长国(9家)、马来西亚(8家)。这204家国有企业分布在35个行业，其总的销售额达到3.6万亿美元，相当于全球最大2000家上市公司销售额的10%，超过2010年英国、法国、德国各自的国民总收入(GNI) 。

(二)OECD国家各国的国有企业现状

2010年下半年至2011年3月中旬，OECD公司治理部门对OECD成员国国家政府开展了一项问卷调查，调查成员国2008年和2009年的国有企业状况，在34个OECD成员国中有27个国家提供了较为详细的数据。

尽管近几十年来OECD国家在企业中的国有股份在降低，但国有企业及类似的实体在很多国家的经济中仍然是重要组成部分。

1. 国企地位显著

截至2009年，在OECD国家中，政府持有超过50%股权的国有绝对控股企业就业人数超过600万人，所有这些国有企业的资产价值接近2万亿美元。另外，在一些OECD国家，政府在一些上市公司中虽然只持有少数股份但已足以实施有效的控制，这类国有参股企业的就业人数超过300万人，资产价值接近1万亿美元。总体来看，在OECD国家，国有绝对控股企业和国有参股企业的总就业人数超过900万人，资产价值接近3万亿美元。

表5-4 有数据的28个OECD国家国有企业状况

项目	国有股份超过50%的企业				国有股份10%～15%之间的上市公司(即国有参股企业)
	国有股份超过50%的上市公司	国有股超过50%的非上市公司	法定公司(Statutory Corporations)	国有绝对控股企业(前三类)合计	
企业数量(家)	48	1764	273	2085	54
就业人数(人)	862433	2361079	1110158	4333670	2618790

续表

项目	国有股份超过50%的企业				国有股份10%～15%之间的上市公司（即国有参股企业）
	国有股份超过50%的上市公司	国有股超过50%的非上市公司	法定公司（Statutory Corporations）	国有绝对控股企业（前三类）合计	
资产价值（亿美元）	5184	7436	1548	14168	7671

注：①28个OECD国家为上报数据的27个国家加上日本。

②法定公司（statutory corporations）指那些在其自有的法律框架下运营的实体。

出于数据的可获得性，本文用国有部门的资产价值与GDP之比来衡量国有企业在其国家经济中的重要性。据OECD估算，所有上报数据的OECD国家，其国企资产价值与GDP的平均比值在15%左右。按照该衡量标准，墨西哥（国企资产价值与GDP之比超过100%）在上报数据的国家中排名第一，这主要是因为国有的石油天然气公司PEMEX过于庞大。一些国家国企资产价值占GDP之比为20%～30%，它们不是北欧国家就是转向市场经济的国家，如捷克、芬兰、以色列、波兰和挪威。

OECD国家中的国有企业在就业方面的作用也较为显著。国企就业占整体就业比重最高的是挪威，超过9%；超过3%的包括前转型国家如捷克、爱沙尼亚、匈牙利和波兰；其他一些OECD国家，如芬兰、葡萄牙、法国和瑞典等，比重也较高。事实上，如果将国有参股企业考虑进去，芬兰和法国的国企就业比重将更为显著，因为这两个国家都有很多政府占有重要的少数股权的大型上市公司。

从绝对控股状况看，截至2009年底，有数据的28个OECD国家共有2085家国有股份超过50%的国有企业（即国有绝对控股企业），雇员超过430万人，资产价值超过1.4万亿美元。如果算上没有上报数据的一些国家，估计整个OECD区域内国有股份超过50%的国企，雇员超过600万人，估值接近1.9万亿美元。

在上报数据的OECD国家中，国有部门规模最大的是韩国，资产价值约为1776亿美元（如果法国的法定机构有估值的话，其国有部门资产价值肯定超过韩国），韩国大多是政府100%持股的非上市公司。其次是挪威，国有部门资产价值为1310亿美元，其中大部分是几家高市值的上市公司。此外，还有一个上1000亿的国家是意大利，2009年其规模为1050亿美元。

在国有绝对控股企业的就业方面，由于缺乏美国的数据，在剩下的OECD国家中，法国的国企雇员十分突出，超过80万人，比排名第二的英国37.8万人远远为多；排第三的是意大利，国企雇员有28.9万人。法国的国有就业中有约50万人就业于交通运输领域的法定机构及其他一些实体。

从参股企业状况看，除国有股比重超过 50%的国有上市企业之外，很多国家政府在上市公司中持有重要的少数股权（即至少有 10%的普通股或者同等投票权），这些公司可称为部分国有企业（Partly State - Owned Companies，PSOEs，中文相近的概念应为“国有参股企业”，但国有股比重至少在 10%以上）。

截至 2009 年底，在有数据的 28 个国家中，这样的上市国有参股企业有 54 家，总计 260 万就业人员，资产规模达到 7700 亿美元。

各国在上市公司中持有这样的少数国有股权的原因各异，有的是因为私有化进程尚未完成，有的国家至少持有 10%股权是为了阻止公司被全盘接管。国家持有这样的少数股权，并与其他投资者达成股东协议使国家在决策领域仍然保有重要影响和优先权，这种情况并不罕见。

有一些较大的欧洲国家在上市的国有参股企业（PSOEs）组合方面较为突出。2009 年，9 个这样的法国公司（包括法国航空 Air France KLM，欧洲宇航 EADS，法国电信 France Telecom，雷诺汽车 Renault）雇员约有 92.5 万人，市值约为 2440 亿美元。三家德国的国有参股企业（包括 Commerzbank）在 2009 年有 72.7 万雇员。

意大利的国有参股企业有 22.4 万雇员，市值超过 1560 亿美元。但如果考虑到与国家整体经济规模相比，芬兰在这方面最为突出。芬兰人口是法国或意大利的 1/10，有 9 家上市的国有参股企业（PSOEs），雇员有 13.1 万人，市值为 706 亿美元。再如日本政府仍然在其电信巨人 NTT 中持有 1/3 的股权。

在布局方面，国有经济日益集中于少数十分重要的“战略性”行业。

总体而言，在最近的几十年间，OECD 国家的国有企业行业分布越来越倾斜于公用事业部门（utilities sector），而在其他行业让位于私有化。公用事业（电信、电力和燃气、交通及其他公用事业）在 OECD 国家的国有经济中占了资产价值的正好一半。

OECD 国家的国有企业第二大集中领域是金融行业，以资产价值来衡量占 24%。这也许看起来令人惊讶，因为自 20 世纪 90 年代以来，金融行业通过上市已经开展了最为活跃的私有化过程。然而，现存金融领域的国企大多数并不是在股票市场上市的银行，而是被国家政府紧紧把握的保险、养老金和特殊的金融机构。意大利政府和瑞典政府持有这样的国有金融机构较多。

至于其他行业，初级产业较为显著，占到价值量的 5%，因为有一些非常大的北欧石油天然气企业和采矿企业。制造业（7%）相对较大，因为少数几家上市的国有股占大头的公司，占了行业的 2/3，包括美国通用汽车和日本烟草。

2. 主要新兴国家的国有企业现状

在印度，国有企业有政府公司(Government Companies)、公众公司(Public Corporations)、部门企业(Departmental Enterprises)等多种形式。在国企层级上，与中国类似，印度既有中央政府控股的中央国企(Central State Owned Enterprises,CSOEs)，也有州政府控股的地方国企(State Level State Owned Enterprises,SLSOEs)。

截至2006年3月31日，印度的中央国企有576家，总投资为48254.4亿印度币(Rs. Crore)；地方国企有1042家，总投资为25918.4亿印度币；合计印度国企有1618家，总投资为74172.8亿印度币。

在印度，尽管国有企业的重要性有所下降，但到2006—2007年时，国有企业仍然在其国民经济中具有较为重要的地位。在印度，国有企业增加值占其GDP的比重从1993—1994年的17.5%下降到2006—2007年的13.2%，但在公共部门GDP中国有企业的贡献仍在60%以上，其比重从1993—1994年的68.3%下降到2006—2007年的61.5%。印度国有企业的就业贡献也较大，2005—2006年，除去政府机构，国有企业就业人数占企业界就业人数比重为40.5%。

对于印度国有企业的行业分布，可用国企在该行业中的增加值贡献来表征。2005—2006年，在公用事业(如电力、燃气和供水)GDP中占67.73%，占社区服务和个人服务业GDP的47.65%，占交通、仓储和通信业GDP的39.16%，占银行、保险、房地产和商业服务业GDP的19.62%，占制造业GDP的14.22%，占建筑业GDP的7.28%，占农业GDP的占3.06%。

在巴西，截至2008年11月，联邦政府拥有的国有企业有127家，其中21家是公众公司(Public Company)，25家为政府绝对控股(Majority Shareholder)，在另外81家企业中政府是小股东(Minority Shareholder，即国有参股)。

截至2008年底，巴西联邦政府控制的这些国企资产价值为851亿美元，按资产价值其国企的行业分布如下：48.1%分布在石油行业，主要是PETROBRAS公司；其次是金融机构，占33.0%，具体而言是6家银行，其中有2家公众银行和4家政府控股的银行；再次是电力行业，占6.8%；资产管理行业占5.0%；交通行业占2.1%；邮政服务占1.6%；其他行业的资产比重低于1%。

二、与私营企业的竞争关系

目前，在国有企业与私营企业之间推行“竞争中性”政策，或者通过立法的形式保障其与私营企业公平竞争，并建立相应的执法机制，已经成为各国的一种政策趋势。各国普遍认为政府可以基于一些政治或公共利益上的考虑而对其国有企业提出要求，但其最终目标是增强经济活力和保证市场的公正。

2011年11月，OECD发布了《竞争中性与国有企业：挑战和政策选择》报告，对国有企业与私有企业相比拥有的竞争优势以及消除这些优势的思路和措施进行了全面研究，提出“竞争中性”政策框架①。其后，美国、欧盟、澳大利亚等国加紧推动OECD成员国及其他非成员国建立“竞争中性”政策框架，并且在各类双边及多边谈判中宣扬“竞争中性”，力图将这一国内政策推动成为国际经济合作的通行准则。

竞争中性，简单地说就是让不同主体在市场竞争中不因为其产权属性（比如公有企业、私有企业或社会公益部门）而获得特别的优势，或遭到不公正的对待。通常人们关注的焦点是公有企业因为其国资背景而受到的优待，实际上，竞争中性原则不仅关注公共部门所享有的优势，同时也关注公有制企业因为自身产权属性为其参与市场竞争而带来的劣势。OECD提出了“竞争中性原则”，以促使OECD成员国对国有企业参与竞争保持中立。

完全自由和竞争中立的国企现有模式形成于1986年的新西兰，并于1993年由于国家竞争政策的Hillmer评估报告而被澳大利亚采纳。它已被广泛应用于联邦、州和地方政府。澳大利亚生产力委员会这样描述“竞争中立”的核心理念：其旨在“促进国有企业和私有企业之间的有效竞争”，特别是“确保政府企业不能仅凭借公共所有权而享有优于私营部门竞争对手的竞争优势”②。

依照1996年6月澳大利亚政府发布的《联邦竞争中立政策声明》(Commonwealth Competitive Neutrality Policy Statement)，竞争中立是指要求政府的商业行为不应仅凭其公共部门所有权地位而享有高于私营部门竞争者的竞争优势。其实施目的是要破除国有企业的商业行为在资源配置上引起的扭曲与增强市场的竞争性。竞争中立要求政府不得运用立法与财政权力使其所有的企业优于私营部门，否则将会扭曲市场竞争并降低效率。③ 因此，竞争中立政策要求政府不得利用其行政权力使其国有企业获得比私人企业更多的优势。

---

① Antonio Capobianco and Hans Christiansen, Competitive Neutrality and State - owned Enterprises: Challenges and Policy Options[R]. OECD Corporate Governance Working Paper, No. 1, 2011.

② Professor Jane Kelsey, School of Law, University of Auckland, paper prepared for the stakeholder programme at the 11th round of Trans - Pacific Partnership Agreement negotiations in Melbourne, 4 March 2012.

③ Capobianco A. and H. Christiansen, “Competitive Neutrality and State - Owned Enterprises: Challenges and Policy Options”, OECD Corporate Governance Working Papers, No. 1, OECD Publishing, 2011. http://dx.doi.org/10.1787/5kg9xfgjdhg6 - en.

2012 年 4 月 10 日，美国和欧盟发布了《欧盟与美国就国际投资共同原则的声明》。该声明包括七项原则，其中第二项"公平竞争原则"指出：政府应加强对在全球经济中发挥着日益显著作用的国家影响力在涉及商业企业时造成的实质挑战的理解，并致力于形成应对这些挑战的统一方法。为此，欧盟与美国支持经济合作与发展组织在竞争中立领域的工作，该工作强调国有企业和私营商业企业享有同样的外部环境并在既定市场上进行公平竞争。①

在许多情况下，国有企业享有一些私人企业不具备的特权或便利条件。这些优惠政策给予国有企业在市场上更强的竞争力，OECD 认为这种竞争力并不是来源于企业自身管理或技术的提升，而更多来自政府层面的扶持。这类优惠政策包含补贴、便利的融资与担保、独占垄断地位等。其中，补贴被认为是一种最直接的政府扶持。比如，受扶持国有企业从政府处获得直接的资金注入以维持其商业活动；在税收上政府可以通过减免特定国有企业的税收来达到对该企业补贴的目的。补贴的形式是多样的，除了直接的资金上的补贴，政府还可以以无偿或者低价的形式让国有企业获得土地使用权。这在很大程度上降低了国有企业的运行成本，因为相同情况下的私人企业需要花费较大的市场价来获得其需要的土地②。其次，国有企业容易获得融资和担保上的优惠与便利。通常情况下，国有企业能够较为便利地从政府或者国有金融机构获得贷款并且政府会做出担保。按照 OECD 国有企业治理准则的说法，该形式大大降低了国有企业的融资成本。相对于私人企业，国有企业无疑在获得资金支持上拥有更大的优势。

另一方面，政府出于经济安全等因素的考虑，通常会允许一部分国有企业享有市场垄断的地位（如能源、通信、邮政等领域）。通常来说这些享有法律或自然垄断的企业确实保障了国家的经济安全，但是企业长期享有垄断性优势很容易形成产业链的垄断，这就会直接影响市场竞争性以及行业准入条件。

（一）竞争中立的范围

OECD 简要地给出了部分范围以供成员参考：①竞争中立政策应该首先在政府层面加以规制；②在竞争中立政策下，国有企业的经营活动应该完全遵循商业活动的原则。但是部分国有企业并非营利性企业，它们承担了部分社会公共职能，对于这样一些

---

① Statement of the European Union and the United States on Shared Principles for International Investment, http://trade.ec.europa.eu/doclib/docs/2012/april/tradoc_149331.pdf.

② D. E. M. Sappington and J. G. Sidak. Competition law for State - owned Enterprise[J]. 71 Antitrust Law Journal, V ol. 71, N o. 2, 2003

企业的经营活动需要和商业性国有企业区分开来；③在现行的法律法规中不能包含禁止竞争的规定(特殊行业除外)。

(二)各国国有企业竞争中立政策情况

澳大利亚现在已经有比较具体的竞争中立政策，其措施是基于政府性质的商业活动不应该在市场上享有大于私人企业竞争优势的准则而实施的。在澳大利亚，"联邦竞争委员会"和"生产力委员会"负责执行和监督竞争中立政策的具体措施。从1993年起，澳大利亚开始了对其国有企业公司化的进程，但是发现公司化进程并不能完全消除国有企业获得的来自政府层面的诸如成本、定价等方面的竞争优势①。公司化后国有企业仍然可以通过减免税收、获得补贴等方式造成市场竞争的扭曲。因此，澳大利亚政府开始制定更为严格的竞争中立措施，其目的是尽量消除政府商业行为造成的市场竞争扭曲。

这些措施包括：①税收中立，澳大利亚要求政府的商业行为不得享受比其他市场竞争者更为优惠的税务减免。②信贷中立，要求政府为其商业行为承担其他市场竞争者相同的信贷成本(利率)。③政策中立，要求政府商业行为不能享受与其他市场竞争者完全不同的政策环境。④合理的商业回报率，要求国有企业必须提供合理的商业回报并且派发商业红利。⑤要求国有企业的商业行为在价格制定上完全地反映其生产成本，同时非营利性项目的资金不得用于补贴其商业行为②。此外，由于国有企业很容易出现交叉补贴的情形，澳大利亚的竞争中立措施还特别关注政府对公共项目(非商业活动)的补贴行为。政府的公共项目需要严格列明并且对资金有较为严格的管理，"联邦竞争委员会"负责监督此类项目是否有清晰的说明以及资金是否正确使用。

欧盟成员在对待竞争中立政策问题上通常适用欧盟法的第106条(Article 106 EC)。该条款要求：不管是国有企业还是私人企业，其经营活动都必须受欧盟条约中的竞争条款约束，只有当适用该条款与其他特殊任务相冲突时才可以有例外。总的来说，竞争中立的相关措施已经被欧盟广泛承认。欧盟法第106条明确指出欧盟的国有企业受竞争法的管辖，成员不得以任何理由或措施对抗这条规则。欧盟竞争中立措施的第

---

① Tony Greenwood, David Williamson, Jim Armitage, Gary Rumble and Donald Magarey. "Corporatization and privatization of State - owned Enterprises: Some Australia Perspective"17 Hastings Int'l& Com p[J]. Law Review, 741, 1994.

② 上述措施详细参见：Rennie, M . A nd F. Lindsay(2011), "Competitive Neutrality and State - owned Enterprise in Australia: Review of Practices and their Rlevance for Other Countries", OECD Corporate Governance Working Papers, No. 4, OECD Publishing, (http://dx.doi.org/10.1787 /5kg54cxkm x36 - en).

二个特征是在该系统下，条约授权欧盟委员会处理成员的国有企业的经济活动问题。例如，委员会可以要求其成员对本国国有企业适用竞争法；如果成员的国有企业违反了竞争法中的相关规定，委员会可以做出决定要求企业停止相关措施，并且可以对其进行相应的罚款。

如果该成员的国有企业是在受政府扶持或影响下违反竞争法规定的（比如政府要求企业设定倾销性价格），委员会可以直接对其成员的政府下达停止此类措施的强制性决定。此外，欧盟法第 106 条还规定可以适用于各成员的各种形式的企业（国有和非国有），政府扶持不仅包括资金的直接补贴还应包括各种税务的减免措施。欧盟认为除了一些特殊情况外，任何形式的政府补贴都是不被允许的。成员国有义务向委员会及时报告其计划采取的对任何企业的扶持措施，委员会随后会仔细审查此类措施然后决定是否允许实施①。（见专栏 5－9）

专栏 5－9　芬兰公路企业

芬兰前公路企业（ FRE ）是一个国有企业，负责芬兰道路基础设施的建设与维护。在同一业务领域的私人运营商认为，国有企业享受的破产保护和特殊税收待遇，是欧盟国家援助规则所禁止的。于是（芬兰建筑行业联合会和 Suomen Maanrakentajien Keskusliittory ）向欧盟委员会提出了投诉，该委员会认为：

国有企业的破产保护和特殊税收待遇是一种国家援助。

批准成立公路企业的有关安排。

芬兰道路服务市场的开放竞争属于事实上的共同利益。

委员会没有认定 FRE 收取掠夺性定价的指控。

政府向 FRE 提供的被视为受禁止的援助措施，最终被推翻。从 2008 年 1 月，该公司注册成为国有独资有限责任公司（Destia Ltd ）。

来源：芬兰竞争主管部门提供。

欧盟委员会的另一种保证竞争中立的措施是“透明度审查”，该措施要求国有企业对其公共项目和商业行为承担独立的责任。对于那些承担了部分非商业活动的国有企业来说，该措施要求设立不同的账户以说明其预算如何在商业活动与非商业项目中区

① Antonio Capobianco and Hans Christiansen. Competitive Neutrality and State－owned Enterprises：Challenges and Policy Options[R]. OECD Corporate Governance Working Paper，No. 1，2011.

分开来；该措施被广泛应用于欧盟国家的各个领域，例如能源、交通、邮政等[①]。

一些经合组织和非经合组织国家的政府都致力于推动竞争中立，但没有制定正式的竞争中立政策框架。在实践中，通常是通过加强现有的立法，解决国有企业在市场经营中的竞争格局，并且建立了执法机制。西班牙在这方面走在了前面，已经建立了竞争中立性的承诺，并通过特殊的法令，授权经济部建立实施。在斯堪的纳维亚国家，则主要是进行广泛的竞争立法，实施竞争中立承诺。

在丹麦、芬兰和瑞典最近的立法变化（在挪威惯常的做法），目的是防止市场参与者接受国家公共部门的支持，导致任何可能的竞争扭曲。这些国家并不在欧盟立法的范围内，但它们承诺推行竞争中立政策，通过国家法律支持，并形成执法机制。此外，这些国家建议竞争主管机关，对不公平竞争公共服务的提供者开展执法[②]。

竞争中立政策的出台对我国新时期的经济策略提出了严峻的考验，也是重要的倒逼机制，将进一步推动我国国有企业改革[③]。可以说事关我国长期利益和发展战略，事关中国与欧美国家经贸关系的健康稳定，事关我国国有企业下一步的改革走向以及中国企业如何更好地实施中央部署的“走出去”战略。当前，在美国力推 TPP 以及 OECD 国家重点关注竞争中立的情况下，我国经贸关系发展的空间面临被严重挤压的风险。在未来的投资协定谈判、自贸区协定谈判中竞争中立将成为一个无法回避的议题。可以预见的是除美国外，欧盟、澳大利亚、日本、韩国等都可能会对我国提出竞争中立的要求。

实际上，竞争中立政策与我国一直实施的国企改革并不是完全冲突的，如果掌控得当，能够产生一种良性的“倒逼”作用，进一步推动我国的国有企业改革。因此，对竞争中立政策我们不能一味地否定，应该坚持以我为主，借鉴 OECD 的做法制定出符合国内改革进程、符合自身发展需要的措施；另一方面，面对一些不会影响我国原则底线的竞争中立措施，若发现其确实体现了国际上国有企业改革的趋势，我们也应该做出相应的调整，为我国企业更好地实施“走出去”发展战略提供法律和政策上的依据。

---

① Commission Directive 80 /723 /EEC of25 June 1980 on the transparency of financial relations between Member States and public undertakings (O J L 195, 29. 7. 1980, p. 35).

② Competitive Neutrality MAINTAINING A LEVEL PLAYING FIELD BETWEEN PUBLIC AND PRIVATE BUSINESS OECD 2012.

③ 赵学清. 欧美竞争中立政策对我国国有企业影响研究[J]. 河北法学，2013(1).

第六章　国外国有企业管理经验的启示

一、关于国资管理体制

(一)有必要推进国资统一监管体系

在国外,对国有企业监管有分权多部门模式、双部门模式和集中行使所有权模式,其中集中行使所有权模式在OECD国家成为一种趋势,例如,国有企业比重较高的法国,其政府于2003年集中整合原来分散在能源、交通、财政等部门的国有资产管理职能,成立国家参股局,代表法国政府统一行使国有资产出资人职责。芬兰于2007年成立了芬兰国家所有权监管局,对基于市场化运作的商业性国有企业集中监管。

在国内,目前除了金融国有资产外,中央层面的经营性国有资产中,113余家中央企业及其所属国有企业由国务院国资委负责监督管理;另外中央部委下属的数千户国有企业游离于该国资体系之外。一方面,非统一国有资产监管下的真空和漏洞存在国有资产流失风险,另一方面,这种分散的监管体制伴随着对全国国有资产全局性、整体性的发展规划的缺失和国有资产资源配置效率的损失。实践证明,在完全、统一、规划、协调的国有资产监管体制下,国有资产流失的漏洞和风险才可能更好地防范,全国国有资产的整体(资源)配置效率的提高才有更好的保障,才能提高国家治理能力的整体水平,使国有经济推动经济社会可持续发展并造福于全体人民。

(二)国资监管机构定位与权责

国外国有企业监管机构的定位,更多的是趋向于以管资本为主,成为一个积极的股东。如:法国国家参股局的主要职责是:从出资人的角度参与国有企业发展战略的制定,对国有企业重大投资方向和规模进行管理,组织国有企业的重组和上市,对国有企业运营风险进行管理等;芬兰国家所有权监管局被赋予独立分析与监督制定其监管的国有企业的所有权战略、对企业绩效进行跟踪分析、审批国有企业所有权的交易、出席股东大会、聘任国有企业董事会成员等职责;瑞典的国企局配备有专门的分析人员,定期分析相关行业和私营企业的主要经营指标水平,对国有企业经营提出相应的指导建议。国企局还负责对国有企业董事会业绩进行年度考评,向工交部提出相应的报告。

借鉴国外国资统一监管与职责定位的经验,在当前建立以“管资本”为主的国资管理体制的改革要求下，应当对国资委职责与定位进行调整完善。十八届三中全会《中共中央关于全面深化改革若干重大问题的决定》(以下简称《决定》)提出“以管资本为主加强国有资产监管”，对完善国有资产管理体制给出了三个方向：国资委的功能定位是“管资本”；国资委对国有企业履行出资人职责的方式是“管资本”，包括组建“国有资本运营公司”、“国有资本投资公司”；国有资产管理体制中需加强“资本投资运营”功能。

(三)改组组建国有资本投资运营公司

在国外，国有控股公司是政府管理国有企业和国有投资普遍采用的方式，通过建立适应市场原则的控股公司，以控股方式实现对国有企业的控制。国有控股公司在一些国家的国有企业改革中发挥了重要平台作用。世界银行对一些国有控股公司进行了调研，认为国外组建国有控股公司的原因主要有：在政企之间建立一个缓冲带，减少政府对企业的过多干预；协调企业的各种决策，对企业进行有效的战略指导，健全和完善企业的财务纪律；集中稀缺的管理人才，给企业提供专业的和管理方面的经验；发挥规模经济优势，提高规模经济效益。

在我国的实践中，实质上是由各个产业集团母公司来开展国有资本投资运营的。十八届三中全会明确了要建立国有资本运营公司和国有资本投资公司，目标就是通过建立落实主体，加强国有资本投资运营功能，可以是在国有控股公司基础上的提升。从国外国有控股公司发展的经验来看，应注意以下三点：

第一，国有资本投资运营公司可以采取多种形式，在竞争性行业中发挥国民经济的主导作用，盈利目标日益被强化，其形式应当多样化，尤其是要广泛采用股份有限公司模式。

第二，国有资本投资运营公司在新的国有资产管理体系中处于关键的位置，因为它一端连着政府，另一端连着企业，是实现政企分开的中介。它的行为不规范，就不可能真正实现政企分开。所以，我们必须加强立法，从制度上规范政府、国有资本投资运营公司和所属子公司的关系。

第三，界定国有资本投资运营公司的政策性目标和营利性目标，组建不同类型的国有资本投资运营公司。严格区分国有资本投资运营公司两类经营目标的成本费用和权责利关系，对直接服务于政策性目标的经营活动给予补偿；把国有资本投资运营公司服务的政策性目标公开化、规范化，以防止政府部门随意干预，保障其按照市场化方式实现政策目标。

二、关于国有企业功能定位及分类管理

(一)国有企业功能定位及作用

国外国有企业，在某些领域仍然发挥着重要的作用，其功能定位主要体现在提供公共产品或公共服务，引导产业升级，培育支柱产业和创新，实行经济调节和控制，发挥在社会、政治、文化等领域的特定功能以及在其他方面的作用，有代表性的如芬兰、挪威、法国和瑞典等国。

在我国，十八届三中全会《决定》指出，“国有资本投资运营要服务于国家战略目标”，我们认为，国有企业功能定位和重点布局领域是战略问题，需在国家经济发展战略判断和国有企业边界分析基础上来探讨并明确。

我们认为我国国有企业总体功能定位是：①弥补发达国家存在的一般市场失灵，特别是在那些依靠法律法规和行业监管难以弥补的领域；②弥补我国在市场经济初级阶段出现的阶段性市场失灵，需要阶段性地用产权控制的手段来弥补；③促进关键行业的升级和技术进步，特别是在共性技术研发和公共研发平台建设方面发挥积极作用；④发挥大企业推动经济增长的作用，国有企业已是很多行业的领导者，在未来有必要在产业关键技术研发、国际化经营、社会责任履行等方面更好地发挥作用，推动经济增长；⑤作为政府实现特定目标的抓手。

(二)国有企业分类管理

在国外，被普遍认为国有资产管理较好的国家或地区，一般都对国有企业实施分类管理，以反映政府对不同类别国有企业的功能目标、国有股权比重、考核与薪酬管理等方面的不同要求。

在我国，从有利于操作出发，可在初始阶段借鉴法国和新加坡经验，将国有企业划分为两类：商业类和功能类。商业类企业的业务和目标是纯商业化、市场化的，功能类企业的业务和目标比较特殊，有的承担了公共服务功能，有的承担了政府要求的任务。在初步建立起分类管理框架后，可借鉴芬兰、挪威、瑞典、新西兰等国的经验，根据中央或地方国有企业布局情况，进一步将国有企业划分为三类或四类。三类包括商业类、特定功能类和公共保障类；四类包括一般商业类、战略重要类、特定功能类和公共保障类。

对不同类别的国有企业，其所有权行使和监管是不同的，其功能定位、主要目标、产权结构和公司治理要求也应有所不同。

三、关于国有资本布局领域

国外国有企业分布领域是一个动态发展的过程，目前来看，更加集中在具有战略意义的领域和基础设施领域，特别是涵盖了能源、交通和通信等重要行业的公用设施和基础设施这些领域。但总体分为 4 类：一是传统的自然垄断行业，如电力、电信和铁路基础设施；二是保持对“战略”行业的国家管控，如石油、天然气；三是履行公共政策目标，如提供公共产品和服务；四是对陷入困境的“国家冠军”或大到不能倒的企业进行暂时的资产注入。总之，国有企业集中分布于整体经济所依赖的基础性行业。

针对上述我国国有企业的功能定位，结合十八届三中全会《决定》明确的方向，我们认为国有资本布局的重点领域是：①“公共服务”领域。既保障公共或准公共产品的有效提供，也确保自然垄断行业的效率和有效服务。②“重要前瞻性战略性行业”。对于基础工业和战略性新兴产业以及有巨大沉淀成本的大型基础设施或大项目开发建设，承担产业稳定、启动资金提供并承担部分沉淀成本。③“保护生态环境”领域。当前环境承载能力已经非常严峻，而环保与治理有很强外部性，需要国有资本发挥引导、带动投资作用。④“支持科技进步”领域。国有资本布局的领域主要是共性技术研发和技术创新，通过科技投资基金等方式，放大国有资本的带动作用。⑤“保障国家安全”领域。这类领域具有很强的公共产品特征，即非排他性和非竞争性，需要国有资本投资和保持一定控制力。

四、关于国有企业产权结构与公司治理

(一)积极发展混合所有制

在国有企业分类的基础上和私有化政策的推动下，国外很多国家进行了国有企业产权结构改革。在此过程中，形成了大量的混合所有的现代股份制企业，如德国邮政，芬兰电网，法国电力集团、空中客车集团等，这些企业为其所在国家经济与产业发展做出了巨大贡献。

在一些国家政府看来，国有企业私营化不是经济政策的目的，而是改善企业经营的手段。就国有企业的所有者而言，个人股东的参与将提高企业效益，而国家股的存在则对公共利益起到了监督的作用，德国即是如此。同时，改善产权结构，也是根据各个行业对经济发展的影响而采取相应不同措施，以此来实现国家对国有企业的控股，而不是一刀切。在英国等国，改变产权结构时，即使国有股权逐步退出，国家也会在一定时期

内保留对企业一定程度的控制权，例如设立“金股”制度。另外，一些搞国有经济大规模撤退、大规模减持，抛售国有资产的国家，不仅没有使私有化的国有企业提高效率，反而对经济发展起到了反作用。

党的十八届三中全会《决定》提出积极发展混合所有制经济，并强调国有资本、集体资本、非公有资本等交叉持股、相互融合的混合所有制经济是基本经济制度的重要实现形式。在国有企业分类基础上，国有资本可以根据需要实施绝对控股、相对控股、参股，也可以实行优先股、黄金股等形式，发展混合所有制，激发国有企业活力，有效放大国有资本的带动力，发挥影响力。

(二)健全公司治理结构，加强董事会建设

国内外公司治理良好实践表明，公司治理是以董事会（德国模式下为监督董事会）为核心的治理。董事会为核心是指：董事会承担经营者（CEO）的选任和考核；董事会承担了重大战略决策和重大投资决策功能；董事会承担了对公司重大风险的识别和顶层管理。

经合组织（OECD）《国有企业公司治理指引》指出“国有企业董事会应具有必要的权威、能力和客观性，以履行其战略指导和监督管理职能，（国有企业董事会）应行正直之道，并为其行为接受问责”①。

经合组织在2013年出版的《国有企业董事会：各国实践的回顾》中，根据各国国有企业治理情况，指出国外国有企业董事会的功能一般为：任免CEO，战略指导，监控，并总结出4条良好实践②：

(1)各国的良好实践指出：董事会在国有企业治理中发挥了中心功能，并应该在所有权功能和国有企业执行管理层之间发挥中间人的角色。

(2)董事会的作用应该在法律特别是普通公司法中明确加以界定。

(3)董事会作用应该聚焦于战略指引和公司绩效，而非“合规与遵守”角色。

(4)国家应该通过合适的渠道来明确董事会的目标和主要任务，以确保董事会最大限度的自治和独立。

① OECD,“OECD Guidelines on Corporate Governance of State - Owned Enterprises”, Chapter 6th, Published in 2005.

② OECD, “Board of State - Owned Enterprises: a overview of national practices”, published in 2013.

(三)保障股权多元化的国有企业中非国有股东的权利

在国外国有企业中，非国有独资的企业占据很大的比例，国家无论是作为控股股东还是重要股东，正确地处理与其他股东之间的关系都是非常重要的。国家作为控股股东，可能在没有小股东同意的情况下就在董事会中做出决定。此外，国家往往承担其他的政治和政策目标，而执行政治和政策目标可能会损害小股东利益。

在国外大部分国家中，非国有小股东的权利同国有股东一样平等受到承认和保护，国家所有权机构常常会采取明确的措施来防止对小股东和其他非控股公司造成损害。中小股东的权利范围包括向董事会派出代表的权利、股东大会的决策权和获知公司状况相关信息的权利。这些权利一般都会在与公司相关的普通法律框架中和公司法中做出具体规定；也有可能在国有企业章程或一些具体基本法律中有更明确的规定。

总的来说，公平对待其他股东可能会成为所有权实体或者与政府相关的国有企业采取的一项基本原则，例如挪威政府国有企业良好公司治理十大原则中的第一条就是：股东应该受到公平的对待。在国外国有企业改革过程中，保护中小股东权益是一个重要议题，只有充分保护小股东的权益，才能调动起投资者的积极性，真正发挥资本功能，平衡多种利益主体的利益，使国有企业得以稳定、健康和持续发展。

参考文献

[1]OECD, “Policy Brief on Corporate Governance of State - Owned Enterprises in Asia”, 2010.

[2]OECD, “Corporate Governance of State - Owned Enterprises: A Survey of OECD Countries”, 2005.

[3]OECD, “OECD Guidelines on Corporate Governance of State - Owned Enterprises”, 2005.

[4]OECD, “Accountability and Transparency: A Guide for State Ownership”, 2008.

[5]OECD, “The Size and Composition of the SOE Sector in OECD Countries”, 2011.

[6]OECD, “Boards of Directors of State - Owned Enterprises: An Overview of National Practices”, 2013.

[7]OECD, “Corporate Governance of State - Owned Enterprises: Change and Reform in OECD Countries since 2005”, 2011.

[8]艾伦·布洛克.大独裁者希特勒——暴政研究[M].北京：北京出版社，1986：142.

[9]布哈林.世界经济与帝国主义[M].北京:人民出版社,1983:50.

[10]C. L.莫瓦特.新编剑桥世界近代史[M].北京:中国社会科学院世界历史研究所组译,1999:72.

[11]卡尔·哈达赫.二十世纪德国经济史[M].北京:商务印书馆,1984:18.

[12]卡洛·M·奇波拉.欧洲经济史(第六卷)[M].北京:商务印书馆,1991:10.

[13]刘孝新.对罗斯福新政的认识与思考[J].学习月刊,2009(10):7-8.

[14]罗红波,戎殿新.西欧公有企业[M].北京:经济日报出版社,1994:85-86,180.

[15]宋则行,樊亢.世界经济史[M].北京:经济科学出版社,1989:70,165.

[16]吴友法.德国资本主义发展史[M].武汉:武汉大学出版社,2000:400.

[17]瓦莱里奥·卡斯特罗诺沃.意大利经济史[M].北京:商务印书馆,2000:311-312,316-318.

[18]吴友法.德国资本主义发展史[M].武汉:武汉大学出版社,2000:300.

[19]伍柏麟,席春迎.西方国有经济研究[M].北京:高等教育出版社,1997:71,166.

[20]詹姆斯·麦格雷戈·伯恩斯.罗斯福传[M].北京:商务印书馆,1992:232.

[21]朱庭光.法西斯体制研究[M].上海:上海人民出版社,1995:183,661.

[22]赵守日.闯关:西方国有经济体制革命[M].广东:广东经济出版社,2000:184.

[24]张政军."国家股东行为的国际比较及启示"."外国国有企业公司治理实践"课题组.

[26]张政军."ÖIAG:法律及其运作",2003.

[27]张政军."新西兰政府企业管理体制的特点和经验",2004.

[29]刘银国."国有企业公司治理问题研究",2006.

[30]仲继银.董事会与公司治理[M].北京:中国发展出版社,2009.

[31]王文创,张金城."德国国有企业的管理对我国的启示",2006.

[32]陈小洪,张政军."瑞典、奥地利、法国国有资产管理体制的情况和启示",2003.

[33]邵宁,秦永法,等.大企业治理架构[M].南京:江苏人民出版社,2011.

[34]李兆熙."我国公司治理的模式选择与机制改进",2001.

[35]经济合作与发展组织.公司治理问责与透明度国家所有权指南[M].李兆熙,谢晖,译.北京:中国财政经济出版社,2010.

[36]经济合作与发展组织."竞争中立性:在公共企业和私人企业间保持公平竞争",2012.

课题组成员名单

组　长：

彭华岗　国务院国资委研究局局长

副组长：

侯　洁　国务院国资委研究局副局长

姜维亮　国务院国资委外事局副局长

楚序平　国务院国资委研究中心主任

成　员：

陈　锋　国务院国资委研究局处长

龙应斌　国务院国资委外事局处长

谢　晖　国务院国资委外事局副处长

姚文英　国务院国资委外事局副处长

吴　刚　国务院国资委研究局副处长

崔　倩　国务院国资委研究局干部

徐旭红　国务院国资委研究中心干部

张政军　君百略咨询 CEO

王君卫　君百略咨询高级顾问

安　冉　君百略咨询顾问

韩　洢　清华经管学院

王文贝　清华经管学院

第二篇 国有企业改革发展

深化国有企业改革研究

摘　要：为贯彻落实党的十八大精神，国资委于2013年1月成立了委主要领导任组长，法规局、规划局、评价局、产权局、改革局、改组局、分配局、综合局、收益局、企干一局、企干二局、党建局、研究局、研究中心等14个厅局参加的课题组，对深化国有企业问题进行研究，并形成本课题报告。报告总结了国有企业经过多年改革发展取得的成效，分析了存在的主要问题，提出了下一步改革需坚持的基本原则，包括：坚持和完善基本经济制度、坚持市场化改革方向、坚持政企分开政资分开、坚持分类推进配套改革。提出到2020改革的目标设想，即：在重要领域和关键环节取得决定性成果，形成更加符合基本经济制度和市场经济要求的国有资产管理体制、现代企业制度、市场化经营机制，国有资本布局结构更趋合理，国有经济活力、控制力、影响力进一步增强。提出了进一步深化改革的主要措施，包括：加强总体规划和战略性研究、进一步完善国有资产管理体制、探索对不同功能定位经营性国有企业实施分类管理、加快推进国有经济布局结构调整、推行公有制多种实现形式、完善国有企业公司治理结构、深化企业内部三项制度改革、加快解决企业办社会负担和历史遗留问题、推动国有企业加快转型升级、培育一批世界水平的跨国公司、建立健全国有资本收益分享机制、充分发挥国有企业党组织政治核心作用、推进企业更好地履行社会责任等。

关键词：国有企业　改革

党的十八大把深化改革开放作为坚持和发展中国特色社会主义的必由之路作为推动党和国家事业发展的强大动力，摆到更加突出的位置，强调“全面建成小康社会，必须以更大的政治勇气和智慧，不失时机深化重要领域改革”。国有经济是中国特色社会主义的重要支柱，是全面建设小康社会的重要力量，是党执政的重要基础，国有企业改革一直是经济体制改革的中心环节，进一步深化国有企业改革对建设中国特色社会主义、实现中华民族伟大复兴，具有十分重要的意义。贯彻落实党的十八大精神，在对若干问题进行深入研究的基础上，提出此报告。

一、国有企业改革的现状和问题

(一)现状

一是国有经济布局结构进一步优化。积极推进国有经济布局结构的战略性调整，国有企业布局结构发生重大变化，国有资本逐步向关系国家安全和国民经济命脉的重要行业和关键领域集中。国有资本实现从中小企业层面和一般生产加工行业的退出，5010户长期亏损、资不抵债、扭亏无望的国有大中型困难企业和资源枯竭矿山通过政策性关闭破产平稳有序地退出市场。国有企业数量不断减少，但总体规模不断扩大，企业实力显著增强。2011年，全国国有企业的平均资产规模比2002年增长了6倍，上榜《财富》世界500强的国有及国有控股企业由2004年的14家增加到2012年的64家。

二是国有企业管理体制和经营机制发生根本性变化。政企分开迈出实质性步伐，政府不再直接管理企业经营事务，不再对企业经营负无限责任，国有企业以全部法人财产对外承担责任，成为独立的法人实体。全面推进公司制改革，国有企业逐步成为合格市场竞争主体。不断深化股份制改革，资产证券化水平显著提高。大力发展混合所有制经济，相当部分国有企业实现投资主体多元化。放开搞活国有中小企业，全国市县级国有中小企业大规模改制工作基本完成。积极推进国有大型企业规范的董事会建设，公司治理结构进一步完善。积极推进全员劳动合同制、面向社会公开招聘员工、全员竞争上岗和以岗位工资为主的薪酬制度，初步建立起管理者能上能下、人员能进能出、收入能高能低的新机制。注重发挥企业党组织政治优势和职工民主管理监督作用，企业核心竞争力进一步增强。

三是国有资产管理体制逐步完善。以各级国资委的组建为标志，由过去政府层面出资人代表不到位，转变为主要由国资委作为出资人代表；由过去各部门多头、分散管理企业国有资产，转变为主要由国资委专司国有资产监管；政府对企业国有资产的监管由主要依靠行政手段，转变为主要根据出资关系、由国资委依法行使股东权来实现。以《企业国有资产法》为龙头，以《企业国有资产监督管理暂行条例》为基础，以国务院国资委和地方发布的规章、规范性文件为具体内容，由国有资产出资人制度、国家出资企业制度和国有资产统一监管制度等三个制度体系构成的企业国有资产监管法规、制度体系基本形成。各级国资委牢牢把握定位，依法履行职责，不断探索丰富监管内容，突出监管重点，努力实现出资人监管到位。

四是国有经济活力、控制力和影响力进一步增强。2002 年至 2012 年，全国国有企业营业收入由 8.5 万亿元增加到 42.4 万亿元，实现利润由 3786.3 亿元增加到 2.2 万亿元，上缴税金由 6960.4 亿元增加到 3.4 万亿元。中央企业营业收入由 3.4 万亿元增加到 22.5 万亿元，实现净利润由 1622.3 亿元增加到 9246.8 亿元，上缴税金由 2926.8 亿元增加到 1.9 万亿元，资产总额由 7.1 万亿元增长到 31.6 万亿元。同时通过改制重组、产权转让等方式引入民间投资，在发展战略性新兴产业、科技创新引领、开展国际化经营方面带动一批中小企业，实现国有经济与其他所有制经济互利共赢、共同发展。

(二)存在的主要问题

(1)国有企业改革与建立现代企业制度的要求还有相当差距。一是国有大型企业母公司层面的公司制改革步伐相对较慢，目前中央企业大部分集团层面还是按《企业法》注册的企业。二是国有企业的规范董事会建设还在不断探索完善，有效的国有企业治理结构还未真正形成。三是企业内部三项制度改革不彻底，"能进不能出、能上不能下、能高不能低"的问题并未根本解决，企业冗员较重；企业负责人管理还不能适应现代企业制度的要求，尤其缺乏市场化退出通道；一些企业内部分配制度既有平均主义的现象，也有市场化机制不够的问题。

(2)国有企业发展方式还比较粗放，布局结构还需进一步调整。一是布局结构还不尽合理。国有企业目前大多仍分布在传统产业，战略性新兴产业比重比较低。一些行业产业集中度较低，资源配置效率不高，存在重复建设、恶性竞争、资源浪费、环境污染等问题。一些企业处于产业链、价值链的中低端环节。一些企业发展主要依靠扩大规模、增加投入，转变发展方式的任务相当艰巨。二是企业创新能力亟待提高。与国际先进企业相比，国有企业研发投入强度还比较低，技术创新能力还比较薄弱，缺少具有自主知识产权的关键技术和知名品牌，不少核心关键技术仍受制于人。三是国际化经营能力不强。国有企业跨国经营指数远低于国际水平，缺乏与国际化经营相适应的高素质人才队伍。一些企业对国际化经营缺乏总体战略和发展规划，境外经营风险意识不强，管理制度不够完善，境外重大经营风险和资产损失时有发生。

(3)缺少具有国际竞争力的大企业大集团。一是企业缺乏全球化的战略思维和视野，没有明确的战略导向和发展规划，立足全球配置资本、人才、技术、市场等各类资源的能力不强。二是企业的组织框架、营销模式、管理模式、创新能力等与企业参与全球竞争的要求不适应。三是企业缺乏创新理念和品牌意识。据有关资料显示，2012 年全球 100

名最具创新能力的企业，我国企业无一上榜；2011 年全球最佳品牌 100 强，我国无一入围。四是缺乏培育大企业的法律环境和政策支持。

(4)国有资产管理体制有待进一步完善。一是政企不分、政资不分问题仍然存在。应由企业自主决策的一些重大事项仍由政府负责审批，一些地方政府对企业日常经营活动的干预有增加的趋势，各类型的重复检查日益增多。经营性国有资产尚没有实现集中统一监管，仍有大量国有资产分散在多个政府部门管理，导致政出多门，监管规则不一致，资源配置分散，经营效率低下。二是国有资产管理体制和制度需要进一步完善。出资人职责和政府公共管理职能的分离还不到位，存在较大的交叉重叠。由于体制摇摆，有些已经交由特设机构履行出资人职责的国有资产，复归政府部门实施行政化管理。法规制度体系还不能完全适应国有资产体制改革的需要。三是监管效率和水平亟待提高。国有企业收入分配管理、资本经营预算、境外资产监管等方面的制度体系需要进一步完善。一些地方国资监管机构的行权履职方式需要进一步改进，干部队伍的整体素质和履职能力有待进一步提升。

(5)国资监管的针对性有待进一步提高。一是国有企业监管存在“一刀切”的问题，没有充分考虑功能定位差异、行业差异、企业差异、国内国际差异等，监管的公平性有效性不够。二是对国有企业功能作用的认识不统一，在一定程度上影响了国有经济布局和结构调整。三是对国有企业的目标要求多元化，导致国有企业发展方向不明，资源配置和管理手段不能有效到位，影响了功能作用的有效发挥。

(6)国有企业各种社会负担还比较沉重。一是国有企业办社会职能还没有完全分离。以中央企业为例，截至 2011 年底，中央企业还有医院、学校和管理的社区等办社会职能机构 8727 个，对这些机构的费用补贴每年达 400 多亿元。二是离退休人员管理和困难群体帮扶需要大量补贴。中央企业现有离退休人员 523.6 万人，企业每年需要负担离退休统筹外费用及福利性补助 400 亿元。此外还有困难群体 160 万人，内退职工 63 万人，病退职工 97 万人，企业每年负担费用 2000 亿元。三是厂办大集体改革难度加大。仅中央企业厂办大集体就有 7181 户，涉及职工 126.4 万人，改革成本估算 1000 亿元左右。

二、深化国有企业改革的原则和目标

党的十八大强调“要毫不动摇地巩固和发展公有制经济，推行公有制多种实现形式，深化国有企业改革，完善各类国有资产管理体制，推动国有资本更多地投向关系国家安全和国民经济命脉的重要行业和关键领域，不断增强国有经济活力、控制力、影响力”，为国有企业深化改革提出新的目标任务。贯彻落实党的十八大精神，深化国有企业改革必须坚定不移地走中国特色社会主义道路，要坚持以下基本原则：

一是坚持和完善基本经济制度。毫不动摇地巩固和发展公有制经济，毫不动摇地鼓励、支持、引导非公有制经济发展。坚持公有制主体地位，发挥国有经济主导作用。积极发展混合所有制经济，促进国有资本、集体资本、非公有资本等交叉持股、相互融合，推动各种所有制资本取长补短、相互促进、共同发展。

二是坚持市场化改革方向。处理好政府和市场的关系，使市场在资源配置中起决定性作用和更好地发挥政府作用。遵循市场规律和企业发展规律，推动国有企业完善现代企业制度，更好地适应市场化、国际化发展的需要，提高国有企业作为市场主体的活力和竞争力。

三是坚持政企分开、政资分开。政府公共管理部门依法履行公共管理职能，公正对待各类所有制企业，促进公平竞争、共同发展。国有资产监管机构依法履行国有企业出资人代表职责，以管资本为主加强国有资产监管，保障企业依法自主经营，增强国有资产监管的科学性、规范性和有效性。

四是坚持分类推进、配套改革。进一步明确国有经济战略定位，根据不同类型国有企业承担责任不同的功能定位，探索分类推进改革调整和管理，完善管控模式、考评体系。深化行政体制改革，减少行政审批和各类行政干预，规范市场主体行为和竞争秩序，完善社会保障和社会服务体系，解决企业办社会负担和历史遗留问题。

按照党的十八大所确定的深化经济体制改革的目标任务和要求，国有企业改革的目标设想是：到二〇二〇年，在国有企业改革重要领域和关键环节取得决定性成果，形成更加符合基本经济制度和市场经济要求的国有资产管理体制、现代企业制度、市场化经营机制，使国有资本布局结构更趋合理，国有经济活力、控制力、影响力进一步增强。

——全面完成国有企业公司制改革，使其大部分实现股权多元化，逐步发展成为混合所有制经济，股权结构更趋合理，协调运转、有效制衡的公司法人治理结构不断健全。

——形成国有资本有序进退、企业优胜劣汰、经营灵活自主、内部管理人员能上能下、员工能进能出、收入能增能减的市场化机制。

——使以管资本为主的国有资产监管制度更加成熟定型，监管的针对性、有效性进一步提高，经营性国有资产实现集中统一监管，国有资产保值增值责任全面落实。

——使国有经济在关系国家安全、国民经济命脉的重要行业和关键领域控制力、影响力进一步增强，在国家支柱产业、前瞻性战略性产业和地方优势特色产业中发挥骨干引领作用，国有资本功能进一步放大，作用充分发挥。

三、深化国有企业改革的主要措施

(一)加强总体规划和战略性研究

“十二五”期间，国资委提出“一五三”总体思路，围绕“做强做优中央企业、培育具有国际竞争力的世界一流企业”这一核心目标，重点实施转型升级、科技创新、国际化经营、人才强企、和谐发展“五大战略”，进一步深化国有企业改革、完善国资监管体制、加强和改进党的建设，提供持续的动力、体制和组织“三大保障”，着力培育一批具有国际竞争力的世界一流企业，代表国家实力，配置全球资源，参与国际竞争。进一步丰富完善这一总体思路的内涵，使其成为指导全国国有企业改革发展的战略，在更长时间来指导我国国有企业的改革发展。

(二)进一步完善国有资产管理体制

推进经营性国有资产集中统一监管。加快推进履行社会公共管理职责的部门、机构与直接管理的企业脱钩。经营性国有资产执行统一的基础管理制度，实行统一的监管政策。中央层面，除金融、文化资产外，政企脱钩后的企业、事业单位改革转制形成的企业，纳入国资监管体制。地方层面，充分发挥国资监管机构的专业化监管优势，推进经营性国有资产集中统一监管。除国资监管机构外，党政机关和群团组织不再出资新设立国有企业，不再直接管理国有企业。

健全国有资产监管组织体系，保障中央、省(自治区、直辖市)、市(地)三级国资委机构设置的独立性、专门性和稳定性，指导推动县区级人民政府结合本地实际明确国有资产监管责任主体。加强上级国资委对下级政府国资监管工作的指导监督。

落实出资人职责，完善国有企业领导人员管理、重大投资管理和国有资本收益管理体制。国资监管机构依法履行出资人职责，不承担政府公共管理职能，不干预企业的生产经营活动。

(三)探索对不同功能定位经营性国有企业实施分类管理

按照不同领域国有资本的发展目标和国有企业的业务属性两个维度，结合市场结构特征，综合分析国有企业现状和未来在我国经济社会发展中的地位作用，将国有企业分为公益、特定功能、一般商业三类。公益类，主要是以提供公共产品和服务为主业的企业。这类企业主要有以下特征：以实现社会效益最大化为主要目标；产品或服务价格由政府制定；发生政策性亏损或收入不足需弥补成本时政府给予补贴。这类企业的主业主要处于供水、供电、供气、供热、公共交通、公共设施等行业和领域。特定功能类，主要是处于自然垄断和关系国家安全和国民经济命脉的重要行业和关键领域，承担特定功能或特殊任务的企业。这类企业主要有以下特征：以服务国家战略、保障国家安全和国民经济运行、发展前瞻性战略性产业为主要目标，实现经济效益与社会效益的有机统一；产品或者服务价格由政府调控，或者虽然政府放开调控但市场主体较少；所处行业和领域对现阶段经济社会发展起到关键作用；有一定准入门槛或私人资本不愿意进入。这类企业的主业主要处于军工、电网、石油天然气、电信、铁路、航空运输、远洋运输、邮政、烟草、森工、水利水电航运枢纽、重要矿产资源勘查开发、战略物资储备、基础共性技术研究、承担重大专项任务等行业和领域。一般商业类，主要是处于完全竞争行业和领域，以增强国有经济活力、放大国有资本功能、实现国有资产保值增值为主要目标，承担引领行业产业发展任务的企业。这类企业主要有以下特征：以经济效益为主要目标，兼顾社会效益；完全商业化、市场化运作，在市场竞争中优胜劣汰。

对公益类企业，一般采取国有独资实体公司形式，要加快推进主辅分离改革，剥离非公益性业务，退出营利性市场业务领域，优化公益性业务资源配置。监管的重点是产品和服务质量、营运效率、成本控制和安全保障能力，引入社会评价。

对特定功能类企业，主要采取国有独资实体公司的形式，有条件的改组为国有资本投资公司，根据不同行业特点，优化国有资本投入，推进产业重组整合，增强保障国家安全和服务国家战略能力。监管的重点是企业在服务国家战略、保障国家安全和国民经济运行、发展前瞻性战略性产业和完成特殊任务等方面的情况。

对一般商业类企业，少数重要骨干企业可以保持国有独资实体公司形式，部分企业可以改组为国有资本投资公司，其他企业由国有资本运营公司持股管理。以市场为导向，加大重组整合力度，提高产业集中度，发展一批国内国际同行业中具有较强竞争力和影响力的企业。监管的重点是国有资本保值增值和引领行业发展情况。根据不同类别企业的监管需要，研究制定企业绩效考核、领导人员管理、收入分配等方面的相关政策和制度。

(四)加快推进国有经济布局结构调整

增强国有经济活力、控制力、影响力，促进国有资本合理流动，实现功能和整体效率最优化，更好地服务于国家战略目标。按专业化、规模化原则优化国有资本在有关产业、区域、企业之间的分布，加大国有企业调整重组力度，推动国有资本向关系国家安全、国民经济命脉的重要行业和关键领域集中，向优势企业集中，向企业主业集中，努力形成促进国民经济持续健康发展的支撑带、增长极，在提供公共服务、发展重要前瞻性战略性产业、保护生态环境、支持科技进步、保障国家安全中发挥更大作用。

推进企业内部资源优化配置。突出主业，加大资源整合力度，将优质资源集中到主业发展上来，提高配置效率。积极推进企业非主业资产重组，通过多种途径，使部分企业非主业资产向主业突出的企业集中，促进国有企业之间非主业资产的合理流动。简化企业组织机构，对层级过多的下属企业进行清理、整合，通过关闭、破产、撤销、合并、取消企业法人资格等措施，原则上将管理层级控制在三级以内。

(五)推行公有制多种实现形式

对关系国计民生的重大基础设施、重要矿产资源等企业，要保持国有绝对控股；对提供重要公共产品和服务行业的企业、支柱产业和高新技术产业中的重要骨干企业、行业地位较为重要的企业等，要保持国有相对控股。少数关系国家安全、承担特定功能以及具有国家授予的特许、专卖资质的企业，经确认或批准后可作为国家授权投资机构，保持国有独资形式。对一般性竞争领域中企业规模不大、行业地位不高的企业，可逐步改革为国有参股形式或实现国有资本逐步退出。

“十二五”期间，全民所有制企业原则上要完成公司化改造，改制为按《公司法》登记的有限公司或股份公司。积极推进国有企业境内外上市，创造条件推进国有企业主营业务整体上市。对保持国有独资的企业，可以探索、推行国有资本交叉持股，实现股权多元化。积极发展混合所有制经济，引入非公有制经济参与国有企业改制重组。不断提高国有资本证券化水平。积极探索公有制的创新实现形式。

(六)完善国有企业公司治理结构

进一步理顺公司股东(大)会、董事会、监事会、经理层和党组织的关系，明确各自职责，形成协调运转、有效制衡的决策执行监督机制。国有独资公司原则上建立以外部董事占多数的规范董事会，依法落实董事会对高级管理人员的选聘、业绩考核和薪酬管理等职权，进一步发挥外派监事会对企业科学决策、规范管理、有效运行等方面的监督作用。股权多元化公司根据股权结构，依法构建股东(大)会、董事会和监事会，照章程行事、依规则运行。坚持把“双向进入、交叉任职”作为党组织发挥政治核心作用的有效方式，探索职工民主管理的有效途径。提高国有企业运营透明度，建立完善国有企业信息公开制度，接受社会公众监督，打造“阳光国企”。

(七)深化企业内部三项制度改革

深化人事制度改革。探索由上级党组织、履行出资人职责的机构管理董事会及党组织班子,由规范运作的董事会管理经理层的路径;探索区别不同类型企业,对企业领导人员实行差异化管理的路径;推进权责统一的全员契约化管理,完善开放竞争的市场化选拔任用机制、价值创造导向的考核评价机制、符合国情特点的激励保障机制、以用为本的人力资源开发机制和有坚实制度基础的监督约束机制。全面建立充分体现企业特点、具有竞争比较优势的人事管理制度体系,形成竞争择优、能上能下、能进能出、充满活力的选人用人机制,培养造就一大批政治过硬、善于治企、富有社会责任感的优秀企业家,形成一支职业素养好、创新能力强、忠于职守、爱岗敬业的高素质员工队伍。

深化收入分配改革。对企业负责人薪酬实施分类管理,探索实施中长期激励机制,逐步完善养老保险和医疗保障保健等福利保障制度。建立健全规范国有企业职务消费的各项制度,探索实施职务消费预算管理,进一步完善出资人监督、企业内部监督和外部监督相结合的规范职务消费监督体系。在国有企业全面推广工资总额预算管理改革,探索实施分类调控的办法,在市场化程度较高的充分竞争企业探索相对自主分配的工资总额管理办法。完善劳动、资本、技术、管理等要素按贡献参与分配和有利于科技成果转移转化的分配机制。合理设计不同岗位层级、不同类别人员固定工资和浮动工资的结构,进一步理顺企业管理人员、专业技术人员、一线职工的收入分配关系。

深化劳动用工分配制度改革。进一步深化企业内部管理人员能上能下、员工能进能出、收入能增能减的制度改革,规范企业各类用工管理。依法建立以合同管理为核心、以岗位管理为基础的市场化用工机制。全面建立公开、公平、公正、透明的企业员工市场化招聘制度,切实做到信息公开、过程公开、结果公开,杜绝选人用人过程中的不正之风。依法建立和完善员工流动和退出机制。逐步建立反映劳动力市场供求关系和企业经济效益的市场化员工工资决定和正常增长机制。加强劳动仲裁机构和制度建设,保护职工合法权益。

(八)加快解决企业办社会负担和历史遗留问题

协调推进,分工负责。建立部际联席会议制度,负责统筹研究制定解决国有企业历史遗留问题的政策措施,做好政策衔接和指导工作,协调解决组织实施中的有关问题。

区别情况,分类处理。国有企业历史遗留问题按区域性、个案性和专项政策性三类分别处理。区域性问题,需要地方政府的大力支持,可在有条件的地区先行试点,取得经验后再逐步推进。个案性问题，需要针对单个企业深入研究，个案处理。专项政策性问题，需要出台专项政策予以解决。

先易后难，分步实施。条件具备的先行解决，暂不具备条件的，逐步创造条件再予解决。根据地区的不同情况，有工作基础和积极性、具备一定条件的地区，先行先试，取得经验后再在其他地区逐步推进。

政策统一，分担成本。地方政府应将本地区各类国有企业统一纳入改革范围，统筹研究解决办法。为调动地方政府和企业的积极性，应建立改革成本分担机制。

力争用5年左右时间基本解决企业办社会等问题，减轻企业负担，努力为国有企业改革发展创造良好的条件。

(九)推动国有企业加快转型升级

贯彻落实创新驱动发展战略，引导企业加强科技创新战略管理，针对重点产业技术领域做好前瞻性战略性研究，率先突破一批重大关键技术。建立产学研相结合，高效、协同、开放的技术创新体系，形成基础研究、应用研究、技术开发相配套的梯次研究结构。建立科技投入稳定增长的长效机制，不断提高科技投入和产出效益。加强科技人才队伍和创新文化建设，进一步完善创新人才评价、选拔、培养、使用和激励分配机制。

运用高新技术、先进适用技术改造提升传统产业，形成科技创新牵引技术改造、技术改造推动科技创新的良性循环。依托自身优势与产业基础，通过新建、并购、重组、合作开发等形式积极拓展战略性新兴产业，在高端装备制造、新一代信息技术、节能环保等产业取得重大技术突破，在新能源领域取得一批具有自主知识产权和国际先进水平的技术成果，在生物医药、新材料领域开发一批新技术、新产品和新工艺，填补国内空白，形成产业优势。

继续完善“走出去”实施国际化经营的整体规划，构建有本企业特点、符合国际化经营要求的组织架构和管理体系，培育造就一批高素质的国际化经营管理人才队伍，增强境外风险管控能力，稳妥开展境外投资，积极开发境外资源，促进企业提升境外国有资产运行效率和国际化经营水平。同时切实加强境外国有资产监督管理。

紧紧抓住采购管理、人力资源管理、投资决策管理、全面风险管理等重点领域，进行系统对标和管理诊断，推动中央企业弥补管理短板，整合内部资源，深挖内部潜力，大力降本增效，促进中央企业管理水平全面提升。

(十)培育一批世界水平的跨国公司

把培育一批世界水平的跨国公司作为提升我国竞争力的一项国家战略，着力培育一批在国际同行业中综合指标处于先进水平、具有较强国际竞争能力的世界水平跨国公司,代表国家实力参与国际竞争。充分发挥大型跨国企业在产业结构调整中的骨干引领作用,在产业链管理方面的系统集成作用,在全球范围内优化配置资源的主体作用。发挥"走出去"参与国际竞争的战略协同效应,增强在国际合作与竞争中的话语权。

引导企业树立全球化战略意识,建立全球化治理结构,提高自主创新、风险管控和国际化经营能力。积极融入全球价值链,在价值链、供应链、产业链发展中把握主动。加快培育一批具有全球视野、战略思维和现代企业经营管理能力的国际化人才,一批有国际影响力的知名品牌。

(十一)建立健全国有资本收益分享机制

继续完善国有企业红利分配制度。尚未建立资本预算制度的省和地市加快建立资本预算制度,已建立资本预算制度的中央和地方,继续扩大资本预算实施范围,实现国有企业全覆盖。适当提高中央企业国有资本收益收取比例。随着国有企业股份制改造工作的推进,加强整体上市企业利润分配管理的跟踪与研究,进一步完善国有资本收益收取政策,逐步实施一户一策收取。

统筹考虑国有资本收益和民生关系。中央企业提高比例后新增收的国有资本收益可适当用于社保等民生支出,但现行的国有股减(转)持充实社保基金政策须同时取消。烟草等企业增收的国有资本收益可更多用于民生。

(十二)充分发挥国有企业党组织政治核心作用

充分发挥各级党组织总揽全局、协调各方的领导核心作用,把发挥党的政治优势同运用市场机制结合起来,调动各方面的积极性,形成合力,确保各项改革措施顺利完成。加大《关于中央企业党委在现代企业制度下充分发挥政治核心作用的意见》贯彻落实力度,进一步丰富拓展国有企业党组织发挥政治核心作用的有效途径和方式,提高国有企业党建工作科学化水平,把国有企业的政治优势、组织优势和群众工作优势转化为竞争优势、创新优势和科学发展优势。积极探索混合所有制企业党建工作。充分发挥工会、共青团等群众组织的作用,完善职工代表大会等职工民主管理制度。落实国有企业党风廉政建设的党委主体责任和纪检监察机构监督责任,完善惩治和预防腐败体系,形成与企业制度相适应的权力运行制约和监督体系。

落实党管干部原则和党管人才原则,坚持把党管干部原则与董事会依法选择经营管理者以及经营管理者依法行使用人权相结合,组织考察推荐与市场化选聘经营管理者相结合，按照管宏观、管政策、管协调、管服务的要求，探索党组织在企业选人用人中发挥作用的有效途径。

加强对国有企业领导人员的监督，严格落实党风廉政责任制，加强对企业重点人员和关键岗位监督，整合监督资源，完善企业党委统一领导、纪委组织协调、有关部门各负其责、职工群众积极参与的反腐倡廉工作机制，积极营造风正、气顺、心齐、劲足的良好局面。

切实加强党组织自身建设，建立健全党的基层组织，加强党员教育管理，加强党务干部队伍建设，夯实党组织发挥政治核心作用的基础。

创新企业思想政治工作内容、方法和载体，坚持用社会主义核心价值体系引领企业文化建设，培育社会主义国有企业精神，积极培育反映时代要求、体现企业特点、增强企业凝聚力、激发职工群众创造力的企业文化。

(十三)推进企业更好地履行社会责任

大力推进和谐发展战略实施，引导企业落实国家宏观调控政策，全力保障市场供应，维护市场秩序，强化节能减排，加强安全生产，保障职工安全健康，维护农民工和劳务工合法权益，积极参与社会公益事业，努力做依法经营诚实守信的表率、节约资源保护环境的表率、以人为本构建和谐企业的表率，成为国家经济的栋梁和全社会企业的榜样。

进一步指导企业加强社会责任管理。完善社会责任工作体系，加强企业社会责任管理机构和制度建设。制定发布中央企业社会责任管理指引，为中央企业社会责任工作的推进提供框架指南。建立中央企业社会责任评价体系，逐步建立社会责任考核评价机制，发挥评价体系在提升企业管理水平方面的积极作用。进一步完善中央企业社会责任报告发布制度，加强与利益相关方的沟通与交流，增强运营的透明度。继续定期开展优秀社会责任实践征集活动，推广、宣传具有先进性、引导性的优秀社会责任实践。

四、有关意见建议

一是建议以党中央、国务院的名义出台深化国有资产管理体制改革的政策文件。进一步明确改革方向和原则，加强改革措施的顶层设计，凝聚改革共识，建立协调机制，同时鼓励地方因地制宜，大胆探索，推动创新，形成全国上下全面深化国有资产监管体制改革的良好局面。

二是建议将培育世界一流企业作为国家战略。从国家层面进一步明确大企业在国民经济发展中的重要地位和意义，从全局上统筹考虑支持大企业的发展。加强培育世界一流企业的战略引领，对企业联合重组、技术创新、转型升级、国际化经营等方面提供政策支持，形成支持我国企业做优做强的政策合力。

三是建议修改《企业国有资产法》和政府组织法有关条款。明确规定各级国资委是政府层面负责国有资产监督管理的直属特设机构，代表本级政府依法对所出资企业履行出资人职责。国家健全和完善由国资委统一对经营性国有资产履行出资人职责的国有资产监管目标模式。

四是建议加大国有企业配套改革力度。将深化国企改革与深化社保体制、财税体制、金融体制、干部管理体制等领域改革相互结合，相互支持，相互促进，确保国企改革工作取得新成效。

课题组成员名单

彭华岗　赵　欣　周渝波　刘玉岐　廖家生　邓志雄
白英姿　李　冰　秦永法　吴同兴　李燕斌　刘南昌
赵世堂　刘德恒　庄树新　宋亚晨　刘汉滨　卜玉龙

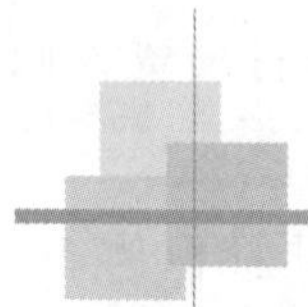

关于加快解决国有企业分离办社会职能有关问题研究

摘　要：近年来，我国国有企业改革取得了显著成绩，大多数国有企业通过改革走上了健康发展的良性道路。但企业办社会职能等计划经济时期的遗留问题仍然困扰着国有企业的进一步发展壮大。随着市场经济体制的逐步完善，深化国有企业改革、分离企业办社会职能，是国有企业真正成为独立市场主体的必然要求。

本文通过介绍企业办社会职能产生的背景，调查国有企业办社会职能的现状，以及各地区做出的实践探索，细致分析分离企业办社会职能涉及的政府、企业、职工等利益相关者，对工作难点进行深入分析，提出分离国有企业办社会职能的思路和具体措施建议。

本文以中央企业为例，以大量调查数据为依据，统筹运用阐释、分析、对比等多种研究方法，阐述了国有企业办社会职能产生的历史背景和现实意义，分析了分离国有企业办社会职能存在的主要矛盾和现实困难，总结提出了推动企业办社会职能分离的工作原则、总体思路和相关政策措施建议。

关键词：国有企业　办社会职能　分离移交

企业办社会职能，是指企业建立和兴办的与生产经营没有直接联系的机构和设施，主要承担产前产后服务和职工生活、福利、社会保障等社会职能。广义上可大体分为三类：一是行政管理类，如企业自办的公安、消防和社区管理系统等；二是公共服务类，如企业自办的学校、医院、幼儿园和劳服公司等；三是生活福利类，如企业承担的生活区“三供一业”（供水、供电、供热和物业管理）及离退休人员管理等。

企业办社会职能具有较强的福利性、供给性和安置性特点，即企业兴办这类机构不会优先考虑经济效益和劳动生产率，着眼点在于解决职工生活福利和人员安置问题。

计划经济时期，国有企业办社会机构对稳定职工队伍、提高生产积极性、维护社会稳定有积极作用。改革开放后，随着市场经济体制的不断深化，企业必须作为独立主体参与市场经济竞争，而承担大量办社会职能的国有企业难以轻装上阵。分离国有企业办社会职能成为进一步深化国企改革的重要任务，各级政府、相关企业已经进行了大量的实践和探索。本文在总结、汲取历史经验的基础上，进一步研究解决国有企业分离办社会职能的思路和途径。

一、国有企业办社会职能概述

（一）产生的背景

在计划经济体制下，国有企业并不是纯粹的经济组织，作为政府的有机组成部分，要承担更多的行政和社会职能。特别是新中国成立之初，国民经济极端困难，当时的社会生产力水平不可能为企业提供更多的生产和生活服务，而且很多企业（如大量“三线企业”）建立在社会管理和服务职责缺位的边远地区，因此，大多数国有企业都建立了一套自我完善的社会服务体系，确保在自己的企业“小社会”里实现自给自足。这既为企业职工参与正常的生产经营活动解除了“后顾之忧”，又有效分担了政府社会管理和公共服务的压力，其产生具有一定的客观必然性。

（二）基本现状

党的十五届四中全会通过了《关于国有企业改革与发展若干重大问题的决定》，将分离国有企业办社会职能正式纳入改革内容。经过十余年的实践探索，全国各地采取划转移交、改制分流、出售、撤并等多种方式，分类分批、稳步推进企业办社会机构的分离。目前，中央企业所办的全日制中小学已经基本完成移交，只存在部分职工技校、职工大学、企业培训机构等。中央企业所办医疗机构也逐步实现与企业主体实行资产分离、独立核算，需在政府整体医疗资源规划下，统筹分类推进国有企业医疗机构改革。但是，生活区“三供一业”、离退休人员管理、社区管理等办社会机构受各地社会公共服务体系发展水平不一致，统筹外费用等成本缺口大等因素影响，移交工作进展较慢。

为便于研究，本课题组于 2012 年 4 月份，组织对中央企业办社会职能情况进了调查摸底。据统计，截至 2011 年底，还有 99 家央企仍有办社会职能机构 8000 多个，从业人员 40 多万人，企业每年支付费用 400 多亿元（不含统筹外）。

(三)存在的问题

企业办社会职能虽然有其特定的历史贡献，但随着改革开放的不断深入和市场经济体制的逐步形成，其加重企业负担、制约改革进程、影响社会民生等诸多弊端已比较突出。

一是办社会机构加重了企业负担，分散了企业精力，使企业难以轻装上阵。企业办社会职能机构运行所需的人、财、物资源几乎全部由企业负担，企业每年支付大量的补贴费用，不仅直接增加了企业运营成本，还可能造成营业利润和经营资产被“侵蚀”，最终削弱企业在国内外市场上的竞争力和持续发展能力。

二是办社会机构的存在加大了劣势国有企业平稳退出的难度，降低了国有企业深化改革、完善现代企业制度的活力。调查中发现，很多承担办社会职能的企业都为此成立了独立的管理机构，类似社区生活保障部、后勤服务部、离退休人员管理部等，有专门的公司级领导分管。办社会职能管理机构等非经营性机构的存在使企业难以全力专注生产经营。

三是办社会机构资产和运行质量参差不齐，公共服务均等化难以保障，易滋生群体矛盾和社会稳定问题。大多数企业办社会机构设备设施老化，服务质量和效率参差不齐，有的甚至低于社会最低标准，影响职工群众正常生活，存在稳定问题。

二、分离企业办社会职能的相关探索

(一)必要性和紧迫性

分离企业办社会职能是深化国有企业改革的重要内容，也是国有企业走向市场、参与竞争的内在要求和必要条件。国有企业特别是中央企业大多处在关系国计民生的重要行业和关键领域，肩负着国有经济发展壮大的重要使命。要使企业在市场经济中重新焕发生机，首要任务就是要帮它们卸包袱、甩担子，使其真正成为市场经济主体。只有企业的腰杆直了、步履轻了，才能跟上市场经济的潮流，在市场中涤荡，在竞争中壮大。

分离企业办社会职能是理顺政企关系、深化行政体制改革、建设服务型政府的一项重大举措。在不同的社会形态和经济制度下，政企关系是动态变化的，随着我国从计划经济体制向社会主义市场经济体制转轨，政府与国有企业的关系也从计划经济时代的政企不分——行政依附模式，逐渐转变为社会主义市场经济下的政企分开——产权纽带关系。党的十八大以来，我国建设服务型政府的思路更加明确，呼声更加高涨，任务更加紧迫。

国有企业彻底解决办社会职能移交问题的时机已经成熟。随着国民经济的高速发展和社会生产力的持续提升，我国社会公共服务的保障能力已经能够覆盖全部城市人口，政府提供公共服务的能力和意识都大幅增强，在解决办社会职能的问题上，中央和地方政府推动，各级财政支持的协同局面已经形成。同时，经过近十余年的改革脱困，大部分国有企业经营状况得到较大改善，企业认识到了改革对企业和职工的红利，有精力、有能力也有意愿继续解决好办社会职能等改革遗留问题。

(二)相关政策及工作开展情况

1. 国家相关政策

原国家经贸委、国家教委、劳动部、财政部、卫生部五部委印发《〈关于若干城市分离企业办社会职能，分流富余人员的意见〉的通知》(国经贸企〔1995〕184 号)明确了在全国实行“优化资本结构”试点的 18 个城市开展分离企业办社会职能试点探索工作，提出企业应先将自办中小学校、医院、后勤服务等单位进行内部分离、独立核算，待条件具备后逐步推向社会交由政府管理。

对于企业自办学校，条件具备的由当地政府接收，学校资产整体无偿划拨，原来所负担的经费经政府和企业协商，一般可确定为基数，由企业继续负担，以后增加的部分由地方财政负担。学校人员应以移交前在职人员为基础，专任教师按国家有关规定标准审定合格后接收，非教学人员按当地同类学校编制比例划转。

对于企业自办医院，要与社会医疗保险制度改革相结合，根据《医疗机构管理条例》和企业实际情况，采取不同形式分离。企业认为无必要自办且当地政府同意接收的医院，可将资产、人员移交当地政府，纳入当地卫生服务网络。企业认为无必要自办而当地政府确有困难无法接收的，可缩小规模，减少投入，或者停办。

对于企业自办的食堂、浴室、托儿所、招待所、车队等后勤服务单位，具备条件的企业可一步到位，将安置富余人员与分离后勤服务单位结合起来，兴办第三产业，经济上与企业脱钩，面向社会、自主经营、独立核算、自负盈亏。企业作为出资者与第三产业企业建立资产纽带，形成母子公司关系。在产权明晰基础上也可采取拍卖、租赁、联营、股份合作制等形式进行分离。

1999 年 9 月，党的十五届四中全会通过的《关于国有企业改革与发展若干重大问题的决定》明确提出：“分离企业办社会职能，切实减轻国有企业的社会负担。位于城市的企业，要逐步把所办的学校、医院和其他社会服务机构移交地方人民政府统筹管理。”这是我党在历史上第一次召开的专门研究和部署国有企业改革与发展问题的会议。自此，分离企业办社会职能正式纳入国有企业改革内容。

在党的十五届四中全会精神指导下，国家有关部门先后出台了一系列政策性文件推进和指导国有企业分离办社会职能工作。2002年，原国家经贸委会同财政部等六部门联合下发《关于进一步推进国有企业分离办社会职能工作的意见》(国经贸企改〔2002〕267号)，在总结"优化资本结构"试点城市经验的基础上，提出了加快推进分离企业自办中小学校、医院、后勤服务机构等社会职能的时间节点，并完善了配套政策措施。

2004年，国务院选择中石油、中石化和东风汽车进行分离办社会职能试点。在各地党委、政府和财政等有关部门的支持下，中央企业分离企业办社会职能工作迈出重大步伐，中石油、中石化、东风汽车三大集团分离办社会试点基本完成，涉及854个中小学和公检法机构，9.4万名职工(含离退休教师)从企业中分离，每年为企业减轻负担40多亿元。

2005年国务院办公厅下发了《国务院办公厅关于第二批中央企业分离社会职能工作有关问题的通知》(国办发〔2005〕4号)，进一步推广、扩大了涉及企业范围，目前，中央企业办全日制普通中小学、公检法等政府事务类职能移交基本完成。

2.地方工作开展情况

按照党的十四届三中全会提出的"减轻国有企业办社会负担"的要求，一些试点城市和部分地区不断探索、大胆实践，采取多种方式对分离企业办社会职能进行了积极探索和实践，取得了明显成效。

长沙市在优化资本结构试点中，把分离办社会职能、减轻企业负担、建立现代企业制度作为试点工作的重要目标，市政府确定了"一次分离，分类指导，先易后难，分步实施，平稳过渡，逐校交接"的原则，城区48所市属工业企业自办中小学全部从企业分离，移交政府教育部门接办，用不到三年时间，城区市属工业企业自办中小学全部顺利完成移交。福建省采取"一揽子"分离的做法，先抓试点，以点带面，特别突出了政府在分离改革中的主导作用，用两年的时间，将全省企业自办的中小学、幼儿园、技工学校、医院、公安、居委会、生活后勤服务和离退休人员管理机构全部分离出去，企业办社会问题在福建基本得到解决。辽宁省把分离企业办社会负担作为全省实现国有企业三年改革和脱困的突破口，在全省国有大中型企业特别是60户重点企业中实施攻坚，取得了明显的效果。宁夏回族自治区通过增提教育费附加，为分离企业办社会职能工作筹集资金，促进企业办社会职能机构的分离。广西壮族自治区通过转变政府职能，加大工作力度整体推进企业办社会机构的分离。部分省市除基本完成中小学、公检法机构的分离外，还采取分离续办、联办、停办等方式分离企业办医院，以及通过改制、面向社会，将企业办食堂、车队等生活服务单位与主体企业完全或逐步脱钩，使它们成为独立法人，实行经济核算，内部自主管理；部分省市安排专项资金，在破产、特困企业及涉及不稳定企业推进企业自办供水供电供暖机构的分离；部分地方加快监狱系统办中小学等办社会机构的分离，全方位地推进分离企业办社会职能工作。

(三)驻黑龙江省中央企业试点情况

2012 年 6 月，为进一步推动中央企业分离办社会职能，国务院国资委与黑龙江省政府联合召开启动工作会议，签署《驻黑龙江省中央企业分离移交“三供一业”工作协议》，正式启动了驻黑央企“三供一业”分离移交试点工作。

驻黑央企“三供一业”分离移交按照政策引导与企业自愿相结合的原则，执行市级以上地方政府已经出台的相关政策，地方国有企业和驻黑央企执行同一标准、统一政策，由地方政府主导，相关企业作为责任主体具体实施。国务院国资委印发《关于进一步推进驻黑龙江省中央企业分离移交“三供一业”工作的指导意见》，明确了在国有资本经营预算资金和业绩考核等方面给予政策支持。更加确保了试点工作稳步有序推进。

据统计，驻黑龙江省中央企业“三供一业”分离移交共涉及 24 家集团公司 54 户央企，189 个项目。其中哈尔滨市 34 户央企，122 个项目；齐齐哈尔市 10 户央企，39 个项目；佳木斯市 4 户央企，12 个项目；大庆市 2 户央企，4 个项目；牡丹江市 4 户央企，12 个项目。以上 189 个项目中，供水项目 48 个，供电项目 43 个，供热项目 47 个，物业管理项目 51 个。

驻哈尔滨市中央企业分离移交任务基本完成。截至目前，驻哈尔滨市 34 户央企 122 个“三供一业”项目，已完成分离移交 115 个，占计划的 94.3%。其中，由哈尔滨市负责的供水、供热和物业项目全部完成分离移交。供电项目 28 个，已完成 24 个，占计划的 85.7%。

驻齐齐哈尔、牡丹江、佳木斯、大庆 4 个城市中央企业分离移交任务完成过半。驻齐齐哈尔市 10 户央企 39 个“三供一业”项目，已完成 29 个，占 74.4% 。驻佳木斯市 4 户中央企业 12 个“三供一业”项目，已完成 10 个，占 83.3%。驻大庆市 2 户中央企业 4 个项目，其中：供水、供电项目各 1 个已基本完成；供热和物业管理项目各 1 个，因已实施了主辅分离、辅业改制，不纳入此次分离移交工作范围。驻牡丹江市 4 户中央企业 12 个“三供一业”项目。其中：3 个供电项目已全部完成；3 个供热项目，2 个已达成协议；供水和物业管理分离移交工作正在协调中。

在黑龙江省的分离移交试点工作具有重要的示范作用，为探索中央企业分离办社会职能工作进行了重要实践，积累了有益经验。在黑龙江省试点的成功，一是得益于国资委和黑龙江省委、省政府的高度重视。二是得益于地方出台了分离移交的标准和配套政策文件，建立了高效的工作协调机制。三是得益于国有资本经营预算和业绩考核等方面的支持引导。四是得益于有关企业精心组织，做好具体实施工作。这些宝贵经验，得到了其他地区的广泛重视。

驻黑央企分离移交"三供一业"的成功实践表明，分离企业办社会职能是深化国企改革的迫切需要，是政府、企业和职工各方的共同利益趋向，只要各方共同努力，组织政策到位，是完全可以探索出切实可行的工作思路和措施方法的。下一步拟在中央企业分离移交任务重，地方政府积极支持的重庆市、湖南省、河南省等地推行黑龙江省经验，并逐步在全国推广。

三、分离企业办社会职能相关分析

(一)利益相关者分析

1. 主办企业

主办企业在分离办社会职能各利益相关方中处于核心位置，既是实施主体，又是直接受益者。如何在实施办社会职能分离过程中调动企业的积极性，在不影响正常生产经营的情况下，稳步推进移交工作，切实为企业减负增效，是政府、企业和职工等各方的共同诉求。

主办企业作为办社会职能分离移交工作的实施主体，在政府主导和政策支持下，具体开展非经营性资产分割、办社会机构独立核算以及人员安置、资产划转等工作。一方面，要通过政策设计和制度约束规范企业资产分割划转和费用核算审核程序，扩大人员安置的双向选择性，减少稳定风险；另一方面，要通过政策宣传和考核激励提高企业对办社会职能分离的认识，刺激企业主动甩包袱，监督企业合规卸担子，减少行动时滞和违规风险。

2. 地方政府

地方政府在分离办社会职能各利益相关方中处于主导位置，对本地区工作负统筹领导责任，对办社会机构性质、资产核定和划转方案、人员安置方案等要总把关，同时，还要履行行政管理职能，接收部分带有准公共物品性质的办社会服务职能。地方政府要在中央提出转变政府职能、建设服务型政府的总体战略下，加强自身建设，提高履行社会公共服务管理职能的履职意识和能力，主动做好办社会机构接收工作，确保顺利过渡，确保职工群众享受公共服务的权利不打折扣。

3. 企业职工

企业职工及其家属是社会公共服务的受益者，在办社会职能移交工作过程中，必须保障他们享受社会公共服务的权利，不能因为办社会职能移交影响到社会公共服务质量，更不能影响到职工群众正常生活。

在办社会职能移交问题上，享受服务的企业职工及其家属在心理诉求上是二元化的：一者，他们习惯了由企业提供的带有部分“福利”性质的公共服务，担心移交政府或市场化后，不能再享受这类“廉价”服务；再者，在社会民众生活水平不断提高的情况下，他们又盼望能得到市场化的、更专业、高质量的社会服务。所以一个常见的例子就是，国企职工经常抱怨企业食堂饭菜难吃，同时又唠叨外面餐馆饭菜价格贵。在这种二元化的心理诉求下，政府要加强宣传引导，保证过渡期乃至移交后的运营期服务水平不降低，企业在经营条件允许的前提下，可适当给予职工增加部分生活福利，企业办社会机构脱离企业之后，不降低他们对企业的归属感。

4. 企业办社会职能从业人员

企业办社会职能分离移交过程中，很可能会涉及从业人员工作变动，包括职工身份、工作性质、收入水平等都可能发生变化。如何在人员协商安置过程中，平衡好总体安置目标与从业人员个性化诉求之间的关系，既确保所有人员都能得到妥善安置，又在合理范围内把握双方协商自愿的原则，维护社会稳定，是开展办社会职能移交过程中的难点问题。

从调查了解的情况来看，企业办社会职能从业人员大多年龄偏大，且不具备专业从业资格，很多是主办企业在产业产品调整、改革安置过程中分流过来的。在办社会职能移交之后，这部分人如果进入社会，其自谋生计的能力是较低的。政府必须在平台搭建、技能培训和就业指导方面做好工作，确保他们能者有其事、老者有其保，维护社会民生和谐稳定。

(二)分离企业办社会职能需要解决问题、难点分析

在各省多年的努力探索，尤其是黑龙江省试点基础上，我们初步理清了分离企业办社会职能的难点和推进工作的主要障碍。

1. 政策体系尚不完备

随着近些年国有企业改革的不断深化，很多制约国企发展的体制机制问题得到解

决，国企经营活力进一步释放，但企业办社会职能等遗留问题由于情况复杂，企业、地区间差异性大，很难形成“一刀切”的工作模式和成本费用测算标准，故国家层面统筹性指导意见和具体政策尚未出台。

本课题组采用问卷调查的方式，对辽宁、青海、重庆等19个省(市、自治区)和沈阳、南昌、洛阳等14个重点城市进行的调查发现，有12个省和12个城市不同程度地开展了所属地方国有企业办社会职能分离工作，但大部分是在企业破产改制、重组脱困过程中，利用改革契机同步进行办社会职能分离移交，单独进行办社会职能移交的情况较少。在开展相关工作的省(市)中，由于不同城市和地区管道设施改造成本和公共资源价格存在差异，仅有辽宁、吉林、湖南等5个省(市、自治区)出台了本省(市、自治区)范围内国有企业办社会职能分离移交相关指导政策，对工作主体、程序和费用测算标准进行了明确。

从调查了解情况来看，尽快从国家层面出台“三供一业”分离移交、正常经营企业离退休人员移交等指导政策是地方政府和企业开展相关工作的迫切心声。为此，国资委、人力资源社会保障部和财政部已从不同角度进行了多轮调研和论证，特别是在“三供一业”移交方面，国资委提出“试点先行、稳步推广”的思路，先从黑龙江试点成功经验中提取好的措施和做法，再逐步形成全国性工作意见，一定程度上规避了由地方经济发展水平、公共资源价格差异引起的政策不平衡。

2. 地方政府和企业积极性各异

一方面，国有企业办社会职能移交工作涉及利益格局复杂，工作难度和职工群众稳定压力较大，地方政府可能存在畏难思想，在缺乏中央统筹、协调的情况下，工作积极性普遍不高。受调查的33个省份(市、自治区)和城市中，多数省份(市、自治区)和城市在答复下一步央企办社会职能分离移交工作意向时，表示愿意配合上级要求开展工作，主动、自主面对困难、解决问题的力度不够。

另一方面，有办社会职能负担的国有企业多为老工厂，社区规模较大，水、电、气管道并网和设施改造等费用缺口较大。在企业无法独立承担巨额改造移交费用的情况下，各级财政给予适当支持是工作推动的根本保障。但由于地方经济发展水平、财政状况和公共服务价格等存在较大差异，且各企业状况参差不齐，各地方、企业间对开展办社会职能移交工作的认识水平不一，工作关注程度和投入力度不齐。

3. 分离移交成本缺口较大

推动企业办社会职能分离移交工作面临的一个难点问题是改造移交成本高，包括管道设施在达到社会化、市场化接收要求之前的维修、改造费用和人员安置成本。由于有办社会职能负担的企业多为老工厂，“三供”设施自企业成立之初投资兴建，生产、生活系统共用一套管网基础设施的情况比较普遍，缺乏长期稳定的维护、修缮投入，造成资产状况参差不齐，整体较差。职工生活区“三供”系统要与企业剥离，与社会公共管道并网，大都需要铺设专线直供，改造费用数额巨大。在问卷调查过程中，半数以上省份（市、自治区）和城市明确提出了资金支持问题。

到目前为止，实施政策性破产的中央企业中，80％的企业未能分离移交或移交不彻底；中央下放企业中，2/3的企业未完全移交。未能彻底分离移交的主要原因是设备设施陈旧、老化严重，要达到市政配套要求的改造费用巨大，加之日常运行费用的缺口，超出了企业可承受范围。在国家支持政策尚未出台、缺乏财政补助支持的情况下，仅靠企业和接收方难以消化移交成本，造成分离移交工作进度较慢，已经成为新的国有企业遗留问题，阻碍企业改革的深入推进。

4. 人员安置工作难度较大

由于种种原因，企业办社会职能单位的在职人员难以随社会职能的移交整体移交给接收单位。主观上，部分需移交单位的人员不愿意到接收单位，这些职工认为现有单位是国有职工身份，工作稳定、福利待遇不错，不愿意脱离主办企业这棵大树。客观上，在市场经济体制下，接收单位在协商既定的移交费用下，会综合权衡所接收原单位职工的整体素质和用工成本，往往难以形成三方满意的协定结果。在调查中发现，很多企业为了完成办社会职能机构移交，先采取内部退养、转岗培训等方式进行内部化解，变相增加企业谈判资本。

从企业角度来说，如果办社会职能从业人员安置不彻底，就意味着企业减负的目标不能完全达到。未能随社会职能机构转移或自谋职业的人员始终要靠主办企业解决基本生活问题，企业仍然要负担一定的营业外成本。此外，信访问题的产生也会增加企业管理成本。如何紧扣政策，本着协商自愿的原则依法合规地妥善安置好办社会职能机构从业人员，确保稳定，是整个工作的难点之一。企业不仅要吃透、用足政策，还要广泛利用党政工团搭建宣传平台，做好深入细致的政策解读和思想宣传工作，确保涉及的每位职工都能不打折扣地享受政策，但也绝不能在政策外开口子。

5. 企业离退休人员移交存在的特殊问题

企业承担的离退休人员管理是破产重组的遗留问题之一。政策性破产时，国家财政下拨离退休人员养老统筹外费用，只承认省级人民政府统一规定的项目，而破产企业移交这部分人员时，地方政府要求按省、市、县各级政府相关规定接收这部分人员，破产企业难以承担超额的费用，使这部分人员难以移交。大量原企业退休人员未能进入社会，多数由重组企业代管，这给重组企业带来极大的负担。

企业离退休人员移交难的原因主要有四个方面：一是统筹外费用、一次性抚恤费等费用较高，企业难以承受；二是部分企业存在拖欠职工保险、福利等现象，难以平衡；三是由于退休人员待遇存在社会攀比等问题，稳定压力较大；四是部分离退休人员存在企业依赖情结，认为进入社会就是工厂不管了，从主观上有抵触情绪。

(三)企业办社会职能与企业社会责任分析

研究企业办社会职能，就不得不提到企业社会责任，它是企业及其管理者对企业非股东利益相关者即社会公众所负义务的一个称谓，在现代市场经济条件下，企业不仅负有经济的与法律的义务，更对社会负有超越这些义务的其他责任。

企业社会责任观是对传统的企业利润最大化原则的补充和修正。与企业办社会既有联系又有区别，二者都承认企业对股权人以外的人负有的义务，但二者在概念范畴上又有明显的区别。

企业社会责任是与企业经济责任相对应的一个概念，是对企业“经济人”人格的合理补充。企业办社会与企业社会责任的重要区别就在于对企业经济责任的承认。企业办社会产生于计划经济时期，当时的企业并非以营利为目的，而是依赖于国家的、承担安置责任的一个单位，没有独立的法律人格。强化“企业社会责任”的前提是建立现代企业制度。现代企业制度的实质是把企业办成真正的，能够同时承担经济、社会责任的企业。

企业社会责任是法律责任和道德责任的统一体，而且更侧重于后者，这一点对其区别于企业办社会是有重要意义的。法律责任是社会的底线要求，每个企业都必须承担。在社会中，个人行为必须符合社会行为规范的要求；同样的，虽然公司以营利为目的，但其行为也不能逾越“对社会负责任”的基本准则和标准。如果我们将道德责任全部转化为法律责任，以国家强制力迫使企业去承担社会责任，政府就可能以这种形式，将自己应当承担的责任转给企业，我们就有可能重新走回计划经济时期“企业办社会”的老路。

四、分离企业办社会职能的指导思想、基本原则及总体思路

在前期工作的基础上，我们总结提出了国有企业分离办社会职能的指导思想、基本原则和总体思路，便于指导今后工作，帮助企业减轻负担、轻装上阵，更好地发挥国有经济的主体地位。

(一)指导思想

坚持以邓小平理论、“三个代表”重要思想和科学发展观为指导，以深化落实党的十

八大精神为宗旨。一方面要以市场为导向，加快调整和转型升级步伐，促进国有经济快速健康发展；另一方面要以深化改革为途径，进一步解决企业办社会职能等遗留问题，消除影响企业发展的体制机制障碍。

（二）基本原则

——坚持政企分开、各司其职的原则。科学合理地划分政府、社会与市场（企业）的职能边界，实现政府、社会、市场（企业）各司其职，提升政府行政管理、社会公共服务和企业社会责任的履职水平。

——坚持“三个有利于”原则。一要有利于中央企业经营发展和社会公共服务水平提升；二要有利于保障广大职工及其家属的根本利益；三要有利于营造和谐的企业生产和职工生活氛围。

——坚持以人为本的原则。分离企业办社会职能工作要始终以人民群众、企业职工包括办社会职能机构职工的利益为工作的出发点和落脚点，要用好用足政策，保障个人利益不受侵害。

——坚持成本共担的原则。办社会职能分离移交成本可由财政、企业和接收方合理分担，明确三方工作责任，促进办社会职能移交工作顺利推进。

——坚持“明确方向、分类指导、多种形式、稳步推进”的工作思路，扎扎实实做好前期调查摸底和风险预估工作，确保整体工作平稳有序。

（三）总体思路

分离企业办社会职能是一项十分复杂的工作，涉及政府与企业、中央与地方、企业与职工等多方关系的权衡，在具体操作过程中，应统筹协调，不宜搞“一刀切”。对目前不具备或尚不具备分离移交条件的地区或企业，不应采取强制措施，应在确保稳定、效率、和谐的前提下，把握节奏，逐步过渡，等待时间成熟时，再通过多种方式予以剥离。

在分离移交方式方面，要按照机构性质，将企业所办的社会职能机构划分为行政事业型、公共保障性和生活服务型等类别，确定不同的接收方和接收方式。

行政管理类机构要按照政企分开的原则和要求，对应由政府管理的事业和部门接收。这类机构主要包括企业自办的中小学校、公安部门及消防部门等。

公共服务类机构要与主办企业实行独立核算，按照“精干主体，主辅分离”的原则，先从企业经营主体中分离出来，组建成独立核算、自负盈亏的经济实体，再采取多种方式实现与企业脱钩。这类机构主要包括企业管理的职工医院、“三供”设施以及职工住房等。企业办医院可按照国家医改政策，通过对规模小、效益差的进行合并或关闭，对规模以上的进行股份制改造，使其成为面向市场的独立经济实体。企业承担的“三供”设施，可先结合自身改革将这部分资产分离出来，按照先改造、后移交的方式，移交专业服务公司接管。

生活福利类机构要培育其自身生存实力，逐步推向市场。国有大中型企业社会性服务机构，具有面向社会服务功能的文体娱乐场馆和生活福利单位应推向社会，放开经营，采取多种形式，与企业生产主体脱钩。如联合经营、租赁经营、股份制合作、公司化改制、拍卖出售或兼并、托管、嫁接、切块分离等方式放开经营，实现资产和职工身份的转换，人随资产走，使其与企业生产主体经济脱钩，逐步退出企业主体，变企业沉重的经济负担为可增值的资源。

在办社会机构发展方面，可寻求财政、企业补助等多种支持途径，也可广泛吸收社会资本参与，提高办社会机构盈利能力和服务水平。对具备产权多元化条件可以实行市场化运作的机构，如部分医疗服务机构、自办教育机构、社区服务管理机构等，企业可以通过引进战略投资者，吸引社会资金，通过改制、转让、合作等多种方式，在条件具备时通过市场化手段实现股权退出。对于被剥离的企业办社会职能机构，分离后确有困难的，企业可以“扶上马、再送一程”，在一定时期内实行定额补贴或逐年递减补贴的办法予以支持，保障机构交接平稳、健康运行，维护企业职工正常生活生产秩序。

五、加快分离企业办社会职能的相关建议

(一)理顺政企关系，完善市场机制，按机构性质分类分步推进国有企业办社会职能移交

对于企业设立的社区管理机构(如街道、居委会等)，管理职能移交当地政府，职工及家属纳入当地居委会和街道管理。分离出企业的社区管理机构现有办公用房、办公设施及提供经费来源的房产整体无偿划拨，产权属居委会。居委会公共事业费用按《中华人民共和国居民委员会组织法》规定执行，移交后机构工作经费和职工工资解决有困难的，一定过渡期内可由企业继续适当补贴，补贴费用在税前支付。

对于企业设立的离退休人员管理机构，如养老院、敬老院和离退休人员活动中心等，应根据“面向社会、背靠企业、扎根社区、依托家庭”的原则，深化推进离退休人员社会化管理。企业根据实际条件逐步将退管机构移交地方政府，移交后离退休职工的管理实行社会化，主要依托社区或街道进行。企业离退休职工退休金实行社会化发放，离退

休人员实行属地化、社会化管理。

对于企业自办的幼儿园、高中、职教和技校等非义务教育机构，地方政府虽没有义务接收，但作为重要的社会教育资源，地方政府应将企业自办的教育机构纳入国家统招计划，实行鼓励政策、积极创造条件，扶持其逐步脱离企业，走上自主经营的市场化办学道路。对那些条件较差、不具备独立办学能力的职业教育机构原则上强制撤销或改造为企业内部职工培训中心。

对于企业承担的“三供一业”职能，按照“分类收费、分户设表”的原则进行改造后，将管道统一并入当地城市公共网络，协商移交地方专业公司进行统一管理。“三供”设施维修改造费用原则上由企业承担，但企业经营资金存在困难的，经国家相关部门研究出台政策，可由国有资本经营预算给予适当补助。改造移交过渡期内运行费用可由移交和接受双方协商分担，过渡期后企业不再负担相关成本。

对于企业自办的医疗机构，按照《关于城镇医药卫生体制改革的指导意见》和《关于城镇医疗机构分类管理的设施意见》的精神，对于符合当地区域卫生规划的企业自办医院，经协商一致可移交地方政府。当地政府接收有困难的，企业应将医院进行独立核算，组建自负盈亏的独立法人。地方政府应出于保护社会公共卫生资源的需要，给予一定的税收等政策优惠，并考虑在同等条件下优先将其纳入城镇职工基本医疗保险定点医疗机构。对于那些不符合当地区域卫生规划要求的企业自办医院，地方政府要强制企业停办。

(二)明确指导意见，完善配套政策，多层次、多角度保障国有企业办社会职能顺利移交

1.制定、出台工作意见

推动国有企业办社会职能分离移交，离不开科学合理的顶层制度的引领。国资委、财政部、人社部、卫计委等中央部门应在深入调查研究基础上，做好企业办社会机构分离移交的宏观政策设计，按照办社会机构性质，在社会经济条件成熟的情况下，分类出台、分步推进，针对企业“三供一业”，社区、离退休人员管理机构、自办医院等出台相关分离移交工作指导意见，明确工作责任和分工，明确支持政策和措施，提出工作要求，督促、指导地方政府和企业协同做好企业办社会职能分离移交工作。

在前期黑龙江省试点成功的基础上，可将“三供一业”分离移交扩大范围，推向全国。国资委将联合财政部、人社部、住建部在充分调研、论证的基础上，研究出台中央及中央下放政策性破产企业“三供一业”分离移交工作指导意见，进一步明确地方政府工作责

任，按照先改造后移交的工作思路，对改造费用和过渡期运行费用等移交成本，明确国有资本预算支持方式，对工作总体进度提出原则性要求。

2. 配套、完善财税、人员、资产等相关政策

在财税政策方面，一要加大公共财政和国有资本收益对办社会职能分离移交成本缺口的补助力度，明确补助范围和方式。二要落实、完善相关财政补贴和税收优惠政策，对经营水平较差、市场竞争力不强的办社会机构在分离后给予适当扶持，帮助其健康发展，使其真正成为“分得出去、活得下来”的独立市场主体。三要针对企业在过渡期给予办社会机构的补助资金，专项明确账务处理方法，将其纳入营业外支出，不能虚增企业正常经营税负。

在人员再就业和保障安置方面，一方面要出台再就业扶持政策，利用政府资源广泛搭建再就业服务平台，保障办社会职能移交工作造成的摩擦性失业人员顺利再就业，确保社会稳定。另一方面要完善社会保障体系，为从办社会机构中分离出来的失业人员构筑“生活安全网”，解决他们的基本生活问题。一要努力解决国有企业职工进入非公有制企业后在养老、医疗等方面遇到的亟待解决的现实问题，实现职工的身份转换；二要采取特殊政策，妥善处理特殊人群的保障问题。对部分年老体弱、文化不高、技能较低、再就业无望的特殊人群，要确保纳入最低生活保障范围。

在资产划转和账务处理方面：一要明确企业社会职能机构资产和正常经营资产的划定界限，确保资产界限清晰、账务明确。二要规范资产清查、评估、划转、审查等工作标准和流程，确保合法合规完成资产划转或转让，既保障国有资产不流失，也确保接收方利益不受侵害。三要在会计科目、资产减值、坏账计提等方面明确办社会机构移交过程的账务处理方法，指导企业科学合理地做好账务处理工作。

3. 细化地方实施细则，规范操作流程

要做好企业办社会职能分离移交工作，就必须充分发挥地方政府的主导作用。存在办社会职能移交任务的地方政府要在国家宏观政策的指导下，研究、制定本地区具体工作实施细则和操作规范，确保国家政策在操作层面不打折扣地得到落实，同时要明确任务分工，规定工作流程，提高办社会职能移交工作效率，确保在计划时间内完成移交任务。

(三)加大资金支持，解决成本缺口，切实有效促进国有企业办社会职能移交

虽然国家多次下达相关文件，以推动国有企业分离办社会职能，但从实际情况看，

总体推进效果仍不是很理想。究其原因，分离移交成本缺口大，企业难以承受，地方财政负担重，没有能力完全接收企业承担的办社会职能是一个重要因素。针对企业和地方政府在推动办社会职能移交中面临的实际困难，中央财政应该进一步加大专项转移支付力度，适当补助移交成本缺口，解决地方政府承担企业分离的办社会职能之后的财政负担。中央财政转移支付主要用于两个方面：一是妥善解决国有企业老职工在机构移交后的职工身份转换问题，偿还隐性福利债务，补贴职工安置成本；二是适当分担地方政府承接分离出来的社会职能机构运行经费，减轻地方财政负担，确保机构正常运转。

按照市场经济体制下普遍公认“谁投资谁所有”的基本原则，应从国有企业上缴的国有资本经营收益中，拿出部分专项用于国有企业办社会职能移交等历史遗留问题的处理。这有利于调动中央和地方两级政府的积极性，也有利于地方政府为移交后的社会服务机构创造公平合理的市场竞争环境和运行环境。国资委在解决中央企业“三供一业”分离移交问题方面，已经明确利用国有资本经营预算对设施并网改造费用予以补助，并适当考虑补助过渡期运行成本，以促进移交工作顺利推进。

中央财政和国有资本经营预算在具体支持方面，要以移交机构实际支出为依据，综合考虑物价上涨、工资提标等多种因素，合理确定补助基数和标准，确保财政资金支持既不偏离实际、造成工作难以推动，又不规避市场增长因素，确保完全、彻底地解决成本缺口，切实有效地推动办社会职能分离移交工作顺利进行。

(四)建立联动机制，创新社会管理，形成合力，推动国有企业办社会职能移交

分离企业办社会职能涉及利益主体多，协调工作难度大，稳定风险高，是一项十分复杂的工作。要稳定有序地推进相关工作，需要建立中央政府统筹、地方政府主导、涉及企业实施的多层次协调联动机制，统一规划，协同实施，攻坚破难，齐心协力破解各个现实问题。同时，在政府层面，国资、财政、人社等多部门要加强协调、形成合力。在企业层面，投资、财务、人事等部门也要共同参与，共同推进。

各级政府必须增强社会公共服务意识，不断创新社会管理，建构和实施以民生为导向的社会政策体系，尊重和保障社会公民享受基本公共服务的权利。在主导和接收企业办社会职能时，要正确处理政府与社会机构以及相关主体之间的关系，明确各方在社会管理中的职责定位。强调政府在社会建设中的中心位置，强调公共财政对公共服务的基础投入，充分发挥政府的监督制约作用以及社会服务组织和公民个人的能动性。

(五)妥善安置职工，强化风险管理，确保稳定有序地开展国有企业办社会职能移交

办社会职能机构长期为企业提供分流安置富余人员的途径，存在机构冗员多，人员专业素质不高、年龄偏大的问题。在进行办社会职能移交时，从业职工不能完全由接收方接收，大部分职工要靠企业另行安置。为保护企业独立的市场主体地位、维护社会和谐稳定，各级政府需要在就业指导、培训和平台搭建等方面给予支持，确保因社会职能移交产生的失业人员得到妥善安置，规避稳定风险。

在开展企业办社会职能移交工作过程中，要健全风险评估和应急管理机制，建立有效的稳定工作体系，提高应对稳定风险的能力。发挥好基层党组织和工会、共青团、妇联等群团组织作用，做好政策宣传和思想教育工作。整合好政法、维稳、信访等行政力量，发挥各部门在社会管理和维护稳定工作中的协同作用，共同确保社会和谐稳定。

参考文献

[1]财政部企业司.中央企业分离办社会职能工作指南[M].北京：经济科学出版社，2005.

[2]张付，李铭，史乃新.煤炭企业办社会职能剥离初探[J].煤炭经济研究，1999(7).

[3]李广义.企业职能社会化问题探讨[J].新西部，1998(2).

[4]冯小波.国有企业承担社会职能的再思考[J].四川省委党校学报，2009(4).

[5]董保华.企业社会责任与企业办社会[J].上海师范大学学报：哲学社会科学版，2006(5).

[6]马驰.大中型国有企业社会职能分离条件与途径研究[D].武汉：武汉理工大学，2003.

[7]陈晓.关于分离企业办社会职能问题的探讨[J].南方论刊，1997(8).

课题组成员名单

组　长：

李　冰　国资委改组局局长

副组长：

张英健　哈电集团副总经理

吴同兴　国资委改组局副局长

成　员：

谭宗立　哈电集团主任

焦刚军　哈电实业开发总公司总经理

孙燕平　国资委改组局处长

杨　磊　国资委改组局处长

唐永亮　国资委改组局副处长

隗淑红　国资委改组局调研员

张宏丹　国资委改组局主任科员

焦　翔　国资委改组局科员

李庆东　哈电实业开发总公司主任医师

李宝林　哈电实业开发总公司经济师

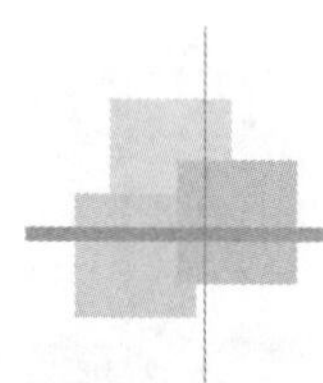

中央企业价值管理现状及提升研究

摘　要：价值管理是中央企业实现转型升级的重要抓手，是中央企业实现内涵式增长和可持续发展的重要着力点，是企业管理提升的助推器。推行价值管理是一场事关中央企业战略、组织、文化、机制的重大变革，是中央企业管理理念、管理行为、管理方法的重构和再造。

本课题在对国内外现有价值管理文献和国资委相关总结材料进行系统总结，并对典型中央企业进行深入调研的基础上，全面研究了价值管理概念框架，深入分析了中央企业4年来经济增加值考核和价值管理现状；系统总结了中央企业价值管理存在的主要问题和取得的主要成效，针对性地提出了中央企业下一步强化以经济增加值为核心的价值管理体系建设的完善思路。

关键词：经济增加值　资本成本率　薪酬激励

第一章　导　论

一、研究背景

国资委自2010年开始在中央企业全面开展经济增加值（简称EVA）考核，这标志着国资委对中央企业的考核进入了价值考核阶段。经过第三任期3年的EVA考核，EVA考核实现了引入阶段的预期目标，取得了较好成效，主要体现在：中央企业已经初步接受了EVA这个新的业绩指标，价值创造和资本成本理念得到了贯彻和普及；EVA考核在一定程度上也抑制了部分企业的投资冲动行为；资本低效使用和资产闲置现象也初步得到了改善；研发投入的积极性也有所提升。

在肯定EVA考核取得初步成效的同时，我们也清醒地认识到，EVA考核当前仅仅停留在指标计算层面和集团总部考核工作层面，尚未有效融入中央企业的经营管理，更未形成真正意义上的价值管理体系、价值创造和价值分享文化。因此，第四任期开始，不仅需要对EVA考核办法进行完善，更需要将EVA全面融入企业现有管理体系，最终建立符合中央企业经营实际的价值管理和价值创造长效机制。

此外，部分中央企业在开展EVA考核的同时，也在价值管理方面进行了尝试和探索，个别央企甚至全面开展了价值管理体系建设，为进一步强化EVA考核，实现EVA由考核向管理延伸，迫切需要对中央企业价值管理现状进行总结和对问题进行系统研究，从而为中央企业价值管理体系的全面实施提供借鉴和指导。

二、研究意义

价值管理是中央企业实现转型升级的重要抓手，是中央企业实现内涵式增长和可持续发展的重要着力点，是企业管理提升的助推器。推行价值管理是一场事关中央企业战略、组织、文化、机制的重大变革，是中央企业管理理念、管理行为、管理方法的重构和再造。

本课题通过全面分析中央企业4年来EVA考核现状、EVA与管理融合现状，系统总结中央企业EVA考核与价值管理存在的主要问题，合理提出中央企业价值管理提升的主要思路，从而对中央企业价值管理体系建设提供有益的借鉴和指导，因此，本课题具有紧迫的现实意义和深远的战略意义。

三、研究方法

本课题主要采取了文献整理、典型中央企业调研、课题研讨、问卷调查等研究方法。课题组在搜集国内外现有EVA考核和价值管理方面文献资料的基础上，对国资委提供的相关参考材料进行了系统总结，对中国五矿、华润、中化、中电投、宝钢等5家典型中央企业进行了深入调研，从而为课题报告的撰写提供了坚实基础。

第二章　价值管理理论框架研究

一、何为价值管理

当前，绝大多数企业负责人对价值管理缺乏系统、清晰的理解，对价值管理工作的战略意义认识不足，对价值管理还存在许多疑虑，比如：价值管理的核心内容是什么？价值管理与现有管理体系有何区别？价值管理与现有管理体系是否冲突？价值管理将给企业带来什么影响？价值管理工作如何开展才能取得实效？

价值管理工作的开展迫切需要我们系统研究价值管理定义及概念框架体系，并在概念框架的指导下，明确中央企业价值管理的核心内容、总体目标、阶段性任务、实现途径、配套办法等。虽然国内外学者从不同角度对价值管理给出了多种定义，但“价值管理”一词目前尚无权威和统一的定义。

关于价值管理，不同的学者有不同的定义，其代表性的观点有以下几种：

1. 国外学者对价值管理的定义

1997 年美国管理会计师协会提出，“价值管理(Value - Based Management，VBM)是一种管理方法，它将公司的整体构想、分析技术及管理程序都结合起来，通过将管理决策的制定集中于股东价值主要驱动因素上的方式使公司价值达到最大。”

汤姆·卡普兰等(2003)指出，价值管理，又称为“基于价值的管理”，是以价值评估为基础、以价值增长为目的的一种综合管理模式。

2. 国内学者对价值管理的定义

汤谷良(2003)认为，价值管理，是根源于企业追逐价值最大化的内生要求而建立的，以价值评估为基础，以规划价值目标和管理决策为手段，整合各种价值驱动因素和管理技术，梳理管理和业务过程的新型管理框架。

汪双(2005)从不同角度对价值管理的众多不同定义进行了归纳和总结，认为价值管理的定义，大概可分为以下三类：

根据以价值为基础的管理的结果来定义：Ronte (1999)指出：“以价值为基础的管理是一个管理框架，可用于计量业绩，更重要的是用于控制公司业务，从而为股东创造出较高的长期价值并满足资本市场和产品市场的要求。”Chris Towheads Ryals (1999)认为：“以价值为基础的管理是一种新的管理方法，关注于真正的价值而不是账面利润。只有当公司收入在弥补了投资人的全部成本之后仍有剩余时，公司才创造了真正的价值。”Simms(2001)认为：“以价值为基础的管理从本质上说是一种管理方法，其实质是通过产生超过资本成本的收益来最大化股东的价值。”

按照以价值为基础管理的过程来定义，代表性的观点是 Boulos Haspes laghand Noda (2001)提出的，“以价值为基础的管理是一种全面的管理手段，包含了重新定义的目标，重新设计的结构和体系，更新了的战略和经营程序以及修补了的人力资源实践”。

结合以价值为基础的管理的过程和成果来定义：“以价值为基础的管理是一种管理

方法，其主要目的是最大化股东的财富。公司的目标、体制、战略、分析技术、业绩计量和文化都紧紧围绕着股东财富最大化这一目标而展开。”（Amold，1995）。以价值为基础的管理是一种以股东价值创造为公司哲学的核心的管理方法。最大化股东财富引导着公司的战略、结构和程序，并决定管理者的报酬方式和业绩的监控方式。（KPMG Consulting，1999）。

总之，尽管国内外学者们对价值管理的定义侧重点不同，但是其核心是相同的，一个真正的价值管理体系要求在企业经营活动时，以企业的价值最大化为核心，以创造价值为基本理念，对企业组织每一个层面都按价值最大化原则进行衡量和激励。

3. 我们对价值管理的定义

本报告认为，价值管理是指企业基于持续创造价值和长期价值最大化目标，在企业经营管理各环节中全面遵循价值理念，作出符合价值最大化要求的管理决策，并最终建立价值分享的企业文化和价值创造长效机制的一种综合管理模式。

中央企业价值管理体系建设应以 EVA 考核为抓手，以 EVA 制度化、工具化为核心，以 ERP 系统为支撑，以 EVA 预算控制为手段，以 EVA 激励为推动力，以 EVA 价值文化为终极目标。

中央企业开展价值管理要求企业各级管理人员全面树立价值思维，全面管理影响企业价值的关键驱动因素，全面关注企业资产负债表和利润表，全面平衡“规模、增长和风险”。

二、何为价值管理框架

(一)思腾思特价值管理框架

20 世纪 90 年代初，美国思腾思特（Stern Steward）管理咨询公司率先将 EVA 引入价值评估领域，并将其发展成为一种崭新的价值管理体系。EVA 价值管理体系的创始者和主要推动者思腾思特公司将 EVA 价值管理体系的本质特征概括为 4M 体系：评价指标（Measurement）、管理体系（Management）、激励制度（Motivation）和理念体系（Mindset），综合概括了 EVA 价值管理体系的内涵。EVA 主要通过渗透到企业各个经营管理领域、各个业务环节来塑造企业战略架构。综合起来说，即以 EVA 评价为基础，以管理体系为手段，以激励制度为核心，以理念体系为先导。

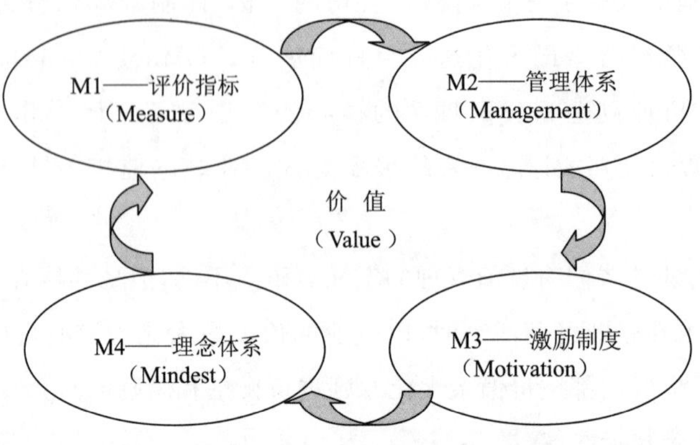

图 2-1 “4M”价值管理体系

EVA 价值管理体系从分析公司的 EVA 业绩入手，从评价指标、管理体系、激励制度和理念体系四个方面具体提出如何建立使公司内部各级管理层的管理理念、管理方法和管理行为都致力于股东价值最大化的管理机制，最终目标是协助提升公司的价值创造能力和核心竞争力。

4M 很好地概括了 EVA 价值管理体系的内涵，图 2-2 可以帮助人们更深刻地理解 EVA 价值管理体系的核心内容。

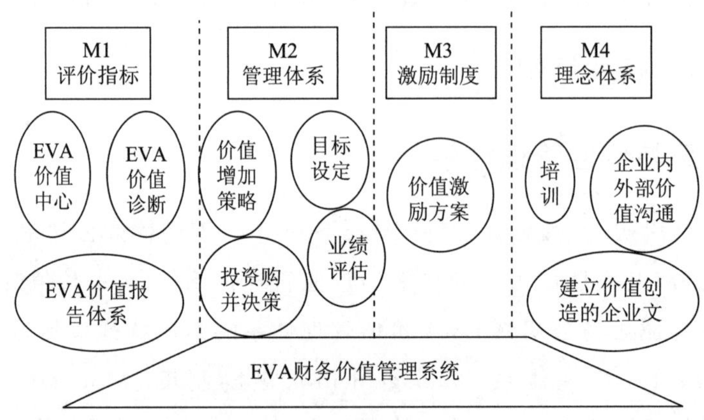

图 2-2 “4M” EVA 价值管理体系核心内容

(二)麦肯锡价值管理框架

麦肯锡(McKinsey & CO.)价值管理模式由卡普兰等人(1990)提出。该模式可以简单理解为一种价值思维机制及其在整个经营管理实践中的应用，同样强调股东价值的核心地位，提倡将股东价值法应用于价值战略和价值评估。

麦肯锡公司提出，以价值为基础的管理可理解为价值创造的思维和将思维化为行动的必要的管理程序和制度二者的有机结合，如图 2－3 所示。

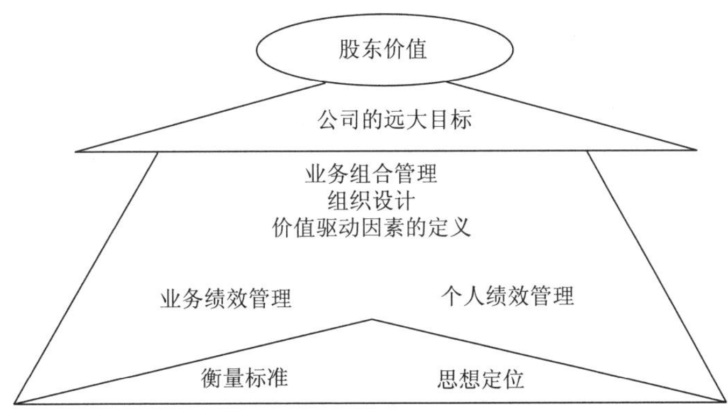

图 2－3　麦肯锡公司的价值管理框架图

首先，公司的行为建立在价值思维的基础上是使价值得以实现的前提。价值思维有两个方面：价值衡量标准和价值思想定位。价值衡量标准的核心问题是，管理层是否真正了解公司是怎样创造价值以及股票市场是怎样评估公司价值的。管理层是把长期和短期结果权衡看待还是只重视短期结果，是否把投资的机会成本纳入了衡量标准，这些标准是基于经济结果还是基于会计结果的，等等。价值思想定位是指管理层关心价值创造的程度，这种思想定位体现在管理者思维和行为的许多重要方面。一个方面是，管理者到底尽多大努力来创造价值；另一个方面是，管理者是把基于价值的管理看成是永久的行为还是一个短期的项目。

其次，公司必须以价值创造的思维为基础，在既定的管理程序和制度的规范下采取必要的行动，以进一步强化股东价值的核心地位：第一，公司必须把长期目标与严格的价值创造指标结合起来；第二，公司必须采用严格的方法管理所有的业务以创造最大的价值，在必要的时候还须进行重大重组；第三，公司必须保证其组织设计和文化能强化价值创造原则；第四，公司必须对每项业务的主要价值驱动因素有透彻的认识；第五，公司必须确定一套有效的方法，对每个业务单位的经营用先进的方法制定目标，并实行严格的绩效评估；第六，公司必须找到有效的途径，采用物质奖励和其他的激励方式，以激发管理者及全体员工创造价值的动机。

(三)德勤价值管理框架

德勤公司的价值管理模式如下图 2－4 所示，在价值驱动力和价值创造之间建立起了一种直观的联系，通过价值地图可以方便地考察在某个特定的公司里价值创造的具体过程。围绕如何提升价值，将企业创造价值的来源从增加收入、降低成本、资产管理和预期管理等方面，逐步细化为许多具体的细节问题，并称之为“价值驱动因素”(Value Drivers)，这些价值驱动因素对公司价值的提升起着至关重要的作用。公司在选取了衡量企业价值创造的指标后很容易根据这个指标所包含的成分进行层层分解，确定所谓的“价值驱动要素”，整个分解价值的过程就构成我们现在看到的“企业价值地图”。从地图上很容易看到围绕“现金流投资回报”这一终极目标，连续进行了不同层次的分解，构成了地图的金字塔式结构。运用企业价值地图可以对企业现状进行分析，确定目前影响企业创造价值最大的驱动力是哪些；然后对这些“价值驱动力”的表现进行分析，来明确改善的方向和空间的大小，最后可以针对每一种特定的价值驱动力，制定具体的改善措施。在现状分析阶段，可以以自上而下的方式查阅地图，找出问题并进行分析；而在改善阶段，则可以以自下而上的方式查阅地图，随时对工作进展进行监控，明确关键之

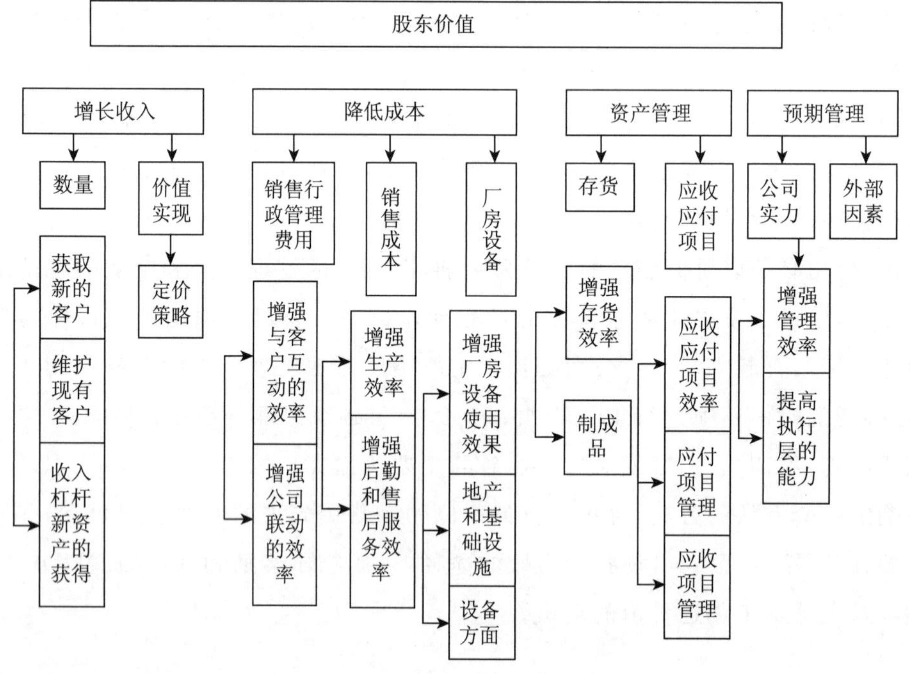

图 2－4　德勤公司的企业价值地图

所在。

(四)拉帕波特价值管理框架

在拉帕波特价值管理模式中,价值管理理论是建立在自由现金流的基础上的,它沿袭了 Modigliani 和 Miller 对企业价值的理解,把未来的现金流的折现视作企业价值,挖掘隐藏在企业价值背后的驱动因素,探讨这些因素之间的关系,实现股东价值增长的最大化。

拉帕波特价值管理模式的基本思想是应用股东价值管理方法制订战略计划、绩效评估和指导一系列决策活动。其核心是将价值创造的原则转化为具体的价值管理实践。

首先,价值管理的成功实施需要管理层和组织内所有员工接受创造价值的一般原则:第一,价值受长期的、风险调整后的现金流而不是短期收益的驱动;第二,不是所有的增长都能创造价值;第三,依托于毁损价值的战略的"价值创造计划"是一种劣质的投资。

其次,价值管理的成功实施意味着组织接受了上述原则,并把这些原则转换为具体的实践:第一,不同的战略具有不同的价值创造潜力,应选择预期能产生最大股东增加值(SVA)的战略;第二,为所有资产寻找最高价值的用途;第三,将绩效评估和薪酬机制建立在股东增加值或其他长期价值指标的基础上;第四,当缺乏能够创造价值的投资机会时,将现金返还给股东。

最后,公司以长期股东价值最大化作为目标来制定适合自己的管理程序和制度,一般包括三个阶段:第一,高层管理者必须坚信确实需要改革;第二,必须确定和正确导入适当的变革细节;最后,必须不断增强变革的势头以确保变革的持续。拉帕波特的价值管理模式如下图 2-5 所示。

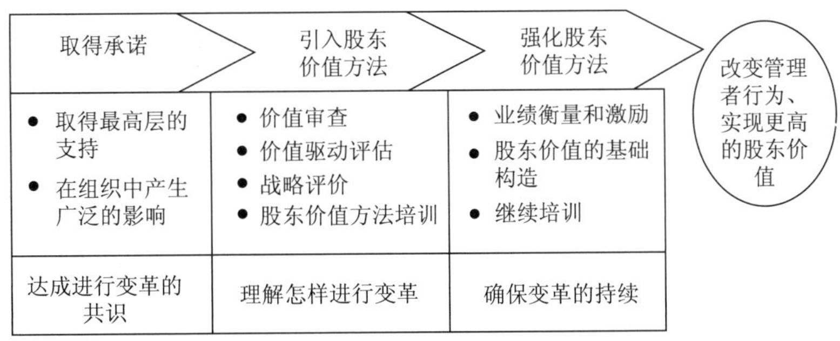

图 2-5 股东价值管理方法的实施过程

(五)中央企业价值管理框架设计

价值管理是中央企业经营管理模式的全面转型，即实现现有经营管理模式向价值管理模式的根本转变，实现价值管理的制度化、工具化和信息化，实现价值理念与现有业务流程的全面融合。

价值管理不是对中央企业现行管理制度体系的否定和全面变革，而是一种理念转变、制度调整和优化。因此，本报告认为，应在针对企业现行核心管理环节进行价值导入的基础上构建符合企业当前经营管理实际需要的中央价值管理框架，中央价值管理框架可按照图 2－6 所示来进行设计。

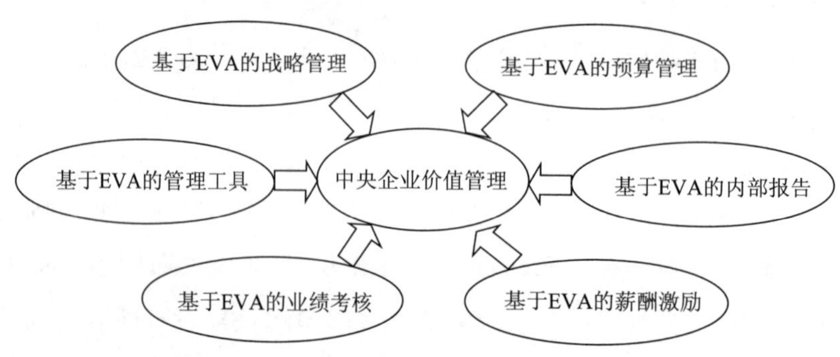

图 2－6　中央企业价值管理框架设计

三、为何要实施价值管理

价值管理是中央企业实现转型升级的重要抓手；是中央企业实现内涵式增长和可持续发展的重要着力点；是中央企业全员普及价值理念，强化价值考核导向，通过 EVA 考核“促投资、提管理、激活力”的关键举措；是中央企业加快实现“做强做优、培育具有国际竞争力的世界一流企业”核心目标的战略选择。

(一)价值管理实施的必要性

1. 打造世界一流中央企业的需要

国资委为什么要大力推进 EVA 考核？本报告认为这主要是因为 EVA 所倡导的价值创造理念与中央企业当前所处的发展阶段不谋而合。EVA 考核，不仅能给企业带来价值创造和资本成本的理念，更能引导企业关注发展的质量和效益，不断提高价值创造能力，从而成为一个真正的“强”企。而中央企业经过近几年的快速成长，虽然在做“大”

上已经取得了长足的进步，在做“强”上却仍然有很长的路要走。

通过实施价值管理，推动中央企业向具有国际竞争力的世界一流企业看齐，全面推动中央企业不断提升竞争力；推动中央企业内部资源整合，培育综合竞争优势；推动中央企业资金、技术、人才等各类资源向主业集中，向研发、设计、品牌等价值链的高端集中；推动中央企业加大研发投入，培育战略性新兴产业，抢占新兴产业发展的制高点。

2.推动中央企业转型发展、内生增长的需要

中央企业要实现做强做优、成为世界一流企业的目标，就要大力实施转型升级、科技创新、国际化经营、人才强企、和谐发展的战略。其中，转型升级居于核心位置，是中央企业能否把握机遇、战胜挑战、实现做强做优目标的关键。

价值管理是以价值考核为抓手、以建立基于价值的战略规划和管理决策为手段、整合各种价值驱动因素和管理技术、全面梳理现有管理和业务流程的新型价值管理模式。国资委推行以经济增加值为核心的价值管理，要求中央企业以资产运营效率稳步提升为经营导向，促进增长模式由资本投入的粗放型向提高生产要素质量和利用效率的集约型转变，实现价值能力提升和可持续发展的经营目标。

本报告认为，价值管理的实施能够推动中央企业加快转变发展方式、实现企业转型升级、优化资源配置、确保资本增长与价值提升相匹配，从而实现价值创造能力提升和可持续发展。

3.提升中央企业经营管理效率的需要

企业经营管理的目的是完成企业战略目标，即企业价值最大化，而在利润最大化的管理理念和考核机制下，中央企业上下一直将利润作为经营管理的核心目标，通过投资来拉动规模，实现利润增长。利润思维带来的严重后果就是企业不顾资本成本来提升利润，从而导致规模和风险失控、主业不强、资产闲置、资本效率和效益低下。价值管理的实施将引导中央企业追求运营成本最低、投资成本最省、管理流程最优、产业链价值最大的经营管理模式，并对抑制有的企业扩张过快、推进中央企业主辅分离及辅业改制、增加科技投入和提高风险控制水平有着积极的作用。

4.持续推进中央企业EVA考核的需要

国资委从2010年起在中央企业全面开展EVA考核，EVA指标已经超越利润指标成为业绩考核的核心指标，EVA考核实现了在中央企业的全覆盖和层层传递，EVA指标也逐渐成为中央企业经营管理关注的重心，应该说EVA已经完全融入中央企业的考核体系。

从近几年中央企业实施EVA的情况来看，EVA指标依然停留在考核层面，EVA尚

未实现与经营管理的融入，EVA 考核结果应用不够全面和强化。然而 EVA 的实施是一项系统工程，价值管理整合了公司的企业文化、战略规划、预算管理、内部报告、业绩评价和激励机制等管理子系统。因此全面实施价值管理有助于持续深入 EVA 考核，并通过 EVA 考核来促进 EVA 的工具化和 EVA 与经营管理的全面融合。

(二)价值管理实施的可行性

1. 中央企业价值理念已全面普及

自国资委 2010 年在中央企业开展 EVA 考核以来，中央企业广泛开展了系统的经济增加值考核培训，为经济增加值考核工作的推进奠定了基础。绝大多数中央企业负责人通过党委中心组学习、专题培训等多种形式，带头学习经济增加值理论和新的考核办法，逐步增强了资本成本意识和价值创造理念。

通过四年来的 EVA 考核，中央企业 EVA 考核范围不断扩大，考核标准不断提高，EVA 考核实现了在中央企业三级单位的全面覆盖，随着 EVA 考核在中央企业的深入推进，中央企业及所属企业已全面树立了资本成本意识，开展价值管理工作已逐步成为共识。

2. 中央企业经营管理水平有了很大提升

国资委成立以来，中央企业通过深化改革、转换机制、创新发展，管理水平有了较大提高，有力地促进了企业经济效益和竞争能力的大幅提升，为国民经济快速发展做出了较大贡献。

在当前应对国际国内错综复杂的经济形势、加快转变发展方式、实现“做强做优中央企业、培育具有国际竞争力的世界一流企业”目标这一背景下，中央企业提升管理水平具有更加重要的意义。经过多年改革发展，一批中央企业初步具备了与世界先进企业同台竞争的基础。中央企业已全面强化成本管理，积极推进全面预算管理，对成本和费用、资金、生产情况进行全面的预算，降低成本，提高效益。在管理水平上取得了较大程度的提升，并在管理理念和管理方式上不断地进行创新。

3. 部分中央企业开展了价值管理工作试点

价值创造贯穿于企业经营管理的全过程。部分中央企业把价值管理与战略规划、全面预算、投融资决策、生产运营等结合起来，初步建立了以价值创造为核心的管理体系。

例如，华润集团建立了价值型财务管理体系(5C 体系)，从资本结构、现金创造、现金管理、资金筹集和资产管理五个维度强化价值管控。南方电网、中广核集团、西电集团等企业积极构建基于价值创造的战略管理体系，合理确定企业的主攻方向，科学规划产业结构、产品结构和区域布局，促进了企业价值链的优化。

近年来，中央企业不断加大管理创新，努力构建以经济增加值为中心的价值管理体系。中核建设集团、中国电信、东风公司、南航集团、中国五矿等企业，把价值管理与战略规划、全面预算、财务管控等结合起来，使价值创造理念融入企业经营管理全过程。

此外，一汽集团、中国五矿、中国三峡集团、中国节能等企业探索建立“重价值管理、讲投资回报”的投资决策机制，从源头上控制无效、低效资产的产生。东航集团以价值管理为导向，引导企业科学决策、控制投资风险，资产负债率持续降低。兵器装备集团、中国电信、中材集团等企业按月监控分析经济增加值变动情况，形成了动态管控机制。

第三章　中央企业价值管理现状与成效

一、中央企业价值管理现状

推行价值管理是一场事关中央企业战略、组织、文化、机制的重大变革，是中央企业管理理念、管理行为、管理方法的重构和再造。但价值管理不是对现有管理的颠覆和否定，而是对现有管理的优化、调整和提升；价值管理不是企业经营管理的紧箍咒，而是企业转型升级的重要抓手，是企业管理提升的助推器；价值管理是一个系统工程，更是一个“一把手”工程，各级企业负责人应充分认识到价值管理建设任务的艰巨性、长期性和复杂性，应充分进行研究、系统设计和分步推进。

(一)经济增加值诊断体系现状

中央企业建立价值诊断体系是实施价值管理的基础，是明确主攻方向、制订有效措施的重要前提。中央企业可通过建立EVA价值分析树，系统开展EVA关键驱动因素分析，并通过与预算、历史、同行业或标杆企业的对比全面揭示企业价值的影响路径和诊断价值创造和毁损点，进而制定有针对性的价值提升措施，定期跟踪改进。

1.五矿集团的诊断分析模型

中国五矿集团近年来进一步细化和优化经济增加值考核工作。集团要求各经营单位按照集团公司EVA诊断分析模板，认真总结本单位实施经济增加值考核以来的经验和不足，完成上报《经济增加值诊断分析报告》，找到核心价值驱动因素并提出了改善策略。集团还积极开展了EVA关键驱动因素研究，在原有杜邦分析法静态测算基础上，利用所属企业历史数据进行动态测算，分6个层级找到对EVA影响最大的关键驱动指标。

通过这些关键驱动指标，重新审视和改进现有考核指标体系，使价值导向更加突出。

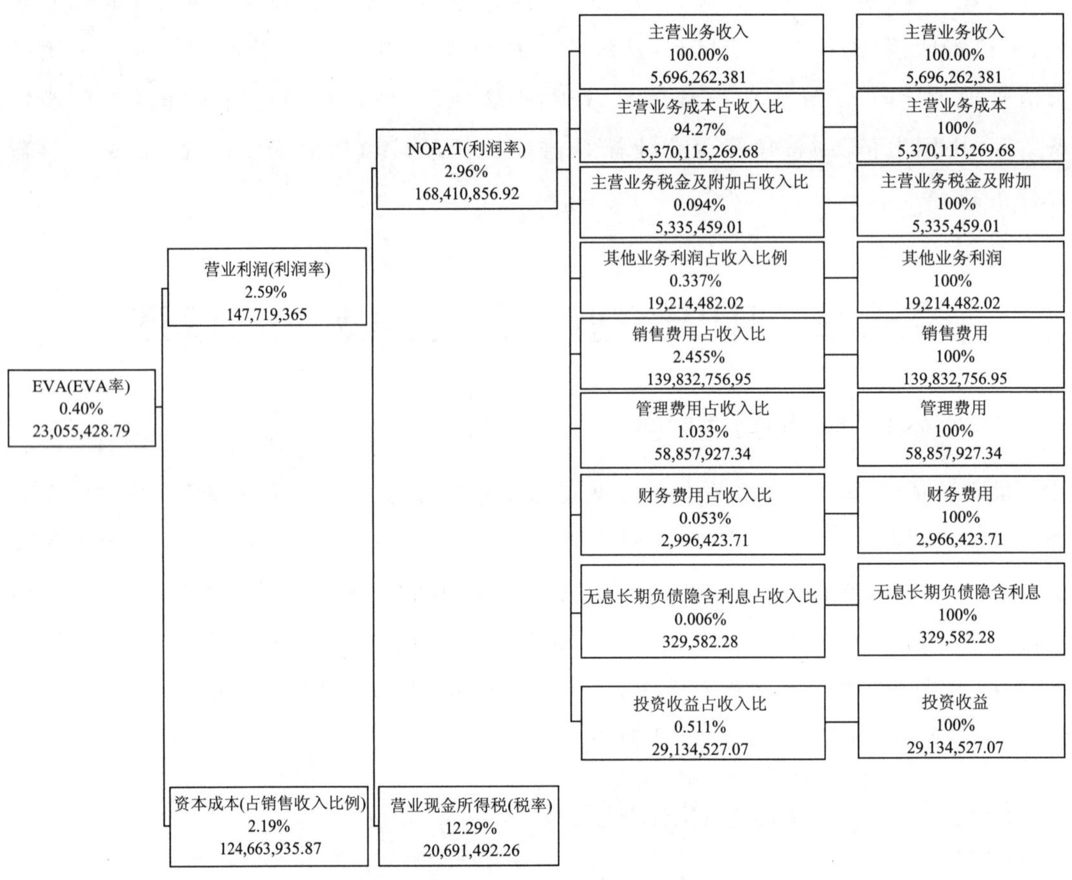

图3-1 中国五矿经济增加值动态驱动分析模型

此外，中国五矿集团还开始研究EVA的信息化实施，在管理决策系统中开辟了EVA分析专题，将EVA分解为结果类、驱动因素类和报表科目类三个层次的过程指标，并利用敏感性分析得到每项指标对EVA变动的量化影响。2011年，进一步将EVA数据采集和分析报表在财务信息报送系统与管理决策系统中固化，为经济增加值的实时监控和分析决策提供了坚实的数据保障。

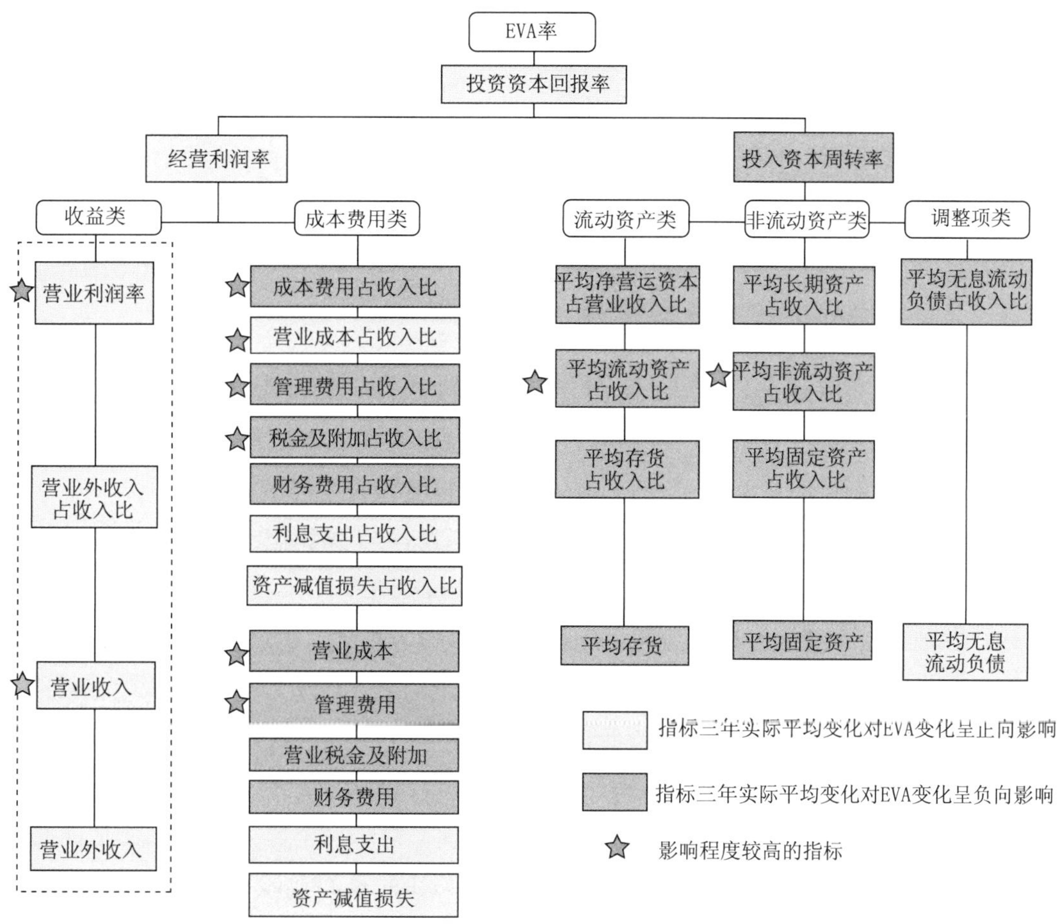

图 3-2 中国五矿经济增加值敏感性分析模型

2. 中航材集团 EVA 课题研究诊断模式

2013 年，中航材集团公司深化了 EVA 课题研究工作。一方面，继续对集团本部价值驱动因素进行深入分析，重点关注飞机租赁、投资股价变动及财务资金归集等具体业务对经济增加值的影响。通过分析，查找影响 EVA 效益的制约因素和问题，及时修正发展思路，制定调整措施，对效果不明显的及时进行措施优化。另一方面，继续推动 EVA 课题研究工作在重点企业的实施。各重点企业分别成立课题研究小组，基于企业自身所处行业和发展阶段，通过对占用资源的成本和产生的效益进行认真分析，找出企业利用效率不高的资产，通过资源的调配，为企业创造更大的价值。

中航材有限公司着重分析了业务项目 EVA 情况，并拣选关键 KPI 指标分析如何进一步提高 EVA 效益。奇龙租赁公司将 EVA 指标分解到每架飞机，找出了关键影响因素。北京凯兰公司从短期和长期角度提出了改善 EVA 的几点措施，短期内重点针对制约公司 EVA 改善的投资项目提出处置建议，从长期发展方面分析了扩大维修产能和拓展维修网点对 EVA 的推动影响，并提出资产结构调整和增资的建议。技术装备公司根据公司业务类型特点，着重进行了自营和代理业务毛利率变动对 EVA 变化的敏感性分析，明确了改善 EVA 的根本途径即在保持公司资本现状的同时，尽快提高公司净利润，提升盈利能力。各企业课题研究各有侧重，效果良好。

(二)经济增加值监测体系现状

绩效指标的监测是企业根据绩效管理的预算目标、历史水平、行业和标杆水平，定期对实际的业绩表现进行监测、分析和评估，及时发现存在的问题和差距。绩效指标的监测是绩效管理的核心环节之一，也是绩效实现过程考核的关键举措。

一个优秀的绩效管理循环应包含以下几个循环过程：①战略及目标制定；②年度经营计划/预算管理；③绩效指标的设定(KPI 或 BSC)；④绩效目标的设定及分解；⑤绩效指标的定期监测；⑥绩效考核与薪酬激励；⑦绩效沟通与指导。在这几个环节中，任何一个环节出问题，都有可能导致绩效管理的失效从而影响企业战略目标的达成。

本报告认为，当前绝大部分中央企业已经通过预算分析会、经营计划分析会等形式定期开展了对营业收入、利润、成本费用占收入比等传统业绩指标的绩效分析与监控。对 EVA 及 EVA 关键驱动指标的月度跟踪和监控体系尚未完全建立或引起企业负责人的高度重视。绩效监测应明确哪些是董事会需要关注的核心业绩指标、哪些是高层经营管理团队需要关注的核心业绩指标、哪些是职能部门需要关注的核心指标，并相应明确各类绩效指标的监控频度和监测职责。

当前，部分中央企业在 EVA 监测方面通过信息化的手段建立了 EVA 监测、预警、分析平台，比如，国家电网公司建立了专门的运营绩效监测中心职能部门和信息系统。通过公司运营监测(控)中心、网站和业绩考核信息系统三个平台，多维度展示和分析各单位业绩考核指标执行情况，鼓励先进、鞭策后进，确保公司年度工作目标任务的全面完成。2013 年东方电气集团公司正式搭建了集团经济增加值季度分析通报平台，形成常态，按季在集团内企业交流、通报，对经济增加值的价值驱动因素的分析，层层往下分解，逐级分析经济增加值的具象的、关键的影响因素、原因及金额等，不断强化企业的价值创造理念和资本成本意识，持续提高价值创造能力。

此外，中国冶金科工集团公司则通过加强 EVA 动态监测和诊断来深化价值管理。①在集团层面，按季向国资委综合局报送《中央企业经济增加值及驱动因素监测表》。

②中冶集团每月财务快报中，对集团公司的经济增加值情况每月进行统计和监测，并将EVA等指标的月度执行情况及排名在中冶集团内部进行公布，引导子公司在集团内进行对标管理。③要求子公司每季度报送《综合业绩执行情况分析报告》，对综合业绩包括EVA指标的目标执行情况进行分析，集团业绩考核部门汇总分析整理后，向公司董事会和经营层领导提交分析报告，及时发现问题并采取措施，保证年度EVA目标的实现。

(三)经济增加值薪酬激励现状

中央企业在强化EVA考核的同时，还应积极探索建立与以EVA为核心的业绩考核体系紧密挂钩的年度和中长期薪酬激励制度，这样才能有效地将企业负责人和员工分享价值创造的结果并实现一种股东、经营者双赢的激励机制。

国资委在新的业绩考核办法中规定，依据年度经营业绩考核结果和任期经营业绩考核结果对企业负责人实施奖惩，对企业负责人的奖励分为年度绩效薪金奖励和任期激励或者中长期激励。企业负责人年度薪酬分为基薪和绩效薪金两个部分。绩效薪金与年度考核结果挂钩。由此可见，中央企业负责人的年度薪酬跟绩效考核结果紧密挂钩，因此，央企负责人很看重业绩考核A级排名的结果，EVA结果对薪酬的影响依然偏小，很难得到足够的重视。

尽管受制于国家法律法规和工资预算总额管理等制约，EVA激励尚未取得实质性突破，但是，国资委和央企在EVA激励方面还是有了如下几个方面的积极探索：

1. 国资委分红权试点

国资委2011年7月29日正式启动了部分中央企业分红权激励试点工作。分红权激励是企业股东将部分分配利润奖励给为企业发展做出突出贡献的科研管理骨干的一种激励方式，目的是将职工利益与企业利益更紧密地结合起来，进一步调动科研管理骨干的积极性。分红权激励试点有效期为三年，试点企业实施中当年业绩指标其中一项未能达到有关要求的，将终止激励方案的实施。中央企业负责人暂不纳入分红权激励范围。

试点企业实施分红权激励，主要采取岗位分红权和项目收益分红两种方式。航天恒星、有研稀土成为国资委确定的先行试点者。其中，航天恒星规定的分红激励总额与企业当年的经济增加值和经济增加值改善值挂钩，且与增加值改善值挂钩的激励额度占总额度的50%以上。

2. 针对EVA绝对值的激励模式

中国工艺集团2012年在对下属企业进行的年度经营业绩考核中，对进入A级的企业，按照经济增加值实际完成值的3%给予超额绩效奖励。

2013年集团公司在修订完善相关制度的基础上，进一步细化了经济增加值奖励规则，具体奖励规则是：对于上报的年度利润总额考核指标完成值高于前三年平均值且超过500万元以上、年度考核等级达到C级以上的企业，按经济增加值正值水平的3%核算企业经济增加值奖励总额；对于利润总额实际完成值高于前三年平均值但低于500万元、年度考核等级达到A级的企业，按经济增加值正值水平的3%核算企业经济增加值奖励总额。通过细化经济增加值奖励规则，进一步加强了经济增加值奖励的力度，激励各企业完成考核目标，提升企业价值。

3. EVA和EVA改善值结合的激励模式

中国国电集团为了建立经济增加值奖励机制，专门制订了《中国国电集团公司企业领导人员经济增加值奖励办法(试行)》，突出企业领导人员收入与经济增加值挂钩的激励导向。在对企业负责人实行年薪制的基础上，实施了EVA奖励计划，鼓励创造价值，根据EVA指标完成情况和EVA改善情况，对企业负责人予以奖励。

中国电子2013年推出了《中长期激励管理办法》，在中长期激励办法中，特别设置了经济增加值激励。激励管理办法中规定，“企业每年可以根据自身的EVA考核情况以EVA和△EVA为基数按一定比例计提奖金”，进一步突出经济增加值考核在价值创造的抓手作用，激励企业创造更多价值，且中长期激励采用三年计提、三年兑现的方式，使得业绩兑现更加合理。

中国普天集团为了促进出资企业建立、健全激励约束机制，其下属的一家上市企业在2013年初成功实施了股权激励计划。为避免激励对象行为的短期化倾向，在其授予条件和行权条件中设置了EVA指标，并要求ΔEVA不能为负，以引导激励对象从有利于公司的长期持续发展来规划企业的发展，实现股东、管理者和员工三者利益在同一目标下的有机结合，达到公司整体利益最优，提升企业价值。

4. EVA作为工资效益联动挂钩模式

中国石化集团公司2013年将与工资增长的联动指标由单一的效益指标调整为利润总额、经济增加值(EVA)两项，把联动权重核定为各占50%。此外，还规定所属各企业选择利润总额、EVA目标档次越高，所对应的工资预算增幅越大。①将利润总额、EVA指标目标分为基本目标、提升目标、奋斗目标3档。规定利润总额基本目标根据当年实际经营能力和预算条件，按照资产利润率不低于前三年实际完成值平均值和上年实际完成值的较低值测算，经党组审议确定；提升目标、奋斗目标分别较基本目标增长5%和10%。EVA指标基本目标为前三年实际完成值的平均值，奋斗目标为前三年实际完成值的最高值，提升目标为基本目标与奋斗目标的平均值。②根据年度工资总额增长预算情况，合理确定利润总额、EVA 各档目标分别对应的挂钩增长比例。③各企业统筹考虑联动指标和分档挂钩比例，结合自身实际，自行选择利润总额、EVA 分档目标。

中国化学工程建设集团公司为加大效益类指标与企业工作总额挂钩力度，在制定集团公司工资总额预算管理办法时，将 EVA、净利润等效益类指标作为工资效益联动挂钩的主指标，联动挂钩权重调增到 90%。同时，为鼓励企业提升价值创造和提高经济效益，在制定联动机制时规定：经济增加值、净利润较上年每增长 1%，工资总额较上年增长 0.7%。

二、中央企业经济增加值考核现状

(一)经济增加值考核权重现状

经济增加值(EVA)考核权重体现了出资人(股东)对企业负责人价值创造责任的强化，体现了建立以 EVA 为核心的业绩考核体系导向，体现了对中央企业由“利润思维”向“价值思维”全面转变的要求。

本报告认为，EVA 考核权重的高低不是对考核计分的一次简单调整，而是对将 EVA 作为考核指挥棒和管理决策工具的凸显。EVA 考核权重过低，很难引起企业负责人的高度重视，但 EVA 考核权重过高(如：70%以上)，则也会诱导企业负责人过度关注甚至操纵 EVA 指标，业绩考核变成了 EVA 考核，也就减少了管理层对其他 EVA 关键价值驱动指标的关注。因此，我们建议 EVA 考核权重应结合企业所处阶段、盈利状况、管理水平等因素合理确定。

国资委 EVA 指标的考核权重也经历了由考核初期(2010 年)的 40 分，到第四任期大部分中央企业为 50 分的过程(具体见表 3－1)。

1. 国资委 EVA 考核权重变化

表 3－1　国资委 EVA 考核权重变化

	EVA 考核权重	利润考核权重
第三任期	EVA：40 分	利润：30 分
第四任期	军工、储备和科研企业经济增加值指标的基本分为 30 分；电力、石油石化企业经济增加值指标的基本分为 40 分；其他企业经济增加值指标的基本分为 50 分	军工、储备、科研、电力、石油石化企业利润总额指标的基本分为 30 分；其他企业利润总额指标的基本分为 20 分

2. 部分中央企业 EVA 考核权重变化

2013 年底国资委新修订的《中央企业负责人经营业绩考核暂行办法》(国资委 30 号令)，提高了对部分中央企业的 EVA 考核权重，有针对性地优化了 EVA 考核计算标准和计分方法，并规定“EVA 为负且没有改善的企业，考核结果原则上不得进入 A 级”，等等。这些要求更加体现了以 EVA 为业绩考核核心导向的理念。

新修订的业绩考核办法下发后，绝大部分中央企业结合国资委的考核要求，对自身业绩考核办法和考核权重进行了修订和调整，提高了 EVA 指标的考核权重，降低了利润指标的考核权重。部分央企 EVA 考核权重调整情况见表 3－2。

表 3－2　部分中央企业 EVA 考核权重变化

公司名称	修订前 EVA 考核权重	修订后 EVA 考核权重
中国中化集团公司	50 分	60 分
中国南方航空集团公司	40 分	50 分
中国航空油料集团公司	40 分	50 分
中国诚通集团公司	40 分	50 分
鞍山钢铁集团公司	40 分	50 分
中国建筑材料集团公司	30 分	40 分
中粮集团公司	25 分	50 分
中国医药集团公司	30 分	35 分
中国铁道建筑总公司	25 分	35 分
中国冶金科工集团公司	25 分	40 分
中国农发集团公司	30 分	50 分
中国化工集团公司		提高至 70 分
中国华能集团公司		提高至 60 分
中国海运集团公司		提高至 50 分
中国中纺集团公司		提高至 50 分
东方电气集团公司		提高至 50 分
中国盐业总公司		提高至 50 分
宝钢集团公司		提高至 50 分
中国铁路工程总公司		提高至 40 分
中国恒天集团公司		40—50 分

(二)资本成本率设置现状

国资委新修订的业绩考核办法对资本成本率进行了如下规定：①中央企业资本成本率原则上定为 5.5%。②对军工等资产通用性较差的企业，资本成本率定为 4.1%。③资产负债率在 75%以上的工业企业和 80%以上的非工业企业，资本成本率上浮 0.5 个百分点。由以上规定，可见国资委对中央企业 EVA 考核的资本成本率按照资产通用性和资产负债率情况划分为四档：4.1％、4.5％、5.5％和6％。

本报告认为，统一且固化的资本成本率有助于国资委简化对央企EVA考核指标的计算和测算，有助于央企之间EVA的横向对比，有助于减少在资本成本率设定方面的博弈和争议，有助于宣贯国资委对国有资本最低回报率(5.5％)的资本纪律要求；但是，统一资本成本率没有兼顾和综合考虑央企的资本规模、资本所处行业的盈利水平、资本结构和资本风险等因素，这样不利于真实揭示各央企价值创造的结果，不利于客观评价央企在资本结构、资本成本率改善方面做出的努力和开展基于价值分享的薪酬激励体系、建立科学的EVA决策工具体系。因此，应将分行业差异化的资本成本率作为下一步EVA计算标准完善的重点研究内容。

经过4年来的EVA考核实践，部分央企在资本成本率差异化设置方面也进行了尝试。例如，中国化工集团公司针对系统内各业务板块行业跨度大的实际情况，通过测算各板块行业标杆企业的股权成本和债权成本，综合评估各业务板块的行业平均资本成本率，最终确定中国化工系统内各业务板块经济增加值考核的资本成本率为10％～11％。

神华集团公司在2013年新修订的《经济增加值考核细则》中，明确采用差异化的资本成本率，以体现不同板块对集团公司产业链价值的贡献程度。资本成本率依据资本资产定价模型，考虑股权成本和债权成本，结合近三年数据加权平均计算得出：最低标准不得低于5.5％，并每年进行调整。2013年度确定的各板块资本成本率为煤炭7.96％、铁路5.76％、港口6.47％、航运8.36％、电力5.5％、煤化工5.5％。

中国移动通信集团公司则根据国资委对集团公司的资本成本率要求、美国和中国香港资本市场对上市公司的资本回报预期、各下属公司运营区域的经济发展水平及行业发展阶段，综合确定各下属公司资本成本率。(共设置了5档资本成本率，见表3-3)

表3-3 中国移动通信集团公司下属公司资本成本率

加权平均资本成本率	适用省公司
11％	广东、浙江、江苏、山东、北京、上海
10％	四川、辽宁、河南、河北、福建、湖南、湖北
9％	安徽、广西、江西、陕西、山西、云南、黑龙江、吉林、天津、重庆、贵州、海南
6％	内蒙古、甘肃、宁夏、新疆
2％	青海、西藏

(三)EVA 调整项目设置现状

在国资委新修订的业绩考核办法中，EVA 调整项目包括利息支出、研究开发费用、无息流动负债、在建工程四个项目，此外，企业通过变卖主业优质资产等取得的非经常性收益在税后净营业利润中全额扣除。利息支出进行加回不是鼓励企业去提高借款和高息贷款，而是先在利润中进行加回，再统一扣除有息负债的 5.5%，这样，贷款平均利率高于 5.5%的中央企业确实在 EVA 计算时，利息支出提高了 EVA，甚至个别高负债中央企业利息支出构成了 EVA 指标的重大加回项目。研究开发费用视同利润予以加回是国资委对中央企业加大科研投入的重大鼓励政策。无息流动负债和在建工程为资本扣除项目，中央企业可通过提高无息流动负债改善营运资本效率，通过工程项目投入提高未来 EVA 指标；但在建工程作为扣除项目，可能会导致个别企业资本占用波动剧烈甚至拖延工程项目的竣工，进而影响 EVA 指标的波动。

部分中央企业在 EVA 调整项目设置方面也结合集团自身实际情况和战略牵引要求增加了个别具针对性的调整内容。比如，中国电信集团公司针对集团公司资产规模大、低效资产多的现状，将资产盘活收益双倍计入 EVA 计算，极大地激励了所属单位盘活存量资产、提高资产利用效率的积极性。中国五矿集团公司为加大对低效资产清理和业务创新的支持力度，促进经营单位结构调整和业务转型。对列为集团低效资产清理的项目和各单位承担的集团层面的战略性创新业务，给予政策支持，相关成本费用和资本占用在考核中还原。中粮集团公司则在对各经营单位的考核中，在计算利润类指标时，对实际发生的研发费用视同利润按 150%加回，对实际发生的品牌费用高于预算的部分视同利润按 100%加回。

(四)EVA 考核方式创新现状

国资委对中央企业年度经营业绩考核的基本指标为经济增加值和利润总额，新考核办法加大了部分中央企业的 EVA 考核权重，降低了利润指标的考核要求。国资委对中央企业采取的是“EVA+利润”双重导向，即要求中央企业在追求利润的同时，高度关注利润导致的资产质量和资产运营效率。这种双重引导在 EVA 考核初期确实起到了考核平稳过渡的目的，但对部分中央企业及其下属企业，可能会带来运营决策方面的困惑，尤其是当某项投资能带来企业利润指标增长而短期带来 EVA 大幅下降的情况出现时，可能会出现对这些投资项目的拒绝。

本报告认为，在统一资本成本率的情形下，国资委对中央企业的考核基本指标中，

EVA考核要求可以分解为EVA值、EVA改善值和EVA回报率三个指标，这样更有助于对中央企业的价值创造进行较为客观的评价、分析和比较。

在EVA考核实践中，部分中央企业也采取了多样化的EVA考核方式。比如，中国电信集团将EVA值考核与EVA率考核相结合，刚性管控EVA值考核目标，按照EVA率提升幅度加分，激励所属单位突破考核目标、努力提升EVA率。中国移动集团公司将经济增加值考核分解为EVA率和EVA综合贡献度两个子指标，纳入对下属公司的考核中，从盈利能力和对公司整体贡献两个维度更加客观地评价下属公司的价值创造。中国电力投资集团公司则为了弱化资本占用规模因素影响，以EVA率作为考核指标，鼓励各单位实现EVA率指标的改善。

四、中央企业价值管理取得的初步成效

(一)价值考核取得明显成效

1. EVA考核实现了全面覆盖

国资委自2010年开展经济增加值考核以来，实现了EVA在115家中央企业的全面覆盖、层层传递。

EVA考核实施四年来，中央企业不断拓展EVA考核的广度和深度。一方面，中央企业EVA考核范围不断扩大，绝大部分中央企业已经将EVA考核覆盖到了所有三级企业，有的甚至扩大到了四级企业。另一方面，中央企业经济增加值考核工作的力度也在进一步加大，大部分中央企业对二级企业的EVA考核权重达到了40分，部分中央企业经济增加值考核权重提高到了50分，与国资委考核要求一致。此外，部分中央企业经济增加值的考核标准也在不断提高，结合国资委EVA考核的资本成本率要求，设置了更高和更具挑战性的资本成本率。

2. EVA考核目标确定机制不断完善

2012年，南方航空集团公司对下属企业推行“自选式”目标考核，取得了不错成效。2013年，南方航空集团公司进一步完善“自选式”目标确定机制：一是根据国资委关于深化EVA考核的要求，将EVA增长率指标设为考核目标分级指标；二是对不同基数规模的企业设定不同的分级目标数值，对基数规模较大的企业适当降低目标要求，对基数规模较小的企业适当提高目标要求。新的目标确定机制进一步激发企业自设目标、争创一流业绩的热情，企业目标设定更加积极先进。2013年，下属专业公司营业收入、利润总额目标分别比上年增长24.1%和25.9%。

东风汽车集团公司则建立了以基准值为基础的考核目标自选机制，通过完善基准值设定规则，形成了相对于基准值，自选目标值在不同区间则考评结果在不同档位的计分体系，进一步提高了目标设定的合理性，同时鼓励各事业单元努力完成最高的绩效目标。

中国电力投资集团公司则为了减少EVA考核目标设置方面的博弈，根据被考核企业近二年实际EVA率完成情况，按90%、10%的权重加权确定基准值，对于低于基准值的上报考核目标，加大计分难度。

3. EVA考核结果应用逐步强化

中国华电集团对年度经济增加值排列前三的二级管理单位，给予总经理特殊贡献奖励，鼓励企业进行价值创造。中国电建集团则对年度考核结果为A级的员工，除年终奖金上浮20%外，岗位工资序列晋升一级。中冶集团实行考核结果与资源配置挂钩，对评级靠前的企业，在投资审批、资金调配等方面予以倾斜。

航天科技集团强化考核指标的刚性约束，对经济增加值为负或下降幅度超过10%、利润负增长且销售利润率低于集团公司平均水平10%、自主研发投入负增长的成员单位，年度考核原则上不得进入A级。华录集团则在考核中，规定：年度EVA为负的公司，原则上不能进入C级；年度EVA为正但EVA低于上年实际值或前三年平均值的，原则上不能进入A级，但达到行业先进水平除外。

(二)价值创造能力明显提升

经济增加值考核实施四年来，经济增加值考核相比实施前的试点时期，EVA成效初步显现。多数中央企业投资决策趋于理性，资本占用增速明显趋缓，科技投入大幅增加，价值创造能力显著提升。

首先，从中央企业上报的EVA汇总数据来看，2010—2013年中央企业汇总EVA值分别为3735亿元、3939亿元、3524亿元、3155亿元(注：此为中央企业上报的EVA汇总数，非最终考核确认数)；从上述数据可以看出，中央企业近四年来保持了较高的价值创造能力，四年共创造价值14353亿元，年均EVA为3588亿元，均超过了3000亿元，但近两年中央企业汇总EVA数出现了下降趋势，说明了中央企业不仅要强化利润的增长要求，更要严格控制资本性支出和资本成本。

其次，从中央企业实现的税后净营业利润指标(注：央企上报数据的汇总数)来看，2010—2013年中央企业汇总税后净营业利润(NOPAT)值分别为10873亿元、12567亿元、13143亿元、13805亿元。四年来，中央企业税后净营业利润指标实现了连续增长，

2013 年比 2010 年增长了 26.97。

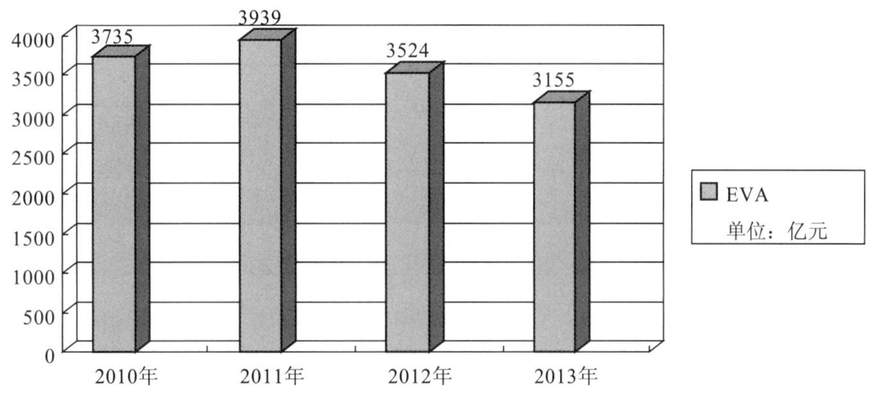

图 3-3　2010—2013 年中央企业汇总 EVA 值

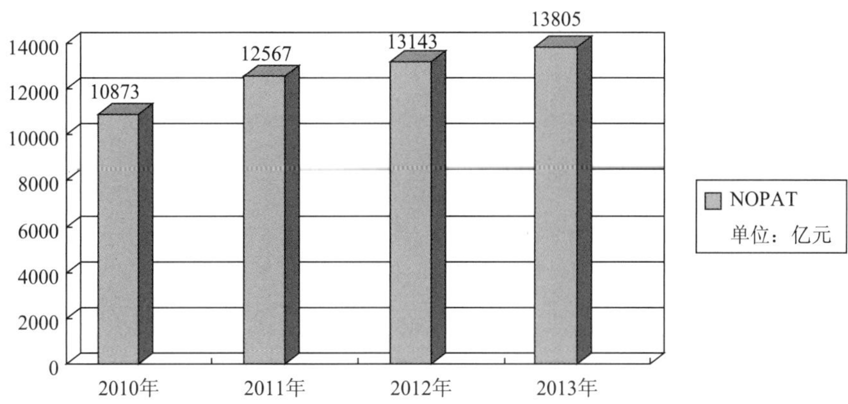

图 3-4　2010—2013 年中央企业汇总税后净营业利润(NOPAT)值

最后，从中央企业的资本成本(注：央企上报数据的汇总数)来看，2010—2013 年中央企业汇总资本成本数分别为 7099 亿元、8603 亿元、9620 亿元、10648 亿元。四年来，中央企业资本成本连续攀升，资本成本通常是刚性上升，很难下降。中央企业资本成本汇总数 2013 年比 2010 年增长了近 50%，4 年来，资本成本的增速超过了税后净营业利润的增速，说明了中央企业在资本成本率不变的情况下，资本占用在快速攀升，更说明了要实现 EVA 的持续提升，应实现利润的快速增长，确保利润增速超出资本成本的增速。

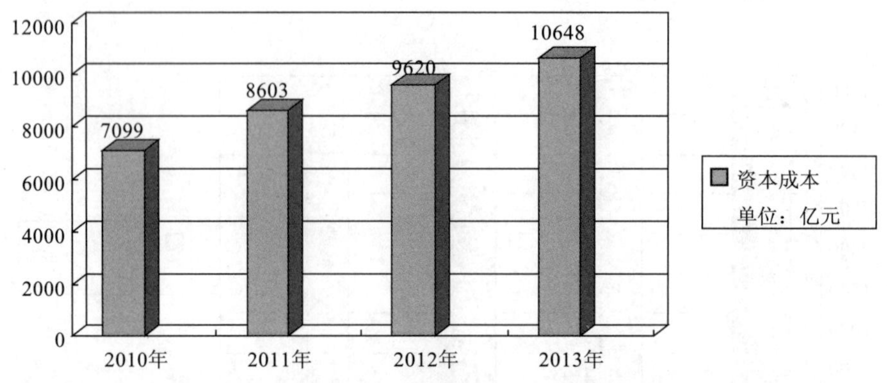

图 3-5　2010—2013 年中央企业汇总资本成本数

(三)价值创造理念深入人心

经过 4 年来中央企业的 EVA 考核实践和系统学习，EVA 考核指标已在各级管理人员中得到了认可和引起了高度重视，各级管理人员逐步从过去的追求规模增长、片面关注利润结果转变到了全面关注资本成本、资本回报和资本效率。在大部分中央企业，各级管理人员对 EVA 实现了从初期的被动考核到如今的主动分析、关注和重视的关键性转变。

此外，通过国资委持续大力宣传、逐年强化 EVA 考核的要求，中央企业拓宽 EVA 考核的广度和深度，价值最大化理念在中央企业及所属各企业得到了最大限度的贯彻和推广，股东投入资本也要计算成本的全成本意识逐步树立。

部分中央企业广泛开展了 EVA 相关理论研究，并努力将企业价值最大化思想从业绩考核领域推广到企业管理各个方面、渗透到企业管理各个层级，从而实现企业自下而上、深刻领会价值创造理念的局面。

(四)价值管理工作全面实施

国资委 2014 年 1 月 20 日下发的《以经济增加值为核心加强中央企业价值管理的指导意见》标志着中央企业价值管理进入全面实施阶段，即要求中央企业将价值理念全面融入现有经营管理体系，将 EVA 制度化、工具化和信息化。价值管理体系建设主要包括四个阶段：启蒙阶段、初步应用阶段、价值融合阶段和实现 EVA 激励阶段(见图 3-6)。中央企业价值管理正从第二阶段向第三阶段全面推进。

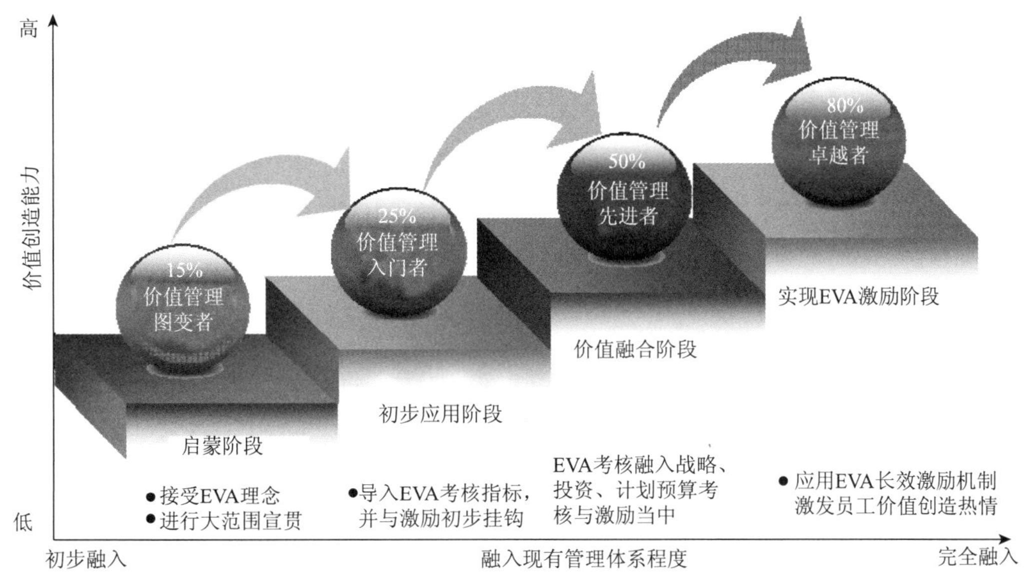

图 3-6 中央企业价值管理四阶段

五、中央企业价值管理存在的问题

经过国资委长期的 EVA 试点和四年多的实践，EVA 考核与价值管理工作取得了长足进展，中央企业价值创造能力得到了有效提升，价值理念得到了基本普及，价值思维基本树立，初步建立了具有中国特色的 EVA 考核和价值管理运行模式。但是，由于 EVA 和价值管理毕竟是一套新的管理理念和工具体系，在中央企业实行肯定会存在各种各样的问题，EVA 在企业考核实践中尚有较多经验和问题需要系统总结和评估，EVA 考核和管理需要持续完善。

（一）对价值管理的战略意义理解不深

国资委自 2010 年开始在中央企业全面开展经济增加值考核以来，实现了 EVA 考核在引入阶段的目标，取得了明显成效。当前，中央企业已经全面建立起以 EVA 为核心导向的业绩考核体系，价值最大化和资本成本理念得到了有效贯彻和基本普及，投资决策也趋于理性。

为进一步深化中央企业经济增加值考核、推进以经济增加值管理为主要内容的价值管理、提升价值创造能力、促进中央企业转型升级、培育与增进企业核心竞争能力、加快实现做强做优和可持续发展目标，迫切需要在中央企业开展价值管理体系建设工作。

开展价值管理工作，是中央企业转型升级、增强核心竞争力和可持续发展能力的现实需要；是中央企业实现发展转型和管理转型，价值理念制度化和工具化的重要抓手；是中央企业全员普及价值理念，强化价值考核导向，通过 EVA 考核“促投资、提管理、激活力”的关键举措；是中央企业加快实现“做强做优、培育具有国际竞争力的世界一流企业”核心目标的战略选择。

理念决定行动。本报告认为，中央企业价值管理工作面临的首要问题是理念问题。中央企业负责人和高级管理人员应真正从内心全面理解和真心接受这样的理念：“价值管理”是推动企业实现转型升级和可持续发展的核心管理思想、管理制度和管理工具。只有当企业负责人和所有高级管理人员的思维与观念彻底从过去的“利润管理”转变为“价值管理”后，持久的行为变化才能辐射整个企业。

当前，价值创造和资本成本理念在中央企业已经得到了基本普及，也引起了部分中央企业负责人的高度重视，但是，中央企业及所属单位负责人对 EVA 的理解依然停留在考核层面，未上升到管理工具层面，日常决策管理依然重视规模和利润，对 EVA 指标分析和重视不够，对价值管理缺乏清晰的理解，因而对价值管理工作的战略和深远意义认识不够，部分高级管理人员甚至认为价值管理不是企业经营管理的紧箍咒，价值管理与现有管理体系冲突。

实际上，推行价值管理是一场事关中央企业战略、组织、文化、机制的重大管理变革，是中央企业管理理念、管理行为、管理方法的重构和再造。价值管理并非在企业内部再重复建设一套独立的 EVA 管理体系，而是用价值创造和资本成本理念去调整和完善企业既有管理体系，实现 EVA 理念的制度化、工具化。价值管理的核心是 EVA 与企业现行管理体系的深度融合，真正实现“战略、计划、预算、考核和激励”围绕价值主线一体化运行。

(二)价值考核导向作用尚不充分

国资委自 2010 年全面启动 EVA 考核以来，将 EVA 考核权重设置为 40 分，EVA 成为对中央企业负责人的核心考核指标。EVA 考核在第三任期取得了较好成效。为进一步强化 EVA 考核导向、拓宽 EVA 考核的广度和深度，国资委在第四任期开始，将大部分中央企业的 EVA 考核权重提高到了 50 分，并首次明确了 EVA 为负且没有改善的中央企业，原则上不能进入 A 级，强化了 EVA 考核的结果应用。

由此可见，国资委对推行 EVA 考核有着深远考虑，对建立价值考核和管理体系决心很大、目标明确。

在国资委的不断引导和中央企业自身的不断努力和完善下，EVA在中央企业较好地发挥了“指挥棒”作用，对中央企业经营业绩的改善、管理水平的提升、管理体系的优化起到了极大的推动作用。但是，部分中央企业依然存在较为严重的规模情结和利润思维，对EVA考核和管理重视不够、推动不力，价值考核的核心导向尚未在中央企业全面建立。

当前，大部分中央企业在对所属企业的考核中，将EVA作为权重最高的考核指标并不断提高，同时，不断降低利润指标的考核权重，甚至取消了对营业收入等规模指标的考核，考核体系和导向实现了与国资委的有效衔接。但是，经过四年的EVA考核，部分中央企业在考核体系中依然高度强调利润指标，将利润指标作为核心考核指标，EVA考核权重依然只有10到20分，EVA权重偏低或过低，从而导致价值考核的导向作用偏弱。

此外，绝大部分中央企业在业绩考核中采取了EVA和利润双重考核模式。这种情况下，对经营行业单一的中央企业而言，EVA考核与过去的利润考核差异不明显，企业负责人会认为EVA只是利润指标的调整数而已，价值考核导向体系不太容易建立。部分中央企业依然利润指标考核权重高于或等于EVA指标权重，导致下属单位依然是利润思维，存在追求利润和规模投入的冲动，仍然出现有利润就投资的现象，不能有效兼顾成本与效益，致使企业遭受价值损失。

(三)EVA理念方法培训不够

国资委EVA考核的实施和价值管理体系建设，是一项系统工程，更是“一把手”工程，是从目标管理体系到价值管理体系的转变过程，这种转变必然会在实施过程中产生一些摩擦，遭受误解甚至抵触情绪，因此，央企在实施EVA考核和建立价值管理体系过程中开展全面且有针对性的培训与沟通工作十分必要。

价值管理最基本的要求在于所有员工包括高管都要全面理解和接受价值最大化和资本成本的理念，这就需要央企内部开展系统的培训和不断的业务沟通。对于企业负责人而言，需要从过去的“追求利润最大化思维”转向“追求企业价值最大化思维”。实质上这种理念上的彻底转变不仅是口头上的转变，而且是决策方法、管理手段、激励方式等方面的全面转变。

EVA理念和方法体系不仅需要在企业管理人员中进行培训推广，同时还应高度重视对员工的全面普及工作，使全体员工清楚，围绕其职责有哪些因素有利于提升价值、哪些因素会破坏企业价值，从而形成一种将价值创造当作所有管理活动的核心的企业文化。

自2010年在中央企业全面推行EVA考核以来，绝大多数中央企业开展了EVA理念和操作方面的系列培训，应该说EVA指标在央企各层级企业得到了推广，但也存在一些问题，如EVA培训对象覆盖面不广，培训内容偏重理念且过于单一，实务性和案例培训不足，各级企业的非考核部门人员对EVA理解依然不深，日常对EVA关注和业务讨论不够。

本报告认为，中央企业开展EVA和价值管理培训应遵循“先高层、后中层和员工”的总体思路，培训范围要尽量广，培训内容要有针对性，培训形式应丰富多样。不仅应在内部定期举办EVA和价值管理的培训，更应重视通过各部门价值管理方面的研讨和交流会议、集团内部报刊的持续宣导等手段来固化价值理念。

(四)EVA分析、跟踪、监控不足

中央企业价值管理体系建设明确要求中央企业建立和完善价值诊断体系和指标监控体系。价值诊断是实施价值管理的基础，是明确主攻方向、制定有效措施的重要前提。指标监控体系是价值管理常态化运行的重要环节，是过程控制的关键。

目前，部分中央企业已经建立了诊断分析制度体系，比如，中国五矿集团制定了EVA诊断分析模板，要求各单位认真总结实施经济增加值考核以来的经验和不足，完成上报《经济增加值诊断分析报告》，找到核心价值驱动因素并提出了改善策略。

在EVA诊断分析方面，部分中央企业尚未系统开展EVA关键驱动因素分析、EVA敏感性分析、EVA及驱动指标对标分析，对EVA指标的分析尚停留在财务层面，未从财务、业务、管理等多角度深入挖掘影响价值的关键可控因素。部分中央企业尚未及时、定期跟踪分析各单位EVA指标的进展，仅仅是季度和年度总结时分析下各单位的EVA指标完成情况，在月度、季度经营计划分析会议上依然过于强调收入、成本、利润、产销量等传统规模指标的分析，对EVA及关键驱动指标未作深入分析和交流。

在EVA跟踪监控方面，部分中央企业已经建立了专门的EVA监测、预警、分析信息系统，比如，国家电网公司建立了专门的运营绩效监测中心职能部门并开发了相应的信息系统。但是，部分中央企业对EVA及关键驱动指标的跟踪监控依然重视不够，跟踪监控尚未规范化和信息化，跟踪监测的深度、广度和频度不足。

第四章 中央企业价值管理提升思路

一、完善现行EVA计算标准

EVA计算标准的科学设定，不仅关系到对企业经营业绩的认定，更关系到价值引导功能的有效发挥和价值管理长效运行机制的有效建立。国资委在EVA考核实施初期，对EVA指标的计算采取了简化和统一的处理。

第三任期EVA计算公式如下：

EVA＝净利润＋(利息支出＋研发投入－非经常性收益×50％)×(1－所得税)－(平均负债＋平均所有者权益－平均无息流动负债－平均在建工程)×平均资本成本率。

第四任期EVA计算公式如下：

EVA＝净利润＋(利息支出＋研发投入)×(1－所得税)－(平均负债＋平均所有者权益－平均无息流动负债－平均在建工程)×平均资本成本率。相比第三任期，EVA计算仅对非经常性收益的扣除进行了调整，对无息流动负债的内容进行了补充。

国资委上述EVA计算标准的建立，对于在中央企业顺利开展EVA考核、规范EVA的调整计算、建立资本成本理念、强化资本约束机制发挥了至关重要的作用。

然而，由于中央企业之间在资本规模、发展阶段、盈利能力、业务模式、管控体系、管理基础、责任定位等诸多方面存在较大差异，采用统一的EVA计算标准，在考核实践中确实会带来一些问题。比如，利息的加回与债务资本成本率固化不匹配导致高负债企业利息支出提升了EVA；在建工程的决工提前和延迟导致EVA指标波动剧烈；研究开发费用加回导致个别技术研发型央企EVA指标高于利润指标；资本占用简单平均计算(年初＋年末/2)导致短期资金拆借的资本占用计算结果偏低；仅鼓励研发投入，对研发极少甚至无研发行为的央企而言，EVA得不到有效的鼓励；等等。

本报告认为，要实现价值管理体系的有效开展，使EVA真正成为有效的管理工具，需要建立科学合理的EVA计算标准，从而有效指导企业的战略规划、项目投资、资金运作、资本结构优化、产供销等企业经营管理决策。基于价值管理体系建设和价值提升的需要，我们对下一步EVA计算标准提出如下完善思路：

(一)关于资本成本率设置思路

通常而言，企业的资本成本率应由带息债务资本、股权资本、债务资本成本率、股权资本成本率综合计算得出，资本成本率是EVA重要的关键驱动因素，资本结构的管理是价值管理的核心内容之一，而统一且固化的资本成本率设置无法充分发挥资本成本率的管理决策指导功能，尤其是无法有效指导企业的项目投资决策。

1. 思路一：采用净资产收益率对标模型

债务资本成本率和股权资本成本率分别设置，再按照债务资本占比和股权资本占比或资产负债率计算出加权平均资本成本率。

加权平均资本成本率＝债务资本成本率×债务资本占比＋股权资本成本率×股权资本占比

(1)债务资本成本率＝(短期负债比例×1年期央行贷款基准利率＋长期负债比例×3年期贷款基准利率)×（1－所得税率）

(2)股权资本成本率＝某央企净资产收益率×k_1＋净资产收益率良好值×k_2]×股东期望系数

(注：K_1通常取70%～90%，K_2通常取10%～30%，股东期望系数通常取50%～80%。亏损企业：则股权资本成本率按照央行5年期存款基准利率设置，即出资人要求亏损企业资本收益应能达到银行中长期存款利率水平。)

2. 思路二：采用变通的资本资产定价模型

债务资本成本率计算与思路一相同。

股权资本成本率＝无风险收益率＋K×(行业平均净资产收益率－无风险收益率)。

(注：无风险收益率：央行1年期存款利率或10年期国债收益率，系数K通常取值为1.1～1.2倍。)

此方法既考虑了无风险利率，也考虑了行业的平均收益水平和股东对企业高于平均回报水平的要求，计算出来的股权资本收益率数据具有说服力，且比较符合央企的实际盈利水平和出资人的要求。

(二)关于EVA调整项目设置思路

EVA的准确性不仅受资本成本率的影响，更受到调整项目设置是否合理的影响。EVA调整项目主要包括对利润的调整和对资本占用的调整。利润项目通常包括：对影响当年利润的战略性和长期性投入、战略性业务和资产结构调整产生的亏损等加回予以鼓励；对利息支出加回将利润调整到息前利润；非主业收益和一次性资产交易收益等。资本占用调整项目通常包括无息流动负债和在建工程。

本报告认为，EVA调整项目的设置应遵循“重要性、战略性、导向性和可操作性”原则，调整项目的设置应起到“鼓励正确行为、纠正错误行为、限制短期行为”的导向作用。

利润调整项目可在现行鼓励研究开发投入的基础上，再适度鼓励具有战略性和普遍性的长期投入，比如品牌建设投入，世界一流企业都十分重视品牌建设方面的投入。品牌建设投入是为企业价值创造进行的长期性投入，由于品牌投入巨大且对当年业绩影响较大，为鼓励中央企业加大品牌建设投入，可规定中央企业在利润指标能完成的情况下，对品牌建设投入超出预算标准的超额部分按照100%或200%视同利润加回予以鼓励。

此外，国资委可规定研发投入很少甚至没有的央企自选并申报一项战略性长期投入，按照一定比例加回予以鼓励，但应严格规定，该战略性投入鼓励金额应是经国资委批准的支出和审计确认后的金额。

二、深化 EVA 与现行管理的融合

价值管理是基于经济增加值的价值管理，是以价值最大化为目标，以经济增加值管理理念、管理决策和流程再造为重点，通过价值诊断、管理提升、考核激励、监测控制等管理流程的制度化、工具化，对影响企业价值的相关因素进行控制的全过程管理。企业只有实现了 EVA 与企业战略规划、经营计划、财务预算、考核激励、生产经营等核心管理环节的全面融合，才能真正实现价值管理体系的建立并取得实效。

(一)深化 EVA 与战略规划的融合

EVA 与战略规划融合是指中央企业按照企业价值最大化和 EVA 持续提升目标，对现有业务开展基于 EVA 的价值诊断，从而对企业战略进行检讨和评估，制定出增加价值的行动指南。价值理念是中央企业制定战略的最重要依据，因此，在制定战略时要充分考虑企业现有的价值创造能力，以及未来要具备什么核心能力才能实现企业价值持续提升的战略目标。

EVA 与企业战略规划相融合要求中央企业在整个战略过程中始终将价值放在第一位，即以价值为出发点和归宿点。其目的是尽最大的努力赋予企业各种活动以价值，在尽可能降低活动成本的同时提高活动的收益，以推动企业价值的增值。制定基于 EVA 的战略规划流程如图 4－1 所示。

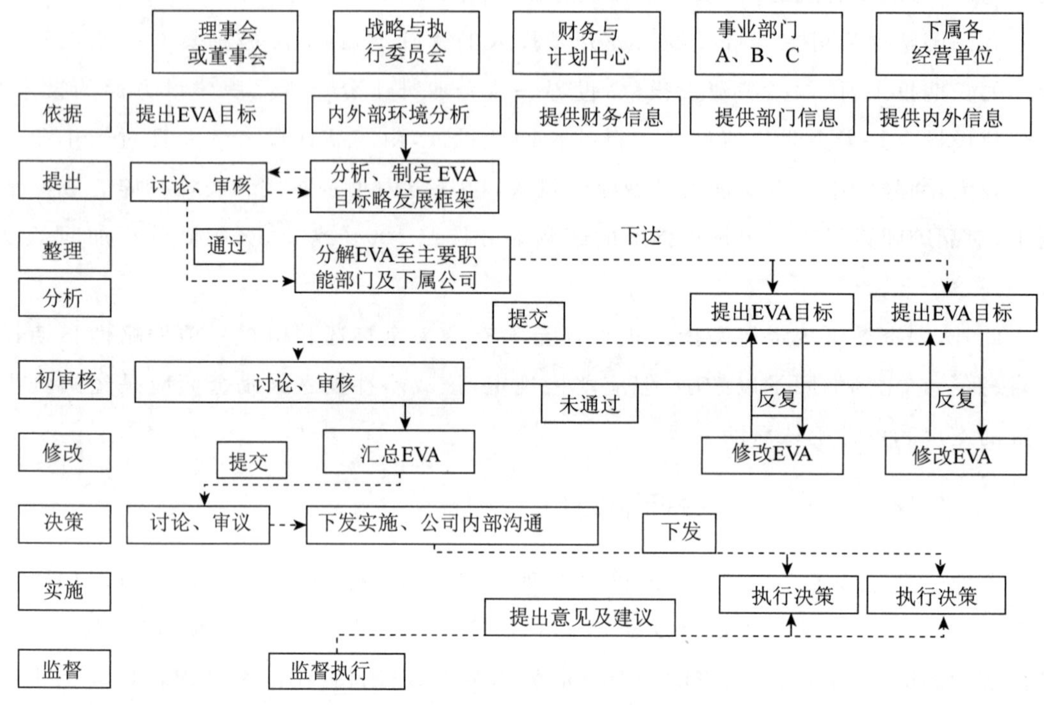

图4-1 基于EVA的战略规划制定流程

目前，部分中央企业在战略规划中采用了价值最大化思维，实现了EVA与战略规划的融合。例如，中国电建集团将经济增加值融入集团战略规划，在中国电建三年滚动规划中，把业绩考核作为实现集团战略目标的重要抓手，在强调规模、效益、资产质量、保值增值等重要指标外，将经济增加值指标作为重要经济指标写入三年滚动规划，明确税后净营业利润和资本成本的年度分解目标，并强调价值创造理念，指出要通过产业结构调整等途径和措施长期持续提升各级子企业的整体价值。此外，南方电网、中广核集团、西电集团等企业积极构建基于价值创造的战略管理体系，合理确定企业的主攻方向，科学规划产业结构、产品结构和区域布局，促进了企业价值链的优化。

(二)深化EVA与项目投资的融合

项目投资是企业绩效的源头，好的项目投资有助于企业价值的持续增长，差的项目投资由于产生的利润不够弥补该项目资本性投入产生的资本成本，会长期毁损企业价值。因此，EVA与项目投资的融合是企业增量资本价值管理的核心内容。

EVA与项目投资融合要求企业新建投资项目决策从利润最大化转变为价值最大

化，全面分析项目投资的规模、风险和收益，从而做出符合价值最大化原则的项目投资决策。在项目投资决策过程中，在现行净利润、投资资本回报率、投资回收期、净现值或内部收益率等主要评估指标基础上，增加经济增加值（EVA）、项目 EVA 现值和项目 EVA 率等评估指标。

目前，部分中央企业已将 EVA 预测值设为项目投资审批的门槛，个别央企建立了项目投资 EVA 测算分析模型。例如，中国海运集团公司强化项目投资的价值要求，即：要求所属企业在投资可行性分析报告中，增加经济增加值的测算分析，凡是不创造价值的、达不到价值创造要求的项目，一律不准立项。中国五矿集团公司为引导投资主体有效配置资源、提高资本成本意识，制定了《投资项目战略契合度及 EVA 评价管理办法》，将 EVA 引入投资项目评审中。但在实际应用中，我们发现，虽然批准投资的项目其预期收益均达到了价值回报要求，但由于投资项目推进过程中不确定因素较多，项目往往无法达到预期收益效果。中国联通集团公司则深入推进投资管理体制改革，全力推动对投资和资产的效益经营和价值提升，狠抓落实规划指导下的项目滚动管理机制和“事前算赢”的项目评估机制，统筹考虑业务发展需求、存量资源利用率、公司资金承受能力等各方面因素，对投资项目做到“有保、有缓、有并、有退”的差异化管理，真正将投资管理责任落实到项目，落实到项目管理责任人。

（三）深化 EVA 与预算管理的融合

EVA 与全面预算管理的融合，要求企业对现行预算管理目标、预算理念和预算指标体系进行基于 EVA 的适度调整和改革，在现行预算管理体系中建立基于价值最大化目标的预算约束机制，在预算管理体系设计、预算目标、预算编制、预算分析和预算考评环节全面体现价值导向和价值创造理念。EVA 与企业现行全面预算管理融合的重点内容包括：

（1）EVA 导向下的预算目标是优化资源配置、实现价值创造和 EVA 持续提升。企业应根据发展战略，平衡好“规模、效益和风险”，并明确企业短期、中期和长期 EVA 预算目标。

（2）预算编制应以 EVA 目标为核心和起点来展开，兼顾利润目标和其他关键驱动指标目标。

（3）预算报表应在现行预算报表体系中增加资本成本预算表和 EVA 预算表的编制内容，并重点关注资产负债预算表和利润预算表。

（4）预算指标体系应全面关注 EVA、资产、负债、收入、利润指标和非财务驱动指标。

（5）预算分析重点：应从预算差异分析向寻求公司价值增长点转变。传统的预算分析强调预算的刚性，注重实际执行结果与预算之间的差异分析；而EVA预算分析不应局限于分析预算差异结果，而应针对EVA预算中的薄弱环节分析价值提升策略，制定利于价值提升的行动方案。通过EVA预算分析现有的管理模式、业务流程并评估存量资产的使用效率等，寻求管理模式创新、业务流程再造和生产流程/产线布局调整的可能，实现资产运营效率和经营绩效的提升。

目前，部分中央企业在EVA与预算管理融合方面有了较好的实践，比如，东风汽车集团公司在加强预算管理方面，进一步严格以EVA为核心的全面预算管控，在全集团推行“以业务预算为基础、以价值管理为主线”的全面预算管理，初步实现了预算管理与价值管理的紧密衔接，在各事业单元的经营中强调既要关注经营规模，更要重视经营质量，要重视公司的价值实现，而不仅限于原来的利润实现。重点分析影响EVA实现的各种要素的变动情况，并在预算管理的源头中进行控制和改善。通过在业务预算中开展EVA全价值链管理，形成了全员、全过程、全方位的价值管理理念，切实改变了部分子公司重投资、轻管理、低回报的现象，促进集团整体经营效益和质量的提高。

中材集团公司将EVA纳入全面预算管理。集团从2009年开始构建全面预算管理体系，在全面预算表格体系设计之初，集团就将EVA纳入预算指标体系，通过构建EVA与预算财务指标的钩稽关系，使全面预算编制与EVA之间建立起有机联系。保持EVA等经营业绩考核指标与全面预算指标一致，成为集团价值管理的重要一环。

三、积极探索EVA薪酬激励机制

建立EVA薪酬激励机制要求企业从转变发展模式和树立价值最大化目标出发，建立以业绩考核为导向、以分享价值增值为重点、以工资预算总额和财务承受能力为约束，短期和长期业绩相结合，符合国有企业经营需要、发展阶段和行业薪酬水平的一套薪酬激励制度体系。

本报告认为，建立基于EVA分享的年度和中长期激励机制是价值管理工作能否持续深入和取得实效的关键环节，是推动EVA理念深入人心、实现中央企业对EVA由被动关注转为主动接受并采取行动的重要举措。中央企业及所属单位实施EVA薪酬激励计划应综合考虑：①以经济增加值、改善值为绩效奖金核心依据，适度兼顾EVA完成值；②以管理团队、核心业务骨干为主要对象，成熟后向全体员工渗透；③设立EVA奖金库，延期支付EVA奖金，从而平抑经济周期波动对EVA奖金的影响和引导经营行为的长期化；④根据价值贡献大小分享奖金，适当拉开EVA奖金差距；⑤年度EVA奖金应综合行业竞争水平、企业承受能力、工资预算总额等因素。

为了实现EVA考核与激励的有效衔接、激发企业管理人员和员工价值创造的主动性和积极性，中央企业EVA薪酬激励机制也可分以下三个阶段逐步推进：

第一阶段："EVA改善奖金"。在现行企业负责人年薪基础上，再单独设置"EVA改善奖"，即只要EVA实现年度改善，就给予一定的年度EVA改善奖金，任期内三年连续实现EVA改善的，给予任期EVA改善奖。这种激励方法，优点是简单、可操作，缺点是激励力度不大，且是一种正向激励，没有惩罚和波动。

第二阶段："EVA超额奖金"。超额完成EVA考核目标值，即：EVA超额奖金＝ΔEVA×K（ΔEVA＝当年EVA实际完成值－EVA目标值，K为激励提取系数，通常在3%～5%），因此如要获取EVA超额奖金，其EVA的实际完成值也必须大于考核目标值，EVA超额奖金的多少也就与当年EVA超越目标值直接相关，EVA超额完成越多，同等情况下获取的EVA超额奖金也就越高。

第三阶段："EVA分成激励"。企业负责人按照实际完成的EVA和当年改善的EVA进行奖金提取，即：EVA分成奖金＝EVA实际完成值×K_1＋ΔEVA×K_2，其中：K_1通常取值1%～3%，K_2通常取值5%～10%；K_1和K_2也可根据EVA和ΔEVA值分档设置；ΔEVA＝今年完成的EVA－去年完成的EVA。此种激励模式下还应设置奖金库，EVA奖金不是每年全额发放，每年只发放当年EVA奖金的一定比例，其余存入本人EVA奖金库，三年任期满后，如果任期考核合格，即可一次领取其余EVA奖金。

此外，EVA激励对象也可按照第一阶段针对企业经营班子成员、第二阶段针对各职能部门负责人、第三阶段针对全体员工的步骤来稳步实施。EVA薪酬激励的设计应在有效控制"工资总额"的前提下，绩效奖金应是基于价值而不是利润，体现出对企业价值创造结果的合理分享，从而真正实现公司股东、经营者共赢的薪酬激励。

第五章　研究结论与政策建议

一、研究结论

（一）EVA考核取得了明显成效

国资委全面实施经济增加值考核4年来，总体而言，中央企业的价值创造能力和可持续发展能力得到了明显提升，多数中央企业实现了利润与EVA指标的双提升，资本性投资增速明显放缓，研发投入逐年增加，主业盈利更加突出，整体资本回报率和资本效率改善明显。这充分说明EVA考核实现了预期目标、成效明显。

在EVA考核方面，EVA考核实现了全面覆盖，考核力度得到不断强化，EVA考核在中央企业实现了层层传递；EVA考核目标确定机制不断完善，部分央企综合考虑国资委要求、历史水平、行业水平、标杆水平来确定所属企业EVA考核目标；部分央企在EVA差异化考核和对标考核方面进行了初步尝试；EVA指标分析、跟踪和监控体系初步建立和不断完善。

在EVA指标方面，中央企业4年来，年均EVA达到了3000亿元左右，大部分央企EVA为正，且个别央企EVA实现了连续4年增长；4年来中央企业税后净营业利润指标实现了连续增长，但近三年来增速有所放缓。

(二)EVA理念得到了全面普及

经过4年来的EVA考核实践和系统培训学习，EVA考核指标在中央企业各级管理人员中得到了认可和引起了高度重视，价值最大化和资本成本理念在中央企业及所属各企业得到了最大限度的贯彻和推广。

此外，大部分中央企业每年召开的年度经济工作会议、季度经营分析会议都会围绕EVA指标、核心财务指标进行分析、讨论，会议越来越聚焦讨论价值目标、价值指标、价值驱动、价值提升等内容。可以说，4年来EVA考核取得的关键成效是EVA理念在中央企业得到了全面普及。

国资委通过持续强化EVA考核，使大部分中央企业逐步转变了发展理念，实现了由考核前“利润和规模思维”到考核后“价值和效率思维”的转变。中央企业不再片面追求发展规模，而是更加注重研发能力、管理能力等内涵式增长能力的提高；通过实施EVA考核，中央企业及所属各级企业负责人开始不仅关注收入和利润指标，也全面关注资本来源、资本结构、资产质量、资本效率等指标。

(三)EVA管理实现了初步融合

国资委2014年1月20日正式下发了《以经济增加值为核心加强中央企业价值管理的指导意见》(简称“指导意见”)，指导意见要求中央企业在战略规划、投资决策、生产运营、财务管理、业绩考核、薪酬分配等方面与价值管理有机结合，实现从注重利润创造向注重价值创造转变。文件的下发标志着中央企业价值管理进入全面实施阶段。

在指导意见文件下发前，部分中央企业已经着手“4M”价值管理体系研究和体系建设，积极倡导价值创造理念，推动EVA考核与企业战略规划、项目投资、计划预算、薪酬激励、生产经营等企业核心管理环节的初步融合。

随着指导意见对价值管理体系建设在中央企业的统一部署，EVA 将从考核阶段全面过渡到管理工具化阶段，从而引导和强化中央企业实现 EVA 与企业战略规划、经营计划、财务预算、考核激励、生产经营等核心管理环节的全面融合。

二、政策建议

(一)进一步强化价值管理力度

价值管理涉及企业生产经营的方方面面，事关中央企业发展全局，中央企业负责人应充分认识到价值管理工作的战略意义、紧迫性、艰巨性和长期性，要把价值管理体系建设作为当前一项重要任务来抓。各级企业负责人应全面理解价值管理对企业转型升级、理念转变、管理提升、可持续发展等方面带来的深远意义，从而积极推动价值管理各项工作的有序开展。中央企业应依据指导意见的各项要求，积极开展价值管理体系在本单位的顶层设计和系统研究，全面梳理、抓紧修订和完善相关制度，建立具有自身特色的价值管理体系，实现价值管理的真正落地。

“价值理念到位了，价值行动才能到位”，因此，中央企业还应高度重视价值理念的宣贯和价值思维的植入，增强价值创造意识和提高全员价值创造的主动性，真正形成“人人关心价值、人人创造价值、人人分享价值”的企业文化。

(二)进一步推动 EVA 管理工具化

国资委自 2010 年在中央企业全面实施 EVA 考核以来，不断强化 EVA 考核的力度和拓宽其应用范围，EVA 考核导向在绝大部分中央企业得以建立，EVA 考核进行到了规范和成熟阶段。

但是，从中央企业对所属企业实施的考核来看，EVA 考核结果与各级企业负责人的薪酬联动不明显，影响极小，导致 EVA 考核仅仅停留在考核层面，企业对它的关注、重视甚至热情在明显下降。

实际上，EVA 不仅仅是一个业绩考核指标，更是一套成熟的管理理念、管理方法和管理工具体系。中央企业应在当前深入推进 EVA 考核的基础上，进一步推动 EVA 作为管理工具的应用，在项目投资预测、融资分析、库存管理、资产配置等核心环节全面开发 EVA 管理决策工具，从而真正实现“价值战略、价值决策、价值考核、价值分享”的一体化运行。

(三)进一步完善 EVA 考核标准

国资委第四任期考核办法对 EVA 从计算细则、计分标准、结果应用等方面进行了部分修订和完善。为了考核的连贯性,EVA 计算标准与第三任期暂时保持基本一致,但是随着价值管理体系建设的全面实施,EVA 要实现与现有管理的全面融合,实现制度化、工具化和流程化,国资委和中央企业应进一步完善现有 EVA 计算标准、EVA 目标设置、EVA 计分办法等内容,从而建立与价值管理相适应、与中央企业自身实际相符合的 EVA 考核标准。

参考文献

[1]S. David. Young,Stephen. F. O'Byrne. EVA and Value－Based Management：A Practical Guide to mplementation[J]. Global Finance Journal,2003,7.

[2]Teemu Malmi,Seppo Ikaheimo. Value Based Management Practices Some Evidence form the field[J]. Management Accounting Research,2003,14(3):235－254.

[3]Shimin Chen,James L. Dodd. Economic Value Added：An empirical examination of a new corporate performance measure[J]. Journal of Managerial Issues,1997(3):31－32.

[4]S. David. Young,Stephen F. O′Byrne . EVA and Value－Base Management：a practical guide to implementation[M]. McGraw－Hill Companoies,2001.

[5]Grant J L.. Foundations of EVA for investment managers[J]. Journal of Portfolio Management, 1996, 23: 41－48.

[6]S. 戴维·扬 . EVA 与价值管理:实用指南[M]. 北京:社会科学文献出版社,2001.

[7]大卫·格拉斯曼,华彬 . EVA 革命:以价值为核心的企业战略与财务、薪酬管理体系[M]. 北京:社会科学文献出版社,2003.

[8]国务院国有资产监督管理委员会业绩考核局 . 企业价值创造之路——经济增加值业绩考核操作实务[M]. 北京:经济科学出版社,2005.

[9]赵治纲 . 中国式经济增加值考核与价值管理[M]. 北京:经济科学出版社,2010.

[10]迟鸣,段洪义 . 中央企业深入推进经济增加值(EVA)管理应用的实施研究方案[J]. 商业经济,2011(9).

[11]如何在国有资产管理中应用经济增加值(EVA)工具[N]. 21 世纪经济报道,2003－

03 -06.

[12]宋亚坤．经济增加值:国企绩效评价体系宜引入的重要指标[J]．现代财经,2004(4):42 -44.

[13]张进智,王春．EVA与企业激励绩效考核[M]．海口:南海出版社,2004.

[14]国有资产监督管理委员会．中央企业负责人经营业绩考核暂行办法[R].2013.

[15]赵治纲．关于央企开展EVA业绩考核的一点思考[J]．中国总会计师,2010(7):85 -86.

[16]殷明德．中央企业实施EVA考核的背景、任务、影响和对策[J]．国有资产管理,2010(3):14 - 16.

[17]殷明德．央企EVA管理之路[J]．石油化工,2010(03).

[18]郝洪,杨令飞．国资委经济增加值(EVA)考核指标解读[J]．国际石油经济,2010(4).

[19]李红．国有企业EVA价值管理研究[D]．中国海洋大学,2009.

[20]赵尔军．国资委实施经济增加值(EVA)考核的启示——北京、上海等地为例[J]．财会通讯(综合·中),2009(12).

[21]闫志秋．全面推行EVA考核的几点思考[J]．中国石化财会,2010(3).

[22]李琦,池国华．EVA的应用与企业资金使用效率的提高[J]．财务与会计,2010(4).

[23]张进智,王春．EVA与企业激励绩效考核[M]．海口:南海出版社,2004.

[24]李奇．基于经济增加值的企业价值管理体系研究[J]．财会研究,2008(11):55 - 56.

[25]彭卫民,任啸．价值管理:推动现代企业管理创新的新思维[J]．价值工程,2001(9):30 -32.

[26]胡云华,刘良．价值管理浅谈[J]．中国机械工程,1997(1):33 - 36.

[27]王平心,吴清华．基于作业价值分析的价值链管理:一个理论框架[J]．管理评论,2005.

[28]刘力,求志毅．衡量企业经营业绩的新方法——经济增加值与修正的经济增加值指标[J]．会计研究,1999(1)30 - 36.

[29]国务院国有资产监督管委员会官方网站：http://www.sasac.gov.cn/.

课题组成员名单

组　长：

段晓锋　综合局副局长

成　员：

张晓红　综合局处长

陈炳立　综合局调研员

尹凌青　综合局调研员

胡筱沽　综合局主任科员

优秀年轻人才培养和选拔问题研究

摘　要：加大对优秀年轻人才的培养和选拔力度，是中央企业建成世界水平跨国公司的重要保证，是企业领导班子建设的紧迫任务，是提高人才培养科学化水平的客观需要。本报告围绕优秀年轻人才的培养和选拔，综合采用文献研究、案例分析、问卷调查等方法，总结提炼国外跨国公司、国内民营企业主要经验，梳理了中央企业年轻人才培养选拔的现状、问题和典型做法。在此基础上，提出了中央企业年轻人才培养选拔的目标，即建设一支数量充足、结构合理、拥有职业化素养、富有国际化视野、熟悉市场化运作、具备企业家精神、适应中央企业改革发展需要的优秀年轻人才队伍，并研提了年轻人才培养选拔的政策建议。

关键词：中央企业　年轻人才　培养选拔

第一章　概　述

一、研究意义

"人才"是一个比较宽泛的概念，不同学者或机构对"人才"有不同的分类。对中央企业来说，"人才"通常分为五类，即出资人代表、经营管理人才、党群工作者、科技人才和技能人才[①]。本课题研究的"年轻人才"主要是指中央企业年轻领导人员，包括出资人代表、经营管理人才和党群工作者，以经营管理人才为主。

党的十八大强调，要"加大培养选拔优秀年轻干部力度"。习近平总书记在 2013

① 国务院国资委：《中央企业人才队伍建设中长期规划(2011—2020 年)》。

年全国组织工作会议上指出，“培养选拔年轻干部，事关党的事业薪火相传，事关国家长治久安”。在新形势下，深入研究优秀年轻人才培养和选拔问题，既是贯彻党的十八大精神和全国组织工作会议精神的现实任务，也是中央企业改革发展的客观要求。

(一)加强培养和选拔优秀年轻人才，是中央企业建成世界水平跨国公司的重要保证

党的十八大报告指出，要加快走出去步伐，增强企业国际化经营能力，培育一批世界水平的跨国公司。中央企业大多处在关系国家安全和国民经济命脉的重要行业和关键领域，既为社会创造着巨大的物质财富，又切实履行着“共和国长子”的社会责任，是国有企业的排头兵，被称为“国民经济的脊梁”。面对十八大提出的新任务新要求，中央企业责无旁贷。从国内外实践来看，任何一家跨国公司特别是世界一流企业的显著标志都是拥有具有行业影响力和国际知名度的优秀企业家。对于中央企业来讲，要实现世界水平跨国公司的建设目标，关键在于打造出一支具有国际视野、战略思维、创新精神和卓越管理才能的领导人员队伍，必须着眼长远、立足根源，从年轻人才抓起，加大对优秀年轻人才的培养和选拔力度，保证中央企业真正成为基业长青的、具有世界水平的跨国公司。

(二)加快培养和选拔优秀年轻人才，是加强中央企业领导班子建设的紧迫任务

深化国有企业改革，增强国有经济活力、控制力、影响力，必须坚持市场化导向，遵循市场经济规律和企业发展规律，进一步推进政企分开、政资分开，切实转换企业经营机制，推动和保证国有企业真正成为市场竞争主体。特别是中央企业领导班子要加强自身建设，不断提升能力和水平，适应深化国有企业改革的需要。选拔培养一批理想信念坚定、精力充沛、乐于学习、敢于创新的优秀年轻人才是领导班子优化的重要途径。只有加大对优秀年轻人才的培养选拔力度，才能真正有效地提升领导班子专业化水平，优化改善领导班子结构，使班子始终薪火相传、充满活力。

(三)加强培养和选拔优秀年轻人才，是提高人才培养科学化水平的客观需要

“十年树木，百年树人。”人才培养是一项系统工程，需要长期持续地系统培养，需要科学工作方法和培养手段来确保实行。2013 年习近平总书记在全国组织工作会议上深

刻指出,“干部成长是有规律的,年轻干部从参加工作到走向成熟,成长为党和国家的中高级领导干部,需要经过必要的台阶、递进式的历练和培养”,“成长为一个好干部,一靠自身努力,二靠组织培养”。然而目前中央企业年轻人才培养选拔过程中,组织培养和年轻人才自身努力都有欠缺之处,只有以深入研究年轻人才成长为基础,总结出培养选拔优秀年轻人才的规律,具体开展工作才能有基础、有重点、有针对性,才能切实完善企业干部的培养管理方法,才能有效提高人才工作的科学化水平。

二、理论综述

目前,国内外在人才素质能力、人才培养教育和人才选拔等相关领域的研究中有许多值得借鉴的理论和模型。

(一)关于后备人才培养:继任者计划

很多“百年老店”之所以能够持久发展,原因在于企业关注继任者。《基业长青》中提到:正是“有一种核心理念指引和激励公司的人”使公司基业长青①。而这些人走向领导岗位绝不是偶然的,是经过了严密的设计,即继任者计划,有时也称接班人计划。目前,越来越多的企业认识到,实施继任者计划能够保持企业核心竞争力,有助于企业的长远发展。作为职业发展规划的重要组成部分,继任者计划指的是通过建立系统化、规范化的流程来评估、培训和发展组织内部有潜力的职业经理人,创建内部优秀人才库,以获得当前和未来所需的核心能力。对企业而言,该计划能确保其随时有一支优秀的后备队伍,缩短职位空缺周期,确保管理层的连续性,不断满足业务发展需要。对于员工而言,能够在企业内找到上升的机会与通道,是双赢的事情。

1994 年 Kesner 和 Dalton 集中盘点了高层管理继任(Executive succession)的研究成果,他们认为西方的理论和实证研究大致经历了三个阶段②。

第一阶段:领域的兴起(20 世纪 50—60 年代)。20 世纪 50 年代后期,零星出现了一些这方面的研究,总结 Grusky(1960)③和 Carlson④ 的研究,该时期主要有四个子研究领域:①继任者来源;②组织规模对接班频度的影响;③接班频度对后续组织绩效的影响;

---

① 吉姆·柯林斯,杰里·波拉斯.基业长青[M].北京:中信出版社,2002.

② Kesner. I. F. ,and D. R. Dalton,“Top management turnover and CEO succession :an investigation of the effects of turnover on performance”,Journal of Managemnet Studies,1994.

③ Grusky,O. ,“Administrative succession in formal organization”,Social Forces,1960.

④ Carlson,R. O,“Executive succession and organizational change”,Danville,III. :Interstate Printers and Publishers,1962.

④接班事件中权变变量的影响。这一阶段，大家普遍关心领导风格、公司的组织架构及前任业绩的影响。

第二阶段：理论构建与获取实证依据(20 世纪 70 年代)。60 年代，管理科学和社会学以外的期刊很少刊登接班方面的研究，但到了 70 年代，相关研究出现在了 25 类不同的期刊上，70 年代末，商业杂志索引还专门创建了一个“管理接班”的独立搜索类别。这一阶段继任者来源和接班频度仍然是研究热点，同时开始关注对继承人特征和公司董事会作用的研究，其中包括探讨接班理论框架。

第三阶段：综述及爆炸式的成长(1980 年至今)。这一阶段仍关注领导风格及个人需求，比如有研究认为公司常会挑选那些领导风格适合公司短期而不是长期需要的继任者。而传统研究主题像接班频度、公司绩效与接班频度关系的研究虽仍有人关注，但对接班过程及经理与公司匹配的研究得到了快速发展。此外，像市场对于接班计划的反应这类的研究也首次引起研究人员的兴趣。总的来看，这一阶段的研究回应了早先研究提出的疑问，例如继承人来源、接班频率、继承人特征，以及接班和绩效的关系，同时还开始关注与接班规划有关的因素。但是仍然未能构建起系统的理论模型。

我国由于近几年来企业高层管理者频繁更换，继任问题的研究越来越受到国内学者的关注。但是，对于企业高层管理者选择的研究还不多。

(二)关于人才培养机制的研究：导师制

在国内外研究人才培养机制的文献中，关于导师制的研究是历史最久且最为丰富的。导师制是指富有经验和技能的资深管理者或专业人员与经验不足但有发展潜力的员工之间建立起来的支持性师徒关系，是一种资深者高度支持和协助资浅者学习的过程与形式。对导师制的定义可归结为以下几方面：首先，一般认为导师制存在于组织内资深者与资浅者之间，也有学者(如 Karm)认为也存在于相同资历者之间。第二，认为导师制是一种密切的联系，是关于工作经验的深度交流(Dalton 等；Levinson 等)[①]，或者本身就是一种密切的工作关系(Chao、Walz 和 Gardne)[②]，也有学者认为是可使师徒双方都获益的互动交换过程(Ragins 和 Scandura)[③]。第三，认为导师制的功能既包括职业功

---

① Kram, K E: Improving the mentoring process, Training and Development Journal, 1985, 39(1).

② Chao, G T, Walz, P M, and Gardner, P D: Formal and informal mentorships: A comparison on mentoring functions and contrast with nonm entored counterparts, Personnel Psychology, 1992, 45(3).

③ Ragins, B R, and Scandura, T A: Burden or blessing? Expected costs and benefit s of being a mentor, Journal of Organizational Behavior, 1999, 20(3).

能：帮助徒弟掌握工作所需的知识与技术，就职业规划和个人发展提供协助与咨询；也包括社会支持功能：适时地给予徒弟关怀和心理支持，并提供工作或人际互动方面的建议等社会支持（House）[①]；还包括角色榜样功能，即导师作为徒弟的最佳行为榜样，从工作态度、工作方法、待人处世等方面影响徒弟发展（Scandura）[②]。

有学者对导师制功能做了进一步细化，认为在不同阶段导师制的功能有所差异（见表 1－1）。大致可以分为四个阶段，即指导功能、心理咨询功能、调解功能和提拔功能[③]，不同阶段导师的主要投入由时间逐渐转变为情感、职业、声誉、事业等，指导内容也从传授技巧逐渐演变为对徒弟的关心、为徒弟争取机会、帮助徒弟晋升等，因而功能也相应发生变化。

表 1－1　师徒关系不同阶段的功能

阶段	功能	内容	导师的主要投入
第一阶段	指导	传授工作技巧；培养技能与管理能力；处理好工作关系	时间
第二阶段	心理咨询	提供心理支持；帮助徒弟树立自信心；在生活和工作中给予关照	感情、自我
第三阶段	（组织内）调解	保护徒弟；为徒弟争取表现机会；帮助徒弟获得所需的支援	职位、声誉
第四阶段	（直接或间接的）提拔	赋予徒弟适当的头衔；扩大徒弟的工作职责；为徒弟制定晋升策略；鼓励徒弟参与各种培训课程	地位、声誉、事业成就

（三）关于人才发展路径的研究：领导梯队模型

研究年轻人才发展的问题，必须要对其发展路径进行梳理，即明确年轻人才从基层岗位逐步走向经营管理岗位需要经过怎样的过程。拉姆·查兰（Ram Charan）等人[④]的"领导梯队"模型认为人才领导力发展有六个阶段：第一阶段，从管理自我到管理他人；第二阶段，从管理他人到管理经理人员；第三阶段，从管理经理人员到管理职能部门；第四阶段，从管理职能部门到事业部总经理；第五阶段，从事业部总经理到集团高管；第六阶段，从集团高管到首席执行官（见图 1－1）。处在下一个阶梯的员工可以通过该模型了

① Scandura, T A: Mentorship and career mobility: An empirical investigation, Journal of Organizational Behavior, 1992, 13(1).

② 同上。

③ 张正堂．企业导师制研究探析[J]．外国经济与管理，2008(5).

④ 拉姆·查兰，斯蒂芬·德罗特，詹姆斯·诺埃尔．领导梯队：全面打造领导力驱动型公司[M]．徐中，林嵩，雷静，译．北京：机械工业出版社，2011.

解到攀登到上一个阶梯需要做好哪些准备，并针对性地进行提升。一旦完成相关素质能力要求的历练，就可以立即提拔到新的岗位，也就是向上一个阶梯发展。

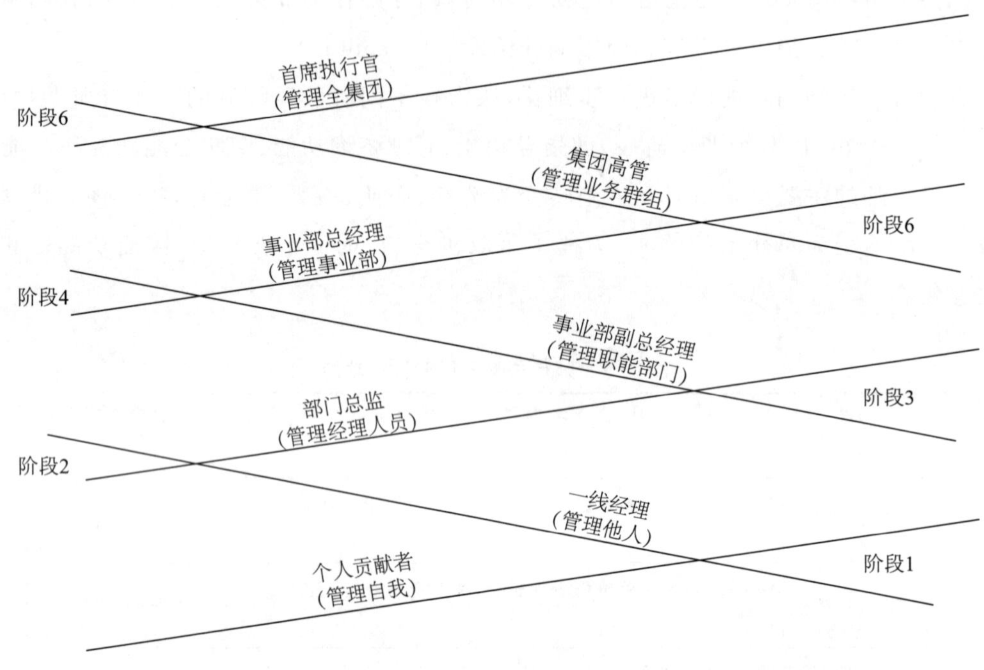

图1-1 领导阶梯模型

领导梯队模型强调，尽管相邻两个层级对领导能力的总体要求可能相近，但在具体的领导技能、时间管理能力和工作理念方面则显示出重大的差别。因此，领导阶梯模型并不推崇破格提拔，也不推崇过于频繁的工作变动，认为并不利于培养必要的领导能力。同时，领导梯队模型也强调在一个层级上做出成绩不应成为选择某人担任更高层级职务的主要原因。在做出选择决定时，应注重候选人能否在明显不同的环境中做出成绩。

(四)关于人才素质能力的研究：冰山模型与洋葱模型

冰山模型与洋葱模型在本质上一致，都是对人员个体素质进行内部与外部的划分。美国心理学家麦克利兰(David C. Mcclelland)[①]提出的冰山模型，是将人员个体素质视为漂浮于水中的冰山，其中：容易被了解与测量的称为“水面以上部分”，主要包括基本知识、基本技能，是外在表现，相对而言也比较容易通过培训来改变和发展；内在的、难以测

① David C. Mcclelland：Testing for Compentence Rather Than for Intelligence，American Psychologist，1973(1).

量的部分称为“水面以下部分”，主要包括社会角色、自我形象、特质和动机，不易通过外界影响而改变，却对人员的行为与表现起着关键作用。美国学者博亚兹(Richard Boyatzis)①提出的“洋葱模型”，是对冰山模型的进一步延伸，更为突出素质构成的核心要素，并说明了各构成要素可被观察和衡量的特点。洋葱模型，是把胜任素质由内到外概括为层层包裹的结构，最核心的是动机，然后向外依次展开为个性、自我形象与价值观、社会角色、态度、知识、技能。越向外层，越易于培养和评价；越向内层，越难以评价和习得。大体上，“洋葱”最外层的知识和技能，相当于“冰山”的水上部分；“洋葱”最里层的动机和个性，相当于“冰山”水下最深的部分；“洋葱”中间的自我形象与角色等，则相当于“冰山”水下浅层部分。洋葱模型同冰山模型本质是一样的，都强调核心素质或基本素质。对核心素质的测评，可以预测一个人的长期绩效。相比而言，洋葱模型更突出潜在素质与显现素质的层次关系，比冰山模型更能说明素质之间的关系②。

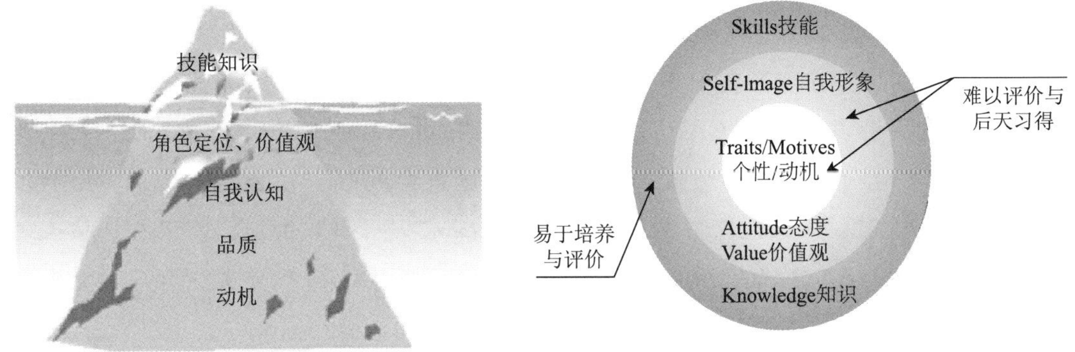

图 1-2 冰山模型与洋葱模型

不论是冰山模型还是洋葱模型，都体现出人才培养和人才选拔的层次性：一方面，并非所有素质均可通过外界的培养培训进行塑造提升。另一方面，两个模型都说明人的个性、价值、动机等内在的、难以展现的因素对人才发展起着更关键的作用，是企业在进行人才潜质测评时更需关注的素质层面；同时这些层面的测量难度较大，必须借助科学的测评工作进行。

(五)关于人才及人才选用标准的研究

国外对人才及人才选用的标准没有统一的看法。David Ulrich 教授认为，人才＝胜

① Boyatizis. The competence manager：A model for effective performance，John Wiley，1982.

② 李松玉.中国公共管理若干问题研究[M].济南：山东人民出版社，2011.

任力＋承诺＋贡献。胜任力就是个体所具备的知识、技能和价值观；承诺意味着雇员能够努力工作；贡献意味着个体能够在他们的工作中发现意义和目标。[①] 麦肯锡在其1998年出版的《值得为更好的人才而战斗》(Better Talent is Worth Fighting for)一书中正式提出了"人才战争"的概念。麦肯锡认为，未来20多年中，受过良好教育、懂技术、具有国际敏感性、经营灵活、聪明而又经验丰富的商业人才将是最重要的资源。但在具体操作中，不同企业对人才选拔的标准是有区别的。GE公司在人才选用时采用"九宫格"人才考评体系(见图1-3)，它是由增长型价值观和业绩两个维度组成，业绩和价值观的考评各分成三等，即需要改进、满足期望值和超出期望值，在由两个象限组成的九个格子中，每个格子都反映了被考评人在业绩和价值观中的表现处在哪一位置。九宫格的绩效考评体系强调价值观的作用，GE的价值观包括坚持不懈、追求完美、力求创新等内容[②]。摩托罗拉采用5个E的人才选拔标准：Envision(远见卓识)，Energy(活力)，Execution(行动力)，Edge(果断)，Ethics(道德)。西门子寻找的是"企业家类型的人物"，其对人才选拔的基本要求是：良好的考试成绩、丰富的语言知识、广泛的兴趣、强烈的好奇心、有改进工作的愿望，以及在紧急情况下的冷静沉着和坚毅顽强。壳牌人才选拔看重发展潜质，壳牌把发展潜质定义为"CAR"，即：分析力(Capacity)，成就力(Achievement)，关系力(Relation)。在IBM的"高绩效"文化中，人才选拔看重三个方面："Win"——必胜的决心；"Execution"——又快又好的执行能力；"Team"——团队精神。朗讯在选拔人才的标准是"GROWS"，G代表全球增长观念，R代表注重结果，O代表关注客户和竞争对

业绩 \ 增长型价值观	需要改进	满足期望值	超出期望值
超出期望值	需要改进	优秀	模范
满足期望值	需要改进	稳定贡献	优秀
需要改进	不达标	需要改进	需要改进

图1-3　GE九宫格人才选拔模型

① David Ulrich (2006)：《The talent trifecta. Workforce Management》，vol 10：32-33.

② 《GE人才战略》，中欧MBA高层论坛大师讲义。

手,W代表开放和多元化的工作场所,S代表速度。宝洁公司对人才选拔看重八个方面:领导能力、诚实正直、能力发展、承担风险、积极创新、解决问题、团结合作、专业技能。

国内对人才及人才选用的标准意见较统一,即"德才兼备、以德为先"。这个理念可以说古已有之,是中国传统政治智慧和道德文明的结晶。司马光曾以"道德足以尊主,智能足以庇民"①高度概括了德才的重要性,并在《资治通鉴》中进一步界定了德与才的关系,指出"才者,德之资也;德者,才之帅也。才德全尽谓之圣人,才德兼亡谓之愚人;德胜才谓之君子,才胜德谓之小人",并主张"取士之道,当以德行为先,其次经术,其次政事,其次艺能"(《司马文正公家传集·论选举状》),明确表达了推崇德才兼备的思想,且不是将德与才等量齐观,而是把德放在更加突出的位置。古人在实践中也积极践行上述理念。朱元璋洪武六年下诏求天下贤才时,强调必须"以德行为本,文艺次之"(《明史纪事本末·卷十四》)。康熙在《治国圣训》中也特别指出:"朕听政有年,见人或自恃有才辄专资行事者,思之可畏。朕意必才德兼优为佳,若止才优于德,终无补于治理耳。"

我们党在长期的革命、建设和改革实践中,探索形成了一整套饱含先进思想、服务不同阶段历史任务、体现鲜明时代特征的干部路线方针政策,德才兼备、以德为先的用人标准在当今的选人用人工作中发挥着重要指引作用,也是我们建设高素质人才队伍必须坚持的根本标准。习近平总书记深刻指出:"要坚持德才兼备、以德为先的用人标准,切实把信念坚定、为民服务、勤政务实、敢于担当、清正廉洁的干部选拔上来。"这为我们做好新时期中央企业优秀年轻人才培养选拔工作提供了基本遵循。

第二章 国外企业及国内民营企业年轻人才培养选拔分析

本章通过研究梳理国外企业和国内民营企业年轻人才培养与选拔的典型做法,为探索中央企业年轻人才培养选拔工作提供借鉴和参考。

一、国外企业年轻人才培养选拔的主要做法

国外企业后备人才培养选拔主要来源于两个渠道:一是从本企业内部雇员中选拔,

---

① 《资治通鉴》卷五十一:"是故有道德足以尊主,智能足以庇民,被褐怀玉,深藏不市,则王者当尽礼以致之,屈体以下之,虚心以访之,克己以从之,然后能利泽施于四表,功烈格于上下。"

这是主要来源；二是从发达完善的经理人市场公开招聘。主要做法有：

(一)领导力开发

世界500强企业非常注重领导力发展，往往都开展了领导力开发项目。领导力开发最基础和最关键的工作是建立领导力模型，明确发展标准，以此为指导有针对性地开展各项高潜质人才识别、考核、培训培养等工作。具体操作中，根据公司战略特色、发展目标、人员结构，各公司的领导力开发都各具特色，建立的模型均体现了本企业鲜明的选人用人导向。例如，西门子对管理者强调较强的发展能力、不屈不挠的精神、稳重的性格和与他人协作的能力等四方面要素。①

(二)综合评鉴

通过竞争和动态调整来培养选拔经营管理人才，是国外企业在人才选用方面的突出特点。年轻人才成长为未来领导，需要通过空缺职位的竞聘考察，胜出者才能得到晋升。在选拔时，注重从领导才能和工作业绩两个方面加以全面衡量比较。期望的合格人选是二者兼备且较为突出者。对于工作业绩好但领导才能比较薄弱的人选，就对其加强领导力的培训，使之尽快具备相应的领导才能；对于有领导才能但工作业绩不佳的，会给他新的机会，看他能否在新的岗位或新的项目中创出业绩；如果仍无建树，不但不能晋升，还要将其从现职撤下来，甚至解除雇佣关系。市场化程度较高的公司一般都能很好地实现了"能上能下、能进能出"的动态管理。

(三)企业大学

优秀的国外企业往往投入大量资金用于构建企业大学或专门的企业培训机构，其主要目标之一就是培养企业内部中高级管理人才。世界500强企业中，有近80%拥有或正在创建自己的企业大学。国外企业高度重视企业大学的运作，往往都投入较多人力物力财力到企业大学的建设运营上，同时公司高层也作为大学教员参与日常授课，很多企业甚至是一把手亲自参与授课，例如GE企业大学、摩托罗拉大学、惠普商学院、麦当劳大学等。

(四)轮岗锻炼

轮岗锻炼是国外企业培养选拔年轻人才的常用方式。不少公司都明确规定，如要

---

① 吴旭初.国外大公司的招聘标准[J].中国就业，2003(10).

承担高级管理职责，必须有多岗位的锻炼经历。例如西门子公司的管理培训生项目，从大学生进入西门子公司工作开始，就有目的地进行筛选和培养，一般需要让其轮换4～6个职位，每个职位3～4年，共计培养20年。到45岁左右，正是能力最强、精力充沛、经验和人脉已成熟的时候，也已积累了胜任高级领导岗位的丰富经验。丰田公司对各级管理人员，采取5年轮岗一次的方式进行组织培养，每年1月1日进行组织变更，调换幅度在5%左右，促使管理人才成为多面手，在人员交流的过程中激发企业的生机和活力①。

(五)职业生涯设计

国外企业注重员工职业生涯目标设定和路径规划，不少企业为每个员工都制定一个切实可行的职业生涯路径并从企业层面给予指导和帮助，让年轻人才真切地感受到职业发展是一个明确的可以实现的目标，而不是渺茫的希望。比如壳牌公司勾画出了高级领导者领导力发展地图，年轻人才如想成为高级领导人员，需要积累以下经验：参与管理团队讨论业务、具有本国以外的工作经验、承担预算职责、处理工会事务、管理并培训较大团队。为此，人力资源部经理每月会与资深员工和有领导潜质的年轻人交谈，进行岗位轮换和众多“了解你”(getting to know you)的行动，确保员工能得到他们渴望的发展机会。

二、国外企业典型案例

(一)GE企业大学

GE克劳顿管理学院创立于1956年，建于“克劳顿村”，占地58英亩。作为全球第一所企业大学，它是GE高级管理人员培训中心，有人把它称为GE高级领导干部成长的摇篮，《财富》杂志誉之为“美国企业界的哈佛”。出自GE公司、跻身财富500强的CEO就多达137位，可以说“克劳顿村”与GE共成长。

克劳顿管理学院有着明确的使命：创造、确定、传播公司的学识，以促进GE的发展，提高GE在全球的竞争能力。具体地说，就是为GE员工的成长与发展提供培训，向GE各业务部门传播最佳实践、公司的举措以及学习的经验，传播公司的文化与价值观。剖析GE会发现，它在人才培养上的成就，并不在于出了多少CEO，也不在于克劳顿村的

① 钟薇黎.世界名企怎样培养人才[J].山东经济战略研究，2002(6).

讲坛上如何大师云集，而在于建立起的一套结合个人发展的培训层级体系：从基层员工到高级经理人，处于职业生涯不同阶段的人才都能够在这里获得自己的所需。

每年GE拨款约10亿美元用于克劳顿学院的培训，在克劳顿村接受培训的GE高级经理人员多达5000～6000人，他们分别来自GE在全球的业务部门。而克劳顿村的教员，50%来自GE高层经管人员，其中包括GE前董事长兼CEO杰克·韦尔奇以及现任董事长兼CEO伊梅尔特。在过去18年中，杰克·韦尔奇曾250多次出现在教室里，亲自向通用电气公司大约18000名经理和行政管理人员授课，足见其对培训的重视。GE制度化而又不停革新的人力资源培养体系使克劳顿管理学院像一个自动化、流水线式的高级人才孵化工厂。

克劳顿管理学院最主要的工作是各种领导力发展项目。在GE，知识类的培训一般都有Pre－Test(培训前测试)和After－Test(培训后测试)，在一定程度上可以看出上完课以后效果如何。技能类的培训，则更重视沟通和反馈。常规做法是，每个课程之后都有调查评估，让员工有机会表达他们的意见，如是否愿意继续接受这类培训、是否愿意推荐给别的同事，等等。此外还经常组织培训师本人不出席的Focus Group(小组访谈)，获得一个综合反馈意见。

除了课程本身的内容，培训的某些价值更体现在课程以外，这部分的效果更加无法衡量。克劳顿使命的最后一条是："促进最佳实践在GE不同业务部门间的分享和传播。"几乎每个GE员工在这方面都有自己的体会。有些课程结束后，学员之间互相寄语作为送给彼此的礼物。培训不仅给11个业务集团提供了横向的了解或者跨文化的沟通，有时候更是员工建立关系网络的良机。

(二)西门子管理培训生项目

在为期两年的西门子管理培训生项目(SGP)期间，培训生需完成三项极具挑战性的轮岗任务，每项任务将持续八个月的时间。项目进程的决定性要素包括培训生的个人兴趣、工作能力以及公司的业务需求。主要内容是：

跨部门工作经验：培训生将参与至少两个不同职能部门(如工程、产品管理与销售)的轮岗。除积极参与日常业务与项目之外，培训生还将独立承担各类艰巨任务。培训生将能够在短期内从不同角度体验西门子业务，而且还有机会在国内外不同地点工作，从而全方位了解西门子。

国际化经验：为了让培训生获得与不同文化打交道的宝贵经验并对跨国协作形成深刻的认识与理解，三次轮岗中至少有一次任务是在国外进行。

综合培训方案：如入职培训、沟通技巧、管理技能以及业务规划等，为培训生提升个人和专业技能提供支持。通过举办讲座与组织语言培训课的方式，提高培训生的跨文化交际能力，从而为培训生到国外工作做好充分准备。而各种类型的专家讲座将有利于提升培训生的专业技能。

一对一辅导：为了能够尽可能地挖掘培训生潜能，在整个项目期间为每位培训生配备了一名导师，协助其进行任务规划并提供个人建议。

跨部门与全球化网络：通过全球 SGP 年会，个人培训计划、跨部门团队合作以及国际校友社区，西门子帮助培训生能够不断地构建自己的人际网络。

(三)IBM 长板凳计划

IBM 接班人计划又称“长板凳计划”。长板凳起源于美国棒球比赛，在举行棒球比赛时，棒球场旁边往往放着一条长板凳，上面坐着很多替补球员。每当比赛要换人时，长板凳上的第一个人就上场，而长板凳上原来的第二个人则坐到第一个位置上去，刚刚换下来的人则坐到最后一个位置上去。IBM 的“长板凳”是指现有管理者必须确定自己的岗位在未来 1～2 年内由谁来接任，在 3～5 年又由谁来接任。IBM 能够保证每个重要的管理岗位都有 2 个以上的替补人员。

IBM 接班人计划是一个完善的系统，包括一个标准、两个序列、三种方式和评委审定。一个标准即领导力模型，包括 4 个方面 11 项优秀素质。具体内容是必胜的决心、快速执行的能力、持续的动能以及核心策划。两个序列是指公司有意识地将员工分为技术型人才和有管理潜质的人才。优秀员工一旦被确定了类型，此后的培训将分工明确，技术型人才和管理型人才也将分别走上技术领导和高级主管的不同方向。两个序列受到同等尊重，且可以依据自己是否喜欢或适合来进行选择。三种方式即案例培训、实践磨炼和发掘“明日之星”。案例培训方式从电子学习到课堂教学、角色模拟演练、案例讲座、工作讲座、面对面沟通等，高级主管必须亲力亲为。实践磨炼包括日常化的“良师益友”计划(老员工帮带新员工)、“特别助理”计划、“外派到客户”学习、岗位转换等。发掘“明日之星”，按照“新人→专业人员→领导人→新时代的开创者”的人才梯队模式，不断发掘“明日之星”；评委审定是接班人计划的最后一关，评审委员会由技术、市场、销售等方面的高层经理共同组成。“明日之星”只有在答辩完成、成绩通过后才有资格当正式的高级专业人员或高级经理人。答辩考核的业绩包括个人业绩和帮助下属成长的业绩两个方面，评审不设通过比例，只要半数同意即可通过。为了保证接班人计划的可持续推进，参加答辩的高层经理也要接受 3 分钟的答辩。

“长板凳计划”每年要在IBM全球5千多名管理人员中挑选近300人作为重点培养对象。这300人的培养通常要经历四个阶段：第一阶段是训练各种职业技能，培养专业能力；第二阶段采用横向轮调方式，让培养对象在不同工作岗位上获得不同的经验；第三阶段是实施强业绩导向的考核，使个人能力得到充分释放；第四个阶段就是要求领导者将个人的成功扩大到团队。为了保证领导者真正是在领导，而不仅是一个业务高手，IBM内部实施了著名的“职位轮岗”，比如人力资源部主管可以到市场部或生产部，甚至到更专业的部门去工作。

它是一个完整的管理系统，由机制和文化保证。机制上，IBM主管以上员工的绩效考核中有一项就是培养接班人；文化上，IBM给管理者的一个角色定位是发掘和培养自己的接班人，同时，自己也是被挖掘和培养的对象。

三、国内民营企业选择“接班人”的主要途径

中国民营企业在走过了20多年的历程后，许多企业正进入一个新老交替的阶段。如何将手中的接力棒交给下一代以保持企业的可持续发展，是这些企业面临的重要问题。据了解，未来5～10年，我国将有300万家民营企业面临接班换代的问题。但一项调查显示①，中国90%以上的民营企业没有明确的接班人计划，缺乏科学的接班人培养机制。目前，民营企业在选择“接班人”上主要有三种途径。

(一)家族继承型

娃哈哈集团、万向集团、红豆集团、华西集团，都是子(女)承父业的代表。这种企业“换帅”方式，主要针对的是血缘和业缘关系重叠的企业，既有传统社会文化的因素，也有时代的特点。子辈或受到良好的高等教育或在父辈身边得到精心栽培，在父辈的影响之外，拥有自己独特的理念和才略，这样能保证企业权力交接的成功。但并不是所有民营企业家的子女都乐于接班，据上海交通大学的一项调查，90%的家族创始人希望子女接班，但是80%以上的子女却不愿意接班，与父辈相比，他们的成长备受呵护，理论多而经验少，缺少吃苦精神，对创办实业、成本控制、精细化管理等兴趣不足。

(二)外聘职业经理人型

如华帝集团，1999年华帝集团7位创业股东集体引退转任董事，而经营权则交由职

① 刘庆.中国民营公司接班人计划的挑战与前景[J].瞭望东方周刊，2011(9).

业经理人打理。此外,还有万科、国美等民营企业,都是外聘职业经理人的代表。这种情况出现的原因较复杂,可能是民营企业内部没有合适的人选,需要从外部找一个合适的经理人来运营企业。目前,更多的企业开始有意识地尝试进行这种所有权和经营权分离,它标志着企业向建立规范化和国际化的现代企业制度迈出了关键的一步。这种模式在国外家族企业运用非常普遍。但在我国,由于相关机制和法律法规不够健全,权责、风险等问题未能很好解决,很多家族企业的领导者采取这种方式的意愿不是很强。

(三)管理团队型

这方面的典型案例如华为、小天鹅等企业。2004 年,华为重新设计了高层决策机制,成立了 EMT(Executive Management Team),并开始实施 EMT 主席轮值制度,由 8 位领导轮流执政,每人半年。2012 年,华为公司正式实行轮值 CEO 制度。这种类型主要针对股权相对分散的民营企业,或者国企直接转化为民企的企业。一般情况下,它们能够很快地引进现代管理制度,更好地适应企业多元化发展的需求。对这种类型的民营企业,华为公司的轮流坐庄或可成为一种合适的培养选择“接班人”的模式,正如任正非所称,“也许是这种无意中的轮值制度,平衡了公司各方面的矛盾,使公司得以均衡成长”。

四、借鉴与启示

(一)有明确的战略导向

国外企业对年轻人才的培养和选拔多站在战略的高度,本着前瞻性和价值观统一的原则来规划。国内民营企业对于培养年轻人才特别是对培养自己的子女也有一定的导向性。因此,国外企业高层领导经常亲自参与年轻人才的培训,保证高层的战略规划能够准确地传递到未来的经营管理者的思想中,国内民企对培养自己的接班人也是投入大量人员、精力、资金等予以保证培训效果。GE 克劳顿学院是世界知名的企业大学,而它本身也是实现 GE 战略的重要机构,从克劳顿学院走出来的经理人员首先需要高度认同企业战略和价值观,以保证他们未来的经营管理决策和活动与企业战略相一致。

(二)制订切实可行的计划

许多国外公司十分注重制订“继任者计划”,从发展的角度预测企业在未来五到十年空出的管理岗位数量及时间,预测这些岗位需要的素质能力,进而未雨绸缪地储备和培养接班人。有了好的“继任者计划”，在面对高层管理人员离职或其他原因突然不能继续履行岗位职责的时候，企业能够快速、果断地处理这种突发事件，而不至于引起震荡。例如在 IBM，所有的高级经理都必须学习一门必修课，就是“长板凳计划”，找不到接班人的经理将得不到升迁并被评定为不合格[①]。很多国内民营企业也通过“手把手”帮带、“学院式”教育、“太子式”扶持、“试验田式”磨炼等不同方式，培养自己的子女成为合格的接班人。

(三)设置有针对性的目标

国际企业机构庞大，培养年轻人才制度完善，实施过程相对于高层成员公开透明，并具有针对性。许多国外企业利用自身的企业大学或研究院，系统规划人才培养方案，实施分层分类有针对性的培养措施。如美孚公司根据年轻人才各自的特点对其进行个性化培训，作为一个跨国型大企业，为了培养人才具有跨国管理视野，提高人才对跨国文化带来的问题的处理能力，会短期派人才到其他国家，或者指定一些人才去做一些新的、极其困难的项目；对于高潜质员工也有专门的集中培训，比如区域总经理的培训项目包括“跨文化管理”、“将变化转化为效益”等，要求即将担任总部高级管理职位的人才参加“全球管理经理的研讨会”、学习“国际化经理培训”等课程[②]。国内的民营企业为了更好地适应企业多元化发展的需求，会引进 MBA 管理团队，华为的轮流坐庄就是针对培养选择“接班人”目标设定的模式。

(四)注重培养的竞争性

国外许多公司不仅将培训作为发展人才的措施，也作为一种激励措施，对人才提供培训，注重选拔性和竞争性。如全球规模最大的从事基本建设工程的柏克德公司在总部设立了一个规模很大的“管理人员训练中心”。首先从 2 万名管理人员和工程师中，选择 5000 人作为基层领导的候选人，鼓励他们自学管理知识，并分批次组织其参加 40 小时的训练；再从他们中选拔 1100 人参加“管理工作基础”的训练和考核，从中挑选出 600 人分别再给予专业培训，使他们承担专业经理的职务(如销售经理、供应经理等)；最后，再从这些专业经理中选拔 300 人进行训练，以补充市场经理的空缺岗位，包括各公司的总经理、副总经理等。通过层层择优筛选，确保最终脱颖而出的都是精英中的精英。

---

① 樊杰.IBM 的接班人计划[J].人才瞭望，2003(9).

② 钱敏.埃克森美孚：人才比石油更宝贵[N].中国化工报，2008－11.

第三章　中央企业年轻人才培养选拔现状及问题

课题组对2013年国资委中青班调训学习的中央企业优秀年轻干部(均为总部部门正职或下属单位正职)实施了“中央企业优秀年轻人才培养和选拔问卷调查”(以下简称“问卷调查”)。同时,借鉴了2012年面向多个省市和中央企业领导人员实施的“企业家成长规律问题研究问卷调查”的统计结果。在此基础上,重点分析了中央企业培养选拔优秀年轻人才的现状和问题。

一、年轻人才成才的黄金期

问卷调查结果显示,82%的企业主要领导人员第一次成功的年龄在35岁以下(见图3-1)。被调查者认为自己最出成绩的黄金期集中在33—41岁,说明青年(世界卫生组织将44岁作为区分青年与中年的分水岭)时期的创造是人一生中最有价值的阶段。

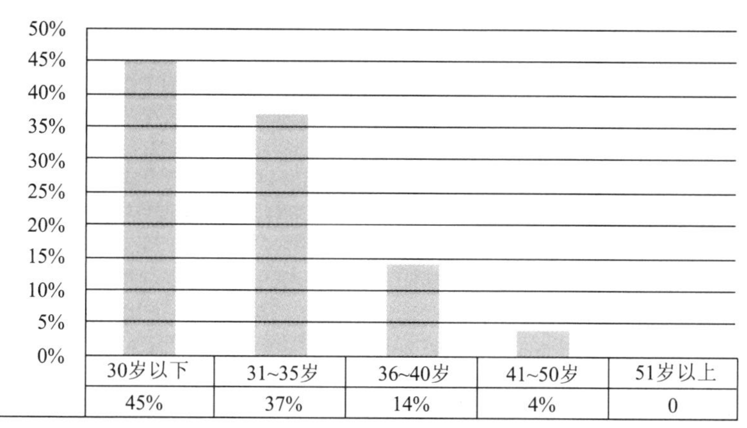

图3-1　企业领导人员取得第一次成功的年龄分布

二、年轻人才培养目标和方式

问卷调查结果显示,年轻人才成长成才最需要提升的能力排名前五项的分别是:学习能力、沟通能力、执行能力、组织协调能力、战略决策能力(见图3-2)。针对年轻人才素质提升需求,中央企业通过知识培训、学历教育、挂职、交流、职业生涯规划等多种方式培养年轻人才,为提升年轻人才各种能力、增加年轻人才的阅历和才干创造条件。

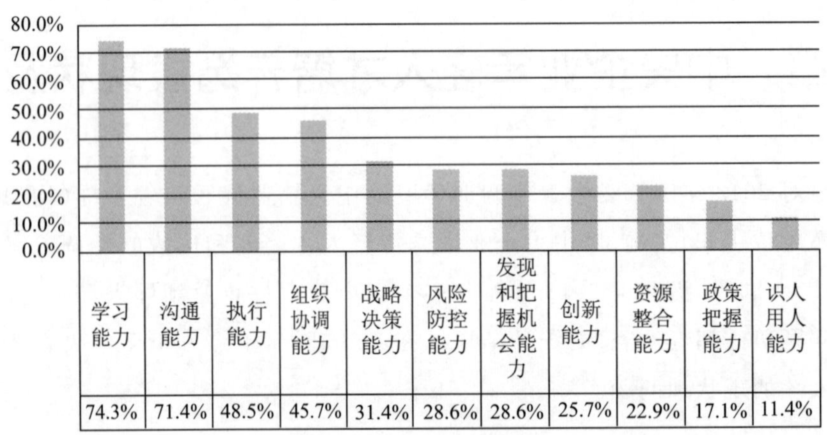

图 3-2　年轻人才成长成才最需要提升的能力

问卷调查结果显示，年轻人才认为最有效的培养方式排名前三项的是：工作中委以重任、组织上及时提拔使用、企业间交流锻炼（见图 3-3）。这说明在年轻人才培养方面，大家普遍认为，多岗位锻炼比单纯的知识培训对年轻人才培养的作用更大。

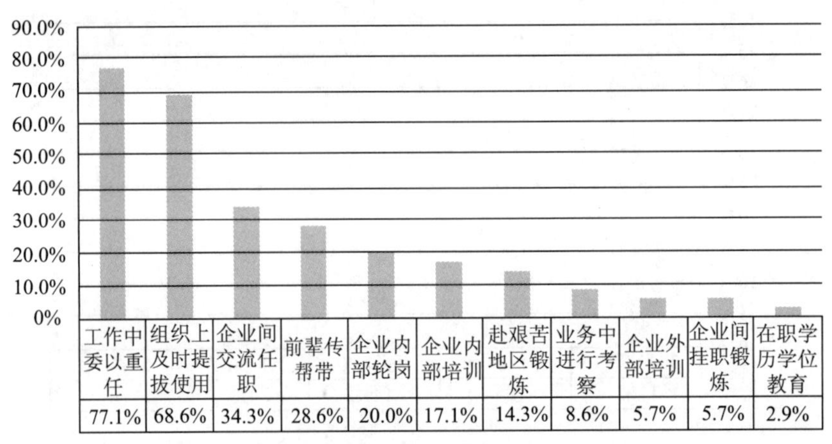

图 3-3　培养年轻人才最有效的方式

三、年轻人才成长的影响因素

年轻人才成长，既要靠组织培养，也要靠年轻人才自身努力，个人努力是决定性因素。问卷调查结果显示，关于年轻人才成长过程中影响最大的因素，排名前三位的是：自身的努力、组织上及时提拔使用、所在单位选人用人导向和文化（见图 3-4）。

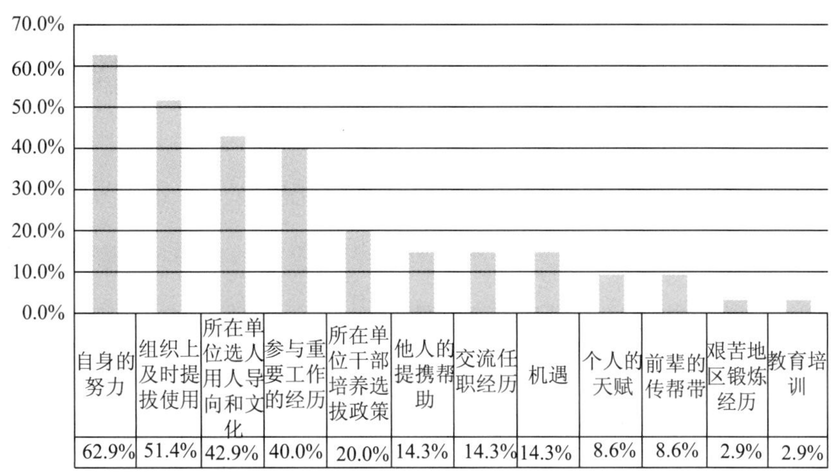

图 3-4　年轻人才成长中影响最大的因素

四、年轻人才成长的主要问题

年轻人才成长中的问题，从组织方面看，有的是中央企业对年轻人才培养选拔的重要意义认识不够到位，缺乏行之有效的办法措施，有的是企业没有年轻人才培养的相关制度，或是有制度但执行不够到位，有的则是没有形成利于年轻人才成长的良好氛围和文化（见图 3-5）；从年轻人才自身情况看，有的年轻人才进取心较差，不注重自我素质能力的持续提升，有的则没有找对成长成才的途径和方法。

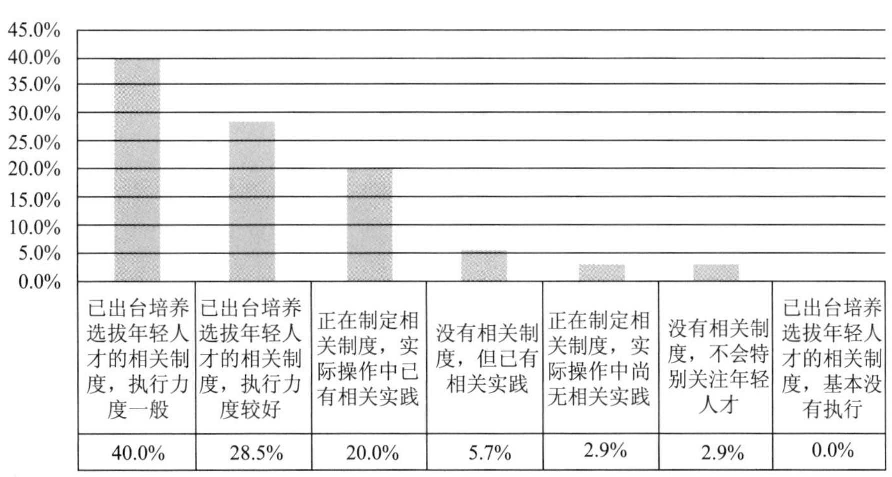

图 3-5　年轻人才成长中的主要问题

第四章 中央企业年轻人才培养选拔案例

本章通过分析部分中央企业，重点介绍中航工业年轻人才培养选拔的实践，深度“解剖麻雀”，为中央企业年轻人才培养提供经验和借鉴。

一、中航工业“幼狮计划”七步法剖析

中国航空工业集团公司（简称“中航工业”）有重视年轻干部培养选拔的优良传统。近年来，中航工业把培养选拔优秀年轻人才摆到公司长远发展的战略高度来认识，制定并大力实施“幼狮计划”，进行了一系列行之有效的探索与实践，效果显著。

（一）完善制度：为年轻人才培育“创条件”

良好的制度环境和文化氛围是培养选拔年轻干部的基础条件。2008 年中航工业成立后，即召开了首次干部年轻化工作座谈会，全面部署优秀年轻干部培养选拔工作，正式启动“幼狮计划”。会后印发了《关于加大培养选拔优秀年轻干部力度的意见》、《集团公司所属单位后备干部管理办法》，提出了年轻人才培养选拔的目标、机制和办法。2011 年，中航工业再次召开后备干部工作座谈会，结合集团公司后备干部培养选拔工作实际情况及《“十二五”和中长期人才发展规划》的要求，提出每个单位储备“70 后”、“80 后”主要领导数量，创造了利于年轻人才成长的良好条件。

（二）扩招揽才：为年轻人才储备“打基础”

只有抢占人才引进的先手，才能在人才培育的全流程中赢得优势。中航工业不断提升人才培育的前瞻性，在公司《“十二五”和中长期人才发展规划》中明确指出，2020 年集团本科以上学历员工的比例目标。在 2009 年金融危机席卷全球、众多国内外企业减少招聘数量或取消招聘、就业形势极其严峻的环境下，中航工业将毕业生招聘规模扩大了 1 倍；此后，中航工业每年新招聘应届生均保持了较多的数量。在加大应届生招聘数量的同时，中航工业持续提升招聘质量，继续巩固、加深与北航、西工大、南航等传统航空院校的交流合作，进一步拓宽渠道，聚焦高端，以培养定向生的方式与清华大学等高校合作，专项培养集团重点需要的后备力量。

(三)交流培训:为年轻人才成长"注能量"

年轻人才的培养要做到"知行合一",注重工作实践与理论学习的互补。中航工业充分发挥中航大学主渠道、主阵地作用,加大年轻人才培训力度,其中针对主要领导后备的"中青班"已举办五期,每期均由董事长亲自担任班主任,总经理任副主任,集团领导亲自授课并与学员开展丰富的交流互动。同时,为开拓年轻干部的国际化视野、提升国际化经营管理能力,中航工业制定了集团内部人才国外培养的"千人计划",力争选派充足数量的年轻人才赴美国、英国、法国等高等院校留学深造。此外,中航工业大力推进跨地域、跨专业的年轻干部交流,给所在单位注入了新鲜血液和新生活力,不少单位出现了"交流一个人、带动一班人、走活一盘棋"的良好局面。

(四)退出机制:为年轻人才发展"腾位子"

干部队伍只有拥有正常新老更替的退出机制,才能疏通年轻人才成长的通道。中航工业建立健全了领导人员退出机制,在全集团范围内明确了副职领导人员退出现职领导岗位、改任同级别非领导职务的年龄要求,为优秀年轻人才成长腾位子。领导人员退出后,在专项岗位特别是对年轻人才的"传帮带"上继续发挥积极作用,同时中航工业在非领导职务设计上,也为退出的同志留下了提高的空间。领导人员退出机制的建立不仅改善了班子年龄结构,也助推了培养选拔优秀年轻人才的新风。到达退二线年龄的领导干部能够积极主动让位,为年轻干部腾出空间;不同年龄层次的干部交流沟通更为顺畅,班子更加团结,在"传帮带"的基础上形成互相学习、互相促进、良性竞争的良好风气。

(五)专项考核:为年轻人才成长"通道路"

培养选拔年轻人才要做到优中选优,实施动态管理。中航工业下大气力抓年轻人才培养选拔工作,建立了所属单位领导人员后备干部库,特别是 2011 年开展了所属单位"70 后"、"80 后"主要领导后备专项考核。在确定后备人选时,考核组基于近 5000 名基层干部民主推荐和近 1000 名干部进行个别谈话结果,全方位判断候选人的内在动机与发展潜力。通过所在单位主要领导的评价和职业发展路径分析,预估后备干部发展潜力,真正做到了不唯票数,不唯显绩。为保证优秀"70 后"、"80 后"主要领导后备始终是中航工业年轻人才中的佼佼者,中航工业对后备干部实施定期考评制度,建立"可上可下、可进可出"的动态管理机制,激发年轻人才持续奋斗的动力。

(六)大胆使用：真正把优秀年轻干部“用起来”

年轻人才培养是前提，选拔使用是关键。中航工业对年轻后备干部坚持“成熟一个，使用一个”的原则，真正做到大胆使用，不拘一格。自2011年专项考核以来，已经有数十名培养成熟的“70后”、“80后”后备干部被提拔进入领导班子，其中有多名“70后”后备干部新任所属单位主要领导。在中航工业2012年度领导班子考核中，这些新近提拔的“70后”、“80后”领导干部表现优异、业绩突出，将年轻干部朝气蓬勃、思路活跃、敢于拼搏、勇于创新的优势充分发挥出来，受到干部群众的一致认可。

(七)领导力工程：打造优秀年轻人才不断涌现的“流水线”

领导力开发是现代管理科学的一个重要成果，也是企业科学培养、评判、使用年轻人才的重要工具。中航工业在全集团范围内实施了领导力工程，将其打造成为优秀年轻人才不断涌现的“流水线”。中航工业领导力工程分为构建模型、测试评估、培养提升和管理应用四个阶段。模型构建主要回答“什么是航空工业的好干部”的问题；测试评估可以找准目前年轻干部“和好干部之间的差距”；培养提升主要是通过有针对性的培养提升工作，努力使年轻干部“成长为航空工业的好干部”；管理应用就是通过科学的方式和系统化办法，把优秀年轻干部真正“用起来”。通过领导力工程，既能够充分发掘年轻人才发展潜力、找准不足，又可以为年轻人才培养选拔提供科学的指导和路径，真正培养出事业需要的好干部。

二、其他中央企业特色做法

不少中央企业根据企业战略定位和业务情况，在培养选拔优秀年轻人才的具体实践中形成了一些颇具企业自身特色的做法。

(一)一汽集团：外派锻炼

中国第一汽车集团(以下简称“一汽集团”)充分利用与外资企业合作的平台，采取向合资企业委派的形式培养企业领导人才，探索了一条领导人培养开发的新途径。

一汽集团组建专门领导人才委派管理机构，出台领导人才委派管理办法，规范委派人员选拔标准、程序方法和任职期限等。委派人员实行任期制，并确定了一定的任职期限。委派期满返回原工作岗位。一汽集团为保证委派人员尽快适应新岗位要求、得到锻炼提高，采取了派遣前适应性培训、制订双向工作交接计划等工作，特殊岗位还要安排委派人员在派驻单位进行岗位培训，以最大限度地加速融合、提高培养效率、降低人员调整对企业经营管理带来的影响。委派人员由一汽集团干部管理部门和接收单位共同管理，委派期间表现优秀的人员可以晋升职位。委派期满后，一汽集团根据委派期间的考核结果，结合集团人才需求和委派人员职业发展规划，确定人员回任方向。近几年来，一汽集团以此形式，把一批具有一汽大众、一汽丰田合资体系培养锻炼经验的优秀干部充实到自主企业的管理团队，既提升了干部的管理能力，又开拓了年轻人才的工作思路和视野，加速了一批优秀年轻干部的成长成熟。

（二）中粮集团：领导力开发

中粮集团有限公司（以下简称“中粮集团”）不断探索培养开发经理人管理的新途径，建立了以领导力模型为核心的经理人选拔任用、培养开发体系，有效加强了年轻人才队伍建设。

中粮集团以打造“全产业链粮油食品企业”为目标，在大量国际标杆企业数据支撑下，建立了以领导力模型为核心的经理人选拔任用、培养开发体系。中粮的领导力模型是针对各级经理人的通用模型，由 3 个维度、9 个要素组成，每一要素对不同层级经理人有不同要求。中粮集团以领导力模型为基础，建立经理人综合评价体系，包含经理人在全产业链战略下必须具备的知识经验、领导力和个性。评价体系的每一要素均由具体指标支撑，通过“360 度”测评、行为事件访谈、个性问卷等测评工具进行评价。中粮集团以该综合评价体系为指引，强化经理人后备人才培养。一方面基于评价体系对后备人才进行测评，根据测评结果制订个性化培养方案，实施“晨光计划”，通过系统的集中培训、行动学习、导师制、富于挑战性的工作等方式进行针对性的培养。另一方面，中粮集团以该综合评价体系为基础开展职业经理人选拔，通过对经理人专业性、领导力、个性实施的全面评价，深入分析考察对象与任职岗位的匹配度。通过以领导力模型全方位培养开发经理人的模式，中粮集团有效加强了各级经营管理人才的队伍建设，促进了公司战略转型和快速发展。

（三）宝钢集团：个性化管理

宝钢集团有限公司（以下简称“宝钢集团”）积极探索实施领导人员的“一图一表”管理方式，探索实现领导人员的发现、培养、使用的有机结合，力图走出“围绕需求科学选拔后备、针对后备个性化定制培养”的领导人员育成之路。

宝钢集团按照优化领导人员个体能力素质和优化领导人员群体结构的“双优化”思路盘点人才现状，找准人才缺口；以公开民主推荐的方式集中选拔一批群众认可、市场认可并极具潜质的优秀人才，建立了领导人员库，每位入库人员都有“一图一表”，即职业发展路径图、个人动态信息表。宝钢集团通过“一图一表”针对性地构建个性化的职业发展路径及提升计划，并详细记录培养人员工作经历、绩效评价、气质类型成熟度的提升情况。宝钢集团以“一图一表”为依据，对入库培养人员进行分专业、分层级的动态管理，定期进行优化调整，始终确保数量足、结构优、素质高。对待成熟人才，严格经过组织考察、集体研究、任前公示等程序进行提拔使用。

三、经验与启示

(一)领导高度重视，把年轻人才培养选拔作为一把手工程

年轻人才培养选拔取得突出成效的中央企业，一个重要的原因是领导高度重视。首先是一把手亲自参与，在班子中带好头；其次，制订或提出了年轻人才培养规划，并以制度的方式明确提出了年轻人才培养选拔的目标、办法和组织领导等；三是真正做到了组织协同，一级对一级负责，层层落实年轻人才培训选拔责任，年轻人才培养选拔不仅是组织部门的事情，更成为整个领导班子的任务，各部门各单位都真正做到了思想统一、步调一致，为年轻人才培养选拔营造了良好的氛围。

(二)科学谋划举措，把年轻人才培养选拔作为系统工程

通过对中航工业“幼狮计划”七步法、中粮领导力开发计划等案例的考察，我们发现年轻人才培养选拔是个系统工程，对应到“选用育留出”上，缺少任何一个环节都会影响年轻人才培养选拔的效果。其中，完善制度体系是前提条件，有利于营造良好氛围；延揽人才是基础，为年轻人才涌现提供了可能；交流培训是方式方法，可以有效提高年轻人才的能力素质；退出机制是保障，为年轻人才顺利、快速成长疏通通道；专项考核是重点，明确哪些是优秀的可以提拔使用的年轻人才；大胆使用是关键，真正把年轻人才用起来；而领导力开发则是中央企业真正使年轻人才培养选拔工作成为完整闭环的创新之举。

(三)妥善处理矛盾，把年轻人才培养选拔作为攻坚工程

任何一项变革都是对既有现实的再平衡，都不可避免地会遇到一些阻力和矛盾，都需要攻坚克难，年轻人才培养选拔也是如此。比如中航工业出台的副职领导人员退出现职领导岗位、改任非领导职务的规定，既健全了领导队伍退出机制，较好地解决了因领导班子职数不足影响年轻人才使用的问题，又让退出领导岗位的同志有充分发挥作

用的舞台和成长的空间，在心理上也能够接受为年轻人才腾位子的做法。

（四）构建长效机制，把年轻人才培养选拔作为长期工程

江山代有才人出。年轻人才培养选拔是项长期工作，不能寄希望也不可能通过一两次大规模的活动就解决中央企业优秀年轻人才匮乏的问题。要充分认识到年轻人才培养选拔的长期性，以制度的方式把年轻人才培养选拔的做法固定下来，确保政策的持续性，为年轻人才培养选拔提供科学指导。比如宝钢集团的"一图一表"个性化管理、一汽集团的外派锻炼机制，就为源源不断地产生优秀年轻干部创造客观条件。

第五章　政策建议

本章在借鉴理论研究成果，参照国际跨国公司、国内民营企业的做法，并结合中央企业实践经验的基础上，提出了中央企业优秀年轻人才培养选拔工作的目标、原则、机制和重点举措等政策建议。

一、中央企业年轻人才培养选拔的目标和原则

在年轻人才培养选拔过程中，履行出资人职责的机构的首要任务是加强对中央企业年轻人才培养选拔的宏观指导和顶层设计，根据目前中央企业年轻人才队伍现状和中央企业改革发展的任务使命，明确中央企业年轻人才培养选拔的目标，即：建设一支数量充足、结构合理，拥有职业化素养，富有国际化视野，熟悉市场化运作，具备企业家精神，适应中央企业改革发展的优秀年轻人才队伍。

要在坚持五湖四海、任人唯贤，德才兼备、以德为先，注重实绩、群众公认的基础上，科学制定中央企业年轻人才培养选拔的具体原则：

市场导向原则：中央企业年轻人才培养选拔要以市场为导向，按照人才成长规律，在了解中央企业内外部市场情况、预测市场未来、分析市场动态的基础上，以市场需求作为培养选拔年轻人才的基本出发点。

针对性原则：按照分层分类的方法，区分专业型人才和综合型管理人才等不同类型，对年轻人才实行因材施教；要突出重点，将企业有限的培训资源用到有潜力的年轻人才上；在年轻人才使用上，要注重"用其长、补其短"。

竞争性原则：年轻人才培养选拔只有"广撒网"，才能"多捕鱼"，要在对整个青年群体

培养进行系统设计的基础上，体现竞争、择优，变“伯乐相马”为“赛场选马”，凭能力、比业绩，在公开的程序下，做到好中选优。

自动力原则：年轻人才培养选拔既要靠组织培养，又要靠年轻人才自己努力，组织培养是外因，自身努力是内因和决定性因素，因此年轻人才培养选拔过程中，要通过营造良好氛围，充分激发年轻人才成长成才的内在动力。

“墩墩苗”原则：“墩墩苗”，是人才成长的规律。把苗墩好，苗才能壮。“墩墩苗”的过程，是培养的过程，也是观察的过程、淘汰的过程，其目的是为了壮苗，就是对那些有潜力、有发展前途的年轻干部，有计划地安排他们经受磨炼。

二、中央企业年轻人才培养选拔机制

(一)发现识别机制

“试玉要烧七日满，辨才需待七年期。”在培养选拔年轻人才时，要建立有效的发现识别机制，特别是要注重识别冰山下的潜质潜能。要开阔视野，避免以业绩为主的单一思维模式，重视更高层级所需具备的能力和经历，以此为标准评判候选人员是否具有相应的潜质和成长空间，重点关注高潜质人才，特别是今后能够成为行业发展“顶梁柱”的人才。要借助科学的评估测量工具和方法，做好评鉴识别。在中央企业年轻人员培养选拔时，要注意使用领导力测评、性格测试等科学工具，预测职业发展潜力，真正做到知人善任、用其所长。

(二)培养培育机制

年轻人才的成长成才，既要靠年轻人才自己的努力，也要靠组织有计划的培养。要加强教育培训，重点做好年轻人才理想信念和党性修养方面的教育，注重“缺什么、补什么”，分层次、有针对性地开展年轻人才培训。要加强年轻人才交流和岗位锻炼，加大跨岗位、跨专业、跨行业交流，推动多岗位锻炼成才，把年轻干部放到困难地区和艰苦岗位锻炼才智、增长才干，有意识地培养年轻干部在基层一线多“接地气”、“墩墩苗”。要加强职业引导，通过领导力开发、职业生涯规划等方式，明确年轻人才培养的总目标、阶段目标和各阶段培养方式，帮助年轻人才明确需要积累、提升的能力和改进的方向，将资源集中于最需要积累提升的地方，从而提高年轻人才经验能力的积累效率，加快人才成长的速度。

(三)选拔使用机制

“人才以用为本。”要加快年轻人才选拔使用，主要是通过腾位子、压担子、选苗子的方式，利用组织选拔、竞争性选拔等方式，真正把优秀年轻人才用起来，促使优秀的年轻干部早成才、快成才。要量才使用，考虑到管理的系统性和人才的多样性，要把年轻人才放在恰当的岗位上任职，发挥个人最大作用，做到知人善任、人尽其才。要抓住一切机会，优先提拔优秀年轻人才，有计划地腾出岗位，把年轻人才推上去，让他们经风雨见世面，早日发挥作用。要放开起用，根据人才成长规律，合理规划人才培养使用周期，尤其注重对年轻人才应用“小步快跑”的培养方式，在保证能力、经历积累的延续性的基础上，视情况缩短在不同岗位的任职时间要求。

(四)评价激励机制

要通过建立年轻人才科学评价激励机制，营造年轻人才成长成才的良好氛围和环境。满腔热情地关心爱护年轻人才，努力为年轻人才提供适宜的环境和宽松的空间，支持他们锐意进取，大胆创新，让他们放开手脚，毫无顾忌地施展才能。在实际工作中，要允许年轻人才犯错误，并且留给他们改正错误的机会，不要评头品足、捧杀棒杀。实行后备干部队伍有进有出制度，始终保持动态平衡，对考核确定的后备干部实行动态管理，关键是要畅通“出口”，及时调整后备干部队伍。组织部门要建立优胜劣汰的竞争管理机制，根据综合考察等结果，每年对后备干部队伍进行调整补充。

三、中央企业年轻人才培养选拔重点举措

(一)使用科学的人才识别工具

在年轻人才培养选拔过程中，除了民主推荐、个别谈话等传统方式，还需应用科学的人才识别工具，发现冰山下的能力素质。人才识别工具，既可以借鉴目前社会上比较成熟的测评应用工具，也可以结合企业特色，研究制定本企业自己的人才识别工具，比如现在不少中央企业根据企业实际情况研究的本企业领导人员的胜任素质模型、领导力模型等，通过胜任素质测评、领导力测评，科学识别人才。

(二)举办年轻人才培训班

要充分利用一校五院、企业自办大学以及合适的社会培训资源，举办年轻人才专项培训班，通过集中培训、轮训、调训等形式进一步加大年轻人才培养力度，提升领导人员

素质能力。要丰富培训内容，创新培训方式，加强培训工作的针对性和实效性，特别要注重加强年轻人才党性和思想政治教育，提高年轻人才的国际化视野和专业化、职业化水平。要通过“回炉”班等方式，巩固培训效果，实现培训的常态化。要建立干部交流、挂职锻炼机制，鼓励年轻人才到困难地区和艰苦岗位锻炼才智、增长才干，加速年轻人才成长成才。

(三)采用“先进后出”的方式配置年轻人才

针对年轻人才提拔受到职数限制的现状，探索领导班子“先进后出”的配置模式，对特别优秀的年轻人才，可考虑突破职数限制，提拔进领导班子，适度“拉长板凳”，使每个领导班子年轻结构都实现合理梯次，待年龄大的领导人员退出后，再恢复到规定的班子职数。对比较成熟的年轻人才，可以直接提拔进入领导班子；尚不成熟的可以参照国外企业做法，提拔年轻人才担任下属企业的 CEO 或总经理，锻炼一段时间后，根据业绩表现情况再安排进班子。

(四)探索实行继任者计划

要落实一把手带队伍的责任，探索实行领导人员继任者计划，即领导人员要主动培养自己的继任者，通过确定和持续追踪关键岗位的高潜能人才，并对这些高潜能人才进行开发和培养，为公司的持续发展提供人力资本方面的有效保障。现有领导人员必须清楚自己的岗位在未来 1～2 年内由谁来接任，在 3～5 年又由谁来接任，领导人员在交流、提拔时，需有合适的年轻接替者，组织才会进行相应的职务调整。要加强对年轻人才培养选拔的顶层设计，制订规划、完善制度，企业总部要对本企业内优秀年轻人才进行总体把握和跟踪。要制订科学的年轻人才职业生涯发展规划，告诉年轻人才职业发展方向和路径，告诉他们在某一发展阶段需重点培养和积累的素质能力，但是对提拔的时间不宜做出预判。

(五)建立容错容过的文化

对于年轻人才，要多用“望远镜”，少用“放大镜”，建立容错容过的文化，营造宽厚、宽松、宽容的成长环境，充分发挥年轻人才有激情、敢打拼的年龄优势，充分激发他们的积极性和创造性。要营造理性舆论环境，加大年轻人才培养选拔的公开性、透明度，“以天下人之眼观之、以天下人之耳闻之”，尽可能全面地提供当事人信息，不给任何捕风捉影的谣言和虚假信息提供“出笼”机会。要“用其所长”，“补其所短”，“给位子、压担子”，“对症下药、缺啥补啥”,特别要有意识地强化基层一线锻炼,使他们在与职工群众打交道中站稳群众立场,在矛盾堆里和困难多的地方摸爬滚打、加快成长。

参考文献

[1]David C. Mcclelland. Testing for Compentence Rather Than for Intelligence[J]. American Psychologist,1973(1).

[2]Boyatizis. The competence manager:A model for effective performance[M]. New Jersey :John Wiley, 1982.

[3]Kram,K E. Improving the mentoring process[J]. Training and Development Journal, 1985,39(1).

[4]Scandura,T A. Mentorship and career mobility: An empirical investigation[J]. Journal of Organizational Behavior,1992,13(1).

[5]Chao,G T,Walz,P M, Gardner, P D. Formal and informal mentorships: A comparison on mentoring functions and contrast with nonm entored counterparts[J]. Personnel Psychology,1992, 45(3).

[6]Ragins,B R, Scandura,T A. Burden or blessing? Expected costs and benefit s of being a mentor[J]. Journal of Organizational Behavior,1999,20(3).

[7]赵富.浅谈企业年轻干部的选拔培养和使用[J].中共太原市委党校学报,2007(1).

[8]张正堂.企业导师制研究探析[J].外国经济与管理,2008(5).

[9]高诚,蔡大鹏.论培养选拔年轻干部的重要性[J].经济研究导刊,2008(18).

[10]贾海军.培养年轻干部方式之我见[J].人才资源开发,2009(1).

[11]新浪.培养选拔优秀年轻干部之探索[J].人才资源开发,2009(2).

[12]陈全国.开创培养选拔年轻干部工作新局面[J].党建研究,2009(8).

[13]钟强.培养选拔优秀年轻干部的几点思考[J].经济研究导刊,2009(24).

[14]陈全国.努力开创培养选拔年轻干部工作新局面[J].领导科学,2009(15).

[15]金磊.贵州盘县少数民族干部培养选拔使用问题研究[D].山东:山东大学硕士论文,2009.

[16]林左鸣.以更新的观念 下更大的决心 掀起培养选拔优秀年轻干部的新高潮——在培养选拔优秀年轻干部暨后备干部队伍建设座谈会上的讲话[N].中国航空报,2009-02-23.

[17]桑作林.浅谈新时期企业如何培养选拔年轻干部[J].铁道工程企业管理,2010(2).

[18]江勇.加强培养选拔优秀年轻干部的探索[J].组织人事学研究,2010(2).

[19]靳静.国有企业经营管理人才的选拔机制创新[J].产业与科技论坛,2010(11).

[20]文精毅.加强国有企业后备干部培养选拔的思考[J].中国建材,2010(12).

[21]岁正菊.培养选拔优秀年轻干部工作的思考[D].郑州:郑州大学硕士论文,2010.

[22]拉姆·查兰,斯蒂芬·德罗特,詹姆斯·诺埃尔．领导梯队:全面打造领导力驱动型公司[M].徐中,林嵩,雷静,译.北京:机械工业出版社,2011.

[23]李松玉.中国公共管理若干问题研究[M].山东:山东人民出版社,2011.

[24]马灿,吴庆.国企团干部核心胜任力实证研究[J].广东青年干部学院学报,2011(1).

[25]郝军海.在基层一线培养锻炼干部[J].实践(思想理论版),2011(4).

[26]于学强.中国古代德才兼备的用人标准的实现制度及启示[J].理论与改革,2011(4).

[27]罗剑.论国有企业年轻干部队伍建设[J].企业研究,2011(12).

[28]张勇红.试论年轻干部自身素质的培养与提高[J].经营管理者,2011(14).

[29]朱国荣.国有企业如何建设高素质人才队伍[J].中国集体经济,2011(16).

[30]国务院国资委.中央企业人才队伍建设中长期规划(2011—2020)[R].2011.

[31]孙毓敏.轮岗锻炼是培养选拔年轻干部的有效途径[J].石油化工管理学院学报,2011.

[32]姜卫国.培养选拔优秀年轻干部的举措[J].领导科学,2012(1).

[33]李同彬.着力加强铁路房建企业年轻干部的培养[J].理论学习与探索,2012(3).

[34]李永华.优秀年轻干部培养选拔机制探究[J].岭南学刊,2012(4).

[35]王同亮.企业后备干部队伍建设规划探讨[J].经济师,2012(4).

[36]刘满文.企业中高层管理人员的选拔[J].河北联合大学学报(医学版),2012(4).

[37]杨新忠.资源型企业年轻管理人才的成长路径[J].企业经济,2012(5).

[38]杨新忠.对国有企业竞争性选拔干部机制的探索[J].当代经济,2012(7).

[39]邵志刚.供电企业年轻干部成长机制的调查与思考[J].广东科技,2012(11).

[40]郑江华.在基层一线锻炼培养年轻干部[J].学习月刊,2012(24).

[41]刘清芬,刘波,唐丽芳.论新时期德才观对年轻干部选拔培养的作用[J].商场现代化,2012(28).

[42]黄志坚.优化培养选拔优秀年轻干部的社会文化氛围[N].光明日报,2012-5-2.

[43]唐飞燕.对企业年轻干部培养选拔工作的几点思考[N].经济信息时报,2012-6-29.

[44]胡锦涛.坚定不移沿着中国特色社会主义道路前进 为全面建成小康社会而奋斗——在中国共产党第十八次全国代表大会上的报告[M].北京:人民出版社,2012.

[45]段忠贤.首钢长钢创新选人用人机制的主要做法[J].企业改革与管理,2013(1).

[46]李志东.对国有企业竞争性选拔干部的思考[J].胜利油田党校学报,2013(1).

[47]匡磊.年轻干部培养选拔如何“高开高走”[J].领导科学,2013(1).

[48]万爱群.坚持唯物辩证法　培养选拔年轻干部[J].企业导报,2013(4).

[49]王玉芳.加快培养使用年轻干部的实践与思考[J].现代商业,2013(2).

课题组成员名单

组　长：

庄树新　国资委企业领导人员管理一局局长

副组长：

王　铵　国资委企业领导人员管理一局副局长

高建设　中国航空工业集团公司副总经理、党组成员

成　员：

刘井宏　中国航空工业集团公司总经理助理

彭卫东　中国航空工业集团公司人力资源部部长

董朝辉　国资委企业领导人员管理一局一处处长

延彦东　国资委企业领导人员管理一局综合处处长

任永强　国资委企业领导人员管理一局二处处长

马　论　国资委企业领导人员管理一局三处处长

邓　芳　国资委企业领导人员管理一局四处处长

袁俊岭　国资委企业领导人员管理一局人才处处长

常玉春　国资委企业领导人员管理一局一处副处长

周　彬　中国航空工业集团公司人力资源部部长助理

于　浩　中国航空工业集团公司人力资源部高管处经理

杨　雷　中航工业材料院人力资源部干事

余盛强　中航工业制造所党委工作部宣传主管

张浩驰　中航工业经济院财务部主管业务经理

华亚丽　中国航空工业集团公司人力资源部高管处经理

王　凤　中国航空工业集团公司人力资源部高管处经理

经合组织等国际经济组织企业规则应对研究

摘　要：近年来，西方国家对华攻击的焦点逐步从人权、汇率、贸易政策等转向政府与市场的关系及国企的透明度和独立性，企图通过双边对话和多边经贸谈判将其对国有企业的歧视性待遇固化为全球性经济新规则。在这一进程中，经合组织作为西方世界协调立场的关键场所，已逐步成为构建国企理论的象牙塔和制定国企规则的大本营，以“透明度”和“竞争中立”为抓手，不断向各类多边谈判输出西方主导的标准和价值观，给中国等发展中国家的国有企业参与国际市场竞争带来了诸多挑战。国有企业及其出资人机构应该加强对经合组织涉国企政策规则的研究，将国际规则的演变与国内深化改革的进程统一起来，一方面厘清西方分析国企问题的思路方法和逻辑脉络，预做准备，沉着应对，另一方面取其精华，找到各国符合我国改革方向的最佳实践和理念，为我所用。

关键词：国际经济组织　规则　应对

一、经合组织与国有企业议题

(一)经合组织与中国

经合组织(Organization for Economic Co-operation and Development，OECD)的前身是欧洲经济合作组织。该组织于1947年建立，其主要任务是推动美国规模庞大的欧洲复兴工程——马歇尔计划。1961年，经合组织秉承美国的旨意正式成立。经合组织并非简单的经济合作与发展论坛，而是一个“开放但具有严格准入标准”的“民主国家论坛”，其宗旨是：坚定地支持美国和英国所确信的自由市场、自由贸易、具有强制性的国际合作等原则。从某种程度上说，经合组织就是经济领域的“北大西洋公约组织”(NATO)。

到目前为止，经合组织共有 34 个成员国，常被看作是“富国俱乐部”或“强国俱乐部”。这些国家未必都是富国或强国，但都认同“自由市场”、“民主体制”和“强力国际机制”原则，不接受这些原则的国家(如中国或俄罗斯)难以加入其中。俄罗斯于 1996 年正式申请“入经”，但该进程延续至今依旧断断续续，不仅俄激情不再，经合组织也极有可能暂停俄“入经”审核。巴西、中国、印度、印度尼西亚和南非五国目前还只是经合组织需要“加强联系”的合作伙伴。

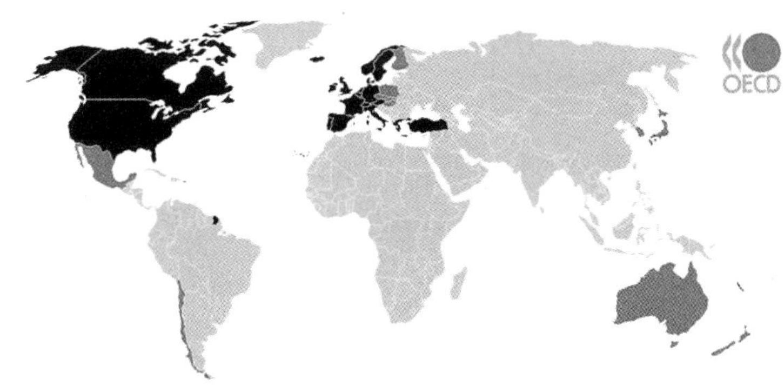

图 1　经合组织成员国分布

表 1　经合组织成员国及加入时间

国家	地区	加入时间	国家	地区	加入时间
加拿大	北美洲	1961 年 4 月 10 日	荷兰	欧洲	1961 年 11 月 13 日
美国	北美洲	1961 年 4 月 12 日	卢森堡	欧洲	1961 年 12 月 7 日
英国	欧洲	1961 年 5 月 2 日	意大利	欧洲	1962 年 3 月 29 日
丹麦	欧洲	1961 年 5 月 30 日	日本	亚洲	1964 年 4 月 28 日
冰岛	欧洲	1961 年 6 月 5 日	芬兰	欧洲	1969 年 1 月 28 日
挪威	欧洲	1961 年 7 月 4 日	澳大利亚	大洋洲	1971 年 6 月 7 日
土耳其	欧洲	1961 年 8 月 2 日	新西兰	大洋洲	1973 年 5 月 29 日
西班牙	欧洲	1961 年 8 月 3 日	墨西哥	北美洲	1994 年 5 月 18 日
葡萄牙	欧洲	1961 年 8 月 4 日	捷克共和国	欧洲	1995 年 12 月 21 日
法国	欧洲	1961 年 8 月 7 日	匈牙利	欧洲	1996 年 5 月 7 日
爱尔兰	欧洲	1961 年 8 月 17 日	波兰	欧洲	1996 年 11 月 22 日
比利时	欧洲	1961 年 9 月 13 日	韩国	亚洲	1996 年 12 月 12 日
德国	欧洲	1961 年 9 月 27 日	斯洛伐克	欧洲	2000 年 12 月 14 日
希腊	欧洲	1961 年 9 月 27 日	智利	南美洲	2010 年 5 月 7 日

续表

国家	地区	加入时间	国家	地区	加入时间
瑞典	欧洲	1961 年 9 月 28 日	斯洛文尼亚	欧洲	2010 年 7 月 21 日
瑞士	欧洲	1961 年 9 月 28 日	以色列	亚洲	2010 年 9 月 7 日
奥地利	欧洲	1961 年 9 月 29 日	爱沙尼亚	欧洲	2010 年 12 月 9 日

作为国家间组织，经合组织既拥有基础经济信息数据收集、分析、建议的功能，又能通过其成员国之间的正式讨论、投票和签署协定，协调国际政策，制定或改变国际经济规则。

数据收集
数据分析
研讨
决策
实施
同级评审、多方监督

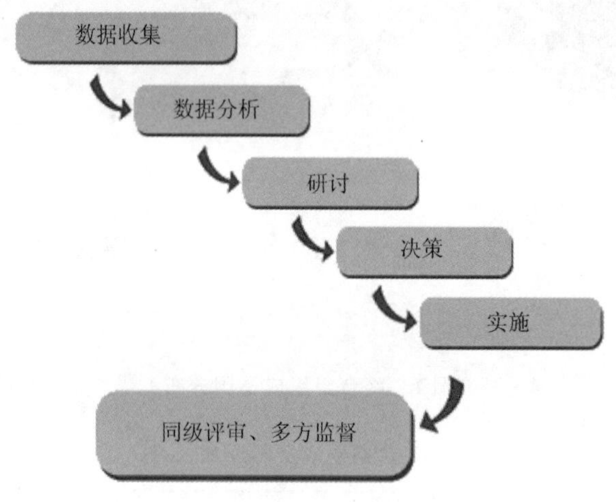

图 2　经合组织工作流程图

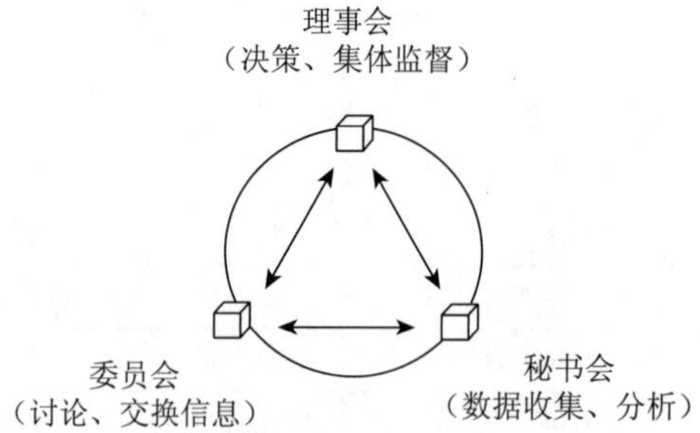

理事会
（决策、集体监督）
委员会
（讨论、交换信息）
秘书会
（数据收集、分析）

图 3　经合组织机构框架及职能

在信息收集和分析领域，经合组织在有关公司治理、投资、跨国并购、反商业贿赂、资本流动等方面的研究颇具权威性，经常为世界银行、国际货币基金组织、世贸组织引用，作为起草标准、达成协议的基础。在正式决策领域，经合组织也有一整套完善的组织结构:其最高决策组织为理事会,履行决策和集体监督之职责,有权通过决议、建议、声明、安排、谅解备忘录、国际条约等各种形式的法律文件;理事会由各成员国分别派出一名代表组成,每年召开一次部长级会议,讨论协调各国间经济政策的关键问题。欧盟也必须派一名独立代表参加会议,但无投票权。

虽然美国、日本是承担经合组织会费最多的国家,但理事会运作程序与欧盟委员会相同,采取集体一致原则,即各成员国都拥有一票,且所有决策必须在协商一致的基础上达成,不能存在反对票。各成员国也可以通过对某一决议弃权的方式使其得以通过,而这样通过的决议对其他成员国仍有约束力。这无疑在决策机制上避免了世界银行、国际货币基金组织等机构中美、日等国一股独大的局面。

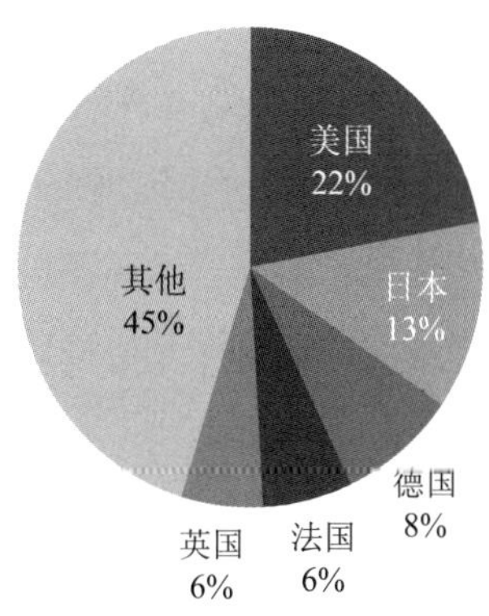

图 4 经合组织成员国会费承担比例

对于中国来说,如果能够加入经合组织,最大的好处是可以通过各种正式和非正式渠道了解各个成员国在重大经济事务谈判上的立场和看法,共享经合组织掌握的信息,从而增强设定国际经济事务议程、塑造国际经济秩序的能力。但实际上,经合组织并不仅仅是一个经济合作组织,现阶段中国并不具备加入的实际可能。因此,研究和分析经合组织公开发布的政策文件、成员国之间经贸谈判的内容,成为追踪和把握其政策动向的重要途径。这也有助于中国从总体上了解西方社会在经济领域的动向,提前做好相应准备,制定合理的应对之策。

(二)经合组织国家与当前国有企业议题

当前,经合组织成员国正在参与或主导两项可能改变未来世界贸易格局和经济秩序的谈判:环亚太地区的 TPP 谈判和跨大西洋两岸的 TTIP 谈判。美国是 TPP 谈判的主导者和推动者,而欧盟和美国在 TTIP 谈判中都扮演重要角色。在 TTP 和 TTIP 谈判中，国有企业行为规则问题均为重要内容。亚洲发展中国家在国有企业问题上将面临重大压力和全新挑战。

总体来看，国有企业行为规则问题在这两大谈判中都是一项重要内容，区别在于：在TTIP谈判中，美国与欧盟已达成原则共识，即应当采取措施防止国有企业在国际经济领域的竞争中获得其他企业无法获得的不公平竞争优势；而TPP谈判虽已进行多轮，但关于国有企业（State Owned Enterprise，SOE）的条款，具体内容尚未商定，因为包括新加坡、马来西亚、越南在内的一些国家对于限制国有企业拥有的竞争优势、降低国家对国有企业在市场竞争领域政策扶持的立场仍然心存疑虑。

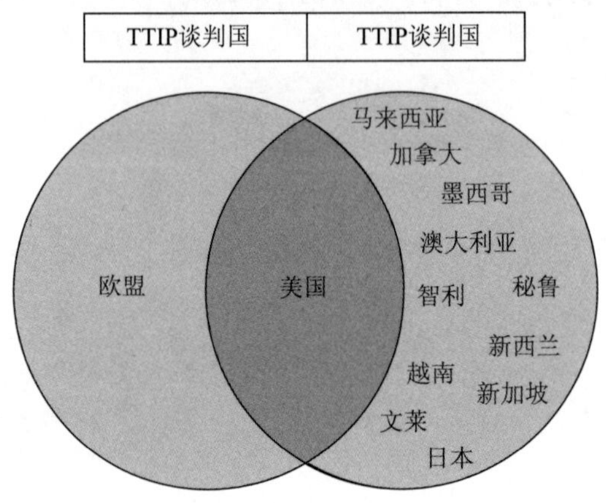

图5 两大谈判与国有企业议题

表2 经合组织成员国国有企业情况（2009年）

项目	国有股份超过50%的企业				国有股份占10%～15%的上市公司（即国有参股企业）
	国有股份超过50%的上市公司	国有股超过50%的非上市公司	法定公司	国有绝对控股企业（前三类）合计	
企业数量（家）	48	1764	273	2085	54
就业人数（人）	862433	2361079	1110158	4333670	2618790
资产价值（亿美元）	5184	7436	1548	14168	7671

资料来源：Christiansen, H. (2011), "The Size and Composition of the SOE Sector in OECD Countries", OECD Corporate Governance Working Papers, No. 5, OECD Publishing.

可以说，国有企业条款虽然首先制定于欧盟内部，但是随着欧洲内部、美欧之间就国有企业问题形成较为一致的立场和态度，政府在经济领域普遍发挥更直接、更广泛作用的亚洲国家在国有企业问题上将面临越来越大的压力，在参与制定国有企业在市场竞争领域准则时将会面临全新挑战。

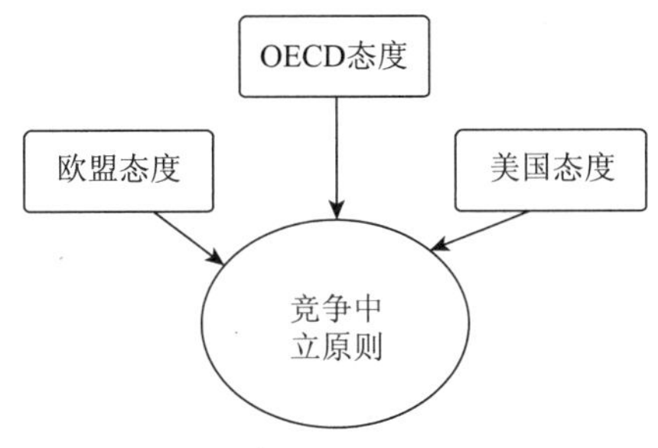

图 6　各组织共通原则

1. 欧盟在 TTIP 中对国有企业概念的扩展和政策立场

欧盟认为，传统的关税壁垒已被隐藏壁垒所取代，例如私营和公共企业的反竞争行为，因此在新的贸易谈判中必须制定出维护"公开、公平和竞争性的国际市场"的竞争政策，确保各国国内和国际竞争性市场运转良好。为实现这一目的，欧盟认为一方面需要依靠和加强国际竞争网络、经合组织竞争委员会等国际机制，另一方面需要美欧加强在竞争领域的双边和多边合作，共同成为"全球竞争实施机制"的"压舱石"。①

在欧盟看来，国有企业这一概念应涵盖一切国家所有、国家控制和受到国家影响的企业，即国家持有或拥有特殊排他性权利及其他特权的企业。在具体谈判中，欧盟认为，当前 TTIP 的主要任务是清楚地确认在国有企业议题中已确定的价值观，并把正在执行的相关做法固定化，说服所有其他国家"承认开放和不被扭曲的竞争性市场的好处"。欧盟强调，一切"引诱或者命令国有企业或拥有特殊的排他性权利或者特权的企业采取反竞争行为、颁布有利于某些企业的管制措施、向其发放补贴或者其他产生类似效果的做法"都属违反公平市场竞争原则的行为；它还着重指出"这些做法同样适用于那些形式上是私人企业的部门"。欧盟认为"TTIP 应当建立处理政府干预是否是扭曲市场行为的平台，不论是在本国还是第三国，不论其是任何一级政府"。②

因此，欧盟在国有企业议题上的方针是"在基于所有制和有效控制这两者的基础上考

① Initial position papers for 1st round negotiations, European Commission Directorate - General for Trade, Directorate E, Unit E1, Trade relations with the United States and Canada, Brussels, TIPP Rules Group, Anti - Trust & Mergers, Government Influence and Subsidies, 19 June 2013.

② 同上。

虑定义，目的是为了发现政府在企业战略决策上发挥决定性影响的可能性”。欧盟政策文件还特别指出，“补贴(包括直接的给予、低于市场利率的贷款或者无限的担保)严重扭曲了世界市场，使得优势流向进行补助的国家，而对国有企业的补贴会产生更大的扭曲”。

欧盟在反补贴领域想要实现的目标和在整体国有企业问题上的立场高度一致，即：

一方面，在 WTO 补贴与反补贴措施协议(Agreement on Subsidies and Countervailing Measures，ASCM)的基础上进一步强化补贴政策的纪律，确定对市场扭曲性最强的补贴形式，充分公开和贸易相关的补贴信息，进一步提高关于商品和服务补贴的透明度。

另一方面，要建立“高于 WTO 标准”的国际机制，要求任何协议成员在做出可能损害其他相关方的补贴决定前进行知会，形成事前寻求各方均能接受方案的信息咨询机制。总之，欧盟在整体国有企业议题上的方针就是“更高的透明度、更广阔的监察范围和更有力的国际监察力度”。①

2. 美国在 TPP 中对国有企业兴起的反应及议程设置

同欧盟相比，美国国内并不存在国有企业问题，它在相关议题领域不像欧洲那样有丰富的实践经验和一套比较成熟的管理框架和标准，因此，在很大程度上美国在国有企业议题上经历了从被动反应到主动采取行动的变化。

从 2012 年 3 月起，美国也开始就国有企业领域展开了密集的宣传攻势，并最终在 2012 年 5 月进行的 TPP 第二轮谈判中正式抛出了国有企业议题，使其成为 TPP 协议中既重要又敏感的一部分。美国政府对国有企业的成长和壮大主要有四点担忧(见图 7)。

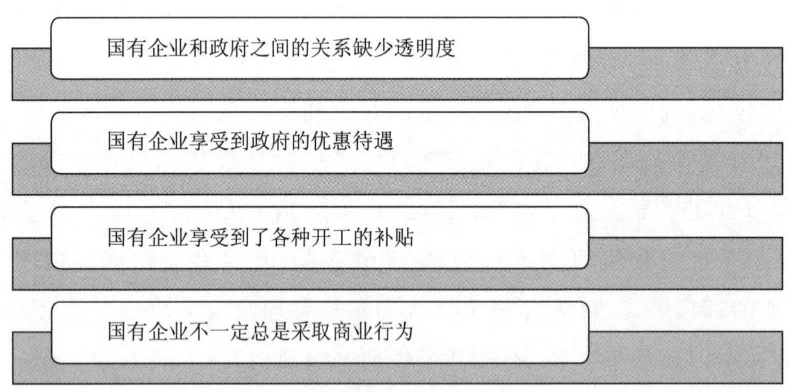

图 7　美国政府对国有企业的担忧

① Initial position papers for 1st round negotiations，European Commission Directorate - General for Trade，Directorate E，Unit E1，Trade relations with the United States and Canada，Brussels，TIPP Rules Group，Anti - Trust & Mergers，Government Influence and Subsidies，19 June 2013.

其中，美国详细列举了十项国有企业享受到的政策优待、七种国有企业享受到的主要补贴及五项常见的非商业性质的行为：

A. 国有企业政策优待：享有为国有企业专门制定的管理措施、享有法律豁免权（例如竞争法）、享有管理和司法领域中的豁免权（例如知识产权）、免于犯罪诉讼、在排他性或者优待的基础上享有在受限的领域和分配渠道上的准入、在供应上享受优待或者被授权控制供应、申请执照时享受便捷和优先待遇、拥有更好的信息获取渠道、能够强制性地要求外资组成合资公司并转移技术、能够参与制定歧视性的国家标准。

B. 国有企业补贴：直接补贴、优惠的融资渠道、获得出口信贷的便利渠道、优惠的税收待遇、以低于市场成本的价格获取投入的渠道、享受政府保障而无须赚取利润的优待、免于破产的待遇。

C. 非商业性行为：利用政府指导、从旧有资产中获益、采取歧视性的购买和销售、实施购买国货政策、腐败和贿赂。

与欧盟一样，美国政府公开表明贸易协定的内容"不是为了规定经济的组织形式，无论商业活动是完全私人的、混合的或者国有的，均是国家可以自由选择的事务，贸易协定不是推动私有化"。

事实上，美国担忧的是"公平的竞争体系"正在受到或明或暗得到国家支持的公司的侵蚀，而这种对不公平竞争的担忧将可能导致很多国家走向"恐外症"和"保护主义"，这是违背美国的核心利益及其支持的基本世界经济秩序的。

美国贸易部门据此认为，如果不在 TPP 中讨论国有企业议题，那么 TPP 成员国的国有企业将伤害其他国家的私人企业甚至国有企业的利益，制造贸易纠纷，削弱国际贸易和跨国直接投资，迫使各国按照本国的意愿削减其他国家国有企业在本国的活动，而这会因为缺乏统一的标准陷入混乱的局面。因此，美国认为，一个高标准的协定必须包括有关国有企业的内容，并且能够作为以后签署自由贸易协定（FTA）和设计 WTO 规则的样板。①

不过，美国对国有企业采取了较为原始和狭窄的定义，明确了 TPP 中所说的国有企业规则只适用于完全符合标准的"商业国有企业"。这种商业国有企业必须满足三个标准：

（1）国家必须拥有部分所有权；

---

① Establishing Rules of the Road: Commercial SOEs & Private Actors, U. S. Chamber of Commerce and National Foreign Trade Council, SOE Presentation, March 4, 2012, Melbourne, pp. 14～16.

(2)必须参与到商业活动之中；

(3)必须与其他商业活动参与者处于竞争状态。

除此以外，美国还明确表示，“可能服从政府影响的私人企业”不适用于未来制定出来的国有企业规则，这与欧盟政策中一视同仁地对待国有企业和拥有特殊的排他性权利或特权的企业的做法不尽相同，体现了双方的政策差距。①

(三)竞争中立及其制度框架

国有企业市场行为规则本身就是一个比较复杂、涵盖多领域的概念，既包括一般的补贴和金融扶持，也包括政治性较强的市场准入、政策偏向等内容。但无论是美国、欧盟还是其他 TPP 成员国都认同，制定国有企业条款或相关规定的目的是为了给“私有和公共企业提供一个公平竞争的平台”，消除宽泛意义上的国有企业在国内和国际商业竞争中的不平等优势。虽然竞争中立精神在欧盟条约的竞争条款中已存在 50 年以上②，但澳大利亚才是首先使用“竞争中立”这一名词，并形成完整模型和体系的国家。1995 年，澳大利亚政府针对 20 世纪 90 年代初国有企业改革出现的诸多反竞争行为，出台竞争中立政策，旨在消除公有制机构在从事商业活动时因其公有制性质获得竞争优势而引起的资源配置扭曲。后来，这一概念陆续被美国、欧盟及经合组织其他国家所接受。

2011 年 4 月，经合组织在澳大利亚“竞争中立”政策的基础上，结合各成员国有关实践，发布了题为《竞争中立和国有企业：挑战与政策选择》③的工作报告，对“竞争中立”进行了定义，即任何商业实体不应仅因其所有制性质而具备竞争优势或竞争劣势。报告提出，在制定框架时，竞争监管部门必须考虑反竞争行为的源头。如果是政府为保护自己的企业而故意为之，其他当事方则应采取“呼吁”手法，提醒政策制定者认识到政策可能对市场竞争造成的扭曲，同时呼吁公众关注此事。如果是政府施政时无心所为，那么就应促使政府采用提高透明度或其他具体的竞争中立政策。

2012 年经合组织又发表了在竞争中立理论方面集大成的《竞争中立：维持国有企业与私有企业公平竞争的环境》。该书对竞争中立进行了一般性定义，即“在经济市场中运行的任何实体均不存在不当竞争优势或劣势”，这一定义从表面关系上使所有制与竞争

---

① Establishing Rules of the Road: Commercial SOEs & Private Actors, U.S. Chamber of Commerce and National Foreign Trade Council, SOE Presentation, March 4, 2012, Melbourne, pp. 19.

② 欧盟条约 106 条(原欧共体条约 86 条)规定，凡是提供涉及公共经济利益服务的政府实体或代表政府的私有实体，均须遵守欧盟条约的竞争条款，除非条款本身对服务的提供造成障碍。

③ OECD (2011), “Competitive neutrality and State - Owned Enterprises: Challenges and policy options”, OECD Working Papers on Corporate Governance, No. 1, www.oecd.org/daf/corporateaffairs/wp.

“脱钩”。该书还进一步提出了确保竞争中立的所谓“八大基石”:一是精简国有企业运作形式,使国有企业与私有企业面临相同法律约束;二是核算特定职能的成本并建立成本分摊机制以提高透明度;三是要求竞争领域的商业化国有企业必须获得与业内企业相当的回报率;四是对政府规定必须承担的公共政策职责必须给予足够、透明的补偿,并确保补偿机制的问责性;五是坚持税收中立,使国有企业与私有企业面对相同的税收待遇;六是坚持监管中立,监管环境及监管执行不应对不同所有制企业有任何歧视;七是坚持债务中立,避免国有企业获得优于私有企业的信贷条件或来自政府的直接补贴;八是坚持政府采购中立,确保采购政策与程序具有竞争性、非歧视性和透明度。

总体看来,经合组织国家私有企业对竞争中立和国有企业的担忧主要体现在两个方面。一方面担心位于垄断行业或得到政府补贴的国有企业向产业链上下端延伸,进入完全竞争领域,从而通过滥用定价权或交叉补贴等反竞争行为,实现对私有企业的竞争优势。另一方面担心一国政府通过税收、融资、补贴等扶持政策,帮助该国国有企业进入他国市场参与竞争,或一国政府为了保护本土国有企业,在市场准入或政府采购方面设置障碍,限制他国企业参与竞争。

二、经合组织国有企业市场行为规则

一方面,国有企业市场行为规则是要提高国有企业在所有权、组织结构、决策方式、资产和负债、盈利状况、价格机制等方面的透明度,也就是透明准则。另一方面,是要禁止和杜绝国有企业在运作中普遍存在的或有可能存在的反竞争行为。这两者构成了经合组织国有企业市场行为规则的两大内容。

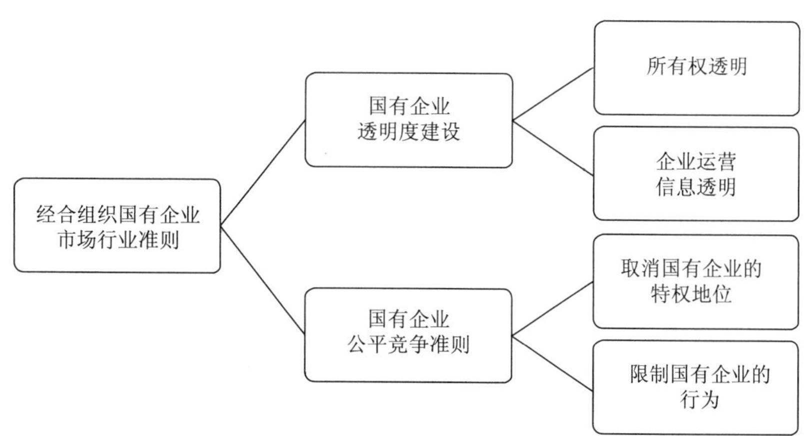

图 8　经合组织国有企业市场行为规则框架

图9　国有企业的反竞争行为

(一)国有企业的透明度建设

表3　国有企业透明度准则

国有企业透明准则	所有权透明
	组织结构透明
	决策方式透明
	资产、负债透明
	盈利状况透明
	价格机制透明

透明度可谓是国有企业市场行为规则的基础，欧共体委员会在1980年6月25日第一次提出的阐明国有企业概念、规范国有企业行为的指令就是透明指令。这个指令要求各成员国的企业应当公布其国家在企业中占有的股份、在企业中拥有多大程度的表决权以及在企业领导机构或监事会中的任命权。“如果国家对一个企业能够直接或间接地在企业注册资本中占有多数股份，或拥有与企业份额相关的多数表决权，或可以决定企业的管理机构、领导机构或者监事会一半以上的成员，那么可以推断国家能够对该企业行使支配性影响，该企业也就被称为国有企业。”①事实上，这一指令反映出作为经合组织重要组成部分的欧盟从一开始就非常关注企业产权、决策权和人事任免权这三项内容，这三项可以被总结为所有权透明的标准，其着眼点是国有企业与政府之间的真实关系。

而另一方面的信息透明则包括企业的真实资产和负债、运行和盈利状况、价格的形成机制，甚至更激进的美国对新加坡淡马锡集团提出的通告未来投资标的和拟进入业务领域

① 王晓晔，编．反垄断法与市场经济[M]．北京：法律出版社，1998：113.

等信息，这些构成了运营信息透明的标准，其着眼点是使国有企业的真实运作状况能够被国内外的相关方了解，在其行为违规时能够使来自国内和国外的问责成为可能。

1. 国有企业所有权透明

国有企业的所有权透明大致可分为三个互相联系的组成部分：所有权结构透明、所有权政策透明和股东之间透明。

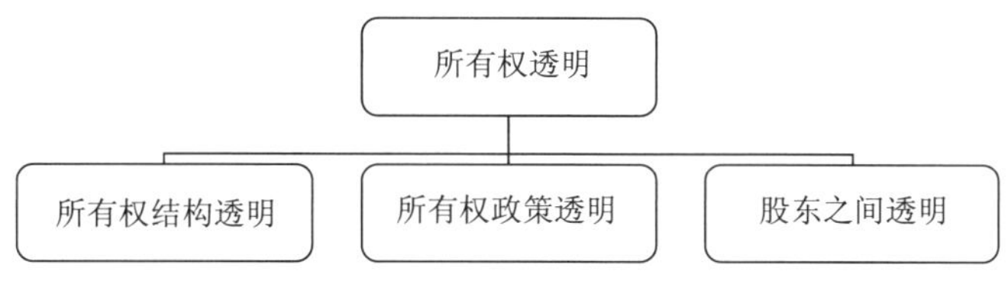

图 10 国有企业所有权透明

所有权结构指的是国家行使所有权或者产权的形式，强调的是作为独立法人的国有企业与其政府相关管理机构的关系。在这一领域内，透明的核心目的是清晰确定企业实际运营者，这就要求国有企业分离运营和行业管理两大职能，即政企分开。在经合组织看来，这是实现国有企业在国内和国际市场中平等竞争地位的基础。所有权政策透明，强调的是国家必须明确其建立的国有企业的职责范围和性质，其核心是建立起明确的问责制度，防止国有企业甚至政府有意利用其承担的公共政策职能为其商业性活动牟利。股东之间透明，强调的是国有大股东应当充分照顾少数股东的知情权和参与权，同时限制国家在国有企业中拥有的特殊权利，使国家对国有企业商业活动的政策干预透明化、规范化。

实际上，在所有权透明议题中包含着很多国际规则中的热点问题，比如政企分离、交叉补贴、政府采购和国家“黄金股权”等。

(1)所有权结构。2005 年，经合组织根据所有成员国国有企业运营情况把国有企业的所有权结构具体分为三类：分权结构、集权结构和双重结构。

分权结构，广泛存在于前苏联阵营国家，如捷克、波兰和匈牙利，其特点是“国有企业是由其从属的政府分支机构或行业部门来负责的”，并没有一个单一的部门来主管全部的国有企业。

集权结构，是指“大部分国有企业在一个部门内或由一个机构负责”，在经合组织国家中扮演这一角色的往往是财政部或工业部，部分国家（如比利时）甚至设置了专门负责处理国有企业运营和所有权问题的“国有企业与参与部”。

双重结构则是两种模式的中间状态，即国有企业同时受到一个行业部门及一个诸如财政部这样的“经济部门”的双重管辖，其特征是“各政府行业部门负责各自的国有企业，同时又有一个比其他机构更加公平的经济部门来保证各行业部门之间的协调并制定总体政策”①。

表4 经合组织成员国国有企业所有权结构

所有权职能组织形式	成员国	采用中间模式的国家	控股公司	咨询单位
政府行业部门模式	芬兰 英国(直到2003年)	德国 斯洛伐克 捷克	国家财产基金会 国家财产基金会	
双重模式	法国(至今) 希腊 意大利 韩国(三重模式) 墨西哥 新西兰 瑞士 土耳其 英国(特定业务)			国库部咨询系统
集权化	比利时 丹麦(2001) 法国(2004) 荷兰 挪威(2001/02) 波兰 西班牙 瑞典(2002) 英国(特定业务)	澳大利亚 奥地利	工业股份公司	政府商业和私人财物咨询机构

资料来源：经合组织. 国有企业公司治理：对OECD成员国的调查[M]. 李兆熙，谢晖，译. 北京：中国财政经济出版社，2005：35-41.

经合组织认为分权结构模式在国企以保值增值为目标参与国内外市场竞争的新环境中存在两大弊病：一是行业管理部门既负责制定产业政策、规制行业发展，又要行使企业出资人职能，无法避免国有企业“既是运动员，又是裁判员”的局面；二是会使外界很难辨认到底谁在真正运营国有企业，“一般公共观点倾向于由政府行业部门而非董事会来运营国有企业。公众可能会认为，这些部门或政府或多或少有权力干涉国有企业的日常经营”。②

① 经合组织. 国有企业公司治理：对OECD成员国的调查[M]. 李兆熙，谢晖，译. 北京：中国财政经济出版社，2005：35-41.

② 同上：37.

与分权模式相反，经合组织认为集权模式是未来国有企业所有权结构改革的方向，这种模式具有四个主要优点：① 集权模式下企业的所有权职能行使，即企业的运营，能够与产业政策制定和规制隔绝开来；② 在单一的集权部门领导下能够更好地执行有关信息披露、董事会任命及高管层薪酬等一致而稳定的方针；③ 集权模式能让国家和其他方面获得更高水平的国有企业的财务信息；④ 所有权职能的集中化有利于在财务报告或董事会任命等相关方面更灵活地任用专家。[①]

总之，经合组织在国有企业所有权问题上的立场是尽可能地避免国家按照产业分别设置专门部门来管理国有企业，因为这在很大程度上会导致国有企业及其主管政府部门和机构在利益上的高度一致化，从而产生各种“自肥”的政策后果。如果行业主管部门具有对国有企业高层领导的人事任免权的话，国有企业的实际运营和决策往往还可能会落到行业主管部门手中。

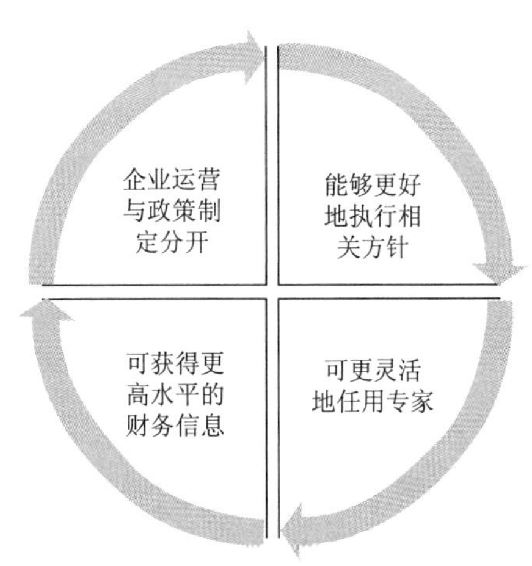

图 11　集权模式的优点

(2)所有权政策。所有权结构准则主要被用来防止国家政府中的某一部门将国有企业的所有权职责与其他国家职责独揽于一身，造成市场竞争中国有企业与其他部门的不平等状态，同时也尽可能地将所有权职能与具体的日常运行区别开来。但是，仅仅遵守所有权结构，并不能保证国有企业在市场竞争中不享受来自新的监管部门以及其他产业或者普通部门的优待，也不能保证国有企业负责任的行动及其绩效。因此，经合组织着手制定了“关于国有企业必须制定所有权政策目标”的准则，以在此基础上为国有企业的活动范围划清界限，并建立起合理的对国有企业的问责制度，避免因国家所有权的目标的描述模糊、复杂甚至自相矛盾而无法对一国的国有企业行为进行问责的状况发生。

在经合组织看来，所有权政策主要包括以下几点：

①设定国有企业的总体目标和具体企业的战略目标。总体目标一般而言是非常宏观和宽泛的，只是表明国家建立和经营国有企业的目的。

---

① 经合组织. 国有企业公司治理：对 OECD 成员国的调查[M]. 李兆熙，谢晖，译. 北京：中国财政经济出版社，2005：35－41.

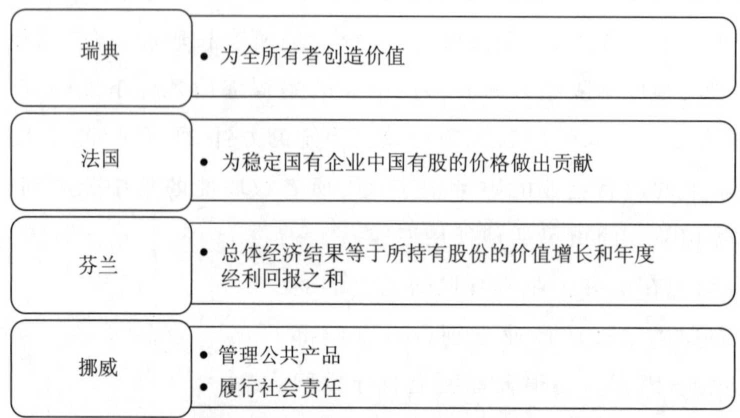

图 12　瑞典、法国、芬兰、挪威的国有企业总体目标

总体目标一般着眼于以国有股份为代表的国民财产的增值。但是在经济方面的目标之外，有的国家，如挪威，也强调“国家所有权意在管理公共产品，同时，国家作为所有者希望这些企业履行公司社会责任，并在树立基本价值观方面发挥示范作用”①。

②确定所有权机构的职能和遵循的原则。事实上，相对于大同小异的整体目标，这部分才是经合组织在所有权政策上希望进行规范的核心。经合组织认为其内容应当包括：

• 所有权机构被国家赋予的为履行其职能的权利；

• 所有权部门的主要职能；

• 国家机构内履行所有权的部门及其历史沿革；

• 所有权机构行使权力时应遵循的主要原则。其中第四点包含着决定国有企业组织结构和决策机制的实质性内容，如董事会的任命原则、董事会的和股东大会的角色和功能、外部审计机构或专家的任用，等等；

• 所有权政策如何保证国有企业与私人企业公平竞争的环境。②

清晰规定所有部门的主要职能，是为了清晰地区分国有企业的一般商业行为和为了社会和政策目的而履行的特别责任和义务，其中后者一方面意味着国有企业往往会采取一些非商业性质的活动或受到非商业性措施的影响，例如在提供公共产品时受到价格管制，另一方面则意味着国有企业在执行这种特别责任和义务时很有可能接受国

---

① 经合组织.公司治理：问责与透明度国家所有权指南[M].李兆熙，谢晖，译.北京：中国财政经济出版社，2010：12.

② 同上：13－14.

家的政策扶植和财政补贴。

因此,经合组织在《国有企业公司治理指引》的第一章第三款中规定,国家必须清楚地指明这种特殊责任的性质和程度,并把一切类似的"非商业"行为都用法律或者法规的形式明确化;公众应当被告知国有企业所承担的这种特殊职责对其总体资源和经济表现造成了何种影响;同时,国有企业因为执行这种特殊职责所担负的成本要被清晰地确定并且由国家通过预算,以法律条款或劳务合同的形式予以充分的补偿,但这种补偿不能产生扭曲市场的结果。①

换言之,经合组织在国有企业的商业活动和社会职责之间做出了明确区分,并要求成员国对国有企业承担的"特殊责任"的性质、程度和成本进行完全的公开,目的是明确国有企业享受国家政策和经济支持的范围,以确保其在市场竞争领域没有享受不正当优势。

③ 设定国有企业的具体目标。在明确了国有企业的总体目标、国有企业所有权机构及企业本身的职能及遵循原则后,经合组织认为所有权政策中仍需包括具体的企业目标,即定性目标和定量目标。

定性目标:这类目标包括确认国有企业是否按照所有权部门或其他部门针对国有企业制定的法律、章程或者规则来运营;国有企业是否按照国家政策完成了既定的目标以及表现如何;国有企业的董事会质量如何,所有权管理机构在董事会成员提名问题上表现如何。以法国的国家参股局为例,其定性目标就是测评国有企业在一些特定方面取得了多大进展,并且以百分数的形式对完成既定目标的情况打分,其中包括董事会的能力、审计和战略委员会运作的质量和职能有效性,以及与国家参股局的关系等。②

定性目标往往被用来检测企业在非经济领域的运转状况,考查企业是否按照既有的所有权政策采取行动。但是其之所以被称为定性目标,是因为它在某种程度上难以像国有企业的经济表现那样直接进行量化,因此对定性目标完成度的检测也存在着一定的主观性和模糊性。

定量目标:这类目标在很大程度上是企业的财务目标的同义词。由于这类目标与国有企业的运营状况之间的关系既紧密又清晰,因此对定量目标的考核往往容易成为对国有企业考核的主要方面。在具体财务目标的设定上,经合组织推荐的最佳标准是经济增加值法(Economic Value Added, EVA)。

① OECD Guidelines on Corporate Governance of State - Owned Enterprises, OECD, 2005, p. 20.

② 经合组织.公司治理:问责与透明度国家所有权指南[M].李兆熙,谢晖,译.北京:中国财政经济出版社,2010:15.

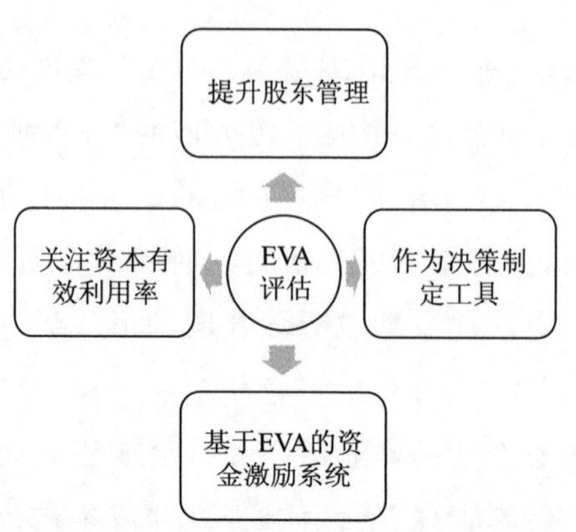

图 13　EVA 价值评估体系特点

经合组织认为"EVA 法的核心优势在于该体系使管理层认可这样一种思维方式，即任何资本都是有成本的，从而使管理层有效配置资本"①，这会促使国有企业的管理层追求与社会其他部门，也就是私营部门相近的效率和资本利用率，而不是单纯依靠已有的庞大资本获得虽为数甚多但与其资本比例并不协调的利润。这种计算方法在实际中会使很多占有垄断性或者统治性地位的企业业绩大为失色。

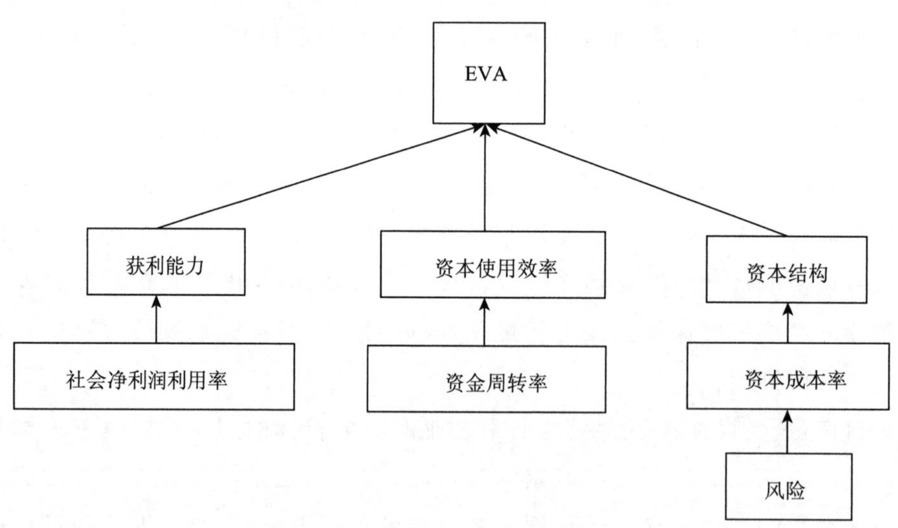

图 14　EVA 公司价值驱动要素

① 经合组织. 公司治理：问责与透明度国家所有权指南[M]. 李兆熙，谢晖，译. 北京：中国财政经济出版社，2010：53.

(3)对少数股东的透明。除了所有权结构和所有权政策上的透明和规范以外，经合组织对国有企业的内部结构同样也非常关注。这是因为前两者只能在宏观领域保证对国有企业、对国家和公众的一般性透明，但对于包括具体的商业决策、商业运营情况等涉及商业机密的信息的透明则无能为力，而这后一类信息对于含有国有成分的股份制企业中的小股东的权益则是至关重要的。

经合组织认为在实际的运行过程中，“在国有企业中，国家作为控股股东在全体股东大会上可以在未征得少数股股东同意的情况下做出决策，也可以决定公司董事会的构成，因此，国家可能会损害少数股股东的利益。进而言之，国家还可能在承担其他政治和政策目标时，把成本转嫁给只拥有少数股权的股东”。[①] 因此，经合组织非常重视国有企业中占多数或关键地位的国家和其他少数股股东的关系，如无特别措施保护，“占控制地位的股东很容易滥用其地位，行使与其作为所有者所承担的风险不匹配的控制权”，而且这种行为往往是在“法律体系和市场的许可下利用法律机制实现所有权和控制权的分离”。[②]

因此，经合组织认为，为了使国家和其他少数股股东能够得到平等对待，必须确保国有企业中“平等对待所有股东”的原则，加强对少数股股东的保护，确保少数股股东的权利和国有企业对他们的信息透明，其建议主要包括如下内容：

① 国家加强与少数股股东的交流与咨询机制。经合组织认为国家和国有企业董事会应主动地确认企业股东的身份，并“及时”和“系统性”地向少数股股东通报企业运行状况以及为未来决策所准备的背景材料，特别是公司已采取的决策、资本结构变更和股东协议的变化。

经合组织认为国有企业的董事会只有在法律框架的要求以外，建立与少数股股东的交流和咨询机制，才能保障少数股股东拥有获得一切与商业决策相关的必要信息的正当而容易的途径。[③] 实际上，只要能够保持国企整体的高透明度，少数股股东的知情权就能很容易得到保障。有的国家专门采取了额外的措施来对少数股股东予以保障。例如意大利证券交易委员会为了“平等对待少数数股东”，就规定上市公司不能向所有权实体透漏任何不对少数股股东透漏的信息；而在希腊，大部分上市公司都设有专门的

① 经合组织.国有企业公司治理：对经合组织 成员国的调查[M].李兆熙，谢晖，译.北京：中国财政经济出版社，2005：55.

② OECD Guidelines on Corporate Governance of State-owned Enterprises, OECD, 2005, p.34.

③ 同上：34-35.

“少数股股东大会”，由国家股东以外的所有股东参加。[①]

② 增强少数股股东在董事会中的决策权。经合组织认为，由于国家在国有企业中往往占有优势性的甚至绝大多数的股权，国有企业很可能在全体股东大会或董事会之外就已通过内部安排做出决策，而这会在实际上剥夺少数股股东的决策权，甚至使全体股东大会或董事会沦为纯粹的走过场。特别是少数股股东本身存在极大的分散性，国有股份即使并不处于绝对多数也很容易在召开股东或董事会会议时得到过度代表。

为了矫正这一问题，多数经合组织国家采用各种措施使少数股股东能够更接近国有企业的决策程序，如：允许缺席投票，推广使用电子投票，降低数量众多的少数股股东参与会议投票的成本以鼓励包括企业职工股东在内的少数股股东参与会议等。更重要的是，增强少数股东在董事会中的代表权，通过赋予少数股东比其单纯股份更多的权利来制约作为控股股东的国家。

表 5　部分国家在董事会中增强少数股股东权利的做法

国别	做法
丹麦	国有企业的少数股股东被授予了董事会代表权
西班牙	国有企业的少数股股东被授予了董事会代表权
斯洛伐克	在国有股份超过51%的国有企业，国家通过股东合同授予少数股股东多数董事会代表权
意大利	通过累积投票制体系授予少数股股东与其持股不成比例的表决权
挪威	少数股股东可参加选举委员会，任命董事会成员
芬兰	对于股份制的非上市公司而言，国家与其他所有者签订股东协议，从而授予他们董事会代表权
希腊	关于国有企业的法律包含了少数股股东参与董事会的条款
土耳其	如果私人股东集体拥有国有企业子公司的股份超过20%，那么他们就有权提名或任命董事，每20%的股份可以提名或任命1名董事，但在董事会中总共不能超过2名

③建立有效的少数股股东赔偿机制。总体上经合组织在包括《国有企业公司治理指引》以及《问责与透明度国家所有权指南》在内的主要文件中并未明确把少数股股东赔偿机制列入“平等对待少数股股东”的原则之中，目前少数股股东对国有企业的索赔机制还主要存在于经合组织成员国内部。

例如，按照波兰《商业公司准则》，在股东大会投票中，任何股东均可质疑大会决议。只要该决议违反了法律法规或良好实践、损害了公司或其他股东的利益，那么股东就可以起诉公司并要求该决议无效；或者当股东未出席股东大会、股东大会未按规定召开、

① 经合组织.国有企业公司治理：对经合组织成员国的调查[M].李兆熙，谢晖，译.北京：中国财政经济出版社，2005：73-74.

在没有正当理由的情况下股东被禁止参加股东大会时，股东也可以在法院提起诉讼。除了推翻决议之外，股东还可以在没有得到与决策相关的充分信息时，通过法院要求获得必要的信息。[①]

④限制国家“黄金股份”的规定。黄金股份最初只是国家作为少数股东在企业中保持的一些优先股，但是随着演进，“黄金股”的概念超越了优先股，成为对国家在私营股份占多数的股份制企业中所拥有特权的一种代称。黄金股份一般在政府将原国有企业私有化时出现，是指政府虽然将股份中的大部分出售给私人部门，但是同时却规定国家虽然是少数股权人，但是对私有化后该公司的特定交易行为具有决策权或否决权。

在经合组织看来，“黄金股权”的做法可能会造成严重后果：一方面，国家可以从最重要的国有企业撤资甚至使其私营化，在减少投入的情况下从私有化中获得财务收入；另一方面，国家又未放弃对这些企业的控制，还保留了对私人公司未来的所有权、控制力以及对战略行为的特殊影响。而且，这种“黄金股权”在实际运用中往往是针对外来投资者的，构成了跨国资本流动的直接障碍。

因此，欧盟及其下属的司法委员会一直试图禁止国家继续采取“黄金股权”政策，最终通过 2002—2003 年间针对葡萄牙、法国、英国、西班牙和比利时五国的六项欧盟法院判决，彻底终结了这一特权机制，“并要求各国政府不得再制定类似政策，建立了各国立法的原则，即各国有责任阻止限制《欧共体条约》中资本流动自由和建立机构自由的法律的出现”，这在经合组织看来具有“里程碑意义”。[②]

在欧盟以外，韩国等国家也同时取消了这种特权。按照 2013 年欧盟在 TTIP 谈判中对国有企业/拥有特殊的排他性权利或者特权的企业的宽泛定义，由于在决策程序上仍然受到国家的直接影响或控制，这种国家拥有“黄金股份”的私营企业依然属于国有企业条款规范的对象。

这说明经合组织和欧盟希望能够将反“黄金股权”的原则进一步推广，直至成为世界投资市场中的普遍准则。

2. 企业运营信息透明

经合组织认为，与其他公司相比，透明度和信息披露对国有企业更为重要，其表明国有企业与政治控制还保持着一定距离，能够向公众清楚地展示国有企业的目标以及

---

① 经合组织. 国有企业公司治理：对经合组织成员国的调查[M]. 李兆熙，谢晖，译. 北京：中国财政经济出版社，2005：77.

② 经合组织. 国有企业公司治理：对经合组织成员国的调查[M]. 李兆熙，谢晖，译. 北京：中国财政经济出版社，2005：79.

对董事会有效的业绩监督机制。经合组织将这一整套关于国有企业运营信息的准则称为信息披露政策。

尽管经合组织也强调了制定信息披露政策应当从梳理现有法律法规和国有企业的实际运作状况开始，考虑信息披露政策的“可操作性”，但它同时也明确指出，国家对现有整体法律框架中的实际执行情况和不足之处应有一个合理判断，并对现有的法律法规框架进行相应修改，以达到经合组织在公司治理指南中设定的信息披露标准。

总之，经合组织希望国有企业的信息披露政策同时满足以下四个要求[①]：①使国家自身能够有效行使所有权职责；②使国会能够扮演国家所有者业绩表现评估者的角色；③唤起媒体对有关事项的关注；④使公众清楚了解国有企业经营业绩的有关情况。不过，经合组织在信息披露政策上对国有企业提出的特别要求指出，基于公众利益，无论是否是上市公司，无论拥有何种法律地位，国有企业都应该按上市公司的标准进行信息披露，保持自身的信息透明。而其中的上市公司或大型国有企业还应当制定最高水准的信息披露政策，而且这种政策应当符合国际标准，这要求董事会所有成员都必须在确实符合国有企业运作情况和财政状况的报告材料上署名，同时这些材料还要获得首席行政官和首席财务官的附署。

除了按照企业的规模和上市与否以外，经合组织还认为肩负着重要国家政策目标或拥有国际影响力的国有企业也必须按照最高的标准来实施信息披露政策。经合组织指出，在欧盟内部，凡是为了公共利益接受国家补贴的企业都要按照更严格的标准来执行信息披露政策，必须拥有独立账户以应对对其公共职责的审计。[②]

(1)报告制度。经合组织将国有企业总结的报告制度大致分为三类：总体报告制度、事前报告制度、事后报告制度。尽管一般《公司法》都要求企业在事前说明希望达到的目标，但经合组织仍然认为事前报告和总体报告对国有企业有特别的针对性。

①总体报告。这类报告与事前和事后报告有明显区别。首先是主体不同，总体报告是由国有企业所有权机构而非企业本身提供的，在集权模式中由负责所有国有企业事务的经济部门负责准备[③]，而在二元型的所有权结构中则由多个相关部门共同负责，这显然难以真实有效地反映国有企业整体情况。

---

① 经合组织.公司治理：问责与透明度国家所有权指南[M].李兆熙，谢晖，译.北京：中国财政经济出版社，2010：78-79.

② OECD. Guidelines on Corporate Governance of State-owned Enterprises，2005：pp. 43-44.

③ 经合组织.公司治理：问责与透明度国家所有权指南[M].李兆熙，谢晖，译.北京：中国财政经济出版社，2010：66-67.

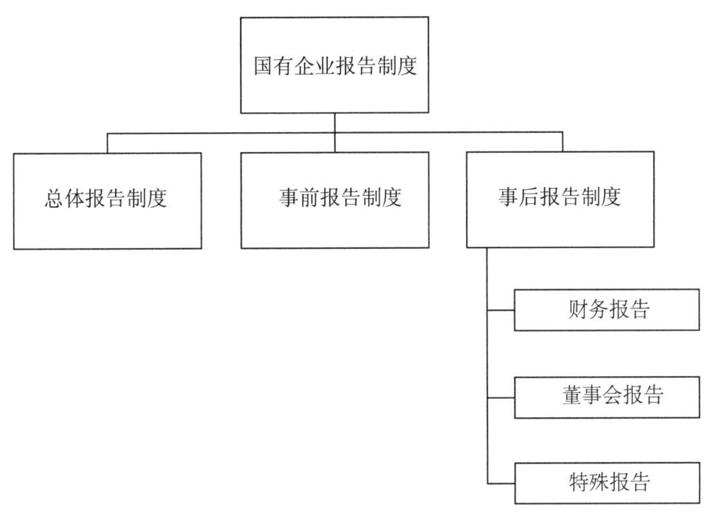

图 15 国有企业的报告制度

表 6 部分经合组织国有企业总体报告情况

国家	总体报告
加拿大	加拿大财政部秘书处向议会提交年度报告
丹麦	财政部每年向有关议会委员会(拨款委员会,Appropriation Committee)做有关国有企业形势的报告
芬兰	国家审计署(National Audit Office)每年就国家控股公司的效益和经济状况提交一份综合年度报告或调查报告。另外,政府须向议会提交一份关于中央政府财务管理和状况的报告,这份报告的内容包括所有权政策、国有企业财务报表和国有企业如何达到其服务和运作的目标
意大利	Corte dei Conti 每年就每个国有企业的活动向议会提交报告
荷兰	财政部需要就所有国有企业的财务效益问题同议会进行沟通
波兰	财政部每年都要提交《国有资产经济和财务状况报告》,这份报告需要得到议会和政府两方的批准

资料来源:经合组织.公司治理:问责与透明度国家所有权指南[M].李兆熙,谢晖,译.北京:中国财政经济出版社,2010.

其次,在给政府、国会、媒体和公众提供关于国有企业整体表现和演进状况的报告时,总体报告是把所有国有企业作为一个整体,而不是局限于个别企业或者行业,这一功能是任何单一的企业事前或者事后报告所不具备的。

最后,总体报告追求的是最大程度的公开性,其报告对象是国内外的所有公众,而其他的报告因涉及商业机密可能在不同程度上是保密的,仅限于相关的国有企业与所有权实体、咨询机构或政府获得。

②事前报告。国有企业的事前报告机制是与国家的所有权政策目标紧密联系在一

起的，所不同的是它需要说明的仅仅是单个国有企业在经济指标上和履行公共政策目标上的具体情况。根据所在国家不同，这种事前报告的形式区别很大，可以是公司目标声明、企业管理和合同或商业规划。

经合组织在这一议题上的兴趣主要集中在两个方面：一是如何更准确地衡量国有企业的运营业绩和企业目标之间的关系，二是如何平衡政府对目标的同步监管和激励国有企业自主运营。

经合组织发现，在发展中国家推广的“国有企业业绩合同”模式的实际运行状况不是很好，国有企业往往无法达到政府为其制定的社会政策和财务方面的目标。实际上，不仅在发展中国家如此，在发达国家，如法国，在竞争性领域和垄断但是具备社会敏感性、涉及就业的铁路、公共交通领域，该模式表现也相对不佳。

经合组织认为，出现这种状况的原因是在制定合同的过程中，由于信息不对称或者政治干预等问题非常普遍，国有企业的实际管理者往往处于弱势地位，政府作为总体目标的制定者往往容易脱离实际状况；另外，政府有时候不能够履行其在业绩合同中的承诺，在这种情况下虽然能够明确责任的归属，但是国有企业并不能像在一般的商业合同中那样获得赔偿[①]。

③事后报告。经合组织成员国国有企业的事后报告主要分为财务报告、董事会报告和特殊报告三个主要部分。在财务报告中，国有企业无论上市与否，或者是否为国有独资，都要按照《公司法》规定披露相关的财务信息。

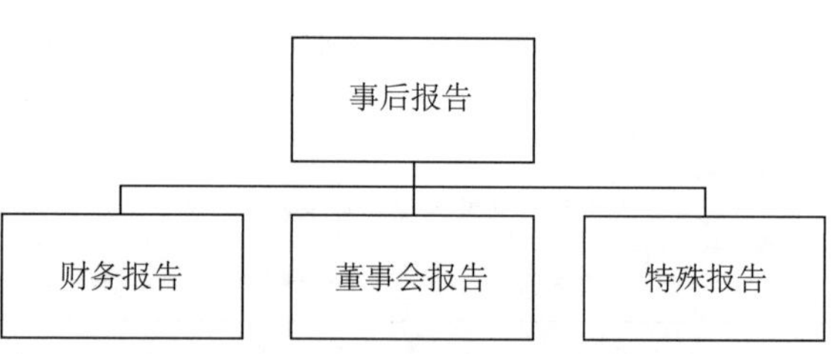

图16　经合组织国有企业事后报告制度

在这方面，经合组织实际上为国有企业设置了比私营企业更高的标准。它指出，由于国有企业“公共”的性质，它们应当比私人企业具备更多的公共性：一方面，如上文所提到的，那些未上市的国有企业要按照上市公司的标准来自我约束；另一方面，瑞典甚至规定，即使是国有独资企业，其股东大会也要对公众开放，其依据是“由于这些公司最终属于瑞典人民，所以公开且专业地披露其信息、保证其透明度是一项民主诉求，政府认为这些国有公司至少应该像上市公司那样透明”。[②]

---

① 经合组织. 公司治理：问责与透明度国家所有权指南[M]. 李兆熙，谢晖，译. 北京：中国财政经济出版社，2010：75-76.

② 经合组织. 公司治理：问责与透明度国家所有权指南[M]. 李兆熙，谢晖，译. 北京：中国财政经济出版社，2010：76.

董事会报告与一般企业没有太大差别，包括董事会自身构成及薪酬、企业的运行状况、企业环境及其动态变化、审计和外部咨询的程序，等等。而特殊报告的内容，则往往依国家而定，一般反映该国关注的重点，例如有些国家将国有企业的价值增加与私有企业的资本回报率对比作为重点，有些国家则会把私有化进程、是否遵守竞争政策等作为重点。

(2)审计制度。除了报告制度以外，经合组织还要求国有企业必须同时拥有内部和外部审计程序，在大型国有企业中还应当设有独立的审计系统。

对于内部审计，经合组织并没有对国有企业提出高于一般企业的要求，只是要求这一审计机构与企业内的其他部门保持独立，直接向董事会或监督委员会负责。但是内部审计很难完全防止董事会被企业内部其他部门蒙蔽，也不能解决由董事会自身授意的虚报瞒报信息的问题，而这些问题都是经合组织关注的重点。

因此，在制定国有企业在审计制度上的规范时，经合组织把主要的精力放在了规范外部审计和国家审计这两个部分的内容上。

对于外部审计的必要性，经合组织在《国有企业公司治理指引》中是这样表述的："国有企业并非必须接受外部独立审计机构的审计。因为这一职责往往被归于特定的国家审计和控制部门，而这也被认为能够足以保证财务信息的质量和全面性。这些实施财政控制的国家或者最高审计部门既审查国有企业，也审查共同或单独的所有权机构。在很多种情况下，它们直接参加董事会并且向国会报告国有企业的表现。然而，这些具体的控制是被设计来监控公共资金和预算的使用的，而不是将国有企业作为整体的行动。"①

表7　经合组织成员国国有企业审计制度

国家	外审	国家审计师	专业审计规则
澳大利亚		有：澳大利亚国家审计署	
奥地利	有	有：奥地利审计院，如果是国家控股公司的话	
比利时	有	有：由国家控制机关总署任命的2位外部审计师	
捷克	有	有：最高审计署	其要求比其他公司更严格：商业（国家）企业必须进行独立审计
芬兰		有：国家审计署	没有：和其他公司一样

① OECD. Guidelines on Corporate Governance of State - owned Enterprises. 2005, pp. 42 - 43.

续表

国家	外审	国家审计师	专业审计规则
法国	有	有：法国审计法院(Cour des Comptes)	
德国		建议如果是国家控股公司的话，联邦审计院就有特殊权力	没有：和其他公司一样
意大利	有：外部私人审计师		新近在意大利实施的欧盟 2000/52 的规定，要求被委托提供涉及公共经济利益服务的国有企业要有独立账户
日本		有：会计检察院	
韩国	有：审计监察院	有：可能委托给各部部长	
荷兰			没有：和其他公司一样
新西兰		有：审计长	有：选择委员会只控制那些非上市公司
挪威	有	有：国家审计署	没有：和其他公司一样
波兰	有：国企监督委员会选择外部审计师	有：最高立法控制裁判所；在私有化过程中国家审计程序	要求比其他公司严格；独立审计
斯洛伐克		有	国有企业的财务报表由审计师核实
西班牙	有：审计法院	有：国家干预行政管理总局	要求比其他公司严格
瑞典	有	有：国家审计局	
瑞士	有：联邦财务控制机构(以国有企业的地位而定)	有：联邦财务控制机构(以国有企业的地位而定)	
土耳其		高等审计委员会	没有：和其他公司一样
英国	有	有：(贸易基金)	没有

资料来源：经合组织.公司治理：问责与透明度国家所有权指南[M].李兆熙，谢晖，译.北京：中国财政经济出版社，2010.

换言之，经合组织根据成员国的经验认为，仅仅依靠国家审计而没有独立的外部审计机构，不能保证对国有企业状况的充分掌握。然而，日本、德国、芬兰等仍未在国家审计以外设计国有企业外部审计机制。同时，各国对如何选择具体的外部审计机构也有不同要求：法国、波兰、挪威和斯洛伐克规定由国有企业内部的审计委员会选择外部审计机构；英国和意大利则在没有特殊要求的情况下由国家审计部门为国有企业指定外部审计机构；而比利时则规定任何国有企业都要接受四位外部审计人员的审计，其中两人由国家审计部门指定。①

① 经合组织.公司治理：问责与透明度国家所有权指南[M].李兆熙，谢晖，译.北京：中国财政经济出版社，2010：86－89.

实际上,只要符合国际证监会组织(IOSCO)颁布的《审计师独立性原则及公司治理在对审计师独立性监管过程中的作用》这一国际标准,经合组织对于如何选择外部审计机构并未做出硬性或建议性的要求。

(3)企业运营信息透明准则小结。总体而言,经合组织在企业的信息披露问题上设置的规则较为简单,但对国有企业在企业运营方面的透明度却提出了较高要求,认为应当按照上市公司的要求来对待那些未上市的大型国有企业。

不过,除了在经合组织文件中反映较多的欧盟立场外,也必须对美国在透明度问题上的立场加以关注。在最近的TPP谈判中,美国明确向新加坡提出了更高程度的国有企业透明度的要求,即要求这些国有企业在向某一领域投资或扩张业务之前就必须通知利益相关的其他国家,这实际上已超越了经合组织关于事前或事后报告的要求。经合组织在事前和事后报告的规则中明确规定了报告在涉及具体商业计划时可以采取保密措施。

另外,尽管美国已表示将把国家主权基金与一般性国有企业进行区别对待,在与新加坡的FTA中也把淡马锡和政府投资公司这两大主权基金排除在未来TPP的国有企业条款之外,但也规定淡马锡控股达到20%以上的企业都将受到上述规定的影响。

因此,从目前TPP的谈判看来,经合组织在企业运营透明度和信息披露方面将会进一步提高标准,但在其具体的适用范围领域却有可能适当放宽。按照美国目前的观点,主权基金因“不具备很强的市场扭曲效应”而很可能不会受到国有企业条款的限制。美国还提出,应当把对外国直接投资与一般性的投资组合区分开来。

(二)国有企业竞争准则

经合组织初期在产权结构和信息披露上制定的标准,对于营造国有企业和私人企业、不同国家的国有企业之间的公平竞争环境所起的作用,只能是基础性的和有限的。可以说,经合组织针对国有企业透明度议题制定的各项准则,在很大程度上是为取消其在国内和国际商业市场中的不公平优势做准备。

经合组织在这一问题上的原则是:一方面在法律和管理措施中取消各种现存的特权、豁免或免责;另一方面用法律的形式来明确禁止目前国有企业在实践中获得的非明文规定的优待。

当前,正如美欧在TTIP谈判中尝试统一两方的管理标准那样,很多经合组织成员国一直在通过国际竞争组织(ICN)努力制定针对反竞争性行为的国际统一规范。ICN将这类规范命名为“单边行动法”,它几乎包括了所有可能出现反竞争行为的领域,“一切具有排他性、掠夺性或其他反竞争效果的包括定价、分配、购买在内的公司的市场行为(包括潜在的对知识产权的使用在内)，有时甚至包括榨取性定价、歧视性行为”[①]都属于“单边行动法”规范的对象。美国也一直在倡导经合组织国家通过ICD在“单边行动”立法上的行动建议，统一各国在消除反竞争方面的立法，而这正是与国有企业的法律地位问题息息相关的。

1. 取消国有企业的特权地位

(1)免于破产。经合组织认为，免于破产的法律地位给予国有企业在竞争市场中相当大的优势，并且实际中往往有多种方式对这种免于破产的特权也加以保障。

首先，对于没有上市的国有企业而言，由于其股本不能转移，因而价格往往是固定的，换言之，即使长期处于低利润或者亏损状态也不会影响公司的股价，更不会进入法律规定的破产程序。

其次，即使有些国家的国有企业已经是上市公司，但是由于国家明确或者隐含地规定了国有企业的破产不属于一般《破产法》的规范范围，或者将国有企业的破产归于政府内部的专门机构，国有企业的破产实际上取决于行政机构的考虑而非法律的规定，其中很多考虑可能是非经济因素的，例如，国有企业在就业上的贡献、对国家整体经济的影响，甚至是官员个人的政治声望或前途的影响等。

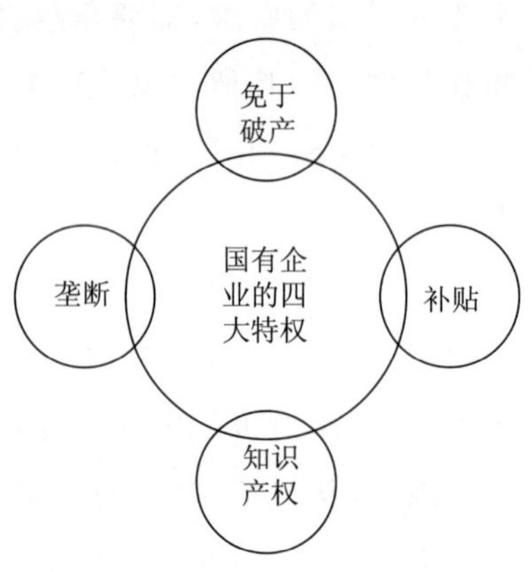

图17　国有企业的四大特权

表8　经合组织成员国国有企业破产法

国别	国有企业破产法
奥地利、丹麦、芬兰、德国、意大利、韩国、墨西哥、荷兰、斯洛伐克、西班牙、瑞士	尽管国有企业要遵守与私有公司相同的资不抵债和破产规定，但除新西兰和挪威外，其他国家基本无国有企业破产的例子
英国	运营基金和法定公司不用遵守正常的资不抵债和破产程序
波兰	波兰邮政局、波兰铁路和波兰机场不用遵守正常的资不抵债和破产程序
法国	按照公共工商业机构(EPIC)的特殊法律规定设立的国有企业不用遵守正常的资不抵债和破产程序
比利时	国有企业适用于特殊的破产程序，且企业中涉及公共服务的资产会免于债权人追诉

① A. Neil Campbell and J. William Rowley, The Internationalization of Unilateral Conduct Laws_conflict, Comity Cooperation and/or Convergence, Antitrust Law Journal , Vol 74. No. 2. 2008, p. 267.

续表

国别	国有企业破产法
土耳其	国有企业不用遵守正常的资不抵债和破产程序

资料来源:经合组织.公司治理:问责与透明度国家所有权指南[M].李兆熙,谢晖,译.北京:中国财政经济出版社,2010.

事实上,尽管缺乏破产机制的约束会导致国有企业更不注意控制决策时的风险,但是在经合组织国家中,只有某些国家在个别情况下允许国有企业破产,在大部分情况下国有企业都是免于破产的。①

面对这一现实,尽管经合组织仍然认为国有企业免于破产的法律地位会导致市场扭曲,但并未试图制定任何措施来推动成员国的国有企业适用于一般的破产法,在其制定的《竞争中立和国有企业:挑战与政策选择》中也将国有企业免于破产地位拥有的信息优势并列为国有企业享有的主要不正当优势的最后一条,而这种信息优势与破产问题一样是很难采取措施真正消除的。②

从美国在2013年3月公布的关于TPP谈判的立场文件中可以看出,在美国列举的认为国有企业不应享受特殊地位的案例中,虽然包括竞争法、知识产权法、刑事诉讼等多项内容,但是破产法不在其中。③ 这充分说明,在现阶段和未来一段时间内,经合组织基于实际情况不会将推进国有企业适用于一般破产法列入议程,只是在原则上进行呼吁,其重点放在了国有企业因享有免于破产的地位而采取的通过降低自身利润恶意打击对手的行为上。

与免于破产这一特权密切相关的是,国有企业股权不流通或者并不在乎股票价值的涨落,会造成"股权锁定"(Captive Equity)的问题。由于该问题往往会让国有企业能够采取掠夺性定价,因此对这一问题的详细介绍将放在"国有企业的反市场行为"中。

(2)垄断。目前,无论是经合组织成员国还是其他国家,大都颁布了规范市场活动的《反垄断法》或者《竞争法》,但这些法律往往把某些领域排除在外,授予国有企业在这些行业的垄断及市场先入(Incumbency)地位。

实践中,这些被明确授予给垄断型国有企业或政府大力支持国有企业与私人企业

① D. Danid Sokol, Competition Policy and Comparative Corporate Governance of State - Owned Enterprises, Brigham Young University Law Review, 2009, p. 1742.

② Capobianco, A. and H. Christiansen (2011), "Competitive Neutrality and State - Owned Enterprises: Challenges and Policy Options", OECD Corporate Governance Working Papers, No. 1, OECD Publishing, p. 7.

③ Establishing Rules of the Road: Commercial SOEs & Private Actors, U. S. Chamber of Commerce and National Foreign Trade Council, SOE Presentation, March 4, 2012, Melbourne, p. 8.

展开竞争的行业集中在邮政、供水、供电等具有网络性质的公用事业领域，而非石油、航空等同样关乎重大国家利益或国家安全的行业。

在经合组织看来，政府为确保未来特定的政策目标授权某国有企业独家经营这些行业，原本“只会对总体竞争状况造成很小的实际影响”，但一些这样的国有企业却拥有垂直一体化产业链，把业务扩展到垄断性网络业务以外，这赋予了垄断性国有企业在其他上下游市场竞争业务中的极大优势地位，有时甚至可以直接影响那些可能进入这一领域的潜在竞争者。[①] 要想消除部分国有企业因在公共网络服务领域的垄断地位而在其他竞争市场中获得的不公平的优势，从短期来看，需要解决国有企业通过在垄断市场的地位“补贴”其在竞争领域的商业活动，或者其在垄断领域的活动能够直接为其在竞争领域保障对原料的控制或优惠渠道的行为；从长期来看，经合组织的目标仍然是希望能够把反垄断法的应用扩大到国有企业在市场竞争领域的活动，美国是这一原则的大力鼓吹者。

链接：美国邮政垄断案例

美国邮政(USPS)是美国最古老的机构之一，前身为美国邮政部。由于美国邮政从属于美国国会，因此，它与普通企业有所不同：无须交税，不受反垄断法的约束，而且除它之外，任何机构都不允许寄送普通邮件。

美国邮政的设立旨在为民众提供物美价廉的邮政服务，属“公共利益”范畴，但是，它却设法利用其手中的特权进军其他业务领域，如销售T恤衫、杯子和其他各种各样的东西，并且还利用邮局的复印机来赚钱。美国邮政利用特权向上下游进军这一行为，不仅将其他竞争者挤出市场，还减少了地方政府的税收，饱受批评。

以传统的公共网络性行业——供水业为例，经合组织一直在努力说服各成员国政府取消其中的传统公共政策，并认为这一改革动议已取得了成效。从1989年起，经合组织委员会在水价问题上就一直坚持“使用者支付”原则(Users - Pay Principle)，即使用者应当为饮用水的供应和净化支付全部的成本，这在最低限度上意味着饮用水供应不会有任何补贴。不过，考虑到供水问题的敏感性，直到2000年经合组织才正式把这一概念引入欧盟内部，其名称也被改为“全成本覆盖原则”(Full Cost Recovery Principle)。

由于供水业按照欧盟法律属于“公共利益”范畴，因此可以接受直接的补贴，基本上

---

① Capobianco, A. and H. Christiansen (2011), “Competitive Neutrality and State - Owned Enterprises: Challenges and Policy Options”, OECD Corporate Governance Working Papers, No. 1, OECD Publishing, p. 6.

由公共和半公共的机构来承担。但实际上，供水业一直在用针对工业部门、易于供水的城市地区的高收入补贴其对农业部门和偏远的难于供水地区的亏损，因此，经合组织认为直接对穷人进行基本用水的补贴比补贴供水业在经济上更有效率。①

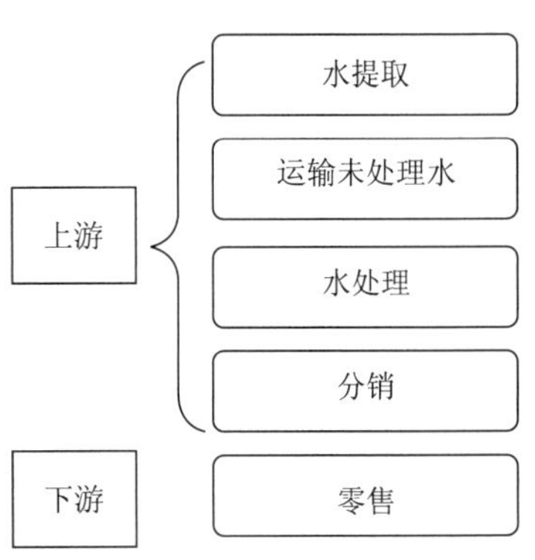

图 18 水产业的纵向产业链

经合组织对于"天然垄断"的供水业的改革动议就是为了使这一领域不再产生大量交叉补贴的现象，提高经济效率。经合组织这种强调公共服务成本并且调整对基本居民需求补贴对象的原则，从长期来看是其从根本上解决国有企业采取垄断行为的方法。

经合组织总体上支持以下原则：

①针对任何"单个"国有企业，应当通过公司章程或者法律规定，明确该公司在法律框架中的地位，例如免于诉讼、免于受反垄断法限制的特权。这一要求的目的是要针对单个的国有企业进行个别处理，更高程度地提高透明度，同时也增加单个国有企业寻求法律特权的难度。

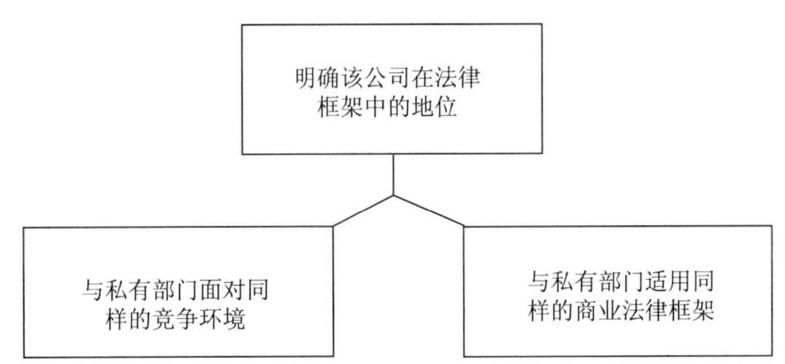

图 19 经合组织对公共服务类国有企业的原则

②在竞争性领域，国有企业应与私有部门面对同样的竞争环境和总体商业法律框架。②

实际上，是否适用于反垄断法与该领域是否属于"商业竞争领域"密切相关。ICN

---

① Henri Smets, Social Protection in Urban Water Sector in OECD Countries, March 2002, Consumer Protection and Public Participation in the Reform of the Urban Water Supply and Sanitation in the NIS, Expert Workshop, pp. 3－5, p. 9.

② Capobianco, A. and H. Christiansen (2011), "Competitive Neutrality and State－Owned Enterprises: Challenges and Policy Options", OECD Corporate Governance Working Papers, No. 1, OECD Publishing, p. 28.

关于应对“国家造成的垄断”(State - Created Monopolies)的建议也直接表示，该报告的目标仅限于目前属于开放领域的行业，任何其他“自然垄断”或国家规定不开放的、属于公共职责的行业都不在建议的范围之内。虽然经合组织成员国的具体规定各不相同，但总体发展方向都是使反垄断法适用于国有企业在商业竞争领域的活动。

(3)知识产权。

首先，经合组织目前还没有就知识产权议题制定出成体系的准则。2011 年的《经合组织跨国公司指引》就科学与技术问题大致列举了五项原则：

①致力于使自身活动与所在国的科技政策相符合，并为当地和所在国的创新能力发展做出贡献；

②在保护知识产权的前提下，应在实践允许的范围内，在商业活动中允许技术和工艺的转移和扩散；

③在适当的情况下，应根据商业需要促进所在国科技发展，包括促进当地市场需求、增强所在国人员研发能力并鼓励培训；

④在授予使用知识产权执照或进行技术转移时，应当在考虑所在国长期的可持续发展的基础上制定适当条款；

⑤在参与商业活动时，应与当地的大学、公共研究机构增强联系，并与当地企业或企业协会合作进行项目研发。

在经合组织看来，跨国公司是世界范围内技术转移和扩散的主要载体，而保持各个国家企业对先进技术和工艺的接触渠道是实现世界范围内科技的经济效应的必备条件，因此跨国公司应当承担促进所在国社会和科技发展的任务，而所在国科技的进步也能为跨国公司创造更多的机会。① 无疑，经合组织目前在知识产权问题上的表态倾向于强调跨国企业促进当地科技进步的责任，但是，实际上经合组织成员国对于何者才是“保护知识产权的前提”存在不同看法。

针对这种现状，在保护知识产权领域一直持最激进和最严格立场的美国提出，未来的贸易协定和经合组织规则中要包含针对国有企业甚至特殊的涉及知识产权的条款。

美国贸易代表在 TPP 谈判中已明确提出两个事关国有企业知识产权不平等竞争地位的问题：第一，国有企业在知识产权问题上往往既免于司法或行政强制执行，又免于被提起犯罪诉讼；第二，国有企业经常受惠于政府主导的强制合资公司(Shot - gun Joint Venture's)以及强制技术转移，最终以低成本获得外国公司的相应技术。②

① OECD. Guidelines for Multinational Enterprises edition 2011, OECD Publishing, pp. 55 - 56.

② Establishing Rules of the Road: Commercial SOEs & Private Actors, U. S. Chamber of Commerce and National Foreign Trade Council, SOE Presentation, March 4, 2012, Melbourne, pp7 - 8.

所谓“强制条款”是指,存在在多个股权人的企业中,当一方退出时强制进行股权再分配的一种协定。这种协定主要规定当股权人中的一人因为死亡、退休或其他“触发事件”退出市场时,退出方股权将以何种价格卖给哪些特定的对象,一般来说,这些对象是公司的其他股权人。

尽管这种强制条款是为了维持企业的稳定经常存在的一种方式,但具体到跨国公司,尤其是发达国家和发展中国家之间的具体实践,就变得容易引起争议。

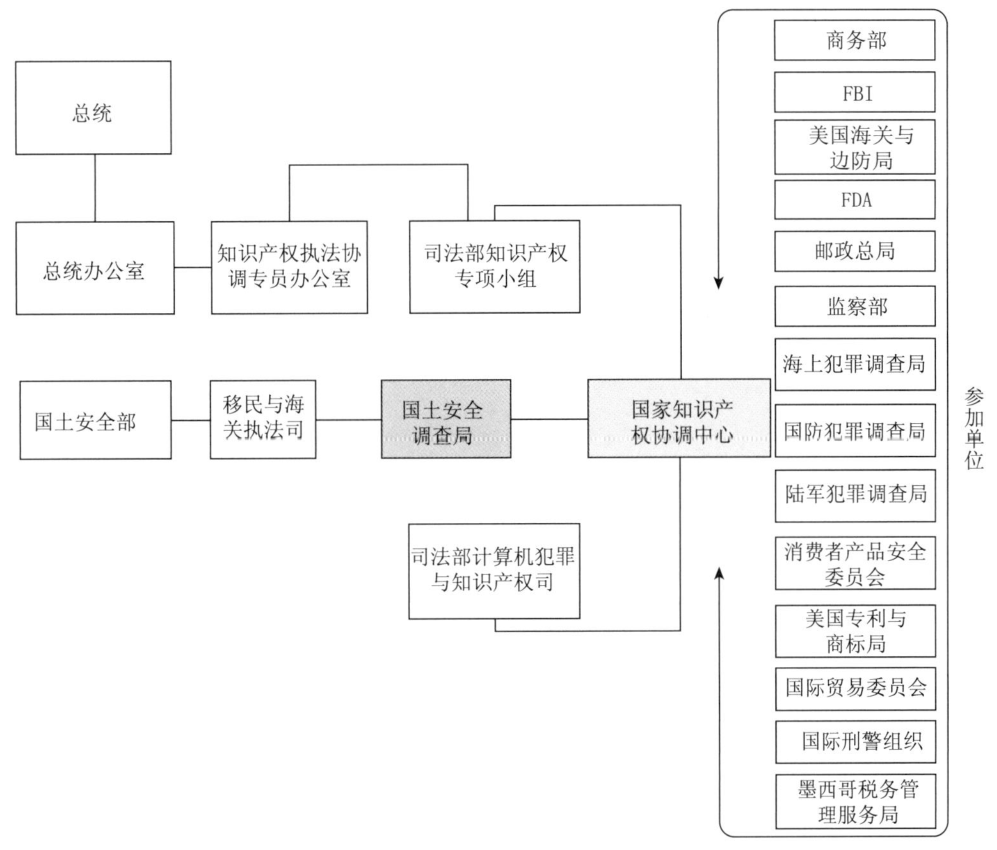

图 20　美国知识产权行政保护

事实上,尽管美国对“合资企业”或其他方式的政府主导的技术转移非常不满,但这种做法本身属于国家政策的一部分,很难用国际条约或协定的形式加以禁止。因此,当前无论是经合组织本身还是其成员国,都主要从增强对知识产权保护的执行措施入手,防止企业尤其是国有企业在国际知识产权纠纷上处于实际豁免地位。

经合组织在 2005 年与中国知识产权部门进行会晤时就表示:“事实上,对于保护外国和本国股东而言，执行是比知识产权立法更值得忧虑的问题，当前的研究显示中国的刑事和行政执法不足以充分遏制知识产权的侵权行为……为了进一步增强执法，需要加强法律渠道的作用。”而中国政府也承诺将采取必要措施在知识产权法的实际司法操作中降低刑事罚金的门槛。新的司法解释可能会让将知识产权案件移送司法渠道的标准更加清楚和宽松，中国希望这些步骤能够解决知识产权法中起诉、判决和量刑领域模糊不清的问题，而这是当前中国知识产权法领域中的主要弱点。①

尽管经合组织同时也提到中国不应该仅仅在 WTO 知识产权规则的范围内获取别国的投资和技术，但是它并不准备限制国家“用市场换技术”的具体政策，而是将重点放在了用国际规则确保知识产权法的司法落实上，这也是目前为止经合组织在确保国有企业遵守知识产权问题上的努力方向。

(4)补贴。

经合组织尽管经常使用“补贴”(Subsidy)一词，但并未对其做出准确定义，在很多情况下补贴是与“国家援助”(State Aid)一词混用的，尤其是在欧盟的司法范围中“国家援助”才是正式的表达方法。但由于 WTO 等国际贸易协定中广泛使用补贴一词，经合组织也更多采用补贴这一说法。

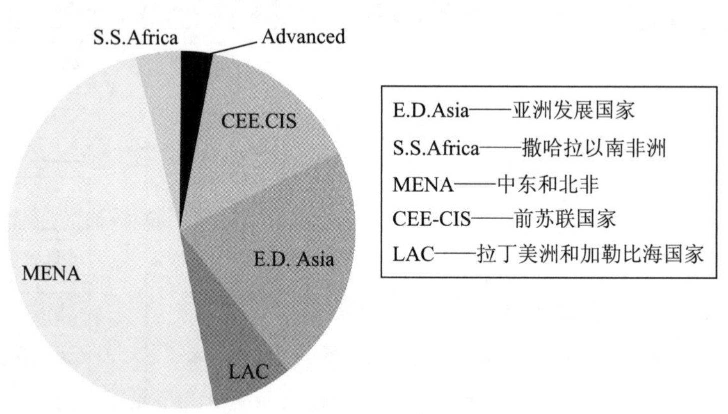

图 21 政府对能源行业的补贴

资料来源：国际货币基金组织网站，http://www.imf.org/external/np/fad/subsidies/index.htm.

事实上，“国家援助”这一词汇也反映出这一概念内容的丰富。按照 WTO 协议，一切能够以市场基准衡量的、由国家行为带来的对特定企业财务上的好处，都可以被称为

① Promoting IPR Policy and Enforcement in China, Summary of OECD－China Dialogues on Intellectual Property Rights Policy and Enforcement, OECD 2005, pp. 10－12.

补贴，经合组织事实上也支持这一观点。国家的财政或非财政政策都可能构成补贴。例如，在行政管理中降低对国有企业审查的频率或将国有企业列为免检而降低企业的运营成本，这在经合组织看来也构成了补贴。确定某一项国家政策是否构成补贴或国家援助，仅仅取决于其是否具有“选择性”。[①]

根据这一标准，任何专门为国有企业设计或事实上主要由国有企业享受到的、有利于其经营状况的国家政策都属于补贴，而从经验事实上来看世界上各国的补贴也主要是针对国有企业的。

链接：中国国有企业海外“反补贴”被诉情况

近年来，美国多次对中国开展“反补贴”调查。自 2007 年 10 月通过了对中国首起“双反”裁决以来，截止到 2011 年 3 月 9 日，美国商务部共做出了 21 个针对中国的“反补贴”裁决，其中有 15 个案件均讨论了国有企业的补贴问题，且全部案件均对此做出了肯定性的裁决。

资料来源：赵海乐．国有企业补贴”的合法性分析——从中国诉美国双反措施案裁决谈起[J]．中南法学学报，2011，17(6)．

国有企业因其自身地位而享受到的最直接的优惠或者说偏惠待遇，就是来自国家的直接和间接的补贴。经合组织在《竞争中立和国有企业：挑战与政策选择》中把国有企业在财政上的优势或者说特权分为两类：

第一类是直接补贴，包括国家直接给予国有企业的财政上的支持，国有企业按照与私人企业不同的优惠税制纳税或享受国家在同等税制上的减免。同时这种直接补贴也可以是实物上的好处。例如，国有企业可以从国家以低于其他竞争者的价格获得土地使用权，或从网络产业获得用电、用水上的优惠。在很多情况下，与私人企业相比，国有企业享受到的这种优惠的额度是巨大的，它“人为地”降低了国有企业的成本并使其在定价方面比私人企业更有效率。

第二类则是政府担保，即国有企业以政府为后盾从其他公共和私人机构获得特许融资权，享受政府信用和担保。国有企业由于和政府之间的微妙关系往往能够从金融机构中获得比市场平均利率更低、额度更大的贷款。有时这是为了服从国家的指令、政策或者暗示，但在很多情况下还可能出自贷款机构领导人的纯粹的商业考虑，因为即使政府一再声明不会为国有企业提供担保，贷款机构依然会认为国有企业有国家作担保并且相信其在财政上不会彻底独立，尤其是当有些国有企业事实上免于破产时则更是

① Competition, State Aids and Subsidies, OECD Policy Roundtables, 2010, p. 18.

如此。因此这种融资和信用上的优势会使国家控制的或私人银行都愿意低息为风险更低的国有企业融资。①

实际上，国有企业往往同时享受以上所列各种类型的补贴，尤其是考虑到国有企业往往已享受到了其他的法律和实践中的特权，其享受的直接财政支持将很容易“进一步扭曲竞赛场”。与上述各种法律特权一样，由于国有企业享受的补贴并非是由企业自身的行为造成的，因此经合组织提倡的“补贴纪律”针对的是国家本身。

目前经合组织国家普遍将 WTO 的《补贴与反补贴协定》(Subsidies and Countervailing Measures, SCMA)作为规范国家补贴行为以及制定进一步的反补贴规则的起点，但是除了《中国议定书》(China Protocol)之外，并没有单独规范国有企业补贴的协议。

SCMA 的内容主要分为两部分，第一部分是限制国家推行补贴政策的自由，第二部分是规定其他国家可以采取措施抵消他国补贴对国际贸易造成的不利影响。这种对国际贸易的不利影响主要有三种形式：一是补贴可能导致补贴国不再进口；二是被补贴的产品可能挤占本可能存在的进口国有竞争力的国内产品；三是补贴可能取代本可能存在的来自第三国的出口产品。

同时 SCMA 根据不同种类补贴的危害性，将其分为以下三种：一是禁止补贴，二是可起诉补贴，三是不可起诉补贴。

表 9　WTO《补贴与反补贴协议》对补贴的归类

类型	细则
禁止性补贴	1. 出口补贴。指法律上或者事实上以出口实绩为唯一或为其一条件而给予的补贴 2. 进口替代补贴。又称当地成分补贴，指以使用国产货物替代进口货物为唯一或为其一条件而给予的补贴
可诉性补贴（黄箱补贴）	指在一定范围内允许实施，但如果在实施过程中对其他成员方的经济贸易利益会产生或者已产生不利影响，受到影响的成员方就可以向使用这类补贴措施的成员方提出反对意见和提起申诉
不可诉补贴（蓝箱补贴）	1. 不具有专向性的补贴。这种补贴不会引发其他成员的反补贴措施，如为保障粮食安全储备而提供的补贴、自然灾害救济补助、农业生产者退休或转产补助等 2. 有专项性特征，但又符合规定条件的补贴。如： ①基础研究和竞争前开发活动补贴； ②落后地区援助； ③改造现有设施以适应新的环境要求的援助

资料来源：中华人民共和国商务部. WTO 补贴与反补贴规则浅析.

① Capobianco, A. and H. Christiansen (2011), “Competitive Neutrality and State - Owned Enterprises: Challenges and Policy Options”, OECD Corporate Governance Working Papers, No. 1, OECD Publishing, pp. 5 - 6.

WTO对补贴的界定非常宽泛，其是指“政府做出的以任何收入、价格支持形式而带来财政贡献以及因而存在的好处”，这种好处既可以是直接或间接的资金转移，例如拨款、贷款、注资、贷款担保，或政府放弃应得的包括税收在内的收入要求，也可以是政府提供的基础设施以外的其他货物或服务。WTO有权以市场为基础判断何者属于这种好处，换言之，政府提供的一切有特定针对性或歧视性的便利，如无特殊许可就可能构成WTO不赞成的补贴。

SCMA第17条还特别规定了对国有企业更严格的反补贴条款。该条款规定，“如果一个成员国建立或维持一家国有企业，或赋予任何企业正式的或者实际上的排他性或特殊权利”，该企业应该在进出口贸易的买卖中遵循非歧视性原则，并在所有买卖中“应当仅依据纯粹的商业考虑”。

这一条款规定的重点是国家不得指使国有企业以一定价格在国内收购某一产品，然后以低于收购价格的水平在国际市场出售，因为这种行为构成了对该产品事实上的补贴。这种做法也被WTO视为国家通过国有企业影响国际贸易的最有效的手段，因为人为抬高价格往往会由于大量竞争对手的存在而徒劳无益。[①] 中国的国有企业在改革过程中曾广泛运用国内补贴，主要包括政府提供资金解决亏损问题、提供资金辅助关键性的央企，等等。

参照SCMA和欧盟的反补贴政策，经合组织在相关规则上更偏向于欧盟一方，这与欧盟及其成员国在经合组织内部占有很高比重的现实也是相符的。经合组织反复提出，国家而不是国际机构应当首先对补贴政策是否扭曲了市场进行研究，并对已经开始执行的各种补贴政策进行反复审查。

目前，经合组织把越来越多的注意力放在了对“自然垄断”行业的研究上，其结论是对这类行业的补贴往往极大地扭曲了资源的配置，导致了资源浪费和发展的不可持续性，这与欧盟在反补贴政策上的变化是高度一致的。

实际上，可以把SCMA看作对反补贴政策的“基本要求”，其主要内容在于规定如何衡量是否构成补贴的“选择性”标准。而欧盟的规则是在已经确定了补贴构成原则的基础上，进一步压缩在SCMA标准中属于“不可起诉补贴”的范围，并为实现这类补贴的政策目标研究替代方案。因此，经合组织针对各国对国有企业的补贴政策就是要同时强调这两方面。

---

① Julia Ya Qin, WTO Regulation of Subsidies to State - Owned Enterprises (SOEs): A Critical Appriaisal of the China Accession Protocol, Journal of International Economic Law 7(4), pp. 865 - 868.

为实现“竞争中立性”，2012 年经合组织提出在这一领域应当采取的最新措施，把符合“补贴”或“国家援助”定义的内容具体分为税收、管理、债务三个部分，其中国家往往通过前两种补贴来降低国有企业的总体运营成本，而用后者来提供更直接的财政支持。

①税收中立：经合组织从 2006 年起就在税收领域提出了新的“税增值税中立”的概念，它不再局限于传统的为国有企业和私人企业提供平等的竞争平台，而是指企业不应当承担最终税负。这种新的税收中立原则被表述为“税收对不同形式的贸易而言应当是中立和公平的，商业决策应当是基于经济而非对税收的考虑而进行，因此在相似环境中从事的相似交易活动应当适用于相同水平的税制”。这种宏观方向上的变化与经合组织对国有企业公共职责的看法是一致的。

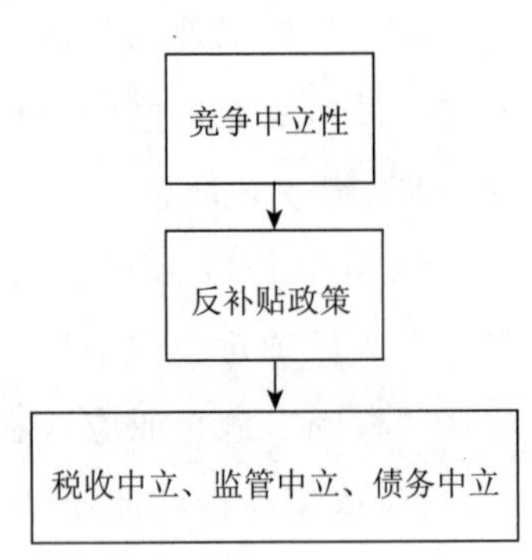

图 22 竞争中立与补贴

经合组织还指出，在具备很多税收减免能力的情况下，国有企业可能非常愿意以减少税负而非提高企业效率的方式来运作。例如通过对挪威案例的调查，经合组织指出应当取消或减少对国有企业“内部供应”中的增值税减免，因为这会导致企业宁可以较高成本为自身提供商品也不愿意从外部来源购买，对于集团化的大型国有企业来说更是如此。而在考虑到不大可能完全改变国家赋予国有企业的各种税收优惠，经合组织也对这种情况下如何进行相应调整做出了建议。以芬兰为例，经合组织强调应当取消国有企业在所得税上的豁免权；如果无法取消的话，应将国有企业的目标和评价机制由考虑税后回报率改变为考虑税前回报率。这是因为，如果对国有企业与私有企业的效率比较是建立在税后回报率之上的话，会导致经合组织因免税而降价挤占竞争对手的市场，而以税前为评价机制则不会产生这种刺激。[①]

②监管中立：这是一个相对其他而言更为复杂的概念。总体而言，监管上的特权能够从两个方面降低国有企业的运行成本，对其构成实质的财政支持。

首先，政府可以制定法律或法规直接解除国有企业在某些方面的责任，从最广义上来说，国有企业免受反垄断法管辖或免于破产都属于在监管上的豁免权，从较为狭义的角度来说则是指一些更加具体的行政管理减免。[②] 例如，很多国有企业由于其股份不可

---

① R. Richard Geddes, Competing with the Government: Anticompetitive Behavior and Public Enterprises (No. 523). Hoover Press, 2004, Chapter 2, p. 35.

② Capobianco, A. and H. Christiansen, Competitive Neutrality and State - Owned Enterprises: Challenges and Policy Options, OECD Corporate Governance Working Papers, No. 1, OECD Publishing, 2011, pp. 42 - 43.

交易，省去了与可交易的公司相比更多的信息公布程序；部分国有企业因“平时有政府的直接监管”而在环境、卫生、安全等监督事务上间隔时间更长、流程更短或实际上标准执行更宽松。以美国邮政总署为例，其不用为自身的车辆缴纳停车费和注册费，不需要支付燃油税，其建筑也不需要得到地方区域规划的许可。

其次，国家还可以为国有企业提供成本更低的土地、水电等公共服务以及原材料，而这种生产要素上的优惠对国有企业的支持则显得更加直接，这也是当前美国在TPP谈判中提出的主要关切点之一。

③债务中立：这一概念的含义是指国有企业以及其他从事商业活动的政府实体应当在相同的环境中支付与私人企业相等的债务利息，也就是说国有企业不应当从补贴化了的金融活动中获利。

经合组织认为，这种债务上的不平等直接导致了国有企业的运营成本显著降低，同时相对竞争对手更容易扩大业务。针对国有企业在债务领域享有的这种巨大优势，经合组织的基本主张是，国有企业必须在“竞争性的环境”中获得贷款，同时这些贷款的发放必须完全基于“商业考虑”。

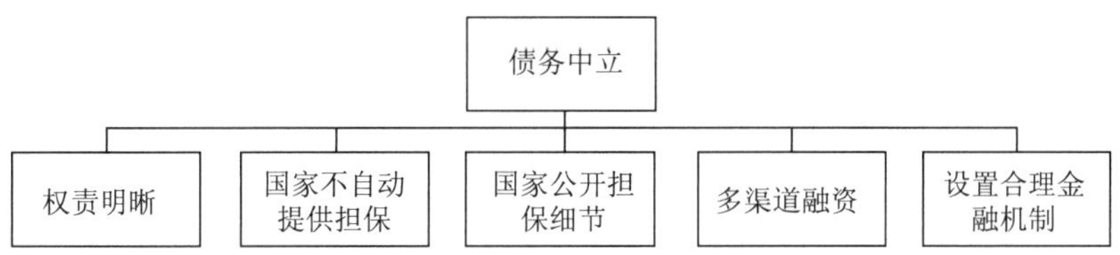

图23　经合组织债务中立内容

但事实上，为了保证依照纯粹“商业考虑”而不因其所有制性质而致国有企业享受优待，就需要从相反方面更明确地在债务问题上制定约束国有企业的特殊规定，这主要包括五点内容：一是清晰地区分国有企业、国家和债权人；二是国家不应当自动为国有企业的债务提供担保；三是国家应当公开其为国有企业提供的所有担保和补偿；四是国有企业应当从包括股权在内的各种其他渠道获得融资，不应当过多地依赖银行；五是应设置恰当的机制，以防止国有企业和国家控制的银行或其他金融机构的冲突。以上五点的核心内容即国有企业应该按照与私人企业相同的条件获得贷款。[①]

在具体实践中，经合组织成员国主要就在国家给予国有企业担保的情况下如何创

① Capobianco, A. and H. Christiansen, Competitive Neutrality and State - Owned Enterprises: Challenges and Policy Options, OECD Corporate Governance Working Papers, No. 1, OECD Publishing, 2011, pp. 54.

造国有企业与私人企业平等债务环境进行了一些尝试。同时，由于不再享有在银行或者其他金融机构融资的优惠待遇，国有企业也将被促使更多从股权市场中筹措资金。

作为经合组织国家中设定“竞争中立框架”的先行者，澳大利亚规定，国家通过专门债务评级机构来评定国有企业在融资中的风险，并在反事实假设的基础上将该国有企业作为一家私人企业进行评估，估算出国有企业与同等条件的私人企业相比因国家担保节约了多少成本，这种成本将会以“担保费”的形式由企业交还给国家；而且，即使是在国家没有为国有企业提供正式担保的情况下，评级机构同样会按照“可能存在的”政策担保来收取“中立费”，而“中立费”的标准是根据市场上贷款利率的变化而灵活调整的。

事实上，目前绝大多数经合组织国家的国有企业除了在金融危机时接受国家的直接补贴之外，在融资领域平时享受到的主要就是“隐性的”国家担保。在金融危机期间，甚至有的欧盟国家表示，如果国家仅仅表示将向国有企业或者其他企业提供担保以维持其信用但最终又没有真正的财政支出，那么这种国家行为就不属于补贴。

显然，经合组织更支持澳大利亚的立场，因此，未来很可能会进一步以向国有企业征收补贴税的方式来实现债务中立的目的。

2. 限制国有企业的行为

经合组织认为，当前国际贸易的基本现状是，“很多拥有高国有企业比例的国家同时也是重要的贸易者，原材料、工业制成品和服务业中存在大量国有企业的部门也存在着密集的贸易活动。这说明，在这些领域内活动的国有企业若从拥有的不平等优势中获利，世界市场就可能遭到扭曲。非经合组织国家中国家作用的广泛存在及其国有企业的国际化表明亟须在经合组织成员国以外加强就国家所有制的跨国效果的对话”。[①] 这种“对话”既包括经合组织发布文件呼吁其他国家“自愿”遵守，也包括经合组织成员国通过多边和双边协定就国有企业的海外活动做出专门规定和限制，保证国有企业不能利用其在国内享有的优势来“不正当”地扩大其在海外的经济活动规模。

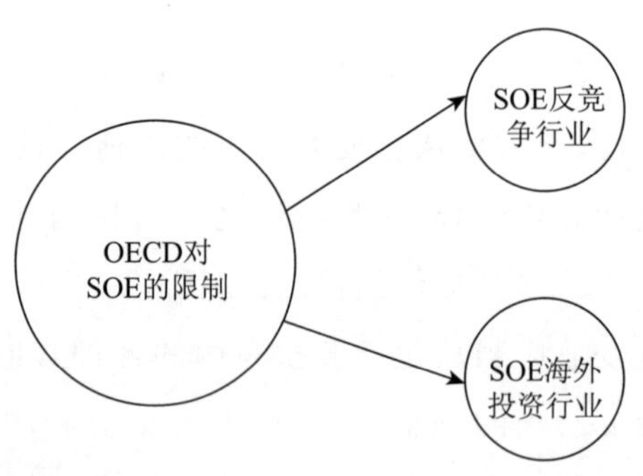

图 24　经合组织对国有企业的限制和规范

总体而言，经合组织对国有企业行为的限

① Kowalski, P. et al. (2013),“State - Owned Enterprises: Trade Effects and Policy Implications”, OECD Trade Policy Papers, No. 147, OECD publishing, p. 41.

制或规范主要分为两个部分：第一是针对国有企业的反竞争行为，第二则是针对海外投资行为。

（1）反竞争行为。国有企业的反竞争行为是各国在国际协定和双边条约中的主要打击对象，尤其国有企业本身往往拥有市场先占地位、政府优待和低成本融资三大优势，因此它不是采取一般性的反竞争活动或国有企业特有的反竞争行为，造成的危害往往更大。

国有企业采取很多反竞争行为的基础是因为其拥有法律上特权。例如，由于国有企业股份的不流通、免于破产或没有分红压力等不同于私有企业的特殊地位，它才能不计股票价格和利润长期地进行掠夺性定价；由于在公共职责领域拥有国家赋予的垄断地位，它才能把在垄断市场享受到财政支持和收入拿来对其在竞争性市场的商业活动进行交叉补贴；同时，正因为同时具备股权锁定和市场先入地位，它才可能故意提高市场准入门槛、提高整个行业的成本以打击当前或潜在竞争对手。

不过，国有企业的反竞争行为往往来自其特殊法律地位，经合组织也清楚，改变各国国有企业的法律地位将是非常困难的，因此为了限制这种特殊法律地位带来的市场扭曲效应，经合组织把重点放在了打击国有企业具体的反竞争行为上。也正因如此，当前主要的贸易谈判和协定中都设有专门的竞争政策条款，这些条款在很大程度上就是为了限制难以为传统的反垄断法约束的国有企业的反竞争行为。

在经合组织看来，国有企业主要反竞争行为有四种，分别是掠夺性定价、提高对手成本、针对竞争市场的交叉补贴和刻意选择低效率技术。

① 掠夺性定价：传统的掠夺性定价往往发生于一家企业占据统治地位的行业，它通过低于边际成本的定价方式，迫使对手退出市场，然后在实现垄断后再次提价攫取垄断利润，弥补前期损失。

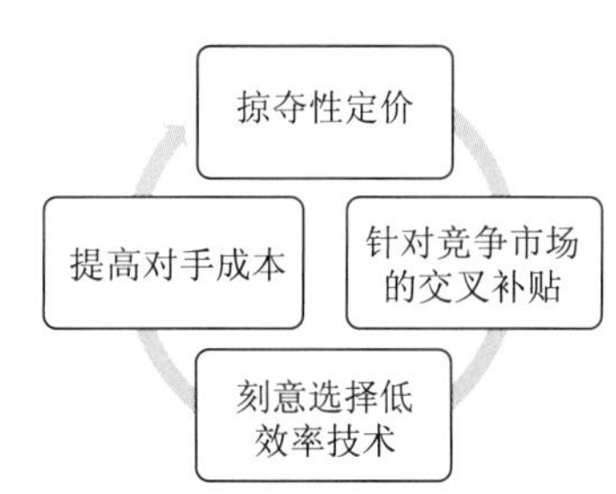

图 25　经合组织定义的四种反竞争行为

普通竞争法律对掠夺性定价的定义必须包括两个要素：一是判断前期的定价是否低于边际成本；二是判断企业在后期是否采取“高价补偿”策略弥补前期损失。在有些进入门槛低的行业，即使某些企业采取低于市场价格销售的方式，由于一旦提价之后就会导致大量竞争对手进入，也不具备获得补偿的可能性，就可能不构成掠夺性定价。

但经合组织认为，由于存在政府的财政补贴作为支持或者由于根本不以营利目的，国有企业可能仅存在低价挤占市场份额行为，而不存在弥补前期损失的行为，因此可以不受传统竞争法律的约束，这也被称为“无补偿掠夺性定价”。经合组织还指出，在多产品的市场，国有企业在某一个产品上采取掠夺性定价挤走竞争者之后，会形成有效的“声誉效应”，并在它们未采取掠夺性定价的产品上对其他竞争者构成威胁而迫使竞争者退出。①

在经合组织看来，滥用价格机制是国有企业采取反竞争行为的最主要的手段。目前，一些国家对“无补偿掠夺性”定价是否构成反竞争行为仍存在疑虑，因为在这种情况下消费者的利益并未被损害。但经合组织倾向于认为这种行为仍构成反竞争行为，因为这会削弱对手通过在市场中获得利润后进行技术革新以进一步降低价格的能力。

同时，经合组织也认识到，除了没有“补偿”行为外，国有企业的掠夺性定价难以被确定的原因还在于往往难以确认其真实生产成本。实际上，由于国有企业经常采取“无补偿掠夺性定价”，为了维持其业务的正常进行，国有企业往往会同时采取交叉补贴来进行支持。

② 提高对手成本：与掠夺性定价不同，提高对手成本的目的是迫使对手减产或提高价格以减低其市场份额或完全退出市场。只有具有市场先占地位和规模优势的企业才能采取这一策略，它是利用自身的规模，摊薄因市场整体成本上升而造成的企业平均成本涨幅，而后进入该市场的竞争者则因门槛更高，或市场份额较小的竞争对手因边际成本过高而在竞争中处于劣势。从生产效率角度来说，这种提高生产成本的做法使得企业尤其是竞争者把大部分资金用于支付成本上涨，而无力进行技术研发和产品升级，从长期看来非常不利于行业的长期发展。

在具体实施过程中，提高对手成本的手段包括：限制后来者使用一些关键性基础设施的渠道；大量购买生产产品所需要的原料以大幅度抬高原料市场的价格；游说管理机构使自身免受新的更严厉的产业管理条例的约束；游说管理机构制定严厉的市场准入标准，以使新来者成本上升、无利可图甚至不可能进入；延长专利期限；电力、电信、天然气或者银行等行业的先占国有企业可以通过变更自己产品的规格或设置昂贵的变更服务费用，使得消费者很难转向购买竞争者的服务或产品。

总之，一切能产生成本增长不对称效应的措施都能够被用来提高市场成本，挤占竞争对手份额或阻止对手进入。

---

① Capobianco, A. and H. Christiansen (2011), “Competitive Neutrality and State - Owned Enterprises: Challenges and Policy Options”, OECD Corporate Governance Working Papers, No. 1, OECD Publishing, pp. 17 - 18.

③ 针对竞争市场的交叉补贴：交叉补贴本身具有多种含义，其对象既可以是国有企业所在的某个市场，也可以是特定的消费者本身。

在后一种定义中，其表现就是占据垄断地位的国有企业通过对特定群体的消费者收取高价来补贴另一些特定消费者，在很多情况下这种“高价”是通过不考虑成本的统一价格来实现的。例如，自来水厂以相同的价格向城市和山村的消费者供水，但事实上在山村地区供水的成本却要远远高于城市地区。

对于经合组织来说，一切形式的交叉补贴都会导致经济的无效率，但针对市场尤其是竞争市场的交叉补贴是严重的反竞争行为。另外，在国际贸易中还可能存在一种复杂的交叉补贴，以 2007 年美国商务部对两种中国橡胶管和越野充气轮胎的调查为例，美方认为，之所以这几种产品在美国出口量持续增加，是因为中国的几家国有企业为这些产品的生产商提供了低于市场价格的中间产品。

尽管美方认为，这种做法是国有企业以国家公共实体的身份向出口商提供了“非商业性质的贷款”，但事实上，这种低于市场价格的原因既可能是因为国有企业接受了国家的指令直接向生产企业提供了实物形式的好处，也可能是因为国有企业本身运用了交叉补贴，进而导致最终产品出口部门在事实上享受了交叉补贴带来的好处。①

经合组织对于制止交叉补贴坚持的是计算“全部成本”(full cost)原则，这意味着国家应仔细核算执行全部公共职责的全部成本，要么给予国有企业与这一成本相符的补贴并严格控制其使用，要么改变国有企业的运作方式使其定价完全反映其成本，而这意味着国家不再需要为其提供补贴。

经合组织指出，“这种成本计算与其意图是要完全还是部分地收回提供服务的成本无关。如果目的不是为了全部收回成本，那么这一信息将提高在提供这一服务上存在多少补贴的透明度”。②

④ 刻意选择低效率技术：国有企业刻意选择低效率技术的直接目的是为了降低产品生产的边际成本，而其原因则是大部分竞争法规定了企业的定价不能低于生产的边际成本，因此需要通过总体上并不经济的手段来降低边际成本，使得国有企业可用尽可能合法的手段为产品设置低价，以实现扩大生产份额和收入规模的目的。

这种做法的基本模式是通过加大对固定资本的投入来扩大生产规模，通过使用低

---

① Kowalski, P. et al. (2013),“State - Owned Enterprises: Trade Effects and Policy Implications”, OECD Trade Policy Papers, No. 147, OECD publishing, pp. 68 - 69.

② A Compendium of OECD Recommendations, Guidelines and Best Practices Bearing on Competitive Neutrality, OECD 2012.

效技术来降低单位成本制定低价，将潜在的对手挤出竞争市场。[①]

同其他反竞争行为一样，越是重视收入规模胜于利润的国有企业越有动机采取这种行为。它与掠夺性定价的区别在于，从表面上看其定价策略是符合一般竞争法规定的，但是是通过利用国有企业的先入地位和规模效应、由于股权锁定（免予破产）而不在乎利润，以及依靠国有企业的身份容易获得低廉的融资渠道等因素来支撑这一策略的。

与提高市场成本一样，它也会严重损害该产业的长期发展，是经合组织反对的目标。

(2) 海外投资。正如前文在透明度规则中所述，美国对主权基金的态度相对于一般国有企业来说更加温和，这既是因为主权基金并未直接涉及贸易额的变化，不会直接带来国际市场的扭曲效应，也是因为营造公开和非歧视性的资本流通环境一直是经合组织的基本目标，而且在当前的国际形势下，制定过于严格的海外投资规则实际上对发达国家更为不利。目前"国家安全"几乎是经合组织唯一认可的、能够限制其他国家主权基金或一般国有企业公司投资活动的理由，因此规范和保护国有企业海外投资的主要内容就是确定"国家安全"的范围。

在经合组织看来，它在该领域的主要任务就是"帮助国家设计和执行这些（规范海外投资）政策，以使它们能够在实现国家安全目标的同时，又对投资流动产生尽可能小的影响"。

2011 年，经合组织投资委员会确定了海外投资领域的基本原则"建议"，即所有成员国在制定相关"国家安全政策"时，都要遵循非歧视性和透明原则，结果要有可预见性、方式要适度、执行机构应具备可问责性。另一方面，经合组织还欢迎非成员国加入这一"建议"并以与成员国平等的身份进一步讨论投资自由、国家安全和战略行业的规则设置。2010 年版规则建议主要由非歧视性、透明、适度和问责四项原则组成：

①非歧视性原则，强调国家应当以相同的方式来对待状况相似、方式相同的投资者，应当尽量以普遍有效的一般性条款来制定国家安全政策。但相比较而言，这里的非歧视性原则条款的效力远远低于欧盟条约中的非歧视条款，国家实际上可以根据投资者国籍等"歧视性标准"予以特殊对待。

②透明和可预见性原则，要求国家最大可能地使其政策目标和以往的实践案例透明。

③适度原则，要求国家对投资、交易等的管制不应超出保护国家利益的范围，而且

---

① Capobianco, A. and H. Christiansen (2011), "Competitive Neutrality and State - Owned Enterprises: Challenges and Policy Options", OECD Corporate Governance Working Papers, No. 1, OECD Publishing, p. 20.

应当优先采取其他方式来代替对投资的限制以保护国家安全。

④问责原则，强调在制定投资限制的政策或做出阻止具体投资和交易行为时，应当由国家最高层级机构和官员做出决策。[①]

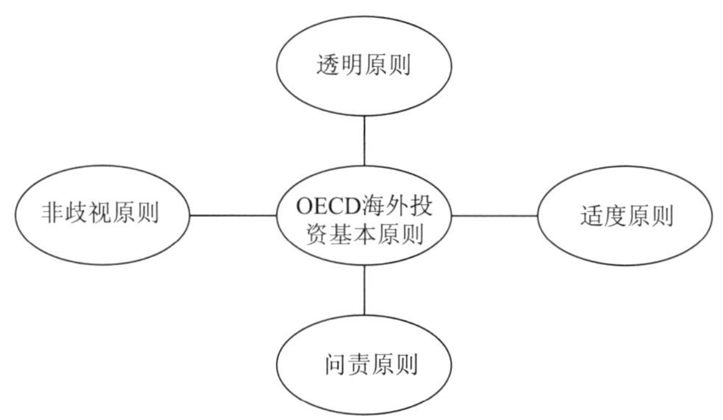

图 26 经合组织海外投资领域基本原则(2010)

总体而言，经合组织在海外投资问题上并未对国有企业做出任何特别的限制，而是试图在投资领域推进市场开放和自由化，为投资审查设置了较高门槛。但事实上，国有企业或主权基金在海外投资并不容易，其根本原因在于国家对何为国家安全领域仍然有最终的决定权。从这个意义上说，国有企业在海外投资中受到的限制，直接来自各个国家的具体考虑而非国际标准。

实际上，在一般性的跨国投资政策之外，经合组织在2008年就提出了备受争议的关于主权财富基金(Sovereign Wealth Funds)的政策声明，其基调是欢迎主权财富基金在接受国的建设性作用，表示要按照经合组织的总体投资标准对待主权财富基金的跨国投资活动。尽管声明也提到主权财富基金需要加强自身的透明度和管理，但其主要内容是要求接受国给予主权财富基金非歧视性待遇，其中与一般性投资的唯一区别是经合组织提到“其注意到如果主权财富基金的投资是由政治而非商业目标驱动的话，那么就可能引起对国家安全的合理忧虑”。[②]

① Guidelines for Recipient Country Investment Policies Relating to National Security, Recommendation adopted by the OECD Council, 25 May, 2009, pp. 1 - 4.

② OECD Declaration on Sovereign Wealth Funds and Recipient Country Policies, June, 2008.

表 10　经合组织现存适用于主权财富基金的政策框架

政策	内容
《OECD关于主权财富基金和投资接受国政策的宣言》(2008)	通过该宣言，OECD国家的部长们就对主权财富基金提供一个开放的投资环境达成共识
《OECD一般投资性原则》	包括非歧视原则、透明度原则、逐步自由化原则、冻结原则和单边自由化原则。这些原则适用于包括主权财富基金在内的所有外国投资者
《OECD关于投资接受国与国家安全相关的投资政策指南》(2009)	确保各国不滥用"国家安全"借口实施保护主义来排除主权财富基金

资料来源：王小琼.评OECD关于对投资接受国监督主权财富基金的最新指引——兼论中国哟主权财富基金海外投资的应对[J].中国外资，2010(24).

可以说，经合组织在投资议题上对国有企业及主权财富基金的规定基本上是重申了同年国际工作小组IWG(International Working Group)针对主权基金制定的圣迭戈原则(Santiago Principles)，其区别只是把这一原则由主权财富基金扩展到所有国有企业或其他企业。

表 11　IWG的圣迭戈原则

1. 主权财富基金的法律框架应是健全的，它应对有效运作和实现主权财富基金所说明的目标起到支持作用
2. 应明确定义和公开披露主权财富基金的政策目的
3. 如果主权财富基金活动对本国具有重大、直接、宏观的经济影响，这些活动应密切与本国财政和货币当局协调，以便确保与总体宏观经济政策相一致
4. 在主权财富基金融资、提款及支出操作的一般方法方面，应该具备明确以及公开披露的政策、规则、程序或安排
5. 应及时向所有者报告与主权财富基金相关的统计数据，或按要求纳入适当的宏观经济数据组
6. 主权财富基金应具备稳健的治理框架，应建立一个明确、有效的职责分工，促进主权财富基金管理的问责制和操作独立性，以实现其目标
7. 所有者应根据明确定义的程序确定主权财富基金的目标，指定管理机构的成员，并对主权财富基金操作进行监督
8. 管理机构应服务于主权财富基金最大利益，并具备明确的职责和充分授权以及行使其职能的能力
9. 主权财富基金的操作管理应以独立的方式来执行主权财富基金的战略，并与明确定义的责任保持一致
10. 主权财富基金操作的问责制框架应在相关法律、章程或其他章程性文件或管理协议中明确定义
11. 应按照与认可的国际或国家会计标准一致的方式，及时准备有关主权财富基金操作及业绩的年报和所附财务报表
12. 应按照与认可的国际或国家会计标准一致的方式，对主权财富基金的操作和财务报表进行年度审计
13. 应明确定义专业和道德标准，并向主权财富基金的管理机构、管理层和工作人员公布
14. 出于主权财富基金操作管理目的而与第三方打交道，应以经济和金融为基础并遵循明确的规则和程序
15. 主权财富基金在东道国开展操作和活动时，应遵循其所在国家所有适用的监管和披露要求
16. 应公开披露主权财富基金的治理框架、目标以及从操作上独立于所有者的管理方式

续表

17. 应公开披露与主权财富基金相关的财务信息，以证明其经济和金融导向，以便为国际金融市场的稳定做出贡献，并增强接受国的信赖
18. 主权财富基金的投资政策应是明确的，并与其所有者或管理机构定义的目标、风险容忍度和投资策略保持一致，而且应基于稳健的投资组合管理原则
19. 主权财富基金的投资决定，应以经风险调整的财务收益最大化为目的，并与其投资政策保持一致，同时基于经济和金融考虑
20. 在与私人实体竞争时，主权财富基金不应寻求或利用特别信息或更广泛政府的不当影响
21. 主权财富基金将股东所有权看作其股权投资价值的基本要素。如果主权财富基金选择行使其所有权，它应保持与其投资政策一致的方式，并保护其投资价值。主权财富基金应公开披露其对待上市实体中有投票权证券的一般方法，包括指导其行使所有权的关键因素
22. 主权财富基金应具备识别、评估和管理其操作风险的框架
23. 应衡量主权财富基金的(绝对或相对于基准的，如有基准)资产和投资业绩，并按照明确定义的原则和标准向所有者报告
24. 主权财富基金应参与或派代表参与对普遍接受的原则和做法的实施情况进行的定期审议过程

资料来源：IWG 文件 http://www.iwg-swf.org/pubs/chn/gapplistc.pdf.

但是，针对圣迭戈原则中出现的问题，特别是由于其缺乏硬性的约束机制，包括经合组织成员国在内的大部分国家主要通过双边贸易协定和多边谈判来制定新的国有企业或 SWF 海外投资条款。

例如，美国对 SWF 的定义，与圣迭戈原则相比大为缩小，但与一般意义上的 SWF 的概念相同，指的是国家用财政盈余的部分组建的、进行各种经济投资的资金池，可分为商品 SWF 和非商品 SWF，前者的资金来自国家的出口盈余，例如天然气或者石油，而后者则来自国家的外汇储备。

正如前文所述，美国把 SWF 与一般的国有企业区别开来，并表示由于 SWF 投资对市场的扭曲效应并不大，新贸易协定中的国有企业条款将不会用来约束 SWF。它也承诺将区别对待控制型投资和非控制型投资，对一般性的少数股权投资将不会有严厉的限制。

表 12　美国财政部对主权基金的政策

内容	细则
对接受国建议	接受国不应该针对投资组合和外国直接投资设立保护主义壁垒。 内部投资规定应该是公开可获得的、清晰表述的、可预测的，并且是被强大并具备连续性的法律所支持的。 不应该歧视对待不同投资者。 国内投资政策应在同等条件投资者间平等适用。 应该尊重投资者决策，尽量不去干扰。 因国家安全原因对投资进行的制约(程度)应与交易引起的国家安全风险(可能)成正比

续表

内容	细则
对 SWF 的限制	一是投资决策应该建立在纯粹商业目的的基础上，而不是预期的，直接或非直接的商业目标；主权财富基金应将此正式列为基本投资管理政策的一部分。 二是应进行更大程度的信息披露，比如目的、投资目标、机构安排、财务信息，尤其是资产布局、基准线、在一定时期的回报率等，能够降低金融市场的不确定性并增强接受国的信任。 三是应有强大的公司治理、内部控制、操作和风险管理体系。 四是主权财富基金和私营产业应该公平竞争。 五是应尊重被投资国家，遵守被投资国家的法规和信息披露要求

在与新加坡的 TPP 谈判中，美国也很可能区别对待拥有自主权的、以营利为目的的 SWF，如淡马锡集团，和缺少自主权的 SWF。欧盟认为，“在私人金融市场运作的国有投资基金”都属于 SWF ，与美国对这种传统的“储备管理”(reserve management)的定义相比，欧盟把其范围扩大到一切进行国家“财富管理”(wealth management)实体。

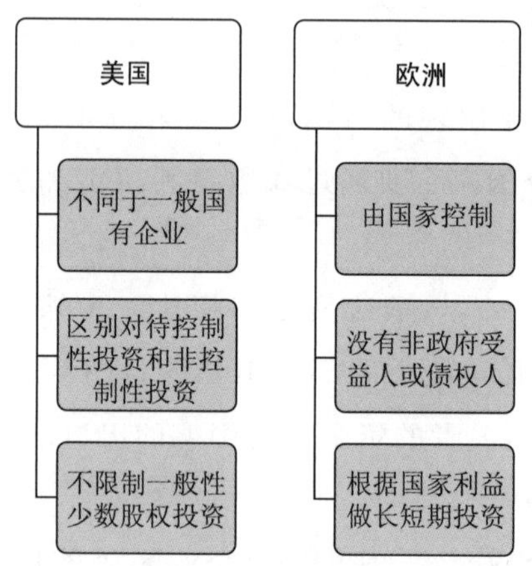

图 27　美欧对主权财富基金的定义和态度

欧盟认为 SWF 有三点主要特征：

第一，它们都是由国家直接或间接控制；

第二，除了国家没有任何政府之外的实体或个人是其受益人或债权人；

第三，其长期和短期投资都是根据国家的利益和政策做出的。①

不过，尽管相对于美国，欧盟扩大了 SWF 的范围，但其针对 SWF 所采取的管制措施总体上与经合组织提倡的准则还是相符的。由于金融危机，欧盟和美国总体上都是

① Andreas Scordamaglia Tousis, Sovereign Wealth Funds (SWF) in the European Union, European University Institute, Department of Law, March, 2009.

欢迎 SWF 的，对其限制或规范虽在增加，但方式还较为适度和温和的。

与欧盟和美国相似，经合组织在 2008 年后按照其声明一直试图在经合组织成员国和非成员国之间就跨国投资，尤其是涉及国有企业或 SWF 的协定，达成广泛共识。不过，由于不同国家间立场分歧较大，到目前为止这一进程进展并不明显。

经合组织认为，从整体上看大部分国有企业仍然是在国内领域活动，到目前为止，大部分投资规定也没有强调投资主体的所有制形式，但随着国有企业海外活动的增加，不少国家通过在本国的资本审查机制或双边贸易协定中增加国有企业条款。

各国都认为，确定国有企业海外行为的目标和动机应当成为以后制定相关条款的关键内容。经合组织表示，现阶段尚不可能制定出统一的规范国有企业投资行为的条款；同时经合组织也认为，现有双边投资协定（Bilateral Investment Treaty, BIT）不仅能够按照其条款规定的内容促进投资流动，它所营造的对投资政策的确定性还会产生额外的促进作用，这意味着短期内经合组织将会通过鼓励成员国之间签订双边条约的形式来确定符合经合组织立场的投资准则。①

整体上看，在海外投资领域，美国与经合组织最大限度地推进跨国自由投资的目标最为接近，这不仅给予 SWF 不同于一般国有企业的待遇，还试图在 TPP 中为资本流动建立强有力的国际保障机制。

目前可以确定，正在讨论中的规则包括对外国投资和投资者的非歧视待遇、对外国人的最低标准待遇、征收外国投资的规则、外国投资者从东道国转出投资规则、例外部分以及国家间和个人与国家间的争端解决机制。其中部分条款在国内和国外都引起很大争议：

首先，对外国人的最低标准待遇（Minimal Standard Treatment）向来存在两种解释，其一是最低标准待遇“等同”于对外国人的全面保护以及公正和平等的对待”，其二，是对外国人的保护以及公正和平等的对待要受到最低标准待遇的“限制”，美国对北美自由贸易区协定中这一条款的解释采用了第一种方式。②

总体而言，美国对国有企业海外投资问题的立场没有太多变化，在维护国家安全基础上继续扩大各国市场准入的范围，推广更有利的投资保护机制，确定外国资本的退出程序以保障安全。

---

① 18th Roundtable Summary, OECD, 2013, pp. 9 – 11.

② Tolga Yalkin, The International Minimum Standard and Investment Law: The Proof is in the Pudding, European Journal of International Law, March 2009.

三、国有企业市场行为规则发展导向及应对

从政策出发点来看，经合组织针对国有企业制定的种种行为规则可以分为两类。

第一类是要求国有企业遵守符合所有企业都应当遵守的标准，废除国家授予国有企业的特权，其核心是要让国有企业的行为规则尽可能地与一般市场行为规则相符，以避免产生扭曲效应。

当然，经合组织也清楚这一类准则的推进是有限度的。经合组织明确承认国家有权设立国有企业，且可以把国有企业作为政策工具来实现其想达到的政策目标，只要其目标不与已有国际协定相抵触。

同样，经合组织在投资等领域也承认国家有权按自身理解来处理与“国家安全”相关的问题，国家而不是国际组织依然拥有最终的决策权。

最后，尽管经合组织要求国家在法律、税收、行政管理、债务等多方面为国有企业和私人企业提供公平的竞争环境，但这种公平只能是有限的。例如，很难想象政府会允许国有企业按照一般破产法进行破产，或者说在金融危机时不对国有企业进行救助。

正因为以上基本现实，经合组织的国有企业准则还包括第二类，也就是在两者法律地位不可能实现完全平等的情况下，相对于一般的私人企业，应对国有企业做出更严格的要求，作为对私人企业遭遇的不平等市场竞争环境的救济。

例如，国有企业要求大型非上市国有企业也要按照上市公司的要求披露信息，澳大利亚政府要求国有企业为政府的隐性担保支付费用，国有企业采取的很多行动适用于事前允许而不是经合组织为了市场的自由性而在很多领域提倡的事后审查制度。

在实际的具体规定中，国有企业往往受到具体国家更为严格的要求。例如，一般国家对外国国有企业的所有投资都要进行审查，没有一般企业所需要达到的交易额门槛，美国更是在新的 TPP 谈判中提出了要求国有企业公开其未来的行业进入打算或者投资标的要求，引起了新加坡等国认为这会带来反向不平等竞争的问题，同时这一举动也终结了美国给予 SWF 的有别于一般国有企业的特殊优待。

总体来说，第二类这种旨在矫正国有企业长期和正在享有的法律特权地位所带来优势的新准则往往构成了对当前国有企业运营的最大冲击。

此外，对一些已经存在的准则，经合组织也通过在各个成员国中的实践结果来进行进一步的细化甚至改变。例如在补贴方面，面对 WTO 和其他国际贸易协定，经合组织都允许国家按照经济发展的状况给予农业不同程度补贴的局面，进一步细化了不同类型的农业补贴而且把提供价格支持的补贴作为对市场扭曲效应最大的一种，并且建议

各国改变补贴方式。在反对补贴和公共基础服务领域，也从一开始的单纯从经济效率、市场效率出发转为根据可持续发展原则来提倡市场竞争。

例如在农业领域，经合组织指出，鼓励农业增产带来的往往是对资源的过度利用而不是生产技术的提高，而在公共事业领域的补贴则会导致消费者在交叉补贴的情况下滥用自然资源或基础服务，这种经济规模增大会带来更高的环境成本，而认为增加的经济活动会造成额外的环境伤害的理念也更好地支持了经合组织一贯提倡的既有准则。

同样，在核算国有企业的经济表现时，最初经合组织强调的是简单地用利润标准来取代收入标准，然后又引入了把"资本"本身当作成本的评价方式，从而更清楚地剥离了大型国有企业由于市场先占地位和对国家财产的继承所获得的不同寻常的优势对观测其经济表现的影响。

另一方面，经合组织也开始逐步支持对中小企业参与国际贸易予以适当补贴，以对冲大型企业尤其是大型国有企业具备的与生产效率和市场表现无关的优势。同时，这种变化也可能会向更宽松的方向前进，而其目的往往是为消除一些有矫枉过正之嫌的措施，例如坚持以"可能性"作为判断国有企业或国家违规标准的欧盟，在补贴是否涉及国际贸易这一问题上也逐渐改变了原有的严苛态度，开始按照具体情况做出一些允许补贴的判决。这里特别需要注意的是，一些经合组织已开始趋向反对那些在中国仍被视为合理的行为或做法。比如，"纵向一体化"这一概念。

一直以来，中国政府认为"纵向一体化"是国有企业发展和做强的主要战略之一，但在经合组织看来这会带来严重的反市场竞争的风险，欧盟更是只要认为存在反市场竞争的可能性就采取措施加以禁止。

比较明显的是，尽管很多成员国的政府和相关管理机构明确表示，将按照经合组织的指导或准则来管理本国国有企业和外国国有企业的跨国行为，但经合组织本身并不是和欧盟一样的具有强制力的超国家机制，甚至也不是 WTO 这样能够裁决国家间争端的国际组织，只拥有对成员国和其他国家进行建议的权力。

因此，经合组织准则实际上的影响力只有其各成员国在制定本国管理规则、双边和多边国际协定时才能转化为现实中对各国国有企业的约束，而在这一转换过程中经合组织各成员国对某项具体原则和建议的理解、接受程度和执行方式也都会存在差异。

例如针对反竞争行为，美国的司法系统在面对涉及掠夺性定价的案件时就更为谨慎，因为美国总体上认为降价是一种有利于消费者的行为，而且从本质上来说是市场竞争的最基本表现形式；而针对提高对手的成本这类行为，美国强调的是切实的反竞争行为，欧盟则更严格地强调可能性。

总体而言，美国对国有企业的态度相对于欧盟来说更为温和，这也导致美国在这一领域往往是追随欧盟或其他成员国诸如澳大利亚提出的概念，比如竞争中立或抵消性买方力量等。

不过，值得强调的是，尽管存在这种理解上和执行上的差异，总体而言经合组织各成员国在概念和原则上是正在走向统一而不是保持差异。

以对国有企业的定义为例，欧洲认为享受到政府授予的特殊权利的私人企业也应当受国有企业条款约束，美国和加拿大等国本来只是把国家拥有直接或间接控制权的企业看作国有企业，而这种概念区别的发展趋势则是美、加等国开始逐渐接受欧洲国家的定义，并进一步把这一概念扩展到能被国家直接或者间接影响的私人企业。在最新TTIP谈判中，美国和欧盟的愿望就是统一大西洋两岸在行政管理上的诸多标准和措施。即使在这次谈判中双方取得成果不大，这仍清楚地指明了其发展方向，经合组织本身就在积极推动。

总之，要对经合组织成员国之间对国有企业政策的分歧有更精准的了解，也要充分认识到这种差异将会不断缩小，最终中国国有企业以及其他被当作国有企业对待的企业将很可能不得不面对一套统一的约束规则。

对于经合组织所制定的一系列国有企业行为规则，首先要明确其产生和发展的目的是规范经合组织成员国国内和国家间贸易，发展至今已较为成熟但仍在不断改进，不是针对某一具体国家的。其次，还应充分认识到，制止国有企业的反竞争行为并不是对国家甚至企业本身的损害，从某种程度上说是为了提高国有企业的效率和国家财政的有效使用，突出强调了“成本意识”，并将这种成本由单纯的经济成本扩展到社会和环境领域。

其中很多内容对中国现有的国有企业和国有企业管理体系构成了挑战，但这种挑战更多是具有积极意义的，有利于提高中国国有企业行为的规范性，既能够提高自身的发展效率，又有利于打破贸易中的“国有企业壁垒”。更何况，如果不能吸收经合组织中的合理成分，并积极参与到未来经合组织规则的讨论和制定中去，中国国有企业将在未来的世界经济环境中陷入相当被动的局面。

基于这一考虑，本研究认为，为更好地适应现有的针对国有企业的国际贸易环境，应对未来以TPP和TPIP为代表的必将到来的冲击，中国的国有企业和出资人体系应当重点在以下几个方面做好准备：

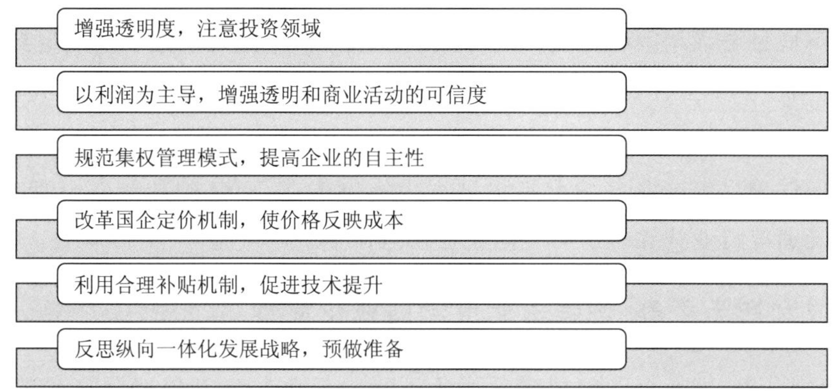

图 28　国有企业管理优化建议

(一)增强透明度,注意投资领域

从目前看来,国际贸易中的国有企业规则本身是一个很复杂的概念,其很多内容分散在反补贴、海外投资审查、知识产权等多个不同的问题领域中。

正如经合组织规则内容所显示的那样,它在很大程度上体现了国家对自身国有企业的管理和限制,实际上并没有对国有企业的海外活动做出太多特殊限制的内容。它所提倡的"非歧视性原则"也包括各国不应因企业的国有企业身份而对其正常商业活动进行限制,经合组织在海外投资议题中把重点放在规范东道国的审查机制上的做法特别体现了这一点。

目前看来,对国有企业的国际贸易行为可能构成最直接额外约束的还是透明度准则,这种透明既包括企业的运营状况,如资产和绩效,也包括企业的内部结构及其与政府部门的关系、企业想实现的目的和政策等,未来很可能还要包括企业部分发展方向和计划等。同时,这种透明很可能还要伴以向利益相关方的事前或者事后通告。

有鉴于此,中国国有企业要想适应未来的国际贸易和投资规范,首先需要做的就是提高自身的透明度,尤其重要的是将这种透明由经济领域转向企业结构、与政府关系等偏政策的领域,而不应当避讳自身的国有企业属性或者以各种方式对此加以隐藏,因为随着对国有企业定义的放宽,企业已很难绕过这一"国有企业条款"。

与此同时,应当认识到近期中国企业在美国等地遇到的投资障碍,并不是因为其国有企业属性或与国家有密切的关联,而是因为其选择投资或提供服务的领域具备一定的敏感性,可以说,美国国会对中兴和华为所做的决定,既符合其国内程序,也符合经合组织成员国的一般实践。

而且，考虑到国有企业在加拿大和澳大利亚等国在自然资源这一重要领域投资项目的成功，不应过分强调国有企业因其与国家关系而在国际经济活动中遭遇到困难。

尤其应当注意到主权财富基金由于对市场本身的扭曲效应较少，国际投资流动本身也受到经合组织鼓励，唯一需要注意的是谨慎选择投资领域，目前金融、自然资源包括石油、天然气采集等产业普遍已不再被视为敏感产业，而基础的能源分配、电信基础设施建设、交通等行业往往对所有外国企业都有限制。

(二)以利润为主导，增强透明度和商业化属性

经合组织认为，国有企业的很多反竞争行为的根源在于其根据国家政策往往是以实现行业控制、提供公共服务等为目的，甚至有些国有企业因和政府关系过于密切并缺少独立性，因此其决策者往往是从政治而不是利润的角度来做出决策。

这一方面使得国有企业在市场以抢占市场份额、扩大收入为主要目的而不顾资本利用效率和实际成本，甚至采用各种手段打击其市场中的竞争者；另一方面，在国际经济活动中由于不是明确以获得利润为导向，往往使得外国政府和公众怀疑国有企业在海外活动的动机。例如，以过高的价格和商业风险在海外进行某些重点行业的投资，这导致即使国有企业纯粹从商业目的出发制定的决策以及按照经合组织标准进行的运营信息和决策目标的披露也难以取信于人。

尽管从表面上看，增强国有企业的效率、资本利用率以及增加国有企业的利润是与加强国有企业对某一行业的战略控制相一致的，但是以利润或更加准确反映资本成本的利润为国有企业的绩效评价标准和以直接的营业额或市场占有率评价国有企业相比，二者对其产生的激励效果差别极大，前者会让国有企业更加注意商业活动效率、减少自身成本、采用新技术，而后者则会让企业采用各种方法提高整个行业的成本、刻意选择低效技术、打击来自国内和国外的其他竞争对手。

简言之，一旦以确定国家的战略掌握而不是国民财富的有效增长作为目标，就有可能造成长期的国有企业和整个产业的无效率发展，从而使其面临越来越大的外部竞争和被要求开放市场的压力，使得本国国有企业更加难以在海外开始商业活动。

因此，当前国有企业的管理体系应当更加明确地以反映资本成本的利润作为评价标杆，和经合组织大部分成员国一样把国民财富增长或者说盈利作为建立和维持国有企业的最主要目标。比如说，美国所有的联邦公司在通过立法建立时都明确了其以盈利为目的的属性。这种做法一方面可以提高国有企业的效率，另一方面经过长期实践可以使本国国有企业在执行透明政策和以商业为目的进行国际经济活动时更加可信。

再比如，新加坡的淡马锡集团尽管是主权财富基金，但其一贯的企业商业实践证明它是以纯粹的经济目的而在国际上进行各种经济活动的，因此不应受到对国有企业的额外透明要求的限制，这一理由也得到了 TPP 谈判各国不同程度的认可。

(三)规范集权管理模式，提高企业的自主性

要想保证国有企业以利润为导向，在参加国际经济活动时能够完全从商业利益出发并取得其他国家的信任，就需要确保国有企业能够拥有相对独立的地位，拥有较大程度的决策自主权，这就需要进一步改革国有企业的所有权管理结构，实现政企分离。

目前中国国有企业的管理结构总体来说是从行业管理模式转向集权管理模式，实现了初步的政企分离，但是与经合组织的标准仍存在一定差距。

这首先是因为部分行业，例如烟草行业，企业与行业管理机构仍实际上重叠在一起；其次是因为新的集权管理机构在实际管理过程中出现了管理过细、唯国有企业规模是从、强制要求国有企业进行重组等弊病。

实际上，经合组织之所以提倡集权管理模式，就是为了避免行业管理机构与国有企业因利益结合而进行合谋，同时刺激管理机构干预国有企业的日常运营。而且，经合组织从未认为国有企业必须在行业中占据领先地位，同时特别注意横向和纵向的合并或一体化战略对市场竞争的影响。

因此，目前在所有权结构改革方面，一方面应继续推进国有企业管理的集权管理模式，进一步把行业监管部门与相关国有企业进行利益分割，另一方面也要规范新的集权管理部门对国有企业的监管行为本身，而且特别应当注意的是新的部门不应取代原有行业部门的位置，不能拥有进行产业规划的权力。

实际上，集权管理部门的监管应把重点放在监督而非管理上，而且监督所有国有企业的标准应当是由国家立法机构或更高级的行政机构通过的，例如规定如何评定国有企业的经济表现、如何判定国有企业是否实现了国家规定的政策目标，不能由新的集权管理部门本身来规定。

换言之，集权管理部门应当按照已有的监督标准对国有企业进行监督和评价，而不是对其日常管理进行干预。同时，国有企业的集权管理结构应当把维护市场的竞争性作为其评估国有企业表现的重要指标。

也就是说，必须考虑到国有企业在正常竞争环境中的经济效率，而不是单纯追求利润甚至是最容易产生市场扭曲效应的规模。一言以蔽之，监管首先是要建立在国有企业自身充分独立的基础上，其次监管机构自身要用更先进、更符合国际规范的评价标准

来指导国有企业的发展。

(四)改革国企定价机制，提高价格与成本的相关性

当前很多承担着公共责任的国有企业，由于传统的实现社会政策的方式，往往自身效益低下，对国家财政负担重，消费者对其垄断地位也不满意，再加上国际上对公共服务领域的进一步开放也有强烈的诉求，因此，改革国有企业在公共服务领域的定价机制是非常有必要的。

这一定价改革的基本原则应当是在包括供水、供电、铁路运输、公共交通、电信服务等公共服务领域推行“使用者付费”原则，也就是说消费者应当为其所使用的服务的全部成本付费，企业不再因为享受国家的补贴而降低产品或服务的应有价格。

不过，这种价格改革不能单独推行，其必须伴以对成本的准确评估机制以及引入竞争，这是因为如果不能引入竞争的话，很容易使得处于垄断或市场先入地位的国有企业过高定价，赚取超额利润。

尽管经合组织在核算成本上推荐按照平均可避免成本来进行全面计算，但是这种方法本身比较复杂且存在一定的弹性，因此最可靠的方法仍然是同时引入竞争，这种竞争引入机制既可以是完全开放市场，也可以是政府与私人或外国企业签订合同进行公共服务外包。

这种改革的好处是多方面的。首先国家基于公共职责给予国有企业的补贴很容易被用来交叉补贴其在竞争性市场的商业活动，尽管可以用基于活动性质分别设置账户的方式进行缓解，但是，国有企业仍然有可能通过复杂的手段进行掩盖。同时即使不存在交叉补贴的可能性，但企业自身不能通过定价来全部收回成本，而由国家按照差额进行补贴，这使得企业并没有足够的动力改进技术、降低成本，从而造成国有企业的低生产效率。因此取消对国有企业的直接公共职责补贴既有利于防止国有企业采取反竞争行为，又有利于激励国有企业提高经济效率。

其次，这些公共服务事业的国有企业往往也是对其他产业的国有企业进行补贴的中介和渠道，例如美国就经常认为中国的出口企业接受了来自国有企业的廉价中间产品和水、电、运输上的优惠待遇。因此，如果改革这些网络状产业的定价机制，将使中国的出口价格构成更加透明，使中国企业更少面临外国的反补贴调查，同时也间接取消了国有企业经常享受到的生产投入领域的特权，更容易营造对所有性质的企业一视同仁的公平的行政管理环境。

最后，这种价格变化会使得消费者更为谨慎地使用公共和自然资源，更有效率地使

用企业提供的产品和服务，长期来看既有利于环境和经济的可持续发展，也有利于降低国家在公共服务领域的实际支出。

同时，把对公共服务的补贴从企业转向消费者，还能使国民对国家的福利政策有更直观的感受和理解，而且能变得更清晰和更具有针对性，也有利于国家的社会政策获得公众的支持以及该政策目标的实现。

(五)利用合理补贴机制，促进技术提升

尽管经合组织反对大部分国家给予国有企业或其他企业补贴，但就目前经合组织的研究趋势来看，这种立场也不是绝对的，相反它也认可了一些并不会扭曲市场竞争的补贴，其中的主要部分就是针对环境保护的补贴。

在这类特殊的补贴中，经合组织尤其看重的是那些促进企业采取新技术、减少对环境和自然资源的消耗的国家援助，并对此采取积极鼓励的态度。

这是因为，与一般的补贴不同，促进采用新的环境成本较低的技术之所以不被认为是扭曲了市场竞争，是因为在经合组织看来环境和自然资源消耗的全部成本并没有在目前的竞争市场中完全体现出来，很多企业实际上没有为其高消耗技术支付全部的成本；由于考虑到征收这种环境成本的行政代价过高，因此更可取的方式是对那些有意识地采用高效技术的企业进行补贴，这一态度与经合组织在公共服务部门的成本政策也是一致的。

事实上，中国目前也正在强调经济结构转型，谋求科学发展和可持续发展。考虑到扶植新兴产业、扶植传统意义上的重要产业(例如农业和自然资源产业等)的做法既容易在国际贸易中引起争议，又不一定能够实现资源的有效配置，因此，在对中国国有企业的政策扶持中，可以重点考虑推进其技术革新，重点放在降低自然资源消耗和减少环境破坏上。这样既能够增强国有企业的实力、提高其生产效率和技术水平，又符合国际发展方向，有利于突破外国的“环境壁垒”，增强中国国有企业在国际市场上的竞争力。

同时，应当注意到，尽管美国在知识产权和技术转移上持有较为强硬的立场，但是其他经合组织成员国在这一问题上与美国保持着很大的距离，而且经合组织总的来说认为先进技术的传播和扩散是有利于市场竞争的，发达国家应当在合理的条件下促进这一技术流动。

因此，运用国家政策来促进技术提升，尤其是降低能耗、提高资源利用效率的技术，是能够得到国际支持和鼓励的；相对而言，对新兴产业或其他重要产业的保护、补贴则面临着外部的冲击，会越来越困难，例如在最近中美双边投资协议谈判中，中方已答应

放弃长期坚持的对这两类产业的特殊要求。在这种国际化的背景下，尤其需要以国际上能接受的方式增强国有企业的竞争力。

(六)反思纵向一体化发展战略，预做准备

自20世纪90年代国有企业改革以来，纵向一体化和横向一体化一直是中国国有企业发展的主要战略，到目前为止依然在推动国有企业的重组与合并。

但值得注意的是，经合组织及其成员国在近年来也开始从公平竞争的角度来考虑这两种常见战略，其对纵向一体化的看法和相应准则的制定在未来可能会对中国国有企业的发展造成较大影响。

国有企业往往在某一项国家制定领域内拥有市场先入或市场支配地位，然后再将业务向上游和下游市场扩展，很容易进入到一些竞争市场。在经合组织看来，如果这两类市场存在着纵向的产业联系，那么国有企业有很多种方式可以对正常的市场竞争造成极大影响，作为买家或卖家，它都可以通过在某一级市场的支配地位迫使连接市场中的竞争对手退出市场，或遭遇显著的成本提高和市场份额损失，而且还难以找到准确的证据证明国有企业确实采取了违规措施。

正因如此，最为遵循经合组织准则的欧盟针对纵向一体化制定了较为严厉的事前审查政策，只要确定纵向一体化中某一环节具有市场支配地位，并且在这一支配市场中其他竞争者难以进入，那么就认定构成了扭曲市场的威胁而需要被阻止，而这通常意味着剥离某一部分主要业务。

经合组织及其部分成员国针对纵向一体化的这一态度，预示着未来这一准则很可能会通过双边或多边协定而逐渐成为共同的国有企业标准。

这会对中国的国有企业产生两种压力：

其一是外国企业在中国市场中运营遭遇到这种情况时会认为存在不公平的市场竞争，这会引起企业与国家、国家与国家间的贸易纠纷。固然中国在国内有权制定相关政策和法律，但这很可能导致外国政府采取不同程度的报复或抵消手段，同时还会导致在未来的双边谈判中对中国的国有企业提出比对其他国家更为苛刻的要求。

另一方面，纵向一体化尽管从表面上看用企业内部的交易代替了市场交易，降低了成本，提高了利润，但事实上由于中国国有企业往往都是大型甚至在某些市场拥有支配性地位的企业，对纵向一体化的鼓励往往会赋予其过度的优势，反而削弱了它通过一般的方式提高企业竞争力的动力，在长期看来也会对整个行业产生不良影响。

鉴于中国国有企业大多执行了纵向一体化的发展战略，因此有必要对这些战略是

否对国内的商业市场产生了扭曲进行调查，而如果存在市场竞争扭曲，应当为如何进行矫正而准备。

课题组成员名单

组　长：

陆志军　外事局局长

副组长：

姜维亮　外事局副局长

成　员：

袁铁成　克危克险总经理

张纪辉　外事局处长

谢　晖　外事局副处长

周鑫宇　克危克险分析员

刘　杉　克危克险分析员

肖　河　克危克险分析员

第三篇 国有资产监督管理

国有企业综合价值评价研究

国资监管大格局下监事会监督研究

国资委财务监管报表 XBRL 扩展分类标准研究

中央企业反腐倡廉建设考核评价机制研究

国有企业综合价值评价研究

摘　要：本课题在梳理企业和国家财富之间关系的基础上，研究了企业综合价值体系，并通过探讨世界一流企业衡量评价标准，从总市值、同行业市场份额和核心技术与品牌三方面对我国国有企业的发展进行了国际视角的评估。课题通过将国家资产负债表引入国有企业价值评价体系，创新了原有的经济评价指标，使其更好地反映企业对国家整体的影响和作用；丰富了国有企业价值的内涵，从单一的经济指标扩展为综合价值；对社会效益和生态效益进行了有针对性的修正，使企业评价从唯经济论、唯总量论转向综合价值和质量导向。通过研究反映出未来国有企业改革发展中社会效益和资本管理的理念，更好地为实现国家长远发展目标提供管理经验，为实现建设世界一流企业这一目标提供科学支撑。

关键词：国有企业　综合价值　评价

党的十八届三中全会通过了《关于全面深化改革若干重大问题的决定》（以下简称《决定》），就我国经济未来发展提出了明确的展望和构想。在开篇处便针对我国经济体制改革和发展提出了阶段性的发展要求，其中就国有企业发展，《决定》指出："完善国有资产管理体制，以管资本为主加强国有资产监管，改革国有资本授权经营体制，组建若干国有资本运营公司，支持有条件的国有企业改组为国有资本投资公司。"①这一表述明确释放了未来国有企业管理体制的重大改革变化信号，我国国有资产管理体制将从以资产管理为主逐步转向以资本管理为主的模式，逐步实现从"管企业"到"管资本"的转变。管理方式的变化势必带来对我国现有国有资本的重新认识，也会对国有资本管理

① 《关于全面深化改革若干重大问题的决定》。

部门在管理思路和整体定位方面带来重大转变。

十八届三中全会《决定》提出，要“组建若干国有资本运营公司”，这一提法也被各级国有资产管理部门迅速落实到其国资改革的思路中。这一变化意味着国资委的监督管理职能将由原来的“国资委—国企”的两层结构逐步转变为“国资委—国有资本运营公司—国资参与的企业”的三层结构，这对国资委监督管理的职能要求和权力分配提出了新要求。相较之前国资委代表国有资产出资人的身份，新变化对于国资委在简政放权和实现国有资本保值增值的管理要求上如何平衡，提出了新的课题。因此，对于国有资本的整体把握，无论是对所有制改革，还是对管理制度改革，都具有重大的政策意义和参考意义。国有资产管理部门将从一个近行政管理的“国有企业管理者”逐渐转向拥有更加专业经济知识和经济管理能力的、近市场运作机构的“国有资本监督者”。这同传统国资委管理国有资本提出的“保值增值”要求的管理模式有所不同，未来改革的方向是要对整个国有资本进行运作，从单个企业的“保值增值”转变为对所管辖资本的运作，实现资本增长。

《决定》表明我国国有资产管理即将迎来新一轮的改革和发展。从前侧重和强调对国有企业(广义)本身企业制度和经营方式的监督管理，新的理念将更多着眼于大的“资本管理之道”，而非“企业管理之术”，在宏观层面上实现国有资本保值增值，这也要求我们对国有企业综合价值有一个较为客观的综合衡量和评判。

完成这一任务所应有的最基本的条件是要明确我国的国有资本总量(存量)究竟有多少，国有资本的“大盘子”究竟有多大，在国民经济中究竟占据怎样的位置，更为关键的是国有资本的综合价值如何。本研究的第一部分通过国家资产负债研究对国有企业的名义价值及其在国民经济中的地位进行了分析。第二部分通过与联合国提出的“包容性财富”框架相协调的多维度综合价值指标体系对中国全部的非金融企业特别是央企的综合价值做出了定量分析。第三部分在综合价值分析框架基础上提出了对现有国有企业绩效评价的补充建议。第四部分对央企在企业层面建立“世界一流企业”三个层面的定义，即世界500强、行业前10名、核心技术和知名品牌，进行了多指标的排名分析，为企业建立综合价值分析提供参考。

一、大企业与国家财富——国家资产负债视角

自从19世纪后几十年第二次产业革命爆发至今，大型工业企业在所有主要国家中，在推动国际经济的发展及推动经济转型方面，一直扮演着中心角色。在所有大型企业的新形式中，制造企业无论是在资本构成、生产率增长还是在技术进步、知识更新等方

面都走在了最前头。这不仅仅是因为全球范围内现代经济的发展通常是表现在工业的发展上,而且还因为制造企业,尤其是资本密集型和知识密集型的企业,一直就承担了绝大部分的研究开发工作,而这些工作对于20世纪持续的技术创新而言是十分重要的。

20世纪世界大型工业企业对经济增长主要贡献有四点,每一点都反映出这些企业在19世纪末创立之初的特点。

第一,大企业通过在生产设施上投入巨资获得了规模经济效益,从而大大降低了生产成本。对那些想在资本密集型产业领域获取垄断地位的企业来说,这一点是必不可少的条件。那些最终将生产运输整合到一起的企业使得实物资本在规模依赖型技术中占有相当大的比重,这种新技术是19世纪80年代至一战间发展的主要动力。

第二,为了运用这些新技术并使之商品化,这些公司招聘了经理、工人、技术员等人力资本,这样,对于企业产品特定的无形组织资源来说,公司成为它们从最初的发展到不断地提高学习的场所。这些资源对于确保自己国家产业的竞争力是必不可少的。

第三,新兴工业企业的经理们很快意识到,如果他们想保持由大批量生产带来的成本优势,就不得不保证有形资源流和信息流的通畅,就要与国内乃至全球市场上的分销商保持直接的接触。

第四,在自己培养的人力资本的基础上,大型工业企业通过在研发活动上的巨额投资成为技术进步的主要推动者。为了保住和增加在国内市场上的份额、向国际市场扩张、给新兴企业的进入制造障碍,就必须将新技术商品化。在资本密集型和日益发展起来的知识密集型产业领域,这种投资对于新技术商品化而言是越来越重要。

表1　美国200家最大型制造业厂家总集中度(1947—1987年)

	1947	1958	1967	1977	1987
制造附加值					
50家最大企业	17.0	32.0	24.6	24.4	24.9
100家最大企业	23.0	30.0	32.8	33.4	34.4
200家最大企业	30.0	38.0	41.6	43.7	43.2
雇员人数					
50家最大企业	—	—	20.2	17.9	16.8
100家最大企业	—	—	26.4	25.0	22.5
200家最大企业	—	—	33.7	33.4	30.6
工资总额					
50家最大企业	—	—	25.2	24.8	24.1

续表

	1947	1958	1967	1977	1987
100 家最大企业	—	—	32.4	32.9	31.0
200 家最大企业	—	—	40.3	42.1	39.8
新资本支出					
50 家最大企业	—	—	27.4	28.0	27.2
100 家最大企业	—	—	40.3	38.5	36.4
200 家最大企业	—	—	51.5	49.2	46.6

资料来源：U. S. Bureau of the Census, *Historical Statistics of the United States, Colonial Times to 1970* (Washington, D. C., 1975), part 2, series P177 - 180, p. 686; U. S. Bureau of the Census, *Census of Manufactures*, 1987; Concentration Ratios in Manufacturing (Washington, D. C., 1992), tables 1 and 2.

早期对大企业经济地位的衡量主要集中于投入和产出的视角。一些经济学家已开始确切地强调技术进步与有形资本及与无形资本间的相互关系问题。真正能够完整衡量大企业在国民经济中的地位的是存量类型而不是像 GDP 这样的流量类型的国民经济核算工具，国家资产负债表就是针对该类问题的一种较获认可的衡量方式。

1. 国家资产负债表的概念与中国的实践

国家资产负债表的概念是从企业的资产负债表上引申而来的，其核心内容基本一致，都是一个实体的资产总额和负债总额加总之后得出的总资产存量的统计报表。国家资产负债表则将国家作为一个经济"实体"，进行相关计算。国民资产负债核算作为一种成熟的核算方法，形成于 20 世纪 60 年代。70—80 年代西方主要经济体也纷纷开展相关研究，并开始计算本国的资产负债表。至今，大部分 OECD 成员国家都至少公布了不含有实物资产的金融资产负债表。这些数据被政府和经济学家广泛用于评估经济形势和金融风险，成为指定宏观经济政策和了解整体经济形势的重要参考指标。自 90 年代以来，国家资产负债表的研究逐渐从政府的资产负债扩展到了一国公共部门。这一扩展使得资产负债表"在考察财政可持续性时，比传统的借款和债务数据更具优势"①。因此可以看出，国家资产负债表已经成为一种具有较强指导意义的经济报表，成为了解国家经济发展情况的有力补充。

国家资产负债表(National Balance Sheet)是以一国总体经济存量为考察对象，反映某一时点上经济体的资产负债总规模及结构状况。按照联合国、国际货币基金组织、OECD 以及欧盟委员会共同制定的国民账户体系(SNA2008)，一国的资产负债表又可

① 马骏，等. 中国国家资产负债表研究[M]. 北京：社会科学文献出版社，2012.

划分为非金融企业、金融公司(包括中央银行)、政府(包括各级政府、社保基金以及政府控制的非营利机构)、居民(也称住户)、面向居民的非营利单位以及非住户部门(即国外部门)。编制出适合中国国情的国民资产负债表简单框架(见表2),其中,主栏为资产与负债项目及其差额,宾栏是国民经济各部门及合计加总。

资产负债表的基本逻辑关系可以大致归纳为:

(1)总资产=负债+资产净值

(2)总资产=非金融资产+金融资产

考虑到负债即金融负债,同时,由于国民资产负债表中的(一国)金融债权和(另一国)金融债务互为镜像,它们同时发生,规模相等,方向相反,即在全球(或所有经济体)范围内,金融资产=金融负债,我们可以将(1)、(2)合并,得到:

(3)资产净值=非金融资产

(3)式成立的前提是纳入了国外部门。加入国外部门,一方面是出于会计平衡的需要,另一方面,也只有像联合国或IMF这样将全球所有经济体视为一个整体的国际机构,考察国外部门才有意义(表1即是以全球为考察对象)。就单个经济体而言,有实际意义的是国内部门合计,因此可以忽略国外部门与总计这两栏。

进一步看,金融资产/负债包含三项,项目(一)是国内金融资产/负债,项目(二)、(三)其实就是我们通常所说的国际投资头寸表。由于国内金融资产=国内金融负债,即项目(一)中的资产负债完全抵消,那么国内部门合计的净金融资产就等于(二)、(三)项的加总,也就等于净国际投资头寸,于是有:

(4)国内部门的资产净值=非金融资产+净国际投资头寸=非金融资产+国内部门净金融资产

以上给出了国民资产负债表的部门划分、科目类别以及加总办法和一些会计恒等式,这些构成了编制资产负债表的基础。

表2 国家资产负债表框架

项目	非金融企业	金融机构	政府	住户	国外部门	总计
非金融资产						
固定资产						
存货						
其他非金融资产 *						
金融资产/负债						
(一)国内金融资产/负债						

续表

项目	非金融企业	金融机构	政府	住户	国外部门	总计
通货与存款						
贷款						
股票及其他股权						
债务证券						
保险准备金						
其他应收/应付款项						
(二)国外金融资产/负债						
直接投资						
证券投资						
其他投资						
(三)储备资产						
黄金储备与特别提款权						
外汇储备						
资产负债差额(资产净值)						

注：* 包括土地、无形资产、递延资产及其他资产。

资料来源：李扬，等(2013)。

我国的国家资产负债表研究起步较国外同行较晚，我国在进入 21 世纪后才逐渐有了较为正规的政府部门资产负债表研究，而且主要以企业、银行、政府部门等各部门各自进行的资产负债进行研究，这只能称为"部门资产负债表"①，严格意义上不能算作国家资产负债表。国家统计局曾于 1997 年和 2007 年先后两次出版《中国资产负债表编制方法》，但迄今中国官方资产负债表仍处于试编阶段，尚未对外公布过相关数据，也没有推广至国家各部门，形成数据汇总和发布。同时目前已有的各部门资产负债表也无法反映出"隐性和或有负债问题"，在数据权威性和参考性上有一定欠缺。

2012 年马骏等人合著的《中国国家资产负债表》一书第一次较为系统和全面地介绍了国家资产负债表的概念和核算方法，标志着我国开始专门研究国家资产负债表。2013 年 12 月 23 日，"中国国家资产负债表分析国际研讨会"上中国社会科学院学部委员、副院长李扬研究员指出，我国主权部门资产净值(即总资产减去负债)按照不同口径计算为 21.6 万亿至 87 万亿元的规模②。因此可以看出，目前国家资产负债表的研究，由于主

① 关于部门资产负债表的概念，在马骏等人所著《中国国家资产负债表》一书中有介绍。

② 社科院：我国主权资产净 87 万亿 发生主权债务危机可能性低 人民网：http://politics.people.com.cn/n/2013/1223/c1001-23923485.html.

权部门定义和包含内容的不同，会导致国家资产负债表的报表数据出现很大不同。很多宽口径的国家资产负债表计算，都是将国家的一些自然资源（如土地，矿藏等）纳入计算范围，却没有考虑这些资产这样的短期变现能力和在经济大规模波动时的资产保值能力（通常一些自然资源丰富的国家，在面对经济波动时，也面临大宗商品和自然资源类产品价格下跌，其可以应对短期经济波动的国家资产并不是在一些口径下计算得出的资产①）。不同口径和计算方法有时会给政府造成一种"盈余错觉"，认为国家资产净额很大，对债务特别是短期债务偿还能力产生错误的判断。这对国家资产负债表的核算方法提出了更高的要求，以期在反映国家财富的同时能够更加客观地体现一国对债务和金融风险的应对能力。

2. 国有企业在国家资产负债中的地位

本研究构造了非金融企业的统计口径，涵盖企业法人单位较为密集的非公共产品供给行业，②包括采矿业，制造业，电力、燃气及水的生产和供应业，建筑业，交通运输、仓储和邮政业，信息传输、计算机服务和软件业，批发和零售业，住宿和餐饮业，房地产业，租赁和商务服务业，以及科学研究、技术服务和地质勘查业在内的 11 个行业的规模以上工业企业和限额以上服务业企业。本研究的资产数据从中国统计年鉴和第三产业统计年鉴的分行业资产统计数据中获取③，利用非金融上市公司资产负债率估算全部非金融企业的负债。

计算结果表明，国有资产在中国整体的国家资产中的比例基本保持在一个比较稳定的水平上，呈小幅波动。与之相比，国有企业负债在全国负债中所占比例下降较为明显，说明国有企业的资产负债率实际上是从高于全社会资产负债率 1/3 的水平下降到接近全国平均水平。与之类似，央企在全部非金融企业资产中的比重约下降了两个百分点，而其在非金融企业净资产中的占比却基本保持稳定，表明央企在企业中的位置是呈现出集中资本优势，增强综合价值是发展大方向。

表 3 国家资产负债中的国有企业与中央企业（万亿元）

项目	2004 年	2005 年	2006 年	2007 年	2008 年	2009 年	2010 年	2011 年	2012 年
国家资产	153.8	178.4	214.2	284.7	336.7	400.7	468.6	546.5	

① 关于计算口径，马骏在《中国国家资产负债表研究》中也有比较详细的解释。

② 本研究定义的公共产品供给行业包括水利、环境和公共设施管理业，居民服务和其他服务业，教育，卫生、社会保障和社会福利业，文化、体育和娱乐业，以及公共管理和社会组织。

③ 依据《中国经济普查年鉴（2008）》，2008 年全国共有企业法人单位 495.7 万家，本研究构建的非金融企业共有 472.9 万家，占全部企业法人单位的 95.4%。

续表

项目	2004年	2005年	2006年	2007年	2008年	2009年	2010年	2011年	2012年
非金融企业资产	49.6	56.3	66.53	80.2	98.6	112.5	138.5	163.7	188.8
国有企业资产	22.3	25.4	29.0	35.5	42.5	53.5	68.6	75.9	
国有/国家	(14.50)	(14.24)	(13.54)	(12.47)	(12.62)	(13.35)	(14.64)	(13.89)	
央企资产	8.3	9.1	10.5	12.2	14.9	17.6	21.1	24.4	28.0
央企/非金融	(16.73)	(16.16)	(15.78)	(15.21)	(15.11)	(15.64)	(15.23)	(14.91)	(14.83)
国家负债	66.0	79.0	90.9	118.9	140.2	174.5	209.7	242.0	
非金融企业负债	25.9	30.6	37.0	42.5	53.8	64.8	79.8	97.2	113.4
国有企业负债	12.9	13.9	15.5	17.9	20.2	25.0	31.5	40.6	
国有/国家	(19.55)	(17.59)	(17.05)	(15.05)	(14.41)	(14.33)	(15.02)	(16.78)	
央企负债	4.7	5.2	5.9	6.8	8.3	10.3	12.7	14.9	17.4
央企/非金融	(18.15)	(16.99)	(15.95)	(16.00)	(15.43)	(15.90)	(15.91)	(15.33)	(15.34)
国家净资产	87.8	99.4	123.3	165.8	196.5	226.2	258.9	304.5	
非金融企业净资产	23.7	25.7	29.53	37.7	44.8	47.7	58.7	66.5	75.4
国有企业净资产	9.4	11.5	13.5	17.6	22.3	28.5	37.1	35.3	
国有/国家	(10.71)	(11.57)	(10.95)	(10.62)	(11.35)	(12.60)	(14.33)	(11.59)	
央企净资产	3.6	3.9	4.6	5.4	6.6	7.3	8.4	9.5	10.6
央企/非金融	(15.19)	(15.18)	(15.58)	(14.32)	(14.73)	(15.30)	(14.31)	(14.29)	(14.06)

注：国家资产负债2007年及之后数据来自李扬等《中国国家资产负债表2013》；之前数据来自马骏等《中国国家资产负债表研究》。

3. 国家资产负债表研究对于认识国有企业价值的意义与局限

我国的国家资产负债表研究虽然起步较晚，但是由于多种因素综合作用，国家资产负债表对于我国发展有着十分重要的意义，对于国有企业改革有着更为特殊的意义，这集中表现在以下方面：

(1)国家资产负债表的研究对我国国情有特殊适应性。我国是一个以公有制为主、多种所有制并存为基本经济制度的国家，而国家的自然资源，如矿藏、土地、河流等都是属于国家的财产，也就是“主权部门”的资产。这使我国资产负债表更加具有指导性——我国的国家资产同主权部门资产重合度较高，因此这一数据比西方国家数据更能够准确地反映一国政府经济总体情况和风险应对能力。而相对而言，国家资产负债表，特别是广义口径的计算，同我国国情的联系是较为适应的。

(2)国家资产负债表的研究为公有制经济改革提供基本数据支撑。三中全会提出的加快和实现国有资产管理转型至资本管理的过程，其实质就是对整个国家资产提出了保值增值的要求，国家资产负债表正是一个计算资产总量的经济报表，其算法和机制也被各国广泛接受，并成为研究国家财富、计算国家主权资本的重要参考指标，为改革提供了基本的数据支持和支撑。

(3)国家资产负债表为国有企业发展提供科学指导依据。我国国有企业在进入21世纪之后迎来了快速发展期，这不仅表现在进入世界500强的数量上，更表现为这些大型企业(绝大多数为国有企业)资产占国民经济总量的比例也在快速提升。因此国有企业对于我国经济发展有着重要的支撑和引领作用。因此准确计算和了解国有资产总量，对于正确把脉未来经济发展和国有企业改革发展，也有着重要的指导意义。

同时，我国社会保障问题等重大社会问题，目前正引起社会上的热烈讨论，很多观点也引起了较大争论，其中非常重要的一部分就是关于我国社会保障体系的“资金缺口”，而这一缺口需要国有企业通过上缴收益予以补充。对国家资产负债表的研究，提供了国有资本的总盘子的估算，这样也科学地联系起国家资本总存量和缺口流量，为国有企业实践企业责任、体现社会主义优越性提供更加科学的指导。对为国家和国有企业健康有序发展提供科学参考具有重要的意义。

二、央企综合价值评价——与竞争力评估协调的框架

克服了GDP等传统国民经济核算工具只能衡量经济流量的缺陷，国家资产负债表为财富存量统计提供了有效的衡量工具。但与GDP等衡量工具类似，国家资产负债表是对名义价值量也就是有形财富的衡量。但综合考虑社会、经济的发展问题时，不仅需要衡量狭义有形财富意义上的名义价值量，还需要将知识、人力资本、自然环境等影响因素纳入考虑范围，这就为衡量传统狭义财富的名义提出了新的挑战和要求。

1. 包容性财富与综合价值

2001年，Partha Dasgupta在《人类福利与自然环境》一书中，首次提出了包容性财富(Inclusive Wealth)的理论框架①，扩大了传统财富概念的适用范围，提供了对真实财富的分析思路。2007年，Partha Dasgupta发表《可持续发展》一文②，用包容性财富描述社会全部资本资产价值之综合(包括可再生资本、人力资本和自然资本)。包容性财富框架定义的“可持续发展”指生活水平在跨代间不出现下降，也意味着实现产出的生产力基础不出现下降。其中，生产力基础包括广义的多种资本，这些资本性资产统称为“包容性财富”。

---

① Partha Dasgupta, Human Well - being and the Ntural Environment, Oxford University Press, 2001.

② Partha Dasgupta, The Idea of Sustainable Development, Sustain Sci, Vol. 2, 2007, pp. 5 - 11.

包容性财富包括七类资产：

①可再生资本(Reproducible Capital)，也称为产出资本(Manufactured Capital)，是传统意义上的生产性资本，包括生产活动中使用的厂房、机器，社会生活中的道路、交通工具等，是传统国民经济核算的对象；②人力资本(Human Capital)，包括劳动者的教育、技能和健康状况，价值来源于个人的生产能力所造成的对产出的影响；③知识(Knowledge)，指科学技术知识，包括自然定律、抽象化的理论、公式、算法等，可为人所用，需要相应的R&D投入；④自然资源资本(Natural Capital)，包括当地的生态系统、生物群落和地下矿藏资源等，目前绿色GDP核算已经加入了自然资源因素；⑤人口(Population)，包括人口数量和人口结构特征，是资本的创造者、占有者和消耗者；⑥制度(Institutions)，指人与人之间会影响资源配置的某种制度安排；⑦时间(Time)，随着时间的变化，资产会发生折旧或升值等变化。包容性财富的资产分类，突破了国民经济核算、国家资产负债表等衡量狭义财富的名义价值量的衡量方法的局限，提供了理解财富和发展的新的综合性的框架，为更加全面地认识财富、从更全面的角度衡量财富提供了创意性的思路。本研究采用包容性财富中的可量化指标，提出国有企业综合价值的评价体系。

2.国有企业综合价值评价体系

对应包容性财富指标体系中的生产资本、人力资本、自然资源资本，结合数据的可得性和企业特征，提出国有企业综合价值系数体系。从总体上，由于各类资本的存量数据通常难以获得，我们转而采用各类流量数据与企业总资产的比值来反映租金对企业总价值的影响程度。

国有企业综合价值系数体系共分为生产资本系数、人力资本系数、自然资产价值三项系数。其中，对于生产性资本，包容性财富采用了当年产出和通常较少被纳入企业财务绩效中的税收两项流量指标。税收指标的选取主要考虑到国有企业的特殊性，即作为国有资本的当期“收益”来进行考量。生产资本系数的组成包括企业单位资产营业收入和企业单位资产税收两个指标。

对于人力资本，包容性财富将当期劳动报酬视为人力资本的“租金”，限于数据可得性，我们更换为投入的就业人数。而作为研发资本存量租金的研发费用支出的使用则体现出综合价值考量中知识资本的贡献。人力资本系数包括企业单位资产R&D支出和企业就业吸纳贡献。

对于投入企业生产的自然资产，包容性财富将能源和矿产的当期产出视为“租金”，这里限于数据的可得性是采用能源的总消费。考虑到能源消费中产生的碳排放带来的福利损失，同样将其纳入综合价值的减项进行考察。自然资产价值包括企业单位能耗

资产和企业单位 CO_2 排放资产。

为实现对上述体系的评价，根据现有数据指标的可用性，以及与前期研究中国有企业竞争力框架的一致性，本研究选择 6 个具体指标构建国有企业综合价值系数指标体系，形成生产资本系数、人力资本系数和自然资本三项系数，每项系数都由两个指标通过集合平均公式计算得出。通过对这三项系数进行几何平均计算，合成国有企业综合价值系数。

表 4　国有企业综合价值系数指标体系

指数	指标	数据来源
生产资本系数	单位资产营业收入	中央企业决算数据资料 财富世界 500 强
	单位资产税收	中央企业决算数据资料 Gale
人力资本系数	单位资产就业贡献	中央企业决算数据资料 财富世界 500 强
	单位资产 R&D 支出	中央企业决算数据资料
自然资本系数	单位 CO_2 排放资产	国资委节能减排监测报表
	单位能耗资产	国资委节能减排监测报表

注：6 个量化指标的数据来源：①国家统计局公布的历年中国统计年鉴和第三产业统计年鉴；②有关部委公布的统计数据，包括国资委回顾材料、国有资产保值增值报告、商务部历年《中国对外直接投资统计公报》、财政部《中国财政年鉴》；③国际数据，包括 Census Bureau，*Statistical Abstract of the United States*；Bureau of Economic Analysis，*Input-output Tables*；EuroStat，*Key figures on European Business*；Fortune，*Global 500*；OECD，*Structural Analysis Database*；Carbon Disclosure Project Global 500 Report；Carbon Monitoring for Action Database。上述数据都是权威部门公布的数据，数据可查、可靠、可信、可检验。

（1）国有企业综合价值系数指标说明。

①单位资产营业收入。单位资产营业收入亦称“资本系数”，指资本与营业收入的比值，表示一定经济条件下的产出量需要投入多少资本。在企业的财务分析中，资本—产出比率表现为固定资产账面价值与其总产值的比率，它反映了企业设备的利用情况。如果资本—产出率高，说明企业设备利用率高、经济效益好，反之则表明利用率低、经济效益差。资本—产出比率不是一成不变的，一般而言，资本—产出比率的提高总是和技术进步或创新活动相伴而生。

单位资产营业收入的计算公式如下：

$$单位资产营业收入=\frac{本年企业产出}{本年末企业资产}\times 100\%$$

②单位资产税收。单位资产税收率是企业税收与企业资产的比值，表示一定经济

条件下单位资本所产生的税收。在企业的分析中，单位资产税收率体现了企业在财务上对社会所直接贡献的价值，是企业外部性的重要衡量指标。

单位资产税收的计算公式如下：

$$单位资产税收=\frac{本年企业税收}{本年末企业资产总额}\times 100\%$$

③单位资产就业贡献。单位资产就业贡献，衡量的是在一定资产规模的条件下，企业对就业的贡献大小，通过本年企业职工和本年末企业资产总额的比值来衡量。在企业的分析中，单位资产就业贡献体现了企业创造就业的能力和贡献，是企业外部性的重要衡量指标。

单位资产税收率的计算公式如下：

$$单位资产就业贡献=\frac{本年企业职工人数}{本年末企业资产总额}\times 100\%$$

④单位资产 R&D 支出。单位资产 R&D 支出，衡量的是在一定的资产规模的条件下，企业在科技研发方面的投入，从投入端衡量创新在企业中的地位。在企业向自主创新方向转型的过程中，研发支出在企业支出总额中比重越来越大，是企业在市场竞争中核心竞争力的重要来源，所以单位资产 R&D 支出是衡量企业自主创新能力的重要指标。

单位资产 R&D 支出的计算公式为：

$$单位资产\ R\&D\ 支出=\frac{本年企业\ R\&D\ 支出}{本年末企业资产总额}\times 100\%$$

⑤单位 CO_2 排放资产。单位资产 CO_2 排放，衡量的是在一定的二氧化碳排放规模的条件下的企业资产，即衡量企业在碳排放方面的影响。数值越高，企业在二氧化碳排放方面控制得越好；数值越低，企业在二氧化碳排放方面控制得越差。

单位 CO_2 排放资产的计算公式为：

$$单位资产\ R\&D\ 支出=\frac{本年企业\ R\&D\ 支出}{本年末企业资产总额}\times 100\%$$

⑥单位能耗资产。单位能耗资产，衡量的是在一定的能源消耗规模的条件下企业的资产，即衡量企业在能源消耗方面的影响。数值越高，代表企业在能源消耗方面控制得越好；数值越低，代表企业在二能源消耗方面控制得越差。

单位资产能耗的计算公式为：

$$单位资产能耗=\frac{本年末企业资产总额}{本年企业能源消费量}\times 100\%$$

不同于包容性财富报告中采用的算数平均数方法，国有企业综合价值系数的计算方法，借鉴联合国开发计划署(UNDP)公布的人类发展指数(HDI)的计算方法，在指标计算上选取几何平均数法[①]。我们认为这一方法能够更好地测度国有企业的综合价值。需要指出的是，几何平均数法强调企业综合价值在3个维度之间的相对平衡，单个方面的畸高并不会带来综合价值的显著提高，而单方面的短板则会引起综合价值系数的明显下降。当然，作为补充，两种不同方法计算出的综合价值系数之间可以进行比较，两者之间的差距越大，说明企业综合价值的各个维度间越不平衡，反之则越平衡。

(2)国有企业综合价值系数计算方法。

国有企业综合价值系数的计算分两个步骤展开：

第一步：依据评价维度，选择各维度下的关键性指标，进行描述性统计分析，对国有企业综合价值的不同维度进行解释。

第二步：依据评价维度，计算国有企业综合价值系数中的具体指标，根据几何平均数(见公式1-1和1-2)方法，分两步对具体指标进行合成，分别形成4个资本系数和最终的国有企业综合价值系数。而综合价值系数(Value Index，VI)与总资产的乘积即为综合价值(Comprehensive Value，CV)。

$$CV = A \times VI = A \times \sqrt[3]{VI_{生产} \times VI_{人力} \times VI_{自然}} \quad (1-1)$$

$$VI_i = \sqrt[2]{I_{i1} \times I_{i2}} \quad (1-2)$$

3. 国有企业综合价值评价结果

根据国有企业综合价值评价方法，本研究分两个层次，选取中美非金融企业以及中央企业和美国世界500强非金融企业的数据进行比较。比较两组企业群体的名义价值和综合价值的相对差距和变动趋势，从而更好地了解国有企业的综合价值。

(1)中美非金融企业综合价值对比。根据国有企业综合价值评价方法，选取中国非金融企业和美国非金融企业的数据进行比较(详细说明参见附录二)。中国非金融企业的综合价值由2004年的3.40提高到2012年4.20，年均增长率为7.27%。

从生产资本系数的角度来看，中国非金融企业从2004年的16.17上升到2012年的16.94，同期美国非金融企业从12.70下降到12.39，中国美相对差距从1.27变化到1.37。从单位资产营业收入来看，中国非金融企业从2004年的70.75提升到2012年的84.45，同期美国非金融企业从72.81提升到72.91，中国非金融企业和美国非金融企业的相对差距从0.97变化到1.16。中国非金融企业单位资产营业收入相对美国差距拉

---

① 联合国开发计划署的人类发展指数评价体系由诺贝尔经济学奖得主阿马蒂亚·森提出，在2010年之前采用算术平均数方法进行计算，之后采用了几何平均数的计算方法。

大的原因是在中国非金融企业规模不断增长的同时，由于中国非金融企业的市场销售相对集中度水平较低，仅相当于美国非金融企业的一半，加之近三年来受到内外部经济环境影响，中国非金融企业的产出的增长率低于资本增长率，造成了单位资产营业收入的相对下降。从单位资产税收的角度看，中国非金融企业从2004年的3.70下降到2012年的3.40，同期美国非金融企业从2.22下降到2.10，相对差距从1.67倍变化到1.62倍。也是受到资产高速增长和相对较缓慢的营收增长的影响，中国非金融企业的单位资产税收相对于美国还是有所下降，但依然远远高于美国非金融企业的水平，也为中国非金融企业的金融价值做出了巨大的贡献。

表5　中国与美国非金融企业生产资本系数对比

	2004年	2005年	2006年	2007年	2008年	2009年	2010年	2011年	2012年
单位资产营业收入									
中国非金融企业	70.75	74.35	77.48	80.57	85.04	80.54	84.59	87.01	84.45
美国非金融企业	72.81	72.59	71.45	67.80	73.37	70.19	70.47	73.74	72.91
单位资产税收									
中国非金融企业	3.70	3.78	3.76	3.80	3.57	3.45	3.53	3.53	3.40
美国非金融企业	2.22	2.19	2.15	2.01	2.12	2.22	2.17	2.16	2.10
生产资本系数									
中国非金融企业	16.17	16.77	17.06	17.50	17.43	16.67	17.29	17.53	16.94
美国非金融企业	12.70	12.60	12.40	11.67	12.46	12.48	12.37	12.62	12.39

从人力资本系数的角度看，中国非金融企业从2004年的0.92下降到2012年的0.78，同期美国非金融企业从0.61上升到0.64，相对差距从1.49倍变化到1.22倍。从单位资产R&D支出的角度看，中国非金融企业从2004年的0.26上升到2012年的0.40，同期美国非金融企业从0.87上升到1.02，相对差距从0.30倍变化到0.39倍。研发投入在中国非金融企业的比重不断加大，与美国之间的差距也在不断缩小，但仍有很大的发展潜力。从单位资产就业贡献的角度看，中国非金融企业从2004年的3.22下降到2012年的1.52，同期美国非金融企业从0.43下降到0.40，相对差距从7.42倍变化到3.77倍。中国非金融企业所带来的就业人数，并没有随着中国非金融企业资产的扩张而大幅上涨，所以中国非金融企业的单位资产就业贡献大幅度下降，同期美国非金融企业的单位资产就业贡献却从原来的较低的水平有了一定的提升，进一步拉近了与中国非金融企业之间的相对差距。

表 6　中国与美国非金融企业人力资本系数对比

	2004 年	2005 年	2006 年	2007 年	2008 年	2009 年	2010 年	2011 年	2012 年
单位资产 R&D 支出									
中国非金融企业	0.26	0.29	0.31	0.33	0.34	0.37	0.37	0.39	0.40
美国非金融企业	0.87	0.86	0.88	0.86	0.98	1.05	0.96	1.03	1.02
单位资产就业贡献									
中国非金融企业	3.22	3.06	2.79	2.47	2.11	1.97	1.71	1.63	1.52
美国非金融企业	0.43	0.41	0.39	0.38	0.44	0.48	0.42	0.41	0.40
人力资本系数									
中国非金融企业	0.92	0.94	0.93	0.90	0.84	0.85	0.79	0.80	0.78
美国非金融企业	0.61	0.59	0.59	0.57	0.65	0.71	0.63	0.65	0.64

从自然资本系数的角度看，自然资本系数是中国非金融企业综合价值指标中的“木桶短板”，中国非金融企业从 2004 年的 1.85 上升到 2012 年的 4.00，同期美国非金融企业从 5.82 上升到 7.10，相对差距从 0.32 倍变化到 0.56 倍。从单位 CO_2 排放资产的角度看，中国非金融企业从 2004 年的 1.15 上升到 2012 年的 2.36，同期美国非金融企业从 4.03 上升到 4.97，中美相对差距从 0.29 倍变化到 0.48 倍。单位碳排放的资产，中国与美国之间的差距在不断缩小，但仍有很大的改进潜力。从单位能耗资产的角度看，中国非金融企业从 2004 年的 2.98 上升到 2012 年的 6.71，同期美国非金融企业从 8.40 增长到 10.14，相对差距从 0.36 倍变化到 0.66 倍。中国非金融企业的单位能耗对应的价值小幅上升，与美国之间的相对差距一定程度地拉近，但差距依然明显。我国中国非金融企业在节能减排方面还有很长一段路要走。

表 7　中国与美国非金融企业自然资本价值系数对比

	2004 年	2005 年	2006 年	2007 年	2008 年	2009 年	2010 年	2011 年	2012 年
单位 CO_2 排放资产									
中国非金融企业	1.15	1.16	1.24	1.40	1.66	1.81	2.09	2.25	2.39
美国非金融企业	4.03	4.34	4.58	4.81	4.33	4.25	4.26	4.41	4.97
单位能耗资产									
中国非金融企业	2.98	3.05	3.28	3.63	4.08	4.43	5.13	5.67	6.71
美国非金融企业	8.40	9.13	9.64	10.12	9.10	8.75	8.89	9.11	10.14
自然资本系数									
中国非金融企业	1.85	1.88	2.02	2.25	2.60	2.83	3.27	3.57	4.00
美国非金融企业	5.82	6.29	6.65	6.98	6.28	6.10	6.15	6.34	7.10

基于 3 项综合指标，得到企业综合价值。中国非金融企业的综合价值从 2004 年的 3.01 增长到 2012 年的 3.76，美国非金融企业从 2004 年的 3.57 增长到 2012 年的 3.84，相对差距从 0.84 变化到 0.98。

表 8 中国与美国非金融企业综合价值系数对比

	2004 年	2005 年	2006 年	2007 年	2008 年	2009 年	2010 年	2011 年	2012 年
总综合指标									
中国非金融企业	3.01	3.10	3.18	3.28	3.37	3.43	3.55	3.68	3.76
美国非金融企业	3.57	3.61	3.64	3.59	3.71	3.78	3.64	3.74	3.84

根据之前的国企名义价值的研究，中国非金融企业相对于美国非金融企业的资产总额呈逐年上升，由 2004 年的 0.25 提高到 2012 年的 0.92，充分体现中国非金融企业显著的“做大”趋势。而且，由于生产资本系数和人力资本系数的补偿，到 2012 年中国非金融企业的综合价值系数基本已经和美国非金融企业追平。因此通过综合价值系数的调整，到 2012 年中国的非金融企业综合价值也已经达到美国的 0.90 倍，仅略低于名义价值。

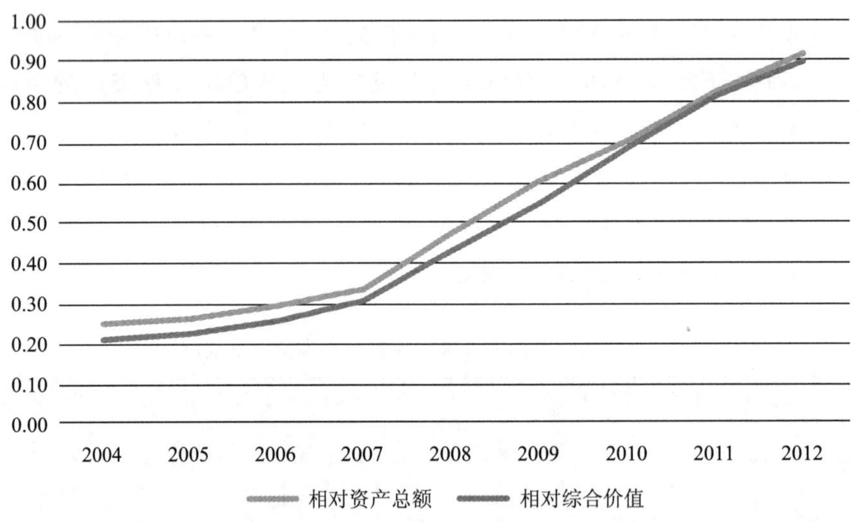

图 1 中美非金融企业相对资产总额与相对综合价值

依据中国非金融企业综合价值的计算结果，我们认为，中国非金融企业已基本实现了由跟随者向追赶者的转变，并在金融价值上实现了局部超越；国有企业特别是中国非金融企业由追赶者向超越者转变的基本趋势已经显现，在资产价值和自然价值的发展上已初见成效，但进一步提升的潜力和空间仍然较大；在人力资本系数方面的积极效果远多于负面影响，为国有企业特别是中国非金融企业的转型超越创造了良好的外部环境;中国非金融企业作为一个整体的企业生命周期正处于从起飞期向成熟期过渡的阶段。

(2)央企与美国非金融500强企业的综合价值对比。根据国有企业综合价值评价方法,选取中央企业和美国世界500强非金融企业的数据进行比较(详细说明参见附录二)。中央企业的综合价值由2004年的3.18提高到2012年3.89,年均增长率为2.58%。

从生产资本系数的角度来看,中央企业从2004年的17.65,为美国世界500强企业(14.81)的1.19倍,提高到2014年的20.42,为美国世界500强企业(18.66)的1.09倍,在波动中保持稳定。从单位资产营业收入来看,中央企业从2004年的61.20提升到2012年的71.23,同期美国世界500强企业从82.41提升到106.69,中央企业和世界500强的相对差距从0.743拉大到0.668。中央企业单位资产营业收入相对美国差距拉大的原因是中央企业在规模不断增长的同时,市场销售相对集中度水平较低,仅相当于美国世界500强非金融企业的一半,加之近三年来受到内外部经济环境影响,其产出的增长率低于资本增长率,造成了单位资产营业收入的相对下降。从单位资产税收的角度看,中央企业从2004年的5.09增长到2012年的5.86,同期美国500强企业从2.66增长到3.26,相对差距从1.91倍变化到1.79倍。也是受到资产高速增长和相对较缓慢的营收增长的影响,中央企业的单位资产税收相对于美国还是有所下降,但依然远远高于美国世界500强企业的水平,也为中央企业的金融价值做出了最大的贡献。

表9 中央企业与美国世界500强生产资本系数对比

	2004年	2005年	2006年	2007年	2008年	2009年	2010年	2011年	2012年
单位资产营业收入									
央企	61.20	64.62	68.03	67.20	67.34	59.96	68.68	73.06	71.23
美国世界500强	82.41	62.07	95.42	72.43	108.57	90.67	95.12	100.9	106.69
单位资产税收									
央企	5.09	5.50	5.60	5.89	5.91	5.45	6.08	6.16	5.86
美国世界500强	2.66	2.24	3.54	2.11	2.09	2.57	2.91	3.09	3.26
生产资本系数									
央企	17.65	18.85	19.51	19.90	19.96	18.08	20.43	21.22	20.42
美国世界500强	14.81	11.80	18.38	12.37	15.06	15.26	16.64	17.65	18.66

从人力资本系数的角度看,中央企业从2004年的0.59上升到2012年的0.67,同期美国500强企业从0.81上升到1.15,相对差距从0.73倍变化到0.58倍。从单

位资产 R&D 支出的角度看，中央企业从 2004 年的 0.32 上升到 2012 年的 1.11，同期美国 500 强企业从 2.19 上升到 3.69，相对差距从 0.14 倍变化到 0.30 倍。研发投入在中央企业的比重不断加大，与美国世界 500 强之间的差距也在不断缩小，但仍有很大的发展潜力。从单位资产就业贡献的角度看，中央企业从 2004 年的 1.09 下降到 2012 年的 0.40，同期美国 500 强企业从 0.30 增长到 0.36，相对差距从 3.66 倍变化到 1.13 倍。中央企业所带来的就业人数，并没有随着央企资产的扩张而大幅上涨，所以中央企业的就业贡献大幅度下降，同期美国世界 500 强企业的单位资产就业贡献却从原来的较低的水平有了一定的提升，进一步拉近了与中央企业之间的相对差距。

表 10　中央企业与美国世界 500 强人力资本系数对比

	2004 年	2005 年	2006 年	2007 年	2008 年	2009 年	2010 年	2011 年	2012 年
单位资产 R&D 支出									
央企	0.32	0.43	0.53	0.61	0.70	0.71	0.97	1.16	1.11
美国世界 500 强	2.19	2.10	3.17	2.30	2.95	0.91	2.89	3.29	3.69
就业贡献									
央企	1.09	0.95	0.84	0.70	0.65	0.51	0.49	0.44	0.40
美国世界 500 强	0.30	0.22	0.32	0.24	0.37	0.34	0.33	0.34	0.36
人力资本系数(综合指标 3)									
央企	0.59	0.64	0.67	0.66	0.67	0.60	0.69	0.71	0.67
美国世界 500 强	0.81	0.68	1.01	0.74	1.04	0.56	0.98	1.06	1.15

从自然资本系数的角度看，自然价值是中央企业综合价值指标中的“木桶短板”，中央企业从 2004 年的 0.15 上升到 2012 年的 0.24，同期美国 500 强企业从 7.72 下降到 7.55，相对差距从 0.15 倍变化到 0.24 倍。从单位能耗资产的角度看，中央企业从 2004 年的 1.96 上升到 2012 年的 3.16，同期美国 500 强企业从 8.64 下降到 6.93，中美相对差距从 0.23 倍变化到 0.46 倍。单位能耗的资产，中国与美国世界 500 强之间的差距在不断缩小，但仍有很大的改进潜力。从单位 CO_2 排放资产的角度看，中央企业从 2004 年的 0.70 上升到 2012 年的 1.03，同期美国 500 强企业从 6.91 增长到 8.22，相对差距从 0.10 倍变化到 0.13 倍。中央企业的单位碳排放对应的价值小幅上升，与美国之间的相对差距一定程度地拉近，但差距依然明显。我国央企在节能减排方面还有很长一段路要走。

表 11 中央企业与美国世界 500 强自然资本系数对比(2004—2012 年)

	2004 年	2005 年	2006 年	2007 年	2008 年	2009 年	2010 年	2011 年	2012 年
单位能耗资产									
央企	1.96	2.03	2.13	2.40	2.58	2.90	2.89	2.89	3.16
美国世界 500 强	8.64	12.38	8.34	11.06	6.92	7.12	7.21	7.07	6.93
单位 CO_2 排放资产									
央企	0.70	0.71	0.74	0.82	0.88	0.98	0.96	0.95	1.03
美国世界 500 强	6.91	8.07	6.19	7.54	4.55	6.24	7.73	7.98	8.22
自然资本系数									
央企	1.17	1.20	1.26	1.40	1.50	1.68	1.66	1.65	1.81
美国世界 500 强	7.72	10.00	7.19	9.13	5.61	6.67	7.47	7.51	7.55

基于 3 项综合指标,得到企业综合价值系数。中央企业的综合价值从 2004 年的 2.30增长到 2012 年的 2.91,美国世界 500 强企业从 2004 年的 4.52 增长到 2012 年的 5.45。金融危机对美国世界 500 强企业的综合价值带来了不小的冲击,但在 2010 年美国世界 500 强企业的综合价值开始恢复。在这期间,中央企业实现了在数量和资产总量上的快速追赶,并以此为前提,实现了综合价值的不断提升。

表 12 中央企业与美国世界 500 强综合价值对比(2004—2012 年)

	2004 年	2005 年	2006 年	2007 年	2008 年	2009 年	2010 年	2011 年	2012 年
总综合指标									
中央企业	2.30	2.44	2.54	2.64	2.73	2.64	2.86	2.92	2.91
美国世界 500 强	4.52	4.32	5.11	4.37	4.45	3.84	4.95	5.21	5.45

根据之前的中央企业名义价值研究,中央企业相对于美国 500 强企业的资产总额呈逐年上升,由 2004 年的 0.18 提高到 2012 年的 0.80,充分体现中央企业显著的追赶效应。然而,经过综合价值系数的调整,央企的综合价值仍只相当于美国全球 500 强企业的 0.43 倍,差距明显而且还更甚于全部非金融企业的。对比表 9 和表 14 不难发现,美国全球 500 强的综合价值系数远高于其非金融企业平均水平,而央企受到自然资产价值等指标的影响,还略低于全国非金融企业平均水平,从而造成二者的相对综合价值差距更大。

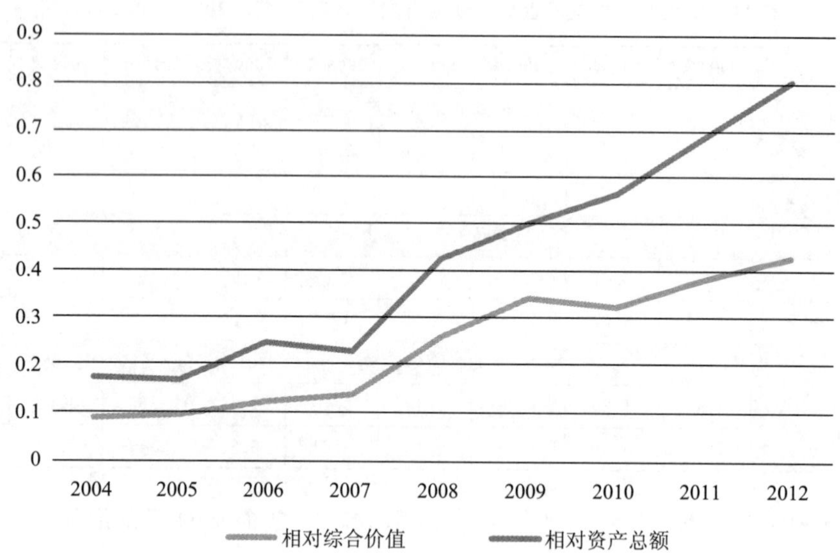

图 2　央企与美国全球 500 强相对资产与相对综合价值

依据中央企业综合价值的计算结果，我们认为，中央企业虽然在名义价值上已基本实现了由跟随者向追赶者的转变，但是从综合价值来讲，和作为群体的美国世界 500 强企业仍有较大差距。对比两组企业的综合价值系数（表 9 和表 14），可以发现美国世界 500 强的系数远高于其非金融企业的平均水平，而中央企业则基本与中国全部非金融企业的水平持平甚至还略低。

究其原因，虽然中美大企业都表现出生产资本系数远高于全部非金融企业平均水平、金融资本系数基本持平或略高的状态，但是美国全球 500 强的人力资本系数则表现出远高于平均水平，自然资本系数也略高的状态，而与之相反，中央企业的人力资本系数略低于全国非金融企业平均水平，而自然资本系数则远远低于。即使考虑到中央企业资本密集、资源消耗与环境排放密集的行业特征，仍然不得不说央企在提高综合价值方面还大有可为。

三、基于综合价值的企业绩效修正评价指标体系

1. 国有企业绩效评价标准

国务院国资委财务监督与考核评价局根据《中央企业综合绩效评价管理暂行办法》（国务院国资委令第 14 号）等文件规定，制定了企业绩效评价标准。该标准以全国国有企业财务状况、经营成果等数据资料为依据，参照国家统计局工业与流通企业月报数据及其他相关统计资料，运用数理统计方法测算制定。标准中包括 5 类 27 个财务指标：

表 13 企业绩效评价标准体系

指标类别	所含指标
盈利能力状况	净资产收益率,总资产报酬率,主营业务利润率,盈余现金保障倍数,成本费用利润率,资本收益率
资产质量状况	总资产周转率,应收账款周转率,不良资产比率(新制度),流动资产周转率,资产现金回收率
债务风险状况	资产负债率,已获利息倍数,速动比率,现金流动负债比率,带息负债比率,或有负债比率
经营增长状况	销售(营业)增长率,资本保值增值率,销售(营业)利润增长率,总资产增长率,技术投入比率
补充资料	存货周转率,资本积累率,三年资本平均增长率,三年销售平均增长率,不良资本比率(旧制度)

为推动企业进行国际对标,国资委测算了包含 20 个指标的国际标准:净资产收益率、总资产报酬率、销售(营业)利润率、盈余现金保障倍数、成本费用利润率、资本收益率、总资产周转率、应收账款周转率、流动资产周转率、资产现金回收率、资产负债率、已获利息倍数、速动比率、现金流动负债比率、带息负债比率、销售(营业)增长率、资本保值增值率、销售(营业)利润增长率、总资产增长率、技术投入比率。

国有企业通过建立现代企业制度,建立和健全适应社会化大生产和市场要求的公司制,形成了高效灵活的经营机制。随着国有企业公司制股份制改革的不断深化、现代企业制度的持续健全,以及国有经济布局和结构的有效优化,国有企业已成为市场经济中的经营主体,根据市场原则和法律法规框架进行经营活动。

在这一背景下,国资委制定的企业绩效评价标准,从国资委对国有企业进行资产管理的角度,很好地对国有企业的财务状况进行了全面的评估。通过国际通用的企业财务指标相对应的指标,可以对个别、部分、全体国有企业的财务状况与国际一流的企业、行业领先的企业进行对比,为国有企业全方位"走出去"、参与国际市场的竞争,提供重要的参考依据。

随着对财富性质和企业性质认识的不断深入和全面,对企业价值的认识也逐渐从传统财务意义上的名义价值拓展到包括科技研发、社会外部性、生态外部性等综合价值,而基于综合价值的企业综合竞争力也成为新的衡量企业在市场竞争中的表现的指标。随着"走出去"战略逐步实施,国有企业海外资产占比不断增长,国有企业也面临着更加激烈的国际竞争。只有不断地提升国有企业的综合竞争力,才能够在国际市场上脱颖而出,成就世界一流企业。

基于以上分析,本研究在国有企业绩效评价标准的基础上,充分考虑本报告第二部分中对企业综合价值体系的分析和计算,基于"全面综合、国际可比"的原则,对评价标准进行部分修订和补充,以期获得更加全面的评价指标体系。

2. 修订指标

"经营增长状况"分类下的"技术投入比率"与国际通用的衡量指标"研发支出比率"统计口径不完全一致，按照与国际指标接轨的原则，修订这一指标。

技术投入比率公式如下：

$$技术投入比率=\frac{本年科技支出合计}{主营业务指标}\times 100\%$$

研发支出比率的计算公式为：

$$研发支出比率=\frac{本年研发支出合计}{主营业务指标}\times 100\%$$

根据之前的计算，得到中美两国非金融企业和央企及世界 500 强企业的对比表格，如表所示：

表 14　中美非金融企业研发支出比率对比(2004—2012 年)

	2004	2005	2006	2007	2008	2009	2010	2011	2012
中国非金融企业	0.37	0.39	0.40	0.40	0.39	0.46	0.43	0.45	0.48
美国非金融企业	1.20	1.19	1.23	1.26	1.33	1.49	1.36	1.40	1.40
央企研发投入比率	0.52	0.66	0.78	0.91	1.04	1.19	1.41	1.58	1.56
央企技术投入比率	1.09	1.37	1.50	1.77	1.81	2.09	1.78	1.78	1.71
美国世界 500 强	2.66	3.38	3.33	3.18	2.72	1.00	3.04	3.26	3.46

3. 补充调整指标

在《包容性财富报告》中，除了三大类资产的核算，还考虑对三类资产的价值调整，综合价值调整指标主要包括全要素生产率、间接就业乘数[①]、二氧化碳损失调整 3 个指标。这 3 个指标和前文设计的 6 个综合价值指标共同构成了指标体系的第六部分。

(1)全要素生产率(科技进步率)调整。全要素生产率是指各要素(如资本和劳动等)投入之外的技术进步(变化) 对经济增长贡献的因素。在估计总量生产函数后 ，通常采用产出增长率扣除各要素投入增长率的产出效益后的余值来测算全要素生产率。对于资本投入的度量，理想的情况是用年资本服务值，但由于资本的使用者往往是资本的所有者，因此，不存在一个市场化的资本租赁价格对资本的实际使用进行准确的度量。在这种情况下，不得不以资本的存量数据代替资本的流量数据。

全要素生产率的计算公式如下：

---

① 《报告》中采用的健康损失，对于企业部门我们换为体现其人力资本外溢性的间接就业。

$$全要素生产率=\frac{增加值}{资本存量^{\alpha}\times劳动投入^{\beta}}$$

其中，α 为资本产出弹性系数，β 为劳动产出弹性系数。在实践中通常用劳动报酬占增加值的比重来计算后者，而在假定规模报酬不变的前提下，通过假定两系数之和为 1 来得到前者。在实践中可以考虑充分利用企业之前对概念上一致的“科技进步率”的核算结果。

(2)间接就业乘数调整。间接就业贡献系数是企业所贡献的间接就业人数和直接就业人数之比，也就是企业所带动的其他相关企业所创造的就业与企业直接解决的就业人数的比率。间接就业贡献率越高，企业对其他相关企业的影响也就越大，所提供的正外部性就越大；反之亦然。

间接就业贡献系数的计算公式如下：

$$间接就业贡献系数=\frac{本年间接就业人数}{本年直接就业人数}$$

因间接就业人数的数据需要通过细分行业（如美国经济分析局的简介就业乘数将国民经济细分为 460 个行业）和所有制的投入产出模型来进行估算，所以本研究暂不对间接就业贡献系数进行计算。进一步的计算，有赖于在实际管理统计核算中，对企业的间接就业人数进行计算。

(3)碳排放损失调整。按照世界银行所提供的世界发展指标中的定义，固态燃料消耗产生的二氧化碳排放量，主要指煤炭作为能源使用所产生的排放量。该指标用以衡量世界各国的能源利用效率。

二氧化碳强度的计算公式如下：

$$二氧化碳强度=\frac{本年二氧化碳排放量}{本年能源消耗量（标准煤当量）}$$

这一指标可以修正不同行业企业的能源消耗类型所带来的碳排放强度差异。然而，这一系数对于自然资产的调整同样依赖于企业的能源资源核算，特别是依赖于企业级的综合能源平衡表，需要扣除净进项能源和非能源使用和加工转换损失等项目。

4. 基于综合价值的企业绩效修正评价指标体系

通过以上的分析，形成 6 类 32 个指标的基于综合价值的企业绩效修正评价指标体系，如表 15 所示。

表 15　基于综合价值的企业绩效修正评价指标体系

指标类别	所含指标
盈利能力状况	净资产收益率，总资产报酬率，主营业务利润率，盈余现金保障倍数，成本费用利润率，资本收益率
资产质量状况	总资产周转率，应收账款周转率，不良资产比率(新制度)，流动资产周转率，资产现金回收率
债务风险状况	资产负债率，已获利息倍数，速动比率，现金流动负债比率，带息负债比率，或有负债比率
经营增长状况	销售(营业)增长率，资本保值增值率，销售(营业)利润增长率，总资产增长率，研发支出占比
补充资料	存货周转率，资本积累率，三年资本平均增长率，三年销售平均增长率，不良资本比率(旧制度)
综合价值指标	产出资本比，税收贡献率，单位资本就业贡献，单位资本 R&D 支出，单位能耗资本，单位二氧化碳资本
综合价值调整指标	全要素生产率调整系数，间接就业乘数，二氧化碳损失调整系数

四、世界一流企业——三层次模型的分析

中央企业的发展目标之一是建设成世界一流企业。这需要同时满足以下三个条件：进入世界 500 强，主要经营指标和业绩达到世界 500 强的"门槛"；进入世界同行业前 10 名，这与国资委所提出的"在国际同行综合指标处于先进水平的企业"是一致的；具有世界知名品牌和核心技术。同时满足三个条件者，就是"世界一流企业"；满足三项之一的，可以称为"世界级企业"。

结果显示，2012 年 114 家中央企业中，中国石油天然气集团公司、中国石油化工集团公司、中国移动通信集团公司三家企业分别在以上指标中表现突出，符合世界一流企业的标准，在激烈的世界市场中占据领先地位，形成世界品牌效应并具备了核心技术优势，是中国企业走出去参与国际竞争的"优秀选手"，是中央企业成绩取得的典型体现，将对其他央企的发展发挥示范带动作用。

目前，有 57 家中央企业建成了"世界级企业"。这些企业在总营业收入、同行竞争、品牌与核心技术中至少有一项在世界排名中名列前茅。具体来看，2012 年，有 42 家中央企业进入财富 500 强，16 家企业进入 Bloomberg 行业十强，13 家进入世界品牌 500 强①，21 家进入 R&D 投资 1500 强，9 家在世界知识产权组织 PCT 申请超过 10 个。这些都是已经具有一定优势的成长中的企业，也是中央企业建成"世界一流企业"的重点对象与后备军力量。

但是，也要清醒地看到，相当一部分中央企业离"世界一流企业"还有一定的距离。

① 其中 12 家中央企业进入 Brand Finance500 强，9 家中央企业进入世界品牌实验室 500 强。

有约50%的中央企业在三项条件中没有一项能够进入世界前沿，在激烈的世界市场中没能占到一席之地。同时，在Bloomberg行业十强排名中中央企业进入的比例约为10%，说明中央企业在国际同行竞争中还需要迎头赶上，而在世界品牌500强中，中央企业进入的比例约11%，说明中央企业国际知名品牌的塑造也相对缺乏。

1. 规模、市值和资产世界排名

中央企业的世界排名反映出其在世界舞台上的综合成绩，中央企业在世界排行榜上入围的数量一定程度上又可以反映出整个国家的企业竞争力水平和经济实力状况。然而，不同国家、不同行业、生产不同产品的企业之间存在巨大的差异，因此，对这些企业按照统一的标准进行综合评估和排序，需要一套科学合理的结构化指标。

目前国际上比较流行的排行榜主要有三个：财富世界500强、FT全球500强与福布斯全球企业2000强。财富世界500强以营业收入为唯一依据对全球企业进行排序，将复杂的企业信息化繁为简、用一个通用的指标来排序，是目前衡量全球大型企业最为著名和权威的榜单。FT全球500强排行榜隶属于英国《金融时报》，以市值为主要标准对全球企业进行排序。《福布斯》是美国知名商业杂志，根据企业销售额、利润、资产、市值四个指标综合加权排名发布全球企业2000强排行榜。

结合这三个榜单的排名依据，笔者选取规模、市值和资产三个指标来给中央企业的2012年和2007年[①]表现打分，如表16所示。从排名结果来看，2012年有42家中央企业入围财富500强，6家中央企业入围FT500强，33家中央企业在福布斯2000强排行榜上有名。2007年这三个排行榜分别有16、3、21家中央企业入围，中央企业上榜年平均增长率分别达到21.3%、14.9%、9.5%，反映了中央企业在这5年间综合成绩整体取得了巨大的进步。

同时，2012年中央企业入围财富世界500强、FT全球500强与福布斯全球企业2000强的数量分别占中国大陆入围企业总数的53.2%、26.1%、23.1%，这一方面反映出中央企业是中国走出去参与国际竞争并取得优异成绩的中间骨干力量；另一方面说明在不同的评分标准下，中央企业的表现差异和波动很大，或者说中央企业面对不同的科目考评，表现出“偏科”的倾向。

从营业收入的指标来看，中央企业的表现可谓成绩斐然，2012年中石油、中石化、国家电网三家企业入围全球前10，取得了高分，而且114家中央企业上榜率高达36.8%，

---

① 选择2007年的理由有两个：一是规避2008年全球金融危机造成的外部冲击影响；二是2007年距离2012年共有五年时间，中央企业在2007年和2012年的分别表现可以很好地反映其综合成长情况，而中央企业上榜的数量则反映出其整体的成长情况乃至整个国家的企业竞争力变化情况。

远远优于另外两个排行榜。从市值这个指标来看，中央企业出现整体落榜的局面，当然这很大一个原因是上市公司的财务统计不能反映出集团公司的整体状况，但这也一定程度上提示中央企业要提高上市公司的竞争力。从资产这个指标来看，可能存在统计口径的误差，但中央企业的表现仍不尽如人意，这也是中央企业今后要努力改善的方向。

表 16　2012 年与 2007 年中国大陆企业在世界规模、资产和市值排名的分布

企业	2012 年排名			2007 年排名		
	财富 500 强（销售额）	FT500 强（市值）	福布斯 2000 强（资产）	财富 500 强（销售额）	FT500 强（市值）	福布斯 2000 强（资产）
中国航空工业集团公司	250					
中国船舶工业集团公司	434		1675			
中国兵器工业集团公司	205					
中国兵器装备集团公司	238					
中国石油天然气集团公司	6	3	7	24		41
中国石油化工集团公司	5	54	24	17	53	71
中国海洋石油总公司	101	62	146	469	220	395
国家电网公司	7			29		
中国南方电网有限责任公司	152			237		
中国华能集团公司	246		586			784
中国大唐集团公司	369		778			1379
中国华电集团公司	433		1527			
中国国电集团公司	341		1079			
中国电力投资集团公司	451					
中国长江三峡集团公司			749			
神华集团有限责任公司	234	70	126			423
中国电信集团公司	221		155	275		181
中国联合网络通信集团有限公司	333	184	326			542
中国移动通信集团公司	81	8	31	180	16	89
中国电子信息产业集团有限公司	425					
中国第一汽车集团公司	165			385		
东风汽车公司	142		450			1622
中国第一重型机械集团公司						
中国机械工业集团有限公司	367					
哈尔滨电气集团公司						
中国东方电气集团有限公司			1222			

续表

企业	2012年排名			2007年排名		
	财富500强（销售额）	FT500强（市值）	福布斯2000强（资产）	财富500强（销售额）	FT500强（市值）	福布斯2000强（资产）
鞍钢集团公司	462		1064			1482
宝钢集团有限公司	197		329	307		366
武汉钢铁（集团）公司	321		1392			1062
中国铝业公司	298		777			856
中国远洋运输（集团）总公司	384			488		1075
中国航空集团公司						1054
中国南方航空集团公司			761			1693
中国中化集团公司	113			299		
中粮集团有限公司	393			405		
中国五矿集团公司	169		1505	435		1825
中国建筑工程总公司	100			396		
招商局集团有限公司			1239			1570
华润（集团）有限公司	233					
中国中煤能源集团公司			526			1210
中国冶金科工集团有限公司	280		494			
中国化工集团公司	402					
中国中材集团有限公司			1982			
中国建筑材料集团有限公司	365		945			
中国北方机车车辆工业集团公司			1213			
中国南车集团公司			1017			
中国铁路工程总公司			265	342		
中国铁道建筑总公司	111		443	384		
中国交通建设集团有限公司	216		245			
中国医药集团总公司			1526			
中国保利集团公司			804			
新兴际华集团有限公司	484					
中国航空油料集团公司	318					
中国电力建设集团有限公司	390					
中国铁路物资总公司	349					
中国中铁股份有限公司	112					
中国海运（集团）总公司						1475
央企总计	42	6	33	16	3	21

续表

企业	2012 年排名			2007 年排名		
	财富 500 强（销售额）	FT500 强（市值）	福布斯 2000 强（资产）	财富 500 强（销售额）	FT500 强（市值）	福布斯 2000 强（资产）
中国工商银行	54	6	5	170	9	53
中国建设银行	77	14	13	230	35	69
中国农业银行	84	35	19	277		
中国银行	93		21	215	23	82
中国人寿	129	84	65		41	
上海汽车	130	331	18	402		
中信集团	194	266	204			
平安保险	242	131	100		196	440
中国邮政集团	258	153				
河北钢铁集团	269					
中国人民保险集团	292			192		
首钢集团	295					
交通银行	326		108		166	308
冀中能源集团	330					
江苏沙钢集团	346					
华为技术有限公司	351					
联想集团	370					
河南煤化集团	397					
天津物资集团	416					
浙江物产集团	426					
魏桥集团	440					
山西煤炭运销集团	447					
中国太平洋保险	450	322	250			
山东能源集团	460					
吉利集团	475					
绿地控股集团	483					
开滦集团	490					
招商银行	498	175	160		264	
贵州茅台酒股份有限公司		252				
上海浦东发展银行		320	153			
中国民生银行		327	227			

续表

企业	2012年排名			2007年排名		
	财富500强（销售额）	FT500强（市值）	福布斯2000强（资产）	财富500强（销售额）	FT500强（市值）	福布斯2000强（资产）
兴业银行		388	243			
江苏洋河酒厂股份有限公司		425				
五粮液集团有限公司		450				
中国光大银行		489	321			
深圳发展银行			383			
中国人民财产保险			434			
万科集团			431			
非央企合计	37	17	113	6	7	68
中国(大陆)合计	79	23	146	22	10	89

资料来源：表中数据分别来源于2012与2007《财富》世界500强，FT全球500强与《福布斯》全球上市公司2000强。

注：本表列出福布斯2000强所有上榜中央企业数据以及进入前500的非央企企业数据。

2. 世界同行业市场份额排名

市场占有率即市场份额，指一个企业的销售量（或销售额）在市场同类产品中所占的比重。它在很大程度上反映了企业的竞争地位和盈利能力，也就是企业对市场的控制能力。世界一流企业一定在世界同行中具有领先的市场占有率。所以有必要对中央企业在世界同行的占有率进行计算和分析。同行市场占有率定义为本年企业在该行业的销售额占当年该行业全球市场销售额比重。因不同国企所在行业不同，所以同行市场占有率的计算会需要依据不同行业进行分别计算。

中央企业要与世界同行业企业进行比较。行业比较可以有效控制不同行业外部全球环境、行业技术累积水平、行业需求及规模水平等变量，集中关注同一行业内部差异。在进行中央企业行业比较时，采用了彭博（Bloomberg）行业排行榜2012年数据中市场占有率和营业收入两个指标，主要参考其发布的55个行业（见附件1）中各企业市场占有率及营业收入两个指标，结合国资委提供的2012年中国国企的相关数据进行行业比较。

彭博行业排行榜以市场占有率为依据收录了各行业全球领先的10家左右公司，其中国资委监管的中央企业榜上有名的有航空业、化工、采煤业、建筑材料、工程建筑、金属采矿、炼油与销售、不动产运营、钢铁生产、电信运营等10个行业共20家企业，市场占有率体现了企业在行业总收入中所占百分比，能有效说明企业在行业内的相对水平。总体上看，中央企业能够在竞争激烈的行业国际市场中占有一席之地，表明这些企业已经成为行业领军企业和国际龙头企业。但是，2012 年中国共有 42 家中央企业入围世界 500 强，却只有 17 家进入行业排行榜世界前 10，表明有相当比例的中央企业在市场集中度较高的行业领域仍有差距，建设世界一流企业的道路任重而道远，与欧美日等发达国家相比，进入行业排行榜前 10 的行业覆盖面与中央企业数量有待改善和提高。

根据中央企业进入彭博行业排行榜的行业类型特征，可将其分为资源型行业、其他工业与建筑业、服务业三类，如表 17 所示。

资源型行业有 8 家中央企业进入行业排行榜前 10，约占上榜企业数量的 40%，这些企业的行业领先优势一定程度得益于中国煤炭、石油、金属矿产等资源禀赋和国家垄断特征，这启示我们一方面要提高资源开采和生产效率，以保住领先优势、提高行业市场集中度水平，同时要推进非资源型行业央企发展，扩大优势行业的覆盖面。另外，中国中煤能源集团有限公司虽然没有进入世界 500 强，但在煤矿开采行业市场占有率排名前 5，说明不能把眼光一味盯住世界 500 强，还要关注小行业内的优势企业。

其他工业与建筑业中共有 10 家中央企业上榜，在工程建筑这一全球竞争激烈的行业领域里，中国有 3 家中央企业进入行业排行榜前 10，表明中央企业在工程建筑行业的突破，中国成为全球该行业的领先者。中国有 3 家航空公司分别占据行业排行榜 9、10、14 名，但这三家航空公司都不是世界 500 强，说明中央企业在航空业有所突破而且势态良好。化工、建筑材料行业各有一家中央企业进入行业排行榜前 10。

表 17　彭博行业排行榜中央企业情况(2012 年)

行业、企业			市场占有率排名	营业收入(百万美元)	
				行业	集团
资源型行业	煤矿开采	神华集团有限公司	1	39663	54512
		中国中煤能源集团有限公司	5	13835	17601
	金属采矿	中国铝业公司	3	23691	38818
	炼油与销售	中国石油天然气集团公司	4	347929	42527
		中国石油化工集团公司	9	433247	448591
	钢铁生产	宝钢集团有限公司	3	30304	45678
		鞍钢集团公司	7	12296	23582
		武汉钢铁(集团)公司	9	14469	38878

续表

行业、企业			市场占有率排名	营业收入(百万美元)	
				行业	集团
其他工业与建筑业	航空	中国南方航空集团公司	9	15772	16246
		中国航空集团公司	10	15107	16176
		中国东方航空集团公司	14	13512	14241
	化工	中国石油化工集团公司	3	433247	448591
	建材	中国建筑材料集团有限公司	7	13823	34453
	工程建筑	中国铁道建筑总公司	1	74469	77155
		中国交通建设集团有限公司	4	46805	47328
		中国冶金科工集团有限公司	8	34272	36753
	不动产运营	中国保利集团公司	3 *	9634	15578
		中国建筑工程总公司	5 *	87083	90593
服务业	电信运营	中国移动通信集团有限公司	4	88819	96864
		中国电信集团公司	10	44864	53372

注：* 为亚洲排名。

3. 核心技术与知名品牌

核心技术是企业竞争力的集中和突出体现，知名品牌则是企业拥有核心竞争力和影响力的结果与表现。在典型的经济增长模型里，相比于劳动和资本要素，技术要素带来的增长乘数效应尤为明显，技术对于企业的重要性也是一样。笔者曾在国有企业五角星竞争力评估模型中，将企业的科技研发能力作为评价企业“做优”的关键指标。对于企业来说，R&D 投资支出一定程度上反映出企业对技术要素的投入和重视程度，而 PCT 申请专利数则一定程度上又反映出企业技术投入的产出情况，这也代表着企业拥有的核心技术水平。

用 R&D 投资支出排名、PCT 申请排名来说明中央企业的核心技术水平，R&D 投资得分榜来源于欧盟委员会 Economics of Industrial Research and Innovation 发布的数据；PCT 申请排行榜来源于世界知识产权组织发布的申请专利数量的组织机构排名。

如表 17 所示，2012 年 21 家中央企业进入世界 R&D 投资支出 1500 强，9 家中央企业进入世界 PCT 申请排名 1500 强。这反映出中央企业拥有了一定的核心技术水平，但仔细观察数据可以发现，在 R&D 投资排名中，除了中石油排名 68 位，中石化排名 169 位，其余都在 200 名以外；PCT 专利申请排行榜中除了电信科学技术研究院排名 101 位，其余都在 200 名以外，说明了中央企业存在整体技术投入不足和单个企业 R&D 投资支出比例偏低，而且中央企业的核心技术竞争力相对是落后的。

从技术进步的角度看，2007年有5家中央企业排名进入世界R&D投资支出1500强，2007至2012年上榜数量年均增长率为33.2%，反映出中央企业的技术要素的投资水平快速增长。2007年有2家企业进入世界PCT申请排名1500强，而且都在1000名以外，2007至2012年上榜数量年均增长率为35.1%，反映了中央企业技术产出水平的迅猛增长。

表18 2012与2007年中国企业R&D投资与PCT申请1500强分布情况

企业	2012年		2007年	
	技术1500强		技术1500强	
	R&D投资排名	PCT申请排名	R&D投资排名	PCT申请排名
中国航天科工集团公司	938		914	
中国船舶工业集团公司	1396			
中国船舶重工集团公司	1025			
中国石油天然气集团公司	68	1500	109	
中国石油化工集团公司	169	759	155	1357
中国海洋石油总公司			767	
国家电网公司		1373		
中国大唐集团公司		242		
中国电信集团公司	915		898	
中国移动通信集团公司	663	392		1178
中国第一汽车集团公司	1168			
东风汽车公司	223			
哈尔滨电气集团公司	1333			
中国东方电气集团有限公司	494			
宝钢集团有限公司		1096		
华润(集团)有限公司		635		
中国商用飞机有限责任公司		1166		
中国冶金科工集团有限公司	316			
中国化学工程集团公司	1056			
中国中材集团有限公司	1081			
中国建筑材料集团有限公司	891			
中国北方机车车辆工业集团公司	323			
中国南车集团公司	251			
中国铁路工程总公司	157			
中国铁道建筑总公司	106			

续表

企业	2012 年		2007 年	
	技术 1500 强		技术 1500 强	
	R&D 投资排名	PCT 申请排名	R&D 投资排名	PCT 申请排名
中国交通建设集团有限公司	310			
电信科学技术研究院		101		
中国民航信息集团公司	1221			
央企合计	21	9	5	2
华为技术有限公司	41	4		4
中兴通讯股份有限公司	98	1	158	51
上汽集团	154			
比亚迪股份有限公司	277	334		608
河北钢铁集团	299			
重庆长安汽车股份有限公司	392			
上海电气(集团)总公司	435			
三一重工股份有限公司	453	204		
中联重科股份有限公司	1162	277		
深圳市华星光电技术有限公司		79		
华为终端有限公司		80		
腾讯控股有限公司		149	888	654
惠州 TCL 移动通信有限公司		253		
联发科技股份有限公司		331		1149
深圳市海洋王照明工程有限公司		349		
深圳华大基因		377		
厦门松霖科技有限公司		414		
联想集团		469		697
中芯国际集成电路制造有限公司			462	
非央企合计	33	107	3	17
中国(大陆)合计	54	116	8	19

注:1. PCT 申请排行榜含有科研机构,本表省去。仅列出所有进入 1500 强的中央企业以及前 500 的非央企企业相关数据。2. 2007R&D 数据取自非欧盟国家 1000 强排名。

品牌代表着消费者对企业的认知认可程度,是企业的一种无形资产。知名品牌可以反映出企业相对于同行竞争者的地位,代表企业的市场影响力,甚至也代表着一种被大众认可的企业文化。世界品牌 500 强数据来源于世界品牌实验室和 Brand Finance 发布的 2012 年和 2007 年数据。

如表18所示，2012年11家中央企业入围Brand Finance 500强，9家入围世界品牌实验室500强，分别占中国大陆上榜总量的42.9%、39.1%，显示出已经有一批中央企业成功实现“走出去”战略，具备了国际知名度和国际影响力，同时，中央企业一定程度上代表着国家的品牌力量和品牌形象。但是中央企业入围品牌500强相对于财富500强的数据偏低，反映出存在很大一批中央企业规模做大却不具备品牌影响力，中央企业未来在围绕“世界一流、中国特色、知名品牌”的战略目标发展转型的过程中，要更加注重品牌的塑造，提升品牌知名度。

从品牌成长的角度看，2007年4家中央企业入围Brand Finance 500强，2007至2012年上榜数量年均增长率为22.4%；5家入围世界品牌实验室500强，2007至2012年上榜数量年均增长率为12.5%，这反映出中央企业获得了较大的品牌提升和进步，但品牌的塑造是长期的，品牌的树立是一个企业深层次的成功，中央企业的品牌树立之路任重而道远。

表19　2012与2007年世界品牌500强中国大陆分布情况

企业	2012年		2007年	
	品牌500强		品牌500强	
	Finance	世界品牌实验室排名	Brand Finance	世界品牌实验室排名
中国石油天然气集团公司	81	266	181	
中国石油化工集团公司	114	274		465
国家电网公司		72		473
中国电信集团公司	127	325		
中国联合网络通信集团有限公司	118	322	258	
中国移动通信集团公司	34	58	44	66
东风汽车公司	368			
中国远洋运输(集团)总公司	496			
中国航空集团公司	493	331	480	461
中国南方航空集团公司	417			
中国中化集团公司		387		
中国建筑工程总公司	177	418		
中国冶金科工集团有限公司	348			
中国交通建设集团有限公司	454			
中国中铁股份有限公司				417
央企合计	12	9	4	5

续表

企业	2012年		2007年	
	品牌500强		品牌500强	
	Finance	世界品牌实验室排名	Brand Finance	世界品牌实验室排名
华为技术有限公司		248		
华为终端有限公司	210			
腾讯控股有限公司	276			
联想集团		109		337
中国建设银行	48	203	101	
中国工商银行	54	64	91	174
中国银行	67	225	121	214
中国农业银行	84	362		
中国人寿	104	240		306
中国交通银行	169		331	
平安保险	196	388		
招商银行	262		467	
苏宁云商集团股份有限公司	264			
太平洋保险	364			
中国人民财产保险股份有限公司	418			
上海浦东发展银行	478			
海尔集团	486	120		83
百度	487			
CCTV		46		71
长虹电子集团有限公司		302		299
青岛啤酒		368		
人民日报		372		
中信集团		390		
中国新华新闻电视网			345	
非央企合计	16	14	6	7
中国(大陆)合计	28	23	10	12

附件：行业分类指标比较

一、彭博的行业指标体系

彭博将全球企业划分为55个行业：广告与市场推广、航空与防务、航空业、服装设计、资产管理、汽车配件、汽车生产、银行业、饮料、生物技术，电缆通信、娱乐业、化学品、煤矿开采、电脑硬件、建筑材料、容器与包装、信贷、百货公司、电气设备，工程建筑、快递服务、食品生产、食品零售、纸制品生产、家庭与办公用品、房屋建筑商、家居用品、IT服务、网络媒体，投资银行、生命保险、地方媒体、出租、机械制造、管理式医疗、大型商场、医疗设备、金属开采、油气服务，炼油与销售、制药业、财产保险、房地产投资信托、铁路货物运输、不动产运营、可再生能源、餐饮业、委托销售、半导体设备，软件、钢铁生产、电信运营、烟草、公共事业。这个行业划分相比国际流行的摩根士丹利、标准普尔和财富500强的行业划分更细，这也使得同行业企业的比较更有针对性；同时，覆盖面更全，行业细分包含了一些中小行业。

二、摩根士丹利与标准普尔发布的国际行业分类标准

包括10个行业部门，24个行业组，68个行业类型与154个子行业。

代码	行业部门	子代码	行业组
10	能源	1010	能源
15	材料	1510	材料
20	工业	2010	生产资料
		2020	商业和专业服务
		2030	交通运输
25	非必需消费品	2510	汽车零部件
		2520	耐用消费品和服装
		2530	酒店餐厅
		2540	媒体
		2550	零售

续表

代码	行业部门	子代码	行业组
30	必需消费品	3010	食药品零售
		3020	食物、饮料和烟草
		3030	家居和个人用品
35	卫生保健	3510	卫生保健设备与服务
		3520	制药和生物技术
40	金融	4010	银行
		4020	综合金融
		4030	保险
		4040	房地产
45	信息技术	4510	软件服务
		4520	技术硬件与设备
		4530	半导体与半导体生产设备
50	电信业务	5010	电信业务
55	公共事业	5510	公共事业

三、道琼斯的行业分类基准

行业	大部门	部门
0001 石油天然气	0500 石油天然气	0530 油气生产商
		0570 石油设备、服务和分销
		0580 新能源
1000 基本材料	1300 化学品	1350 化学品
	1700 基础性材料	1730 林业和纸业
		1750 工业金属和矿业
		1770 采矿
2000 工业	2300 建筑与材料	2350 建筑与材料
	2700 工业产品和服务	2710 航空与国防
		2720 一般工业
		2730 电子与电气设备
		2750 工业工程
		2770 工业运输
		2790 支持服务

续表

行业	大部门	部门
3000 生活消费品	3300 汽车与零部件	3350 汽车及零部件
	3500 食品和饮料	3530 饮料
		3570 食品生产商
	3700 个人与家居用品	3720 家居用品和房屋建筑
		3740 休闲用品
		3760 个人产品
		3780 烟草
4000 卫生保健	4500 卫生保健	4530 卫生保健设备与服务
		4570 制药和生物技术
5000 消费性劳务	5300 零售	5330 食药零售
		5370 通用零售
	5500 媒体	5550 媒体
	5700 旅游休闲	5750 T 旅游休闲
6000 通信	6500 通信	6530 固话通信
		6570 移动通信
7000 公共事业	7500 公共事业	7530 用电
		7570 水、气和其他多用途设施
8000 金融	8300 银行	8350 银行
	8500 保险	8530 非人寿保险
		8570 人寿保险
	8600 房地产	8630 房地产投资与服务
		8670 房地产投资信托
	8700 金融服务	8770 金融服务
	8900 股权/非股权投资工具	8980 股权投资工具
		8990 非股权投资工具
9000 科技	9500 科技	9530 软件与计算机服务
		9570 技术硬件与设备

课题组成员名单

组　长：

沈　莹　评价局局长

副组长：

楚序平　研究中心主任

廖家生　评价局副局长

成　员：

侯　洁　研究局副局长

刘绍娓　评价局监测处处长

陈　锋　研究局研究一处处长

吴　刚　研究局研究一处

白学懂　评价局监测处

刘　瑶　评价局监测处

邱　鹏　评价局监测处

胡鞍钢　清华大学国情研究院院长

高宇宁　清华大学公共管理学院讲师

魏　星　清华大学公共管理学院讲师

郑云峰　清华大学公共管理学院

马英钧　清华大学公共管理学院

周　顶　清华大学公共管理学院

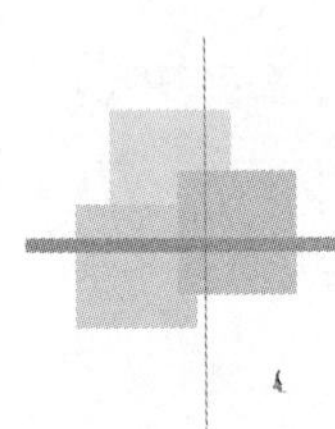

国资监管大格局下监事会监督研究

摘　要：国有企业外派监事会工作是国资监管工作的重要组成部分，监事会监督是出资人监督的重要形式，对构建国资监管大格局，实现国有资产保值增值，推动国有企业持续健康发展具有不可替代的重要意义。随着国资国企改革的不断深化，监事会要顺应社会主义市场经济规律和国有企业改革发展规律，进一步与现代企业制度相结合，与国资监管工作相融合，建立与“大国资”理念相匹配的“大监督”工作格局，层层落实出资人监督责任。本课题简述了国资监管大格局的基本内涵和加强国有企业监事会工作对构建国资监管大格局的重要意义，提出了国资监管大格局下监事会工作的新形势、新要求、新思路，对建立完善监事会五大工作机制及相关保障体系进行了系统研究，对进一步增强监事会监督有效性做了深入探索，积极推动国有企业监事会工作在新时期的深入发展。

关键词：国资监管大格局　外派监事会　国有资产大监督体系

第一章　国资监管大格局概述

改革开放三十多年来，国有企业改革经历了初步探索、制度创新和纵深推进等不同阶段，与此同时，国有资产监管体制改革也在实践中不断深化。在新的时代背景下，国资委系统提出了构建国资监管大格局的发展蓝图，这既是完善国有资产管理体制和制度的内在要求，也是推动国有企业改革发展，实现国有资产保值增值的重要保障。

第一节　国资监管大格局形成的时代背景

2002 年，党的十六大提出了深化国有体制改革的重大任务，明确要求中央和省、直辖市、自治区，两级政府设立国有资产管理机构，成立专门的国有资产管理机构，改变部门分割行使国有资产所有者职能。2003 年 4 月 6 日，国务院国资委作为国务院直属特设机构正式成立，建立起管人、管事、管资产相结合，权利、职责和义务相统一的新的国资监管体制。此后，通过国务院及各省市国资委的不断实践、探索和创新，中央和省、市（地）三级国资监管组织体系基本建立，国资监管法规体系初步形成，国资保值增值责任体系层层落实。2009 年 9 月，国务院国资委出台《关于进一步加强地方国有资产监管工作的若干意见》（国资发法规〔2009〕286 号），要求按照“国家所有，分级代表”的原则，对各类经营性国有资产实行集中统一监管。2010 年 9 月，国务院国资委首次召开指导监督地方国资工作专题会议，拉开了构建国资监管大格局的序幕。

第二节　国资监管大格局的构建进程

2011 年 1 月，时任国务院副总理的张德江同志在全国国有资产监督管理工作会议上提出，要“拓宽监管范围，逐步做到全过程、全方位监管，不留死角，不留遗漏，不出现重大失责”，做出了对构建国资监管大格局的明确指示。时任国务院国资委主任的王勇在这次会议上，首次提出了“要树立国资系统一盘棋一家人的理念”，希望各地国资委要建立“大国资”的概念，推动国资监管大格局的形成。

2011 年 3 月，国务院国资委颁布了《地方国有资产监管工作指导监督办法》（国务院国资委令第 25 号），并于同年 6 月召开了第二次全国国资委系统指导监督工作座谈会，明确把“指导推动经营性国有资产的集中统一监管”作为“十二五”时期国资工作的主要任务之一，强调国资系统的指导监督工作，提出“十二五”时期要牢固树立“大国资、一盘棋、一家人”的国资监管理念。

同年 7 月，国务院国资委首次组织了中央企业、地方国资委负责人研讨班，将地方国资委负责人和中央企业负责人齐聚一堂，形成了不同层级国资委与国有企业之间的多向沟通协调机制，搭建了交流与合作平台，迈出了构建国资监管大格局的重要一步。

同年 11 月，国务院国资委正式印发了《关于在国资委系统推动构建国资监管大格局的指导意见》，并召开了以“构建国资监管大格局”为主题的华东地区国有资产监督管理工作座谈会，强调进一步加强国资监管工作，必须落实推动各地“十二五”发展规划，深入推进企业改革发展，提升国企管理水平，构建国资监管大格局，增强监管有效性等。构建国资监督大格局的顶层设计和战略经过了一段时间的实践积累，推动国资事业持续发展的路线图进一步清晰和细化。

2012 年 1 月，国务院国资委召开全国国有资产监督管理工作会议，时任国务院国资委主任王勇同志在总结 2011 年国有资产监管工作进展情况时指出：国有资产监管法规体系和组织体系进一步完善，地方经营性国有资产集中统一监管逐步推进，国资监管工作针对性和有效性进一步增强，指导监督工作取得积极进展，国资监管大格局初步形成。

2012 年 11 月，党的十八大肯定了国有企业在改革和发展整体取得较好进展的同时，酝酿着国企改革的新变革，明确了新形势下进一步推进国有企业改革和发展的目标任务。

2013 年 1 月召开的全国国有资产监督管理工作会议再次强调，要完善国资监管工作大格局，进一步推进经营性国有资产集中统一监管，充分发挥各级国资委专业化监管优势，探索实现国有资产监管的全覆盖，为在更大范围优化配置资源、提高国有资本运行效率、加快资源整合和企业重组、培育具有核心竞争力的企业集团创造条件。

第三节　构建国资监管大格局的主要内容

构建国资监管大格局的工作设想是国务院国资委按照社会主义市场经济规律，在总结八年全国国资监管工作经验的基础上，立足于推动国有企业改革深入发展实际提出的。

一、健全国有资产监管组织体系

建立健全国资监管组织体系，需要加强国有资产监管机构建设，争取政府各部门和社会各界的支持，凝聚监督合力。一是健全“大国资”组织架构，实现省、市级国资委的机构健全、独立、稳定，明确县级国资监管责任主体，落实国资委作为本级政府直属特设机构的职能定位；二是完善向本级政府报告工作机制，在坚持直属特设机构定位的基础上，对本级政府负责，向本级政府报告，争取本级政府支持。

二、建设国有资产监管法规制度体系

各地国资委以《企业国有资产法》和《企业国有资产监督管理暂行条例》为基础，在国有资产出资人制度、国家出资企业制度和国有资产统一监管制度这三大制度框架下，完善本地区国有资产监管条例，健全本地区规章制度，形成国资监管的完整体系，共同探索健全国资监管的各种配套制度规范，并加大各种法律法规制度办法的执行力度，确保各项政策落实到位。

三、完善国有资产监管工作体系

一是推动经营性国有资产的集中统一监管，加快在更大范围、更高层次上优化配置资源、提高国有资本运行效率、加快资源整合和企业重组，培育具有核心竞争力的企业集团、国内领先企业或世界一流企业。二是完善指导监督工作机制。各级国资委依据《地方国有资产监管工作指导监督办法》的规定，执行国资委系统国有资产监管立案、法规政策实施督察和重大事项报告制度，打造各级国资委工作的沟通协调平台。三是夯实国有资产基础工作。各地国资委将进一步加强制度建设，明确基础管理工作分工，落实企业国有资产产权登记、资产评估、产权转让、国有股权管理、清产核资、资产统计、绩效评价、运行动态监测等工作，建立健全本地区国有资产监管工作数据库。

四、推进国有资产监管合作体系

一是凝聚国有资产监管工作合力。重视联合有关部门，凝聚社会各方面力量，通过加强与有关部门的沟通协调，落实信息公开、听取各方意见建议，实现国资委系统内外的工作联合、资源整合。二是推进央地合作与区域合作。由地方国资委牵头，以出资关系为基础，以企业为主体，以市场为导向，按照有利于增强企业核心竞争力和实现可持续发展的原则，合理设置合作企业的控股方，通过联合重组，实现互利共赢共同发展。

五、建立国资监管大格局保障体系

一是重视国资监管大格局能力建设。提高各级国资委队伍的监管能力和水平，加大各方面交流合作力度，提升人才队伍专业化水平，实现国资监管事业长效发展。二是培育国资系统工作文化。国有资产是全体人民的共同财富，国有资产的保值增值是国资委和全体人民的共同责任，因此要以开放的工作心态，取得各级党委、政府的支持，重视与有关部门的工作联合、资源整合和情感融合。

第二章 国资监管大格局下加强监事会监督的重要意义

国有企业实行外派监事会制度，是党中央、国务院为深化国有企业改革、健全中国特色国有资产监督机制做出的重大决策。外派监事会制度的建立顺应了我国国有企业改革发展的历史方向，是国资监管体制的重要组成部分，外派监事会工作的改进和完善对构建国资监管大格局，发展和壮大国有经济，具有不可替代的重要意义。

第一节　外派监事会制度发展沿革

一、制度萌芽期

1992—1997 年是国有企业外派监事会制度的萌芽阶段。在这一时期，国有企业外派监事会的概念被提出，且被赋予了对企业国有资产保值增值情况进行监督的基本职能。

(1)《股份有限公司规范意见》、《有限责任公司规范意见》[①](1992 年)：规定了股份有限公司和有限责任公司“可以设立监事会”，首次提出了公司治理结构中“监事会”的概念。

(2)《公司法》[②](1993 年)：规定了“国家授权投资的机构或国家授权的部门依照法律、行政法规的规定，对国有独资公司的国有资产实施监督管理”。这是国家首次提出对国有资产实行外部监督的工作思路，虽然尚未明确“监事会”的提法，但已在国有企业监管层面初步显现了现代企业制度的框架思路。

(3)《中共中央关于建立社会主义市场经济体制若干问题的决定》[③](1993 年)：针对国有企业改革中出现的问题，提出“有关部门对其分工监管的企业国有资产要负起监督职责，根据需要可派出监事会，对企业的国有资产保值增值实行监督”。这是初次将对国有资产进行外部监督的机构定义为“监事会”，即外派监事会。

(4)《国有企业财产监督管理条例》[④](1994 年)：明确提出国务院授权有关部门或者有关机构，对指定的或者其所属的企业财产的经营管理实施监督，“国务院授权的监督机构对所监督的企业派出监事会”，并规定了监事会的组成、职责、议事规则和任职条件等。

(5)《关于监督机构对国有企业派出的监事会工作规范意见》[⑤](1995 年)：这项由原

---

① 国家经济体制改革委员会关于印发《股份有限公司规范意见》和《有限责任公司规范意见》的通知(1992 年 5 月 15 日发布并执行)。

② 1993 年 12 月 20 日，第八届全国人大常委会第五次会议通过我国第一部公司法《公司法》。

③ 中国共产党第十四届中央委员会第三次全体会议 1993 年 11 月 14 日通过。

④ 中华人民共和国国务院令第 159 号，1994 年 7 月 24 日发布执行。

⑤ 国家经贸委 1995 年 4 月 18 日颁布实施。

国家经贸委印发的文件指出："监事会是监督机构根据需要派出的对企业财产保值增值状况实施监督的组织"，明确了"监事会与企业是监督与被监督的关系"，"监事会履行职责所必要的开支，由派出的监督机构支付"，进一步细化了监事会职责。

(6)1995 年 7 月，国务院从其授权的 31 个监督机构中，选择了 20 个部门和机构所属 20 家企业作为首批派出监事会的试点企业，国有企业外派监事会工作的雏形产生。1996 年，国务院依据《国有企业财产监督管理条例》向 144 家中央企业派出监事会。但是，由于当时人们对国有资产监管体制机制、国有企业改革等问题的认识还不尽一致，以及"多龙治资"、监事多为兼职等客观原因影响，国有企业外派监事会虽然在形式上产生了，却并没有形成真正的运行体制机制和足够的独立性、权威性，尚未达到预期的效果和作用。

二、制度建立期

1998—1999 年是国有企业外派监事会制度的真正确立阶段，国务院建立稽察特派员制度，向国有重点大型企业派出稽察特派员，代表国家对国有企业行使监督权力。

(1)1998 年 3 月，九届全国人大第一次会议审议通过《国务院机构改革方案》，决定由国务院向国有重点大型企业派出稽察特派员，负责监督企业的资产运营和盈亏情况；由人事部承办国务院监管大型企业领导人员的任免事宜，承办国务院向国有重点大型企业派出稽察特派员的管理工作。

(2)1998 年 7 月，国务院发布《国务院稽察特派员条例》[①]，标志着稽察特派员制度的建立。该条例规定了稽察特派员的工作性质、职责、资格条件、监督的具体内容，稽察特派员办事处的组成、稽察工作的方式和程序，稽察特派员的管理、稽察报告以及稽察特派员的奖惩条件等。外派、高派的做法创新了国有企业监督体制和机制，形成了一支兼具独立性和权威性的国有资产监督专职队伍。

(3)修订《公司法》[②](1999 年)：将原规定"国家授权投资的机构或者国家授权的部门依照法律、行政法规的规定，对国有独资公司的国有资产实施监督管理"修订为"国有独资公司监事会主要由国务院或者国务院授权的机构、部门委派的人员组成，并有公司职工代表参加"。这是从法律制度层面正式确立了外派监事会在现代企业制度体系中的合法地位，并对监事会的成员构成、职权等做了详细规定。

---

① 中华人民共和国国务院令第 246 号，1998 年 7 月 3 日发布实施。

② 中华人民共和国主席令(第二十九号)，《全国人民代表大会常务委员会关于修改〈中华人民共和国公司法〉的决定》，1999 年 12 月 25 日第九届全国人民代表大会常务委员会第十三次会议通过。

(4)《中共中央关于国有企业改革和发展若干重大问题的决定》①(1999 年)：在对国有企业改革与发展重大问题的系统阐述中，首次规划了我国国有企业监督管理的双重架构。一是企业层面的公司治理架构："公司法人治理结构是公司制的核心。要明确股东会、董事会、监事会和经理层的职责，形成各负其责、协调运转、有效制衡的公司法人治理结构"，"发挥监事会对企业财务和董事、经营者行为的监督作用"；二是国家层面的国有资产监督管理架构："要按照国家所有、分级管理、授权经营、分工监督的原则，逐步建立国有资产管理、监督、营运体系和机制，建立与健全严格的责任制度"，"继续试行稽察特派员制度，同时要积极贯彻十五大精神，健全和规范监事会制度，过渡到从体制上、机制上加强对国有企业的监督，确保国有资产及其权益不受侵犯"。

三、制度转型期

2000—2003 年是国有企业外派监事会制度的转型时期，稽察特派员制度逐步过渡为外派监事会制度。

(1)1999 年 12 月，中共中央企业工作委员会成立，将原来由多个部门和单位分散管理的国有重要骨干企业，统一纳入中央企业工委的领导和管理。原国务院稽察特派员改名为国有企业监事会，由中央企业工委负责日常管理工作。

(2)2000 年 3 月，《国有企业监事会暂行条例》②(以下简称《条例》)颁布实施，明确规定国有重点大型企业监事会由国务院派出，向国务院负责，代表国家对国有重点大型企业国有资产保值增值状况实施监督。国有企业监事会根据有关法律、行政法规的规定，以财务监督为核心，对企业的财务活动及企业负责人的经营管理行为进行监督，确保国有资产及其权益不受侵犯。《条例》作为国有企业外派监事会制度施行的"根本大法"，其出台奠定了外派监事会工作的法律基础，标志着外派监事会工作逐步走向制度化和规范化。

四、制度深化期

2003 年至今是外派监事会制度的深化期。2003 年 3 月，国务院国有资产监督管理委员会正式成立；2003 年 5 月，国务院发布《企业国有资产监督管理暂行条例》③，规定"由国资委代表国务院向其所出资企业中的国有独资企业和国有独资公司派出监事会。

① 1999 年 9 月 22 日，中共十五届四中全会审议通过。

② 中华人民共和国国务院令第 283 号，2000 年 3 月 15 日发布实施。

③ 2003 年 5 月 13 日国务院第 8 次常务会议讨论通过，2003 年 5 月 27 日公布施行。

监事会的组成、职权、行为规范等，依照《国有企业监事会暂行条例》的规定执行”。从此，外派监事会工作正式成为国资委工作的重要组成部分，继续代表国家对企业国有资产履行监督职责。

此后，外派监事会制度经历了体制过渡转型和工作调整，由事后监督转变为当期监督，不断改进工作方式方法，调整工作重心，优化组织架构，完善工作机制，推动监督成果转化，监督质量和效率不断提升，外派监事会工作对国有企业改革发展起到了重要的推动作用，得到了党中央、国务院的支持和肯定。

第二节　外派监事会制度符合我国国有企业的改革发展方向

从十五年的发展历程来看，外派监事会制度随着我国市场经济发展应运而生，随着我国国有企业改革的不断深化而逐步完善，其发展历程充分体现了中国特色的国有资产监督体制与现代企业制度相结合的特点。

一、“外派”的监督体制顺应了“政企分开、政资分开”的改革原则

稽察特派员制度的建立是国家将政府机构改革和国有企业改革相结合的一项创新举措，稽察特派员独立于政府行政管理职能之外，代表国家对国有企业行使监督职权，同时又不干预、不参与企业经营决策，充分体现了“政企分开、政资分开”的改革思路。不同于以往国家对企业直接进行监管的做法，是出资人外部监督的特设机制，外派监事会制度具有特殊的独立性和权威性，顺应了我国特殊国情下政治、经济改革的原则和方向，顺应了社会主义市场经济规律，既是我国政府机构改革的重要实践，又推动了国有经济的发展。

二、符合建立现代企业制度的发展方向

在国有企业改革进程中，国家一方面将政府的公共管理职能与国有资产出资人职能相分离，另一方面将国有资产出资人所有权与企业法人财产权相分离，形成了国家与国有企业两个层面的三种委托代理关系。第一层面的两种关系是在出资人（以国资委为代表）与派出的产权代表（董事会）之间，以及出资人与派出的监督机构（外派监事会）之间，第二层面的关系是在董事会与经理层之间。在这种法人治理结构中，企业重大决策由股东大会（出资人）行使，经营管理权由董事会行使，日常经营管理由经理层执行，监

督检查权由监事会行使。

由此可见，监事会的监督权以出资人的所有权为基础，是出资人所有权的延伸。出资人不能全面行使各项监督权，于是委托监事会代表其对董事会和经理层进行监督。监事会在不干预企业生产经营自主权的前提下，通过依法开展监督检查，保证政府的所有权与监督权，对企业董事会和经理层起到权力制衡作用，使企业成为适应社会主义市场经济的法人主体和市场竞争主体。因此，向国有企业派驻外派监事会制度是建立现代企业制度、完善法人治理结构的内在要求。

第三节　外派监事会制度是有效的国有资产监督制度

国家为了加强对国有企业的监督，建立了稽察特派员制度(外派监事会制度)，监督国有企业财务和国有企业领导人员履职行为。这是国家在落实企业经营自主权的同时加强政府对国有资产监管的必要措施，是减少代理成本、控制代理风险的重要制度安排，具有独立性、权威性和有效性三方面集中优势。

(1)独立性。外派监事会由政府向国有独资企业或国有独资公司派出，检查结果直接向政府汇报，监事会与企业是监督与被监督的关系，不参与、不干预企业经营决策，身份相对“超脱”；检查所需经费由国家财政拨付，与企业没有任何经济联系，保证了监督检查不受利益纠纷影响。

(2)权威性。外派监事会的成员与董事会成员一样，都是出资人即政府派出的产权代表，外派监事会代表出资人履行监督职责，监事会主席一般为副部长级国家工作人员，专职监事也均为局处级公务人员，使命神圣，地位权威。

(3)有效性。监事会深入企业一线开展全过程的实时、动态监督，与董事会决策、经理层执行同时同步。通过日常监督、集中检查和专项检查等多种形式，综合运用听取汇报、列席会议、访谈座谈、调查研究等多种手段，联合纪检、监察、审计、巡视等多种力量，对企业的财务、负责人履职行为、“三重一大”决策，以及执行国家法律法规制度办法等情况进行全方位监督。这种客观、公正、深入的监督检查既维护了国有资产所有者权益，又保护了企业依法享有的自主经营权。

1998—2000年间，稽察特派员制度成效显著，发现了一批国有企业中的违法违纪案件，披露了一批大案要案，有效遏制了国有企业经营管理混乱的状况。在实践初步证明了外派监督方式的必要性和有效性之后，随着稽察特派员遵循现代企业制度发展规律，逐步过渡为外派监事会制度,《公司法》、《企业国有资产法》等法律法规均对外派监事会制度的体制机制、组织形式、履职内容等做出了规定,为外派监事会制度的合法化、规范化和制度化奠定了基础。随着当期监督工作机制的逐步完善和工作重心的调整,外派监事会制度逐步走向成熟,形成了一套有效的监督制度。十五年来,监事会监督检查累计涉及资产 107.9 万亿元,年均检查企业约 1700 户,累计提交各类报告 3000 余份,揭示重大事项及问题近 4000 项,提出各类意见建议逾 8000 条,累计报送各类信息 1800 余份。外派监事会的工作渐渐形成了一种政府与企业之间的新型关系,为出资人建立了一条特殊的信息渠道,维护了国有资产保值增值,在保证企业财务信息真实有效,解决内部人控制以及所有者与经营者之间信息不对称等问题,有效防止企业重大投资决策失误等方面发挥了积极有效的作用,是完善国有企业现代企业制度,落实出资人监督权,维护出资人所有者权益的必要保障。

第四节　加强外派监事会监督对构建国资监管大格局的重要推动作用

外派监事会制度是国资监管体制的重要组成部分,外派监事会工作的加强和完善是构建国资监管大格局的内生动力,外派监事会工作与国资委整体监管工作协同作用的发挥,直接影响着大格局的构建成效。

一、外派监事会是国资监管体制的重要组成部分

外派监事会是国资监管体制的重要组成部分,可以从理论和实践两个层面论证。从理论层面看,国资监管机构作为出资人代表位于委托代理关系的顶层,即委托人,必然需要委托监事会代为履行出资人监督职责,监督董事会和经理层,实现出资人的知情权,保证出资人的合法权益。从实践层面看,国有资产监管体制以实现国有企业改革发展、国有资产保值增值为根本目标,伴随着社会主义市场经济的发展不断改革完善。稽察特派员制度作为外派监事会制度的原型,就是在与这个过程中诞生。

2003 年,国家成立国资委作为专司国有资产监管职能的专门机构,建立了新的国资监管体制。外派监事会由国资委负责日常管理工作,体现了国家建立集中、统一、科学的国有资产监管体系的工作思路。2003 年,修订后的《公司法》规定:国有独资公司监事会成员由国有资产监督管理机构委派;2008 年,新发布的《国务院关于机构设置的通知》(国发〔2008〕11 号)规定了国务院国资委的九项职责,其中第五项的内容是:"按照有关

规定，代表国务院向所监管企业派出监事会，负责监事会的日常管理工作。”这些都明确了国资委与外派监事会之间相结合、相统一的关系。

二、监事会工作是国资监管大格局构建任务的重要内容

由于外派监事会制度是国资监管体制的重要组成部分，因此构建国资监管大格局与监事会工作的包含关系体现在以下六个方面：一是在组织架构方面，监事会完善各级组织机构、明确责任主体、延伸监督链条，能够促成国资监管体系的完整、统一；二是在法制建设方面，以《国有企业监事会暂行条例》为基础的监事会工作制度体系和作业办法等的不断完善，对形成国资系统规则完善、上下统一、执行有力的法规体系具有不可或缺的意义；三是在资产监管方面，随着国有资产逐步实现集中统一监管，央企合作、央地合作等出资主体多元化形势的发展，资产规模的扩大和链条的延伸都迫切需要监事会监督到位；四是在指导监督方面，监事会系统指导监督工作逐年深入加强，各层面的指导、交流与合作越来越频繁，并逐渐规范化、常态化，对整个国资系统指导监督工作的开展具有重要推动作用；五是在工作机制方面，监事会日常工作机制的完善，是保证出资人监督到位的基础，是国资监管有效性的决定因素之一；六是在对外关系方面，监事会工作性质决定了其必然要推动向政府报告工作、与有关部门就企业监督检查情况和成果落实情况等加强沟通协调，争取社会各界理解支持，这些工作都会与国资监管大格局中加强系统内外工作联合、资源整合和情感融合等形成合力，具有不可替代的重要作用。

三、完善监管协同是构建国资监管大格局的内在要求

国资委和监事会同为国资监管体系的重要组成部分，有着做强做优国有企业、发展壮大国有经济的一致目标，在国资监管体系架构中互为依存，互为促进。

多年来，监事会遵循我国国有资产监管工作规律，从机制、工作、文化等方面主动融入国资监管大格局。机制方面，围绕国资监管中心工作不断增强与国资委内部监管工作的协同配合，通过制度衔接、业务配合、信息沟通、人员交流、综合分析等方式，建立了有效的协同联动机制。工作方面，将国资委内部中心工作、重点关注事项列为当期监督重点关注内容；与有关业务厅局协同配合，积极提供有效监督信息，出具书面评价意见，为国资委履行出资人职责提供重要参考；充分发挥“一线”监督优势，配合开展专项治理、董事会评价、经济责任审计和中央企业巡视等工作。文化方面，以监事会特有的“六要六不”行为规范为依托，不断丰富监督文化的内涵，逐渐实现监管资源的融合、整合、联合，形成了国资监管工作的合心、合作、合力。由此可见，监事会与国资委监管协同效应的充

分发挥，直接影响着国资监管的实效，对构建国资监管大格局和中国特色国有资产监管体制完善，具有重大意义。

此外，外派监事会作为代表出资人在企业行使监督权力的一种监督力量，与企业其他监督力量共同组成了一个复杂的监督工作系统。监事会监督与其他监督力量的协调配合，对降低监督成本、提高监督效能、提升监督有效性具有重要意义。外派监事会监督能够在企业推动形成有效协调、优势互补、信息互通、成果互享的整合化、系统化的监督体系，不仅能够更好地推动企业健康发展，而且对构建国资监管大格局，形成系统融合的国资监管文化也有重要的实践推动作用。

第三章　国资监管大格局对监事会工作提出新要求

近年来，国有企业公司制、股份制改革以及现代企业制度的建设进程逐步加快，特别是党的十八届三中全会明确指出，要在毫不动摇巩固和发展公有制经济，发挥国有经济主导地位的同时，深化国资国企改革的市场化方向，鼓励发展混合所有制经济。国有企业的市场化、资本化发展，以及现代企业制度的日益健全等，都对监事会监督的改革创新提出了新挑战。作为国资监管工作的重要组成部分，国有企业监事会工作要在新时期继续担当好国有资产“守护神”的使命，就必须建立与国有企业同步发展，与“大国资”概念相匹配的“大监督”工作格局。

第一节　国资监管大格局下监事会工作新思路

国有资产监管体制的日益完善，特别是国资监管大格局理念的提出，为国有企业监事会工作提供了更广阔的工作视野和发展平台。

一、拓展派驻范围

截至2013年年底，国务院国资委代表国务院履行出资人职责企业共113户，除上海贝尔未派出监事会外，国资委代表国务院向112户中央企业派驻了监事会，实现了全覆盖。但在地方层面，监事会的派驻范围尚未覆盖全部国资委管理的国有企业。截至2013年年初，37个省、自治区、直辖市、计划单列市及新疆生产建设兵团中，外派监事会的平均派驻率约为80%，其中，北京、天津、浙江、湖南、甘肃、广东等20个省(市)对国资委监管国有企业覆盖率在90%以上。随着国资监管大格局构建进程的加速，经营性国有资产集中统一监管正在逐步实现，这客观上要求各级国资委按照“国家所有、分级代表”和“三结合、三统一”的原则要求，全面建立以监事会工作机构为重要组成的完整的国资监管工作机构，并尽快实现监事会工作在本级政府监管国有企业基本面的覆盖，防止由于出资人监督缺位而引发国有资产流失。

二、延伸监督链条

近年来，随着国有企业改革的逐步深化，外派监事会工作履职环境发生重大转变。一是伴随社会主义市场经济发展，国有企业布局结构调整重组加剧，特别是在国资监管大格局倡导央地合作、区域合作的发展方向下，国有企业的产权结构多元化使股份制逐渐成为公有制的主要实现形式。二是随着资本市场的不断发展，整体上市的国有企业也逐步增多，企业资产大部分下沉到上市公司，集团“空壳化”趋势凸显，这些都是外派监事会工作面临的新难题和新挑战。三是国有企业实施全球化战略，境外投资企业和投资项目逐渐增多，境外国资监管严重缺位。在新的形势下，外派监事会工作要继续延伸监督链条，建立完善母子公司架构下的监事会工作机制，层层落实国有资产监督职责，推动建立“外派内联”等新的监督工作机制，探索对企业境外资产监督的有效途径，对保证监事会监督有效性具有至关重要的意义。

三、明确监督重点

外派监事会制度建立初期，国有企业管理水平较低、财务管控不健全是对国有资产安全的主要威胁，监事会因此确定了以财务监督为核心。在国资监管大格局的背景下，国资监管基础工作不断加强，国有企业的公司治理结构将不断完善，财务管理和信息真实性也不断增强，做优做强国有企业，培育具有国际竞争力的世界一流企业的关键，更多集中在企业领导班子的素质水平和企业的风险管控能力等方面。因此，外派监事会工作必须围绕国资监管中心工作的调整，在加强对企业财务监督的同时，加大对企业负责人履职行为、“三重一大”事项和企业内控体系建设等方面的监督，增强快速反应能力，提高监督时效。

四、创新监督方式

在国资监管大格局背景下，国有企业的种类多、行业跨度大，国资监督工作的难度也随之加大，这就要求外派监事会一方面要从国资监管工作大局着手，积极创新工作方式方法，综合运用过程监督、集中重点检查、专项检查等多种工作手段，创新监督工作组织形式，另一方面要加强监督队伍建设和能力建设，研究企业发展重大问题和行业共性问题，把握不同类型和不同行业企业的运行特点及发展规律，探索分类监督的有效途径。

五、增强监管协同

外派监事会工作和国资委监管工作是中国特色国资监管体系的有机统一整体。国资监管大格局的构建需要监事会工作更加融入国资委监管工作，继续通过加强综合分析、专项检查等工作，配合开展经济责任审计、巡视和建设规范董事会等工作，不断加强与国资委内有关厅局的协同配合和制度衔接，促进监督成果在国资委内的落实解决，切实发挥好监管合力。

六、整合监督资源

目前存在于企业内外的监督力量主要有审计、纪检、监察、工会等多种形式，各个监督主体互相独立，内容多有重叠，手段大同小异，协同机制欠缺，基本上是各自为战。上述各种监督力量造成的交叉监督和重复监督，一方面无法形成联动机制，导致监督资源的浪费和低效，企业不堪重负；另一方面不利于形成科学规范、有效制衡的公司治理结构，导致国有资产监督责任难以落实。构建国资监管大格局，客观上需要对国有企业监督资源进行有效整合，形成一套统一、协同、规范、互补的国有企业监督机制，需要根据监督力量的机构性质和优势来明确各自的功能定位，从不同角度明确各自的监督对象、监督领域和监督环节，实现边界清晰、资源共享、合心合力的全覆盖监督体系。

七、完善制度体系

法制环境的优化是外派监事会行权履职的基本保障，随着国资监管大格局进程的加速，外派监事会制度应该深刻研究国有企业和国资监管改革发展环境，结合监事会工作实际，抓紧修订《国有企业监事会暂行条例》，与《公司法》、《企业国有资产法》等法律法规做好制度衔接，体现监事会监督与现代企业制度的结合，固化现有监督理论和好的经验做法，探索国有资产监督新的实现形式。在此基础上，深入研究监事会工作规律，加大工作规范和执行力度，再造工作流程，形成规范、高效的监事会制度体系，促进监事会工作规范化、程序化、标准化。同时，持续推动各级国有企业监事会完善监事会工作制度办法和相关工作指引等。

八、健全指导监督机制

监事会指导监督工作是国资委指导监督工作的重要组成部分。国资监管大格局下的国有企业大监督体系主要包括四方面内容：一是建立上下一心、整体联动、协调合作的系统文化；二是推动各级国有企业监事会理顺与国资委、本级政府和有关部门的工作关系，完善各级工作机构、保障人员编制、扩大派驻范围，层层落实国有企业监督责任；三是以更广阔的视野统筹本地区国资监督工作，搭建国企监事会工作的交流合作平台，促进各级国有企业监事会、中央企业和地方国有企业之间互相借鉴监事会工作经验，增强交流与合作，在央地合作、区域合作中发挥好监督合力；四是指导和帮助下级监事会不断完善工作目标、工作方法、工作措施等各环节具体工作。

第二节　完善国有企业监事会工作的法律基础

在十五年的探索实践中，外派监事会工作已经形成了以《公司法》、《企业国有资产法》为基础，以《企业国有资产监督管理暂行条例》、《国有企业监事会暂行条例》为龙头，贯穿整个监事会工作的主要配套制度办法的基本法制体系，为外派监事会依法履职提供了基本的法律支撑和保障。随着社会主义市场经济体制逐步建立，国有企业公司制股份制改革不断深化，国有企业内外部环境发生了深刻的变化，外派监事会已经在工作实践中积累了一些好的经验做法，为进一步改进和完善监事会履职的法律环境奠定了基础。

一、监事会工作的现有法律基础分析

2005 年的《公司法》确立了监事会制度，为国有企业监事会制度的建立提供了基本的法律依据。《公司法》规定："国有独资公司监事会主要由国务院或国务院授权的机构、部门委派的人员组成，并有公司职工代表参加。"同时，《公司法》还明确监事会享有检查企业财务和监督企业董事、高级管理人员履职行为的有关职权，以及国务院规定的其他职权。

2003 年的《企业国有资产监督管理暂行条例》规定了国有资产监督管理机构依照规定向所出资企业派出监事会，并提到了"依照公司章程，提出向国有控股的公司派出董事、监事人选，推荐国有控股公司的董事长、副董事长和监事会主席人选"，以及"依照公司章程，提出向国有参股的公司派出的董事、监事人选"。一方面，将国有企业监事会的

派出主体变更为“国有资产监督管理机构”;另一方面,进一步规划了国有企业监事会在不同股权结构企业的实现形式。

2008年的《企业国有资产法》按照“政企分开、政资分开”、“国家所有、分级代表”以及“管人、管事、管资产相结合”的原则,以法律的形式确立了新的国有资产管理监督体制,明确了国有资产保值增值的责任主体。在对外派监事会的规定方面与《公司法》进行了衔接,对国有独资企业派出监事会的主体描述为“履行出资人职责的机构”,同时明确规定“国有独资公司、国有资本控股公司和国有资本参股公司依照《公司法》的规定设立监事会”,并且全面规划了国家出资企业国有资产监督方式。可以说,《企业国有资产法》将监事会分成两类,一类是按照《公司法》设立的内设监事会,另一类是按照《国有企业监事会暂行条例》设立的外派监事会,这为国有企业监事会工作探索创新在不同类型企业的实现形式做了铺垫。

与以上三部法律相比,2000年的《国有企业监事会暂行条例》对外派监事会职责的规定更加明确、详细,规定了以下四项职权:检查企业贯彻执行有关法律、行政法规和规章制度的情况;检查企业财务,查阅企业的财务会计资料及与企业经营管理活动有关的其他资料,验证企业财务会计报告的真实性、合法性;检查企业的经营效益、利润分配、国有资产保值增值、资产运营等情况;检查企业负责人的经营行为,并对其经营管理业绩进行评价,提出奖惩、任免建议。在外派监事会的职能定位上,不再局限于对财务和董事、高级管理人员执行职务的监督,扩展到对企业经营行为的监督,要求监事会及时报告有可能危害国有资产安全、造成国有资产流失或者侵害国有资产所有者权益的有关情况。

二、修订《国有企业监事会暂行条例》

《国有企业监事会暂行条例》作为国有企业监事会行权履职的基础和直接依据,已经不适应监事会工作面临的新形势和新任务。一方面,规范对象仅为“国有重点大型企业监事会”,没有涉及公有制多种实现形式下对国有资本控股公司和国有资本参股公司等类型企业的监督;另一方面,仍然将财务监督作为监事会监督核心,也没有充分体现现代企业制度精神,对监督资源整合、外派监事会与企业内设监事会关系等问题进行规定。

《国有企业监事会暂行条例》修订要适应不断完善的国有资产管理体制和国有资产监管法律环境需要,适应国有企业公司制、股份制改革发展的需要,适应坚持和完善外派监事会制度的需要,与《公司法》、《企业国有资产法》等法律法规相衔接,与国有企业改革发展实际相衔接，与监事会工作发展要求相衔接。

新时期监事会工作法律制度体系建设的基本思路是：派会与派员相结合，境内与境外相结合，以企业国有股权为链接，构建全链条、全领域的企业国有资产监督体系。主要从法律制度设计理念出发，探索强化和完善监事会的监督职责；以法规的形式固化监事会监督方式方法的创新成果，进一步明确和丰富监事会的监督方式；把监事会监督成果的落实运用机制上升到法规的高度，建立健全监事会监督机制；通过资本链接，完善对股权多元化企业的国有资产监督职责，指导和推动企业二级及以下企业监事会工作的深入开展。

第三节　建立国有资产大监督工作体系

在国资监管大格局所倡导的"大国资"理念指引下，国资监督"一盘棋、一家人"的局面也在初步形成，为搭建"横向到边，纵向到底"的国有资产大监督体系，层层落实出资人监督责任提供了基础和平台。

一、国有资产大监督体系的两大主体

根据国有资产监督主体及其派出机构的不同，可以将国有资产大监督体系基本划分为国有企业外派监事会工作体系和国有企业内部监事会工作体系两部分。其中，外派监事会主要是指由各级国有资产监督管理机构代表出资人向国有独资企业和国有独资公司派出的监事会，其监督形式是出资人外部监督。企业内部监事会工作体系主要是指在企业集团和各级子公司建立规范的法人治理结构，实现出资人主导的监督资源整合联动，形成母子公司监事会工作协同配合的监事会工作机制，其监督形式是企业内部监督。

与外派监事会独立、权威、外部监督的优越性相比，企业内设监事会的局限性主要是独立性不足和组织管理体系不完善。独立性不足影响监督效能的发挥，表现在人员、工作和经费的独立性不足。组织管理体系不完善，没有建立起自上而下统一的母子公司监事会工作体系，或者是管理职责明确在审计、纪检监察等部门，并没有实际开展监事会工作。在此情况下，子企业监事会仅作为法人治理结构的一部分单独存在和运行，上下级企业监事会之间没有直接的沟通联系，无法体现"最终控制人"或者"最终出资人"的监督意愿，致使整个集团的监事会工作难以形成监督合力。

二、国有资产大监督体系的三种模式

在现行国有企业监事会工作实践中，监事会监督可以通过外派、外派内设和外派内联三种模式实现。依据企业股权结构等情况的不同，采用适当的模式组织开展监事会工作，并使监事会监督与企业内部监督形成相应的工作关系。

(一)外派模式

如前所述，外派监事会制度是符合我国国情的中国特色监督制度，是对国有独资企业和国有独资公司的有效监督模式。在外派模式下，企业与监事会的工作关系，主要是支持配合监事会工作。

(二)外派内设模式

外派内设模式是由指出资人(国资监管机构)提名派出委派监事人选，经股东大会选举等程序进入企业内设监事会，与企业内部监事共同履行职责。这种模式可适用于股权多元化企业、整体上市公司和国有控股公司等。

国有企业进行公司制股份制改革后，企业市场化程度提高，企业规模不断扩大，股权多元化日益成为国有资产控股的主要实现形式，企业优质资产或主要经营性资产越来越向重要子公司下沉。在这种形势下，对国有控股的股权多元化企业，采取委派监事进入企业内设监事会，与内部监事共同履行监督职责的做法，既能够保持外派监事会的制度精髓和体制优势，又能够与现行法律法规有效衔接，与企业法人治理结构有效融合，是外派监事会制度与现代企业制度进一步结合的积极探索。

(三)外派内联模式

外派内联模式实质上是外派监事会与企业内部监事会联合监督，可适用于上市公司或国有资本参股公司。在这种模式下，集团层面的外派监事会与子公司内设监事会同时存在，各自行使法律法规赋予的职权并承担相应责任;外派监事会沿国有资本链条对出资人出资公司进行延伸检查，内设监事会对外派监事予以协助和支持配合，共同形成监督合力。

三、国有资产大监督体系的五项机制

国有资产大监督体系在两大主体、三种模式的框架结构下，通过五项工作机制开展监事会监督工作，为大监督体系的整体协调联动提供工作载体和运转机制。其中，国有企业外派监事会基础工作机制(第四章)和指导监督工作机制(第五章)是大监督体系中外派监事会工作的运行机制；国有企业母子公司监事会工作机制(第六章)和监督资源整合联动工作机制(第七章)是企业内部监事会工作的运行机制；多向交流合作工作机制(第八章)是将国有企业监事会工作的外派体系和内部体系相连接，探索深度融合的工作机制。每项机制的具体内容及运行分析将在后续几章依次展开。

第四章　国资监管大格局下监事会基础工作机制研究

国有企业外派监事会围绕国资监管和国有企业改革发展中心工作，通过开展当期监督对企业进行全面、客观、深入的监督检查，在此基础上不断提高监督的针对性和灵敏性，通过多维度报告体系为出资人提供决策参考；同时，通过加强与国资委的监管协同配合，推动监督成果的转化和落实，形成监督工作闭环。

第一节　快速反应工作机制

监事会应对企业存在的问题和风险第一时间掌握、第一时间发现、第一时间报告，并及时督促企业整改和防范，实现渠道畅通、反应及时、运转有效、责任落实，建立一套适合监事会工作特点的快速反应工作机制。

一、调整监督模式

(一)推行“一企一监”

企业所处行业不同，分布范围广泛，而监事会人员较少，要积极探索监管模式创新，推广“一企一监”的监督模式，即派驻独立的监事会或专职监事对企业进行“一对一”的重点监督。在这种模式下，监事会由过去“走读”的工作方式调整为常驻一个企业开展工作，绝大部分时间在企业上班，一心一意谋工作，聚精会神搞监督，列席企业会议，参与企业生产经营活动，对企业的了解深，掌握情况准，从时间上、精力上保证监事会对重大问题和风险的及时发现与报告。

(二)试行分类监督

由于监督企业在行业分布、资产规模、发展进程、经营状况等方面存在差别,监事会监督应避免“一刀切”。根据国有企业改革和国资监管工作需要,积极探索分类监督的有效形式,优化配置监督力量,提高监督效率和水平。分类监督要以有利于全面、完整地分析企业情况,有利于提高监督的针对性,有利于合理调配监督力量为原则,对监督检查类型和企业类型进行分类,在此基础上进一步明确监督重点。

二、深入开展日常监督

(一)落实内设组制度

办事处内设组主导监督检查具体工作,是监事会的“摄像头”,在组长的带领下深入企业一线开展实时动态监督,第一时间掌握企业一手情况和重要经营管理活动,将企业的一举一动尽收眼底。要把遴选内设组组长作为重中之重,选拔责任心强、组织能力和分析能力强的专职监事担任。

(二)完善监督方法

监事会要充分发挥深入企业“一线”监督的优势,通过以下方式方法开展当期监督:收集分析企业财务、经营管理、重大事项、会计师事务所、内审纪检及有关媒体报道等有关信息;列席企业总经理办公会等涉及企业生产经营决策的会议,企业党组(党委)会、领导班子民主生活会,企业年度(年中)工作会等综合类会议,企业财务工作会和预决算会议、生产经营形势专题分析会及其他类型业务会议等,通过列席企业会议,起到了解、跟踪、掌握企业重要活动,对企业重大决策及程序合法、合规性作出判断;有针对性地与企业相关人员谈话、座谈或接待来信来访,多角度、全方位了解企业总体状况和企业领导班子情况,核实监督检查中涉及的问题,发现监督检查线索。

(三)突出监督重点

准确把握监督检查重点,做到有的放矢,才能全面准确掌握企业情况,确保监督实效。宏观方面,监事会监督检查工作重点是企业贯彻落实国家宏观调控政策措施情况、企业负责人履职情况、企业重大决策及程序合法合规性,以及国有资本权益和国有资产安全等方面的情况。微观方面,根据分类监督明确企业分类和企业风险的主要类型,监事会监督检查侧重点具体列示如下。

1. 按照企业类型不同明确监督检查重点(见表4-1～表4-4)

表4-1 不同股权结构的国有企业监督检查重点

企业类型	监督重点	检查要点
国有独资企业	公司治理结构是否合理,各项内控制度是否有效,经理层履职情况等	内部子公司之间同业竞争情况等
国有独资公司	董事会与经理层职责划分、董事会议事规则和重大事项决策机制等;董事会决策行为及程序,经理层执行董事会决策情况、外部董事履职情况等	公司章程、内控制度、重大事项决策程序、执行情况等
国有控股企业	监督控制是否到位,董事会与经理层职责划分、董事会议事规则和重大事项决策机制等;董事会决策行为及程序,经理层执行董事会决策情况等	董事会和经理层人员的任免、董事会决议、利润分配方案等

表4-2 不同行业地位的国有企业监督检查重点

企业类型	监督重点	检查要点
行业主导型企业	对国家定价政策的执行情况、成本、费用控制、职工工资等	企业内控体系是否健全、成本归集、分摊的合理性、职工薪酬是否超过工资总额等
市场型企业	企业的发展战略、主要产品目前所处的生命周期、主营业务的发展能力、企业的核心竞争力、持续经营能力等	对比产品生命周期不同阶段的成本、产品价格情况,企业的科技投入、内部子公司之间同业竞争情况
政策型企业	对国家政策的执行情况、对政府补助的管理制度及执行情况、企业内审情况等	预算执行情况,成本、费用核算的真实性包括制造成本、期间费用的真实性,专项经费的管理和使用情况,查阅内审报告等

表4-3 不同发展阶段的国有企业监督检查重点

企业类型	监督重点	检查要点
快速扩张期企业	企业发展战略、重大投资项目、重大收购、非主业投资比例、资金来源、资产负债率、收购后资源整合	可行性研究、决策程序和过程、资产评估、尽职调查、付款情况等;资金流入结构、项目执行情况及后评估等
稳定期企业	内控制度的执行情况、新业务发展等	是否存在潜盈、潜亏等
呈衰退迹象企业	业务发展及经营情况、不良资产清理、日常生产经营、企业基础工作、企业改革情况、历史遗留问题的处理等	主业发展及获利,资产和损益的真实性,不良债权的清理、回收,减值准备的提取情况,经营管理,企业班子、主要负责人素质、业务水平等

表 4-4　不同效益情况的国有企业监督检查重点

企业类型	监督重点	检查要点
盈利企业	非经常性损益占利润的比例，投资及并购活动；摊入无关成本费用等	利润的真实性，是否存在潜盈或潜亏现象；股权投资与主业的关联度，并购价格的公允性，大额资金流动等
亏损企业	亏损原因分析、企业管理情况、扭亏计划、企业的持续经营能力；内控制度的建立及执行情况等	主业发展前景、成本费用构成、扭亏措施、大额债权等
高风险企业	风险控制制度是否完善、控制制度的执行情况、各级授权审批及操作流程的合理性、内部审计的有效性等	授权审批单、交割单、损益情况、计提减值准备的制度及依据等

2. 按照企业风险类型明确监督检查重点

按照表 4-5 中梳理的企业风险类型，把握监督检查重点，制定相应的监督检查方案，采取合适的工作方式开展有针对性的监督检查。

表 4-5　企业风险类型分类

财务风险	企业财务人员风险意识淡薄
	过度举债，融资缺乏科学性
	企业与内部各部门之间及企业与上级企业之间，资金管理混乱，资金使用效率低下，流失严重
	国有上市公司治理结构不完善
	财务管理系统缺乏对外部环境变化的适应能力和应变能力
经营管理风险	责任意识不强，制度意识淡薄
	接口不畅，管理链条过长
	管理行为或决策行为超越内部控制制度，导致控制力弱化
	管理行为随意性大，缺乏规范性
	工作环节不清、工作记录不全、岗位经常调换等，导致责任认定困难
重大战略决策风险	“一把手”独揽决策权，决策缺乏集体讨论
	投资决策缺乏可行性研究
	有投资无管理，有投资无效益
	专业性很强的重大决策未经过专业部门和专业人员的前期论证
	重大决策程序不规范
	乱投资、乱担保、乱扩张、乱理财、乱借款、乱放权
法律风险	缺乏法律风险防范意识
	没有建立企业法律风险防范体系
道德风险	贪污受贿，违规向民营企业拆借巨额资金，违规发放薪酬，账外账，小金库
持续发展风险	盈利基础不稳固，利润主要来自非主业投资，缺乏自主知识产权，人才结构不合理，班子不在状态

续表

境外项目风险	境外资产分散，运行成本高
	政治风险、法律风险、员工安全风险日益增加，管控难度大
	缺乏涉外人才和境外项目管理经验
	对境外业务没有明确的发展规划
	缺乏对境外业务的财务控制和审计监督

(四)健全工作制度体系

为保障监事会监督检查工作顺畅，要对监督检查工作环节进行制度化安排，被监督企业应重点加强以下五个方面的制度建设：及时通知监事会参加有关重要会议；及时向监事会报告重大事项和决策情况；及时报送企业财务及经营管理相关资料；制定董事会与监事会沟通制度；开放企业财务信息系统等。

三、有针对性地开展集中检查

根据企业实际情况和国资监管工作中心任务，对企业进行有针对性的集中检查，是日常监督的重要补充，是监事会监督检查完整性和深入性的重要保障，二者共同作为当期监督的主体内容。集中检查是指监事会组织力量，集中一段时间，对企业上年的经营管理情况进行监督检查，主要包括编制监督检查方案和实地检查两个阶段。根据监督检查目标的不同，集中检查可以分为总结式检查、调研式检查和查证式检查三种。集中检查与日常检查相辅相成，互为依托，集中检查以日常检查为基础，对日常检查发现的问题进行梳理和分析，有更强的针对性和目的性；日常检查弥补了集中检查时点滞后的问题，提高了检查的时效性。日常检查和集中检查相结合，是对企业进行全过程监督，掌握企业真实情况的基本手段。

四、进一步完善专项检查

专项检查是监事会当期监督的另一项重要内容，是提升监督针对性、推动监管协同、促进企业健康发展的重要举措。围绕国资监管和国有企业中心工作或监督检查过程中发现的突出、共性、倾向性问题，结合日常监督和集中检查的成果、线索和依据，提前研究明确检查内容和时间安排，制定实施方案，提出目标要求，以企业自查和监事会核查相结合的方式组织开展专项检查，对检查结果进行汇总、分析和研究，向国资监管机构和政府部门提出政策性意见建议。

五、建立举报查办工作机制

监事会与企业建立良好的沟通交流机制，是监事会监督灵敏、有效和快速反应的工作基础。在全面开展当期监督，确保工作系统、深入的同时，一方面要加强与企业内部人员的沟通和交流，适度扩大谈话范围，拓展层级和职级覆盖面，提高谈话的针对性和发现问题线索的敏锐性；另一方面，要畅通电子邮件、举报信件甚至直接约谈等材料收集渠道，就收集到的有关线索情况，深入查证，确认核实，并根据问题内容和性质的不同决定处理方式，与企业交换意见、督促整改，或是报国资委及有关部门进行查办。

六、及时反馈检查情况

(一)建立企业重大信息报送制度

快速反应的前提是监事会及时获得必要、全面、系统的企业决策及经营管理信息，除依靠监事会当期监督各类工作积累之外，也需要企业畅通向监事会的信息报送渠道，及时向监事会报告经营管理、改革发展等方面出资人关心、关注的重点事项和重要情况的动态信息，确保监事会知情权，加强与监事会的信息交流和工作沟通。

(二)加强与有关部门沟通协调

监事会将发现的问题和情况及时报国资委及有关部门后，还需要有关部门的迅速反应和密切配合。一方面，监事会要加强与财政、税务、审计、监察、工商等其他监督部门的工作联系和信息沟通，借助会计师事务所的专业力量实施监督检查。另一方面，监事会要加强与国资委内部有关厅局的沟通协调，通过专项报告和情况报告等形式，积极反映监督检查中发现的有可能危害国有资产安全的经营行为、重大决策、重大风险及紧急情况等，协调有关厅局推动问题的落实和解决。

(二)及时督促企业整改

监事会在不干预企业经营决策和经营管理活动的前提下，就监督检查中发现的需要提请企业关注的事项，采取多种形式与企业交换意见；需企业自行纠正的问题，在查清核实的基础上，通过适当方式与企业交换意见，督促企业整改。同时，注意揭示问题与督促整改并重，加大整改落实工作力度，及时了解、汇总企业整改进展情况，及时跟踪反馈处理落实情况，促使企业进一步完善制度、强化管理、堵塞漏洞、防范风险。

(三)创新专报机制

为进一步提高监事会监督时效，推动创新报告形式，建立监事会直接向本级政府报告重大事项和问题，提出重要建议的报告形式，使国资监管和政府部门能够第一时间获取重要信息，为领导决策提供参考，增强监事会监督灵敏性和有效性。

第二节　监管协同工作机制

围绕国有企业和国资监管中心工作，监事会与国资委通过业务配合、制度衔接、信息沟通、人员交流等方式，建立有效的协调联动机制，逐步实现资源的联合、整合、融合，形成国资监管工作的合心、合作、合力。

一、完善日常协同工作机制

监事会按出资人的要求开展监督检查工作，应熟悉掌握国资监管各项政策和制度规定，将企业战略、重大投资、业绩考核、薪酬分配、内部控制、重组改制、产权转让等出资人关心、关注的重点事项列为当期监督重点，加强与国资委有关厅局在企业年度财务决算审核、建立规范董事会企业评价、薪酬分配管理、经营业绩考核、财务专项审计、经济责任审计、企业领导班子管理、巡视等方面的协同配合，有效利用监督检查成果，按要求提交各类报告，并回复有关厅局征求意见。通过以上工作，充分发挥监事会“一线”参谋和决策助手的优势作用，为出资人深入把握企业实际，做出科学决策提供重要参考。同时，国资委应建立有关厅局与监事会之间的工作协调和信息沟通机制，搭建互通平台，建立重点关注事项的跟踪落实机制，共同推进企业提升管理水平。

二、推行综合分析工作机制

为加强国资委与监事会工作的监管协同，国务院国资委首创了中央企业综合分析工作机制，以监事会工作为基础，汇集全委智慧，对中央企业进行“联合会诊”，分析解决企业改革发展和经营管理中存在的突出问题和重大风险，起到总结经验教训、提升管理水平、实现科学发展的目的。截至 2013 年年底，国务院国资委和监事会已经联合召开了 6 次综合分析会议，对 37 户中央企业进行了综合分析。这种协同工作机制对充分发挥监事会监督优势，运用监事会工作成果，进一步增强监管协同，推动建立国资监管大格局具有重要意义，应在全国范围内推广。(见图 4 - 1)

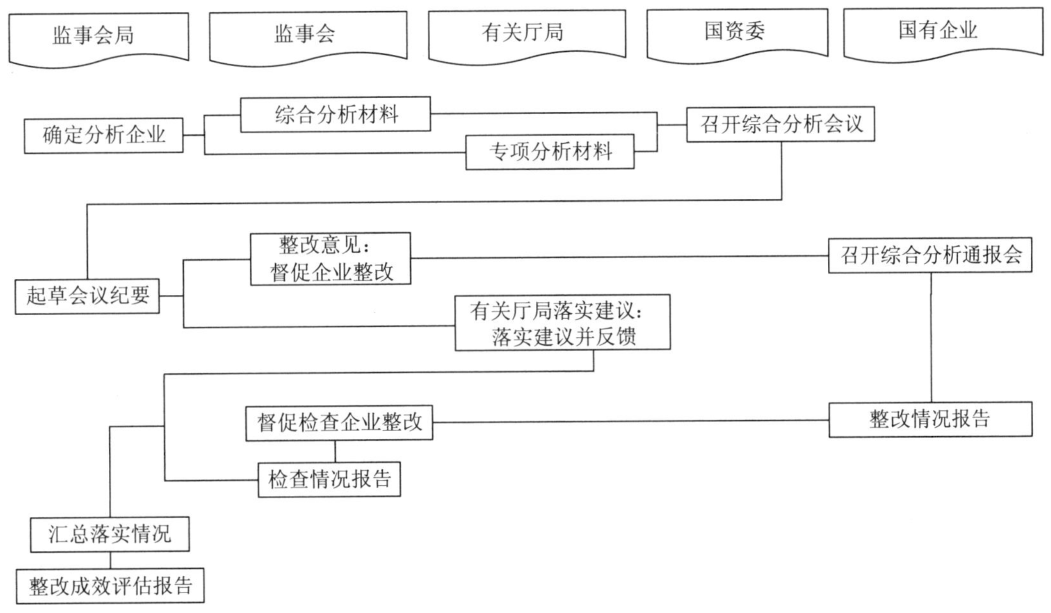

图 4－1 综合分析工作流程图

三、建立联合检查工作机制

为将监事会“一线”监督和国资委综合管理的两种优势充分结合，发挥合力，国资委可探索建立联合检查工作机制，针对国有企业改革发展的重点事项和热点问题，以及出资人关心、关注的重点问题或监事会提请关注的风险和问题，从有关厅局抽调专门力量，与监事会一起组成临时联合检查小组，协同合作开展深入调查，必要时要求有关企业的财务、纪检和内审等部门人员参与，并可聘请中介机构协助调查，充分配置整合各方监管资源，从而更加有效地促进企业科学发展。

第三节 报告工作机制

要建立多维度报告体系，形成以年度监督检查报告为主体，以日常报告为重要补充的贯穿当期监督全过程的监督检查成果体系。

一、改进年度报告机制

为进一步提高监督检查年度报告质量，监事会要做好三方面工作。一是改进报告结构，精炼报告内容，侧重反映企业存在的重大问题和风险，反馈有关问题处理落实情况，提高报告的可读性和可批性。二是将“一企一报”与综合报告相结合，在认真分析、提炼和汇总分户报告成果的基础上，形成企业分户报告和汇总报告，必要时形成共性、专项问题汇总报告，报送本级政府、国资监管机构和有关部门。三是前移报告提交时点，实现高效运转，形成报告成果落实闭环。

二、加大日常报告力度

日常报告包括专项报告、情况报告、专题情况报告、监事会专报，以及日常信息载体等多种形式。探索建立监事会直接向本级政府进行专报的工作机制，能够更加及时、充分地反映监事会当期监督工作成果，是进一步增强监事会监督灵敏度和时效性的创新机制。专报主要反映以下内容：一是企业在生产经营过程中涉及国有资产安全的重大事项、重大违法违纪违规问题以及突发性重大事件；二是企业在贯彻落实党中央、国务院重大决策和措施方面存在的问题和困难；三是企业在经营管理中面临的热点难点问题以及社会关注的焦点问题；四是国务院领导同志关心关注的企业改革发展的其他重要情况。

三、拓宽报告送阅范围

拓宽报告送阅范围主要包括四方面内容。一是推行将年度监督检查报告抄送纪委、组织部等有关部门。二是通过各种报告和信息载体，及时向国资监管机构、政府及有关部门反映当期监督工作成果，特别加大对企业重大事项及潜在风险的披露，提供有价值的决策参考。三是根据有关部门的工作性质、需求和不同企业的行业特点、股权结构、经营发展等情况，归纳汇总企业共性和具有普遍性问题的专题报告，提出有针对性的政策意见和建议，送国资监管机构、政府及有关部门。四是尝试建立国有企业信息披露制度，在保密许可范围内，把部分工作报告向社会公众公开披露，有利于公众了解国资企业经营情况，争取社会舆论对监事会工作的关注和支持，同时也把企业置于更大范围的监督之下，推动国资监督事业更加开放、进步，与时代同步发展。

第四节　成果运用工作机制

建立监事会监督检查反映问题和风险的成果整改落实机制，形成“报告、处理、落实、反馈”的监事会监督检查工作闭环，是监事会监督权威性和有效性的重要保障，使维护出资人权益的目标落到实处，切实促进企业提升经营管理水平。

一、明确整改落实相关部门

国资委对监事会提交各类报告所揭示的问题和风险进行梳理和分类汇总，通过提交国资委主任办公会等形式进行任务拆分，研究处理意见，落实相关责任厅局或部门。对重大问题事项，可上报本级政府；对需由国资委研究制定政策或予以协调解决的问题，转有关厅局处理落实，并及时向监事会反馈；对可由企业直接整改的问题，下达整改通知书，明确整改事项、要求和时限；必要时可协调国资委有关业务部门协同督察，强化整改落实效能。

二、督促企业落实整改

在不干预企业经营决策和经营管理活动的前提下，将监事会监督检查发现的需要企业自行纠正的问题，如会计核算和会计处理不规范，以及内控制度不健全等问题，在查清核实的基础上，通过座谈或向企业发放提醒函、整改通知等形式，及时与企业交换意见，提示企业关注风险和整改问题。企业整改方案应当明确整改事项的责任主体、整改程序、整改效果的评估和整改动态信息的报告等相关内容，并及时提交整改情况自查自纠报告，向监事会及国资委报告整改落实情况。监事会应监督企业整改方案制定、落实情况，及时报告有关重大问题阶段整改落实情况，并对各类问题进行有针对性的督导，以检查促管理，以监督促发展，确保企业受益于监事会监督检查成果。

三、加强有关整改落实事项的沟通联系

监事会在对监督检查成果进行整理汇总，形成有问题、有分析、有建议的各类报告上报国资委、政府及有关部门后，一方面应加强与委内厅局、政府及有关部门的沟通交流，推动报告反映有关事项的处理落实；另一方面应注意定期汇总反映问题的处理落实和整改情况，及时研究并报送国资委以及政府有关部门。

四、跟踪评估整改落实情况

完善工作闭环档案管理，形成历史记录，便于后续监事会工作移交及企业问题的全面把握；对企业一些历史遗留问题、复杂问题应当长期跟踪，定期了解整改落实情况，评估可能存在或后续发生的风险点，促进问题的妥善解决，有关情况应当及时向国资委报告。

第五章　健全国有企业外派监事会指导监督工作机制

国资委成立以来，依据《企业国有资产监督管理暂行条例》和“三定”规定，紧紧围绕国有资产监管和国有企业改革发展的中心任务，积极开展指导监督地方国资工作，指导推动地方建立健全国有资产监管体制机制和法规制度体系建设，逐步拓展指导监督工作范围和内容。2010 年 9 月，国资委第一次召开全国国资委系统指导监督工作座谈会；2011 年 4 月，《地方国有资产监管工作指导监督办法》正式颁布实行，标志着国资委系统指导监督工作已经打开局面，成为制度化、常态化的国资监管体制建设的重要内容。以指导监督地方国资工作为抓手，国资委逐渐确立了“构建国资监管大格局”的目标任务，因此，指导监督工作是构建国资监管大格局的工作基础和有力保障。

第一节　国有企业外派监事会指导监督工作的意义和内涵

监事会系统的指导监督工作按照国资委系统指导监督工作的整体思路和目标要求，继续加强和完善指导监督各项基础工作，探索创新方式方法，推动形成机构完善、监督有效、各级联动的监事会工作体系，确保国资监管大格局的完整性。

一、外派监事会指导监督工作的意义

(一)完善各类国资监管体制的内在要求

国有企业外派监事会作为国资监管的重要组成部分，落实党中央、国务院的工作部署，通过指导监督工作，推动在各级政府层面建立健全监事会工作机构，提高监事会对本级国有企业的覆盖率，不断完善监事会工作的体制机制和制度建设，改进监督方式方法，提升监督有效性，切实保证国资监督责任层层落实，监督职能深化和监督有效性提升，进而促进完善国资监管体制，推动形成国资监督工作的合力和向心力。

(二)改进和完善外派监事会工作的需要

通过多年的实践探索，国有企业外派监事会已经摸索出一套适应国有企业改革发

展需要、符合企业监督规律的工作机制和模式。但是，由于各地方国有资产规模不一样，国有企业发展水平不同，同时又受到对国有资产监管认识不同的影响，在监事会的组织架构、管理体制、监督机制、方式方法、队伍管理等各方面各地方都存在一定的差异，与各地方的特殊背景和条件限制相关，但总体来讲，不利于外派监事会形成统一规范的体制机制，更不利于监事会监督有效性的发挥。通过开展指导监督工作，能够推动形成全国范围内国有资产监督工作“一盘棋”的局面，统一外派监事会工作发展目标和阶段要求，加强各级监事会之间的紧密联系与合作，推广好的工作模式和经验做法，带动强化监事会制度优势，改进和完善监事会工作。

(三)地市级监事会建设发展需要

目前，在全国范围内国有企业外派监事会工作的开展情况尚不均衡，监事会制度在各层级的落实情况存在较大差异。外派监事会制度建立以来，地方各级政府按照国务院的要求，在建立国有资产监督管理机构的同时，基本都调整或组建了国有企业外派监事会队伍。但在地市级层面，截至 2013 年年初，约有 62%的地市建立了监事会工作机构，国资监督工作机制尚不健全。通过开展监事会系统的指导监督工作，能够带动地市级外派监事会逐步完善工作机构，打开工作局面并逐步实现建章立制，切实落实本级国有资产监督职责，壮大发展监事会队伍。

二、国有企业外派监事会指导监督工作机制的内涵

国有企业外派监事会指导监督工作，作为国资监管指导监督工作的重要组成部门，不仅要成为推动国有资产监督工作的重要抓手，还要在取得共识、规范行为、交流经验的基础上，积极创建相互依托、相互促进的大监督文化。

(一)工作主体

指导监督工作的主体是三级国资委监事会，即国务院国资委、省级国资委和地(市)级国资委。指导监督的范围和对象是下一级国资委监事会。

(二)工作目标

通过加强国有企业监事会系统的指导监督工作，确保监事会工作不偏离国资监管体制改革方向和中心工作，完善地方监事会工作机构，扩大各级国有企业监事会派驻覆盖面，形成层层传递、上下联动的工作机制，搭建更宽广的沟通交流和学习平台，吸纳先

进地区的经验做法，有效推广，共同谋划国资监督工作，不断改进和深化国有企业监事会工作。

(三)工作原则

(1)依法开展，规范进行，把握定位。

(2)目标明确，稳步推进。

(3)突出重点，突破难点，找准工作着力点。

(4)鼓励创新，探索指导监督工作新方法。

(5)推广先进，推动后进，不断总结推广好做法。

(6)做出精品，创造指导监督工作品牌。

(四)工作内容

(1)加强组织领导，明确负责本地区外派监事会指导监督工作的专门工作机构，建立全覆盖的指导监督联系制度。

(2)指导推动下级外派监事会建立健全工作机构，扩大监事会派驻范围，理顺与本级国资委的关系，建立高效监管协同工作机制。

(3)建立各级监事会工作协同联动工作机制，确保外派监事会指导监督工作层层落实。

(4)推动建立本级及下级外派监事会向政府报告监督检查情况和监事会建设情况的工作机制。

(5)搭建各种形式的工作研讨与交流平台，通过召开监事会工作会议、研讨会议、课题研究、信息交流、专题调研以及创办刊物等多种形式，推动各地方、各层级外派监事会的相互学习和交流，推广经验，共谋发展，营造良好工作氛围。

(6)对下级监事会工作的热点、难点问题进行业务指导，促进监事会工作的改进和完善，提高监事会监督有效性。

(7)制定适合本地区监事会工作实际的指导监督工作方案，推动建立指导监督工作制度规范或办法。

(8)推动本级及下级外派监事会完善法规制度体系，为监事会行权履职提供法律保障，实现监事会工作规范化、标准化、流程化。

(9)合力推动监事会队伍建设，积极组织业务培训并邀请下级监事会参加，搭建人才引进、培养和交流平台。

(10)搭建监事会系统和中央企业、地方国有企业关于监事会工作开展情况的沟通交流,推动交叉合作,加强央地合作、区域合作,推动形成国有企业大监督工作体系。

第二节 推动实现向本级地方政府汇报监事会工作

实现国有企业外派监事会定期向本级政府汇报工作,是监事会指导监督工作的重点推动事项,这是监事会代表出资人履行国有资产监督的职责要求,是监督有效性的重要体现,也是推动构建国资监管大格局的工作基础。

一、向政府汇报工作是监事会的职责要求

《公司法》规定:监事会由股东会选举产生,对股东会负责,向股东会报告工作;《国有企业监事会暂行条例》规定:国有企业监事会由政府派出,对政府负责,受政府委托,代表政府对国有企业实施监督检查,监督企业领导人员的履职、尽责行为,检查企业依法经营和落实出资人意志的情况,揭示企业风险和问题,向政府报送信息、报告情况,建立政府获取企业信息的有效渠道,推动企业问题的解决。根据需汇报内容的性质和特点,通过不同形式向政府或快速及时,或系统完整地汇报监事会监督检查情况和监事会建设情况,使出资人了解掌握国有企业改革发展真实情况和需要关注的问题,是解决政府与企业之间的信息不对称,为政府提供决策依据的重要途径。

二、向政府汇报工作是监事会工作的重要推动力

通过建立、畅通向政府汇报的工作机制,充分体现了外派监事会对维护国有资产保值增值、提高企业经营管理水平和持续发展能力的重要作用,进而才能争取政府层面对监事会工作的理解和支持,推动监事会完善组织体系,依法履行职责,为监事会发展争取到更多资源和制度支持,进一步理顺与其他有关部门和机构的协同合作关系,这是监事会工作持续健康发展的组织基础和重要保障。

三、向政府汇报工作是构建国资监管大格局的重要内容

通过直接汇报的形式及时反映监事会监督检查中发现的企业重大事项或问题,以及监事会自身建设中的重点和难点问题,能够在更加权威、直接和有效的平台上协调好与国资监管机构及政府有关部门等的关系,从而推动问题解决,实现国有资产监督资源

的有效配置和整合。

四、向政府汇报监事会工作的主要形式和内容

向政府汇报监事会工作可以分为日常专报和年度报告两种。日常专报以快速反映监督检查中发现的企业经营管理和改革发展的突出、重大事项或问题为主。年度报告是监事会根据本级政府工作安排，在每年的特定时点向政府汇报本年度监督检查情况及监事会建设和工作情况，汇报的形式可以是专题会议或书面汇报。

（一）监事会监督检查工作情况

监事会监督检查年度报告是监事会工作的主要成果之一，是监事会在日常监督检查、集中检查和专项检查的基础上形成的综合报告，客观反映、评价本年度企业整体运营情况、管理情况、财务状况、重大事项、企业负责人或董事及高级管理人员履职情况，以及上年度监督检查发现问题企业整改情况，对相关问题提出处理意见或建议，评价主要负责人业绩并提出奖惩任免建议等。

（二）监事会自身建设情况报告

监事会自身建设情况主要是监事会组织机构和制度建设情况、整体工作开展情况、监管协同工作情况、改革发展重大事项、队伍建设、工作环境建设事项及其他需要政府关注和支持的事项，同时，还要对下一步改进和完善监事会工作，加强国有企业监事会监督等提出有关意见和建议。

第三节　搭建外派监事会工作交流平台

加强各地监事会工作的交流，有利于在全国范围内形成推进监事会工作的基本思路，充分吸取各地开展监事会工作的经验做法，是整体推进国有企业监事会向前发展，逐步实现监督检查制度化、规范化的重要措施。搭建地方监事会工作交流平台，需要一系列常态化、规范化的举措做支撑和保障。

一、年度工作会议

外派监事会制度开创性和探索性很强，没有现成的经验可以借鉴，目前还处于探索、深入阶段，有很多工作需要在全国范围内整体研究、推进和集中部署。因此，有必要

常态化召开工作会议。通过召开会议及时传达国务院、国务院国资委对监事会工作的指示精神,加强各地开展监事会工作的情况交流,对重要工作进行认真研究和统一部署,使各地及时了解国有企业监事会工作的新政策、新精神、新动向,这对全面建设监事会工作体系,实现国资监管大格局具有重要意义。

二、定期研讨,分类交流

搭建理论和实践的研讨与交流平台,对于进一步理清监事会工作基本思路和解决监督检查过程中遇到的重点难点问题至关重要,应每年适时组织安排监事会工作的研讨活动。研讨活动结合当前监事会工作的热点难点问题,每次选定一个主题,必要时可以邀请高等院校、研究机构的专家学者参与。同时,考虑到各地方国有企业的数量规模、性质特点、经营模式等各不相同,监事会开展工作的方式方法也有很大差别,应组织分类交流,将对提高监事会监督检查质量产生更直接的影响。

三、集中培训

着力针对地方国有企业监事会解决专业人才严重不足的问题,加大集中培训力度,必要时可委托高等院校开办专业的短训班对省、市一级国有企业监事会人员进行轮训。

四、信息互通

建立多种形式的监事会工作信息交流平台,使地方各级国有企业监事会及时了解全国国有企业监事会工作的最新信息,有助于相互学习、取长补短、共同提高。建立健全各级、各地外派监事会工作的信息化共享平台,为推进国有企业外派监事会工作提供信息技术保障,用现代信息技术来提高外派监事会工作的标准化程度和工作效率。

五、多向交流合作

不断扩大交流合作的领域、层次、形式和内容,形成从上至下、各级、各地共同参与的稳定、规范、多向的交流合作机制,有效解决监事会体制机制等深层次问题,形成良性互动,从而进一步促进在全国范围内国有企业监事会工作体系的建立。

六、搭建机构平台

采用改革创新的思路,采取切实可行的措施,搭建合作机构平台,全力推进外派监事会央地、区域合作工作。借鉴职业化程度较高的律师、注册会计师、审计师等行业组建行业协会的做法，探索成立社团性质的外派监事会协会，推进国有企业外派监事会央地、区域合作工作的机构平台，实现外派监事会的自我管理，提高外派监事会工作的职业化水平。

第六章　完善国有企业母子公司监事会工作机制

完善母子公司监事会工作机制，要在国有企业集团层面和各级子公司建立规范的法人治理结构，并由集团向子公司委派监事，对子公司行使监督权，形成集团至各级子公司的有效制衡、协调联动的监事会工作机制。

第一节　完善国有企业母子公司监事会工作机制的必要性

随着国有企业布局结构调整和内外重组加剧，股权多元化逐渐成为国有企业改革发展的主要趋势。国有企业资本结构的多元化导致出资人结构愈加复杂，集团核心资产逐级下沉到子公司致使监管链条延长，给国有资产监管工作带来了巨大的挑战。

一、国有企业发展新变化的必然要求

企业发展带来了公司组织架构的变化，旗下众多子公司不断成立，集团的资产、资源和经营活动向子公司逐级下沉，子公司渐渐成为具体业务和生产的执行者，管理链条也随之延长，国有企业呈现出集团化发展趋势。在新形势下，完善母子公司架构下的监事会监督，使子企业有效执行集团的战略决策，既在市场竞争中充满活力又不失管控，同时又切实保护了下沉到各层级子公司的国有资产权益。因此，必须在加强集团监事会建设的同时，加强子公司监事会建设，实现分级监督，协调联动。

二、完善国有企业治理结构的内在要求

要完善企业治理结构，就要加强企业的集团管控力，其核心是处理好委托代理关系下集团对子公司的授权和制衡的关系。监事会建设是保障集团管控力的核心。按照《公司法》确立的企业法人治理的制度安排，在子公司的法人治理结构中，集团作为股东享有子公司所有权，集团将经营权授予子公司董事会，将监督权授予子公司监事会，在子

公司内部形成监事会对董事会和经营层的制衡，实现集团对子公司授权和制衡的相对平衡，最大限度地保障集团利益。因此，集团必须按照法人治理结构的要求，以子企业监事会建设为核心实施集团管控，充分发挥子企业监事会对子企业董事会和经理层的监督制衡作用，并在此基础上充分实现集团向子企业董事会的授权，激发子企业的经营活力。

三、子企业监督缺位的必然要求

子企业监事会建设不到位直接导致授权和制衡失衡，最典型的表现是两种：监督缺位和不适当集权管理。这两个突出问题表现在子企业监事会建设上就是监督流于形式，因此，完善子企业监事会工作机制是层层落实国有资产监督职责的重要一环。

第二节　完善母子公司监事会工作机制的基本原则

母子公司架构下的国有企业监事会工作机制的有效运行，要以出资人利益为监督工作根本出发点，保持"外派"模式下独立性和权威性的优势，有效发挥子公司监事会监督工作有效性，强化集团对子公司风险的防控能力。

一、独立监督原则

监督的独立性是保障监督结果客观公正的前提，也是监督者对被监督者形成制衡和威慑的基础。按照独立监督原则，子企业监事会工作机制应效仿外派监事会制度的"外派"模式，由出资人向子企业直接派出监事会或专职监事，排除与子企业人事或经济上的关联，代表集团对子企业实施出资人监督。这样，外派监事会或专职监事将处于比较"超脱"的地位，才能够对经营层形成有效制衡。

二、出资人至上原则

出资人至上是指子公司的监事会或监事必须站在集团的角度来履行监督职责，维护集团作为出资人的核心利益。出资人利益应当是监事会的生命基准和原则，是监事会的履职前提和最终目标。因此，监事会在平衡监督与被监督关系的时候，要讲究监督方式方法的灵活，照顾经营者的情绪，减轻其戒备心理；面对原则性问题的时候，要坚定地站在维护出资人权益的立场上履行监督职责。

三、当期监督原则

监督的生命力在于预防，但从目前来看，预防仍然是当前母子公司架构下的国有企业监督机制的薄弱环节，多数子公司监事会监督的主要工作方式仍以事后监督为主。因此，子公司监事会要坚持事前、事中和事后的全过程监督，加强对企业领导班子和“三重一大”决策事项的监督，前移关口，督导内控制度健全和有效执行，推动公司治理结构建设。同时，提高监督工作的针对性、灵敏性、有效性和前瞻性，及时发现倾向性和苗头性的问题，在问题扩大或风险爆发前就能够督促企业采取措施及时防范。

四、不越位原则

在完善子公司监事会机制时，要通过制度设计保障子公司监事会按照不越位原则开展工作。子公司监事会代表集团对子公司实施出资人监督，监督经营者而非替代经营者，不行使经营权限。监事会要维护经营权的正当行使，保护经营者的创新精神，尊重企业各项工作程序的正常运作，做到不越位不错位，有所为有所不为，防止监督角色与经营角色混淆。不越位原则的核心是监督不能以损害经营者的创新精神为代价。

五、风险控制原则

集团派出子公司监事会的主要目的是及时发现、控制风险，子公司监事会是集团延伸至子公司内部的“眼睛”和“耳朵”，扭转集团与子公司之间的信息不对称，监事会应及时报告风险，有利于集团或子公司及早预防。因此，履行报告职责是子公司监事会最基本的职责，及时性是监事会履行报告职责的根本要求。

第三节　完善母子公司监事会工作机制的主要内容

建立组织清晰、权责明确、管理优化、人员精干、保障有力的各级监事会工作体系，增强集团监事会对子公司监事会的管控力，形成各个层级有效连接、协同联动的工作机制。

一、建立组织体系

一是设计组织框架。为强化对子公司监事会工作的领导，集团层面在董事会下可设立子公司监事会的专门工作委员会，全面负责子公司监事会的领导工作，从组织上保障监事会的出资人监督定位，委员会主任由集团分管纪检、审计、监察或法务工作的领导担任。具体业务管理上，在集团可单独设立监事会工作办公室，或者与审计等部门合署办公，负责子公司监事会的日常组织、协调工作，并提供相应的业务支持和后勤保障。二是明确职责关系。集团外派监事会与子公司监事会是业务指导与被指导的关系，双方总体工作目标一致，通过一定的制度安排和工作程序实现相关资源的共享和监事管理工作的全面对接；子公司监事会由集团直接派驻子公司实施监督，与子公司无任何附属关系，保持监督独立；子公司监事会不干预企业的正常经营决策和经营管理活动；子公司党委、纪委与子公司监事会是工作协同关系，双方加强联系，相互提供有关信息、资料，做到协调配合，形成监督合力。子公司监事会与集团内审部门是工作协作关系，双方相互提供信息，做到协同配合，形成有效合力。子公司监事会在运用集团内部审计成果时，应关注并督促整改审计中发现的重大问题；在履行对派驻企业的监督职责中，可以将关注的重要事项提请内审部门列入集团内审计划；集团内审部门应与子公司监事会协调沟通，对审计过程中受审计手段限制等原因难以查清的问题线索，监事会将作为重点进行日常的追踪监督检查。

二、制定工作规则

首先是集团层面要出台子公司监事会的暂行办法，明确子公司监事会的总体定位、工作原则、工作职责、工作方式等内容，为监事会开展工作提供一个总体规范；其次是要建立完整的监事会工作规则，实现子公司监事会履职的制度化。从内容来看，工作规则至少应涵盖报告制度、履职保障制度、成果运用制度和日常管理制度。

三、优化管理考核

集团明确子公司监事会人员的选择标准、监事的职业通道、监事的业绩考核，将监事会队伍的管理纳入集团整体人力资源管理体系，防止监督队伍游离于集团人才管理通道之外。

(一)明确监事任职资格

监事的任职资格应是综合型的专才，即懂得市场经济运作规律，了解企业运行特点，掌握企业经营、管理、财务基本知识，熟悉现代企业制度的原则及有关法律、法规，具有一定的政策水平；坚持原则，责任心强等。

(二)出台绩效考核管理办法

对集团来说，监督人员和经营人员一样是集团的宝贵资源，在制度上要将监事队伍的管理纳入集团整体人力资源管理体系。制定出台完善的监事绩效考核管理办法，给予监事工作压力和激励，调动监事的工作积极性、主动性和创造性。

(三)建立监事的职业发展通道

在管理制度上要明确把监事会作为培养干部、发现人才的基地，要培养专业精、作风好、潜力大的监事队伍。同时，通过完善考核激励机制，建立阶梯化的监事管理体制，为其提供明确的职业发展规划，使其能够自我约束、激励和提升。

四、建立母子公司监事会工作联动机制

探索母子公司监事会在业务指导、信息沟通和交流互动等方面的有效形式，建立工作联动机制，实现集团监事会监督触角向子公司的延伸。在运作方式上，子公司监事会接受集团董事会领导，对集团董事会负责；同时，通过集团内部的制度安排，实现集团监事会对子公司监事会的业务指导。在工作联动方面，集团监事会指导子公司监事会认真贯彻落实国资监管工作法规制度，认真执行国有企业监事会监督工作的各项内容，突出出资人至上、过程监督、有效监督的工作原则，使子公司监事会工作在法规制度下规范有序运行；在业务培训方面，集团监事会指导子公司监事会定期开展工作交流、业务研讨等活动，总结推广监督检查工作中的好做法、好经验，相互学习借鉴，或者建议协调集团制定培训计划，组织开展子公司监事会成员的业务培训；在成果共享方面，集团监事会和子公司监事会建立顺畅有效的信息资料互通共享机制和合力监督检查机制。

第七章　探索国有企业监督资源联动工作机制

构建国资监管大格局，培育合心合作合力的监督文化，健全联合融合整合的工作系统，完善指导监管有效、支持有力、沟通畅顺和发展有序的工作机制，需要国有出资人和国有企业不断丰富监督资源，创建出资人主导的监督资源整合联动平台，完善出资人及国有企业监督资源整合的配套工作机制，提高国资国企的整体监督效能。

第一节 整合国有企业监督资源的必要性

监督资源作为国资国企监管的重要抓手，其有效整合与联动既是构建大格局的重要内容，更对实现大格局意义重大。

一、整合监督资源是完善大格局下国有资产监管体制的需要

(一)完善监督法规体系

建立机构健全、定位准确、职责统一的国资监管组织体系，除坚持国资委作为本级政府特设机构，根据授权承担出资人职责外，还需在全国人大或国务院层面，统筹设计监督资源横向纵向整合的组织架构、职责定位等。在地方政府层面，统筹执法监督和社会监督等力量，强化国有出资人监督力度，搭建政府部门监督联动平台。在国资国企层面，不断延伸监管，形成完备的监管体系：一是增强各监督资源自身的适应性机能；二是建立相对固定的监督沟通协调机制；三是丰富科学完备的信息上传下达、有序交流的通道。

(二)融合监督系统

目前，国有企业监督系统是各个监督资源各自为战，在设置的时候没有考量到与其他监督资源的关系和作用，也较少考虑各自的监督是否有助于整体上提高企业的监督效能。因此，在国资监管大格局的总体思路下，由国资部门牵头，组织各方共同研究和创制出一个统筹兼顾、科学有效的监督体系显得非常必要。

(三)创新监督手段

目前，国有企业监督手段还较传统，如资料传输多还以“手工”和“纸质”为主，效率低，不及时，也难以触及国有资产延伸的各个角落，需要进行整合，调动多方资源，综合多种途径，改进调查研究、监督检查、工作报告等方式、内容和传递手段，更好地为国资监管服务。

二、整合监督资源是提升出资人监管能力的需要

(一)提升科学管理能力

国有资产的远程流动，要求建立健全相应的监督调控体系，包括数据采集、数据传输、数据信息集成分析、信息反馈以及远程调控执行等子系统。同时，对跨地区、跨国境的国有资产流动与运营的监管，既要体现国家、地区国有资产监督的本质特征，又要适应所在国家或地区的法律和社会规范。这些都意味着出资人监督不能仅依靠监督者个体的作用放大，需建立健全科学、适宜的工作网络，确保监督信息准确全面。

(二)提升专业监管能力

在优化国有经济结构，发挥国有资产规模优势，拓宽资源配置领域的过程中，国有资产的经营战略、经营规划、经营资源组织调度、再委托再代理经营者的选择、考核与评价以及预算管理等难度加大，需要合理整合监督资源，发挥各自专长，通过协同合作，互通成果，为出资人监管提供专业参考。

(三)提升规范监管能力

国资国企发展尚不平衡，还不同程度存在履职能力不强、沟通协调不畅等问题。国资监管大格局下，完善出资人内部、出资人与监事会、监事会与企业内部等监督资源的成果运用机制，促进企业健全效能监督机制，需要建立健全出资人主导的监督资源整合体系，提升国资国企联动监督的规范化和网络化水平。

三、整合监督资源是服务企业改革发展的需要

(一)维护相互制衡的法人治理

通过“借势、借脑、借力”，建立国资委、监事会与企业纪检、监察、审计等部门的合力监督机制，形成信息成果共享、工作方式互补、相互支持配合的良好格局，能够协助监事会更科学、更系统地对董事会运作、经营班子执行、董事和高管人员履职进行监督。

(二)提高委托代理有效性

大格局下，国有资产、国有企业在空间和时间分布上均空前广泛，国有资产流动、国有企业活动空前频繁，委托代理或再委托再代理的环节增多，监督信息传递过程失效增

多，监督调控措施实施过程变形加大。强化监督检查，严格责任追究，需要厘清监事会等监督资源职责，规范发挥监督合力，控制和规避委托代理失效风险。

(三)提高企业经营管理水平

监督整合不仅为了发现问题，更在于要提出解决问题的办法。监督只有“点头知道理由，摇头提出建议”，在国资国企工作体系中才能有为和有位。监督需针对企业遇到的新情况和新问题进行深入的调查研究，立足源头防治、创新工作、理性思考，提出建议并加以推进，帮助企业提升经营管理水平和抵御风险能力。

第二节　国有企业监督资源现状分析

大格局下，国资监管部门不仅是国有资产保值增值、国有企业做优做强的推动者，更是加强国资国企系统内外工作联合、资源整合和感情融合的促进者。国资国企系统需要深入挖掘内部监督资源潜力，以满足大格局发展和改革创新的需要。

一、国有资产出资人监督

目前，国有资产出资人监督已形成外派监事会、外派内设监事会、企业内部人组成监事会以及独立董事、外部董事、出资人审计等多种监督资源并存的格局。

(一)监事会

1. 外派监事会

源于特派稽查员制度、基于政府高层外部监督的制度设计，由履行出资人职责的机构派出具有一定级别的公务员或股东代表组成监事会。依据《国有企业监事会暂行条例》，重点开展财务监督和负责人履职行为当期监督，具有较强的独立性和权威性。

2. 外派内设监事会

履行出资人职责的机构派出专(兼)职监事或监事团队，进入企业监事会并履职，监事会作为法人治理结构的组成部分。依据《公司法》、《企业国有资产法》对股东负责，着重督促企业落实国资国企中心工作，实施财务监督、负责人履职行为监督以及“三重一大”、内部控制监督等。能发挥对董事会监督和内部运行监督等的制衡作用，不仅适应公司法人治理和国有资产出资人履行监督职责的要求，而且保证外派监事依法、独立、及时、全过程开展监督工作，特别是以集体形式履行监督权的，其权威性、专业性更强。

3. 企业内部人组成监事会

由企业内部人组成监事会，以内部管理监督为主，是企业完善内部管理的有力抓手。（见表7－1）

表7－1 现行监事会模式比较

管理模式	外派监事会	外派内设监事会和外派内设监事	企业内部人组成监事会
体制安排	权威性、独立性强，但行政色彩浓厚，在多元投资主体企业，难以向所有股东负责，制衡力较弱	权威性、独立性、制衡力较强，但一些外派人员融入企业存在壁垒，对外派人员或团队素质要求较高	延伸力较强，但在股东利益维护、有效监督等方面，缺乏独立性和权威性，制衡力也较弱
方式方法	专业性较强，但在股权多元化企业，特别是上市公司，列席会议、开展检查等存在一定障碍，监督难以向重要子企业有效延伸	专业性、延伸力较强，但监督与服务企业的“度”在具体工作中需细化	专业性较弱

(二)其他出资人监督机制

1. 独立董事或外部董事

外部董事根据国务院国资委《关于国有独资公司董事会建设的指导意见》①，在国有独资公司中设立，由非公司员工的外部人员担任，不在公司内任职，但与公司股东及管理者有着个人的和经济利益上的特殊联系。独立董事根据证监会《关于在上市公司建立独立董事制度的指导意见》②，在国有上市公司中设立，由非公司员工担任，不在公司内任职，同时，必须与公司没有重大联系，满足严格的独立性要求。独立董事和外部董事在功能定位上都是为了改善董事会组织结构，强化董事监督职能，防止内部人控制。独立董事或外部董事除享有一般董事职权外，还享有对董事和高管的任免、薪酬、关联资金往来等事项发表独立意见等特殊权利。

2. 出资人审计

出资人审计监督机构是根据《审计法》③设立，功能定位为对所出资企业开展审计，根据《审计署关于内部审计的工作规定》④，对企业内审工作进行指导和监督。主要职权

① 国资发改革〔2004〕229号。

② 证监发〔2001〕102号，2001年8月16日发布。

③ 1994年8月31日第八届全国人民代表大会常务委员会第九次会议通过，根据2006年2月28日第十届全国人民代表大会常务委员会第二十次会议《关于修改〈中华人民共和国审计法〉的决定》修正。

④ 中华人民共和国审计署令第4号，2003年3月4日发布，2003年5月1日施行。

包括:根据《党政主要领导干部和国有企业领导人员经济责任审计规定》[①],对企业法人代表开展任期经济责任审计;根据《公司法》和《企业国有资产法》规定,组织人员或聘请中介机构对国有独资企业和国有独资公司进行年度审计,通过股东(大)会或董事会聘请中介机构对国有控股公司进行年度审计;根据监管工作需要对企业开展专项审计等。(见表7-2)

表7-2 独立董事、财务总监、出资人审计等监督机制比较

机制	独立董事	出资人审计
组织地位	企业董事会成员,独立于股东、企业及企业管理层	国资国企系统审计
功能定位	代表全体股东,对董事会决策事前事中监督,监督非独立董事和经理层履职行为	权力机构领导下的系统审计工作
主要特点	监督对象和内容具体,但主要在董事会决策中监督,监督范围不广,偏重于事前事中监督;对公司财务、非独立董事和经理层的监督等职能与监事会重叠	力度较大,针对性较强,但监督层次规格不高、偏重于事后监督

除了上述典型监督机制外,有些地方国资委还实行了会计委派制、财务总监等。如此众多的监督机制将企业经营管理人员及其行为"层层包围",但国有资产流失、乱投资、职务消费失控等现象仍难以有效控制,究其原因,主要是这些监督机制在职责边界上划分不清,在实际运行中缺乏协同,甚至出现监督作用相互抵消现象,总体效率不高。

二、企业内部人监督

为了保证国有资产的安全营运,国家这一特殊出资者,在资产所有权与经营权分离的条件下,必然注重企业内部监督制度的建立和运作。国家有关监督的法规、制度、管理手段从不同角度、不同渠道延伸到企业,形成了不同系统、不同方面的企业内部监督资源体系。除监事会外,还有企业纪检监察、工会以及审计和风险控制等部门。

(一)纪检监察

各级纪委作为党内监督的专门机构,在党委领导下行使党内监督权,向同级党委和上一级纪委报告党内监督工作情况,对党员干部违纪行为进行处理。同时,按照"双向进入、交叉任职"原则,纪委书记进入董事会,以增强纪委的知情权和参与权。纪检监察部

---

① 国办发〔2010〕32号,中共中央办公厅、国务院办公厅2010年10月12日发布。

门对企业经营的监督，主要通过廉洁从业风险防控体系，明示常见违法违规行为、预防措施及违规罚则，接受所属企业和群众举报，防控权力配置、权力行使、作风道德和环境影响等廉洁风险。但纪委履职也存在一定的局限性：一是纪委在同级党委领导下，难以对同级党委和经营班子进行监督；二是基层工作力量不足，对无党组织隶属关系的参股企业监督难度较大；三是企业纪委的监督对象主要是除党委书记、党委副书记（平级）以外的党员员工，而非全部员工。

（二）企业内审（或风险控制部门）

内部审计既是本企业的审计监督者，也是根据企业管理要求提供专门咨询的服务者。内部审计机构对本企业内部控制制度及经营管理情况进行检查，总结经验，找出差距，为本企业改进经营管理、完善内部控制制度服务。内部审计人员均为本企业的职工，可根据需要随时对本企业的问题进行审查。内部审计或风险控制部门的局限性主要在于：一是作为企业内设机构，其行为受到管理层的制约，权威性、独立性相对较弱；二是由于内部审计机构对本企业情况较熟悉，在具体实施中，各个阶段工作都会有所简化；三是层次规格不高、偏重于事后监督。此外，目前我国企业的内审仍将大部分精力用于财务数据真实性、合法性的查证和生产经营的监督，管理审计尚未得到广泛的开展。

（三）工会组织（职代会）等

依据《工会法》[①]等法律规定，企业工会组织通过平等协商和集体合同制度，协调劳动关系，维护企业职工劳动权益；通过职工代表大会或者其他形式，组织职工参与本单位民主决策、民主管理和民主监督。此外，企业还有会计监督、法律顾问等内部监督资源，其工作核心均在于完善自我管理、防控内在风险、增加企业自身价值，但突出的局限性均在于权威性、独立性不足。

三、监督资源整合联动的主要问题

（一）监督资源缺乏统筹配置

（1）监督资源各行其是。国有企业内部监督机构由于组织和职能上的独立配置，各

① 1992年4月3日第七届全国人民代表大会第五次会议通过，根据2001年10月27日第九届全国人民代表大会常务委员会第二十四次会议《关于修改〈中华人民共和国工会法〉的决定》修正。

自从事职责内工作，遇到重大或重要监督事项时，缺乏统一指挥和有效实施。

(2)监督成果重复无效。主要是财务数据重复申报，风险揭示预警不够到位。如一些日常监督工作报告缺少投资、融资、招投标、内控等企业重大经营活动的关键环节、下属核心企业重大生产经营活动、高管履职监管重点内容等相关指标。国资监管关注点多以企业专项总结形式报送，各日常监督工作报告不仅未能有效弥补企业总结在时效性和客观性方面的不足，还时常增添企业重复报送的负担。

(3)监督工作抓手乏力。一些监事会未在企业设立独立的办事机构，一些企业在审计及其他相关业务部门加挂监事会办公室的牌子，或配备兼职工作人员配合监事会工作。一些企业监督力量单薄，对重大经营活动风险分析、企业内部控制建议等缺少智囊支持。有些监督资源职责交叉，缺少抓手等。

(二)国有企业监督机构职责定位不清

(1)法律法规赋予监事会等监督部门各项监督权利的配套保障制度尚不完善。如监事会依据《公司法》、《企业国有资产法》、《证券法》等法律、法规应开展财务监督及重大经营、重大决策等检查、监督董事和高管履职行为等，但因部分监事会尚未完全融入法人治理结构，职责定位不够清晰，使得监督权保障不足，当期监督往往侧重于过程合规检查和事后监督，前瞻性、有效性不够。

(2)在企业组织架构和制度流程中的定位不够明确。如在具体工作中，外派监事会或监事，因强调外派身份，导致其在企业组织架构中的地位尚不明确，制衡作用发挥有限。国资委和企业在梳理“三重一大”等制度流程时，对监督工作融入流程的关键节点、方法和途径考虑尚不充分。

(3)现行制度对监督工作职责规定不具体，履职保障措施不到位。特别是监督机构依法依规体现股东意志，应承担的具体职责边界较宽泛，不够清晰，造成部分监督权有名无实，知情权难以落实到位。

(三)国有企业监督资源的行为差异

(1)主体差异。监事会作为企业法定监督机构和企业最高监督主体，对股东负责；企业纪检部门是上级党委(纪委)在企业的延伸；工会作为员工代表，维护员工权益；风险控制或审计部门作为企业内设机构，对董事会负责。

(2)责任差异。出资人委派监督代理人不仅要处理企业已经发生的问题，还要督导企业不发生问题，要全方位承担监督责任，而企业控制的监督资源仅负责处理已经发生的问题，从处理问题方面承担责任。

（3）立场差异。站在国有资产出资人立场，监督者需侧重督促落实国资监管规定，防范国有资产重大损失和重大不良影响，防止违法违纪行为等。站在被监督企业立场，监督者侧重督促执行企业章程和内部规章，控制成本，提高经济效益和社会效益，监督立场往往因监督者个人的即时认知而转变。

第三节　有效整合监督资源有利于提高企业国有资产监督效能

国有出资人和国有控股股东作为委托人，对董事会、经营班子履职行为和经营管理效率、效果、质量及效益等进行监督检查，有效整合监督资源利于改善监督功能、健全监督机能、有效协同联动，利于提高国有资产监督效能。

一、有效整合监督资源的理论探索

(一)制度系统论

制度系统论是通过借鉴系统科学的主要概念、思想和方法，与制度研究相结合，提出的一套理论体系。系统理论认为，大的系统功能相对于各子系统功能总和是不守恒的，当将各子系统联系起来，组合为新的整体构成大系统时，大系统的能量就有可能超过子系统能量的总和。在制度系统内部，包括多个相互作用和相互联系的制度规则，它们以某种特有的结合方式或构成连接在一起，并为实现某种功能而相互协同，由此成为一个有机整体。在制度系统中，必然存在着要素的协同现象和冲突现象，当整个制度系统的制度安排之间有序性高，也就是说制度安排之间耦合性好的时候，这个制度系统就是有效率的；当整个制度系统的制度安排之间无序性高，也就是说制度冲突和制度真空明显时，这个制度系统就是缺乏效率的。

(二)监督资源整合联动的经济学函数

从监督资源角度提高监督效能的途径有两个：一是以提高单个监督资源产能提升单一资源的产出效能；二是实现诸多单个监督资源间的无缝衔接，产生协同效应，提高整体监督效率与效能。对主导监督资源采取特别“维护”，保证和增强主导资源的监督产出能力。

假定企业有 n 个监督资源，相对应各监督资源产生的作用力为 $F_i(i=1,2,\cdots,n)$，F(合)表示各监督资源监督合力。它们之间的关系可用下式表示：

$$F(合) = \sum_{i=1}^{n} F_i \qquad (7-1)$$

由于监事会以外的其他各个监督资源各自分别从不同角度工作产生作用力（工作力），它们与所要求的监督目标方向（设为水平方向）形成夹角，设为 $\alpha_i(i=1,2,\cdots,n)$，即各监督资源作用力不完全转化为对企业的监督作用力，这时（7-1）式经修正后变成：

$$F(合前) = \sum_{i=1}^{n} F_i \cos\alpha_i \qquad (7-2)$$

上式表示没有经过整合前各监督资源产生的监督合力。

经过整合，各监督资源作用力方向与监督目标要求方向的夹角尽可能小（理想状态是趋近于零）。假设整合后的夹角为 β，资源整合后（7-2）式调整为：

$$F(合后) = \sum_{i=1}^{n} F_i \cos\beta_i \qquad (7-3)$$

整合前后的有效监督力变化 ΔF 为（7-3）式—（7-2）式，即：

$$\Delta F = F(合后) - F(合前) = \sum F_i(\cos\beta_i - \cos\alpha_i)$$

由于 $\beta_i < \alpha_i$，即有 $(\cos\beta_i - \cos\alpha_i) > 0$。

所以 $\Delta F = F(合后) - F(合前) > 0$。

因此，整合后的有效监督力将得到提升。实践中，整合监督资源提高监督效能是通过一系列制度运作和具体工作改善实现的，如充分发挥各监督机构的专业特长，避免监督重复进行，情报互通、成果互用，统一指挥以协调各监督机构行动，使各监督资源的工作方向趋于一致等。

二、监督资源有效整合的效能分析

（一）影响监督资源效力的主要因素

1. 职能定位的高度

监督资源的授权主体、组织构架、分工责任等决定了其权威性、独立性和制衡力，也确定了其职能定位的层级不同，如监事会由国资委或组织部派出一定级别公务员组成监事会或派出监事，代表出资人实施企业外部监督；纪委在本级党委领导下，在本企业开展党内监督；内部审计则服务于本企业经营者。

2. 工作目标的广度

总体来讲，各监督资源的工作均是为国有资产保值增值和企业经营发展服务。实践中，各监督资源因在主体、责任、立场等方面存在差异，面对具体工作时的工作目标也会有差异。如监事会关注决策制衡、纪委关注廉洁风险、审计关注合同执行等。由此，其工作实施不同程度会有偏差。

3. 专业拓展的深度

监督资源的良好专业能力和工作延伸能力，能让监督工作得以顺利、优质实现，而拙劣的能力、延伸不足，或能力优良但与目标背道而驰等，则会让监督的效力大打折扣，甚至偏离企业发展和国有资产安全的轨道。

以企业监事会、纪委、审计为例，分析职能定位、工作目标及专业拓展力等有关因素对监督资源效力的影响。我们以 F_1、F_2、F_3 分别表示监事会、纪委、审计的监督效力大小，以 α_1、α_2、α_3 分别表示监事会、纪委、审计监督与工作目标的偏离度。鉴于监事会权威性、独立性、专业能力较强但延伸力较弱，纪委专业能力较弱而延伸力较强，审计则专业能力较强但权威性、独立性和制衡力均较弱(见图 7-1)。

假设：$F_1>F_2>F_3$；$\alpha_1<\alpha_2<\alpha_3$。

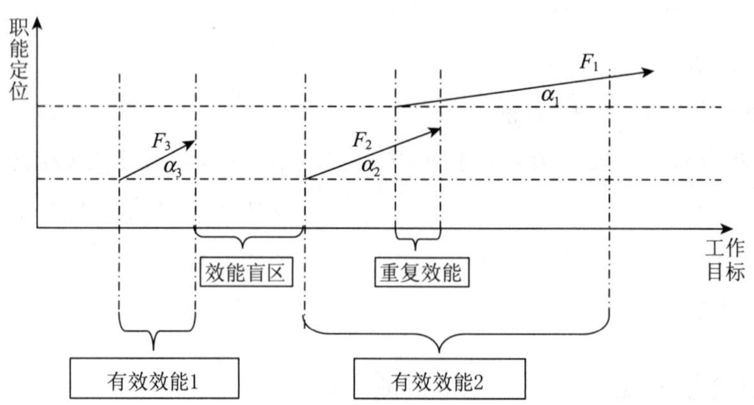

图 7-1　影响各监督资源效力因素关系示意图

由图 7-1 可见，受权威性、独立性、专业性和制衡力、延伸力等因素的影响，未整合的各监督资源职能定位高度不同、工作目标定位不同、专业拓宽能力不同，有效作用力就会有所损失，如缺乏沟通衔接，还会产生重复效能或效能盲区。

(二)整合监督资源对提高监督效能的作用

1. 协同合作

通过厘清职责，分工合作，实现各监督资源的工作无缝衔接，消除重复效能或效能盲区(见图 7-2)。

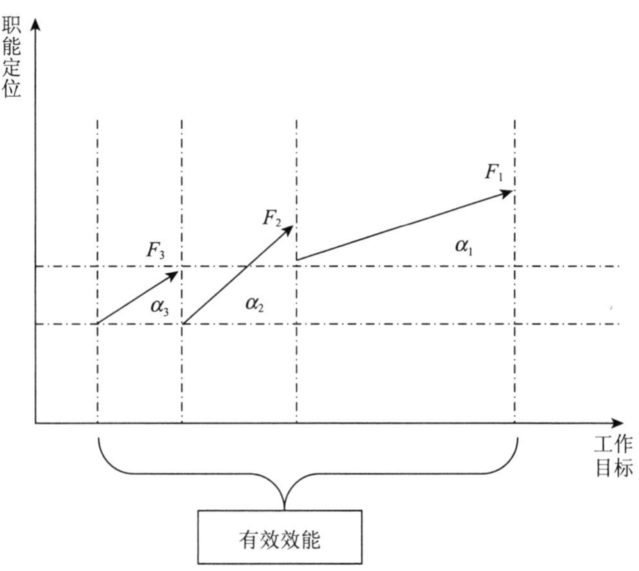

图 7－2 各监督资源协同合作示意图

2. 责权统一

建立出资人主导的监督资源整合联动平台，完善以监事会为核心的监督体系，弱化各监督资源的主体差异，统一工作目标，纠正立场差异，让各监督资源的工作目标尽可能趋同，实现效能增值（见图 7－3）。

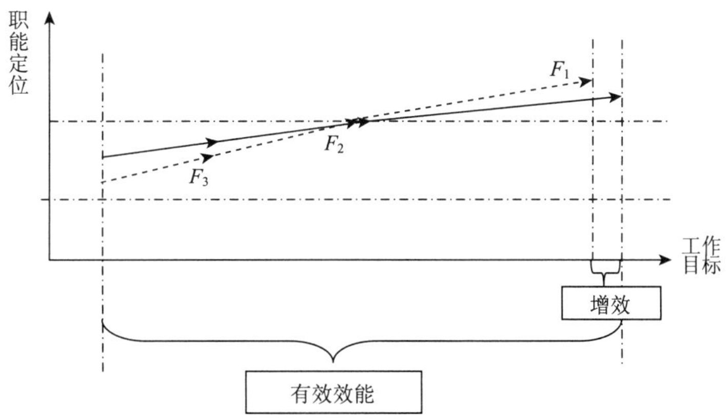

图 7－3 各监督资源责权统一示意图

三、监督资源整合提升联动效能的有益实践

为解决监督资源分散、监督力量弱化，以及监督主体不能有效配合等问题，国资国企进行了一系列监督资源整合联动的实践探索。

（一）上海国资

上海国资系统注重集聚监督信息，建立监督工作联席会议制度，发挥内部监督资源的能动性。一是国有企业建立监督工作联席会议制度，由监事会牵头，企业监事会、纪检、财务总监、审计、风险、工会等部门或岗位共同参与，以定期或不定期的临时会议形式传递信息，协同作战。二是在集团组建监督工作委员会，由监事会牵头、企业内部监督部门负责人参加，定期互通情况、共商监督事宜。三是实施专项检查时，监事会制定方案，企业内部监督资源共同参与现场检查、研究检查结果。此外，在公司章程中和企业有关管理办法中明确，上级监事会与下级监事会的工作指导关系，监事会负责定期召开联席会等。

（二）云南国资

云南国资系统重视监督力量的整合和协同配合，实现了提高监管效率、拓宽监管深度、资源共享和相互监督，监督合力和联动机制不断加强。在云南省国资委层面，一是通过优化出资人监督管理职能，探索监事会主席兼任党建督察员和特邀纪检监察员“一岗三责”的监督方式，立足岗位职责，拓宽监事会与企业沟通的渠道，实现企业党建、纪检监察与监事会的工作联动；二是实行监事会与社会审计中介同步集中检查，借助社会力量，提高监管水平；三是实行监事会工作与省国资委各处室工作“无缝对接”，监事会直接参与企业改制重组、业绩考核、党风建设等工作，与省国资委实现信息共享、工作配合联动。在省属国有企业层面，监事会牵头，与内部监督力量沟通合作，加强对二级及以下公司监事会的工作指导。

（三）深圳国资

深圳国资系统按照公司法人治理要求，整合监督资源，延伸监督触角，扩大对国有资产运营的监督覆盖面，强化监督机制的协同配合，建立监督联动机制。在深圳市国资委层面，将出资人监督职责整合起来，建立“三位一体”组织构架，即市国资委设立专门负责监督工作的机构，履行监事和财务总监管理，及审计监督职责，统一调配监督资源，构

建监督合力机制。在市属国有企业层面,建立以集团监事会为主体的多层次、立体化的监督网络体系,即上一层次监事会对下一层次监事会进行业务指导,同时各层次监事会运行相对独立,与本企业审计、纪检监察等监督力量联动构成大监督格局。同时,还要求企业董事会建立与监事会的重大事项沟通制度,如实向监事会提供有关情况和资料。

第四节 国有企业监督资源整合联动的具体对策

国有资产监管部门与国有企业密不可分的委托代理关系,决定了整合国有企业监督资源不仅是企业内部的事,联动必须由出资人主导和推动,以监事会为核心优化监督资源结构,拓宽监督信息获取渠道,延伸监督触角,弥补各类监督体制的不足,从而实现大格局下各监督资源的战略联动。

一、指导思想

国有企业监督资源整合联动需结合各地各企业实际,考虑企业发展现状与愿景目标,综观企业所处行业位置及市场环境,按照“依法依规、协同合作、责权统一、整体推进”的监督效能目标有序推进。一是在国家有关监督法规和政策框架内,不削弱各监督资源主体自身的履职行为,依据《公司法》,监事会作为股东的监督代理人,有义务、有责任牵头整合,保证各监督资源主体的相互支持;二是从监督资源的授权主体、职能定位及分工合作等入手进行整合,从制度设计上提升监督资源整体的权威性、独立性、专业性以及制衡力、延伸力;三是建立健全监督资源整合配套工作机制,完善指导监督机制、开放沟通机制、系统融合机制以及责任追究机制等;四是充分利用现有资源整合监督,不额外增加企业人员和编制,不增加企业经营成本,保证改革目的与企业发展目标的一致。

二、搭建出资人主导的国有企业监督资源整合联动平台

国有企业监督资源的整合关键在于有效联动,通过联动贯彻国资大格局监管意图,促使内部监督与外部监督目标趋同,提高内部监督的主动性和创造性,形成监督资源协同合作。(见图 7-4)

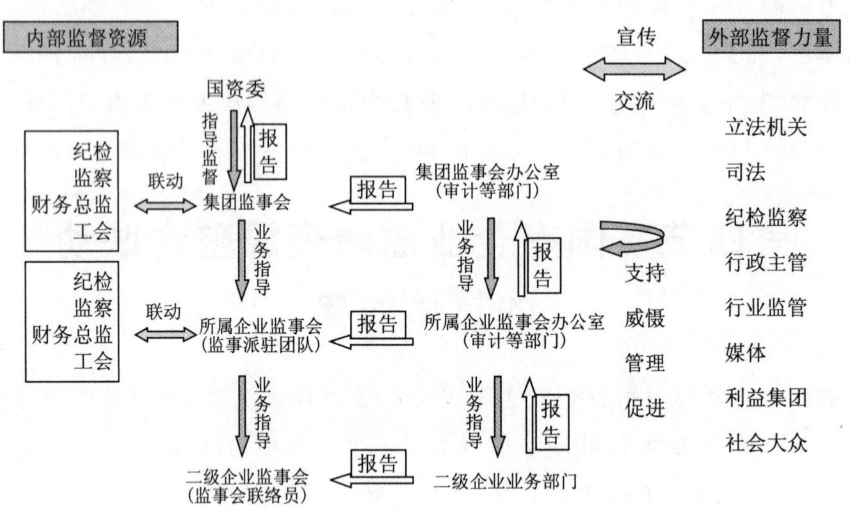

图 7-4 国有企业监督资源整合联动平台示意图

(一)接受外部监督力量的监督

国资国企应以开放态度主动地接受立法机关的监督，与司法、纪检监察、行政主管及行业监管等部门加强定期不定期的沟通交流，通过媒体和利益集团向社会大众宣传国资国企正能量，既为国资国企营造良好的外部环境，又利用好外部监督力量的支持、威慑、管理和促进作用。

(二)纵向延伸国资国企监督链条

加强国资委对监事会的指导监督，集团监事会对所属企业监事会的纵向业务指导。明确母公司监事会对所属企业监事会的业务指导关系，延伸监督链条，确保对重要子企业经营管理和重要资产的知情权和监督权(见图 7-5)。同时，延伸信息报送渠道，确保对下有指导，对上有反馈(见图 7-6)。

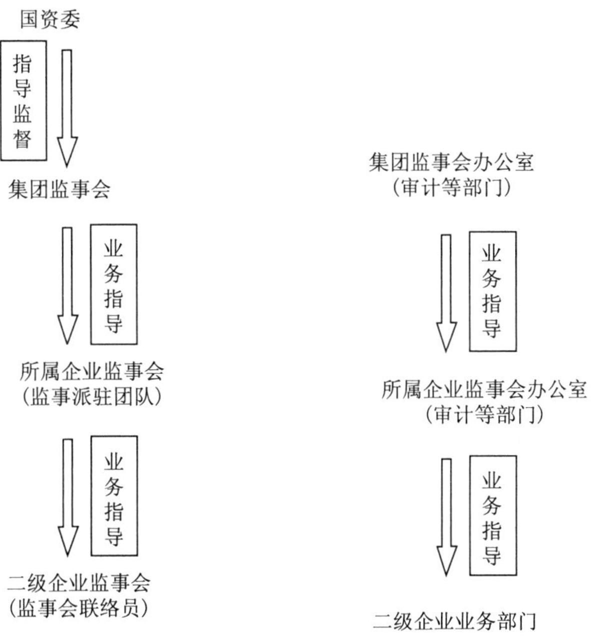

图7-5 纵向指导

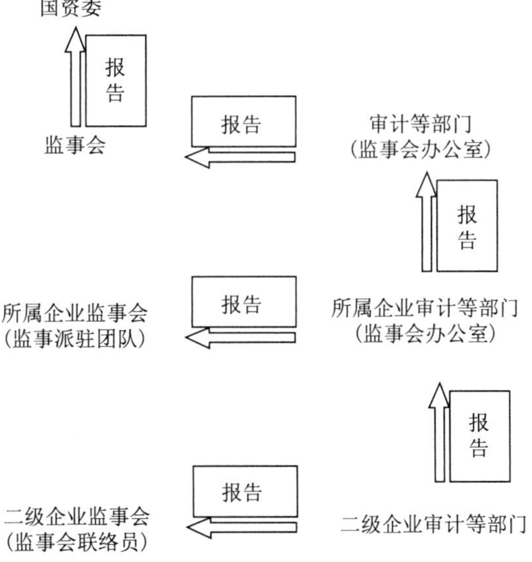

图7-6 纵向反馈

(三)横向强化国资国企监督指导与协同

横向明确监事会与财务总监在财务监督、专项审计(检查)、重大决策等密切协作，把握监督重点，形成合力监督；加强与企业纪检监察、内审、风控、工会等部门或人员的沟通协作以及与国资委相关业务处室的配合。构建监督联动机制，落实监督合作措施(见图7-7)，改变外派监事开展工作"单打独斗"的局面。

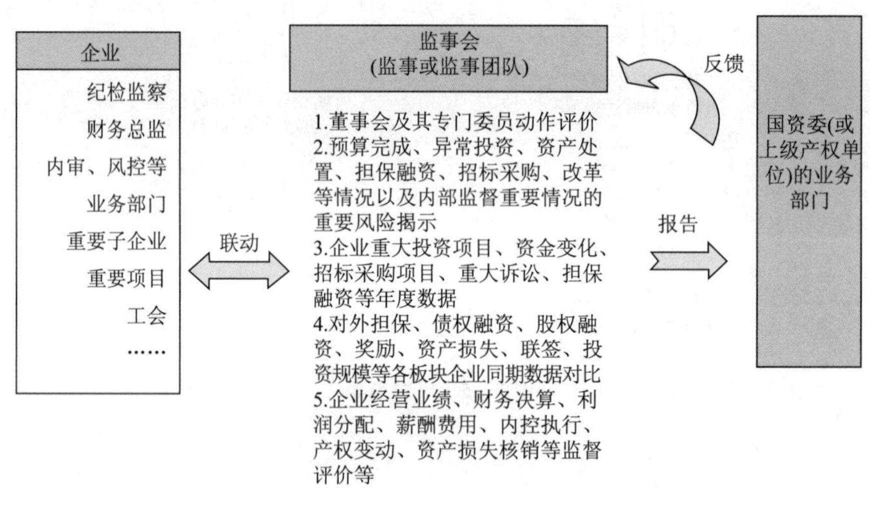

图7-7　监督协同

(四)与国资监管制度和监管重点相衔接

在相关国资监管制度起草过程中，充分考虑各类国资国企监督资源，特别是监事会作用的发挥，明确其相关职责权限和出具独立意见要求，为监督联动提供制度依据。同时，国资委制定下达年度监督工作要求时，统筹部署出资人关注的热点难点问题，明确国资委内部责任分工的同时，也要求企业监事会会同企业纪委等监督资源，对企业年度监督工作进行分解，明确企业内部各部门应承担的重点监督工作任务。

(五)重大事项报告与国资监管关节点相融合

重大事项报告的内容设计直接影响监督工作的广度和深度，也是监督资源联动的重要桥梁。需以揭露问题为导向，反映国资国企监管关注的异常数据；以提示监督事项关注点为重点，在全面掌握企业有关情况的基础上，客观分析问题和风险，做出评价。此外，还需借助信息技术手段，揭问题、报有用数据，实现统计分析常态化。

三、以监事会为核心整合国有企业内部监督资源

(一)整合国有企业监督资源的几种模式

模式一:各监督资源依法定程序进入监事会(见图7-8)

(1)在法人治理较完善的企业,增加外部专家监事的比重,由外派监事会主席牵头,与监事身份的财务总监或国资委机关干部,以及社会监督力量等组成监事团队,依法进入企业监事会,共同代表出资人行使监督权。

(2)纪委书记与审计、工会、法律等内部监督部门人员等作为企业重要的监督力量,依法定程序进入监事会,成为公司监事。

(3)结合企业实际,监事会下设履职尽职监督委员会、财务和内控监督委员会等专门委员会,未设董事会的企业监事会,设立审计委员会等,各专门委员会由外派监事担任主任委员。

(4)完善监事会议事规则,发挥其在法人治理结构中的制衡作用。

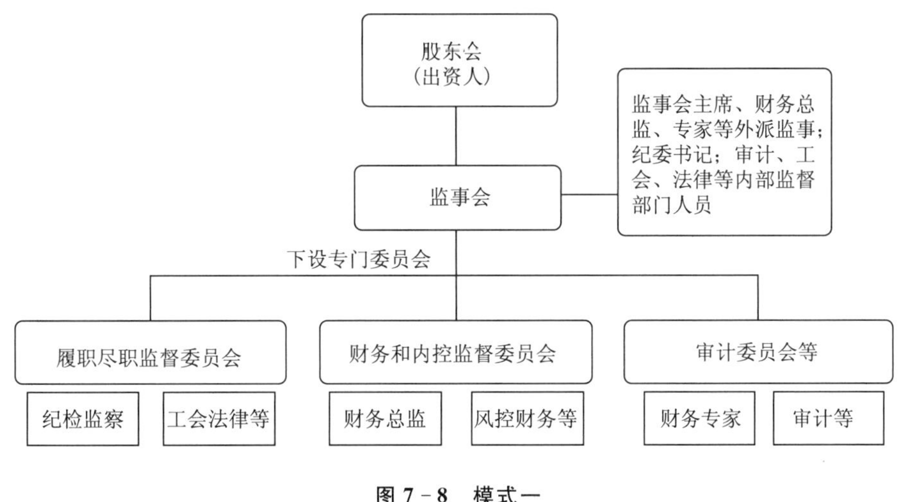

图7-8 模式一

模式二:外派监事与企业纪委书记交叉任职(见图7-9)

(1)依据《公司法》委派或推荐外派监事团队进入企业监事会,并按法定程序产生监事会主席。监事会主席兼任纪委书记,向出资人和上级党组织(纪检部门)报告工作。外派监事的人事、考核、薪酬等均由国有出资人统一管理。

(2)派出监事会主席兼纪委书记需带领监事会,依据《公司法》向股东负责,履行对董事会、董事、高管等的监督权;依据《国资法》向国有出资人负责,履行对企业财务和“三重

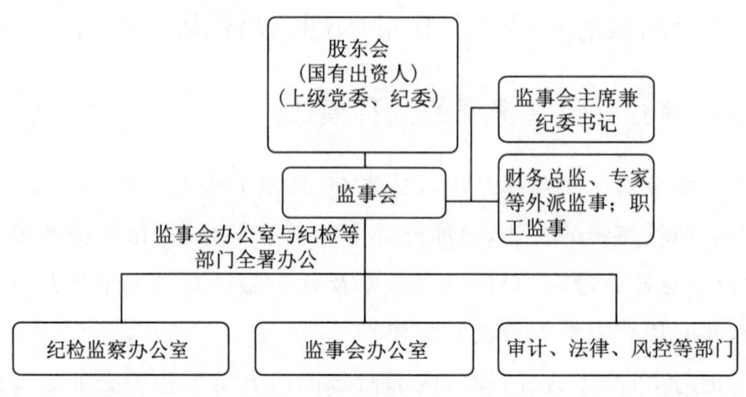

图7-9　模式二

一大”等重大事项的检查，行使质询权；依据《党章》①和《党内监督条例》②接受同级党组织的领导，并向上级党组织（纪检部门）负责，履行对企业党员特别是领导干部的党内监督权。

3.国有企业监事会下设监督稽查办公室，加挂监事会办公室牌子，整合企业内部纪检、监察、法律等职能。

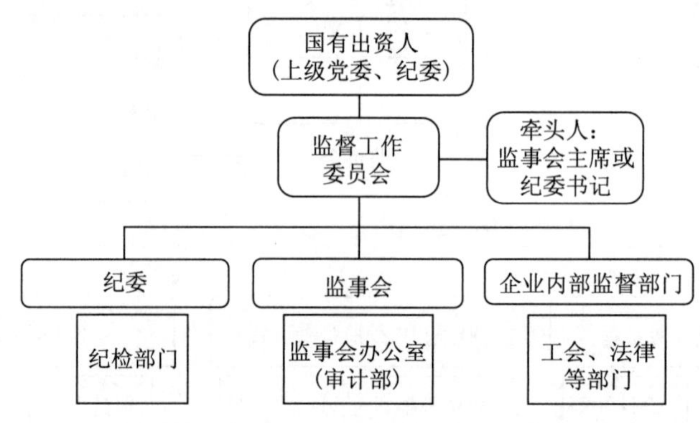

图7-10　模式三

模式三：设立企业监督工作委员会（见图7-10）

（1）在法人治理尚不健全或不够完善的企业，出资人与监事会、纪检监察、内审、风控、工会和财务总监等部门或人员，定期或不定期召开监督工作联席会议。

---

① 中国共产党现行党章于中国共产党第十八次全国代表大会部分修改，2012年11月14日通过。

② 《中国共产党党内监督条例（暂行）》，2004年1月12日颁布实施。

(2)由产权单位在企业内部组建监督工作委员会,履行监督职能,对上级产权单位负责。主要职责包括:统筹协调企业监督工作的内容、分工和责任;研究企业章程、企业内部重大事项监督规程;研究企业经营管理、廉洁从业及相关利益等风险;按照《公司法》和公司章程要求,指导强化所属企业监督工作;通报各自职责范围监督成果及成果运用情况等。

(3)监督工作委员会设主任一名,副主任两名。监事会主席、企业纪检书记、财务总监分别担任监督工作委员会的主任、副主任,下设日常事务处理部门。

(二)模式比较

各监督资源依法定程序进入监事会、外派监事与企业纪委书记交叉任职、设立企业监督工作委员会,是创新国有企业监督资源整合联动的三种主要模式。鉴于国有企业发展水平、行业特性以及所有权结构等均有差异,实践中,还应结合实际,循序渐进地补充推动、发展完善。(见表7-3)

表7-3 国有企业监督资源整合联动主要模式比较

模式	适用前提	组织地位	组织构成	内设机构	监督能力			
					权威	独立	专业	制衡
模式一	法人治理已建立健全	共同代表出资人行使监督权	监事会:外派监事团队+纪委书记+企业内部监督部门	下设专门委员会;外派监事担任各专门委员会主任委员	强	强	强	强
模式二	法人治理已建立、未健全	同时向出资人和上级纪检部门报告工作	监事会:外派监事会主席兼纪委书记+其他外派团队+职工监事	监事会办公室与纪检等内部监督职能部门合署办公	强	强	较强	较强
模式三	法人治理未建立健全及参股企业等	对上级产权单位负责	监事会主席、企业纪检委书记、财务总监分别担任监督工作委员会的主任、副主任	监事会办公室或纪检办等部门兼职处理日常事务	较弱	较弱	较强	较弱

(三)完善以监事会为核心的国有企业监督资源联动配套机制

(1)与公司章程的融合。以公司章程修订为契机,完善监督资源各项职权,特别是完善监事会职责权限、议事规则等,融入公司治理,进一步巩固和强化监事会等监督机构的履职依据。

(2)与企业监督机制建设的融合。将企业内部监督工作联席会议、内部通气会等多种加强监督协同、监督联动的有效形式，上升为企业规章制度，以制度的形式固化企业内部的监督协同，构建长效机制。

(3)与企业内控流程的融合。在企业内控体系建设中，按照“分权、制衡”的原则，在各种业务流程上根据监督机构的职责定位设置相应的审查环节，形成各负其责、环环相扣的完整链条，以流程控制实现各监督机构的联动和对业务的有效监控。

(4)与信息化建设的融合。利用办公自动化系统，实行企业审计报告、财务运作、业绩考核等日常监管信息的及时共享，使信息的传递、处理、运用形成完整闭环。

(5)与落实责任追究的融合。整合后的监督资源发挥专长，独立开展监督工作。对确实监督失察的追究相关监督人的责任，包括追溯以往履职责任。同时，监督资源及时揭示、跟踪、汇报和建议企业关注面临的内外部风险，责任主体不采取措施的，责任主体承担相应责任。

第八章　探索央地、区域合作国有企业的监事会工作机制

推动国有企业的央地合作和区域合作是构建国资监管大格局的一项重要内容，是推动企业国有资产优化配置，调整布局经济结构的重要手段。监事会工作作为国有资产监管的重要组成部分，作为国有企业法人治理结构中不可或缺的组成部分，必然要探索在这类企业中依法依规监督的实现形式，确保监事会监督职责在国有资产延伸链条中的充分到位。

第一节　加强央地、区域合作国有企业监事会工作的意义

加强央地、区域合作国有企业的监事会工作，实际上就是加强监事会工作的多向交流合作，其中包括国务院国资委监事会、地方国资委监事会、中央企业、地方国有企业等主体，根据合作参与方的不同而展开的多向交叉合作。

一、有利于完善国资监管体系

通过监事会工作的多向交流合作，能够充分体现和发挥各种监督主体的工作特点

和作用，其中既有不同层级国资委监事会的外派监督主体，又融入和中央企业、地方国有企业等形式的企业监事会工作。多向交流合作不仅对国有企业监事会具体工作进行研讨，还能围绕完善国资监管体系、确保有效实现监管目标进行深入的研究和探讨，进而有效保证国资监管目标的实现。此外，多向交流合作是监事会工作系统内加强对各级、各地、各种形态监事会工作指导的有效途径。特别是与各地方国有企业、中央企业监事会工作的交流合作，可以促进各方及时、深入地掌握国资监管政策、法律法规动态以及国资监管好的做法和经验，争取更多发展资源和政策支持。

二、有利于推动国有企业监事会工作发展

在新形势下，监事会工作要有新的突破，需要推广全国范围内的有效做法。因此，通过多向交流合作可以在宽广的层面上对国有企业监事会发展问题进行系统、全面的梳理和研究，总结和汲取各类体制机制下监事会工作好的经验和做法，集思广益，扬长避短，进而形成政策高度和政策指导，加强制度建设和制度创新，不断完善国有企业监事会工作。

三、有利于国企经营管理和改革发展

随着国有企业改革的深化，股权多元化是必然的发展趋势。在股权多元化的国有企业里，有央地合作、区域合作、国企与民企之间合作等多种合作形式。如何设置国有企业监事会、有效开展国有企业监事会工作，各地要求不一、做法不同，应注重加强各类国有企业监事会工作的交流合作，研究完善工作形式和方式，学习借鉴有效经验和做法，不断改善工作条件和环境，使国有企业监事会结构合理、配置到位、履职到位，也为国有企业进行对标管理，提升国有企业经营管理能力和水平提供参考依据。

第二节　央地、区域合作国有企业的监事会工作现状

国有企业的央地、区域合作工作开展几年来，国有企业外派监事会按照对国有资产延伸链条进行监督的原则，积极探索对合作企业的有效监督模式，积累了一些基本经验，也遇到了一些问题和限制。

一、国有企业的央地、区域合作现状

国有企业的央地、区域合作以企业为主体，以市场为导向，鼓励企业围绕主业，通过

联合重组方式进行互利共赢、共同发展的合作。中央企业有资本、市场、人才、技术、管理等方面的优势，而地方国有企业有着资源、区位和后发优势，央企和地方国企如果能紧密结合起来，势必能高起点、高水平、高质量地推进一批可持续发展的战略性产业项目，同时引领带动地方经济转型升级。央地企业合作机制自2009年正式启动以来，国务院国资委、中央企业已经和浙江、河南、湖南、广西、海南、重庆、云南、西藏以及陕西等20多个省市签订合作备忘录以及战略合作协议。公开数据显示，2009年、2010年和2011年，央企在地方投资披露总额分别为2.81万亿元、5.12万亿元和11.38万亿元。其中2011年，中央企业与各省市的投资额度基本均在千亿元以上，广东、甘肃和河北分别超过万亿元①。以湖南为例，截至2012年年底，累计已与72户央企对接项目337个，引进央企协议投资超过万亿元。

二、央地、区域合作企业的监事会工作现状

对于央地合作国有企业，各级外派监事会根据企业股权结构或章程约定，实施共同监督。多数企业根据章程或者协议约定，合理确定合作企业监事会的组成人员，通常由央企代表、地方国资委代表、职工监事共同组成。按照股权比例和协议约定的不同，监事会工作开展方法主要有外派、外派内设、内设、外派内联四种模式，并积累了一些基本经验。

(一)外派模式

外派模式是由地方国资委绝对控股，央企参股的合作企业实施的监督模式。监事会成员以地方国资委推荐派出的监事会成员为主导，推荐派出监事会主席、专职监事；央企推荐派出兼职监事，合作企业推荐产生职工监事组成监事会，对合作企业实施共同监督。这种类型的监事会完全按照外派监事会的模式和管理方式进行运作，监事会主席、专职监事纳入地方国资委国资监管机构统一管理，监事会实施了对合作企业的有效监督，如湖南黄金集团。

(二)外派内设模式

外派内设模式是由央企控股、地方国资委参股的合作企业实施的监督模式。出资各方根据股权比例和协议约定委派监事，设立外派内设的监事会，实行“属地监督”。这

① 数据来源于网络。

种类型的监事会将外派监事会的一些工作方式方法融入其中，对企业的监督检查、成果运用，既对大股东负责，又考虑小股东的需要，监督比较到位。如中国五矿集团公司并购湖南有色集团后，根据协议规定，新组建后的五矿湖南有色由中国五矿集团公司负责经营管理，湖南方负责监督，湖南省国资委推荐监事会主席和一名专职监事，中国五矿集团公司推荐监事会副主席和一名兼职监事，五矿湖南有色集团推荐职工监事，共同组成监事会，在切实尊重企业经营自主权的基础上，依法履行出资人监督职责，对企业实施共同监督。

(三)内设模式

内设模式是由央企绝对控股，地方国资委参股的合作企业实施的监督模式。出资各方完全根据股权比例推荐委派监事，设立内设监事会。由央企推荐监事会主席，地方国资委推荐监事，合作企业推荐职工监事，监事会成员基本属于兼职，这类监事会基本按照内部监事会模式运作。由于兼职监事工作时间、精力无法保证，监事会监督难以到位。

(四)外派内联模式

随着国有企业的并购重组，股权多元化企业也越来越多，央地合作企业本身就是股权多元化企业，有些还有上市子公司或股权多元化的重要子公司，且子公司集中了集团的核心资产或优势资产。按照“国有资产延伸到哪里，监事会的监督就延伸到哪里”的原则，对于这类股权多元化的重要子公司特别是上市公司的监督，各级国资委都进行了积极有效的探索。现在的主要做法是派驻集团的监事会成员，通过大股东推荐，经过合法合规的程序，进入重要子公司的内部监事会任监事，监事通过参加子公司重要会议，定期了解财务及“三重一大”情况，配合其他部门开展调研和监督检查等方式来进行监督，延伸了监事会监督管理的级次，弥补了监事会监督“重集团、轻子公司”的不足，使集团和子公司的监事会工作联系起来，实现了外派内联。

(五)基本经验

1. 属地监督

属地监督是充分发挥监事会作用的有效形式。首先，央地合作企业主体并购重组以前一般都由地方国资委进行监管，通常派驻了外派监事会，外派监事会对企业的情况比较熟悉，也已经形成了一套行之有效的监督管理制度和办法。合作企业通过同股同权或者协议约定组建的监事会，由当地国资委委派监事，使原外派监事会在合作企业监事会中继续发挥其专业作用，可以较好地保障监督管理的延续性，有效规避并购重组后，由于企业管理级次的变化，而脱离监事会监督管理的风险。其次，当地国资委委派的监事与国资委、当地政府联系紧密，便于及时沟通、报告企业情况，协助企业解决实际困难。

2. 专职化监督

监事专职化是充分发挥监事会作用的有力保障。央地合作企业的监事会一般由央企派出监事、地方国资委派出专职监事和企业职工监事组成。央企派出的监事一般都是兼职的，由于地域局限、工作时间难保障、对企业不熟悉等原因，很难充分发挥监督作用；而地方国资委派出的监事一般是专职监事，既有工作时间、精力的保障，又有较为丰富的监事会工作经验，往往成为合作企业监事会工作的主力。

3. 延伸监督

延伸监督是充分发挥监事会作用的重要补充。通过对企业重要子公司、上市公司派出监事，在不干预企业日常生产经营活动的前提下，坚持对企业重要子公司依法监督和独立监督，是监事会监督的有效延伸，有利于监督子公司规范运作，更加充分地发挥监事会的监督职能，有效维护出资人权益。

三、监事会央地、区域合作的主要问题

(一)监督制度有待规范

不同地区、不同企业的监事会开展监督工作的力度和效果不同，原因是对于合作企业的共同监督，没有形成统一规范的制度，往往是“一企一策”或“一地多策”，好的做法没有被宣传发扬，不到位的做法也没有制度及时规范。由于制度上的缺失，对合作企业的共同监督很难形成统一、规范的做法，不能明确划分各级外派监事会的主要职责，也无法建立企业内部监督与外派监事会监督的工作联动机制。

(二)缺乏沟通交流

各级外派监事会在工作上的联系较少，交流往往是自发、单向和有限的，无法起到沟通的效果。对央地、区域合作企业的合作交流多局限于各级国资委之间，外派监事会工作尚缺乏良好的交流沟通机制，合作尚未正常建立。

(三)监督成果未能共享

外派监事会常驻企业，对于企业情况有比较系统的了解，掌握了大量的企业资料，但是由于体制以及沟通上的一些原因，这些资源尚不能在各级监事会间实现共享。如果各级外派监事会能实现企业监督信息互通，检查成果共享，不但有利于合作企业的发展，更能推动各级国有企业的对接合作。

第三节　央地、区域合作国有企业监事会工作发展方向

深化对央地、区域合作国有企业的出资人的监督合作，实现各方主体的有效共同监督，要以产权关系为基础，坚持分级代表、同股同权，按照有利于增强企业核心竞争力和实现可持续发展的原则，建立健全合作监督机制，探索实现多种监督主体共同监督的有效途径，实现各级出资人对国有资产的有效监督。

一、深化股权多元化国有企业监事会工作的交流合作

对股权多元化的重要子公司和上市公司的国有资产，实现有效的监督是确保国有资产保值增值和维护国有资产安全的现实需要。股权多元化企业的治理基本原则是多元股东共同治理，同股同权、集体决策、民主管理、共担监督成本，企业的决策、管理和监督都应在《公司法》框架内解决。

二、推动外派监事会工作的区域交流合作

外派监事会的区域合作是有效配置国有资产监督资源的重要手段，是壮大国有经济，实现国有资产保值增值的重要保障。要探索建立“横到边、纵到底”的国有资产监督大格局，发挥外派监事会区域合作在整合监督资源、共享监督成果、交流监督信息、促进合作发展等方面的作用。

三、建立监督信息交流和成果运用机制

建立信息传递渠道与成果运用机制主要包括两方面内容。一方面，要拓宽央地、区域合作国有企业的监事会工作信息交流渠道，建设监事会监督信息系统平台，囊括基础资料、财务数据、监督报告等监督资料，定期公布央地监事会合作企业的资产运行情况，

交流分析宏观经济形势和有关数据，推动监事会在央地合作企业业绩对标和区域经济形势等方面的信息共享。另一方面，各级国有企业外派监事会也要健全本地区的国有资产监督数据库，并及时向上级出资人监督机构报送国有企业数据情况。通过大力推进外派监事会区域合作信息交流工作的制度化、规范化，逐步实现全国范围内的监督信息互通，检查成果共享。

第九章　国资监管大格局下监事会保障体系研究

要着力提高国有企业外派监事会工作的专业化、规范化和系统化监督能力和水平，应加强监事会队伍建设和能力建设，继承和发扬特有的国有资产监督文化。

第一节　加强培训交流，拓展监督视野

定期开展监事会工作交流及培训工作，加强监事对政治、业务以及相关法律法规知识的学习，建立畅通的信息渠道和沟通机制，拓展监督视野。

一、建立业务交流制度

为提高监事会工作的效率，应引入相应的业务交流和培训制度。一是建立本级国有企业监事会、监事之间业务交流机制，使监事会人员在不同的企业得到学习和锻炼，提高自身能力。二是建立本级国有企业监事会与国资委内部有关厅局（处室）之间的学习交流机制，培养造就一批既有一线监督实践经验，又有制定规章制度等综合能力的国资监管工作复合型人才，全面提高机关干部的综合素质。三是建立本级国有企业监事与企业管理人员的业务沟通和交流机制。四是建立上、下级国资委及省市国资委监事会之间的沟通交流机制。

二、建立定期培训制度

监事要懂政治、懂经济、懂专业，有强烈的责任心、使命感，既有丰富的阅历、经验，也要有专业化的水平，这就要求建立动态的培训机制，培养具有思想作风硬、业务素质高、工作能力强、视野开阔等综合素质的复合型人才。一是建立监事会人员岗前培训与后续教育制度。二是建立监事会管理机构人员定期培训交流制度。

三、建立交流与培训制度的具体措施

从实际出发，找准切入点，把握关键点，始终以需求为导向，有计划、有针对性地开展业务交流与培训，并不断改进完善，使之成为监事会队伍持续健康发展的不竭动力。一是制定全年定期业务交流与培训计划，找准需求，制定计划，包括培训目的、对象、课程、时间、内容、形式、师资和费用等。二是组织实施业务交流与培训，在传统的以讲授为主的教学方法基础上，适当加大自学、研讨、答疑的分量；区别不同的监事会人员，不同内容培训的需求，采取不同的培训方式，实行“分餐制”培训；建立按计划调训与监事会人员自主择训相结合的机制；借助电化教学、远程教育、网络教学等现代化手段开展培训。三是建立业务交流培训档案和台账，便于统计各项培训工作数据，检查培训工作目标达成情况。

第二节　重视能力建设，培养监督队伍

要加强监事会工作人员的思想建设、组织建设和队伍建设，更要注重监督能力的培养。

一、强化监事会队伍的能力建设

在选聘监事时，要在政治素质、专业知识、业务能力和工作阅历等方面，设置较高的准入条件，把好监事入口，选拔政策水平较高、专业能力较强、经验丰富的人员进入监事会。在工作开展过程中，加强能力建设主要是指监事要加强综合分析、组织协调、调查研究、语言表达、学习创新等方面的能力建设，不仅要当财务专家、审计专家，还要成为管理专家。监事应当具备发现问题的能力、提出问题的能力、分析判断问题的能力、报告问题的能力。

二、逐步实现监事任职资格化

专职监事的选聘可以采用市场化、专业化相结合的发展模式。通过开发专职监事的技术资格考试和执业能力评价系统，加快专职监事的知识更新，培育专职监事市场，增强监事队伍的活力和动力，建立一支高质量的监事队伍。参照其他专业技术资格考试形式，建立监事专业技术资格考试制度，建立监事人才储备库，为监事会工作积蓄力量。

三、建立监事会干部交流机制

监事会与委机关开展双向交流，使国资委管理与监督两大职能有机融合，在工作中形成互动。干部交流应突出重点，增强计划性、针对性。党委及其组织部门应关心爱护交流干部，跟踪了解交流干部的思想、工作情况，加强教育、管理和监督，建立健全干部交流激励机制。

四、健全工作评价和激励机制

(一)专职监事工作评价体系的主要内容

专职监事工作评价的指标体系，应以公务员考核为基础，以公务员的职位职责和所承担的工作任务为基本依据，全面考核德、能、勤、绩、廉，重点考核工作实绩。专职监事的考核指标包括四个方面：工作成果、工作流程、成果运用、学习成长。

(二)专职监事工作评价体系的计分规则

工作评价的计分规则应借鉴《中央企业负责人经营业绩考核暂行办法》[①]，对专职监事的考核可以分成两个部分：年度考核和任期考核。其中：年度考核的计分公式为：总分＝基本分×监督难度系数＋奖励分－扣分；任期考核的计分公式为：总分＝$\sum$(基本分×监督难度系数)/3＋奖励分－扣分；对于奖励、扣分及难度系数得作详细规定。

(三)专职监事激励制度

建议明确规定作为国有资本代表的监事会成员的薪酬，建立和完善专职监事的业务晋升制度。

第三节　继承监督传统，发扬监督文化

“六要六不”行为规范是监事会制度的生命线，体现监事会队伍的特点，代表监事会的优势和传统。党中央“八项规定”有关精神对加强党员干部作风建设提出了更全面、更严格的要求，监事会队伍要继续保持传统特色的工作作风，强化自身建设，增强履职意

① 国务院国有资产监督管理委员会令第30号，2012年12月29日公布。

识、责任意识、大局意识、保密意识、廉政意识，真正成为适应国资监管和企业改革发展需要的监督队伍。要切实增强专职监事工作的责任心和使命感，牢固树立责任意识。正确认识自己肩负的责任：始终把维护出资人利益放在第一位，并贯彻落实到监督检查工作的各个环节；依法践行监督职责：坚持依法办事，正确行使监督权力，敢于揭示企业及企业负责人存在的问题，勇于同违法违纪违规行为做斗争，自觉维护国家利益；建立健全责任制度：严格考核管理，强化责任落实，对企业有问题没有发现的或企业出现重大失误的，要分清责任，实行问责追责。要继续坚持原则，严守纪律，经得起考验，抵得住诱惑，守得住底线，不与企业发生任何经济利益关系。要艰苦奋斗，甘于奉献，耐得住寂寞，兢兢业业地履行好监事会的职责，努力把监事会建设成一支思想过硬、业务精湛、作风优良、清正廉洁的队伍。

参考文献

[1]邹东涛. 中国经济发展和体制改革报告[R]. 北京：社会科学文献出版社，2008.

[2]吴刚梁. 国资迷局[M]. 北京：中国人民大学出版社，2010.

[3]吕晓华. 关于完善国资监管体制与深化国企改革的几点思考[J]. 当代经济，2012.

[4]樊继达. 国有资产监管——基于委托代理关系的分析框架[D]. 中央党校，2006.

[5]国务院国资委监事会工作局. 改进和深化，央企监事会工作[J]. 国有资产管理，2011.

[6]苗圩. 推动国有企业完善现代企业制度[J]. 求是，2013.

[7]蔡昉，林毅夫，李周. 现代企业制度的内涵与国有企业改革方向[J]. 中国经济学，1997.

[8]陈琳. 国资监管机构职能定位的法律分析[D]. 山东大学，2010.

[9]戴卉. 我国国资监管新体制下国有资产管理和运营模式研究[D]. 云南大学，2006.

[10]侯桂. 企业国有资产监管研究[D]. 西南财经大学，2009.

[11]闫杰. 国有企业公司制改造问题研究[D]. 郑州大学，2004.

课题组成员名单

组　长：

王文斌　国务院国资委副主任、党委委员

副组长：

禾　云　国务院国资委监事会工作局局长

薛梅梅　国务院国资委监事会工作技术研究中心副主任

成　员：

王晓灿　国务院国资委监事会工作局调研处副处长

楼　庭　国务院国资委监事会工作局调研处调研员

胡婉晶　国务院国资委监事会工作技术研究中心助理研究员

金　俊　国务院国资委监事会工作局调研处副主任科员

国资委财务监管报表 XBRL 扩展分类标准研究

摘　要:本文总结了 XBRL 技术在国内国外的发展概况,全面说明了 XBRL 的基本原理和概念,包括 XBRL 技术规范体系、XBRL 分类标准的制定模式;介绍了目前出资人进行财务监管的主要目的和实现方式,并进一步探讨了 XBRL 在出资人财务监管领域的应用;制定了国资委财务监管报表 XBRL 扩展分类标准,设计了扩展分类标准架构,创建了元素清单及元素属性,创建了模式文件和链接库;结合国资委监管现状和需求,设计了国资委财务监管报表 XBRL 扩展分类标准的组织实施方案,明确了国资委实施 XBRL 的重点、建立了实施应用的体系、分析了实施过程中可能出现的技术难点和解决方案;研究了国资委 XBRL 的接口应用方案,为企业将信息系统中的财务信息转化为 XBRL 格式提供了方便。

关键词:财务监管报表　XBRL　扩展分类标准

第一章　导　论

2010 年,财政部会同国务院国有资产监督管理委员会等有关政府部门、监管机构、IT 厂商和企业等,遵循国家标准化管理委员会发布的可扩展商业报告语言(XBRL)技术规范,制定了基于企业会计准则的通用分类标准,并予以下发,确定了中国石油天然气股份公司等 13 家在美上市大型企业和立信等 12 家获准从事 H 股企业审计业务的会计师事务所为首批实施单位,并逐步扩大试点范围。目前,实施企业会计准则通用分类标准的企业已达 200 多家。通过参与财政部历年通用分类标准实施工作,我们发现 XBRL

在国有企业监管数据的报送领域有着良好的应用前景。本课题研究就是围绕这一前景所开展的专项研究。

XBRL 是一种应用可扩展置标语言(XML)和 XLink 技术生成和传输企业报告信息的计算机语言。通过给企业报告信息打标签和做分类，XBRL 使得这些信息可以被计算机所识别，从而被自动处理。由于在信息收集、报送、显示和分析过程中体现出来的巨大优势，XBRL 自 20 世纪 90 年代末诞生以来，就一直是全球关注的焦点，并越来越受到监管机构、企业和投资者的重视。目前，美国、欧盟、日本、澳大利亚和海湾国家都有政府推动的大型 XBRL 应用项目。

XBRL 通过对数据的标记，使企业报告数据实现标准化，给各个方面均带来了显著益处。

对于监管部门来说，由于监管关注重点不同，监管规则往往需要频繁变动，每一次变动对于监管部门所维护的报送系统和企业所使用的报送客户端软件来说，都是一次再开发的过程。以 XBRL 表达监管规则所形成的“分类标准”，独立于软件和报送系统，可以有效降低监管规则调整所带来的工作量，使实现监管目标、调整监管规则的成本更低。而且标准化的 XBRL 数据在使用上成本更低，并且有望一劳永逸地解决系统更新可能带来的历史数据可比性问题。

对于信息使用者来说，XBRL 提供了统一格式的标准化电子数据，分析更灵活，支持更客户化的量身定制分析。

对于企业来说，对不同监管部门的各种对外报送报告中，存在大量重复信息。XBRL 可以支持一次标记多次使用。借助适当的软件，企业可自动地使用 XBRL 标记的底层数据形成不同的对外报告。此外，XBRL 还为企业深化内部管理数据的标准化提供了新的思路。

落实到国资委的应用层面，推动中央企业实施 XBRL 分类标准，有利于“走出去”和实现国际化对标，有助于企业转变发展方式，增强综合实力、改善绩效、提高国际竞争力；有利于企业内部全业务信息元素的重新梳理与规范，实现企业管理信息标准化，提高企业财务信息化水平，解决企业内部信息系统间数据交换和共享，杜绝信息孤岛产生，促进企业管理提升；有利于监管部门之间的信息交换，切实减轻企业报表填报负担，实现企业一次录入、多次使用。

“国资委财务监管报表 XBRL 扩展分类标准”的研究制定工作是一项复杂的系统工程，将面临一系列挑战：一是专业性强。XBRL 技术较为复杂，需要精通相关技术，对元素层级、元素类型、模式文件、各类链接库等分别进行定义，过程烦琐，难于理解和应用。

二是工作难度大。制定 XBRL 扩展分类标准涉及财务会计、信息技术等多个领域，需要用信息语言对财务会计信息进行描述和定义，还要重新梳理国资委决算近 200 张报表、上万个指标，与财政部会计准则通用分类标准中的元素进行衔接，确定覆盖范围，工作难度较大。三是推动压力大。目前试点企业在实施财政部企业会计准则通用分类标准的过程中耗费了大量的人力和时间成本，而国资委 XBRL 扩展分类标准的实施需要全部企业全级次报送 XBRL 报告，通过何种途径推动企业实施国资委 XBRL 扩展分类标准，需要进一步研究。为此，我们开展了“国资委财务监管报表 XBRL 扩展分类标准”的研究与制定工作，课题包括以下内容：

一、介绍 XBRL 国际国内的发展概况

国际上，对美国证券交易委员会(SEC)、英国税务与海关总署和工商局、澳大利亚政府、日本证交所和央行的 XBRL 应用现状进行简要阐述；国内，对财政部、证监会、银监会 XBRL 的应用经验进行介绍。通过充分借鉴国际国内相关监管机构应用 XBRL 的领先经验，为在国资委体系应用 XBRL 提供参考。

二、研究 XBRL 的基本原理

应用 XBRL 的前提是对 XBRL 的原理进行系统性的学习和掌握，特别是 XBRL 的技术规范体系和基础概念。应用 XBRL 的重点是制定满足监管机构实际需求的分类标准，了解分类标准的制定模式，有助于国资委选择适用于国资委体系的扩展分类标准制定模式。

三、研究 XBRL 在出资人财务监管领域的应用

XBRL 之所以广泛应用于监管领域是由其应用特点和优势所决定的。了解目前出资人进行财务监管的主要目的和实现方式，并探讨应用 XBRL 的作用，有助于充分发挥 XBRL 的技术特色，进一步提高国资委财务监管的效率。

四、制定国资委财务监管报表 XBRL 扩展分类标准

针对企业财务决算报表，基于 XBRL 技术规范系列国家标准，开发制定国资委企业财务决算报表 XBRL 扩展分类标准，为后续在国有企业中推广实施 XBRL 提供了基础。这一部分的主要内容包括设计扩展分类标准架构、创建元素清单及元素属性、创建模式文件和链接库等。

五、设计国资委财务监管报表 XBRL 扩展分类标准的组织实施方案

XBRL 的应用需要具体落实到实施层面，明确国资委实施 XBRL 的重点、建立实施应用的体系、分析实施过程中可能出现的技术难点并探讨相应的解决方案，可为国资委推进 XBRL 的应用实施提供指导。

六、研究国资委财务监管报表 XBRL 扩展分类标准的接口应用

在应用 XBRL 的初步阶段，必然面临着如何将企业信息系统与 XBRL 进行对接的问题。了解 XBRL 接口的应用需求、设计 XBRL 接口的应用原则、制定 XBRL 接口的具体方案，可有效辅助企业将信息系统中的财务信息转化为 XBRL 格式。

希望通过本次国资委财务监管报表 XBRL 扩展分类标准的研究与制定，为国资委和国资委监管的企业应用 XBRL 提供理论和实践的参考。

第二章　XBRL 国际国内发展概况

一、XBRL 发展概述

XBRL(Extensible Business Reporting Language)，可扩展商业报告语言，是一种对财务数据进行标准化定义和表示的方法，也是目前应用于非结构化信息处理，尤其是会计信息处理的最新技术。XBRL 是 XML 技术在商业报告中的具体应用。

XBRL 诞生于 1998 年 4 月，美国会计师查尔斯·霍夫曼(Charles Hoffman)为了解决财务数据存储格式纷繁复杂、不利于数据交互的问题，最早提出把财务信息和互联网中的“国际语言”XML 技术结合起来的构想。他认为借助 XML 技术能够解决财务信息在不同的平台、不同的软件之间交流的问题，在财务应用方面能够提高会计报告信息的质量。XBRL 提供了让财务信息流转和应用的各个层面由非结构化变为结构化数据的途径。XBRL 格式的文档具备自我描述能力，适用于计算机自动识别。在 XBRL 报告的读取和应用中，通过 XBRL 软件的解析和加载，会帮助业务人员将 XBRL 文件展示成熟悉的财务报表形式。XBRL 可以减少重复性的数据输入、比较、转换和报送工作，因此可以减少报送成本并方便电子存储数据的再利用，让财务信息的搜集和报告工作变得流畅。监管机构及企业等信息使用人都能够更加快速高效地获得、搜寻、比较和分析

XBRL 格式数据。

到 2013 年，世界主要发达国家和地区已开始在经济领域各行业全面推广 XBRL。特别是在证券、银行、财务等企业监管领域，XBRL 更是得到了广泛的应用。

二、XBRL 在国外的应用

（一）美国 XBRL 应用

在美国，XBRL 的主要推动和应用机构是美国证券交易委员会（SEC）及联邦金融机构监管委员会（FFIEC）。2009 年美国证券交易委员要求在美国上市的上市公司按要求逐步实施信息披露的 XBRL 报送。从 2011 年开始，包括小型报送公司在内的剩余报送者都将被要求在提交二季度 10－Q 报表的时候提交 XBRL 文档。这些 XBRL 的规则是 SEC 用交互式数据电子化应用系统（IDEA）取代过去的电子化数据收集、分析及检索系统（EDGAR）来储存和获取财务报表的计划中的一部分，用于后续监管应用。联邦金融机构监管委员会（FFIEC）则在 2004 年开始 XBRL 的研究和应用，FFIEC 开始和定期报告软件供应商交换 XBRL 数据。美国投资公司协会（ICI）则推动投资基金采用 XBRL 报送其风险收益报告。

（二）英国 XBRL 应用

英国皇家税务与海关总署（HMRC）和英国工商局一起共同推动 XBRL 的应用。2009 年 9 月 1 日，英国皇家税务与海关总署和英国工商局发布联合声明，宣布在线报送公司决算报告新方法。自 2010 年起，英国工商局开始接收使用 iXBRL（Inline XBRL）编制的未经审计的公司决算报告全文。英国工商局还继续开发 iXBRL 功能，以期将其运用到其所接受的各类主要公司的报告中。目前，iXBRL 正被英国皇家税务与海关总署应用于公司所得税纳税申报新服务中。自 2011 年 4 月起，包括申报表表格、公司决算报告和公司税计算在内的所有于 2010 年 3 月后结束的会计期间的公司所得税纳税申报表都必须通过在线方式报送给英国皇家税务与海关总署。所有的报税单都通过网络提交方式提交，摒弃了传统的 PDF 格式，取而代之以计算机可识别的 iXBRL 格式，免除了需将数据手工录入到英国税务海关总署稽征系统的烦琐。目前，大约 12.5 万家公司志愿向英国皇家税务与海关总署报送 XBRL 格式的报表。

（三）澳大利亚 SBR 应用

澳大利亚政府倡议 XBRL 技术的应用，标准商业报告（SBR ）项目是这一倡议的具体体现。现在，澳大利亚约几百个政府机构已将XBRL 2.1分类标准作为监管形式的一种纳入了通用架构。标准商业报告是一项由多个机构共同参与的计划，目的在于通过以下方式简化商业和政府间的报送操作：使报表易于理解；使用账目/记录备案软件自动预填政府报表；引入单一安全模式，用于参与机构之间的在线互动。SBR项目首先会将一系列的财务报表标准化，整个项目实施完毕后，所有的澳大利亚企业将能登录一个单一、安全的系统，向澳大利亚统计局、澳大利亚审慎监管局、澳大利亚证券投资管理委员会、澳大利亚税务局报送财务数据，而不用向这几家机构分别报送。在2013—2014年财政预算中，澳大利亚政府给予足够的资金来促进SBR的发展，降低合规成本以及监管压力。

(四)日本XBRL应用

在日本，东京证交所(TSE)、日本央行(Bank of Japan)、国家税务机构、日本金融厅(FSA)均先后推出了XBRL应用。日本央行从2003年中期起计划开展其XBRL项目。2006年1月，大约500家金融服务公司参加了月度报告报送的大规模测试，随后，该项目按计划在2月正式上线。日本的金融服务公司从2006年2月开始每月使用XBRL向日本央行报送数据，日本央行称在每月资产负债表报送中使用XBRL大大减轻了数据验证等工作的负担。日本央行计划扩大XBRL的应用范围，同时开发用于存储和使用XBRL数据的新系统。日本央行XBRL项目即使是在刚使用的几个月，数据验证成本就降低了30%～40%。EDINET(Electronic Disclosure for Investors' NETwork)是日本金融厅推行信息披露的平台，项目于2001年6月启动，是在《日本金融工具与交易法》下的电子披露系统，约5000家公司(大部分是上市公司)、3000家投资基金参与了报送。在经过一段时间运行后，2008年7月开始强制报送XBRL格式的财务报告。目前新EDINET已成为世界上最大的XBRL系统之一。

在国际XBRL应用中，美国、日本、英国已开始XBRL数据的报送、接收和应用，其中，日本由于应用较早，所以更加成熟；而澳大利亚的应用虽然目前未有较明显的成效，但随着长期的规划的系统建设的推进，会逐步看到XBRL应用带来的优势和好处。

三、XBRL国内发展概况

中国财政部、证监会、银监会、国资委等部委早在2000年年初逐步开展XBRL的研究和应用。财政部于2010年颁布基于会计准则的通用分类标准，并在企业中开展通用分类标准的实施工作；证监会、银监会、国资委等国家部委也在其监管领域逐步推动

XBRL 应用。

(一)中国财政部应用 XBRL

2000 年年初财政部就注意到 XBRL 对会计准则应用和财务报告编报的革命性影响，主动邀请国际会计准则委员会及有关 XBRL 专家来华交流。2008 年，财政部会同工业与信息化部、人民银行、审计署、国资委、国税总局、银监会、证监会和保监会等共同成立了会计信息化委员会和 XBRL 中国地区组织。2010 年 10 月，财政部会同国家标准委员会发布了 XBRL 国家系列标准，其中包括基础、维度、公式和版本四部分。

2010 年 12 月，财政部下发了《关于实施企业会计准则通用分类标准的通知》(财会〔2010〕23 号)，要求试点的 13 家企业(后增加为 15 家)按照通用分类标准编制 2010 年度财务报告实例文档和扩展分类标准；要求 12 家获准从事 H 股审计业务的会计师事务所协助其截至 2010 年 12 月 31 日的全部境内 A 股主板上市公司的审计客户按照通用分类标准编制 2010 年年度财务报告实例文档，在 2011 年顺利完成实施工作后，2012 年推广至 14 个省实施，2013 年开始通用分类标准在全国范围内实施。

在企业会计准则通用分类标准编报规则中，允许企业根据自身的报告内容进行分类标准的扩展。在试点过程中，由于各试点企业的报告均有个性化的报告内容，因此每份报告都进行了分类标准扩展，并且扩展元素在 XBRL 数据中占有一定的比重。在试点企业和会计师事务所报送数据的基础上，财政部组织了对报告进行分析、统计的试验研究项目，其中包括上市公司年报分析、会计信息质量监督检查。同时，针对会计师事务所监管业务，制定了基于通用分类标准的会计师事务所监管扩展分类标准，由 12 家会计师事务所填报了会计师事务所监管报告。

从 2013 年开始，财政部要求实施通用分类标准的企业积极探索并尽早实现内嵌应用，大大推动了通用分类标准在企业财务信息领域的深入应用。

(二)中国证监会应用 XBRL

2002 年 5 月，中国证监会开始制定《上市公司信息披露电子化规范》。2005 年 6 月，证监会颁布实施《上市公司信息披露电子化规范》和《证券交易数据交换协议》等 8 项证券期货行业标准，经证券业标准化委员会批准成立“XBRL 及证券市场公司披露信息数据交换规范工作组”。在证监会推动下，上海证券交易所及深圳证券交易所开始开展 XBRL 应用。另一方面，中国证监会 2007 年启动基金电子化信息披露，并于 2008 年 8 月发布《证券投资基金信息披露 XBRL 标引规范(Taxonomy)》及其介绍，要求自发布之日起基金管理公司在向中国证监会报备基金信息披露 XBRL 实例文档中开始应用该规范，同时确立了标引规范随着业务发展持续更新版本的机制。2009 年 2 月，中国证监会基金信息披露网站正式上线。该网站提供了基于 XBRL 的基金报告展示。可以根据报告类别、基金公司、基金类别检索报告，并查看报告的详细内容。由于证监会应用 XBRL 启动较早，所以并未按照后来通用分类标准所的编制方式应用 XBRL，根据两部委的规划，后续通用分类标准将逐步替换现有分类标准并应用到证券市场 XBRL 信息报送工作中。

(三)中国银监会应用 XBRL

通用分类标准发布后，中国银监会积极研究和推动 XBRL 在银行业财务信息方面的应用。2012 年，银监会联合财政部要求 18 家银行业金融机构实施通用分类标准。一方面要求报送 2011 年财务报告的实例文档，另一方面组织有关银行基于通用分类标准和财务报告实践，制定银行业扩展分类标准。银监会在制定银行监管分类标准之初，就非常重视与通用分类标准的协调工作，在制定监管分类标准的过程中，不仅严格遵循了国家标准化管理委员会发布的 XBRL 各项国家标准，也采纳了与通用分类标准相同的技术路线和建模结构。2012 年年底，财政部和银监会联合发布了通用分类标准银行业扩展分类标准，总结了银行业财务报告的共性做法，提供了更为详细的银行财务报告披露模板，并在此基础上制定发布扩展分类标准，显著降低银行扩展量，便于单个银行编报 XBRL 格式财务报告。在 2013 年通用分标准实施工作中，18 家银行业金融机构采用该分类标准进行编报，大幅提高了银行财务报告的标准化程度和财务信息的可比性。

(四)中国国资委应用 XBRL

2008 年年初国资委开始关注 XBRL，在会计信息化委员会及 XBRL 中国地区组织的成立工作中，国资委作为重要成员单位全程参与了组建工作。在 2011 年开始的 XBRL 通用分类标准的实施工作中，国资委作为监管机构联合财政部发布实施通知，推动中央及地方国有大中型企业应用 XBRL。通过参与财政部历年通用分类标准实施工作，国资委认识到 XBRL 作为结构化的数据语言，在对国有企业监管数据报送领域有着良好的应用潜力。2012 年年底，国资委开展系列研讨会研究在国资监管报表领域应用 XBRL，部署科研课题研究，并编制基于通用分类标准的国资监管报表扩展分类标准。国资委于 2014 年开始国资监管报表的试点报送工作，标志着 XBRL 在国资监管领域的应用达到新的高度。

第三章　XBRL 基本原理研究

制定适用于国资委体系的 XBRL 扩展分类标准并在国资委体系中实施 XBRL，首先应回答 XBRL 是什么、它如何表达财务信息、相对于传统报告方式它有什么优势等一系列问题。XBRL 是一种应用 XML 和 XLink 技术生成和传输财务信息的计算机语言。通过给财务信息打标签和做分类，XBRL 使得财务信息可以被计算机所识别，从而进行自动处理。由于在信息收集、报送、显示和分析过程中体现出来的巨大优势，XBRL 越来越受到监管机构、企业和投资者的重视。

研究 XBRL 基本原理，并从国内外制定 XBRL 分类标准的成功模式和应用 XBRL 的成熟案例中汲取经验和教训，对于国资委制定 XBRL 扩展分类标准并予以具体应用，具有十分重要的参考意义。

一、XBRL 概述

（一）XBRL 简介

XBRL（可扩展商业报告语言，eXtensible Business Reporting Language）是 XML（可扩展标记语言，eXtensible Markup Language）在信息收集、处理和展示过程中的新应用，是处理非结构化信息尤其是财务报告信息最新的标准和技术。XBRL 背后的原理其实很简单，与传统的信息处理方式（静态的文本形式）不同，XBRL 对财务报告中每一个单独的信息（无论是数字型还是文本型）统一进行特定的标记（即打上特定的标签，定义相关的属性），这种标记可以被计算机"读懂"（自动识别、处理和分析），也可直接为使用者和其他软件所读取和处理，具有较好的交互性。作为一门标准语言，XBRL 技术有着一系列的规范和标准，保证了信息格式的统一，使得信息在流通过程中不会产生任何丢失，真正实现了一次录入，多次使用。

XBRL 技术的发展充分体现在各国财务报告的监管者和编制者的应用以及 XBRL 分类标准的研发进程上，美国、英国、澳大利亚、加拿大、荷兰等 18 个国家先后在有关财务报告或者其他报告项目中自愿或强制使用 XBRL 技术。除政府部门外，上市公司与学术团体、会计师事务所、投资者和分析师、股票交易所、软件公司，以及其他行业相继展开了 XBRL 在财务信息领域以及更广泛的业务报告领域的研究，启动了相关项目，并组织了一系列的学术会议与活动。XBRL 技术已成为各国财务信息标准建设普遍采用的关键技术。

(二)XBRL 相关技术背景知识

XBRL 最初称为 XFRL(XML based Financial Report Mark－up Language)，即基于 XML 的财务报表标记语言，起初设想为投资人士、交易方提供财务信息披露用，但后来发现，该语言更可以用于监管机构的监管和企业内部的管理等更多情况，所以改称为“可扩展商业报告语言”。

XBRL 主要应用了 XML 技术和 XLink 技术。XML 是一门元语言，可以衍生出众多语言。XBRL 就是由 XML 衍生出来的标记语言，它侧重于业务报告的生成、交换和分析。XBRL 包含 XML 的核心部分，XML 的元素和属性在 XBRL 实例文档中得到使用。此外，XBRL 引入了 XLink 技术，使得 XBRL 不同于 XML，可以通过链接库定义数据间的业务关系，引入更为丰富的语义信息。XBRL 利用语义信息、数据和业务规则来自动验证数据的正确性，从而降低了数据错误的风险，减少了审计所需的时间。

1. XML 技术

XML 是一门元标记语言，是基于创建标记的语言。人们在查看资料书籍时，经常习惯于用笔勾画重点内容和对其有意义的内容，下一次查看该资料时可以立即到达想读的部分，且能利用之前的标记快速理解内容，这就是“标记”的原始概念。所谓标记，就是用特殊的标识方式，突出或表达出具有特殊意义的部分。把这个概念引入到计算机之后，就形成了我们现在看见的“标记语言”。

如果我们用标记语言来处理，可以得到结构化的文档如图 3－1 所示：

＜公司名称＞中国石油天然气股份有限公司＜/公司名称＞＜所属集团＞中国石油天然气集团＜/所属集团＞＜地址＞北京市东城区东直门北大街 19 号＜/地址＞＜邮编＞10007＜/邮编＞

图 3－1　结构化的文档信息

通过这些标记，计算机就可以读懂这些信息。当计算机检索到 XML 文件中的“＜公司名称＞中国石油天然气股份有限公司＜/公司名称＞”时，通过“＜公司名称＞……＜/公司名称＞”这一包含标记，即可知道“中国石油天然气股份有限公司”是“公司名称”,从而理解 XML 中的这一信息。XML 对概念结构化的定义,是在模式文件(Schema)中实现的。

2. XLink 技术

XLink 是 XML Link Language 的简称,它定义了在 XML 文件中创建概念之间链接关系的标准方式。XLink 和 HTML 链接比较相似,但 XLink 的功能更强大,XML 文件中的任何元素都可以用 XLink 的形式展现出来,并且 XLink 提供的链接并不像 HTML 文件的超链接只能单向链接,它可以进行双向链接,也可以链接到多个目标。XBRL 通过 XLink 把在 XML 模式文件(Schema)里定义的概念关联起来,从而达到 XBRL 分类标准的要求。

(三)XBRL 如何表达财务信息

人们在阅读财务报告获取财务信息时应先掌握财务信息中的会计概念,与此类似,为了使计算机“读懂”财务信息,首先应该以计算机能够处理的方式描述财务信息中的会计概念,使计算机建立起对这些会计概念的语义认识。接着,由于财务信息中的会计概念不是单独存在的,它们之间有着各种各样的联系,因此还必须在会计概念之间建立让计算机能够识别和处理的链接关系。最后,计算机将财务报告中的金额等信息与会计概念对应,还原财务报告所要表达的内容。

在前文关于 XML 的介绍中,我们提到,为了描述财务信息中的会计概念,XBRL 技术运用了 XML 的核心功能,将一份财务报告划分为一个个具有会计含义的单元(这些单元通常被称为 XBRL 元素),之后再给这些单元打上计算机能够识别的“标记”,形成结构化的文档。以资产负债表中的“货币资金”一项为例,该项反映了某报告主体在特定时点的货币资金金额,是借方余额科目。将这些信息以计算机能够处理的结构化的方式描述出来,如图 3-2 所示:

<元素名称>货币资金</元素名称><元素 id>BankBalancesAndCash</元素 id><元素类型>货币型</元素类型><借贷属性>借方</借贷属性><时间属性>时点</时间属性>

图 3-2 货币资金 XBRL 元素定义示例

对于“货币资金”这一会计概念的上述描述,可以让计算机理解这个概念的元素名称是“货币资金”,对它进行存储和识别的 id 是“BankBalancesAndCash”,其所对应的数据类型为“货币型”,是“借方余额”,且是一个“时点”值。这样,我们就实现了对“货币资金”这一会计概念的语义定义，使得计算机能够理解“货币资金”的基本含义和各种属性。

除了定义会计概念的基本含义和属性之外，财务信息中还包含了丰富的会计概念的关系信息。前文提到，概念的基本含义是在 XBRL 的 XML 模式文件中定义的，会计概念的关系信息则是通过 XLink 技术在链接库中进行定义的。同样以资产负债表为例，这些关系可以大致分为如图 3－3 所示的 5 种。

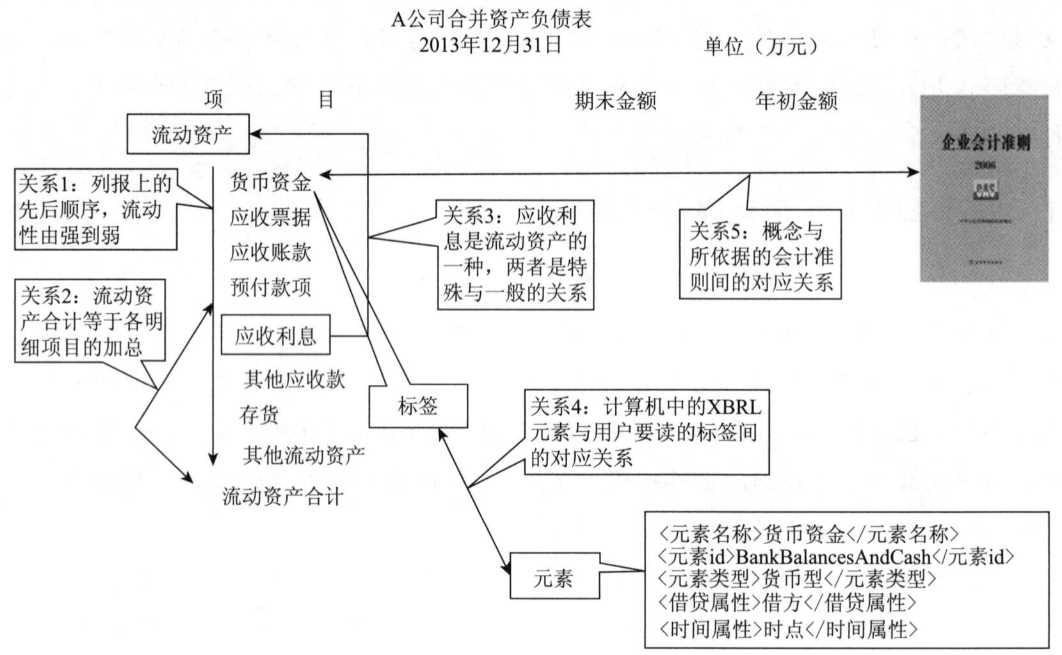

图 3－3　财务报告中的会计概念关系示例

第 1 种关系是资产负债表各项目在列报上的先后顺序（在 XBRL 中由列报链接库定义），代表了资产流动性由强到弱的变化；第 2 种关系是会计概念数值上的计算关系（由计算链接库定义），如流动资产合计等于所有流动资产明细项目金额的加总；第 3 种关系是会计概念的层级关系，如存货是一种流动资产（由定义链接库定义）；第 4 种关系是前面定义的计算机能够处理的元素与人类可读的“名称”（标签）间的对应关系（由标签链接库定义）；第 5 种关系是会计概念与其所依据的会计准则间的对应关系（由参考链接库定义）。XBRL 通过链接库这一技术来描述会计概念的相关关系。

接下来，计算机就可以使用这本“词典”阅读财务报告，即将这些会计概念与财务报告中的具体值进行关联，形成 XBRL 格式的财务报告。含有事实值的财务报告，即我们后文将详细阐述的“实例文档”。以下是一段 XBRL 格式的财务报告代码：

<BankBalancesAndCash>18140</BankBalancesAndCash>

XBRL 技术将财务报告中的数值 18140 放在<BankBalancesAndCash>和</BankBalancesAndCash>之间，给“18140”这个数据打上唯一的标记——BankBalancesAndCash(货币资金)，而这个标记已按图 3-2 所示的计算机能够处理的方式进行了定义，结合这个标记对应元素的属性，计算机能够了解到某报告主体在某特定时点拥有 18140 某货币单位的货币资金。

报告主体、报告期间和单位等信息在财务报告中具有通用性，XBRL 技术通过“上下文”将这些通用背景信息赋予元素，如图 3-4 所示。结合标记元素的属性信息和上下文信息，计算机就可以将财务报告中的数值项 18140 还原为“A 公司在 2013 年 12 月 31 日拥有 18140 元人民币的货币资金”，实现了读懂财务信息的目标。

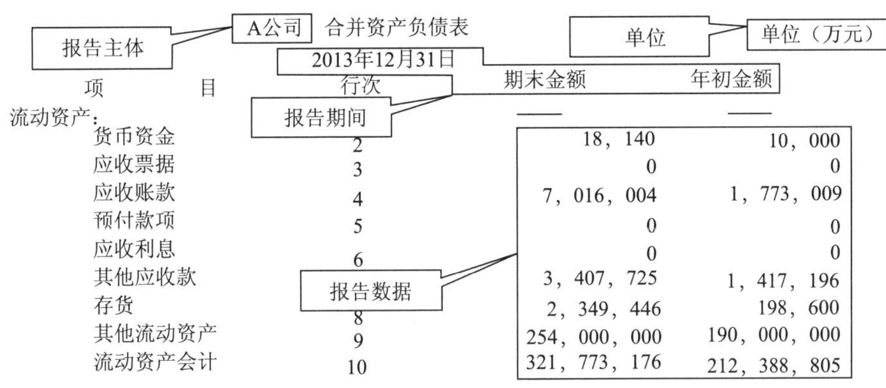

图 3-4 XBRL 报表中的上下文信息

二、XBRL 技术规范体系

在第一节我们大致了解了 XBRL 技术的核心思想以及 XBRL 表达财务报告的基本原理。下面我们结合 XBRL 表达财务报告的原理，更进一步地系统了解 XBRL 的技术架构。

首先，要达到让计算机自动识别和处理财务报告的目的，财务报告必须要以计算机能够读懂的方式描述出来，这就需要有一套计算机逻辑规则，称为 XBRL 技术规范。XBRL 技术规范是 XBRL 语言的语法规则，描述计算机按照什么样的语法规则来读 XBRL 格式的财务报告。

其次，还要让计算机理解财务报告的概念，这就需要将编制财务报告所依据的业务规则(或会计准则)用计算机语言重新描述一遍，这就是 XBRL 分类标准。技术规范和分类标准能够保证财务信息的标准化，提高了信息的质量和可比性。

最后，在技术规范和分类标准的基础上，加入事实值以及事实值的背景信息(上下文)，这样就将财务报告用计算机能处理的方式描述出来了。我们把含有财务信息事实值的 XBRL 格式的财务报告称为实例文档。

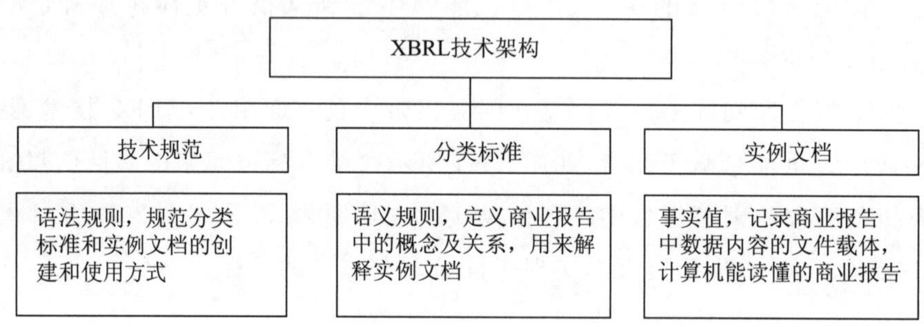

图 3-5 XBRL 技术架构示意图

因此，XBRL 的技术架构由三部分组成，分别是技术规范、分类标准和实例文档。如图 3-5 所示，技术规范定义了 XBRL 技术的语法规则，由 XBRL 国际组织负责制定和维护，是全球通用的技术标准；分类标准是定义财务报告中的概念及其关系的语义规则，一般由接收财务报告的监管机构根据财务报告的规则制定，财务报告的编制者通常需要根据企业自身的实际情况进行扩展；实例文档是描述财务报告数据的文件载体，根据技术规范和分类标准及具体信息编制。

(一)技术规范

要让计算机都能够处理 XBRL 文件，就需要有一个广泛遵循的基础性信息技术标准。在 XBRL 领域，这一基础性标准就是 XBRL 技术规范。

XBRL 技术规范提供了描述 XBRL 如何运作的基本技术细节，主要包含了四个模式文件，这四个模式文件分别定义了十大属性、扩展链接、链接库和实例文档。除了最基本的文档外，XBRL 还有几个补充性的文档，主要有 XBRL2.1 一致性套件规范、Dimension1.0 规范、FRTA(Financial Reporting Taxonomy Architecture)、FRIS(Financial Reporting Instance Standards)等。

XBRL 技术规范规定了 XBRL 文档的基本结构和各种基本数据类型，对 XBRL 分类标准和实例文档做出了明确的格式和语法要求。由于 XBRL 技术规范规定的是信息技术层面的规则，一般来说，会计人员并不需要详细掌握 XBRL 技术规范就能使用 XBRL。

1. 研发情况

XBRL 技术规范处于不断发展和完善的状态，以满足业务发展的需要。自 2000 年 7 月 XBRL 指导委员会发布 XBRL Specification 1.0 版本以来，迄今为止，XBRL Specification 经历了从 1.0、2.0、2.0a 到 2.1 版本的发展。目前仍为有效的版本是 XBRL 国际组织于 2003 年 12 月 31 日发布并于 2008 年 7 月 2 日最新勘误后的 XBRL Specification 2.1 版本。

2. 使用者与使用规则

XBRL 技术规范的主要使用者是分类标准的制定者和开发分类标准编辑、分析等软件工具的开发者，不同国家、不同地区的各个行业可以根据 XBRL 技术规范来制定各自的分类标准和实例文档。当 XBRL 技术规范与 XBRL 技术规范框架中的其他规则有冲突时，遵循 XBRL 技术规范至上原则。

3. 财务报告分类标准架构(FRTA)与财务报告实例文档标准(FRIS)

FRTA(Financial Reporting Taxonomies Architecture，财务报告分类标准架构)为创建于运用基于 XBRL 技术规范的分类标准提供了指南，是制定与扩展分类标准的一个关键参考。它规定了建立分类标准的一系列规则与惯例，力求面向不同会计制定和准则建立“共识”和“交集”，旨在增强分类标准的内在一致性和可互用性，并有助于分类标准的比较以及 XBRL 数据的高效实用。目前仍为有效的 FRTA 版本是 XBRL 国际组织于 2005 年 4 月 25 日颁布并于 2006 年 3 月 20 日勘误的 FRTA 1.0 版本。

FRIS(Financial Reporting Instance Standards，财务报告实例文档标准)指出了创建 XBRL 实例文档时应遵循的一系列规则。目前仍有效的 FRIS 版本是 XBRL 国际组织于 2004 年 11 月 14 日颁布的 FRIS 1.0 版本。

(二)分类标准

分类标准(Taxonomy)可以简单理解为一部财务报表的“字典”，这部“字典”对报表所使用到的所有概念(Concept)进行了定义(包括概念的名称、id、借贷方等属性)，并通过链接库(Linkbases)对概念之间的关系以及报表与其他文件之间的关系进行了规定。

分类标准由分类模式和链接库两部分组成，在分类模式中描述并归纳了报告中的种种概念(比如报表名称、公司名称、科目等)，并将之定义成一个个“元素(Element)”；每个概念都有自己唯一的 id 值，计算机通过 id 值可以很容易地找到对应的概念。其次，分类模式也包括 LinkbaseRef 元素，它是引用分类链接库的接口，通过 LinkbaseRef 来找到描述该分类模式的关系集合。(见图 3－6)

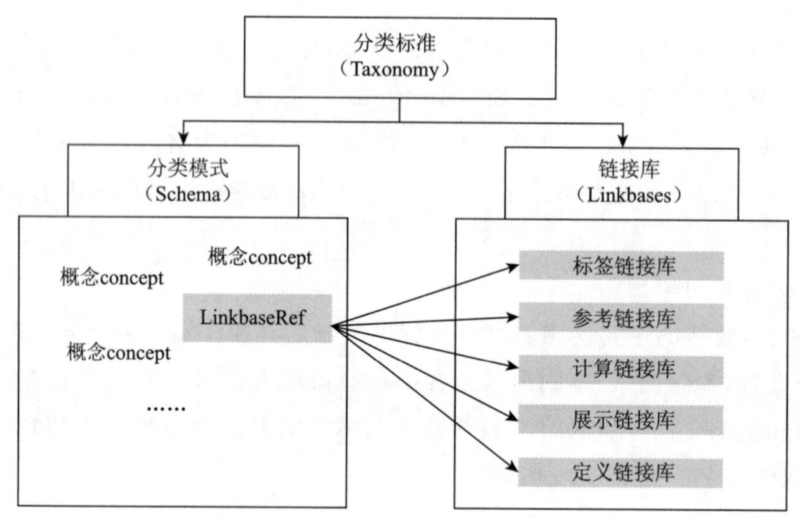

图 3-6　XBRL 分类标准的架构

分类模式定义好了概念，但是这些概念的意义以及概念和概念之间的关系并没有给出，于是产生了分类链接库。每个模式文件（xsd 文件）都可以有五个链接库文件（xml 文件）来描述分类模式文件中定义的概念。这五个链接库分别是：列报链接库（Presentation Link）、计算链接库（Calculation Link）、定义链接库（Definition Link）、标签链接库（Label Link）、参考链接库（Reference Link）。

这五种链接库把分类模式中定义的概念关联到了一起，成为一个有机的整体。其中 Label Link 描述的是概念和它的标签之间的关系；Reference Link 描述的是概念与权威准则的关系；余下三种 Link 描述的是各个概念之间的关系。

分类模式和链接库构成了分类标准，分类标准有基本分类标准和扩展分类标准两类。一般而言，基本分类标准都是由特定组织基于一套会计准则制定的，如国际财务报告准则分类标准（IFRS 分类标准）是由国际财务报告准则基金会基于国际财务报告准则制定的，美国公认会计准则分类标准（US GAAP 分类标准）是由美国财务会计基金会基于美国公认会计准则制定的，我国的企业会计准则通用分类标准也是由财政部基于我国企业会计准则制定的。

(三)实例文档

XBRL 实例文档可以通俗理解为一个根据分类标准生成的 XBRL 财务报告文件，包含财务信息的事实值和相应的背景信息。实例文档中的每个事实值都与分类标准模式文件中已定义的概念相对应，同时赋予上下文和单位等额外信息来辅助解释这些事实值。如果分类标准是一部“字典”，那实例文档就是一篇包含具体信息的“文章”，这篇“文章”里所有的文字和词语都来自分类标准这部“字典”，同时还提供了“作者”（报送实体）、“写作日期”（报送日期）等背景信息。实例文档的文件拓展名为 .xml 或 .xbrl 。

一个完整的实例文档需要提供以下信息：

（1）引用的模式（SchemaRef）：实例文档所使用的分类标准，创建实例文档的第一个步骤就是选定所引用的分类标准。

（2）上下文（Context）：特定元素的事实值所处的背景信息，包括公司实体的标识符（Identifier）、分段信息（Segment）、会计期间、场景信息（Scenario）。

同时，针对某些特定概念的事实值，还应提供专门的信息：

（1）计量单位（Unit）：为定义事实值的含义，需要为事实值指定单位，如“日元”、“美元”、“个”、“股”等。例如，当“货币资金”这一科目的余额为“1000 元”，除提供“1000”的事实值外，还要提供其单位“元”。

（2）精度（Decimals）：十进制下数值型数据的精度，取值为 0 时代表数据为整数。

（3）脚注（Footnote）：实例文档中与事实值相关联的不规律信息，多用于对报表项目的补充。

当“A 企业 2012 年和 2013 年其他无形资产的期末余额分别为 1000000 元和 1200000 元”时，其在实例文档中的信息见表 3－1：

表 3－1 实例文档中“其他无形资产”相关信息示例

元素	公司	事实值	上下文	单位	精度	脚注
OtherIntangibleAssets	A 企业	1000	FY2012e	CNY	－3	其他无形资产主要包括非专利技术及商标使用权
OtherIntangibleAssets	A 企业	1200	FY2013e	CNY	－3	其他无形资产主要包括非专利技术及商标使用权

将大量的类似表 3－1 所示“其他无形资产”信息的数据项填入分类标准生成的实例文档，即形成了最终含有事实值的 XBRL 报告。

实例文档必须要满足特定分类标准的定义和规范，否则就不能被识别，没有任何意义。实例文档是包含财务信息的 XML 文件，是使用了 XBRL 分类标准对财务信息进行标记的财务报告，同时包含了 XBRL 所要求的公司及财务报告的背景信息（如报告期间、分部报告等），这些信息使得标记数据与其他信息相互关联。

实例文档与分类标准之间的链接方式为：通过模式引用(SchemaRef)指向一个分类标准模式；通过链接库引用(LinkbaseRef)指向链接库。

三、XBRL 基础概念

前面我们已经初步了解了 XBRL 表达财务信息的原理以及 XBRL 的技术架构。然而，XBRL 的使用者要想掌握如何根据监管机构的披露要求及企业的实际情况来制定分类标准和编辑实例文档，仅仅了解这些是远远不够的。XBRL 作为一门功能强大的标记语言，定义了较多的专业术语。了解 XBRL 的基础概念(如元素、链接库、维度等)以及这些概念之间的逻辑关系，有助于使用者学习 XBRL 知识、掌握 XBRL 的使用技巧。XBRL 的基础概念及它们之间的关系如图 3－7 所示：

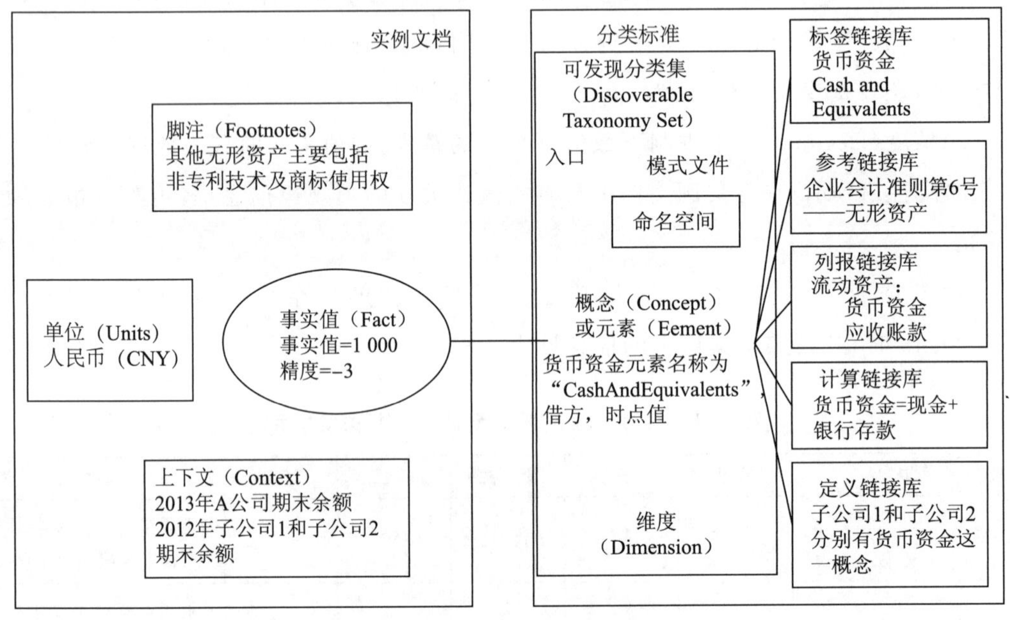

图 3－7 XBRL 基础概念及关系示意图

(一)元素

元素是 XBRL 分类标准中的基本构成单位，用来表示各种报表概念，如报表项目、重要的披露信息、报表的结构等。

元素的定义可以来源于监管机构制定的披露准则，可以从公司信息披露的相应法规、规章、准则中抽取得出每一个披露事项所包含的要素，定义成 XBRL 元素，也可以根据公司的商业报告实务，比如公司的财务报告，将主表、附注中的各个报表项目、披露的文字等定义成元素。

1. 元素的属性

在每个分类标准中，元素都是唯一存在的，拥有其特定的属性。图 3-8 以“应收账款”为例列举了部分元素属性。

元素包括的主要属性有：

（1）标签（Label）：标签的名称取自于财务报表中的报表项名称，主要目的是便于人工阅读。同一个元素可以有多个标签，但必须有且仅有一个标准标签。关于标签种类的介绍，具体参见标签链接库。

（2）名称（Name）：基于标准标签的命名。作为元素的唯一标识，被 XBRL 软件和系统处理时使用。元素名称的确定应遵循“驼峰原则”（Camel Case），以英文命名，以便计算机识别。例如“应收账款”的英文标准标签是“Account receivables”，那么元素名称应该是“AccountsReceivables”。

属性名称	属性值
元素名称	Accounts Receivables
ID	Cas_Account Receivables
类型	货币型
替换组	数据项
数据类型	货币
抽象属性	实元素
置空属性	true
时期类型	时点
借贷属性	借

图 3-8 分类标准中“应收账款”及其属性

（3）标识符（ID）：XBRL 工具能够根据名称属性自动生成该属性；元素 ID 是通用分类标准中所使用的每一项元素的唯一编号。扩展元素 ID 的结构是：{分类标准的命名空间前缀_扩展元素名称}。

（4）数据类型（Type）：根据具体用途，分类标准中的元素被定义为不同的数据类型，例如货币(Monetary)、股数(Share)、字符串(String)、日期(Date)、域元素(Domain)等。对于公司用户来说，扩展时最常用的数据子类型是货币类型(MonetaryItemType)和字符串类型(StringItemType)。

(5)时间类型(PeriodType)：时点(Instant)或期间(Duration)。如果元素用于表达存量概念，时间类型为“时点(Instant)”；如用于表达流量概念，时期类型为“期间”。此外，所有抽象(Abstract)元素、轴(Axis)元素、表(Table)元素或域(Member)元素的时期类型都规定为“期间”。

(6)借贷类型(Balance)：借方(Debit)或是贷方(Credit)。

(7)能否为空(Nullable)：是否允许其元素值为空，即该元素是否可以没有具体事实值与之对应，为可选属性。

(8)替换组(SubstitutionGroup)：与“数据类型”属性不同，该属性定义元素类型的层级，即把 XBRL 所有的元素类型分成了几组，为必选属性。如果一个元素的替换组为数据项，那么该元素就相当于加入了“数据项组”，在以后的应用中，其身份都将是“数据项组”的一个成员，关于数据项所有的特点和约束，对这个元素来说都是适用的。

(9)参考(Reference)：所参考的会计准则。

元素的以上属性中，标签(Label)、参考(Reference)分别定义在标签链接库和参考链接库中。

2. 元素标签

分类标准中的元素是基于标签来命名的。为了便于理解与使用，标签的名称直接取自于财务报表中的报表项的常用名，而元素名称就由标签名称稍加修改形成。因为元素名称和标签命名之间有紧密联系，为了全面了解分类标准的元素命名方式，首先要了解元素标签的命名规则。

元素使用英文命名，同时提供标准标签链接库、文档标签链接库和参考链接库。其中，标准标签链接库中定义的是元素标签的名称，而文档标签链接库是对标准标签链接库的补充，用于解释元素所代表的含义。定义元素标签名称时需要遵循以下原则：

(1)元素标签的唯一性。标签要与元素一一对应，要能准确描述元素代表的财务报告概念。

(2)元素标签的可识别性。标签的名称要易于理解，能够准确地表示该元素所代表的含义，避免元素名称造成的混乱。

(3)元素标签的简明性。标签名称要简单明了，以便于用户快速定位至目标元素，尽量减少用户使用或参考文档时确定目标元素的时间。

(4)元素标签的一致性。元素标签的命名需要遵循统一的格式。

3. 元素名称

定义元素名称时需要遵循包括 LC3(驼峰命名法,Label Camel Case Concatenation)在内的以下原则:

(1)元素名称与标签名称的相似性。标签用书面语进行表达,要方便用户理解元素所代表的含义。而元素名称基本取自标签中的英文单词,但不包括空格。

(2)元素名称的稳定性。为了保证不同版本分类标准间元素名称的一致性,元素的名称属性一旦确定就不允许进行更改,而标签可以随着使用者的不同要求进行变更。

(3)元素名称中各英文单词的首字母不能添加下划线。

(4)元素名称中各英文单词的首字母要求大写。

(5)元素名称不能使用特殊字符,这些字符包括但不限于:( ) * + [ ] ? / ^ { } @ # % = ~ ′ " ; : <>& MYM 。

(6)元素名称的长度不能超过 200 个英文字符。

(7)元素名称中不允许使用冠词,如 the、a、an;但连词和介词,如 and、or、but、for,不能省略。

(8)标签可以使用简写方式。

(9)元素名称中不可使用数字,除非元素是用来表示会计准则条款,如“12b－1 Fees”,“FAS 132”等。在使用数字的情况下,必须以字母开头,比如“12b－1 Fees”,要写成“Rule12b1Fees”。

(10)缩略词的命名规范。对于缩略词,要求只有首字母大写,比如 FAS 要写成 Fas。名称中出现数字的,可以把数字作为单词间的分隔符,比如 WIN2K 应该表示为 Win2K。

4. 元素的名称和标签的区别与联系

在元素属性中,标签(Label)和名称(Name)都是用于给元素命名的。需要说明的是,标签是展现元素时使用的,名称是元素的唯一标识,主要在 XBRL 软件和系统处理时使用。因此,便于信息化管理是定义元素名称时的一个重要指标。

元素的名称和标签的作用不同,但存在相同点。表 3－2 比较了一些典型的元素名称和标签,可以发现元素名称基本沿用了标签的英文单词,每个英文单词首字母均要大写,同时去掉空格和特殊符号。

表 3-2 元素标签和元素名称对比

元素标签	元素名称
Trading account assets pledged as collateral	TradingAccountAssetsPledgedAsCollateral
Mortgage servicing rights	MortgageServicingRights
Mortgage－backed securities issued by private institutions [member]	MortgageBackedSecuritiesIssuedByPrivateInstitutionsMember
Exhibits financial statements schedules [abstract]	ExhibitsFinancialStatementsSchedulesAbstract

5. 分类标准中使用的重要虚元素

在编制公司财务报告实例文档时，分类标准中大部分元素可被赋予事实值，因此称之为"实元素"；另一部分元素没有事实值，其作用是用来组织实元素间的关系，因此称之为"虚元素"。下面列举了分类标准中部分重要虚元素的用法：

(1)抽象(Abstract)元素：抽象元素用于组织列报链接库中元素的展示层级。所有抽象元素的"Abstract"属性都应被设为"True"。

(2)域成员(Member)元素：域成员元素的 Abstract 类型应设为"True"，时期类型为"Duration"，元素的数据项类型为"domainItemType"(域项目型)。

(3)轴(Axis)元素和表(Table)元素：轴(Axis)元素和表(Table)元素的"替换组"(SubstitutionGroup)属性与其他元素不同，分别是"维度项型"(DimensionItemType)和"超立方体项型"(HypercubeItemType)。为满足不同企业的财务报告要求，分类标准定义了多种表(Table)元素，并在其下设置了与之相配的轴(Axis)元素。报告企业应为每项或每组轴(Axis)元素设置一个表(Table)元素，并将每项表(Table)元素置于单独的扩展链接角色(ELR)下。一组表元素和轴元素也应用在多个行项目(LineItems)中。他们的元素数据项(Item)类型都是"字符串型"(stringItemType)，时期类型都是"期间型"(Duration)。

(二)命名空间

命名空间来源于万维网联盟(World Wide Web Consortium)，可以简单理解为发布 XBRL 分类标准的权威机构的网址。由于 XBRL 文件中使用的元素不是固定的，那么不同的 XBRL 文件中使用同一个名称描述不同类型元素的情况就有可能发生，命名空间被要求在 XBRL 文件的开头部分予以声明，一般置于元素的起始标记处，避免了元素命名的冲突。发布 XBRL 分类标准的机构将编制的分类标准放置于对应的网络位置进行公示，可保证随着业务的发展，准则的变化修订和编制新的分类标准时，不会发生版本混乱问题，也不会发生由于理解偏差而导致对实例文档的不当使用。

例如，IFRS 为了区分后续发布的 XBRL 分类标准中的概念，支持分类标准的版本管理，使用表 3－3 所示的命名空间。

表 3－3 IFRS 分类标准命名空间

命名空间前缀	统一资源定位器(URI)
ifrs	http://xbrl. iasb. org/Taxonomy/YYY－MM－DD/ifrs
Info	http://xbrl. iasb. org/info
rol_{ias|ifrs|sic}_{"number"}_YYYY－MM－DD	http://xbrl. iasb. org/role/ifrs/rol_{ias|ifrs|ifric|sic}_{"number"}_YYYY－MM－DD
rol_dim	http://xbrl. iasb. org/role/ifrs/dimensions
ifrs	http://xbrl. iasb. org/Taxonomy/2009－04－01/ifrs/roles

(三)链接库

链接库(Linkbase)是分类标准的一个组件，它提供元素之间的关系信息，并用特定的资源将它们链接起来。链接库文件的扩展名为“. xml”。链接库的主要组成部分有：

(1)定位器(Locators)：用于定位资源与链接库的相对位置。

(2)资源(Resources)：指包含于扩展连接中的 XML 片段，这些链接提供关于概念或数据项的额外信息。

(3)链接弧(Arc)：在列报、计算和定义扩展链接库中表示概念之间的关系；在标签和引用扩展链接中，表示概念和文档之间的关系。

(4)弧角色(Arcrole)：记录链接弧表达的关系类型，如表达“货币资金是一种流动资产”时会用到“parent－child(层次次序)”。

(5)次序(Order)：确定处于平行层次的概念间的顺序，如资产负债表中资产科目的顺序按流动性由强到弱排列。

XBRL 主要有以下五种类型的链接库：

(1)标签链接库(Label Link)：为元素提供可供人类阅读的名称。不同国家和地区的人使用不同的语言，为了让 XBRL 成为世界性的电子财务报告的标准，这就要求 XBRL 分类标准可以用不同的语言来表达统一元素。不同语言习惯的使用者在创建分类标准时，可以根据自身的阅读偏好在标签链接库中建立不同的标签，这种不同，既可以是语言上的不同，也可以是同一语言环境下名称的不同。如图 3－9 所示，“货币资金”元素可以拥有多种标签：

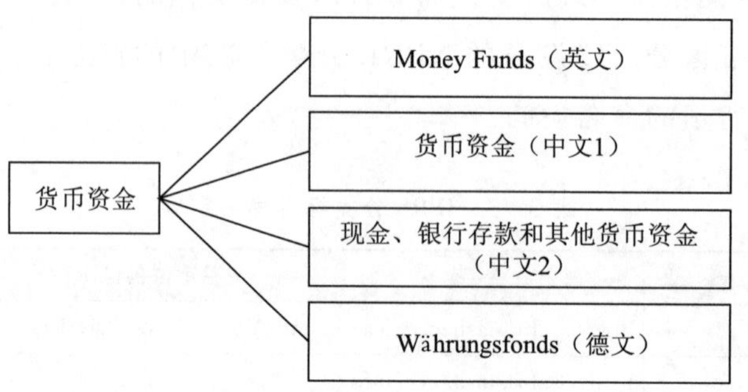

图 3-9 元素的不同标签

(2)参考链接库(Reference Link):分类标准往往基于会计准则等一些权威性的规范性文件建立,因此在分类标准中往往会通过参考链接库来表示元素与规范性文档之间的关系。这样 XBRL 文件的使用者就可以了解每个元素的详细含义。例如,在企业会计准则通用分类标准中,"存货"这个元素参考"企业会计准则第 1 号——存货"建立,如图 3-10 所示:

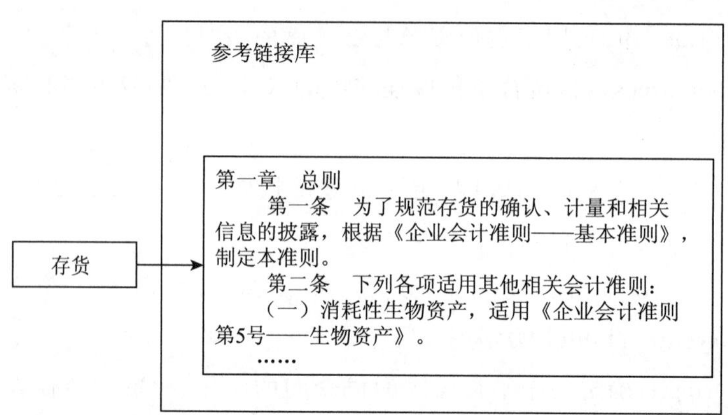

图 3-10 元素的参考关系

(3)列报链接库(Presentation Link):描述元素间的层次结构。一般来说,财务报告经常使用表格等结构化的形式来展现财务信息,列报链接库可用来展示元素之间的层级关系。列报链接库设计的层级关系可以帮助 XBRL 使用者迅速理解财务报告中表格的结构,如图 3-11 所示:

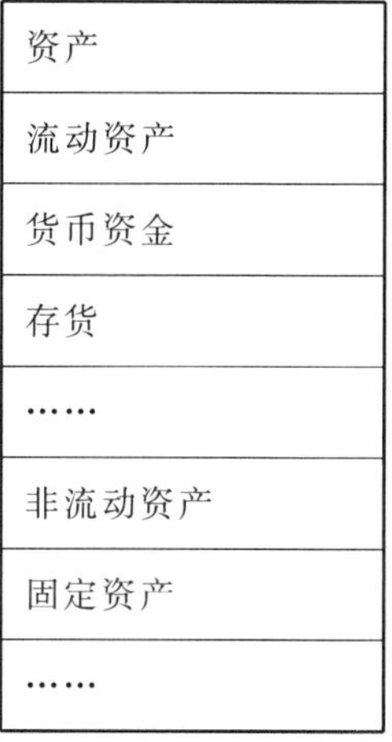

图 3-11　元素的列报关系

(4)计算链接库(Calculation Link):描述元素间的计算关系,目前只能表示加减关系。财务报表中,经常会出现某些科目的值是由其他科目相加减的结果,在这种情况下,计算链接库可以用来校验 XBRL 报告的编辑者是否输入了正确的数据,显著提升了 XBRL 报告的质量。

流动资产 x1	+
非流动资产 x1	=
资产	

图 3-12　元素的计算关系

例如,计算链接库定义了图 3-12 所示的计算关系,当 XBRL 报告的编辑者输入"流动资产=1000"、"非流动资产=2000"、"资产=3100"时,由于违背了计算链接库中定义的规则,系统会进行报错,提醒编辑者检查所输入的数据。

(5)定义链接库(Definition Link):描述元素间的维度关系。在某些财务报表中,经常需要统计同一个科目不同维度下(如部门、区域等)的数据,定义链接库可以区分这种维度上的差异,如图 3-13 所示:

	部门 A	部门 B
应收账款	500000	450000

图 3-13　元素的定义关系

链接库的关系示例如图 3-14 所示:

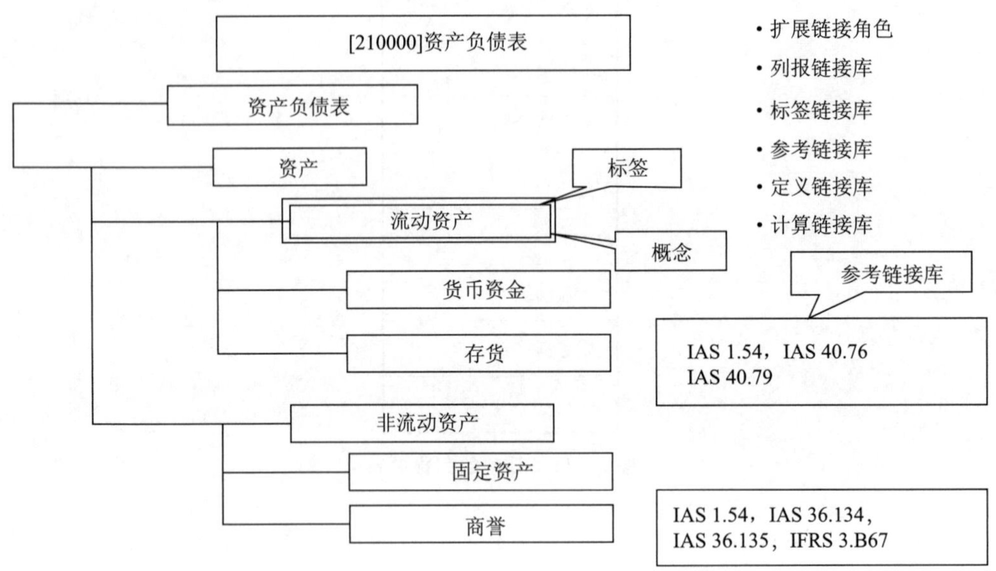

图 3－14　各种链接关系示意图

(四)扩展链接角色

扩展链接角色(Extended Link Roles，ELRs)是分类标准中一个非常重要的概念。扩展链接角色在逻辑设计上将财务信息按照其所处的位置关系进行分组，每组关系被视为一个整体进行处理，例如图 3－11“资产负债表”里面的所有概念可以组成一个整体，形成一个扩展链接角色。通俗地说，一个扩展链接角色即是分类标准中一个“章节”，这个“章节”可能对应财务报告中的一个报表或附注，也可能对应多个报表或附注；特殊情况下，如果财务报告中某张报表或者某个附注的内容较多，篇幅较大，也可能多个扩展链接角色对应一个报表或者一个附注。值得注意的是，列报链接库、定义链接库和计算链接库所确定的概念与概念之间的逻辑关系，往往是限定在同一个扩展链接角色内的。

扩展链接角色是一种方便 XBRL 应用与财务报告领域的设计。企业对财务报告信息进行 XBRL 标记工作(即创建企业扩展分类标准、生成实例文档)的第一步，即是按照财务报告中的结构，将财务信息中的关系组成模块。

(五)维度

财务报告的描述和分析是多样化的，XBRL 维度技术规范的推出，为描述数据提供了更多的角度。维度(Dimension)是 XBRL 数据的一个很突出的特点，可用来进行不同角度的分类汇总与分析。XBRL 维度可能被应用在如下场景中：

(1)对一个集团公司按照业务分部或者地区分部的分类展示。

(2)对一个集团公司子公司数据的汇总。

(3)对经营业绩按照预算、决算、差异三个角度进行展示、分析和比较。

(六)可发现分类集

企业在创建扩展分类标准时，需要引用所参考的通用分类标准以及其他一些分类标准。前面我们反复提及实例文档与分类标准的关系，在创建实例文档时，我们也需要引用多个分类标准(包括企业自己创建的分类标准和创建时所引用的其他分类标准)。创建分类标准和实例文档时所引用的这些分类标准组成一个集合，称为可发现分类集(Discoverable Taxonomy Set，DTS)。分类标准由模式文件(Schema)和链接库文件(Linkbase)两部分组成，因此可发现分类集也可以看作是多个模式文件和链接库文件的集合，这些模式文件和链接库文件规定了实例文档的事实值所对应的概念的定义以及这些概念之间的关系。可发现分类集通常由入口模式文件访问。

(七)入口文件

入口文件属于一种模式文件，是计算机访问分类标准的起点，可引导计算机以适当的顺序访问适当的文件，从而解析出元素之间的关系。入口模式将分类标准中的模式文件和链接库文件组织在一起，为扩展者和使用者提供了访问分类标准的方式。入口模式导入了分类标准中包含所有元素定义的核心模式，并引用了所选的链接库，包括列报、计算关系和不同语种的标签。

第四章　XBRL 在出资人财务监管领域的应用研究

一、出资人财务监管领域的现状

(一)财务监管报表是国资委进行财务监管的必要手段

国资委根据授权依法履行出资人职责，对企业国有资产进行监督管理，其中出资人财务监督工作是国资委履行监管职能的重点。而收集企业财务监管报表是国资委了解企业年度经营成果与财务状况，履行出资人财务监督工作的主要途径和必要手段。

1.财务监管报表的种类

国资委成立伊始即建立了财务报表体系，设计了以财务指标为核心的决算、预算及快报等监管报表，并随会计制度、会计科目和监管要求的变化进行及时调整。其中，企业财务决算是企业年度经营成果与财务状况的综合反映；企业财务预算反映企业未来一定预算期内预计经营、财务以及筹融资等预算情况；企业财务快报主要是动态监测企业月度经营成果和财务状况。

自国资委成立以来，评价局通过每年下发关于做好企业财务决算管理及报表编制工作的通知，要求企业按照《企业财务与决算报表编制手册》进行报表编制和报送。本章节主要以财务决算报表为例，深入分析探讨引入 XBRL 在出资人监管领域对改善监管的效率效果和优化企业管理等方面发挥的作用。

2.企业财务决算报表的整体架构和特点

企业财务决算报表体系复杂，主要由财务决算报表会计主附表、财务情况表及会计报表附注、财务决算专项说明和财务情况说明书组成。其中：会计主附表是遵循中国企业会计准则及国家有关财务会计制度规定制定的统一会计报表格式，反映企业主要财务状况、经营成果以及现金流量等情况；财务情况表是反映企业生产经营基本情况和重要财务事项的报表，是对会计主附表的细化与说明；会计报表附注是对财务决算报表内容的解释和补充说明；财务决算专项说明是依据国资委监管工作所需要的信息要求，对财务决算报表相关内容的专门说明；财务情况说明书是年度财务会计决算报告的重要组成部分，是对年度资产质量、财务状况、经营成果等情况的分析说明，旨在客观反映企业运营特点及发展趋势。

企业财务决算报表的特点主要有：

(1)涉及的数据及指标多。根据《2013 年度企业财务决算报表编制手册》要求，报表共涉及 8 张会计主附表、19 张财务情况表、14 个会计报表附注以及 27 张境外子企业财务决算报表等内容，其中仅 8 张会计主附表和 19 张财务情况表就包含超过 1000 个项目。

(2)填报的范围广。目前，各中央企业、中央部门管理企业和地方国有企业都需进行全级次报送企业财务决算报表，共 15.2 万户，其中中央企业有 113 家 3.6 万户。

3.企业目前上报财务决算报表的方式

目前企业上报财务决算报表，主要通过久其企业报表处理软件(简称“久其报表”)进行，该系统是国资委与久其软件公司合作研发的报表处理软件。上报时，各级企业财务人员需要根据报送要求，按照久其报表中的固定报表格式获取本企业财务、生产、人力等信息系统中的相关信息，录入或导入到久其报表中，采用逐级填报、层层抵销合并的方式逐级上报，最终由企业集团层面合并汇总后报送至国资委。企业可采用国资委统一下发的久其报表，也可使用自己的系统，通过接口转换至久其报表上报。

4. 国资委收集企业财务监管报表的方式

在各企业完成财务监管报表的编制以后，国资委通过集中验审的方式对企业决算报表进行审核与收集。目前，国资委要求企业采用"电子文档＋纸质报送"方式进行财务决算信息的上报。其中，各企业需要提交合并层面及各级子企业财务决算的电子文档，同时报送合并报表层面的纸质文档。验审会时国资委会重点审核企业会计核算的规范性、会计信息的真实性、资产质量的可靠性、财务状况的稳健性，了解相关问题的整改进度，并进一步分析企业财务基础管理状况、经营决策与经营风险，揭示企业财务管理与经营管理存在的问题，在此基础上清算和确认企业经营成果。其中对于数据的合规性、逻辑性审核主要是通过软件进行自动校验并辅以人工判断。对于出现的数据错误，国资委会要求企业修改后重新报送。验审会一般在每年4月下旬开始持续20天左右，完成企业财务决算的初步审核。

(二)未来的监管需求

目前，国资委主要以企业上报的财务决算报表等信息作为基础数据来开展监管工作，因此企业上报数据的质量直接影响着各项国有资产监管工作的有效性。未来，随着各国有企业的不断发展，涉及业务的不断增加，监管工作的不断深入，国资委对企业财务数据的上报与处理提出了更高的要求，一是数据的上报和处理需更加迅速，二是企业上报数据应更加准确，三是企业上报的信息能够实现共享。目前，国有企业的监管职责分散在多个机构，各个部门监管的重点不同，企业需要重复报送大量财务数据。创建一个有效的信息分享机制，可以有效地节约企业的报送成本。同时，通过财务信息在各企业之间的共享，企业可以快速地实现与同行业企业的对比。

二、XBRL技术在改善国资委监管效率效果方面的作用

(一)技术对国资委履行财务监管职责的影响

1. XBRL技术可以提高国资委财务监管的效率

国资委通过财务监管报表实现出资人财务监督，那么确认企业年度经营成果，实施年度财务绩效评价，揭示企业经营管理存在的主要问题，批复企业进行整改均对财务监

管效率提出了较高的要求，如何提高国有企业监管报表收集效率也成为影响国资委财务监管效率的关键。如果将XBRL内嵌到企业财务系统内部，实现报表/报告编制的自动化，按监管要求生成定制化的监管报告，替代烦琐的传统报表到监管报表的转换过程，可以使国有企业缩短监管报表的编制上报时间，甚至实现国资委对国有企业监管财务报表的实时获取，便于国资委在复杂多变的环境下及时掌握企业的实际经营情况，提高国资委对财务监管信息的获取效率。通过应用XBRL技术，国资委可以对收集到的财务监管报表中的信息按照不同时期的监管重点进行自动化的处理和分析评价，减少以往在根据环境的变化更换分析评价指标过程中进行评价模板重设等的处理时间，评价结果也由此能更迅速地反馈给国有企业，便于国资委及时向国有企业提示财务风险，提高国资委履行财务监管反馈职能的效率。

2. XBRL技术可以改善国资委财务监管的效果

国资委通过财务决算报表进行财务监管，财务决算报表中的数据是进行监管的基础，而数据的准确性则直接影响着国资委的监管效果。目前国有企业的财务报表内容繁多、复杂，加之财务决算报表格式上的特殊要求，使得企业在向国资委报送财务决算报表的过程中，必须对原始财务数据进行大量的人工操作。过多的人工操作介入可能会影响上报数据的准确性，有时甚至会导致重要数据的遗漏，国资委财务监管的效果也就难以保证。使用XBRL技术可以赋予每个数据统一的格式和唯一的标记，将数据内容与数据进行关联。每个数据只需输入一次，从而极大地减少了当前上报过程中手工多次重复填报发生错误的可能性。只有上报的财务数据真实可靠，国资委才能准确了解监管企业的资产质量、财务状况、经营成果，有效地开展财务监管工作。

3. XBRL技术可以实现国资委与其他监管机构对上报信息的共享

XBRL格式的数据可以实现跨平台的数据传输交换，因为XBRL采用了XML来存储数据，而XML本身就是跨平台的，它可以在不同的操作系统(Windows，Unix，Linux)上使用。企业在固定的平台上完成一次XBRL格式的财务信息的报送后，各个监管部门都可以在这个平台上自由地读取所需的数据，从而实现数出一门，各监管部门对上报数据的共享。由于XBRL是开放的不收取任何费用的公开标准，任何财务人员都能在不同软件平台上免费、自由地交换财务信息，这给企业利用这个数据平台提供了良好的条件，使得企业能够更好地完成年度绩效自评价报告，有助于国资委对监管企业考核与评价工作的完成。

(二)XBRL在国资监管领域的应用前景

未来XBRL技术的应用不但可以更好地满足未来国资委对于监管信息的需求，同时也为未来实现数据共享迈出了重要的一步。从国际实践上来看,全球已有越来越多的监管机构选择利用 XBRL 技术进行监管,这些实践也带来了非常良好的收益。因此,XBRL 技术的推广是"大数据"时代的必然趋势。在这种趋势的带动下,未来 XBRL 将在我国监管领域发挥越来越大的作用:一是国资委对国有企业的监管更及时;二是国资委处理分析监管数据的能力大大提高;三是各监管部门实现数据共享。

三、XBRL 技术在优化监管企业管理方面的应用

(一)XBRL 对监管企业报送监管报表的影响

对于监管企业而言,使用 XBRL 自动生成实例的软件服务,能帮助本企业从财务系统里自动、准确、快速地生成 XBRL 实例。这项服务可以压缩以往国有企业在制作报表过程中高昂的人力成本,减少大量用于整理、收集数据和制作报表的时间,降低人工采集大量数据的风险,更灵活地应对监管要求的变化,以更低的成本更好地满足各监管机构的监管需求。

(二)XBRL 在监管企业内部应用的前景

通过 XBRL 报告的自动产生,实现数据的基层客户端自动采集,进一步完善分析功能,将生成的 XBRL 数据更好地应用于数据分析,可以为监管企业的决策提供更有力的支持,为企业从容应对大数据时代做好准备。具体来说,XBRL 在监管企业的内部应用主要有以下几个方面:

(1)通过 XBRL 的内部使用,企业管理层可以实时查看各项财务数据,更及时地了解和掌握本企业的财务状况、经营成果、现金流量等基本经营情况。采用 XBRL,不管如何移动数据,相关的结构和背景都会随着数据一起移动,这就可以有效保证监管企业财务报告数据的准确和及时取得。

(2)通过 XBRL 的内部使用,可以简化监管企业内部的信息传递流程,实现信息的自动共享。XBRL 作为一种独立于平台的工具,可以帮助企业弥补内部各个系统之间的缺口。任何规模的企业及组织都可以用 XBRL 格式呈报信息,在组织内部进行数据共享,使得组织信息在组织内部不同部门之间更为透明,有助于消除监管企业中销售(市场营销)、营运和财务部门之间可能存在的"孤岛思维",使得企业内部以更为广泛的协作方式实现信息跟踪、分析和共享,这也有助于管理层更及时地发现组织内部控制或管理方面的缺陷。

(3)通过 XBRL 的内部使用，一方面监管企业管理人员可以大幅减少从同业企业报表中检索所需对比数据的时间，并且提高数据检索的准确性；另一方面企业管理人员也将有足够的时间对所检索到的数据进行分析。

总之，XBRL 的主要优势体现在财务报表制作和分析商业报告的各个方面，特别是可以自动、低成本、快速、可靠、准确地处理数据，更好地提高收集、分析信息的质量和提高决策的准确性。

(三)XBRL 在国际对标方面的前景

近几年来，国资委每年会投入一定的资源组织开展对标工作，主要是将监管范围内的企业与世界 500 强企业进行对标，并将对标结果反馈给相关企业。对标主要基于决算报表收集到的信息，针对财务指标和少量非财务指标如社会贡献率等(通过财务数据演算而来)进行。这一工作在每年都会持续开展，并且随着企业监管和经营管理要求的提高，以及国际环境的复杂，对标中所考量的指标也越来越细，越来越复杂。

随着 XBRL 技术在全球各地的推广，越来越多的企业加入到使用 XBRL 披露财务报告或上报相关监管信息的行列，这也为企业进行横向比较提供了广泛的数据资源。如仅 SEC 公开的 XBRL 格式的财务报告信息就逾 2000 万份，数据唾手可得，加上 XBRL 本身的技术特点——用简单的工具就能够打开 XBRL 实例文档，方便地提取需要的数据，这就让跨行业、跨地区、跨国家的比对变得十分简单。因此 XBRL 技术能够在很大程度上帮助国资委和出资企业在相关领域开展与国际数据的比对和分析。

第五章　国资委财务监管报表 XBRL 扩展分类标准的制定

一、国资委财务监管报表 XBRL 扩展分类标准项目范围

国资委财务监管报表 XBRL 扩展分类标准(以下简称“国资委扩展分类标准”)项目的目标，是针对企业财务决算报表，基于 XBRL 技术规范系列国家标准和企业会计准则通用分类，后续将在国有企业中推广实施。

通过对企业决算财务报表体系的分析，确定“国资委财务监管报表 XBRL 扩展分类标准”涵盖的财务决算报表的范围见表 5－1：

表 5-1 国资委扩展分类标准涵盖的财务决算报表的范围

序号	涵盖内容	数量
1	2013 年企业财务决算报表（2013 年度企业财务决算报表会计主附表、2013 年度企业财务决算报表财务情况表、主要分析指标表）	28 张报表
2	会计报表附注内容提要	150 项内容
3	财务决算专项说明内容提要	24 项内容
4	财务情况说明书内容提要	23 项内容
5	2013 年度境外子企业财务决算报表财务情况表（境外子企业基本情况表、境外机构基本情况表、境外经营项目基本情况表、主要分析指标表）	27 张报表
6	财务情况说明书内容提要	11 项内容

二、国资委财务监管报表 XBRL 扩展分类标准项目总体实施方法

根据对国资委扩展分类标准项目需求的理解和对项目范围的分析，设计项目总体实施方法如图 5-1 所示：

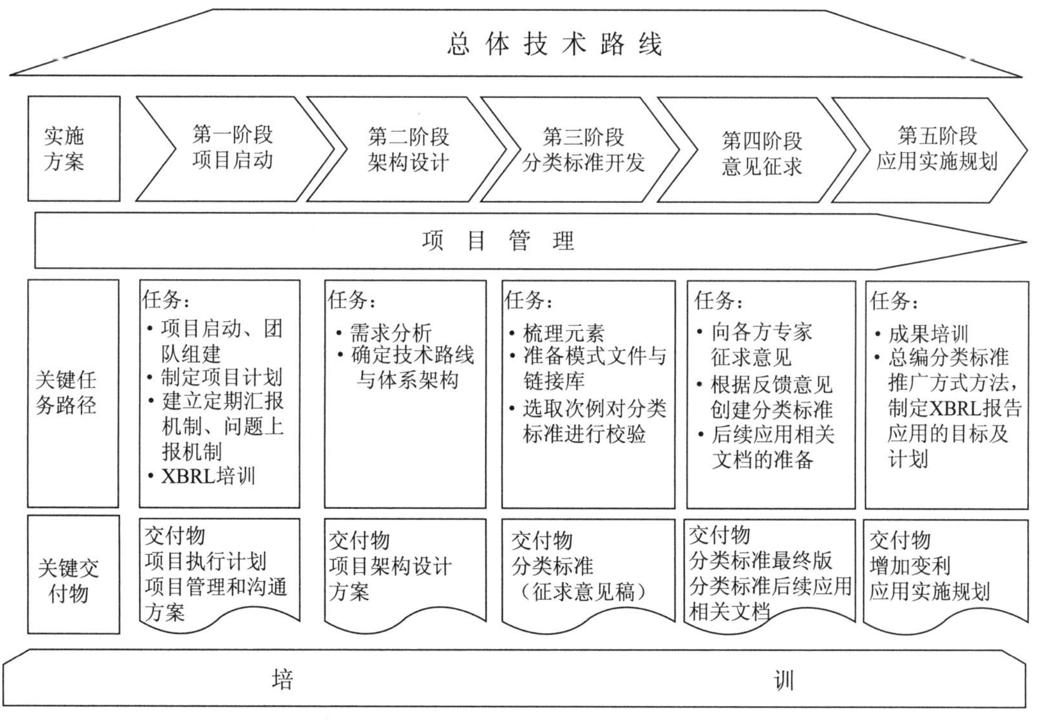

图 5-1 项目总体实施方法展示

项目总体方法的组成部分包括：

1. 总体技术路线

制定总体技术路线首先要考虑分类标准与我国已有的财政部 XBRL 分类标准体系及行业扩展分类标准的兼容性。具体而言，我们将继承财政部通用分类标准的核心模式文件，同时借鉴已有的行业扩展分类标准。在确定了分类标准制定的基础以后，需要重点考虑的技术问题包括是否保留用户可扩展性、入口文件的设置、行业的分类、标记的颗粒度和公式链接库的使用等。对于用户可扩展性，需要结合未来实施方式综合考虑。由于不同行业的企业报表格式不同，需要提供不同的分类标准以适应各个行业的需求，由此确定入口文件的设置也应以行业划分。标记的颗粒度要求直接关系到披露的方式和详细程度。通过公式链接库的使用，可以实现表内表间数据关系的校验。

2. 项目实施方案

在总体技术路线确定后，需要按总体技术路线确定项目具体实施方案。项目实施方案主要包括五个阶段：

(1)项目启动。

(2)架构设计。

(3)分类标准开发。

(4)意见征求。

(5)应用实施规划。

3. 项目管理

在该项目实施过程中，由于项目的跨领域特性，以及项目参与方包括国资委工作组、咨询方以及企业相关人员，所以有效的项目管理是项目成功的一个重要保障。主要通过两种手段确保项目管理的有效性：①找出项目的关键任务路径，并以此确定项目的时间安排与人员安排；②确定项目实施每个阶段的关键交付物，为每个阶段制定里程碑，确保项目每个阶段完成的质量。

4. 培训计划

由于 XBRL 是一个相对比较新的事物，在项目过程中，充分的培训变得十分重要，培训不仅包括在项目启动阶段针对项目组内部进行的有关 XBRL 技术和分类标准建设方法培训，也包括分类标准开发完成后对分类标准实施企业更广泛的培训。通过培训，可以让国资委内部以及相关人员能够正确地理解和认识 XBRL，了解 XBRL 能够解决的问题和带来的好处，从而为 XBRL 在国资委下属企业中推广和实施奠定良好的基础。

在分类标准发布之后，国资委、各实施企业相关人员需要进行分类标准使用的培训，系统学习如何实施企业的报送，并且探索如何更深层次地在企业内部应用分类标准。

三、国资委财务监管报表 XBRL 扩展分类标准项目具体开发步骤

（一）国资委财务监管报表 XBRL 扩展分类标准项目启动

1. 国资委财务监管报表 XBRL 扩展分类标准项目团队

国资委扩展分类标准项目启动阶段的主要任务是组建项目团队和编制项目总体计划。参与国资委扩展分类标准项目的团队主要包括国资委扩展分类标准项目国资委团队、国资委扩展分类标准项目普华团队以及 XBRL 国际专家。

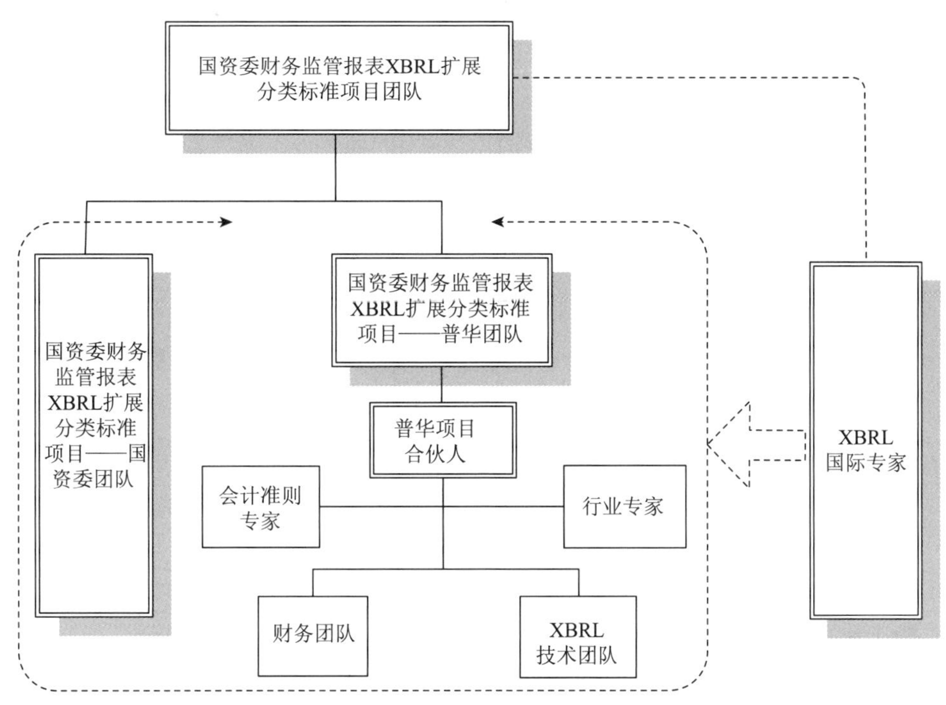

图 5-2 项目团队

2. 国资委财务监管报表 XBRL 扩展分类标准项目计划

项目计划总体而言分为项目启动、架构设计、分类标准开发、意见征求以及应用实施规划五个阶段（见表 5-2）：

表 5-2　非上市企业中长期激励方式的适用性

项目计划	
实施步骤	时间安排
第一阶段　项目启动	
1　项目启动、团队组建	2 周
2　制定项目计划	
3　制定定期汇报机制、问题上报机制	
4　XBRL 培训	
第二阶段　架构设计	
1　需求调研	2～3 周
2　确定技术路线和体系架构	
第三阶段　分类标准开发	
1　分析梳理元素	8 周
1.1　元素梳理、匹配通用分类标准、定义扩展元素、确定标签并完善元素清单	
1.2　将元素梳理结果交由国资委方面评议，进行必要更新	
2　准备模式文件与链接库	9 周
2.1　设计入口文件	
2.2　设计行业元素分类	
2.3　创建分类标准模式文件、链接库和入口文件	
2.4　对分类标准模式文件和链接库进行校验	
2.5　创建公式链接库并校验	
3　选取样本企业数据，对分类标准进行验证，进一步完善分类标准	1 周
第四阶段　意见征求	
1　向各方专家征求意见	1 周
2　征求意见并确保对全部反馈意见做出响应	1 周
3　完成分类标准最终版	1～2 周
4　编写实施方案和指南	2 周
第五阶段　应用实施规划	
1　成果培训	1 周
2　总结分类标准推广方式方法，制定 XBRL 报告应用的目标及计划	1 周

3. 国资委财务监管报表 XBRL 扩展分类标准项目 XBRL 内部培训

在国资委扩展分类标准项目启动阶段，团队内部进行了第一次针对财务监管报表及

XBRL 开发技术的培训。通过对《2013 年度企业财务决算报表编制手册》的系统研习，熟悉了国资委财务监管报表 XBRL 扩展分类标准项目涵盖的财务报表的内容和结构及各财务报表的表内和表间计算关系，并对国资委要求的企业财务报表报送软件——久其报表进行了初步了解。同时也认真学习了财政部颁发的《企业会计准则通用分类标准编报规则》，为项目之后的架构设计和分类标准开发做了充分的智力储备和铺垫。

(二)国资委财务监管报表 XBRL 扩展分类标准架构设计

1. 国资委财务监管报表 XBRL 扩展分类标准项目的需求分析

根据对需求的理解，最终完成的分类标准应具备以下两个基本功能：

(1)与项目范围中确定的监管报表保持一致，满足国资委对企业财务数据的收集需求——通过逻辑设计实现。

(2)最终的分类标准能够符合更多企业的实际情况，企业在填报时不需要对分类标准做很多修改，最大程度地减少企业未来填报的工作量——通过物理结构实现。

2. 国资委财务监管报表 XBRL 扩展分类标准的具体架构设计

(1)确定国资委财务监管报表 XBRL 扩展分类标准的架构基础。根据最终确定的国资委扩展分类标准项目的范围，在《2013 年度企业财务决算报表编制手册》的基础上进行分类标准的开发。通过对《编制手册》中报表的分析，发现其中 6 张会计主附表与财政部发布的企业会计准则通用分类标准中的披露方式基本一致，其他很多会计科目的详细披露重合度也较高，这意味着可以借鉴财政部通用分类标准，继承其中的元素，将国资委扩展分类标准视为财政部通用分类标准、银行业扩展分类标准和石油行业扩展分类标准在国有企业监管应用方面的一个扩展。

财政部通用分类标准继承于 IFRS 分类标准，从核心模式文件引用模式来看，采用绝对路径引用方式引用 IFRS 核心模式文件。财政部通用分类标准沿用了 IFRS 分类标准中与中国企业会计准则等价的元素，然后对一部分中国企业特有的元素进行了扩展，并在此基础上扩展了全部的链接库。财政部通用分类标准和 IFRS 分类标准之间的继承关系如图 5－3 所示：

在国资委扩展分类标准的项目中，继承了财政部通用分类标准的核心模式文件，同样也借鉴了上述财政部通用分类标准与 IFRS 分类标准之间的继承关系——引用财政部通用分类标准中的核心模式文件。对于扩展分类标准中的元素，我们沿用财政部分类标准中可以进行匹配的元素；对于链接库，我们全部进行重新扩展。国资委分类标准和财政部通用分类标准及各行业扩展分类标准之间的继承关系如图 5－4 所示：

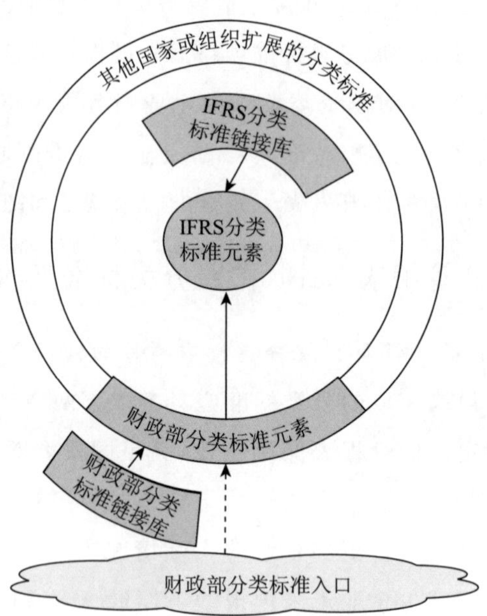

图 5-3　财政部通用分类标准和 IFRS 分类标准之间的继承关系

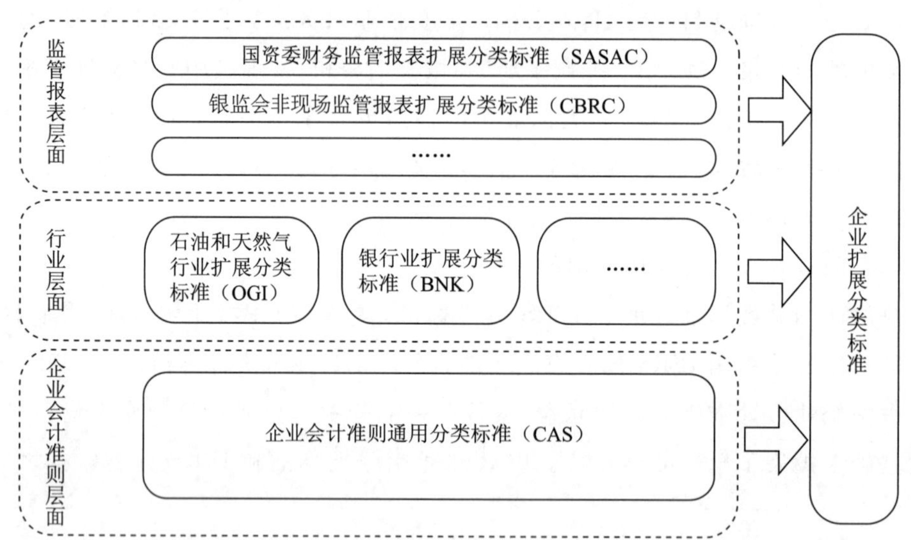

图 5-4　国资委分类标准和财政部通用分类标准及各行业扩展分类标准之间的继承关系

(2)国资委财务监管报表 XBRL 扩展分类标准架构设计的技术路线。XBRL 有一套较为复杂的技术标准，其复杂程度不仅在于其技术本身，更多地在于需要灵活地运用该项技术去建模和解决企业财务决算报表会计披露和行业监管等方面的业务问题。与此同时，在该项目中还需要考虑分类标准整体架构的可扩展性和对于企业会计信息化和国资委监管变化的适应性，与财政部 XBRL 分类标准体系的兼容性，兼顾技术先进性与中国国情实际的结合等方面的因素。

我们认为，在论证和制定项目技术路线过程中需要着重考虑如下问题：

①用户可扩展性及其实现。企业财务决算报表中存在大量需要报送企业根据自身实际情况添加的内容。例如企财表 11 中，需要企业列出对外长期股权投资项目明细情况，所填列的项目数目并不固定。考虑到企业扩展项目的数目的不确定性，根据《可扩展商业报告语言（XBRL）技术规范第 1 部分：基础》（GB/T 25500.12010），在国资委财务监管报表扩展分类标准中建议使用元组（Tuple）来建模。元组模型的引入，使得报表编制者可以在不修改现有的国资委财务监管报表扩展分类标准的前提下，在实例文档中增加对应浮动项目，从而实现浮动行项目的填写。

②行业分类标准问题。对于行业分类，现行国家标准是《国民经济行业分类》（GB/T 4754—2011）。由于国标中行业类别按照经济活动的性质进行划分，因此每一个行业类别中的企业财务报表会表现出很强的同质性。另外，财政部目前按照国家标准发布了相应的行业扩展分类标准（包括石油和天然气行业扩展分类标准、银行业扩展分类标准），如果国资委也按照国家标准对行业进行分类，可以为以后财政部在进行行业扩展时提供借鉴。

③标记的颗粒度。文本块元素类似一个“容器”，可以利用 HTML 代码对复杂的披露内容进行标记，例如表格等。对于国资委扩展分类标准，需要在以下两种情景下考虑是否使用文本块元素：一是是否需要对每一个报表和会计附注使用文本块元素进行整体标记。目前，企业会计准则通用分类标准和行业扩展分类标准对会计附注进行了整体标记，国资委财务决算报表、财务决算专项说明以及境外子企业决算报表则属于全新的内容，需要确定是否对它们也进行整体标记。二是在会计报表附注内容提要中，对一部分披露要求以表格的形式做出了细致的规定，而对另一部分披露要求仅做出了文字说明。针对这些仅做出文字说明的要求，企业可能采用表格或文字的形式进行披露，难以确定分类标准应当如何建模、使用哪些元素。因此，可以考虑使用文本块元素对这类披露进行整体标记。

④公式链接库的使用。XBRL 公式链接库可以实现加、减、乘、除、条件判断等运算和逻辑功能。国资委财务决算报表中存在大量表内校验、表间校验公式，其中一部分可以通过计算链接库实现，其他则需要借助于公式链接库。使用公式链接库可以实现国资委财务决算报表中的绝大部分校验要求，但是参考以往银监会非现场监管报表扩展分类标准的项目经验，制作公式链接库具有以下难点：一是需要在扩展分类标准的列报链接库、定义链接库等完成之后开始，难以同步进行；二是工作量大，技术性强。

(3)国资委财务监管报表 XBRL 扩展分类标准的整体架构图。通过以上对需求的分析和对技术问题的讨论，我们将国资委扩展分类标准的整体架构设计如图 5－5 所示：

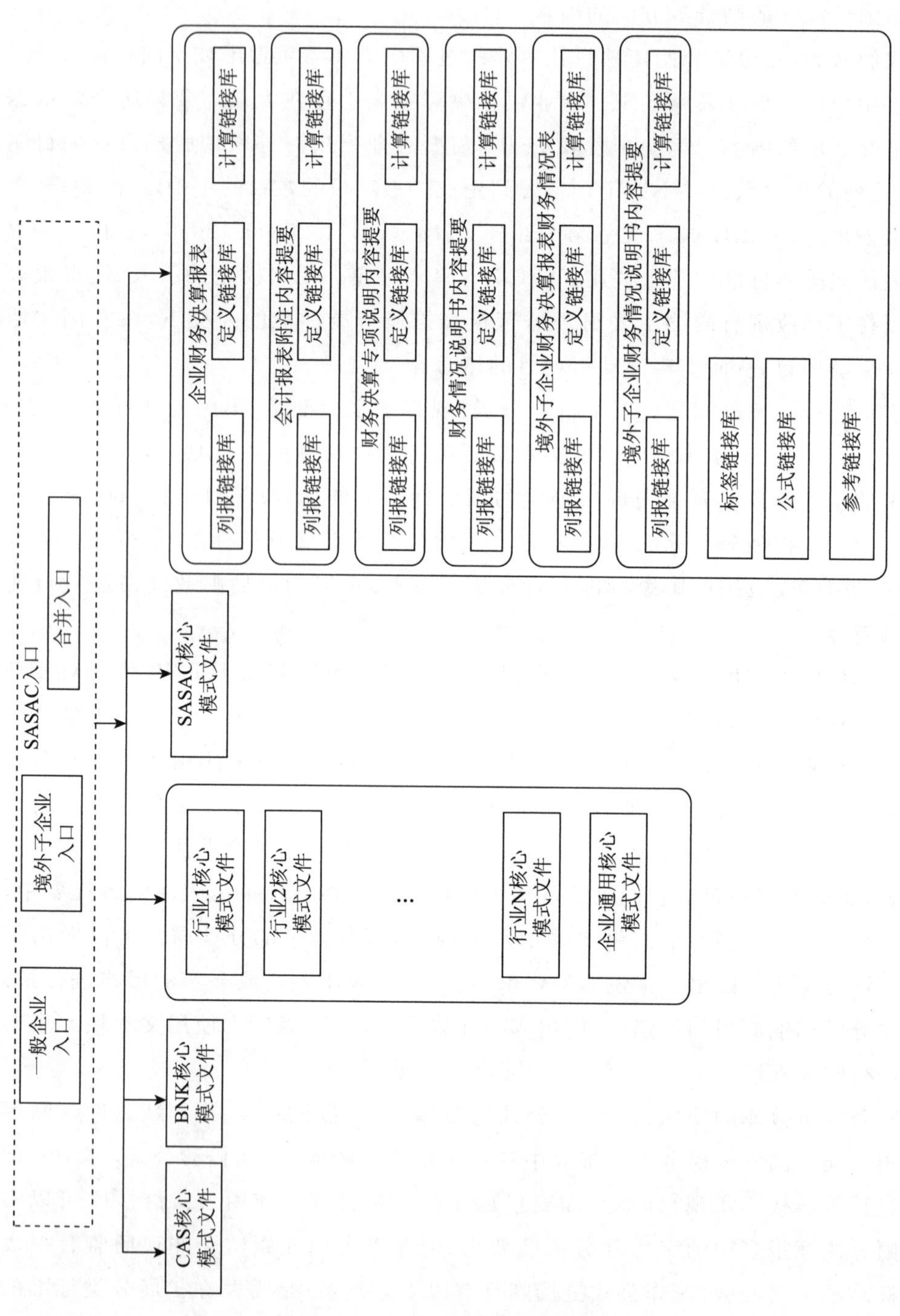

图5-5 国资委扩展分类标准架构

国资委扩展分类标准是建立在财政部通用分类标准、银行业扩展分类标准、石油和天然气行业扩展分类标准的基础之上的，这体现在国资委扩展分类标准对财政部通用分类标准、银行业扩展分类标准、石油和天然气行业扩展分类标准元素的引用上。

(三)国资委财务监管报表 XBRL 扩展分类标准开发

根据我们对需求的理解，国资委扩展分类标准的开发工作包含三项主要任务，分别为：①创建元素清单及部分元素属性列表；②创建国资委扩展分类标准的模式文件和链接库；③选取样本企业对分类标准进行校验。具体开发方式如下：

1. 国资委财务监管报表 XBRL 扩展分类标准的元素梳理

在国资委扩展分类标准的开发阶段，我们首先进行的是元素梳理工作。在元素梳理过程中，我们按照标准法结合实务法依次完成元素识别、元素属性确定、与财政部及行业分类标准元素匹配、对元素是否属于特定行业进行识别、元素合一化梳理以及元素标签确定工作。

(1)按照标准法进行元素识别。我们按照标准法，逐个对企业的财务决算报表进行梳理，提取其中的概念(即元素)。梳理时首先需要区分维度表格和非维度表格、普通元素和维度元素，维度表格需创建表达结构的维度元素即“虚元素”；其次提取出元素，并记录元素在《编制手册》中位于哪一张表，以及在该表格中的相关填报说明(是否为某类报表或企业专用)。

(2)确定元素属性。按照标准法进行元素梳理得到元素清单后，要结合元素在企业财务决算财务报表中的情况，确定元素的关键属性。元素关键属性可以分为两类：一类为“借/贷方”、“时点数/期间数”等与元素会计定义相关的属性；另一类为“是否 Abstract”等与元素在报表中使用方式相关的属性。在确定元素与会计定义相关的属性时，我们需引进会计实务专家进行复核。

(3)与财政部及行业分类标准元素进行匹配(结合实务法)。此步骤的任务主要是将第一与第二步骤中确定的元素与财政部及行业分类标准元素进行匹配。在元素匹配过程中，我们需要辨识梳理出来的元素与财政部及行业分类标准中的元素是否为同质元素，如果经判断两者为同质元素，则可将该元素标记为引用元素，并直接采用财政部及行业分类标准中的元素名称。

(4)对元素是否属于特定行业进行标记。由于国资委财务监管报表中一些科目为某些类型的企业专用，如资产负债表中“结算备付金”为金融类企业专用，这些科目对应的元素需要单独标记出来，为设计各个行业使用的扩展分类标准做铺垫。这些特定行业元素的标记需要国企财务专家及行业专家的确认。

(5)元素合一化梳理(结合实务法)。元素匹配工作完成后，我们就可以对梳理企业财务决算报表得到的元素进行合一化梳理，对重复元素进行合并，对复合型元素进行分拆。

(6)元素标签的确定。对于上述步骤中确定的无法与财政部及行业分类标准匹配的非引用元素，我们将这些元素的中文名称转变为中文标准标签，翻译后得到英文标准标签，并根据英文标签，经过命名规则(LC3 规则)转换得到相应英文元素名称，命名过程中我们同时需要考虑遵循《企业会计准则通用分类标准标签规则》中有关元素名称的规定。

2. 国资委财务监管报表 XBRL 扩展分类标准模式文件和链接库的创建

完成国资委扩展分类标准的元素梳理后，我们将进行相应的模式文件和链接库的创建工作。在综合考虑国资委扩展分类标准与财政部通用分类标准的继承关系及国资委扩展分类标准架构两个方面影响的基础上，我们将完成分类标准的构建，具体步骤如下：

(1)确定扩展链接角色(ELR)。首先，我们根据国资委企业财务决算报表体系，以及确定的 ELR 定义规则，确定每个报表的 ELR 编码及名称。ELR 的确定是完成分类标准构建的关键，因为 ELR 的确定是建立链接库的基础。

根据财政部《企业会计准则通用分类标准指南》的要求，“监管扩展新增的扩展链接角色编码可使用七位编码，首位代表特定监管机构”。在设计扩展链接角色(ELR)时，分类标准考虑了按照企业财务决算报告编号和结构检索链接库的功能。分类标准给每个扩展链接角色定义了一个七位编码。企业财务决算报告 XBRL 扩展分类标准 ELR 编码规则如下：①第一位为“2”，表示监管机构为国资委；②第二位表示企业财务决算报表主体的类别，其中企业用 1 表示，境外子企业用 2 表示；③第三位表示报表所在附件的编号；④第四、五位表示报表中具体部分的编号，例如：01 表示企财一或者附注一或者第一部分，02 表示企财二或者附注二或者第二部分，以此类推；⑤第六、七位表示报表中具体部分的子项目编号，例如：01 表示某附注或者某部分的第一节，02 表示某附注或者某部分的第二节，若该部分无子项目或无须对子项目进行细分，则为 00，以此类推；⑥若企财表与企财外表内容完全一致，则以企财表编码为准。

(2)生成核心模式文件。模式文件是定义分类标准中元素和扩展链接角色等基础数据的文件。我们将利用 XBRL 分类标准开发工具，把梳理出来的元素导入工具，生成核心模式文件(Schema)。

（3）确定展示、定义、计算关系。根据上述步骤确定的元素清单，ELR 以及企业财务决算报表，确定元素间的展示、计算和定义关系。其中，确定展示关系的难点在于定义展示关系时恰当定义元素的首选标签，确定定义关系的难点在于所有的 ELR 中定义关系的建立方式需保持一致，确定计算关系的难点在于需充分考虑企业财务决算报表中复杂的表内与表间关系。

（4）确定公式关系。基于上一步，计算关系无法实现的数据核对关系，则使用公式关系进行建模。在此过程中，我们面临的主要挑战在于复杂的公式链接库及相关的底层 XML 技术。

（5）生成链接库。链接库是用来定义元素间关系的文件，包括：列报链接库（Presentation linkbase）、定义链接库（Definition linkbase）、计算链接库（Calculation linkbase）、标签链接库（Label linkbase）、公式链接库（Formula linkbase）等。按照梳理元素的列报关系、定义关系和计算关系，使用 XBRL 分类标准开发工具生成相应的链接库文件（XML 文件）。

（6）设置入口文件。依据国资委扩展分类标准架构，设置入口文件将核心模式文件和链接库文件连接起来，最终完成分类标准架构体系。

在此过程中，我们要注意 XBRL 分类标准的底层文档是完全结构化的文件，各个文件的逻辑形式与物理构成之间存在一定的差异，而目前没有软件能够在没有人工判断的条件下仅凭逻辑定义的文件自动生成全部的物理文件，因此本阶段需要大量细致的人工判断和操作，并需要不断在软件工具中进行测试以确保过程的正确性，这也是国资委扩展分类标准模式文件和链接库创建过程中的难点所在。

我们将根据国资委提供的样本企业财务决算报表，按照创建上下文、创建单位、赋予事实值的步骤进行实例文档的创建和填写。填写过程中，我们就可能会发现前两个步骤开发出来的扩展分类标准的包括结构性错误、元素属性错误、公式链接库错误等在内的一些错误。据此我们可以对国资委扩展分类标准进行进一步的修改，确保扩展分类标准的准确性和实用性。

（四）国资委财务监管报表 XBRL 扩展分类标准的意见征求及修订

在正式发布国资委扩展分类标准之前，需要先发布其征求意见稿，广泛征求各方专家意见。拟将国资委财务监管报表 XBRL 扩展分类标准（征求意见稿）发给相关政府部门、XBRL 专家、中介机构以及国有企业征求意见，并在意见反馈基础上确立分类标准终稿。根据收到的反馈意见，与国资委项目工作组充分讨论，形成针对分类标准的修订意见并在此基础上完成国资委扩展分类标准的修改，提供国资委扩展分类标准的最终版，以及后续应用相关文档，主要包括分类标准的介绍、分类标准的实施方案以及企业具体实施指南等。

(五)国资委财务监管报表 XBRL 扩展分类标准的应用实施规划

1. 提供分类标准的成果培训

在正式分类标准出台后，我们将组织第二次针对分类标准成果的培训，这个培训的目的是让各相关方了解 XBRL，了解国资委扩展分类标准和国资委扩展分类标准为相关企业信息披露和国资委监管带来的好处，从而为下一步在国资委所属企业进一步推进 XBRL 打下更好的基础。

2. 实施企业提交 XBRL 报告的方法

目前 XBRL 实施企业提交 XBRL 报告的常见方法主要有两种：第一种是在相关监管单位官方网站登录一个单一、安全的系统进行报送同时进行校验；第二种是对企业财务软件进行拓展更新，并同时在监管网站进行注册获取认证，通过财务软件的直接进行报送。以上两种报送方式各有优劣，我们将在下文逐一分析：

(1)网站系统登录报送。网站系统登陆报送是目前主流的报送方式，这种报送方式可以在企业报送时进行企业扩展分类标准和实例文档的校验，确保报送的文档符合 XBRL 的相关技术规范。同时，企业报送效率较高。这种报送方式也为企业及其投资者建立标准化的数据访问方式提供了便利。目前，财政部、美国证监会(SEC)都采用这种方式。然而，使用单一的系统进行报送增大了系统压力，在报送忙季时会大大增加系统负荷。另外，这种方式下系统的安全维护也至关重要。

(2)通过财务软件进行报送。企业可通过财务软件直接向多个政府机构同时报送，大大简化企业和政府间的报送操作。这种报送方式适用于需要企业同时向多个政府机构报送的国家。这种报送方式简便快捷。企业在报送前就已经完成对 XBRL 报告的自检，减低了监管机构的工作压力。但是，这种报送方式的前期投入较大，企业接受速度慢，可推广性较低。

综上所述，建议使用第一种报送方式(网站系统登录报送方式)。第一种报送方式是目前国际上的主流报送方式，为中国企业与国际接轨建立了桥梁。同时，国资委其下企业繁多，都处在不同的发展阶段，对于 XBRL 应用和掌握情况不尽相同。第一种报送方式由监管机构把关，易于统一标准。通过特定系统收集存储数据并将数据标准化也为日后更深发掘 XBRL 技术的潜力埋下伏笔。

3. 实施企业制作 XBRL 报告所需软件工具

对于实施企业而言，制作 XBRL 报告需要以下两个方面的软件工具的支持：

(1)实例文档创建和维护软件。

(2)实例文档校验软件。

目前市场上提供的分类标准开发和维护的软件工具多数都同时提供以上两种功能。大体而言，这些软件可分为三种模式：手工录入转换模式、嵌入 XBRL 格式转换器模式以及内嵌集成 XBRL 适配器模式。在市场上流行的软件中，第二种和第三种模式为主流。目前中国国内还没有成熟可商用的 XBRL 开发软件。在国际上，主流的分类标准开发项目使用较多的开发软件主要有 CoreFiling 公司的 SpiderMonkey 以及 Fujitsu 公司的 XWand。

4. 国资委财务监管报表 XBRL 扩展分类标准在企业中的实施方式

根据国际监管机构的实践经验，XBRL 分类标准实施方式主要分为分阶段实施方式和同步实施方式两种模式：

(1)企业分阶段实施方式：类似于项目开发中的螺旋模型，它可以满足试点后的新增变更，每一次试点都可以看作是一次 XBRL 分类标准的版本升级。

(2)所有企业同步实施方式：类似于项目开发中的瀑布模型，它强调前期的调研和需求分析，为保证 XBRL 分类标准的质量可以忽略人力、时间、资源等成本因素。

基于项目的局限性，我们需要充分且全面地考虑到各种影响项目按期完成的因素。通过分析我们推荐在 XBRL 推进的过程中应该采用分阶段实施方式，试点先行，稳扎稳打，抓准问题，解决问题。根据各类行业机构信息化水平的差异，设计不同的方案推进 XBRL 在行业内部的使用。对于规模较大的企业，由于信息化基础较好，内部管理相对复杂，更有能力和也更有需求将 XBRL 深入应用到企业报送环节，实现集成化、自动化的 XBRL 信息供应链。而对于规模较小的企业，信息化程度较低，管理上也相对简单，可以考虑前期使用填报软件的方式进行 XBRL 报送，今后在各方面条件较成熟时择机推动 XBRL 更深入地应用。具体来说，国资委扩展分类标准可以先在 113 家央企中实施，然后逐步推广到全国国有企业。

5. 国资委财务监管报表 XBRL 扩展分类标准的成果利用

国资委在完成企业 XBRL 格式财务数据的收集后，可以利用配套软件将这些企业组成的数据库与国内、国际其他企业的财务数据库进行整合，然后利用 XBRL 数据分析软件对各企业、行业的财务指标进行定制化的实时分析，便捷地实现不同企业间的横向指标对比以及指标的预警，提高国资委对下属企业财务监管的效率和效果。

第六章　国资委财务监管报表 XBRL 扩展分类标准组织实施方案

国资委财务监管报表 XBRL 扩展分类标准的实施是一个长期、渐进的过程，需要制定一个目标明确、流程清晰的实施方案。实施方案的设计需在国资委财务监管需求的基础上，充分考虑 XBRL 的技术特点和企业信息系统的实际情况。本章我们将在概述一节中说明国资委实施 XBRL 的目的、实施的重点和实施推进的策略，在后续章节对实施的两大重点，即实施范围与规范协同、应用体系及实现技术进行专题介绍。

一、实施方案概述

(一)实施目标

国资委实施财务监管报表 XBRL 扩展分类标准的整体目标是在国资委全体系中应用 XBRL，通过 XBRL 进行财务监管报表的编制、报送、校验和应用。国资委实施 XBRL 扩展分类标准的具体目标包括建立适用于国资委体系的财务监管报表 XBRL 扩展分类标准、在国资委体系的全范围内使用 XBRL 实现财务决算预算报表的编制、上传、存储、校验和分析。制定国资委 XBRL 扩展分类标准可为国资委监管企业提供财务信息收集和分析的标准，同时也有利于监管企业进一步规范财务信息，实现财务信息的透明化和公开化。短期内，国资委实施财务监管报表 XBRL 扩展分类标准的目标是在试点企业应用 XBRL 实现年度决算报表的编制工作；长期目标是在所有国资委履行出资人职责的企业使用 XBRL 实现决算、预算报表(包括年报和月报)的编制工作，同时建立一套完善的 XBRL 应用体系。

(二)实施重点

国资委在实施 XBRL 的过程中，不但要充分考虑国资委、监管企业和软件厂商等相关者的需求以及实施 XBRL 对当前应用体系的重大影响，还要满足与其他监管机构的 XBRL 应用协同等诸多需求。明确实施 XBRL 的重点，有利于国资委合理调动资源，在规定时间内达到预期的效果。

本次国资委 XBRL 扩展分类标准的实施重点主要有以下两方面：一是国资委扩展

分类标准实施的范围和与其他分类标准的规范协同；二是建立适用于国资委的XBRL应用体系和研究相应的实现技术。

(三)实施推进策略

XBRL的应用是一个需要长期持续投入的过程，不可能一蹴而就。国内和国际上的监管机构在推广XBRL时，大多采取了“逐步推进、逐层披露”的原则。因此，综合考虑国资委财务监管报表信息量大、监管企业数量多且组织结构复杂、XBRL应用要求高等众多因素，在国资委履行出资人职责的企业中推进实施XBRL时，亦建议采取“逐步推广、逐层披露”这一合理可行的方式。在逐步推广、逐层披露的实施过程中，国资委应根据企业实施反映的问题不断更新和完善国资委财务监管报表XBRL扩展分类标准。国资委履行出资人职责的企业较多，在推广XBRL的过程中，可采用先在部分企业试点、后在整个体系中实施的推广模式。在选择前期试点企业的过程中，可参考以下原则：一是试点企业具有一定的行业代表性；二是试点企业具备完整规范的信息管理系统，特别是财务信息管理系统。

一、实施范围与规范协同

(一)实施范围

国资委财务监管报表XBRL扩展分类标准实施的范围分为组织层面的范围和信息层面的范围。

1.实施企业范围

本次国资委实施财务监管报表XBRL扩展分类标准的企业范围最终将涵盖所有中央企业和地方国企，包括他们的各类子企业。但在实施的初步阶段，参照国内外监管机构实施XBRL的最佳经验，建议选择10～20家中央企业进行试点，同时鼓励其他企业在自愿的基础上组织资源参与实施。在实施的中后期阶段，强制要求符合条件的企业参与实施，并最终在国资委体系的全范围内实现XBRL格式财务监管报表的报送。

2.实施信息范围

国资委监管报表按计划和执行结果分为预算和决算两种，按报送期间分为年报和月报两种。在实施的初步阶段，建议仅针对年度决算报表进行试点，完整覆盖企业财务决算报表的内容。

(二)规范协同

实施国资委扩展分类标准，就必须准确了解国资委扩展分类标准与其他相关规范的关系。结合第一章介绍的XBRL技术体系的三层结构(技术规范、分类标准和实例文档)，我们知道XBRL技术体系的第二层为“分类标准”，是XBRL财务报告的语义表达，承载着XBRL格式财务报告的业务规则。

1.与通用分类标准的关系

国资委扩展分类标准是基于财政部企业会计准则通用分类标准设计的，与通用分类标准一样，遵循XBRL技术规范国标这一共同的XBRL技术基础。国资委扩展分类标准引用了通用分类标准中的核心模式文件，对于通用分类标准中已有的元素，国资委监管报表XBRL扩展分类标准直接引用；对于国资委监管专属的且在通用分类标准中不存在的元素，采用与通用分类标准一致的方法创建新元素并定义了相关关系。

2.与行业扩展分类标准的关系

行业扩展分类标准是在企业会计准则通用分类标准的基础上结合特定行业的业务规则和披露要求制定的分类标准，位置介于通用分类标准和企业扩展分类标准之间。目前，我国制定的行业扩展分类标准主要有石油天然气行业扩展分类标准和银行业扩展分类标准。行业扩展分类标准可显著降低实施通用分类标准的扩展工作量，同时提升特定行业XBRL格式财务报告信息的一致性和可比性。由于国资委监管的企业涉及的行业较多，因此在制定国资委扩展分类标准时充分借鉴了各行业扩展分类标准中的元素，包括金融业、采矿业和房地产业等。

3.与其他监管扩展分类标准的关系

国资委扩展分类标准与银监会非现场监管报表扩展分类标准一样，属于监管扩展分类标准的一种，都是在通用分类标准的基础上建立的。国资委扩展分类标准、银行监管报表分类标准由于采用与通用分类标准相同的建模方法，且沿用了通用分类标准中的元素，因此，同一企业在对财政部、银监会和国资委分别报送XBRL报告中，对于相同的元素不用重复定义，也无须重复标记报送的数据等信息，从而提高了企业信息化工作的集成度。同时，财政部、银监会、国资委等政府和监管部门也具备了监管“信息共享、互联互通”的规则基础，为会计监管和银行、国资委监管效能的提升和跨部门监管合作提供了有利条件。

三、XBRL应用体系及配套技术

国资委XBRL扩展分类标准的有效应用，涉及国资委、监管企业、相关咨询机构和软件厂商等多方参与者，需要建立一个合理规范的应用体系，同时明确各方的职责，以保证 XBRL 信息规范、高效的传递。理想的 XBRL 应用体系应保证 XBRL 信息准确、有效、自动地传递，在充分发挥新技术优势的同时尽量减少对现有流程的改变，以降低实施难度，控制实施风险。在国资委现有的财务监管报表应用体系的基础上，结合 XBRL 的应用特点，通过 XBRL 这一开放的数据格式和标准实现国资委财务监管报表的下发、编制、报送和应用。

(一)国资委组织实施 XBRL 方案

国资委组织实施 XBRL 方案主要由制定扩展分类标准、下发扩展分类标准、收集和校验企业 XBRL 文件、存储和应用 XBRL 信息四个环节构成，覆盖了国资委应用 XBRL 实现财务监管的整个信息供应链。

1. 国资委扩展分类标准的制定

XBRL 分类标准定义了财务报告中各要素的属性及其相互之间的关系，相当于一部会计要素“词典”，是整个 XBRL 应用流程中最为核心的部分。

国资委扩展分类标准的制定需严格遵循 XBRL 国际组织颁布的 XBRL 技术规范。同时，为了提高扩展分类标准的实用性(与其他分类标准协同能够促进 XBRL 信息的交流与互动)，国资委可依据财政部企业会计准则通用分类标准这一普遍被应用的基础，结合国资委监管报表的特殊需求进行编制。

制定国资委扩展分类标准的主要内容如下：

(1)调研国资委应用 XBRL 实现财务监管目的的需求，确定分类标准涵盖的信息范围，即所包含的国资委财务监管报表中的内容。

(2)分析财务监管报表的结构和内容，确定分类标准的制定模式，设计分类标准的架构。

(3)深入分析财务监管报表的内容，将报表中的项目转化为一个个元素，建立元素清单。

(4)将梳理出的元素清单与企业会计准则通用分类标准、行业扩展分类标准和其他监管报表扩展分类标准中的元素进行匹配，梳理出需扩展的元素。

(5)对于其他分类标准中已存在的元素，采取沿用的方式进行定义；对于国资委专属的元素，采取扩展的方式进行定义，同时确定扩展元素的属性，包括元素名称、ID、借贷属性、元素类型等。

(6)基于元素、报表之间的逻辑关系设计链接库，包括列报链接库、定义链接库、计算链接库、标签链接库、参考链接库。监管报表中复杂的计算关系通过公式链接库实现。

(7)校验国资委扩展分类标准，修正语法和语义错误。

(8)选取样本企业数据验证国资委扩展分类标准，根据验证结果进一步修改和完善扩展分类标准。

2.国资委扩展分类标准的下发

国资委 XBRL 扩展分类标准设计完成之后，应及时下发至国资委履行出资人职责的企业，供其作为创建企业扩展分类标准和编制企业实例文档的参考。

(1)建立国资委层面的 XBRL 应用电子平台。在应用 XBRL 的初步阶段，国资委尚未建立统一的 XBRL 应用平台，可将扩展分类标准打包发布到国资委官方网页上供企业下载使用。采用网上发布的方式，实现的技术难度较小，国资委无须投入额外的成本即可完成扩展分类标准的发布。采用这种方式的另一好处是提供 XBRL 服务的咨询公司和软件厂商等第三方机构无须额外登记即可下载并查看国资委 XBRL 扩展分类标准，了解其技术架构和制定细节，从而为企业提供更好的服务。

在应用 XBRL 的成熟阶段，国资委应建立统一的 XBRL 应用平台，扩展分类标准可通过统一平台下发。采用应用平台下发的方式需要投入一定的开发和维护成本，但由于应用平台的相对封闭性，XBRL 信息的安全更有保障，也便于分类标准版本的控制和维护。如果统一的 XBRL 应用平台能够同时实现 XBRL 信息的上传、校验和分析，对于国资委和企业来说，分类标准的下发也将与应用 XBRL 的其他环节更具协同效应。此外，通过统一的 XBRL 应用平台，国资委还可以实现对企业编制 XBRL 文件的指导工作。

(2)制定国资委扩展分类标准的编制和报送规则。XBRL 报表编制和报送规则的确立可以规范企业编报 XBRL 财务报告行为，保证 XBRL 格式的财务报告在国资委和各集团的监控下得到一致的贯彻和实施，从而被高质量地完成。编制和报送规则包括两方面的内容：一是统一确定企业 XBRL 报表的格式、内容和口径；二是统一企业 XBRL 报表的编制周期和报送周期。编制和报送规则应对企业编制 XBRL 文件的一般性技术原则、扩展分类标准模式文件规则、扩展分类标准链接库规则、实例文档规则等进行一一规定。

(3)对企业编制 XBRL 文件的指导和培训。对于初次实施 XBRL 的企业来说，XBRL 是一门技术性较强的语言，使用根据国资委财务监管报表制定的扩展分类标准来编制企业 XBRL 文件更是极具挑战性的工作。国资委组织相关专业人员对企业进行指导和培训，可以在短时间内让企业理解国资委应用 XBRL 的意义(包括 XBRL 能给企业带来的好处)、国资委扩展分类标准的使用方法和使用规则、企业编制 XBRL 文件的流程和技巧。国资委对企业编制 XBRL 文件的指导和培训可由国资委牵头发起,具体工作由相关咨询机构和软件厂商负责。

3.国资委 XBRL 信息的收集和校验

企业完成国资委财务监管 XBRL 报表之后,会向国资委提交 XBRL 文件。国资委使用某种方式或平台工具收集企业报送的 XBRL 压缩包文件,同时对其进行校验,对于校验不合格的 XBRL 文件要求企业重新编制,以保证国资委用来考核和评价企业的数据真实、准确。

(1)收集企业报送的 XBRL 文件。收集企业报送的 XBRL 文件的方式有多种,传统的方式是通过电子邮件、光盘或者闪存驱动器,逐步通过国资委建立 XBRL 应用电子平台实现 XBRL 信息的收集。在设计和开发 XBRL 应用的电子平台时,包含网站系统登录报送的所有功能,并加入权限控制模块,企业拥有上传、查看反馈的权限,国资委拥有查阅、批示的权限。

(2)校验企业报送的 XBRL 文件并反馈结果。校验 XBRL 文件是保证 XBRL 信息质量的重要手段。企业在上传 XBRL 文件之前需要对编制的 XBRL 文件进行校验,国资委在进一步分析和应用企业报送的 XBRL 文件之前,也要进行校验工作,在最后环节把控质量,以督促企业严格遵循相关技术规范和编报规则。

XBRL 校验包括基于 XBRL 技术规范的校验、基于国资委扩展分类标准的校验和基于编报规则的校验三方面内容。基于 XBRL 技术规范的校验是指对企业扩展分类标准及实例文档与 XBRL 技术规范符这一技术基础符合程度的校验,一般需借助专门的 XBRL 工具软件来完成。基于国资委扩展分类标准的校验是指校验企业编制的 XBRL 文件对国资委扩展分类标准的使用是否准确恰当,以人工校验为主,需要投入一定的人力资源。基于国资委扩展分类标准编报规则的校验是指对国资委扩展分类标准编报规则符合程度方面的校验,这部分校验以 XBRL 工具软件为主,人工校验为辅。

为了帮助企业改善 XBRL 文件的编制工作,国资委可以报告的形式定期发布校验过程中发现的普遍问题,同时给出改进的方法。

4.国资委 XBRL 信息的存储和应用

XBRL 数据的最大价值在于对其进行分析和挖掘以获取有效决策和评价的支持,国资委需要指导和推进国有企业的改革和重组,对 XBRL 数据及时、准确地利用和挖掘成为一项十分重要的工作,而基础是海量的 XBRL 信息的存储。

(1)存储企业报送的 XBRL 文件。XBRL 格式的财务报告由于给数据打上了各种标签，相对于传统电子格式的财务报告，要求更大的存储空间。存储 XBRL 文件可以有多种方式，比如打包直接存储在计算机文件系统中，转换为关系模型存储在关系型数据库中，或者保留 XBRL 的层级结构和多维关系存在原生 XML 数据库中。不同的存储方式有不同的优势和缺陷，选择何种存储方式应重点考虑如下因素：存储方式对 XBRL 数据进一步应用和分析的支持力度、可行性和实现难度、实现存储所需投入的成本和时间。国资委选定存储方式后，具体开发实现可交由专业咨询机构和软件厂商负责。

(2)应用企业报送的 XBRL 文件。国资委应用企业报送的 XBRL 文件有两方面内容：一是基于 XBRL 信息生成各种特定形式的可供人阅读的报告，以展示和交流国有企业的经验状况；二是抽取有用的信息，计算分析反映企业经验业绩的指标，对国有企业进行考核评价与决策分析。

建立基于 XBRL 的商务智能系统，根据所存储的 XBRL 信息对企业的经营状况进行智能化的分析和评价，充分发挥 XBRL 信息质量高、信息量大、处理速度快、能被自动识别等优势，是国资委应用 XBRL 进行财务监管的最终手段。建立基于 XBRL 的商务智能系统的第一步是对国资委现有监管分析体系进行梳理和优化，提炼和设计分析指标、分析模型；第二步是将指标和模型可视化，设计符合国资委需求的报表和仪表盘；第三步是确认分析指标和分析模型的取数逻辑，建立与 XBRL 数据库的链接，实现对 XBRL 信息的自动抽取和展示。

(二)国资委组织实施 XBRL 的难点和解决方案

对于监管机构而言，XBRL 将信息科技与财务相结合，是一种技术含量较高的语言。XBRL 技术本身发展的时间也有限，尚有大量需要投入和开发的应用领域。

1. 多维度报表的结构设计

无论是为了提高国资委扩展分类标准的通用性和 XBRL 信息的可比性的目的，还是出于减轻企业编制负担的考虑，国资委都应保证企业在创建企业扩展分类标准时无须做扩展或者做很少量的扩展。这就要求国资委在制定扩展分类标准时充分考虑企业的各种报送需求，尽量涵盖财务监管报表的所有内容。

然而，研究国资委财务监管报表发现，要求企业披露的财务信息中包含大量关于子企业、区域和项目的信息。这些信息有两个特点：一是给二维报表增加了维度，一个会计科目在同一期间可能对应多个数据，如果按二维表的方式处理，当有 a 个会计科目和 n 个维度时，我们一共要定义 $a\times n$ 个元素；二是所增加的维度本身由企业最终报送的信息决定，存在变化的可能(国资体系称之为“变动项”)，无法在国资委制定扩展分类标准时完全确定。国资委面临的难点是在组织实施 XBRL 时，如何尽量减少扩展元素的数量，以及如何应对各维度可能存在的变化。

以维度化的方式处理分类标准中的元素定义问题，可以达到同一元素不同场景环境下的复用，有效减少分类标准中的元素数目，为 XBRL 简单高效地表达财务报告中的维度信息（如时间、区域、子企业等）提供了强大的扩展能力。同时，由于使用维度对数据进行了分类，支持对数据进行多方位、更有效、更直观的分析，提升了数据的可用性和价值。

那么，如何处理维度的变化？较好的解决方案是在国资委层面定义维度的宏观范围（轴元素和域元素），而在企业层面扩展维度的微观内容（域成员元素）。这种方案规范了企业的扩展行为，保证了分类标准一定程度的通用性，也减少了国资委的工作量；同时企业也可以方便灵活地根据实际情况进行维度表格信息的披露，提高了 XBRL 信息的质量。

2. 全级次报送的实现

国资委在中央企业财务决算管理及报表编制工作的通知中，要求企业加强决算编制管理，规范编报决算报告，中央企业所属各级子企业和重要区域性分公司需全部填报完整的财务决算报表，层层落实全级次报送的要求。目前，企业使用久其软件层级上报财务报表。国资委基于财务监管报表创建的扩展分类标准，可以覆盖报表的所有项目，实现报表内容和结构的 XBRL 化，但如何在组织实施 XBRL 的过程中实现全级次报送、展现企业树形组织结构是国资委面临的一大难点。

解决这一难点可从两方面入手，在 XBRL 分类标准层面设计或在软件工具里开发实现。

（1）通过分类标准实现全级次报送。一种叫“实体映射（Entity Mapping）”的 XBRL 概念方案为树形组织结构的实现提供了可能。“实体映射”的原理很简单，把分类模式和分类链接库技术从传统的“概念”这一维度应用到“实体”这一维度，即可生成“实体地图”分类标准。

我们可以在分类链接库里，定义实体与实体、实体与外部资源之间的关系，这样，我们就建立了一个“实体链接库”。定义了实体元素及其属性的分类模式与定义了实体元素链接关系的分类链接库共同形成了“实体地图”分类标准（见图 6 - 1）。

国资委在财务监管报表的封面信息中，要求报送企业填写组织结构代码、隶属关系、所在地区、组织形式等能够反映企业在“树形组织”中所处位置的信息（见图 6 - 2）。XBRL 格式的财务报告也往往需要对报送主体的实体信息进行披露。一方面，在国资委扩展分类标准的模式文件中针对这些信息，定义对应的元素及其相关属性，可以用来识别实例文档的报送主体，了解其基本信息。另一方面，国资委可建立国资委层面的“实体地图”分类标准，将各企业实体转化为一个个元素，并通过链接库与其组织结构代码做映射。同时，允许集团型总部针对集团的组织架构，扩展“实体地图”分类标准，以涵盖所有子企业信息。这样，对于集团总部来说，在上报的 XBRL 文件中，引用扩展“实体地图”分类标准，即可清晰展示集团的组织架构以及各 XBRL 文件之间的关系。对于国资委来说，“实体地图”分类标准也能为后续处理和分析上报信息带来便利。

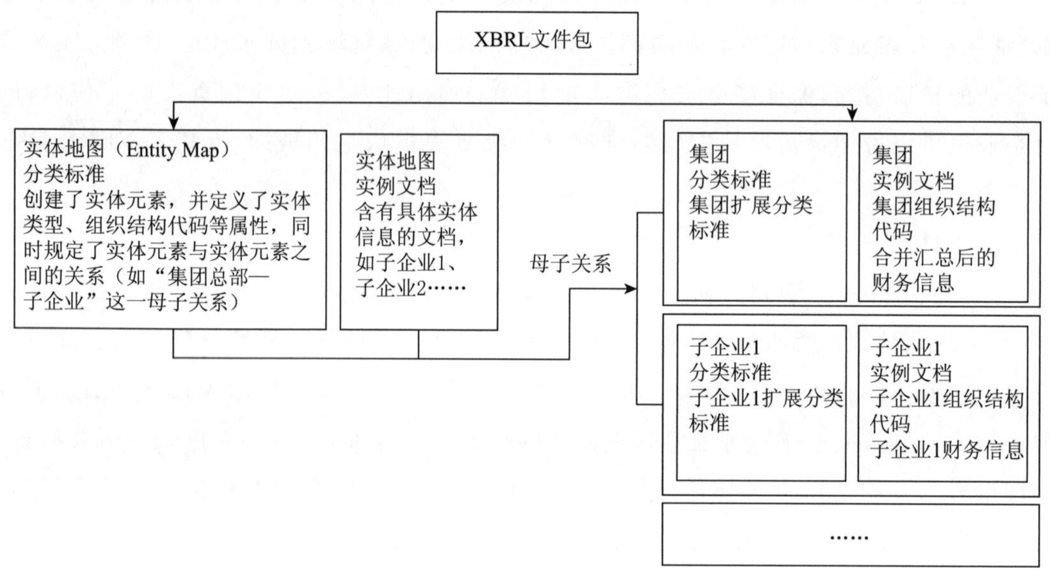

图 6－1　实体地图(分类标准)的构成

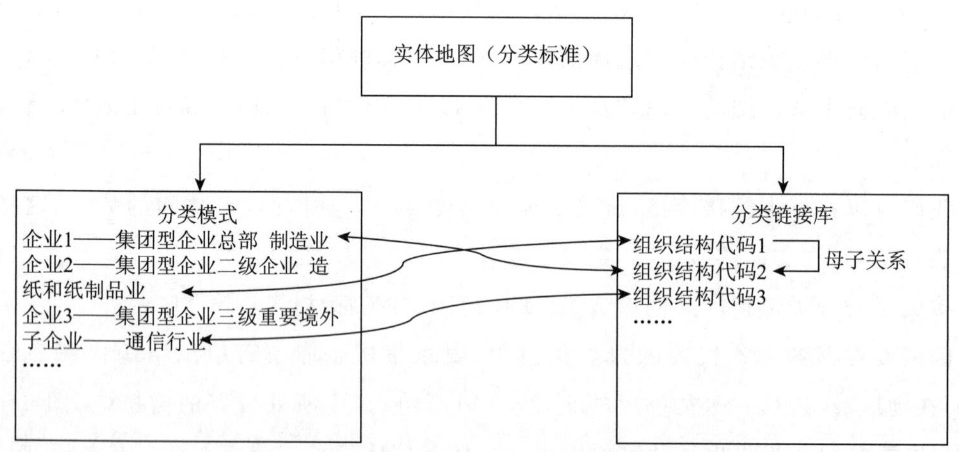

图 6－2　通过“实体地图”展现全级次报送的树形结构

(2)通过开发软件工具实现全级次报送。XBRL 分类标准提供的是财务报告的语义规范，其优势并不在于应用。“实体地图”做出了概念上的尝试，但目前还未找到真正实施应用的案例。对于国资委而言，短期内通过开发软件工具实现全级次报送的树形结构是一种更加实际的选择。当然，这一方案的基础仍然是在国资委扩展分类标准里定义了企业组织结构代码等能够反映企业实体信息的元素，以作为 XBRL 文件的唯一识别代码。软件工具不仅能够展现全级次报送的树形结构，辅助国资委理解企业的组织架构和财务报表之间的关系，还可以提供 XBRL 文件的链接和导航，方便国资委迅速定位并查阅某家企业的 XBRL 文件。国资委提出功能需求后，软件工具的开发可交由软件厂商具体负责。

3. 数据存储方案的选择

分析和应用大量 XBRL 格式财务报告，是提高 XBRL 数据有用性的重要一环，而基础是对大量的 XBRL 数据进行有效存储。目前，存储 XBRL 数据的方式有三种，三种方式各有优缺点，选择何种方式存储国资委收集的 XBRL 数据是国资委面临的一个难点。

(1)文件系统存储方式。XBRL 文件可以以最简单的方式打包直接存储在计算机的文件系统中，XBRL 的核心是 XML，因此这种方式下可以通过 XQuery 来完成数据的查询工作。将 XBRL 数据存储在文件系统中的优点是 XBRL 数据无失真，且 XBRL 文件的结构完全保留了下来。但是，文件系统缺少安全性管理、索引、事务管理以及有效的存储结构，存储的同步性、安全性和完整性较差。在横向查询多个 XBRL 文件中的同一数据时，也会产生较大的内存开销，影响查询速度，无法满足高性能存储的要求。

(2)关系型数据库存储方式。关系型数据库作为当前发展最成熟的数据库，在市场上占据压倒性的份额。关系型数据库可以很方便地存储 XBRL 数据，监管机构和企业还可以重用关系型数据库相关应用程序，降低 XBRL 的应用成本。用关系型数据库存储 XBRL 数据有两种方式：一种是以 CLOB(Character Large Object，字符型大型对象)的方式存储，存储时把 XBRL 文件当成一个整体对象，不对文件内部数据含义做任何解释；另一种是以分拆(Shredding)的方式存储，将 XBRL 实例文档分拆解析，转化为表格，同时建立背景、单位等的关系模式，连同链接库文件一起存储。

(3)原生 XML 数据库存储方式。原生 XML 数据库专门为存储 XML 文件设计，它为 XML 文件定义了一个逻辑模型，根据模型存储和检索 XML 数据。XML 文件作为逻辑存储的基本单元，且不要求只能使用某一特定的底层物理模型或某种专有的存储格式。原生 XML 数据库可以存储 XBRL 文件的所有组成部分(包括元素、属性、模式、URI 等)，适合存储具有层级结构的 XBRL 数据。原生 XML 数据库直接对 XBRL 文件进行存储，没有拆分过程，存储速度快，且完全记录了元素的属性和链接关系，避免了数据的失真。

(4)存储方案对比分析。对比分析以上三类四种存储方式，文件系统存储的方式无法保证文档的安全性和一致性，但是对XBRL实例文档内部所含的信息和层级结构保存完好。文件系统存储的方式虽然没有造成数据失真，但是不利于数据的进一步分析挖掘，难以直接导入数据挖掘工具以生成有用信息。

采用CLOB方式的关系型数据库存储方式，基本上和采用文件系统存储的方式类似，但保证了文档的安全性和一致性，同时损失了文档及文档之间的查询性能，是一种"受了保护"的文件系统存储方式。采用拆分方式有利于数据的深入挖掘分析，但是会造成文档内部的关联失真，并且在处理元组时会造成冗余和空值。

表6-1　XBRL数据存储方式的对比

存储方式		安全性和一致性	单个文件查询性能	文件间查询性能	文件内部关联失真	生成报告速度	数据分析挖掘速度
文件系统		差	快	慢	无	快	好
关系型数据库	CLOB方式	好	较慢	不可以	无	较快	好
	拆分方式	好	较慢	快	有	好	较差
原生XML数据库		好	快	慢	无	较差	好

采用原生XML数据库存储方式完好地保护了XBRL文档内的数据含义，并且有较快的存取速度，但文档间的横向查询速度慢，无法适用于频繁的数据对比分析场合。

从以上的对比分析可以看出，每种XBRL数据存储方案都有自己的优缺点，没有一种方案是理想的，都只能较好地满足XBRL数据存储某些方面的需求，关系型数据库和原生XML数据库相比于文件系统的存储方式整体而言有一定优势。

国资委应根据应用XBRL的重点选择相应的XBRL数据存储方案。如果侧重于保持所存储的XBRL信息的完整性，强调XBRL信息的存储性能，原生XML数据库是较优的选择，但同时应考虑原生XML数据库目前技术并不成熟，配套软件较少，可能需要投入较多的资源进行研发。如果侧重于保证应用和分析XBRL信息的效率和便利性，关系型数据库是较优的选择。结合国资委XBRL的应用现状和应用需求，我们建议国资委亦采取"文件系统+关系型数据库"相结合的方式存储XBRL数据。

第七章　XBRL 接口应用研究

一、数据接口问题的产生

现阶段国资委使用久其软件股份有限公司(简称“久其”)提供的决算报表软件来完成决算报表的报送工作。由于软件默认支持的 JIO 格式的数据文件为久其所有,相关文件格式不公开。使用其他软件厂商产品的企业,在报送决算报表时,需要委托久其定制开发接口或使用 Excel、文本等格式。因此,这给其他软件厂商带来一定不便,不少软件厂商呼吁开放接口,统一数据传输格式。

国资委希望使用 XBRL 作为决算报表的数据格式规范,统一各软件厂商的数据接口,避免各家厂商数据文件格式不统一,无法有效共享财务数据的问题,从而更好地为国资委监管报表服务。

二、数据接口的现状

(一)久其接口现状

现阶段,国资委的报表系统,支持 JIO、Excel、文本、XML 等格式。目前以 JIO 数据格式为主,Excel、XML、文本为辅。(见图 7－1)

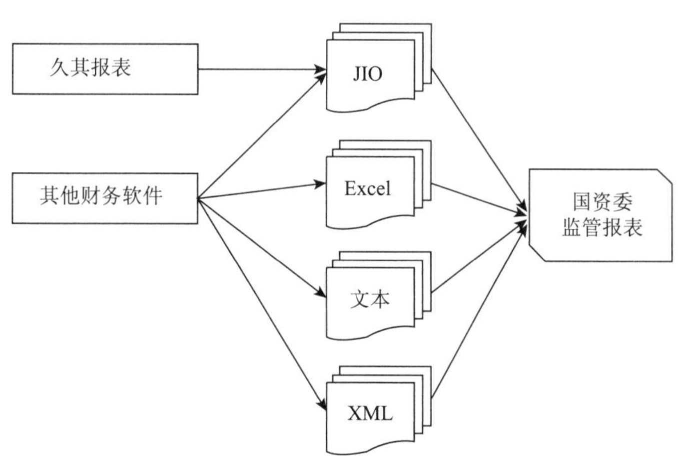

图 7－1　目前国资委监管报表的格式

企业使用久其产品时，通常直接导出 JIO 文件报送至上级单位。使用其他软件产品的企业可以通过 JIO、Excel、文本、XML 方式导入报表数据。由于 JIO 格式为久其私有，因此其他软件产品在使用 JIO 时，通常需要与久其协同开发接口。

(1)数据格式优缺点对比。(见表 7－1)

表 7－1 数据格式的优缺点比较

数据格式	优点	缺点
JIO	1. 涵盖决算要求的所有数据 2. 传输稳定 3. 传输效率高 4. 文件体积小 5. 支持批量传输	格式为久其私有，通用性不足。第三方使用时需和久其共同开发数据接口
Excel	使用广泛，通用性高	1. 只能涵盖决算中的表格数据，出错说明、附报文档需另外设置 2. 传输稳定性差：Excel 所支持的过多的文件格式及表格样式。在识别数据时，反而容易引发错误 3. 不支持批量传输 4. 传输效率低
TXT、XML	1. 使用广泛，通用性高 2. 传输稳定，格式良好 3. 传输效率高 4. 支持批量传输	只能涵盖决算中的表格数据，出错说明、附报文档需另外设置

(2)与其他系统对接。国资监管报表中，部分数据可以由企业内部其他信息系统提供。根据企业使用决算报表系统的不同，对接方式也不同。

对于单机版决算报表，通常使用数据文件方式传输。或采取手工录入方式。

对于网络版决算报表，可以使用久其提供的 EFDC 方式从其他系统中取数。久其 EFDC 提供从管理报表向基础财务核算数据和业务数据穿透查询功能，支持市面上大多数主流财务软件系统。

(二)其他软件厂商数据接口

目前其他软件厂商多使用 Excel 方式或 XML＋TXT 方式(久其已开放的传输规范)与国资委报表系统进行数据传输。少部分厂商与久其联合开发数据专用接口。

三、XBRL 接口设计原则

XBRL 数据接口的出发点是为了解决国资委监管报表的数据格式不统一、财务数据无法有效共享的问题。但必须以满足国资委监管报表业务需求为前提,因此,在进行接口设计时,需满足以下原则:

(1)可靠性。为保证国资委监管报表业务的正常进行,接口必须具有高可靠性。通过 XBRL 数据接口传输的数据,必须保证其完整性、可靠性。在数据文件格式规范、内容完整的情况下不得出现数据传输丢失、错误等问题。对于不规范、内容不完整的数据文件,在导入时应给出相应提示。在发生异常导致导入失败时,应可以重新导入并覆盖之前数据。

(2)扩展性。国资委决算参数发布后,可能会有一些小的调整修订。因此要求 XBRL 数据接口应具有一定的可扩展性,在参数/分类标准发生变动时,可不修改软件。因此接口实现应当不依赖于 XBRL 文档中所保存的具体的分类标准及事实值。所有遵循 XBRL2.1 技术规范的 XBRL 文档内容发生改变后,均可被系统正确识别并导入。同理,接口生成的 XBRL 文档也应遵循相应的 XBRL 技术规范。

(3)效率。每年国资委监管的企业及子级上千户,报表数据采集处理时间点比较集中,企业填报、上报报表压力非常大。因此数据接口设计必须具有较高的效率,能够及时反馈传输结果。不影响数据上报流程。

四、接口的设计实现

(一)概述

在需求分析部分,我们分析了如何将国资委监管报表与 XBRL 进行对应,并通过对应关系使得二者的数据具备可转换型。本部分就是要对这部分映射关系进行设计,并阐述是如何实现的。

(二)数据接口设计

数据接口设计分为三个部分:一是 XBRL 文档设计,阐述系统如何识别对应文档与企业的对应关系。

二是报表数据设计,阐述报表数据部分如何与 XBRL 文档对应。

三是附报文档设计,阐述报表数据部分如何与 XBRL 文档对应。

1. XBRL 文档设计

当企业以 XBRL 方式上报数据时，需要将分类标准与实例文档打包压缩，并遵循以下规则：

(1)压缩格式必须为 zip 格式。

(2)压缩包文件命名规范：企业名称一企业主代码. zip。

(3)如果附报文档随 XBRL 文档一起上报，附报文档文件命名规范：企业名称一附报文档类别一文件实际名。如：××公司一会计报表附注一2013××公司企业会计报表附注. doc(见图 7-2)。

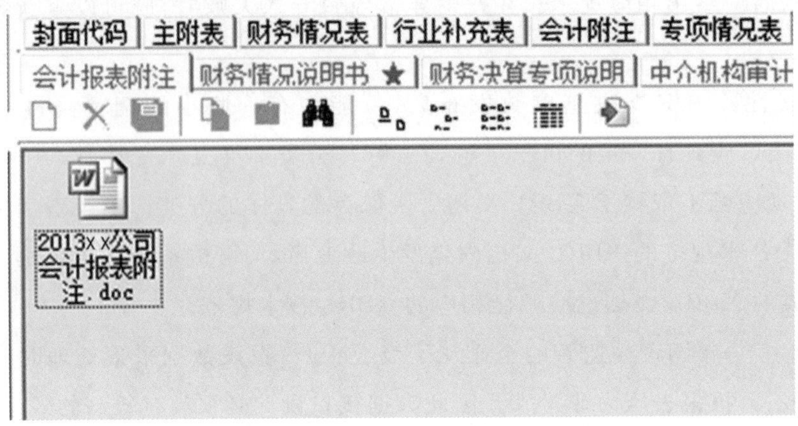

图 7-2 附报文档命名规范示例

2. XBRL 报表数据设计

下文主要描述需求部分中 XBRL 与国资委报表的对应关系如何设计。通过需求我们可以总结出二者的对应关系有四种情形(见表 7-2)：

表 7-2 报表与 XBRL 的对应关系

国资委报表	XBRL	说明
指标	元素	固定表、无时期
指标	元素+不同上下文	固定表、含时期
指标	元素+维度信息	固定表、存在维度
浮动行指标	元素+维度(企业扩展)	浮动表，每一行对应一个扩展域值项

我们以此设定映射表达式(见表 7-3)：

表 7-3 报表与 XBRL 的映射表达式

国资委报表	XBRL	表达式说明
指标 [ZB]	元素 [ElementName]	ZB:国资委报表系统的指标标识 ElementName:XBRL 中元素名
指标 [ZB]	元素+不同上下文 [ElementName,+/-NY]	表达式符号说明: · +/-:表示非本期数,如上期、上上期 · N:表示期数 · Y:表示时期类型 举例:-1Y,表示上年数
指标 [ZB]	元素+维度信息 [ElementName, Axis1 - Memeber1;Axis2-Memeber2]	维度信息由"轴名+域值名"构成,连接符为"-"。多个维度信息使用";"号间隔
浮动行指标 [ZB]@[FLDZB]	元素+维度(企业扩展)[ElementName,Axis1-Memeber1]	FLDZB:为国资委报表系统中的浮动行指标,与 XBRL 扩展的域值名对应 同一 FLDZB 下的 ZB 与同一扩展域值下的 ElementName 对应的事实值一一对应

3. XBRL 附报文档设计

附报文档可能会有两种方式体现,不同的方式需要设定的规则也不同:

(1)XBRL 分类标准中扩展元素方式。由于附报文档数量存在不确定性,因此,不能使用一个元素对应一个附报文档,只能使用一个元素对应一组文件的压缩包(见图 7-3)。

图 7-3 多个附报文档时元素对应的压缩包示例

如图 7-3 所示,会计报表附注、财务情况说明书、财务决算专项说明等分别需要扩展一个元素,事实值内容为一组附报文档的压缩包。

(2)与 XBRL 文档一同打包方式。由于系统需要考虑批量导入、导出。因此需要确定各个附报文档与单位、附报文档类别的对应关系。因此,建议附报文档的命名格式为"单位名称-单位主代码-会计报表附注-文件名"的方式。

(三)数据接口实现

首先需要建立 XBRL 分类标准与国资委报表参数之间的映射关系。在进行数据传输时，根据映射关系将 XBRL 实例文档的事实值与国资委报表数据进行转换。

1. 映射关系设置

使用图 7－4 中所示以 XBRL 分类标准自动生成的表样作为载体，录入国资委报表中的指标表达式，从而建立国资委报表与 XBRL 分类标准之间的映射关系。

图 7－4　资产负债表映射关系设置

2. 国资委报表导出 XBRL 文档

导出 XBRL 文档的步骤如下：

(1)选择要导出的任务、时期。

(2)选择要导出企业(XBRL 称作实体、国资委报表称作单位)。

(3)选择要导出的表单(如果需要导出部分数据，全部导出的话跳过此步骤)。

(4)选定输出文件夹。

(5)程序根据条件，将数据组织为 XBRL 文档，压缩并输出至目标文件夹。

如图 7-5 所示，通过选定的表单、实体、时期，我们即可确定需要导出的实际数据，再结合映射关系，我们即可将其分析转换为单位、维度、扩展域值、元素、元素、时期、事实值。再根据 XBRL 规范、国资委监管分类标准，最终生成企业 XBRL 分类标准及实例文档。打包后存到相应文件夹，完成导出过程。

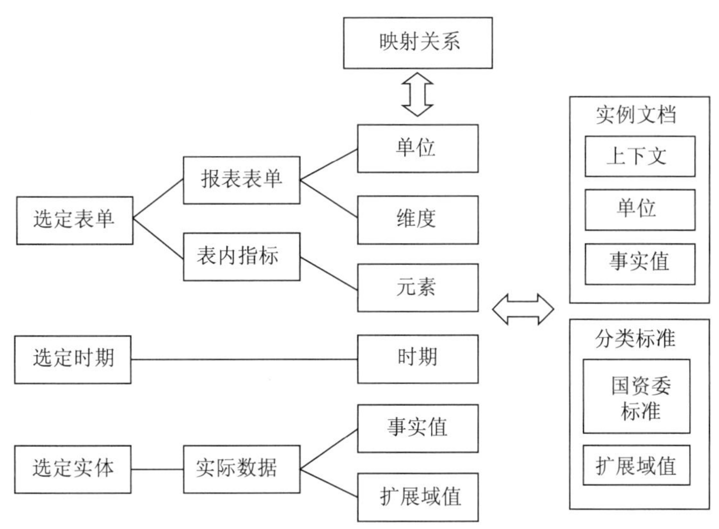

图 7-5 报表导出 XBRL 文档的映射图

3. 国资委报表导入实例文档

导入时，步骤基本与导出过程相反。具体如下：

(1)选中指定文件夹，程序在该文件夹筛选符合规范的 zip 压缩包。

(2)程序自动将符合条件的压缩包解压至临时目录。

(3)程序解析 XBRL 分类标准与实例文档，将数据导入至报表系统。

如图 7-6 所示，通过解析 XBRL 分类标准与实例文档，我们可将其拆分单位、维度、扩展域值、元素、元素、时期、事实值。再根据映射关系，结合报表参数，将数据组织导入至报表系统，完成导入过程。

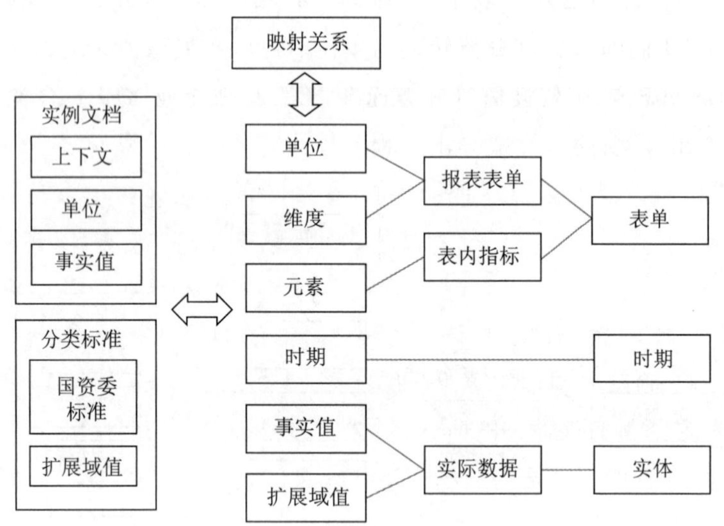

图 7-6 报表导入实例文档的映射图

4. XBRL 读写设计

通过需求部分描述，在接口实现过程中，很重要的一部分内容就是导入导出时的效率问题，因为 XBRL 文档是基于 XML 方式，因此在读写效率方面会比较慢。可以采取下述方式，提高效率：

(1)SAX 方式读取 XML。目前通常有两种方式读取 XML：DOM、SAX。

DOM(文档对象模型，Document Object Model)，是 W3C 组织推荐的处理可扩展置标语言的标准编程接口。它是一种与平台和语言无关的应用程序接口(API)，它可以动态地访问程序和脚本，更新其内容、结构和 www 文档的风格(目前，HTMl 和 XML 文档是通过说明部分定义的)。文档可以进一步被处理，处理的结果可以加入到当前的页面。DOM 是一种基于树的 API 文档，它要求在处理过程中整个文档都表示在存储器中。

SAX(simple API for XML)是一种 XML 解析的替代方法。相比于 DOM，SAX 是一种速度更快、更有效的方法。它逐行扫描文档，一边扫描一边解析。而且相比于 DOM，SAX 可以在解析文档的任意时刻停止解析，因此它可以用于处理很大的 XML 文档。

(2)分文件读写。根据 XBRL 技术规范，我们知道 XBRL 实例文档主要是由四部分组成的。Context 列表、Unit 列表、Fact 列表、Footnote 列表。而占据数据主体的为 Fact 列表，我们可以将 Fact 列表拆分为多个文件，之后采取多线程方式解析处理拆分的 XBRL 实例文档。

同理，在 XBRL 实例文档写入时，也可以采取此方式。分表写入不同的实例文档，最后在进行合并。

具体如何拆分文件,需要结合实际的参数及分类标准进行相关的预研。

五、接口实现难点

(一)枚举类数据传输

在国资决算中,许多数据,如"国家代码"、"行政区划"、"行业分类"等,都基于一定准则规范,因此企业在生成 XBRL 时,这部分数据要准确录入,否则,数据传入时,可能会校验不通过。

(二)XML 读写解析效率

尤其在批量传输 XBRL 文档时,XML 的读写、解析效率将是一个瓶颈。对整个操作过程,影响比较大。

(三)XBRL 文档校验

在导入 XBRL 文档时,要对 XBRL 分类标准及实例文档进行如下校验:

(1)基础技术规范校验。

(2)XBRL 技术规范校验。

(3)国资委编报规则校验。

校验功能及校验效率,均可能对整个操作过程产生影响。

课题组成员名单

组　长:沈　莹

副组长:廖家生

成　员:

刘绍娓　邱　鹏　段智学　曹洪玉

季瑞华　戴自强　杨　诚　龚韶煜

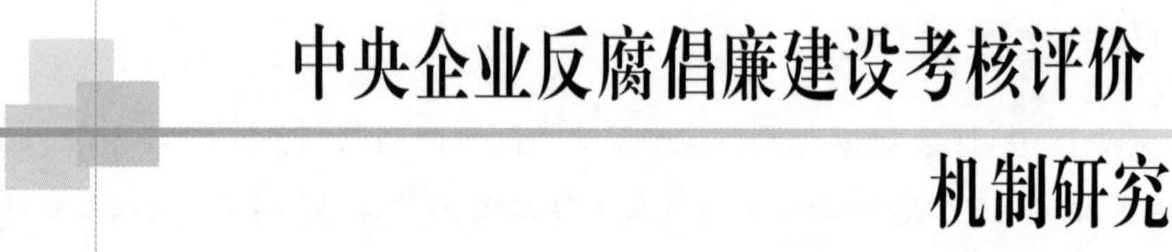

中央企业反腐倡廉建设考核评价机制研究

摘　要：建立健全中央企业反腐倡廉建设考核评价机制，是认真落实党的十八届三中全会精神，强化党委主体责任、纪委监督责任，深入推进中央企业反腐倡廉建设的必然要求和重要手段。本课题认真总结了中央企业反腐倡廉建设考核评价工作的进展情况，分析了中央企业反腐倡廉建设考核评价工作在认识、原则和导向、评价方式、指标以及结果运用等方面存在的问题，研究提出了中央企业反腐倡廉建设考核评价的工作思路和原则，明确了考核评价的主体、对象和内容，重点围绕企业落实党风廉政建设责任制情况、反腐倡廉工作完成情况和工作效果等三个方面，探索提出了考核评价指标体系，以及中央企业反腐倡廉考核评价工作组织实施的具体措施。

关键词：中央企业　反腐倡廉建设　考核评价机制

党的十八届三中全会对加强反腐败体制机制创新和制度保障做出全面部署，明确指出落实党风廉政建设责任制，党委负主体责任，纪委负监督责任，要制定实施切实可行的责任追究制度。这就对如何评价党委主体责任、纪委监督责任落实情况提出了新的课题。从中央企业实际看，科学评价反腐倡廉工作是一个重要而紧迫的课题，是建立以业绩考核为重点的激励评价机制的重要内容。通过建立健全中央企业反腐倡廉建设考核评价机制，可以全面反映企业反腐倡廉建设情况及取得的成效，发挥评价机制的导向、促进、校正和激励等作用，进一步推动中央企业反腐倡廉建设各项工作落到实处。

一、新形势下建立健全中央企业反腐倡廉建设考核评价机制的重要性

近年来，各中央企业高度重视反腐倡廉建设，严格落实党风廉政建设责任制，将反腐倡廉工作融入企业改革发展全过程，一起部署、一起推进，取得了积极成效。但也要看

到，反腐倡廉建设在各企业的发展不平衡、不协调，一些企业领导对反腐倡廉建设面临的严峻复杂形势认识不足，对反腐倡廉建设的重视程度不够；一些企业缺乏有效的领导体制与工作机制，抓反腐倡廉各项任务的落实不够有力；一些企业反腐倡廉工作与企业改革发展不相适应，一些企业接连发生违纪违法案件，教训深刻，影响恶劣。其中一个重要的原因是反腐倡廉建设没有评价指标，缺少导向调控和奖惩驱动力，而解决这个问题，迫切需要建立健全科学的考核评价机制，进一步推动中央企业反腐倡廉建设。

(一)建立健全反腐倡廉考核评价机制是增强工作动力、深入推进中央企业反腐倡廉建设的必然要求

党的十八届三中全会在部署反腐败体制机制创新和制度保障任务时提出，加强党对党风廉政建设和反腐败工作统一领导。落实党风廉政建设责任制，党委负主体责任，纪委负监督责任。这就进一步明确了反腐倡廉建设的责任主体。从全党全国来看，这项工作是党中央统一领导、整体推进的；对中央企业来讲，这项工作是在企业党委(党组)统一领导下进行的，党政齐抓共管，纪委组织协调，部门各负其责，群众支持参与。在现有体制下，反腐倡廉建设搞得好不好，各级领导是否重视是个关键因素。各级领导重视程度高，认识深，摆到位，就会采取积极措施，促进反腐倡廉建设健康发展；相反，如果重视程度不够，主体责任意识不强，统筹安排和协调各方抓好反腐倡廉工作的责任就难以落到实处，反腐倡廉建设就难以取得积极进展。

党的十八届三中全会还提出，制定实施切实可行的责任追究制度。如何进行责任追究、追究什么，就要求我们迫切建立一个客观实在可操作的考核评价机制，实现考核评价的具体化、制度化、规范化，而不能简单强调领导的主观认识问题，或者寄希望于领导自身的个人素质。通过对企业反腐倡廉建设整体情况的考核，特别是考核党委的主体责任，真正把反腐倡廉建设提到重要议事日程，对企业反腐倡廉建设才能从根本上形成巨大的推动作用。就中央企业反腐倡廉建设的现状来看，到目前为止，还没有形成统一有效的反腐倡廉建设考核评价机制，部分企业也主要是针对惩防体系建设、纪检监察机构及其工作情况等进行考核评价，缺乏针对企业反腐倡廉建设的整体情况进行评价。通过将反腐倡廉建设纳入企业考核评价体系之中，对企业反腐倡廉建设情况进行全面、客观的评价，同时将评价结果与企业经营业绩考核、企业领导人员的薪酬等挂钩，切实解决“干好干坏一个样”的问题，才能进一步调动工作的积极性和主动性，真正形成推动反腐倡廉工作的持续动力。

(二)建立健全反腐倡廉考核评价机制是实现闭环管理、推动反腐倡廉任务落实的重要内容

闭环管理是综合闭环系统、管理的封闭原理、管理控制、信息系统等原理的一种管理方法。依据这一方法，把企业的生产经营过程作为一个闭环系统，并把该系统中的各项专业管理，如物资供应、成本、销售、质量、人事、安全等，作为闭环子系统，使系统和子系统内的管理构成连续封闭和回路且使系统活动维持在一个平衡点上。另一方面，面对变化的客观实际，通过灵敏、正确有力的信息反馈并作出相应变革，使矛盾和问题得到及时解决，决策、控制、反馈，再决策、再控制、再反馈，从而在循环积累中不断提高，促进企业超越自我不断发展。依据闭环管理的原理，闭环管理的主要程序包括：①确立控制标准；②评定活动成效；③纠正错误手段，消除偏离标准和计划的情况。

按照闭环管理方法，反腐倡廉工作也应建立起一套闭环管理模式。其主要做法就是，按照“方案→落实→考核→奖惩→反馈”的管理程序，把反腐倡廉工作的各个要素整合串联成一个环环相连的工作流程，在任何一个环节都实现制度落实、人员落实、责任落实、工作落实、奖惩落实，使反腐倡廉的管理过程和管理行为自始至终构成连续封闭的回路，从而实现“事事有人管、管理靠闭环、闭环保落实”的管理模式，并且延伸到反腐倡廉工作的方方面面。在这个闭环管理模式中，建立健全反腐倡廉考核评价机制是其中的一个重要环节。通过建立科学的考核评价机制，将年度评价与日常评价、过程评价与结果评价等相结合，将考核评价融入企业反腐倡廉各项工作中，形成管用有效的长效机制，不断推动反腐倡廉各项任务的落实。

(三)建立健全反腐倡廉考核评价机制是完善信息反馈、提升反腐倡廉工作水平的重要手段

反馈控制原理是控制论最基本的理论，基于反馈信息的控制，它对优化系统的功能和结果、调节和控制系统的目标偏差有着重要作用。该理论揭示出，有效控制需要反馈信息的支撑，依据反馈信息才能纠正和调整系统的行为输出，从而达到控制目的。反馈分为正反馈和负反馈：正反馈机制使系统输出偏离目标，负反馈机制则使系统输出趋向目标。反馈控制正是依据负反馈机制进行系统调节和控制的活动。

运用反馈控制原理，反腐倡廉建设需要构建统一的反馈信息通道，提高反馈信息的效度。反馈信息是引导反腐倡廉工作开展的重要依据，是反腐倡廉政策得以有效校正的必要条件。有效运用反馈信息，有助于及时掌握反腐倡廉建设进展情况，调整反腐倡廉工作的目标和部署，以此提高反腐倡廉建设整个过程和结果的最优化。反腐倡廉工

作的效能也同样取决于是否拥有足够的反馈信息。运用反馈控制原理，建立健全反腐倡廉建设评价机制，将反腐倡廉效果通过监测评价等反馈通道反馈回来，既有助于发挥评价机制的“风向标”、“指挥棒”作用，通过明确“评价什么”，使被评价者知道“该干什么”，解决工作导向问题；又有助于通过设立科学的、规范化的评价指标，在有效实施评价的同时，进一步明确工作的具体标准，使被评价者明确“该怎么干”，解决工作标准问题，从而不断提高反腐倡廉工作水平，顺利实现反腐倡廉建设的既定目标。

二、中央企业开展反腐倡廉建设考核评价工作的进展情况

2010年12月15日，中央发布《关于实行党风廉政建设责任制的规定》(中发〔2010〕19号)，要求“党委(党组)应当建立党风廉政建设责任制的检查考核制度，建立健全考核机制，制定检查考核的评价标准、指标体系，明确检查考核的内容、方法、程序”。同时，要求“将检查考核结果作为对领导班子总体评价和领导干部业绩评定、奖励惩处、选拔任用的重要依据”。《中国共产党党员领导干部廉洁从政若干准则》要求将“党员领导干部组织实施和执行本准则的情况，应列入党风廉政建设责任制和干部考核的重要内容，考核结果作为对其任免、奖励的重要依据”。按照中央的精神和要求，近年来各中央企业结合反腐倡廉建设实践，积极探索适合自身企业特点的反腐倡廉评价体系、途径和方法。目前，主要有以下几种类型：

一是以党风廉政建设责任制考核为主要内容开展反腐倡廉考核评价工作。党风廉政建设责任制实行10多年来，此项考核工作取得了长足进展，考核评价体系逐步建立并不断完善。2010年12月，中央颁布了新修订的《关于实行党风廉政建设责任制的规定》，进一步明确了责任制考核的重要地位。各企业结合实际，制定了具体办法。据2012年的统计，全部中央企业都按照中央的要求，对企业领导班子落实党风廉政建设责任制的情况进行了考核，中央企业及其所出资企业全年共签订党风廉政建设责任书394039份，考核单位89378个，追究责任2619人，纪律处分937人，减扣薪酬处理2506人。

二是以反腐倡廉各项工作为抓手开展反腐倡廉考核评价工作，与惩防体系建设相结合、与廉洁风险防控工作相结合、与廉洁从业规定落实情况相结合，等等。如中国华能集团公司等企业开展廉洁风险防控考核工作，中国电子科技集团公司等企业构建惩治和预防腐败体系量化考核评价机制。

三是以纪检监察业务工作考核为抓手开展反腐倡廉考核评价工作，如中国航空工业集团公司开展纪检和监察业务工作考核，按照一定的程序和方法，对所属企业纪检监

察工作情况进行综合考评。

四是将反腐倡廉建设考核评价融入对企业经营业绩的综合考核中，即将反腐倡廉建设作为企业全部工作的一部分，在对企业全年工作进行综合考评时对其进行考评，反腐倡廉建设工作指标在综合考评时占有一定的比例和权重。

总的看，目前初步形成了以党风廉政建设责任制考核为主要形式，反腐倡廉各项工作考核，尤其是以惩防体系建设考核为有效手段，纪检监察业务工作考核为补充的中央企业反腐倡廉考核评价体系。截至2012年年底，党风廉政建设责任制考核覆盖面达到100％；100家企业建立了惩防体系考核评价机制，并将惩防体系建设考核与经营业绩挂钩；部分企业探索了以企业廉洁风险防控、廉洁从业规定执行情况等为考核内容的考核方式。

从目前反腐倡廉考核评价工作开展的情况看，存在的问题主要有以下几方面：

第一，对考核评价工作的认识问题。部分企业领导人员对反腐倡廉考核评价工作的重要性认识不足，有的企业没有将这项工作纳入反腐倡廉日常工作中，存在一年一次的被动“应付”现象；有的企业虽然有了一套标准，但在评价实施过程中执行不够有力，难以发挥有效作用。

第二，考核评价的原则和导向问题。有的单位注重过程导向，看具体做了什么，是否很好地完成了上级布置的重点工作，自己还有哪些创新实践；有的单位注重结果导向，就看反腐倡廉建设取得成果如何，自己发现的问题不应当扣分，被外部相关部门发现的问题要扣分。但是这两种导向都有各自的片面性。采用过程导向的单位考评指标过于笼统无法量化，多用“是否开展了某项工作”为检查内容，容易使检查流于形式；采用结果导向强调了结果，却难以真实反映反腐倡廉工作的工作量。

第三，考核评价方式问题。目前，大部分中央企业采用党风廉政建设责任制考核，探索其他考核方式的比较少。反腐倡廉考核评价工作，是反腐倡廉建设的重要环节。企业是市场主体，是生产经营单位。通过考核评价工作把反腐倡廉建设有效融入中心，成为规范经营活动、提升管理、防范风险的主要手段，避免出现“两张皮”，把反腐倡廉建设的效果和价值体现在中心工作中是评价工作的重点。那是否应当由监管部门统一出台涵盖各项考核要素的反腐倡廉考核评价指标体系，还是由各个单位在党风廉政建设责任制考核的基础上各自探索补充的反腐倡廉考核评价方式？由监管部门主导，可以有效地推动反腐倡廉考核评价工作的开展，促进反腐倡廉建设，但也可能难以充分考虑到不同行业、不同单位、不同经营主体的各自情况；由企业主导，可以充分结合各自的生产经营情况来制定有企业特色的反腐倡廉考核评价指标，但也可能因为企业领导的重视程度不同，对反腐倡廉工作的理解不同，而导致发展不平衡，难以充分发挥出反腐倡廉考核评价工作的作用。同时，从实践来看，还存在重年终考核、轻平时考核；重上对下考核，轻社会、群众考核的现象。

第四，考核评价指标问题。反腐倡廉工作内容多，包括党风廉政建设责任制、惩防体系建设、作风纪律、反腐倡廉教育、制度建设、监督、查办案件、专项检查、廉政风险防控、组织建设等，涵盖内容丰富。将这些内容逐项确定评价要素，量化指标，并具有可操作性是难点。尤其对于企业，反腐倡廉成效，特别是其融入中心工作的成效更是较难评价。不同单位之间，经济规模、人员数量、专业领域、发展历史、文化理念都各不相同，反腐倡廉工作水平也参差不齐，如何制定一个既符合反腐倡廉工作要求，又契合被考核单位实际的考核评价标准难度很大。很多指标难于量化，对考核标准的掌握就容易“因人而异”，对考核标准的掌握，不同人员有不同的尺度，主观因素影响较大，如何把评价标准中人为因素减到最少，体现客观公平也是难点。

第五，考核评价结果的运用问题。目前考核评价结果运用主要是依据《中央企业领导班子和领导人员综合考核评价办法（试行）》，如何更好地运用考核评价结果，现在并无定论。如果考核评价的结果不能得到很好的运用，考核评价工作就形同虚设。从反腐倡廉建设的具体工作来看，考评结果运用还不充分。比如，还没有将反腐倡廉工作责任落实情况，与企业领导人员的薪酬、任用等挂钩，缺乏有效的激励约束手段。对于因对反腐倡廉工作不够重视，失察、失教、失管，导致责任区范围内发生严重违纪违法案件的，缺乏有力的责任追究等。

三、中央企业反腐倡廉建设考核评价机制的主要内容

反腐倡廉考核评价工作是反腐倡廉建设科学化的重要环节和有效手段。考核评价工作的实质就是绩效管理，其重点在于为何评、评谁、评什么、谁来评、如何评、评价结果如何运用等环节。实践中始终面临着一个重要的课题，那就是如何准确地评价开展这些工作的成效？如何通过建立好的评价机制推动工作任务的落实？党风建设和反腐倡廉工作不像经济工作，有量化的指标可以借鉴，长期以来形成的定性分析思维和工作习惯难以改变。反腐倡廉建设评价工作的难点在于：如何建立科学有效的考核评价体系，体现评价的准确性。实践中，不少中央企业在管理提升活动中尝试进一步细化内容、量化指标，为提高科学化水平进行了有益探索。归纳这些经验，在构建中央企业反腐倡廉考核评价机制时，提出以下内容：

(一)工作思路和原则

1. 工作思路

在中央企业开展反腐倡廉考核评价工作，首先要明确企业与政府机关的区别，既要体现新一届党中央关于反腐倡廉建设的一系列重要决策部署，又要立足中央企业实际、遵循企业规律，与现有的中央企业考核评价机制相衔接、相配套、相匹配，从而更好地促进企业反腐倡廉建设工作。与政府机关不同，国资委成立后，建立了以经营业绩为主要内容的企业考核评价体系，并不断探索拓展，形成《中央企业领导班子和领导人员综合考核评价办法(试行)》，从而对企业领导班子和领导人员的政治素质、履职能力、工作业绩、作风建设和廉洁从业等情况进行综合考核评价。因此，反腐倡廉考核评价机制应当与现有的综合考核评价办法相衔接，特别是对企业领导班子综合测评指标中“企业党建”的内容进行细化，才能形成配套完整的考核评价体系，与现有制度实现无缝对接。

因此，开展考核评价的工作思路是：以党风廉政建设责任制为抓手，以纪律建设、作风建设、惩治和预防腐败体系建设、纪检监察队伍建设等为主要内容，与中央企业领导班子和领导成员综合考核评价等规定相衔接，坚持“科学合理、客观公正、组织认可、群众满意、便于操作”的原则，建立健全具有中央企业特色的反腐倡廉考核评价机制。

2. 评价原则

(1)定性与定量相结合的原则。唯物辩证法认为任何事物都具有质和量的规定性。工作也是如此。定性是我们党建工作所熟悉的，但仅有定性考核，以感性认识为主，所获得的信息不全面，对工作的评价过于宏观，且偶然因素、人为因素较多，所得出的结论容易产生一些偏颇。定量评价往往依托设计的指标体系，指标体系是考核导向的载体，是计分量化的基础，是指挥棒，是建立考核评价机制的核心内容，尤其受被考核者关注。指标一般包括过程性指标(即做了什么)，也包括结果性指标(如有无违法违纪情况发生)。一般而言，指标要具体明确，能够为考核者、被考核者接受。同时，指标的权重决定了考核计分，决定着考核者的关注度。但是仅有定量考核，对工作的评价不够鲜活，容易造成简单化、机械化甚至绝对化，不利于对工作做出全面准确的判断。因此，要定量与定性相结合，既对质的方面进行鉴别和确定，又运用科学合理、便于操作的方法进行量化分析，坚持用事实说话，通过具体的事例和数据，客观、真实地了解和反映开展工作的全貌，努力避免掺杂任何个人的主观或感情因素，确保考核的真实性。

(2)过程与结果相统一的原则。评价的基本导向主要包括，一种是过程导向，一种是结果导向，还有一种是二者兼顾。过程导向就是看做了哪些工作，是否很好地完成了上级布置的重点工作，同时，是否结合自身实际开展了探索创新工作。结果导向就是看反腐倡廉建设的效果怎么样，是否发生腐败案件，职工群众对企业廉洁的满意度如何，等等。当然，为了发挥内在工作动力，在考核中，往往明确企业自己发现的问题可以作为工作成效，被外部相关部门发现的问题则是工作失职，成效不佳。我们认为，考核工作成效，既要看干了没有，干了什么，又要看干得如何，因此，要坚持过程与结果相结合的原则，坚持全面辩证的观点，处理并设计好指标与权重的关系，不仅要看其工作中做了什么，更要看工作结果怎样，群众评价如何，以实际成绩反映其工作成果，避免搞形式走过场。

(3)科学合理与可操作性相结合的原则。考核的内容和方法是否科学合理，决定着考核结果的真实可靠。考核办法和程序要简便易行，评价主体要适度多元化，避免“自己评价自己”。要选择不同的评价主体，选取不同的评价角度和标准，提高评价的客观性和可信度。只有考核评价机制的设置使考核者、被考核者、参与测评者都感到简便易行，都能够进行测算，并且结果大致一致，才能证明这种考核方式和结果相对客观公平，能够为各方接受。在内容上，既要坚持全面考核，又要分清主次，突出重点。在方法上，既要进行必要的细化和量化，又要防止搞烦琐哲学，增强可操作性。

(4)组织认可与职工群众满意相结合的原则。考虑到国资委作为中央企业的出资人，同时国资委党委又是企业的上级党组织，且两者的工作目标是一致的，都是为了促进企业健康持续发展、国有资产保值增值。在这里把出资人和党组织统称为组织。组织最关注工作部署要求是否在企业得到落实执行，职工群众身处企业，工作成绩的好坏看得最清楚，也最有发言权。组织要通过设计考核指标及指标的权重，来实现意图在企业的贯彻落实，并运用考核结果推动工作持续运转，比如，根据评价结果，分析存在的问题及其原因，针对存在问题进行限期整改；评价结果与奖惩挂钩；等等。否则，考核机制就失去存在的意义，不会被人重视。因此，考察工作实绩，要坚持组织与职工群众相结合的原则，体现组织的意图和要求，同时在考核中最大限度地扩大群众参与的范围，广泛听取方方面面的意见，从而得出相对客观公正的考核结论。

(5)继承传统与开拓创新相结合的原则。要在总结和发扬实践中行之有效的经验基础上，借鉴和运用企业管理的科学方法，如引入 ISO 9000 质量管理标准，实施“PDCA”(策划、实施、检查、改进)循环等方法，强化闭环管理、过程控制，使评价机制走上科学化、规范化、系统化和持续改进的轨道。

(二)考核评价的主体

1.国资委党委领导考核评价工作

《关于实行党风廉政建设责任制的规定》规定，领导班子对职责范围内的党风廉政建设负全面领导责任；贯彻落实党中央、国务院以及上级党委(党组)、政府和纪检监察机关关于党风廉政建设的部署和要求，结合实际研究制定党风廉政建设工作计划、目标要求和具体措施，每年召开专题研究党风廉政建设的党委常委会议(党组会议)和政府廉政建设工作会议，对党风廉政建设工作任务进行责任分解，明确领导班子、领导干部在党风廉政建设中的职责和任务分工，并按照计划推动落实；监督检查本地区、本部门、本系统的党风廉政建设情况和下级领导班子、领导干部廉洁从政情况。

一般情况下，国资委党委对所监管企业反腐倡廉建设进行考核评价。根据《中共中央关于成立中共国务院国有资产监督管理委员会有关问题的通知》(中发〔2003〕6号，以下简称中央6号文)的要求，国资委党委职责涉及反腐倡廉建设的内容主要有：保证党的路线方针政策和党中央、国务院的有关指示、决定在国资委监管的国有重要骨干企业贯彻执行；负责国资委监管企业党的建设和社会主义精神文明建设；监督检查国资委监管企业领导人员遵纪守法、廉洁自律的情况，加强党风廉政建设。对于国资委监管企业，国资委党委是指导企业加强反腐倡廉建设的责任主体，自然也是考核评价主体。

对于国资委监管的企业领导人员中有中管干部的，即所说的53家企业，根据中央6号文的规定，“由中央管理的企业董事长、总经理(总裁)、党组(党委)书记仍由中央管理。考察这些领导职务拟任人选，由中央组织部负责组织，国资委党委派人参加；决定任免这些领导职务，由中央组织部在听取国资委党委的意见后，报中央审批，其中行政职务经中央审批后由国务院任免。”在这种情况下，对中管干部所在53家企业的反腐倡廉建设考核评价由国资委党委或是中央组织部、中央纪委考核。我们认为，目前的党的领导体制决定了企业领导人员的管理体制。中央管理的企业领导人员也是企业反腐倡廉建设考核评价的对象之一甚至是主要对象，遵循现有的管理体制，实践中可以参照《中央企业领导班子和领导人员综合考核评价办法(试行)》的规定，对于中管53家企业反腐倡廉建设的考核评价工作，在中央纪委和国资委党委的领导下共同开展，具体由国资委纪委组织实施。

2.国资委纪委协助党委抓好组织实施

根据中央6号文的规定，国资委纪委的主要职责是：监督检查党的路线方针政策和党中央、国务院以及中央纪委的有关指示、决定在国资委监管企业的贯彻执行情况；指导国资委监管企业的党风廉政建设工作;检查、处理国资委监管企业党组织和党员违反党纪政纪的重要案件;受理对国资委监管企业党组织和党员的检举、控告,受理国资委监管企业党组织和党员的申诉;完成中央纪委和国资委党委交办的其他工作。

《关于实行党风廉政建设责任制的规定》要求,纪检监察机关(机构)、组织人事部门协助同级党委(党组)开展对党风廉政建设责任制执行情况的检查考核,或者根据职责开展检查工作。实际工作中,国资委纪委承担对中央企业反腐倡廉建设的具体指导工作,能够比较全面地掌握中央企业反腐倡廉建设情况;同时,国资委纪委受理企业领导人员的信访举报,检查、处理监管企业党组织和党员违反党纪政纪的案件,比较全面地掌握中央企业反腐倡廉建设的工作情况和工作成效。因此,应当由国资委纪委协助党委组织实施对中央企业反腐倡廉建设的考核评价。

3. 相关主体的参与(360 度评价法)

反腐败工作体制是坚持党委统一领导,党政齐抓共管,纪委组织协调,部门各负其责,依靠群众的支持和参与。企业反腐倡廉建设搞得好与坏,相关主体最有发言权。相关主体包括企业的职工、企业的客户等与企业日常经营活动有密切关系的社会主体。

首先是职工。在中央企业,职工代表大会是企业实施民主管理的基本形式,是职工行使民主管理权利的机构。职工对企业管理具有知情权、参与权、表达权和监督权。职工每天在企业工作,直接接触企业管理人员,对企业的不正之风和腐败问题的感受最直接。实践中,企业职工代表每年要参加企业领导班子的民主测评,职代会要听取企业工作报告,听取企业领导班子成员履行职责和廉洁自律的情况,能够比较客观地了解企业反腐倡廉情况。

其次是企业的客户。企业的客户包括上下游产业链的供应商、经销商,以及研发、宣传、法律、财务审计等中介机构。这些利益主体与企业合作,参与招投标、物资采购、业务委托等经营活动,直接与企业发生经济利益关系,对企业廉洁文化、管理人员廉洁从业感受最直接,因此,也是比较客观的评价主体。

最后,还包括企业所在地的纪检监察机关、执法机关、检察机关和司法机关。企业发生的违纪违法案件,除了企业内部查办以外,往往由这些机关查办,一定程度上也能够掌握企业反腐倡廉建设情况。因此,也可以作为考核评价的参与者。

(三)考核评价的对象及内容

在考核评价内容上,要体现以下三方面的工作:

1. 突出企业党委(党组)抓反腐倡廉建设的主体责任落实情况

企业党委(党组)是本企业反腐倡廉建设的责任主体，对职责范围内的党风廉政建设负全面领导责任。企业党委(党组)班子成员包括：党委(党组)书记、副书记、党委委员、纪委书记(纪检组组长)。按照党风廉政建设责任制的要求，成员之间的责任各有不同。其中，党委(党组)书记是职责范围内的党风廉政建设第一责任人，其他成员根据工作分工，对职责范围内的党风廉政建设负主要领导责任。

依据《关于实行党风廉政建设责任制的规定》，对企业党委(党组)班子的考核评价，主要包括以下内容：

(1)贯彻落实党中央、国务院以及上级部门关于党风廉政建设的部署和要求，研究制订本企业反腐倡廉建设工作计划、目标要求和具体措施，对任务进行责任分解，推动工作落实的情况。

(2)组织开展党性党风党纪和廉洁从业教育，组织党员、干部学习党风廉政建设理论和法规制度，加强廉洁文化建设的情况。

(3)贯彻落实党风廉政法规制度，推进制度创新，深化体制机制改革，从源头上预防和治理腐败的情况。

(4)强化权力制约和监督，建立健全决策权、执行权、监督权既相互制约又相互协调的权力结构和运行机制，推进权力运行程序化和公开透明的情况。

(5)监督检查本部门、本系统的反腐倡廉建设情况和下级领导班子、领导干部廉洁从业的情况。

(6)严格按照规定选拔任用企业领导人员，防止和纠正选人用人上的不正之风的情况。

(7)加强作风建设，纠正损害群众利益的不正之风，切实解决企业领导人员作风方面存在的突出问题的情况。

(8)领导、组织并支持执纪执法部门依纪依法履行职责，及时听取工作汇报，切实解决重大问题的情况。

2. 体现企业党委(党组)书记履行党风廉政建设责任制的情况

党委(党组)书记作为党风廉政建设的第一责任人，主要评价其保证监督党的路线方针政策和法律法规贯彻执行、参与重大问题决策、选人用人和人才队伍建设、组织建设、维护职工合法权益等方面的情况。

重点评价以下内容：

(1)是否做到重要工作亲自部署、重大问题亲自过问、重点环节亲自协调、重要案件亲自督办。

(2)是否坚持把反腐倡廉建设放到企业改革发展的全局中去谋划和推进,对反腐倡廉建设进行责任分解并与经营管理工作一起部署、一起落实、一起检查。

(3)是否严格执行党风廉政建设责任制,督促领导班子成员承担起“一岗双责”职责。

(4)是否带头贯彻执行民主集中制原则,集体讨论决定企业生产经营的重大决策、重大项目安排、大额资金运作及重要人事任免等事项。

(5)是否带头落实中央八项规定精神,并抓好企业作风建设。

(6)是否存在选人用人方面的不正之风和腐败问题。

(7)是否支持企业纪检监察机构履职,加强组织机构建设。

(8)其他情况。

对党委(党组)书记的考核,应以过程考核为主,着重看是否履职到位,并结合效果综合评价。

3. 反映企业纪检监察机构履行监督责任、组织开展反腐倡廉工作的情况

企业纪检监察机构协助党委(党组)抓反腐倡廉工作,承担监督责任。考核要分清主体责任和监督责任,主要突出纪检监察机构的主业,如执纪监督、查办案件、廉洁风险防控等,引导纪检监察机构切实履职尽责,抓好惩治和预防腐败工作。

主要考核以下内容:

(1)查办违纪违法案件情况。

(2)对企业贯彻落实中央重大决策部署、落实中央八项规定精神等情况的监督检查情况。

(3)协助党委推进企业惩防体系建设的情况。

(4)开展效能监察、廉洁风险防控等工作的情况。

(5)督促企业领导人员廉洁从业情况。

(6)加强纪检监察队伍建设情况。

(7)其他工作情况。

对企业纪检监察机构的考核,应以工作效果为主,兼顾工作过程。

(四)考核评价指标及权重

在指标量化模型上,设置一级指标 3 项,二级指标 11 项,三级指标 33 项,并按照要素权重对指标进行量化、分别赋予分值。一级指标分别是党风廉政建设责任制情况、反腐倡廉工作完成情况和工作效果,总体考核评价赋分值为 100 分。按三个总体目标顺序

分配权重为 2∶5∶3，即：落实党风廉政建设责任制情况 20 分，反腐倡廉工作完成情况 50 分，工作效果 30 分。另设奖励分 7 分，其中 5 分用于鼓励企业结合实际探索创新反腐败体制机制，2 分用于鼓励企业开展第三方评价。总分 107 分。（详见表 1）

应当指出的是，中央企业所处行业、资产规模、经营业务千差万别，本课题研究的考核评价体系指标主要是涵盖各企业普遍开展的工作，起到一种导向作用，未必符合各企业实际，比如有的企业效能监察工作的作用显著，有的企业查办案件力度大，等等。中央企业可以结合本企业工作实际，相应调整有关权重分值，提高考核的可操作性和针对性。

表 1　中央企业反腐倡廉建设考核评价指标

	一级指标	二级指标	三级指标	分值
反腐倡廉建设考核评价	一、落实党风廉政建设责任制情况（权重 20%）	（一）抓好反腐倡廉建设任务的部署和分解（40%）	1. 党政主要领导齐抓共管	2
			2. 实施任务分解，责任落实到相关部门，各层级对责任充分认知	1
			3. 把反腐倡廉建设纳入单位议事日程、年度工作计划	1
			4. 责任追究情况	1
			5. 纪委书记履职情况	1
			6. 纪检监察组织建设情况	2
		（二）监督检查本企业党风廉政建设情况和下级企业领导班子、领导人员廉洁从业情况（30%）	1. 签订党风廉政建设责任书情况，层层落实责任	1
			2. 每年听取下级企业领导人员述职述廉情况报告	3
			3. 每年对下级企业领导班子、领导人员廉洁从业情况开展监督检查	2
		（三）防止和纠正选人用人上的不正之风（30%）	1. 严格按照《党政领导干部选拔任用工作条例》规定的程序	1
			2. 在上党委会前征求纪检监察机关意见	2
			3. 在重要人事任免问题上坚持民主集中制情况	2
			4. 是否有任人唯亲等违反党的组织人事纪律等行为	1
	二、反腐倡廉工作完成情况（50%）	（一）贯彻落实中央八项规定精神情况（30%）	1. 企业领导人员深入基层、密切联系群众情况	4
			2. 企业业务招待费等管理费用的情况	6
			3. 企业领导人员履职待遇、业务支出情况	5

续表

	一级指标	二级指标	三级指标	分值
反腐倡廉建设考核评价	二、反腐倡廉工作完成情况(50%)	(二)惩治腐败情况(30%)	1. 办案工作流程、运转情况	2
			2. 案件(包括信访举报)管理情况	1
			3. 案件数据及时统计、上报	3
			4. 查办案件情况	6
			5. 与地方纪检监察、司法机关的协同配合机制	3
		(三)预防腐败情况(30%)	1. 加强反腐败体制机制创新情况(探索项,暂不纳入考核评价,但开展了可以加分)	5
			2. 是否开展干部任职廉政谈话	1
			3. 反腐倡廉制度建设情况	5
			4. 责任追究制度	2
			5. 开展效能监察工作情况	3
			6. 开展廉洁风险防控工作情况	2
			7. 廉洁文化建设情况	1
			8. 开展理想信念、廉洁从业教育活动	1
		(四)遵守政治纪律情况(10%)	1. 执行国家产业政策情况	1
			2. 执行国家环保政策情况	1
			3. 执行国家有关规定情况	1
			4. 执行国资委有关规定情况	2
	三、工作效果(30%)	1. 企业领导班子年度综合考核测评(30%)		9
		2. 企业案件发生情况(40%)		12
		3. 职工群众的满意度(30%)		9
		4. 相关利益主体的评价(探索项,暂不纳入考核评价,但可以加分)		2

目前的指标权重突出工作过程,主要考虑是中央企业党风廉政建设责任制目前执行得比较到位,但反腐倡廉工作参差不齐,工作进展程度不同,需要引导激励企业进一步缩小工作差距;对于工作效果的评价尚在探索中,权重相对稍低一些。

1. 落实党风廉政建设责任制情况(权重 20%)

在此项下有 3 个二级指标,分别是:①抓好反腐倡廉建设任务的部署和分解,权重为 40%;②监督检查本企业党风廉政建设情况和下级企业领导班子、领导人员廉洁从业情况,权重为 30%;③防止和纠正选人用人上的不正之风,权重为 30%。

主要考虑:一是从近年来的惩防体系建设专项检查情况看,中央企业党政领导班子能够严格执行党风廉政建设责任制,将反腐倡廉建设纳入企业发展总体规划,做到与企业发展同研究、同部署、同落实、同检查。每年召开专题会议研究工作，坚持抓好“年初签责任书、年中和年终检查、年底考核兑现”三个环节。党政主要负责同志认真履行党风廉政建设第一责任人的职责，基本做到了亲自部署年度任务、亲自对重要工作做出决策，亲自协调解决突出问题，亲自督办重要案件。领导班子成员根据工作职责和分工，坚持“谁主管、谁负责”，自觉将反腐倡廉建设总体思路贯穿日常管理，主动把任务融入分管业务，有力推动了反腐倡廉建设工作任务的全面落实。二是根据习近平总书记在全国组织工作会议上的讲话精神和对中央巡视工作的要求，要对企业党委(党组)选人用人情况重点考核。

在这3个二级指标项下设13个三级指标，其中：

(1)在“抓好反腐倡廉建设任务的部署和分解”项下的三级考核指标如下：

一是党政主要领导齐抓共管(2分)。检查内容：单位党政主要领导对反腐倡廉重要工作亲自部署、重大问题亲自过问、重点环节亲自协调、重要案件亲自督办情况。评分标准：执行好得2分，执行一般得1分，执行不好得0分。

二是实施任务分解，责任落实到相关部门，各层级对责任充分认知(1分)。检查内容：单位领导班子、中层管理人员对自身在反腐倡廉建设中应负责任的认知程度。评分标准：认知度高得1分，认知度一般得0.5分，认知度不好得0分。

三是把反腐倡廉建设纳入单位议事日程、年度工作计划(1分，结果项)。检查内容：单位领导是否对工作进行安排部署。评分标准：纳入的得1分，没有的得0分。

四是责任追究情况(1分)。检查内容：检查对党风廉政建设工作出现问题的责任追究情况。评分标准：追究的得1分，没有的得0分。

五是纪委书记履职情况(1分)。检查内容：纪委书记的行政分工是否合理，且主要精力是否在纪检监察工作上。评分标准：分工合理得0.5分，主要精力在纪检监察工作上得0.5分。

六是纪检监察组织建设情况(2分)。检查内容：主要检查中央四部委12号文件、国资委党委114号文落实情况。

(2)在“监督检查本企业党风廉政建设情况和下级企业领导班子、领导人员廉洁从业情况”项下有3个三级指标：

一是签订党风廉政建设责任书情况，层层落实责任(1分)。检查内容：单位领导是否签订党风廉政建设责任书。评分标准：能够坚持每年签订的得1分，偶尔签订的得0.5分，从未签订的得0分。

二是每年听取下级企业领导人员述职述廉情况报告(3分)。检查内容：单位领导是否听取汇报。评分标准:每年听取得 3 分,偶尔听取得 1 分,从未听取得 0 分。

三是每年对下级企业领导班子、领导人员廉洁从业情况开展监督检查情况(2 分)。检查内容:是否开展检查。评分标准:每年检查的得 2 分,偶尔检查的得 1 分,没有检查的得 0 分。

(3)在"防止和纠正选人用人上的不正之风"项下有 4 个三级指标:

一是严格按照《党政领导干部选拔任用工作条例》规定的程序(1 分)。检查内容:是否严格进行考察酝酿等程序。评分标准:严格执行的得 1 分,一般的得 0.5 分,执行不好的得 0 分。

二是在上党委会前征求纪检监察机关意见(2 分)。评分标准:征求的得 2 分,没有征求的得 0 分。

三是在重要人事任免问题上坚持民主集中制情况(2 分,结果项)。检查内容:选人用人是否召开党委会,让每一名班子成员充分发表意见。评分标准:民主集中制坚持好的得 2 分,坚持一般的得 1 分,坚持不好的得 0 分。

四是是否有任人唯亲等违反党的组织人事纪律等行为(1 分,结果项)。检查内容:选人用人是否公道正派,职工群众是否满意。评分标准:公道正派、群众满意的得 1 分,一般的得 0.5 分,不好的得 0 分。

2.反腐倡廉工作完成情况(权重 50%)

在此项下有 4 个二级指标,分别是:(1)贯彻落实中央八项规定精神情况,权重为 30%;(2)惩治腐败情况,权重为 30%;(3)预防腐败情况,权重为 30%;(4)遵守政治纪律情况,权重为 10%。

主要考虑:一是持之以恒地抓好中央八项规定落实、防止反弹,是关系到党的威信、取信于民的重大政治问题。中央多次召开专门会议进行部署,反复强调要以贯彻落实八项规定精神为切入点,认真查找"四风"方面的问题。中央纪委多次对违反中央八项规定精神的典型问题发出通报,进一步严明纪律,推动贯彻执行。

二是惩防体系建设情况。党的十六届三中全会部署建立健全与社会主义市场经济体制相适应的教育、制度、监督并重的惩防体系。10 年的实践使我们认识到,党风廉政建设和反腐败斗争要实现经常抓、长期抓,就必须推进惩防体系建设。近 10 年来,中央先后颁布《实施纲要》、2008—2012 年工作规划、2013—2017 年工作规划,全党动手抓反腐倡廉的良好局面不断巩固发展,形成了长期抓纲要、中期抓规划、年度抓任务的反腐败工作模式。中央企业也以惩防体系建设为重点加强反腐倡廉建设,坚持标本兼治、综合治理、惩防并举、注重预防,运用系统的思维、统筹的观念、体系的方式抓反腐败,实现反腐倡廉常抓不懈，拒腐防变警钟长鸣。

三是遵守政治纪律。严明党的纪律，首要的就是严明政治纪律，最核心的就是坚持党的领导，坚持党的基本理论、基本路线、基本纲领、基本经验、基本要求，同党中央保持高度一致。要求中央企业各级党组织和领导人员要认真学习党章，严格遵守和自觉维护党章，牢固树立大局观念和全局意识，坚定发展壮大国有经济的信心和决心，认真落实中央各项重大决策部署，带领广大职工群众思想统一、步调一致地加快推进企业改革发展。

在这 4 个二级指标项下设 20 个三级指标，其中：

(1)在“贯彻落实中央八项规定精神情况(30%)”项下，主要有 3 个三级指标：

一是企业领导人员深入基层、密切联系群众情况(4 分)。此项指标直接采用中央企业领导班子综合测评指标的“联系群众”标准。评分标准：优秀的得 4 分，良好的得 2 分，一般的得 1 分，较差的得 0 分。

二是企业业务招待费等管理费用的情况(6 分)。检查内容：费用的预算管理、制度建设、列支范围标准、业务流程、财务控制、审计监督等。评分标准：制度健全、流程规范的得 6 分，较规范的得 3 分，没有的不得分。

三是企业领导人员履职待遇、业务支出情况(5 分)。检查内容：企业是否制定了企业负责人履职待遇、业务支出有关制度，是否纳入预算管理，行为是否规范。评分标准：制度健全、流程规范的得 5 分，较规范的得 3 分，没有的不得分。

(2)在“惩治腐败情况”项下，主要有以下 5 个三级指标：

一是办案工作流程、运转情况(2 分)。检查内容：信访举报、案件查办的工作流程、运转程序是否明确。评分标准：程序运转正常的得 2 分，较齐全的得 1 分，没有的不得分。

二是案件(包括信访举报)管理情况(1 分)。检查内容：检查是否建立台账、资料齐全。评分标准：台账、手续资料齐全的得 1 分，较齐全的得 0.5 分，没有的不得分。

三是案件数据及时统计、上报(3 分)。检查内容：信访举报和案件统计数据是否及时上报，有无隐瞒不报、压案不查情况。评分标准：及时统计上报的得 3 分，统计的得 1 分，没有上报的不得分。

四是查办案件情况(6 分)。检查内容：是否及时核实信访举报，是否存在压案不办的情况。评分标准：及时核实信访、查办案件的得 6 分，工作一般的得 3 分，有案不查、压案不办的不得分。

五是与地方纪检监察、司法机关的协同配合机制(3 分，结果项)。检查内容：是否与所在地司法机关建立协同配合机制。评分标准:建立的得 3 分,没有建立的不得分。

(3)在“预防腐败情况”项下,主要有以下 8 个三级指标:

一是加强反腐败体制机制创新工作情况(5 分)。检查内容:是否结合企业实际,对反腐败体制机制进行创新,如实行区域派驻、巡视、垂直监督,实行监事长、监督管理委员会等,此项为结果项。评分标准:开展的得 5 分,没有开展的得 0 分。

二是是否开展干部任职廉洁谈话(1 分)。检查内容:是否能够对新任领导干部进行任职廉政谈话。评分标准:坚持开展的得 1 分,偶尔开展的得 0.5 分,未开展的得 0 分。

三是反腐倡廉制度建设情况(5 分)。检查内容:“三重一大”决策、招投标、物资采购、干部选拔任用、财务管理、廉洁从业等制度是否建立健全。评分标准:制定出台并严格执行的得 5 分,制定的得 3 分,没有制度的,缺一项在得分中扣 0.5 分。

四是责任追究制度(2 分)。检查内容:是否建立健全资产损失责任追究等制度。评分标准:制定出台的得 2 分,没有的得 0 分。

五是开展效能监察工作情况(3 分)。检查内容:对物资采购、基建、对外协作、对外投资、财务管理、人事任免等进行监督,查错纠偏。评分标准:开展的得 3 分,没有开展的得 0 分。

六是开展廉洁风险防控工作情况(2 分)。检查内容:是否对物资采购、对外协作、对外投资、财务管理、人事任免等领域开展廉洁风险防控,制定了工作流程、查找风险点等。评分标准:开展的得 2 分,没有开展的得 0 分。

七是廉洁文化建设情况(1 分)。检查内容:是否在企业文化中包含廉洁要求,针对不同岗位、人群进行教育。评分标准:对领导干部、关键岗位人员、职工群众的教育针对性强得 1 分,一般得 0.5 分,无针对性得 0 分。

八是开展理想信念、廉洁从业教育活动(1 分)。检查内容:是否能够组织开展廉洁从业学习活动。评分标准:坚持经常开展得 1 分,偶尔开展的得 0.5 分,未开展的得 0 分。

(4)在“遵守政治纪律情况”项下,主要有以下 4 个三级指标:

一是执行国家产业政策情况(1 分)。检查内容:年度投资是否存在违反国家产业政策。评分标准:没有的得 1 分,有的得 0 分。

二是执行国家环保政策情况(1 分)。检查内容:年度投资、上项目、基本建设是否经过国家环保评审。评分标准:经过的得 1 分,没有经过就上项目的得 0 分。

三是执行国家有关规定情况(1 分)。检查内容:投资、并购重组、产权交易等经营行为是否遵守国家有关规定。评分标准:遵守的得 1 分,没有遵守的得 0 分。

四是执行国资委有关规定情况(2分)。如按照主业核定方向投资等。检查内容：投资、并购重组、产权交易等经营行为是否遵守国资委有关规定、报国资委备案等。评分标准：遵守的得2分，没有遵守的得0分。

3. 工作效果(权重30%)

在此项下有4个二级指标，分别是：①企业领导班子年度综合考核测评，权重为30%。②企业案件发生情况，权重为40%。③职工群众的满意度，权重为30%。④相关利益主体的评价(探索项，暂不纳入考核评价，但可以加分)。

主要考虑：一是企业领导班子年度综合考核测评情况。在当前的中央企业领导班子年度考核中，组织部门在年度考核中对此进行了测评，包括企业内部民主测评、外部董事评价、监事会评价。此项工作已经开展，可以直接将此成果转化使用。

二是案件发生情况。企业发生案件，往往表明企业管理存在漏洞，反腐倡廉工作抓得不紧。但是客观地说，案件发生情况往往并不能真实反映企业反腐倡廉建设情况，比如有的企业自办案件数量多，成效比较明显，但也在一定程度上反映企业存在管理漏洞。因此，对案件情况应当辩证分析。对此类指标，主要考核企业自办案件，对于地方纪检监察机关、公安机关、检察机关直接查办的案件，会影响企业反腐倡廉建设的成效。

三是职工群众的满意度。如前所述，职工群众对企业反腐倡廉建设感受最直接，最了解真实情况，甚至有些案件就发生在他们身边，因此，职工群众对此感受最明显。这是企业反腐倡廉建设的重要评价主体。

四是相关利益主体的评价。有的企业在实践中对此进行了探索，比如与供应商、经销商签订廉洁协议，定期走访了解企业采购、销售等岗位人员的廉洁从业情况。而且，企业作为社会主体，相关利益主体通过这些人员的行为，感知企业反腐倡廉情况。但是，请相关利益主体参与考核评价难度较大，比如请哪些主体、请多大的范围、这些主体的评价是否客观等，都需要进一步探索。因此，这项指标暂不纳入考核评价，但是为了鼓励企业开展此项工作，积极树立良好社会形象，对此项工作实行奖励加分。

(1)在“企业领导班子年度考核测评”项(9分)下不设三级指标，直接采用企业领导班子综合考核评价结果。评分标准：优秀的得9分，良好的得6分，一般的得4分，较差的得2分。

(2)在“企业案件发生情况”项(12分)下不设三级指标。检查内容：企业是否被地方纪检监察机关、检察机关查办违纪违法案件。评分标准：每发生1件案件扣2分。

(3)在“职工群众的满意度”项(9分)下不设三级指标。检查内容：就反腐倡廉工作群众满意度进行问卷测评，问卷设“满意”、“基本满意”、“不满意”3个选项。评分标准：

满意和基本满意项视为满意,测评满意度达到 85%及以上为群众满意,得 9 分;60%~85%视为群众基本满意,得 5 分;60%以下为群众不满意,得 0 分。

(4)在“相关利益主体的评价”项(2 分)下不设三级指标。检查内容:是否就反腐倡廉满意度对相关利益主体进行问卷测评。评分标准:有了就加 2 分,没有不扣分。

(五)考核评价结果的认定

根据考核评价指标的总得分确定等次。评价等次可分为 A 级(优秀)、B 级(合格)、C 级(基本合格)、D 级(不合格)四个等次。其中,A 级(优秀)等次确定标准:总得分 90 以上(含 90 分);B 级(合格)等次确定标准:总得分 80~89 分;C 级(基本合格)等次确定标准:总得分 60~79 分;D 级(不合格)等次确定标准:总得分 59 分以下(含 59 分)。

四、中央企业反腐倡廉考核评价工作的组织实施

通过开展考核评价工作,对反腐倡廉建设进行一次系统和全面的评估,既可以确保企业实现反腐倡廉建设的阶段性工作目标,又可以总结经验、查找问题,为企业下一阶段的反腐倡廉建设奠定良好的基础。为了确保这项工作达到预期的目的,必须建立一整套科学完善的组织实施程序,确保取得实效。

(一)领导体制与工作机制

坚持党委统一领导、纪委组织协调、部门各负其责、依靠广大职工群众支持和参与的领导体制和工作机制,组织开展反腐倡廉建设考核评价工作。

在国资委党委统一领导下,成立中央企业反腐倡廉建设考核评价工作领导小组(以下简称领导小组),由国资委党委主要负责人任组长,国资委分管企业绩效考核、干部人事、党建、监事会、纪检监察、巡视、审计等部门的委领导任副组长,各有关厅局主要负责人为领导小组成员。领导小组负责审定考核评价办法及实施细则,研究决定考核评价工作方案,听取考核评价进展情况及结果汇报。

成立领导小组办公室,具体负责考核评价工作的组织实施。领导小组办公室设在国资委纪委、驻委监察局,由纪委、驻委监察局主要负责人任办公室主任,相关厅局的负责人任副主任。

(二)工作步骤与主要做法

依据国资委制定的考核评价办法及有关实施细则,坚持日常工作与考核情况相结

合，主要采取以下步骤开展工作：

一是建立工作机构。在领导小组统一领导下，每年由领导小组办公室负责建立考核评价工作组，其成员由纪委监察局与有关厅局的人员组成。

二是全面进行考核。考核评价工作组赴各中央企业，采取听取汇报、查阅文件资料、召开各方面人员座谈会、抽样调查、实地考察、走访职工、民主测评和民主评议等方法进行。

三是做出合理评价。在全面考核的基础上，通过依据各项指标进行打分、综合评定、确定档次、上报审核等步骤进行评价。评价结果可确定为优秀、合格、基本合格和不合格四个档次。

四是公布考核结果。考核结束后，考核评价工作组向被考核的企业党委(党组)反馈考核情况，并将考核结果进行公布，增强考核工作的透明度，自觉接受群众监督。

五是抓好结果运用。考核结束后，对考核情况进行全面总结，将考评结果与企业经营业绩考核、企业领导人员的薪酬等挂钩，起到激励约束作用，推动企业反腐倡廉建设。

在考核评价的具体实施中，可以综合采取以下做法：

一是组织企业撰写自评报告。各企业对照评价内容及指标，说明各项评价指标内容的完成情况，使被评价企业对自身工作状况有一个比较全面充分的自我认知。

二是听取企业反腐倡廉建设情况的汇报。由企业党委(党组)主要负责人、分管负责人向考核评价工作组汇报企业反腐倡廉建设的整体情况。

三是查阅有关记录。通过查阅反腐倡廉建设的有关资料，包括文件、会议记录、各项规章制度经验材料、工作总结等，了解反腐倡廉建设工作的开展情况。

四是开展民主测评。在一定范围内召开大会，组织职工代表对企业反腐倡廉建设情况进行测评。

五是进行个别访谈。根据企业规模、党员数量等，对企业班子成员、中层管理人员、下属企业负责人、普通党员和职工等进行个别访谈，深入了解反腐倡廉建设的情况。

六是实地了解情况。深入企业基层和一线，了解反腐倡廉建设各项任务在基层的落实情况，听取一线职工群众的意见。

七是听取有关方面的意见。比如，听取与企业合作的有关利益主体的意见，包括企业的客户以及研发、宣传、法律、财务审计等中介机构；听取企业所在地的纪检监察机关、执法机关、检察机关和司法机关等部门的意见。

八是进行综合分析。评价小组汇总各方面情况，从定量和定性两个方面进行综合分析评价。对一些重要评价要素可采取“一票否决制”，即凡一项重要评价要素不合格，则整个评价结果为不合格。比如，民主测评优秀率达不到70%或发生严重违纪违法案件的企业，可以评价为不合格。

(三)考核评价结果的运用

充分运用好考核评价结果，能够有力推动企业反腐倡廉建设，对于企业领导人员落实好党风廉政建设责任制具有重要的激励约束作用。在运用过程中，主要应抓好以下几方面：

(1)通报考核评价结果。通过召开大会或者下发文件的形式，在国资委和中央企业系统对考核评价结果进行通报，起到激励、警示作用。

(2)做到“三个挂钩”。将考核评价结果作为评价各企业落实党风廉政建设责任制、推动反腐倡廉建设的重要依据，纳入企业领导班子、领导人员考核，做到“三个挂钩”。一是与企业经营业绩考核、企业领导人员的薪酬挂钩，实现责任与利益的结合、压力与动力的互动，增强企业领导人员对反腐倡廉建设的重视程度。二是与企业的评先创优挂钩，作为企业参与各类评先选优的重要条件，在评定综合性奖项和荣誉称号时，反腐倡廉建设的考核评价结果必须达到一定的分数和等次，强化反腐倡廉建设考核评价结果的效力与影响。三是与领导人员的选拔任用挂钩，作为企业领导人员业绩评定、奖励惩处、选拔任用和责任追究的重要依据。

(3)强化责任追究。对当年考核结果为基本合格的，要求企业深入分析存在的问题，切实加以改进；对当年考核结果为不合格的，责成企业党委(党组)向国资委做出书面检查，研究提出整改措施，对企业党委主要负责人和纪委书记进行诫勉谈话；对连续两年考核结果为基本合格的，按当年考核为不合格处理；对连续两年考核结果为不合格的，依据《关于实行党风廉政建设责任制的规定》等文件，对企业党委主要负责人和纪委书记进行责任追究。

(4)督促抓好整改。发挥考核评价结果的预警作用，将考核评价中发现的问题，及时反馈企业，要求企业深入分析原因，认真制定整改方案。国资委纪委、驻委监察局对企业整改情况进行跟踪督办，并适时通报整改落实情况，推进中央企业反腐倡廉建设。

课题组成员名单

组　长：

阮国平　国务院国资委纪委副书记

副组长：

李正义　国务院国资委巡视组副组长

成　员：

叶远强　国务院国资委纪委政策研究室副主任

王文锦　国务院国资委纪委政策研究室正处级

陈　珂　国务院国资委纪委政策研究室副处长

周　楠　国务院国资委纪委政策研究室主任科员

第四篇 国有企业党的建设和思想政治工作

中央企业文明单位测评体系研究

摘　要：国资委自2008年3月接管中央企业精神文明建设工作以来，立足中央企业实际，把握精神文明建设的特点和规律，将文明单位创建作为精神文明建设的有力抓手，推动中央企业广泛深入地开展精神文明创建活动。在中央企业的共同努力下，文明单位创建取得丰硕成果，一大批中央企业被国资委、全国各省市推荐评选为全国文明单位或省部级文明单位，许多中央企业已成为地方精神文明建设的标杆，得到了所在地党委、政府及社会的广泛认可。在开展创建工作的过程中，形成了较为完善的工作机制，积累了较为丰富的理论和实践经验。为切实提高中央企业精神文明建设工作水平，将文明单位创建工作进一步具体化、规范化、科学化，国资委文明办确定了中央企业文明单位测评体系专题研究。本文力求结合中央企业实际，阐述了文明单位测评体系研究的背景和意义，以国家电网、中国大唐和中国移动3家企业为例，分析了测评体系的实践情况，参考《全国文明单位测评体系（试行）》、《首都文明单位测评体系（试行）》，借鉴江苏、河南、上海等地的文明单位测评体系标准，构建了符合中央企业实际的测评体系模型，并对全面加强中央企业精神文明创建工作提出了相应对策和措施。

关键词：中央企业　文明单位　测评体系

第一部分　主报告

一、中央企业文明单位测评体系研究的背景与意义

(一)文明单位测评体系的研究背景

精神文明建设是中国特色社会主义事业的重要内容和重要保证，是党和国家工作的重要组成部分。改革开放以来，党中央高度重视精神文明建设，坚持“两手抓、两手都要硬”的方针，把精神文明建设不断推向前进。国有企业长期以来在国民经济中发挥主导作用，中央企业既是国家经济建设的骨干力量，也是精神文明建设的重要力量。在党中央的坚强领导下，中央企业认真贯彻落实中央关于精神文明建设的一系列方针政策和工作部署，坚持以邓小平理论、“三个代表”重要思想和科学发展观为指导，紧紧围绕经济建设这个中心，服务改革发展稳定大局，切实加强和改进精神文明建设工作，为实现企业又好又快发展提供了强有力的思想保障、智力支持、精神动力和良好文化条件。

为适应中央企业改革发展的新形势，进一步推进中央企业精神文明建设，2008 年 3 月，国务院机关事务管理局与国资委党委联合下发了《关于将国资委监管的在京中央企业精神文明建设及其有关社会事务管理工作移交国资委管理的通知》(国管办发〔2008〕5 号)，决定将国资委监管的在京中央企业精神文明建设、社会治安综合管理、绿化、人口和计划生育、爱国卫生、交通安全、环境综合整治等工作一并移交国资委管理。至此，有 143 家中央企业的精神文明建设工作以及 94 家在京中央企业的“两组五委”工作均由国资委管理。2011 年，国资委专门成立了精神文明建设指导委员会，认真贯彻落实中央精神文明建设指导委员会的有关精神，加强对中央企业精神文明建设工作的指导。

1. 党的十一届三中全会以来，中央对精神文明建设做出的部署和要求

十一届三中全会以来，党的第二代中央领导集体根据新的情况和新的实践，深刻把握社会主义初级阶段的重要历史定位，在对中国特色社会主义探索和实践的过程中，逐步提出和不断发展了社会主义精神文明建设的思想。通过不断地从实践中总结经验教训，在理论上对社会主义精神文明建设的战略地位有了新的认识，把精神文明建设摆到更加突出的地位。

(1)精神文明建设理论的提出和形成。改革开放之初，以邓小平同志为代表的党的第二代领导集体就明确提出了“两个文明”一起抓的战略方针，此后，在党的历次重要会

议上做出一系列重大决定。早在1977年8月8日，邓小平就从国家战略高度指出："我们国家要赶上世界先进水平，从何处着手呢？我想，要从科学和教育着手。"[①]这已涉及社会主义精神文明建设的一些根本问题，为形成这一概念奠定了逻辑基础。1979年9月叶剑英指出："我们要在建设高度物质文明的同时，提高全民族的教育科学文化水平和健康水平，树立崇高的革命理想和革命道德风尚，发展高尚的丰富多彩的文化生活，建设高度的社会主义精神文明。"[②]这里首次提出并使用了社会主义精神文明的概念。在1980年12月召开的中央工作会议上，建设社会主义精神文明问题成为重要议题，邓小平在会议讲话中指出："我们要建设的社会主义国家，不但要有高度的物质文明，而且要有高度的精神文明。"[③]1982年9月，党的十二大报告深刻阐明，"社会主义精神文明是社会主义的重要特征，是社会主义制度优越性的重要表现"[④]，第一次把社会主义精神文明写进《党章》。党的十二大把社会主义精神文明建设的内容概括为文化建设和思想建设两个方面，这两方面是互相渗透和互相促进的，并指出社会主义必须有一个特征，就是以共产主义思想为核心的社会主义精神文明。十二大以后，随着改革开放和现代化建设的深入推进，社会主义精神文明建设也进入到一个新的探索时期。我们党除了在理论上进行研究和探索外，在实践上也创造和积累了一些好的形式和经验。对于改善社会风气，美化环境，提高人民群众的思想道德素质和科学文化素质，产生了一定的积极作用。但就整体来说，精神文明建设的发展实际与现代化建设的发展需要，特别是与全面深化改革的需要还不相称。正如邓小平在1985年9月所说："主要是全党没有认真重视。"[⑤]即没有真正认识到社会主义精神文明建设的战略地位。为此，1986年9月的中共十二届六中全会通过了《中共中央关于社会主义精神文明建设指导方针的决议》，明确了精神文明建设的战略地位、根本任务和重大方针。《决议》的出台使精神文明建设的理论体系基本形成，党对精神文明建设的战略地位的认识有所提高，它引导全党全国人民逐步加深对精神文明建设的认识，展开了各方面的工作，推动了经济和社会的发展。1987年10月，党的十三大明确提出了"必须以马克思主义为指导，努力建设社会主义精神文明"的具有长远意义的指导方针，指出要根据党的十二届六中全会提出的关于精神文明建设的决议，按照"有理想、有道德、有文化、有纪律"的要求，提高整个民族的思想道

---

① 关于科学和教育工作的几点意见[M]//邓小平文选(第2卷). 北京：人民出版社 1994：48.

② 在庆祝中华人民共和国成立三十周年大会上的讲话[M]//三中全会以来重要文献选编(上). 北京：人民出版社，1982：234.

③ 贯彻调整方针，保证安定团结[M]//邓小平文选(第2卷). 北京：人民出版社，1994：367.

④ 全面开创社会主义现代化建设的新局面[M]//十二大以来重要文献选编(上). 北京：人民出版社，1986：29.

⑤ 在中国共产党全国代表会议上的讲话[M]//邓小平文选(第3卷). 北京：人民出版社，1993：143.

德和科学文化素质。

(2)精神文明建设理论的丰富和完善。1992年邓小平同志南方谈话和党的十四大开辟了改革开放和社会主义现代化建设的新阶段。这篇谈话回答了经常困扰和束缚我们思想的许多重大认识问题，提出了抓住时机、发展自己的战略思想，同时阐明了精神文明在建设有中国特色社会主义事业中的重要地位。党的十四大科学总结了十一届三中全会以来党的基本实践和基本经验，确立了邓小平建设有中国特色社会主义理论在全党的指导地位，明确要求在建立社会主义市场经济体制的同时，把精神文明建设提高到新的水平。党的十四大以来，在以江泽民同志为核心的党中央领导下，坚持用邓小平建设有中国特色社会主义理论武装全党，实施“科教兴国”战略，坚持正确舆论导向，广泛进行爱国主义、集体主义、社会主义教育，普遍开展群众性精神文明创建活动，精神文明建设取得积极进展和明显成效，对促进改革、发展、稳定起到了重要作用。在此基础上，1996年10月，党的十四届六中全会把社会主义精神文明建设作为主要议题，审议通过了《中共中央关于加强社会主义精神文明建设若干重要问题的决议》。《决议》对社会主义精神文明建设特别是思想道德和文化建设做出了全面部署，深刻阐明了在社会主义市场经济和对外开放的历史条件下，精神文明建设的指导思想、目标任务、工作方针和重大措施，确认了社会主义精神文明建设在两个文明建设中的战略地位，标志着社会主义精神文明建设理论体系基本成熟。

(3)精神文明建设理论的创新和发展。1997年9月，党的十五大第一次提出有中国特色的社会主义文化就是社会主义精神文明的理论，为把社会主义精神文明建设纳入国民经济和社会发展的总体规划提供了理论依据。党的十五大报告指出，“建设有中国特色社会主义的文化，就是以马克思主义为指导，以培育有理想、有道德、有文化、有纪律的公民为目标，发展面向现代化、面向世界、面向未来的，民族的科学的大众的社会主义文化。”[①]此后，“中国特色社会主义文化建设”成为舆论宣传中的热词，并视不同的语境与社会主义精神文明建设交替使用。2003年10月，党的十六大报告指出，“社会主义精神文明是中国特色社会主义的重要特征。”“要建立与社会主义市场经济相适应、与社会主义法律规范相协调、与中华民族传统美德相承接的社会主义思想道德体系”的任务。[②]2006年10月，党的十六届六中全会通过的《中共中央关于构建社会主义和谐社会若干重大问题的决定》，明确提出并全面阐述了建设社会主义核心价值体系的任务。

① 在中国共产党第十五次全国代表大会上的报告[M]//十五大以来重要文献选编(上). 北京：中央文献出版社，2000:19,35.

② 在中国共产党第十六次全国代表大会上的报告. 北京：中央文献出版社，2005:30.

2007 年 10 月，党的十七大报告强调，要切实把社会主义核心价值体系融入国民教育和精神文明建设全过程，深入开展群众性精神文明创建活动。十七届六中全会通过了《中共中央关于深化文化体制改革推动社会主义文化大发展大繁荣若干重大问题的决定》，在党的历史上第一次明确提出了“建设社会主义文化强国”的战略目标。这一目标是十一届三中全会以来，党的社会主义精神文明建设战略思想合乎历史与逻辑的发展，同时，又是依据时代和实践发展趋势的新要求做出的战略部署。

2012 年 11 月，党的十八大站在建设社会主义文化强国、实现中华民族伟大复兴的战略高度，强调要推动社会主义精神文明和物质文明全面发展，对新形势下推进精神文明建设赋予更高要求和更大责任。“实现中国梦必须弘扬中国精神。这就是以爱国主义为核心的民族精神，以改革创新为核心的时代精神。”“只有物质文明和精神文明建设都搞好，国家物质力量和精神力量都增强，全国各族人民物质生活和精神生活都改善，中国特色社会主义事业才能顺利向前推进。”习近平总书记的一系列重要讲话高度概括了中国精神的本质内涵，深刻阐述精神力量对于实现中国梦、推进中国特色社会主义事业的重要意义，为加强精神文明建设指明了方向。党的十八大在社会主义核心价值观、公民道德素质和人民精神文化生活、增强文化竞争力方面给予了深刻阐述。倡导富强、民主、文明、和谐，倡导自由、平等、公正、法治，倡导爱国、敬业、诚信、友善，积极培育和践行社会主义核心价值观。中共中央办公厅印发了《关于培育和践行社会主义核心价值观的意见》，进一步丰富了社会主义精神文明建设的理论。

十八届三中全会的胜利召开，是全面深化改革的又一次总部署、总动员，精神文明建设既面临着良好的机遇，又面临着严峻的挑战。中央一系列重大决策，充实完善了社会主义精神文明的内容，将思想道德建设和精神文明建设提到前所未有的高度，不断指引着社会前进的方向。必须坚持全面的、历史的、发展的观点，把精神文明建设放在整个经济社会发展进程中来考虑，放在全面深化改革、全面建成小康社会、加快推进现代化建设的背景下来谋划，找准工作的切入点和着力点，做到因势而谋、应势而动、顺势而为，以更加宽广的视野、更加有力的举措推进各项工作，在目标追求、内容内涵、方式途径上实现新的提升。

2. 中央企业是我国精神文明建设的重要力量

中央企业是中国特色社会主义的重要支柱，是全面建设小康社会的重要力量，是我们党执政的重要基础。搞好中央企业，发展壮大国有经济，是坚持中国特色社会主义共同理想的内在要求。中央企业大多处在关系国家安全和国民经济命脉的重要行业，处在关系国计民生的关键领域，是国家物质财富的重要创造者，是实现共同富裕的重要载体。经过30多年的改革发展，中央企业管理体制和经营机制发生了根本变化，国有经济整体实力进一步增强，综合素质进一步提升，在国民经济中发挥着越来越重要的作用，为建设中国特色社会主义做出了重要贡献。2013年度中央企业累计实现营业收入24.2万亿元，同比增长8.4%；上交税费总额2万亿元，同比增长5.2%；累计实现利润总额1.3万亿元，同比增长3.8%。[①] 在应对重大自然灾害和举办重大活动中，中央企业也始终发挥骨干作用，为国民经济和社会发展做出了突出贡献。

中央企业的发展壮大，一直是支撑中国经济腾飞的主要力量，同样也是精神文明建设的重要力量。长期以来，在承担经济责任的同时，中央企业还自觉承担起政治责任和社会责任，不仅为社会提供了巨大的物质财富，还为社会提供了丰富的精神财富，在社会主义精神文明建设中发挥着重要作用。中央企业在改革发展过程中创造的精神财富，已经成为社会主义精神文明的重要组成部分；中央企业广泛开展的群众性精神文明创建活动，为传播文明理念、提升广大人民群众的文明素质发挥了重要作用。中央企业作为继承中国传统文化和创新时代精神的重要载体，过去是、将来也必定是推进社会主义精神文明建设的重要力量。

党的十八大向全党和全国人民提出了经济建设、政治建设、文化建设、社会建设、生态文明建设五位一体的总体布局。国有企业特别是中央企业作为中国经济崛起的“领头羊”[②]，肩负着重要的经济责任、政治责任和社会责任，精神文明建设既是中央企业改革发展的重要内容，也是改革发展的重要目标。中央企业不仅是物质文明的创造者，也是精神文明、政治文明的创造者；“三个文明”建设不仅必须同时抓，而且精神文明建设还必须领先抓；越是在生产经营管理工作任务繁重时，越是要下大力气抓好精神文明建设，只有“三个文明”齐头并进，才会使企业充满生机，科学发展。

中央企业精神文明建设是马克思主义中国化理论成果的重要体现。中国共产党在继承和发展无产阶级革命导师有关的重要思想，总结我国社会主义发展过程中的经验教训的基础上，明确提出社会主义精神文明这一科学概念，并把它概括为社会主义社会的一个重要特征，且确定为我国社会主义现代化建设的重要战略目标和重要保证，这是在探索建设中国特色社会主义道路的实践中做出的科学判断，是马克思主义中国化的重要成果。中央企业的精神文明建设，就是要坚持中国特色社会主义先进文化的方向，使之成为企业发展和改革的精神动力和思想保障。企业精神文明既是一个企业精神和

---

① 《中央企业2013年度经营情况》，国资委网站2014年1月22日。

② 胡鞍钢.国有企业是中国经济崛起的“领头羊”[J].求是，2012(21).

智慧长期积累的结晶，又是一个企业精神不断升华的结晶，这种继承与发展的统一就是中央企业精神文明建设的内在规律，也是马克思主义中国化关于文化建设理论成果的外在表现。

中央企业精神文明建设是中国特色社会主义文化建设的组成部分。党的十八大指出，文化是民族的血脉，是人民的精神家园。全面建成小康社会，实现中华民族伟大复兴，必须推动社会主义文化大发展大繁荣，兴起社会主义文化建设新高潮，提高国家文化软实力，发挥文化引领风尚、教育人民、服务社会、推动发展的作用。[①] 中央企业的精神文明建设是社会主义先进文化的重要内容，也是社会主义文化建设的重要组成部分，肩负着弘扬民族精神、促进经济发展、推动社会进步的重任。21 世纪是世界各国经济技术快速发展和激烈竞争的时代，也是文化制胜的时代。中央企业精神文明建设将为当代中国文化提供新的文化楷模，对中西文化的融合、现代与传统的交汇等重大文化建设提供新的理论探索。大力加强中央企业精神文明建设，不仅有利于丰富和发展企业管理理论，推动民族特色的企业文化理论深入发展，也有利于繁荣和发展社会主义先进文化。

中央企业精神文明建设是深化国有企业改革与发展的强大动力。在继续深化社会主义市场经济体制的新时期，中央企业面临着难得的发展机遇，同时又面临着跨国公司和国内各类企业的双重竞争压力。因此，提高中央企业管理水平和提升企业竞争能力就显得尤为迫切。国资委提出"一五三"央企发展的总体思路，明确提出要做强做优中央企业、培育具有国际竞争力的世界一流企业。先进的企业文化是国有企业深化改革、持续发展的动力源泉和精神支柱，是国有企业增强核心竞争力的重要手段。中央企业精神文明建设，就是把企业文化建设与企业发展战略融为一体，贯穿于企业经营管理的全过程，坚持以生产经营为中心，为促进企业实现可持续发展提供强有力的精神动力和文化支撑。

2008 年以来，国资委文明办按照中央文明办的总体部署和国资委党委的要求，立足中央企业实际，把握企业精神文明建设的特点和规律，加强管理，创新载体，分类指导，形成特色，推动中央企业广泛深入扎实开展精神文明创建活动，增强了企业软实力，发挥了中央企业践行社会主义核心价值体系的表率示范作用。中央企业将精神文明建设工作纳入企业发展战略规划，坚持把精神文明建设作为提高员工素质、增强企业凝聚力、树立企业形象的重要抓手，建立健全精神文明建设领导体制和工作机制，不断完善精神

---

① 胡锦涛：坚定不移沿着中国特色社会主义道路前进，为全面建成小康社会而奋斗。

文明建设工作长效机制，形成了党委(党组)统一领导，党政共同负责，以政工干部为骨干，群众组织为依托，党政工团齐抓共管，员工广泛参与的工作格局。

3.创建文明单位是提升企业文明程度的重要载体

创建文明单位是精神文明建设的一项重要工作，是群众性精神文明创建活动的主要形式，是不断提高企业整体文明程度，把两个文明建设的各项任务落实到基层的有效途径。2003 年，中央文明委下发了《中央精神文明建设指导委员会关于评选表彰全国文明城市、文明村镇、文明单位的暂行办法》，启动了全国文明单位评选表彰工作，截至目前，全国文明单位已评选了三届。同时，各省市区也在进行相应级别的文明单位评选表彰工作。

近年来，中央企业坚持两个文明一起抓，将创建文明单位作为经常性工作常抓不懈，与社会主义核心价值体系建设、企业文化建设和党建思想政治工作有机结合，切实提升员工文明素质和企业文明程度，涌现了数以千计的文明单位，有力推动了中央企业持续健康发展，在确保国有资产保值增值的同时，促进了企业文明程度乃至整个社会文明程度的提高。一是紧密结合企业改革发展的要求，把开展社会主义核心价值观教育融入企业思想道德建设之中，增强了思想道德建设的针对性和有效性。二是注重结合企业实际，突出企业特点，把文明单位创建活动融入企业文明生产现场管理各个方面，有效地促进了企业管理水平提升。三是把企业文化建设作为重要载体和抓手，贯穿于精神文明建设全过程，强化诚信经营、服务社会、报效国家的理念，大力倡导崇尚文明、讲究礼仪、遵守秩序、爱护环境的良好风尚，模范遵守法律法规，依法合规经营，自觉维护市场经济秩序。四是把认真履行社会责任作为重要工作，坚决落实国家宏观调控政策，保证煤电油运和粮食等市场供给和稳定，有效应对国际金融危机的严重冲击，积极开展定点扶贫和社会公益活动，维护国家经济安全，促进社会和谐稳定，赢得了社会赞誉，进一步增强了企业的软实力，树立了良好的社会形象。五是贯彻以人为本的要求，坚持把队伍建设作为文明单位创建的重要任务，大力选树宣传先进典型，加强宣传教育和思想引导，广大干部员工的理想信念更加坚定，能力素质全面提升。特别是在急难险重关头，在雨雪冰冻、地震泥石流等重大自然灾害面前，在奥运会、世博会以及国际救援等重大活动、重大事件考验面前，中央企业广大干部员工勇挑重担，冲锋在前，彰显了央企顶梁柱作用，展示了责任央企的良好精神风貌。

在中央企业的共同努力下，文明单位创建取得了丰硕成果。除国资委系统评选表彰的全国文明单位外，中央企业还有 176 家单位被全国各省市推荐评选为第三批全国文明单位，其中，有的单位连续三届被地方推荐评选为全国文明单位。许多中央企业已成为地方精神文明建设的标杆，得到了所在地党委、政府及社会的广泛认可。在第四届全国道德模范评选表彰活动中，来自中央企业的罗阳、解黎明、孔凡成等3名同志荣获“全国道德模范”荣誉称号，刘波等16名同志荣获“全国道德模范提名奖”。他们作为1000多万中央企业员工的杰出代表，为国民经济建设、精神文明建设做出了重要贡献，为全社会思想道德建设树立了光辉榜样。

(二)文明单位测评体系的研究和实践情况

文明单位是基层单位两个文明建设综合性成果的最高荣誉称号。所谓创建文明单位，就是按照文明单位标准所确定的指标经过创建单位的努力，达到指标所规定的要求从而获得文明单位称号的过程。

自20世纪90年代以来，文明单位创建活动已经有20余年的历史，形成了全国文明单位、省(部)级文明单位、地(市)级文明单位以及文明车间、文明班组、文明员工等不同层级不同类型的文明单位创建体系。113家中央企业大多处在关系国民经济命脉的重要行业和关键领域，不仅是物质财富的创造者，也是精神文明的示范者。中央企业在积极参与全国和地方文明单位创建的同时，在本企业内部也开展了扎扎实实的创建工作，形成了比较完善的工作机制和测评体系，积累了许多宝贵的经验，为构建中央企业文明单位测评体系奠定了坚实的理论基础和实践基础。

1.中央企业文明单位测评体系研究和实践的历史分期

精神文明测评体系是与不同历史时期文明单位创建的着力点相适应的。中央企业文明单位创建经历了四个阶段，由于每个阶段创建的重点不同，每个阶段测评的内容和评价方法也有所不同。

第一阶段：形态文明。形态文明主要是指企业的硬件和环境建设，以企业生产环境、办公环境、生活环境为主要内容，开展基础文明建设。这一阶段主要针对不文明行为、不良习惯和生活方式，表现为全国集中开展的“五讲四美三热爱”活动在中央企业的贯彻和实践。主要考核企业绿化美化、环境是否存在脏乱差、员工是否有不文明行为等。形态文明实际上也是人的文明行为建设。一方面是改变人的不文明行为习惯。另一方面是通过对企业环境的整治，来影响和培养人的文明行为和文明情操。这一阶段考核的内容具体，针对性、操作性都很强。

第二阶段：行为文明。行为文明主要是指教育引导企业员工养成良好的行为习惯和行为规范。这一阶段着重考核企业员工的工作纪律、规范着装、仪容仪表等行为规范，同时还考核员工的文化素养、道德情操、法制观念、价值追求、生活情趣等内在的基本素质。如窗口单位起初把提升窗口服务水平，展示企业服务形象纳入文明单位创建考核中，形成创建文明行业等一系列的工作载体和抓手。这一阶段的文明创建主要以培育“四有”员工队伍为目标，考核的对象主要是针对“人”。

第三阶段：功能文明。功能文明主要是指以企业经营和管理两个方面的工作为主要内容，使创建工作围绕企业的中心工作更富活力地开展。这一阶段，企业文明单位考查的内容和方式在原来的基础上有了很大的突破。各中央企业形成了涵盖企业各方面工作的成熟的考核测评体系。一般来讲，包括两个大的方面：一是包括安全生产、经营效益、计划生育、党风廉政、员工犯罪率等包括若干项的一票否决指标；二是根据不同企业的性质，形成涵盖企业生产经营、安全质量、科技创新、优质服务、党的建设、思想政治工作、领导班子建设、员工队伍建设、创建体制机制、员工民主管理、企业文化等10个大类，近千项具体指标和对应考核分值的考核指标。这一阶段的文明创建以提升企业整体素质为考核重点，考核方法采取查资料、听汇报、个别谈话、现场检查为主。

第四阶段：素质文明。素质文明主要是指以践行社会主义核心价值观为主要内容，着力提升企业员工的思想境界、精神品格、道德水准和价值追求，把文明单位创建与企业文化建设相结合，打造企业的核心竞争力，提升软实力。这一阶段的测评内容主要以贯彻中央文明办2012年5月印发的《全国文明单位测评体系(试行)》(文明办〔2012〕17号，以下简称《测评体系》)，借鉴中央企业在第三阶段创建工作中形成的好做法、好经验，形成适应中央企业特点的、具有较强指导性、实践性、引领性的测评体系和测评方法。这也是本课题研究的重点。

2. 精神文明建设阶段测评体系的评价

客观评价精神文明创建不同阶段形成的测评体系，对构建中央企业文明单位测评体系具有重要的指导意义。第一、第二阶段文明单位的测评体系和测评方法已经在第三阶段的测评体系中得到扬弃，本报告不再做具体评价。下面着重对大多数中央企业还在使用的第三阶段测评体系做出简要评价。

这一阶段的文明单位测评体系总的特点是涵盖了企业工作的各个方面，但考核的内容是随着企业内外部环境的变化，围绕着企业的功能与时俱进，不断丰富和发展的，如许多企业把员工心理健康(EAP帮助计划)、社会责任管理、媒体宣传和舆情、品牌建设等纳入文明单位测评体系中。总体来讲，对提升企业素质，促进公司各项工作健康发展，营造公司发展的良好环境，提升中央企业的社会美誉度，展示责任央企形象发挥了十分重要的作用。但也存在着以下几方面不足：

一是指标过于面面俱到，涉及企业工作的方方面面，十分烦琐。许多企业的指标体系有 1000 条，每项指标的分值差别不大，因此很难凸显工作重点，检查小组成员既难于操作，企业也难于把握。

二是指标缺乏特色和鲜明性，体现不出共性和个性的差异。中央企业涉及不同领域、不同行业，工作的着力点差异性很大，很难用一个指标体系来规范所有的企业。这样的指标体系不但体现不出公平公正原则，而且有时还会挫伤某些企业创建文明单位的积极性。

三是测评体系操作性不强。整个指标体系的内容翔实，但有相当一部分指标既无法实地观察又没有书面材料可供参考，当然也就更不能量化这些指标，无法通过检查得出比较准确科学的结果，而只能用估量的方法。有的指标用估量的方法也无法得出结果，实际上是形同虚设，没有实际的应用价值反而增加了许多不确定性、不准确性和不科学性。

四是测评体系客观性不足。绝大多数企业仍然以集中检查的方式对文明单位创建情况进行测评，在短时间内很难客观地完成对企业的测评。近年来，许多企业在文明单位测评方法上作了许多创新和实践，如网上进行过程测评、年底汇总，但由于测评部门的知识和业务所限，测评的内容很难涵盖指标体系的各个方面。有些企业引入了第三方调查等新的测评方式，但对测评结果的客观性和公认度还有待实践进一步检验。

3.《全国文明单位测评体系（试行）》的评价及对本课题的指导意义

构建精神文明创建工作的测评体系，是加强社会主义精神文明建设的重要工作。文明单位创建活动的内容涵盖精神文明建设工作的所有方面，参与面广、影响力大，在群众性精神文明创建活动中处于基础地位。为此，中央文明办 2012 年 5 月制定印发了《全国文明单位测评体系（试行）》（文明办〔2012〕17 号，以下简称《测评体系》），用于加强和指导全国文明单位创建工作。

《测评体系》对全国文明单位的概念进行了界定，强调文明单位是“各项事业全面发展、精神文明建设成效突出，在社会上发挥示范引领作用的单位”，突出了社会主义核心价值体系建设的根本任务，把思想道德建设贯穿始终。《测评体系》将原则要求全部项目化，共设置“学雷锋活动”“志愿服务活动”“道德讲堂建设”等 13 个测评项目，包含 50 条测评内容，满分为 100 分。《测评体系》简明扼要，内容具体，方便操作，聚焦于对精神文明建设的量化考核，特别是对“学雷锋活动”、“志愿服务活动”、“道德讲堂建设”、“文明风尚传播”、“参与帮扶共建”等方面的测评内容赋予了较高的权重。

《测评体系》规定，对文明单位测评数据采集主要使用实地考察、材料审核、问卷调查三种方法进行，采用名额分配制评比文明单位，并对文明单位的评选推荐设置了否决性条件，指出在申报前两年内，存在“领导班子成员发生严重违纪和违法、员工发生刑事案件、单位发生重大安全生产和食品安全事故、单位员工违反国家计划生育政策”四种情况的，不得申报全国文明单位。

《测评体系》是加强全国文明单位常态化管理的重要举措，为文明单位评选表彰明确了科学标准，是当前和今后一个时期对全国文明单位进行复查考核的重要依据。《测评体系》出台后，各省、自治区、直辖市认真组织学习贯彻，加强对本地区文明单位测评体系的调查研究，抓好指导工作和各项指标任务的落实，不断提高科学化管理水平。目前，首都文明委已制定了《首都文明单位测评体系》(2014 年版)，2014 年的首都文明单位创建评选工作即依据《首都文明单位创建管理办法(试行)》(精建〔2014〕8 号)中的标准。

为切实指导好中央企业精神文明建设工作，充分发挥中央企业在引领社会主义精神文明建设中的骨干作用，国资委文明办于 2011 年制定了中央企业精神文明建设八项目标。确立“用三年时间逐步理顺全国文明单位、中央企业文明单位以及首都评选、推荐、表彰体系，完成《中央企业文明单位建设管理暂行办法》的制定及相关配套文件的修订和完善，进一步完善中央企业文明单位的考评、创建体系”。适时制定出台中央企业文明单位测评体系，对中央企业广泛开展文明单位创建活动，争创文明单位、文明班组、文明员工，培育和创造更多的全国、省市和国资委层级的文明单位，全面提升中央企业地位具有积极作用。

(三)文明单位测评体系研究的现实意义

开展文明单位测评是推进文明单位创建工作的基本手段。用指标体系的方法来表述精神文明建设的内涵、外延和范畴，把抽象的概念具体化，把无形的东西有形化，需要进行大量的理论思考、逻辑分析和思维创新，具有十分重要的意义。同时，构建精神文明创建工作的测评体系对引导、规范和落实精神文明创建活动，衡量实际效果，建立长效机制，具有十分重要的实践意义。

1. 是创建中央企业文明单位的迫切要求

近年来，中央企业广泛开展了文明行业、文明单位等群众性精神文明创建活动，精神文明建设受到了前所未有的重视和加强。但是，我们要清醒地看到，中央企业精神文明建设工作发展还很不平衡，一些企业精神文明建设与生产经营工作结合还不够紧密，方法和手段仍存在与形势发展不相适应的地方，必须高度重视，认真研究，采取切实措施加以解决。

造成这种状况的原因是多方面的，既与精神文明建设本身的复杂性和艰巨性有关，也与精神文明建设长期以来没有明晰的考核测评体系有关。加强精神文明建设不能毕其功于一役，而要坚持不懈地努力，建立长效运行机制。从精神文明建设的成效而言，如果不把精神文明建设的目标和要求具体化为可量化测评的指标体系，创建活动也就无章可循、无的放矢，各项工作也就很难落到实处，精神文明建设将成“说起来重要，做起来次要，忙起来不要”，成为弹性很大的表面文章。

国资委接管中央企业精神文明建设工作时间不长，所管理的中央企业具有很大的行业差异性和管理多样性，开展中央企业文明单位评选表彰还处于酝酿起步阶段，因此，适用于中央企业的、科学规范的精神文明建设规章制度及配套的考评体系亟待建立健全，实现从无到有、从有到优。

2. 是加强精神文明建设管理的必要手段

建立中央企业文明单位测评体系，有助于了解中央企业各单位创建活动的真实情况和变化趋势，找到影响中央企业思想道德和文明素质提高的制约因素，为提升精神文明建设水平、服务企业改革发展提供有针对性的解决方案。

从加强管理的角度而言，建立文明单位测评体系既有利于上级单位加强指导、规范管理，也有利于下级单位自我检查、自我约束、自我提高。一方面，通过各项具体指标的测量可以客观地考核各行业、各单位对精神文明建设的重视程度，促进精神文明建设各项任务落实；另一方面，通过各项具体指标的测量可以反映出各行业、各单位开展群众性精神文明创建活动的成效，便于发现差距，为各行业、各单位调整工作思路、完善工作计划、加大精神文明创建工作的力度提供决策依据。

实践证明，缺乏一套行之有效的考评体系，客观上导致一些行业和单位“一手比较硬、一手比较软”的问题没有完全解决，部分单位创建活动看似热闹、实则空洞。加强精神文明建设，必须坚持顶层设计与探索创建抓手相结合，认真研究全国文明单位指标体系，充分借鉴各省市区文明单位的创建经验，构建一套符合中央企业特点、契合中央企业实际的科学测评指标体系，确保中央企业精神文明建设不虚不空不偏。

3. 是促进基层单位创先争优的现实需求

全面建成小康社会的发展新阶段，对社会主义精神文明建设提出了更高要求。开创精神文明建设新局面，重点和难点在基层，活力也在基层。只有把中央要求和企业需要通盘考虑、统筹规划，明确具体的工作任务和目标，才能统一认识、戮力同心，形成精神文明建设齐抓共管、上下一盘棋的工作格局。

精神文明具有非物化的性质和特点，是一项涉及面广、内容丰富、形式多样、影响深远的复杂工作，必须与时俱进、不断创新，充分尊重基层首创精神，调动广大干部员工参与的积极性和主动性。构建中央企业文明单位测评体系对基层单位群众性精神文明创建活动具有导向性和激励性功能。指标内容能否坚持正确的导向，直接关系到社会主义精神文明建设的性质和发展方向，关系到企业全面协调发展。测评体系能否公平公正、鼓励创新、倡导竞争，直接影响基层单位的工作动力和创新活力。为了持续深入地推动精神文明创建活动有序开展，关键是通过建立科学合理的测评体系，把定性的制度安排转变为定量的数据测评，把宏观的动员号召转变为微观的督促指导，把内涵式的理性辨析转变为外延式的实践行为，为基层制定规划、开展工作、总结交流提供有效依据。

4.是推动央企综合绩效评价的有益补充

2006年，国资委制定并开始实行《中央企业综合绩效评价管理暂行办法》(以下简称《办法》)，以加强对中央企业的财务监督，综合反映企业资产运营质量，促进提高资本回报水平，正确引导企业经营行为。《办法》规定，企业综合绩效评价由财务绩效定量评价和管理绩效定性评价两部分内容组成。其中，财务绩效定量评价的内容非常细致、具体，而管理绩效定性评价部分只指明了经营决策、发展创新、基础管理、社会贡献等几个评价方向，缺少具体的评价指标支撑，过于依赖评审专家的主观印象评价，可操作性不强，在具体评价过程中难免会出现偏差。

党的十八大以后，中央提出“再也不能简单以国内生产总值生长率来论英雄”，彻底抛弃了唯GDP指标考核模式，是对既往地方政绩考核模式的纠偏。同样，中央企业管理的好与坏、优与劣，也不能仅仅靠营业额、利润率、经济增加值等财务指标去评价，理应将管理创新、企业文化、员工队伍素质等指标纳入考核，进行综合评价。在国家创新战略驱动下，企业软实力越来越成为企业综合实力和核心竞争力的重要组成部分。建立中央企业文明单位测评体系，并在测评体系指导下广泛深入地开展文明单位创建工作，对国有企业创新开展科学管理、增强员工素质、建设企业文化、塑造品牌形象、践行社会责任、提升企业核心竞争力等工作会起到重要的推动促进作用，能够有效地促进企业管理创新和科技创新，促进企业经营方式转变，促进企业经营管理水平提升。

5.落实社会主义核心价值观的有效途径

党的十八大提出了积极培育和践行社会主义核心价值观这一战略任务。企业是现代社会的细胞，是市场经济的主体，是建设社会主义先进文化的重要力量。作为中国特色社会主义的重要支柱和我们党执政的重要基础，国有企业特别是中央企业必须走在前列、做出表率。

如何践行好社会主义核心价值观，并将其落细、落小、落实，对于中央企业来说，既是一个全新命题，也是一项刻不容缓的紧迫任务。建立中央企业文明单位测评体系，可以将社会主义核心价值观的理念和要求，融入中央企业文明单位创建过程，将抽象的内容具体化，与企业中心工作相结合，更好地融入企业管理，融入企业文化建设和员工队伍建设，是推动中央企业践行社会主义核心价值观，充分发挥示范表率作用的有效途径。

文明单位创建是一项系统工程，需要中央企业不断创新突破，持续推进。过去，中央企业在精神文明建设工作中，已经创造了很多宝贵的社会精神财富，培育形成了一批先进集体和典型模范人物，涌立时代发展的潮头，帮助企业树立了形象，为社会树立了榜样。我们要在继承优良传统的基础上，深入开展中央企业文明单位测评体系研究，不断丰富和拓展精神文明建设内涵，把文明单位创建工作进一步细化、实化、固化、具体化，指导中央企业更好地传播文明、引领风尚，为创造社会主义精神财富和物质财富做出更大贡献。

二、中央企业文明单位测评实践情况

(一)总体情况

近年来，各中央企业认真落实中央文明办和国资委文明委部署要求，坚持“两手抓两手都要硬”的方针，始终把文明单位创建作为促进企业全面发展，提升员工队伍素质，打造企业“软实力”的重要抓手。在创建过程中，各中央企业都把文明单位测评体系的健全完善放在突出位置，结合企业实际制定考核指标和评分细则，在创建中不断提高，在创新中不断推进，有力确保了文明单位创建的质量和水平，为服务改革发展稳定大局营造了良好发展环境。

一是紧紧围绕弘扬社会主义核心价值观这个主线。各中央企业始终把社会主义核心价值体系作为精神文明建设的“魂”，体现到测评指标的各个方面，贯穿于文明单位创建的全过程，切实发挥测评体系的导向作用和教育功能。围绕培育和践行社会主义核心价值观，落实《中宣部、国资委关于加强和改进新形势下国有及国有控股企业思想政治工作的意见》，把理论武装工作、形势任务教育、思想道德建设成效细化为具体工作任务，融入文明单位测评体系中。

二是紧紧围绕企业改革发展这个中心。各中央企业瞄准做强做优，培育具有国际竞争力的世界一流企业的核心目标，科学设定测评指标，以生产经营业绩的提升情况检验企业软实力。重点测评企业转型升级、科技创新、国际化经营、人才强企、和谐发展等方面取得的成绩，既实现了测评的量化考核，又便于横向、纵向的对比分析，把“软任务”变成了“硬指标”。

三是紧紧围绕队伍建设这个根本。各中央企业普遍把队伍建设情况作为文明单位测评的重要内容，努力培养职业素养一流、业务技能一流、工作作风一流、岗位业绩一流的员工队伍，为提高企业的核心竞争力提供可靠的人才保障。认真考核各单位以各种形式宣讲郭明义、吴大观、吕清森等先进典型和先进群体的情况，引导广大员工向先进人物学习。

四是紧紧围绕群众性精神文明创建这个基础。各中央企业以构筑精神家园为目的，在测评体系的制定上强调以人为本、面向基层、夯实基础，不断满足干部员工日益增长的精神文化需求，实现员工文明素质和企业文明水平的不断提升。在测评体系中，针对组织广大员工参观大型成就展，开展企业改革发展成就宣讲、征文、歌咏比赛等群众性宣传教育活动等方面提出了考核要求，鼓励各单位运用“爱国歌曲大家唱”、知识竞赛、书画展览、读书演讲等员工喜闻乐见的形式，抒发爱党爱国爱企的深厚情感。

五是紧紧围绕创新特色载体这个关键。通过创新内容形式、创新载体平台、创新方法手段，能够有效增强文明单位创建的针对性实效性和吸引力感染力。各中央企业在文明单位测评过程中，都把特色载体建设情况作为重点考核内容，如开展建精品工程，促发展、增效益等主题劳动竞赛；共产党员结合为民服务、创先争优，在活动中当先锋、做表率；团员青年发挥骨干作用，开展特色“青字号”主题活动，大力实施青春建功工程等方面的情况。特别是许多窗口单位和服务行业还把优质服务作为文明单位测评的突破口，重点考评各单位在“争创文明服务示范窗口”和“争创文明服务标兵”等活动中的工作成效，通过群众满意度测评和第三方机构评价等方式，推动企业提高为民服务的水平。

六是紧紧围绕机制建设这个保障。各中央企业十分重视文明单位创建的机制建设，并详细设定了测评指标，重点检查各单位是否建立了党委(党组)统一领导、党政工团齐抓共管、宣传部门(文明办)具体负责、有关部门协调参与的领导体制和工作机制，是否形成了全员参与文明创建的浓厚氛围。各中央企业在实践中不断探索，很多都把文明创建考核逐步纳入企业整体业绩考核体系，并分解到各项具体的创建工作中，工作成效与部门的业绩考核挂钩，形成了全方位、多角度、全覆盖的精神文明评价激励机制。许多企业将创建活动经费纳入预算管理，有的还专门设立奖励基金，对文明单位创建工作突出的单位进行奖励，不断完善文明创建的保障机制。

从近年来中央企业文明单位测评的实际情况看，指标体系的设计整体上是科学的、符合企业实际的，形成了一整套完备的督促检查、成效测评、动态管理机制，不断促进了精神文明建设工作科学化、规范化、常态化。当然，在实践中也存在着测评体系大而全、重点不突出等问题，需要在下一步工作中不断健全完善。

(二)案例分析

1. 国家电网

国家电网公司以建设和运营电网为核心业务，经营区域覆盖全国 26 个省(自治区、直辖市），覆盖国土面积的88%，供电人口超过11亿。公司坚持突出行业特点、突出服务特色，不断细化标准、丰富内容、拓展外延，在文明单位测评方面形成了一些好的做法。

一是切实加强组织领导。国家电网公司坚持精神文明建设与电网发展、安全生产、经营管理同规划、同部署、同考核，形成了党组统一领导、党政共同负责、党政工团齐抓共管、职能部门各负其责、公司上下协同联动的领导体制和工作机制。公司党组每年印发1号文件，对精神文明建设、企业文化建设进行全面部署，如2011年公司党组1号文件专门提出进一步加强员工队伍文明素质建设、不断提高企业和谐发展能力的重大课题；2012年公司党组1号文件部署实施国家电网95598光明服务工程，建设国家电网共产党员服务队，架起党联系群众的连心桥，展示企业文明服务良好形象；2014年公司党组1号文件对践行社会主义核心价值观、建设道德讲堂、开展道德实践等提出了具体要求。

二是精心制定考核指标。2004年，国家电网公司党组在广泛调研、充分论证的基础上，制定了《国家电网公司文明单位评选表彰办法》，明确了6个方面22项评选标准，并编制了《国家电网公司文明单位考评指标》，细化列出62条具体考评内容和评分标准，采取创建单位自评打分、上级单位复核打分、公司总部把关验分"三结合"的方式，把文明单位创建工作转化为可量化、可对比的数字指标。制定《国家电网公司精神文明建设创新奖授奖办法》，组织评选各单位在精神文明创建机制体制、载体形式、工作内容、方法手段方面的创新成果，为文明单位测评提供了项目化的样板和依据。

三是明确工作重心和测评导向。国家电网公司注重加强顶层设计，根据中央文明办和国资委文明委的要求，有重点、有计划地设计工作载体，实时纳入文明单位考评指标，提高测评的针对性、实效性。为深化中国梦宣传教育，开展了"中国梦·国网情"主题学习活动，各级党组（党委）中心组开展集中学习9623次，撰写中国梦体会文章5474篇；各单位举办讲座培训8457期，组织集体学习48063次；70余万干部员工参与"中国梦·国网情"知识竞赛，撰写征文22565篇，进一步坚定了干部员工的理想信念，激发了心系祖国、热爱公司、奉献社会的正能量。为大力弘扬雷锋精神，按照国资委关于组建中央企业郭明义爱心团队的要求，成立国家电网共产党员服务队4313支，成员6.9万人，在为民服务中亮身份、亮职责、亮承诺，提供24小时电力故障报修服务，开展扶老助残，帮助弱势群体，关爱留守儿童，"有呼必应、有难必帮"，彰显共产党员先锋本色，展示了责任央企形象。为发挥先进典型的示范带动作用，制定了《先进典型选树宣传管理办法》，明确了典型选树宣传的主要任务、基本原则、职责分工、方法路径、工作要求等，公司系统涌现出"助学老人"解黎明、"电力雄鹰"吕清森、"爱心大使"韩克勤、"百姓电工"左光满等一大批忠诚企业、奉献社会的身边好人、最美员工。通过自上而下、以点带面开展文明单位创建，既明确了阶段性的工作重心，又树立了正确的测评导向，推动各单位的创建特色更加鲜明。

四是把服务水平作为测评的重要内容。作为关系国计民生、服务千家万户的窗口单位和服务行业，国家电网公司坚持把提升服务水平作为文明单位测评的重中之重。公司制定了员工服务“十个不准”和供电服务“十项承诺”，实行营业窗口“首问负责制”和“限时办结制”，统一规范了供电服务的基本标准。围绕优质服务进万家、满意百分百、金牌服务迎奥运、文明服务央企先行、塑文化强队伍铸品质、95598光明服务等主题，开展一系列供电服务提升活动，引导各单位增强服务特色、提升服务质量；同时，通过开展客户满意度调查和供电服务第三方评价，准确查找各单位在服务方面的短板和不足，为评价文明服务水平提供了正反两方面的标准。

通过坚持不懈抓好文明单位测评工作，国家电网公司精神文明建设取得了突出成绩，员工精神风貌积极向上，“责任央企”形象有力彰显，企业凝聚力、向心力显著提升。目前，公司有全国文明单位203家，省级文明单位标兵199家，省级文明单位1066家，省级文明行业74家。国网山西电力离休干部解黎明同志获得第四届全国道德模范称号，6名同志获得提名奖，占中央企业获奖人数的1/3以上。实践证明，国家电网公司文明单位测评工作产生了实实在在的效果。下一步，还将根据实际情况，动态优化，不断完善。

2. 中国移动

中国移动通信集团公司(简称“中国移动”)成立于2000年4月20日，是国资委所监管的通信行业重要骨干企业之一。目前，基站总数超过130万个，客户总数近8亿户，资产规模超过万亿人民币，是全球网络规模、客户规模最大的移动通信运营商。

多年来，中国移动始终坚持物质文明建设和精神文明建设“两手抓，两手都要硬”，在做好移动通信经营发展的同时，不断加强精神文明建设。十余年来，中国移动各公司先后圆满完成了“三三一”工程、“二二九”工程和“二四二”工程创建目标任务，“全国文明单位”数目在中央企业位列前茅，实现了精神文明创建工作从突出重点到全面推进，各公司的管理水平和服务质量有了显著提升，精神文明建设工作取得了累累硕果。

(1)精神文明建设总体思路。

中国移动精神文明建设的总体思路是：认真贯彻中央文明委、国资委文明办关于精神文明建设一系列方针、政策和要求，紧密围绕企业发展改革需要，积极响应社会群众日益发展变化的通信需求，以培育和实践社会主义核心价值体系为指引、以企业“正德厚生　臻于至善”的核心价值观为主线、以“移动改变生活”的战略远景为目标，深入开展精神文明建设，持续提升精神文明建设工作水平，使之规范化、长效化，为推动中国移动持续健康发展提供强有力的精神支撑。

为推动精神文明建设工作深入进行，中国移动精神文明指导小组加强了对集团精神文明创建工作的指导，确立了“以评促建、以评促优、评建结合、重在成效”的工作原则，并努力推进创建工作在以下方面显现成效：努力提高员工道德素养，言行符合企业核心理念；坚持“客户为根，服务为本”，不断改善企业经营效益，实现可持续科学发展；管理科学民主公正，生产关系和谐；切实承担社会责任，提升企业形象，确保央企示范作用明显。

(2)精神文明创建基本状况。

2003 年以来，中国移动结合企业发展的状况，系统深入推进精神文明创建工作，先后开展了“三三一”工程、“二二九”工程、“二四二”工程、“八八”工程。各项工程设定具体的量化目标，并逐级分解到各分公司，稳步、有序地提升精神文明创建水平。目前，全系统 80% 以上县分公司获得县级以上文明单位的称号。其中省级文明单位占 20% 以上，地市级文明单位占 40% ，县级文明单位占 20% ，呈现出精神文明创建的良好格局。

同时，各级公司获得全国文明单位、全国精神文明建设先进工作单位等称号的单位逐步增加，在中央企业中位居前列。2005 年获得“全国精神文明建设先进工作单位称号”的共 58 家，2009 共 112 家；2005 年获得第一批“全国文明单位”称号的共 15 家，2009 年共 38 家，2011 年共 80 家。

具体创建情况见表 1－1：

表 1－1 中国移动精神文明创建具体情况

工程名称	时间	创建工作目标	完成情况
“三三一”工程	2003—2005 年	三十一个省市公司中的直辖市企业和省会通信企业，包括计划单列城市（深圳、青岛、宁波、厦门）移动通信企业基本都要建成省(市)或所在城市的文明行业	完成
“二二九”工程	2006—2008 年	全国青年文明号每年要递增 20 %以上；各省公司省级青年文明号每年要递增 20 %以上；到 2008 年年末，全集团公司 90% 以上的地市分公司要创建成省(市、区)级文明单位，其中省会移动分公司都要建成省级以上的文明单位	完成
“二四二”工程	2010—2012 年	全系统 80% 以上县分公司要获得县级以上文明单位称号。其中省级文明单位要占 20% 以上，地市级文明单位要占 40% ，县级文明单位要占 20%	完成
“八八”工程	2013—2015 年	全系统 80%以上的地市分公司获得省级及以上文明单位称号，80%以上的县分公司获得地市级及以上文明单位称号	正在进行

(3)精神文明创建具体做法。

一是领导重视、组织有力，科学部署安排。公司各级领导始终高度重视精神文明建设工作。领导班子负责人亲自挂帅，各级党组织积极响应，紧密围绕工作年度主题，将精神文明建设纳入到日常工作议事日程，与企业各项管理工作有机融合起来，作为全面展示公司综合素质、提升能力、打造品牌的有力举措。各公司成立精神文明建设领导小组，党组(党委)主要负责人任组长，相关负责人任副组长。下设工作小组或精神文明建设办公室，由党群、人力、战略、纪检、工会等部门组成。日常工作由党群部门牵头开展。形成了“党组(委)统一领导、党政群齐抓共管、文明建设工作小组组织协调、各部门各负其责、全员积极参与”的领导体制和工作机制，形成精神文明建设的强大合力。结合自身实际和当地创建具体要求，制定了切实可行的计划目标，并根据进展状况不断滚动完善，推动了创建工作的常态化、系统化。

二是层层分解，量化管理，提升创建水平。根据创建目标的工作要求，推行目标管理，认真制定了切实可行的《精神文明建设任务书》(以下简称《任务书》)，集团、省、市、县公司层层签订《任务书》，把创建工作的各项责任真正落到实处。各公司根据创建工作的总体目标，结合自身实际和特点，制定出了具体的目标体系、创建措施和管理办法。将创建工作纳入到企业发展的总体规划之中，与各项业务发展任务同安排、同布置，并纳入到公司整体的绩效考核当中。公司建立了创建工作的保障激励机制，并加大人财物的投入，保证了资金人员的落实到位，设立了专项奖励基金，对全国及省级文明单位、青年文明号及先进个人予以奖励，营造了精神文明创建的良好氛围，推进创建工作持续健康发展。

三是创新载体，丰富形式，实现全面覆盖。在创建过程中，各级单位结合企业工作实际，丰富载体，深化内涵，实现了创建工作的三个延伸：从一线服务窗口向支撑部门班组延伸，形成高效优质的服务通道；从自办营业厅向合作营业厅延伸，打造文明连贯的服务链条；从大中城市向县乡延伸，增强创建活动的辐射能力，使文明创建活动实现“多层次覆盖”。坚持单位、班组、团队、个人的“多层次覆盖”，以服务明星、岗位能手、专项标兵、优秀员工以及卓越班组、示范单位、示范基地等构建企业的荣誉体系，使创建工作更加系统化。

鼓励各级单位对精神文明建设工作设置一定权重，纳入企业综合考核。开展精神文明创建达标工程，对获得“全国文明单位”称号的单位由所在各级公司给予相应的一次性奖励。对先进单位的经验成果进行深入系统的研究，形成标杆管理成果，进行评选表彰和交流推广，有效促进两个文明的同步发展和企业管理的提升。

四是以人为本，文化育人，提升员工素质。扎实推进社会主义核心价值观建设，组织开展学习杨善洲、李林森等先进人物活动，唱响社会正气，倡导时代精神。围绕全国“讲文明树新风”活动，结合公司“满意 100”系列活动，进一步深化青年文明号创建活动，鼓励青年员工建功立业。与班组建设相结合，以主题活动为切入点、以博客平台为结合点、以岗位练兵为载体，大力加强基层班组建设。积极开展典型选树活动，通过选树宣传田芳、边巴卓玛夫妇、周慧、景伟娟等“最美移动人”典型，以及云南公司“妈妈班”、广西公司“党员班”等一批先进集体，激励了广大干部员工。

深入开展企业文化的宣贯工作，利用信息平台、支部园地、彩信、视频等渠道，积极传播企业核心价值观，企业员工的认同度、认知度不断提升。创新开展思想政治工作，积极探索新时期思想政治工作的新方式、新方法，员工心理援助（EAP）项目已覆盖全集团 31 个省市公司 20 余万员工。

五是诚信经营，优质服务，服务广大用户。中国移动从企业提供通信服务的特点出发，将网络保障、服务用户等纳入精神文明建设工作内容，切实做到促进社会进步，保障用户权益，实现“移动改变生活”的美好愿景。第一，不断围绕民生热点问题，提供丰富的信息业务服务，实现移动支付、智能家居、平安校园、远程教育、数字社区、智慧医疗，以及就业、旅游、公共事业、农产品信息等十大类 50 项重点应用，从而满足人民群众日益增长的信息通信需求。第二，服务窗口是企业精神文明建设成果的显性点，中国移动多年来一直坚持“质量是通信企业的生命线”和“客户为根，服务为本”的理念，各级企业狠抓网络质量和窗口质量的提升，不断提升质量，改善服务，客户满意度保持行业领先，百万客户申诉率连续多年全行业最低。第三，加强高风险事件的防范，保障用户隐私。治理通信环境，维护通信秩序，为用户营造健康通信环境。加强资费套餐管理，简化套餐结构，把使用选择权交给用户，以维护用户权益。第四，利用网络新媒体弘扬优秀文化，与中央文明办联合开展了“祝福祖国”公益文明短信传递等文化活动，树立了良好企业形象，塑造了健康向上的社会文化。第五，积极承担社会责任，投身社会公益事业，连续五年荣获慈善领域最高政府奖“中华慈善奖”。作为联合国全球契约正式成员，中国移动认可并努力遵守全球契约十项原则，并加入该组织倡导的“关注气候变化”行动，努力在应对气候变化中发挥积极作用。近年来，公司上下开展了“爱‘心’行动”先心病儿童帮扶志愿服务工作、“绿箱子”环保志愿服务活动、“和你在一起”关爱留守儿童志愿服务活动，等等。截至 2013 年，中国移动共有注册志愿者 9.8 万余名，每年的志愿服务时长达 52.2 万小时，树立了良好的央企社会责任形象。

三、中央企业文明单位测评体系模型

(一)中央企业文明单位测评体系的含义

中央企业文明单位测评体系是由国资委文明办制定的，对所监管的中央企业文明单位创建工作进行考核、评选和表彰的基本依据。该体系由中央企业文明单位的定义、中央企业文明单位申报范围、测评指标的结构与内容、测评手段与方法等四大部分组成，是落实中央企业文明单位评选表彰办法的具体考评标准，是各中央企业加强本集团系统内创建工作指导、督促和检查的行动指南，是提升中央企业精神文明建设整体水平的助推器。

(二)中央企业文明单位测评体系指标遵循的基本原则

1.同一性原则——对标全国文明单位标准

遵循同一性原则，即测评体系应对标全国文明单位指标，在评选所有中央企业文明单位时采用同一标准，不因评价者的主观因素或参评单位的行业差异而区别对待，保证测评体系的公平性。

2012年5月，中央文明办印发了《全国文明单位测评体系(试行)》，要求各单位结合实际，认真贯彻执行。[①]"中央企业文明单位"是中央企业参加"全国文明单位"推荐评选的重要基础，为保证中央企业文明单位测评体系符合全国文明单位要求，在设置中央企业文明单位测评一级指标时，严格对标全国文明单位评选标准，以"组织领导有力，创建工作扎实"、"思想教育深入，道德风尚良好"、"学习风气浓厚，文体卫生先进"、"加强民主管理，严格遵纪守法"、"内外环境优美，环保工作达标"、"业务水平领先，工作实绩显著"为大纲，对应设置创建工作、道德风尚、文化建设、社会责任、管理水平、工作业绩等六类测评项目，为争创全国文明单位的中央企业提供同一标准。

测评体系充分体现了中央关于精神文明建设的最新论述和要求。党的十八大报告明确指出要加强社会主义核心价值体系建设，中共中央办公厅印发了《关于培育和践行社会主义核心价值观的意见》[②]；十八大以来，习近平总书记提出了关于中华民族伟大复

---

① 关于印发《全国文明单位测评体系(试行)》的通知，中央文明办〔2012〕17号。

② 《关于培育和践行社会主义核心价值观的意见》，中办发〔2013〕24号。

兴的中国梦论述，中央企业作为国有经济主体承担着实现中国梦的重要责任。培育和践行社会主义核心价值观，深化中国特色社会主义和中国梦宣传教育是当前和今后一个时期中央企业精神文明建设工作的中心任务。

2. 企业化原则——符合企业创建工作实际

遵循企业化原则，即测评体系应该符合中央企业创建工作实际情况，与政府机关、事业单位等不同性质文明单位的要求有所区分，加入中央企业改革创新、履行社会责任等内容，体现中央企业特色，保证测评体系的适用性。

《全国文明单位测评体系（试行）》由 13 类共 50 项测评指标构成，属于各行各业的通用标准。中央企业文明单位测评体系二级指标除涵盖《全国文明单位测评体系（试行）》符合企业实际的具体内容外，还结合中央企业创建工作实际，设置考核重点。其中，测评标准分别借鉴了《首都文明单位测评体系（试行）》以及江苏省、河南省、上海市等文明单位测评体系的部分条目，适当删减不符合企业生产运营实际的测评项目，增设体现中央企业特色的测评内容，加大企业自身建设发展、员工思想道德教育的考核权重（分值占总分的 60%）。同时，还参考国资委《关于中央企业履行社会责任的指导意见》、《中央企业关于深入开展道德领域突出问题专项教育和治理活动的实施意见》、《关于印发〈关于推进中央企业郭明义爱心团队活动的方案〉的通知》的相关内容，吸纳了国资委近几年关于开展“管理提升”、加强风险管控、推进企业文化建设、加强品牌建设和新闻宣传，开展反腐倡廉、建设阳光央企等相关要求，力求能全面、及时、准确地反映国家和社会公众对央企精神文明建设的期待和要求。

3. 差异化原则——针对央企不同行业特点

遵循差异化原则使测评体系能够更加符合中央企业创建工作实际情况。国资委所监管中央企业涉及许多不同的行业，关系国计民生的各个方面，既有传统型的生产企业，也有现代化的高科技企业，既有服务型企业，也有创新型企业。由于企业在生产组织、经营管理、服务对象、绩效考核等物质文明建设过程中存在差异，也决定了企业精神文明建设在体现共性的基础上尊重个性差异，在制定测评体系时有所考虑和区分。在本课题中，要求遵循差异性原则，即测评体系在宏观层面应提供同一标准，在具体的指标中则应该对不同行业有所区分，保证测评体系的客观性。

本测评体系专门设置了一个行业模块，便于针对不同行业调整考核项目。根据目前央企的行业性质，具体划分为以下五类：①食品、药品企业；②能源、电力企业；③信息、科技企业；④国防、军工企业；⑤文教、旅游企业等。在具体实施时，各行业的中央企业可以根据自身实际情况，对该模块进行优化完善，形成符合本行业特点的特定测评指标，报国资委文明办审核通过后固化下来。

4.务实性原则——体现精简高效测评风格

遵循务实性原则，一是测评体系的内容设置应该精简可行，注重考核企业真实的工作成果；二是测评方式务实高效，既要审报告，更要察实情。在考核检查过程中，按照中央八项规定的要求，要体现节俭高效的作风，杜绝铺张浪费、形式主义。

指标设置精简可行：具有典型代表性，避免遗漏重要考核点；不宜过多过细，冗余重叠；测评内容客观、可量化，数据易获取，计算方法简明易懂。

测评方式务实有效：为尽可能避免基层迎检单位突击准备、台账造假等情况的发生，在测评过程中，有效统筹信息化检查手段和现场考察方式，并逐步向信息化检测手段过渡。

(三)中央企业文明单位测评体系基本内容

1.中央企业文明单位的定义

“中央企业文明单位”是积极开展文明单位创建活动，精神文明建设与物质文明、政治文明、生态文明建设协调发展，成绩突出，能够在中央企业系统发挥示范引领作用的先进单位，是由国资委精神文明建设指导委员会(以下简称国资委文明委)命名的、反映单位整体文明水平的综合性荣誉称号。

2.中央企业文明单位申报范围

获得并保持中央企业集团级(即中央企业在本企业系统内评选的、由企业集团总部授予的)或省级(含)以上文明单位称号的中央企业集团(本部)及所属二级、三级单位，凡符合中央企业文明单位评选标准的，均有资格申报“中央企业文明单位”。

连续近三届获得“中央企业文明单位”或省级文明单位称号，具有典型示范作用的单位，可择优评选“中央企业文明单位标兵”。

3.中央企业文明单位测评指标的结构与内容

中央企业文明单位测评体系共设置8大测评项目、20个测评内容，满分为100分。具体分布见表1-2：

表 1-2 中央企业文明单位测评指标

一级指标	二级指标
一、创建工作(8 分)	班子建设(3 分)
	创建机制(5 分)
二、理想信念(20 分)	价值观培育(16 分)
	思想教育(4 分)
三、道德风尚(11 分)	道德讲堂(4 分)
	学雷锋志愿活动(4 分)
	文明有礼实践(3 分)
四、文化建设(14 分)	企业文化建设(9 分)
	文化体育活动(5 分)
五、社会责任(14 分)	社会责任管理(4 分)
	社会责任活动(6 分)
	企业信息公开(4 分)
六、管理水平(11 分)	内部管理(5 分)
	诚信建设(6 分)
七、服务状况(7 分)(行业模块)	服务规范(2 分)
	服务活动(2 分)
	服务品质(3 分)
八、工作业绩(15 分)	经营业绩(5 分)
	创新发展(5 分)
	形象建设(5 分)
九、否决条件	在评选年度和申报期内,有相关情况之一的(具体参见测评表第九部分),不得申报“中央企业文明单位”

4.测评工具、手段和方法

在国资委网站建立“中央企业文明单位评选平台”,参评单位将评选年度内的创建档案资料分类上载至该平台;评审组以材料审核为主要手段在该平台进行打分测评,评分方式为加分制;对于需要实地考核的项目,评审组将统一前往相关单位进行实地考察、听取汇报和问卷调研。

(四)中央企业文明单位测评体系指标权重及分值(见表1-3)

表1-3　中央企业文明单位测评体系

测评项目	测评内容	测评标准、分值	测评方法	参照内容
一、创建工作(8分)	(一)班子建设(3分)	1. 认真贯彻落实党的路线、方针、政策，落实国资委各项监管要求(1分)； 2. 党委(党组)坚持开展中心组学习，定期召开民主生活会，严格执行三重一大制度(1分)； 3. 班子团结协作、作风过硬，在创建工作中发挥模范带头作用(1分)	材料审核	央企"六标准"，首都、上海、河南标准
	(二)创建机制(5分)	1. 有精神文明建设领导机构，有层层落实的创建工作责任制(1分)； 2. 有中长期创建规划，有完善的创建活动日常管理制度及奖惩办法(2分)； 3. 围绕中心工作和企业发展实际，有年度创建工作计划，积极开展各项活动推动落实(2分)	材料审核	央企"六标准"、首都标准
二、理想信念(20分)	(一)价值观培育(16分)	1. 有培育和贯彻社会主义核心价值观的中长期规划或方案(3分)； 2. 有推广传播社会主义核心价值观的具体举措，开展核心价值观24字内容的宣传工作(3分)； 3. 积极组织员工开展各类践行社会主义核心价值观的活动(4分)； 4. 在企业内部通过图片、展板、讲座等方式传播、讨论"中国梦"内容(3分)； 5. 结合企业实际情况开展"中国梦 央企梦"系列主题活动(3分)	材料审核 实地考察	十八大报告、习近平系列讲话、国资委工作要点
	(二)思想教育(4分)	1. 结合中央工作部署和要求，每年定期开展形势教育、国情教育(2分)； 2. 坚持开展员工思想教育活动及调研分析，加强对员工思想的引导，加强心理疏导和人文关怀(2分)	材料审核	全国、央企"六标准"，首都、江苏标准
三、道德风尚(11分)	(一)道德讲堂(4分)	1. 有"道德讲堂"的固定场所，经常性开展具体活动(2分)； 2. 有规范的活动流程，不断丰富和创新活动载体，员工喜闻乐见、积极参与(2分)	材料审核 实地考察	全国标准
	(二)学雷锋志愿活动(4分)	1. 有年度学雷锋活动的总体方案，有责任部门和责任人，有具体的活动安排(1分)； 2. 有志愿者活动管理办法，有固定的志愿服务队，建立"郭明义爱心团队"(1分)； 3. 有常态化的学雷锋志愿者活动，活动成效明显有影响力(2分)	材料审核	全国、江苏标准

续表

测评项目	测评内容	测评标准、分值	测评方法	参照内容
三、道德风尚(11分)	(三)文明有礼实践(3分)	1. 有员工文明守则、行为规范或考核办法(1分); 2. 有网络、手机文明传播行动或公益广告,利用电子显示屏、广告墙设立遵德守礼提示牌(1分); 3. 开展艰苦奋斗、勤俭节约教育,开展"文明餐桌"、经常性教育实践活动(1分)	材料审核 实地考察	全国、央企"六标准",首都、江苏标准
四、文化建设(14分)	(一)企业文化建设(9分)	1. 有企业文化领导机构,配备企业文化管理队伍(1分); 2. 有符合社会主义核心价值观的企业文化体系,有企业文化建设纲要(规划)(2分); 3. 开展先进表彰活动及典型宣传,开展优秀文化案例提炼与传播,员工对企业文化认同度高(3分); 4. 有推动企业文化融入企业管理的具体举措,文化软实力体现明显(3分)	材料审核	全国、央企"六标准",首都、江苏、上海标准
	(二)文化体育活动(5分)	1. 有建设学习型企业的实施方案和办法,经常性开展经典学习和诵读活动(2分); 2. 开展员工技能竞赛、综合素质培训(1分); 3. 有文体活动场所及设施(1分); 4. 开展经常性的文体活动(1分)	材料审核 实地考察	全国、央企"六标准",首都、江苏、上海、河南标准
五、社会责任(14分)	(一)社会责任管理(4分)	1. 有社会责任工作管理制度,配备社会责任专职工作人员(2分); 2. 有社会责任工作规划和具体部署(2分)	材料审核	全国、上海标准
	(二)社会责任活动(6分)	1. 有关注员工成长、关爱员工身心健康的具体措施(2分); 2. 将勤俭节约、节能减排融入生产经营环节,实现绿色发展(1分); 3. 参与抗震救灾、救助扶贫等慈善活动(1分); 4. 参与企业所在地经济、文化建设,服务当地发展(2分)	材料审核 实地考察	全国、首都、江苏标准
	(三)企业信息公开(4分)	1. 发布年度社会责任报告,接受公众监督(2分); 2. 按照相关规定,准确、及时公开相关规定应公开事项和费用,建设"阳光央企"(2分)	材料审核	全国、首都、江苏标准
六、管理水平(11分)	(一)内部管理(5分)	1. 建立党务公开、企务公开、职代会等民主管理制度(2分); 2. 建立安全生产保障体系和监督体系(2分); 3. 落实社会治安综合治理措施,建立突发事件应急机制(2分); 4. 建立完备的企业风险控制体系(2分)	材料审核	首都、央企"六标准",上海标准
	(二)诚信建设(6分)	1. 纳税等信用等级评定达到省(市)先进标准(1分); 2. 有反腐倡廉的具体制度和措施,大力推进廉洁文化建设(2分)	材料审核	江苏标准

续表

测评项目	测评内容	测评标准、分值	测评方法	参照内容
七、服务状况(7分)	(一)服务规范(2分)	1. 有优质服务常态化管理措施(1分)； 2. 有优质服务制度规范和服务承诺(1分)	材料审核 实地考察	全国标准
	(二)服务活动(2分)	1. 有优质服务活动实施方案(1分)； 2. 根据单位实际开展优质服务主题活动(1分)		
	(三)服务品质(3分)	有较高的客户满意度，处于行业领先水平(3分)		
八、工作业绩(15分)	(一)经营业绩(5分)	1. 全面完成企业各项经营业绩考核指标(2分)； 2. 主要经济发展指标居同行业中上水平(2分)； 3. 年度经营业绩同比保持增长，实现国有资本保值增值(1分)	材料审核	首都、上海标准
	(二)创新发展(5分)	1. 坚持创新驱动，推动理念、科技、管理、服务、机制体制创新，企业创新氛围浓厚(2分)； 2. 创新成果获省部级(含)以上奖励(3分)(备注：1项1分)	材料审核	首都、上海标准
	(三)形象建设(5分)	1. 建立并推广统一、规范的企业视觉识别体系(2分)； 2. 运用各类媒体、多种渠道进行企业形象宣传(2分)	材料审核	江苏标准
九、否决条件	在评选年度和申报期内，有下列情况之一的，不得进行申报	1. 领导班子成员受到党纪、政纪处分的； 2. 员工发生严重违纪或违法犯罪问题，在社会上造成恶劣影响的； 3. 发生重大安全生产责任事故、重大产品质量责任事故、重大环境污染责任事故的； 4. 发生重大泄露国家秘密或企业商业秘密事件的； 5. 未完成各项经营业绩考核目标的；造成重大经济损失或严重亏损的； 6. 参与邪教活动，并构成违法犯罪的；发生重大群体性事件的；有“黄赌毒”等丑恶现象的； 7. 发生重大食品安全或卫生防疫责任事故的； 8. 违反计划生育政策、计划生育率未达100%的； 9. 有其他不适合被评为文明单位的行为或事件的		

注：指标体系中“服务品质”部分，对于不同行业，可参照下表进行设置和评分：

行业模块	食品、药品行业	提高产品质量，加强产品监督，无安全事故
	能源、电力行业	改进生产技术，确保安全生产，有保护环境、节能减排具体措施
	信息、服务行业	推进技术发展，提高服务品质，降低客户投诉，创建服务品牌
	军工、国防行业	有创新活动和创新成果，对国防事业有重要贡献
	文教、旅游行业	提供高品质文化产品，推进文化产业发展，丰富和改善百姓生活

指标说明：

中央企业文明单位测评体系的确定，以中央文明办《全国文明单位测评体系（试行）》为基础，参考不同省市文明单位的标准，结合中央企业的实际情况，从政治文明、精神文明和物质文明多个角度考查中央企业的文明单位创建工作。为保证中央企业文明单位测评体系符合实际、科学完备、客观公正，课题组对各项指标的内容选择和分值设定进行了充分的论证，现对各项指标做出具体说明。

1. 创建工作

创建工作内容包括班子建设和创建机制两方面，构成中央企业创建文明单位的思想指导和制度保障。从央企的长期实践看，要做好文明单位创建工作，必须要有一个强有力的领导班子进行指导，必须要有切实可行的创建机制进行规范和保障。因此，尽管《全国文明单位测评体系（试行）》中没有该项内容，但鉴于班子建设和创建机制两项工作对中央企业文明单位创建工作发挥统领作用，因此将该两项内容纳入创建工作指标，并置于测评体系的第一位。由于此部分工作是文明创建的前提条件，不是直接内容，且具体指标数量相对较少，本着务实原则，赋予适中的分值（8 分）。

为便于对创建工作进行测评，在细化的指标中将其拆解为具体、可量化的内容。中央企业的班子建设突出企业党委（党组）班子的领导作用，既要在宏观层面体现中央和国资委的有关政策，又要在微观层面体现“民主生活会”等具体要求；创建机制则将长期与短期相结合，综合考查企业制定制度与落实制度的情况，通过中长期规划、年度计划、精神文明领导机构设置三项具体内容进行测评。

2. 理想信念

坚定的理想信念是企业全体员工立足岗位、推动企业持续发展的精神动力，中国梦和社会主义核心价值观的学习宣贯是企业理想信念教育工作的重要内容。中央企业作为国民经济的中坚力量，是国有企业的主体，是实现中国梦的重要载体。党的十八大报告明确了社会主义核心价值体系的具体内容，指出要用社会主义核心价值体系引领社会思潮、凝聚社会共识，积极培育和践行社会主义核心价值观。习近平同志在参观“复兴之路”展览时，首次阐释了“中国梦”的概念，即“实现中华民族伟大复兴”。在中央政治局第十三次集体学习时，习近平同志强调，“要把培育和弘扬社会主义核心价值观作为凝魂聚气、强基固本的基础工程，使社会主义核心价值观成为人们日常工作生活的基本遵循，使核心价值观的影响像空气一样无所不在、无时不有。”[①]以社会主义核心价值观为

① 习近平在中共中央政治局第十三次集体学习时强调：把培育和弘扬社会主义核心价值观作为凝魂聚气强基固本的基础工程，人民日报，第 1 版，2014 年 2 月 25 日。

支撑的理想信念，将深刻影响企业发展方向、员工思想状况。因此，课题组将理想信念这一指标置于测评体系第二位，并赋予了最高分值(20 分)。

指标的设立主要参考了党的十八大报告、习近平同志系列讲话及国资委相关工作要点，既包括培育和践行社会主义核心价值观的活动，也包括中央企业为实现中国梦应尽的贡献。此外还专门增加了思想教育一项，加强企业领导和员工的思想教育，从思想源头坚定推动国家经济建设、服务社会发展进步、实现中国梦的理想信念。

3. 道德风尚

道德建设是当前社会主义精神文明建设的重要内容。党的十八大报告专门指出要全面提高公民道德素质；习近平同志在中央政治局第十三次集体学习时指出要“积极引导人们讲道德、尊道德、守道德，追求高尚的道德理想，不断夯实中国特色社会主义的思想道德基础”①。中央企业做好思想道德建设工作，一方面能够提高企业员工的道德水平、促进企业精神文明建设，另一方面良好的道德环境能够发挥化解矛盾、促进和谐、保持稳定、推动工作的重要作用。《全国文明单位测评体系(试行)》涵盖了“道德讲堂建设”“学雷锋活动”、“志愿服务活动”等内容，国资委文明办也就相关工作下发了文件，进行了专门部署。考虑到企业的实际情况，课题组将道德讲堂、学雷锋活动、志愿服务活动等内容设置为“道德风尚”这一指标，置于测评体系第三位，但从企业经济属性出发，赋予其居中的分值(11 分)。

道德风尚的详细指标主要参照《全国文明单位测评体系(试行)》确定，涵盖了道德讲堂、学雷锋活动、志愿服务活动、文明有礼实践四项内容，根据中央企业特色加入“郭明义爱心团队”等内容。

4. 文化建设

企业文化的核心是价值观，它体现着企业全体员工的价值取向。加强企业文化建设，是现代企业管理的重要手段，也是对企业管理的超越，更是创建和谐文明单位的必然选择。培育独具特色的企业文化，对提升企业核心竞争力，造就高素质的员工团队，铸就企业辉煌，实现企业可持续发展具有重要作用。② 中央企业多属于规模庞大的集团性企业，下设若干分公司和子公司，统一的价值观、和谐的企业文化对于企业管理经营、生产发展意义重大。可以说，企业文化是中央企业精神文明建设成果另一个角度的全面呈现。因此，课题组将文化建设作为中央企业文明单位的重要组成部分，并赋予了较高

---

① 习近平在中共中央政治局第十三次集体学习时强调：把培育和弘扬社会主义核心价值观作为凝魂聚气强基固本的基础工程，人民日报，第 1 版，2014 年 2 月 25 日。

② 魏王景. 加强企业文化建设创建和谐文明单位[J]. 现代企业教育，2011(14).

分值(14 分)。

具体来看,文化建设的二级指标既包括较为抽象的企业文化建设,也包括具体的文化体育活动。前者是文化建设指标的主要内容,主要考查企业在企业文化建设方面的人员安排、制度设计和活动规划,以评价企业文化融入管理、促进企业科学发展的整体工作能力;后者主要通过测评企业日常生产经营中的文化、体育活动来考查企业是否重视学习型企业建设和员工健康身心发展,建设积极向上、充满活力的中央企业。

5. 社会责任

新形势下加强中央企业的社会责任工作具有重要性和紧迫性。第一,党中央、国务院历来高度重视企业社会责任工作。2014 年"两会"期间,习近平谈到国有企业改革时指出"(国有企业)要担当社会责任树立良好形象,在推动改革措施上加大力度"。[①] 国资委近年来也先后下发了《关于中央企业履行社会责任的指导意见》和《中央企业社会责任指引》等文件,积极推动中央企业履行社会责任。第二,履行社会责任是全社会对中央企业的广泛要求。作为国家主导的市场主体,国有企业,尤其是中央企业,在追求经济利益的同时要有效管理对利益相关方的影响,注重实现与社会利益、环境利益相协调,积极履行社会责任。第三,履行社会责任是实现中央企业可持续发展的必然选择。积极履行社会责任,有利于创新发展理念、转变发展方式,是中央企业发展质量和水平的重大提升,也是央企做大做强、参与国际竞争的重要前提。第四,能否积极履行社会责任已经成为评价现代企业的重要依据,社会责任也呈现出国际标准化趋势。国际标准化组织于 2010 年发布的社会责任指南 ISO 26000 对社会责任融入组织提供了框架指南[②],全世界范围内的企业都越来越重视社会责任。因此,课题组将社会责任纳入中央企业文明单位测评体系,也赋予了较高的分值(14 分)。

社会责任指标具体分为社会责任管理、社会贡献和信息公开三部分。社会责任管理包括人员和制度安排,以此判断企业对社会责任的重视程度;社会责任活动则分解为环保、扶贫等社会责任的具体内容,以评价企业履行社会责任的具体工作;企业信息公开既是履行社会责任、建设阳光央企的内在要求,也是对社会中存在的对中央企业负面评价的积极回应。

6. 管理水平

目前中央企业改革取得了显著的成效,但面对激烈的市场竞争和复杂的社会环境,

---

① 习近平. 国企要加强要担当社会责任[N]. 解放日报. [2014－03－06]. http://news.eastday.com/eastday/13news/auto/news/china/u7ai888826_K4.html.

② ISO 26000,百度百科,http://baike.baidu.com/link? url=40U－4cB10CoABT－r9btgDcX9dyBc3B6o5LgPYlbNrQxpXzFbRaKCI_BMER_1ZifMGoYowSzz5jw6hW0esaoiUq.

中央企业仍面临改革的重要任务。在中央企业的改革过程中，提升管理水平是实现改革创新的重要措施。2012 年 3 月 13 日，国资委印发了《关于中央企业开展管理提升活动的指导意见》，对中央企业管理提升活动做出了具体部署。课题组将“管理水平”纳入评测体系，符合中央企业的实际情况，是中央企业参评文明单位的应有内容，也反映了央企“软实力”的状况。管理水平提升是一个长期的过程，需要融入企业生产经营的各个环节，本测评体系主要考查其制度建设，赋予了居中的分值(11 分)。

管理水平指标设定主要参考国资委《关于中央企业开展管理提升活动的指导意见》，分为内部管理和诚信建设两部分。内部管理涵盖民主管理、生产保障监督、治安管理、风险管理等若干方面，以督促企业建立完整、规范的管理制度；将诚信建设纳入该指标，既是响应社会对中央企业道德建设的要求，也是针对企业因经营伦理的偏差而导致可能产生的主要问题，如纳税评级不够、信用不良事件、贪污腐败等，推动企业树立阳光、透明、公开的企业形象。

7. 服务状况(行业模块)

考虑到中央企业中不同性质行业间存在较大差异，主要表现在其提供的产品和服务上。遵循差异性原则，增设一个行业模块，根据社会需求和行业发展需要，结合中央企业现实状况，有区别地进行考查，根据其具体表现进行弹性评分(1～7 分)。其中，食品药品行业主要考查其产品质量，能源电力行业主要考查生产安全和节能减排，信息服务行业主要考查其技术水平和服务能力，军工国防行业主要考查其创新能力，文教旅游行业主要考查其文化产品的生产和使用。

以服务型企业为例。服务状况指标包括服务规范、服务活动和服务品质三项，详细指标主要参照《全国文明单位测评体系(试行)》确定。通过制度规范指标考核企业对提升服务质量的工作规划安排；通过服务活动指标推动企业积极开展优质服务实践情况；通过客户满意度考核企业开展优质服务工作成效。

对于其他类型企业，可结合行业具体特点进行设定。

8. 工作业绩

企业的基本任务是生产经营、提供产品(服务)、创造利润，因此优良的工作业绩是中央企业参评文明单位的基本要求。中央企业是国有企业的骨干，承担着国有资本保值增值的重要作用；作为重要的市场主体，其工作业绩也反映出中央企业的发展能力和发展水平，体现了深化改革发展的成果。更重要的是，中央企业多处在关系国家安全和国计民生的关键领域，其工作业绩直接影响到国家安全、经济发展和社会稳定。将工作业绩纳入测评体系遵循了制定测评体系的企业化原则，充分考虑了中央企业在国民经济中的重要地位和重大责任，并赋予了较高的分值(15 分)。

工作业绩包括经营业绩、创新发展和形象建设三项。经营业绩既要和同行业进行横向的比较，也要和本企业进行纵向的比较，要求年均业绩保持增长、位居前列；创新是中央企业进步的关键，要通过指标体系鼓励中央企业实现管理、服务、体制等各方面的创新，同时也要考评其创新成果的水平和意义；企业形象作为企业显性的外在表现，也越来越受到社会的关注，尤其是一些和人民生活密切相关的中央企业，企业形象直接影响到百姓对政府的态度，将形象建设纳入工作业绩，也是要推动中央企业加强自身形象建设。

四、对策建议

(一)进一步加强对中央企业精神文明创建工作的指导和管理

在中央要求全面加强精神文明建设和我国全面深化改革的背景下，应充分认识到中央企业精神文明创建工作的重要性和紧迫性。近年来，中央企业精神文明建设工作总体上是好的，是有成效的，但在创建水平、创建成效上参差不齐，个别企业重视不够。中央文明办将进一步加强对中央企业精神文明创建工作的指导，以文明单位创建为载体，建立起标准统一、注重特色、层次合理的精神文明创建工作格局，强化评比考核，表彰先进典型，突出示范引领，引导企业将精神文明建设工作纳入企业可持续发展的整体战略规划中。

(二)尽快出台并推动中央企业文明单位测评体系的应用实施

本课题是对中央企业文明单位测评体系建设的重要探索，既充分体现了中央文明办关于文明单位创建的核心要求，也集合了中央企业多年来精神文明创建工作的经验做法，有重要的理论和实践意义。中央文明办将就此课题成果，开展广泛深入的调研、访谈和座谈，征求中央企业的意见，进一步完善评比的办法和细则，提高测评体系的规范性、科学性和针对性。同时，2014 年是第四批全国文明单位的评选表彰年，希望能借此契机，尽快下发测评体系实施办法(试行)，启动中央企业文明单位的评比表彰工作，并在实践中不断地优化完善。

(三)鼓励中央企业探索建立动态、规范、常态化的评选机制，提高精神文明建设整体工作水平

推动各中央企业积极应用中央企业文明单位测评体系，以评促建，不断丰富和创新文明创建工作方式，在文明单位日常创建和管理的实践应用中不断总结、修订完善

评选办法，提高精神文明创建水平。积极搭建中央企业交流沟通平台，促进各企业特别是同类行业模块企业之间的横向联系，相互学习借鉴，共享优秀成果，推动文明单位创建工作不断提升，塑造央企整体形象。同时，希望各中央企业及时向中央文明办提供相关意见和建议，以期形成科学合理的测评体系，创建并完善科学、规范、常态化的评选机制。

参考文献

[1]张德，吴建平．文化管理——对科学管理的超越[M]．北京：清华大学出版社，2008.

[2]关于印发《全国文明单位测评体系(试行)》的通知，中央文明办〔2012〕17号。

[3]习近平．把培育和弘扬社会主义核心价值观作为凝魂聚气强基固本的基础工程[N]．人民日报，2014-02-25(1).

[4]魏王景．加强企业文化建设　创建和谐文明单位[J]．现代企业教育，2011(14).

[5]聂清凯，赵庆，李杰群．中国央企的文化力考察[J]．统计与决策，2009(1).

[6]黎群．加强行业文化建设全面提升央企文化软实力[J]．中国职工教育，2011(12).

[7]许家林，刘海英．我国央企社会责任信息披露现状研究——基于2006～2010年间100份社会责任报告的分析[J]．中南财经政法大学学报，2010(6).

第二部分　分报告

一、国家电网文明单位建设管理办法

国家电网公司文明单位评选表彰办法
(试行)

第一章　总　则

第一条　为推动文明单位创建活动深入、持久、健康地开展下去，把精神文明建设的任务落实到基层，促进物质文明、政治文明、精神文明建设协调发展，促进国家电网企业全面、协调、可持续发展，根据《中央精神文明建设指导委员会关于评选表彰全国文明城市、文明村镇、文明单位的暂行办法》的精神，结合国家电网公司实际，制定本办法。

第二条 “国家电网公司文明单位（标兵）”是国家电网公司授予积极开展文明单位创建活动，物质文明、政治文明、精神文明建设协调发展，精神文明建设成绩突出，能够在国家电网公司系统发挥示范作用的单位的综合性荣誉称号。

第三条 国家电网公司文明单位评选表彰工作，以邓小平理论和“三个代表”重要思想为指导，紧紧围绕国家电网公司的发展战略，正确处理改革发展稳定的关系，以培养有理想、有道德、有文化、有纪律的员工队伍，提高人的思想道德素质、科学文化素质和健康素质为主要任务。

第四条 国家电网公司文明单位评选表彰工作要紧密联系企业实际，重在建设、注重实效、多办实事，吸引员工广泛参与，促进以人为本、催人奋进的良好企业氛围与环境建设，推动公司各项事业全面、协调、可持续发展，更好地服务于社会的全面进步。

第五条 国家电网公司文明单位评选表彰工作坚持物质文明、政治文明与精神文明协调统一的原则；坚持实事求是、与时俱进的原则；坚持公开、公平、公正的原则。

第六条 国家电网公司所属各单位应当把国家电网公司文明单位创建活动同地方文明单位、全国文明单位创建活动有机结合起来，积极参与并争创当地文明单位、文明行业和“全国文明单位”。

第二章 评选标准和前提条件

第七条 国家电网公司文明单位评选标准。

(一)组织领导有力，创建工作扎实

1. 企业工作自觉坚持“两手抓、两手都要硬”的方针，创建活动摆上重要议事日程，计划周全、目标明确、措施具体、责任落实。

2. 充分发挥党组织政治核心作用，领导班子开拓创新、勤政廉政，在创建活动中率先垂范。

3. 充分发挥党支部战斗堡垒作用，党员发挥先锋模范作用。

4. 单位内部层层落实责任制，创建活动富有本单位特色，形式多样、生动活泼、卓有成效。广泛开展了全体员工普遍参与的文明职工、文明科室和文明工区（班组）等文明创建系列活动。

(二)思想教育深入,道德风尚良好

1. 积极开展邓小平理论和“三个代表”重要思想、党的方针政策和形势任务的宣传教育,大力弘扬民族精神和企业精神,引导广大员工树立正确的理想信念和世界观、人生观、价值观。

2. 紧密结合企业生产、建设、经营和改革、发展、稳定,做好深入细致的思想政治工作,充分调动员工的积极性、主动性和创造性。

3. 认真贯彻落实《公民道德建设实施纲要》、《国家电网公司员工道德规范》,努力培育企业良好的道德风尚。

4. 注重发挥共青团的作用,着重抓好青年员工的思想道德教育。

(三)服务优质规范,行业作风端正

1. 深入开展国家电网公司服务理念宣传教育,强化服务意识。

2. 认真贯彻落实“优质、方便、规范、真诚”的服务方针和公司《供电服务规范》等,实施服务品牌建设,不断提升服务质量。

3. 积极开展创建文明行业活动,自觉接受社会监督,在当地的文明行业创建活动或行风测评中位居前列。

(四)企业文化先进,人文环境健康

1. 企业及其领导大力倡导企业文化建设,认真宣传国家电网公司企业理念,并运用理念指导工作。

2. 推广应用国家电网公司视觉识别系统。积极开展创建学习型企业活动,提升员工、团队、企业的学习力和创造力。

3. 坚持开展群众性文体活动,员工文化生活丰富多彩。搞好绿化、美化、净化,内外环境清洁整齐,环境污染控制指标达到国家环保标准。

4. 崇尚科学,反对迷信,落实卫生防疫制度,无违反国家计划生育政策和规定,倡导健康、文明的生活方式。

(五)民主管理健全,遵纪守法严格

1. 坚持和完善职工代表大会制度和厂务公开制度,工会依法独立自主地开展工作,切实保障员工的合法权益。

2. 队伍稳定，企业凝聚力强。治安综合措施落实，民主法制教育经常化、制度化，单位内部治安状况良好。

3. 员工中无严重违法违纪案件及刑事案件，无“黄赌毒”等丑恶现象，无邪教活动。

(六)管理水平领先，工作实绩显著

1. 适应社会主义市场经济的发展，积极稳妥地推进改革。

2. 坚决贯彻落实有关安全生产法规和措施，安全工作出色。

3. 三项责任制考核在本系统中名列前茅。

4. 诚信经营，科学管理，主要经济技术指标居于同行业前列。重视人才工作，加快科技进步，技术创新成果明显。

具体考核工作依照《国家电网公司文明单位考评指标》(见附件)进行。

第八条 国家电网公司文明单位申报前提条件。

在考核期和申报期内有下列情况之一者，不能申报“国家电网公司文明单位”。

(一)未完成主要经济技术指标；

(二)未完成安全责任目标；

(三)领导班子及其成员发生违法违纪行为，或因企业经营决策失误造成特别重大经济损失，受到党纪、政纪处分；

(四)员工中发生严重违法违纪案件，犯罪率超过1‰；

(五)发生影响稳定或影响企业形象并造成严重社会影响的重大事件和突发事件。

第三章 申报、评选与表彰

第九条 国家电网公司文明单位每两年评选表彰一次。每届期满，获得荣誉称号的单位须重新参加申报、评选。连续三届保持国家电网公司文明单位荣誉称号且各项工作继续处于本系统领先地位，经考核评审后由国家电网公司党组授予“国家电网公司文明单位标兵”的荣誉称号。

第十条 凡是符合国家电网公司文明单位评选标准的地市供电企业和其他单位、农电体制改革完成后的县级供电企业，均有资格申报国家电网公司文明单位。

第十一条 国家电网公司文明单位的评选按照自愿申报、逐级推荐、提前公示、择优评选的程序进行。

(一)自愿申报。具备申报资格的单位，通过自查达到85分以上的，可自愿向上级创

建文明单位主管机构提出申请，填写《国家电网公司文明单位申报表》，连同本单位创建活动工作总结一并上报。

（二）逐级推荐。各级文明单位创建活动的主管机构负责按照本办法关于国家电网公司文明单位评选标准和申报资格的规定，对申报单位予以审核。本着优中选优的原则，逐级向上一级主管机构推荐。最后由区域电网公司统一审核后，提出本系统的推荐名单。

（三）提前公示。各区域电网公司、各省电力公司等以适当的方式对拟推荐的单位进行为期十五天的公示，接受群众的评议和监督。公示期满，并征求地方文明办意见后，正式向国家电网公司精神文明建设指导委员会办公室提交推荐报告。

（四）择优评选。国家电网公司精神文明建设指导委员会对推荐报告进行审核，提出国家电网公司文明单位建议名单，报国家电网公司党组批准。

第十二条 国家电网公司文明单位（标兵）由国家电网公司党组表彰，颁发奖牌和证书。

第四章 组织管理

第十三条 文明单位创建工作，在国家电网公司党组的领导下，按照统一组织、分级负责、党政工团齐抓共管的方式进行。国家电网公司精神文明建设指导委员会指导全系统创建及评选表彰工作，公司精神文明建设指导委员会办公室负责创建及评选表彰工作的日常管理。

第十四条 各区域电网公司应加强对所属系统创建工作的指导、监督。各省电力公司是基层创建活动的直接组织者，要认真组织、具体指导、做好推荐工作，帮助基层解决工作中的实际困难，及时总结推广先进经验，推动创建工作向纵深发展。

第十五条 对国家电网公司文明单位（标兵）荣誉称号，实行动态管理。在非评选年，各区域电网公司、省电力公司要对获得文明单位荣誉称号的单位进行一次复查，由区域电网公司向国家电网公司精神文明建设指导委员会提出复查报告。对于工作停滞不前、出现突出问题的，应给予必要的批评警告，限期改正；对于工作严重失误、出现重大问题的，要查明情况，提出撤销荣誉称号的建议，报国家电网公司精神文明建设指导委员会。

第十六条 推荐、评选和复查工作要严肃认真、严格把关。对于隐瞒事实、弄虚作假的，经查实，即取消申报资格，撤销荣誉称号。

第十七条 被撤销国家电网公司文明单位称号的，不得参加下一届评选。经过认真整改，符合条件的，可参加以后的评选。

第五章　附　则

第十八条　本办法由国家电网公司负责解释。

第十九条　本办法自颁布之日起实施。

附件：《国家电网公司文明单位考评指标》

国家电网公司文明单位考评指标

考评项目	分解指标	考评内容与评分标准	自评分	考评分
（一）组织领导有力创建工作扎实（20分）	1.创建机制健全（5分）	（1）党政领导班子把创建文明单位工作列入议事日程。每年制定创建计划，进行专题部署、动员。好1.5分，较好1分，一般0.5分。		
		（2）创建工作主管机构健全，相关职能部门职责明确，做到齐抓共管。好1.5分，较好1分，一般0.5分。		
		（3）各类创建工作标准明确，管理措施完善。有检查、考核制度，建立激励机制，日常经费有保障，把创建绩效作为对领导干部的考核内容。好2分，较好1～1.5分，一般0.5分。		
	2.领导率先垂范（5分）	（1）领导班子认真学习贯彻"三个代表"重要思想，做到理论联系实际，不断提高运用科学发展观推进企业发展的自觉性和能力。认真贯彻公司党组关于理论学习的若干规定，党组（党委）理论学习中心组学习制度完善，集中学习每月不少于一个工作日，每年召开中心组学习交流会，定期向干部作专题辅导。好1.5分，较好1分，一般0.5分。		
		（2）认真贯彻《国家电网公司党组关于进一步加强民主集中制建设若干问题的决定》，领导班子团结协作，支持行政依法行使职权，充分发挥党组织政治核心作用。建立健全党组织参与重大问题决策的制度，坚持企业重大问题提交党组织讨论，党组织认真按照党和国家的方针政策对重大问题提出意见和建议。好1.5分，较好1分，一般0.5分。		
		（3）认真贯彻实施《中国共产党党内监督条例（试行）》、《中共中央关于加强和改进党的作风建设的决定》，领导班子主要负责人民主意识强，自觉接受党内外监督；全面贯彻"八个坚持、八个反对"，奉公守法，清正廉洁，领导作风好，干群关系好。好1分，较好0.5分。		
		（4）坚持每年职代会民主评议企业领导干部，群众信任度高。优秀称职率大于等于75%得1分，等于70%得0.5分，小于70%不得分。		
	3.先锋作用突出（5分）	（1）重视基层党组织建设。党的各级组织健全，按时换届选举，落实党员民主权利，各项工作制度化，党组织战斗力强。好2分，较好1.5分，一般1分。		

续表

考评项目	分解指标	考评内容与评分标准	自评分	考评分
(一)组织领导有力创建工作扎实(20分)	3.先锋作用突出(5分)	(2)加强党员的教育和管理。坚持"三会一课"制度,坚持开展民主评议党员活动,坚持开展党员先进性教育,注重吸收青年和业务骨干加入党组织,党员分布合理。好1.5分,较好1分,一般0.5分。		
		(3)党员在创建活动中发挥突出作用。带头学习贯彻"三个代表"重要思想,带头遵纪守法,团结职工,积极参加争先创优活动,在工作创新、急难险重任务中发挥先锋模范作用。好1.5分,较好1分,一般0.5分。		
	4.群众基础牢固(5分)	(1)利用各种媒体进行专题宣传,创建氛围浓厚。员工对创建工作参与率、支持率高。好1.5分,较好1分,一般0.5分。		
		(2)在内部层层落实责任制,形成上下共创的合力。好1.5分,较好1分,一般0.5分。		
		(3)深入开展创建文明科室、文明工区、文明班组和争做文明员工、青年号手等系列活动,同解决员工普遍关心的实际问题和企业生产发展问题紧密结合,取得明显成效。好2分,较好1.5分,一般1分。		
(二)思想教育深入道德风尚良好(15分)	1.重视思想建设(5分)	(1)形成党委统一领导、党政共同负责、党政工团齐抓共管的思想政治工作管理体制和运行机制,合理设置政工机构,专职政工人员不低于员工总数1%,落实各项规章制度,保证必需资金。好1.5分,较好1分,一般0.5分。		
		(2)围绕党和国家的中心工作,配合重大政治活动和方针政策的出台,积极开展邓小平理论、"三个代表"重要思想学习活动和形势政策教育、爱国主义教育等,引导广大员工树立正确的理想信念,弘扬民族精神,自觉贯彻执行党的方针政策。好1.5分,较好1分,一般0.5分。		
		(3)结合企业改革、安全生产、优质服务、经营管理和科技进步等工作做好思想政治工作。每年开展1～2个服务于中心工作的主题教育活动,充分调动员工的积极性和创造性,促进企业发展和效益提高。好2分,较好1.5分,一般0.5～1分。		
	2.坚持以德治企(6分)	(1)认真贯彻《公民道德建设实施纲要》和《国家电网公司员工道德规范》,结合实际,制定出具体贯彻实施意见和道德行为准则,并融于企业管理,保证行为准则落实到日常工作、学习和生活中去。好2分,较好1.5分,一般0.5～1分。		
		(2)坚持不懈地在全体员工中进行道德教育,注重把职业道德作为岗前和岗位培训的重要内容,每个员工都熟悉和遵守与本职工作相关的道德规范,敬业爱岗、服务群众、关爱社会、家庭和睦蔚然成风。好2分,较好1.5分,一般0.5～1分。		
		(3)突出抓好诚信建设,做到守信用、讲信誉、重合同,不发生违诺问题,企业有良好信用记录。好2分,较好1.5分,一般0.5～1分。		
	3.加强青工教育(4分)	(1)党政领导重视青工思想道德建设,专题研究青年工作。好1分,较好0.5分。		

续表

考评项目	分解指标	考评内容与评分标准	自评分	考评分
(二)思想教育深入道德风尚良好(15分)	3.加强青工教育(4分)	(2)能按照公司党组〔2003〕55号文件要求设立团组织,并注重培训团青干部,发挥团组织在提高青工思想道德素质中的积极作用。好1分,较好0.5分。		
		(3)在青年中大力开展创新创效、青年文明号、青年安全生产示范岗和青年岗位能手等文明实践活动,使其在自觉参与中培养优良思想品德、精湛技能。好2分,较好1.5分,一般0.5~1分。		
(三)服务优质规范行业作风端正(15分)	1.强化服务意识(3分)	(1)认真贯彻"人民电业为人民"的宗旨和"优质、方便、规范、真诚"的服务方针,把增强服务意识和能力列为企业核心竞争力的重要内容,实施服务品牌建设。好1.5分,较好1分,一般0.5分。		
		(2)经常开展优质服务调研、测评活动,对员工深入进行服务理念教育,强化服务意识,转变观念作风,不断增强为客户服务的自觉性。好1.5分,较好1分,一般0.5分。		
	2.健全服务机制(4分)	(1)建立党政一把手负总责、分管领导主抓、业务部门具体负责、有关部门密切配合、全员参与的优质服务管理体制,落实行风建设责任制,同其他业务同规划、同部署、同考核。好1分,较好0.5分。		
		(2)供电企业建立了高效运转、功能齐备的营销工作机构和运行机制,完善电力客户服务中心,推进营销技术现代化,不断推出新的服务举措。好1.5分,较好1分,一般0.5分。		
		(3)建立内部监督、政府监督、用户监督和舆论监督相结合的监督机制,有效遏制不正之风。好1.5分,较好1分,一般0.5分。		
	3.规范服务行为(4分)	(1)严格遵守国家法律法规,依法经营,维护市场秩序和客户合法权益。对客户受电工程不指定设计单位,不指定施工队伍,不指定设备材料采购;严格执行电费电价政策,不变相扩大收费范围或提高收费标准。好1分,较好0.5分,发生问题0分。		
		(2)认真学习贯彻《供电服务规范》、《供电营业职工文明服务行为规范》等制度和规范,制定实施细则,对全体员工进行服务规范的教育和培训,人人熟悉和自觉执行规范。好1分,较好0.5分。		
		(3)各项业务和各种服务活动实现标准化、程序化、规范化。好2分,较好1.5分,一般0.5~1分。		
	4.服务工作优质(4分)	(1)电能频率、电压合格,供电可靠性高,客户用电放心。好1分,较好0.5分。		
		(2)客户在办理报装接电、故障报修、交付电费和用电咨询等业务中,得到方便、快捷、满意的服务。好1.5分,较好1分,一般0.5分。		
		(3)创建文明行业成绩显著,在当地民主测评行风中,群众满意率高,跨入先进行列。被当地评为文明行业或行风测评第一名1.5分,第二名1分,第三名0.5分。		

续表

考评项目	分解指标	考评内容与评分标准	自评分	考评分
（四）企业文化先进人文环境健康（15分）	1. 倡导推进有力(3分)	(1)企业领导亲自倡导，明确主管机构，带头学习企业文化知识，研究国内外先进经验，提出本单位企业文化建设思路。好1.5分，较好1分，一般0.5分。		
		(2)制定本单位企业文化建设规划、计划及相关措施，纳入发展战略，并付诸实施。好1.5分，较好1分，一般0.5分。		
	2. 文化氛围浓厚(4分)	(1)运用企业理念指导工作，大力宣传国家电网公司企业理念，员工知晓率高，认同感强。好1.5分，较好1分，一般0.5分。		
		(2)结合实际在国家电网公司基本企业理念的指导下，总结提炼有本企业个性的具体理念，并注重运用企业理念指导工作，融入管理制度和行为规范，渗透到各项管理环节中去，增强企业凝聚力、竞争力。成果、经验得到上一级组织推广、交流。好1.5分，较好1分，一般0.5分。		
		(3)积极开展创建学习型企业、学习型员工活动，企业及其员工的学习力、创造力不断提升，企业创新成效显著。好1分，较好0.5分。		
	3. 企业形象良好(4分)	(1)按要求推广应用国家电网公司视觉识别系统。好1分，较好0.5分。		
		(2)开展服务礼仪等有关培训，员工自觉维护企业形象。好1分，较好0.5分。		
		(3)善于策划大众媒体宣传，企业在社会上有较高的美誉度。好1分，较好0.5分。		
		(4)重视绿化、净化、美化工作和生活环境，无脏乱差，环境污染控制指标达到国家标准。好1分，较好0.5分。		
	4. 生活方式文明(4分)	(1)积极开展员工喜闻乐见的文化活动，群众文化生活丰富多彩。好1.5分，较好1分，一般0.5分。		
		(2)全民健身活动开展广泛，员工心理、身体素质不断提高。好1分，较好0.5分。		
		(3)引导员工崇尚科学，革除陋习，反对迷信，倡导健康文明生活方式。做好卫生防疫工作，不发生重大食物和职业中毒事件，不发生群体传染性疫病。无违反国家计划生育政策和规定。好1.5分，较好1分，一般0.5分。		
（五）民主管理健全遵纪守法严格（15分）	1. 民主管理制度完善(5分)	(1)坚持和完善职代会制度，办理职工提案及时有效。好2.5分，较好1.5～2分，一般0.5～1分。		
		(2)实行厂务公开制度，有具体实施办法，行政如实公布厂务，监督检查小组认真听取和反馈群众意见，切实抓好整改。好2.5分，较好1.5～2分，一般0.5～1分。		
	2. 依法支持工会工作(5分)	(1)认真执行《工会法》，支持工会依法开展工作，党委定期听取工会工作汇报，及时解决工作中重大问题。实行公司制企业，应有职工董事、职工监事。好2分，较好1.5分，一般0.5～1分。		

续表

考评项目	分解指标	考评内容与评分标准	自评分	考评分
(五)民主管理健全遵纪守法严格(15分)	2.依法支持工会工作(5分)	(2)工会代表员工与企业签订集体合同,建立健全劳动争议调解组织,依法维护员工合法权益。好1.5分,较好1分,一般0.5分。		
		(3)发挥员工主人翁作用,围绕企业中心工作,开展劳动竞赛、合理化建议、技术革新等活动,努力完成工作任务。好1.5分,较好1分,一般0.5分。		
	3.治安综合治理落实(5分)	(1)建立了治安综合治理工作机构和工作制度,各项治理工作落实。好1.5分,较好1分,一般0.5分。		
		(2)普法教育制度化、经常化,员工法制观念普遍提高。好1.5分,较好1分,一般0.5分。		
		(3)企业依法经营管理,无严重违法违纪案件,内部治安状况良好,无"黄赌毒",无邪教活动,无违反治安管理和刑事犯罪案件。好2分,较好1～1.5分,一般0.5分。		
(六)管理水平领先工作实绩显著(20分)	1.改革不断深化(5分)	(1)按照"总体设计、分步实施、积极稳妥、配套推进"的原则,认真完成上级部署的各项改革任务。好2分,较好1.5分,一般0.5～1分。		
		(2)从本单位实际出发,积极转换内部经营机制,做到机制创新、制度创新、工作创新。好3分,较好2～2.5分,一般0.5～1.5分。		
	2.安全工作出色(5分)	(1)认真贯彻《安全生产法》和国家电网公司有关安全生产工作规定,建立健全安全生产保证体系和安全生产监督体系,长效机制、预警机制、应急机制完善,并充分发挥作用。好2分,较好1.5分,一般0.5～1分。		
		(2)安全工作取得显著成绩,受到省公司以上表彰奖励。好3分,较好2.5～2分,一般0.5～1.5分。		
	3.经济效益良好(5分)	(1)坚持以经济效益为中心,建立与市场经济相适应的经营管理体系和财务管理体系,建立健全内部约束机制和监督机制。好2分,较好1.5分,一般0.5～1分。		
		(2)全面完成经营责任目标,资产保值增值率、投资收益率、利润总额、上缴投资收益等主要经济指标在省公司系统内位居前列。好3分,较好2～2.5分,一般0.5～1.5分。		
	4.科技进步明显(5分)	(1)建立完整的科技和信息化投入管理体制,制定科技进步与信息化建设总体规划,明确具体目标和任务,科技进步和信息化建设对企业发展的促进作用显著。好2分,较好1.5分,一般0.5～1分。		
		(2)在科学研究、技术开发和推广先进科技成果中做出贡献,每年有获得省公司以上评审组织的奖励项目。好2分,较好1.5分,一般1分。		
		(3)网络与信息安全工作成绩显著,建立了较完善的网络与信息安全保障体系,网站内容健康。好1分,较好0.5分。		

说明:《国家电网公司文明单位考评指标》主要适用范围是国家电网公司系统内的供电企业,有些考评内容对其他企事业单位可做适当调整。

二、中国大唐文明单位建设管理办法

中国大唐集团公司文明单位建设管理办法

第一章　总　则

第一条　在集团公司系统深入开展文明单位建设活动，是确保企业党组织政治核心地位的重要举措，是打造“中国大唐”品牌的迫切要求，是集团公司实现“两型、四化、三个能力”发展战略目标和做强做大的重要途径，是落实科学发展观、建设和谐企业、深入推进创先争优活动、打造十万大唐人精神家园的有效载体。为充分发挥文明单位建设活动在集团公司系统物质文明、政治文明、精神文明和生态文明建设中的示范作用，推进集团公司又好又快发展，制定本办法。

第二条　集团公司“文明单位”是集团公司系统各企业精神文明建设成果的重要体现，是集团公司授予的企业精神文明建设的综合性荣誉称号。

第三条　文明单位建设要以邓小平理论和“三个代表”重要思想为指导，深入贯彻落实科学发展观，与时俱进，解放思想，实事求是，坚持学习，不断创新，坚持两手抓两手都要硬的方针，构建科学文明的社会主义核心价值观，全面增强企业核心竞争力；紧紧围绕集团公司的改革、发展和企业中心工作，与集团公司开展的创先争优活动全面融合，与阳光、绿色、快乐三大工程无缝对接，努力实现出精品、出人才、出效益的目标，促进企业物质文明和精神文明建设再上新台阶。

第四条　文明单位建设工作坚持党委(党组)统一领导、党政共同负责、党政工团齐抓共管、职能部门各负其责、密切配合、统一协调的领导体制和工作机制，以现代化管理手段和信息网络为依托，构建一个上下互动、公开透明、实时监控、同类可比、高效便捷的量化、e化、序化管理平台，实现集团公司文明单位建设的科学化、规范化和现代化。

第五条　集团公司文明单位建设按照集团公司，分、子公司(上市公司、分公司、省发电公司、专业公司)，基层企业(各分、子公司所管理和所属企业)的三级责任主体的管理模式运作。集团公司负责全系统文明单位建设的领导、组织、管理和“文明单位”的考评命名；分、子公司既是一级领导、组织、管理层次，同时又是文明单位创建活动的参与主体。各分、子公司承担对其所管理和所属企业文明单位建设的组织、管理，负责对相关指标的审核和“文明单位”的初审、推荐，其职责履行情况将作为本单位文明单位建设业绩的重要考核指标。基层企业负责本企业文明单位建设的领导、组织、管理。

第六条 本办法适用于集团公司各分、子公司，基层企业。

第二章 基本条件

第七条 集团公司“文明单位”的基本条件：

(一)领导班子坚强有力，政绩突出。坚持以邓小平理论和“三个代表”重要思想为指导，落实科学发展观，解放思想，实事求是，与时俱进，政治素质好、经营业绩好、团结协作好、作风形象好；坚持民主集中制，全心全意依靠职工群众，重视和加强职工民主管理工作，具有牢固的政治意识、大局意识、责任意识；认真贯彻执行党和国家的各项方针政策和法律法规，具有战略决策、经营管理、市场竞争、推动企业创新、应对复杂局面、依法执政和总揽全局的能力。

(二)党组织的政治核心作用突出。紧紧围绕企业中心工作，不断加强党的政治、思想、组织和作风建设，党风廉政建设取得明显成效，党的执政能力不断加强。创先争优工作特色鲜明，注重创新，效果突出，物质文明和精神文明建设互相促进，精神家园建设成果斐然。

(三)企业发展能力、竞争能力和盈利能力明显提高。积极推行对标一流、量化考核的工作方法，实行全面责任管理，全面业绩考核，全面完成集团公司生产经营指标和各项任务，经济效益稳定增长。

(四)积极创建和谐企业。发挥好、保护好广大员工促进企业发展，员工工作的积极性、主动性和创造性强。进一步加强职工民主管理和民主监督，充分发挥广大职工的主人翁作用；全面规范劳动合同管理和劳动用工管理，构建规范有序、和谐稳定的劳动关系；发挥好群团组织作用，创新工作思路，凝聚各方力量；关心职工生活，努力解决广大职工最关心、最直接、最现实的问题，使员工共享企业发展成果。

(五)企业文化建设不断深化。全面实施集团公司企业文化战略，大力宣导集团公司企业文化理念、行为、视觉识别系统。在集团公司主导文化的框架下，建设具有自身特色的企业文化，通过文化创新推动管理创新，凝聚人心，树立形象，提升企业整体素质和竞争能力，“中国大唐”品牌的美誉度和知名度不断提升。

(六)建设学习型组织，培养学习型、责任型员工，推进学习型、创新型企业建设。努力实施“人才强企”战略和职工素质工程，有计划地开展以集团公司“112 人才”为主体的各类人才的培养和遴选，不断提升员工科技文化、专业技术和技能水平，经营管理、专业技术和生产技能人才队伍结构合理，素质优良。

（七）文明单位建设活动机制健全、工作有力。建立起物质文明、政治文明、精神文明和生态文明建设的科学管理体系，各项工作标准、规章制度健全，管理手段完善，形成组织实施、考核评价、信息反馈的运行机制。

第八条 有下列情况之一者，不能申报集团公司“文明单位”：

（一）党风廉政建设责任制考评没有达到优良的；

（二）没有完成集团公司下达的主要经营考核指标的；

（三）发生违法、违纪案件，被追究刑事责任的；

（四）发生一人以上人身伤亡事故、群体伤亡事故和有较大影响的安全生产事故的；

（五）因工作不力，发生造成严重后果和恶劣影响的职工上访、群访和其他重大问题的；

（六）违反计划生育政策，出现超计划生育的；

（七）在文明单位创建和申报工作中，有弄虚作假行为且造成恶劣影响的；

（八）发生性质严重的负面新闻事件，严重影响集团及企业形象的。

第三章　管理与考核

第九条 集团公司对分、子公司进行“文明单位”指标考评按照《中国大唐集团公司分、子公司文明单位建设指标考核体系》（以下简称《分、子公司指标考核体系》，见附件1）执行，对基层企业进行“文明单位”指标考评按照《中国大唐集团公司基层企业文明单位建设指标考核体系》（以下简称《基层企业指标考核体系》，见附件2）执行，《分、子公司指标考核体系》和《基层企业指标考核体系》通称《指标考核体系》。

第十条 《分、子公司指标考核体系》和《基层企业指标考核体系》按内容划分，均由常规工作、主题活动、亮点活动和创新工作组成。

常规工作是指考核体系中的月报、季报、半年报、年报指标反映的工作内容。

主题活动是指由集团公司统一部署、在全系统内开展的阶段性、重点性的精神文明建设活动。

亮点活动是指系统各企业在文明单位建设实践中，开展参与面广、影响力大、成效显著的活动。

创新工作是指系统各企业在文明单位建设实践中，探索出的具有独创性、示范性，并取得良好成效、值得推广的管理经验、手段、方法和成果。

第十一条 《分、子公司指标考核体系》和《基层企业指标考核体系》中所有指标，均可在对应工作完成后至规定上报的截止日期前填报；审核后累计得分，并根据得分情况进行动态排名。

月报指标：每月 5 日前，各基层企业上报上个月度文明单位建设工作的有关情况；每月 8 日前，分、子公司完成对所管理和所属企业上个月度文明单位建设工作的有关情况审核，同时向集团公司上报本公司上个月度文明单位建设工作的有关情况；每月 10 日前，集团公司完成对各分、子公司上个月度文明单位建设工作的有关情况审核。

季报指标：每季度第一个月的 5 日前，各基层企业上报上季度文明单位建设工作的有关情况；每季度第一个月的 8 日前，各分、子公司完成对所管理和所属企业上季度文明单位建设工作的有关情况审核，同时向集团公司上报本公司上季度文明单位建设工作的有关情况；每季度第一个月的 10 日前，集团公司完成对分、子公司上个季度文明单位建设工作的有关情况审核。

半年报指标：每年 7 月 5 日和年底前，各基层企业上报对应半年度文明单位建设工作的有关情况；7 月 8 日和年底前，各分、子公司完成对所管理和所属企业对应半年度文明单位建设工作的有关情况审核，同时向集团公司上报本公司对应半年度文明单位建设工作的有关情况；7 月 10 日和年底前，集团公司完成对分、子公司对应半年度文明单位建设工作的有关情况审核。

年报指标：即全年综合考核指标。各基层企业年底前上报年度文明单位建设工作的有关情况；各分、子公司同步完成对所管理和所属企业年度文明单位建设工作有关情况的审核，同时向集团公司上报本公司年度文明单位建设工作的有关情况；集团公司及时完成对各分、子公司年度文明单位建设工作有关情况的审核。

主题活动：按照集团公司部署的时间要求完成活动任务后，按照规定的填报时间及时上报。未开展主题活动的，不得分。

亮点活动：及时上报，适时评审。未开展亮点活动的，不得分。

创新工作：及时上报，适时公示、评审。未开展创新工作的，不得分。

第十二条 分、子公司所管理和所属企业负责建设应用本企业内文明单位信息平台，管理审核所属车间、部门的填报指标。各分、子公司负责本公司范围内文明单位信息平台的应用管理；负责对所管理和所属企业填报的常规工作进行审核；负责对所管理和所属企业填报的主题活动、亮点活动和创新工作向集团公司进行推荐。集团公司负责全系统文明单位信息平台的建设管理；负责建立分、子公司排行榜和基层企业排行榜；

负责对分、子公司填报的常规工作、主题活动、亮点活动进行审核评分，对创新工作进行公示和评分；负责对分、子公司推荐所管理和所属企业的常规工作、主题活动、亮点活动进行审核评分，对创新工作进行公示和评分。

第十三条 为加强文明单位建设活动的监督与促进，加大创建活动的透明度，集团公司每季度发布一次文明单位建设活动分析报告，对系统各企业文明单位建设情况进行分析、点评，以促进创建工作的开展。

第十四条 集团公司“文明单位”通过集团公司精神文明建设领导小组办公室审核，由集团公司精神文明建设领导小组审定命名。

第十五条 每年年底前，分、子公司所管理和所属企业对本企业年度文明单位建设总体情况进行自查，在《指标考核体系》年度总分排名中达到规定名次且未出现否决条件的企业，具备申报集团公司文明单位资格，可填写《中国大唐集团公司文明单位申报表》(见附件5)和年度文明单位建设工作总结，上报分、子公司。分、子公司及时完成审核工作，择优向集团公司推荐“文明单位”。

第十六条 获得和保持企业文化示范基地且文明单位建设获得规定星级的企业(具体要求见附件4)可直接向集团公司精神文明建设领导小组办公室申报“文明单位”称号，不占分、子公司推荐名额。

第十七条 在《指标考核体系》年度总分排名中达到规定名次且未出现否决条件的分、子公司，可向集团公司精神文明建设领导小组办公室申报“文明单位”称号。其中排名位于前三名的，直接向集团公司精神文明建设领导小组办公室申报“文明单位”称号，不占分、子公司推荐名额。

第十八条 集团公司文明单位建设考评按照动态考核和不定期抽查相结合的原则进行。以《指标考核体系》为主要内容的动态考核是集团公司文明单位建设的主要依据。集团公司精神文明建设领导小组将根据各企业在《指标考核体系》中的最终得分和排名，并结合抽查结果以及各企业日常开展思想政治工作的情况，评定年度的“文明单位”。

第十九条 新投产(运营)及新加入集团公司的成员单位，投产(运营)及加入之后的次年为文明单位建设基础工作准备期；办理相关审核程序后，于第三年1月起纳入到集团公司文明单位建设管理信息系统进行管理和考核。

第四章 命名和奖惩

第二十条 集团公司“文明单位”每年评选和命名一次，由集团公司颁发奖牌。

第二十一条 文明单位建设实行星级考评(具体内容见附件4)。

第二十二条 被授予集团公司"文明单位"称号的企业,由集团公司进行一次性奖励。分、子公司奖励只对应于分、子公司本部。

第二十三条 集团公司"文明单位"实行动态管理和考评。已获得"文明单位"称号的企业,下一年度仍须重新考核、检查和申报。

第二十四条 凡在文明单位建设过程中弄虚作假且造成恶劣影响的,一经查实,撤销其集团公司"文明单位"荣誉,在系统内通报批评。

第五章 组织领导

第二十五条 集团公司精神文明建设领导小组领导全系统文明单位建设工作。领导小组办公室设在思想政治工作部,负责文明单位建设活动的日常管理工作。

第二十六条 各分、子公司,各基层企业要成立相应的精神文明建设领导机构和工作机构,配备相应的工作人员,加强对文明单位建设的指导、检查、考核和日常管理。

第六章 附 则

第二十七条 参股公司可参照本办法执行。集团公司各分、子公司的文明单位建设活动,除依照《分、子公司指标考核体系》进行外,集团公司还要结合其所管理和所属单位文明单位建设情况进行综合考评。

第二十八条 本办法由集团公司精神文明建设领导小组办公室负责解释。

第二十九条 本办法自发布之日起执行,原办法同时废止。

附件:1. 中国大唐集团公司分、子公司文明单位建设指标考核体系

2. 中国大唐集团公司专业公司指标考核体系

3. 中国大唐集团公司基层企业文明单位建设指标考核体系

4.《中国大唐集团公司文明单位建设管理办法》有关情况的说明

5. 集团公司文明单位星级考评管理办法

6. 中国大唐集团公司文明单位申报评选表

附件1：

中国大唐集团公司分、子公司文明单位建设指标考核体系

<table>
<tr><th>序号</th><th>考核内容</th><th>附件</th><th>考核
标准</th><th>报表
时间</th><th>年度
分值</th><th>实际
得分</th><th>扣分情
况说明</th><th>备注</th></tr>
<tr><td></td><td>一、阳光篇</td><td></td><td></td><td></td><td></td><td></td><td></td><td></td></tr>
<tr><td rowspan="2">1</td><td rowspan="2">按规定进行党组(党委)中心组学习</td><td>①中心组学习记录的扫描件或照片</td><td>有得1分，每季度少于三次不得分</td><td rowspan="2">B</td><td rowspan="2">8</td><td rowspan="2"></td><td rowspan="2"></td><td rowspan="2"></td></tr>
<tr><td>②中心组成员在省部级及以上或集团公司报刊、网站发表学习体会或理论文章的目录及内容的扫描件或照片</td><td>每发表一篇得1分，无不得分，全年最高得4分</td></tr>
<tr><td rowspan="2">2</td><td rowspan="2">按规定召开民主生活会</td><td>①民主生活会报告</td><td>有得1.5分，无不得分</td><td rowspan="2">D</td><td rowspan="2">3</td><td rowspan="2"></td><td rowspan="2"></td><td rowspan="2"></td></tr>
<tr><td>②民主生活会召开前征求意见及会后整改措施的材料</td><td>有得1.5分，无不得分</td></tr>
<tr><td>3</td><td>党组(党委)听取工会和共青团工作汇报</td><td>听取工会和共青团工作会议记录的扫描件或照片</td><td>有得3分，无不得分</td><td>D</td><td>3</td><td></td><td></td><td></td></tr>
<tr><td>4</td><td>按集团公司规定程序任免聘用本系统干部</td><td>—</td><td>未经考察，每人次扣1分；未经党组(党委)讨论，每人次扣1分；未经公示，每人次扣1分；未发生以上情况得0.25分</td><td>A</td><td>3</td><td></td><td></td><td>累计扣分</td></tr>
<tr><td>5</td><td>实行本系统党风廉政建设责任制</td><td>党风廉政建设责任制考核办法及责任追究办法文本</td><td>有得4分，无不得分</td><td>D</td><td>4</td><td></td><td></td><td></td></tr>
<tr><td>6</td><td>妥善处理群众上访事件</td><td>—</td><td>未发生得0.25分，发生群众越级上访或未妥善处理，每一例扣2分</td><td>A</td><td>3</td><td></td><td></td><td></td></tr>
<tr><td>7</td><td>政工机构健全，政工人员配置合理</td><td>—</td><td>是得4分，无不得分</td><td>D</td><td>4</td><td></td><td></td><td></td></tr>
<tr><td>8</td><td>建立领导班子成员与基层联系点制度，领导按规定深入基层调研</td><td>标准化表格1</td><td>符合要求得0.5分，否则不得分</td><td>B</td><td>2</td><td></td><td></td><td></td></tr>
</table>

续表

序号	考核内容	附件	考核标准	报表时间	年度分值	实际得分	扣分情况说明	备注
9	企业发生重大事项决策失误，“三重一大”事项未经集体研究决策	情况说明	每发生一次重大事项决策失误扣5分；每出现一项“三重一大”事项；未经集体研究决策扣3分未发生以上问题，得0.5分	A	6			
10	普法教育培训和宣传活动落实情况	①年度普法计划文件及组织开展普法宣传的证明材料（包括文字和图片）	各分子公司制定年度普法计划；普法计划全面落实得1分	D	3			
		②“12·4”法制宣传周活动方案及组织开展普法宣传的证明材料（包括文字和图片）	各分子公司制定活动方案；活动方案全面落实得1分					
		③领导人员、关键岗位人员学法的年度安排和参加普法培训的图片、视频材料等	各分子公司领导人员、关键岗位人员普法培训率达到100%得1分					
	二、绿色篇							
11	开展政策研究，编制企业发展规划		有规划得2分	D	2			
12	建立“两全”考核目标责任、评价、体系和业绩考核监督、激励约束机制		有考核制度得2分	D	2			
13	确保国有资产保值增值，降低资产负债率，不断提升盈利水平		符合要求加4分，不符合要求扣4分	D	4			

续表

序号	考核内容	附件	考核标准	报表时间	年度分值	实际得分	扣分情况说明	备注
14	打造出国家级、中央企业级、集团公司(省部)级精品项目	国家级、中央企业级需提供表彰文件或中央有关部委(含国务院国资委)以上级领导在正式会议中予以表扬的讲话材料 集团公司级需提供集团公司表彰文件或在正式会议中作为专业性成绩进行推广的证明材料	国家级奖励3分；中央企业级奖励2.5分；集团公司(省部)级奖励2分	D	6			
	三、快乐篇							
15	开展形势任务教育，进行职工思想动态分析	职工思想动态分析报告和形势教育图片	有得3分，无不得分	C	6			
16	制定危机事件处理预案，确保职工队伍稳定	①危机事件应急处理预案	有得1分，无不得分	D	4			累计扣分
		② 维护稳定工作责任制	有得2分，无不得分					
		③预案演练图片	有得1分，无不得分					
17	年度培训计划完成率达80%及以上完成“112人才”年度考核	①计划划及实施材料	达到得2分，每少一个百分点扣1分	D	4			
		②考核资料	完成得2分，未完成不得分					
18	系统内员工教育培训积分达标率达100%	积分达标资料	达到得3分，每少一个百分点扣1分	D	3			
19	组织开展群众性劳动竞赛或经济技术创新活动	①活动通知文件	有得1分，无不得分	C	4			
		②活动情况说明	有得1分，无不得分					
20	宣传并规范集团公司视觉识别系统、理念识别系统和行为识别系统	①活动材料	有得2分，无不得分	D	4			
		②图片资料	有得2分，无不得分					
21	形成富有自身特色的子文化	子文化手册(或画册、图片、总结等)	有得4分，无不得分	D	4			

续表

序号	考核内容	附件	考核标准	报表时间	年度分值	实际得分	扣分情况说明	备注
22	建设有自身特色的分支文化(安全文化、和谐文化、廉洁文化、学习文化等)	建设分支文化的总结材料	有一项分支文化加1分,无不得分,全年最多加4分	D	4			
23	健全精神文明建设领导机构、工作机制、检查考核制度	①领导机构文件	有得2分,无不得分	D	4			
		②检查考核制度	有得2分,无不得分					
24	开展本系统文明单位创建评比活动	评比表彰文件	有得4分,无不得分	D	4			
25	获得综合性先进荣誉称号(不含所属企业)	表彰文件或荣誉证书(奖牌)的扫描件(照片)	国家级每项奖励得3分;中央企业级每项奖励得2.5分;省部级或集团公司级每项奖励得2分;年度最高得分6分	A	6			
	四、直接加减分项							
26	领导班子成员按要求参加集团公司组织的理论培训	—	每缺少一人次扣0.5分	D				累计扣分
27	发生省级及以上曝光事件或对外新闻报道造成不良影响事件	—	每发生一起扣2分	A				累计扣分
28	按集团公司要求及时上报各种材料	—	未按规定时间上报材料,每出现一次扣0.1分	A				累计扣分
29	承办集团公司会议及活动	集团公司会议通知扫描件	每承办一次集团公司层面、有集团公司领导参加,会议代表在60人以上的大型会议加1分;代表集团公司承办展览展示活动加1分;其他会议及活动加0.2分;(承办各种考试的分考场考务活动,领导慰问活动不在其列)。全年最高3分	A				

续表

序号	考核内容	附件	考核标准	报表时间	年度分值	实际得分	扣分情况说明	备注
30	参加集团公司各类活动获得名次的集体或个人	表彰文件或荣誉证书(奖牌)的扫描件(照片)	获得三等奖以上(或前三名)的加0.03分,全年最高不超过1分	A				
31	集团公司部门荣誉	表彰文件或荣誉证书(奖牌)的扫描件(照片)	获得三等奖以上(或前三名)的加0.03分,全年最高不超过1分	A				
32	正常接收和播放大唐电视	接收和播放相关证明材料	每月接收播放加0.02分;全年最高为该企业加0.24分	A				

附件2:

中国大唐集团公司专业公司指标考核体系

序号	考核内容	附件	考核标准	报表时间	年度分值	实际得分	扣分情况说明	备注
	一、阳光篇							
1	按规定进行党组(党委)中心组学习	①中心组学习记录的扫描件或照片	有得1分,每季度少于三次不得分	B	8			
		②中心组成员在省部级及以上或集团公司报刊、网站发表学习体会或理论文章的目录及内容的扫描件或照片	每发表一篇得1分,无不得分,全年最高得4分					
2	按规定召开民主生活会	①民主生活会报告	有得1.5分,无不得分	D	3			
		②民主生活会召开前征求意见及会后整改措施的材料	有得1.5分,无不得分					

续表

序号	考核内容	附件	考核标准	报表时间	年度分值	实际得分	扣分情况说明	备注
3	党组(党委)听取工会和共青团工作汇报	听取工会和共青团工作会议记录的扫描件或照片	有得3分,无不得分	D	3			
4	按集团公司规定程序任免聘用本系统干部	—	未经考察,每人次扣2分;未经党组(党委)讨论,每人次扣2分;未经公示,每人次扣2分;未发生以上情况得0.25分	A	3			累计扣分
5	实行本系统党风廉政建设责任制	党风廉政建设责任制考核办法及责任追究办法文本	有得4分,否不得分	D	4			
6	妥善处理群众上访事件	—	未发生得0.25分,发生群体越级上访或未妥善处理,每一例扣2分	A	3			
7	政工机构健全,政工人员配置合理	—	是得4分,否不得分	D	4			
8	建立领导班子成员与基层联系点制度,领导按规定深入基层调研	标准化表格1	符合要求得0.5分,否则不得分	B	2			
9	企业发生重大事项决策失误,"三重一大"事项未经集体研究决策	情况说明	每发生一次重大事项决策失误扣5分 每出现一项"三重一大"事项未经集体研究决策扣3分未发生以上问题,得0.5分	A	6			
10	普法教育培训和宣传活动落实情况	①年度普法计划文件及组织开展普法宣传的证明材料(包括文字和图片)	各专业公司制定年度普法计划;普法计划全面落实得1分	D	3			
		②"12.4"法制宣传周活动方案及组织开展普法宣传的证明材料(包括文字和图片)	各专业公司制定活动方案;活动方案全面落实得1分					

续表

序号	考核内容	附件	考核标准	报表时间	年度分值	实际得分	扣分情况说明	备注
10	普法教育培训和宣传活动落实情况	③领导人员、关键岗位人员学法的年度安排和参加普法培训的图片、视频材料等	各专业公司领导人员、关键岗位人员普法培训率达到100%得1分	D	3			
	二、绿色篇							
11	开展政策研究，编制企业发展规划		有规划得2分	D	2			
12	建立“两全”考核目标责任、评价、体系和业绩考核监督、激励约束机制		有考核制度得2分	D	2			
13	确保国有资产保值增值，降低资产负债率，不断提升盈利水平		符合要求加4分，不符合要求扣4分	D	4			
14	打造出国家级、中央企业级、集团公司(省部)级精品项目	国家级、中央企业级需提供表彰文件或中央有关部委(含国务院国资委)以上级领导在正式会议中予以表扬的讲话材料。 集团公司级需提供集团公司表彰文件或在正式会议中作为专业性成绩进行推广的证明材料。	国家级奖励3分 中央企业级奖励2.5分 集团公司(省部)级奖励2分	D	6			
	三、快乐篇							
15	开展形势任务教育，进行职工思想动态分析	职工思想动态分析报告和形势教育图片	有得3分，无不得分	C	6			
16	制定危机事件处理预案，确保职工队伍稳定	①危机事件应急处理预案	有得1分，无不得分	D	4			累计扣分
		②维护稳定工作责任制	有得2分，无不得分					
		③预案演练图片	有得1分，无不得分					

续表

序号	考核内容	附件	考核标准	报表时间	年度分值	实际得分	扣分情况说明	备注
17	年度培训计划完成率达80%及以上完成“112人才”年度考核	①计划及实施材料	达到得2分，每少一个百分点扣1分	D	4			
		②考核资料	完成得2分，未完成不得分					
18	系统内员工教育培训积分达标率达100%	积分达标资料	达到得3分，每少一个百分点扣1分	D	3			
19	组织开展群众性劳动竞赛或经济技术（管理成果）创新活动	活动通知文件	有得2分，无不得分	C	4			
		② 活动情况说明	有得2分，无不得分					
20	宣传并规范集团公司视觉识别系统、理念识别系统和行为识别系统	① 活动材料	有得2分，无不得分	D	4			
		② 图片资料	有得2分，无不得分					
21	形成富有自身特色的子文化	子文化手册（或画册、图片、总结等）	有得4分，无不得分	D	4			
22	建设有自身特色的分支文化（安全文化、和谐文化、廉洁文化、学习文化等）	建设分支文化的总结材料	有一项分支文化加1分，无不得分，全年最多加4分	D	4			
23	健全精神文明建设领导机构、工作机制、检查考核制度	① 领导机构文件	有得2分，无不得分	D	4			
		② 检查考核制度	有得2分，无不得分					
24	开展本系统文明单位创建评比活动（包括文明部室、文明标兵等）	评比表彰文件	有得4分，无不得分	D	4			
25	获得本专业领域的先进荣誉称号（不含所属企业）	表彰文件或荣誉证书（奖牌）的扫描件（照片）	国家级每项奖励得3分，中央企业级每项奖励得2.5分，省部级或集团公司级每项奖励得2分，年度最高得分6分	A	6			
	四、直接加减分项							
26	领导班子成员按要求参加集团公司组织的理论培训	—	每缺少一人次扣0.5分	D				累计扣分

续表

序号	考核内容	附件	考核标准	报表时间	年度分值	实际得分	扣分情况说明	备注
27	发生省级及以上曝光事件或对外新闻报道造成不良影响事件	—	每发生一起扣2分	A				累计扣分
28	按集团公司要求及时上报各种材料	—	未按规定时间上报材料，每出现一次扣0.1分	A				累计扣分
29	承办集团公司会议及活动	集团公司会议通知扫描件	每承办一次集团公司层面、有集团公司领导参加，会议代表在60人以上的大型会议加1分；代表集团公司承办展览展示活动加1分。其他会议及活动加0.2分。（承办各种考试的分考场考务活动，领导慰问活动不在其列）全年最高3分	A				
30	参加集团公司各类活动获得名次的集体或个人	表彰文件或荣誉证书（奖牌）的扫描件（照片）	获得三等奖以上（或前三名）的加0.05分，全年最高不超过2分。	A				
31	获得集团公司部门荣誉	表彰文件或荣誉证书（奖牌）的扫描件（照片）	获得三等奖以上（或前三名）的加0.03分，全年最高不超过1分。	A				
32	正常接收和播放大唐电视	接收和播放相关证明材料	每月接收播放加0.02分 全年最高为该企业加0.24分	A				

附件3：

中国大唐集团公司基层企业文明单位建设指标考核体系

序号	考核内容	附件	考核标准	报表时间	年度分值	权重比例	实际得分	扣分情况说明	备注
	一、阳光篇								
	(一)党的建设				100	60%			
1	按规定进行党委中心组学习	①中心组学习记录的扫描件或照片	有得1.5分，每季度少于三次不得分	B	12				
		②中心组成员在省部级及以上或集团公司报刊、网站发表学习体会或理论文章的目录及内容的扫描件或照片	每发表一篇得1.5分，无不得分，全年最高得6分						
2	按规定召开民主生活会	①民主生活会报告	有得4分，无不得分	D	8				
		②民主生活会召开前征求意见及会后整改措施的材料	有得4分，无不得分						
3	职代会民主评议企业领导干部	职代会大会决议	开展厂级领导干部测评得3分，无不得分；开展中层领导干部测评得3分，无不得分；测评结果在规定范围内公布得2分，无不得分	D	8				
4	建立领导班子成员与基层联系点制度，领导按规定深入基层调研	标准化表格1	符合要求得0.5分，否则不得分	A	6				
5	企业发生重大事项决策失误，“三重一大”事项未经集体研究决策	—	每发生一次重大事项决策失误扣5分；每出现一项“三重一大”事项未经集体研究决策扣3分；未发生以上问题，得0.5分	A	6				累计扣分

续表

序号	考核内容	附件	考核标准	报表时间	年度分值	权重比例	实际得分	扣分情况说明	备注
6	制订党委工作计划，深入推进创先争优活动	①党委年度工作计划	有得4分，无不得分	D	8				
		②创先争优活动有关文件及表彰文件	有得4分，无不得分						
7	党委每半年召开一次党支部创先争优工作会议，每半年听取一次厂长(总经理)工作汇报、工会工作汇报和共青团工作汇报	①党支部创先争优工作会议记录的扫描件或照片	有得1分，无不得分	C	8				
		②厂长(总经理)向党委汇报会议记录的扫描件或照片	有得1分，无不得分						
		③工会工作汇报会议记录的扫描件或照片	有得1分，无不得分						
		④共青团工作汇报会议记录的扫描件或照片	有得1分，无不得分						
8	基层党支部组织健全，党支部书记培训工作开展正常，每年进行一次党员民主评议，开展“创岗建区”活动	①组织机构图	有得2分，无不得分	D	12				
		②党支部书记培训计划	有得2分，无不得分						
		③民主评议党员有关文件或评议情况报告	有得4分，无不得分						
		④“创岗建区”活动材料	有得4分，无不得分						
9	加强党员队伍建设，按规定做好党员发展工作，加大党员教育培训力度	①党员发展计划	有得3分，无不得分	D	12				
		②标准化表格2	全体党员教育培训面达到90%以上得9分，80%～90%得5分，80%以下不得分						
10	按规定程序任免聘用干部，加强后备干部队伍建设培养	—	任免聘用干部未经组织人事部门考察的每人次扣2分；未经党委讨论的每人次扣2分；经公示的每人次扣2分；未发生以上问题得0.5分	A	6				累计扣分

续表

序号	考核内容	附件	考核标准	报表时间	年度分值	权重比例	实际得分	扣分情况说明	备注
11	实行党风廉政建设责任制	①党风廉政建设领导机构及分工	有得3分,无不得分	D	6				
		②党风廉政建设责任制考核办法及责任追究办法文本	有得3分,无不得分						
12	效能监察工作有立项、有实施、有整改、有总结、有评估	① 立项审批表	有得1分,无不得分	D	8				
		② 实施过程情况资料	有得2分,无不得分						
		③ 整改情况资料	有得1分,无不得分						
		④ 效能监察工作总结	有得2分,无不得分						
		⑤ 评估资料	有得2分,无不得分						
	(二)工作机制建设				100	40%			
13	党委按期换届	—	是得15分,否不得分	D	15				
14	工会委员会组织健全 工会委员会按期换届 行政依法提取拨转工会经费	—	是得5分,否不得分 是得5分,否不得分 是得6分,否不得分	D	16				
15	共青团组织健全 共青团组织按期换届 共青团经费落实到位	—	是得5分,否不得分 是得5分,否不得分 是得6分,否不得分	D	16				
16	女职工委员会组织健全 女工干部待遇落实 签订女职工权益保护专项集体合同	—	是得5分,否不得分 是得5分,否不得分 是得6分,否不得分	D	16				
17	精神文明建设领导机构健全 精神文明建设资金落实 精神文明建设定期检查考核	—	是得5分,否不得分 是得6分,否不得分 是得6分,否不得分	D	17				
18	政工工作机构设置符合有关规定 政工工作人员待遇符合有关规定 政工干部培养教育规划落实	—	是得6分,否不得分 是得6分,否不得分 是得8分,否不得分	D	20				

续表

序号	考核内容	附件	考核标准	报表时间	年度分值	权重比例	实际得分	扣分情况说明	备注
	二、绿色篇								
19	开展政策研究，编制企业发展规划	附件：企业发展规划	有得3分，无不得分	D	3				
20	建立“两全”考核目标责任、评价、体系和业绩考核监督、激励约束机制	附件：两全考核制度及目标责任制	有得3分，无不得分	D	3				
21	确保国有资产保值增值，降低资产负债率，不断提升盈利水平		符合要求加4分，不符合要求扣4分	D	4				
22	履行社会责任，开展节能减排活动，参与公益事业	节能减排活动措施和成效 参与公益事业的活动图片	有得1分，无不得分	D	2				
23	打造出国家级、中央企业级、集团公司(省部)级精品项目	国家级、中央企业级需提供表彰文件或中央有关部委(含国务院国资委)以上级领导在正式会议中予以表扬的讲话材料 集团公司级需提供集团公司表彰文件或在正式会议中作为专业性成绩进行推广的证明材料	国家级奖励3分 中央企业级奖励2.5分 集团公司(省部)级奖励2分	D	3				
	三、快乐篇								
	(一)人才培养和队伍建设				100	35%			
24	制订职工教育培养年度计划，在职工中开展多种形式的管理、专业、技能培训，年度计划完成率达80%以上	实施材料	完成率达80%以上得8分，每少一个百分点扣2分，扣完为止	D	8				
25	企业员工教育培训积分达标率达100%	积分达标资料	达到得6分，每少一个百分点扣一分，扣完为止	D	6				

续表

序号	考核内容	附件	考核标准	报表时间	年度分值	权重比例	实际得分	扣分情况说明	备注
26	组织开展群众性劳动竞赛或经济技术创新活动	① 活动通知文件	有得2分,无不得分	C	8				
		② 活动情况说明	有得2分,无不得分						
27	开展“争创学习型班组,争当学习型职工”等相关活动	标准化表格3	开展得8分,否则不得分	D	8				
28	完成“112人才”年度考核	考核资料	完成得6分,否则不得分	D	6				
29	国家和集团公司要求持证上岗的岗位,持证上岗率达100%	取证台账、统计资料	达到得8分,每少一个百分点扣2分,扣完为止	D	8				
30	生产人员中职业技能鉴定取证率达100%	取证台账、统计资料	达到得6分,每少一个百分点扣1分,扣完为止	D	6				
31	企业技术工人中具有高级工及以上资格证书人员比例达到30%,其中技师占5%,高级技师占0.5%	取证台账、统计资料	达到得6分,一项未达到扣2分,扣完为止	D	6				
32	专业技术人员中具有中高级及以上职称人员比例达到35%,其中副高级及以上人员占7%	取证台账、统计资料	达到得6分,一项未达到扣4分,扣完为止	D	6				
33	科技成果获得国家级、省部级、集团公司级奖励的集体或个人	表彰文件或荣誉证书(奖牌)的扫描件(照片)	国家级每项奖励得4分,中央企业级每项各奖励3分,省部级和集团公司级每项各奖励得2分,无不得分,全年最高得分为10分	B	10				
34	在国家级、省部级、集团公司劳动技能竞赛中获得名次的集体或个人	表彰文件或荣誉证书(奖牌)的扫描件(照片)	国家级每项奖励得4分,中央企业级每项各奖励3分,省部级和集团公司级每项各奖励得2分,无不得分,全年最高得分为10分	B	10				

续表

序号	考核内容	附件	考核标准	报表时间	年度分值	权重比例	实际得分	扣分情况说明	备注
35	发挥共青团组织职能，开展主题实践活动和主题教育活动	①开展团员青年思想政治教育和形势任务教育活动的图片并附说明	有得2分，无不得分	D	10				
		②"推优"入党表格复印件	有得2分，无不得分						
		③青年文明号、青年岗位能手、青年安全生产示范岗、青年创新创效活动表彰文件	有得2分，无不得分						
		④青年突击队活动图片并附说明	有得2分，无不得分						
		⑤共青团组织机构图	有得2分，无不得分						
36	学习型党组织建设组织机构	有组织机构及学习培训网络 附件：企业文件	有得2分，无不得分	D	2				
37	学习型党组织建设	学习型党组织建设有规划，措施完善、责任到人 附件：企业文件	有得3分，无不得分	D	3				
38	学习制度健全	制度健全 附件：企业学习培训制度	有得3分，无不得分	D	3				
	(二)和谐企业建设								
39	合理化建议正常开展	有合理化建议征集、评估、激励制度，畅通员工建言献策渠道，成果显著 附件：管理制度	有得8分，无不得分	D	8				
40	畅通员工诉求通道	建立员工诉求机制，畅通诉求通道 附件：制度及活动开展情况	有得4分，无不得分	C	8				
41	开展文明单位创建评比活动	评比表彰文件	有得8分，无不得分	D	8				

续表

序号	考核内容	附件	考核标准	报表时间	年度分值	权重比例	实际得分	扣分情况说明	备注
42	建立职工代表大会制度,定期召开职代会或职工大会	①职代会制度	有得3分,无不得分	D	6				
		②职代会议程	有得3分,无不得分						
43	建立健全“厂务公开”制度,完善三级“厂务公开”网络	“厂务公开”登记表目录	有得9分,无不得分	D	9				
44	全面规范劳动合同管理和劳动用工管理,构建规范有序和谐稳定的劳动关系	集体合同文本的扫描件或照片	有得6分,无不得分	D	6				
45	开展“职工之家”创建活动,进行表彰奖励	“职工之家”表彰奖励文件	有得9分,无不得分	D	9				
46	开展“送温暖”活动,做好困难和特困职工帮扶工作	标准化表格4	开展得6分,否则不得分	D	6				
47	组织开展全厂性文体活动	活动图片	有一项得2分,全年最高得分8分	B	8				
48	发生省级及以上新闻曝光事件	时间和事由	未发生得0.5分,每发生一起扣6分	A	6				累计扣分
49	对违法、违纪人员(已被追究刑事责任的除外)及时进行处理	—	及时处理的得0.5分,未及时纠正、处理的每人次扣3分	A	6				累计扣分
50	加强职工思想政治工作,进行职工思想动态分析	职工思想动态分析报告	进行职工思想动态分析得2.5分,未开展不得分	B	10				
51	制订危机事件应急处理预案,维护职工队伍稳定工作	①危机事件应急处理预案	有得2分,无不得分	D	4				
		②维护稳定工作责任制	有得2分,无不得分						
52	妥善处理群众上访事件	—	未发生得0.5分,发生大规模集体上访和进京上访事件,每一例扣2分	A	6				累计扣分

续表

序号	考核内容	附件	考核标准	报表时间	年度分值	权重比例	实际得分	扣分情况说明	备注
	(三)企业文化建设					30%			
53	企业文化领导机构健全,保证企业文化建设经费投入	①企业文化领导机构	有得6分,无不得分	D	12				
		②经费使用情况说明	有得6分,无不得分						
54	积极实施集团公司企业文化战略和品牌战略	实施企业文化战略和品牌战略的总结材料	有得13分,无不得分	D	13				
55	宣传并规范使用集团公司视觉识别系统、理念识别系统和行为识别系统	①活动材料	有得6分,无不得分	D	12				
		②图片资料	有得6分,无不得分						
56	形成富有自身特色的子文化	子文化手册(或画册、图片、总结等)	有得14分,无不得分	D	14				
57	建设有自身特色的分支文化(安全文化、和谐文化等)	开展分支文化建设的总结材料	开展建设活动得10分	D	10				
58	在中国大唐报、中国大唐杂志、大唐电视、大唐网站、精神家园网站上发稿情况	标准化表格5	每发一篇1500字以内稿件加0.125分,1500字以上稿件加0.25分,电视专题片加0.25分,每月最高得分1.25分	A	15				
59	本企业获得国家级、省部级、集团公司综合性先进集体荣誉情况	表彰文件或荣誉证书(奖牌)的扫描件(照片)	国家级每项奖励得4分,中央企业级每项奖励得3分,省部级或集团公司级每项奖励得2分,无不得分,全年最高得分12分	B	12				
60	本企业获得国家级、省部级、集团公司综合性先进个人荣誉情况	表彰文件或荣誉证书(奖牌)的扫描件(照片)	国家级每项奖励得4分,中央企业级每项奖励得3分,省部级或集团公司级每项奖励得2分,无不得分,全年最高得分12分	B	12				
	五、直接加扣分								
61	按集团公司要求及时上报各种材料	—	未按规定时间上报材料,每出现一次扣0.1分	A					累计扣分

续表

序号	考核内容	附件	考核标准	报表时间	年度分值	权重比例	实际得分	扣分情况说明	备注
62	承办集团公司会议及活动	集团公司会议通知扫描件	每承办一次集团公司层面、有集团公司领导参加，会议代表在60人以上的大型会议加1分；代表集团公司承办展览展示活动加1分。其他会议及活动加0.2分。（承办各种考试的分考场考务活动，领导慰问活动不在其列）全年最高得3分	A					
63	参加集团公司各类活动（劳动技能竞赛除外）获得名次的集体或个人	表彰文件或荣誉证书（奖牌）的扫描件（照片）	获得三等奖以上（或前三名）的加0.03分，全年最高不超过1分	A					
64	获得并保持“集团公司企业文化示范基地”称号	集团公司企业文化示范基地命名文件扫描件或照片	获得并保持的加0.4分	D					
65	创先争优活动成果在国家级、集团公司级、省部级媒体经验交流报道	在相关媒体报道的证明（如发稿媒体及内容的影印件，网站发稿可附链接）	获得交流的加0.05分/项，当季最高不超过0.3分	B					
66	创先争优活动成果在集团公司以上级别会议作经验交流	在会上作经验交流的证明（如会议相关文件的影印件等）	获得交流的加0.2分/项，当季得分不超过1分	B					
67	获得集团公司部门荣誉	表彰文件或荣誉证书（奖牌）的扫描件（照片）	获得三等奖以上（或前三名）的加0.03分，全年最高不超过1分	A					
68	正常接收和播放大唐电视	接收和播放相关证明材料	每月接收播放加0.02分；全年最高为该企业加0.24分	A					

附件 4：

《中国大唐集团公司文明单位建设管理办法》有关情况的说明

集团公司文明单位建设管理体系由《管理办法》、《指标考核体系》和“中国大唐集团公司文明单位管理信息平台”(以下简称“管理信息平台”)三部分组成。其中《指标考核体系》是文明单位建设管理的主要依据，管理信息平台是实施文明单位建设动态管理、动态考核的主要手段和载体。

一、《管理办法》有关内容的说明

1. 第二章第八条所列的“文明单位”否决条件为“一票否决”条件，具备否决条件之一的单位即不具备申报集团公司“文明单位”资格。

2. 第二章第八条第二款“没有完成集团公司下发的主要经济技术指标的”，包括亏损企业没有按期完成减亏指标。能按期完成减亏指标的亏损企业具备申报文明单位的资格。

二、《指标考核体系》有关内容的说明

《指标考核体系》为集团公司系统文明单位建设的考核依据，《指标考核体系》考核总分值由常规性工作考核指标得分、主题活动得分、亮点活动得分和创新工作得分组成。结合集团开展的三大工程和大唐精神家园建设的总体要求，分别将分子公司和基层企业常规性工作调整为阳光篇、绿色篇、快乐篇三大部分，并增加了大唐精神家园建设考核指标。主题活动、亮点活动和创新工作为加分项目。每个主题活动最高分值为 10 分，每个亮点活动分值为 0.1 分至 0.3 分，每项创新工作分值为 0.2 分至 0.4 分。

《分、子公司指标考核体系》中常规性工作考核指标共 21 项，阳光篇 42 分，绿色篇 7 分，快乐篇 51 分，总分为 100 分，并设置有加减分项 8 项。

《基层企业指标考核体系》中常规性工作考核指标三大部分共 59 小项，阳光篇包含党的建设和工作机制建设两部分，快乐篇包含人才培养和队伍建设、和谐企业建设和企业文化建设三部分，标准分均为 100 分，按照工作重要性及内容进行权重设置，其中阳光篇的权重比例为 30%，绿色篇的权重比例为 15%，快乐篇的权重比例为 55%，按比例加权后，三大部分总分为 100 分。另外设置加减分项 8 项。

（一）填报说明

1. 为了调动各企业参与文明单位建设的积极性，体现文明单位考核指标的真实性，各分、子公司和基层企业根据文明单位考核指标的具体情况，分解到相关责任部门进行填报，各分、子公司和基层企业管理员将考核指标汇总后进行上报。

2.《指标考核体系》中常规性工作考核项目，按时间要求填报。其中 A 表示月报，B 表示季报，C 表示半年报，D 表示年报。“主题活动”按活动要求时间填报；“亮点活动”和“创新工作”在活动和工作发生后，根据情况即时填报。

3. 同一项活动内容不能既申报亮点活动又申报创新工作。

4. 为了统一上报格式，《指标考核体系》中有部分项目附件设置了标准化表格，填报时直接打开该表格，按照要求填写提交。

5. 在集团平面媒体发表的稿件或文章，报送附件时可以只报网络超级链接即可。

（二）评分说明

1.《指标考核体系》中“年度分值”是该项考核指标的全年分值。

2. 在报表中注明“累计加（扣）分”的项目需累计计分。

3. 在常规工作自评考核中，如出现扣分情况的，请在报表的“扣分情况说明”中简单说明扣分的原因。

4. 在常规工作的“工作机制建设”项目填报中，各企业根据实际情况自评分。集团公司在检查中对该项工作进行重点抽查，如发现填报不属实，加倍扣分。

5. 集团公司对分、子公司填报的常规工作、主题活动、亮点活动、创新工作进行审核评分，对有关情况直接考核奖惩，所得分作为分、子公司排行榜的依据。

6. 集团公司对基层企业填报的常规工作、主题活动、亮点活动、创新工作进行审核评分，所得分作为集团公司基层企业排行榜的依据，也作为分、子公司基层企业排行榜的依据。

7. 各分、子公司对所管理和所属的企业所填报的指标进行严格审核，如所属和所管理的企业不按要求提供附件或提供附件不属实的，每发生一例扣分、子公司 0.1 分。

8. 各分、子公司在规定的时间内对所管理和所属企业填报的各项指标进行审核，逾期未审，系统将自动审核通过并做污点记录。第一次发出蓝色警告；第二次发出黄色警告，扣 0.1 分；第三次发出橙色警告，扣 0.3 分；如再发生为红色终极警告，加倍扣分，且系统将不再允许自动审核通过。

9. 各基层企业在指标考核体系中的排名与分、子公司分数挂钩，每季度考核一次。所管理和所属的企业当季排名位居前五名的，每进入一个给分、子公司加 0.15 分；当季排名位居六至十名的，每进入一个给分、子公司加 0.125 分；当季排名位居十至十五名的，每进入一个给分、子公司加 0.1 分；在指标考核体系中排在后五名的，每出现一个给分、子公司扣 0.1 分。

10. 分、子公司所管理和所属企业中，每出现一个因否决条件被否决的单位扣所在分、子公司 1 分。

11. 集团公司对分子公司、分子公司所管理和所属企业申报的亮点活动和创新工作情况实行奖励，亮点活动和创新工作半年累计申报分别超过 5 项以上、通过率达到或者超过 50%的，分别奖励该分、子公司 1 分。

12. 为使《指标考核体系》管理更加规范、透明，集团公司将每月拟加分的创新工作在本指标考核体系平台上进行公示，公示时间为一个星期。

(三)关于企业获得荣誉、奖励等报送说明：

1. 科技成果获得国家级、省部级、集团公司级奖励的集体或个人；在国家级、省部级、集团公司劳动技能竞赛中获得名次的集体或个人。

国家级、省部级指由政府机关或代表政府机关行使行业管理的正式的行业协会组织等，例如电监会、中电联、中企联、中国企业文化研究会，商业性质组织不在其列。电监会、中电联、中企联、中国企业文化研究会按省部级。

2. 本企业获得国家级、省部级、集团公司先进集体及个人荣誉情况。

是指由国家政府机关(省部级及以上)、集团公司各部门命名的先进单位、先进个人等，“112”人才不在其列。参加各种劳动竞赛取得的荣誉另计，不在其列。国家级、省部级指由政府机关或代表政府机关行使行业管理的正式的行业协会组织等，例如中电联，其他一般不计在内。

3. 参加集团公司各类活动(劳动技能竞赛除外)获得名次的集体或个人。例如体育运动比赛、创新创效活动、知识竞赛等，只能以参加活动时获奖单位上报，如代表分子公司获奖后荣誉在分子公司，基层单位不得上报。

(四)本考核体系根据集团公司文明单位建设发展要求适时调整、不断完善。

三、其他需要说明的问题

1. 本企业文明单位建设的典型经验和其他需要说明的重大问题，各企业可单独上报有关材料。

2. 指标考核得分是申报集团公司文明单位的主要依据，应保证上报情况的准确性、真实性。

3. 各项指标上报截止时间为规定日期当日 24 时整，逾时上报无效。

附件5:

集团公司文明单位星级考评管理办法

第一章 总 则

第一条 为了加强对文明单位建设的闭环管理,提高建设工作的科学性、规范性和有效性,促进文明单位建设工作实现动态管理与年终考核相结合,特制定集团公司文明单位星级考评管理办法。

第二条 本办法适用于已经加入集团公司文明单位管理平台考核的基层企业。

第三条 集团公司思想政治工作部负责文明单位星级考评的管理、评价和考核工作。

第二章 考核周期及条件

第四条 考核周期:文明单位星级考评实行每季度考核一次,每年度考核为四季度考核的累计得分。

第五条 文明单位实行星级命名,星级按照从低到高分为一星、二星、三星、四星、五星五个等级,获评星级的企业不得出现否决条件。在季度星级和年度星级评选中,得分率按四舍五入法取整计算,分数相同的企业以创新和亮点分数多或累计获得星级数多的企业优先排名。考核结果由计算机系统自动生成。

(一)季度星级企业评选条件

季度一星级企业:文明单位建设当季度考评常规工作得分率≤70%,或者当季排名在74—83名。

季度二星级企业:文明单位建设当季度考评常规工作得分率达到71%～80%,或者当季排名在46—73名。

季度三星级企业:文明单位建设每季度考评常规工作得分率达到81%～90%且当季度亮点活动和创新工作得分达到0.6分,或者当季排名在前16—45名。

季度四星级企业:文明单位建设当季度考评常规工作得分率达到91%～99%且当

季度亮点活动和创新工作得分达到1.0分，或者当季排名在前6—15名。

季度五星级企业：文明单位建设当季度考评常规工作得分率达到100%且当季度亮点活动和创新工作得分达到1.2分，或者当季排名在前1—5名。

(二)年度星级企业评选条件

年度星级企业的评分标准：在每季考评得分的基础上，每获一次季度一星级为该企业不加分，每获一次季度二星级为该企业加1分，每获一次季度三星级为该企业加3分，每获一次季度四星级为该企业加5分，每获一次季度五星级为该企业加7分。其中，一季度得分为当季指标考评得分，二季度得分为当季指标考评得分加上半年报指标考评得分，三季度得分为当季指标考评得分，四季度得分为当季指标考评得分加上半年报、年报指标考评得分。以此累计四个季度的考评得分为年度总分。

1.年度一星级企业：文明单位建设年度总分排名在74—83名。

2.年度二星级企业：文明单位建设年度总分排名在46—73名。

3.年度三星级企业：文明单位建设年度总分排名在前16—45名。

4.年度四星级企业：文明单位建设年度总分排名在前6—15名。

5.年度五星级企业：文明单位建设年度总分排名在前1—5名。

第三章　考核的否决、降级及奖惩

第六条　否决条件

出现以下情况之一不得获评星级企业：

1.企业发生严重的违法、违纪案件，被追究刑事责任的。

2.企业发生人身死亡事故或性质严重的群伤事故(一次事故中造成三人及以上重伤)。

3.因工作不力，发生造成严重后果和恶劣影响的职工上访、群访和其他重大问题的。

4.发生性质严重的负面新闻事件，严重影响集团及企业形象的。

第七条　降级条件

凡出现弄虚作假现象的，发现一次给予季度降一星和通报批评处理。

第八条　奖惩办法

(一)年度获评一星级的企业没有资格参加集团公司政工口所有先进集体荣誉的评选。

（二）年度获评二星级的企业不得参与集团公司文明单位、企业文化示范基地的评选。

（三）年度获评三星级及以上的企业，可入围参加集团公司文明单位、集团公司企业文化示范基地的评选。

（四）年度获评三星级的企业，将由分、子公司从中推荐，集团公司综合考评后，评定其是否为集团公司文明单位。

（五）已获评企业文化示范基地称号的企业，须在每年度获评三星级及以上，才能保持集团公司文明单位称号。

（六）年度获评三星级的部分企业和年度获评四星和五星级的企业被授予集团公司文明单位称号。

第四章　附　则

第九条　本制度解释权在集团公司思想政治工作部。

第十条　本制度自 2011 年 1 月 1 日起执行。

附件6：

中国大唐集团公司文明单位申报评选表

单位名称	
申报理由以及文明单位建设指标考核体系得分和排名	本单位党政负责人签字 20　　年　月　日
分、子公司意见	
集团公司精神文明建设领导小组评选结果	

三、中国移动文明单位建设管理办法

中国移动精神文明创建工作评价办法
（试　行）

第一部分　总　则

第一条　根据中央文明办、国务院国资委和工业和信息化部关于加强精神文明创建工作的指导意见，为进一步提升全集团精神文明建设水平，提升企业软实力，促进企业可持续发展，特制定本办法。

第二条　中国移动精神文明创建工作要以邓小平理论和“三个代表”思想为指导，深入贯彻落实科学发展观，大力培育社会主义核心价值体系，以培养有理想、有道德、有文化、有纪律的社会主义公民，提高人的思想道德素质、科学文化素质和健康素质为主要任务，结合通信行业特点，坚持结合实际、贴近员工、服务群众，坚持创建工作“以评促建、以评促优、评建结合、注重实效”的原则。

第三条　中国移动精神文明创建工作要与企业生产建设工作更好地结合，以扎实有效的创建活动与公益行动，营造健康向上的精神氛围、和谐进取的人文环境、规范守法的管理环境、环保优美的工作环境、诚信优质的市场服务、安全负责的网络平台，获得成效显著的发展实力，促进物质文明、政治文明与精神文明协调发展，进一步提升员工幸福指数，推动员工和企业共同发展，促进企业与社会共同繁荣。

第二部分　创建评价标准

第四条　中国移动精神文明创建评价标准包含以下九方面：

1．扎实有效的创建活动

各级党组织能够认真学习、贯彻、实践邓小平理论和“三个代表”重要思想，坚定执行党的路线、方针、政策，自觉坚持“两手抓、两手都要硬”的方针，创建活动摆上重要议事日程，计划周全、目标明确、措施具体、责任落实。领导班子团结协作，作风民主，开拓创新，勤政廉政，以身作则，在创建活动中发挥模范带头作用。党员在创建活动中发挥先锋模范作用，积极开展党员先进性教育，夯实党组织战斗力。组织内部层层落实创建工作责任制，全体员工普遍参与创建活动，员工对创建工作参与率、支持率高。

2. 积极奋进的员工面貌

加强员工精神面貌管理工作，认真执行中国移动《员工行为规范》、《经理人员履职行为规范》，组织和引导员工立足本职岗位诚实劳动，文明从业，倡导职业道德和职业文明，树立适应社会主义市场经济要求的敬业意识和创业精神，对外展现移动员工青年的激昂奋进的精神面貌，塑造良好的企业形象。

3. 健康向上的精神氛围

切实加强思想道德建设，积极开展党的基本理论、基本路线、基本纲领和基本经验宣传教育，大力弘扬和培育社会主义核心价值体系，围绕企业改革、安全生产、优质服务、经营管理和科技进步等深入开展思想政治工作，引导广大干部职工树立正确的理想信念和世界观、人生观、价值观，充分调动员工的积极性和创造性，促进企业科学发展。认真贯彻落实《公民道德建设实施纲要》，坚持不懈地在全体员工中进行社会公德、职业道德、家庭美德、个人品德教育。党政领导重视青工思想道德建设，专题研究青年工作，建立行之有效的工作机制。

3. 和谐进取的人文环境

认真贯彻落实国资委《关于加强中央企业企业文化建设的指导意见》，形成企业文化发展的有机体系，将企业文化理念融入管理制度和行为规范，以及各项管理环节中去，促进员工对文化的认同践行，不断增强企业的文化软实力。关注员工需求，提升员工满意度；强化职业规范，提升职业技能；营造全员学习、终身学习的氛围，提升员工素养，增强企业创新能力；丰富员工文体生活，倡导文明生活方式，引领文明风尚。

4. 规范守法的管理环境

坚持和完善民主管理制度，认真执行《工会法》，依法维护员工合法权益；围绕企业中心工作，开展劳动竞赛、合理化建议、技术革新等活动，充分发挥员工主人翁作用。建立健全治安综合治理工作机构和工作制度，提升员工法制意识。认真贯彻《安全生产法》和企业有关安全生产工作规定，建立健全安全生产保证体系和安全生产监督体系，建立和完善长效机制、预警机制、应急机制，并充分发挥作用。强化廉洁教育，杜绝贪污腐化。

5. 环保优美的工作环境

内务管理规范有序，内外环境清洁整齐，无脏、乱、差现象，重视绿化，净化、美化工作和生活环境，无脏乱差，环境污染控制指标达到国家标准，积极组织开展义务植树活动。

环保制度健全、措施落实。倡导绿色环保理念，营造低碳办公环境。

6. 诚信优质的市场服务

全面落实企业诚信经营理念，突出抓好诚信建设，坚决防止不守信用行为，恪守职业道德，秉持“负责任地做产品”理念，在窗口企业深入开展“文明服务央企先行”等活动，提升行业风气满意度。

7. 安全负责的网络平台

网络信息安全制度完善，具备专门的网络信息安全管理机构，网络信息安全技术管理手段完善，突发网络信息安全事件应急处置能力强，国家重大活动保障有力。

8. 积极有力的公益行动

社会责任感强，在净化网络环境、维护网络安全等方面做出积极贡献。热心公益事业，积极开展扶贫帮困活动，积极参加“传播文明、引领风尚”的相关社会公益活动。积极开展志愿服务活动，使之成为提升员工道德素养的有力抓手。发展网络志愿者，运用网络等新兴媒体，在传播文明、引领风尚中起示范带头作用。

9. 全员参与的创新氛围

通过标准服务行业规范，定期开展技能创新比赛，创新行为激励，培养员工高度的责任心和严谨的工作态度，不断提升员工的自学能力，提高员工的创新意识，持续开发更具人性化的服务内容，展示企业创新风采，提升服务水平，形成鼓励创新、大胆创新、全员创新的良好氛围，使创新成果成为企业可持续发展的“助推器”。

10. 成效显著的发展实力

积极适应社会主义市场经济的发展，管理科学高效，核心能力不断提升，经济效益和社会效益稳步提高，主要经济指标位居前列，经得起媒体社会监督。安全工作取得显著成绩，无重大安全责任事故。完成上级业务主管部门下达的科研生产经营任务及签订的业务合同，并且节能减排、环境保护达标，客户反映良好。服务质量好，企业形象佳，社会美誉度高。

第三部分　创建达标要求

第五条　精神文明创建评价细则包含九个方面、35 条细则，总分为 120 分，达到 100 分为“达标”。

第六条　发生下列问题之一者，取消参评资格。

1. 企业领导班子成员及中层干部发生违法违纪案件，员工中发生严重违法违纪案件及刑事案件的。

2. 发生重大安全质量责任事故的。

3. 有“黄赌毒”等丑恶现象的。

4. 有参加邪教活动的。

5. 有重大污染责任事故，群众投诉环保案件的。

6. 发生重大交通责任事故，本企业负主要责任的。

7. 计划生育率达不到100%的。

8. 发生重大食物中毒、食品安全事故的。

9. 发生重大网络信息安全事件的。

第四部分　工作制度

第七条　凡按照创建条件制定创建规划、落实创建措施，持续开展创建活动并取得显著成效的单位，可申报参加集团公司精神文明创建工作评价活动。

第八条　精神文明创建工作要严格标准，推行竞争机制，坚持自愿申报的原则，主管部门与群众评议、舆论监督和社会监督相结合，日常考核与年终检查相结合，以及条块相结合的原则。创建评价按照申报、考核、审议、命名分4个程序进行。

1. 申报：具备申报资格的单位，可自愿按党的组织关系向上一级党委申报。

2. 考核：分日常考核和年终检查。

日常考核：主管部门或委托第三方对申报单位创建工作进行以暗访为主的考核。

年终检查：主管部门以抽查或交叉检查的方式进行重点检查。

3. 审议：召开集团公司精神文明创建评价工作会议进行审议通过。

4. 命名：由主管部门对创建达标单位进行命名。

第九条　文明单位实行量化考核，考核标准按照本管理办法第四条规定，制定《测评细则》。

第十条　评价过程主要包括听取申报单位精神文明创建工作的整体情况介绍，实地考察创建工作，查阅创建工作相关文档资料，包括文件、制度、照片、视频等。积极推进信息化平台的建设使用。

第五部分　附　则

第十一条　各级党组织是精神文明创建和管理的主管部门，其对下属各级精神文明创建活动加强指导。通过建立和完善各种考核制度，搞好经常性的调查研究，总结经验和宣传典型等，推动文明单位创建活动深入发展。

第十二条 各级单位精神文明创建工作要加强自身建设和管理，建立和完善各种创建规章制度，抓好基层细胞建设、基础档案建设、基本制度建设和基础设施建设等基础工作，搞好经常性的创建活动和自查自评工作。

第十三条 各单位可根据本评价办法，结合自身实际，制定和完善本单位的创建工作评价办法，巩固和提高创建水平。

第十四条 本办法由中国移动通信集团精神文明建设指导小组办公室负责解释。

附件1：精神文明创建工作流程

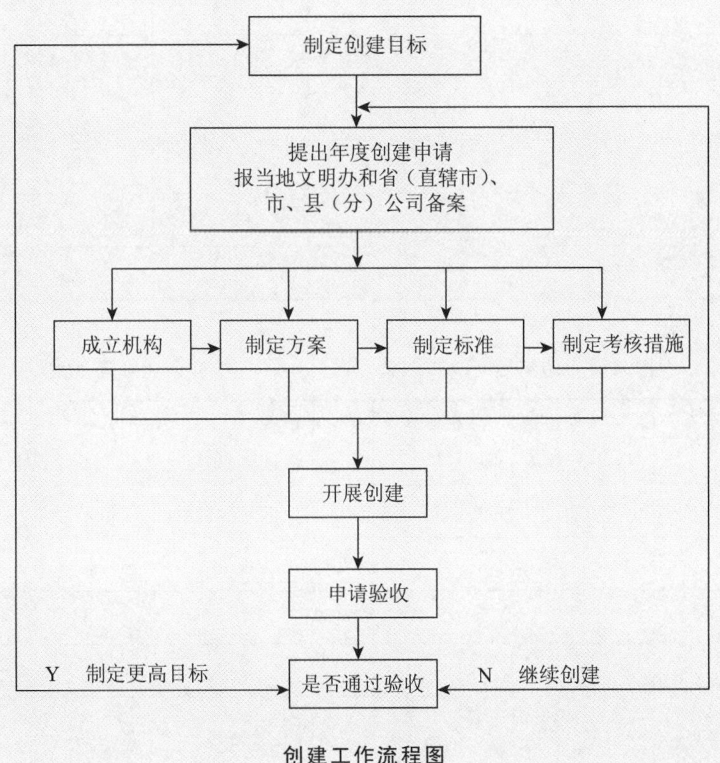

创建工作流程图

附件 2:创建目标规划模板

中国移动通信集团××有限公司××—××年度创建目标规划

单位名称	本年度创建级别	××年度创建目标	××年度创建目标	××年度创建目标	××年度创建目标	××年度创建目标

中国移动通信集团××有限公司××—××年度创建数量规划

级别	本年度数量	××年度新增创建目标数量	××年度到达创建数量	××年度新增创建目标数量	××年度到达创建数量	××年度新增创建目标数量	××年度到达创建数量
未创建							
县级							
县级标兵							
市级							
市级标兵							
省级							
省级标兵							
全国级							
总计							

附件3:创建工作测评细则

中国移动精神文明创建工作测评细则(试行)

考评维度	指标名称	评测内容	评测标准 A	评测标准 B	评测标准 C	评测方法	分数
(一)扎实有效的创建活动(13分)	1. 坚持党的领导	领导重视	1. 党政领导班子把创建文明单位工作列入议事日程,自觉坚持"两手抓、两手都要硬"。 2. 成立精神文明创建工作领导小组,层层落实工作责任制。 如果符合上述2项标准为A,符合1项为B,其余情形为C			材料审核	2
	2. 创建机制健全	机制建设	1. 创建工作主管机构健全,有精神文明主管部门,有专(兼)职人员负责,相关职能部门职责明确,做到齐抓共管。 2. 定期制定创建计划和目标,各类创建工作标准明确,管理措施完善,并有检查和考核制度。 3. 建立激励机制,日常经费有保障。 如果符合上述3项标准为A,符合2项为B,其余情形为C			材料审核	3
	3. 领导率先垂范	领导班子建设	1. 领导班子团结协作,作风民主,开拓创新,勤政廉政,以身作则,在创建活动中发挥模范作用。 2. 领导班子认真学习贯彻"三个代表"重要思想,不断提高运用科学发展观推进企业发展的自觉性和能力。 3. 党委(党组)理论学习中心组学习制度完善,集中学习每季度不少于1次。 如果符合上述3项标准为A,符合2项为B,其余情形为C			材料审核、听取汇报	2
	4. 先锋作用突出	企业社会责任履行	1. 围绕党和国家重点工作、重大活动、重要节庆,深入开展文明创建活动,教育引导全体员工以实际行动展示文明风采,推进文明创建工作。 2. 履行社会职责,热心参与社会公益事业,积极开展扶贫帮困、以城带乡等结对共建活动,弘扬互助友爱精神。 如果符合上述2项标准为A,符合1项为B,其余情形为C			材料审核、听取汇报	2
		党员先锋模范作用	党员在创建活动中发挥突出作用。带头学习贯彻"三个代表"重要思想和科学发展观,带头遵纪守法,争当优秀党员,在急难险重任务中发挥先锋模范作用。 好为A,较好为B,一般为C				
	5. 群众基础牢固	创建活动开展	动员全体员工深入开展创建文明单位、文明班组和争做文明员工等活动,并取得了明显成效。 好为A,较好为B,一般为C			材料审核、听取汇报	2

续表

<table>
<tr><th rowspan="2">考评维度</th><th rowspan="2">指标名称</th><th rowspan="2">评测内容</th><th colspan="3">评测标准</th><th rowspan="2">评测方法</th><th rowspan="2">分数</th></tr>
<tr><th>A</th><th>B</th><th>C</th></tr>
<tr><td>(一)扎实有效的创建活动(13分)</td><td>6. 创建宣传到位</td><td>宣传到位</td><td colspan="3">有效开展精神文明建设专题宣传，创建氛围浓厚。员工对创建工作知晓率、参与率、支持率高。
好为A，较好为B，一般为C</td><td>材料审核、听取汇报</td><td>2</td></tr>
<tr><td rowspan="4">(二)健康向上的精神氛围(9分)</td><td>7. 重视思想建设</td><td>管理机制</td><td colspan="3">形成党委统一领导、党政共同负责、党政工团齐抓共管的思想政治工作管理体制和运行机制，并予以制度和资金保障。
好为A，较好为B，一般为C</td><td>材料审核</td><td>2</td></tr>
<tr><td>8. 坚持道德规范</td><td>宣传贯彻</td><td colspan="3">加强思想道德建设，扎实推进社会主义核心价值体系建设。
1. 认真贯彻落实《公民道德建设实施纲要》，做到自觉学习与践行“二十字”公民基本道德规范。
2. 坚持不懈地在全体员工中进行社会公德、职业道德、家庭美德、个人品德教育，培育并推出道德模范，运用榜样力量引导干部职工自觉履行法定义务、社会责任、家庭责任。
3. 突出抓好诚信建设，恪守职业道德，在窗口企业深入开展“文明服务央企先行”等活动。
如果符合上述3项标准为A，符合2项为B，其余情形为C</td><td>材料审核、听取汇报、实地调查</td><td>3</td></tr>
<tr><td rowspan="2">9. 加强青工教育</td><td>工作机制</td><td colspan="3">党政领导重视青工思想道德建设，专题研究青年工作，建立行之有效的工作机制。
好为A，较好为B，一般为C</td><td>材料审核、听取汇报</td><td>2</td></tr>
<tr><td>志愿活动</td><td colspan="3">积极开展志愿服务活动，使之成为提升员工道德素养的有力抓手，在传播文明、引领风尚中起示范带头作用。
好为A，较好为B，一般为C</td><td>材料审核、听取汇报</td><td>2</td></tr>
<tr><td rowspan="2">(三)和谐进取的人文环境(39分)</td><td rowspan="2">10. 企业文化倡导有力</td><td>配套设置</td><td colspan="3">1. 设置有专门机构，推动企业文化建设持续前行。
2. 配置一定的专职人员，形成稳定的从业队伍，深入推动企业文化建设的进展。
3. 划拨一定企业文化建设资金，切实落实相关活动
如果符合上述3项标准为A，符合2项为B，其余情形为C</td><td>材料审核</td><td>3</td></tr>
<tr><td>规划总结</td><td colspan="3">1. 根据形势发展及领导讲话精神，定期拟定企业文化建设计划，作为阶段性活动的指导纲领。
2. 在某一阶段结束之际，汇总企业文化建设情况，总结成果和经验。
3. 及时汇总相关活动资料，汇总成集。
如果符合上述3项标准为A，符合2项为B，其余情形为C</td><td>材料审核</td><td>3</td></tr>
</table>

续表

考评维度	指标名称	评测内容	评测标准			评测方法	分数
			A	B	C		
(三)和谐进取的人文环境(39分)	10. 企业文化倡导有力	主题活动	1. 开展企业文化“示范工程”活动,评选企业文化示范点和示范基地。 2. 开展企业文化“人才工程”活动,推动企业文化人才队伍建设。 3. 开展企业文化“品牌工程”活动,推动企业文化个案的发展。 4. 开展企业文化“知识工程”,不断提升企业的文化管理水平。 5. 开展企业文化“制度工程”,推动文化与制度的匹配,实现企业文化与企业管理制度的融合。 如果符合上述4项以上标准为A,符合3项为B,其余情形为C			材料审核、听取汇报	4
		制度汇编	1. 制定了系列企业文化建设的规章制度,确定企业文化建设的地位和运行体制。 2. 形成了企业文化建设的有效运行体系和监督机制。 如果符合上述2项标准为A,符合1项为B,其余情形为C			材料审核	2
	11. 关注员工提高满意度	物质关怀	1. 员工对目前薪资的比较满意。 2. 基本上能保证员工假日充裕切实实行。 3. 有体系化的员工激励机制、上升机制。 如果符合上述2项标准为A,符合1项为B,其余情形为C			材料审核、问卷调查、实地调查	2
		心理关怀	1. 定期或不定期地测试员工的心理状态和精神需求。 2. 针对员工思想情况,定期开展相关主题活动。 3. 平常开始相关心理咨询活动。 如果符合上述2项标准为A,符合1项为B,其余情形为C			材料审核、问卷调查	2
		制定规划	1. 根据自身情况,制定强化员工职业规范、提升职业技能的计划。 2. 确定强化职业规范的标准和路径。 3. 确定提升职业技能的方式和配套设施。 如果符合上述2项标准为A,符合1项为B,其余情形为C			材料审核	2
		多方培养	1. 独立开展相关培训活动,提升职业技能。 2. 配合相关培训机构,强化职业规范。 3. 提供相应平台和设置,鼓励员工自学。 如果符合上述2项标准为A,符合1项为B,其余情形为C			材料审核、听取汇报	2

续表

考评维度	指标名称	评测内容	评测标准			评测方法	分数
			A	B	C		
(三)和谐进取的人文环境(39分)	11. 关注员工提高满意度	主题活动	开展企业文化人才工程等系列主题活动，在比、练、学中提升员工的职业技能。 一年内举行3项以上主题活动为A，2项以上为B，其余情形为C			材料审核、实地调查	3
	12. 营造学习氛围提升员工素养	公共设施	1. 设置有图书馆、图书角、阅览室等公共学习场地。 2. 配置有足够的管理人员。 3. 配备有充足的资金支撑。 如果符合上述3项标准为A，符合2项为B，其余情形为C			材料审核、实地调查	3
		主题活动	开展系列相关主题活动，持续提升员工素养。 一年内举行3项以上主题活动为A，2项以上为B，其余情形为C			材料审核、听取汇报	3
		传播宣贯	1. 通过楼宇、展览、网络等各种方式展示学习的必要性和重要性。 2. 邀请名家开展讲座，提升员工学习的兴趣。 3. 采取相关激励措施，营造浓郁的学习氛围。 如果符合上述3项标准为A，符合2项为B，其余情形为C			材料审核、听取汇报、实地调查	3
	13. 丰富文体生活倡导文明风尚	文体活动	1. 较为丰富文体活动场所及相关设施。 2. 不定期地组织员工开展相关活动。 3. 保障员工业余活动的时间和机制。 如果符合上述3项标准为A，符合2项为B，其余情形为C			材料审核、听取汇报、问卷调查	3
		公共设施维护	1. 公用座椅、书刊、体育设备等公用设施得到精心保护，无认为弄脏、损坏现象。 2. 功能完好，能正常使用。 随机调查3处，3处均符合标准为A，2处符合标准为B，其余情形为C			材料审核、实地调查	2
		公共道德	1. 公共场所乱扔杂物、随地吐痰、损坏花草树木等不文明现象；禁烟场所无吸烟现象。 2. 会场、图书角等场所安静、文明，无大声喧哗、嬉闹现象。 如果符合上述2项标准为A，符合1项为B，其余情形为C			实地调查	2

续表

考评维度	指标名称	评测内容	评测标准			评测方法	分数
			A	B	C		
(四)规范守法的管理环境(15分)	14. 完善民主管理保障员工权益	机制保障	1. 坚持和完善职工代表大会制度、重大问题和重要事项集体决策等管理制度,办理员工提案及时有效。 2. 贯彻落实"三重一大"制度,有具体实施办法或相关制度,保证民主决策。 如果符合上述2项标准为A,符合1项为B,其余情形为C			材料审核	2
	15. 依法支持工会工作开展	机制保障	1. 认真执行《工会法》,支持工会依法开展工作,党委定期听取工会工作汇报,及时解决工作中重大问题。 2. 建立健全劳动争议调解组织,依法维护员工合法权益。 3. 发挥员工主人翁作用,围绕企业中心工作,开展劳动竞赛、合理化建议、技术革新等活动,努力完成生产经营任务。 如果符合上述3项标准为A,符合2项为B,其余情形为C			材料审核、听取汇报	3
	16. 治安综合治理落实到位	具体落实	1. 建立了治安综合治理工作机构和工作制度,各项治理工作落实,有处理突发事件预案。 2. 普法教育制度化、经常化,员工法制观念普遍提高。 如果符合上述2项标准为A,符合1项为B,其余情形为C			材料审核、实地调查	2
	17. 强化廉洁教育杜绝贪污腐化	制度建设	1. 深入学习贯彻中央《关于实行党风廉政建设责任制的规定》,按照"谁主管、谁负责"的原则,把廉政建设责任制落到实处。 2. 建立完善惩治和预防腐败体系,深入推进反腐倡廉建设和廉洁风险防控工作。 如果符合上述2项标准为A,符合1项为B,其余情形为C			材料审核、实地调查	2
		教育成效	1. 廉洁从业教育制度化、常态化,推进廉洁文化建设。 2. 认真落实《国有企业领导人员廉洁从业若干规定》,通过述职述廉、重大事项报告、谈话诫勉以及任期考察、任前公示、任职和公务回避等制度,加强对领导人员的经常性监督,进一步规范其履职和从业行为。 3. 各级经理人员、员工遵守廉洁从业各项规定,做到依法经营、诚实守信、廉洁自律。 如果符合上述3项标准为A,符合2项为B,其余情形为C			材料审核、实地调查	3

续表

<table>
<tr><th rowspan="2">考评维度</th><th rowspan="2">指标名称</th><th rowspan="2">评测内容</th><th colspan="3">评测标准</th><th rowspan="2">评测方法</th><th rowspan="2">分数</th></tr>
<tr><th>A</th><th>B</th><th>C</th></tr>
<tr><td>(四)规范守法的管理环境(15分)</td><td>18. 明确工作纪律确保安全生产</td><td>机制建设</td><td colspan="3">1. 认真贯彻《安全生产法》和企业有关安全生产工作规定,安全工作取得显著成绩,无重大安全责任事故。
2. 建立健全安全生产保证体系和安全生产监督体系。
3. 建立和完善长效机制、预警机制、应急机制,并充分发挥作用。
如果符合上述3项标准为A,符合2项为B,其余情形为C</td><td>材料审核、实地调查</td><td>3</td></tr>
<tr><td rowspan="6">(五)环保优美的工作环境(16分)</td><td rowspan="3">19. 为员工创造良好的工作环境</td><td>办公设施</td><td colspan="3">1. 办公设施设置合适得当。
2. 办公设施维护良好。
3. 办公设施利用充分有序。
如果符合上述3项标准为A,符合2项为B,其余情形为C</td><td>材料审核、听取汇报</td><td>3</td></tr>
<tr><td>工作制度</td><td colspan="3">1. 工作制度科学完备,自成体系。
2. 执行工作制度自觉有力。
3. 监督工作制度执行情况明确到位。
如果符合上述3项标准为A,符合2项为B,其余情形为C</td><td>材料审核、听取汇报</td><td>3</td></tr>
<tr><td>工作气氛</td><td colspan="3">1. 工作场合内无吵架斗殴之现象。
2. 没有将工作外的情绪带进工作中的不良现象。
3. 对待外来人员,耐心热情回答陌生人的问询。
如果符合上述3项标准为A,符合2项为B,其余情形为C</td><td>材料审核、听取汇报、实地调查</td><td>3</td></tr>
<tr><td rowspan="3">20. 倡导低碳绿色办公</td><td>低碳宣传</td><td colspan="3">1. 通过楼宇、展览、网络等各种方式展示低碳办公的必要性和重要性。
2. 订购相关书籍资料,供员工阅读、了解低碳办公的知识。
如果符合上述2项标准为A,符合1项为B,其余情形为C</td><td>材料审核、实地调查</td><td>2</td></tr>
<tr><td>绿色办公</td><td colspan="3">1. 逐步淘汰与绿色办公不合拍的设施。
2. 领导以身作则,带头形成低碳办公的典范,以带动广大员工养成习惯。
随机调查3处,3处均符合标准为A,2处符合标准为B,其余情形为C</td><td>材料审核、实地调查</td><td>3</td></tr>
<tr><td>环保意识</td><td colspan="3">1. 建立了切实有效的环境管理体系。
2. 环境污染控制指标达到国家环保标准。
如果符合上述2项标准为A,符合1项为B,其余情形为C</td><td>材料审核、听取汇报</td><td>2</td></tr>
</table>

续表

考评维度	指标名称	评测内容	评测标准			评测方法	分数
			A	B	C		
(六)诚信优质的市场服务(6分)	21. 全面落实企业诚信经营理念	诚信建设	1. 突出抓好诚信建设,坚决防止不守信用行为,恪守职业道德,近年来未出现企业诚信经营方面的负面新闻。 2. 秉持"客户为根、服务为本"理念,开展诚信经营教育,推进诚信文化建设。 如果符合上述2项标准为A,符合1项为B,其余情形为C			材料审核、听取汇报	2
	22. "窗口"行业规范化服务	规范服务	1. 深入开展"文明服务央企先行"等文明服务主题活动,充分展现中央企业文明礼貌、诚实守信、技术精湛、服务人民、奉献社会的精神风采,树立中央企业良好的社会形象。 2. 营业厅、10086等服务"窗口"规范服务流程,公开服务标准,树立"文明服务示范窗口",推进行业规范化服务。 如果符合上述2项标准为A,符合1项为B,其余情形为C			材料审核、实地调查	2
	23. 行业风气满意度	行业风气	1. 开展提升行业风气满意度活动,结合政风行风评议活动,大力推进行业精神文明建设。 2. 从业人员精神风貌好,服务态度好,职业道德高,服务能力强。企业文明程度高、风气好,客户服务满意度在当地行业处于领先。 如果符合上述2项标准为A,符合1项为B,其余情形为C			材料审核、实地调查	2
(七)安全负责的网络平台(12分)	24. 网络信息安全制度完善	制度建设	1. 建立健全企业内部的网络信息安全管理责任制,完善流程,明确责任。 2. 完善客户信息安全保密、网络接入和传输管理流程及相关工作制度,推进网络信息安全制度建设。 如果符合上述2项标准为A,符合1项为B,其余情形为C			材料审核、听取汇报	2
	25. 网络信息安全人员配备到位	人员配备	1. 成立网络信息安全管理领导小组及相应管理机构。 2. 网络信息安全人员配备到位,并明确工作职责。 如果符合上述2项标准为A,符合1项为B,其余情形为C			材料审核、听取汇报	2
	26. 网络信息安全技术管理手段完善	管理机制	1. 定期进行风险评估,加大网络信息安全工作监督检查力度。 2. 强化技术支撑,加强日常网络动态拨测和实时监测,确保网络安全。 3. 设立专门的用户不良信息投诉受理平台,健全客户投诉处理机制。 如果符合上述3项标准为A,符合2项为B,其余情形为C			材料审核、听取汇报	3

续表

考评维度	指标名称	评测内容	评测标准			评测方法	分数
			A	B	C		
(七)安全负责的网络平台(12分)	27. 突发网络信息安全事件应急处置能力强	应急防范	1. 建立健全各类突发网络信息安全事件应急处理预案。 2. 定期开展各类应急演练,提高应急防范能力。 3. 完成各类抗灾抢险保通信工作任务,确保各项急难险重任务圆满完成。 如果符合上述3项标准为A,符合2项为B,其余情形为C			材料审核、听取汇报	3
	28. 重大活动保障有力	通信保障	1. 为当地政府重大活动提供通信保障,确保高质量通信运营,得到社会各界及政府部门认可。 2. 做好重大节假日通信保障工作,确保无通信阻断故障。 如果符合上述2项标准为A,符合1项为B,其余情形为C			材料审核、听取汇报	2
(八)积极有力的公益行动(8分)	29. 开展扶贫帮困活动	活动组织	1. 有计划有组织地推进公益活动,制定了公益慈善管理办法,有专项资金支持公司各类公益活动。 2. 积极响应党委政府的扶贫帮困号召,发挥企业优势,积极开展扶贫帮困活动,体现了良好的企业社会责任观。 如果符合上述2项标准为A,符合1项为B,其余情形为C			材料审核、听取汇报	2
	30. 组织员工广泛参与志愿者活动	活动组织	1. 成立员工志愿者组织,积极开展志愿服务活动,使之成为提升员工道德素养的有力抓手。 2. 积极参加"传播文明、引领风尚"的相关社会公益活动,并起到示范带头作用。 如果符合上述2项标准为A,符合1项为B,其余情形为C			材料审核、听取汇报	2
	31. 积极投入社会公益	活动组织	1. 在净化网络环境、维护网络安全等方面做出积极贡献,"村通工程"效果显著。 2. 围绕增加受教育机会和提升教育发展水平,积极开展教育文化公益活动。 3. 大力实施"绿色行动计划",带动合作伙伴共同打造"绿色通信产业链";创新节能减排信息化应用,帮助其他行业有效管理环境影响。 4. 积极投身其他社会公益活动,获得社会和客户认可。 如果符合上述4项标准为A,符合2项为B,其余情形为C			材料审核、听取汇报、实地调查	4
(九)成效显著的发展实力(26分)	32. 抓好企业物质文明	提升企业经济效益	1. 自觉遵纪守法、安全生产、诚信经营,无重大安全责任事故,单位内部无违法违纪之现象; 2. 深化作风建设,推行优质高效服务,引导行业规范;业务工作处于全国同行业领先水平; 3. 全面完成国资委下达的经营指标,在本地区行业内取得业绩和品牌领先地位。 如果符合上述3项标准为A,符合2项为B,其余情形为C			材料审核、听取汇报	3

续表

考评维度	指标名称	评测内容	评测标准			评测方法	分数
			A	B	C		
(九)成效显著的发展实力(26分)	32. 抓好企业物质文明	履行社会责任	1. 在净化网络环境、维护网络安全等方面做出积极贡献; 2. 国家重大活动保障有力,为奥运、亚运、大运等事务奉献服务; 3. 响应国家号召,致力环保及公益事业; 如果符合上述3项标准为A,符合2项为B,其余情形为C			材料审核、听取汇报	3
		工作创新	1. 有激励工作创新的措施; 2. 有促进工作创新的规划; 3. 有工作创新的有效举措。 如果符合上述3项标准为A,符合2项为B,其余情形为C			材料审核、听取汇报	3
	33. 抓好政治文明	充分发挥企业党组织的政治核心作用	1. 坚持党的领导,充分发挥企业党组织的政治核心作用; 2. 企业党组织为企业改革发展提供全方位、高素质的服务,要积极主动参与经济工作,把党建工作渗透到企业改革发展的各个方面,把党建工作与企业中心工作融合在一起,形成有机的统一体; 3. 健全党的集体领导制度,建立和完善各级党委的工作规则、议事规则和表决制度,使党内民主制度化、规范化、经常化,使民主集中制落到实处。通过建立和完善现代企业制度,实现企业科学决策、高效管理,推进企业政治文明。 如果符合上述2项标准为A,符合2项为B,其余情形为C			材料审核、听取汇报	3
		加强民主管理,让员工当家做主	1. 把员工利益作为工作的出发点和落脚点,实现好、维护好、发展好员工利益。 2. 坚持和完善以职代会为基本形式的企业民主管理制度,认真落实职代会的民主选举、民主管理、民主评议和民主监督的权利,保障职工的知情权、参与权、表达权、监督权; 3. 采取有效的形式,让广大职工全方位参与到企业的改革发展和党的建设进程中去,确保职工队伍稳定和谐,企业凝聚力切实增强。 如果符合上述3项标准为A,符合2项为B,其余情形为C			材料审核、听取汇报、问卷调查	3

续表

<table>
<tr><th rowspan="2">考评维度</th><th rowspan="2">指标名称</th><th rowspan="2">评测内容</th><th colspan="3">评测标准</th><th rowspan="2">评测方法</th><th rowspan="2">分数</th></tr>
<tr><th>A</th><th>B</th><th>C</th></tr>
<tr><td rowspan="4">(九)成效显著的发展实力(26分)</td><td rowspan="2">34. 抓好精神文明</td><td>加强核心价值体系教育、企业文化建设、文明创建活动</td><td colspan="3">1.坚持用马克思主义中国化最新成果教育干部职工，增强马克思主义的信仰；坚持不懈地进行党的基本理论、基本路线、基本纲领教育，坚定中国特色社会主义的共同理想；
2.引导干部职工发扬中华民族艰苦奋斗、自强不息的优良传统和与时俱进、改革创新的时代精神，增强发展意识、效率意识、竞争意识；
3. 推进思想道德建设，在企业形成团结互助、平等友爱、融洽和谐的良好风尚，使之成为推动工作、加快发展的强大动力；
如果符合上述3项标准为A，符合2项为B，其余情形为C。</td><td>材料审核、听取汇报、问卷调查</td><td>3</td></tr>
<tr><td>深入开展文明和谐单位创建</td><td colspan="3">1.要把物质文明、政治文明、精神文明、生态文明建设有机结合起来；
2.要完善管理办法、评比标准，形成细化、量化、可操作性强、符合自身实际的考核管理体系；
3.积极探索创建活动的新方法，加大创建评比力度，逐步形成科学的文明和谐创建机制，努力提高精神文明建设水平。
如果符合上述3项标准为A，符合2项为B，其余情形为C</td><td>材料审核、听取汇报</td><td>3</td></tr>
<tr><td rowspan="2">35. 企业与员工得到各领域好评</td><td>良好形象</td><td colspan="3">1.认真制定并贯彻执行员工守则，员工形成了良好的行为习惯；
2.开展文明礼仪等有关培训，努力使员工形成良好的行为习惯；
3.建立完善的企业形象识别体系，企业标识统一并规范使用。
如果符合上述3项标准为A，符合2项为B，其余情形为C</td><td>材料审核、听取汇报</td><td>3</td></tr>
<tr><td>社会荣誉</td><td colspan="3">具有良好的社会形象，在社会上有较高的美誉度。
好为A，较好为B，一般为C</td><td>材料审核、听取汇报</td><td>2</td></tr>
<tr><td colspan="3">一票否决项目</td><td colspan="3">发生下列问题之一者，取消单位测评资格：
1.企业领导班子成员及中层干部发生违法违纪案件，员工中发生严重违法违纪案件及刑事案件的。
2.发生重大安全质量责任事故的。
3.有“黄赌毒”等丑恶现象的。
4.有参加邪教活动的。
5.有重大污染责任事故，群众投诉环保案件的。
6.发生重大交通责任事故，本企业负主要责任的。
7.计划生育率达不到100%的。
8.发生重大食物中毒、食品安全事故的。
9.发生重大网络信息安全事件的</td><td></td><td></td></tr>
</table>

第三部分　附录

中央有关文件。

将工作划转到国资委的文件。

中央文明办评选标准体系（全国文明单位测评体系（试行））。

首都标准（征求意见稿）。

国资委文明办标准（审议稿）。

课题组成员名单

组　长：

卢卫东　国资委宣传局局长

副组长：

韩　天　国资委宣传局副局长

成　员：

张铁甲　国资委宣传局处长
张义豪　国资委宣传局处长
白颢玙　国资委宣传局主任科员
赵一玮　国资委宣传局主任科员
苑存官　国家电网处长
孟　强　中国移动处长
黄　源　中国大唐处长

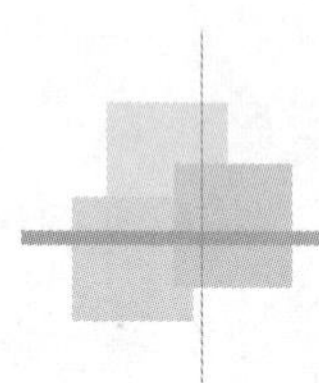

关于国有企业党建工作科学化体系研究

摘　要：党的十八大报告提出，要以改革创新精神全面推进党的建设新的伟大工程，全面提高党的建设科学化水平。落实这一重大历史任务，必须以科学的理论为指导、以科学的制度为保障、以科学的方法为支撑，形成国有企业党建工作科学化体系，全面推进国有企业党的建设，为国有企业的改革发展保驾护航。本课题从国有企业党建工作科学化体系的基本理论、现状分析、基本原则及建设途径等方面进行了研究和探索，旨在为加快推进规范有效的国有企业党建工作科学化体系建设，进一步创新国有企业党建工作，有效发挥国有企业党组织充分发挥政治核心作用，加快国有企业改革发展、培育具有国际竞争力的世界一流企业，提供理论依据和宏观指导。

关键词：党建科学化　基本原则　途径

党的十八大报告指出："形势的发展、事业的开拓、人民的期待，都要求我们以改革创新精神全面推进党的建设新的伟大工程，全面提高党的建设科学化水平。"党的十八届三中全会强调："全面深化改革必须加强和改善党的领导，充分发挥党总揽全局、协调各方的领导核心作用，建设学习型、服务型、创新型的马克思主义执政党，提高党的领导水平和执政能力。"如何全面贯彻落实党的十八大和十八届三中全会精神做出的重大部署，不断提高国有企业党建工作科学化水平，是摆在国有企业党组织面前的一项重要任务。

推进国有企业党建工作科学化体系建设，对于提高国有企业党的建设科学化水平，发挥国有企业党组织的政治优势，完善国有企业制度建设，促进国有企业科学发展，推进党的建设科学化，具有十分重要的现实意义。要更好地推进国有企业党建工作科学化体系建设，必须坚持以科学的理论为指导、以科学的制度为保障、以科学的方法为支撑，全面推进国有企业党的建设，为国有企业全面深化改革保驾护航，巩固党的执政基础，推进党的事业不断发展。

一、国有企业党建工作科学化体系相关理论与分析研究

(一)关于党建科学化

追溯党的历史可以看到，我们党始终坚持以科学态度和科学精神来建设党、发展党的事业的主题。毛泽东同志在《关于纠正党内的错误思想》一文中就强调要“使党员的思想和党内的生活都政治化、科学化”，首次提出了党的建设科学化的主张。邓小平同志多次指出，要“采取科学的态度”，“要有一套科学的方法”，要把坚持和加强党的领导与改善党的领导结合起来，进一步深化了科学在党的建设和党的事业发展中的内涵和要求。江泽民同志提出，要把“领导工作真正建立在科学的基础上”，“要按照科学精神来观察、思考和解决各种问题”，特别是对坚持和完善“科学的制度”进行了强调要求。胡锦涛同志强调，“以科学的思想、科学的制度、科学的方法领导中国特色社会主义事业”，坚持“科学执政、民主执政、依法执政”；坚持“科学决策、科学运筹、科学管理”，“推进决策科学化、民主化”，“大力提高科学管理能力”；“要把树立和落实科学发展观与掌握科学的思想方法紧密结合起来”。习近平同志强调，“紧紧围绕提高科学执政、民主执政、依法执政水平深化党的建设制度改革，加强民主集中制建设，完善党的领导体制和执政方式，保持党的先进性和纯洁性，为改革开放和社会主义现代化建设提供坚强政治保证。”

(二)关于党建工作科学化体系

提高党的建设科学化水平，一个基础性的工作就是要科学界定党的建设应当包含哪些界限清晰又相互关联的主要的环节、方面和领域，并总体构成一个逻辑体系。党的十八大报告强调：“全党要增强紧迫感和责任感，牢牢把握加强党的执政能力建设、先进性和纯洁性建设这条主线，坚持解放思想、改革创新，坚持党要管党、从严治党，全面加强党的思想建设、组织建设、作风建设、反腐倡廉建设、制度建设，增强自我净化、自我完善、自我革新、自我提高能力，建设学习型、服务型、创新型的马克思主义执政党，确保党始终成为中国特色社会主义事业的坚强领导核心。”这一论述提纲挈领地勾勒出目前党的建设主要内容和体系框架，即思想建设、组织建设、作风建设、反腐倡廉建设和制度建设“五位一体”布局，执政能力建设、先进性和纯洁性建设“两条主线”构成的党建新格局。如果按照党的建设环节和主题进行划分，党的思想建设、组织建设、作风建设、制度建设、反腐倡廉建设可称为“党建的五大环节”，执政能力建设、先进性和纯洁性建设可称为“党建的两大主题”。

(三)关于国有企业党建工作科学化体系建设的思路

国有企业党建工作科学化体系，既有普遍性，又有特殊性。推进国有企业党建科学化体系建设，既要统筹考虑“五位一体”和“两条主线”之间的关联性、逻辑性，又要通盘考虑包括国有企业根据现代企业制度建设的内在要求而运行的规律，突出重点，统一部署，统一考核，统一推进。国有企业党建工作科学化体系，从根本上看是党建工作科学化在国有企业党建工作中的具体体现，是社会主义市场经济下国有企业发展的必然趋势，更是在全球经济重大变革的历史时期，国有企业抢占世界经济各领域高地有力武器。

推进国有企业党建工作科学化体系建设的总体思路是，在“五位一体”和“两大主题”的体系框架下，全面深入地总结国企党建工作做法中科学的内容、科学的模式、科学的方法甚至科学的元素，找出推进归纳提炼其中蕴含的规律，形成提升国有企业党建工作科学化水平的途径和方法，使党建科学化的要求转变成企业的行为，确立党组织在中国特色现代国企制度中的政治核心地位，确保党的路线方针政策的贯彻执行，确保国有企业正确发展方向，确保履行经济责任、政治责任、社会责任，确保生产经营各项工作顺利开展。

二、国有企业党建工作科学化体系建设方面的探索和实践

国有企业在改革发展壮大中，始终坚持融入中心、服务大局，充分发挥党组织政治核心作用、党支部战斗堡垒作用、党员先锋模范作用，切实把党的政治优势、组织优势和群众工作优势转化为企业的核心竞争力，为企业持续健康发展提供了强大的内生动力和有力的组织保证。

(一)国有企业党建工作面临复杂形势

党的十八届三中全会对全面深化国资国企改革做出了重大战略部署，提出要发展“国有资本、集体资本、非公有资本等交叉持股、相互融合的混合所有制经济”，对加强和改善企业党的建设工作提出新的更高的要求。依据第二次全国经济普查及国家统计局公布数据测算，全国不同类型、不同规模的国有控、参股企业约 20 万家，遍布市场经济领域所有行业。国有企业党组织和基层党员队伍庞大。仅就中央企业而言，2003 年年底，中央企业党员总数约 350 万人，截至 2013 年年底，中央企业党员总数上升为 533 万人。不同所有制类型、不同行业、不同地区、不同经营业绩水平的国有企业中，党的建设水平和工作效果各不相同。(见图 1、图 2)

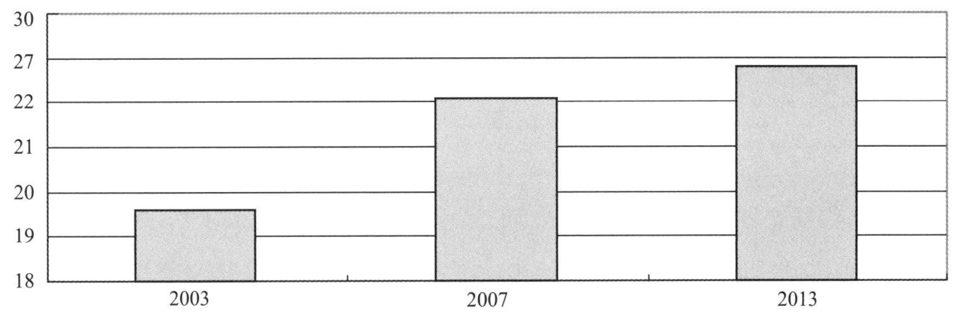

图 1　中央企业党组织数量变化示意图(万个)

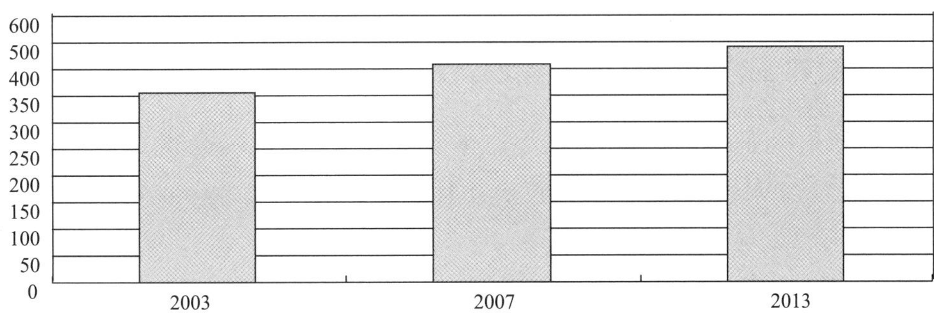

图 2　中央企业党员数量变化示意图(万人)

1. 按所有制分,国有控股和国有参股企业党组织在企业中的职能作用不同

国有控股企业党组织较好地继承了传统国企较为完整的党组织架构和已经顺畅运行多年的企业党组织工作机制,企业党建工作的组织完善,队伍强大,基础牢固,工作效果好,党组织在企业中地位高,员工满意度普遍较好。国有参股企业,尤其是在少数新设立的、规模较小的、国有资本不控股的企业以及极个别国有企业的驻外单位中,党组织工作情况受到企业整体盲目逐利思维主导、外资股东和党外职业经理人的制约等影响,有些企业存在着党的工作力度差、党组织影响力弱、党员活力不足的情况。

2. 按行业分,劳动密集型产业企业和非劳动密集型产业企业党建工作特点不同

劳动密集型产业企业,尤其是大型工矿企业,党建工作侧重于对基层劳动者和基层班组的激励,重点在于从一线挖掘模范典型和先进人物。非劳动密集型产业企业,尤其是科技创新性企业,党建工作更多地侧重于创新工作方法,利用信息化科学化的方式方法提升企业的活力和凝聚力,将党建工作与塑造企业文化、彰显社会责任、提升干部职工队伍能力紧密结合,个性化特点突出。

3. 按地区分,较发达地区企业和欠发达地区企业党建工作基础不同

较发达地区企业党建工作开展较为全面,能够更快领会中央最新精神,并将中央精

神高效率地转化为执行力。欠发达地区企业面临较为艰苦的外界条件，党建工作水平的高低更多地在企业发展对本地经济、社会、文化、环境发展的带动效果上。

4. 按业绩分，经营业绩较好企业和经营业绩较差企业对党建工作的重视程度和工作侧重点不同

经营业绩较好企业有实力在党建方面投入更大的人力物力财力，党建工作的物质基础雄厚，人员配备力量强，往往更加注重企业软实力建设。经营业绩较差企业往往存在着大量历史遗留问题，如债务、老干部、改革转制等问题，这些企业党建工作更多的精力会放在提升领导班子的团结协作和工作能力、做好信访维稳等思想政治工作方面。

(二)在党建工作科学化体系建设方面进行的探索

近年来，国有企业各级党组织始终以改革创新精神不断提升党建工作科学化水平，逐步探索建立一系列规范性理论、制度、方法体系，为促进国有企业又好又快发展提供了坚强保证。

1. 国有企业党建工作理论研究水平得到提升

近年来，为适应现代企业制度要求，进一步提升国有企业党建工作科学化水平，中央组织部、国务院国资委党委开展了大量调研和研究工作，并以这些研究的阶段性成果为基础，印发了关于中央企业党委在现代企业制度下充分发挥政治核心作用的规范性文件，明确了中央企业党委发挥政治核心作用的五个方面具体内容，特别是对中央企业党委参与决策和落实党管干部原则两个关键问题提出了明确要求，初步描绘出国有企业党建工作科学化体系的发展蓝图，为科学化水平的提升定下总基调。国有企业注重落实中央精神，优化党组织在现代企业制度下开展自身建设和各项工作的科学水平，坚持和完善“双向进入、交叉任职”的企业领导体制，建立健全党组织参与企业重大问题决策的机制和程序，把企业党组织的政治核心作用贯穿于决策、执行、监督全过程，为构建党建工作科学化体系做了大量探索。

2. 国有企业党建工作制度保障逐步规范

国资委党委高度重视党建工作科学化的制度体系保障，引导企业在打造现代企业制度过程中逐步规范党建工作制度，将党建工作制度与企业其他制度紧密联系，融为一体，构建健康高效的制度环境。为将党建工作制度保障落到实处，借管理提升活动的东风，国资委党委将党建工作管理提升作为企业管理提升活动的重要内容，印发了党建管理提升考核内容及标准，不断提高党建制度体系的规范化、科学化水平。活动过程中，企业各级党组织不断理清工作边界、明确工作内容、完善具体分工、确定岗位职责。党组织

负责人深入基层调研，通过召开座谈会、开展问卷调查、个别访谈积极查找工作中存在的薄弱环节。企业领导班子配合企业党组织，从党的建设工作各个方面明确党建工作管理提升方向，提供充足物质保障，并建立健全相关机制，研究最优流程和最佳方法，编写规范的体系文件，将工作情况纳入考核，为构建党建工作科学化体系积累了宝贵经验。

3.国有企业党建工作载体方法不断丰富

近年来，按照中央统一部署，国有企业各级党组织坚持围绕中心、服务大局，通过开展保持共产党员先进性教育、学习实践科学发展观活动、创先争优活动以及党的群众路线教育实践活动，在推进国有企业科学发展的同时，作风建设取得了明显成效，大大增强了各级党组织的凝聚力、战斗力，企业党建工作的活力和实效明显增强。探索运用现代管理学、组织学、心理学等现代科学方法，善于借助和运用现代科技的新成果、新技术开展党建工作。中国电子运用新一代信息技术建设使用了“党建云”，为不断提升党建工作水平进行了积极探索并取得初步成效。

4.国有企业党建工作考核评价的探索迈出实质性步伐

国有企业各级党组织全面落实党建工作责任制，探索完善党建工作考核评价体系建设，执行力水平得到切实检验。国有企业各级党组织坚持把党建工作融入企业生产经营活动，促进了企业党建与企业管理的有机融合，树立和强化“围绕中心做工作，进入管理起作用”的企业党建工作理念。中国电科构建了“量化有效型”党建工作考评体系；武钢集团提出并实施党建工作“融入经济中心、融入行政工作部署、融入职工思想实际”的“三融入”思路；国电集团制定了党建工作考核管理办法，考核结果作为对各级领导班子及班子成员奖惩任免和评先选优的重要依据，全面提高党建工作科学化水平。

国有企业各级党组织在围绕提高党建工作科学化水平的探索中积累了宝贵经验。同时，我们还应该看到，当前在构建国有企业党建工作科学化体系上存在一些值得关注和亟待解决的问题，具体表现在以下几个方面：

一是对国有企业党建工作科学化体系的理论认识还存在一些误区。党建工作科学化是一个内容全面、逻辑严谨、涉及面广的概念。普遍地看，还没有形成完整全面的理论体系来指导实践。多数企业知识侧重党建工作科学化的某一领域，而不是运用一整套较为完整、深入的科学化体系理论指导工作。

二是国有企业党建理论研究和实践探索相对滞后于国有企业改革发展改革实际。从整体上看，国有企业党建工作相对滞后于企业改革发展进程，这里面既有多年积累的老问题，也有改革过程中出现的新问题。比如：在推进公司制、股份制改革和企业整体上市过程中，企业党组织如何进行科学设置、规范运行；目前有些中央企业设立党组，这些企业的党组和董事会同为企业重大问题决策主体，与现代企业制度“权责明确”的要求相冲突，也与中央关于国有企业党组织发挥政治核心作用的基本定位相冲突；企业党组织工作条例修订完善问题，《中国共产党全民所有制工业企业基层组织工作条例》是1986年颁布的，已经无法适应现在党组织工作要求，需要结合新情况进一步规范国有企业党组织的人员编制、机构设置、经费保证等内容；在推进工业化、信息化建设过程中，如何加强党建工作信息化建设，推进党建工作科学化，等等。

三是还没有建立统一规范科学实用的国有企业党建工作考核评价体系。近年来，一些企业结合自身实际在加强企业党建工作考核评价方面做了一些探索和研究，但是这些探索都是企业“自觉”、“自发”的行为，缺乏统一规范的指导。考核评价内容还存在较大差异，党建工作目标体系建设还不够规范，宏观的定性评价内容居多，目标细化不足，党建工作责任落实不能深入，党建工作考评的激励功能、监督功能、约束功能发挥还相对薄弱，不能实现“同考核、同待遇、同奖惩”。党的十八大提出了全面提高党建工作科学化水平的总要求，对党建工作进行考核评价是其中绕不开、躲不过的一个重要问题。

四是科学化的保障体系不够完善。一些基层企业党建工作经费和物资保障不足，一些基层党务工作者理论水平和工作能力欠缺。一些企业领导班子对党的建设重视程度不高，支持力度不够，经费投入没有得到统筹安排，极个别企业的领导班子存在着对党的工作的经费投入是“没有产出的投资”之类错误的思想。一些企业把党务工作作为安置性、临时性或过渡性岗位；一些党务工作者特别是基层党组织带头人不适应企业改革发展的要求，思想认识跟不上形势发展的需要。特别是个别海外单位实行党务行政工作一肩挑，一些同志从事党务工作主要靠“自学”成才，对从事党务工作的主要职责、党务知识以及工作程序的把握还相对欠缺。

三、国有企业党建工作科学化体系建设的基本原则

基于国有企业党建面临的新情况新形势，在推进国有企业党建工作科学化体系建设过程中，应坚持四个方面的基本原则。

(一)坚持党的领导，充分发挥企业党组织政治核心作用

党的十八大修改的党章中明确指出，“国有企业和集体企业中党的基层组织，发挥政治核心作用，围绕企业生产经营开展工作”。加强和改善党的领导，充分发挥企业党组织的政治核心作用，这是我们的一大政治优势。坚持党的领导，要确保国有企业发展的社会主义方向，保证党的路线、方针、政策和国家法律、法规在企业得到贯彻执行。通过

把党组织政治核心作用体现到国有企业经营管理决策、执行、监督的各个环节，使党的政治优势、组织优势和群众工作优势，转化为国有企业的竞争优势、创新优势和科学发展优势。

(二)坚持围绕企业中心工作

当前，解决国有企业发展面临的急需解决的突出矛盾和现实问题，巩固国有企业改革发展成果，最根本的途径在于加强和改进国有企业党建，发挥国有企业党建的政治核心作用。一是以先进理论指导国有企业科学发展。坚持以中国特色社会主义理论指导国有企业科学发展，提升国有企业的核心竞争力。抓好国有企业领导班子建设，大力培养造就高素质的企业领导人才。二是以党建创新推动国有企业创新发展。国有企业党建创新包括领导体制创新、组织制度创新、党内民主制度创新和反腐倡廉制度创新。国有企业党建领导体制创新，必须坚持“三个有利于”原则，即有利于国企党建发挥政治核心作用、有利于国企党建领导体制科学有效、有利于增强国有企业核心竞争力。三是以党建工作保障国有企业和谐稳定。国有企业党建主要围绕国有企业改革发展和生产管理开展党的建设工作，通过正确认识和处理改革、发展、稳定的关系，发挥国有企业党组织的政治优势、组织优势和群众工作优势，自觉为国有企业改革发展提供有力保障，保证国有企业在和谐稳定的良好环境下健康发展。

(三)坚持通过党建工作促进企业责任落实

国有企业，特别是国有大中型企业，不仅担负着发展社会主义市场经济主力军的经济责任，而且要履行建设中国特色社会主义事业的政治责任和社会责任。国有企业党建工作是国有企业的独特政治资源，是企业核心竞争力的有机组成部分。国有企业党建的重要职能就是促进企业更好地履行这些责任，要通过发挥政治核心作用促进企业提高效益、健康发展，保证企业发展的正确方向，使企业真正成为中国特色社会主义建设的中流砥柱和构建社会主义和谐社会的重要力量。建立和完善国有企业党建工作科学化体系，必须坚持履行国有企业责任与增强国企党建绩效相结合原则。

(四)坚持遵循企业发展规律

在改革开放和市场经济条件下，建立现代企业制度，是我国国有企业改革发展的基本方向；构建确保国有企业党组织发挥政治核心的作用的公司治理结构运行机制，是中国特色现代国有企业制度的基本特征和本质要求。要使国有企业党组织真正成为现代企业制度的有机组成部分，必须坚持遵循国有企业发展规律。

一是理顺党组织与国有企业之间的关系。要明确党组织在国有企业中的功能定位，围绕“参与决策、带头执行、保证监督”三项职能发挥作用，增强国有企业核心竞争力。要在现代企业制度框架下正确处理好“老三会”和“新三会”之间的关系，即党委会、工会、职代会和股东会、董事会、监事会之间的关系，明确各自职责，发挥各自作用。要把党组织机构设置、职责分工、工作任务融入国有企业的管理体制、管理制度、工作规范中，妥善处理党组织与监事会、经理层、监事会之间的关系，形成党组织与公司治理结构职责明确、有机融合、运转协调的新型领导体制和运行机制。要把党组织参与国有企业重大问题决策与董事会依法决策结合起来，保证党组织有效参与国有企业的重大决策，进而实现党对国有企业的政治领导。

二是探索国有企业党建科学管理体制。加强和改进国有企业党建工作，必须要因地制宜地探索建立适合不同类型国有企业党建的科学管理体制。在国有企业党建领导体制上，“双向进入、交叉任职”成为目前实现公司治理结构与党组织政治核心作用有机结合的一种有效方式，但在不同类型的国有企业，“交叉任职”的形式有所不同，比如有的是“党委书记兼董事长”、有的是“党委书记兼副经理”、有的是“党员董事长兼党委副书记”，等等。建立健全国有企业党建责任制，既要明确国有企业的上级党组织要承担的领导责任和直接责任，又要明确各级党组织的党建责任，形成企业党委抓党建、书记带头抓党建、党委有关部门齐抓共管，一级抓一级，一级带一级的企业党建工作格局。

三是加强改进国有企业基层党建方式。基层党组织是国有企业党建工作的基础。国有企业党的建设重心在基层，活力在基层，创新在基层。要健全优化党组织设置，合理设置党组织工作机构和配备党务工作人员，保证基层党组织正常开展活动的必要条件。要创新党组织活动载体和方式，把国有企业党组织和广大党员的积极性、主动性、创造性激发出来，推动国有企业科学发展。要做好“两培养一输送”工程，把党员培养成骨干，把骨干培养成党员，把党员骨干输送到关键岗位上去。在国有企业生产经营一线和青年职工中开展党员工作，特别是重视在技术骨干和生产经营骨干以及优秀青年职工中发展党员，壮大国有企业基层党员队伍。

四是重视加强国有企业党的群众工作。办好国有企业，必须坚持全心全意依靠职工群众的基本方针，重视加强党对国有企业群众工作的领导。国有企业的各级领导干部，特别是国有企业领导人员，要从中国特色现代国有企业的性质和工人阶级历史地位和作用的高度，充分认识和高度重视依靠工人阶级和职工群众的重要性和必要性。坚持以党建带工建、以党建带团建，支持工会、共青团等群众组织按照国家法律和各自的章程独立自主地开展工作，充分发挥群众组织联系广大职工群众的桥梁纽带作用，为国有企业改革发展稳定大局服务。

四、国有企业党建工作科学化体系建设的主要考量

国有企业党的建设是我们党的建设工作的重要组成部分，除了具有党的建设的政治属性外，还具有国有企业改革发展的经济属性。这就要求国有企业党建工作科学化体系既要符合党的建设和活动规律，又要符合国有企业的发展规律，还要符合经济成本效益原则。推进国有企业党建工作科学化体系建设，重点从科学理论、科学定位、科学制度、科学方法和科学标准五个方面来考量。

(一)科学理论——研究符合国有企业特点的党建工作科学理论体系

中国现阶段的国情决定了国企党建科学化理论建设要以中国特色社会主义理论体系为指导，适应我国改革开放、全面建成小康社会、实现“中国梦”新的历史条件、时代任务的要求，从现代企业制度条件下国有企业党的建设实际出发，深入研究推进国有企业党建科学化的现实条件、基本路径和发展方向，加强国有企业党建理论研究和创新。在现阶段，需要研究在新的历史条件下发挥政治核心作用，推动发展对国有企业党建工作提出的新要求，探索科学的、具有中国特色的党企关系的规律与特点。研究国有企业党的建设如何贯彻落实科学发展观，揭示党的建设和国有企业科学发展的内在联系。积极探索国有企业党的建设围绕中心工作、融入企业管理的指导原则、运行机制、实现路径等。

(二)科学定位——确立党建工作在国有企业改革发展中的科学地位和重要作用

一是要把引领推动国有企业科学发展及提高核心竞争力作为国有企业党建科学化的中心任务，必须围绕企业的中心工作，工作绩效也应同步纳入企业经济效益的量化考核管理，确保实现“推动发展”职能的充分发挥和政治优势转化为核心竞争力。二是把“融入中心，进入管理”作为国企党建工作的基本思路，把服从服务企业中心工作推动企业发展作为党建工作的出发点、着力点和落脚点，通过企业管理制度化建设和党建工作标准化建设实现党建工作与生产经营管理工作的相互融合，把党建工作成效纳入企业发展的成效考评的范畴之内。在实践中要重点用好融入领导体制、进入企业管理机制、同步绩效考核机制构建等切入点和突破点，重点是减少和避免“两张皮”现象。

(三)科学制度——健全和完善科学的党建工作制度保障体系

国有企业党的建设制度既要符合一般党的建设规律,还要符合国有企业特定领域的基本要求和固有特点。

首先要体现制度的严密性和科学性要求。国有企业党建科学化制度必须符合现代企业制度条件下国有企业发展的基本规律、党的自身建设活动规律客观要求,要有明确的活动和行为规则即实体性制度规定,还要有保证这些活动和行为规则真正落到实处的相关措施规定即程序性制度内容,减少制度执行的自由空间。

其次要实现制度配套形成制度体系。制度的健全与完备是制度建设的前提,真正好的制度必然是成体系的制度。在巩固加强党委领导体制、党建工作组织运行机制等制度基础上,当前亟须健全完善的制度有:党组织参与企业管理、生产经营等重大事项的决策体制和机制、党管干部和党管人才与市场选聘有效结合的管理制度、创先争优常态化运行长效机制、学习型党组织建设机制、反腐倡廉制度,以及基层党组织民主建设运行机制。在推进制度建设的过程中,还要求制度在内容和操作程序上要配套、成体系,比如企业党建制度要与企业行政管理制度相互配套、相互适应,做到系统化、精细化。最后还要注意培育形成科学的制度环境,就是在企业管理部门的设置上要有制度制定和执行的管理机构,有相对充足的人员及资源配备,有着完善的管理体制和工作机制。

最后要建立一支高素质复合型党务政工队伍。国有企业党务政工干部是国企党建工作科学化的骨干力量,是推动企业发展促进社会和谐的中坚力量。在党务政工干部的选拔任用方面要坚持高标准严要求,避免“党建是个筐,什么都能装”的用人倾向;拓展多种培训形式,健全完善党务政工干部培训制度,形成教育培训长效机制;坚持党政干部同考核、同奖惩,畅通党务政工干部的职业发展通道,保障相关福利待遇,提升职业成就感。

(四)科学方法——探索形成符合中国特色现代企业制度条件要求的国企党建工作科学方法支撑体系

国有企业党建科学化需要探索形成符合中国特色现代企业制度条件要求的国企党建工作科学方法,并通过这些方法和路径把党建工作延伸到企业改革发展稳定各个层面。在实际工作中,学会把马克思主义科学的方法论原则和国有企业党的建设具体实际相结合,形成切实可行的操作方法。结合国有企业党建工作实际,目前需要重点探索党的政治优势转化为企业竞争优势的方法途径、提高现代企业制度条件下思想政治文化工作成效的方法途径、企业基层党组织建设和党员队伍教育管理的方法途径、正确处理和协调企业内部各种关系形成有利于企业党的建设发展的良好环境的方法、推进企业文化建设和精神文明建设的方法等。除此之外,我们还要探索运用现代科技手段和先进文化理念,提高载体方法的科技文化含量。

(五)科学标准——建立健全国有企业党建工作科学化评估标准体系

国有企业党建工作作为党的建设的一个特定领域,要在整个党的建设大背景下来考虑和衡量其工作成效,看是否能够对整个党的建设发挥积极的影响作用。因此,设置国有企业党建科学化的衡量标准,首先是要有利于国有企业党建工作的顺利开展。形成符合党组织科学定位、基本功能充分发挥的领导体制和工作机制;能够保证企业内部生产经营的顺利运转,企业能够切实履行其承担的经济责任、政治责任和社会责任;保证党的各项方针政策和国家各项法规制度在企业得到真正贯彻;保证企业内部工作人员特别是党员领导干部清正廉洁、忠于职守。其次,还要有利于党的建设整体目标的实现。要逐步实现评估标准体系的系统化、人性化、可操作化。评估体系的科学化能够强化和促进现代企业制度的健全完善,优化从决策到执行到监督的运行机制,使企业内部各方面的积极性和创造力能够得到最大限度的发挥,从根本上推动国有企业党建科学化。

五、国有企业党建工作科学化体系建设的基本途径

国有企业党建工作科学化体系内涵丰富、工作量大、政策性强,是理论与实践的有机结合,是一个系统工程,因此推进国有企业党建工作科学化体系建设不是一蹴而就的,需要在继承中创新,在创新中发展。基于对国有企业党建工作科学化体系建设现状的分析,从国有企业党建工作科学化体系基本原则和主要考量出发,围绕“融入中心促发展、进入管理起作用”,主要从党建工作内容体系化、流程标准化、方法多样化、制度长效化、考核规范化、保障充足化等六个方面推进科学化体系建设(见图 3)。

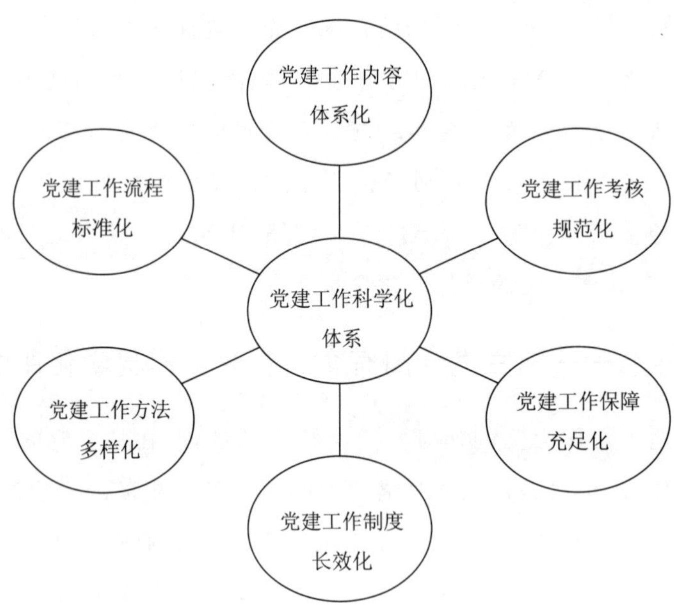

图 3　国有企业党建工作科学化体系基本架构

(一)推进党建工作内容体系化

主要解决国有企业党建工作体系、条理、明细的问题。科学化首先必须把握党建工作的本质内涵和运行规律。一是全面梳理党建工作内容。根据中央关于思想建设、组织建设、作风建设、制度建设、反腐倡廉建设“五位一体”的部署要求和国有企业党建工作主要内容，结合企业生产经营实际，制定党建工作要点，并按重要程度进行排序，理清工作脉络和推进思路。二是合理简化基层党建工作内容。与国有企业总部与基层倒三角形的党组织工作机构相对应，基层党总支、党支部的党建工作业务应当少而精，方便操作实施，提高基层党建工作的科学性、简捷性、实用性。三是注重调整优化。工作体系既要有常态内容，也要有动态内容。根据形势的变化和工作重点的转移，对党建工作体系有关内容进行增减，对工作进行调整。

(二)推进党建工作流程标准化

主要解决业务边界、职责分工、工作程序等问题。通过工作流程将党建工作一步步分解、落实，横向到边，纵向到底，落实到基层每个人。一是流程描述。坚持“党委出思路，部门出方案，基层出效果”，对应党建工作每项内容，进行流程精细描述，明确做什么、为什么、谁来做、何时做、怎样做和什么程度。既要有定性描述，也要有定量描述。二是流程实施。建立工作手册，制定党建工作方针、目标、工作流程图等；发布程序文件，规定工作程序、有关职责、文件记录等；下达工作指导书，详细说明党建工作如何操作；形成工作记录，以表单形式记载各部门、各组织实施和完成的工作，作为检验、分析工作成效的依据。三是流程管理。依据工作流程和职责分工，由有关部门负责业务工作实施每个环节的策划、指导、监督、检查、考核，并根据实际运行情况进行流程优化。

(三)推进党建工作方法多样化

主要解决微观操作层面的技术和措施问题。部署工作任务，既要有内容，也要有方法。就是对党建工作的途径、步骤、手段等进行概括和规范，既可以宏观也可以微观。一是立足既有工作做法经验提炼。如辽河油田党委在加强作风建设中，对各级领导干部提出密切联系群众的要求，形成了“五必谈、五必访”等工作方法；形势任务教育中形成了“领导宣讲法”、“图片展示法”、“算账对比法”、“群众自我教育法”等方法。二是立足解决实际问题提出办法。如针对部分企业外部施工队伍流动性大、流动党员多等实际，探索党员动态管理方法；针对价值观念多样，丰富党员教育方法；针对群众利益诉求增多，创新群众工作方法，等等。三是立足综合运用技术进行创新。通过办好专题网站、建立信息库、远程网络教育等措施，借鉴运用社会和管理等科学，形成党建工作新方法。

(四)推进党建工作制度长效化

主要解决有规可依、有规必依和同质运行的问题。围绕党建工作重点内容和推进过程，明确“规定动作”，增强贯彻落实刚性，减少工作的随意性和自由裁量空间。通过建立健全制度，实现无缝链接、闭合循环，形成长效机制。抓好调研立项、起草试点、论证修改、发布实施等环节，及时将成熟的经验和做法上升为工作制度和规定。一是建立健全实体性制度。如科学民主决策方面的党内情况通报、党内事务听证咨询、党代表提案、领导班子定期务虚等制度；基层组织建设方面的“三会一课”制度、组织生活会制度、党员联系群众制度、党员教育管理制度、党性定期分析等制度；反腐倡廉建设方面的党员干部重大事项报告、重大案件剖析通报、勤政廉政承诺、领导干部问责等制度。二是建立健全程序性制度，将具体程序、职责、分工等事项以制度形式确定下来。制度要具体细致，体现工作的每一个环节，实施制度的主体应当易于把握和操作。三是建立健全配套性制度。完善党建工作责任制以及党建工作调查研究、总结、交流、经验推广等制度，形成全体领导、全体部门抓党建的浓厚氛围和强大合力。

(五)推进党建工作考核规范化

主要解决执行到位、均衡推进的问题。尽可能细化和量化每项重点工作内容，形成科学、简洁、实用的考核体系。但要注意界面整合，不能重复考核。一是把握考核目标方向。考核应全面反映党建工作的整体状况，以正面激励为主，以综合控制为主，以改进提高为主，既重结果，也重过程、状态，奖优罚劣，鼓励先进，触动后进。二是科学确定考核指标。围绕党建工作的重点内容、重要环节、执行效果，设计指标体系、考核维度，更好地体现可比可操作。既考核党组织和党员按照党建工作体系加强自身建设的情况，又考核其完成生产经营、综合治理等方面的情况，也考核群众、相关单位对党建工作效果评价，并合理确定定性指标和定量指标的权重。考核应当突出不同层面实际，逐级设定指标体系。三是合理确定考核方式。强化考核的组织领导，结合实际研究确定具体考核周期，加大考核力度。单位发生重大变化、重大情况等，必须进行专项考核。四是注重考核结果运用。将考核与评先选优、业绩兑现等有机结合起来，充分调动基层组织和广大党员积极性。特别是要建立考核反馈机制，对结果进行认真的研究分析，找出工作的差距不足及其产生原因，科学制定对策，使考核的过程成为调查研究、工作指导的过程。

(六)推进党建工作保障充足化

主要解决党建工作的人力、精力、财力、物力投入问题。认真落实“一岗双责”，党建工作与生产经营工作一起部署、一起检查、一起推进，切实做到重视到位、责任到位、落实到位。实行“双向考核”，充分体现党的政治核心作用，将党建工作情况作为领导班子业绩指标重要组成部分进行考核；在党委工作考核中，也要综合生产、经营、安全等指标。把党组织活动经费列入单位财务预算，明确标准和列支渠道，保证党建工作开展的各项必要性开支。按照有利于加强改进党的建设、有利于促进企业改革发展稳定的原则，结合不同类型、规模单位实际，科学设置党组织工作机构和配备党务干部，确保党建工作需要。关心爱护党务干部，畅通成长渠道，加大交流力度，选拔优秀中青年党员充实党务干部队伍，定期对党务干部特别是基层政工人员进行培训，使党务工作岗位成为人才培养的重要平台，使党务干部成为高素质、复合型的优秀人才。

课题组成员名单

组　长：

刘汉滨　国务院国资委党建局（党委组织部）局长（部长）

副组长：

卜玉龙　国务院国资委党建局副局长

姚　焕　国务院国资委党建局副巡视员

成　员：

吴新明　国务院国资委党建局党建处处长

刘正鸿　国务院国资委党建局党建处副主任科员

李　刚　国务院国资委党建局党建处干部

李荣飞　国务院国资委党建局党建处干部

宋鸣高　国务院国资委党建局党建处干部

肖　平　北京唐朝科技股份有限公司党建顾问

姚　健　北京唐朝科技股份有限公司高级工程师、党建信息化专家

纪少华　北京唐朝科技股份有限公司高级工程师、党建信息化专家

第五篇 机关建设

国资委直属机关作风建设研究

摘　要：作风建设是党的建设“五位一体”整体布局中重要的组成部分，关系党的形象，关系人心向背，关系事业成败，是需要认真研究并着力加强和改进的重要课题。

本课题以习近平总书记关于作风建设的重要讲话为指导，深入阐述了关于作风建设的若干理论问题，认真分析了国资委机关加强作风建设的重要意义，系统回顾了国资委成立以来加强作风建设的做法、取得的成效和存在的问题，深入剖析了产生问题的原因，并提出了加强和改进的内容和措施。

本课题认为，应以习近平总书记重要讲话精神为指导，从学风、思想作风、工作作风、领导作风和生活作风五个方面着手，通过大兴学习探索之风，建设学习型机关；大兴求真务实之风，建设效能型机关；大兴勤政为民之风，建设服务型机关；大兴清正廉洁之风，建设廉洁型机关和大兴团结友爱之风，建设和谐型机关等举措，不断加强和改进国资委直属机关作风建设，为全面深化国资国企改革提供有力保证。

关键词：作风　学风　思想作风　工作作风　领导作风

党的作风，关系着党的形象，关系着人心向背，关系着事业成败。党的十八大以来，全党认真学习贯彻习近平总书记系列重要讲话精神，切实落实中央“八项规定”要求，深入开展以为民务实清廉为主要内容的党的群众路线教育实践活动，以踏石留印、抓铁有痕的劲头抓作风建设，从而使我们党的作风不断改进，自我净化、自我完善、自我革新、自我提高的能力不断增强。

习近平总书记强调，作风建设永远在路上。认真学习贯彻习近平总书记重要讲话精神，把加强直属机关党的作风建设放在更加突出的位置，通过锤炼过硬的机关作风，营造风清气正的改革发展环境，传递改革正能量，不断增强直属机关的创造力、凝聚力和战斗力，为圆满完成十八届三中全会确定的全面深化改革各项任务提供坚强保证，是需要我们认真研究解决的重要课题。

一、关于作风建设的若干理论问题

在学习贯彻习近平总书记系列重要讲话精神、深入开展群众路线教育实践活动过程中，各地区各部门聚焦“四风”，对作风建设进行了深入的理论思考和实践探索，取得了积极成果。同时更应该看到，推进作风建设是一项长期任务，有许多问题需要进一步研究，有许多工作需要进一步深化，特别需要着力加强对作风建设的理论和规律的探索与研究。

(一)什么是作风和作风建设

作风，是个人或组织在工作、生活中一贯表现出来的态度和行为。党的作风，是党的性质、宗旨、纲领、路线的重要体现，代表着党的形象和精神面貌。机关党的作风，是机关党员干部在思想、工作、学习、生活等方面稳定特征的外在体现，是机关党员干部素质、能力和形象的集中反映，是全党作风的重要组成部分和集中反映。党的作风建设，任务是端正党组织和党员的思想作风、学风、工作作风、领导作风和生活作风，树立与党的性质和宗旨相适应的良好风尚，是党的建设的重要组成部分。

(二)中国传统文化和马克思主义经典作家关于作风建设的论述

中华文明的主流儒家学派，对作风问题做出过深入的阐述。孔子“每事问”的求学精神、“知之为知之、不知为不知”的实事求是态度、“其身正，不令而行，其身不正，虽令不从”的以身作则意识，至今具有启迪意义。孟子提出“民为贵，社稷次之，君为轻”的民本思想、荀子提出“水可载舟，亦可覆舟”的思想，历代明君贤臣，无不以此为镜鉴，正确处理爱民与使民的关系，从而使国家长治久安。道家倡导“清静无为”，与民休息，成为不少王朝草创初期的重要治国理念。一些哲学家、政治家提出的选贤任能、赏罚分明、重义轻利、言出法随、清廉自守、爱惜民力、守诺诚信等重要思想，至今仍有启迪和教育价值，其中的思想精华和道德资源，为加强作风建设提供了重要的思想渊源。

无产阶级政党历来高度重视作风建设。早在马克思、恩格斯时期，就强调：“共产党人没有任何同整个无产阶级的利益不同的利益。”恩格斯尤其指出“共产主义不是从原则出发，而是从事实出发”，“空谈和实干是不可调和的对立面”，彰显了理论联系实际的优良作风。列宁认为，共产党“最大最严重的危险之一，就是脱离群众”，“最大的毛病就是官僚主义”。列宁有句名言：“一个行动比一打纲领还重要”，他要求全党“少讲空话，多做实事”,“宁可少些,但要好些”。马克思、恩格斯、列宁关于作风建设的论述,为我们进一步加强作风建设,提供了重要的理论指南。

(三)中国共产党关于作风建设的理论探索

回顾我们党成立以来作风建设历程,总结宝贵经验,对于在新的历史起点上更好地加强作风建设,具有极其重要的意义。在90余年的革命和建设历程中,我们党的作风建设经历了艰难而曲折的历史过程,大致可以分为4个阶段:

第一个阶段:1921年党诞生至1949年新中国成立,党的作风建设由不成熟逐步走向成熟并稳定发展时期。党从成立之初就十分注重作风建设问题,确立了无产阶级先锋队的性质,提出了宣传群众、组织群众、依靠工人、领导工人的作风建设思想。1930年8月,毛泽东同志发表《反对本本主义》,提出“没有调查,就没有发言权”、“中国革命斗争的胜利要靠中国同志了解中国情况”的著名论断,这是党的历史上第一篇集中论述作风问题的纲领性文献。通过延安整风,教条主义、宗派主义和党八股等党内不良作风得到清除。党的七大上,毛泽东同志进一步提出理论联系实际、密切联系群众及批评和自我批评的“三大作风”。全国胜利前夜,毛泽东同志提出“两个务必”,为党执政后的作风建设指明了方向。

第二个阶段:1949年新中国的成立至1978年党的十一届三中全会的召开,党的作风建设曲折发展时期。1950年,中央开展了以反对官僚主义、命令主义、骄傲自满和享乐主义作风为主要内容的整风运动,这是党执政后的第一次整风运动,为党在执政以后如何加强自身建设尤其是如何防腐拒变,积累了宝贵的经验。1951—1952年,开展了“三反”、“五反”运动,这是共产党执政以后反腐败斗争的初步实践。1957—1966年,党进行了四次大的整党整风运动,对改进党的作风建设起了积极的作用,整个五六十年代,党风和社会风气整体上是比较好的,但在“以阶级斗争为纲”的历史背景下,作风建设打上了阶级斗争的烙印。特别是“文革”时期,作风建设主要是靠搞政治运动和空洞的说教,党的优良作风受到极大损害。

第三个阶段:1978年党的十一届三中全会至党的十八大前,党的作风建设由恢复到进一步发展时期。邓小平同志高度重视党风建设,指出“只有把关心群众、服务群众的工作切实做好了,我们才能始终保持与人民群众的血肉联系,才能无往而不胜”。江泽民同志提出了党的作风建设的“八个坚持、八个反对”,陆续开展了“三讲”和“三个代表”学习教育活动。胡锦涛同志提出“八荣八耻”的重要思想和“八个方面的优良作风”,丰富和发展了我们党的优良作风,先后在全党开展保持共产党员先进性教育活动和深入学习实践科学发展观活动。通过改革开放 30 多年来的长期努力，党的作风建设水平取得了长足的进展。

第四个阶段，党的十八大以来，以习近平同志为总书记的新一届中央领导集体制定“八项规定”，在全党范围内部署开展教育实践活动，促进了党风政风转变，带动了社会风气好转。习近平总书记强调“打铁还需自身硬”，指出“我们的责任，就是同全党同志一道，坚持党要管党、从严治党，切实解决自身存在的突出问题，切实改进工作作风，密切联系群众，使我们的党始终成为中国特色社会主义事业的坚强领导核心”。通过全党上下的共同努力，特别是通过党的群众路线教育实践活动，形式主义、官僚主义、享乐主义和奢靡之风得到有力遏制，党的作风得到明显改进。

二、不断加强和改进直属机关作风建设的重要意义

作风建设是党的建设的重要内容，机关作风的好坏，直接影响机关的工作效率和服务水平，直接影响党和政府的形象和公信力，直接影响党的执政地位的巩固。对于国资委这样的中央国家机关来说，加强作风建设，具有特殊的重要意义。

(一)加强和改进直属机关作风建设是继承和发扬党的优良传统，加强直属机关党的建设的迫切需要

我们党在长期的革命和建设实践中，形成了自己特有的优良传统和作风。长期以来，我们党之所以能够取得革命、建设和改革开放的巨大成就，一个非常重要的原因就是始终坚持与发展党的优良作风，从而得到了广大人民群众的支持和拥护。当前，站在新的历史起点上，我们党肩负着发展中国特色社会主义、实现民族伟大复兴的中国梦的神圣使命，更要继承和发扬党的优良传统和作风，并赋予党的作风以新的时代内涵，使之具有鲜明的时代特征和生命活力。作风建设是党的建设的重要组成部分，总体上看，目前直属机关作风建设抓手不多、方式不活、成果有待提升，是直属机关党建工作“五位一体”总体布局中相对较弱的一环。只有通过大力加强作风建设，才能弥补机关党建工作的“短板”，使作风建设与思想建设、组织建设、反腐倡廉建设和制度建设有机结合，互相促进，切实提高直属机关党建工作科学化水平。

(二)加强和改进直属机关作风建设是巩固教育实践活动成果，增强机关党员干部服务意识和能力的迫切需要

国资委承担着搞好国有企业、发展壮大国有经济的重要责任，要求机关党员干部为

企业提供优质高效的服务，帮助企业适应瞬息万变的市场环境。长期以来特别是教育实践活动开展以来，广大党员干部认真贯彻中央要求，聚焦“四风”找准突出问题，坚持开门搞活动，广泛征求意见，组织召开高质量的专题民主生活会，扎实抓好整改落实工作，形成反“四风”的长效机制，取得了实实在在的效果。作风建设永远在路上，并且容易反弹，目前中央企业面临的形势非常复杂，保增长的任务非常繁重，只有继续加强和改进作风建设，增强直属机关广大党员干部服务改革发展的大局意识，增强服务国资国企改革发展的意识和能力，才能为企业服好务，帮助企业努力实现国资委党委确定的“保 5 争 6 努力 8”的目标任务。

(三)加强和改进直属机关作风建设是增强直属机关的创造力、凝聚力和战斗力，完成三中全会提出的各项任务的迫切需要

作风是机关的凝聚剂，有了好的作风，直属机关就有了强大的创造力、凝聚力和战斗力。当前，我国改革进入“攻坚期”和“深水区”，国资委面临的全面深化国资国企改革的任务非常艰巨。机关作风情况，直接关系到全委干部职工能否团结一致努力工作，直接关系到党的十八大和十八届三中全会提出的全面深化国资国企改革各项目标任务的落实，直接关系到国资委党委确定的 7 个方面 33 项重点工作的顺利完成。新的形势和任务，要求我们不断加强对机关作风建设的研究，切实改进机关作风，以良好的作风引导和推动国资监管央企改革发展。

三、国资委成立以来作风建设取得的主要成效和存在的问题

国资委成立以来，国资委党委坚持以中国特色社会主义理论体系为指导，以社会主义核心价值理念为引领，认真落实国资委党委制定的机关建设“十二五”规划，全面加强国资委直属机关党的思想作风、学风、工作作风、领导作风和干部生活作风建设，以良好的形象开创国资监管央企改革发展各项工作新局面。

(一)以加强教育为先导，在推进学习型党组织建设中夯实作风建设的思想基础

结合学习型党组织建设，通过各种形式和载体开展学习教育，筑牢机关干部抵御不良风气的思想基础。

一是强化政治理论教育。以改革开放 30 周年、新中国成立 60 周年、建党 90 周年以及国资国企改革十周年等重大纪念活动为契机，以党的十六大、十七大、十八大和历次

全会等党和国家重要会议精神的学习贯彻为重点，开展社会主义荣辱观教育、“讲党性、重品行、作表率”活动和一系列主题实践活动，研读马克思主义经典著作，学习马克思主义中国化最新理论成果，深刻理解中国特色社会主义理论体系，进一步坚定理想信念，牢记党的宗旨，弘扬党的优良传统和作风。

二是开展道德素质教育。通过评先评优、组织报告会、典型引路等方式，组建“郭明义爱心团队”，推进城乡共建活动，深入开展社会公德、职业道德、家庭美德、个人品德教育，大力挖掘、培养和弘扬中央企业和直属机关涌现出来的先进典型，引导机关干部提升自身修养，提高道德水准。

三是不断健全理论武装工作格局。创新学习方式、改进学习手段，形成了以中心组学习为龙头，冬训班为重点，各种学习活动为载体，覆盖全体党员干部的理论武装工作格局，使党风党性教育实现经常化、制度化，提高教育的亲和力和渗透力，使教育能入脑入心，干部职工真学真懂真信，落实在行动上，体现在作风中。

(二)以健全制度为前提，以制度建设的成果为作风建设提供有力保障

建立切实可行的规章制度，是加强和改进作风建设的重要保证。国资委不断健全作风建设制度体系，努力打造按制度管人办事的机制。

一是结合管理提升活动和质量管理体系建设，建立和完善来文来电办理制度，明确办理期限；制定程序文件和工作指导书，厘清岗位职责，落实岗位责任，同时开展简政放权，达到职责明确、岗职匹配、流程规范、责任落实的工作要求，提高机关效能。

二是结合党的群众路线教育实践活动和贯彻落实中央“八项规定”，制定了《国资委党委关于进一步改进工作作风、密切联系群众的具体措施》、《关于进一步加强和改进国资委调研工作的若干办法》，围绕服务央企、服务基层、服务群众的要求，深入贯彻中央《关于党员干部直接联系群众制度》，设立委领导接待日，畅通群众表达意愿的渠道，实现密切联系群众、改进工作作风的目标。

三是完善党委会议事规则和决策程序，建立《关于在国资委直属机关实行党政领导干部述职述廉制度的实施办法》、《关于实行党政领导干部廉政谈话制度的实施办法》等以党风廉政建设为内容的制度，加强党内监督。

(三)以监督检查为抓手，通过反腐倡廉建设促进作风不断好转

作风问题是腐败的源头，腐败是作风问题的终点。直属机关各级党组织认真落实主体责任，各级纪检组织认真落实监督责任，把推进廉政建设作为加强作风建设的有效

手段，通过反腐倡廉建设促进作风好转。

一是深入开展反腐倡廉教育。根据国资委特点，通过直属机关廉洁文化周、建立“廉政书屋”等活动，开展出资人清正廉洁教育和警示教育以及廉洁文化建设，引导党员干部牢固树立正确的权力观和利益观，筑牢领导干部思想防线。

二是建立风险预警防控和监督机制。按照《廉政准则》等要求，重点推进廉政风险防范管理工作，制定科学有效措施，抓好每一个廉政风险点的防范管理，强化廉政预警机制。通过健全权力运行规程、述职述廉、诫勉谈话、领导干部重大事项报告等工作，加强对党员领导干部的监督，促进领导干部转变作风。

三是认真做好案件查处工作。坚持有案必查、违纪必究，加大曝光力度，以惩贪治腐的成效推动作风转变。国资委成立以来，直属机关各级纪检部门共受理各类举报 1302 件，给予党纪政纪处分 48 人，开除党籍 24 人，移送司法机关 23 人。

(四)以能力建设为支撑，把提高工作绩效作为作风建设的落脚点

作风建设的成效，最终体现在干部职工的工作能力和工作水平上，体现在各单位的工作成果和工作业绩上。国资委始终坚持正确的干部选拔培养使用机制，不断加强干部队伍能力建设，提升全委工作业绩，使作风建设的成果落到了实处。

一是坚持正确的用人导向。坚持任人唯贤的干部路线和德才兼备原则，真正把那些作风良好、业绩显著的干部选拔到领导岗位上来。建立起正确的激励机制，激发党员干部干事创业的热情。

二是加强业务能力培训。利用国资委党校和青年理论研究会等阵地，通过专项课题研究、司局长谈业务、下基层实践锻炼等活动，引导党员干部认真学习和深入把握科学发展、国资监管、企业发展和经济运行规律。组织开展机关干部和央企干部“双向交流”挂职锻炼，要求新入委公务员到央企当工人，提高机关干部的实践能力。

三是深入开展集中性教育活动。紧密围绕国资国企改革发展，深入开展先进性教育活动、学习实践科学发展观活动、创先争优活动和群众路线教育实践活动，扎实推进管理提升活动，提高广大党员干部工作水平，解决了一批国资监管央企改革发展难点问题和涉及职工群众切身利益的实际问题。

(五)以文化建设为依托，通过培育良好机关文化引导作风转变

机关文化影响机关作风，机关作风体现机关文化国资委党委把构建具有国资监管特色的机关文化作为作风建设的重要举措，努力建设具有国资委特色的机关文化。

一是扎实开展国资委核心价值理念提炼工作。结合国资委实际总结提炼出了以“学习探索、务实创新、团结和谐、高效廉洁”为主要内涵的国资委机关文化，并在此基础上开展核心价值理念有奖征集活动。同时通过征文、演讲比赛等活动，使机关文化深入人心。

二是加强精神文明创建。深入开展“创建文明机关、争做人民满意公务员”、城乡共建等活动，扎实推进“五委会”工作，开展形式多样志愿服务活动。精神文明建设工作成果显著，先进集体和先进个人数量在中央国家机关名列前茅。

三是开展丰富多彩的群团活动。组织直属机关运动会和各种丰富多彩的文体活动。积极推进国资大家庭建设，营造国资一家亲的浓厚氛围。成立青年理论学习研究会，举办青年讲坛，开展“根在基层”活动，为青年干部成长成才搭建平台。

在取得显著成绩的同时，直属机关作风建设也存在一些问题，有的还比较突出。比如在教育实践活动中，直属机关和中央企业提出国资委机关存在以文山会海、工作协同性不够、国资监管工作针对性不强为主要表现的形式主义；以深入基层调研不够、与基层群众联系较少为主要表现的官僚主义；以畏难情绪、勤俭节约作风弱化为主要表现的享乐主义；以讲排场、高消费为主要表现的奢靡之风。具体表现如下：

一是工作协同性不够，文山会海现象较为严重。工作统筹性计划性不强，临时性的任务比较多；存在多头、重复向企业要数据要材料和推诿扯皮的现象；对中央企业监管部门多，检查频率高，给企业带来负担；会议多，会期长，企业应接不暇。

二是调查研究不够深入，部分政策脱离企业实际。有的调研目的性不强，调研之后没有真正研究解决问题；到企业调研以听汇报为主，浮于表面，深入基层、深入一线调研的比较少；有的政策出台前没有充分听取企业和职工群众意见。

三是职责定位把握不够准，服务中央企业能力不足、意识不强。对国资委职责定位把握不够清晰，存在着不同程度的错位、越位、缺位问题；一些审批手续多、时间长；少数机关干部官气重、口气大、端架子、讲官话；有时布置工作时间要求太紧，不给企业充足的准备时间。

四是工作中存在畏难情绪，开拓进取精神有所减弱。对于进一步深化国有企业改革，解决体制、机制、结构和历史遗留问题等重大问题和难点问题研究不够；有时满足于已取得的成绩，安于现状；有时缺乏敢于担当的精神，对工作中出现的一些问题，有的得过且过，找客观原因多，找主观原因少。

国资委作风方面存在这些突出问题，有着复杂的主观原因和客观原因。具体表现在以下几个方面：

一是学习教育效果欠缺，思想认识存在偏差。虽然各级党组织重视加强对干部的教育，但没有形成科学的学习教育考核和奖励办法，一些单位的学习存在形式主义的倾向，针对性不强，效果不好。有的同志经常以“工作繁忙”、“时间不够”为理由放松学习，放松党性锻炼和改造主观世界，导致理想信念有所淡薄，革命意志和奋斗精神有所减弱。

二是制度不健全，执行乏力。缺乏一整套在服务态度上、办事效率上、工作成效上以及生活作风上对干部进行有效管理监督的制度。即使已经制定的制度，也往往缺乏操作性，执行落实不够，起不到应有的约束力和震慑力。

三是监督机制缺乏常态。党内在作风监督上存在弱化现象，缺乏较真意识，一定程度上助长了不良作风。同时，外部监督乏力，特别是群众监督和舆论监督渠道不畅、手段不多、效果不佳。

四是不良环境推波助澜。由于市场经济的发展，导致部分党员干部心态失衡，世界观、人生观、价值观和权力观发生扭曲，官本位、特权思想的影响还没有完全消除，导致少数党员干部作风漂浮，工作消极。

四、加强国资委机关作风建设的主要内容和具体措施

国资委直属机关作风建设方面存在的突出问题，经过教育实践活动和机关管理提升活动，大都得到了加强和改进，但按照习近平总书记关于“作风建设永远在路上”的要求，进一步落实国资委党委制定的机关建设“十二五”规划，结合国资委直属机关实际，要再接再厉，明确机关作风建设的具体内容，采取切实有效的措施，把国资委直属机关作风建设推向深入。

（一）明确国资委直属机关作风建设的主要内容

作风建设内容非常广泛，结合国资委直属机关实际，我们认为，要重点从学风、思想作风、工作作风、领导作风和生活作风等五个方面入手，持之以恒地抓好直属机关作风建设。

一是学风。学风是指学习的风气、学习的风格、学习的方式等，从根本上说，是对待马克思主义的态度问题，是关系党的兴衰和事业成败的一个重大政治问题。习近平同志指出，学风问题历来是党风建设的重要内容，学风建设在党风建设中起着基础性的作用。只有把学习搞好了，才能形成良好的思想作风、工作作风和领导作风，才能提高理论素养、掌握正确方法，才能培养起健康的生活情趣，真正提升精神境界，不断改造主观世界。可以说，形成良好的学风，是解决思想作风、工作作风、领导作风和生活作风等方面

问题的一把金钥匙。国资国企改革没有固定模式可以照搬，没有现成经验可以借鉴，要求我们把学风建设作为重要手段，不断改进直属机关党员干部的学风，切实提高党员干部的理论水平和解决实际问题的能力。

二是思想作风。思想作风是人们在思维方式、思想观念特别是指导思想上表现出来的行为取向和特点，是世界观和方法论在认识和改造世界的实践过程中的体现。思想作风体现学风，决定领导作风，主导工作作风，支配生活作风。在作风建设中，思想作风是起决定性作用的。加强和改进党的作风建设，必须把思想作风建设摆在第一位。我们党在革命、建设和改革过程中所形成的解放思想、实事求是、与时俱进的思想路线，是党的思想作风的主要内容和主要特征，是党的思想作风的核心和灵魂，是党顺应时代进步潮流、永葆先进性的根本要求。当前，国资国企改革到了新的历史阶段，必须大力弘扬党的优良思想作风，求真务实，大胆实践，锐意进取，全面深化国资国企改革。

三是工作作风。工作作风是人们在工作中所体现出来的行为特点，是贯穿于工作过程中的一贯风格。工作作风说到底是一个世界观问题，是世界观的外在表现形式。习近平同志指出，工作作风上的问题绝对不是小事，如果不坚决纠正不良风气，任其发展下去，就会像一座无形的墙把我们党和人民群众隔开，我们党就会失去根基、失去血脉、失去力量。习近平同志的重要论述，充分阐述了加强工作作风建设的重要性和紧迫性。目前，落实中央的部署和国资委党委的工作要求，推进国资国企改革任务非常艰巨，我们必须不断加强作风建设，引导广大党员干部脚踏实地，出实招、办实事、求实效，坚持群众观点和群众路线，坚决反对形式主义和官僚主义，踏踏实实地抓好各项工作的落实。

四是领导作风。领导作风是党在领导革命、建设和改革过程中形成并表现出来的、相对稳定的态度和行为。领导作风对领导工作至关重要，关系到领导者在社会公众心目中的地位，决定着领导活动的成败。人民群众不仅通过党的路线、方针和政策来认识领导，更多更直接地是从自己周围领导干部的作风来判断领导，从而决定对领导的态度。一般地，领导作风好，人民群众就会理解、支持和拥护各级领导者，领导活动就能顺利进行。加强和改进委直属机关领导作风，是团结凝聚直属机关广大党员干部为国资国企改革事业努力奋斗的客观需要，也是体现国资委形象，团结带领中央企业广大干部职工为做强做优中央企业努力奋斗的客观需要。

五是生活作风。生活作风是干部在日常生活中形成的生活态度和行为模式，是干部的思想品质、道德观念、文化素养和行为方式等日常生活中的综合反映，是一个人世界观、人生观、价值观的反映。中央反复强调，党的干部要树立革命的人生观，养成良好的生活作风。保持政治的坚定和思想道德的纯洁，必须重视在日常生活中点滴养成，倡导、培养良好的生活作风、生活情趣。把党员干部的生活作风纳入党风建设的视野，既是新时期党风建设的客观要求，也反映了我们对党风问题认识的细化和深化。国资委机关党员干部生活作风从一个侧面反映着国资委机关的精神风貌，与学风、思想作风、领导作风、工作作风等一起构成机关的整体形象，是机关作风建设的重要内容。

(二)加强国资委机关作风建设的途径

作风建设既是一项长期的战略性任务，又是一项现实而紧迫的工作。在实践中，必须立足国资委直属机关特点，针对机关作风建设存在的主要问题，选准突破口和切入点，推动国资委机关作风建设取得扎扎实实的成效。

一要大兴学习探索之风，建设学习型机关。结合国资监管工作的特点，大力开展学习型党组织建设，不断提高机关干部的理论素养和业务能力，着力提升国资监管队伍素质。一是打造学习品牌，强化教育培训。继续完善以冬训班为代表的学习品牌，同时结合实际打造新的学习品牌。进一步丰富培训内容，改进培训方式，创新培训机制，着力完善国资委机关干部的知识结构，提高干部队伍履行职责的能力和水平。二是丰富学习内容，增强学习效果。以学习贯彻习近平总书记系列重要讲话精神作为当前和今后一个时期学习型党组织建设的核心内容，同时结合业务工作实际，本着干什么学什么、缺什么补什么的原则，强化国资监管央企改革发展业务知识的学习，提高履职能力。三是坚持学以致用，抓好成果转化。制定学习教育考核机制，增强学习的针对性和实效性。坚持在真学真信真用上下功夫，将理论学习的成果转化为推进国资监管央企改革发展事业的思路和措施，提高运用科学理论分析和解决深化国资国企改革中的重点难点问题的能力。

二要大兴求真务实之风，建设效能型机关。要进一步完善国资监管的组织体系和制度体系，规范国资监管权力运行，明确国资委机关内部各部门职责分工，加大机关内部综合协调力度，提高机关运转效能。一是抓好简政放权工作，进一步深化行政审批制度改革，理清各单位的工作职责，明确权力和责任，该放的权力坚决放，可放可不放的权力也要下决心放，着力解决不放、少放、缓放、假放等问题。二是巩固管理提升活动成果，树立典型，推广经验。建立激励机制，充分调动干部职工的积极性，持续营造管理提升的良好氛围，形成干部职工建言献策的常态机制，促进机关作风的改进。三是简化办公程序，改进服务流程，强化督促检查，提高办事效率。

三要大兴勤政为民之风，建设服务型机关。建设服务型机关，关键是要落实全心全意为人民服务的宗旨，大兴勤政为民之风，为企业和基层服好务。一是根据中央教育实践活动领导小组座谈会精神和张毅同志的指示，通过改善传达室设施条件、改进进门登记手段和程序、完善办公楼内信息指示系统，解决“门难进”问题；改善楼内环境、举办公务员职场礼仪知识讲座、建立来访客人迎送制度，整治“脸难看”问题；明确各类文电的办理程序和办理期限并加强督办、建立有效的协调机制、加快国资委机关信息化办公平台一期建设、通过信息化手段建立来访人员对国资委内工作作风意见和建议的电子反馈系统，整治“事难办”问题。二是在机构设置、职能确定、资源配置等方面，强化对中央企业系统、地方国资委系统、直属机关系统等方面的服务职能，全面提高服务能力和水平。三是在创新管理和服务方式上，优化工作流程，推进政务公开，简化办事程序，精简文件，减少会议，避免交叉重复，实现监督管理与服务的有机结合，寓监管于服务之中。

四要大兴清正廉洁之风，建设廉洁型机关。秉公用权，廉洁从政是对党的各级领导干部的基本要求，也是机关作风建设的基本要义。要积极落实各级党委的主体责任和各级纪委的监督责任，营造风清气正的机关氛围。一是围绕“不想腐”，深化党风廉政教育，促进全体干部特别是领导干部牢固树立正确的权力观、地位观、利益观，强化廉洁自律意识，不断增强广大党员干部的政治免疫力，努力营造以廉为荣、以贪为耻的良好氛围。二是围绕“不能腐”，履行纪检监督责任，认真贯彻《中国共产党党员领导干部廉洁从政若干准则》，抓住国资监管和国资委机关权力运行的关键环节，建立健全依法行权履职的各项规章制度。三是围绕“不敢腐”，加大查办案件力度，巩固纠正“四风”成果，持之以恒落实中央“八项规定”精神，坚持执纪必严，做到有贪必肃。

五要大兴团结友爱之风，建设和谐型机关。一是创新机关思想政治工作。针对干部队伍思想变化的新情况，认真研究新形势下思想政治工作的特点和规律，丰富教育内容，改进教育方法，加强人文关怀，注重心理疏导，做到既要教育人、引导人、鼓舞人，又尊重人、理解人、关心人。二是大力加强机关文化建设。推出国资委核心价值理念并深入进行宣传贯彻，充分发挥机关党团组织和工青团组织的优势，广泛开展形式多样、生动活泼的文化活动，以活动凝聚人心，以活动展示活力，以活动推进和谐。三是营造良好的人际环境。在机关大力倡导真诚友善的传统美德，建立互帮互助，平等友爱，融洽和谐，互相理解和信任的良好人际关系，构建团结和谐的国资大家庭。

党的十八届三中全会强调要健全改进作风常态化制度，为进一步推进机关作风建设指明了方向。国资委直属机关要认真学习、深刻领会、全面贯彻习近平总书记重要讲话精神，强化领导责任，健全工作机制，完善考核评比，加大监督力度，为加强和改进机关作风建设提供有力保障，以作风建设的新成效凝聚起推动国资监管和国有企业改革发展的正能量，为全面建成小康社会、实现中华民族伟大复兴的中国梦做出新的贡献。

课题组成员名单

组　长：曾　坚

副组长：马明伟

成　员：
李　峰　蒋　怡　施　航　温跃宙
刘　冬　车　晔

国资委机关行政事业类项目清理整合专项课题研究

摘　要：党的十八大明确提出要加快财税体制改革、完善公共财政体系建设。为适应财政管理体制改革的需要，进一步提高国资委项目支出预算管理的科学性，切实增强国资委机关项目支出预算编制的计划性和前瞻性，使项目预算逐步与部门的事业发展规划有机结合，逐步实现财政资金安排与使用的合理、高效，不断提高项目资金使用效益，在充分分析国资委机关现有行政事业类预算项目现状和存在问题的基础上，组织开展了项目清理整合研究工作。截至2013年年底，国资委机关共有57个行政事业类预算项目，由于存在项目数量较多，预算规模偏小，设立时间长，部分项目内容雷同等情况，难以准确反映国资委目前承担的职能职责。通过开展国资委机关项目清理整合的研究，对促进提高项目支出预算编制水平，提高项目资金支出的绩效，加快项目资金的预算执行进度，进一步提高部门预算的科学性，规范项目支出预算管理，建立完善部门项目库，积极推动项目的滚动管理均具有重要的现实意义。

关键词：项目预算　清理整合　强化管理　提高效益

党的十八大明确提出要加快财税体制改革、完善公共财政体系建设。部门预算作为完善公共财政体系的重要内容，近年来财政部在预算编制和执行管理方面出台了一系列规定。适应部门预算科学化精细化管理需要，积极开展国资委机关项目清理整合工作，对进一步提高部门预算的科学性，规范项目支出预算管理，建立完善部门项目库，积极推动项目的滚动管理，不断提高预算执行进度具有重要的现实意义。

一、课题研究的目的和意义

行政事业类项目支出预算是部门支出预算的重要组成部分，是为完成特定的行政工作任务或事业发展目标，由行政事业费安排的在基本支出之外编制的年度支出计划，包括有关事业发展专项计划、专项业务费、大型购置、大型会议等项目支出。项目支出预算具有几方面的特征：一是专项性。项目支出预算具有特定目标，是为完成特定工作任务而编制的经费支出预算。二是独立性。项目支出预算应有其支出的明确范围，项目之间支出不能交叉，项目支出与基本支出之间也不能交叉。三是完整性。项目支出预算应完整体现为完成特定目标或任务开支的全部支出内容，避免将为一个目标或任务而发生的支出拆解分散到多个项目支出中去。

(一)行政事业类项目清理整合是适应财政管理体制改革的内在要求

改革开放以来，随着社会主义市场经济体制的逐步建立和完善，如何合理调整财政的职能，充分发挥其在提供公共服务、调节收入分配、促进经济稳定增长方面的积极作用，逐步建立起适应社会主义市场经济要求的有中国特色公共财政框架，切实做到依法行政、依法理财，成为摆在我们面前的重大课题。2000年中央部门预算改革后，财政部将部门支出划分为基本支出和项目支出两部分，并逐步确立了项目支出预算改革的基本思路，研究制定了《中央本级项目支出预算管理办法(试行)》、《中央本级项目库管理规定》，明确了项目预算分类，简化和规范了不同项目的填报文本和方式，实行了滚动的项目预算管理模式，切实增强项目预算编制的计划性和前瞻性，使项目预算的确定逐步与部门的事业发展规划有机结合起来，实现了财政资金安排与使用的合理、高效，提高了项目资金的使用效益。同时，对中央部门申报项目进行了规模控制，加强了项目审核和项目排序管理。通过建立中央部门和财政部项目库、项目评审制度和绩效评价制度，完善项目支出定额标准体系，逐步规范了项目支出预算的编制及执行，逐渐形成了一套管理规范、分配科学、机制合理的项目支出预算管理体系。另外，为适应财政管理体制改革的需要，财政部进一步加强了项目管理的基础性工作，通过对上一年度已安排项目的清理工作，将部门预算中属于基本支出但列入项目支出预算的项目从财政部项目库中剔除，并按照统一标准对列入部门预算的国务院已研究确定项目、经常性专项业务费项目以及跨年度支出项目(简称“前三类项目”)逐个进行了审定，为项目库中项目的滚动管理奠定了基础。从编制2004年部门预算开始，明确各中央部门申报预算的项目总额需控制在本部门上年度财政已安排项目支出预算总额的120%以内，要求各中央部门确定本部门的资金需求重点，优先申报与部门履行职能紧密相关的项目，保证申报项目规模不突破财政部设定的上限，并做好项目排序工作。在此基础上进一步加强了项目清理工作，要求严格按照项目划分标准把关，优先保证党中央、国务院已定项目的资金需要。

1. 制定相应的法律法规

针对部门预算编制和执行过程中存在的突出问题，财政部修订了《中央本级项目支出预算管理办法(试行)》和《中央本级项目库管理规定(试行)》，将两办法合并为《中央本级项目支出预算管理办法(试行)》。新办法增加了项目绩效评价和项目类别划分的内容，明确提出了项目滚动管理的可操作性原则，规定了管理方法，并对加强项目支出预算管理提出了一些新的具体要求。

2. 项目管理的基础性工作情况

通过对上一年度已安排项目的清理工作，将部门预算中属于基本支出但列入项目支出预算的项目从财政部项目库中剔除。同时，按照统一标准对列入部门预算的国务院已研究确定项目、经常性专项业务费项目以及跨年度支出项目(简称“前三类项目”)逐个进行了审定，为项目库中项目的滚动管理奠定了基础。

3. 项目的审核情况

进一步加强对申报部门预算项目的遴选、论证与审核管理。要求中央部门根据财政政策和中央财力状况等因素，结合本部门工作任务和事业发展目标，加强对申报预算项目的遴选、论证和审核，切实提高申报项目的质量。同时，为解决部门预算上报“天书”，项目库中项目过多、过滥的问题，从编制2004年部门预算开始，对申报预算的项目进行了规模控制，要求中央部门申报预算的项目总额应控制在本部门上年度财政已安排项目支出预算总额的120%以内。

4. 项目的管理情况

中央部门预算编制中项目排序的原则是，首先保障“前三类项目”，然后根据轻重缓急安排其他项目，初步建立起与国家宏观政策及部门履行职能紧密结合的预算分配机制，保障了政府施政目标的实现和部门履行职能的需要，提高了预算分配的科学性、规范性和准确性。同时，在项目清理的基础上，将国务院已研究确定项目、经常性专项业务费项目和跨年度支出项目滚动转入以后年度项目库。

一是集中资金确保重点项目支出需要。一方面，各部门要确定本部门的资金需求重点，优先申报与部门履行职能紧密相关的项目，保证申报项目规模不突破财政部设定的上限，并做好项目排序工作。财政部要根据经济社会全面协调发展的需要，加强对部门申报项目的审核工作，合理安排各项事业支出，搞好综合平衡。另一方面，加强项目清理工作，严格按照项目划分标准把关，优先保证党中央、国务院已定项目的资金需要。二是继续探索编制滚动预算的途径。为适应中长期规划编制的需要，部门上报而当年预算未安排的项目，如部门认为下一年度仍需要安排，则滚动转入下年项目库，同延续项目、下一年度新增项目一起申报项目预算；预算执行中追加的项目，除党中央、国务院临时批办的特殊事项外，必须是进入项目库中的项目，否则，原则上不予安排。通过以上制度安排，既可以严格控制项目执行中的预算追加，又可保证年初预算和追加预算审核标准的统一、规范，将年初预算与预算调整有机结合起来，以维护预算的严肃性和权威性。三是继续细化项目预算编制。强化预算细化工作，部门预算要从最基层预算单位开始逐级编制，不允许代下级单位编制预算的行为，使基层预算单位能够真正从工作需要出发，合理编报预算，切实提高预算编制的准确性。

5.稳步推进项目支出预算绩效评价试点工作

近年来，财政部进一步规范了绩效考评管理制度，稳步推进绩效考评试点工作。一是按照绩效考评管理办法总体要求和各行业的实际情况，制定或修订更具可操作性的分行业的绩效考评管理办法；二是切实推进绩效考评试点工作，对“农业科技跨越计划”等4个支出项目进行绩效考评试点，并为这些项目规定了绩效考评经费的计提比例；三是加大了宣传力度，通过举办会议、组织培训、在媒体上发表文章等方式，营造了“讲绩效、重绩效”的社会氛围。

(二)行政事业类项目清理整合是推动滚动预算管理的有效途径

1.中央部门要对项目进行全面的清理整合

各中央部门要依据本部门中长期事业发展规划，对本部门业务职能履行、自身能力建设和行业发展需要等进行全面的分析、梳理，在理顺内部业务和经费管理的基础上，对原有的全部预算项目进行全面的清理，通过分类归并、整合管理等，重新合理设置预算项目，在大幅压缩项目数量的基础上，改进中央本级项目预算的基础管理工作：一是对预算项目实行分层、分类管理，将中央本级预算项目按层次划分为“执行项目”和“任务项目”，按不同要求进行编制和管理。执行项目是指中央部门根据部门中长期事业发展规划分解细化后的分年计划，为完成具体目标和任务而编制的专项支出计划。任务项目可视为一揽子执行项目的集合。二是提高预算项目的稳定性和细化程度。完善项目编码规则，扩展项目编码位数，确保项目的稳定性和唯一性，年度间的项目名称、内容和范围不得随意调整，项目预算编制要细化到经济分类科目。三是推进项目的全周期滚动管理，改变项目预算管理方式，对项目按照项目周期进行多年度滚动管理。同时，完善项目库管理软件，将项目管理中涉及的预算、指标、结转结余等相关信息整合到统一平台，实现项目全周期管理。

2. 健全项目审核机制，充实预算项目储备

中央部门要进一步健全部门的预算项目审核机制，建立分层级的项目审核程序，完善规章制度，明确审核机构和职责，规范审核的内容和要求。同时，要发挥中介机构在项目评审中的作用，对专业性强、技术复杂、支出数额较大的项目，中央部门应组织专家或委托中介机构对项目进行评审，为部门内部审计决策提供参考意见。根据滚动预算编制和管理的需要，在加强项目审核基础上，中央部门要充实预算项目储备，提高预算安排的计划性和前瞻性。每年度预算编制时，中央部门和单位的项目库中应储备足够多数量的已完成审核程序的项目，供预算安排时备选。

3. 完善项目支出结转结余资金管理办法，强化预算执行与编制的动态衔接

改变现有的项目支出结转结余资金管理方式，项目支出形成结转资金的，要相应调整项目实施计划；项目结转资金经财政部审批后，可调剂用于其他项目；项目结余以项目周期结束或中止、撤销为标准进行确认，项目结余资金经审核确认后，在下一年度可视同部门项目支出机动经费，由部门按照项目支出机动经费的有关规定使用。财政部对中央部门的结转和结余资金管理情况进行综合分析评估，并视情况采取通报、核减或增加部门以后年度项目支出预算规模的方式予以奖励激励。预算年度结束后，中央部门在 2 月底前汇总本部门项目支出结转和结余情况，提出相关结转项目的计划调整备案情况后报送财政部。财政部在批复当年预算时一并批复确认项目支出的结转结余情况。结余资金纳入机动经费管理后，部门需要动用机动经费的，应按程序报财政部审批。

4. 推进项目支出绩效预算管理，绩效与预算安排挂钩

结合滚动预算管理改革，建立适应滚动预算管理的预算绩效管理制度体系，以绩效为导向，强化支出责任，推进建立按照项目、部门或单位整体、支出结构、政策制度等进行的多层次、多维度的绩效评价和绩效管理，建立绩效问责制和相应的激励机制，推进绩效评价结果与预算安排相挂钩。

(三)行政事业类项目清理整合是加强国资委机关项目管理的重要举措

截至 2013 年年底，国资委机关共有 57 个行政事业类项目，其中经常性专项业务费项目 12 个、跨年度支出项目 14 个、其他项目 31 个。这些项目预算金额较小且涵盖内容单一，既不能准确反映国资委承担的职责职能，又给国资委部门预算编制和预算执行管理工作带来很大的困难。随着国家财政体制改革的深入，预算管理科学化、精细化的逐步推进，国资委的行政事业类项目预算执行效率低下的现状已难以适应财政改革的发展要求。

1. 国资委行政事业类项目的历史沿革

国务院国资委成立于2003年，为国务院直属特设机构，主要负责经营性国有资产的增值保值任务、指导推进国有企业改革重组以及按照出资人职责，负责督促检查所监管中央企业贯彻落实国家方针政策及有关法律法规、标准等工作。国资委机关现有57个行政事业类项目，这些项目部分是2003年组建国资委时，由原国家经贸委、中央企业工委及中组部、财政部划转部分职能时移交项目组成，部分是国资委成立后新增设项目。随着国资委事业发展逐步走上正轨，中央企业改革与发展面临着新的国际国内形势，国资委机关现有的行政事业类项目一定程度上，难以准确反映国资委职能职责的变化，为更好地为国资事业保驾护航，提供充足的经费保障，亟待对现有项目进行清理整合。

2. 国资委行政事业类项目管理存在的问题

(1)项目内容陈旧，与国资委事业发展前景不符。国资委机关现有项目零散，一是部分项目内容雷同，如“网络运行维护经费”和“网站运行专项经费”，名称相似、在内容上同为信息化工作，却分为两个项目，占用了项目资源，经费使用上也不能互相调剂。从上述两个项目的实施情况来看，完全可以整合为一个项目。二是难以准确反映国资委承担的职责职能，如综合局所承担的四个项目“中央企业经济运行专项经费”、“中央企业节能减排专项经费”、“中央企业安全生产管理”和“中央企业负责人经营业绩考核体系”。上述四项工作只是就国资委某一项具体工作设立的项目，无法突出国资委作为经营性国有资产出资人代表的特点，也不能全面反映出国资委“三定”方案中的职责职能，而是都属于国资委对所监管企业运行质量与业绩考核工作的范畴，属于国资委对国有资产保值增值、监管中央企业运行的职责之一，可以合并为一个项目。

(2)项目内容单一，不利于项目预算金额的申请和增加。由于现有项目存在内容单一、无法全面反映国资委的实际工作，部分项目经费预算受预算总额零增长的控制，难以安排新增经费预算，缺乏对项目的调控，也不利于全委经费预算的安排与增加。如“中央企业建立和完善国有独资公司董事会试点”和“国有企业改制工作监督检查专项经费”等项目，从内容上看，同属于监管企业改革事务，部分项目经费充足且年年有结余，部分项目由于实际工作需要，尚有经费缺口。按照财政部项目支出管理办法规定，项目支出预算实行零增长和专款专用的原则，上述项目虽同属监管企业改革事务，但彼此之间相对独立，经费单独使用不可调剂，一定程度上制约了国资委监管企业改革工作的开展。

(3)项目的设立已难以适应财政体制改革的需求。随着财政部预算管理科学化、精细化的推进，以及绩效预算的逐步开展，国资委机关行政事业类项目的管理已不适应财政改革发展的要求。中央部门预算项目支出预算改革的发展总体上分为四个阶段。

第一阶段是财政预算从传统模式向部门预算模式转变的过渡阶段，改革的重心是建立健全适应公共财政要求和部门预算管理需要的项目支出预算管理基本框架。这一阶段的重点包括：确立项目支出的基本概念；规范项目支出范围，特别是区分基本支出和项目支出的范畴；改变项目支出预算编制方法，规范预算申报程序；推行项目管理，完善项目决策机制；对项目支出按照轻重缓急进行四类划分，以及对重点项目实行滚动管理。

第二阶段是部门项目支出预算管理逐步完善的阶段，改革的重心是进一步完善项目支出预算管理框架，由粗到细地深化项目支出预算管理，加强项目支出预算的相关配套措施，提高项目支出预算管理的规范性和科学性，为下一步的项目支出预算改革奠定基础。这一阶段的重点包括：延长预算时间，进一步完善项目预算编制程序；细化项目支出预算编制，延伸预算单位层次，减少部门代编预算，提高预算年初到位率；进行项目支出按经济分类编制试点；推进项目支出滚动管理，完善项目支出预算审核程序，改进预算决策机制；规范预算调整，加强预算执行管理，增强预算的约束性；加强项目支出结转和结余资金管理，推进项目预算编制和执行相结合；推进资产管理与预算管理相结合等。

第三阶段是在进一步完善部门项目支出预算管理的基础上，逐步向以标准化额为基础，以绩效为导向的改革方向迈进，改革的重心是建立和完善标准化的项目支出定额标准体系，建立项目支出的预算绩效评价体系和绩效评价结果应用机制。

第四阶段是项目三年滚动预算的改革，在滚动预算周期内，部门三年项目支出总量一经确定，不得随意突破。滚动预算的实施本身要求对中央部门加强对项目预算的基础管理工作，项目要精而少，能够准确、全面地反映部门的职能，以便于项目预算在滚动周期内，经费在项目之间的互相调剂以及结转结余资金的管理，最大限度地发挥财政资金的使用效益。

目前，中央部门项目支出预算定额标准体系建设工作已经全面启动，项目支出绩效评价试点工作以及部门预算滚动管理改革工作也在稳步推进，纵观国资委机关行政事业类项目，由于项目零散、内容相似且单一，不利于开展定额标准体系建设和绩效评价，更无法适应中央开展的项滚动预算管理改革的要求，迫切需要进行全面的分析、梳理。基于国资委业务职能和自身能力建设、国有企业改革发展的基础上，通过归类合并、整合管理等手段，对原有的项目进行全面的清理整合。

二、项目清理整合的总体思路

(一)项目清理整合的指导思想

针对国资委机关行政事业类项目现状和存在的问题，拟对国资委行政事业类项目进行全面清理整合，对部分项目内容相似的项目进行合并，并结合质量管理体系建设中各厅局梳理的工作事项进行整合，对全委同一职责职能项下的多个工作专项经费予以归并，分别从机关建设、党建、考核评价、群工、干部管理、新闻宣传、国有资产监督检查、国有资本经营预算、国有资产综合管理等方面入手，清理整合形成能够突出国资委工作职责、保证重点工作顺利开展的“大项目”。同时，通过清理整合，初步形成国资委的行政事业类项目库，通过项目库来管理和控制各厅局的项目申报、预算编制和预算资金调整等事项，提高国资委项目支出预算编制水平，以有效提高项目资金支出的绩效水平和项目资金的预算执行率。

(二)项目清理整合的基本原则

国资委机关行政事业类项目的清理整合要适应中央部门预算科学化精细化管理工作要求，进一步规范国资委机关项目预算编制工作，能够建立完善项目库管理，积极推进项目支出滚动预算编报，不断细化项目预算和提高项目预算执行进度，提高财政资金使用效益，为国资委中心工作和重点任务的顺利开展提供保障。

(1)职能导向原则。项目的清理整合，要充分围绕国资委的职责职能，以实现国资委职责职能为目的，以国资委中长期战略规划为依据，结合国家的财政投资方向及经济社会发展的趋势，将现有项目内容相似的“小项目”，整合成具有国资委特色的“大项目”。

(2)有利于预算执行的原则。根据财政部的项目支出预算经费管理办法，项目经费要专款专用，各项目之间不许调剂使用，由于现有项目零散，导致部分厅局根据自身的职责设立了多个项目，但在具体执行中，有些项目执行的快、有些项目执行的慢，但实质上是国资委同一职责的表现，从而影响了国资委某项职责的实施，并导致部分项目预算执行率偏低，部分项目经费不足的现象。将国资委某一职责下的若干项目整合成一个项目，可有效解决上述问题。同时加快了预算执行率，避免了因项目支出预算执行率达不到财政部规定的要求，而被核减经费的情况发生。

(3)特殊性原则。国资委机关现有的 57 个项目中，个别项目具有其特殊性，将保持其独立性，不予整合。如横向财政拨款项目、打捆项目。另外，根据财政部规定，2014 年涉及培训的项目要单独反映，涉及国资委机关“企业干部培训专项经费”、群工局“中央企业职工技能人才培训”和监事会“监事会人员培训费”等3个项目，上述项目因其特殊要求而延续其独立性，不予整合。

三、项目清理整合方案构想

为保证国资委机关行政事业类项目的科学性、合理性，紧紧围绕国资委的职责职能和中心任务，我们认为可将国资委机关现有行政事业类项目清理整合为23个项目，具体构想如下：

(1)机关事务与运行保障专项经费，主要由原有的6个项目合并而来。整合后的“机关事务与运行保障专项经费包括以下几方面的工作：一是国资委机关管理提升工作，主要是对国资委机关办公平台操作进行全员培训、对程序文件和工作指导书进行修订以及国资委机关办公平台进行日常维护等。二是离退休及后勤综合管理工作，主要是管理、监督和指导直属11个离退休干部局(办)、10个机关服务中心的各项业务工作；负责国资委机关和直属单位的国有资产、财务、人事、党务、外事等行政管理工作；负责指导、监管所联系协会的国有资产和财务等工作。三是信息公开工作方面的经费。四是机要交换方面的工作。五是档案管理和数字化存储以及负责指导监督中央企业电子文件管理工作方面的工作。

(2)国资监管信息化专项经费，主要是由原有的2个信息化工作项目合并而来。整合后的“国资监管信息化专项经费”主要包括：一是网络运行维护工作方面的通信线路租用维护费，网络系统、应用系统软硬件、机房运行维护，必要的备品备件和运行维护人员经费等。二是内网网络运行管理维护所需的网络系统、应用系统软硬件、机房运行维护，必要的备品备件购置费用和运行维护人员经费。三是视频会议网络运行管理维护，视频局域网、主干网络、视频管理系统、会议终端和视频机房的运行管理维护费用。四是非涉密公文交换系统运行维护、涉密网网络安全和终端安全设备更新等方面的工作。五是网站运行维护工作，国资委网站定期改版、网站系统升级、在线访谈直播策划设计、网站信息购置、网站相关工作办公、网站工作人员等费用。六是信息化管理工作，包括国资委机关信息化管理和指导推进中央企业信息化工作，国资委机关信息化规划和管理研究、安全管理等费用。七是指导推进中央企业信息化相关工作等。

(3)国资监管法制体制建设专项经费。整合后的“国资监管法制体制建设专项经费”项目主要包括：一是组织开展国资立法、研究推进国资体制完善、综合归口指导监督工作、指导推进中央企业法制建设和有关国企议题的涉外谈判、对话等应对工作经费。同时为了完善国有资产监管体制基础，加强指导监督地方国资工作，抓好中央企业法制建设，提升各级国资委公务员以及中央企业经营管理人员的法律意识和法律素质，并做好涉外政策法律工作的应对，需开展普法和法制工作专项工作。二是指导和监督地方国有资产管理专项工作。《企业国有资产监督管理暂行条例》明确规定，上级政府国有资产监督管理机构依法对下级政府的国有资产监督管理工作进行指导监督。

（4）国有企业改革专项经费，主要由原有的7个项目合并而来。整合后的“国有企业改革专项经费”项目主要包括：中央企业建设规范董事会试点工作，按照现代企业制度要求，国资委组织实施的董事会试点工作目前已取得显著成效，将继续扩大试点范围，深化试点工作；国有企业改制监督检查工作，规范国有企业改制是国有企业改革的重要内容，新形势下推进国有企业公司制股份制改革、规范国有企业改制工作任务依然繁重。

（5）监管企业战略发展专项经费，主要包括由原有的2个项目合并而来。整合后的“监管企业战略发展专项经费”主要包括：一是组织开展与推动中央企业战略发展相关的前期工作研究。二是组织开展其他与国有资产监管和国有企业的改革发展相关问题进行研究。三是指导和审核企业发展战略和规划。同时对中央企业重大投资项目执行情况进行专题调查，组织论证会对项目执行效果进行评估、论证等。

（6）监管企业运行质量与业绩考核专项经费，主要由原有的4个项目合并而来。整合后的“监管企业运行质量与业绩考核专项经费”项目内容主要包括：一是完善中央企业负责人经营业绩考核工作。加强调查研究，汲取各界经验，开展课题研究，完善考核制度；规范管理流程，加快中央企业业绩考核信息管理系统建设。二是提高经济运行监测分析质量。梳理、完善中央企业生产经营监测指标体系，提高监测预测与预警能力。三是推动中央企业安全发展、绿色发展。推动中央企业“十二五”节能减排目标完成。

（7）监管企业履行社会责任专项经费，主要由原有的2个项目合并而来。整合后的“监管企业履行社会责任专项经费”项目内容主要包括：指导企业建立和完善社会责任管理制度。指导企业在现有管理体系的基础上，逐步建立与现有管理体系全面融合的社会责任工作体系。

（8）监管企业人力资源管理专项经费，主要由原有的5个项目合并而来。整合后的“监管企业人力资源管理专项经费”项目内容主要包括：促进中央企业领导人员配置科学化、标准化和规范化，加强和改进中央企业领导班子的管理、建立适应现代企业制度要求的选人用人机制、提高中央企业领导人员管理工作科学化和规范化水平。

（9）国资监管统计评价审计监督专项经费，主要由原有的3个项目合并而来。整合后的“国资监管统计评价审计监督专项经费”项目内容主要包括：建立较为完整的全国国有企业财务决算统计评价体系，提高国有企业财务信息质量，深入开展所监管企业财务监督，并有效指导全国国有企业统计评价工作。

(10)监管企业产权管理专项经费，主要由原有的3个项目合并而来。整合后的“监管企业产权管理专项经费”项目内容主要包括：一是产权登记工作；二是资产评估工作；三是国有产权交易管理工作；四是监督指导地方国有产权管理工作。

(11)监管收益管理专项经费。整合后的“监管收益管理专项经费”项目内容主要包括：开展中央企业国有资本经营预算监督检查、稽核和绩效评价工作以及国有资本经营预算信息系统建设和运行维护。

(12)监管企业党建群工事务专项经费，主要由原有的2个项目合并而来。整合后的“监管企业党建群工事务专项经费”项目内容主要包括：开展中央企业统战工作、精神文明建设工作的调查研究、督促检查、工作交流和工作指导。

(13)国资监管纪检监察专项经费，主要是纪检监察专项工作方面的支出。

(14)国资监管巡视工作专项经费，主要是对中央企业巡视工作方面的支出。

(15)监管企业国际化经营专项经费，主要是对监管企业“走出去”境外投资运营监管等方面的支出。

(16)监管企业维稳工作经费，主要由原有的4个项目合并而来。主要用于维护稳定方面的支出。

(17)国资监管宣传专项经费，主要是新闻宣传工作以及年鉴编印等方面的支出。

(18)监事会专项经费，主要由原有的4个项目合并而来。整合后的“监事会专项经费”项目内容主要包括履行对中央企业的监督检查职能，组织开展巡视工作，实践探索监事会监督有效方式。

(19)监管企业国外机构资产专项检查经费，主要是监事会工作局对监管企业国外机构资产监督检查方面的支出。

(20)代管单位监督管理工作专项经费，主要是国资委代管事业单位的业务指导和财务资产审计等方面的支出。

(21)国资监管外事工作专项经费，主要是国资委外事经费、出国费等方面的支出。

(22)国有企业形象建设专项经费。主要是搭建沟通平台，宣传国有企业的正面形象。

(23)代管协会工作经费，该项目内容主要是：联系工商领域行业协会，是2003年机构改革时国务院交办给国资委的重要任务之一。

四、整合后加强项目管理的措施

(一)夯实预算编制基础工作

项目支出预算是国资委部门支出预算的重要组成部分，是为完成国资监管工作任务和党中央、国务院交办的其他事项等，在基本支出预算之外编制的年度支出计划。结合财政部对中央部门滚动预算管理改革方向，国资委应从以下几个方面加强项目支出预算编制和项目库的管理工作：

1. 项目支出预算编制方面

一是项目支出预算要体现当年财政拨款、以前年度结转和结余资金和其他收入等统筹安排的要求，优化配置，努力提高资源的配置效率。二是要科学论证、合理排序，厅局申报的项目应当进行充分的论证，确定其可行性和必要性，并经过严格的审核程序，保证预算编报的质量，按照财政部关于项目申报的要求及总预算规模，分轻重缓急合理排序并结合财力状况择优安排，减少项目安排中的主观随意性。三是强化追踪问效，项目资金安排以后，应加强对预算项目执行过程进行管理，解决执行中出现的问题，保证项目目标的顺利实现，同时，在项目结束后，将项日的完成结果与预期目标进行对比、分析，评价项目产生的绩效，并以评价结果作为下一步加强管理、优化支出结构和安排后续资金的依据。

2. 项目的申报要求方面

项目的基础申报文本由项目申报书、项目可行性报告、项目评审报告和财政支出绩效目标申报表四部分组成。

厅局申报当年预算时，应按照财政部的规定，填写项目申报书并附相关材料，详细填列支出明细项目的测算过程和依据。新增项目中预算数额较大或专业技术复杂的项目，除申报项目申报书外，还应填报可行性报告和项目评审报告。延续项目中项目计划和预算没有变化的，可不再填写可行性报告和评审报告；项目计划和预算发生较大变化的，应当重新填写可行性报告和评审报告；纳入绩效目标管理范围的项目，还应填报财政支出绩效目标申报表，并按照规定的时间报送材料，申报材料必须真实、准确、完整。

3. 项目库的建立和管理方面

项目库是对项目进行规范化、程序化管理的数据库系统，国资委应当按照申报项目支出预算的要求，对厅局申报的项目进行筛选排序后，录入财政部统一设计的软件系统。每年年度预算批复后，按照财政部的要求，对已批复的全部预算进行清理，合理确定年初预算已批复项目的类别，提出列入下一年度预算的“前三类支出项目”，初步测算需在下一年度预算中安排的“前三类支出项目”预算建议数，实现项目库中项目的滚动管理。

(二)新项目管理办法及组织实施

项目整合后为项目的管理增加了难度，特别是跨厅局整合项目涉及不同厅局业务开展资金的有序保障。加强整合后的项目管理，做好项目预算执行工作，实现新旧项目平稳过渡，需要注意以下几个环节：

1.保留原有项目预算指标

原有的厅局延续项目预算是厅局开展国资监管等业务工作的资金保障，项目整合后，应当保持厅局原有项目预算指标，以保障既定项目目标的实现。在预算执行过程中，需要考虑在新项目名称下，增设原有项目科目名称设置，在日常核算和执行过程中，以原有项目为基础进行预算管理和控制，按照国资委项目经费管理办法的有关规定，做好新项目的预算管理和实施。

2.加预算执行分析和指导

财政部批复新项目预算以后，应当按照预算执行管理的有关要求，按月对新项目的执行情况进行统计和分析。分析过程仍然要以原项目为基础，特别是对跨厅局项目，在新项目预算下，对安排各厅局使用的项目资金执行情况进行分析研究，以使每个厅局掌握其所承担的分解到各个新项目预算资金的执行情况，解决预算执行中存在的问题，确保新项目的预算执行进度符合财政部门的有关要求。

3.合理调配原有项目预算安排

以原有项目为基础，在做好新项目预算执行情况分析的基础上，对在新项目下，对不同厅局承担的项目预算资金的执行情况进行分析和研究，对因工作计划任务改变等情况造成项目资金无法继续安排实施的情况，按照财政部门的有关规定要求，国资委可合理调配安排到新项目下其他厅局承担的预算资金不足的项目中，以保证新项目整体执行进度符合财政部门的规定要求，提高财政资金的使用效率。

(三)加强对新项目的财务核算及报销管理

项目整合以后，执行过程中仍然需要在原有项目的基础上进行预算执行情况的分析，这给财务核算工作增加了难度。需要对科目设置进行研究，对账务处理软件功能进行拓展，以适应对新项目的财务核算和预算执行情况分析的要求。同时，按照国资委项目经费管理办法和报销审批程序的相关规定，做好项目经费的报销审核和经费管理工作。

(四)充分利用项目绩效的考评成果

加强预算绩效管理，是公共财政的内在要求，其根本目的是改进预算支出管理，优化财政资源配置，提高公共产品和服务质量。按照财政部门的有关要求，国资委应当逐步建立"预算编制有目标、预算执行有监控、预算完成有评价、评价结果有反馈、反馈结果有应用"的全过程预算绩效管理机制，实现预算绩效管理与预算编制、执行、监督的有机结合。建立和完善预算绩效管理体系，探索引入第三方评价机制，建立健全预算绩效管理智库。按照财政部绩效考评管理办法的相关规定要求，组织做好对相关项目的绩效考评工作，并以绩效评价结果的应用为落脚点，促进预算管理水平的提高。

参考文献

[1]财政部预算司.中央部门预算编制指南(2013)[M].北京:中国财政经济出版社,2013.

[2]龚巧莉.全面预算管理:案例与实务指引[M].北京:机械工业出版社,2012.

[3]财政部经济建设司.政府公共部门绩效评价理论与实务[M].北京:中国财政经济出版社,2005.

[4]林秀香.预算管理[M].大连:东北财经大学出版社,2013.

[5]陈旭东.绩效预算的理论基础探源[J].财会月刊,2005(8).

[6] 丛树海,周炜,于宁.公共支出绩效评价指标体系的构建[J].财贸经济,2005(3).

[7]董静,苟燕楠.公共预算决策分析框架与中国预算管理制度改革[J].财贸经济,2004(11).

[8]姜媛媛.论公共部门绩效评估为基础的预算体制[D].武汉大学,2003.

[9]石英华.项目支出预算执行研究[J].北京:经济科学出版社,2012.

[10]张红兵.项目预算管理[J].北京:中国财政经济出版社,2008.

[11]刘有宝.政府部门预算管理[J].北京:中国财政经济出版社,2006.

[12][美]卡恩,[美]希尔德雷思.公共部门财政管理理论 [M].孙开,等,译.上海:格致出版社,2012.

[13]中国财政学会.构建预算管理新模式——部门预算制度与国库单一账户制度[M].北

京:经济科学出版社,2000.

[14]廖泉文.人力资源评价系统[M].济南:山东人民出版社,2001.

[15]林崇建,周亚越.我国完善行政问责制之路径分析[J].宁波大学学报,2006(3).

[16]刘彬.权责发生制——预算会计确认基础的改革方向[J].财会研究,2004(9).

[17]刘惠萍.基于网络层次分析法的政府绩放评价[J].科学学与科学技术管理,2006(6).

[18]刘庆阳.权责发生制预算会计改革国际经验及借鉴[J].商业时代,2006(35).

[19]刘新琳,周兵.新公共管理与政府绩效审计[J].财会通讯,2006(5).

[20]刘旭涛.政府绩效管理:制度战略与方法[M].北京:机械工业出版社,2003.

[21]马珩,刘益平.内部控制与现代审计的美系[J].审计与经济研究,2004(3).

[22]闵晓蕾.关于政府绩效审计理论的文献综述[J].内蒙古科技与经济,2006(23).

[23]欧文汉.政府报告制度:公共支出管理中的重要环节[J].经济研究参考,2004(12).

[24]彭国甫,李树丞,盛明科.应用层次分析法确定政府绩效评估指标权重研究[J].中国软科学,2004(6).

[25]张庆亮.政府绩效预算改革研究[J].首都经济贸易大学,2008(5).

[26]彭健.政府预算理论演进与制度创新[M].北京:中国财政经济出版社,2006.

[27]孙玉华,魏汝祥,李璐.试论内部控制与军队审计的关系[J].当代经理人,2006(1).

[28]唐铁汉.我国开展行政问责制的理论与实践[J].中国行政管理, 2007(1).

[29]王立国.标杆管理:组织提高绩效的利器——对标杆管理的再认识[J].技术经济与管理研,2005(4).

[30]王谦,周卓儒.公共部门绩效评价的标杆管理与数据网络分析[J].西南交通大学学报,2004(5).

[31] 吴桂芳.建立政府公共支出绩效考评制度的重要性[J].公共支出与采购,2007(5).

课题组成员名单

组　长：

刘立学　管理局财务办主任

副组长：

张嘉琦　管理局财务办副主任

成　员：

张树鑫　管理局处长

李维明　管理局主任科员

第六篇 其他

行业协会市场化改革目标模式研究

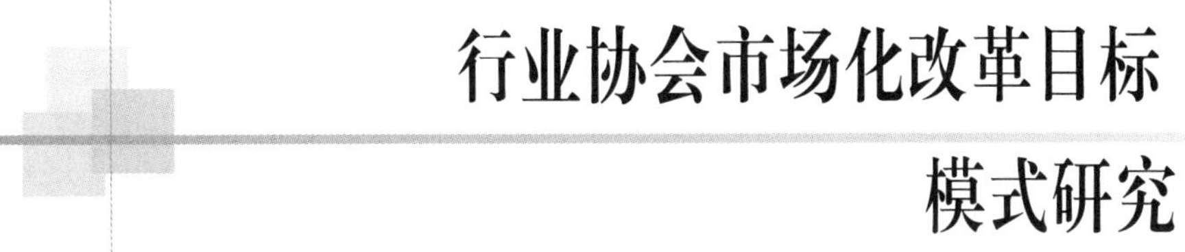

行业协会市场化改革目标模式研究

摘　要：本课题回顾了行业协会建立和发展的历史背景，指出了改革开放以来行业协会发展的体制动因，分析了我国行业协会发展的现状及面临的主要问题，给出了市场化改革的原则方向和目标模式，最后提出了推动改革的建议。

市场化改革的内涵是指在经济运行中，市场机制对资源配置作用持续增强和作用范围不断扩大的演变过程。行业协会市场化改革是现代市场经济发展以及社会转型和社会治理结构调整的迫切要求。改革的方向是市场化，改革的原则是内部机制转换与优化行业协会发展环境相结合，加强监管与政策引导相结合，推进行业协会统筹协调可持续发展。改革的建议是，充分借鉴国外的经验，结合我国自身的国情及行业协会发展特点，尽快形成中国特色的行业协会发展模式，加快行业协会立法和政府职能的转变，营造良好社会舆论氛围，加快构建有利于行业协会规范发展的管理体制。同时，行业协会完善行业协会内部治理机制，提高自身服务能力和水平，努力将协会做大做强。

关键词：行业协会　市场化　改革

第一章　中国行业协会建立和发展的历史背景和体制动因

第一节　行业协会的内涵

行业协会是市场经济国家普遍存在的一种旨在促进行业发展、规范行业秩序的社会经济组织形式。不同国家和地区对行业协会的理解不完全一样。例如，日本经济界认为：行业协会是指事业者以增进共同利益为目标而自愿组织起来的同行或商人的团体；美国《经济学百科全书》定义行业协会是“一些为达到共同目标而自愿组织起来的同行或商人团体”；英国关于行业协会的权威性定义是“由独立的经营单位组成，保护和增进全体成员既定利益的非营利组织”；德国企业协会的定义是行业协会是企业自由参加的注册团体，代表各个不同产业的利益；中国台湾工商业行业协会被称为工商业“同业公会”。我国对行业协会概念界定的差别也较大，强调的重点不完全一致。我们认为，行业协会是一种主要由同行业单位和个人为共同利益而自愿结合形成的自律性、非营利性、自治管理的社团法人，是行业经济民主自治管理组织。行业协会是现代社会经济中一个重要的制度安排，和所有制度一样，它的产生、发展和发挥作用有其背后的逻辑基础，行业协会在解决某些问题的效率和有效性方面具备无法比拟的优势。

第二节　行业协会发展的历史基础

一、中国古代传统的行会

行业协会作为一种古老的经济治理结构，自春秋战国时期就出现了，是由手工业者或商人组成的同业组织，称“行会”或“行帮”。其中，“行”的出现是基于政府对城市经济社会管理的需要。自秦汉至唐，政府对城市都实行一种封闭的管理模式——市坊制度，其中，“坊”指居民区，“市”则指商业区。正是由于商业区中店铺的集中才产生了最初的“行”。《长安志》中对唐朝都城长安的东、西二市有这样的记载：“东市，隋曰都会市，南北居二坊之地，东西南北各六百步，四面各开一门，各广百步……街内货财二百二十行。”唐代以后，市坊制度逐渐衰落，但“行会”的发展却兴旺起来，在一定意义上，它是市坊制度的替代物并成为政府治理的工具。宋代是中国古代传统行会定型的时期。元、明、清三代，行会制度日臻完善，分为工商业行会、市井行会、江湖行会等。

二、清末和民国时期的商会、同业工会制度

清末，民间工商业发展和清政府的劝办及立法推动相结合，大大促进了商会在中国的推广。1899 年，出现了第一个有关商会的民间拟定章程《拟中国建立商业会章程》；1902 年，上海通商银行组织成立了上海商业会议公所，这是近代商会的雏形。1903 年，清政府设立了商部，作为统辖农工商实业的最高管理机构，在全国劝办商会。1904 年，

根据商部的意见，清廷谕令颁布了《禀定商会简明章程》、《商会章程附则六条》，此项法律文件成为商会成立的法律依据，它赋予了商会商事共断权，也就是出现商务纠纷时，地方政府管不过来，可以交给商会来进行调解和仲裁。

清末和民国时期的商会、同业工会制度，与传统的行会组织相比，具有强烈的独立意识的社团组织，与其他形式的社团比较而言，它是当时最有影响力的新型民间社团。与西方国家的民间商会相比，清末民国时期建立的商会更依赖于国家法律的制度催化。在当时战乱频仍、列强窥伺、政府无力的情况下，商会及同业公会在兴办实业、实行行业自治自律、发展工商经济、维护民族工商业利益、稳定地方社会秩序、促进整个社会经济生活的运转进程等方面都发挥了重要的作用。

三、新中国成立后的社会团体

1949 年 8 月，中共中央做出《关于组织工商业联合会的指示》，预备成立共产党领导下的工商业联合会，把旧的商会和同业公会都纳入其范畴。1952 年 6 月全国工商联筹备代表会议在京召开，1952 年 8 月 1 日政务院第一百四十七次会议通过《工商联合会组织通则》。从 1953 年 6 月起，中国共产党在全国范围内对资本主义工商业进行了大规模的社会主义改造。同年 11 月 12 日，中华全国工商业联合会正式成立，从此取代了旧有的商会。同业公会的职能则由政府各行业管理部门所取代。政府按照国民经济分类体系设立对应的职能部门，对经济活动实行“归口管理”，专业管理部门运用行政手段对行业和企业实施全面管理。社会团体的生存空间极其狭小，无论在数量上还是功能上都非常有限。1965 年，中国内地有全国性社团不到 100 个，地方性社团 6000 余个。而行业协会直到改革开放前基本上都不再存在。

第三节　改革开放以来行业协会发展的体制动因

改革开放以来，行业协会和其他民间社会组织都获得了新的发展空间，各级政府也把发展行业协会作为一项重要任务来大力推动。

一、市场取向的经济体制改革及其影响

1978 年开始的改革首先在经济领域进行，并以农村经济体制改革为突破口。农村联产承包责任制的实施使农村中国家、社会与个人的关系发生了深刻的变化，农户成为农村基本的生产经营单位。独立经营的农户对于发展经济、学习现代农业科学技术、维

护自身权益的需求极为迫切，政府所提供的有关服务十分有限，在这种情况下，中国农村出现了第一批农民自发组织起来的自下而上的行业协会，如 1980 年四川省郫县成立的养蜂协会，它专门为其蜂农会员提供技术服务。80 年代中后期以后，包括提供农产品购销、加工、储运，甚至国际贸易保护等专业服务的农业行业协会迅速发展，到 1993 年有 9 万多个，到 1996 年年底，已发展到 150 万个左右。这些农业行业协会是改革以后最早出现的纯民间组织。

从 1984 年起，城市经济体制改革开始启动，非公有制经济(主要包括个体、私营经济和港、澳、台及外商直接投资经济)在国内生产总值中的比重大幅度上升。1978 年中国非公有制经济仅占国内生产总值的 1%，到 1993 年达到 12.3%，1996 年已高达 24%。无论从非公有企业自身发展的角度看，还是从政府实施行业管理的角度看，发展一批功能健全的行业协会都成为必需。而这首先是因为减少企业交易成本的需要。企业在市场中活动遇到许多交易成本，当交易成本增加到一定程度，企业之间就会出现各种形式的合约，代替成本较高的各种谈判。行业协会就是市场经济中企业经常需要的一种合约形式，它能够降低交易成本。其次是提供行规行约、市场信息等互益性公共服务的需要，单个的企业不愿意或不能够解决这些公共事务，但行业协会可以在行业系统内部进行有效的自主管理。

二、政府管理体制改革及其影响

市场取向的经济体制改革要求政府管理体制改革与之相适应，以保证经济体制改革的顺利推进和深化。政府管理体制改革包括政府职能转变和政府机构改革。政府职能转变的趋向是对由过去的微观管理转向宏观管理，由直接管理转向间接管理，由部门管理转向行业管理，由以管为主转向以服务监督为主，把原来不应该由政府承担的还给社会。政府职能转变带来了政府机构改革，要求政府机构按照转变后的政府职能精简、归并。政府机构改革为行业协会提供了机遇：原来由政府承担的行业管理职能，由行业协会承接。这就需要培育发展行业协会。

具体地说，20 世纪 80 年代以来的政府管理体制改革在经济领域产生了两大变化：第一，市场机制逐步取代了计划机制，使国有企业获得了越来越大的自主权；第二，经济主体日趋多元化，非国有经济蓬勃发展，并且占据了越来越大的比重。这要求逐步削弱政府经济管理部门对企业的行政干预，逐步探索政企分开的行业管理模式。

三、全球化及国际竞争的影响

中国“入世”使得发展行业协会成为非常重要和紧迫的现实需要。随着中国加入

WTO,我国的经济正在融入全球经济当中。WTO对各国非政府组织的行为并没有直接的约束,这就为行业协会提供了较为广阔的活动空间。换言之,行业协会作为非政府组织有可能起到政府所起不到的作用,可以通过灵活运用WTO规则中的一些条款对本国企业进行公开保护。国际经验也一再表明,在经济贸易领域里发生的各种纠纷,最适宜的协调机制往往不是政府而是行业协会。

中国"入世"以后,企业面临国际市场竞争,各种国际贸易摩擦会大量增加,反倾销、反补贴的案例层出不穷。单个企业不仅难以应对谈判对手,且难以承担高昂的交易成本,企业需要联合起来,整合力量,行业协会将承担起代表本行业企业与国外企业和行业组织进行国际交往的重任,在协调市场、协调价格、组织反倾销、反补贴的调查应诉及解决其他国际贸易摩擦等行动中发挥作用。按照国际惯例和政府职能转换的要求,行业协会在保护产业、支持企业、增强国际竞争力等方面,肩负着维护行业利益,组织和帮助企业开拓国际市场,加强与国外有关行业组织的联系,协调国际纠纷以及反倾销等重任。因此,发展独立于政府之外的行业协会与国际接轨就成为必需,会有助于国内行业的专业化、规范化、国际化,也有利于保护国内企业的整体利益、国家和社会的公共利益。

四、行业协会发展的政策过程

和西方发达市场经济国家行业协会发展的路径不同的是,中国行业协会的发展其实是政府的行为,是一个政策性的过程,最早的尝试开始于1980年。1980年,原国家经委派代表团对日本行业管理的情况进行了专题考察,回国后建议有关部门和地方政府进行行业协会试点。1983年,国务院决定对大型经济行业进行由部门管理向行业组织管理的试点,批准成立了一批行业协会。此后,发展行业协会一直成为政府决策的重要内容。

1993年召开的党的十四届三中全会上,明确了我国通过改革开放要建立的经济体制是社会主义市场经济,同时指出:作为市场经济体系的一个重要组成部分,要"发展市场中介组织,发挥行业协会、商会等市场中介组织的服务、沟通、公证、监督作用"。1995年,在党的十四届五中全会通过的《关于制定国民经济与社会发展"九五"计划和2010年远景目标的建议》中指出:要把不应由政府行使的职能逐步转给企业、市场和社会中介组织。在1997年党的十五大的政治报告指出:要把综合经济部门改组为宏观调控部门,调整和减少专业经济部门,加强执法监管部门,培育和发展社会中介组织。同年,国家经贸委印发了《关于选择若干城市进行行业协会试点的方案》的通知,决定在上海、广州、厦门和温州四个城市开展培育行业协会的试点。1999年10月,国家经贸委印发《关于加快培育和发展工商领域协会的若干意见(试行)》的通知，对行业协会的性质、功能及其促进措施，作了更为明确的表述。2001 年 2 月中旬，国务院发表公告，撤销国家经贸委所辖 9 个国家局，成立包括中国轻工业联合会、机械工业联合会、钢铁工业协会等 10 个工业行业协会和商业联合会等协会，并赋予这些协会部分政府职能。2002 年 4 月，国家经贸委印发《关于加强行业协会规范管理和培育发展工作的通知》，提出按照“调整、规范、培育、提高”的工作方针加强行业协会的规范管理和培育发展。对于行业协会的发展，中共中央和国务院有关领导一直高度重视并作过许多重要讲话。2003 年 10 月召开的党的十六届三中全会《关于完善社会主义市场经济体制若干问题的决定》提出了“要按市场化原则规范和发展各类行业协会、商会等自律性组织”的要求。

在中央推动和政策指引下，全国许多省市先后出台各种地方性政策，积极探索推动行业协会发展。1999 年 4 月，温州市发布政府令，出台了全国第一个地方性的行业协会管理法规:《温州市行业协会管理办法》。1999 年 11 月，深圳市人大也颁布了《深圳经济特区行业协会条例》。此后，河北、北京、上海、黑龙江等地都纷纷出台了有关推动本地行业协会发展的政策。除了省级政府外，一些城市也出台了发展本市行业协会的政策法规，如《南京市政府关于培育发展全市工商领域行业协会的指导意见(2002)》、《佛山市行业社会团体管理规定(2002)》、《无锡市促进行业协会发展条例(2003)》、《大连市行业协会管理办法(2004)》等。许多地方性政策法规都为促进地方行业协会的发展和管理进行了有价值的探索。

第二章　我国行业协会发展的现状和问题

第一节　行业协会的现状

我国行业协会已经成为社会主义市场经济的重要组成部分，是促进国民经济发展、构建和谐社会的重要力量。行业协会规模、种类、数量迅速增长。截至 2012 年年底，全国在民政部门登记的社会组织达到了 49.2 万家，职工人数 599.3 万人，共有社会团体 26.8 万个，行业协会近 7 万家，其中，全国性行业协会 600 余家。行业协会作为市场经济的重要组成部分，发挥了不可替代的作用，整体影响力日益扩大。

第二节　行业协会面临的主要问题

一、行业协会的发展缺乏法律、法规体系的支撑

行业协会缺乏独立、健全的法律、法规体系，这是我国行业协会发展相对滞后的原因之一。直至目前，我国尚无一部专门性的关于行业协会的法律、法规，对行业协会的性质、地位、作用、职能没有统一的规范，即使许多省市出台了关于行业协会的地方性法规或规章，但也往往多侧重于程序性规定，况且地方法规之间差异性很大，具体操作中难以有统一的标准，执行中随意性也较大。因而对行业协会的性质、地位、职能、作用一直缺乏权威性界定，这在很大程度上限制了行业协会的培育与发展。在人员编制、职称评定、税收减免、社会保险、职能落实等方面也没有与之相配套的法规与政策保障，因而行业协会本身社会认可度不高，难以吸引和留住高素质的人才，这些势必影响到行业协会的自身建设和能力建设，更会影响到行业协会作用的发挥。此外，行业协会的中央政策与地方政策的衔接、配套、协调中也存在着不少的问题，造成了许多客观上的困难。

二、政府职能转移相对滞后，影响协会作用发挥

行业协会的发展更多地取决于政府部门对行业协会的认识和定位。当前，仍有部分政府部门对市场经济条件下行业协会地位和作用的认识不够充分，主观上仍然存在"政府大包大揽"的思想，"有事才找协会"成了发挥行业协会作用的主要方式，没有把行业协会的发展纳入整体规划，没有把行业协会当作政府转移职能的承接载体。现实中，有的部门将行业协会看作是机关的内部机构、代管机构；有的将具有独立法人地位的行业协会置于从属地位，当作政府机构的延伸；有的将行业协会当作政府"后院"；有的甚至把行业协会看作是政府的负担，等等。从总体上说，我国行业协会的发展壮大首先受制于与政府的权责不清、关系不明。

政府购买服务制度还不完善。购买服务是加大政府职能转变力度的重要举措，是政府与行业协会功能互补良性互动的有效机制。购买服务机制利于发挥行业协会在服务企业、规范行业、发展产业中的重要作用，也是行业协会与国际接轨的一个必然趋势。政府有关部门在购买服务方面放手不够、政府购买的动力不强、尚未形成完善的政府购买服务机制。

各级政府及业务主管部门没有把培育和发展行业协会纳入当地机构改革和社会经

济发展的整体规划，也没有明确不同时期不同阶段行业协会发展的具体目标，致使行业协会的分布不能完全适应经济发展和社会进步的需要。同时，各地行业协会发展的水平也很不平衡。经济发达地区行业协会数量多，成长快，作用大；而经济欠发达地区的行业协会状况则不尽如人意。行业协会发展的情况往往从侧面反映了地方经济状况。

三、促进行业协会发展的相关政策措施和管理规定滞后

国家对行业协会作为非营利性组织开展的有偿服务收入，采取了不合理的税收政策。以办展、培训为例，行业协会在收到会员交付的参展费、培训费后，即需按营业收入缴付营业税，其余部分在支付各项开支后再上缴所得税，完全被作为经营性实体。行业协会不是企业，这种税收政策给行业协会造成了不合理的经济负担，不符合党中央和国务院提出的鼓励行业组织发展的方向。

行业协会与其他社会组织有所不同，行业协会要实施有效的行业自治管理，配合政府进行宏观调控，需要建立规范统一、自上而下、跨地域的组织体系。目前，按照《社团登记管理条例》有关要求，在民政部登记注册的全国性行业协会不得建立地方分会，这种对一般社团的统一规定忽视了行业组织的特殊性，制约了协会作用的发挥。

四、行业协会能力建设不足

行业协会的自身能力建设不足主要表现在以下几个方面：一是有一些行业协会缺乏规范、完善的自律机制，没有明确、完整的规章制度，日常工作随意性大，工作缺少制度保证；二是有一些行业协会缺少主动性、创造性的工作精神和服务意识，行政依附性强，等、靠、要思想严重；三是大多数行业协会人才队伍缺乏，人才结构不合理现象突出；四是大多数行业协会财力不足，发展后劲乏力。行业协会还没有真正走上自我管理、自我服务、自我生存、自我发展的道路。

第三章 我国行业协会市场化改革的趋势、要求和方向

第一节 市场经济发展需要行业协会

一、市场经济需要行业协会

行业协会作为市场经济的产物，可以有效弥补市场失灵和政府管控失灵，它是市场机制运行的润滑剂和添加剂，协调市场主体利益，提高市场配置效率的功能，在政府与社会主体之间、市场主体之间搭起一道沟通的桥梁，充当着组织协调的平等中立者角色。由于它能承担和完成政府和企业在发展市场经济中所不能完成或不能高效完成的社会经济职能，从而有效促进市场经济健康、有序、规范地发展，因而成为市场经济体制内在的重要组成部分，成为市场经济的动力与工具。随着我国经济改革的不断深入和政府职能转变的推进，行业协会作为中介组织和自律性行业管理组织，在建立社会主义市场经济中的作用越来越突出。行业协会组织的发达与否是一个国家市场化程度高低的基本标志，可以说，市场经济越发达，行业协会组织的发育和完善就越普遍，行业协会在社会经济生活中的作用就越重要。

二、行业协会需要进行实行市场化运作促进发展

首先，行业协会是市场经济的产物，行业协会必须摆脱计划经济的束缚，自觉地融入市场经济，发挥市场中介作用，并随着市场经济的完善和发展，使行业协会自身得到完善和发展。

其次，行业协会是企业与政府之间的桥梁、纽带，是企业与市场之间的中介组织，行业协会的地位决定了必须实行市场化运作。

最后，实行市场化运作也是规范发展行业协会的需要。行业协会自身的组织机构、运行机制、人员结构、工作方式等都应该适应市场经济的要求和市场化运作的需要，并随着形势的发展，协会自身逐步实现完善化、规范化。

第二节 协会市场化运作的原则

2003年10月14日中国共产党第十六届中央委员会第三次全体会议通过的《中共中央关于完善社会主义市场经济体制若干问题的决定》指出“按市场化原则规范和发展各类行业协会、商会等自律性组织”。这为我国发展行业协会的发展指明了道路，即：按市场化原则规范和发展。其特征是：市场主体独立，经营决策自主，所有制成分及实现形式多样化，产品和要素市场化，经济行为契约化、信用化、法制化。实现市场化必须坚持诚实守信，恪守透明度，市场准入、知识产权的司法保护，依法办事，有序竞争。协会市场化运作应按照以下原则：

一、独立的原则

积极推进政社分开，确立行业协会的对立法人地位，实现行业协会依法设立、民主管理、自律发展的市场化运作模式。作为独立的社团法人，行业协会既不是政府的机构，更不是政府的附属，也不是某些企业的辅助体。它应该是行业与企业群体整体利益的代表，在政府和行业之间发挥桥梁纽带的作用。能否按市场化原则自主办会，是对行业协会的最基本要求，也是能否发挥其沟通政企作用的一个关键。政企不分，过于依附政府，市场化程度不高，是行业协会现阶段存在的一个突出问题，也是制约行业协会发展的一个重要原因。

二、规范发展的原则

以发展为主线，以规范为手段，通过法律规范、政府监督、政策引导和行业自律，促进行业协会提高服务水平和能力，增强自律能力，推进行业协会规范有序健康发展。行业协会要坚持以服务为宗旨，为会员提供更好的服务。同时行业协会要结合行业特点，自身优势，拓展工作领域，增加服务内容，创新服务方式，提升工作水平。积极履行职能是行业协会工作由虚到实的转向。行业协会要深入企业，紧贴市场，关注本行业国内外发展的动态，改进工作方针，做好行业统计、信息咨询、调查研究等基础性工作，及时向政府有关部门反映行业中带有前瞻性、倾向性、普遍问题及提出建设性的建议，促进服务水平的提高。要注重增强行业协会的自律功能，进一步加大行业自律力度。

三、优化结构，统筹协调的原则

调整优化现有行业协会的结构，按照市场化的要求改造老的行业协会，发展新的行业协会，是行业协会适应经济发展的需要。要协调行业协会改革发展过程中的各种关系，做到行业协会改革与政府职能转变结合，行业协会内部机制转换与优化行业协会发展环境相结合，加强监管与政策引导相结合，推进行业协会统筹协调可持续发展。

第三节　协会市场化改革方向

20 世纪中后期以来，不论自由经济的欧美国家，还是致力于经济市场化的发展中国家，都或多或少地受到了“全球改革时代”浪潮的冲击。在经济全球化发展的大背景下，成熟的市场经济国家，其行业协会组织伴随着市场经济的发展，经过不断完善和发展与其他治理机制的合作，已经成为经济社会综合治理结构中一种有效的治理机制。我国经过 30 多年改革开放的洗礼，也逐步确立了以公有制经济为主体，多种所有制共同发展的基本经济制度，民营经济呈现出繁荣发展的景象。同时，伴随着经济体制改革和政治体制改革，也越来越需要社会体制改革与之相适应。作为社会组织中发展迅速、最为活跃的组织之一的行业协会，迫切需要在这一市场化改革浪潮中调整发展方向与运作模式，与国际接轨，从而在我国经济转型阶段发挥更大的作用。

一、行业协会市场化改革的内涵

市场化是指在经济运行中，市场机制对资源配置作用持续增强和作用范围不断扩大的演变过程。其特征是：市场主体独立，经营决策自主，所有制成分及实现形式多样化，产品和要素市场化，经济行为契约化、信用化、法制化。市场化是实现资源优化配置的重要手段，是促进行业发展、提高行业管理水平、加速行业现代化的重要途径，也是国际化的重要基础。

如图 3－1 所示，行业协会介于会员企业和政府及其他公共治理主体之间，担当着桥梁和纽带的角色。所有市场经济的原则都可以归结为追求利益原则，企业之所以需要协会，是为了维护自身的利益。而市场经济条件下的企业自身利益从根本上讲不可游离于它的行业，行业利益和行业组织的保护往往就成为市场竞争中单个企业利益的安全屏障。在国内市场竞争中是这样，在参与国际市场竞争中更是如此。因此，作为企业的行业组织——行业协会，代表企业利益并且把企业利益融入行业利益，就成为行业协会的根本任务，按市场化原则规范和发展行业协会的本质要求也就在于此。

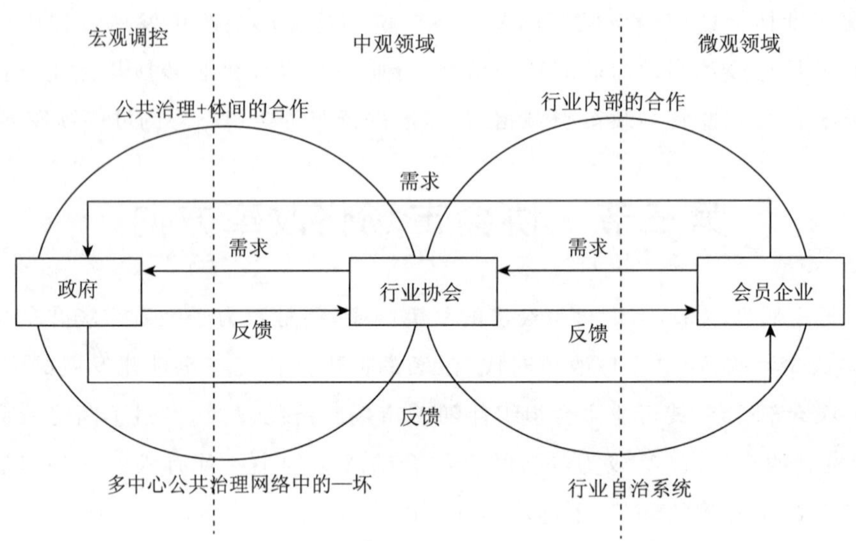

图 3-1 政府、行业协会、会员企业的网络关系模型

资料来源：黄昕.行业协会与政府及会员企业之间的关系模型[J].理论与实践，2008(1).

按照这一本质要求，行业协会的市场化改革，必须以体现行业协会本质的属性特征为目标，即行业协会的独立性、非营利性、服务性以及民间性。

二、协会市场化改革的方向

1. 协会的相对独立化、去行政化

作为市场经济发展的必然产物，行业协会具有协调市场主体利益，提高市场配置效率的功能。我国行业协会由于受新中国成立初期计划经济的影响，多数是由政府职能部门转化而来，“官办”色彩较浓，使行业协会市场化受到一定的阻碍，社会对行业协会缺乏认同感。因此，要推进行业协会市场化改革，首先就要改变其原有的定位，从“官办民协”改为“民办官协”，切实推进政会分开，让行业协会实现自主办会。

第一，要改变行业协会的组建方式。从目前主要由政府发起组建，改为主要由企业自发组建，企业依法组建的行业协会，政府职能部门应给予支持和推动，但政府职能部门不要充当发起人的角色。第二，政府职能门要在机构、行政、人事等方面，与行业协会彻底分开。行业协会机构不能与政府部门工作机构合署，要逐步改变行业协会挂靠政府部门的状况。协会领导人经选举产生，一般由企业家担任，专职人员应由协会自主选择，现在行业协会，不符合上述原则的，要逐步过渡。第三，行业协会的生存与发展，要走市场化道路，做到自立、自律、自养、自强。第四，坚持企业与个人自愿入会的原则。行业协会必须按民间办会、自主办会的原则，实行自愿入会，自筹经费，自理会务，自主运作，防止出现“二政府”的倾向和过于依附政府的现象。政府要高度重视行业协会的发展，坚持政府引导和市场运作相结合，既要强调自主办会，也要加强指导、监管。

2. 行业协会的职业化

职业化建设是协会健康发展的必由之路，协会的领导与管理工作作为一种职业，需要具有专业知识和技能的人员，需要具有从事践行与之相关的公益理念的行为，也就是需要职业化。职业化就是逐渐趋向专职人员社会化、管理科学化、做事专业化。在组织战略方面，有着明确的发展目标和职能定位；在组织结构上，有着适应环境和适应战略的灵活、柔性的合理结构形式；在人员方面，有着社会化的高素质和有胜任能力的专职工作人员；在管理方面，有着完善的规范运作模式。

职业化就是强调用科学管理、专业化做事方式，运用法治、程序和规则来促进组织的高效和规范运作。职业化是一个覆盖从宏观管理到微观管理的过程。协会的职业化建设是一个系统工程，从推动实现协会自主发展这一职业化建设的目标出发，协会职业化要定位在组织、管理、人员三个层面上进行。因此，职业化建设工作内容包含着组织战略明确、组织结构优化、管理与运作科学等方面，办事机构的人员管理是职业化建设的一个重要方面。

3. 行业协会的规范化和制度化

行业内部管理体制是从微观角度处理行业协会内部各种关系的基本框架和制度总和，其中行业协会的治理结构是其内部管理体制的核心。行业协会内部管理体制的运作依赖于外部管理体制环境，外部管理体制的健全是内部管理体制完善的基础。首先在内部治理结构方面，健全的行业协会构架包括会员大会、理事会、监事会和秘书处四个主体。其次在人事制度方面，协会内部应当积极推进民主选举机制，保证内部组织机构的质量和活力。在资金与财务制度方面，规范收费行为和加强财务管理，在不从事以营利为目的的经营活动前提下，通过多种方式创收，建立健全财务管理、财务核算制度和资产管理制度，保障行业协会的资金来源，使其更好地为企业服务。

4. 服务的专业化，提高行业协会服务水平和质量

行业协会的服务水平是关系到行业协会发展的最关键因素。当前我国一部分行业协会发展受阻的原因很大程度上就在于服务水平低，企业认同度不高，导致行业协会形同虚设，不仅难以起到为企业分忧解难的作用，而且还需要依赖政府的资金支持来维持运作，成为政府的财政包袱。（见表 3－1）

表 3-1　新时代行业协会基本服务方向

大类工作	中类任务	细类举措
制定行业规划	行业基本发展设想	在宏观经济调控指导下，依据政府的中长期发展规划，结合行业的技术水平、资源配置和供求等情况，提出具体设计
	重大项目前期论证	对技术引进、投资、开发和技术改造项目进行具体分析论证，提供会员企业参考
提供全面、准确、及时的信息服务	整理会员企业定期呈报的信息，广泛搜集国内外经济、技术、贸易等信息	关注价格变动趋势、股市、进出口关税、本行业及相关行业的新技术、新工艺研发等信息
	搜集有关政治走向和社会发展等对企业和行业发展有重要影响的情报信息	—
	对搜集的信息进行分析、预测和评估，通过报表、刊物等形式提供给会员企业作为决策参考	—
代表企业家利益，协调政府、企业、职工各方利益关系	建立政府与企业相联系的桥梁和纽带	—
	进行行业内部企业之间的协调	避免恶性竞争等
	帮助企业和工会进行协商	解决争端，缓和企业与职工的关系
提供培训咨询服务，为企业降低决策风险	聘请专家为企业提供咨询服务	国内外形势分析，解释相关国内外政策和法令，帮助企业制定发展战略
	培训与教学服务	为会员企业举办讲座、培训班、报告会等，开展网上教学，培训行业管理人才和技术人才，提高会员企业职工队伍的素质

在行业协会市场化改革的目标前提下，行业协会要想获得长久的发展，必须坚持为企业服务的宗旨，对自身有明确的定位。行业协会不是行政机关，而是政府和企业之间的桥梁和纽带，不能把政府职能变相地由行业协会来承担，应该坚持市场导向的原则，民主办会，加强为会员服务的能力，而不应该强化对会员的控制能力，严防行业协会出现行政化倾向。面对复杂多变、竞争激烈的市场，行业协会要积极探索为会员服务的有效形式，提高业务水平和服务层次，帮助企业减少生产经营活动的盲目性。行业协会要主动适应经济全球化的大趋势，走出国门，与国外同业组织加强交流和沟通，了解和把握国际市场的最新动态，更好地为会员企业服务。总之，通过对会员企业提供形式多、范围广、质量高的服务逐步获得企业的认同，进而使协会具有行业代表性；通过对违法、违

规经营者进行约束和惩戒达到了净化市场环境、维护市场竞争秩序的目的，促进了行业整体发展，而这一目标的实现又会提升行业协会的社会威望和行业地位，使行业协会能够为企业提供更高层次的服务。

另外，行业协会应不断提升为政府决策提供服务的能力。行业协会作为行业利益的代言人，要尽可能地参与到政府与本行业有关的决策活动中，及时向政府和有关部门反映企业和行业的诉求，提出合理化的建议。

5. 发展的国际化

随着全球经济一体化进程的加快和我国市场经济体制的逐步确立，行业协会的发展遭遇到前所未有的冲击和挑战。自从我国实行改革开放以来，大批外资企业涌入国内市场，使国内竞争异常激烈。同时，我国的企业也在不断进军海外，在国际市场中占据越来越大的份额。在这样的竞争环境中，如何监控和管理外资企业、规范国内市场、保障我国企业在国际竞争中的合法权益越来越成为企业、商家和用户（消费者）的共同呼声。而市场的规范除了要依靠政府制定有关法律法规来加强管理外，更要形成行业内的自律管理机制，这就需要行业协会承担起更多的责任，与国际接轨，在社会经济发展中发挥更大的作用。（见表 3－2）

表 3－2　新时代行业协会外贸服务方向

大类工作	中类任务	细类举措
帮助会员企业开拓国际市场	为会员企业的产品提供促销和宣传服务，促进对外交流	举办各种国际展销会，帮助企业开拓国际市场；积极协商进出口产品价格，解决出口企业之间的低价竞销问题
积极参与制定有利于本行业发展的贸易政策	—	向各级政府提出政策建议，积极参与制定有利于本行业发展的贸易政策、技术标准和法规，减少贸易摩擦的发生
推动建立反倾销预警机制	—	依据国际法的对等原则和 WTO 的反倾销条款，提供证据证明进口产品以低于公平价值的价格销售，并对国内产业造成的损害，提请政府采取临时性的限制措施

续表

大类工作	中类任务	细类举措
帮助会员企业应对外贸诉讼	提供法律咨询，完善应诉制度	为应诉企业提供法律咨询，组织和配合应诉工作。由于反倾销应诉费用较高，许多企业存在“搭便车”的心理，挫伤了部分企业的应诉积极性。对此，行业协会要发挥组织作用，建立“谁应诉、谁受益”制度
加强国际协调，争取行业利益	—	与国外行业协会建立平等互利、友好协商的双边沟通关系，积极参与同行业国际组织的活动。在应对贸易摩擦时，行业协会应与国外进口商、进口国消费者协商，争取共同利益

首先要注重组织体系的创新。我国行业协会有必要对机构设置作相应的调整和充实，如健全协会的组织机构、工作部门和分支机构，按地区、按专业分设工作委员会或专业委员会，或根据开展工作的需要分设若干小组，由各理事单位、会员单位参与领衔，充分发挥会员的积极性。在人才结构上，吸引一些年富力强、懂专业的人士加盟协会的工作、增强协会的活力。根据国外行业协会的经验，协会的主要领导应聘请企业家担任，并依据企业代表在协会中担任角色的不同，所负的责任和所缴纳的会费也有差别，做到责任、权力和利益更好地结合。

其次是管理功能的创新，即由服务型向开拓型、自律型向进取型发展，把开拓市场，尤其是开拓国际市场作为自己的一项重要职能。通过扩大对外开放，提升企业和产业的竞争力，维护企业对外贸易的权益，提高利用外资的质量，扩大对外投资。如利用其与国外行业协会的对等接触，在世界经济舞台上为我国企业争取更有利的合作机会和更大的发展空间；举办各种国内和国际展览会、展销会和订货会，帮助企业开拓国内和国际市场；通过信息引导、技术培训、制定行规行约等方面，帮助企业优化进口结构，维护合理的产品价格水平，利用贸易争端解决机制，积极组织或参与应付，开展相关调查，进行协调活动等，代表企业积极应对发达国家的贸易壁垒，维护民族企业的正当权益。

第四章　协会市场化改革的目标模式

行业协会要融入市场经济，其组织机构、职能、运行机制和运作方法要贴近市场，按照市场需求和市场经济原则，遵循市场经济规律，成为市场经济不可或缺的组成部分，促进我国社会主义市场经济协调可持续地发展。这就是行业协会的市场化改革的总体目标。

第一节　国外行业协会的运作模式借鉴

国外行业协会的发展有着很悠久的历史，各国的制度安排和运作管理都积累了丰富的现实经验，对我国行业协会的市场化改革具有重要的参考和借鉴意义。由于不同国家的历史国情、社会文化背景和政府治理模式不同，国外行业协会、商会的运作模式也各不相同。根据法律特征可以将其分为三种基本模式，即英美模式、大陆模式和混合模式。

一、英美模式（也称盎格鲁－撒克逊模式）

由于英美有采取自由主义政治、经济政策的传统，政府公共机构对社会组织历来较少采取干预主义的方法，这种政策对于行业协会、商会等组织的发展与自治非常有利。直到现在，英国、美国都没有特别的商会法，任何企业任何个人，都可以发起成立行业协会、商会，如同办理工商企业一样，到有关部门办理注册登记手续即可。其任务、职能也全由商会自己决定，并无法律上的规定。而政府亦不赋予商会某种行政职能，也不给予财政方面的支持。由此商会具有以下一些特点：一是纯民间性。商会没有官方色彩，而是典型的由企业和个人自愿组成、完全自治的社会组织。政府对商会没有特别的监督措施，只要不违法，商会可以自由地开展任何活动。二是一地多会。行业协会、商会的建立不受数量限制。三是自愿入会。任何一家企业可以参加也可以不参加行业协会、商会，参加后亦可以退出。四是自筹经费。英国、美国政府对行业协会、商会都没有财政上的补贴，其主要的经费来源是向会员收取会费，以及通过提供服务收取服务费用。五是治理结构多样。英国、美国没有统一的商会法规，因此商会的治理结构是根据地方法规确定的，显得千差万别。但也有其共性，即商会的领导机构是董事会，由会员直接选举产生。日常工作由执行委员会负责，聘请经理和专职人员。

二、大陆模式（也称法国模式）

大陆模式首先在法国产生，现代法国商会是在 19 世纪初，根据拿破仑的命令，按照公法建立起来的，商会的领导人也是由政府任命的。根据法律，政府赋予商会若干行政职能，但商会必须接受政府的领导和监督。现代法国政府虽已不像拿破仑时代对商会进行控制和干预，但基本上还保留让商会行使某些行政管理职能的传统。由此法国或按照法国模式建立的商会，就具有其特色。一是半官方色彩。在法国、德国和欧洲一些国家，商会都是按公法设立的。在拿破仑时代，商会并不是自治组织，而是政府管理、指导和促进企业发展的一个公共机构。随着市场经济的发展，法国、德国商会逐步演变成企业的自治性社会组织，但其章程和任务仍然是由公法决定的，在职能上是自治法人，但法律上则是公法法人，商会必须完成政府委托的任务，所以仍然具有明显的官方色彩。政府对商会实行严格的监督，主要是实施法律监督，即监督商会必须依法组建、依法活动，同时进行财政的审计监督。尽管大陆模式相比英美模式有较浓的官方色彩，但政府决不因商会对政府的政策有不同意见而在行政上、财政上予以制裁。二是一地(城)一会。由于法国、德国的商会都是在政府的推动、指导下建立的，故其在一个地区、一个城市只能建立一个商会，镇一级则不建商会。商会分为地方、地区和全国三级。三是强制入会。在法国、德国商会法都规定一切企业都必须参加本地区的商会。四是财政支持。由于商会承担着某些公共职能，所以它们在经费上除了会费收入外，还能得到政府财政上的支持。或是直接由财政预算支持，或是通过授权特许的服务收费，以支持商会。五是治理结构规范化。商会法对商会的组织结构都有明确的规定，并对选举制度、代表名额及工作制度等都做了明确规定。

三、混合模式

混合模式则是英美模式和大陆模式的混合体，这种模式主要是在商会发展稍晚的一些国家特别是亚洲国家采用的较多。运用这一模式的国家主要是从自己的国情出发，借鉴上述两种模式的长处，建立起兼有两种模式特点的体制。亚洲的混合模式又可以分为两种类型，一种是大陆模式特征较多的混合模式，比较典型的是日本和我国台湾地区。日本有商会法，商会由公法建立，一地一会，要求企业均参加工商会，但是并不强制、参加后也可退会。需要完成政府委托的任务，政府对商会有一定的补贴，其工作要接受通产省的监督，每年要向政府写财务报告。我国台湾地区则设立《职业团体法》，下设《工业团体法》和《商业团体法》，实行一地一会、一业一会、业必归会。法律规定所有企业均必须参加当地的同业公会(相当于行业协会)。这些类似于大陆模式，但日本工商会和我国台湾地区的商业会、工业会及其所属的同业公会更强调自己的民间性、自治性和独立性。另一种是英美模式特征较多的模式，比较典型的如泰国和我国香港特区。其主要特点是都拥有众多的纯民间性商会组织。泰国有商会法，但不实行一业一会，允许设立众多商会组织。我国香港特区并不设商会法，任何人均可以申请成立商会，这与英美模式相似，但指定香港总商会承担一定的政府职能。必须承担政府委托的任务，这又与大陆模式相似。

四、三种运作模式特点及优劣比较

上述三种运作模式虽然特点各异，但其功能有许多共性：一是代表工商界利益，通过与政府对话以维护工商界的利益；二是为企业服务，主要有咨询、信息、培训、中介、法律和福利性服务等；三是促进地区经济发展，主要有为地区招商引资，参与地方重大项目建设，参与地方性公共设施、公益事业的建设和相关活动等；四是协调和自律。大陆模式由于还承担政府的授权任务，还有政府授权培训、企业注册鉴定、由政府授权签发商业公证书和由政府特许的经营管理项目等。（见表 4－1）

表 4－1　国外商会三种模式比较

	英美模式	大陆模式	混合模式
适用法律	无商会法	有特别的商会法	有商会法
法律地位	私法法人	公法法人。工商会为特定名称	公法法人。工商会为特定名称
会员	自愿入会	所有的企业、经营者强制入会	自愿入会。企业强制在工商会注册但不一定取得资格（日本）
地区划分	无地域限定	一地一会	一地一会。但商会管辖地域不重复
监管当局	无监管当局	联邦政府	国际贸易和工业部长（日本）
监管方法	无监管方法	注册、检查、撤销商会	注册、检查、撤销商会（泰国政府可撤换理事）
商会自治功能	由一些辅助性法规和商会年度商务计划列明	在指定地区内维护会员利益。通过提议、专家意见的方式支持和提意见给行政和政府当局	在指定地区内维护会员利益。通过提议、专家意见的方式支持和提意见给行政和政府当局
授权功能	无授权功能	职业培训。签发原产地证明。企业注册（法国）	由政府机构委托的活动。管理特定商业者及其企业登记注册
会费	按照章程由董事会决定收取	税收附加（法国）。强制性征收（德国）	按照章程收取。也可征得监管部长同意向企业征收（日本）

续表

	英美模式	大陆模式	混合模式
商会内部组织	董事长为最高领导。会长负责日常工作	代表大会选举理事会。会长为商会代表。总经理负责日常工作	会员大会选举产生理事会。理事会选举会长。会长代表商会。秘书长负责具体工作
领导选举	董事会由全体会员直接选举产生。董事长由董事会选举产生。会长由董事会任命	全体代表大会选举出代表参加。人数权重由行业的重要性确定。会长和副会长由代表选举产生。总经理由全体代表大会任命	代表大会由会员和其他团体代表选举产生。会长由全体代表大会选举产生。执行委员从代表大会代表中任命。商会审计师由代表大会任命

英美模式的商会是社会自治组织，完全独立于政府。其优点是商会的一切活动不受政府的干预，在代表企业游说政府、国会，与政府对话的过程中，有非常明确的立场。由于这一模式的商会不承担政府职能的任务，从而促使商会不断开拓新的服务领域。而且任何企业、个人都可以办商会，可以充分发挥企业家办商会的积极性，有利于商会的发展。会员是自愿入会，迫使商会全力以赴地为会员服务，努力提高工作效率，不断改进服务态度。这种模式的缺点是，商会没有与政府制度性的对话规定。由于没有政府的支持，开展商会活动的难度也就较大。而且由于开办商会的门槛较低，商会组织太分散，有的地区有几个商会，而有的地区可能没有商会。同一地区有几个商会就会出现商会之间的竞争，不利于形成合力。同时这一模式下，如果会员不多，会费和服务收入太少，商会就不能有效地工作，甚至有可能过多地依赖于少数有实力的会员，从而影响其代表性。

大陆模式的商会有法律规定，其优点是商会的工作任务、活动范围都比较明确、比较规范。这一模式的商会承担了政府的某些职能，由于由商会运作，比较熟习企业的情况，了解企业的要求，所以成本低、效率高，比政府办得更好，而且有利于社会力量参与公共事务，从制度上保证了公共政策部门必须听取商会的意见，同时由于实行义务会员制，会费收入比较稳定，有利于商会活动的开展，也有利于支持中小企业。其缺点是活动范围受到严格的限制，对社会政策的影响相对较小。商会活动对行政机关依赖太多，有些甚至成为政府机构的一部分，在一定程度上影响了商会的独立性。而且由于商会要考虑各方面的利益，有时很难采取非常明确的立场，领导层既缺乏有效的管理压力，也缺乏更好地为会员服务的动力机制。（见表 4-2）

表 4-2 英美模式与大陆模式优缺点比较

	优点	缺点
英美模式	完全独立于政府,有充分的自治性,敢于向政府提出批评性意见和建议。竞争的压力使商会具有创新动力,能努力为企业服务。有利于商会间的兼并	商会十分分散,合力不强。与政府的沟通无法律保证,只能通过游说向政府、议会施加压力。收入来源不稳定,小的商会活的开展动较为困难
大陆模式	组织和运作规范。制度上保证了与政府沟通的渠道,便于代表和维护企业利益和政府正确决策。会费收入稳定,有利于商会活动,也有利于支持小企业	对政府的依赖性较大,影响独立自治性。有官僚倾向,效率不高。缺乏为会员服务的创新动力。商会间没有竞争

从上述英美模式与大陆模式的比较中,我们可以看出基于不同的历史、文化和政府治理模式等背景,两种模式具有许多共同之处,特点鲜明,各有优劣。对于我国而言,在行业协会的市场化改革进程中,需求充分借鉴这两种模式的经验,并结合我国自身的国情及行业协会发展特点,尽快形成中国特色的行业协会发展模式。

第二节　我国行业协会的类型

我国目前行业协会主要有三种类型:

一、政府主导型

从 1978 年至今,我国现有的全国性行业协会大多是政府主导自上而下建立的。本来政府进行行业协会改革是作为政企分开、简政放权的一项政事改革,但此类协会因为是在机构改革过程中组建起来的,出现了整体转制、合署办公、“一套人马两块牌子”的现象。因此作为部门管理体制的变形和延伸,行业协会变成了“二政府”。这种体制的弊端是,把协会的管理与政府职能部门的权限、利益联系起来,业务主管单位作为协会的主管部门不仅承担责任,更重要的是享有行政权力,以及权力背后的丰厚利益。因此,这类协会易陷入公信力不足的信任危机。

二、市场内生型

这类协会是随着非公经济的不断发展,从市场内部催生出组建行业协会的内在需求,于是一些体制外协会自下而上应运而生。从这类协会的形成机制看,它们往往与市场体制健全和非公经济发展共生共荣,多出现在经济发达的浙江、广东、江苏等地区。但同时也正因为它们出身于民间,与政府主导型行业协会相比,它们最大的弱点就是与相关部门的关系较为疏远，难以获得一些应被赋予的职能。而这一矛盾在协会组建过程更凸显了其弊端。尽管这种行业协会存在着数量少、职能不到位等问题，但其符合经济社会的发展规律，有着广阔的发展前景和空间，将会成为日后行业协会发展的主要类型。（见图 4－1、4－2）

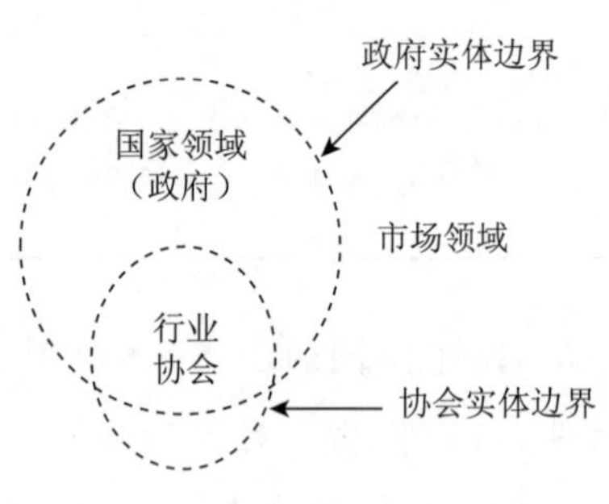

图 4－1　政府主导型行业协会

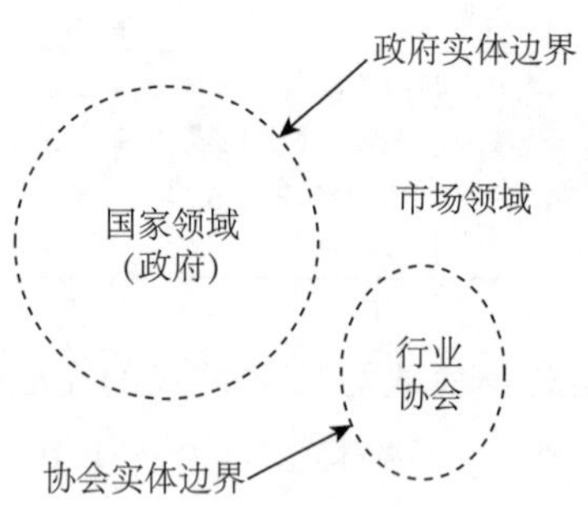

图 4－2　市场内生型行业协会

三、中间结合型

从名称上看，这类协会既不是由政府主导自上而下组建，也不是完全由市场催生自下而上组建，而是在政府的引导和推动下，由业界组建，同时政府给予一定的扶持。这类协会显然具备了上述两种协会的优点，既兼顾了市场需求，避免了政府主导型带来的负面影响，又改善了市场内生型行业协会成立门槛过高的限制。可见，在我国改革的转型期，这类协会可能是容易被政府、社会和企业接受的一种类型。但也应注意到，这种类型协会的组建主要基于行业内在的需求。（见表 4－3）

表 4－3　行业协会的三种类型比较

	政府主导型行业协会	市场内生型行业协会	中间结合型行业协会
创办机构	政府机关	民营企业	政府发起，企业响应
协会定位	辅助政府管理，同时为企业提供服务	为企业服务，同时为政府、社会服务	以服务企业为主，兼由政府引导
协会决策机构	政府主管部门和政府任命工作人员	会员大会、理事会	会员大会、理事会
专职工作人员	政府退休、分流人员	协会理事会聘任	协会理事会聘任
会费	收费困难，收取率低	收取有难度，收取率高	收取有难度，收取率高
企业捐助	比较少	较多，占经费较大比例	较多，占经费较大比例
服务性收费	较少	较多	较多

续表

	政府主导型行业协会	市场内生型行业协会	中间结合型行业协会
政府资助	有一定的财政补贴	基本没有	少量
企业态度	大部分视为二政府，有时是负担	企业认可度高，较积极参加协会活动	企业认可度高，较积极参加协会活动
协会对政府的态度	希望政府财政支持，并移交相关行政职能	希望政府能赋予一定的行业治理职能	希望政府能赋予一定的行业治理职能
政府赋予职能	政府行政职能移交	基本没有	移交了少量的职能
行政权力寻租	普遍存在于有行政权力的协会	基本没有	积极寻求

第三节　我国行业协会市场化改革的目标模式

一、行业协会的定位

通过前两节对国外行业协会运作模式以及我国行业协会类型的对比分析，我们可以看出，政府主导型行业协会由于难以克服的行业色彩，特别是对政府部门的过度依赖，在市场经济不断深化过程中难以承担与胜任行业协会的基本职能，面临着自身的如何转型与民间化的挑战。而市场内生型行业协会，则是今后行业协会产生的主要类型，尽管由于其产生的背景是市场经济体制完善与非公有制的大力发展，在改革发展差异化较大的进程中，其成长与发展需要一个过程，但有着广阔的成长空间。中间结合型行业协会在现实改革发展阶段，则可能是为政府、社会与企业容易接受的一种类型，既能减少建立初期的门槛限制，又能较易承接政府让渡的部分社会管理职能，也能为业内企业所接受，不失为行业协会在改革发展时期内一种类型的选择。因此，在我国行业协会市场化改革进程中，这三类行业协会各自如何变革以及变革方向的确立是改革的重中之重。

就国外相对已经成熟的三种运作模式来看，通过对我国具体情况的分析，我国目前尚不具备发展纯粹民间性质的行业协会的环境条件，即英美模式很难在我国目前的社会条件下进行运作。可以说，至少在目前社会转型期以及相当长时间内，纯民间性质的行业协会发展方向并不适用我国。综合分析，我们认为以日本、中国台湾为代表的混合模式将成为我国行业协会模式的实践选择，其管理方式和运作方式可以在具体的方面给予我国行业协会发展操作化的借鉴，或在我国经济发展方式转型以及市场经济发展进程中给行业协会提供较易实施的改革建议，为达到这一目标，需要企业、行业协会以及政府三方共同做出调整，逐渐向更自主、更专业的市场化方向过渡，并逐步完善，从而

更好地实现行业协会的各项职能。(见图 4－3)

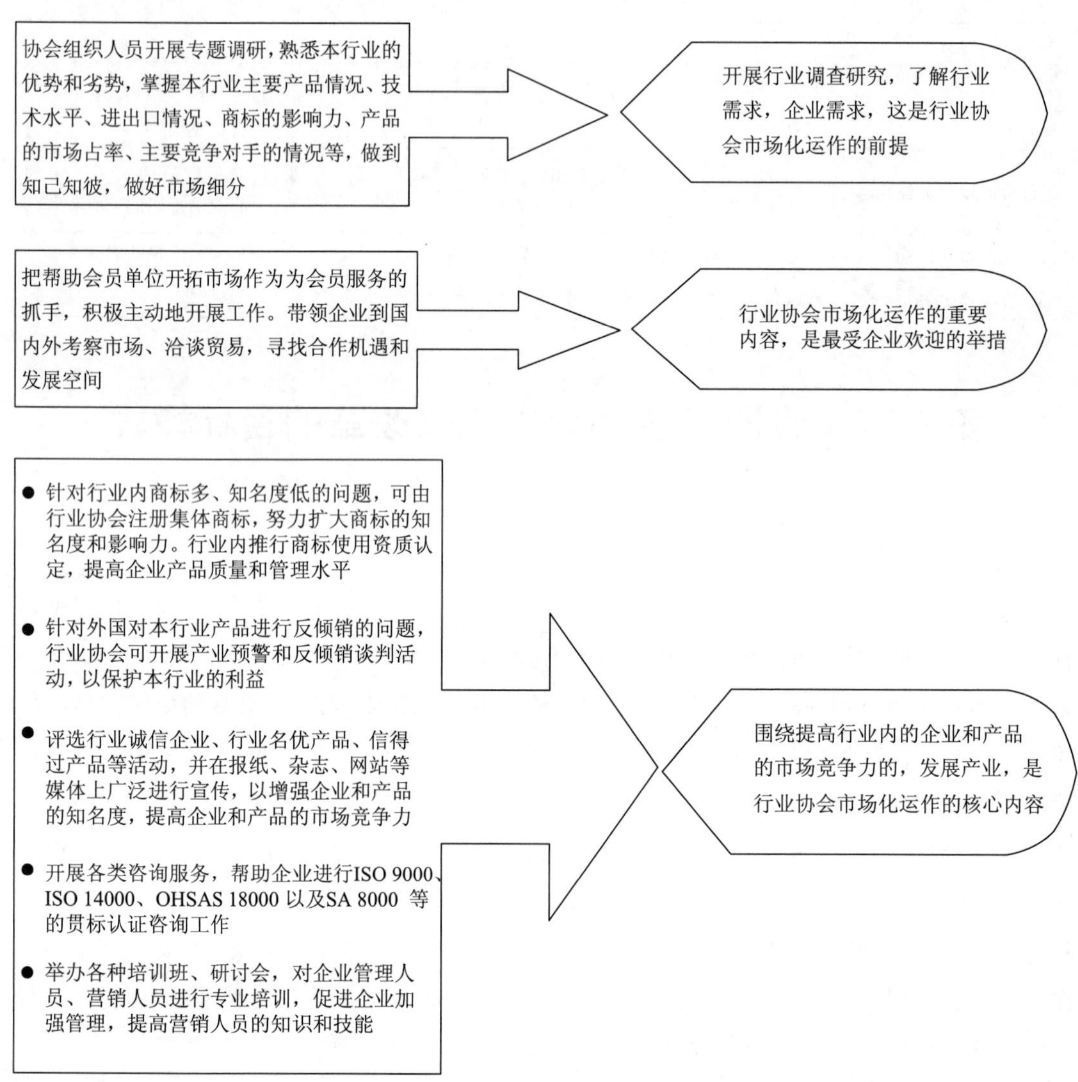

图 4－3　行业协会市场化运作的内涵与外延

二、我国行业协会发展面临新的机遇与挑战

1. 行业协会发展的外部环境进一步优化

《国务院机构改革和职能转变方案》(以下简称《方案》)指出："完善有关法律法规，建立健全统一登记、各司其职、协调配合、分级负责、依法监管的社会组织管理体制。""依法

自治”、“依法监管”等提法，都把法制建设作为推动行业协会改革和发展的前提条件。行业协会立法走过了十几年艰难路程，政府有关部门、行业内、企业界、法律界和社会有关各界，为确立行业协会法律地位，明确行业协会承担的职能和法律义务等做出了不懈努力。相信以此次改革为契机，行业协会立法进程将会加快，行业协会的外部环境将得到进一步优化。《方案》明确指出：“逐步推进行业协会商会（以下简称“行业协会”）与行政机关脱钩，强化行业自律，使其真正成为提供服务、反映诉求、规范行为的主体。”行业协会与政府、企业相关联，是政府、企业、社会联系与交往的桥梁纽带和平台，也是行业自治的重要主体。改革的重要目标之一就是要按照市场化要求，使行业协会真正成为行业的自律组织。《方案》还指出：“重点培育、优先发展行业协会商会类、科技类、公益慈善类、城乡社区服务类社会组织。”把行业协会放在了重点培育发展的首位，体现了国家对行业协会的重视。李克强总理强调，政府转变职能要重视发挥行业协会的作用；既要放开，也要管住、管好，防止出现管理上的“真空”。行业协会改革的重要目的，就是要使行业协会得到更好的培育和发展，重视质量而不是数量，重视品牌建设而不是盲目扩充，从而起到行业协会在经济社会建设中的主体作用。

2.政府职能转变为行业协会的发展提供空间

随着经济体制改革和行政体制改革的深化，在传统计划经济体制下，建立专业经济部门进行行业管理的模式已经被打破。政府在经济领域的职能越来越侧重于宏观调控和市场监管，不再直接干预企业的具体经营行为，包括现在的行业管理，在新的形势下也要赋予它新的含义和新的管理方式。一方面，在这种政府职能改革、机构改革的情况下，政府越来越借助于协会的力量，政府的一些部门也越来越看中协会的力量，充分发挥协会熟悉行业，贴近和了解企业的优势，引领和促进行业整体发展。同时对于政府自身来讲，也只有这样，才能腾出更多的精力抓宏观抓大事，立长远谋全局。这也是这一轮改革当中突出强调发挥社会力量的作用的目的之所在。另一方面，当前经济成分和组织形式日益多元化，人民群众参与公共事务和公共管理的意愿不断增强，仅靠单一的政府管理已经难以为继，而且矛盾直接冲着政府。所以，要适应社会结构和利益格局的深刻变化，就必须创新社会管理体制，进行社会治理结构的变革，发挥社会组织，尤其是行业协会在社会管理当中的协调作用。这就要求行业协会充分发挥自己的社会功能，填补行政权力的空白。而政府要从某些领域退出，就要依靠行业协会填补这个空白，承担起应有的社会责任。

政府职能转变是一个不断深化的过程，随着这个过程的逐步推进，管理体制日趋完善，相信我国行业协会在经济社会中的作用必将更加凸现。这就意味着我国行业协会的发展空间越来越广阔，发展环境越来越宽松，发展的势头也会越来越好。对此，我们应当充满信心和希望。

3. 企业需要协会提供更多的服务

随着我国社会主义市场经济体制的不断完善，企业在扩大经营和持续发展方面的需求不断加大，对行业协会在收集和发布行业信息、提供服务、解决行业的共性问题、推动产业转型升级、协调行业与企业之间关系、协调企业和政府间的关系、反映企业诉求等诸多方面的作用越来越重视，要求也越来越高。特别是在经济全球化背景下，企业积极走出去参与全球竞争，但同时贸易保护主义抬头，技术壁垒和反倾销反补贴增多，国际竞争日益激烈，国际贸易活动中不宜或者难以由政府和企业直接承担的事务，呼唤着行业协会主动、积极地冲在一线发挥作用。这也是WTO的一项重要规则，即帮助企业开拓国际市场，应对国际贸易摩擦，争取国际话语权，维护企业的合法权益。所以说行业协会在当前企业发展和服务方面大有作为，而且空间很大。

三、行业协会的改革方向

(1)坚持市场化改革方向，进一步发挥行业协会的功能和作用。

(2)坚持从实际出发，分类推进行业协会的改革。

(3)坚持先易后难，切实解决行业协会改革发展中的实际问题。

(4)坚持平稳推进，不断提升行业协会服务能力。

第五章　我国行业协会市场化的现实推动

随着我国经济的不断开放，行业协会近年来已经在诸多方面取得了一定的创新成果，在国内企业向国际市场迈进的过程中发挥了重要的作用。但是由于我国行业协会受历史影响较大，当前运作中还存在着很多弊端，阻碍着其进一步的改革。因此，行业协会的市场化改革依然任重而道远，不仅需要制定明确的方向，理清未来的发展趋势，更要采取一系列措施来推进改革的步伐。

第一节　不断完善、优化行业协会发展的法制制度环境

自新中国成立以来，我国经济体制经历了从单一的中央计划经济体制到有计划的

社会主义市场经济体制，再到社会主义市场经济体制的改革发展历程。伴随着我国经济体制的变革，我国行业协会制度也经历了从无到有，然后发展壮大的过程。但与日本、中国台湾等地相比，我国目前关于行业协会的制度法规还相当缺乏，虽然有很多法规、部门规章和地方性法规，但是存在层次较低、政出多门、各行其是的问题。我们认为我国行业协会的改革中，应当以法律的形式对行业协会做出明确的规定。

一、我国行业协会立法的现状

1. 法规

1998 年 10 月 25 日国务院发布的《社会团体登记管理条例》，2007 年 5 月 13 日国务院办公厅发布的《关于加快推进行业协会商会改革和发展的若干意见》，这是目前层次最高，具有具体可操作性的纲领性文件。

2. 部门规章

原国家经贸委于 1997 年印发了《关于选择若干城市进行行业协会试点的方案》，把上海、广州、厦门和温州四个城市作为试点，进行行业协会的培育；原国家经贸委于 1999 年又印发了《关于加快培育和发展工商领域协会的若干意见（试行）》，对行业协会的性质、功能及促进措施做了更为明确的表述；原国家经贸委于 2002 年再次印发《关于加强行业协会规范管理和培育发展工作的通知》，提出按照“调整，规范、培育、提高”的工作方针加强行业协会的规范管理和培育过程。

3. 地方性法规

据调查，目前全国所有省、市、自治区、直辖市以促进行业协会发展和改革的意见、行业协会管理办法、加快行业协会商会加快改革和发展的若干意见、行业协会发展指导意见、促进行业协会发展规定、行业协会发展实施意见、规范行业协会暂行办法等多种形式出台促进行业协会发展行政法规和条例文件。如上海市于 2002 年 1 月发布了《上海市行业协会暂行办法》，同年 10 月上海市人大常委会通过了《上海市促进行业协会发展规定》。一些市场经济比较发达地区还出台地方性文件，如温州市人民政府于 1999 年 4 月制定了《温州市行业协会管理办法》、深圳市人大常委会于 1999 年 11 月制定了《深圳经济特区行业协会条例》，等等。

此外，我国部分法律如 1994 年的《注册会计师法律》、1995 年的《体育法》、1997 年的《律师法》和 1999 年的《证券法》等都有关于本行业协会的具体规定。这些规定主要涉及了在这些行业中行业协会的性质、地位、设置、入会、章程以及一些职责，如立规、教育、服务、维权、监督、检查、调解、协调和处罚等，但这些规定仅适用于本行业，不具备普遍的操作性。

二、完善立法的举措

1. 制定《行业协会法》

行业协会组织在建立社会主义市场经济、政府机构改革中具有重要作用，应在法律上赋予它应有的地位，因此，我国应参照日本和我国台湾的做法，尽快制定《行业协会法》，以法律的形式明确行业协会的性质、宗旨、地位、权利和义务等，从而对行业协会组织进行最有效最有权威的定位，使行业协会规范化，从而依据法律对其进行规范、引导、监督，使行业协会组织的运行和管理尽快走上法制化轨道。立法基本准则应有利于行业协会自身制度成本的降低和对市场交易费用的节省。规范行业协会的组织行为，保护各协会的合法权益，发挥行业协会在市场经济中的作用，同时为会员提供服务，维护会员的合法权益，保障行业公平竞争，沟通会员与政府、社会的联系，促进行业经济发展。

2. 制定和完善各类行业的法律法规

到目前为止，我国颁布了《律师法》、《注册会计师法》、《证券法》、《体育法》、《社会团体登记管理条例》等法律、法规和规章，为相关行业协会的发展奠定了立法基础，但这些立法还有许多不足之处，应进一步完善相关的行业协会立法。通过以上两方面的改革，以形成以《行业协会法》为基本原则，各个具体的行业协会法律、法规相配套的行业协会法律体系。

第二节　逐步促进行业协会管理体制的改革

一、我国现行行业协会管理体制

我国当前对于行业协会的政府管理，主要体现在《社会团体登记管理条例》的登记注册和业务管理的有关规定上。我国并没有专门针对行业协会的登记管理条例，而是将行业协会作为社会团体的一种，内嵌于《社会团体登记管理条例》中。根据其规定，国务院民政部门和县级以上各级人民政府民政部门是本级人民政府的社会团体登记管理机关，而国务院有关部门和县级以上地方各级人民政府有关部门、国务院或者县级以上地方各级人民政府授权的组织，是有关行业、学科或者业务范围内社会团体的业务主管单位。在监督管理方面，登记管理机关负责行业协会成立、变更、注销的登记备案；对行业协会实施年度检查；对违反相关管理条例的问题进行监督检查，并对相关违法行为进行行政处罚。业务主管单位负责行业协会筹备申请、成立登记、注销登记前的相关审查；监督并指导其遵守国家及地方相关法律、法规、政策；监督其依照章程开展活动；负责年度检查的初审工作；协助登记管理机关和相关部门查处行业协会的违法行为；会同有关机关指导行业协会的清算事宜。这一行业协会管理框架即被称为“双重管理体制”。

行业协会双重管理体制在一定程度上是对原有行政管理体制的延续。这是因为双重管理体制赋予业务主管部门或者登记管理部门的权力，一定程度上存在对行业协会的干预和控制，使行业协会难以成为独立运作、按市场化原则运行的第三方组织。随着我国市场化改革的深入和政府管理体制的转变，日益推向市场的行业协会能否有效地服务于市场和企业，是检验其生存能力的关键。而双重管理体制的潜在弊端使体制内生成行业协会过分依赖政府，难以进行市场化转型。另外，大部分体制外生成的行业协会因无法获得业务主管单位的认可而不具有取得“出生证”的资格，使得这些行业协会实际存在于行业而游离于行政监管之外。同时，这种体制弊端也难以使不同体制、不同性质的协会通过竞争优胜劣汰并形成有效的融合。

二、地方行业协会管理体制的创新

由于现行双重分级的管理体制制约、束缚了行业协会的发展，一些地方根据市场需求进行了程度不一、模式各异的地方行业协会管理体制的实践和创新。

1. 上海的二元管理体制

1997 年上海就被原国家经贸委选定为行业协会改革试点城市。2002 年上海出台《关于本市促进行业协会发展的指导意见》、《上海市行业协会暂行办法》。2003 年出台《上海市促进行业协会发展规定》。根据《上海市行业协会暂行办法》组建了上海市行业协会发展署（现改为社团服务局），是经市政府授权行业协会的“协会业务”主管部门，这样就将行业协会的双重管理扩展为登记管理部门、行业管理部门和协会管理部门三方，原业务主管单位继续主管行业协会的行业业务。社团服务局仍负责登记管理和监督管理。社团服务局作为行业管理部门，负责上海市行业协会的发展规划、布局调整、政策制定和协调管理。上海以细分业务主管单位的方式，把协会业务从原业务主管单位几乎无所不包的权力中划分出来，交给一个统一的业务主管单位，即社团服务局。协会业务主管权限的归口使业务主管单位的权力缩小。

2. 深圳的一元管理体制

深圳是我国改革开放的经济特区，1999 年深圳市人大颁布《深圳经济特区行业协会条例》，这是国内地方政府最早出台行业协会条例的城市之一。2004 年，深圳借鉴上海行业协会“增量”改革的经验，成立了深圳市行业协会服务署，市政府统一授权行使行业协会业务主管单位的职能，即行业协会的设立、变更由市行业协会服务署统一出具意见，政府各部门不再履行相应的职责，变多头管理为一头管理。服务署的主要职能是负责行业协会的培育、监管、规范、服务工作，寻求突破"双重管理体制"的局限，为行业协会发展创造条件。这一管理体制形成了具有特色的"深圳模式"，引起当时全国的较大反响。2006年广东省委、省政府和省人大先后出台了《关于发挥行业协会商会作用的决定》和《广东省行业协会条例》。该决定和条例的出台又加快了深圳行业协会的改革步伐，深圳根据上述文件精神，加快推进行业协会、商会民间化，在"自愿发起、自选会长、自筹经费、自聘人员、自主会务"的原则基础上，实行无行政级别、无行政事业编制、无行政业务主管部门。同时明确行业协会的管理体制，县级以上人民政府民政部门是行业协会的登记管理机关，其他有关部门在各自职责范围内依法对行业协会进行相关业务指导。深圳市行业协会服务署2006年年底成建制并入市民政局，民政局同时增挂市社会组织管理局牌子。这样深圳市率先在全国行业协会管理体制上形成了一元管理体制。从成熟市场经济体制和社会自治发展趋势分析，深圳的行业协会的一元管理体制将是国内行业协会未来可能的管理体制的目标，但从改革开放30多年来的经验看，实现这一目标的路径将是不一的，更主要地在于国内社会体制改革还处初始阶段，更多的路径选择将可能是选择渐进式的管理体制。

3. 二元管理模式

二元管理模式是在原双重管理体制基础上的调整，在保持登记管理机关原有地位的基础上，通过转换或变更业务管理机构统一业务主管单位。该模式根据承接业务主管职能的具体部门不同可分为两类。

第一类是以民营经济较为发达的区域为代表，如温州等地区，通过人民团体(工商联)来承担行业协会业务主管的职能。在这些区域，体制外生成行业协会紧靠市场、服务企业，具有较强的生命力，成为地区行业协会的主要构成部分。

第二类是通过官方发起的社团法人(工经联)来承担行业协会的业务主管职能，如河北、鞍山。工经联具有官办社团性质，是工业经济领域行业协会的联合体，国有企业在其中占有一定的比重。相对工商联，工经联涵盖的经济所有制范围更广。

这两类二元管理模式均沿袭了双重管理体制的基本框架，在业务主管部门主体方面进行创新性突破，削弱了政府与行业协会之间的关系。工商联或工经联对原业务主管部门的替代，解决了市场内生型行业协会在政府部门寻找相应业务主管的困难。同时，工商联或工经联负责业务指导，有利于打破原有的部门管理体制，避免部门利益所造成的协调困难，为行业协会营造了高效率的管理环境。此外，工商联或工经联作为综合性部门，凭借其与政府的沟通渠道，能够便利地反映企业诉求，协助政府对行业发展的指导和政策出台，即为企业和政府营造有利的经济发展环境。

就目前国内行业协会存在的四种主要管理体制来看，各有各的优点，也有各自的不足。传统的行业协会二元管理体制由于借助了背后强大的政府支撑，在获取行业信息、政府支持、行业政策指导和加强行政干预等方面比其他管理体制具有更大的优势，但在行业代表性、会员积极性、自治性、服务性和内部治理指导性等方面明显落后于其他管理体制。上海三元管理体制的优点在于将行业协会的协会业务从政府职能部门业务主管中分离出来并整合，但也有难以克服的问题：一是与现行的政府管理体制不一致而难以推广，与职能部门之间的相互关系协调成本较高，同时其“婆婆”的做法不利于政会分开和行业协会的自治。深圳的一元管理体制无疑是我国行业协会未来管理体制的目标取向，但完善社会主义市场经济体制和推动社会体制改革还是一个艰巨的过程。由于我国地区之间差异较大，改革发展的进程不一，迅速地将行业协会转向成熟、完善的市场经济体制所配套的管理体制，无论在理论上还是实践上都需要有一个较长的过程，因此还难以在国内所有地区大面积、全方位地推广实施。综上，我国行业协会的市场化进程，还需要很长的过渡阶段，需要寻找出一条操作性强又不引起较大振荡，而又能够“渐进式”地推进行业协会管理体制不断改革的选择模式，在原有的双重管理体制上根据各地的实际情况来逐步完善过渡，最终简化行业协会的管理体制，统一管理部门，促进其更好地为企业发展提供服务。

第三节　加大扶持力度，健全监督管理机制

在以政府为核心的多主体网络中，会员企业在集体选择层次缔结行业协会章程、行业公约等，并约定共同遵守这些制度；行业协会负责对会员企业的履约情况进行监督与制裁，以维护会员企业的整体利益。行业协会与该层次的其他公共治理主体则在立宪选择层缔结各种法律、法规、政策等，由政府对集体选择层次的治理主体之间的利益进行协调，并主要通过对行业协会行为的监督与制裁来影响操作选择层次的会员企业行为。（见图 5－1）

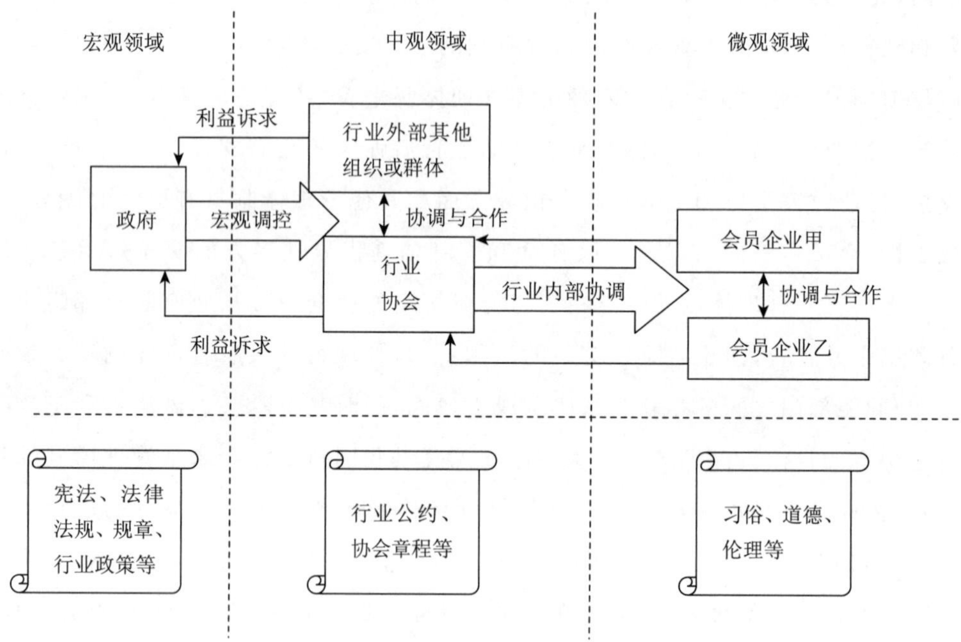

图 5-1　政府居于利益协调网络的主导地位

行业协会离不开政府的扶持，尤其是在我国当前的社会主义市场经济情况下，行业协会的发展与政府的关系在短时间内难以完全分割。因此，在行业协会的市场化改革中，政府需要对其给予一定的扶持倾斜，支持行业协会发挥服务优势，鼓励其尽快实现与国际市场的衔接，快速发展，使其真正成为政府与企业之间沟通联系的关键桥梁。

一、建立有效的政府购买服务制度

购买服务是加大政府职能转变力度的重要举措，为行业协会参与社会管理和公共服务创造条件，形成政府与行业协会功能互补良性互动的有效机制，购买服务机制也切实发挥了行业协会在服务企业、规范行业、发展产业中的重要作用，也是与国际接轨的一个必然趋势。一方面，结合政府机构改革和审批制度的改革，将原来政府部门承担的行业统计、行业评比、行业技术标准、行业技术鉴定、行业发展规划、反倾销调查、反损害调查以及一些审批事项等方面的职能，逐步向有条件承担这些职能的协会转移。另一方面，建立政府购买行业协会服务的制度。政府部门委托行业协会承担业务活动、需要行业协会提供服务的，应当支付相应的费用。政府购买服务的项目经费制度的改革，允许行业协会自定会费标准，除了政府采取“购买服务”的方式，支付协会相应服务费用外，允许协会接受个人或组织捐赠，允许协会通过为会员和社会提供有偿服务而获得收入，其形式和标准由协会依法自定，但须明确此类收入只用于协会的生存与发展，不得在会员间分配。

二、完善行业协会的人事管理和社会保障制度

要提高行业协会的运作效率和服务水平，协会工作人员的整体素质、知识结构、服务意识等诸多方面都需要得到提升，而我国目前行业协会工作人员很多是离退休人员，其中不少是行政管理人员，在业务素质、职业水准、组织纪律等方面都存在着很大的局限性。因此，市场化的行业协会急需一批专门人才提供高水平的社会服务，而且随着科技进步、信息发展，从业人员队伍应该由高素质且知识结构、年龄结构合理的年轻化、专业化、职业化的专业技术人员组成。这就要求国家在大力培养人才，加强培训的同时，社会保障体系也得到相应的健全，确保行业协会人才队伍的稳定，吸引更多的专业化人才加入到行业协会的工作中来，建立一支相对稳定、有战斗力和凝聚力的队伍。

三、对行业协会实行一定的税收优惠

我国目前对行业协会的税收政策是：对会费收入不征收营业税，但其他有偿服务收入要征收营业税；行业协会要缴纳企业所得税，但可以从应纳税收入总额中扣除政府资助、会费和捐赠收入。由于我国大多数行业协会经费比较紧张，而由政府出面给予补贴一方面会加重政府负担，另一方面又会使行业协会产生惰性。所以，政府可以在所得税上给予更大的优惠，比如说，在行业协会成立的前若干年内免交所得税，在这之后若干年减征所得税。由于行业协会的收入必须全部用于章程规定的活动，不得在会员企业中分配，所以其负面效果不会很大。

四、加大国家财政的补贴力度

应该说，我国行业协会目前正处于改革发展的关键时期，应加大培育和扶持力度，使行业协会能够在最短的时间内做大做强，发挥更大作用。为了支持新兴行业协会的创办和成长，国家财政应给予一定的开办补贴费；已经设立的，可划拨一定的固定资产，如办公场所、交通工具及其办公条件，为行业协会提供基本工作条件；对于与政府脱钩、已实行转制的行业协会，政府部门应当采取循序渐进的方式，对其经费补贴采取逐年递减的方式扶助行业协会走上独立自主发展的市场化道路。

另外，在政府加强对行业协会扶持力度的同时，也要适当加强对行业协会的评估激

励机制，防止行业协会利用其职能优势进行“寻租”，完善监管机制。比如，建立适当的评估考核体系，在法律监管的同时，对行业协会的工作进行考核，同时也要建立良好的激励机制，对一些业绩突出的协会，可以给予表彰或奖励，对于功能退化、长期不开展活动的协会，可以进行适当惩处或建议退出，完善行业协会的退出机制。

第六章　推动行业协会市场化改革的建议

行业协会的发展与改革是大势所趋，按照市场化、民间化的原则，改革不适应市场经济体制的行业协会管理方式，确立行业协会的权利和义务，健全法人治理结构，完善培育扶持的政策措施，同时进一步深化行政体制改革。这既是社会主义市场经济的需要，也是行业协会创新发展的着力点。

综合前几章所述内容，分向政府部门和行业协会两个层次提出以下几点建议：

第一节　向政府有关部门的建议

一、加快行业协会的立法步伐，明确协会的性质、地位、作用

《国务院办公厅关于加快推进行业协会商会改革和发展的若干意见》(国办发〔2007〕36号)中指出：“坚持依法监管。加快行业协会立法步伐，健全规章制度，实现依法设立、民主管理、行为规范、自律发展。”同时指出，“建立健全法律法规体系。有关部门要总结经验，并借鉴发达国家的有益做法，做好立法调研和法律法规起草工作，将行业协会发展纳入法制化轨道”。市场经济是法制经济，行业协会的改革发展伴随着其他改革已进入深水区和攻坚期，需要完善的立法加以保障。要大力发展符合市场经济体制要求的行业协会，就必须尽快制定行业协会的专门性法律、法规，通过立法对协会的地位、功能、权利和义务予以明确，以使得行业协会的设立、运作和管理有章可循、有法可依，从而有利于充分发挥行业协会沟通政府、协调行业和服务同业的积极作用，有利于促进行业协会规范、健康和有序发展，也有利于完善社会主义市场经济体制，促进国民经济持续、快速、健康发展。与此同时，应推动相关主管部门抓紧研究和制定出台扶持行业协会发展的相关配套政策，为行业协会的生存与发展及自身建设提供法律体系上的支撑。建立符合市场规律和要求的社会化运作模式，建立政府宏观调控、行业自律管理和企业

自我约束的相互协调运行机制。

为协会立法，应本着积极、务实，促进协会和行业可持续发展的原则，可在分类指导的前提下，先为工业领域行业协会进行立法试点，取得经验后，再制定协会商会法。其原因，主要是工业领域行业协会发展历史相对比较长，市场化程度较高，协会发展也比较快，对行业发展的作用越来越重要，成为社会管理的重要组成部分，协会进一步发展迫切需要法律规范。

二、加快推进政府职能转变

行业协会改革与发展取决于政府，影响行业协会生存与发展的关键是落实职能。目前，政府转移职能的步伐比较缓慢，建议国家加大政府转移职能的力度，落实转移职能的方式，将行业协会改革与政府职能的转变和事业单位改革紧密结合起来，加速推进政府管理体制创新，以政府文件或法规的形式明确界定政府转移和下放的职能内容，使政府在转移职能方面迈出实质性的步伐，进一步明确赋予行业协会行业标准的管理权，对行业发展规划、行业准入条件等政策制定的建议权、参与权、否决权。

按照党的十七大提出的建设公共服务型政府的要求，以及党的十八届二中、三中全会关于加快实现行业协会、商会与行政机关脱钩的精神，政府部门要切实转变观念和工作方式，加快转移有关政府职能；减少政府与企业的过多的直接接触，真正发挥行业协会的桥梁纽带和平台支撑作用。

政府职能的转移，要着眼于优化政府职能体系，转换政府管理服务方式，大力支持行业协会发展。放权要有规划、列出“清单”，明确向行业协会转移职能的目录，拿出时间表和监督执行措施，贯彻落实好国务院 36 号文件确定的行业协会四项职能。应由行业协会履行的职能，要尽可能、尽快移交落实给行业协会；要通过购买服务等方式，加大政府购买力度和范围，充分体现政府对行业协会的工作激励和支持导向；推动行业协会更多地参与政策制定、市场监管、产业升级、行业管理等工作。

三、推动政府相关部门加大对行业协会的扶持和培育

行业协会改革要做好顶层设计，增强改革的系统性、整体性、协调性。行业协会体制改革整体推进要充分考虑我国现实国情和实际发展条件，实施分层次、分地区、分类别、分行业渐进式推进。推进行业协会管理制度改革应与相关立法和政府部门转变职能、完善相关配套措施同步。各方面的政策措施，要及时跟进，手段方法要有配套衔接和保障。目前，“双重管理”是按照“培育发展和监督管理并重”原则设置的，在我国社会组织

既培育发展不足、及时有效监管不够、行业协会的相关法律又未制定的实际状况下，建议选取适当时机“取消主管”或“淡化主管”。

(1)健全政府公共决策的行业协会参与机制。制定在重大行业政策、决策、行业立法和制定出台涉及公共管理和公共服务等领域的政府规章、公共政策、行政管理措施以及行业发展规划等时，应举办行业听证、咨询、论证会，直接听取行业协会意见，并作为法定程序予以规范。

(2)建立促进行业协会发展的财政扶助机制。建议制定具体的“购买服务”实施细则，对于政府要求或委托行业协会提供的服务，应当通过购买的方式，给予相应项目经费，所需资金列入年度预算。鼓励有条件的地方探索设立专项财政基金，资助行业协会能力建设和公共服务。

(3)完善行业协会税收政策。针对行业协会非营利性质，加快制定相应的减免税措施，降低行业协会运行成本，营造促进行业协会健康发展的良好政策环境。

(4)行业协会和政府部门之间建立便捷、顺畅的沟通协调机制。现在行业协会和各级政府的联系缺乏法定的渠道和窗口，行业协会的重要意见、信息，难以及时送达相关决策部门。建议加强对行业协会工作的指导，将行业协会纳入政府网络管理。明确负责受理行业协会的报告和信息的业务部门，使行业协会与政府的联系更加畅通。

(5)加强对行业协会人才培养的力度。目前社会管理专职人才和行业组织专业人才队伍相对匮乏，已经影响到行业组织的持续健康发展。行业组织要适应行业发展需要，确定人才培养计划，培育大批创新型科技人才、复合型高素质的人才和行业组织领军人才。加快行业协会人事管理、社会保障、职称评定、职业建设等政策的完善和配套，根据协会特点完善人才培养与引进机制，协会专职人员要职业化、专业化。比照事业单位建立待遇平等的行业协会人才配套政策，建立行业协会人才评价考核体系、人才薪酬福利体系；将行业协会人才纳入紧缺人才范畴，完善人才扶持政策；放开行业协会人才落户、居住证办理等方面的条件，加大对行业协会人才的扶持力度；推动行业协会组织和人才的评比表彰；在有关院校开设社会管理专业，定向培养人才，全面提升行业组织人才队伍素质。

四、营造良好的社会舆论氛围

改革开放以来，我国行业协会发展迅速，在提供政策咨询、加强行业自律、促进行业发展、维护企业合法权益、开拓国际市场等方面发挥了日益重要的作用。然而，由于多方面的原因，政府、社会缺乏对行业协会应有的正确认识。要利用好各级新闻媒体，加大宣传力度，引导舆论正确认识行业协会所发挥的作用，肯定行业协会主流、弘扬行业协会风采。对行业协会的成长给予热情的支持和赞美，对行业协会暂时出现的问题给予积极的监督、真诚的帮助和正确的引导，共同营造有利于行业协会发展的良好舆论氛围。

五、积极探索、慎重实施“一业多会”

在《国务院机构改革和职能转变方案》中提出“探索发展一业多会，适度引入竞争机制”，其目标和要求是坚持市场化方向，创造良好的发展环境，在现有基础上形成竞争，激发行业协会的活力，优化结构和布局，提高素质，增强服务能力，在竞争中形成主体地位。但目前对“一业多会”提法还没有明确的解释。“一业多会”应该是指同一个行业可以按不同的方式设置多个组织。这是为了鼓励竞争和繁荣行业发展。但是，设置必须合适。第一，行业代表性不应出现问题。第二，按产业经营方式，综合产品中不同产业组合和链接方式建立协会、商会应充分符合产业发展实际需要，同时应避免可能同类过多造成混乱。第三，一业多会应在具备多会竞争秩序保障、法律保障和制度保障的条件下实施，否则也会影响行业秩序给企业增加负担。

从欧美和东亚发达国家的行业协会发展情况看，实施“一业多会”的国家几乎很少，他们主要依靠行业协会立法来规范协会活动范围和职能，严格履行法律义务和责任。我国行业协会目前不是数量太少而是数量多质量欠高；行业协会具有行业管理的职能，一个行业不宜有多个行业组织代表，“一业多会”要在具备竞争条件的制度环境下区分领域慎重进行。要充分考量我国行业协会现实生存条件和发展特点、服务权限和服务能力，制定完善相关政策，明确行业协会的准入和退出机制，加强登记和年审管理，坚持门槛标准，加强监管。

第二节　向协会的建议

一、完善行业协会内部治理机制，提高自身服务能力和水平

协会作用的发挥既要靠外部环境的支持，更要靠自身建设的规范与加强。要客观面对困难，看到发展前景，积极发挥优势，推进行业协会内部改革，实现自我发展。要转变观念，立足“服务”二字，以“服务政府、服务企业、服务行业、服务社会”为宗旨，当好政府调控的协助者，行业发展的推动者，企业进步的促进者，市场秩序的维护者。行业协会要围绕“完善法人治理结构”这个中心，努力推进能力建设、制度建设、队伍建设、品牌建

设和文化建设。特别是要注重人才队伍建设，要强化协会领导班子建设，着重提高领导班子的战略思维能力，要加强中层干部队伍培养，在提高执行能力上狠下功夫。要建立和完善激励机制，积极吸引优秀人才，加快建设职业化工作人员队伍。要创新服务方式方法，充分利用现代信息、网络技术手段为企业服务；要加强党组织建设，创新党建工作方式，充分发挥党组织的作用；要树立市场化改革发展理念、练好内功，探索和建立起一整套市场化运行机制和功能模式。

二、努力将协会做大做强

当前，我国经济社会处于转型时期，在行业协会发展不平衡、面临诸多困难和问题的情况下，全国性行业协会在自身发展壮大的同时，加强协会间的协作和配合，努力做到资源共享，优势互补，共谋发展，合作共赢，共同研究探索新形势下行业协会发展的规律，努力走出一条具有中国特色的行业协会发展道路。行业协会要在促进传统产业转型升级中有所作为，要在加快培育发展战略性新兴产业和生产服务业中有所作为，要在推进信息化和工业化深度融合中有所作为；要在促进大中小企业协调发展中有所作为。

课题组成员名单

组　长：

邵　宁　国资委原副主任

副组长：

张　涛　国资委行业协会联系办公室副主任

王世成　中国轻工业联合会副会长兼秘书长

成　员：

宋光兰　国资委行业协会联系办公室调研员

李培松　中国轻工业联合会研究室主任、副研究员

王晓昕　中国轻工业联合会副秘书长研究室副主任、高级经济师

何　辉　中国老干部联合会干部

后 记

《探索与研究——国有资产监管和国有企业改革研究报告(2013)》与大家见面了!本书共收录了16篇文章,选自我委2013年度结题的软科学课题研究成果,研究范围涉及国有资产管理体制改革、国有企业改革发展、国有资产监督管理、国有企业党的建设、机关建设等诸多领域,内容涵盖国资委职能的各个方面,突出理论性、前瞻性、针对性和可操作性。这些软科学课题研究对于提高国资委重大决策的科学化和民主化,推动各项工作的突破与创新起到了积极的作用。

国资委软科学课题研究工作和本书编辑出版得到了委领导的高度重视和委内各厅局的大力支持。委领导多次做出批示,指导本书的编辑出版工作。委软课题评审组成员在软课题项目评审、课题验收中做了大量工作。承担课题研究的厅局在业务工作非常繁忙的情况下,精心组织,深入调研,完成课题研究,并承担了内容审核、文字校对等大量繁杂的工作,付出了艰苦努力。在此我们深表感谢。

同时我们也要感谢财政部多年来对国资委软科学课题研究工作的支持,感谢高等院校、理论研究部门、各领域专家的积极参与,感谢广大中央企业干部职工的探索与实践,感谢中国经济出版社为本书的编辑、出版、发行所做的大量工作。

由于时间和水平有限,书中难免不足之处,敬请批评指正。

国务院国资委研究局

2015年1月